Brox · Walker | Erbrecht

Erbrecht

Begründet von

Dr. Hans Brox†

ehem. Bundesverfassungsrichter, o. Professor der Rechte an der Universität Münster (Westfalen)

seit der 22. Auflage fortgeführt von

Dr. Wolf-Dietrich Walker

Universitätsprofessor an der Justus-Liebig-Universität Gießen

25., vollständig neu bearbeitete Auflage

Verlag Franz Vahlen München 2012

Zitiervorschlag: *Brox/Walker* ErbR Rn.

www.vahlen.de

ISBN 978 3 8006 3977 9

© 2012 Verlag Franz Vahlen GmbH
Wilhelmstraße 9, 80801 München

Druck: Druckhaus Nomos
In den Lissen 12, 76547 Sinzheim

Satz: Druckerei C. H. Beck, Nördlingen
Umschlagkonzeption: Martina Busch Grafikdesign, Homburg Kirrberg

Gedruckt auf säurefreiem, alterungsbeständigem Papier
(hergestellt aus chlorfrei gebleichtem Zellstoff)

Vorwort zur 25. Auflage

Das Werk wurde für diese Neuauflage vollständig auf Änderungsbedarf überprüft, überarbeitet und aktualisiert. Neuere Entwicklungen zum Beispiel zum Zentralen Testamentsregister und zur Bedeutung der Mitte August 2012 in Kraft getretenen Europäischen Erbrechtsverordnung für Erbfälle mit Auslandsbezug sind eingearbeitet. Alle Schaubilder wurden neu gestaltet. Wichtige Entscheidungen insbesondere des Bundesgerichtshofs sowie das aktuelle Schrifttum sind bis Juni 2012 in dem Umfang eingearbeitet oder jedenfalls nachgewiesen, wie es dem Konzept des Buches entspricht.

Bei den Vorarbeiten für diese Auflage wurde ich unterstützt von Assessorin *Sonja Petri*, von den Assessoren *Ben Findeisen und Andreas Storck*, von Referendar *Sebastian Kürth*, von den stud. iur. *Michelle Bernatzki, Larissa Denzinger* und *Claudia Kayser* sowie von meiner Sekretärin *Anke Hunger*. Ihnen allen danke ich vielmals für ihre wertvolle Mitarbeit.

Gießen, im Juli 2012   *Wolf-Dietrich Walker*

Aus dem Vorwort zur 1. Auflage (1966)

Dieses Buch ist für Lernende geschrieben. Es will den Studenten, der die ersten drei Bücher des BGB durchgearbeitet hat, an die rechtlich oft schwierigen und praktisch bedeutsamen Fragen des Erbrechts heranführen.

Die Darstellung will Lehrbuch, nicht Handbuch sein. Deshalb sind Schwerpunkte gebildet worden, wo das aus pädagogischen Gründen geraten erschien. Ziel der vertieften Darstellung einzelner Problemkreise ist es, den Lernenden mit den spezifisch erbrechtlichen Interessenwertungen vertraut zu machen. Dem dienen auch die jeweils vorangestellten kleinen Fälle, die das Verständnis erleichtern sollen. Das setzt voraus, dass der Leser sich die Zeit nimmt, die Fälle selbständig zu lösen und die zitierten Gesetzesstellen nachzulesen. Nur so kann das Durcharbeiten des Buches zu einem Dialog zwischen Autor und Leser werden.

Entsprechend dem pädagogischen Zweck wird nur diejenige Literatur und Rechtsprechung zitiert, die für den Lernenden eine Hilfe bedeutet.

Auf die Vollständigkeit der Angaben wurde bewusst verzichtet, um den Anfänger nicht zu verwirren. Er kann das Fehlende leicht in der Kommentar-Literatur finden.

Inhaltsübersicht

XIV

Inhaltsverzeichnis

Abkürzungsverzeichnis

aA .... anderer Ansicht
abl. .... ablehnend(er)
Abs. .... Absatz
Abtlg. .... Abteilung
AcP .... Archiv für die civilistische Praxis (Zeitschrift)
aF .... alte Fassung
AGB .... Allgemeine Geschäftsbedingungen
AGG .... Allgemeines Gleichbehandlungsgesetz
AktG .... Aktiengesetz
Alt. .... Alternative
aM .... anderer Meinung
AnfG .... Anfechtungsgesetz
Anh. .... Anhang
Anl. .... Anlage
Anm. .... Anmerkung
ArbR .... Brox/Rüthers/Henssler, Arbeitsrecht, 18. Aufl. 2011
ArchBürgR .... Archiv für bürgerliches Recht
arg. .... Argument
Art. .... Artikel
AS .... Brox/Walker, Allgemeines Schuldrecht, 36. Aufl. 2012
AT .... Brox/Walker, Allgemeiner Teil des BGB, 36. Aufl. 2012
Aufl. .... Auflage
AVO .... Ausführungsverordnung

BayObLG .... Bayerisches Oberstes Landesgericht
BayObLGZ .... Entscheidungen des Bayerisches Obersten Landesgerichts in Zivilsachen
BayZ .... Zeitschrift für Rechtspflege in Bayern
BB .... Der Betriebs-Berater (Zeitschrift)
Bd. .... Band
bearb. .... bearbeitet
BFH .... Bundesfinanzhof
begr. .... begründet
Beil. .... Beilage
BeurkG .... Beurkundungsgesetz
BewG .... Bewertungsgesetz
BGB .... Bürgerliches Gesetzbuch
BGBl. .... Bundesgesetzblatt
BGH .... Bundesgerichtshof
BGHZ .... Entscheidungen des Bundesgerichtshofs in Zivilsachen
BNotO .... Bundesnotarordnung
BR-Drs. .... Bunderats-Drucksache
BS .... Brox/Walker, Besonderes Schuldrecht, 36. Aufl. 2012
BT-Drs. .... Bundestags-Drucksache
BR-Drs. .... Bundesrats-Drucksache
BtG .... Betreuungsgesetz
Buchst. .... Buchstabe
BVerfG .... Bundesverfassungsgericht
BVerfGE .... Entscheidungen des Bundesverfassungsgerichts
BVerwGE .... Entscheidungen des Bundesverwaltungsgerichts
BWNotZ .... Zeitschrift für das Notariat in Baden-Württemberg
bzw. .... beziehungsweise

DB .... Der Betrieb (Zeitschrift)
DDR .... (ehemalige) Deutsche Demokratische Republik
Denkschrift 1.–5. . Denkschriften des Erbrechtsausschusses der Akademie für Deutsches Recht
DepotG .... Gesetz über die Verwahrung und Anschaffung von Wertpapieren
ders. .... derselbe
DGWR .... Deutsches Gemein- und Wirtschaftsrecht
dh .... das heißt
DJ .... Deutsche Justiz
DJT .... Deutscher Juristentag
DNotZ .... Deutsche Notar-Zeitschrift
DR .... Deutsches Recht
DRiZ .... Deutsche Richterzeitung
Drs. .... Drucksache
DRW .... Deutsche Rechtswissenschaft
DtZ .... Deutsch-Deutsche Rechts-Zeitschrift
DVO .... Durchführungsverordnung

EG .... Einführungsgesetz
EGBGB .... Einführungsgesetz zum BGB
EheschlRG .... Eheschließungsrechtsgesetz
Einl. .... Einleitung
entspr. .... entsprechend
ErbbRG .... Erbbaurechtsgesetz
ErbGleichG ...... Erbrechtsgleichstellungsgesetz
ErbStG .... Erbschaftsteuer- und Schenkungsteuergesetz
ESchG .... Embryonenschutzgesetz
EuGH .... Europäischer Gerichtshof

f. .... folgende, für
FamFG .... Gesetz über das Verfahren in Familiensachen und in den Angelegenheiten der
                  freiwilligen Gerichtsbarkeit
FamRZ .... Zeitschrift für das gesamte Familienrecht
FeuerbestG .... Feuerbestattungsgesetz
ff. .... fortfolgende
FG .... Freiwillige Gerichtsbarkeit
FGG .... Gesetz über die Angelegenheiten der freiwilligen Gerichtsbarkeit
Fn. .... Fußnote

GBO .... Grundbuchordnung
GbR .... Gesellschaft bürgerlichen Rechts
GebrMG .... Gebrauchsmustergesetz
gem. .... gemäß
GeschmMG .... Geschmacksmustergesetz
GG .... Grundgesetz
GmbH .... Gesellschaft mit beschränkter Haftung
GmbHG .... Gesetz betr. die Gesellschaften mit beschränkter Haftung
GoA .... Geschäftsführung ohne Auftrag
Gruchot .... Beiträge zur Erläuterung des Deutschen Rechts, begr. v. Gruchot
GrünhutsZ .... Zeitschrift für das Privat- und öffentliche Recht der Gegenwart, begr. v. Grünhut
GVG .... Gerichtsverfassungsgesetz

hA .... herrschende Ansicht
Hs. .... Halbsatz
HeimG .... Heimgesetz
HGB .... Handelsgesetzbuch
hL .... herrschende Lehre
hM .... herrschende Meinung
HöfeO .... Höfeordnung

HR .... Brox/Henssler, Handelsrecht, 21. Aufl. 2011
HRR .... Höchstrichterliche Rechtsprechung (Zeitschrift)
hrsg. .... Herausgegeben

idF .... in der Fassung vom
InsO .... Insolvenzordnung
IPRax .... Praxis des Internationalen Privat- und Verfahrensrechts (Zeitschrift)
iSd .... im Sinne des
iSv .... im Sinne von
iVm .... in Verbindung mit

JA .... Juristische Arbeitsblätter (Zeitschrift)
JFG .... Jahrbuch für die Entscheidungen in Angelegenheiten der freiwilligen Gerichts-
barkeit und des Grundbuchrechts
JherJB .... Jherings Jahrbücher für die Dogmatik des bürgerlichen Rechts
JMBl. .... Justizministerialblatt
JR .... Juristische Rundschau (Zeitschrift)
JurA .... Juristische Analysen
Jura .... Juristische Ausbildung (Zeitschrift)
JuS .... Juristische Schulung (Zeitschrift)
JW .... Juristische Wochenschrift (Zeitschrift)
JZ .... Juristenzeitung (Zeitschrift)

KG .... Kammergericht
KG .... Kommanditgesellschaft
KGJ .... Jahrbuch für Entscheidungen des Kammergerichts in Sachen der freiwilligen
Gerichtsbarkeit, in Kosten-, Stempel- und Strafsachen
KindRG .... Kindschaftsrechtsreformgesetz
KostO .... Kostenordnung
KunstUrhG .... Kunsturhebergesetz

LPartG .... Lebenspartnerschaftsgesetz
LFGG .... Landesgesetz über die freiwillige Gerichtsbarkeit (Baden-Württemberg) v.
12.2.1975
LG .... Landgericht
LM .... Nachschlagewerk des Bundesgerichtshofs, hrsg. v. Lindenmaier, Möhring unter
anderem
LMK .... Lindenmaier-Möhring – Kommentierte BGH-Rechtsprechung
LZ .... Leipziger Zeitschrift für Deutsches Recht

m. .... mit
MarkenG .... Markengesetz
MDR .... Monatsschrift für Deutsches Recht (Zeitschrift)
mE .... meines Erachtens
mN .... mit Nachweisen
Mot. .... Motive
mwN .... mit weiteren Nachweisen

NdsRpfl. .... Niedersächsische Rechtspflege
ne. .... nichtehelich (e, en)
NeG .... Gesetz über die rechtliche Stellung der nichtehelichen Kinder
N. F. .... Neue Folge
NJW .... Neue Juristische Wochenschrift (Zeitschrift)
NJW-RR .... Neue Juristische Wochenschrift – Rechtsprechungs-Report (Zeitschrift)
NotBZ .... Zeitschrift für die notarielle Beurkundungspraxis
Nr. .... Nummer

OGH .... Oberster Gerichtshof für die brit. Zone

OGHZ .... Entscheidungen des Obersten Gerichtshofes für die brit. Zone in Zivilsachen
OHG .... Offene Handelsgesellschaft
OLG .... Oberlandesgericht
OLGRspr. .... Die Rechtsprechung der Oberlandesgerichte auf dem Gebiete des Zivilrechts, hrsg. v. Mugdan und Falkmann
OLGZ .... Entscheidungen der Oberlandesgerichte in Zivilsachen

PatG .... Patentgesetz
Prot. .... Protokolle
PStG .... Personenstandsgesetz

RabelsZ .... Zeitschrift für ausländisches und internationales Privatrecht, begr. v. Rabel
RdA .... Recht der Arbeit
Recht .... Das Recht
RG .... Reichsgericht
RGBl. .... Reichsgesetzblatt
RGSt. .... Entscheidungen des Reichsgerichts in Strafsachen
RGZ .... Entscheidungen des Reichsgerichts in Zivilsachen
Rn. .... Randnummer
RNotZ .... Rheinische Notar-Zeitschrift
Rpfleger .... Der Deutsche Rechtspfleger (Zeitschrift)
RPflG .... Rechtspflegergesetz
Rspr. .... Rechtsprechung
RuStAG .... Reichs- und Staatsangehörigkeitsgesetz
RvglHWB .... Rechtsvergleichendes Handwörterbuch für Zivil- und Handelsrecht, hrsg. v. Schlegelberger
RVO .... Reichsversicherungsordnung

S. .... Seite
SchlHA .... Schleswig-Holsteinische Anzeigen
SchlHOLG .... Schleswig-Holsteinisches Oberlandesgericht
SeuffArch .... Seufferts Archiv für Entscheidungen der obersten Gerichte in den deutschen Staaten
SeuffBl. .... Seufferts Blätter für Rechtsanwendung
SGB .... Sozialgesetzbuch
sog. .... sogenannt (e, en, er, es)
StAZ .... Zeitschrift für Standesamtswesen (seit 1948: Das Standesamt)
StGB .... Strafgesetzbuch
stRspr. .... ständige Rechtsprechung
str. .... streitig

TPG .... Transplantationsgesetz

UrhG .... Urheberrechtsgesetz
usw. .... und so weiter
uU .... unter Umständen

v. .... vom
Verh. .... Verhandlung(en)
VerlG .... Gesetz über das Verlagsrecht
VerschG .... Verschollenheitsgesetz
VersR .... Versicherungsrecht
vgl. .... vergleiche
VO .... Verordnung
VOBl. .... Verordnungsblatt
Vorbem. .... Vorbemerkungen
VVG .... Gesetz über den Versicherungsvertrag

Warn .... Rechtsprechung des Reichsgerichts, hrsg. v. Warneyer
WM .... Wertpapier-Mitteilungen (Zeitschrift)
WP .... Wahlperiode
WRV .... Verfassung des Deutschen Reichs (Weimarer Reichsverfassung)

ZAkDR .... Zeitschrift der Akademie für Deutsches Recht
zB .... zum Beispiel
ZErb .... Zeitschrift für die Steuer- und Erbrechtspraxis
ZEuP .... Zeitschrift für Europäisches Privatrecht
ZEV .... Zeitschrift für Erbrecht und Vermögensnachfolge
ZfJ .... Zentralblatt für Jugendrecht
ZGB .... Zivilgesetzbuch der (ehemaligen) Deutschen Demokratischen Republik
ZGR .... Zeitschrift für Unternehmens- und Gesellschaftsrecht
ZHR .... Zeitschrift für das gesamte Handelsrecht und Wirtschaftsrecht
ZIP .... Zeitschrift für Wirtschaftsrecht und Insolvenzpraxis
ZNotP .... Zeitschrift für die NotarPraxis
ZPO .... Zivilprozessordnung
zT .... zum Teil
zust. .... zustimmend
ZVG .... Gesetz über die Zwangsversteigerung und die Zwangsverwaltung
ZVR .... Brox/Walker, Zwangsvollstreckungsrecht, 9. Aufl. 2011
ZZP .... Zeitschrift für Zivilprozess

Paragraphen ohne Gesetzesangaben sind solche des BGB.

Literaturverzeichnis

A. Lehrbücher und Grundrisse

Burandt/Rojahn, Erbrecht, 2011 (zit.: *Burandt/Rojahn* ErbR)

Ebenroth, Erbrecht, 1992 (zit.: *Ebenroth* ErbR)

Ferid/Firsching/Dörner/Hausmann, Internationales Erbrecht, Stand Oktober 2011 (Loseblattausgabe) (zit.: FFDH/*Bearbeiter*)

Firsching/Graf, Nachlassrecht, 9. Aufl. 2008 (zit.: *Firsching/Graf* NachlassR)

Frank/Helms, Erbrecht, 5. Aufl. 2010 (zit.: *Frank/Helms* ErbR)

Gursky, Erbrecht, 6. Aufl. 2010 (zit.: *Gursky* ErbR)

Harder/Kroppenberg, Grundzüge des Erbrechts, 5. Aufl. 2002 (zit.: *Harder/Kroppenberg* ErbR)

Kipp/Coing, Erbrecht, Ein Lehrbuch, 14. Bearb., 1990 (zit.: *Kipp/Coing* ErbR)

Lange, Erbrecht, 2011 (zit.: *Lange* ErbR)

Lange/Kuchinke, Erbrecht, 5. Aufl. 2001 (zit.: *Lange/Kuchinke* ErbR)

Leipold, Erbrecht, 19. Aufl. 2012 (zit.: *Leipold* ErbR)

Lipp, Examens-Repetitorium Erbrecht, 2. Aufl. 2010 (zit.: *Lipp* ErbR)

Löhnig, Erbrecht, 2. Aufl. 2010 (zit.: *Löhnig* ErbR)

v. Lübtow, Erbrecht, Eine systematische Darstellung, 1. u. 2. Halbband, 1971 (zit.: *v. Lübtow* ErbR)

Michalski, BGB-Erbrecht, 4. Aufl. 2010 (zit.: *Michalski* ErbR)

Muscheler, Erbrecht, Bd. I und II, 2010 (zit.: *Muscheler* ErbR I/II)

Olzen, Erbrecht, 3. Aufl. 2009 (zit.: *Olzen* ErbR)

Schellhammer, Erbrecht nach Anspruchsgrundlagen, 3. Aufl. 2010 (zit.: *Schellhammer* ErbR)

Schlüter, Erbrecht, 16. Aufl. 2007 (zit.: *Schlüter* ErbR)

Schmoeckel, Erbrecht, 2. Aufl. 2010 (zit.: *Schmoeckel* ErbR)

Weirich, Erben und Vererben, 5. Aufl. 2004 (zit.: *Weirich* ErbR)

Wörlen/Leinhas, Erbrecht, 2009 (zit.: *Wörlen/Leinhas* ErbR)

Zimmermann, Erbrecht, 3. Aufl. 2010 (zit.: *Zimmermann* ErbR)

B. Kommentare

Achilles/Greiff, Bürgerliches Gesetzbuch, 21. Aufl. 1958 (Erbrecht bearb. von *Johannsen* und *Kregel*)

Alternativkommentar: Kommentar zum Bürgerlichen Gesetzbuch, Bd. 6; Erbrecht 1990 (bearb. von *Buchholz, Däubler, Derleder, Dubischar, Finger, Pardey, Schaper, Teubner, Wendt*)

Bamberger/Roth, Kommentar zum Bürgerlichen Gesetzbuch, Bd. 3, §§ 1297–2385, EGBGB, 3. Aufl. 2012 (Erbrecht bearb. von *Höger, Litzenburger, Lohmann, Mayer, Müller-Christmann, Seidl, Siegmann*)

Erman, Handkommentar Bürgerliches Gesetzbuch, 13. Aufl. 2011, 2. Bd. (Erbrecht bearb. von *Schlüter* und *Schmidt*)

Frieser, Kompaktkommentar Erbrecht, 2. Aufl. 2007 (BGB-Vorschriften bearb. von *Assenmacher, Deppenkemper, Dingerdissen, Finger, Juchem, Kummer, Lenzen, Lindner, Löhnig, Onderka, Trausch, Rott, Schiemann, Schiffer/v. Schubert, Tschichoflos, Zimmer*)

Große-Wilde/Ouart, Deutscher Erbrechtskommentar, 2. Aufl. 2010 (bearb. von *Burandt, Gemmer, Große-Wilde, Güse, Jülicher, Lenz, Ouart, Rohlfing, Schäckel, Schnabl, Siebert, Völkl, Wrede, G. Zecher, M. Zecher*)

Handkommentar BGB, 7. Aufl. 2011 (Erbrecht bearb. von *Hoeren*)

Jauernig, Bürgerliches Gesetzbuch, 14. Aufl. 2011 (Erbrecht bearb. von *Stürner*)

Kroiß/Ann/Mayer, Nomos-Kommentar BGB, Bd. 5: Erbrecht, 3. Aufl. 2010 (bearb. von *Ann, Beck, Bock, Eberl-Borges, Galanulis, Gierl, Hartl, Herzog, Ivo, Kesen, Kick, Kornexl, Krafka, Kristic, Kroiß, Krug, Ludwig, Mayer, Müller-Bromley, Müßig, Odersky, Olsen-Ring, Pohl, Radlmayr, Reckhorn-Hengermühle, Reich, Ring, Schewe, Seiler, Süß, Tersteegen, Weidlich, Werkmüller*)

Kropholler/Jakoby/von Hinden, Studienkommentar BGB, 13. Aufl. 2011

Münchener Kommentar zum Bürgerlichen Gesetzbuch, Bd. 9, Erbrecht, 5. Aufl. 2010 (bearb. von *Ann, Gergen, Grunsky, Hagena, Helms, Küpper, Lange, Leipold, Mayer, Musielak, Schlichting, Wegerhoff, Zimmermann*)

Palandt, Bürgerliches Gesetzbuch, 71. Aufl. 2012 (Erbrecht bearb. von *Weidlich*)

Planck, Kommentar zum Bürgerlichen Gesetzbuch nebst Einführungsgesetz, V. Bd., Erbrecht, 4. Aufl. 1930 (bearb. v. *Flad, Ebbecke, Strecker, Greiff*)

Prütting/Wegen/Weinreich, BGB Kommentar, 7. Aufl. 2012 (Erbrecht bearb. v. *Avenarius, Deppenkemper, Kummer, Löhnig, Schiemann, Tschichoflos*)

RGRK, Das Bürgerliche Gesetzbuch mit besonderer Berücksichtigung der Rechtsprechung des Reichsgerichts und des Bundesgerichtshofes, Kommentar, herausgegeben von Reichsgerichtsräten und Bundesrichtern, 12. Aufl., V. Bd., bearb. v. *Johannsen* u. *Kregel,* 1. Teil (§§ 1922–2146), 1974, 2. Teil (§§ 2147–2385), 1975

Soergel, Bürgerliches Gesetzbuch, Bd. 21–23, Erbrecht (bearb. v. *Damrau, Dieckmann, Loritz, Mayer, Müller, Stein, Wegmann, Wolf, Zimmermann*), 13. Aufl. 2002 f.

v. Staudinger, Kommentar zum Bürgerlichen Gesetzbuch, Fünftes Buch, Erbrecht, Neubearbeitungen, ab 2002 (bearb. v. *Avenarius, Baumann, Gursky, Haas, Kanzleiter, Marotzke, Olshausen, Otte, Reimann, Schilken, Schotten, Werner*)

C. Fallsammlungen

Benner, Klausurenkurs im Familien- und Erbrecht, 3. Aufl. 2010

Eidenmüller, Fälle zum Erbrecht, 5. Aufl. 2011

Lüderitz, ESJ Familien- und Erbrecht, 1971

A. Roth, Familien- und Erbrecht mit ausgewählten Verfahrensfragen, Ein fallbezogenes Examinatorium, 5. Aufl. 2010

Schlüter, BGB Erbrecht (Prüfe dein Wissen), 10. Aufl. 2007

Simon/Werner, 22 Probleme aus dem Familien- und Erbrecht, 3. Aufl. 2002

1. Abschnitt. Einführung in das Erbrecht

§ 1 Grundbegriffe des Erbrechts

Fälle: 1

a) Nach dem Tode des E streiten sich seine zweite Frau F und sein Sohn S aus erster Ehe, ob die Leiche erd- oder feuerbestattet werden soll. (→ **Rn. 2**, → **Rn. 12**)

b) Hat S zu Lebzeiten des E hinsichtlich dessen Vermögen ein Erbrecht? (→ **Rn. 3**)

c) Wer erbt, wenn E in seinem Testament seine Heimatstadt (seinen Kegelklub, seinen Hund) zum Erben eingesetzt hat? (→ **Rn. 7**)

d) E, der seinen Freund F testamentarisch zu seinem Erben eingesetzt hat, verunglückt mit diesem bei einem Verkehrsunfall tödlich. Wird F Erbe, wenn er 5 Minuten vor E stirbt? Wie ist die Rechtslage, wenn F den E um 5 Minuten überlebt? Wie, wenn nicht mehr festzustellen ist, wer zuerst gestorben ist? (→ **Rn. 8**)

e) Der Sohn und Alleinerbe S des E will dessen Leiche an die Anatomie verkaufen und den X, der fortwährend ehrenrührige Artikel über E schreibt, auf Unterlassung verklagen. Mit Recht? (→ **Rn. 12**, → **Rn. 16**)

A. Begriff des Erbrechts

Der Begriff »Recht« wird im objektiven und subjektiven Sinne verwandt. Im objektiven Sinne versteht man darunter die Summe der Rechtsnormen, im subjektiven die dem Einzelnen von der Rechtsordnung verliehene Macht oder Befugnis. Dementsprechend wird auch der Begriff »Erbrecht« in verschiedener Bedeutung gebraucht.

I. Erbrecht im objektiven Sinne

»Erbrecht« im objektiven Sinne bezeichnet die Summe der Rechtsnormen, welche die 2
privatrechtlichen, vermögensrechtlichen Folgen des Todes eines Menschen regeln. In dieser Bedeutung ist die Ankündigung einer Vorlesung über »Erbrecht« und auch der Titel dieses Buches zu verstehen.

1. Mit dem *Tod eines Menschen* endet dessen Rechtsfähigkeit (die Fähigkeit, Träger von Rechten und Pflichten zu sein).[1] Dann tritt nach unserer Rechtsordnung ein anderes Rechtssubjekt an die Stelle des Verstorbenen und wird Träger der mit dem Tode nicht erlöschenden Rechte und Pflichten (vgl. § 1922 I).

2. Als *Teil des Privatrechts* regelt das Erbrecht nicht alle mit dem Tode eines Menschen zusammenhängenden Rechtsfragen. Soweit sie die öffentlich-rechtliche Stellung des Einzelnen betreffen (zB Erbschaftsteuerrecht), gehören sie nicht zum Erbrecht im hier verstandenen Sinne.

Allerdings ist die Trennung zwischen privatem und öffentlichem Recht im BGB nicht streng durchgeführt. So enthält dessen 5. Buch auch öffentlich-rechtliche Vorschriften (zB über die Funktionen des Nachlassgerichts), wobei es letztlich aber immer um die Ordnung der privatrechtlichen Nachfolge in Rechte und Pflichten eines Verstorbenen geht.

---

1 *Brox/Walker* BGB AT Rn. 702 ff.

3. Nur die *vermögensrechtlichen Folgen* des Todes eines Menschen werden im Erbrecht behandelt (vgl. § 1922 I), nicht dagegen die Fragen, die mit der Beisetzung des Verstorbenen (Beisetzungspflicht, Art und Ort der Beisetzung, Errichtung eines Grabmals, Umbettung usw.) zusammenhängen. Lediglich § 1968 bestimmt, dass der Erbe die Kosten der standesgemäßen Beerdigung des Erblassers trägt; es wird also nur die mit der Beisetzung zusammenhängende vermögensrechtliche Frage geregelt.

Die Pflicht zur Bestattung[2] ist ein Teil des öffentlichen Rechts.[3] Das Bestattungswesen gehört zur ausschließlichen Gesetzgebungskompetenz der Länder (Art. 70 GG). Das Gesetz über die Feuerbestattung vom 15.5.1934[4] gilt als Landesrecht weiter, sofern das betreffende Bundesland inzwischen nicht eigene Rechtsvorschriften erlassen hat. Im **Fall a** geht nach § 2 III FeuerbestG der Wille der F dem des S vor (→ Rn. 12).

II. Erbrecht im subjektiven Sinne

3 Unter »Erbrecht« im subjektiven Sinne versteht man die Rechtsmacht des Erben.

1. Ein solches Erbrecht entsteht frühestens mit dem Tode desjenigen, der beerbt wird (= Erblasser). In diesem Zeitpunkt geht sein Vermögen auf den Erben über, ohne dass dieser die Erbschaft anzunehmen braucht (Grundsatz des Vonselbsterwerbs; vgl. § 1942 I). Erbrecht im subjektiven Sinne bedeutet also die Herrschaft des Erben über die Erbschaft.

In diesem Sinne gebraucht das Gesetz den Begriff zB in § 2353. Wenn es dort heißt, dass das Nachlassgericht dem Erben ein Zeugnis über sein Erbrecht zu erteilen hat, so ist damit ein Zeugnis über die Rechtsmacht des Einzelnen gemeint.
Das Erbrecht im subjektiven Sinne ist nach heute allgemeiner Ansicht kein einheitliches Herrschaftsrecht über die Erbschaft als Ganzes, sondern eine Sammelbezeichnung für eine Reihe von Einzelbefugnissen und Pflichten.[5] Das zeigt sich etwa darin, dass der Nachlass nicht durch einheitliches Rechtsgeschäft als Ganzes übertragen werden kann.[6]

2. Vor dem Tode des Erblassers besteht kein Erbrecht **(Fall b).** Selbst die nächsten Angehörigen (zB die Ehefrau) haben lediglich eine Aussicht, Erbe zu werden; denn es besteht die Möglichkeit, dass der Erblasser kurz vor seinem Tode ein Testament errichtet, in dem er zB seinen Freund zum Alleinerben einsetzt. Sogar dieser hat damit noch kein Erbrecht, da der Erblasser das Testament jederzeit widerrufen kann (§§ 2253 ff.). Wenn man also von einem »Erbrecht« hinsichtlich des Vermögens einer noch lebenden Person spricht, dann ist damit nur eine Chance, Erbe zu werden, also eine Erbaussicht, gemeint. Diese ist auch nicht als Anwartschaft anzusehen; denn von einer genügend gesicherten Rechtsstellung des Erben zu Lebzeiten des Erblassers kann keine Rede sein. Eine Erbaussicht ist nicht wie die Anwartschaft übertragbar und nicht vererblich.

Den Ausdruck »Erbrecht« im Sinne von Erbaussicht gebraucht das Gesetz beim Erbverzicht. Wenn zB § 2346 I 1 bestimmt, dass Verwandte sowie der Ehegatte des Erblassers durch Vertrag mit dem

---

2 **Literatur:** *Gaedke*, Handbuch des Friedhofs- und Bestattungsrechts, 10. Aufl. 2010; *Widmann*, Testamentserklärungen und Bestattungsanordnungen in Bestattungsvorsorgeverträgen FamRZ 2001, 74; *W. Zimmermann* Rechtsfragen zum Thema »Friedhof und Bestattung« ZEV 1997, 440.
3 Vgl. BVerwGE 11, 68; 17, 119.
4 RGBl. I 380.
5 Siehe nur Erman/*Schlüter* Einl. § 1922 Rn. 10; MüKoBGB/*Leipold* Einleitung vor § 1922 Rn. 4.
6 BGH NJW 1954, 1647.

Erblasser auf ihr gesetzliches Erbrecht verzichten können, dann ist damit der Verzicht auf die bestehende Erbaussicht gemeint; aus dieser soll beim Tode des Erblassers kein Erbrecht werden.

B. Erbfall

§ 1922 I lautet: »Mit dem Tode einer Person (Erbfall) geht deren Vermögen (Erb- **4** schaft) als Ganzes auf eine oder mehrere Personen (Erben) über.« Der *Tod einer natürlichen Person* (eines Menschen) wird als Erbfall bezeichnet.

Als Todeszeitpunkt ist nach medizinischer Erkenntnis der Eintritt des Gehirntodes zu verstehen; das ist der Zeitpunkt des irreversiblen Funktionsverlustes des Gehirns, so dass dauerhaft keine Gehirnkurven mehr mitgeschrieben werden können und eine Reanimation ausgeschlossen ist.[7]
Der Nachweis des Erbfalls kann durch eine vom Standesbeamten ausgestellte Sterbeurkunde (§§ 60 ff. PStG) geführt werden.
Bei Verschollenheit des Menschen begründet die Todeserklärung die (widerlegbare) Vermutung, dass der Verschollene zu dem im Beschluss festgestellten Zeitpunkt gestorben ist (§ 9 I 1 VerschG).[8] Entsprechendes gilt, wenn eine Todeserklärung unzulässig und der Zeitpunkt des Todes gerichtlich festgestellt ist (§ 44 VerschG).

C. Erblasser

Die *Person, deren Vermögen mit dem Tode auf eine oder mehrere Personen übergeht,* **5** wird als Erblasser bezeichnet. Demnach ist der Verstorbene, und zwar *jeder* Verstorbene, Erblasser.

Eine juristische Person stirbt nicht. Endet sie durch Auflösung, kann sie selbst zwar nicht mehr Träger von Rechten und Pflichten sein; aber sie wird nicht beerbt, sondern liquidiert (vgl. §§ 45 ff. für den rechtsfähigen Verein).

Das Gesetz nennt auch den lebenden Menschen dann Erblasser, wenn er eine Verfügung von Todes wegen errichtet oder aufhebt (§§ 2229 ff.) oder einen Erbverzichtsvertrag mit einem Verwandten oder seinem Ehegatten hinsichtlich seines Vermögens schließt (§§ 2346 ff.).

D. Erbe

Die *Personen, auf die mit dem Tode eines Menschen dessen Vermögen als Ganzes* **6** *übergeht,* werden Erben genannt (vgl. § 1922 I).

I. Bestimmung des Erben

Erbe ist in erster Linie derjenige, den der Erblasser dazu in einer besonderen Willenserklärung (Testament, Erbvertrag) bestimmt hat (gewillkürter Erbe; §§ 1937, 1941). Fehlt eine solche gewillkürte Erbfolge, ergibt sich aus dem Gesetz, wer erbt (gesetzlicher Erbe; §§ 1924 ff.).

---

7 OLG Köln NJW-RR 1992, 1480; Palandt/*Ellenberger* § 1 Rn. 3; *Lange* ErbR Kap. 2 Rn. 8; ähnlich *Muscheler* ErbR I Rn. 111; **anders** MüKoBGB/*Leipold* § 1922 Rn. 12: endgültiger Stillstand von Atmung und Kreislauf.
8 *Brox/Walker* BGB AT Rn. 709 ff.

II. Erbfähigkeit

7 Erbfähigkeit ist die Fähigkeit, Erbe zu sein. Sie ist ein Ausschnitt der Rechtsfähigkeit. Da im Zeitpunkt des Todes des Erblassers dessen (mit dem Tod nicht erlöschende) Rechte und Pflichten auf den Erben übergehen sollen, muss dieser im genannten Zeitpunkt rechtsfähig sein.

1. Rechtsfähig und damit erbfähig ist *jede natürliche und juristische Person*. Tiere (§ 90a) können also nicht Erben sein.

> Im **Fall c** ist die Erbeinsetzung des Hundes nichtig. Es tritt gesetzliche Erbfolge ein. Die letztwillige Verfügung ist aber als Auflage (§ 1940; → Rn. 459) aufrechtzuerhalten (§ 2084; → Rn. 205), nach der die Erben verpflichtet sind, für eine gute Pflege des Hundes zu sorgen. Dagegen ist die Stadt (als juristische Person) erbfähig. Das gilt auch für den Kegelklub, wenn er als eingetragener Verein rechtsfähig ist (§ 21). Aber selbst der nicht im Vereinsregister eingetragene Verein wird inzwischen entgegen § 54 ebenso wie die GbR[9] als rechtsfähig angesehen, soweit er nach außen am Rechtsverkehr teilnimmt.[10] Auch er ist deshalb vermögensfähig und damit erbfähig.[11] Wenn die Mitglieder eines nicht eingetragenen Vereins als Erben bedacht werden, ist durch Auslegung zu ermitteln, ob der Verein als solcher erbt oder ob die Mitglieder persönlich erben und zur Übertragung an den Verein verpflichtet sind.[12]

8 **2.** Die Rechtsfähigkeit muss im *Zeitpunkt des Erbfalls* gegeben sein (vgl. § 1923 I); denn in diesem Augenblick geht das Vermögen des Erblassers auf einen anderen Rechtsträger (den Erben) über (§ 1922 I). Der Erbe muss also den Erblasser – wenn auch nur um den Bruchteil einer Sekunde – überleben.[13]

> Im **Fall d** ist F nicht Erbe des E geworden, wenn er vor E gestorben ist. Hat er dagegen den E – wenn auch nur um fünf Minuten – überlebt, ging im Zeitpunkt des Todes des E dessen Vermögen auf den in diesem Augenblick noch rechtsfähigen F über. Kann nicht festgestellt werden, wer wen überlebt hat, besteht die Vermutung gleichzeitigen Todes (§ 11 VerschG); dann ist F nicht Erbe geworden. Ob F den E überlebt hat, ist von großer Bedeutung für die Erben des F; wenn nämlich F den E überlebt, geht das Vermögen des E auf F und von diesem auf dessen Erben über.

9 Eine *Vorverlegung der Rechtsfähigkeit* bestimmt § 1923 II: Der bereits erzeugte, aber noch nicht geborene Mensch (nasciturus) gilt als vor dem Erbfall geboren.

> Der Grund für diese Fiktion zeigt sich an folgendem **Beispiel:** Hinterlässt E seine Frau und ein Kind von drei Monaten, wird er gesetzlich von beiden beerbt (§§ 1924 I, 1931). Wird das Kind aber erst zwei Monate nach dem Tod des E geboren, dann könnte es ohne § 1923 II nicht Erbe seines Vaters sein, da es zur Zeit des Erbfalls noch nicht rechtsfähig war (§§ 1, 1923 I). Demnach würden die Witwe des E und dessen Eltern erben (§§ 1925, 1931). Es ist nicht einzusehen, warum ein kurz vor dem Tode des E geborenes Kind erben und ein kurz nachher geborenes Kind leer ausgehen soll. Hier hilft § 1923 II.

§ 1923 II setzt voraus, dass das noch nicht geborene Kind einmal die Rechtsfähigkeit erlangt, also lebend zur Welt kommt. § 1923 II greift auch dann ein, wenn das Kind nur ein paar Minuten gelebt hat. Wird es tot geboren, ist es nie rechtsfähig gewesen und kommt als Erbe nicht in Betracht.

---

9 BGH NJW 2001, 1056; zur GbR als Erbin *Scherer/Feick* ZEV 2003, 341.
10 *Brox/Walker* BGB AT Rn. 770 mwN.
11 Erman/*Schlüter* § 1923 Rn. 1; MüKoBGB/*Leipold* § 1923 Rn. 32; Staudinger/*Weick* (2005) § 54 Rn. 77.
12 Staudinger/*Weick* (2005) § 54 Rn. 77.
13 Dazu OLG Hamm NJW-RR 1996, 70.

Im **Beispielsfall** erben bei einer Totgeburt des Kindes die Witwe und die Eltern des Erblassers. Hat das Kind aber gelebt, erben die Witwe und das (einzige) Kind des E; stirbt dann das Kind, wird es von seiner Mutter beerbt, so dass das Vermögen des E letztlich ganz an dessen Witwe fällt.

Umstritten ist, ob § 1923 II entsprechend anwendbar ist, wenn das Kind dadurch entsteht, dass (ggf. unter Verstoß gegen das Verbot des § 4 I Nr. 3 ESchG) der Samen seines Vaters nach dessen Tod der Mutter eingespritzt wird (sog. homologe Insemination) oder dass Samen und Ei der Eltern in der Retorte verschmolzen werden und der Embryo nach dem Tod des Vaters in den Uterus der Mutter eingesetzt wird (sog. homologe In-vitro-Fertilisation).[14]

Diese Methoden, die erst durch die Fortschritte in der Fortpflanzungsmedizin möglich wurden, gab es zur Zeit der Entstehung des BGB noch nicht, und sie konnten auch noch nicht vorausgesehen werden. Der Gesetzgeber ging davon aus, dass es nach dem Tod des Vaters zu einer Zeugung durch diesen nicht mehr kommen könne.

Bei der Ausfüllung dieser Gesetzeslücke ist aus dem Gleichheitsgrundsatz und dem Gebot der Gerechtigkeit herzuleiten, dass das nach dem Tod des Erblassers gezeugte Kind erbrechtlich ebenso wie alle anderen Kinder des Erblassers behandelt wird. Die erbrechtliche Berücksichtigung des Kindeswohls hat den Gesetzgeber schon veranlasst, trotz des Grundsatzes, dass erbfähig nur der Rechtsfähige ist, einen Weg zu finden, um den erbrechtlichen Schutz auch dem im Zeitpunkt des Erbfalls gezeugten Kind zu gewähren. Dann liegt es nahe, auch das postmortal gezeugte Kind des Erblassers bei der Erbfolge wie die anderen Kinder zu stellen. Dafür spricht auch der hypothetische Wille des Gesetzgebers: In Fällen, in denen er sich vorstellen konnte, dass eine nicht erzeugte Person als Erbe in Betracht kommt, nämlich bei der Erbeinsetzung einer solchen Person, hat er (in § 2103; → Rn. 349) eine Konstruktion (Nacherbfolge) gefunden, um den zur Zeit des Erbfalls noch nicht Erzeugten in den Genuss der Erbschaft kommen zu lassen. Das lässt den Schluss zu, dass der Gesetzgeber auch im nicht voraussehbaren Fall der postmortalen künstlichen Zeugung einen Weg beschritten hätte, um das daraus entstehende Kind an dem Nachlass des Vaters teilhaben zu lassen. Das kann durch eine Ausdehnung der Fiktion des § 1923 II auf den genannten Fall geschehen.[15] Von der Gegenansicht wird eine entsprechende Anwendung des § 1923 II vor allem aus Gründen der Rechtssicherheit abgelehnt, weil sonst möglicherweise lange Ungewissheit über die erbrechtliche Lage bestehe.[16]

Eine weitere Vorverlegung der Rechtsfähigkeit im Hinblick auf die Erbfähigkeit enthält § 84. Hier wird fingiert, dass die Stiftung, die erst nach dem Tode des Erblassers genehmigt und damit rechtsfähig wird, als schon vor dessen Tod entstanden gilt.[17]

E. Erbschaft

Das *Vermögen des Erblassers, das mit dessen Tod auf den (die) Erben übergeht*, wird in § 1922 I als Erbschaft bezeichnet. Dazu gehören die Aktiva und Passiva.[18]   10

Nach anderer Ansicht ist mit dem »Vermögen« in § 1922 I nur das Aktivvermögen gemeint.[19] Der Streit ist ohne praktische Bedeutung; denn jedenfalls ergibt sich die Haftung des Erben für die Verbindlichkeiten des Erblassers aus § 1967.

---

14 Vgl. dazu *Brox,* FS Stree und Wessels, 1993, 965.
15 Ebenso etwa HK-BGB/*Hoeren* § 1923 Rn. 3; MüKoBGB/*Leipold* § 1923 Rn. 17.
16 So etwa Bamberger/Roth/*Müller-Christmann* § 1923 Rn. 7; Erman/*Schlüter* § 1923 Rn. 3; *Lange* ErbR Kap. 2 Rn. 15; *Muscheler* ErbR I Rn. 10.
17 Zur Stiftung von Todes wegen *Werner* in: Aktuelle Fragen zur Gestaltung der Rechtsnachfolge von Todes wegen unter Lebenden, 2008, 103 ff.
18 Ebenso MüKoBGB/*Leipold* § 1922 Rn. 16 f. mwN; *Lange* ErbR Kap. 2 Rn. 30.
19 So etwa Erman/*Schlüter* § 1922 Rn. 6.

Die Erbschaft wird vom Gesetz oft auch *Nachlass* genannt. Der Ausdruck »Erbschaft« wird meist dann gebraucht, wenn es um die Beziehung des hinterlassenen Vermögens zu dem neuen Rechtsträger geht (so in §§ 1942 ff., 2018 ff.), während mit »Nachlass« mehr der Bestand des Vermögens gemeint ist (so in §§ 1960, 1967, 1975).

I. Grundsätze

11 Nach § 1922 I geht beim Erbfall das *Vermögen* des Erblassers auf den Erben über. Damit ist nicht gesagt, dass nur geldwerte Güter vererblich sind.[20] Es gibt auch nicht vermögenswerte Rechte, die vererbt werden, während wir andererseits auch Vermögensrechte kennen, die mit dem Tode des Berechtigten erlöschen (zB Nießbrauch, § 1061 S. 1). Regelmäßig sind vermögensbezogene Rechte und Pflichten vererblich, persönlichkeitsbezogene dagegen nicht. Wenn Vermögens- und Persönlichkeitsrecht stark miteinander verbunden sind, ist ausschlaggebend, was im Einzelfall überwiegt.

> **Beispiele:** Die Urheberrechte sind Rechte des Urhebers an seinem Geisteswerk, also persönlichkeitsbezogen. Da sie aber auch einen Vermögenswert darstellen, sieht das Gesetz die Vererblichkeit vor (→ Rn. 18).
> Die Mitgliedschaft in einem Verein oder einer Gesellschaft ist persönlichkeitsbezogen, kann aber auch einen Vermögenswert darstellen (Handelsgesellschaften). Nach der Auffassung des Gesetzgebers überwiegt beim Verein das Persönliche. Deshalb ist im gesetzlichen Regelfall die Mitgliedschaft im Verein nicht vererblich (§ 38 S. 1). Der Tod eines Gesellschafters einer OHG führt regelmäßig zum Ausscheiden des Gesellschafters (§ 131 III Nr. 1 HGB). Diese gesetzlichen Regeln sind aber abdingbar (vgl. § 40; § 131 III Nr. 1 HGB). Bei einer Kapitalgesellschaft tritt das Personenrechtliche zu Gunsten des Vermögenswertes zurück, weshalb das Mitgliedschaftsrecht nach dem Gesetz vererblich ist (vgl. etwa § 15 I GmbHG). Das gilt auch für die Beteiligung eines Kommanditisten (§ 177 HGB).

Höchstpersönliche Rechte sind nicht übertragbar und nicht vererblich. Grundsätzlich spricht die Übertragbarkeit für Vererblichkeit und die Nichtübertragbarkeit für Nichtvererblichkeit (**Beispiele:** §§ 1059, 1061).

II. Einzelfälle

12 **1.** Der *Leichnam* ist dem Rechtsverkehr entzogen.[21] Dabei kann dahinstehen, ob er als Sache im Sinne des § 90 anzusehen ist; jedenfalls widerspricht es den sittlichen Anschauungen, ein Eigentumsrecht etwa der Erben an der Leiche des Erblassers anzunehmen (zu **Fall e**).

> Der Leichnam, aber auch die Asche, ist Gegenstand der Totenfürsorge. Diese wahrzunehmen, ist in erster Linie das Recht dessen, den der Verstorbene damit betraut hat;[22] im Übrigen steht das Recht gewohnheitsrechtlich den nächsten Angehörigen und nicht den Erben zu.[23] Maßgebend für Art und Ort der Bestattung **(Fall a)** ist in erster Linie der Wille des Verstorbenen. Eine besondere Form der Willensäußerung (zB eine Verfügung von Todes wegen) ist nicht erforderlich; es reicht vielmehr aus, wenn sich eine Bestattungsanordnung den Umständen mit Sicherheit entnehmen lässt.[24] In zweiter Linie bestimmen darüber die nächsten Familienangehörigen, die dazu in einer bestimmten Rangfolge berechtigt und verpflichtet sind. Diese Regeln ergeben sich aus dem Feuerbestattungsgesetz

---

20 Vgl. Mot. V, 2.
21 So schon RGSt 64, 313.
22 BGH FamRZ 1992, 657; LG Ansbach NJW-Spezial 2012, 104 - Lebensgefährtin.
23 Vgl. RGZ 154, 269; BGHZ 61, 238; BGH FamRZ 1978, 15.
24 BGH NJW-RR 1992, 834.

(→ Rn. 2); sie gelten mangels entsprechender Bestimmungen auch für die Erdbestattung. Erst wenn keine Familienangehörigen vorhanden sind, kommt es auf die Bestimmung durch die Erben an, die in jedem Fall die Beerdigungskosten zu tragen haben (§ 1968).

2. Für die Zulässigkeit einer *Obduktion* kommt es auf eine Zustimmung des Ver- **13** storbenen an; ist ein Wille des Verstorbenen nicht feststellbar, so haben seine Familienangehörigen darüber zu bestimmen (vgl. § 2 I, II FeuerbestG).

Eine Organentnahme bei einem toten Organspender ist unter anderem nur dann zulässig, wenn dieser in die Entnahme eingewilligt hatte. Liegt weder eine schriftliche Einwilligung noch ein schriftlicher Widerspruch des möglichen Organspenders vor, ist dessen nächster Angehöriger zu befragen (Einzelheiten: §§ 3 ff. des Transplantationsgesetzes vom 5.11.1997).[25]

3. *Künstliche Körperteile,* die mit dem Körper fest verbunden sind (zB künstliche **14** Gelenke, Zahnplomben, Herzschrittmacher), sind – wie der Leichnam selbst – nicht vererblich. Die Erben haben ein Aneignungsrecht, das sie jedoch nur bei vorheriger Einwilligung des Verstorbenen oder – wenn es daran fehlt – mit Zustimmung der Familienangehörigen des Verstorbenen rechtswirksam ausüben können.[26]

Abnehmbare Prothesen, Hörgeräte und dergl. fallen dagegen in den Nachlass und damit an die Erben.

4. Das *Recht auf Einsichtnahme in die Krankenpapiere,* das dem Erblasser selbst in **15** der Regel ohne Darlegung eines besonderen Interesses bis zu seinem Tode zustand,[27] kann wegen vermögensrechtlicher Belange (zB Klärung von Schadensersatzansprüchen) auf die Erben übergegangen sein. Aber auch nahe Angehörige dürfen das Einsichtsrecht in Anspruch nehmen, soweit es nachwirkenden Persönlichkeitsbelangen des Verstorbenen dient (zB Verwirklichung des Strafanspruchs gegen den für den Tod Verantwortlichen).

Dem Einsichtsrecht der Erben und der nahen Angehörigen kann aber die ärztliche Schweigepflicht entgegenstehen.[28] Sofern der Verstorbene den Arzt nicht von dessen Schweigepflicht entbunden hat, darf der Arzt seine Pflicht zur Verschwiegenheit nur im vermuteten Einverständnis seines Patienten brechen. Der Arzt hat gewissenhaft zu prüfen, ob Anhaltspunkte dafür bestehen, dass der Verstorbene die ganze oder teilweise Offenlegung der Krankenpapiere gegenüber seinen Erben bzw. Angehörigen mutmaßlich ge- oder missbilligt haben würde. Bei der Erforschung dieses mutmaßlichen Willens des Patienten wird auch das Anliegen der die Einsicht begehrenden Personen zu berücksichtigen und zu prüfen sein, ob nicht durch den Tod ein vorher bestehendes Geheimhaltungsinteresse des Patienten entfallen ist.[29]

5. Das *allgemeine Persönlichkeitsrecht,* das von Rechtsprechung und Lehre als sons- **16** tiges Recht iSd § 823 I anerkannt wird,[30] schützt die Individualsphäre des Einzelnen sowie die freie Entfaltung der Persönlichkeit.

---

25 BGBl. I 2631; dazu: *Deutsch* NJW 1998, 777; *Walter* FamRZ 1998, 201.
26 Erman/*Schlüter* § 1922 Rn. 37; ähnlich MüKoBGB/*Leipold* § 1922 Rn. 112.
27 Vgl. BGHZ 85, 327u. 339.
28 Vgl. BGH NJW 1983, 2628.
29 Vgl. BGH NJW 1983, 2629; BGHZ 91, 398.
30 *Brox/Walker* SchuldR BT § 41 Rn. 21.

a) Das Persönlichkeitsrecht ist ein höchstpersönliches *Nichtvermögensrecht,* das *nicht vererblich* ist. Auch das Namensrecht einer Person (§ 12) erlischt mit deren Tod.[31]

Ein Anspruch auf Beseitigung einer fortwirkenden Beeinträchtigung des Persönlichkeitsrechts, der zu Lebzeiten des Erblassers in dessen Person entstanden ist, geht ebenfalls nicht auf den Erben über. Dasselbe gilt für einen bereits dem Erblasser zustehenden Unterlassungsanspruch wegen drohender Verletzung des Persönlichkeitsrechts. Beide Ansprüche dienen dem Schutz des allgemeinen Persönlichkeitsrechts und sind deshalb wie dieses höchstpersönlicher Natur. Hatte der Verstorbene wegen der Verletzung seines Persönlichkeitsrechts ausnahmsweise einen Anspruch auf Schmerzensgeld,[32] so ist dieser Anspruch vererblich.

b) Die Persönlichkeitswerte, die zu Lebzeiten der Person unter den Schutz des allgemeinen Persönlichkeitsrechts fallen, sind jedoch auch nach dem Tod des Rechtsträgers in gewissem Umfang vor Beeinträchtigungen zu bewahren. So muss etwa die ehrverletzende Verfälschung des Lebensbildes oder die Verunglimpfung des Andenkens eines Verstorbenen verhindert werden können. Ein solcher *postmortaler Persönlichkeitsschutz* ist mit Rücksicht auf die Wertentscheidung des Art. 1 I GG geboten.[33] Nach dieser Verfassungsbestimmung ist die Würde des Menschen unantastbar. Die Würde, die dem einzelnen Menschen wegen seines Personseins zukommt, erlischt nicht mit dem Tod. Deshalb muss unsere Rechtsordnung einen Schutz auch für die Menschenwürde Verstorbener vorsehen. Ein solcher Schutz wird zum Teil durch die §§ 168, 189 StGB und § 22 KunstUrhG erreicht. Da diese Vorschriften jedoch nicht alle Beeinträchtigungen erfassen, muss das Zivilrecht zumindest die Möglichkeit bieten, Verletzungen solcher Persönlichkeitswerte abzuwehren, die den Tod eines Menschen überdauern. Mit Recht gewährt daher die wohl hM in Rechtsprechung und Literatur bei einer fortwirkenden Beeinträchtigung der ideellen Bestandteile des postmortalen Persönlichkeitsrechts *Beseitigungsansprüche* und bei einer drohenden Verletzung *Unterlassungsansprüche,* allerdings keine Schadensersatzansprüche.[34]

Eine Mindermeinung nimmt an,[35] die den Tod einer Person überdauernden Persönlichkeitswerte seien selbst nicht geschützt. Ihre Beeinträchtigung sei nur dann rechtlich beachtlich, wenn dadurch zugleich das Persönlichkeitsrecht der Angehörigen verletzt werde. Diese Auffassung ist abzulehnen, weil sie der Würde des Verstorbenen selbst keinen Schutz gewährt und damit dem Gebot des Art. 1 I GG nicht gerecht wird. Nicht jede den Ruf des Verstorbenen beeinträchtigende Maßnahme stellt zugleich eine Verletzung des allgemeinen Persönlichkeitsrechts der Angehörigen dar.

Die dogmatische Einordnung des von der hM anerkannten postmortalen Persönlichkeitsschutzes bereitet deswegen Schwierigkeiten, weil der Verstorbene nicht mehr Inhaber eines seine Persönlichkeitswerte schützenden Beseitigungs- oder Unterlassungsanspruchs sein kann.[36] Der BGH ist der Ansicht,[37] es bestehe eine allgemeine Rechtspflicht, die den Tod eines Menschen überdauernden Persönlichkeitswerte zu achten. Dieser Rechtspflicht, die in §§ 189 StGB, 22 KunstUrhG für bestimmte Einzelfälle gesetzlich geregelt sei, stehe kein entsprechendes Recht eines Rechtssubjekts gegenüber; die Angehörigen des Verstorbenen seien nur befugt, die Einhaltung dieser Pflicht durchzusetzen. Dem ist zuzustimmen. Die Anerkennung einer solchen allgemeinen Rechtspflicht ist eine durch Art. 1 I GG gebotene verfassungskonforme Rechtsfortbildung auf der Grundlage der vom BGH angeführten Einzelregelungen. Einem Verstoß gegen diese Pflicht muss in entsprechender Anwendung des § 1004

---

31 BGH NJW 2007, 684 – Klaus Kinski.
32 Vgl. *Brox/Walker* SchuldR BT § 44 Rn. 15 ff.; BGHZ 35, 363; 39, 124; BGH NJW 2005, 215.
33 Vgl. BVerfGE 30, 173 (194); BVerfG NJW 2001, 594; BGH NJW 2007, 684.
34 Vgl. BGHZ 50, 133; BGH NJW 2006, 605; 2007, 684 (685); *Buschmann* NJW 1970, 2081; *Heldrich,* FS Heinr. Lange, 1970, 163; *Lipp* ErbR Rn. 39; *Muscheler* ErbR I Rn. 747; **aA** *Stein* FamRZ 1986, 7.
35 Vgl. *H. P. Westermann* FamRZ 1969, 561 mwN.
36 Vgl. *Buschmann* NJW 1970, 2081; *Heldrich,* FS Heinr. Lange, 1970, 163.
37 BGHZ 50, 133 (138).

gegebenenfalls mit der Beseitigungs- bzw. Unterlassungsklage entgegengetreten werden können. Dabei ist es unerheblich, dass der Pflicht kein Recht gegenübersteht.

Der Kreis der zur Wahrnehmung des postmortalen Persönlichkeitsschutzes befugten Personen ist – abgesehen von den angeführten Einzelfällen – gesetzlich nicht festgelegt. Es ist davon auszugehen, dass in erster Linie die Person klagebefugt ist, der nach dem Willen des Verstorbenen diese Befugnis zukommen soll;[38] dieser Wille braucht nicht in einer Verfügung von Todes wegen niedergelegt zu sein. Soweit ein bestimmter Wille des Erblassers nicht festgestellt werden kann, sind in entsprechender Anwendung der §§ 77 II, 194 II StGB, § 22 KunstUrhG die nahen Angehörigen (auch wenn sie nicht Erben sind) klagebefugt.

Im **Fall e** kann S daher auf jeden Fall als Sohn des Verstorbenen Unterlassung verlangen.

Der Umfang des postmortalen Persönlichkeitsschutzes ist geringer als der des allgemeinen Persönlichkeitsrechts.[39] Dies folgt schon daraus, dass die im Rahmen des allgemeinen Persönlichkeitsrechts geschützte freie Entfaltung der Persönlichkeit bei einem Verstorbenen nicht mehr beeinträchtigt werden kann. Hinzu kommt, dass die unter anderem durch persönliche Kenntnis und Wertschätzung geprägte Erinnerung der Nachwelt an den Verstorbenen mit der Zeit immer mehr verblasst und damit auch das Bedürfnis für einen rechtlichen Schutz des Persönlichkeitsbildes entfällt.

Jedoch ist der postmortale Persönlichkeitsschutz eines bekannten Malers 30 Jahre nach dessen Tod noch nicht entfallen.[40]

c) Es ist anerkannt, dass das postmortale Persönlichkeitsrecht auch *vermögenswerte Bestandteile* (zB kommerzielle Nutzung von Namen und Bild eines Prominenten) enthält. Diese sind vererblich.[41] Bei einer Verletzung dieser vermögenswerten Bestandteile können dem Erben *auch Schadensersatzansprüche* zustehen.[42] Eine Verletzung der vermögenswerten Bestandteile des postmortalen Persönlichkeitsrechts nimmt die Rechtsprechung[43] allerdings nur nach einer sorgfältigen Abwägung mit den Interessen des auf Schadensersatz in Anspruch Genommenen an, insbesondere wenn dieser sich aufgrundrechte wie Meinungs- oder Kunstfreiheit (Art. 5 I, III GG) berufen kann. Außerdem begrenzt sie die Schutzdauer dieser vermögenswerten Bestandteile wie das Recht am eigenen Bild (§ 22 S. 3 KUrhG) auf zehn Jahre nach dem Tod der Person.

6. Die *Familienrechte* sind, soweit sie höchstpersönlicher Natur sind, unvererblich **17** (zB Recht und Pflicht zur ehelichen Lebensgemeinschaft, elterliche Sorge). Überwiegt dagegen der vermögensrechtliche Charakter, ist das Recht vererblich (zB Zugewinnausgleichsforderung nach § 1378 I; Vergütungsanspruch des Vormundes nach § 1836 und des Betreuers nach § 1908i I 1).

---

38 BGHZ 15, 249 (259).
39 BVerfG NJW 2001, 594 (595).
40 BGHZ 107, 384 – Emil Nolde; *Schack* JZ 1990, 40.
41 BGHZ 143, 214 – Marlene Dietrich; *Götting* NJW 2001, 585.
42 BGHZ 143, 214 (220 ff.) – Marlene Dietrich; BGH NJW 2006, 605; NJW 2007, 684 (685) – Klaus Kinski.
43 BGH NJW 2007, 684 (685) – Klaus Kinski.

Unterhaltsansprüche sind zwar vermögensrechtlicher Natur; sie werden dennoch nicht vererbt, weil ihr Sinn mit dem Tod des Berechtigten weggefallen ist (§§ 1615 I, 1360a III). Ansprüche, die bereits in der Person des Erblassers entstanden sind, gehen auf den Erben über.

Beim Tode des Unterhaltsverpflichteten erlischt grundsätzlich der Unterhaltsanspruch (§§ 1615 I, 1360a III; Ausnahme: § 1586b).

18 7. Die *Immaterialgüterrechte und gewerblichen Schutzrechte* sind stärker vermögensbezogen; deshalb sind sie vererblich: §§ 28, 64 UrhG;[44] § 15 PatG; § 29 I GeschmMG, § 22 GebrMG; § 27 I MarkenG; vgl. auch §§ 9, 34 VerlG.

19 8. Die *dinglichen Rechte* sind als Vermögensrechte grundsätzlich vererblich (zB Eigentum, Erbbaurecht, Pfandrecht). Sie können ausnahmsweise aber so stark an eine bestimmte Person gebunden sein, dass sie mit deren Tod erlöschen (zB Nießbrauch, § 1061 S. 1; beschränkt persönliche Dienstbarkeit, § 1090 II).

20 9. *Schuldrechtliche Ansprüche und Verpflichtungen* gehen grundsätzlich auf den Erben über.

> **Beispiel:** Der Erblasser hatte einen Kaufvertrag geschlossen, der noch nicht erfüllt ist. Der Erbe tritt in die Gläubiger- und Schuldnerstellung des Erblassers ein. Er ist also verpflichtet, die vom Erblasser verkaufte Sache an den Käufer zu übereignen und zu übergeben; er hat den Anspruch auf die Kaufpreiszahlung. Auch etwaige sekundäre Leistungspflichten (zB Ersatz des Verspätungsschadens wegen Schuldnerverzugs) und Gestaltungsrechte, die mit dem Schuldverhältnis zusammenhängen (zB Anfechtung, Rücktritt), gehen auf den Erben über.
> In manchen Fällen gibt das Gesetz dem Erben ein erst in seiner Person entstehendes Recht (zB Recht zur vorzeitigen Kündigung des Mietverhältnisses, § 564).

Ausnahmsweise enden schuldrechtliche Rechte und Pflichten mit dem Tode des Erblassers. Das kann auf Parteivereinbarung oder Gesetz beruhen.

> **Beispiele:** Der noch nicht fällige Unterhaltsanspruch erlischt mit dem Tod des Bedürftigen. Der Widerruf der Schenkung wegen groben Undanks ist nach dem Tod des Beschenkten nicht mehr zulässig (§ 532 S. 2).

Unvererblichkeit ist vor allem dann gegeben, wenn das Schuldverhältnis besonders personenbezogen ist. Ob das der Fall ist, kann nur im Einzelfall entschieden werden.

Der Arbeitsvertrag zB erlischt beim Tod des Arbeitnehmers, denn die Arbeitsleistung ist im Zweifel in Person zu erbringen (§ 613 S. 1). Mit dem Ende des Arbeitsverhältnisses erlischt auch ein dem Erblasser noch zustehender Urlaubsanspruch. Er wandelt sich selbst dann, wenn der Urlaub bis zum Tod des Arbeitnehmers wegen Krankheit nicht in Anspruch genommen werden konnte, nicht in einen Urlaubsabgeltungsanspruch nach § 7 IV BUrlG um,[45] der auf den Erben übergehen könnte.

Stirbt dagegen der Arbeitgeber, kann man meistens – entgegen der Auslegungsregel des § 613 S. 2 – davon ausgehen, dass eine Fortsetzung des Arbeitsverhältnisses im Interesse des Arbeitnehmers wie des neuen Arbeitgebers (Erben) liegt. Der Erbe des Arbeitgebers tritt also in der Regel in die Arbeitgeberstellung des Erblassers ein. Nur wenn die Arbeitsleistung gerade gegenüber der Person des Erblassers zu erbringen war (zB Pflege), endet mit dessen Tod das Arbeitsverhältnis.

21 10. Die *Anwartschaftsrechte*, mögen sie dinglicher oder schuldrechtlicher Art sein, sind wie die Vollrechte vererblich; denn sie werden als deren Vorstufe schon als subjektive Rechte behandelt.

---

44 Zur Erbrechtsregelung im Urheberrecht vgl. *Lange/Kuchinke* ErbR § 5 III 6a.
45 BAG NJW 2012, 634.

Häufigstes Beispiel: Der Käufer erwirbt beim Kauf unter Eigentumsvorbehalt aufschiebend bedingtes Eigentum an der Kaufsache. Stirbt er vor Zahlung der letzten Rate, geht dieses Anwartschaftsrecht auf seinen Erben über. Wird dann die letzte Rate gezahlt, tritt die Bedingung ein, und der Erbe wird Eigentümer.

§ 2 Grundprinzipien des Erbrechts, verfassungsrechtlicher Schutz und Rechtsquellen

Literatur: *Bestelmeyer,* Die Entwicklung des Erbrechts seit 2008, Rpfleger 2010, 635; *Karczewski,* Neuere Rechtsprechung des Bundesgerichtshofes zum Erbrecht, ZEV 2011, 223; *Kroppenberg,* Ist unser Erbrecht noch zeitgemäß?, NJW 2010, 2609; *Klingelhöffer,* Ist unser Erbrecht noch zeitgemäß?, ZEV 2010, 385; *Leipold,* Ist unser Erbrecht noch zeitgemäß?, JZ 2010, 802; *Münch,* Rechtsprechungsübersicht Erbrecht, FamRZ 2010, 13; *Röthel,* Ist unser Erbrecht noch zeitgemäß?, Gutachten A zum 68. DJT, 2010; *Siebert,* Die Entwicklung des Erbrechts im Jahr 2011, NJW 2012, 898; *ders.,* Die Entwicklung des Erbrechts im Jahr 2010, NJW 2011, 897.

22

Fälle:

a) E, dessen Vermögen im Wesentlichen aus zwei ungefähr gleichwertigen Grundstücken besteht, bestimmt im Testament, dass sein Sohn A das Grundstück X, Sohn B das Grundstück Y haben soll. Ist A nach dem Tod des E sofort Eigentümer des Grundstücks X, oder was muss geschehen? (→ Rn. 25)

b) Die Haushälterin H des E nimmt sofort nach dessen Tod einen Ring und eine Uhr aus der Nachttischschublade. Den Ring behält sie. Die Uhr veräußert sie an den gutgläubigen K. Der Neffe N des E, der erst später vom Tode des E erfährt, verlangt als Alleinerbe die Sachen heraus. (→ Rn. 32)

A. Grundprinzipien

I. Privaterbrecht und Beteiligung des Staates am Erbrecht

1. Das Erbrecht des BGB ist ein Teil unserer Privatrechtsordnung, die auf der Anerkennung des Privateigentums und der Privatautonomie beruht. Der Gesetzgeber hat sich entsprechend seiner liberalen Einstellung für ein privates Erbrecht entschieden und die Nachfolge in das Vermögen eines Verstorbenen privatrechtlich geregelt: Stirbt ein Mensch, so fällt sein Vermögen nicht an den Staat; diesem steht auch kein Aneignungsrecht zu. Der Nachlass geht vielmehr auf Privatpersonen über.

Hat der Erblasser zu seinen Lebzeiten durch eine Verfügung von Todes wegen (zB durch Testament, § 1937) jemanden zum Erben eingesetzt, so erwirbt dieser mit dem Tode des Erblassers dessen Vermögen. Liegt eine Verfügung von Todes wegen nicht vor, tritt die gesetzliche Erbfolge ein, die eine Familien- und Verwandtenerbfolge ist. Danach sind die nächsten Angehörigen (Kinder und Ehegatte) des Erblassers dessen Erben (§§ 1924, 1931). Beim Fehlen naher Angehöriger erben die entfernteren Verwandten des Erblassers (vgl. §§ 1926 ff.). Der Staat wird – sozusagen als Lückenbüßer – erst dann gesetzlicher Erbe (§ 1936), wenn weder eine vom Erblasser durch Verfügung von Todes wegen bestimmte Person erbt noch aus der näheren oder weiteren Verwandtschaft des Erblassers jemand als gesetzlicher Erbe in Betracht kommt.

Die Regelung des BGB über die private Erbfolge ist, abgesehen von römischrechtlichen und deutschrechtlichen Einflüssen, von den Rechts- und Ordnungsvorstellungen des klassischen Liberalismus geprägt. Für den Gesetzgeber war das Privateigentum Grundlage der Unabhängigkeit und damit der Freiheit des Einzelmenschen. Aus dieser Einschätzung des Privateigentums folgt nahezu notwendig die Anerkennung des Privaterbrechts; denn es gewährleistet den Fortbestand des Privateigentums über den Tod des jeweiligen Eigentümers hinaus.

Die uneingeschränkte Privaterbfolge war schon vor dem Erlass des BGB Gegenstand der rechtspolitischen Auseinandersetzung. Zum Teil wurde im Zusammenhang mit der Kritik an der bestehenden Gesellschaftsordnung und der Forderung nach Beseitigung des Privateigentums auch die Abschaffung des Privaterbrechts verlangt. Gemäßigtere Bestrebungen gingen dahin, die Privaterbfolge zu Gunsten des Staates zu begrenzen. Gegen die unbeschränkte Familienerbfolge wurde eingewandt, dass nach dem Zerfall der Großfamilie (Sippe) der Staat und die Gemeinden vielfach deren Aufgaben übernehmen müssten, soweit es um die soziale Sicherung des Einzelnen gehe. Das Privaterbrecht sei deshalb zu Gunsten der öffentlichen Hand auf die Verwandten zu beschränken, zwischen denen das Gesetz eine gegenseitige Unterhaltspflicht vorsehe; denn wo keine Pflichten bestünden, könne es auch keine Rechte geben. Im BGB hat sich jedoch, wie die §§ 1926 ff. zeigen, die Richtung durchgesetzt, die für ein unbeschränktes Privaterbrecht eintrat.

2. Für eine Beteiligung des Staates am Nachlass kommen zwei Möglichkeiten in Betracht:

a) Der Staat wird gesetzlicher Erbe, wenn kein anderer aufgrund einer Verfügung von Todes wegen oder kraft gesetzlicher Erbfolge erbt (§ 1936). In diesem Fall geht das Vermögen des Erblassers auf den Staat über, damit der Nachlass nicht herrenlos wird. Der Staat kann selbstverständlich auch – wie jede andere juristische Person – durch Verfügung von Todes wegen zum Erben eingesetzt werden.

b) Eine finanzielle Beteiligung des Staates am Nachlass wird durch die Erbschaftsteuer erreicht (→ Rn. 43, → Rn. 805 ff.). Dabei handelt es sich allerdings nicht um eine erbrechtliche Beteiligung.

II. Privatautonomie im Erbrecht

23 **Literatur:** *Blomberg*, Freiheit und Bindung des Erblassers, 2011; *Kroppenberg*, Privatautonomie von Todes wegen, 2008.

Der im ganzen Privatrecht geltende Grundsatz der Privatautonomie bedeutet, dass der Einzelne seine privaten Lebensverhältnisse im Rahmen der von der Rechtsordnung gezogenen Grenzen frei gestalten kann. Das gilt grundsätzlich auch für das Erbrecht:[46]

1. Der Erblasser kann durch Rechtsgeschäft (Verfügung von Todes wegen) frei bestimmen, an welche Person mit dem Erbfall sein Vermögen fallen soll *(Testierfreiheit)*. Das schließt nicht aus, dass die Verfügung von Todes wegen, wie jedes andere Rechtsgeschäft, im Einzelfall etwa nach § 134 oder § 138 nichtig sein kann (→ Rn. 261 ff.). Wie hoch der Gesetzgeber die Testierfreiheit schätzt, ergibt sich aus § 2302, wonach sie rechtsgeschäftlich nicht beschränkt werden kann.[47] Eine vom Erblasser freiwillig übernommene Bindung sieht das Gesetz nur beim Erbvertrag oder bei wechselbezüglichen Verfügungen in einem gemeinschaftlichen Ehegattentestament vor (§§ 2289 I 2, 2271 II 1, → Rn. 157 ff. u. → Rn. 192 ff.).

Aufgrund der Testierfreiheit vermag der Erblasser durch Verfügung von Todes wegen die schematische Regelung der gesetzlichen Erbfolge auszuschließen und zB denjenigen seiner Angehörigen als Erben einzusetzen, der am meisten einer Unterstützung bedarf. Die Testierfreiheit gibt dem Erblasser weiterhin die Möglichkeit, auch über seinen Tod hinaus das Schicksal seines Vermögens zu

---

46 Dazu *Kroppenberg*, Privatautonomie von Todes wegen, 2008.
47 Dazu *Battes* AcP 178 (1978) 337.

bestimmen. So kann er durch Verfügung von Todes wegen eine bestimmte, zur Fortführung seines Lebenswerks (zB Unternehmens) geeignete Person als Erben einsetzen und dadurch etwa ungeeignete gesetzliche Erben ausschließen. Eine solche Verfügung von Todes wegen verhindert weiterhin, dass infolge Aufteilung des Vermögens unter mehreren gesetzlichen Erben eine unwirtschaftliche Zersplitterung des Nachlasses eintritt. Die Testierfreiheit ermöglicht es dem Erblasser aber auch, seine nächsten Familienangehörigen, denen er unter Umständen sogar unterhaltspflichtig ist, ohne sachlichen Grund von der Erbfolge auszuschließen. Ihnen bleibt dann nur der sog. Pflichtteil (→ Rn. 542 ff.).

2. Der Bedachte (Erbe, Vermächtnisnehmer) braucht sich nichts zuwenden zu lassen. Mit dem Erbfall wird der Erbe zwar ohne sein Zutun Rechtsnachfolger des Erblassers; er hat aber die Möglichkeit, diesen Rechtserfolg durch Rechtsgeschäft rückwirkend zu beseitigen (*Ausschlagung*, §§ 1942 ff.; → Rn. 301 ff.). Das ist deshalb wichtig, weil der Erbe auch die Schulden des Erblassers »erbt« (§§ 1922, 1967). Ebenso kann derjenige ausschlagen, dem nur ein »Vorteil« zugewandt worden ist (zB Vermächtnis, vgl. § 2180); »man braucht sich nichts schenken zu lassen«.

III. Familienerbfolge

Nach dem Grundsatz der Familienerbfolge geht das Vermögen des Erblassers mit dessen Tod auf seine Verwandten und seinen Ehegatten über, und zwar erben die nächsten Angehörigen vor den entfernteren Verwandten. Die Familienerbfolge ist in der gesetzlichen Erbfolge des BGB konsequent durchgeführt (vgl. §§ 1924 ff.; → Rn. 52 ff.).   **24**

Der Grundsatz der Familienerbfolge steht in einem gewissen Widerspruch zum Grundsatz der Testierfreiheit; denn diese umfasst auch die Freiheit des Erblassers, von der gesetzlichen Erbfolge abzuweichen. Der Gesetzgeber hat der Testierfreiheit den Vorrang gegenüber der Familienerbfolge eingeräumt; nach dem BGB (§§ 1937 ff.) kann der Erblasser über sein Vermögen von Todes wegen frei verfügen. Den berechtigten Interessen der nächsten Angehörigen, am Nachlass des Verstorbenen beteiligt zu werden, ist jedoch durch das Pflichtteilsrecht (→ Rn. 542 ff.) Rechnung getragen. Bestimmt der Erblasser durch Verfügung von Todes wegen andere Personen als seine nächsten Familienangehörigen zu Erben, steht diesen gegen den (die) Erben regelmäßig ein Geldanspruch zu (Pflichtteilsanspruch; → Rn. 542 ff.). Die Privaterbfolge des BGB beruht also auf einem Kompromiss zwischen der Testierfreiheit und der Familienerbfolge.

IV. Gesamtnachfolge

Literatur: *Muscheler,* Die erbrechtliche Universalsukzession, Jura 1999, 234 (289).   **25**

Unter Gesamtnachfolge (Universalsukzession) versteht man den Übergang des ganzen Vermögens als Einheit auf den Erwerber. Auch beim Erbfall geht das Vermögen des Erblassers, soweit es vererblich ist, als Ganzes auf den Erben über (§ 1922 I); Erwerbsakte (zB Übereignung einer Sache, Abtretung einer Forderung) sind nicht erforderlich.

Das Gesagte gilt auch, wenn mehrere Personen erben. Hier geht das Vermögen des Erblassers mit dem Tode auf die Miterben zur gesamten Hand über (vgl. §§ 1922, 2032 f.). Der einzelne Miterbe erwirbt nicht einzelne Nachlassgegenstände, sondern einen Anteil am Gesamtnachlass.

> Im **Fall a** wird A mit dem Erbfall nicht automatisch Alleineigentümer des Grundstücks X; denn das BGB kennt keine gesonderte Erbfolge in bestimmte Nachlassgegenstände. Erben des E sind A und B als Miterben; demnach gehören ihnen die beiden Grundstücke zur gesamten Hand (→ Rn. 469 f.).

> Die testamentarische Bestimmung ist als (nur schuldrechtliche) Teilungsanordnung des E (§ 2048 S. 1; → Rn. 523 ff.) aufzufassen. A wird dadurch Alleineigentümer des Grundstücks X, dass die Erbengemeinschaft es an A auflässt und dieser im Grundbuch als Eigentümer eingetragen wird.

Ausnahmsweise gibt es auch eine Sondernachfolge bei bestimmten Nachlassgegenständen.

> **Beispiele:** Hof (→ Rn. 41), Mietwohnung (→ Rn. 34).

V. Haftung für Nachlassverbindlichkeiten

26 Mit dem Erbschaftserwerb vereinigen sich zwei Vermögensmassen (Vermögen des Erblassers und Vermögen des Erben) zu einer einzigen Vermögensmasse. Mit dieser haftet der Erbe sowohl für Schulden des Erblassers als auch für eigene Schulden. Für die Nachlassschulden muss der Erbe also auch mit seinem Eigenvermögen einstehen (unbeschränkte Erbenhaftung).

Die Haftung für Nachlassverbindlichkeiten ist aber beschränkbar auf den Nachlass. Das regelmäßige Beschränkungsmittel ist die Trennung der beiden Vermögensmassen (durch Nachlassverwaltung, Nachlassinsolvenzverfahren). Nach der Trennung können sich die Nachlassgläubiger nur an den Nachlass halten (→ Rn. 679 ff.).

B. Verfassungsrechtlicher Schutz des Privaterbrechts

27 Das Grundgesetz gewährleistet in Art. 14 I GG neben dem Eigentum auch das Erbrecht. Geschützt ist das Privaterbrecht mit seinen tragenden Grundprinzipien der Privaterbfolge und der Testierfreiheit.[48]

Die Garantie des Privaterbrechts steht, wie schon der Wortlaut des Art. 14 I GG zeigt, in einem engen Zusammenhang mit dem Schutz des Privateigentums. So wie das Privateigentum nach dem Grundgesetz einer Sozialbindung unterliegt und dadurch im Interesse der Allgemeinheit seinem Gebrauch Grenzen gesetzt sind, besteht auch für das Privaterbrecht eine Sozialbindung, die vom Gesetzgeber nach Art. 14 I 2 GG durch Gesetz geregelt werden kann.

Die Gewährleistung des Erbrechts in Art. 14 GG besagt zweierlei: Garantiert ist einmal das Privaterbrecht als objektiv-rechtliche Einrichtung (Einrichtungs- oder Institutsgarantie); zum anderen wird dem Einzelnen ein Grundrecht auf Erbrechtsfreiheit, also ein subjektiv-öffentliches Recht gegenüber dem Staat, gewährt.[49]

I. Einrichtungsgarantie

Als Einrichtungsgarantie gewährleistet Art. 14 I GG das Privaterbrecht mit seinen tragenden Grundprinzipien. Garantiert ist damit einmal die Privaterbfolge, zum anderen aber auch die Testierfreiheit.[50] Der Gesetzgeber darf zwar Inhalt und Schranken des Privaterbrechts durch Gesetz bestimmen (Art. 14 I 2 GG); die Beseitigung dieser Grundprinzipien würde jedoch einen Eingriff in den Wesensgehalt der Erbrechtsgarantie darstellen.

---

48 Vgl. BVerfG NJW 2011, 366 f. Zur Bedeutung der Grundrechte für das Erbrecht *Pabst* JuS 2001, 1145.
49 BVerfGE 67, 329 (340); 91, 346 (358); BVerfG NJW-RR 2010, 156.
50 Vgl. Entstehungsgeschichte des GG, Jahrbuch des öffentlichen Rechts, N. F. 1, 145.

Die Gewährleistung des Privaterbrechts bedeutet zunächst einmal, dass ein Alleinerbrecht des Staates verfassungsrechtlich ausgeschlossen ist. Demnach wäre ein Gesetz verfassungswidrig, welches das Privaterbrecht beseitigt, indem es etwa nur dem Staat ein Erbrecht gibt oder mittels einer anderen Konstruktion das Vermögen eines Verstorbenen an den Staat fallen lässt. An der Verfassungswidrigkeit eines derartigen Gesetzes würde sich auch nichts ändern, wenn (bedürftige) Familienangehörige einen Unterhaltsanspruch gegen den erbenden Staat haben sollten. Die Garantie der Privaterbfolge besagt aber nicht, dass die Regelung des BGB über die unbegrenzte Familienerbfolge verfassungsrechtlichen Schutz genießt. Ein Gesetz, das die Familienerbfolge zu Gunsten des Staates einschränken würde, wäre demnach zulässig. Jedoch sind dem Gesetzgeber hinsichtlich einer Änderung der Familienerbfolge auch durch die Wertentscheidung des Art. 6 I GG Grenzen gesetzt. Diese Norm stellt die Ehe als Lebensgemeinschaft zwischen Ehegatten und die Familie als Verbindung von Eltern und Kindern unter den besonderen Schutz der staatlichen Ordnung. Die Grundrechtsbestimmung verbietet dem Gesetzgeber, Ehe und Familie zu schädigen oder zu beeinträchtigen. Dem Gesetzgeber ist es daher nach Art. 14 I iVm Art. 6 I GG untersagt, die erbrechtliche Beteiligung des Ehegatten und der Kinder am Nachlass des Erblassers ganz zu beseitigen. Ein Gesetz, welches das Pflichtteilsrecht dieser nahen Angehörigen abschaffen würde, wäre verfassungswidrig.

Die Institutsgarantie des Erbrechts umfasst auch den Grundsatz der Testierfreiheit;[51] diese ist also als Ausschnitt der Privatautonomie durch Art. 14 I GG gewährleistet, während die Privatautonomie im Allgemeinen durch Art. 2 I GG geschützt wird.

Der Gestaltung des Erbrechts seitens des Gesetzgebers sind weiterhin durch den allgemeinen Gleichheitssatz (Art. 3 I GG) und seine Konkretisierungen (Art. 3 II und III GG) Grenzen gesetzt. Eine Regelung, die bestimmte Personengruppen von der gesetzlichen Erbfolge ausschließt, ist demnach nur zulässig, wenn sie von sachlichen Gründen getragen wird.

Deshalb verstieß es gegen Art. 3 II GG, wenn § 6 I der Höfeordnung für die britische Zone hinsichtlich der gesetzlichen Hoferbfolge vorsah, dass den männlichen Abkömmlingen der Vorrang vor den weiblichen zukam.[52]

II. Grundrecht

Als Grundrecht garantiert Art. 14 I GG dem Erblasser das Recht auf Testierfreiheit[53] und den Erben das Recht auf Erwerb von Todes wegen. In letzterer Hinsicht schützt Art. 14 I GG zum einen das »Anrecht« der kraft gesetzlicher Erbfolge oder durch Verfügung von Todes wegen berufenen Erben auf die Gesamtrechtsnachfolge in das Vermögen des verstorbenen Erblassers, zum anderen das Recht der von der Erbfolge ausgeschlossenen nahen Angehörigen auf den Pflichtteil. **28**

Das Grundrecht auf erbrechtlichen Erwerb gibt den Betroffenen aber keinen Anspruch darauf, dass die gesetzliche Regelung über die Erbquoten unverändert bestehen bleibt. Demnach war es verfassungsrechtlich nicht zu beanstanden, dass der Gesetzgeber in Abänderung der bestehenden Rechtslage durch den mit dem Nichtehelichengesetz 1969 eingefügten § 1931 IV für bestimmte Fälle den Erbanteil des überlebenden Ehegatten auf Kosten der Quote der Kinder erhöhte. Ferner besteht das Erwerbsrecht des Erben nur in dem vom Erblasser gewährten Umfang. Deshalb kann ein Erbe nicht unter Berufung auf Art. 14 I GG erreichen, dass er entgegen einer vom Erblasser angeordneten Testamentsvollstreckung unbeschränkt über den Nachlass verfügen kann.[54]

Das Grundrecht auf Erbrechtsfreiheit schützt nur den Anspruch auf erbrechtlichen Erwerb. Ist der Erbfall eingetreten und damit das Vermögen des Erblassers auf den oder die Erben übergegangen, so fällt diese Rechtsposition nunmehr unter den

---

51 BVerfGE 58, 398; 67, 341; 91, 358; vgl. auch → Rn. 261 aE.
52 Vgl. BVerfGE 15, 337.
53 BVerfGE 58, 398; BVerfG NJW-RR 2010, 156.
54 BVerfG NJW-RR 2010, 156 f.

Eigentumsschutz (Art. 14 I 1 GG). Dasselbe gilt für einen mit dem Erbfall entstandenen Pflichtteilsanspruch.

C. Rechtsquellen

I. Bürgerliches Gesetzbuch

29 **1.** Die meisten erbrechtlichen Vorschriften finden sich im *5. Buch* des BGB. Es besteht aus den §§ 1922–2385. Sie sind in neun Abschnitte gegliedert über

1. Erbfolge (§§ 1922–1941, → Rn. 44 ff.),
2. Stellung der Erben (§§ 1942–2063, → Rn. 301 ff.),
3. Testament (§§ 2064–2272, → Rn. 89 ff.),
4. Erbvertrag (§§ 2274–2302, → Rn. 144 ff.),
5. Pflichtteil (§§ 2303–2338, → Rn. 542 ff.),
6. Erbunwürdigkeit (§§ 2339–2345, → Rn. 274 ff.),
7. Erbverzicht (§§ 2346–2352, → Rn. 292 ff.),
8. Erbschein (§§ 2353–2370, → Rn. 612 ff.) und
9. Erbschaftskauf (§§ 2371–2385, → Rn. 797 ff.).

Das Erbrecht im BGB wurde in der Vergangenheit mehrfach geändert. Die letzte größere Reform brachte das Gesetz zur Änderung des Erb- und Verjährungsrechts, das am 1.1.2010 in Kraft getreten ist.[55] Ziel war vor allem eine Stärkung der Testierfreiheit. Das führte insbesondere zu Änderungen im Pflichtteilsrecht (→ Rn. 542 ff.). Mit der Frage, ob das geltende Erbrecht noch zeitgemäß ist, hat sich der 68. Deutsche Juristentag im Jahr 2010 befasst.[56]

30 **2.** Mit dem *Familienrecht,* aus dem sich das Erbrecht entwickelt hat, bestehen heute noch zahlreiche Berührungspunkte.

a) Eheliches Güterrecht: Im *gesetzlichen Güterstand* wird der Zugewinn im Todesfall eines Ehegatten dadurch ausgeglichen, dass sich der gesetzliche Erbteil des überlebenden Ehegatten um ein Viertel erhöht (§ 1371 I; → Rn. 75).

Bei *Gütergemeinschaft* gehört der Anteil des verstorbenen Ehegatten am Gesamtgut zum Nachlass (§ 1482 S. 1; → Rn. 74).

Die Ehegatten können aber durch Ehevertrag vereinbaren, dass die Gütergemeinschaft nach dem Tode des Erstversterbenden zwischen dem Überlebenden und den gemeinschaftlichen Abkömmlingen, die bei der gesetzlichen Erbfolge als Erben berufen wären, fortgesetzt wird (§§ 1483 ff.). Durch eine solche fortgesetzte Gütergemeinschaft wird das Vermögen der Eheleute (Gesamtgut) eine Zeit lang zusammengehalten; insoweit ist das Erbrecht ausgeschlossen.

Erbt ein in Gütergemeinschaft lebender Ehegatte von einem Dritten, fallen die Gegenstände ins Vorbehaltsgut, wenn es der Erblasser durch letztwillige Verfügung bestimmt hat (§ 1418 II Nr. 2). Die Annahme oder Ausschlagung einer Erbschaft oder eines Vermächtnisses bedarf nicht der Zustimmung des anderen Ehegatten (§§ 1432 I, 1455 Nr. 1).

Der Güterstand der *Gütertrennung* beeinflusst das Erbrecht nur im Fall des § 1931 IV (→ Rn. 73).

---

55 BGBl. I 3142.
56 Dazu *Röthel,* Gutachten A zum 68. DJT, 2010.

b) Vormundschaftsrecht: Der Vormund eines Minderjährigen kann durch letztwillige **31** Verfügung der Eltern benannt werden (§ 1777 III; vgl. auch § 1856).

Zur Ausschlagung einer Erbschaft oder eines Vermächtnisses, zum Verzicht auf einen Pflichtteil, zu einem Erbteilungsvertrag sowie zur Verfügung über eine Erbschaft oder über einen künftigen Erbteil bedarf der Vormund der Genehmigung des Familiengerichts (§ 1822 Nr. 1u. 2); das gilt grundsätzlich auch für die Eltern (§ 1643).

Der Vormund hat das, was der Mündel von Todes wegen erbt, nach den in einer letztwilligen Verfügung getroffenen Anordnungen des Erblassers zu verwalten (§ 1803).

3. Aus dem *Sachenrecht* sind vor allem § 857 und § 1089 erbrechtlich von Bedeu- **32** tung.

a) Nach § 857 geht der Besitz auf den Erben über. Dieser erwirbt den Besitz in der Art, wie ihn der Erblasser gehabt hat, selbst wenn er nicht weiß, dass er Erbe des Erblassers geworden ist.

> Im **Fall b** war E unmittelbarer Besitzer von Ring und Uhr. Mit dem Tode des E wurde der Erbe N unmittelbarer Besitzer. Indem H die Sachen an sich nahm, beging sie verbotene Eigenmacht (§ 858); N kann also von ihr Herausgabe des Ringes nach § 861 verlangen. Bei der Veräußerung der Uhr von H an K erwarb dieser auch bei Gutgläubigkeit nach § 932 nicht das Eigentum an der Uhr. Denn diese war dem Eigentümer N abhanden gekommen (§ 935), da er den unmittelbaren Besitz ohne seinen Willen verloren hatte. N kann also von K Herausgabe der Uhr nach § 985 begehren.

b) Nach § 1089 finden die Regeln über den Nießbrauch an einem Vermögen auf den **33** Nießbrauch an einer Erbschaft entsprechende Anwendung.

Hat zB E im Testament seine Kinder zu Erben eingesetzt und für seine Witwe den Nießbrauch an der Erbschaft als Vermächtnis (§§ 2147 ff.) bestimmt, dann sind die Kinder verpflichtet, ihrer Mutter den Nießbrauch an den einzelnen Gegenständen des Nachlasses (§ 1085) zu bestellen. Ausgenommen sind allerdings die Gegenstände, welche die Erben zur Erfüllung der Nachlassverbindlichkeiten benötigen.[57]

4. Vielfach sind Normen des *Schuldrechts* anwendbar. **34**

a) Durch das Vermächtnis (§§ 2147 ff.; → Rn. 423 ff.) wird ein Schuldverhältnis zwischen dem Vermächtnisnehmer und dem Erben begründet.

Der Pflichtteilsanspruch (§§ 2303 ff.; → Rn. 542 ff.) ist ein schuldrechtlicher Anspruch des Pflichtteilsberechtigten gegen den Erben auf Zahlung eines bestimmten Geldbetrages.

Für solche Schuldverhältnisse gilt das allgemeine Schuldrecht, sofern die erbrechtlichen Vorschriften nicht etwas anderes bestimmen.

b) Schuldrechtliche Geschäfte können auch erbrechtliche Normen verdrängen. Man denke etwa an die Rechtsgeschäfte unter Lebenden mit Wirkung auf den Todesfall, vor allem an die Verträge zu Gunsten Dritter auf den Todesfall (zB Lebensversicherungsverträge).

c) Nach § 311b IV sind Verträge über den Nachlass eines noch lebenden Dritten nichtig. Das gilt auch für Verträge über den Pflichtteil oder ein Vermächtnis aus dem Nachlass eines noch lebenden Dritten. Dagegen sind solche Verträge unter künftigen

---

57 BGHZ 19, 309 (312).

gesetzlichen Erben (§§ 1924 ff.; zB unter Geschwistern) gültig; nur bedürfen sie der notariellen Beurkundung (§ 311b V). Einen solchen Vertrag hat der Gesetzgeber zugelassen, weil eine vorweggenommene Erbfolge unter Familienangehörigen seit langem üblich ist.[58]

d) Bei der *Miete von Wohnraum* treten nach § 563 I, II beim Tode des Mieters dessen Ehegatte und Familienangehörigen, wenn sie zu seinem Hausstand gehört haben, in das Mietverhältnis ein. Diese Sonderrechtsnachfolge soll verhindern, dass die Familienangehörigen nach dem Tod des Mieters auf die Straße gesetzt werden können; deshalb tritt sie auch unabhängig davon ein, ob die genannten Personen Erben des Mieters sind.

35   **5.** Schließlich befassen sich auch einige Bestimmungen des *Allgemeinen Teils* des BGB mit dem Tod einer Person.

> **Beispiele:** Stirbt derjenige, der eine empfangsbedürftige Willenserklärung abgegeben hat, vor dem Zugang der Erklärung beim Erklärungsempfänger, so ist die Erklärung dennoch wirksam (§ 130 II). Handelt es sich bei dieser Willenserklärung um ein Vertragsangebot, so hindert der Tod des Erklärenden grundsätzlich nicht die Annahmeerklärung des Erklärungsempfängers und damit das Zustandekommen des Vertrages (§ 153).
>
> Verfügt ein Nichtberechtigter über einen Gegenstand, so wird die Verfügung wirksam, wenn er den Gegenstand erwirbt (§ 185 II 1). Aber auch dann wird die Verfügung wirksam, wenn der Nichtberechtigte stirbt, von dem Berechtigten beerbt wird und dieser für die Nachlassverbindlichkeiten unbeschränkt haftet (§ 185 II 1).
>
> Schließlich enthält § 197 I Nr. 1 eine Regelung für die Verjährung bestimmter erbrechtlicher Ansprüche.[59] Danach verjähren Herausgabeansprüche aus den §§ 2018 (→ Rn. 573 ff.), 2130 (→ Rn. 372) und 2362 (→ Rn. 624) in 30 Jahren, während für die übrigen erbrechtlichen Ansprüche die Regelverjährung von drei Jahren gilt (§ 195). § 199 IIIa bestimmt für erbrechtliche Ansprüche eine Verjährungshöchstfrist von 30 Jahren, die unabhängig davon gilt, ob der Anspruchsberechtigte vom Erbfall oder einer Verfügung von Todes wegen überhaupt Kenntnis hatte.[60]

II. EGBGB

36   Das *EGBGB* ist für das Erbrecht unter zwei Gesichtspunkten von Bedeutung:

1. In Art. 25 EGBGB ist geregelt, ob bei einer Rechtsnachfolge von Todes wegen mit Auslandsbezug deutsches oder ausländisches Erbrecht anzuwenden ist. Art. 26 EGBGB bestimmt, welches Recht für die Gültigkeit einer Verfügung von Todes wegen gilt. Diese Regelungen des *deutschen internationalen Erbrechts* gewinnen zunehmend an Bedeutung, weil es immer mehr Menschen mit einem Ehepartner, einem Wohnsitz oder mit Vermögen im Ausland gibt. Einzelheiten: → Rn. 818 ff.

37   **2.** Art. 235 EGBGB behandelt die Frage, ob und inwieweit *nach dem Wirksamwerden des Beitritts der DDR zur Bundesrepublik Deutschland* gem. Art. 23 GG am 3.10.1990 das Erbrecht der Bundesrepublik oder das der bisherigen DDR anzuwenden ist.[61]

---

58 Mot. II, 182 ff.
59 Dazu *Otte* ZGS 2010, 157.
60 Dazu *Küpper* ZEV 2010, 397.
61 **Literatur:** *Bader,* Anwendbares Erbrecht bei Restitutionsansprüchen auf Grundbesitz in der früheren DDR, DtZ 1994, 22; *Bestelmeyer,* Erbrechtliche Fragestellungen nach dem Einigungsvertrag, Rpfleger 1992, 229; *ders.,* Weitere erbrechtliche Fragestellungen nach dem Einigungsvertrag, Rpfleger 1992, 321; *ders.,* Aktuelle erbrechtliche Fragen nach dem Einigungsvertrag, Rpfleger 1993, 381;

a) *Grundsätzlich* ist mit dem *Beitritt* das Recht der Bundesrepublik im Gebiet der ehemaligen DDR in Kraft getreten (Art. 8 des Einigungsvertrages). Wenn der Erbfall am 3.10.1990 oder später eingetreten ist, greift das Erbrecht des BGB ein. Das Erbrecht der DDR bleibt maßgebend, wenn der Erblasser mit gewöhnlichem Aufenthaltsort im Gebiet der ehemaligen DDR vor dem 3.10.1990 gestorben ist (Art. 235 § 1 I EGBGB).

Das Erbrecht der DDR war im Zivilgesetzbuch der Deutschen Demokratischen Republik v. 19.6.1975 (ZGB) enthalten. Dieses Gesetz ist am 1.1.1976 in Kraft getreten; bis dahin galt das BGB mit Abänderungen.

b) Von dem Grundsatz der alleinigen Geltung des BGB seit dem 3.10.1990 gibt es **38** folgende *Ausnahmen:*

Wenn ein nichteheliches Kind vor dem 3.10.1990 geboren ist, sind die Vorschriften des BGB über die erbrechtliche Regelung beim nichtehelichen Kind nicht anwendbar; vielmehr wird das Kind – wie nach dem Erbrecht der früheren DDR – als eheliches behandelt (Art. 235 § 1 II EGBGB).

Auch die vor dem 3.10.1990 erfolgte Errichtung oder Aufhebung einer Verfügung von Todes wegen wird nach dem bisherigen Recht beurteilt, selbst wenn der Erblasser erst später stirbt (Art. 235 § 2 S. 1 EGBGB); das gilt auch für die Bindung des Erblassers bei einem gemeinschaftlichen Testament (→ Rn. 176 ff.), wenn dieses vor dem 3.10.1990 errichtet worden ist (Art. 235 § 2 S. 2 EGBGB). Dadurch soll das Vertrauen in die Beständigkeit einer einmal gültig errichteten letztwilligen Verfügung geschützt werden.

III. Lebenspartnerschaftsgesetz

Im LPartG[62] sind die Begründung, die Wirkungen und die Aufhebung der Lebens- **39** partnerschaft sowie das Getrenntleben der Lebenspartner geregelt. Zu den Wirkungen gehört auch das Erbrecht der Lebenspartner. Dieses ist dem Erbrecht des Ehegatten nachgebildet. Insoweit verweist das LPartG aber nicht einfach auf die entsprechenden Regelungen im BGB. Vielmehr enthält § 10 LPartG eigene Vorschriften zum gesetzlichen und gewillkürten Erbrecht der Lebenspartner, zu deren Pflichtteilsanspruch und zum Erbverzicht. Einzelheiten: → Rn. 77a ff.

Böhringer, Auswirkungen der erbrechtlichen »Teilung« Deutschlands auf den Grundstücksverkehr, DNotZ 2004, 694; *Bosch,* Familien- und Erbrecht als Themen der Rechtsangleichung nach dem Beitritt der DDR zur Bundesrepublik Deutschland, FamRZ 1992, 869 (993); *Dörner,* Interlokales Erb- und Erbscheinsrecht nach dem Einigungsvertrag, IPRax 1991, 392; *ders.,* Rechtsfragen des deutsch-deutschen Erbrechts – BGHZ 124, 270, JuS 1995, 771; *Dörner/Meyer-Sparenberg,* Rechtsanwendungsprobleme im Privatrecht des vereinten Deutschlands, DtZ 1991, 1; *Henrich,* Probleme des interlokalen und des internationalen Familien- und Erbrechts nach dem Einigungsvertrag, IPRax 1991, 14; *Kettel,* Nochmals: Erbrecht nach Erbausschlagung und Restitutionsanspruch – ein Kollisionsproblem?, DtZ 1994, 20; *Köster,* Erbrechtliche Fragestellungen nach dem Einigungsvertrag, Rpfleger 1991, 97; *von Morgen/Götting,* »Gespaltene« Testamentsvollstreckung bei gesamtdeutschen Nachlässen, DtZ 1994, 199; *Schotten/Johnen,* Erbrecht im deutsch-deutschen Verhältnis – die Rechtslage vor der Vereinigung und die Regelungen im Einigungsvertrag, DtZ 1991, 225; *Vogt/Kobold,* Erbrecht nach Erbausschlagung und Restitutionsanspruch – ein Kollisionsproblem, DtZ 1993, 226; *Wasmuth,* Zur Korrektur abgeschlossener erbrechtlicher Sachverhalte im Bereich der ehemaligen DDR DNotZ 1992, 3.
62 Gesetz vom 16.2.2001, BGBl. I 266.

IV. Handelsgesetzbuch

40 1. Die *Handelsfirma* (der Handelsname des Kaufmanns) ist mit dem Handelsunternehmen vererblich. Erwirbt jemand ein bestehendes Handelsunternehmen von Todes wegen, darf er das Geschäft unter der bisherigen Firma fortführen (§ 22 HGB). Das gilt auch, wenn der Erwerber (Erbe) einen anderen Namen hat (Ausnahme vom Grundsatz der Firmenwahrheit).

Zur Haftung des Erben bei Firmenfortführung vgl. §§ 27 I, 25 I HGB (→ Rn. 659); zur Fortführung eines Handelsgeschäfts durch eine Erbengemeinschaft vgl. → Rn. 778.

2. Die *Personenhandelsgesellschaften* werden beim Tod eines persönlich haftenden Gesellschafters sowie eines Kommanditisten grundsätzlich nicht aufgelöst (§ 131 III Nr. 1 HGB; → Rn. 11, → Rn. 779). In allen Fällen kann aber der Gesellschaftsvertrag etwas anderes vorsehen (Einzelheiten: → Rn. 782 ff.).

V. Anerbengesetze

41 Es besteht ein erhebliches öffentliches Interesse daran, die Wirtschaftlichkeit der Bauernhöfe zu erhalten. Deshalb ist es das Ziel einer Reihe von Gesetzen der Länder, die Aufteilung eines Hofes unter mehreren Miterben zu verhindern.[63]

Der Hof nebst Bestandteilen und Zubehör fällt im Zeitpunkt des Todes des Erblassers immer nur an *eine* Person (Anerben), selbst wenn der Erblasser hinsichtlich seines sonstigen Vermögens von mehreren Personen beerbt wird (Fall der Sondererbfolge). Der Hoferbe muss allerdings die Miterben, die nicht Miteigentümer des Hofes werden, abfinden.

VI. Verfahrensgesetze

42 1. In der *Zivilprozessordnung* finden sich zB Vorschriften über den Gerichtsstand der Erbschaft, die Rechtskrafterstreckung bei Erbfolge und Testamentsvollstreckung, die Zwangsvollstreckung gegen Erben, das Aufgebot von Nachlassgläubigern.
2. Die Zwangsversteigerung eines zum Nachlass gehörenden Grundstücks zum Zwecke der Auseinandersetzung der Erbengemeinschaft ist im *Zwangsversteigerungsgesetz* (§§ 180 ff.) geregelt.
3. In der *Insolvenzordnung* sind Bestimmungen über das Nachlassinsolvenzverfahren enthalten.
4. Die meisten formellen Vorschriften, die das Erbrecht betreffen, stehen im Gesetz über die Angelegenheiten der *freiwilligen Gerichtsbarkeit*: Nachlasspflegschaft, Nachlassverwaltung, Testamentsvollstreckung, eidesstattliche Versicherung des Erben, Erbschein, Nachlassteilungsverfahren.

VII. Erbschaftsteuergesetz

43 Jeder Erwerb von Todes wegen unterliegt ebenso wie jede Schenkung unter Lebenden der Erbschaftsteuer (Schenkungsteuer). Insofern »erbt« der Staat auch dann mit, wenn er nicht gesetzlicher Erbe (§ 1936) ist. Rechtsgrundlage ist das Erbschaftsteuer- und Schenkungsteuergesetz (ErbStG) vom 17.4.1974[64] in der Fassung der Bekanntmachung vom 27.2.1997.[65] Es wurde in der Vergangenheit mehrfach geändert und ist immer wieder Gegenstand der politischen und verfassungsrechtlichen Diskussion.

---

63 Überblick bei Palandt/*Weidlich* EGBGB Art. 64 Rn. 2.
64 BGBl. I 933.
65 BGBl. I 378.

Die Höhe der Erbschaftsteuer richtet sich sowohl nach dem Wert des steuerpflichtigen Erwerbs als auch nach dem für die Steuerklasse maßgeblichen persönlichen Verhältnis des Erwerbers zum Erblasser. Einzelheiten: → Rn. 805 ff.

2. Abschnitt. Die Berufung zum Erben

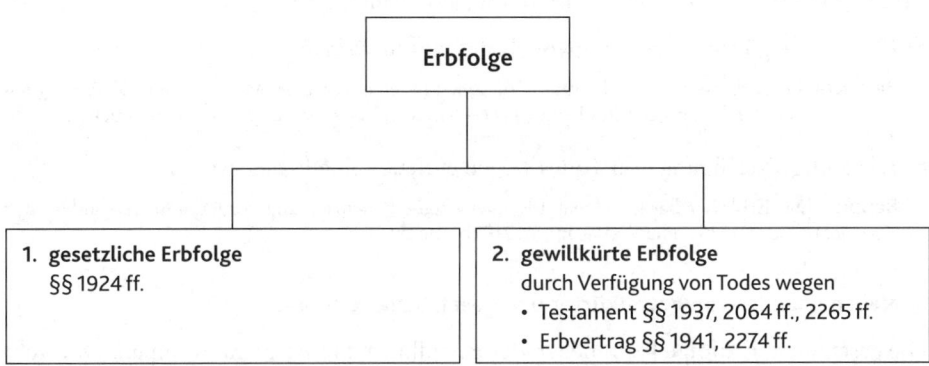

| Erbfolge |
| 1. gesetzliche Erbfolge §§ 1924 ff. | 2. gewillkürte Erbfolge durch Verfügung von Todes wegen • Testament §§ 1937, 2064 ff., 2265 ff. • Erbvertrag §§ 1941, 2274 ff. |

1. Kapitel. Gesetzliche Erbfolge

§ 3 Das Verhältnis der gesetzlichen zur gewillkürten Erbfolge

Literatur: *Röthel,* Gutachten A zum 68. DJT, 2010, S. A 49 ff.; *Strätz,* Reform der gesetzlichen Erbfolge, DNotZ 2001, 452.

44

Fälle:

a) Der verwitwete E hinterlässt bei seinem Tod seinen Sohn S und seine Tochter T. Beerben diese ihren Vater, der in einem gültigen Testament seinen Neffen N zum Alleinerben bestimmt hat? (→ Rn. 44, → Rn. 45)

b) Wie ist die Erbfolge, wenn N im Fall a nach dem Testament nur das Unternehmen des E haben soll und dieses die Hälfte der Erbschaft ausmacht? (→ Rn. 45)

c) Bekommen die Kinder im Fall a nichts? (→ Rn. 46)

A. Rangfolge

I. Vorrang der gewillkürten Erbfolge

1. Das Gesetz behandelt die gesetzliche Erbfolge vor der gewillkürten. Daraus kann man aber nicht schließen, dass die gesetzliche vorgehen soll. Wenn der Gesetzgeber eine gewillkürte Erbfolge zugelassen hat (§§ 1937, 1941), dann folgt daraus zwingend deren Vorrang vor der gesetzlichen; denn anderenfalls wären die Bestimmungen über die Erbeinsetzung durch Rechtsgeschäft gegenstandslos.

> Im **Fall a** ist N Alleinerbe (§ 1937).

2. Wenn man also zur Klärung der Erbfolge immer erst nach der Existenz einer Verfügung von Todes wegen fragen muss, ist der Aufbau des Gesetzes methodisch auf den ersten Blick zweifelhaft. Mehrere Gründe lassen diesen Aufbau jedoch verständlich erscheinen.

In der Praxis ist die gesetzliche Erbfolge der Regelfall; denn die meisten Menschen hinterlassen keine Verfügung von Todes wegen. Der Gesetzgeber zeigt in der gesetzlichen Erbfolge, welche Regelung er im Normalfall für angemessen hält. Es entspricht der Systematik des BGB, die einfachere Regelung der komplizierteren voranzustellen.

3. Nur insoweit, als keine gewillkürte Erbfolge gegeben ist, kommt die gesetzliche Erbfolge in Betracht. Zu denken ist an folgende Fälle:

a) Es ist keine gültige Verfügung von Todes wegen vorhanden.

> **Beispiele:** Der Erblasser hat weder durch Testament noch durch Erbvertrag verfügt. Die Verfügung ist zB mangels Testierfähigkeit des Erblassers (→ Rn. 89 ff.) oder wegen Formmangels nichtig.

b) Die gültige Verfügung von Todes wegen enthält keine Erbeinsetzung.

> **Beispiel:** Der Erblasser hat in seinem Testament keine Erbeinsetzung vorgenommen, sondern nur Vermächtnisse (§ 1939) oder Auflagen (§ 1940) bestimmt.

II. Nebeneinander von gewillkürter und gesetzlicher Erbfolge

45 Die gesetzliche Erbfolge kann neben der gewillkürten in Betracht kommen. Das steht nicht in Widerspruch zu dem soeben behandelten Prinzip der Subsidiarität. Es kann nämlich sein, dass der Erblasser nur über einen Bruchteil des Vermögens letztwillig verfügt hat (vgl. § 2088). Soweit er nicht verfügt hat, tritt die gesetzliche Erbfolge ein.

> Erwähnt seien folgende Fälle:
> **a)** Hat der Erblasser nur einen Erben auf einen Bruchteil der Erbschaft oder mehrere Erben auf Bruchteile eingesetzt, die das Ganze nicht erschöpfen, tritt wegen des übrigen Teils gesetzliche Erbfolge ein.
> Im **Fall b** ist N zu ½ eingesetzt. Die andere Hälfte erben die Kinder zu gleichen Teilen (§ 1924), so dass N zu ½, die Kinder zu je ¼ Erben des E sind.
> **b)** Hat der Erblasser Vor- und Nacherbfolge (→ Rn. 343 ff.) angeordnet, jedoch nur einen Erben als Vor- bzw. Nacherben eingesetzt, ist anzunehmen, dass als Nach- bzw. Vorerben diejenigen eingesetzt sind, die gesetzliche Erben sein würden (§§ 2104 f.).
> **(1)** Hat der Erblasser im **Fall a** seinen Neffen nur bis zu dessen Übernahme der väterlichen Fabrik als Erben eingesetzt, sind mit dem Eintritt dieses Zeitpunkts die Kinder des Erblassers Erben (§ 2104).
> **(2)** Soll der Neffe im **Fall a** erst mit seiner Volljährigkeit Erbe werden und stirbt der Erblasser vorher, sind die Kinder des Erblassers als dessen gesetzliche Erben Vorerben bis zu dem genannten Zeitpunkt (§ 2105).

B. Wirkung der gesetzlichen innerhalb der gewillkürten Erbfolge

46 Auch bei ausschließlich gewillkürter Erbfolge kann die gesetzliche von Bedeutung sein.

Sind in einer letztwilligen Verfügung die »gesetzlichen Erben« oder »die Erben« des Erblassers bedacht und ist durch Auslegung (Anhaltspunkte können zB Hinweise auf Namen, verwandtschaftliche Beziehung, Wohnort sein) nicht zu ermitteln, wer gemeint ist und zu welchem Bruchteil die Erben eingesetzt sind, dann ergänzt § 2066 den Willen des Erblassers dahin, dass die Personen (als gewillkürte Erben) berufen sind, die nach der gesetzlichen Erbfolge berufen wären (→ Rn. 207).

Auch die Auslegungsregeln (»im Zweifel«) des § 2066 S. 2 und der §§ 2067, 2069 verweisen auf die gesetzliche Erbfolge (→ Rn. 207 ff.).

Nahe Angehörige (Kinder, Eltern, Ehegatte) des Erblassers haben, wenn sie durch Verfügung von Todes wegen von der Erbfolge ausgeschlossen sind, einen Pflichtteilsanspruch (§ 2303; → Rn. 542 ff.). Der Pflichtteil besteht in der Hälfte des gesetzlichen Erbteils (§ 2303 I 2). Somit muss zur Berechnung eines Pflichtteilsanspruchs auf die gesetzliche Erbfolge zurückgegriffen werden.

> Im **Fall c** können die beiden Kinder, die gesetzliche Erben zu je ½ wären, die Hälfte davon (je ¼) als Pflichtteil verlangen. Beträgt der Wert des Nachlasses zB 100.000 EUR, hat jedes Kind gegen N einen Anspruch auf Zahlung von 25.000 EUR.

C. Zusammenfassung

Die gewillkürte Erbfolge geht der gesetzlichen vor. Ist durch Verfügung von Todes **47** wegen nur teilweise die Erbfolge bestimmt, dann kommt, insoweit nichts bestimmt ist, die gesetzliche Erbfolge neben der gewillkürten in Betracht. Auch bei ausschließlich gewillkürter Erbfolge kann die gesetzliche Erbfolge von Bedeutung sein; das gilt insbesondere für die Berechnung des Pflichtteilsanspruchs.

§ 4 Das gesetzliche Erbrecht der Verwandten

Literatur: *Belling,* Einführung in das Recht der gesetzlichen Erbfolge, Jura 1986, 579; *Heiderhof,* Das **48** Erbrecht des adoptierten Kindes nach der Neuregelung des internationalen Adoptionsrechts, FamRZ 2002, 1682; *Olzen,* Die gesetzliche Erbfolge, Jura 1998, 135; *Rauscher,* Die erbrechtliche Stellung nicht in einer Ehe geborener Kinder nach Erbrechtsgleichstellungsgesetz und Kindschaftsrechtsreformgesetz, ZEV 1998, 41; *Staudinger,* Die Europäische Menschenrechtskonvention als Schranke der gewillkürten Erbfolge?, ZEV 2005, 140; *Tegelkamp/Oestmann,* Das Erbrecht der halben Geburt, ZErb 2009, 283.

Fälle: Wer erbt in folgenden Fällen?

a) Den verwitweten E, der keine Verfügung von Todes wegen errichtet hat, überleben eine Stieftochter, die seine verstorbene Frau mit in die Ehe gebracht und die ihn bis zu seinem Tod gepflegt hat, sowie ein Sohn seines Vetters. (→ **Rn. 48**)

b) E hinterlässt einen Sohn S aus zweiter Ehe, die durch richterliche Entscheidung aufgehoben ist (§ 1313). (→ **Rn. 51**)

c) E hinterlässt seinen Vater und sein Enkelkind. (→ **Rn. 53**)

d) Beim Tod des E leben drei Großeltern; die Großmutter väterlicherseits ist vorverstorben. (→ **Rn. 58**)

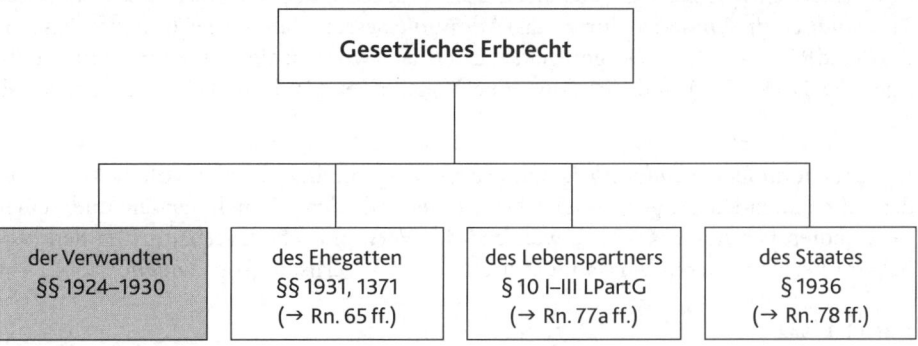

Gesetzliches Erbrecht			
der Verwandten §§ 1924–1930	des Ehegatten §§ 1931, 1371 (→ Rn. 65 ff.)	des Lebenspartners § 10 I–III LPartG (→ Rn. 77a ff.)	des Staates § 1936 (→ Rn. 78 ff.)

A. Verwandtschaft

I. Allgemeines

Nach §§ 1924 ff. haben die Verwandten des Erblassers ein gesetzliches Erbrecht. Für den Begriff der Verwandtschaft ist das Familienrecht heranzuziehen. Nach § 1589 sind Personen miteinander verwandt, wenn eine von der anderen abstammt oder wenn sie von derselben dritten Person abstammen.

> Demnach kommen für das Verwandtenerbrecht *nicht* in Betracht:
> **1.** der Ehegatte des Erblassers, es sei denn, dass er mit dem Erblasser auch verwandt ist (zB Vetter und Cousine haben einander geheiratet);
> **2.** die mit dem Erblasser verschwägerten Personen, nämlich
> **a)** die Verwandten des Ehegatten des Erblassers (§ 1590; zB Eltern des Ehegatten = Schwiegereltern des Erblassers; Bruder und Schwester des Ehegatten = Schwager und Schwägerin des Erblassers);
> **b)** die Ehegatten der Verwandten des Erblassers (zB Ehefrau des Bruders).
> Im **Fall a** erbt die Stieftochter des E nicht, da sie mit diesem nicht verwandt, sondern verschwägert ist; der Sohn des Vetters des Erblassers ist Alleinerbe (§ 1926).

Wie sich aus § 1589 ergibt, gehören zu den Verwandten nicht nur diejenigen, die mit dem Erblasser in gerader Linie verwandt sind (Kinder und Kindeskinder, Eltern und Voreltern), sondern auch die mit ihm in der Seitenlinie Verwandten (Geschwister, Vettern und Cousinen 1., 2., 3. usw. Grades sowie deren Abkömmlinge). Das Gesetz hat dabei keinerlei Einschränkung gemacht (vgl. § 1929), so dass jemand »lachender« Erbe des Erblassers sein kann, der nur eine Ur-Ur-Ur-Großmutter mit dem Erblasser gemeinsam hat.

II. Blutsverwandtschaft und rechtliche Verwandtschaft

49 Nicht die blutsmäßige, sondern die rechtliche Verwandtschaft ist für das gesetzliche Erbrecht von Bedeutung. Beide sind nicht in allen Fällen identisch.

1. Unser Recht kennt Fälle, in denen zwischen Personen zwar keine biologische, aber doch eine rechtliche Verwandtschaft besteht.

Durch die *Annahme als Kind* (Adoption; §§ 1741 ff.) entsteht, obwohl im Regelfall keine biologische Verwandtschaft besteht, eine rechtliche Verwandtschaft.

a) *Grundsätzlich richtet sich das gesetzliche Erbrecht nach der gesetzlich bestimmten Verwandtschaft.* Diese ist durch das Adoptionsgesetz vom 2.7.1976 in der Fassung des KindRG v. 16.12.1997[1] geregelt; danach ist zwischen der Annahme Minderjähriger (§§ 1741–1766) und der Annahme Volljähriger (§§ 1767–1772) zu unterscheiden:

Der angenommene *Minderjährige* und seine Abkömmlinge werden voll in die Familie des Annehmenden aufgenommen; sie werden mit dem Annehmenden und seinen Verwandten verwandt (§ 1754), während das Verwandtschaftsverhältnis zu den leiblichen Eltern und deren Verwandten nach § 1755 I 1 erlischt (sog. *Volladoption*).

---

1 BGBl. I 2942.

Der angenommene *Volljährige* und seine Abkömmlinge werden nur mit dem Annehmenden verwandt, nicht auch mit dessen Verwandten (§ 1770 I 1). Andererseits bleibt aber das durch Abstammung begründete Verwandtschaftsverhältnis bestehen (§ 1770 II).

In besonderen Fällen kann das Familiengericht bestimmen, dass sich die Wirkungen der Adoption eines Volljährigen nach den Vorschriften über die Annahme eines Minderjährigen richten (Einzelheiten: § 1772).

b) *Ausnahmsweise besteht trotz gesetzlich bestimmter Verwandtschaft kein gesetzliches Erbrecht* (vgl. § 1925 IV iVm § 1756).

Wird der Minderjährige von einer Person als Kind angenommen, die mit ihm im zweiten oder dritten Grad (→ Rn. 54) verwandt ist (zB Großeltern, Geschwister, Onkel, Tante adoptieren das Kind), soll er nicht ganz aus der Familie, zu der er durch Abstammung gehört, herausgerissen werden. Deshalb erlischt hier das Verwandtschaftsverhältnis nur zu den leiblichen Eltern, nicht aber zu den übrigen Familienmitgliedern (zB zu den Geschwistern; § 1756 I). Trotz der (bestehen bleibenden) Verwandtschaft sind das angenommene Kind und die Abkömmlinge der leiblichen Eltern im Verhältnis zueinander nicht Erben der zweiten Ordnung (§ 1925 IV).
Entsprechendes gilt, wenn jemand das Kind seines Ehegatten annimmt, dieser die elterliche Sorge hatte und verstorben ist (§§ 1756 II, 1925 IV).

2. Nach früherem Recht galt das *nichteheliche Kind* trotz blutsmäßiger Verwandt- **50** schaft mit seinem Erzeuger als rechtlich nicht verwandt (§ 1589 II aF). Diese Bestimmung wurde durch das Gesetz über die rechtliche Stellung der nichtehelichen Kinder vom 19.8.1969 aufgehoben. Danach waren das nichteheliche Kind und sein Vater miteinander verwandt. Erbrechtlich waren jedoch die Besonderheiten der §§ 1934a ff. zu beachten. Diese Vorschriften sind aber inzwischen aufgehoben.[2] Erbrechtlich werden eheliche und nichteheliche Kinder also gleich behandelt.[3]

III. Verwandtschaft in den Fällen fehlerhafter Ehen

1. Eine *Nichtehe* liegt vor, wenn zwei Deutsche in Deutschland die Ehe nicht vor **51** einem Standesbeamten (zB nur kirchlich) geschlossen haben (vgl. § 1310 I 1). Sie sind nicht miteinander verheiratet. Kinder aus dieser Verbindung sind nicht ehelich.

2. Eine *aufhebbare Ehe* liegt vor, wenn die Eheschließung unter einem der schweren Mängel leidet, die in § 1314 I aufgezählt sind; dabei handelt es sich um die Nichtigkeitsgründe des früheren Rechts und um die in § 1314 II genannten Gründe, die nach früherem Recht Aufhebungsgründe waren (zB arglistige Täuschung, widerrechtliche Drohung). Auf Antrag kann die aufhebbare Ehe durch richterliche Entscheidung ex nunc aufgehoben werden (§ 1313). Die in der Ehe geborenen Kinder sind und bleiben ehelich. Entsprechendes gilt, wenn eine Ehe durch richterliche Entscheidung geschieden wird (§§ 1564 ff.).

Im **Fall b** ist S gesetzlicher Erbe des E.

---

2 Dazu *Böhm*, Die Neuregelung des Erbrechts nichtehelicher Kinder, NJW 1998, 1043.
3 Die letzten Unterschiede wurden durch das am 15.4.2011 in BGBl. I 615 veröffentlichte Gleichstellungsgesetz zur Neuregelung der vor dem 1.7.1949 geborenen nichtehelichen Kinder beseitigt. Dazu *Krug* ZEV 2011, 397.

B. Prinzipien des Verwandtenerbrechts

52 Um aus der großen Zahl der Verwandten die gesetzlichen Erben des Erblassers zu bestimmen, kann eine Rechtsordnung von verschiedenen Prinzipien ausgehen: Parentel- und Gradualsystem, Stammes- und Liniensystem, Prinzip der Repräsentation und des Eintrittsrechts. Im BGB wird kein einzelnes Prinzip konsequent durchgeführt; es finden sich vielmehr verschiedene Kombinationen. Zum besseren Verständnis werden die Prinzipien zunächst gesondert dargestellt.

I. Parentel- oder Ordnungssystem

53 Der Begriff »Parentel« kommt von parens (= Elternteil, dh Vater oder Mutter). Die Parentel stellt auf einen und denselben Ahnen ab. Demnach kann sie als die Gesamtheit derjenigen Personen bezeichnet werden, die von einer Person abstammen, einschließlich dieser Person selbst. Die Zugehörigkeit zu einer Parentel setzt also nicht voraus, dass die Personen auch derselben Generation angehören. Kinder, Enkel und Urenkel des Erblassers gehören zu verschiedenen Generationen und doch zu *einer* Parentel, weil sie alle vom Erblasser abstammen.

Das BGB spricht statt von »Parentel« von »Ordnung«. Es stuft die Verwandten des Erblassers in verschiedene Ordnungen ein, je nachdem, ob sie vom Erblasser selbst, von dessen Eltern, dessen Großeltern, dessen Urgroßeltern usw. abstammen.
Die Zugehörigkeit zu den einzelnen Ordnungen bestimmt sich wie folgt:
1. Ordnung: Abkömmlinge (Kinder, Kindeskinder) des Erblassers (§ 1924 I),
2. Ordnung: Eltern des Erblassers und deren Abkömmlinge (§ 1925 I),
3. Ordnung: Großeltern des Erblassers und deren Abkömmlinge (§ 1926 I),
4. Ordnung: Urgroßeltern des Erblassers und deren Abkömmlinge (§ 1928 I),
5. Ordnung: Ururgroßeltern des Erblassers und deren Abkömmlinge (§ 1929 I).

Als **Stammbaum** sieht das so aus:[4]

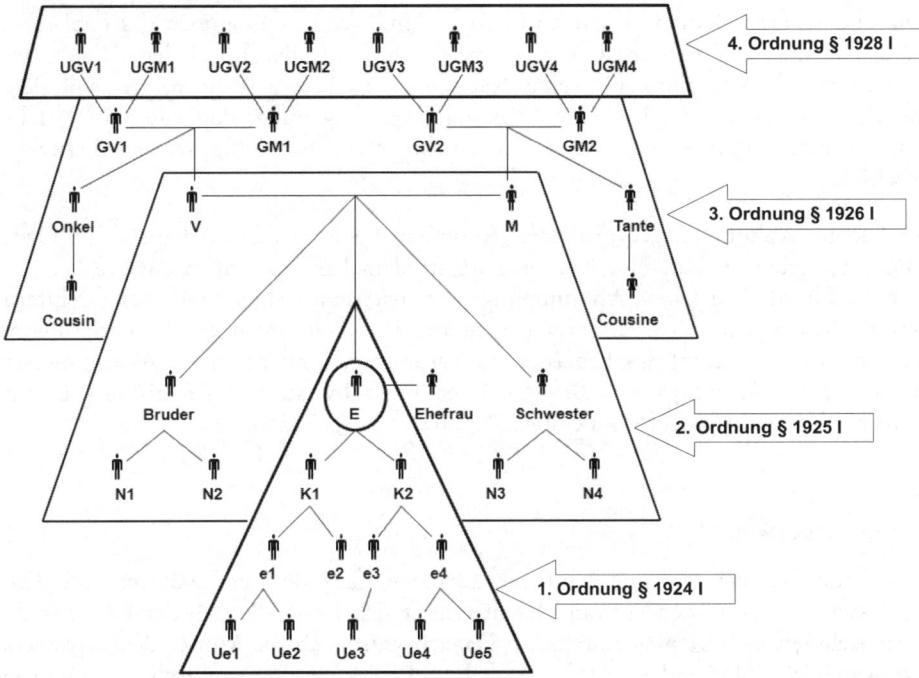

Entsprechend der Einteilung nach Ordnungen wählt das Gesetz aus den Verwandten des Erblassers dessen gesetzliche Erben aus. Nach § 1930 ist ein Verwandter nicht zur Erbfolge berufen, solange ein Verwandter einer vorhergehenden Ordnung vorhanden ist. Bei jeder gesetzlichen Erbfolge hat man also zunächst zu prüfen, ob ein zur ersten Ordnung gehörender Verwandter des Erblassers vorhanden ist. Hat den Erblasser auch nur ein Kind, Enkelkind oder Urenkel (usw.) überlebt, scheiden alle Verwandten, die zur zweiten Ordnung gehören (zB Eltern, Geschwister, Neffen, Nichten und deren Kinder), als gesetzliche Erben aus. Wenn also der Erblasser seinen Vater und ein Enkelkind hinterlässt, erbt nur das Enkelkind und nicht der Vater, obwohl dieser *gradmäßig* (vgl. § 1589 S. 3) näher mit dem Erblasser verwandt war als das Enkelkind (**Fall c;** vgl. §§ 1924 I, 1925 I, 1930). Erst wenn niemand aus der ersten Ordnung den Erblasser überlebt hat, erben die Verwandten zweiter Ordnung. Verwandte der dritten Ordnung erben nur, wenn auch kein zur zweiten Ordnung gehörender Verwandter mehr vorhanden ist (usw.).

Haben die Söhne A und B sowie die Enkelkinder a (Kind des A) und b (Kind des B) den Erblasser überlebt, gehören alle vier Personen zur ersten Ordnung. Das bedeutet noch nicht, dass alle vier auch Erben sind. Aus dem Parentelsystem ist nur zu entnehmen, dass in diesem Fall die Eltern oder die Geschwister des Erblassers nicht Erben sind; denn sie gehören zur zweiten Ordnung. Man kann also sagen: Das Parentelsystem ist eine Art grobes Sieb, das unter den vielen Verwandten eine erste

---

4 S. auch die Darstellung bei *Lipp* ErbR Rn. 79.

Auswahl der Erben trifft. Wer von den so Ausgewählten nun Erbe ist, wird vom Gesetz nach anderen Prinzipien bestimmt.

Durch das Parentelsystem kommen in erster Linie die Nachkommen des Erblassers in den Genuss der Erbschaft. Das entspricht auch in aller Regel dem Willen des Erblassers, der vor allem für seine Nachkommenschaft gesorgt wissen will. Die Regelung bevorzugt die Jüngeren (Abkömmlinge) gegenüber den Älteren (Vorfahren); dadurch wird erreicht, dass das Ererbte nicht so häufig seinen »Besitzer« wechselt.

Sind keine Abkömmlinge vorhanden, kommen die Eltern des Erblassers (2. Ordnung) als Erben in Betracht. Auch das dürfte dem Erblasserwillen entsprechen, da ihm die Eltern nach seinen Abkömmlingen am nächsten stehen. Sind aber die Eltern des Erblassers schon vorverstorben, geht die Erbschaft nicht an die entfernteren Vorfahren (Großeltern) des Erblassers (3. Ordnung), sondern an die Abkömmlinge der Eltern (2. Ordnung), also an die Brüder und Schwestern des Erblassers. Damit wird wiederum die jüngere Generation der älteren vorgezogen.

II. Gradualsystem

54 Das Gradualsystem bestimmt den Erben nach dem Grad der Verwandtschaft mit dem Erblasser. Der Grad der Verwandtschaft richtet sich im BGB nach der Zahl der sie vermittelnden Geburten (§ 1589 S. 3). Danach würde zB die Mutter des Erblassers (Verwandtschaft 1. Grades) vor dem Enkel des Erblassers (Verwandtschaft 2. Grades) erben.

Das BGB hat mit der Entscheidung für das Parentelsystem das Gradualsystem grundsätzlich abgelehnt; der Gesetzgeber wollte, dass das Vermögen des Erblassers in die jüngere Generation geleitet wird. Das Gradualsystem gilt jedoch in den entfernteren Ordnungen.

In der 4. Ordnung erbt derjenige Abkömmling der Urgroßeltern des Erblassers, der mit diesem dem Grade nach am nächsten verwandt ist (§ 1928 III). Entsprechendes gilt für die 5. Ordnung und für fernere Ordnungen (§ 1929 II).
Demnach erbt eine zur 4. Ordnung gehörende Person, die im 6. Grade mit dem Erblasser verwandt ist, nicht aber eine ebenfalls zu der genannten Ordnung gehörende Person, die im 7. Grade mit dem Erblasser verwandt ist.
Das Gradualsystem greift aber nur innerhalb einer Parentel ein. Gehört die im 6. Grade verwandte Person zur 5. Ordnung und die im 7. Grade verwandte zur 4. Ordnung, dann erbt allein die zur 4. Ordnung gehörende Person.

III. Repräsentationssystem

55 1. Repräsentation bedeutet, dass der Erbe die von ihm abstammenden Personen von der Erbfolge ausschließt.

Hinterlässt zB der Erblasser zwei Söhne, die je zwei Kinder haben, gehören alle sechs Personen zur ersten Parentel. Es erben aber nur die beiden Söhne; denn ein zur Zeit des Erbfalls lebender Abkömmling schließt die durch ihn mit dem Erblasser verwandten Abkömmlinge (hier die Enkel) von der Erbfolge aus (§ 1924 II). Das gilt nur dann nicht, wenn der lebende Abkömmling durch Verfügung von Todes wegen enterbt wurde.[5] Entsprechendes wie gem. § 1924 II gilt auch innerhalb der anderen Parentelen (vgl. §§ 1925 II, 1926 II, 1928 II, 1929 II).

2. Als Repräsentation bezeichnet man auch das Nachrücken von entfernteren Ver- **56** wandten derselben Parentel, wenn der mit dem Erblasser näher Verwandte nicht Erbe wird. Besser spricht man von einem *Eintrittsrecht*.

Ist im angeführten Beispiel einer der beiden Söhne des Erblassers vorverstorben, erbt nicht allein der überlebende Sohn, sondern neben diesem erben auch noch – anstelle des vorverstorbenen Sohnes – dessen Kinder (§ 1924 III). Diese treten an die Stelle des Vorverstorbenen.

Dieses Eintrittsrecht ergibt sich aus § 1924 III. An die Stelle eines zur Zeit des Erbfalls nicht mehr lebenden Abkömmlings treten dessen Abkömmlinge, und zwar nur sie, nicht etwa auch deren Ehegatten. Das Eintrittsrecht besteht über den Wortlaut des § 1924 III hinaus nicht nur, wenn der nähere Abkömmling vorverstorben ist, sondern auch dann, wenn er die Erbschaft ausgeschlagen hat (§ 1953 II), für erbunwürdig erklärt wurde (§ 2344 II), einen Erbverzicht erklärt hat (§§ 2346 I 2, 2349) oder durch Verfügung von Todes wegen enterbt wurde.[6] In der 4. Ordnung (und auch in den noch entfernteren Ordnungen) ist das Eintrittsrecht eingeschränkt: Wenn auch nur noch *ein* Urgroßelternteil lebt, erbt dieser allein und schließt damit nicht nur seine eigenen Abkömmlinge, sondern auch die der anderen, vorverstorbenen Urgroßeltern aus (§ 1928 II). Erst wenn Urgroßeltern den Erblasser nicht überleben, erben deren Abkömmlinge, und zwar nach Gradnähe (§ 1928 III).

Nach § 1953 II bzw. § 2344 II werden Erbausschlagung und Erbunwürdigkeit so behandelt, wie wenn die betreffende Person zur Zeit des Erbfalls nicht gelebt hätte; es kommt also ein Eintrittsrecht der Abkömmlinge in Betracht. Der Erbverzicht erstreckt sich auch auf die Abkömmlinge, sofern nicht ein anderes bestimmt wird (§ 2349). Im Falle der Enterbung durch Testament (§ 1938) ist es Auslegungsfrage, ob der Erblasser nur den gesetzlichen Erben oder auch dessen Abkömmlinge enterben wollte; im Zweifel bezieht sich der Ausschluss nicht auch auf die Abkömmlinge.[7]

IV. Stammes- und Liniensystem

1. Das Stammes- und Liniensystem hängt eng mit der Repräsentation und dem **57** Eintrittsrecht zusammen.

Wird der Erblasser von seinen beiden Söhnen und deren je zwei Kindern überlebt, erben wegen der Repräsentation nur die beiden Söhne, und zwar zu gleichen Teilen (§ 1924 IV). Ist aber ein Sohn vorverstorben, dann treten dessen beiden Kinder an seine Stelle; diese erben dann neben dem überlebenden Sohn des Erblassers. Hier taucht die Frage auf, ob die drei Erben nach Köpfen, also zu je ⅓, erben, oder ob die beiden Enkelkinder an die Stelle ihres Vaters treten, der – lebte er noch – neben seinem Bruder Erbe zu ½ wäre, so dass jedes der beiden Kinder nur ¼ und der überlebende Sohn des Erblassers ½ erbt.

---

5 BGH NJW 2011, 1878 (1879) mit Anm. *Walker/Findeisen* FamRZ 2011, 1051 und *Wellenhofer* JuS 2011, 1127.
6 BGH NJW 2011, 1878 (1879) mit Anm. *Walker/Findeisen* FamRZ 2011, 1051 und *Wellenhofer* JuS 2011, 1127.
7 BGH FamRZ 1959, 149.

Das BGB hat sich für die Erbfolge nach Stämmen (§ 1924 III; also für die letztere Lösung im Beispielsfall) entschieden. Der Begriff »Stamm« wird hinsichtlich der Nachkommen gebraucht: Jedes Kind des Erblassers bildet einen Stamm, jedes Enkelkind einen Unterstamm.

Wäre eines der Kinder des vorverstorbenen Sohnes ebenfalls vorverstorben und hätten drei Kinder dieses Kindes den Erbfall erlebt, träten diese drei Urenkel des Erblassers an die Stelle des Enkels; dieser wäre – nach dem oben Gesagten – Erbe zu ¼; also erbt jeder der drei Urenkel ⅓ von ¼ = 1/12.

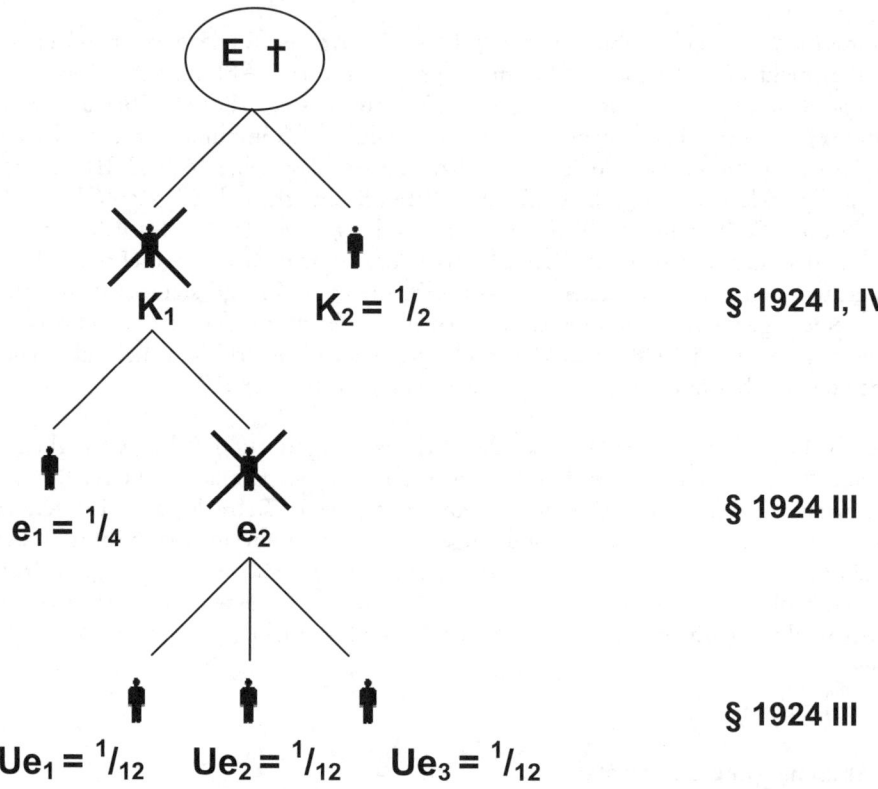

$$E \dagger$$

$$K_1 \qquad K_2 = {}^1/_2 \qquad \S\ 1924\ I,\ IV$$

$$e_1 = {}^1/_4 \qquad e_2 \qquad \S\ 1924\ III$$

$$Ue_1 = {}^1/_{12} \qquad Ue_2 = {}^1/_{12} \qquad Ue_3 = {}^1/_{12} \qquad \S\ 1924\ III$$

Das Stammessystem kann dazu führen, dass jemand innerhalb einer Parentel *verschiedenen* Stämmen angehört.

Wenn beispielsweise Vetter und Cousine geheiratet haben und aus der Ehe ein Kind hervorgegangen ist, kann es möglich sein, dass dieses Kind bei *einem* Erbfall sowohl im Stamm seines Vaters als auch im Stamm seiner Mutter erbt. Das Kind erhält dann den in jedem der beiden Stämme ihm zufallenden Anteil, wobei jeder als besonderer Erbteil gilt (§ 1927), was dazu führen kann, dass das Kind den einen Erbteil ausschlägt und den anderen nicht (vgl. § 1951 I).

58 2. Wenn Abkömmlinge des Erblassers nicht vorhanden sind, fällt der Nachlass je zur Hälfte an den Vater bzw. dessen Abkömmlinge und an die Mutter bzw. deren Abkömmlinge (§ 1925). Diese Aufteilung in eine väterliche und eine mütterliche Linie findet man auch in der dritten Parentel (§ 1926). Von »Linie« wird also gesprochen, wenn man von einer Person aufwärts zu deren Vorfahren sieht.

Im **Fall d** erbt nicht jeder Großelternteil ⅓. Vielmehr fällt die Hälfte des Nachlasses an die Großeltern mütterlicherseits, so dass jeder von ihnen ¼ erhält. Die andere Hälfte geht an den Großvater väterlicherseits (§ 1926 III 2).

Mit der Entscheidung für das Liniensystem hat der Gesetzgeber auch das Problem der erbrechtlichen Stellung von *Voll- und Halbgeschwistern* gelöst.

Stirbt der Erblasser, ohne Nachkommen zu hinterlassen, erben (in der 2. Ordnung) seine Eltern. Ist auch der Vater vorverstorben und sind von ihm noch zwei Söhne vorhanden, von denen der ältere aus einer früheren Ehe des Vaters und der andere aus der Ehe stammt, aus der auch der Erblasser hervorgegangen ist, dann wird der Erblasser beerbt: von seiner Mutter zu 1/2, von seinem Halbbruder und seinem Bruder, die beide an die Stelle ihres Vaters getreten sind, zu je 1/4 (vgl. § 1925 III). Insofern erben also Halbgeschwister zu gleichen Teilen.

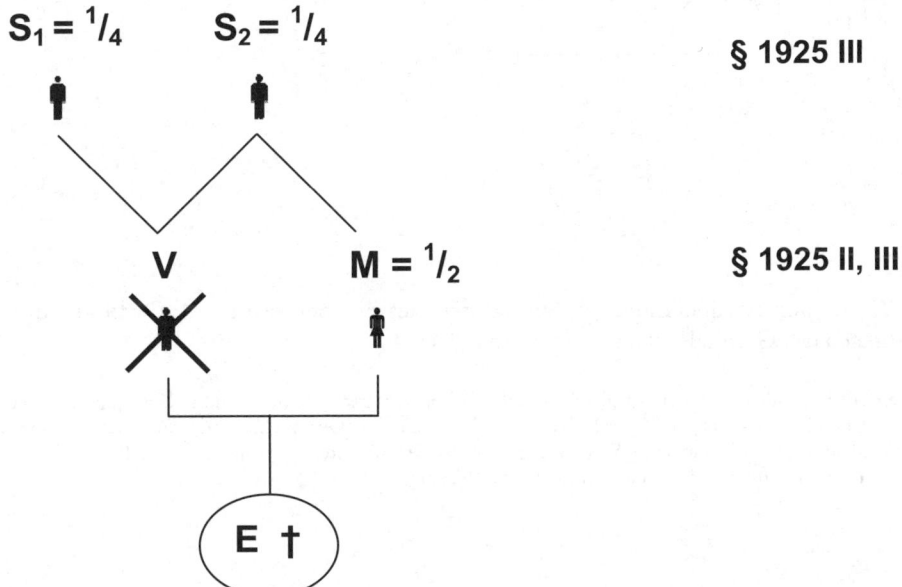

$$S_1 = {}^1/_4 \qquad S_2 = {}^1/_4$$

§ 1925 III

$$V \qquad M = {}^1/_2$$

§ 1925 II, III

E †

Sind im genannten Falle *beide* Eltern vorverstorben, treten – wie oben – an die Stelle des Vaters dessen beide Söhne. An die Stelle der Mutter aber tritt nur der Bruder des Erblassers und nicht dessen Halbbruder, da er nicht Abkömmling der Mutter des Erblassers ist. Infolgedessen erben der Halbbruder 1/4 und der Bruder 1/4 + 1/2 = 3/4.

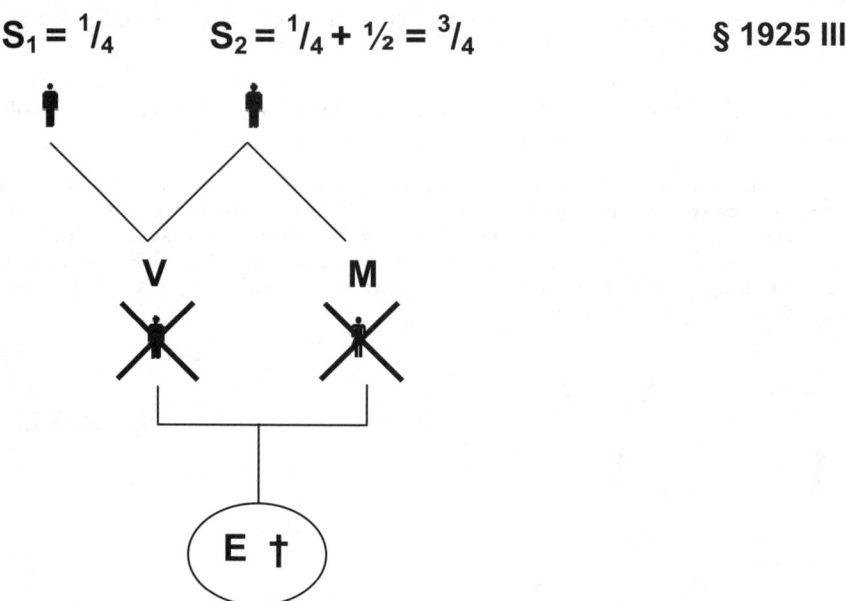

$$S_1 = \,^1/_4 \qquad S_2 = \,^1/_4 + \,^1/_2 = \,^3/_4 \qquad\qquad \S\ 1925\ \text{III}$$

59 **3.** Das Stammes- und Liniensystem hat der Gesetzgeber von der 4. Ordnung an zu Gunsten des Gradualsystems aufgegeben (§ 1928).

Mehrere Urgroßeltern erben zu gleichen Teilen, ohne Unterschied, ob sie derselben Linie oder verschiedenen Linien angehören (§ 1928 II). Leben keine Urgroßeltern mehr, erben von deren Abkömmlingen diejenigen, die mit dem Erblasser gradmäßig am nächsten verwandt sind (§ 1928 III). Entsprechendes gilt für alle weiteren Ordnungen (§ 1929 II).

C. Verwandtenerbrecht innerhalb der ersten bis dritten Ordnung

I. Erben der ersten Ordnung (§ 1924)

Fall: Der Erblasser hinterlässt seine Mutter, sein Kind K 1, das verheiratet ist und 2 Kinder e 1 und 60
e 2 hat, sein lediges Kind K 2 sowie seine Enkelkinder e 3 und e 4, die von dem vorverstorbenen K 3
stammen. Das Kind K 4 ist vor dem Erblasser kinderlos verstorben.

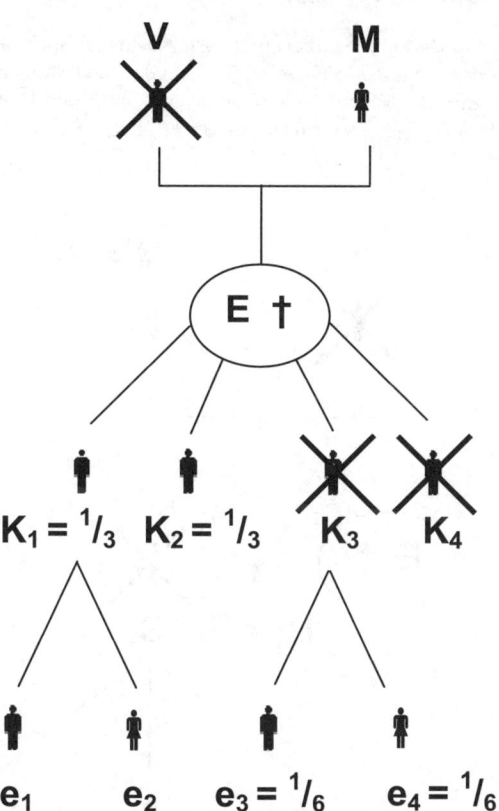

1. Zu den Erben der ersten Ordnung gehören die Abkömmlinge des Erblassers (§ 1924 I), also die
Kinder und Kindeskinder. Da die Mutter des Erblassers nicht zur ersten Ordnung gehört und ein
Verwandter nicht zur Erbfolge berufen ist, solange ein Verwandter einer vorhergehenden Ordnung
vorhanden ist (§ 1930), erbt die Mutter nicht (Einteilung der Verwandten nach dem Parentel-/
Ordnungssystem).
2. Ein zur Zeit des Erbfalls lebender Abkömmling schließt die durch ihn mit dem Erblasser verwandten Abkömmlinge von der Erbfolge aus (§ 1924 II). Da K 1 noch lebt, werden durch ihn seine
Kinder e 1 und e 2 ausgeschlossen; sie erben also nicht (Repräsentationssystem).
3. An die Stelle eines zur Zeit des Erbfalls nicht mehr lebenden Abkömmlings treten die durch ihn
mit dem Erblasser verwandten Abkömmlinge (§ 1924 III). Das trifft für e 3 und e 4 zu, da ihr Vater
K 3 vorverstorben ist (Repräsentationssystem im Sinne eines Eintritts).
4. Die Kinder e 3 und e 4 erben nach Stämmen (§ 1924 III), dh sie erben zusammen das, was der
Abkömmling (K 3) erben würde, wenn er den Erbfall erlebt hätte (Stammessystem).
5. Kinder erben zu gleichen Teilen (§ 1924 IV; »Gleiche Brüder, gleiche Kappen«). Lebten alle vier
Kinder des Erblassers, würde also jedes Kind zu 1/4 erben. Wäre nur K 4 vor dem Erblasser durch
Tod weggefallen, so würden die Kinder K 1, K 2 und K 3 zu je $\frac{1}{3}$ erben (vgl. § 1935). Nun ist zwar

auch K 3 vor dem Erbfall durch Tod weggefallen; aber insoweit erhöht sich der Erbteil der überlebenden Kinder nicht, weil die Abkömmlinge des K 3 kraft ihres Eintrittsrechts (§ 1924 III) an die Stelle des K 3 treten.

Ergebnis: K 1 und K 2 werden Erben zu je 1/3; das letzte Drittel geht zu gleichen Teilen an die Kinder des K 3, so dass e 3 und e 4 je 1/6 erben.

II. Erben der zweiten Ordnung (§ 1925)

61 **Fall:** Von den Eltern des kinderlos verstorbenen Erblassers lebt nur noch die Mutter. Aus der Ehe seiner Eltern sind außer dem Erblasser seine Brüder B 1 und der vorverstorbene B 2 hervorgegangen; B 2 hat 3 Kinder (Neffen und Nichten des Erblassers) N 1, N 2 und N 3 hinterlassen, die den Erblasser überleben. Schließlich lebt noch ein Halbbruder H des Erblassers, der aus der geschiedenen Ehe des Vaters des Erblassers mit F stammt.

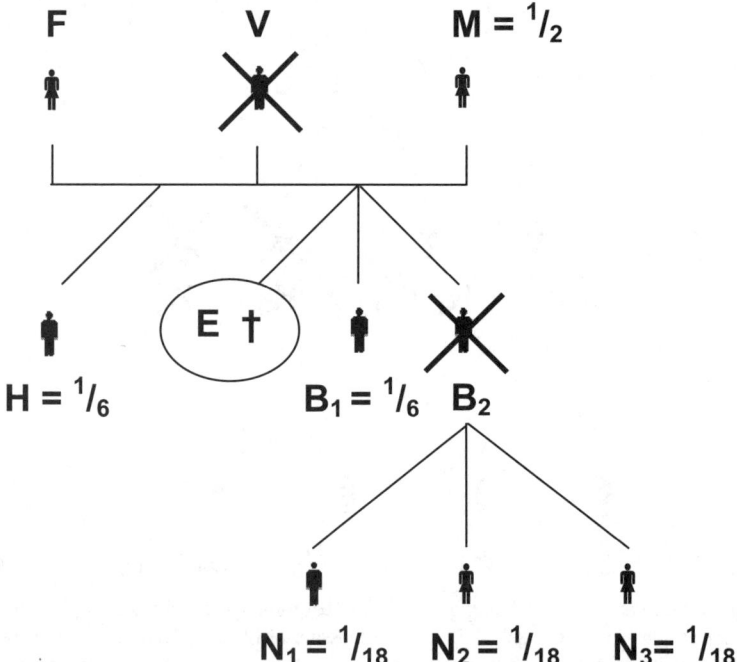

1. Da kein Erbe erster Ordnung vorhanden ist, erben die Erben der zweiten Ordnung. Dazu gehören die Eltern des Erblassers und deren Abkömmlinge (§ 1925 I). Da solche Personen vorhanden sind, scheiden etwa noch lebende Großeltern des Erblassers und deren Abkömmlinge als gesetzliche Erben aus; denn sie gehören nicht zur zweiten, sondern erst zur dritten Ordnung (§§ 1926 I, 1930; Parentelsystem).
2. Die Eltern des Erblassers erben nach Linien; die eine Hälfte des Nachlasses fällt an die Linie der Mutter, die andere an die väterliche Linie (Liniensystem). Die Eltern schließen dabei zu ihren Lebzeiten ihre Abkömmlinge von der Erbfolge aus (Repräsentationssystem). M erbt also den an die mütterliche Linie fallenden Erbteil; sie wird Erbin zu 1/2.
3. Da der Vater des Erblassers nicht mehr lebt, treten an seine Stelle seine Abkömmlinge (§ 1925 III 1; Repräsentationssystem im Sinne eines Eintritts). Abkömmlinge des Vaters sind nicht nur die Vollbrüder B 1 und B 2 des Erblassers, sondern auch dessen Halbbruder H; denn auch er stammt vom Vater des Erblassers ab.

4. Die Abkömmlinge erben nach den für die Beerbung in der ersten Ordnung geltenden Vorschriften (§ 1925 III 1). Entsprechend anwendbar ist also § 1924 II–IV. Die drei Kinder des Vaters erben also anstelle des Vaters dessen ½ zu gleichen Anteilen; also erben H und B 1 zu je $\frac{1}{6}$ und anstelle des ebenfalls vorverstorbenen B 2 erben dessen $\frac{1}{6}$ seine Abkömmlinge N 1, N 2 und N 3 zu je 1/18.

III. Erben der dritten Ordnung (§ 1926)

Fall: Der Erblasser hinterlässt seine Großeltern väterlicherseits GV 1 und GM 1 sowie deren Sohn (Onkel des Erblassers) O 1. Die Großeltern mütterlicherseits GV 2 und GM 2 sind vorverstorben. Aus ihrer Ehe sind außer der vorverstorbenen Mutter des Erblassers zwei Kinder O 2 und O 3 hervorgegangen. Während O 2 noch lebt, ist O 3 vorverstorben; von diesem leben noch zwei Töchter (Cousinen des Erblassers) C 1 und C 2. Außerdem lebt noch ein Sohn O 4 der Großmutter mütterlicherseits aus deren Ehe mit X.

62

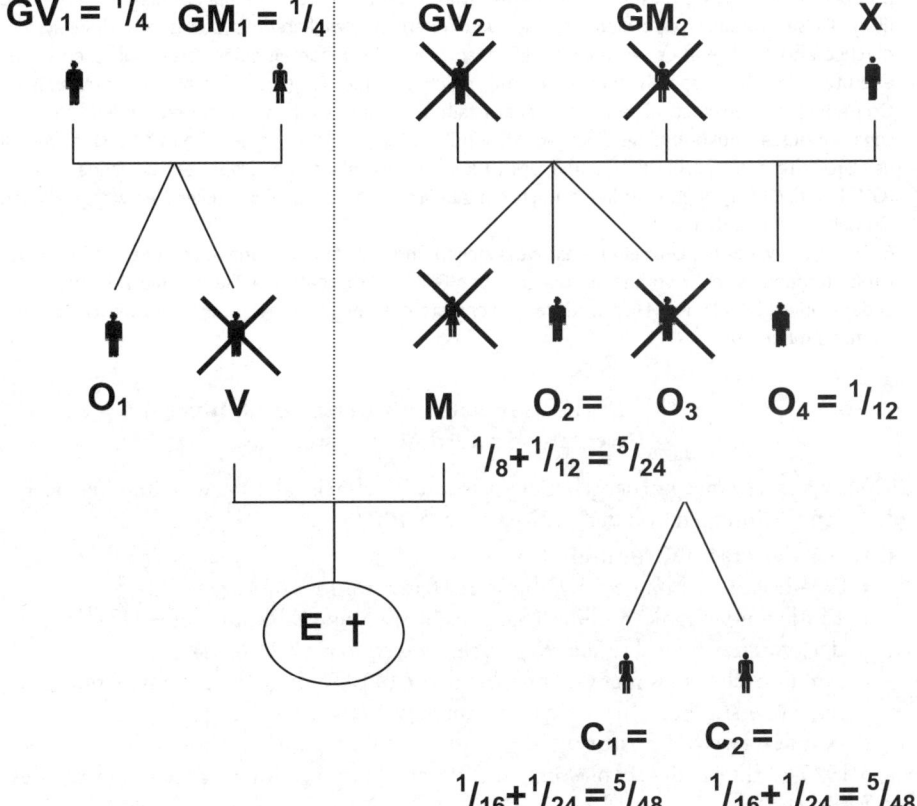

$$GV_1 = \tfrac{1}{4} \quad GM_1 = \tfrac{1}{4} \quad\quad GV_2 \quad\quad GM_2 \quad\quad X$$

$$O_1 \quad V \quad\quad M \quad O_2 = \quad O_3 \quad O_4 = \tfrac{1}{12}$$

$$\tfrac{1}{8} + \tfrac{1}{12} = \tfrac{5}{24}$$

$$E\ \dagger$$

$$C_1 = \quad\quad C_2 =$$

$$\tfrac{1}{16} + \tfrac{1}{24} = \tfrac{5}{48} \quad \tfrac{1}{16} + \tfrac{1}{24} = \tfrac{5}{48}$$

1. Da der Erblasser keine Abkömmlinge hat und außerdem seine Eltern ohne Hinterlassung von weiteren Abkömmlingen vorverstorben sind, kommen die zur dritten Ordnung gehörenden Personen als Erben in Betracht; das sind die Großeltern des Erblassers und deren Abkömmlinge (§ 1926 I).

2. Leben alle Großeltern, erben sie allein (§ 1926 II). Sie schließen also ihre Abkömmlinge von der Erbfolge aus. Im Ausgangsfall erbt der Onkel O 1 nicht, da seine Eltern noch leben. O 1 tritt auch nicht an die Stelle der vorverstorbenen Großeltern mütterlicherseits GV 2 und GM 2, da er zu den väterlichen Verwandten des Erblassers gehört (vgl. § 1926 III).

3. Die Großeltern würden zu gleichen Teilen, also zu je 1/4 erben (§ 1926 II). Da der Großvater GV 2 nicht mehr lebt, treten an seine Stelle seine Abkömmlinge O 2 und O 3 (§ 1926 III 1). Demnach geht das dem Großvater zustehende Viertel in gleichen Teilen an O 2 und den Stamm des O 3 (je ⅛).

An die Stelle der ebenfalls vorverstorbenen Großmutter GM 2 treten ihre Abkömmlinge, nämlich O 2, O 3 und O 4. Das Viertel, das der Großmutter zustehen würde, geht also in drei gleiche Teile, so dass auf jeden Abkömmling 1/12 entfällt. Demnach erbt O 2 1/8 (anstelle seines Vaters) + 1/12 (anstelle seiner Mutter) = 5/24, während O 4 (anstelle seiner Mutter) 1/12 erbt.

4. An die Stelle des vorverstorbenen O 3, der (wie O 2) 5/24 erben würde, treten entsprechend der für die Beerbung in der ersten Ordnung geltenden Vorschriften (§ 1926 V) seine Abkömmlinge (§ 1924 III), so dass C 1 und C 2 je 1/2 von 5/24, also 5/48 erben.

5. Ist – in Abänderung unseres Falles – aus der Ehe der Großeltern mütterlicherseits nur die Mutter des Erblassers hervorgegangen, fiele der Anteil des Großvaters an die Großmutter mütterlicherseits, wenn sie noch lebte (§ 1926 III 2); sie bekäme also zu ihrem Viertel noch das Viertel, das dem Großvater zustünde.

Da aber auch die Großmutter vorverstorben ist, erbt an ihrer Stelle ihr Abkömmling O 4 (§ 1926 III 2). Dieses Beispiel zeigt deutlich, wie weit innerhalb des Parentelsystems das Liniensystem durchgeführt ist. Wenn es nur eben möglich ist, bleibt der Erbanteil eines vorverstorbenen Großelternteils in der entsprechenden (hier: mütterlichen) Linie. Er geht nicht nur auf den anderen Großelternteil derselben Linie über, sondern fällt bei Vorversterben des anderen Großelternteils sogar an dessen Abkömmlinge (hier: an das Kind der Großmutter aus der Ehe mit X). Der Wegfall der Großeltern einer Linie (GV 2 und GM 2) kommt also nicht den Großeltern der anderen Linie (GV 1 und GM 1) zugute, solange noch ein Abkömmling (O 4) eines Teiles der weggefallenen Großeltern vorhanden ist.

6. Erst dann, wenn ein Großelternpaar weggefallen und kein Abkömmling auch nur eines Teiles des Großelternpaares mehr vorhanden ist, geht der Teil der Erbschaft, der dieser Linie zukäme, in die andere Linie (§ 1926 IV). Hier wird das Liniensystem aufgegeben, weil innerhalb dieser Parentel niemand mehr lebt.

Gesetzliche Erben der ersten bis vierten Ordnung (Parentel- oder Ordnungssystem)

Ein Verwandter einer vorhergehenden Ordnung schließt alle Verwandten der nachfolgenden Ordnungen von der Erbfolge aus, § 1930

I. Erben der ersten Ordnung

§ 1924 I: Abkömmlinge des Erblassers (Kinder und Kindeskinder)

1. Ein lebender Abkömmling (Kind) schließt seine Abkömmlinge (Kindeskinder) von der Erbfolge aus (*Repräsentationssystem*, § 1924 II).
2. An die Stelle eines nicht mehr lebenden Abkömmlings treten seine Abkömmlinge (*Eintrittsrecht* nach dem *Stammessystem*, § 1924 III).

II. Erben der zweiten Ordnung

§ 1925 I: Eltern des Erblassers und deren Abkömmlinge (= Geschwister des Erblassers)

1. Lebende Eltern erben zu gleichen Teilen und schließen ihre Abkömmlinge von der Erbfolge aus (*Repräsentationssystem*, § 1925 II).
2. An die Stelle eines nicht mehr lebenden Elternteils treten dessen Abkömmlinge (*Eintrittsrecht* nach dem *Liniensystem*, § 1925 III 1). Sind keine Abkömmlinge vorhanden, erbt der überlebende Elternteil allein (§ 1925 III 2).

III. Erben der dritten Ordnung

§ 1926 I: Großeltern des Erblassers und deren Abkömmlinge

1. Lebende Großeltern (nach Mutter und Vater) erben zu gleichen Teilen und schließen ihre Abkömmlinge von der Erbfolge aus (*Repräsentationssystem*, § 1926 II).
2. An die Stelle eines nicht mehr lebenden Großelternteils treten dessen Abkömmlinge (*Eintrittsrecht* nach dem *Liniensystem*, § 1926 III 1). Sind keine Abkömmlinge vorhanden, fällt der Anteil des Verstorbenen dem anderen Teil des Großelternpaares oder – wenn auch dieser verstorben ist – dessen Abkömmlingen zu (§ 1926 III 2).
3. Der Anteil eines verstorbenen Großelternpaares, von dem auch keine Abkömmlinge vorhanden sind, fällt dem anderen Großelternpaar oder deren Abkömmlingen zu (§ 1926 IV).

IV. Erben der vierten Ordnung
§ 1928 I: Urgroßeltern des Erblassers und deren Abkömmlinge
1. Lebende Urgroßeltern erben zu gleichen Teilen und schließen ihre Abkömmlinge von der Erbfolge aus (*Repräsentationssystem*, § 1928 II, 1. Hs.).
2. An die Stelle eines verstorbenen Urgroßelternteils tritt derjenige seiner Abkömmlinge *(Eintrittsrecht),* der mit dem Erblasser dem Grad nach (Anzahl der vermittelnden Geburten) am nächsten verwandt ist (§ 1928 III, 1. Hs., *Gradualsystem*).

D. Erhöhung des Erbteils (§ 1935)

Unter einer Erhöhung des Erbteils versteht § 1935 nicht die Fälle, in denen eine   63
mehrfache Verwandtschaft ein mehrfaches Erbrecht begründet (→ Rn. 57 aE).

§ 1935 behandelt vielmehr die Erhöhung des Erbteils, die deshalb eintritt, weil ein anderer gesetzlicher Erbe, der neben dem Erben geerbt hätte, zB infolge Vorversterbens vor dem Erblasser oder wegen Erbausschlagung nicht Erbe wird.

Beispiel: Den Erblasser würden seine beiden Kinder K 1 und K 2 zu je ½ beerben. Da K 2 aber vorverstorben ist und auch keine Abkömmlinge hat, die statt seiner erben würden, erbt K 1 auch die Hälfte, die K 2 erben würde. K 1 erbt hier nicht zwei getrennt zu behandelnde Anteile; vielmehr kann der gesamte Erbteil vom Erben K 1 nur einheitlich angenommen oder ausgeschlagen werden (§ 1951 II).
Diese Regelung kann für den Erben zu misslichen Konsequenzen führen. Würde in unserem Beispiel der Nachlass 100.000 EUR betragen, stünde dem K 1 ohne Wegfall des K 2 ein Anteil von 50.000 EUR zu. Es ist aber denkbar, dass der Anteil des K 2 (ebenfalls 50.000 EUR) mit Vermächtnissen, Auflagen oder einer Ausgleichungspflicht von insgesamt 60.000 EUR beschwert ist. Schlägt nun K 2 – wegen dieser Beschwerung – die Erbschaft aus, dann fällt dem K 1 die ganze Erbschaft von 100.000 EUR zu, aber es bleiben ihm wegen der Beschwerung in Höhe von 60.000 EUR letztlich nur 40.000 EUR. Demnach steht K 1 infolge der »Erhöhung« schlechter, als er ohne diese stünde. Um das zu verhindern, bestimmt § 1935, dass der Teil, um den sich der Anteil des K 1 erhöht, hinsichtlich der Vermächtnisse, Auflagen und der Ausgleichungspflicht als besonderer Erbteil gilt. Das bedeutet, dass K 1 hinsichtlich des Erbteils des K 2 zwar nicht ausschlagen kann, aber dass er Vermächtnisse usw. nur insoweit zu erfüllen hat, als K 2 – wäre er Erbe geworden – zur Erfüllung verpflichtet gewesen wäre (vgl. § 1991 IV); dh K 1 braucht nur in Höhe von 50.000 EUR (so viel hätte K 2 geerbt) zu erfüllen. K 1 soll also durch die »Erhöhung« im Ergebnis nicht schlechter gestellt werden, als er ohne sie stünde.

Verfehlt ist die Formulierung des § 1935.

Vor dem Erbfall kann gar kein gesetzlicher Erbe wegfallen; denn erst mit dem Erbfall wird jemand Erbe. Das Gesetz meint damit die Person, die kraft Gesetzes Erbe geworden wäre, wenn sie nicht vor dem Erblasser gestorben (§ 1923 I), nicht enterbt worden wäre (§ 1938) oder nicht durch Vertrag mit dem Erblasser auf ihr gesetzliches Erbrecht verzichtet hätte (§ 2346 I; über den Fall des Ausschlusses des Ehegattenerbrechts nach § 1933 → Rn. 66).

Nach dem Erbfall fällt ein gesetzlicher Erbe dann weg, wenn er ausschlägt (§ 1953 I) oder für erbunwürdig erklärt wird (§ 2344 I).

In beiden Fällen wird die Erbenstellung rückwirkend beseitigt; die Rechtslage hinsichtlich der Erbfolge ist ebenso, wie wenn der Erbe vor dem Erbfall gestorben wäre. Stirbt dagegen der Erbe erst nach dem Erbfall, so ist das kein »Wegfall« iSd § 1935; denn dann ist die betreffende Person mit dem Erbfall Erbe geworden, während § 1935 die Fälle meint, in denen die weggefallene Person rechtlich nie gesetzlicher Erbe gewesen ist.

Das menschliche Wesen, das zur Zeit des Erbfalls als Leibesfrucht existiert (vgl. § 1923 II), später aber nicht lebend zur Welt kommt, ist nie gesetzlicher Erbe gewesen, so dass § 1935 nicht anwendbar ist.

Die Bezeichnung »Erhöhung« ist zumindest irreführend. Wenn nämlich ein gesetzlicher Erbe wegfällt (iSd § 1935), dann »erhöht« sich nicht der zunächst geringere Anteil des Erben; vielmehr ist der Anteil des Erben von Anfang an (mit Eintritt des Erbfalls) höher.

§ 1935 ist nur von Bedeutung, sofern an die Stelle des Weggefallenen nicht seine Abkömmlinge treten. Ein solcher Eintritt scheidet aus, wenn keine Nachkommen des Weggefallenen als Erben in Betracht kommen.

Dem § 1935 entspricht § 2095 bei der gewillkürten Erbfolge (→ Rn. 333).

E. Zusammenfassung

64 Das Verwandtenerbrecht stellt auf die Verwandtschaft im Sinne des Familienrechts ab; diese ist meistens, aber nicht immer identisch mit der Verwandtschaft im biologischen Sinne.

Die Verwandten werden in verschiedene Ordnungen eingeteilt: 1. Ordnung: Abkömmlinge des Erblassers, 2. Ordnung: Eltern des Erblassers und deren Abkömmlinge, 3. Ordnung: Großeltern des Erblassers und deren Abkömmlinge usw. Solange auch nur *eine* Person einer vorhergehenden Ordnung vorhanden ist, kommt eine zur nachfolgenden Ordnung gehörende Person als gesetzlicher Erbe nicht in Betracht (Parentelsystem).

Innerhalb der ersten drei Ordnungen gilt das Repräsentations-, Stammes- und Liniensystem. Ein Kind bzw. ein Eltern- oder Vorelternteil des Erblassers schließt seine Abkömmlinge von der Erbfolge aus (Repräsentation). Ist ein an sich Erbberechtigter als Erbe weggefallen, so treten seine Abkömmlinge an seine Stelle (Eintrittsrecht). Die Abkömmlinge erben nicht nach Köpfen, sondern nach Stämmen. Die Vorfahren des Erblassers und ihre Abkömmlinge erben nach Linien (Vaterseite – Mutterseite). Mehrfache Verwandtschaft kann ein mehrfaches Erbrecht begründen.

Von der vierten Ordnung an gilt innerhalb jeder Ordnung das Gradualsystem; es erbt derjenige, der mit dem Erblasser dem Grade nach am nächsten verwandt ist.

§ 5 Das gesetzliche Erbrecht des Ehegatten

Literatur: *Beisenherz,* Die erbrechtlichen Folgen von Scheidung und Ehekrise, 2008; *Coester,* Die rechtliche Stellung des überlebenden Ehegatten, Jura 2010, 105; *Hohloch,* Erbfolge bei Tod eines Ehegatten während des Scheidungsverfahrens, JuS 2001, 398; *ders.,* Kein Ausschluss des Ehegatten-erbrechts bei bloßer Anhängigkeit des Scheidungsantrags, JuS 2001, 78; *Krug/Zwißler,* Familienrecht und Erbrecht, 2002, → Rn. 165 ff.; *K. W. Lange,* „Verwirrung" – oder was wir aus dem Erbfall Stieg Larsson lernen können, JZ 2011, 1133; *Löhnig,* Das gesetzliche Erbrecht des Ehegatten, JA 2001, 937; *Rauscher,* Reformfragen des gesetzlichen Erb- und Pflichtteilsrecht, 1993; *Röthel,* Gutachten A zum 68. DJT, 2010, S. A 50 ff.

65

Fälle:
a) Die Frau des Erblassers, der einen Sohn hinterlässt, hatte die Scheidung beantragt. Wer erbt, wenn der Erblasser, der an der Ehe festhalten wollte, während des Scheidungsprozesses stirbt? (→ **Rn. 66**)
b) Der Erblasser hatte beim Familiengericht Aufhebung der Ehe wegen Irrtums über schwere, vor der Ehe begangene Straftaten seiner Frau beantragt. Vor Rechtskraft des Aufhebungsurteils stirbt der Erblasser. Dessen einziger Sohn meint, er sei gesetzlicher Alleinerbe seines Vaters. Die Ehefrau des Erblassers hält das Urteil für falsch und bestreitet die Straftaten. (→ **Rn. 66**)
c) Der Erblasser hinterlässt seine Ehefrau und drei Kinder. Wer erbt? Wieviel? Spielt es eine Rolle, dass die Eheleute im gesetzlichen Güterstand lebten? (→ **Rn. 75**)

Nach § 1931 steht neben den Verwandten des Erblassers auch dessen überlebendem Ehegatten ein gesetzliches Erbrecht zu.

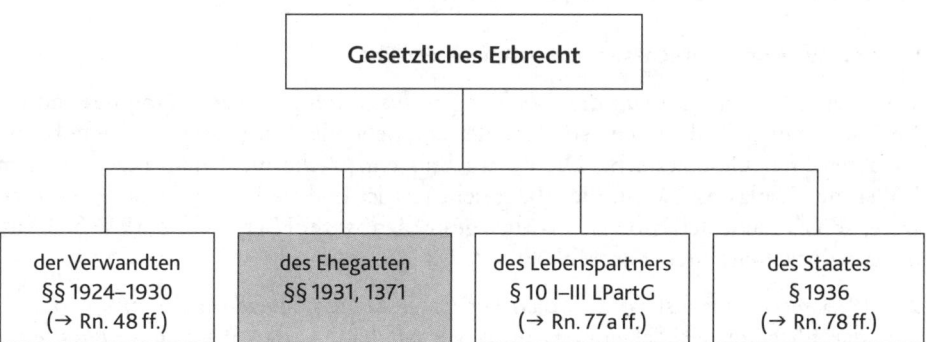

A. Voraussetzungen des Ehegattenerbrechts

I. Bestehen der Ehe

Im Zeitpunkt des Todes des Erblassers muss die Ehe bestanden haben. Eine nicht-eheliche Lebensgemeinschaft, deren Voraussetzungen oft auch nur schwer feststellbar sein werden, reicht nicht aus. Folgende Fälle sind zu unterscheiden:

1. Bei einer *Nichtehe* (→ Rn. 51) ist der Überlebende nicht Ehegatte des Erblassers gewesen und deshalb auch nicht dessen gesetzlicher Erbe.

2. Bei einer *aufhebbaren Ehe* (→ Rn. 51) scheidet ein gesetzliches Ehegattenerbrecht aus, wenn die Ehe durch rechtskräftiges Aufhebungsurteil (§ 1313) aufgelöst worden ist. Denn dann besteht im Zeitpunkt des Todes keine Ehe mehr; also entfällt ein Ehegattenerbrecht.

3. Sofern die Ehe vor dem Tode eines Ehegatten *rechtskräftig geschieden worden ist* (§ 1564), besteht – wie bei der Eheaufhebung – beim Tode keine Ehe und damit kein Ehegattenerbrecht.

Als Folge der Ehescheidung sieht das Versorgungsausgleichsgesetz, auf das in § 1587 verwiesen wird, einen Versorgungsausgleich vor. Danach sollen die während der Ehe einem Gatten zugewachsenen Versorgungsanwartschaften (zB aus der gesetzlichen oder privaten Rentenversicherung) unter den geschiedenen Eheleuten ausgeglichen werden, damit der Ehegatte, der etwa wegen der Haushaltsführung oder der Kindererziehung keine oder nur eine geringfügige Vorsorge für seine Sicherung im Alter oder bei Berufs- bzw. Erwerbsunfähigkeit treffen konnte, durch die Scheidung nicht schlechter gestellt wird als sein berufstätig gewesener Ehepartner. In den §§ 36, 37 VersAusglG sind die Rechtsfolgen für den Fall geregelt, dass der Ausgleichsberechtigte oder der Ausgleichsverpflichtete stirbt.

4. Wenn ein Ehegatte, obwohl er noch lebt, *für tot erklärt worden* ist, so ist damit seine Ehe noch nicht aufgelöst. Stirbt also der andere Ehegatte, so wird er von seinem fälschlicherweise für tot erklärten Gatten kraft Gesetzes beerbt.

Ist aber der Ehegatte des für tot Erklärten eine neue Ehe eingegangen, so wird gem. § 1319 II mit der Schließung der neuen Ehe die frühere Ehe aufgelöst. Daran ändert sich nichts, wenn später die Todeserklärung aufgehoben wird. Mit Auflösung der früheren Ehe entfällt auch ein Ehegattenerbrecht des früheren Gatten. Die Ehe wird aber ausnahmsweise nicht durch eine neue Eheschließung aufgelöst, wenn beide Ehegatten der neuen Ehe wissen, dass der für tot Erklärte den Zeitpunkt der Todeserklärung überlebt hat (§ 1319 I). In diesem Fall ist die neue Ehe als Doppelehe (§ 1306) nichtig. Stirbt hier der Ehegatte beider Ehen und ist die zweite Ehe noch nicht durch Urteil für nichtig erklärt worden, so sind zwei Personen vorhanden, deren Ehe mit dem Erblasser bis zu dessen Tode bestanden hat und die infolgedessen *beide* ein Ehegattenerbrecht haben.

II. Ausschluss des Erbrechts trotz Bestehens der Ehe

66 **1.** Ist der Erblasser *während des Scheidungsrechtsstreites gestorben,* dann bestand die Ehe bei seinem Tode noch, so dass der überlebende Ehegatte nach dem bisher Gesagten kraft Gesetzes erbt. Dieses Ergebnis entspräche nicht dem mutmaßlichen Willen des Erblassers, wenn die Ehe gescheitert ist und deshalb geschieden worden wäre, sofern nicht der Erblasser vorher gestorben wäre. Hier greift § 1933 S. 1 ein, der das Ehegattenerbrecht ausschließt.

2. § 1933 setzt zunächst voraus, dass der Erblasser die *Scheidung beantragt* oder – falls der Ehegatte den Scheidungsantrag gestellt hatte – der *Scheidung zugestimmt* hatte.

Ohne diese Voraussetzung wären die erbenden Verwandten leicht zur Nachforschung geneigt, ob die Ehe des Erblassers gescheitert sei. Das läge vielfach nicht im Sinne des Erblassers. Deshalb verlangt das Gesetz, dass der Erblasser seinen Willen, sich aus der Ehe zu lösen, durch einen Antrag auf Scheidung oder durch Zustimmung zur Scheidung geäußert hat. Die Zustimmung iSv § 1933 ist eine Prozesshandlung.[8] Sie kann etwa zu Protokoll der Geschäftsstelle, in mündlicher Verhandlung oder in einem Schriftsatz ausdrücklich oder konkludent erfolgen. Dagegen reicht allein der Umstand, dass der

---

8 BGHZ 111, 329 (331).

Erblasser dem Scheidungsantrag seines Ehegatten nicht entgegen tritt, ebenso wenig aus[9] wie eine außerhalb des Scheidungsverfahrens gegenüber dem Ehegatten oder einem Dritten abgegebene Erklärung.[10] Hatte nur der überlebende Ehegatte die Scheidung beantragt und hat der Erblasser dieser nicht zugestimmt, bleibt das gesetzliche Erbrecht des Überlebenden erhalten. Im **Fall a** erben also Sohn und Ehefrau des Erblassers.

Fraglich ist, ob es für den Ausschluss des Ehegattenerbrechts ausreicht, dass das Scheidungsbegehren zur Zeit des Todes des Erblassers bei Gericht eingegangen ist oder ob der Scheidungsantrag rechtshängig, also dem anderen Ehegatten zugestellt sein muss. Der Wortlaut des § 1933 ist nicht eindeutig; er verlangt nur einen Scheidungsantrag. Der Umstand, dass der Erblasser auf die gerichtliche Zustellung ohnehin keinen Einfluss hat, sowie der Rechtsgedanke des § 167 ZPO, der für (hier allerdings nicht vorliegende) fristwahrende Zustellungen eine Rückwirkung auf den Zeitpunkt des Eingangs bei Gericht vorsieht, sprechen zwar dafür, dass der rechtzeitige Eingang des Antrags bei Gericht ausreichen muss. Die ganz hM[11] verlangt jedoch Rechtshängigkeit des Scheidungsantrags. Das wird vor allem mit der früheren Fassung des § 1933, dessen Inhalt durch die jetzige Formulierung nicht habe geändert werden sollen, sowie damit begründet, dass § 167 ZPO auch nicht analog anwendbar sei. An dieser hM muss sich die Beratungspraxis orientieren.

Außerdem verlangt § 1933, dass zur Zeit des Todes des Erblassers die Voraussetzungen für die Ehescheidung gegeben waren. Diese sind in §§ 1565 bis 1568 aufgeführt.

Hat der Erblasser im Scheidungsprozess einen Sachverhalt vorgetragen, aus dem sich das Scheitern der Ehe ergibt, und stirbt er vor Erlass eines Urteils, so wird der Scheidungsprozess nicht fortgeführt; denn das Verfahren ist infolge des Todes in der Hauptsache als erledigt anzusehen (§ 131 FamFG).
Ist bereits ein Scheidungsurteil ergangen, so hat es keine Bedeutung, weil es infolge des Todes des Erblassers nicht mehr rechtskräftig werden kann.
Ist das Urteil beim Tod schon rechtskräftig, ist § 1933 nicht anwendbar, weil zur Zeit des Todes keine Ehe mit dem Überlebenden mehr besteht.
Die spätere Rücknahme des Scheidungsantrags durch den Bevollmächtigten des Erblassers nach dessen Ableben ändert nichts an der Anwendbarkeit des § 1933, sofern der begründete Scheidungsantrag zur Zeit des Erbfalls rechtshängig war; denn die Rücknahme beruht dann nicht mehr auf dem eigenen Willen des Erblassers.[12]

3. Das bisher zu § 1933 Erörterte gilt auch für den *Eheaufhebungsantrag.*

Im **Fall b** ist zwischen Sohn und Ehefrau des Erblassers streitig, ob diese vor der Ehe die Straftaten begangen hat. Das kann in einem *gewöhnlichen Zivilprozess* (also nicht vor dem Familiengericht) geklärt werden. Die Beweislast für die Straftaten der Frau und den Irrtum des Erblassers (§ 1314 II Nr. 3) hat der Sohn. Gelingt ihm der Beweis, ist das Erbrecht der Frau nach § 1933 S. 2 ausgeschlossen. Abgesehen davon kann die Frage, ob die Voraussetzungen für eine Eheaufhebung vorlagen, auch für die Erteilung eines Erbscheins von Bedeutung sein und ist dann vom Nachlassgericht im Erbscheinsverfahren zu klären.

B. Umfang des Ehegattenerbrechts

Die Erbquote des überlebenden Ehegatten bestimmt sich einmal danach, zu welcher **67** Ordnung die erbenden Verwandten des Erblassers gehören, neben denen der Ehegat-

---

9 OLG Düsseldorf Rpfleger 2012, 150; dazu *Wellenhofer* JuS 2012, 173.
10 BGHZ 128, 125 (127).
11 BGHZ 111, 329 mwN sowie nahezu die gesamte Kommentarliteratur.
12 OLG Stuttgart NJW-RR 2007, 952 (954).

te erbt (→ Rn. 68 ff.). Zum anderen ist es von Bedeutung, in welchem Güterstand die Ehegatten lebten (→ Rn. 73 ff.). Dieser letzte Gesichtspunkt soll hier zunächst unberücksichtigt bleiben.

I. Ehegatte neben Verwandten der ersten Ordnung

68 Neben Abkömmlingen des Erblassers ist dessen überlebender Ehegatte zu ¼ gesetzlicher Erbe (§ 1931 I 1). ¾ des Nachlasses gehen also an die jüngere Generation, wobei die Aufteilung gem. § 1924 erfolgt. Das Erbrecht des überlebenden Ehegatten ist unabhängig davon, ob nur *ein* Kind (oder Enkelkind) den Erblasser überlebt oder ob *viele* Abkömmlinge den Erblasser beerben. Bei Gütertrennung ist § 1931 IV zu beachten (→ Rn. 73).

> Überlebt im **Fall** → **Rn. 60** auch die Ehefrau F den Erblasser, dann erben F: 1/4, K 1: 1/4, K 2: 1/4, e 3: 1/8 und e 4: 1/8 des Nachlasses.

II. Ehegatte neben Verwandten der zweiten Ordnung

69 Kommt kein Abkömmling des Erblassers als Erbe in Betracht, erhöht sich der Erbteil des überlebenden Gatten. Neben Verwandten der zweiten Ordnung (Eltern des Erblassers und deren Abkömmlinge) erbt der Gatte ½ (§ 1931 I 1). Die Hälfte, die den Verwandten zusteht, wird gem. § 1925 aufgeteilt.

> Überlebt im **Fall** → **Rn. 61** auch die Ehefrau F den Erblasser, dann erben F: 1/2, M: 1/4, H: 1/12, B 1: 1/12, N 1: 1/36, N 2: 1/36 und N 3: 1/36 des Nachlasses.

III. Ehegatte neben Verwandten der dritten Ordnung

70 Zur dritten Ordnung gehören die Großeltern des Erblassers und deren Abkömmlinge (§ 1926). Neben dem Ehegatten, der Erbe zu 1/2 wird, erben aber nur die Großeltern, niemals auch deren Abkömmlinge (§ 1931 I 2). Würde gem. § 1926 ein Abkömmling oder würden mehrere Abkömmlinge von Großeltern erben, so erhielte der Ehegatte zu seinem Anteil von 1/2 noch den Anteil, der dem Abkömmling bzw. den Abkömmlingen zufiele.

> **Beispiel:** Überlebt im **Fall** → **Rn. 62** auch die Ehefrau den Erblasser, erbt sie neben den Großeltern zu 1/2. Die andere Hälfte fiele nach § 1926 je zur Hälfte an die Großeltern väterlicher- und mütterlicherseits. Demnach erben die Großeltern väterlicherseits zusammen 1/4, Großvater und Großmutter also je 1/8. Das andere Viertel für die mütterliche Linie ginge gem. § 1926 an die Abkömmlinge der vorverstorbenen Großeltern mütterlicherseits. Da aber die Abkömmlinge der Großeltern nicht neben der Ehefrau des Erblassers erben (§ 1931 I 2), geht ihr Anteil nach dieser Bestimmung an die Ehefrau, so dass diese 1/2 + 1/4 = 3/4 erbt.

IV. Ehegatte neben Verwandten der vierten oder einer ferneren Ordnung

71 Leben außer dem Ehegatten nur Verwandte der vierten oder einer ferneren Ordnung, erbt der überlebende Ehegatte allein (§ 1931 II).

V. Ehegatte als Verwandter des Erblassers

72 Gehört der überlebende Ehegatte auch zu den erbberechtigten Verwandten, erbt er zugleich als Verwandter (§ 1934 S. 1). Es handelt sich um zwei verschiedene Erbteile

(§ 1934 S. 2), so dass der Ehegatte zB den Verwandtenerbteil ausschlagen kann, ohne damit auch den Erbteil als Ehegatte ausschlagen zu müssen.

> **Beispiel:** Beim Tod des E leben seine Ehefrau, die seine Nichte ist, und sein Vater. Die Ehefrau erbt neben Angehörigen der 2. Ordnung zu 1/2. Von der anderen Hälfte erbt der Vater 1/2, also 1/4. Das restliche Viertel geht an die Ehefrau als Nichte des Erblassers (§ 1925 III), die damit insgesamt 3/4 erhält.
> Hat der Erblasser seine Cousine geheiratet, erbt diese nur als Ehefrau; ein Verwandtenerbrecht scheidet wegen § 1931 I 2 aus.

C. Einfluss des Güterrechts auf das Ehegattenerbrecht

Erbrechtlich von Bedeutung ist, ob der Erblasser und sein Ehegatte in einem der   **73**
beiden Wahlgüterstände (Gütertrennung, Gütergemeinschaft) lebten oder ob für sie
der gesetzliche Güterstand der Zugewinngemeinschaft galt.

I. Gütertrennung

Im Fall der Gütertrennung (§ 1414) gilt grundsätzlich das bisher Gesagte. Je nachdem, zu welcher Ordnung die Verwandten des Erblassers gehören, erbt der überlebende Ehegatte zu 1/4, zu 1/2 oder ganz (§ 1931 I, II).

Nach § 1931 IV erben jedoch, wenn der Erblasser neben seinem Ehegatten ein oder
zwei Kinder als gesetzliche Erben hinterlässt, der Ehegatte und jedes Kind zu
gleichen Teilen.

> **Beispiel:** E wird von seiner Frau F und seinem Kind K beerbt. Jeder von ihnen wird Erbe zu 1/2.
> Bei zwei Kindern erben jedes Kind und die Frau zu je 1/3. Diese Regelung greift auch dann ein, wenn lediglich Abkömmlinge des Kindes oder der beiden Kinder vorhanden sind (§ 1931 IV iVm § 1924 III).

Sinn des § 1931 IV ist es, die Stellung des überlebenden Ehegatten zu verbessern. Er
soll nicht schlechter stehen als ein Abkömmling des Erblassers. Hinterlässt dieser drei
oder mehr Kinder, bleibt es dabei, dass der überlebende Ehegatte zu 1/4 gesetzlicher
Erbe ist (§ 1931 I 1).

II. Gütergemeinschaft

Im Fall der Gütergemeinschaft (§§ 1415 ff.) ist nach den einzelnen Vermögensmassen   **74**
zu unterscheiden:

1. Der *Anteil am Gesamtgut*, das grundsätzlich das gesamte Vermögen beider Ehegatten umfasst (§ 1416), gehört zum Nachlass des Verstorbenen, der nach den allgemeinen Vorschriften beerbt wird (§ 1482).

Haben die Ehegatten durch Ehevertrag *fortgesetzte Gütergemeinschaft* (§§ 1483 ff.) vereinbart, wird der Anteil des verstorbenen Ehegatten am Gesamtgut nicht vererbt; vielmehr besteht die Gesamthand zwischen dem überlebenden Ehegatten und den gemeinschaftlichen erbberechtigten Abkömmlingen fort (§ 1483 I).
Hinterlässt der verstorbene Ehegatte noch Abkömmlinge, die nicht gemeinschaftliche Abkömmlinge sind (zB Kinder aus einer früheren Ehe), bestimmen sich deren Erbteile so, wie wenn die fortgesetzte Gütergemeinschaft nicht eingetreten wäre (§ 1483 II). Es muss also zwischen diesen (nicht gemein-schaftlichen) Abkömmlingen auf der einen Seite und dem überlebenden Ehegatten und den gemein-schaftlichen Abkömmlingen auf der anderen Seite eine Auseinandersetzung auch hinsichtlich des Gesamtguts erfolgen.

Die fortgesetzte Gütergemeinschaft kann durch letztwillige Verfügung des vorverstorbenen Ehegatten ausgeschlossen werden, wenn dieser berechtigt ist, dem anderen Ehegatten den Pflichtteil zu entziehen oder auf Aufhebung der Gütergemeinschaft zu klagen (§ 1509 S. 1). Das Gleiche gilt, wenn der Ehegatte die Aufhebung der Ehe zu beantragen berechtigt ist und den Antrag gestellt hat (§ 1509 S. 2). Der überlebende Ehegatte kann die Fortsetzung der Gütergemeinschaft (nach den für die Ausschlagung geltenden Vorschriften) ablehnen (§ 1484).

2. Für das *Sondergut,* zu dem die Gegenstände gehören, die nicht durch Rechtsgeschäfte übertragen werden können (§ 1417), und für das *Vorbehaltsgut,* zu dem vor allem die Gegenstände gehören, die durch Ehevertrag dazu bestimmt sind (Näheres: § 1418), gelten erbrechtlich keine Besonderheiten. Hinsichtlich dieser Vermögensmassen wird der verstorbene Ehegatte nach den erbrechtlichen Vorschriften beerbt. Das gilt auch im Fall der fortgesetzten Gütergemeinschaft (§ 1483 I 3, letzter Hs.).

III. Zugewinngemeinschaft

75 Im Fall der Zugewinngemeinschaft erhöht sich der gesetzliche Erbteil des überlebenden Ehegatten um ein Viertel der Erbschaft (§§ 1931 III, 1371 I). Demnach erbt der Ehegatte neben Abkömmlingen des Erblassers 1/4 + 1/4 = 1/2, neben Verwandten der zweiten Ordnung oder neben sämtlichen Großeltern 1/2 + 1/4 = 3/4. Erbt aber der überlebende Ehegatte gem. § 1931 I 2 ohnehin schon 3/4 (→ Rn. 70), dann wird er im Fall der Zugewinngemeinschaft Alleinerbe.[13]

Die Regelung beruht auf dem Gleichberechtigungsgesetz vom 18.6.1957. Dieses Gesetz bezweckt unter anderem, die Ehegatten auch im gesetzlichen Güterstand gleichzustellen. Das Vermögen eines Ehegatten bleibt allein dessen Vermögen, gleichgültig, ob es vor oder während der Ehe erworben wurde. Wird der gesetzliche Güterstand (zB durch Ehescheidung) beendet, ist der Zugewinn festzustellen. Zugewinn ist der Betrag, um den das Endvermögen jedes Ehegatten dessen Anfangsvermögen übersteigt (§ 1373). Die Differenz der beiden Zugewinne ist auszugleichen (§ 1378). Beträgt zB der Zugewinn des Ehemannes 20.000 EUR und der der Ehefrau 4.000 EUR, übersteigt der Zugewinn des Mannes den der Ehefrau um 16.000 EUR. Nach § 1378 I steht dann der Frau bei Beendigung des Güterstandes die Hälfte des Überschusses, also 8.000 EUR, als Ausgleichsforderung zu.
Eine solche Abwicklung würde bei der Beendigung des gesetzlichen Güterstandes durch Tod eines Ehegatten vielfach zu erheblichen Schwierigkeiten führen. Deshalb hat der Gesetzgeber für diesen Fall bestimmt, dass sich der gesetzliche Erbteil des überlebenden Ehegatten um ein Viertel erhöht. Diese pauschale Erhöhung des Erbteils ist als Ersatz für die Ausgleichsforderung gedacht (erbrechtliche Lösung).

§ 1371 I setzt voraus, dass die Zugewinngemeinschaft durch den Tod eines Gatten aufgelöst worden und der überlebende Ehegatte gesetzlicher Erbe (§ 1931) geworden ist. Für die Erhöhung des Erbteils ist es unerheblich, ob die Ehegatten im einzelnen Fall einen Zugewinn erzielt haben.

> Im **Fall c** würden ohne Zugewinngemeinschaft die Kinder zusammen 3/4 und die Frau 1/4 erben (§§ 1924, 1931 I 1). Bei der Zugewinngemeinschaft erhöht sich der Erbteil der Frau um 1/4 (§§ 1931 III, 1371 I). Demnach erben: die Frau 1/2 und die drei Kinder je 1/6.
> Die Erhöhung des Erbteils des überlebenden Ehegatten führt zwangsläufig zu einer Verkleinerung der Erbteile der Verwandten des Erblassers. Um die Abkömmlinge des Erblassers, die nicht aus der durch den Tod des Erblassers aufgelösten Ehe stammen, zu schützen, wurde der Abs. 4 des § 1371 geschaffen. Danach hat der überlebende Ehegatte den genannten Abkömmlingen des Erblassers aus dem zusätzlich gewährten Viertel die Mittel zu einer angemessenen Ausbildung zu gewähren, wenn und soweit sie deren bedürfen.

---

13 **Str.**; wie hier Erman/*Schlüter* § 1931 Rn. 25; **aM** MüKoBGB/*Leipold* § 1931 Rn. 31; *v. Olshausen* FamRZ 1981, 633.

Die erbrechtliche Lösung kann sowohl durch den Erblasser als auch durch den überlebenden Ehegatten verhindert werden: Der Erblasser ist in der Lage, durch eine Verfügung von Todes wegen das gesetzliche Erbrecht des Ehegatten auszuschließen. Der überlebende Ehegatte kann die Erbschaft ausschlagen.

Die Streitfrage, ob der ausschlagende Ehegatte nur den Zugewinnausgleich und den nach dem nicht erhöhten Erbteil berechneten Pflichtteil fordern kann oder ob er statt beider Ansprüche auch den Pflichtteilsanspruch, der sich nach dem erhöhten Erbteil ergibt, wählen kann, gehört ins Pflichtteilsrecht (→ Rn. 550 ff.).

Das gesetzliche Erbrecht des überlebenden Ehegatten

I. **Erbteil nach § 1931**

1. Neben Verwandten erster Ordnung (§ 1924): Ehegatte ist zu 1/4 gesetzlicher Erbe (§ 1931 I 1).
2. Neben Verwandten zweiter Ordnung (§ 1925): Ehegatte ist zu 1/2 gesetzlicher Erbe (§ 1931 I 1).
3. Neben Verwandten dritter Ordnung (§ 1926): Ehegatte ist zu 1/2 gesetzlicher Erbe und erhält zusätzlich den fiktiven Anteil von Abkömmlingen verstorbener Großelternteile (§ 1931 I 1, 2).
4. Neben Verwandten ab vierter Ordnung: Ehegatte ist alleiniger Erbe (§ 1931 II).

II. **Erbrechtliche Auswirkungen des Güterstandes**

1. Zugewinngemeinschaft (§§ 1363 ff.): Der gesetzliche Erbteil des Ehegatten erhöht sich um ¼ (§§ 1931 III, 1371 I).
2. Gütertrennung (§ 1414): Erben neben dem Ehegatten ein oder zwei Kinder des Erblassers, erben alle zu gleichen Teilen (§ 1931 IV).
3. Gütergemeinschaft (§§ 1415 ff.): Der Anteil des Erblassers am Gesamtgut (§ 1416) gehört zu seinem Nachlass, § 1482 (Ausnahme: fortgesetzte Gütergemeinschaft, §§ 1483 ff.); für Sondergut und Vorbehaltsgut des Erblassers gelten keine Besonderheiten.

D. Anhang: Voraus, Dreißigster, Unterhaltsanspruch der werdenden Mutter

Der überlebende Ehegatte als gesetzlicher Erbe hat einen Anspruch auf den *Voraus* (Einzelheiten: **76** § 1932). Das sind die zum ehelichen Haushalt gehörenden Gegenstände, soweit sie nicht Grundstückszubehör sind, und die Hochzeitsgeschenke. Es handelt sich um ein gesetzliches Vermächtnis (§ 1932 II). Der überlebende Gatte hat also einen schuldrechtlichen Anspruch auf Übereignung der genannten Gegenstände.

Ein gesetzliches Vermächtnis ist auch der *Dreißigste*. Gem. § 1969 haben die Familienangehörigen des Erblassers, die bei seinem Tod zu seinem Hausstand gehörten und von ihm Unterhalt bezogen, einen Anspruch auf Unterhalt sowie auf Benutzung der Wohnung und der Haushaltsgegenstände für 30 Tage nach dem Erbfall gegen den Erben.

Der *Unterhaltsanspruch der werdenden Mutter,* welche die Geburt eines Erben erwartet (§ 1963), hat mit dem gesetzlichen Erbrecht nichts zu tun; es handelt sich um eine Nachlassschuld.

E. Zusammenfassung

Der Ehegatte des Erblassers erbt neben Abkömmlingen des Erblassers ein Viertel, neben **77** Verwandten der zweiten Ordnung die Hälfte. Von den Verwandten der dritten Ordnung erben neben dem Ehegatten nur die Großeltern, nicht aber auch deren Abkömmlinge.

Die Großeltern erben zusammen die Hälfte. Wenn aber schon ein Großelternteil vorverstorben oder aus einem anderen Grunde nicht Erbe ist und wenn statt seiner – ohne Berücksichtigung des Ehegattenerbrechts – seine Abkömmlinge Erben würden, so erhält der Ehegatte zu der ihm zufallenden Hälfte auch noch die Anteile, die die Abkömmlinge bekommen würden. Sind keine Großeltern mehr vorhanden oder leben nur Verwandte der vierten oder einer ferneren Ordnung, so erbt der Ehegatte allein.

Erbt der Ehegatte auch als Verwandter des Erblassers, erbt er in zweifacher Eigenschaft als Ehegatte und als Verwandter zwei verschiedene, selbstständige Erbteile. Lebten die Ehegatten bis zum Tode des Erblassers in Zugewinngemeinschaft, dann erhöht sich grundsätzlich der gesetzliche Erbteil des überlebenden Gatten um ein Viertel.

Voraussetzung für das Ehegattenerbrecht ist aber immer, dass die Ehe bis zum Zeitpunkt des Todes des Erblassers bestand. Selbst wenn das der Fall war, ist das Erbrecht des überlebenden Ehegatten auch dann ausgeschlossen, wenn der Erblasser die Scheidung beantragt oder ihr zugestimmt hatte, sofern im Zeitpunkt des Todes des Erblassers die Voraussetzungen für die Scheidung gegeben waren.

§ 6 Das gesetzliche Erbrecht des Lebenspartners

77a   **Literatur:** *Bonefeld,* Kurzüberblick – »Eingetragene Lebenspartnerschaft« und Erbrecht, ZErb 2001, 1; *Eue,* Erbrechtliche Zweifelsfragen des Gesetzes zur Beendigung der Diskriminierung gleichgeschlechtlicher Gemeinschaften, FamRZ 2001, 1196; *von Dickhuth-Harrach,* Erbrecht und Erbrechtsgestaltung eingetragener Lebenspartner, FamRZ 2001, 1660; *ders.,* Neuerungen im Erbrecht eingetragener Lebenspartner, FamRZ 2005, 1139; *Grziwotz,* Erbrechtliche Gestaltungen bei gleichgeschlechtlichen Paaren, ZEV 2002, 55; *Krüger,* Eingetragene Lebenspartnerschaft und gesetzliches Erbrecht, Rpfleger 2004, 138.

Nach dem am 1.8.2001 in Kraft getretenen Gesetz über die eingetragene Lebenspartnerschaft – LPartG[14] haben gleichgeschlechtliche Paare die Möglichkeit, eine Lebenspartnerschaft zu begründen.[15] Das geschieht durch übereinstimmende Willenserklärungen bei gleichzeitiger Anwesenheit vor dem Standesbeamten (§ 1 I LPartG). Diese Lebenspartnerschaft, die nicht zu verwechseln ist mit einer nichtehelichen Lebensgemeinschaft, hat Wirkungen, die denen der Ehe weitgehend angenähert sind. Nach § 10 I–III LPartG steht neben den Verwandten des Erblassers auch dessen überlebendem Lebenspartner ein gesetzliches Erbrecht zu. Es entspricht dem gesetzlichen Erbrecht des Ehegatten.

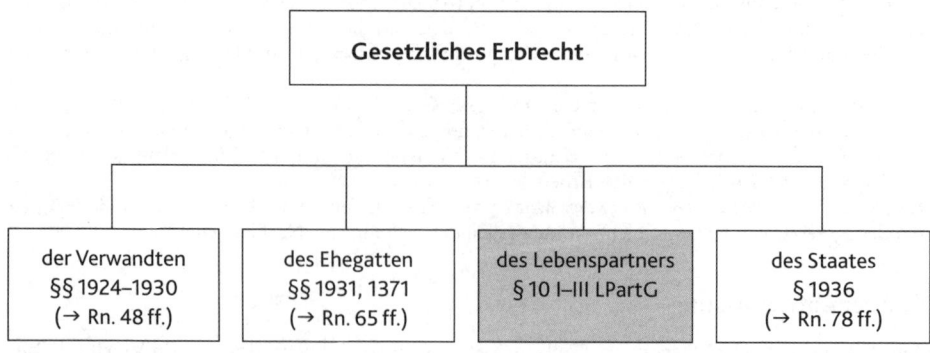

14 BGBl. I 266.
15 Zur Verfassungsmäßigkeit des LPartG BVerfG NJW 2002, 2543.

A. Voraussetzungen des Lebenspartnererbrechts

I. Voraussetzungen des § 10 I, III LPartG

Im Zeitpunkt des Todes des Erblassers muss eine gültige Lebenspartnerschaft im **77b** Sinne des LPartG bestanden haben (arg. § 10 I LPartG). Selbst in diesem Fall ist das gesetzliche Erbrecht des überlebenden Lebenspartners gem. § 10 III LPartG in zwei Fällen ausgeschlossen, nämlich dann,

- wenn zur Zeit des Todes des Erblassers die Voraussetzungen für die Aufhebung der Lebensgemeinschaft (entspricht der Scheidung der Ehe) nach § 15 II Nr. 1 LPartG (ein Jahr Getrenntleben und beiderseitiger Aufhebungsantrag oder Wiederherstellen der partnerschaftlichen Lebensgemeinschaft nicht zu erwarten) oder Nr. 2 LPartG (drei Jahre Getrenntleben) gegeben waren und der Erblasser die Aufhebung bei Gericht beantragt oder ihr zugestimmt hatte oder
- wenn der Erblasser einen Aufhebungsantrag nach § 15 II Nr. 3 LPartG (unzumutbare Härte) gestellt hatte und dieser Antrag begründet war.

Diese Ausschlussregelung ähnelt derjenigen des § 1933 für das gesetzliche Erbrecht des überlebenden Ehegatten (→ Rn. 66).

II. Kein Ausschluss nach allgemeinen Regeln

Ferner darf das gesetzliche Erbrecht des Lebenspartners nicht aus solchen Gründen **77c** ausgeschlossen sein, die für alle gesetzlichen Erben gelten. Dabei geht es um die Enterbung (§ 1938; → Rn. 270 ff.), um die Erbunwürdigkeit (§§ 2339 ff.; → Rn. 274 ff.) sowie um den Erbverzicht (§ 10 VII LPartG iVm §§ 2346 ff.; → Rn. 292 ff.).

B. Umfang des Lebenspartnererbrechts

Die Erbquote des überlebenden Lebenspartners bestimmt sich wie beim Ehegattenerbrecht erstens danach, zu welcher Ordnung die neben dem Lebenspartner erbenden **77d** Verwandten des Erblassers gehören. Zweitens wirkt sich der Güterstand der Lebenspartner aus.

I. Erbquote neben Verwandten des Erblassers

Neben Verwandten der ersten Ordnung (Abkömmlinge des Erblassers, § 1924) ist der überlebende Lebenspartner zu einem Viertel, neben Verwandten der zweiten Ordnung (Eltern des Erblassers und deren Abkömmlinge, § 1925) oder neben Großeltern des Erblassers zur Hälfte gesetzlicher Erbe (§ 10 I 1 LPartG). Treffen beim Vorversterben von Großelternteilen deren Abkömmlinge mit überlebenden Großelternteilen zusammen, erhält der überlebende Lebenspartner auch den auf die Abkömmlinge entfallenden Anteil (§ 10 I 2 LPartG). Diese nachträglich eingefügte Regelung entspricht dem für das Ehegattenerbrecht geltenden § 1931 I 2.

Verwandte höherer Ordnungen werden neben dem überlebenden Lebenspartner nicht berücksichtigt (§ 10 II 1 LPartG). Sind weder Verwandte der ersten noch der zweiten Ordnung vorhanden, erhält der überlebende Lebenspartner die ganze Erbschaft.

Ist der überlebende Lebenspartner gleichzeitig ein nicht gem. § 1 III Nr. 2, 3 LPartG ausgeschlossener Verwandter des Erblassers (zB Lebenspartnerschaft unter Nichten oder Neffen), erbt er – wie nach § 1934 der Ehegatte – zugleich als Verwandter; er erhält zwei getrennte Erbteile (§ 10 I 6, 7 LPartG).

II. Einfluss des Güterstandes auf die Erbquote

77e Wie beim Ehegattenerbrecht (→ Rn. 73 ff.) ist es für das Erbrecht des überlebenden Lebenspartners von Bedeutung, in welchem Güterstand die Lebenspartner gelebt haben.

1. Nach § 6 S. 1 LPartG leben die Lebenspartner im Güterstand der *Zugewinngemeinschaft,* sofern sie nicht durch Lebenspartnerschaftsvertrag (§ 7 LPartG), der dem Ehevertrag nach § 1408 entspricht, etwas anderes vereinbaren. Gem. § 6 S. 2 LPartG findet unter anderem § 1371 über die Zugewinngemeinschaft im Todesfall entsprechende Anwendung. Danach erhöht sich der gesetzliche Erbteil des überlebenden Lebenspartners um ein Viertel (§ 1371 I; Einzelheiten → Rn. 75).

77f **2.** Wenn die Lebenspartner durch Lebenspartnerschaftsvertrag *Gütertrennung* (§ 7 S. 2 LPartG iVm § 1414) vereinbart haben, bleibt es bei der nicht erhöhten gesetzlichen Erbquote nach § 10 I LPartG. Für den Fall, dass der Erblasser neben seinem Lebenspartner ein oder zwei Kinder hinterlässt, trifft § 10 II 2 LPartG die gleiche Regelung wie § 1931 IV für das Ehegattenerbrecht. Der überlebende Lebenspartner und das Kind oder die beiden Kinder erben zu gleichen Teilen. Der Lebenspartner soll wie der Ehegatte nicht schlechter stehen als ein Abkömmling des Erblassers.

77g **3.** Bei vereinbarter *Gütergemeinschaft* (§ 7 S. 2 LPartG iVm §§ 1415 ff.) wird der Verstorbene nach den allgemeinen Vorschriften beerbt (§ 1482 S. 2). Es bleibt also bei der Erbquote nach § 10 I LPartG. Neben dem Sonder- und Vorbehaltsgut des Verstorbenen (§§ 1417 f.) gehört auch dessen Anteil am Gesamtgut zum Nachlass (§ 1482 S. 1).

C. Anhang: Voraus des Lebenspartners

77h Dem überlebenden Lebenspartner stehen zusätzlich zu seinem gesetzlichen Erbteil die zum lebenspartnerschaftlichen Haushalt gehörenden Gegenstände, soweit sie nicht Grundstückszubehör (§§ 97 f.) sind, sowie die Geschenke zur Begründung der Lebenspartnerschaft als Voraus zu (§ 10 I 3 LPartG). Erbt der überlebende Lebenspartner neben Verwandten der ersten Ordnung (Abkömmlinge, § 1924), steht ihm der Voraus nur zu, soweit er ihn zur Führung eines angemessenen Haushalts benötigt (§ 10 I 4 LPartG). Die Regelung über den Voraus entspricht dem für das Ehegattenerbrecht geltenden § 1932. Auf den Voraus sind die für Vermächtnisse geltenden Vorschriften anzuwenden (§ 10 I 5 LPartG).

§ 7 Das gesetzliche Erbrecht des Staates

78 Literatur: *Firsching,* Das Anfallsrecht des Fiskus bei erblosem Nachlass, IPRax 1986, 25; *Frohn,* Feststellung des Fiskalerbrechts und »Erbenaufgebot«, Rpfleger 1986, 37; *Holl,* Das Erbrecht des Staates, Rpfleger 2008, 285; *W. Lorenz,* Staatserbrecht bei deutsch-österreichischen Erbfällen, Rpfleger 1993, 433; *Mayer,* Fiskusrecht und Erbenermittlung: Probleme des „erbenlosen Nachlasses", ZEV 2010, 445; *Niewert/Neun,* Zulässigkeit der Einschaltung professioneller Erbenermittler, Rpfleger 2009, 121.

Fälle:
a) Wer erbt, wenn der Erblasser, der in Köln gelebt und keine letztwillige Verfügung errichtet hat, nur seine von ihm geschiedene Ehefrau hinterlässt? (→ Rn. 79)
b) Kann der Staat als gewillkürter oder als gesetzlicher Erbe die Erbschaft ausschlagen? (→ Rn. 81)
c) Wer kann gegen den Staat die Erbunwürdigkeitsklage mit Erfolg erheben? (→ Rn. 81)

Nach § 1936 erbt der Staat als gesetzlicher Erbe, wenn bei gesetzlicher Erbfolge das Verwandten- und das Ehegattenerbrecht ausscheiden.

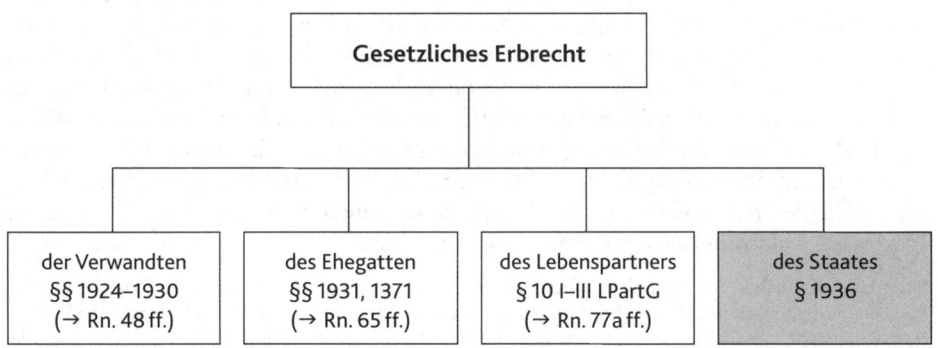

A. Grund der Regelung

Das BGB hat sich entsprechend seiner liberalen Grundeinstellung für ein privates Erbrecht des Staates entschieden. Damit sollte auch erreicht werden, dass der Staat besser an die im Ausland befindlichen Nachlassgegenstände herankommt.[16]

Der Staat wird in der Praxis meist dann gesetzlicher Erbe, wenn die Erben die Erbschaft ausgeschlagen haben. Das geschieht vor allem bei überschuldetem Nachlass. Hauptgrund für das in § 1936 bestimmte Erbrecht des Staates ist es, erbenlose Nachlässe insbesondere im Interesse der Nachlassgläubiger ordnungsgemäß abzuwickeln.

B. Voraussetzungen

I. Materielles Recht

1. Der Staat wird nur dann gesetzlicher Erbe, wenn »weder ein Verwandter noch ein **79** Ehegatte des Erblassers vorhanden« ist (§ 1936 S. 1).

Der Wortlaut des § 1936 könnte missverstanden werden. Hat ein Verwandter oder Ehegatte den Erblasser überlebt und hat die genannte Person auf ihr Erbrecht verzichtet (§ 2346 I 1), ist sie zwar tatsächlich, nicht aber im Sinne von § 1936 vorhanden; denn der Verzichtende ist von der Erbfolge ausgeschlossen, »wie wenn er zur Zeit des Erbfalles nicht mehr lebte« (§ 2346 I 2). Entsprechendes gilt für den Fall der Ausschlagung (§ 1953 I) und der Erbunwürdigkeit (§ 2344 I). »Vorhanden« iSd § 1936 I 1 bedeutet also »als Erbe vorhanden«.[17]

2. Träger des gesetzlichen Staatserbrechts ist das Land der Bundesrepublik, in dem der Erblasser zur Zeit des Erbfalls seinen letzten Wohnsitz hatte (im **Fall a** das Land Nordrhein-Westfalen). Lässt sich ein Wohnsitz nicht feststellen, ist der gewöhnliche Aufenthalt des Erblassers maßgeblich.

Hatte der Erblasser keinen Wohnsitz oder gewöhnlichen Aufenthalt in einem Bundesland, erbt nach § 1936 S. 2 der Bund.
Ausnahmsweise kann auch anstelle des Landes eine andere juristische Person Träger des Staatserbrechts sein. Art. 138 f. EGBGB lassen bestimmte landesgesetzliche Vorschriften unberührt.

---

16 Einzelheiten: Mot. V, 378 ff.
17 Allg. Ansicht; vgl. nur OLG München NJW-RR 2011, 1379 (1380).

II. Verfahrensrecht

80   **1.** Das Nachlassgericht hat festzustellen, dass ein anderer Erbe als der Staat nicht vorhanden ist (§ 1964 I). Dazu hat es den Erben zu ermitteln. Das gilt auch dann, wenn kein werthaltiger Nachlass zu erwarten ist, sofern nur Anhaltspunkte dafür bestehen, dass der Staat als gesetzlicher Erbe in Betracht kommt.[18] Im Rahmen dieser Ermittlung hat das Nachlassgericht grundsätzlich zur Anmeldung der Erbrechte unter Bestimmung einer Anmeldefrist öffentlich aufzufordern (§ 1965 I 1; §§ 435 ff. FamFG). Auf diese Aufforderung kann ausnahmsweise verzichtet werden, wenn die Kosten unverhältnismäßig hoch sind (§ 1965 I 2). Das Verfahren, das der Ermittlung und nicht der Ausschließung von Erben dient, richtet sich nach dem FamFG; das Nachlassgericht muss also von Amts wegen ermitteln.

Ist in einem Rechtsstreit zwischen einem Erbprätendenten und dem Land oder Bund ein Urteil ergangen, wonach zwischen den Prozessparteien rechtskräftig festgestellt wird, dass eine Partei Erbe bzw. Nichterbe des Erblassers ist, dann ist, soweit die Rechtskraftwirkung des Urteils geht, auch der Nachlassrichter daran gebunden.[19]

2. Nach fruchtlosem Ablauf der Anmeldefrist ergeht ein Feststellungsbeschluss des Inhalts, dass ein anderer Erbe als der Fiskus nicht vorhanden ist (§ 1964 I). Demzufolge ist der Nachlass dem jeweiligen Fiskus auszuhändigen.

Der Beschluss begründet lediglich eine widerlegbare Vermutung, dass der Fiskus gesetzlicher Erbe ist (§ 1964 II).[20]
Erst *nach* Erlass des Feststellungsbeschlusses kann der Fiskus als gesetzlicher Erbe ein Recht geltend machen und kann gegen ihn als gesetzlichen Erben ein solches geltend gemacht werden (§ 1966). Diese Bestimmung dient einerseits dem Schutz des Fiskus, der bis zur Feststellung seines Erbrechts von Nachlassgläubigern nicht behelligt werden soll; andererseits soll auch der Fiskus den Nachlass vor der Feststellung nicht an sich ziehen.

Gegen den Feststellungsbeschluss nach § 1964 I ist die befristete Beschwerde nach §§ 58 I, 63 I FamFG gegeben.[21]

C. Folgerungen

I. Ausschluss von Rechten

81   Da der Staat nach dem Gesetz Zwangserbe ist, stehen ihm bestimmte Rechte nicht zu.

1. Während sonst jeder Erbe das Recht hat, die Erbschaft auszuschlagen, hat der Staat als gesetzlicher Erbe dieses Recht nicht (§ 1942 II).

> Als gewillkürter Erbe kann der Staat ausschlagen. Schlagen auch Verwandte und der Ehegatte des Erblassers aus oder existieren solche Personen nicht, ist der Staat Erbe kraft Gesetzes. Als solcher kann er nicht ausschlagen; an ihm bleibt die Erbschaft letztlich hängen (zu **Fall b**).

2. Der Staat kann auch nicht auf sein gesetzliches Erbrecht verzichten. In § 2346 I 1 ist nur von dem Verzicht der Verwandten und des Ehegatten des Erblassers auf ihr gesetzliches Erbrecht die Rede.

---

18 OLG München NJW-RR 2011, 1379 (1380 f.).
19 Vgl. *Brox* ZZP 73, 46 ff.
20 Vgl. Mot. V, 556.
21 BGH Rpfleger 2012, 206.

II. Keine Erbunwürdigkeit

Aus dem Sinn der Regelung, dass letztlich immer der Staat als Zwangserbe übrig bleiben muss, ist zu folgern, dass der Staat als gesetzlicher Erbe auch nicht infolge Erbunwürdigkeit (§ 2344 I; → Rn. 274 ff.) wegfällt (zu **Fall c**).

III. Kein Ausschluss des gesetzlichen Erbrechts

Der Erblasser kann nicht verhindern, dass der Staat letzter gesetzlicher Erbe wird. Nach § 1938 ist nur der Ausschluss der Verwandten und des Ehegatten von der gesetzlichen Erbfolge durch Testament zulässig. Ein Testament, welches das gesetzliche Erbrecht des Staates ausschließt, ist insoweit wegen Verstoßes gegen ein gesetzliches Verbot nach § 134 nichtig.

IV. Keine unbeschränkte Erbenhaftung

Weil der Staat nicht verhindern kann, dass er gesetzlicher Erbe wird, ist es gerechtfertigt, ihn im Gegensatz zu allen anderen Erben, die das Recht der Erbausschlagung haben, mit Rücksicht auf seine Zwangssituation besser zu stellen (beschränkte Erbenhaftung; → Rn. 648 ff.).

D. Zusammenfassung

Der Staat ist der letzte gesetzliche Erbe. Um erbenlose Nachlässe zu vermeiden, kann 82 nicht verhindert werden, dass er Erbe wird. Insbesondere kann der Staat nicht ausschlagen. Deshalb haftet er für die Nachlassschulden nur beschränkt mit dem Nachlass.

2. Kapitel. Gewillkürte Erbfolge

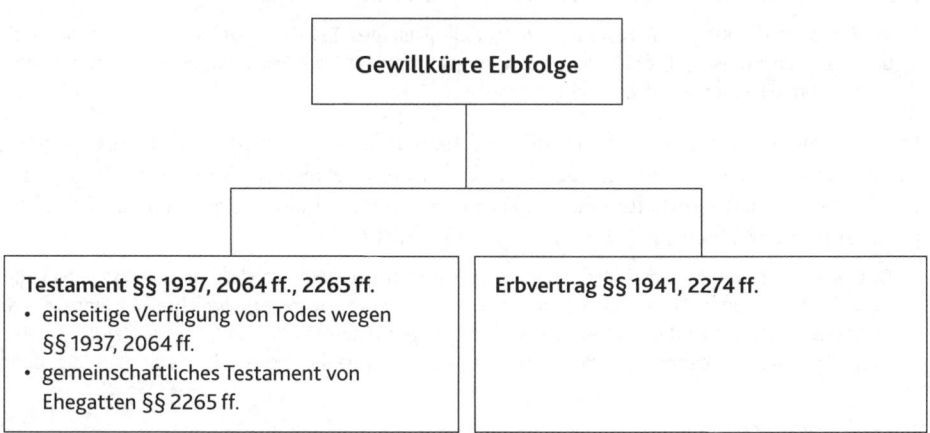

§ 8 Überblick über die Verfügungen von Todes wegen

83 **Fälle:**

a) A klagt gegen B auf Feststellung, dass das Testament des noch lebenden Erblassers gültig sei. Wie entscheidet das Gericht? (→ **Rn. 83**)

b) Erbt der im Testament genannte Alleinerbe, obwohl das Testament durch einen Brand oder durch Kriegseinwirkung vernichtet worden ist? (→ **Rn. 85**)

c) Der Erblasser widerruft eine Schenkung an X wegen groben Undanks dadurch, dass er die Widerrufserklärung in sein Testament aufnimmt. X meint, ein solcher Widerruf sei unwirksam. (→ **Rn. 87**)

A. Begriff

»Verfügung von Todes wegen« ist die Sammelbezeichnung für Testamente und Erbverträge. Das Testament ist die einseitige Verfügung von Todes wegen und wird auch letztwillige Verfügung genannt (§ 1937). Der Erbvertrag (§§ 1941, 2274 ff.) ist ein Vertrag von Todes wegen, also ein zweiseitiges Rechtsgeschäft, in dem wenigstens eine Vertragspartei von Todes wegen verfügt. Da Testamente und Erbverträge Rechtsgeschäfte sind, kann man die Verfügungen von Todes wegen als Rechtsgeschäfte bezeichnen, durch die jemand Anordnungen für den Fall seines Todes trifft.

Das sog. *Patiententestament/die Patientenverfügung* (§§ 1901a ff.) ist kein Testament im erbrechtlichen Sinne, da es keine Verfügung von Todes wegen darstellt. Vielmehr will der Erklärende in einem solchen »Testament« verbindlich zum Ausdruck bringen, dass er etwa für den Fall seiner späteren Geschäftsunfähigkeit mit bestimmten medizinischen Behandlungen einverstanden bzw. nicht einverstanden ist.

Der Begriff »Verfügung« ist missverständlich. Unter einer Verfügung versteht man allgemein das Rechtsgeschäft, durch das *unmittelbar* auf den Bestand eines Rechts im Sinne einer Rechtsminderung oder eines völligen Rechtsverlustes eingewirkt wird (zB Übereignung einer Sache, Bestellung eines Pfandrechts, Abtretung einer Forderung).[22] Eine solche Wirkung hat die Verfügung von Todes wegen nicht, da deren Rechtswirkung erst mit dem Tode des Erblassers (Erbfall) eintritt. Die als Erbe eingesetzte Person erwirbt zu Lebzeiten des Erblassers nicht einmal eine rechtlich gesicherte Anwartschaft, sondern lediglich eine tatsächliche Aussicht.[23]

> Im **Fall a** ist die Klage auf Feststellung der Gültigkeit des Testaments eines noch Lebenden als unzulässig abzuweisen (§ 256 ZPO); denn es geht nicht um die Feststellung eines bestehenden, sondern um die eines erhofften Rechtsverhältnisses.[24]

84 In der Umgangssprache werden mit den Begriffen »Verfügung von Todes wegen«, »Testament« und »Erbvertrag« auch die Urkunden bezeichnet, in denen die genannten Rechtsgeschäfte enthalten sind. Das Gesetz unterscheidet zwischen dem Rechtsgeschäft und der Urkunde (zB in §§ 346, 347 FamFG).

85 > Das Schicksal des Rechtsgeschäfts ist keineswegs immer von dem Schicksal der Urkunde abhängig. Wird zB die Urkunde durch einen Brand oder durch Kriegseinwirkung vernichtet, so berührt das nicht das Fortbestehen der Verfügung von Todes wegen (**Fall b**; → Rn. 140). Auf der anderen Seite kann die Urkunde beim Tode des Erblassers noch unversehrt vorhanden sein und die darin

---

22 *Brox/Walker* BGB AT Rn. 104 ff.
23 Vgl. BGHZ 12, 115 (118).
24 Vgl. BGHZ 37, 137.

enthaltene Verfügung dennoch keine Wirkung mehr entfalten, weil der Erblasser die Verfügung durch eine spätere Verfügung aufgehoben hatte.

Die Verfügung von Todes wegen enthält in der Regel eine Reihe von Einzelbestim- **86** mungen des Erblassers (»A wird Alleinerbe, B bekommt 1.000 EUR, C meine goldene Uhr, D soll Testamentsvollstrecker sein«). Das Gesetz bezeichnet nicht nur das Rechtsgeschäft als Ganzes, sondern auch die in diesem enthaltenen einzelnen Anordnungen als Verfügungen (zB §§ 2085, 2253).

B. Inhalt und Arten

I. Inhalt

Der Erblasser kann in einer Verfügung von Todes wegen eine Reihe von verschieden- **87** artigen Anordnungen treffen, von denen allerdings die meisten vermögensrechtlicher Art sind. Die wichtigsten befassen sich mit der uns hier interessierenden Erbeinsetzung. Im Einzelnen kommen in Betracht:

1. *Bestimmungen über die Abweichungen von der gesetzlichen Erbfolge:* Erbeinsetzung (§ 1937), Enterbung (§ 1938), Anordnung einer Vor- und Nacherbfolge (§§ 2100 ff.) oder einer Ersatzerbfolge (§ 2096 ff.).

2. *Bestimmungen über Einzelzuwendungen:* Vermächtnisse (§§ 1939, 2147 ff.), Auflagen (§§ 1940, 2192 ff.), Abweichungen von der gesetzlichen Regelung des Dreißigsten (§ 1969 I 2).

3. *Bestimmungen über die Auseinandersetzung unter mehreren Erben:* Ausschließung der Auseinandersetzung (§ 2044), Teilungsanordnungen (§§ 2048 f.), Ausgleichspflicht (§ 2050).

4. *Bestimmungen über den Pflichtteil:* Beschränkung des Pflichtteils (§§ 2336, 2338).

5. *Bestimmungen über die vollständige oder teilweise Aufhebung einer Verfügung von Todes wegen:* Testamentswiderruf durch Testament (§§ 2254, 2258), Widerruf wechselbezüglicher Verfügungen im gemeinschaftlichen Testament durch ein neues gemeinschaftliches Testament, Aufhebung des Erbvertrages durch einen neuen Erbvertrag, Ausübung des Rücktrittsrechts beim Erbvertrag – nach dem Tode des Vertragspartners – durch Testament (§ 2297 f.).

6. *Bestimmungen über die Zuständigkeit eines Dritten:* Ernennung eines Testamentsvollstreckers (§§ 2197 ff.), Anordnung, dass die Auseinandersetzung unter Miterben nach dem billigen Ermessen eines Dritten erfolgen soll (§ 2048 S. 2), Benennung eines Dritten, der den Vermächtnisnehmer (§ 2151), den Vermächtnisgegenstand (§ 2154) bestimmt, Anordnung eines Schiedsgerichts (§ 1066 ZPO).

7. *Bestimmungen familienrechtlichen Inhalts:*
a) *eheliches Güterrecht:* Anordnung, dass die Gegenstände des Erblassers, die ein in Gütergemeinschaft lebender Ehegatte von Todes wegen erwirbt, Vorbehaltsgut sein sollen (§§ 1418 II Nr. 2, 1486 I); Ausschließung der fortgesetzten Gütergemeinschaft (§ 1509); zu weiteren Verfügungen vgl. §§ 1511 ff.
b) *Kindschaftsrecht:* Ausschluss oder Beschränkung der Vermögenssorge durch die Eltern hinsichtlich des Vermögens des Erblassers, welches das Kind von Todes wegen erwirbt (§§ 1638 f.).
c) *Vormundschaftsrecht:* Benennung des Vormunds für das minderjährige Kind (§ 1777 III); Ausschluss einer Person von der Vormundschaft (§ 1782); Anordnungen über die Führung der Vormundschaft (§§ 1797 III, 1852 ff.); Verwaltungsanordnungen für den Vormund hinsichtlich des Vermögens des Erblassers, das das Mündel von Todes wegen erwirbt (§ 1803).

8. *Bestimmungen, die Rechtsgeschäfte unter Lebenden betreffen:* So kann zB der Widerruf einer Schenkung (§ 531 I) im Testament erfolgen.[25] Der Widerruf wird wirksam, wenn das Testament nach der Eröffnung dem Beschenkten bekannt gemacht wird (zu Fall c).

Lässt sich einer Erklärung des Erblassers nicht hinreichend sicher entnehmen, ob und welche Anordnungen er treffen wollte, liegt keine wirksame letztwillige Verfügung vor. So ist etwa die auf einem Notizzettel handgeschriebene und unterschriebene Aufforderung, »anliegende« Unterlagen dem Notar zu geben, »damit der Erbschein

---

25 RGZ 170, 380.

für Dich ausgestellt werden kann«, mangels feststellbaren Testierwillens kein Testament.[26]

II. Arten

88   1. Nach der *Bindungswirkung* für den Erblasser können folgende Verfügungen von Todes wegen unterschieden werden:

a) Testament = letztwillige Verfügung = einseitige Verfügung von Todes wegen (§ 1937): Der Widerruf durch den Erblasser ist uneingeschränkt zulässig (→ Rn. 138). Es besteht also insoweit keinerlei Bindungswirkung.

b) Gemeinschaftliches Testament = letztwillige Verfügung von Ehegatten (§§ 2265 ff.): Soweit hinsichtlich Erbeinsetzungen, Vermächtnissen und Auflagen eine Wechselbezüglichkeit der beiden Verfügungen besteht (§ 2270; → Rn. 192 ff.), ist der Widerruf durch einen Ehegatten zu Lebzeiten des anderen zulässig, aber an eine besondere Form gebunden (§ 2271 I). Das Widerrufsrecht erlischt mit dem Tode des anderen Ehegatten (§ 2271 II).

c) Erbvertrag = vertragliche Verfügung von Todes wegen über die Erbeinsetzung sowie die Anordnung von Vermächtnissen und Auflagen (§ 1941; → Rn. 149 ff.). Soweit der Erblasser sich erbvertraglich gebunden hat, ist sein Widerruf unzulässig (§ 2289 I 2).

2. *Testamente* können nach der *Art und Weise der Errichtung* unterschieden werden:

a) Ordentliche Testamente

Öffentliche Testamente vor einem Notar oder einem Berufskonsul (→ Rn. 100 ff.); private Testamente (vom Erblasser eigenhändig geschriebene und unterschriebene Testamente; → Rn. 119 ff.).

b) Außerordentliche Testamente

Nottestamente vor dem Bürgermeister (→ Rn. 130 ff.); Dreizeugentestamente (→ Rn. 133 ff.); Seetestamente (→ Rn. 136); Verfolgtentestamente; Militärtestamente.

§ 9 Testierfähigkeit des Erblassers und persönliche Errichtung der Verfügung von Todes wegen

89   Literatur: *Bartsch,* Die postmortale Schweigepflicht des Arztes beim Streit um die Testierfähigkeit des Patienten, NJW 2001, 861; *Brox,* Zweckmäßige Gestaltung der Erbfolge im Unternehmen, JA 1980, 561; *Damrau,* Der Minderjährige im Erbrecht, 2002; *Goebel,* Drittbestimmung des Unternehmensnachfolger-Erben? – Eine Rückbesinnung auf die reichsgerichtliche Rechtsprechung zur materiellen Höchstpersönlichkeit des Testaments, DNotZ 2004, 101; *Grunsky,* Testierfähigkeit und Geschäftsfähigkeit, 2009; *Hülsmann/Baldamus,* Ärztliche Schweigepflicht vs. Informationsinteresse der Erben, ZEV 1999, 91; *Keim,* Das Gebot der höchstpersönlichen Erbenbestimmung bei der Testamentsgestaltung, FamRZ 2003, 137; *Kruse,* Zur Feststellung der Testierfähigkeit durch den Notar, NotBZ, 2001, 405, 448; *Müller,* Die Feststellung der Testierfähigkeit beim alten Menschen durch den Notar – ein interdisziplinärer Vorschlag, DNotZ 2006, 325; *Schlüter,* Grenzen der Testierfreiheit – Grenzen einer »Herrschaft aus dem Grabe«, FG Zivilrechtslehrer 1934/1935, 1999, 575; *K.*

---

26 OLG München NJW-RR 2009, 16.

Schreiber, Verfügungen von Todes wegen (Teil 1: Begriff, Inhalt, Testament), Jura 1996, 360; *Spanke,* Rechtsprobleme alternativer Erbeinsetzung, NJW 2005, 2947; *Wagner,* Erbeinsetzung unter einer Potestativbedingung und § 2065 BGB, ZEV 1998, 255; *Zimmer,* Demenz als Herausforderung für die erbrechtliche Praxis, NJW 2007, 1713; *Zimmermann,* Betreuung und Erbrecht, 2012.

Fälle:

a) Der 17-jährige E errichtet ein Testament
   1. durch mündliche Erklärung vor dem Notar,
   2. durch Übergabe einer verschlossenen Schrift an den Notar,
   3. in naher Todesgefahr vor drei Zeugen.
      Gültig? (→ Rn. 90)

b) Der geisteskranke E will seinen Freund zum Erben einsetzen. Er bittet seinen Betreuer B, in seinem Namen ein solches Testament zu errichten, was B auch tut. Gültig? (→ Rn. 94)

c) E setzt seinen Sohn als Erben unter der Bedingung ein, dass dieser seinen bisherigen Beruf aufgibt und die Leitung der väterlichen Fabrik übernimmt. Gültig? (→ Rn. 96)

d) E bestimmt im Testament, dass sein Geschäftsfreund T Testamentsvollstrecker sein und nach freiem Ermessen dasjenige Kind des E aussuchen soll, das die Fabrik, den wesentlichen Bestandteil des Nachlasses, erbt. (→ Rn. 97)

e) Im **Fall d** soll T denjenigen der Söhne des E zum Erben der Fabrik bestimmen, der nach seiner Ausbildung am besten geeignet ist, die Fabrik fortzuführen. (→ Rn. 97)

Die Gültigkeit einer Verfügung von Todes wegen setzt voraus, dass der Erblasser testierfähig ist und die Verfügung persönlich errichtet.

A. Testierfähigkeit

I. Testierfähigkeit bei der Testamentserrichtung

Das Testament ist ein einseitiges Rechtsgeschäft. Die Fähigkeit, ein Testament zu errichten, wird Testierfähigkeit genannt. Sie ist eine besondere Art der Geschäftsfähigkeit.[27] Bei dieser unterscheidet das Gesetz zwischen Geschäftsunfähigkeit (§§ 104 f.), beschränkter Geschäftsfähigkeit (§ 106) und voller Geschäftsfähigkeit. Die Testierfähigkeit deckt sich insofern mit der Geschäftsfähigkeit, als jeder Geschäftsfähige auch testierfähig ist, während dem Geschäftsunfähigen diese Fähigkeit fehlt (vgl. § 2229). Eine beschränkte Geschäftsfähigkeit besteht nur noch bei Minderjährigen, dagegen bei Volljährigen (seit dem In-Kraft-Treten des Betreuungsgesetzes am 1.1.1992) nicht mehr. Es gibt keine nach dem Schwierigkeitsgrad abgestufte Testierfähigkeit; diese ist entweder gegeben oder fehlt ganz.[28]

1. Ein *Minderjähriger,* der das 16. Lebensjahr vollendet hat, ist testierfähig (§ 2229 I). **90** Einer Zustimmung des gesetzlichen Vertreters bedarf es nicht (§ 2229 II).

Wenn das Gesetz hier im Gegensatz zu anderen Rechtsgeschäften ein geringeres Alter des Erklärenden genügen lässt, so kann das damit begründet werden, dass die Wirkungen des Testaments erst mit dem Tode des Erblassers eintreten und diesen nicht mehr treffen; der Erklärende ist also beim Testament nicht so schutzbedürftig wie bei Rechtsgeschäften unter Lebenden.

Der testierfähige Minderjährige kann jedoch ein Testament nur in den Formen errichten, bei denen ihm eine Amtsperson (nach § 2233 I der Notar) beratend zur

---

27 OLG München NJW-RR 2008, 164 (166); *Brox/Walker* BGB AT Rn. 261.
28 OLG München NJW-RR 2008, 164 (166).

Seite steht. Da eine solche Person beim eigenhändigen Testament fehlt, kann ein Minderjähriger ein solches Testament nicht errichten (§ 2247 IV). Eine Beratung scheidet auch beim öffentlichen Testament dann aus, wenn der Erblasser dem Notar eine verschlossene Schrift übergibt; deshalb kann der Minderjährige das Testament nur durch Erklärung oder durch Übergabe einer offenen Schrift errichten (§§ 2232, 2233 I).

> Entsprechendes gilt für das Nottestament vor dem Bürgermeister (§ 2249 I 4 iVm § 2233 I). Dieser tritt beim Nottestament an die Stelle des Notars. Dagegen scheidet ein Dreizeugentestament aus, da hier eine beratende Person fehlt.
>
> Im **Fall a** ist also nur bei der ersten Variante das Testament gültig.

Hat der Minderjährige ein (wegen § 2247 IV) ungültiges eigenhändiges Testament errichtet, wird es nicht dadurch gültig, dass er es als Volljähriger formlos bestätigt (§ 141); denn die Bestätigung eines formbedürftigen Rechtsgeschäfts muss als Neuvornahme formgerecht erfolgen. Erforderlich ist also die Errichtung eines neuen Testaments.

91 **2.** Ein *Volljähriger,* der wegen krankhafter Störung der Geistestätigkeit, wegen Geistesschwäche oder Bewusstseinsstörung nicht in der Lage ist, die Bedeutung einer von ihm abgegebenen Willenserklärung einzusehen und nach dieser Einsicht zu handeln (vgl. §§ 104 Nr. 2, 105 II),[29] ist testierunfähig (§ 2229 IV); entscheidend ist dabei der Zeitpunkt der Testamentserrichtung. Es kommt darauf an, ob der Testierende in diesem Zeitpunkt fähig ist, sich die Gründe für und wider seine Entscheidung zu vergegenwärtigen und sie gegeneinander abzuwägen, sich also selbstständig und aus eigener Kraft ein Urteil zu bilden. Daran kann es etwa bei Demenz fehlen.[30] Allerdings ist die betreffende Person in einem lichten Augenblick testierfähig. Die Voraussetzungen der Testierfähigkeit sind etwa in einem Verfahren auf Erteilung eines Erbscheins von Amts wegen (etwa durch Einholung eines nervenärztlichen Fachgutachtens) zu ermitteln (§ 26 FamFG).

Grenzfall: Schlaganfall mit Bewusstseinstrübung des Erblassers, nachdem dieser die Einzelheiten des Testaments angegeben hatte.[31]

Seit dem 1.1.1992 gibt es keine Entmündigung mehr (zum alten Recht: 13. Aufl., Rn. 98). Die Bestellung eines Betreuers hat keine Auswirkungen auf die Testierfähigkeit des Betreuten. Dieser kann also wirksam ein Testament errichten, es sei denn, dass er geschäftsunfähig (vgl. §§ 104 Nr. 2, 2229 IV) ist.

Die Wirksamkeit des Testaments eines Betreuten kann auch nicht von der Einwilligung des Betreuers abhängig gemacht werden. Zwar ist vom Gericht nach § 1903 I ein Einwilligungsvorbehalt anzuordnen, wenn das zur Abwendung einer erheblichen Gefahr für die Person oder das Vermögen des Betreuten erforderlich ist.[32] Ein solcher Einwilligungsvorbehalt kann sich aber nach § 1903 II nicht auf Verfügungen von Todes wegen erstrecken.

Das von einem entmündigten Erblasser vor dem 1.1.1992 errichtete Testament ist und bleibt auch nach dem 1.1.1992 unwirksam. Denn die Fähigkeit zur Errichtung einer Verfügung von Todes wegen

---

29 *Brox/Walker* BGB AT Rn. 265, 269.
30 Dazu OLG München NJW-RR 2008, 164 ff.
31 BGHZ 30, 294.
32 *Brox/Walker* BGB AT Rn. 287.

beurteilt sich nach dem zur Zeit der Errichtung geltenden Recht (vgl. Art. 214 I, Art. 235 § 2 EGBGB).

II. Testierfähigkeit bei gemeinschaftlichem Testament und Erbvertrag

1. Für das *gemeinschaftliche Testament* der Ehegatten (→ Rn. 176 ff.) gelten hinsichtlich der Testierfähigkeit *keine Besonderheiten.*   **92**

2. Beim *Erbvertrag* (→ Rn. 144 ff.) ist *unbeschränkte Geschäftsfähigkeit des Erblassers*   **93** erforderlich (§ 2275 I).

Jedoch genügt bei Eheleuten oder Verlobten beschränkte Geschäftsfähigkeit (§ 2275 II, III); diese Ausnahme wurde geschaffen, weil der Erbvertrag oft mit einem Ehevertrag verbunden wird.[33] Allerdings ist zum Schutz des beschränkt Geschäftsfähigen die Zustimmung des gesetzlichen Vertreters erforderlich; ist dieser ein Vormund, muss auch noch eine familiengerichtliche Genehmigung hinzukommen (§ 2275 II 2). § 2275 II ist nur für minderjährige Ehegatten oder Verlobte von Bedeutung; denn es gibt keine beschränkte Geschäftsfähigkeit von Volljährigen.
Wenn beim Erbvertrag nicht beide Parteien von Todes wegen verfügen, gelten für den *Vertragspartner* des Erblassers die allgemeinen Regeln über die Geschäftsfähigkeit. Nach § 107 genügt beschränkte Geschäftsfähigkeit, wenn der Partner des Erblassers durch seine Erklärung lediglich einen rechtlichen Vorteil erlangt; das ist dann der Fall, wenn er nur die Erklärung des Erblassers annimmt, ohne sich seinerseits zu einer Leistung zu verpflichten. Übernimmt der beschränkt Geschäftsfähige aber eine Verpflichtung (zB zum Unterhalt des Erblassers), ist die Zustimmung des gesetzlichen Vertreters erforderlich.

B. Persönliche Errichtung

Der Erblasser muss seine Verfügung von Todes wegen persönlich errichten (§ 2064   **94** für das Testament; § 2274 für den Erbvertrag). Fehlt es an diesem Erfordernis, ist die Verfügung nichtig **(Fall b)**. Das Gesetz hat diese Regelung getroffen, weil sie im Wesentlichen dem vorher geltenden Recht entsprach[34] und der Erblasser die sittliche Verantwortung für die Ausgestaltung der Erbfolge nicht von sich selbst abwälzen soll.[35]

I. Keine Stellvertretung

Mit der Bestimmung über die persönliche Errichtung wird eine Stellvertretung aus-   **95** geschlossen; aber auch eine Vertretung in der Erklärung (zB durch Boten) soll ausgeschlossen sein.[36] Dagegen ist eine Hilfe, insbesondere eine Beratung durch eine andere Person, zulässig. Die Verfügung selbst muss jedoch durch den Erblasser persönlich erfolgen.

Das öffentliche Testament kann durch Übergabe einer Schrift an den Notar erfolgen (§ 2232). Diese Schrift kann auch von einer anderen Person hergestellt worden sein; denn das ist nicht der Errichtungsakt. Entscheidend ist, dass der Erblasser persönlich die Schrift der Urkundsperson übergibt und dabei erklärt, die Schrift enthalte seinen letzten Willen.

---

33 Prot. V, 347 ff.
34 Mot. V, 246 f.
35 Prot. V, 16.
36 Mot. V, 247.

II. Keine Bestimmung durch Dritte

96 1. Wenn der Erblasser seine Verfügung von Todes wegen selbst errichtet, in ihr aber anordnet, dass ein anderer über deren Geltung oder Nichtgeltung bestimmen soll, ist zwar das Erfordernis der persönlichen Errichtung (§ 2064) erfüllt. Der Erblasser hat allerdings die Wirksamkeit der Verfügung von der Willensentscheidung eines Dritten, also von einer Wollensbedingung, abhängig gemacht. Wie aus den §§ 2074 ff. hervorgeht, darf der Erblasser auch unter einer Bedingung von Todes wegen verfügen (→ Rn. 215 ff.). Eine Verfügung, deren Geltung von der Willensentscheidung eines Dritten abhängt, verstößt aber möglicherweise gegen das Verbot der Stellvertretung. In der Heranziehung eines Dritten, welcher der Verfügung erst ihre Kraft verleihen soll, liegt nämlich tatsächlich immer eine Art von Übertragung der Testamentserrichtung.[37] Das zu verhindern, ist der Sinn des § 2065 I. Das Gesetz will erreichen, dass der Erblasser über das Schicksal seines Vermögens selbst entscheidet; er soll die Entscheidung nicht aus Unentschlossenheit oder Verantwortungsscheu einem Dritten überlassen. Aus dem Zweck dieser Bestimmung folgt:

a) § 2065 I greift ein, wenn der Erblasser es in die Hand eines *Dritten* gelegt hat, ob eine Verfügung, in der ein anderer bedacht ist, gültig sein soll. Dritter ist auch der Bedachte selbst, wenn er über die Gültigkeit der Verfügung entscheiden soll.[38]

Ordnet der Erblasser an, dass der Bedachte nur dann von Todes wegen erwerben soll, sofern er eine bestimmte Handlung vornimmt oder unterlässt **(Fall c)**, hängt die Gültigkeit der Verfügung zwar auch von einer Wollensbedingung ab. Aus § 2075 folgt jedoch, dass eine Bedingung, deren Eintritt vom Willen des Bedachten abhängt, zulässig ist. Gegen die Zulässigkeit einer derartigen Bedingung bestehen im Hinblick auf § 2065 I auch deshalb keine Bedenken, weil das Gesetz es stets in die Hand des Bedachten legt, ob er das Recht erwerben will oder nicht (vgl. §§ 1942, 2180). Eine solche Wollensbedingung läuft nicht auf eine Vertretung des Erblassers im Willen hinaus; denn der Erblasser hat hinsichtlich der Gültigkeit der Verfügung eine klare Entscheidung getroffen.

Setzen Ehegatten in einem gemeinschaftlichen Testament sich gegenseitig und nach dem Tode des Überlebenden die Kinder zu Erben ein (vgl. § 2269; → Rn. 187 ff.), wird häufig dem überlebenden Ehegatten das Recht eingeräumt, die für den Fall seines Todes im Testament getroffenen Verfügungen (Erbeinsetzung der Kinder) zu widerrufen und über den Nachlass anderweitig zu verfügen. Diese Bestimmung, bei der zwei verschiedene Auslegungen möglich sind, wird allgemein als zulässig angesehen.[39] Dem ist zuzustimmen; denn bei beiden Auslegungsmöglichkeiten scheidet ein Verstoß gegen § 2065 I aus:

Erste Auslegungsmöglichkeit: Die Ehegatten haben gewollt, dass der Überlebende Vorerbe des Erstversterbenden werden soll und die Kinder beide Nachlässe ihrer Eltern getrennt (den Nachlass des Erstversterbenden als Nacherben) erhalten sollen. In diesem Fall stellt die Bestimmung, dass der überlebende Ehegatte die in dem gemeinschaftlichen Testament zu Gunsten der Kinder getroffenen Verfügungen widerrufen und über den Nachlass anderweitig verfügen darf, keine nach § 2065 I unzulässige Wollensbedingung dar.[40] Denn sie ist dahin auszulegen, dass der Überlebende nicht schlechthin Vorerbe sein soll, sondern dass ihm auch das Recht eingeräumt wird, Vollerbe nach dem Erstversterbenden zu werden, wenn er dies will; Vollerbe soll er in der Regel dann sein, wenn bei

---

37 Mot. V, 30.
38 Erman/*Schmidt* § 2065 Rn. 5; MüKoBGB/*Leipold* § 2065 Rn. 15; Palandt/*Weidlich* § 2065 Rn. 4.
39 Vgl. BGHZ 2, 35.
40 *Herrmann* AcP 155 (1956) 434; *Brox*, FS Bartholomeyczik, 1973, 41 (43 ff.); Palandt/*Weidlich* § 2065 Rn. 6. Vgl. auch §§ 2108 II 2, 2075.

seinem Tod eine von ihm errichtete gültige anderweitige letztwillige Verfügung vorliegt.[41] Der überlebende Ehegatte entscheidet damit als Bedachter unmittelbar nur über sein Erbrecht. Die Entscheidung wirkt sich lediglich mittelbar auf die Rechtsstellung der Kinder als Nacherben aus.

Zweite Auslegungsmöglichkeit: Die Ehegatten wollten, dass die Kinder lediglich Erben des Letztversterbenden werden, beide Nachlässe also als Einheit auf die Kinder übergehen sollen. Wenn dann der Überlebende anderweitig verfügt, so trifft er nur eine Verfügung über seinen eigenen Nachlass und keine über den des Erstverstorbenen. Es liegt demnach überhaupt kein Fall des § 2065 I vor.

b) Eine Verfügung ist wegen Verstoßes gegen § 2065 I nichtig, wenn die Wollensbedingung auf eine *Vertretung des unentschlossenen Erblassers im Willen* hinausläuft.

> **Beispiel:** E setzt S zum Erben unter der Bedingung ein, dass sein Freund nach Eintritt des Erbfalls zustimmt.

Nicht alle Verfügungen, deren Gültigkeit vom Willen eines Dritten abhängen, sind nach § 2065 I unwirksam. Hat der Erblasser bezüglich der Geltung der Verfügung einen bestimmten Willen gehabt, so verstößt es nicht gegen § 2065 I, wenn er die Gültigkeit von dem Tun oder Unterlassen eines Dritten abhängig macht. Eine solche Wollensbedingung ist insbesondere dann zulässig, wenn der Erblasser an dem Verhalten des Dritten ein selbstständiges Interesse hat oder wenn er den Inhalt seiner letztwilligen Verfügung auf die Sachlage abstellen will, die durch das als Bedingung gesetzte Tun oder Unterlassen verwirklicht wird.[42]

> **Beispiel:** E setzt seinen Neffen als Erben ein unter der Bedingung, dass dessen Ehefrau den E im Alter pflegt. Diese Verfügung ist wirksam, obwohl ihre Geltung von dem Willen der Ehefrau abhängt.

2. Nach *§ 2065 II* kann der Erblasser die Bestimmung der Person, die eine Zuwendung erhalten soll, sowie die Bestimmung des Gegenstandes der Zuwendung nicht einem anderen überlassen. Auch diese Vorschrift will eine Vertretung des Erblassers im Willen verhindern. **97**

Eine nach § 2065 II unzulässige Vertretung des Erblassers im Willen ist gegeben, wenn der als Vorerbe eingesetzte Ehegatte befugt sein soll, durch Verfügung von Todes wegen nach seinem Gutdünken den oder die Nacherben aus einem vom Erblasser benannten Personenkreis zu bestimmen oder die Erbquoten der vom Erblasser zu gleichen Teilen als Nacherben eingesetzten Kinder zu ändern.[43]

Von einer unzulässigen Vertretung im Willen kann jedoch keine Rede sein, falls der Erblasser objektive Kriterien aufstellt, nach denen der Dritte die Bestimmung des Erben oder der Erbquote vornehmen kann. Der Dritte »bestimmt« nicht aufgrund seines subjektiven Ermessens den Erben; er »bezeichnet« ihn nur entsprechend den objektiven Voraussetzungen, die aus dem Testament zu entnehmen sind.[44]

> **Beispiel:** Der Goldschmied bestimmt in seinem Testament: »Derjenige meiner Söhne soll mein Erbe sein, der Goldschmiedemeister wird. Sollte das bei mehreren Söhnen der Fall sein, wird der älteste von ihnen Erbe. Die Feststellung, wer danach Erbe ist, soll mein Freund Fritz treffen.« Hier hat der Dritte kein Auswahlermessen. Seine Feststellung ist an sich entbehrlich; denn der Erblasser hat

---

41 Siehe *Brox,* FS Bartholomeyczik, 1973, 41 (44).
42 Vgl. BGHZ 15, 199 (202 f.).
43 **Str.;** wie hier *Brox,* FS Bartholomeyczik, 1973, 41 (48 ff.); MüKoBGB/*Leipold* § 2065 Rn. 18; Soergel/*Loritz* § 2065 Rn. 20; **aM** OLG Hamm MDR 1972, 1036; BGHZ 59, 220 = LM Nr. 7 zu § 2065 BGB mAnm. *v. Mattern.*
44 Vgl. BGHZ 15, 199 (202 f.).

seinen Erben zwar nicht namentlich genannt, aber doch so beschrieben, dass jeder ermitteln kann, wer Erbe ist.

Gegen den Sinn des § 2065 II verstößt es jedoch, wenn der Dritte nach seinem freien Ermessen (willkürlich) den Erben oder die Erbquote bestimmen soll; denn hier entscheidet der Dritte anstelle des Erblassers.

> Im **Fall d** ist die Ermächtigung des T unzulässig. Zwar hat E bestimmt, dass nur eines seiner drei Kinder sein Erbe wird. Innerhalb dieses Rahmens kann T jedoch völlig frei entscheiden, wer von den Kindern Erbe sein soll.

Streitig ist, ob dem Dritten im Rahmen objektiver, vom Erblasser bestimmter Kriterien auch ein gewisser Beurteilungsspielraum eingeräumt werden kann. Das Reichsgericht[45] ließ das im Gegensatz zum BGH[46] zu, wenn der Erblasser einen begrenzten Kreis von Personen bezeichnet, aus dem der Dritte nach bestimmten sachlichen Gesichtspunkten, zB der Eignung für eine bestimmte Aufgabe, den Erben auswählen soll; allerdings gelte das nur, sofern der Personenkreis so eng begrenzt sei und die Auswahlgesichtspunkte so genau festgelegt seien, dass für eine Willkür des Dritten kein Raum bleibe. Dem ist zuzustimmen. Dafür besteht ein beachtliches praktisches Bedürfnis, vor allem beim Testament eines Unternehmers, dessen Kinder noch so klein sind, dass der Erblasser seinen Nachfolger im Unternehmen noch nicht bestimmen kann. Gegen den BGH spricht schon, dass unter den von ihm aufgestellten Voraussetzungen die Einschaltung eines Dritten entbehrlich ist, da der Erbe durch die vom Erblasser genannten objektiven Kriterien bereits hinreichend bestimmt ist. Der hier vertretenen Ansicht steht auch nicht der Sinn des § 2065 II entgegen; denn der Erblasser scheut sich nicht vor einer eigenen Entscheidung. Er trifft seine Bestimmung so genau, wie es ihm bei der Testamentserrichtung nur möglich ist.[47]

> Im **Fall e** hat E seinen Willen bestimmt kundgetan. T kann aufgrund der vom Erblasser im Testament angegebenen Kriterien (Kind des Erblassers; durch Ausbildung zur Fortführung der Fabrik am besten geeignet) den Erben bestimmen. Dabei kann es zu einer Ermessensentscheidung des T kommen, wenn zB zwei Kinder gleich geeignet sind. Nach dem zuvor Gesagten ist die Verfügung gültig.

Im Höferecht (§ 14 III Höfeordnung brit. Zone) und bei einer Reihe weniger wichtiger Verfügungen lässt das Gesetz Ausnahmen vom Grundsatz des § 2065 II zu.

> **Beispiel:** Vermächtnis (§ 2151; → Rn. 432 ff.), Auflage (§ 2193; → Rn. 461), Auswahl des Testamentsvollstreckers (§§ 2198 ff.; → Rn. 388), Auseinandersetzung unter Miterben (§ 2048, 2; → Rn. 523).

C. Errichtung einer Verfügung von Todes wegen nach dem ZGB

98   Für die Errichtung einer Verfügung von Todes wegen gilt das Recht, das zur Zeit der Errichtung maßgebend war, selbst wenn der Erblasser am 3.10.1990 oder erst später gestorben ist (Art. 235 § 2, 1 EGBGB). Gem. § 370 I 2 ZGB musste der Erblasser

---

45 RGZ 159, 296.
46 BGHZ 15, 199 (202 f.).
47 Ähnlich Erman/*Schmidt* § 2065 Rn. 7 ff.; *Großfeld* JZ 1968, 113; MüKoBGB/*Leipold* § 2065 Rn. 18, 26 ff.; Soergel/*Loritz* § 2065 Rn. 30; *H. Westermann*, FS Möhring, 1965, 183.

volljährig und handlungsfähig sein. Er konnte ein Testament nur persönlich errichten (§ 370 II ZGB). Eine Testierfähigkeit von der Vollendung des 16. Lebensjahres an (vgl. § 2229 I; → Rn. 89) kannte das ZGB nicht.

Deshalb ist ein Testament, das ein 17-jähriger Erblasser in der ehemaligen DDR vor dem 3.10.1990 errichtet hat, ungültig, und es ist auch am 3.10.1990 nicht wirksam geworden.

D. Zusammenfassung

Die Fähigkeit, ein Testament zu errichten, besitzt jede geschäftsfähige Person sowie **99** jeder, der das 16. Lebensjahr vollendet hat. Die letztgenannten Personen können Testamente allerdings nur in den Formen errichten, bei denen eine Amtsperson beratend zur Seite steht; deshalb kann ein 16- oder 17-jähriger Minderjähriger kein eigenhändiges Testament und ein notarielles Testament nicht durch Übergabe einer verschlossenen Schrift errichten.

Eine Verfügung von Todes wegen kann nicht durch einen Vertreter des Erblassers errichtet werden. Der Erblasser soll allein die Verantwortung für seine Verfügung tragen. Deshalb kann er auch nicht die Geltung der Verfügung vom Willen eines anderen abhängig machen oder etwa die Bestimmung des Erben und des Erbteils einem anderen überlassen.

Zulässig ist dagegen die Ermächtigung eines anderen zur Ermittlung des bestimmten Erblasserwillens.

§ 10 Das ordentliche öffentliche Testament

Literatur: *Von Dickhut/Harrach,* Testament durch Wimpernschlag, FamRZ 2003, 493; *Diehn,* Das **100** Zentrale Testamentsregister, NJW 2011, 481; *Imgrund/Reese,* Grundfälle zur gewillkürten Erbfolge, Jura 2006, 565; *Nieder,* Testamentserrichtung äußerungsbehinderter Erblasser, ZNotP 2001, 335; *Reimann,* Die Änderungen des Erbrechts durch das OLG-Vertretungsänderungsgesetz, FamRZ 2002, 1383; *Rossak,* Neue Vorschriften zum materiellen Recht der Testamentserrichtung und zum Beurkundungsrecht bei Beteiligung von behinderten Erblassern, ZEV 2002, 435; *Schulte,* Testamentsgestaltung, 2006. S. ferner die Kommentare zum Beurkundungsgesetz.

Fälle: Handelt es sich im Folgenden um gültige Testamente?
a) Der Notar liest ein von ihm aufgesetztes Testament dem Erblasser E abschnittsweise vor und fragt ihn, ob das so richtig sei, was E mit »Ja« beantwortet. (→ Rn. 102)
b) E diktiert seiner Sekretärin S sein Testament, das diese in ihren PC eingibt und anschließend ausdruckt. Dieses Schriftstück übergibt E ungelesen dem Notar. (→ Rn. 103)
c) Da E angibt, er könne wegen eines Augenleidens nur noch Umrisse erkennen, Geschriebenes aber nicht mehr lesen, stellt der Notar fest, dass E nicht zu sehen und nicht zu unterschreiben vermag. Der Notar zieht deshalb einen Zeugen zu, lässt aber weder diesen noch den E die Niederschrift unterschreiben. (→ Rn. 115)

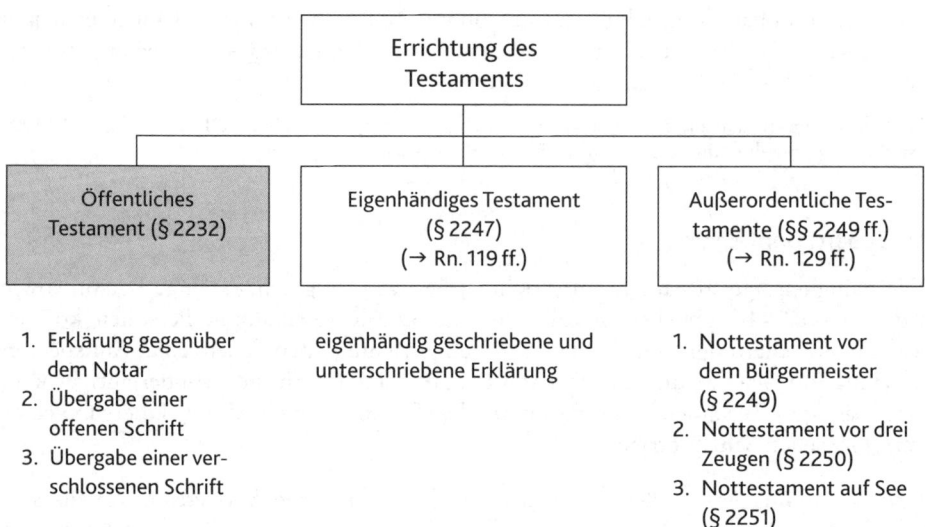

Errichtung des Testaments		
Öffentliches Testament (§ 2232)	Eigenhändiges Testament (§ 2247) (→ Rn. 119 ff.)	Außerordentliche Testamente (§§ 2249 ff.) (→ Rn. 129 ff.)
1. Erklärung gegenüber dem Notar 2. Übergabe einer offenen Schrift 3. Übergabe einer verschlossenen Schrift	eigenhändig geschriebene und unterschriebene Erklärung	1. Nottestament vor dem Bürgermeister (§ 2249) 2. Nottestament vor drei Zeugen (§ 2250) 3. Nottestament auf See (§ 2251)

Das ordentliche öffentliche Testament wird zur Niederschrift eines Notars errichtet (§ 2231 Nr. 1).

A. Vorzüge des öffentlichen Testaments

Bei einem notariellen Testament können kaum Zweifel an der Echtheit entstehen. Dagegen sind bei einem eigenhändigen Testament (§§ 2231 Nr. 2, 2247), das in der Praxis nicht selten in einem Brief mit Durchstreichungen und Berichtigungen enthalten ist, Fälschungen und Verfälschungen eher möglich. Da das öffentliche Testament unverzüglich in besondere amtliche Verwahrung beim Amtsgericht gebracht werden soll (§ 346 FamFG; § 34 BeurkG), ist die Gefahr späterer Fälschungen weitgehend gebannt. Außerdem wird sichergestellt, dass das Testament nach dem Tod des Erblassers eröffnet wird. Dagegen besteht beim eigenhändigen Testament, das nicht in amtliche Verwahrung gebracht zu werden braucht, die Möglichkeit, dass es nach dem Erbfall nicht aufgefunden oder von interessierter Seite beiseite geschafft wird. Die Mitwirkung des Notars beim öffentlichen Testament erhöht die Wahrscheinlichkeit, dass keine Formfehler bei der Errichtung unterlaufen. Schließlich kommen die Beratungspflichten des Notars (§§ 17, 30 BeurkG) dem Erblasser zugute.

Der Erblasser hat für die Beurkundung eines Testaments eine volle Gebühr zu zahlen (§§ 46, 140 KostO), die sich nach dem Wert des Nachlasses richtet (§§ 18, 46 V, 32 KostO). Dadurch erspart der Erblasser aber uU dem Erben die Kosten für einen Erbschein (§ 107 KostO); denn vielfach genügt zum Nachweis des Erbrechts ein öffentliches Testament. So reicht es zu einem solchen Nachweis gegenüber dem Grundbuchamt aus, wenn eine Verfügung von Todes wegen, die in einer öffentlichen Urkunde enthalten ist, und die Niederschrift über die Eröffnung der Verfügung vorgelegt werden (§ 35 I 2 GBO).

B. Gesetzliche Regelung

101 Das Testamentsrecht war früher geschlossen im BGB (§§ 2229 ff.) geregelt. Später hat das Beurkundungsgesetz vom 28.8.1969 die Vorschriften über das Beurkundungsverfahren zusammengefasst. Dieses Gesetz hat die Beurkundungszuständigkeit des

Richters beseitigt. Die früheren Muss-Vorschriften, bei deren Verletzung das Testament nichtig war, sind heute weitgehend bloße Soll-Vorschriften. Ihre Nichtbeachtung berührt also die Gültigkeit des Testaments nicht.

Das Beurkundungsgesetz ist am 1.1.1970 in Kraft getreten. Ist das Testament vor diesem Zeitpunkt errichtet, bestimmt sich seine Gültigkeit nach altem Recht (Art. 26 I Nr. 5 EGBGB),[48] selbst wenn der Erbfall erst nach dem 1.1.1970 eingetreten ist. Die folgende Darstellung bezieht sich auf das heute geltende Recht.

C. Arten des öffentlichen Testaments

Abgesehen von bestimmten Sonderfällen (→ Rn. 112 ff.) kann der Erblasser zwischen drei Formen wählen (§ 2232): **102**

I. Erklärung gegenüber dem Notar

Das Gesetz verlangte ursprünglich aus Sorge um eine eindeutige Übermittlung des Willens an die Urkundsperson,[49] dass der Erblasser seinen letzten Willen »mündlich erklärt«. Das konnte nur mit Mitteln der Lautsprache, durch das verständlich gesprochene Wort und nicht durch Kopfnicken, Gebärden oder sonstige Zeichen erfolgen.[50] Seit der Neufassung des § 2232 durch das OLG-Vertretungsänderungsgesetz vom 23.7.2002[51] kommt auch jede andere Form der Erklärung in Betracht, sofern sie eine hinreichend sichere Feststellung des Inhalts des letzten Willens ermöglicht. Dieser kann also auch schriftlich, durch Mimik oder Gesten erklärt werden.

Es ist auch nicht erforderlich, dass der Erblasser seine Erklärung im Zusammenhang vorbringt. Es genügt, dass die Erklärung in der Unterhaltung mit der Urkundsperson, die den Erblasser beraten soll (vgl. § 17 BeurkG), nach und nach zum Ausdruck kommt. Es reicht sogar aus, wenn die Urkundsperson dem Erblasser den zuvor niedergeschriebenen Testamentsentwurf abschnittweise vorliest und der Erblasser jeweils auf Befragen, ob dies so richtig sei, mit »Ja« antwortet **(Fall a)**[52] oder auf andere Weise wie etwa durch Kopfnicken seine Zustimmung zum Ausdruck bringt. Das mag zwar bis an die Grenze dessen gehen, was im Interesse einer zuverlässigen Erfassung des Erblasserwillens vertretbar ist. Es entspricht aber angesichts der körperlichen Beeinträchtigungen vieler Testierwilliger einem unabweisbaren Bedürfnis.

II. Übergabe einer offenen Schrift

Die Schrift braucht im Gegensatz zum eigenhändigen Testament (§ 2247 I) weder eigenhändig geschrieben noch unterschrieben zu werden. Nach § 2232 S. 2 kann sie vom Erblasser oder von einer anderen Person geschrieben sein. Demnach reicht zB ein vom Erblasser oder einem anderen als PC-Ausdruck oder in Kurzschrift angefertigtes Schriftstück aus. **103**

---

48 Dazu: 1. Auflage, Rn. 290 ff.
49 *Heinr. Lange* ZAkDR 1938, 579.
50 BGHZ 2, 172.
51 BGBl. I 2850.
52 BGHZ 37, 79 f.

> Nach den Motiven[53] und einer zT vertretenen Ansicht[54] muss der Erblasser wenigstens in der Lage sein, die in dem Schriftstück gebrauchte Schrift zu entziffern oder die fremde Sprache zu verstehen. Es sei nicht erforderlich, dass der Erblasser im konkreten Fall den Inhalt der Schrift kenne; es genüge die bloße Möglichkeit, sich vom Inhalt Kenntnis zu verschaffen. Diese Ansicht widerspricht den sonstigen Wertungen des Gesetzes, wonach den Erblasser die sittliche Verantwortung für die Ausgestaltung der Erbfolge trifft[55] (s. etwa § 2065). Daher muss der Erblasser den Inhalt der Schrift kennen.[56] Zwar wird man im Regelfall von der Kenntnis des Erblassers ausgehen können; steht aber das Gegenteil fest, ist das Testament ungültig **(Fall b)**.
> Demgegenüber braucht der Notar die Schriftzeichen oder die Sprache, in der das Schriftstück abgefasst ist, nicht zu verstehen. Immer aber müssen die in der Schrift enthaltenen Erklärungen für irgendeinen verständlich sein; sonst wäre der letzte Wille des Erblassers später nicht zu ermitteln.

Wenn das Gesetz auch vom »*Übergeben*« der Schrift spricht, so muss die Übergabe doch nicht von Hand zu Hand geschehen. Es soll vielmehr nur sichergestellt werden, dass die Schrift mit Willen des Erblassers in die Hand des Notars gelangt und dass dieser Vorgang erkennbar ist.[57]

Erforderlich ist die *Erklärung* des Erblassers, die Schrift enthalte seinen letzten Willen (§ 2232 S. 1), wobei es weder auf den gewählten Wortlaut noch auf die Form der Erklärung (auch nonverbal) ankommt.

Es genügt zB, dass der Erblasser die Worte: »Das ist mein Testament« nachspricht[58] oder die Frage der Urkundsperson, ob das Schriftstück den letzten Willen des Erblassers enthalte, mit »Ja« oder mit einer zustimmenden Geste beantwortet.[59]

III. Übergabe einer verschlossenen Schrift

104 Diese Art der Testamentserrichtung kommt dem Bedürfnis des Erblassers nach Geheimhaltung auch vor dem Notar entgegen. Während dieser von dem Inhalt einer offenen Schrift Kenntnis nehmen soll (§ 30 S. 4 BeurkG), darf er vom Inhalt einer verschlossen übergebenen Schrift ohne Willen des Erblassers keine Kenntnis nehmen. Im Übrigen erfolgt die Testamentserrichtung entsprechend der Übergabe einer offenen Schrift.

IV. Kombination mehrerer Errichtungsarten

105 Es ist denkbar, dass der Erblasser einen Teil der letztwilligen Verfügung geheim halten, im Übrigen aber sich von der Urkundsperson belehren lassen will. Er kann zulässigerweise eine offene und eine verschlossene Schrift der Urkundsperson mit der Erklärung übergeben, dass in beiden Schriften sein letzter Wille enthalten sei. Erklärt der Erblasser noch eine Verfügung mündlich, ist ein Testament durch Kombination aller drei Arten errichtet worden.

---

53 Mot. V, 277.
54 RGZ 76, 94 f.; Soergel/*Mayer* § 2232 Rn. 17.
55 Vgl. Prot. V, 660.
56 Ebenso: Erman/*Schmidt* § 2232 Rn. 4, 5; MüKoBGB/*Hagena* § 2232 Rn. 30; Palandt/*Weidlich* § 2232 Rn. 3; *Lange* ErbR Kap. 4 Rn. 45; *Muscheler* ErbR I Rn. 1756; **str.**
57 Vgl. RGZ 150, 189; dazu *Kipp/Coing* ErbR § 27 IV 2 Fn. 15; Staudinger/*Baumann* (2012) § 2232 Rn. 35.
58 RG JW 1925, 357 ff.
59 Erman/*Schmidt* § 2232 Rn. 3; MüKoBGB/*Hagena* § 2232 Rn. 21 ff.

D. Errichtung des öffentlichen Testaments

Das Gesetz enthält Muss- und Soll-Vorschriften über die Errichtung des öffentlichen **106** Testaments (→ Rn. 107 ff.). Die Verletzung einer Muss-Vorschrift berührt die Gültigkeit des Testaments. Der Verstoß gegen Soll-Vorschriften hat auf die Gültigkeit keinen Einfluss. In beiden Fällen kommen Maßnahmen der Dienstaufsicht gegen die Urkundsperson und Schadensersatzansprüche (§ 19 BNotO) in Betracht.

I. Urkundsperson

Ein ordentliches öffentliches Testament nach § 2231 Nr. 1 kann nur vor einem Notar, **107** ausnahmsweise nach §§ 10 f. Konsulargesetz vor einem Berufskonsul, errichtet werden. Weitere Personen (zB Zeugen) brauchen im Regelfall nicht mitzuwirken. Nach § 29 BeurkG soll der Notar auf Verlangen des Erblassers bis zu zwei Zeugen oder einen zweiten Notar zuziehen.

1. *Örtlich zuständig* ist der Notar in dem Oberlandesgerichtsbezirk, in dem er seinen Amtssitz hat (§ 11 I BNotO). Ausnahmsweise darf er Amtshandlungen außerhalb seines Amtsbezirks vornehmen, wenn Gefahr im Verzug ist oder die Aufsichtsbehörde es genehmigt (§ 11 II BNotO). Selbst wenn der Notar die Amtshandlung pflichtwidrig außerhalb des Landes vornimmt, in dem er zum Notar bestellt ist, ist sie gültig (§ 11 III BNotO).
2. Ein Notar ist als Urkundsperson *ausgeschlossen,* wenn er selbst, sein Ehegatte, sein Lebenspartner oder ein mit ihm in gerader Linie Verwandter ein Testament errichtet (vgl. § 6 I BeurkG). Bei einem Verstoß ist das ganze Testament unwirksam. Zu prüfen bleibt, ob das Testament als eigenhändiges nach § 140 gültig ist; das könnte bei Übergabe einer offenen oder verschlossenen Schrift in Betracht kommen.
Der Notar ist ferner ausgeschlossen, wenn er selbst, sein (jetziger oder früherer) Ehegatte, sein Lebenspartner, ein mit ihm in gerader Linie Verwandter oder Verschwägerter sowie ein in der Seitenlinie bis zum dritten Grad Verwandter oder ein bis zum zweiten Grad Verschwägerter bedacht oder zum Testamentsvollstrecker ernannt wird (§§ 7, 27 BeurkG). Ein Verstoß führt jedoch nicht zur Nichtigkeit des *ganzen* Testaments; vielmehr ist nur die Zuwendung an den Bedachten bzw. die Ernennung zum Testamentsvollstrecker unwirksam (§ 7 BeurkG: »insoweit«).
Dagegen ist die notarielle Beurkundung einer testamentarischen Ernennung zum Testamentsvollstrecker nicht deshalb unwirksam, weil ein Sozius des Notars Testamentsvollstrecker und der Notar an dessen Vergütung beteiligt ist.[60]

II. Feststellung der Person und der Testierfähigkeit des Erblassers

Der Notar soll in der Niederschrift feststellen, ob er den Erblasser kennt bzw. wie er sich Gewissheit **108** über dessen Person verschafft hat (§ 10 II 1 BeurkG). Bedenken sollen aufgenommen werden (§ 10 II 2 BeurkG). Entsprechendes gilt für die Testierfähigkeit (vgl. §§ 11 I 2, 28 BeurkG).

III. Prüfungs- und Belehrungspflichten des Notars

Der Notar soll den Willen des Erblassers erforschen, den Sachverhalt klären, den **109** Erblasser über die rechtliche Tragweite der Verfügung belehren und die Erklärungen des Erblassers klar und unzweideutig in der Niederschrift wiedergeben (vgl. § 17 BeurkG).

Der Notar soll vom Inhalt der offen übergebenen Schrift Kenntnis nehmen und auf etwaige Bedenken aufmerksam machen (§ 30 S. 4 BeurkG). Auch bei Übergabe einer verschlossenen Schrift soll der Notar belehren; er darf sich aber vom Inhalt nicht

---

60 BGH NJW 1997, 946, gegen OLG Oldenburg DNotZ 1990, 431.

ohne Willen des Erblassers Kenntnis verschaffen. Der Umfang der Belehrungspflicht (zB über steuerliche Folgen) kann im Einzelfall zweifelhaft sein. Die Frage spielt oft in Schadensersatzprozessen eine entscheidende Rolle.

Bei Zweifeln an der Gültigkeit soll der Notar die Bedenken mit dem Erblasser erörtern. Besteht der Erblasser auf der Beurkundung, soll der Notar die Belehrung und die dazu abgegebenen Erklärungen des Erblassers in der Niederschrift vermerken (vgl. § 17 II BeurkG).

IV. Niederschrift

110 **1.** Über die Errichtung des Testaments *muss* der Notar eine *Niederschrift* aufnehmen (§ 8 BeurkG). Diese *muss* die Bezeichnung des Notars und des Erblassers sowie die Erklärung des letzten Willens enthalten (§ 9 I BeurkG). Wird das Testament durch Übergabe einer Schrift errichtet, so *muss* die Niederschrift auch die Feststellung enthalten, dass die Schrift übergeben worden ist (§ 30 S. 1 BeurkG). Die Verletzung einer dieser zwingenden Vorschriften führt zur Nichtigkeit des Testaments.

Soll-Vorschriften enthalten zB §§ 9 II, 10, 11, 28 und 30 S. 2 BeurkG.

2. Die Niederschrift *muss* in Gegenwart des Notars dem Erblasser *vorgelesen,* von diesem *genehmigt* und eigenhändig *unterschrieben* werden; auch der Notar *muss* die Niederschrift eigenhändig unterschreiben (Einzelheiten: § 13 BeurkG).

Das Gesetz bestimmt nicht, wer verlesen muss. Die Niederschrift soll dem Erblasser auf Verlangen vor der Genehmigung auch zur Durchsicht vorgelegt werden (§ 13 I 4 BeurkG); das ersetzt aber nicht die zwingend vorgeschriebene Verlesung. Eine vom Erblasser übergebene Schrift braucht nicht verlesen zu werden (§ 30 S. 5 BeurkG).
Die Genehmigung bezieht sich auf die ganze in der Niederschrift enthaltene Willenserklärung des Erblassers. Sie kann auch durch eine Gebärde (Kopfnicken) erfolgen.
Die Niederschrift muss vom Erblasser eigenhändig unterschrieben sein; bloße Handzeichen (drei Kreuze) genügen nicht. Die Unterschrift des Erblassers ersetzt dessen Genehmigung nicht. Jedoch begründet sie die Vermutung, dass die Niederschrift in Gegenwart des Notars vorgelesen und vom Erblasser genehmigt ist (§ 13 I 3 BeurkG).
Fehlt die Unterschrift des Notars unter der Niederschrift, so ist die Beurkundung aus diesem Grund nicht unwirksam, wenn der Notar die Aufschrift auf dem verschlossenen Umschlag unterschrieben hat (§ 35 BeurkG).

V. Verschließung und Verwahrung der Niederschrift und Registrierung der Verwahrdaten

111 **1.** Der Notar soll die Niederschrift in einen Umschlag nehmen, diesen mit dem Prägesiegel *verschließen,* auf dem Umschlag das Testament näher bezeichnen und diese Aufschrift unterschreiben (§ 34 I BeurkG).

2. Der Notar soll veranlassen, dass das Testament unverzüglich in besondere *amtliche Verwahrung* gebracht wird (§ 34 I 4 BeurkG).

Verwahrungsstelle ist regelmäßig das Amtsgericht (§ 23a I Nr. 2, 2 Nr. 2 GVG). Die örtliche Zuständigkeit regelt § 344 FamFG, das Verfahren § 346 FamFG. Funktionell zuständig ist der Rechtspfleger (§ 3 Nr. 2c RPflG). Dem Erblasser soll ein Hinterlegungsschein erteilt werden (§ 346 III FamFG). Durch besondere (landesrechtliche) Vorschriften wird bestimmt, dass das Standesamt am Geburtsort des Erblassers von der Verwahrung benachrichtigt werden soll. Das Standesamt soll dem Gericht den Tod des Erblassers anzeigen. Dadurch wird das Auffinden der Testamente erleichtert.

Die Rücknahme des Testaments aus der amtlichen Verwahrung gilt als Widerruf des Testaments (§ 2256; → Rn. 141).

3. Die Angaben zur Verwahrung werden in dem *Zentralen Testamentsregister*[61] registriert. Dieses wird auf Grundlage der §§ 78b bis 78f BNotO und der am 18.7.2011 veröffentlichten Testamentsregisterverordnung vom 11.7.2011[62] bei der Bundesnotarkammer als Körperschaft des öffentlichen Rechts geführt. Die Verwahrangaben zu allen erbfolgerelevanten Urkunden werden seit dem 1.1.2012 von den Notaren und Nachlassgerichten an das Zentrale Testamentsregister übermittelt (§ 78b BNotO). Über jeden Sterbefall wird die Bundesnotarkammer von dem jeweiligen Standesamt informiert (§ 78c S. 1 BNotO). Sie prüft, ob im Zentralen Testamentsregister Verwahrangaben vorliegen und setzt ihrerseits die jeweilige Verwahrstelle davon in Kenntnis (§ 78c S. 2, 3 BNotO), so dass diese das Testament eröffnen (§§ 344 VI, 348, 350 FamFG) und an das zuständige Nachlassgericht übersenden kann. Dadurch wird sichergestellt, dass im Sterbefall die verwahrten Testamente und anderen erbfolgerelevanten Urkunden auch tatsächlich und schnell aufgefunden werden, so dass der letzte Wille des Erblassers schnell und effizient umgesetzt werden kann.

E. Sonderfälle

Der *testierfähige Minderjährige* kann das Testament nicht durch Übergabe einer verschlossenen Schrift, sondern nur durch Übergabe einer offenen Schrift oder durch Erklärung gegenüber dem Notar errichten (§ 2233 I). **112**

Der nach seinen Angaben oder nach der Überzeugung des Notars *Lesensunkundige* hat seinen letzten Willen gegenüber dem Notar zu erklären (§ 2233 II). **113**

Vermag der Erblasser nach seinen Angaben oder nach der Überzeugung des Notars *nicht hinreichend* **114** *zu hören, zu sprechen oder zu sehen,* soll zur Beurkundung ein Zeuge oder ein zweiter Notar zugezogen werden, es sei denn, dass alle Beteiligten darauf verzichten (§ 22 I 1 BeurkG; zur Ausschließung: §§ 26 f. BeurkG). Wenn ein hör- oder sprachbehinderter Beteiligter es verlangt, soll der Notar einen Gebärdensprachdolmetscher hinzuziehen (§ 22 I 2 BeurkG).

Außerdem sind bei den genannten Personengruppen noch folgende Besonderheiten zu beachten: Dem Erblasser, der nicht hören kann, *muss* die Niederschrift anstelle des Vorlesens zur Durchsicht vorgelegt werden (vgl. § 23 BeurkG).

Ist mit dem Erblasser, der nicht hören oder nicht sprechen kann, auch eine schriftliche Verständigung nicht möglich, *muss* zur Beurkundung eine Person zugezogen werden, die sich mit dem Erblasser zu verständigen vermag (vgl. § 24 I BeurkG) und mit deren Zuziehung er nach Überzeugung des Notars einverstanden ist. Diese Person (zB Taubstummendolmetscher), die nicht einen Zeugen oder zweiten Notar ersetzt (§ 24 III BeurkG), muss während des ganzen Beurkundungsvorgangs anwesend sein.[63] Soweit sie im Testament bedacht wird, ist die Beurkundung unwirksam (§ 24 II BeurkG). (Zur Testamentserrichtung durch einen Mehrfachbehinderten: *Rossak* ZEV 1995, 238; s. auch OLG Hamm DNotZ 2000, 706)

Ist der Erblasser (infolge eines Schlaganfalls) schreib- und sprechunfähig, so darf er deshalb nach dem Beschluss des Bundesverfassungsgerichts v. 19.1.1999[64] nicht generell von der Möglichkeit der Errichtung eines öffentlichen Testaments ausgeschlossen werden.

Vermag der Erblasser nach seinen Angaben oder nach der Überzeugung des Notars *seinen Namen* **115** *nicht zu schreiben,* muss beim Vorlesen und bei der Genehmigung ein Zeuge oder ein zweiter Notar zugezogen werden; diese Person *muss* die Niederschrift unterschreiben (vgl. § 25 BeurkG).

Die Feststellung des Notars, dass nach seiner Überzeugung der Erblasser nicht sehen kann, rechtfertigt nicht die Überzeugung, der Erblasser könne nicht unterschreiben. Aus der Blindheit würde nur dann die Schreibunfähigkeit folgen, wenn der Erblasser durch die Unterschrift billigen soll, was in der

---

61 Dazu *Diehn* NJW 2011, 481.
62 BGBl. I 1386.
63 S. auch BGHZ 54, 89.
64 BVerfG NJW 1999, 1853.

Niederschrift steht. Sinn des Erfordernisses der Unterschrift des Erblassers ist aber die Sicherstellung der Identität von Erklärendem und Erblasser. Deshalb kann auch ein schreibfähiger Blinder unterschreiben.[65]

> Im **Fall c** ist das Testament ungültig. Denn entweder hätte der blinde Erblasser (§ 13 BeurkG) oder der hinzugezogene Zeuge (§ 25 BeurkG) unterschreiben müssen. Die im Testament Bedachten können ihren Schaden wegen Amtspflichtverletzung des Notars von diesem ersetzt verlangen (§ 19 BNotO). Eine Haftung des Staates kommt dort in Betracht, wo die Gebühren der Staatskasse zufließen (vgl. § 114 BNotO, Sondervorschriften für Notare im Landesdienst in Baden-Württemberg).

Ist der Erblasser nach seinen Angaben oder nach der Überzeugung des Notars *der Sprache, in der die Niederschrift aufgenommen wird, nicht hinreichend kundig, muss* ihm die Niederschrift übersetzt werden. Das kann durch den Notar geschehen. Andernfalls *muss* ein Dolmetscher zugezogen werden (Einzelheiten: § 16 BeurkG; beachte auch §§ 5–7, 27 BeurkG). Erklärt der sprachunkundige Erblasser seinen letzten Willen mündlich, *muss* eine schriftliche Übersetzung der Niederschrift angefertigt werden (Näheres: § 32 BeurkG).

116 Auch Schwerstbehinderten muss eine Testierfähigkeit eingeräumt werden; sonst könnte ein Verstoß gegen Art. 14 I GG und gegen Art. 3 I, III 2 GG vorliegen. Jedenfalls darf ein Mehrfachbehinderter nicht wegen der Kombination von Behinderungen durch Formvorschriften vom Testieren ausgeschlossen werden. Nur dann ist das Testieren ausgeschlossen, wenn sich der betreffende Mensch überhaupt nicht verständigen kann.

(Zum Verfahren bei Hör-, Seh- und Sprachbehinderten: §§ 22–26 BeurkG; Palandt/*Weidlich* § 2232 Rn. 2)

F. Notarielles Testament nach dem ZGB

117 Nach dem gem. Art. 235 § 2 S. 1 EGBGB für die vor dem 3.10.1990 errichteten Testamente weiterhin geltenden § 384 ZGB der ehemaligen Deutschen Demokratischen Republik wurde das notarielle Testament dadurch errichtet, dass der Erblasser dem Notar seinen letzten Willen mündlich oder schriftlich erklärte. Darüber war eine Niederschrift anzufertigen, und das Testament musste vom Staatlichen Notariat in Verwahrung genommen werden.

G. Zusammenfassung

118 Das öffentliche Testament wird vor dem Notar durch Erklärung, Übergabe einer offenen oder Übergabe einer verschlossenen Schrift errichtet. Darüber muss der Notar eine Niederschrift aufnehmen. Diese muss in Gegenwart des Notars dem Erblasser vorgelesen, von diesem genehmigt und eigenhändig unterschrieben werden. Auch der Notar hat die Niederschrift eigenhändig zu unterschreiben. Das Testament soll in besondere amtliche Verwahrung des Amtsgerichts gegeben werden.

---

65 Vgl. BGHZ 28, 188 (190); 31, 136.

§ 11 Das eigenhändige Testament

Literatur: *Burkart,* Das eigenhändige Testament nach § 2247 BGB – Seine Problematik und seine Zukunft, FS v. Lübtow, 1991, 253; *Grundmann,* Favor Testamenti – Zu Formfreiheit und Formzwang bei privatschriftlichen Testamenten, AcP 187 (1987) 429; *Hohloch,* Formwirksamkeit eines eigenhändigen Testaments, JuS 2003, 614; *Peters,* Unterschrift auf dem Umschlag als Testamentsunterschrift, FS Zöllner, 1998, 167; *C. Stumpf,* Postscripta im eigenhändigen Testament, FamRZ 1992, 1131; *Tzschaschel,* Das private Einzeltestament, 14. Aufl. 2009.

119

Fälle: Handelt es sich im Folgenden um gültige Testamente?

a) Der kranke Wilhelm Meier bittet seine Frau Hedwig, folgenden Text auf ein Blatt Papier zu schreiben: »Ich setze hiermit meine Frau Hedwig Meier zur Alleinerbin ein. Köln, den 1.3.2010.« Das unterschreibt Meier eigenhändig mit »Wilhelm Meier«. Darunter setzt seine Frau ihre Unterschrift »Hedwig Meier«. (→ **Rn. 121**)

b) Der blinde E schreibt ein Testament in Blindenschrift. (→ **Rn. 121**)

c) Der lebensmüde Emil nimmt eine Überdosis Schlaftabletten und schreibt einen Abschiedsbrief, in dem es heißt: »Ich, Emil Schulte, habe keine Lust mehr am Leben. Deshalb will ich es beenden. Lisbeth Funke allein hat mich verstanden, weshalb sie alle meine Sachen haben soll. Und nun bin ich sehr müde; deshalb ...« Es folgen ein paar unverständliche Zeichen. (→ **Rn. 124**)

d) E schickt seinen drei Neffen einen handgeschriebenen Brief, in dem es unter anderem heißt: »Da Ihr meine einzigen Angehörigen seid, sollt Ihr zu gleichen Teilen meine Erben sein. Gruß Euer Onkel.« Bevor er den Brief absendet, fügt er vor seiner Unterschrift noch folgenden, mit der Schreibmaschine geschriebenen Satz ein: »Mein Freund Fritz soll aber auch ein Viertel haben.« (→ **Rn. 121**, → **Rn. 123**)

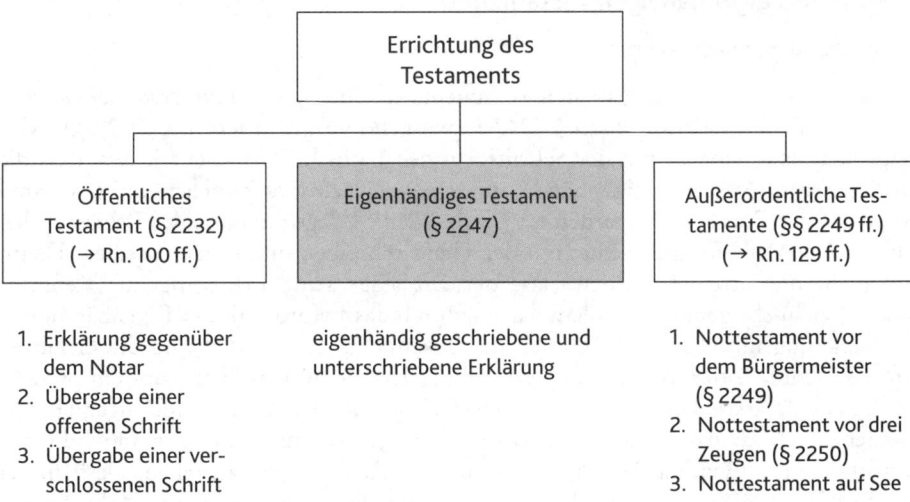

Errichtung des Testaments		
Öffentliches Testament (§ 2232) (→ Rn. 100 ff.)	Eigenhändiges Testament (§ 2247)	Außerordentliche Testamente (§§ 2249 ff.) (→ Rn. 129 ff.)
1. Erklärung gegenüber dem Notar 2. Übergabe einer offenen Schrift 3. Übergabe einer verschlossenen Schrift	eigenhändig geschriebene und unterschriebene Erklärung	1. Nottestament vor dem Bürgermeister (§ 2249) 2. Nottestament vor drei Zeugen (§ 2250) 3. Nottestament auf See

Der Erblasser kann ein Testament durch eine eigenhändig geschriebene und unterschriebene Erklärung errichten (§ 2247 I).

A. Vorzüge des eigenhändigen Testaments

Ein eigenhändiges Testament (Beispiel: → Rn. 832) kann der Erblasser ohne Hilfe anderer Personen, also schnell und an jedem Ort errichten. Kosten entstehen ihm dadurch nicht, zumal eine amtliche Verwahrung des eigenhändigen Testaments nicht vorgeschrieben ist. Auch der juristisch nicht geschulte Laie braucht heute nicht mehr die Sorge zu haben, sein eigenhändiges Testament könne formungültig sein; denn das Gesetz verlangt nur eine eigenhändig geschriebene und unterschriebene Erklärung. Diese kann selbst in einem Brief oder auf einer Postkarte enthalten sein, sofern der Verfasser damit seine letztwillige Verfügung treffen und nicht nur auf eine Erbaussicht hinweisen will.

B. Fähigkeit zur Errichtung eines eigenhändigen Testaments

120 Grundsätzlich kann jeder ein eigenhändiges Testament errichten. Eine Ausnahme gilt jedoch für die folgenden Personen:

- wer nicht zu schreiben vermag, da er das Erfordernis der Eigenhändigkeit nicht erfüllen kann;
- testierfähige Minderjährige (§ 2247 IV; → Rn. 90), weil eine Beratung nicht gewährleistet ist;
- alle, die Geschriebenes nicht zu lesen vermögen (§ 2247 IV), weil die Gefahr besteht, dass sie einen Text schreiben, den sie nicht wollen.

Wenn also ein des Lesens Unkundiger sich von einem anderen ein Testament vorschreiben lässt und er dann auf einem anderen Stück Papier das Geschriebene »abmalt«, so ist das Testament gem. § 2247 IV nichtig, weil der Erblasser nicht verstehen kann, was sein »Gemälde« bedeutet.
Unter die Bestimmung fällt auch der Blinde, weil er Geschriebenes nicht lesen kann. Benutzt er die von ihm beherrschte Blindenschrift, kann er zwar das Geschriebene lesen. Es fragt sich aber, ob diese Schrift dem Sinn des zwingenden Erfordernisses der eigenhändigen Niederschrift entspricht (→ Rn. 121).

C. Form des eigenhändigen Testaments

I. Eigenhändige Niederschrift

121 1. Für die Gültigkeit eines privaten Testaments ist eine *eigenhändig geschriebene und unterschriebene Erklärung* nach § 2247 I zwingend vorgeschrieben. Das Gesetz verlangt hier also mehr als mit der Schriftform des § 126 I. Dort reicht es aus, dass die Urkunde vom Aussteller eigenhändig unterzeichnet wird; es ist gleichgültig, wie und von wem der Text erstellt worden ist. Nach § 2247 I dagegen muss der Erblasser den ganzen Text der Urkunde selbst mit der Hand schreiben und unterschreiben. Damit soll nicht nur erreicht werden, dass der Erblasser seine Erklärung zur Kenntnis nimmt. Vielmehr geht es vor allem darum, durch das Erfordernis der Eigenhändigkeit ein Sicherungsmittel für die Echtheit des Testaments zu schaffen und die Gefahren einer Fälschung oder Verfälschung zu verringern. Wenn man überhaupt ein privates Testament zulässt, dann ist es aus Sicherheitsgründen geboten, eine eigenhändige Niederschrift zwingend vorzuschreiben. Nur so ist aufgrund der individuellen Schriftzüge die Identität des Verfassers mit dem Erblasser festzustellen. Deshalb hat das TestG von 1938, auf dem § 2247 beruht, trotz aller Erleichterungen (insbesondere hinsichtlich der Zeit- und Ortsangabe) mit gutem Grund an dem Erfordernis der Eigenhändigkeit festgehalten.

Aus dem Zweck des Erfordernisses der Eigenhändigkeit folgt:

a) Der Erblasser muss das Testament persönlich abgefasst und in der ihm eigenen Schrift geschrieben haben.[66]

---

66 BGHZ 47, 68 (70).

aa) Eigenhändige Niederschrift ist somit nicht gegeben, wenn eine andere Person als der Erblasser den Text schreibt.

Im **Fall a** ist das Testament des Ehemannes nichtig, da seine Frau seinen letzten Willen niedergeschrieben hat. Demgegenüber kann nicht auf die Formerleichterung des § 2267 hingewiesen werden, wonach es zur Errichtung eines eigenhändigen gemeinschaftlichen Testaments genügt, wenn einer der Ehegatten das Testament formgerecht errichtet und der andere Ehegatte die gemeinschaftliche Erklärung eigenhändig mitunterzeichnet. Ein gemeinschaftliches Testament (→ Rn. 176 ff.) liegt nämlich deshalb nicht vor, weil nur der Ehemann (und nicht auch die Ehefrau) den letzten Willen erklärt.

Nach dem Zweck der Eigenhändigkeit bestimmt sich auch, inwieweit das Schreiben des Erblassers mit fremder Hilfe den Formerfordernissen entspricht. Ein bloßes Halten der Schreibunterlage oder lediglich ein Stützen der Hand ist zulässig. Dagegen ist ein Führen der Hand des Erblassers nur dann erlaubt, wenn die Schriftzüge noch als die des Erblassers angesehen werden können.[67]

bb) An der Eigenhändigkeit fehlt es auch, wenn der Text vom Erblasser in mechanischer Schrift (Maschinenschrift, Druck) hergestellt wird, weil diese Schrift nicht die erforderlichen individuellen Züge aufweist.

Die Blindenschrift entspricht der Formvorschrift sicherlich dann nicht, wenn sie mit einer Blindentastatur, also auf mechanischem Wege, hergestellt wurde. Aber auch die mit der Hand gefertigte Punktschrift des Blinden weist nicht wie die normale Schrift die individuellen Züge auf, die für den Beweis der Echtheit entscheidend sind.[68] Zwar zeigen Blindenschriften unverkennbare Unterschiede; diese beruhen jedoch zum allergrößten Teil auf der Stärke und Qualität des Papiers sowie auf der Beschaffenheit des benutzten Schreibstiftes und lassen kaum einen nur einigermaßen sicheren Rückschluss auf die Person des Schreibers zu **(Fall b)**.[69]

Eine vom Erblasser mittels Durchschreibebogen (Kohlepapier) errichtete letztwillige Verfügung kann dagegen ein formgültiges Testament sein (zB das Original oder die zweite Urschrift). Hier werden nämlich die durchgepausten Schriftzüge vom Erblasser ebenso selbst geformt wie bei einem etwa mit Kugelschreiber erstellten Schriftstück.[70] Die individuellen Merkmale der Handschrift treten hinreichend hervor, so dass ein sicherer Rückschluss auf die Person des Schreibers möglich ist. Bei einem solchen Schriftstück ist jedoch stets zu prüfen, ob es sich nach dem Willen des Testators nicht lediglich um eine Testamentsabschrift handeln sollte, die nicht als Testament anerkannt werden kann.

Wird von einem handschriftlichen Text eine Kopie hergestellt und nur diese unterschrieben, reicht das für die Einhaltung der Form nach § 2247 nicht aus.[71]

b) Die *ganze* Erklärung muss eigenhändig geschrieben sein; denn andernfalls ist der Nachweis der Echtheit hinsichtlich nicht handschriftlicher Teile nicht zu führen, da

---

67 Vgl. BGHZ 47, 68 (71); BGH NJW 1981, 1900 (1901).
68 *Schulze* DNotZ 1955, 629.
69 MüKoBGB/*Hagena* § 2247 Rn. 51; Palandt/*Weidlich* § 2247 Rn. 7; Staudinger/*Baumann* (2012) § 2247 Rn. 31 mN; *Lange* ErbR Kap. 4 Rn. 20; *Muscheler* ErbR I Rn. 1731; **aM** RGRK/*Kregel* § 2247 Rn. 30.
70 BGHZ 47, 68; vgl. auch *Werner* JuS 1973, 434.
71 Vgl. OLG München NJW-RR 2011, 1644 (1645), auch zu der Möglichkeit, auf der Kopie eines eigenhändig geschriebenen und unterschriebenen Textes nachträglich (erneut unterschriebene) Änderungen vorzunehmen.

es sich insoweit um Verfälschungen handeln kann. Ob diese teilweise Formwidrigkeit sich auf die Gültigkeit der formgerechten Verfügungen auswirkt, ist eine Frage der Auslegung (§ 2085; → Rn. 264).

> Im **Fall d** stellt der Brief ein Testament dar; jedoch ist der maschinenschriftliche Zusatz formungültig und die Einsetzung des Freundes nichtig. Erben werden allein die Neffen.

Wird in einem formgerechten privaten Testament auf eine andere nicht eigenhändig geschriebene Verfügung Bezug genommen, so wird diese dadurch nicht wirksam, weil insoweit der Zweck der Eigenhändigkeit nicht erfüllt ist.

122 **2.** Mehr als eine eigenhändige Niederschrift (und die noch zu behandelnde Unterschrift) verlangt das Gesetz nicht. Infolgedessen ist für die Gültigkeit des privaten Testaments *unerheblich:*

- die Art des Schreibmaterials
  Bei Verwendung ausgefallenen Materials ist allerdings zu prüfen, ob die Erklärung ernstlich gemeint war oder ob es sich um einen Scherz (Bierdeckel) oder um einen bloßen Entwurf (Kalenderblatt) handelt.
- der zum Schreiben benutzte Körperteil
  »Eigenhändig« ist nicht wörtlich zu nehmen. Da die Eigenhändigkeit den Identitätsnachweis sicherstellen soll (Schriftvergleichung), ist auch ein Schreiben mit dem Mund, Fuß oder einer Prothese zulässig.
- die Art der Schriftzeichen
  Zugelassen ist nicht nur die normale Schreibschrift (in deutschen oder lateinischen Buchstaben), sondern auch – obwohl hier die individuellen Züge der Schrift weniger stark zum Ausdruck kommen – jede Art von geschriebenen Druckbuchstaben und jede Stenografie.
  Wäre man hier zu kleinlich und ließe etwa nur die normale Schreibschrift zu, dann müsste ein Erblasser, der normalerweise nur in Rundschrift oder in Stenografie schreibt, sich einer ihm ungewohnten Schrift bedienen, was später die Identitätsprüfung unnötig erschweren würde.
- die benutzte Sprache
  Der Erblasser kann jede ihm geläufige Sprache verwenden. Es kann eine ausgefallene, auch tote Sprache sein. Entscheidend ist nur, dass der Erblasser den Sinn des Geschriebenen versteht und dass der Sinn später – notfalls durch einen Sachverständigen – ermittelt werden kann.

II. Unterschrift

123 Die eigenhändige Unterschrift des Erblassers wird aus zwei Gründen verlangt. Einmal soll eine einwandfreie Feststellung der Urheberschaft des Erblassers ermöglicht werden *(Identitätsfrage);* zum anderen soll durch die Unterschrift klargestellt werden, dass es sich um eine abgeschlossene Erklärung handelt *(Abschlussfrage).*

1. Identitätsfrage

Die Identitätsfrage ist einfach zu beantworten, wenn der Erblasser mit seinem Vor- und Zunamen unterschreibt. Früher war streitig, ob eine Unterschrift mit vollem Namen erforderlich sei. Das TestG von 1938 klärte diese Frage durch eine Vorschrift, wonach die Unterschrift den Vor- und Familiennamen des Erblassers enthalten *soll* (jetzt § 2247 III).

Wird also mit dem Vornamen, unter Andeutung des Verwandtschaftsgrades **(Fall d)**, mit einem Künstlernamen oder mit einem Pseudonym unterzeichnet, scheitert daran die Gültigkeit des Testaments nicht, wenn nur – auch unter Berücksichtigung von Tatsachen außerhalb der Urkunde – die Person des Erblassers zu ermitteln ist (§ 2247 III 2).
Allerdings kann die Art der Unterschrift uU Zweifel an der Ernstlichkeit der Erklärung begründen.

Wenn sich die Identität des Unterschreibenden aus dem Schriftzug ermitteln lässt, ist die Lesbarkeit der Unterschrift für die Gültigkeit des Testaments nicht erforderlich.

Unter demselben Gesichtspunkt ist auch die Streitfrage zu beantworten, ob eine Unterschrift mit den Anfangsbuchstaben des Vor- und Zunamens genügt. Das kann jedenfalls nicht von vornherein verneint werden. Wenn nämlich der Vater das in einem Brief an seine Kinder enthaltene Testament mit »Papa« oder gar nur mit »Pa« unterzeichnen kann, ohne dass dadurch die Nichtigkeit des Testaments herbeigeführt wird, dann ist nicht recht einzusehen, warum die Unterschrift »E. M.« nicht ausreichen soll, wenn dadurch keine Zweifel an der Identität des Erblassers aufkommen.[72]

2. Abschlussfrage

Da die Unterschrift auch dartun soll, dass die Erklärung des Erblassers abgeschlossen **124** ist, muss sie am Schluss der letztwilligen Verfügung stehen. Enthält das Testament am Anfang den Namen des Erblassers, fehlt aber eine *Unterschrift,* ist es formungültig; Oberschrift ist in aller Regel[73] keine Unterschrift[74] **(Fall c).**

Normalerweise wird die Unterschrift unter der letzten Zeile des Textes stehen. Findet sie sich aber in Höhe der untersten Zeile oder – weil das Blatt bis zum unteren Rand beschrieben ist – etwa quer am Rande des Blattes, so scheitert daran die Gültigkeit des Testaments nicht. Denn entscheidend ist eine derartige räumliche Beziehung der Unterschrift zu der Verfügung, dass sie diese der äußeren Erscheinung nach deckt, räumlich abschließt und gegen spätere Zusätze schützt.[75] Ein unterhalb der Unterschrift später angefügter Zusatz ist ohne erneute Unterschrift formunwirksam.[76] Gleiches gilt für die Einsetzung von Erben allein mit der Formulierung „siehe Liste", wenn diese im räumlichen Anschluss an das unterschriebene Testament angehängte Namensliste ihrerseits nicht unterschrieben ist.[77]

Danach sind auch die anderen Zweifelsfälle zu beurteilen: Besteht das Testament aus mehreren losen Blättern, wird man nicht verlangen dürfen, dass der Erblasser jedes einzelne Blatt unterschreibt.[78] Würde man das fordern, wären viele private Testamente unwirksam. Allerdings ist zur Vermeidung späterer Zusätze zu verlangen, dass die Zusammengehörigkeit der Blätter festgestellt werden kann (zB aus einer Nummerierung, dem fortlaufenden Text, der Art des Papiers, der Tinte).[79]

Enthält der Text der Verfügung keine Unterschrift, steckt er aber in einem verschlossenen Umschlag, auf den der Erblasser handschriftlich seinen Namen geschrieben hat, so kommt es für die Gültigkeit darauf an, ob die Namensschrift nach der äußeren Erscheinung als Fortsetzung des Testamentstextes aufgefasst werden kann, was im Zweifel anzunehmen sein dürfte.[80] Die Unterschrift auf einem unverschlossenen Umschlag reicht dagegen in aller Regel nicht, da in diesem Fall kein Schutz gegen die Vertauschung des Inhalts besteht.[81]

---

72 So OLG Celle NJW 1977, 1690; Palandt/*Weidlich* § 2247 Rn. 10; *Lange* ErbR Kap. 4 Rn. 24; **aA** BGH NJW 1967, 2310 und die hL, für die wohl eine entsprechende Bemerkung in der Amtl. Begr. DJ 1938, 1254 (1257) maßgebend ist; vgl. Staudinger/*Baumann* (2012) § 2247 Rn. 107 mN.

73 S. aber OLG Hamm NJW 1996, 2938 für den Fall, dass unter und neben dem Text kein Platz für die Unterschrift ist.

74 BGHZ 113, 48; BGH NJW 1992, 829; *Lange* ErbR Kap. 4 Rn. 25; *Muscheler* ErbR I Rn. 1736; **aM** *Lange/Kuchinke* ErbR § 20 IV 3b.

75 RGZ 110, 166 (168); Erman/*Schmidt* § 2247 Rn. 7; MüKoBGB/*Hagena* § 2247 Rn. 25; Staudinger/*Baumann* (2012) § 2247 Rn. 90.

76 OLG München Rpfleger 2012, 27 (28).

77 OLG München NJW-RR 2011, 156.

78 Staudinger/*Baumann* (2012) § 2247 Rn. 53 mN.

79 Vgl. KGJ 29 A 65; Staudinger/*Baumann* (2012) § 2247 Rn. 99.

80 Vgl. BayObLG FamRZ 1988, 1211 mN; **aM** *Lange* ErbR Kap. 4 Rn. 26; *Muscheler* ErbR I Rn. 1742.

81 OLG Hamm OLGZ 1986, 292; **aA** Staudinger/*Baumann* (2012) § 2247 Rn. 101 mN.

Zweifelhaft ist, ob nachträgliche Änderungen besonders unterschrieben werden müssen.[82] Das ist nicht nötig bei bloßen Streichungen oder Radierungen, da es sich um einen Widerruf der betreffenden Verfügung handelt. Wenn das ganze Testament durch schlüssige Handlung widerrufen werden kann (§ 2255), muss das auch hinsichtlich eines Teiles des Testaments möglich sein. Wird dagegen später eine neue Verfügung hinzugesetzt (zB die der Unterschrift nachfolgende Einsetzung eines Testamentsvollstreckers),[83] dann ist im Interesse der Rechtssicherheit eine besondere Unterschrift zu verlangen. Sie ist entbehrlich, wenn das Hinzugefügte lediglich eine bereits getroffene Verfügung erläutert.

D. Zeit- und Ortsangabe

125 Nach § 2247 II soll das eigenhändige Testament Zeit und Ort der Errichtung angeben. Es handelt sich nur um eine Soll-Vorschrift, deren Nichtbeachtung die Gültigkeit des Testaments nicht beeinflusst.

Ausnahmsweise ist die Angabe von Zeit und Ort für die Gültigkeit des Testaments von Bedeutung (§ 2247 V). Fehlt zB die Zeitangabe und war der Erblasser zeitweilig geschäftsunfähig, so dass er kein wirksames Testament errichten konnte, muss versucht werden, durch alle zulässigen Beweismittel die Zeit der Errichtung zu ermitteln. Gelingt das nicht, ist das Testament nichtig. Entsprechendes gilt, wenn mehrere sich widersprechende Testamente vorliegen (§ 2254; → Rn. 139) und mangels Zeitangabe nicht festgestellt werden kann, welches das letzte ist. Fehlt die Ortsangabe, so ist das Testament ebenfalls nichtig (§ 2247 V 2), wenn es für die Gültigkeit auf den Ort der Errichtung ankommt und dieser nicht ermittelt werden kann.

E. Verwahrung

126 Auch das eigenhändige Testament kann in amtliche Verwahrung gegeben werden. Verlangt der Erblasser – zB weil er Verfälschungen verhindert wissen möchte – eine solche Verwahrung, so ist dem zu entsprechen (§ 2248). Das Testament wird dadurch nicht zu einem öffentlichen, sondern bleibt ein privates.
Der Erblasser kann jederzeit die Rückgabe des Testaments verlangen (§ 2256 II). Anders als beim öffentlichen Testament (§ 2256 I 1) gilt das private Testament nicht als widerrufen, wenn es dem Erblasser aus der amtlichen Verwahrung zurückgegeben wird (§ 2256 III).

F. Eigenhändiges Testament nach dem ZGB

127 Sofern die Errichtung eines eigenhändigen Testaments nach dem früheren Recht der DDR zu beurteilen ist (Art. 235 § 2 S. 1 EGBGB), musste das Testament vom Erblasser handschriftlich geschrieben und unterschrieben sein; es sollte Ort und Datum der Errichtung enthalten und konnte dem Staatlichen Notariat in Verwahrung gegeben werden (§ 385 ZGB).

G. Zusammenfassung

128 Das eigenhändige Testament muss vom Erblasser eigenhändig geschrieben und unterschrieben werden. Zeit- und Ortsangabe sind nicht mehr zwingend vorgeschrieben, aber ratsam. Letzteres gilt auch für die amtliche Verwahrung des eigenhändigen Testaments.

---

82 Dazu BGH NJW 1974, 1083.
83 OLG Köln NJW-RR 1994, 74.

§ 12 Die außerordentlichen Testamente

Literatur: *von der Beck,* Norminhalt und Formenstrenge im Recht der Nottestamente, 1995; *Kappeßer,* Die Nottestamente des BGB, 1995; *Mayer,* Zur wirksamen Errichtung eines Nottestaments, ZEV 2002, 140; *Schmidt/Schmidt,* Die Nottestamente: Bürgermeister-Testament und Drei-Zeugen-Testament, JuS 1996, 598; *Wellenhofer,* Erbrecht: Voraussetzungen und Errichtung eines Dreizeugentestaments, JuS 2010, 448.

129

Fälle:
a) In der Gemeinde X des Kreises Y des Landes Nordrhein-Westfalen wird E bei einem Verkehrsunfall schwer verletzt. Da ein Notar nicht zu erreichen ist, errichtet E ein Testament vor dem Landrat und zwei Zeugen. Gültig nach § 2249? (→ **Rn. 131**)
b) Im **Fall a** fungiert anstelle des Landrats der Gemeindedirektor der Nachbargemeinde. (→ **Rn. 131**)
c) Sind die Voraussetzungen für ein Nottestament gegeben, wenn der einzige Notar der Gemeinde zwar erreichbar ist, sich aber bei seinem Skatabend nicht stören lässt? (→ **Rn. 130**)
d) Können die in einem Stollen eingeschlossenen Bergleute ein Dreizeugentestament errichten, obwohl sie mit der Rettungsmannschaft eine Sprechverbindung haben und ein Notar über Tage sich mit den Eingeschlossenen verständigen könnte? (→ **Rn. 133**)

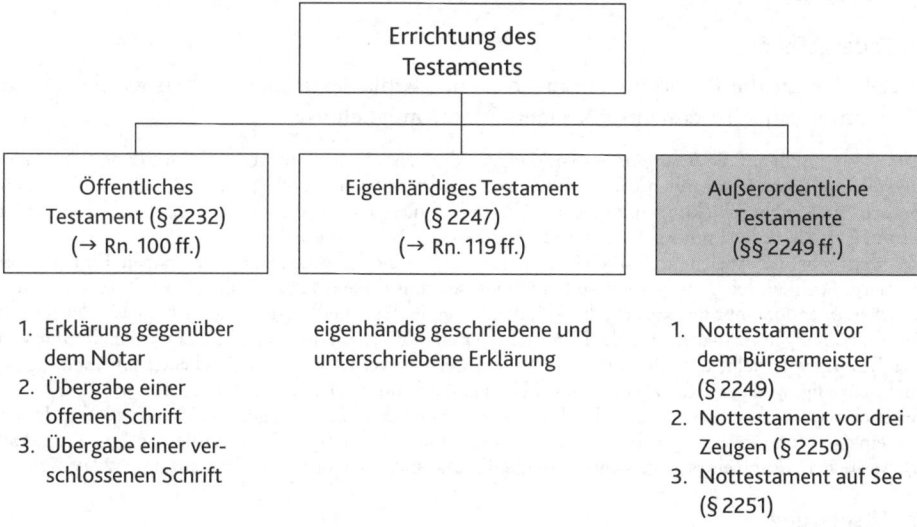

A. Begriff, Bedeutung und Geltungsdauer

Das geltende Recht kennt neben den bisher behandelten ordentlichen Testaments-formen auch drei außerordentliche Testamentsarten, nämlich das Testament vor dem Bürgermeister und zwei Zeugen (§ 2249), das Testament vor drei Zeugen (§ 2250) und das Seetestament (§ 2251).

Die beiden erstgenannten Arten sind nur zulässig, wenn eine im Gesetz näher beschriebene Notlage gegeben ist, weshalb sie auch unter dem Begriff der *Nottestamente* zusammengefasst werden. Dagegen ist das Seetestament zwar als außerordentliches, aber nicht als Nottestament zu bezeichnen; denn eine konkrete Notlage wird nicht vorausgesetzt.

Da unser Recht das eigenhändige Testament zulässt, kann der Erblasser in Ausnahmesituationen durch Errichtung eines eigenhändigen Testaments letztwillig verfügen. Demnach besteht ein praktisches Bedürfnis für ein außerordentliches Testament nur, wenn der Erblasser in einer der geschilderten Lagen kein eigenhändiges Testament errichten kann, zB weil er infolge eines Unfalls nicht zu schreiben vermag.

Das BGB hat die Geltungsdauer der außerordentlichen Testamente eingeschränkt, um damit der Gefahr eines Missbrauchs vorzubeugen (Mot. V, 281). Wenn seit der Errichtung des außerordentlichen Testaments drei Monate verstrichen sind und der Erblasser noch lebt, so wird das Testament grundsätzlich wirkungslos; allerdings sind Beginn und Lauf dieser Frist gehemmt, solange der Erblasser (zB weil er im Koma liegt) außerstande ist, ein notarielles Testament zu errichten (Einzelheiten: § 2252).

B. Nottestament vor dem Bürgermeister

I. Voraussetzungen

130 Das Gesetz lässt diese Art der Testamentserrichtung bei Todesgefahr (§ 2249 I) sowie bei Absperrung (§ 2250 I) zu; im letzteren Fall kann auch das Dreizeugentestament gewählt werden.

1. Todesgefahr

§ 2249 I setzt die Besorgnis voraus, dass der Erblasser früher sterben werde, als die Errichtung eines Testaments vor einem Notar möglich ist.

Das Gesetz stellt auf die *Besorgnis* des vorzeitigen Ablebens ab; gemeint ist die Besorgnis der Urkundsperson, die diese Besorgnis auch in der Niederschrift feststellen soll (§ 2249 II). Die Todesgefahr braucht also nicht objektiv vorzuliegen. Allerdings muss die Urkundsperson nach pflichtgemäßer Prüfung zu dieser Besorgnis gelangen; andernfalls ist das Testament nichtig.
Zu weit geht die Ansicht des BGH[84] und der hM,[85] schon die Besorgnis des nahen Eintritts der Testierunfähigkeit reiche aus, wenn zu befürchten sei, dass diese bis zum Tode des Erblassers ununterbrochen oder doch nur mit kurzen, die Möglichkeit einer Testamentserrichtung nicht gewährleistenden Unterbrechungen fortdauern werde. Dem steht der enge Wortlaut des § 2249 I 1 entgegen, der nur von der Besorgnis spricht, dass der Erblasser früher sterben werde. Eine entsprechende Anwendung ist nicht zulässig, weil der Gesetzgeber das Problem gesehen und anders geregelt hat (Mot. V, 282).
Vielfach wird in der Literatur auf die *Nichterreichbarkeit* des Notars abgestellt. Das ist zu eng. Ist zB der einzige Notar zwar erreichbar, kann oder will dieser aber nicht als Urkundsperson fungieren (**Fall c**), ist die Errichtung eines Testaments vor einem Notar *nicht möglich* (vgl. Wortlaut des § 2249 I 1).

2. Absperrung

§ 2250 I setzt voraus, dass der Erblasser sich an einem Ort aufhält, der infolge außerordentlicher Umstände so abgesperrt ist, dass die Testamentserrichtung vor einem Notar nicht möglich oder erheblich erschwert ist.

Auch hier genügt es, dass die Urkundsperson aufgrund pflichtgemäßer Prüfung zu der Überzeugung gelangt ist, die Voraussetzungen der Absperrung gem. § 2250 I lägen vor. Diese Bestimmung spricht zwar nicht von der »Besorgnis« oder der »Überzeugung« der Urkundsperson. Dennoch ist der weiteren Auslegung der Vorzug zu geben; denn hier ist der Wille des Gesetzgebers unklar zum Ausdruck gekommen. Es ist kein vernünftiger Grund ersichtlich, weshalb in § 2250 nur auf die objektive Lage und in § 2249 auf die subjektive Auffassung abgestellt sein sollte. Deshalb ist in § 2250 I auch die Überzeugung der Urkundsperson entscheidend.

---

84 BGHZ 3, 372 (377).
85 *Lange* ErbR Kap. 4 Rn. 61; *Muscheler* ErbR I Rn. 1770.

II. Mitwirkende Personen

1. Urkundsperson ist anstelle des Notars der *Bürgermeister* der Gemeinde, in der sich **131** der Erblasser (wenn auch nur vorübergehend) aufhält. Urkundsperson kann auch derjenige sein, der nach den Gemeindeordnungen der Länder zur Vertretung des Bürgermeisters befugt ist (§ 2249 V). Wird ein örtlich nicht zuständiger Bürgermeister tätig, so beeinträchtigt das die Gültigkeit des Testaments nicht (§ 2249 I 4; **Fall b**).

> Im **Fall a** ist der Landrat nicht die zuständige Urkundsperson. Deshalb ist das Testament als Bürgermeistertestament nichtig; es kann allerdings als Dreizeugentestament gültig sein (§ 2250 II).

2. *Zwei Zeugen* müssen vom Bürgermeister zugezogen werden (§ 2249 I 2) und während der ganzen Zeit der Errichtung anwesend sein;[86] sonst ist das Testament nichtig.

III. Errichtung

Das Bürgermeistertestament ist in derselben Weise zu errichten wie das notarielle Testament (§ 2249 **132** I 4).
1. § 2249 und die Normen, auf die diese Bestimmung verweist, enthalten zahlreiche *Soll*-Vorschriften. Verstöße gegen sie berühren die Gültigkeit des Testaments nicht.
2. Außerdem ist eine Reihe von *Muss*-Vorschriften zu beachten. Bei Verletzung einer solchen Vorschrift ist das Nottestament grundsätzlich nichtig. Jedoch stehen nach § 2249 VI Formverstöße bei der Abfassung der Niederschrift der Gültigkeit des Testaments nicht entgegen, wenn mit Sicherheit anzunehmen ist, dass die Erklärung des Erblassers in der Testamentsurkunde richtig wiedergegeben ist.[87]

C. Dreizeugentestament

I. Voraussetzungen

1. Absperrung

§ 2250 I gibt im Fall der Absperrung eine Wahlmöglichkeit zwischen dem Bürger- **133** meister- und dem Dreizeugentestament. Die Voraussetzungen dieser Bestimmungen sind schon oben beim Bürgermeistertestament erörtert worden (→ Rn. 130).

> Sind Bergleute in einem Stollen eingeschlossen, so ist trotz Bestehens einer Sprechverbindung **(Fall d)** ein Dreizeugentestament zulässig, da zumindest die Testamentserrichtung vor einem Notar erheblich erschwert ist (§ 2250 I). Selbst wenn diese Voraussetzung objektiv nicht gegeben sein sollte, so genügt auch hier die Überzeugung der drei Zeugen vom Vorliegen dieses Sachverhalts.

2. Nahe Todesgefahr

Gem. § 2250 II kann ein Dreizeugentestament errichtet werden, wenn der Erblasser sich in so naher Todesgefahr befindet, dass voraussichtlich auch die Errichtung eines Bürgermeistertestaments nicht mehr möglich ist. Es genügt hier – trotz der anders lautenden Formulierung in § 2250 II – die auf die objektive Sachlage gestützte subjektive Besorgnis der drei Zeugen (§§ 2250 III 2; 2249 II 2).[88] Dagegen kommt es auf die subjektive Einschätzung des Erblassers nicht an.

---

86 Vgl. BGHZ 54, 89.
87 Vgl. dazu auch BGH LM Nr. 1 zu § 416 ZPO; BGHZ 37, 79 f.
88 BGHZ 3, 372 (376); OLG München NJW 2010, 684.

II. Mitwirkende Personen

134   *Drei Zeugen* müssen während der Errichtung anwesend sein. Es genügt nicht, dass der Erblasser seine Erklärung nacheinander vor je einem Zeugen abgibt; denn § 2250 II verlangt die »Erklärung vor drei Zeugen«.[89] Die mitwirkenden Personen müssen, damit sie als Zeugen iSd § 2250 in Betracht kommen, zudem die Absicht und das Bewusstsein haben, gemeinsam bei der Errichtung des Testaments mitzuwirken. Es reicht nicht aus, dass sie als gerade Anwesende die letztwillige Erklärung des Erblassers lediglich hören und richtig wiedergeben können.[90]

III. Errichtung

135   Die Testamentserrichtung ist nur durch mündliche Erklärung und nicht durch Übergabe einer Schrift möglich (§ 2250 II, III 1).
Die Erklärung und die Niederschrift in einer fremden Sprache sind zulässig; der Erblasser und alle drei Zeugen müssen aber der Sprache kundig sein (§ 2250 III 3 und 4).
Für die Gültigkeit des Dreizeugentestaments ist die Aufnahme einer Niederschrift zwingend vorgeschrieben (§ 2250 III 1). Diese muss dem Erblasser vorgelesen, von ihm genehmigt sowie von ihm und den Zeugen unterschrieben werden (§ 2250 III 2 iVm § 13 I, III 1 BeurkG).[91]
Der Gesetzgeber verlangt von den drei Zeugen grundsätzlich dieselben Rechtskenntnisse wie vom Bürgermeister; damit sind die Zeugen sicherlich überfordert. So sind denn auch die meisten Dreizeugentestamente nichtig.

D. Seetestament

136   § 2251 setzt voraus, dass sich der Erblasser während einer Seereise an Bord eines deutschen Schiffes außerhalb eines inländischen Hafens befindet. Eine besondere Notlage (Erkrankung, Seenot) braucht nicht vorzuliegen.
Mitwirken müssen auch beim Seetestament drei Zeugen; § 2251 verweist für die Formerfordernisse auf das Dreizeugentestament.

E. Zusammenfassung

137   Außerordentliche Testamente (Bürgermeister-, Dreizeugen-, Seetestament) sind bei einer besonderen Gefahrensituation (Todesgefahr, Absperrung, Seereise) zulässig. Es muss eine Niederschrift über die Testamentserrichtung abgefasst werden; dabei unterlaufende Formfehler sind weitgehend unschädlich. Die Testamente haben nur eine beschränkte Gültigkeitsdauer.

§ 13 Der Widerruf des Testaments

138   **Literatur:** *Hellfeier,* Die Neuerrichtung eines durch schlüssige Handlung nach § 2255, S. 1 BGB widerrufenen Testaments, ZEV 2003, 1; *Hohmann,* Zum Widerruf durch Einwirkung auf die Testamentsurkunde, ZEV 1996, 271.

Fälle:

a) E hat ihre Nichte N im Testament zur Alleinerbin bestimmt. Unter Hinweis auf das Testament veranlasst sie N, sich um sie zu kümmern. Kurz vor ihrem Tod setzt sie jedoch – wie sie es immer vorgehabt hat – in einem neuen Testament ihre Schwester S zur Alleinerbin ein. (→ Rn. 138)

---

89 BGHZ 54, 89.
90 Vgl. BGH MDR 1971, 281; 1972, 309.
91 Vgl. BGHZ 115, 169.

b) E erfährt, dass ihr Testament durch einen Brand oder durch Kriegseinwirkungen vernichtet worden ist. Sie erklärt dazu, die Vernichtung entspreche ihrem Willen. Gültiger Widerruf? (→ Rn. 140)

c) Im Prozess beruft sich der Kläger für sein Erbrecht auf ein Testament, das er trotz eifrigen Nachforschens nicht auffinden könne. Der Beklagte bestreitet, dass der Erblasser das Testament errichtet habe. Hilfsweise macht er geltend, bei Unauffindbarkeit der Testamentsurkunde spreche eine Vermutung dafür, dass der Erblasser sie vernichtet habe. (→ Rn. 140)

d) Im Prozess legt der Kläger zum Beweis seiner Behauptung, der Erblasser habe ihn zum Erben eingesetzt, ein zerrissenes Testament vor. Der Beklagte meint, das Testament sei durch Vernichtung widerrufen. Demgegenüber behauptet der Kläger, der Beklagte habe es aus Wut, weil er darin nicht bedacht worden sei, zerrissen. Hilfsweise macht der Kläger geltend, wenn der Erblasser das Testament zerrissen haben sollte, so sei das aus Versehen geschehen. (→ Rn. 140)

e) Der Erblasser hat in einem mit Tinte geschriebenen Testament den A zum Alleinerben eingesetzt und später in Widerrufsabsicht den ganzen Text mit Bleistift durchgestrichen. Um das Testament wiederherzustellen, radiert er die Bleistiftstriche sorgfältig wieder aus. (→ Rn. 142)

A. Voraussetzungen

Der Erblasser hat nicht nur die Möglichkeit, durch Verfügung von Todes wegen von der gesetzlichen Erbfolge abzuweichen, sondern kann auch durch Widerruf dieser Verfügung von der gewillkürten Erbfolge wieder abgehen. Dabei ist es gleichgültig, ob der Erblasser eine andere gewillkürte Erbfolge an die Stelle der bisherigen setzt oder nur die bisherige gewillkürte Erbfolge beseitigt, so dass die gesetzliche Erbfolge eingreift. Da das Testament erst mit dem Tode des Erblassers wirksam wird und der im Testament Bedachte bis zum Erbfall keine Rechte (insbesondere auch kein Anwartschaftsrecht) erwirbt, stehen der Beseitigung des Testaments durch den Erblasser keine schutzwürdigen Interessen des im Testament Bedachten entgegen. Wenn dieser auf das Bestehenbleiben des Testaments vertraut, so geschieht das auf eigene Gefahr.

Der Erblasser kann ohne jeden Grund sein Testament jederzeit widerrufen (§ 2253).

Im **Fall a** ist das erste Testament durch das zweite widerrufen, so dass die Nichte nicht Erbin wird. Wenn die Voraussetzungen der §§ 611, 812 oder 826 gegeben sind, hat die Nichte einen Geldanspruch; für eine solche Nachlassverbindlichkeit haftet die Erbin (§ 1967).

Der Widerruf ist eine letztwillige Verfügung. Deshalb kann nur ein Testierfähiger sein Testament widerrufen.

B. Ausübung des Widerrufs

Der Widerruf kann durch Testament (§§ 2254, 2258), Vernichtung oder Veränderung der Testamentsurkunde (§ 2255) und beim öffentlichen Testament auch durch Rücknahme aus der amtlichen Verwahrung (§ 2256) erfolgen. 139

I. Testament

Der Widerruf kann durch ein Testament erklärt werden (§ 2254). Das Widerrufstestament muss jedoch nicht in der Form errichtet werden, in der das zu widerrufende Testament errichtet wurde. Ein notarielles Testament kann also durch ein eigenhändiges und auch durch ein Nottestament widerrufen werden. Der Widerruf muss nicht ausdrücklich erklärt werden. Es genügt, wenn die Widerrufsabsicht dem Testament im Wege der Auslegung entnommen werden kann.[92]

1. Das Testament ist ein reines Widerrufstestament, wenn es lediglich zum Ausdruck bringt, das frühere Testament solle nicht mehr gelten. Wird auch später keine neue Erbeinsetzung vom Erblasser vorgenommen, tritt bei dessen Tode die gesetzliche Erbfolge ein.

Diese Art des Widerrufs ist praktisch selten. Eine bloße Beseitigung der gewillkürten Erbfolge wird meist durch Vernichten der Testamentsurkunde bewirkt (§ 2255).

2. Wird ohne ausdrücklichen Widerruf des früheren Testaments ein späteres errichtet, das mit dem früheren in Widerspruch steht, so ist das frühere insoweit (konkludent) widerrufen (§ 2258 I).

Das ist zB der Fall, wenn im ersten Testament der A und im zweiten der B als Alleinerbe eingesetzt ist. Dagegen wird man grundsätzlich keine Abänderung, sondern eine Ergänzung annehmen, wenn im ersten Testament A als Alleinerbe eingesetzt ist und im zweiten nur ein Vermächtnis für B bestimmt wird. Wird B im zweiten Testament als Erbe zu ¾ bestimmt, so ist das erste Testament, in dem A als Alleinerbe genannt wird, jedenfalls insoweit widerrufen, als es mit dem zweiten sachlich unvereinbar ist. A ist also nur zu ¼ Erbe. Möglich ist aber auch, dass mit dem zweiten das erste Testament in vollem Umfang widerrufen sein sollte und hinsichtlich des restlichen Viertels, über das im zweiten Testament nichts gesagt wird, die gesetzliche Erbfolge gelten soll. Was im Einzelfall gemeint war, ist durch Auslegung des zweiten Testaments zu ermitteln. Um Auslegungsstreitigkeiten zu vermeiden, ist dem Erblasser zu raten, in dem späteren Testament ausdrücklich zu sagen, ob und in welchem Umfang er das frühere Testament widerruft.

Steht das zweite Testament im Widerspruch zu dem ersten, so ist dieses auch dann widerrufen, wenn der Erblasser bei Errichtung des zweiten nicht mehr an die Existenz des ersten gedacht hat.[93] Ein Widerrufswille ist nicht erforderlich; die angegebene Rechtsfolge ergibt sich vielmehr aus dem Gesetz (§ 2258 I).

Ist im ersten Testament A sowie im zweiten B als Alleinerbe eingesetzt und schlägt B wirksam die Erbschaft aus, so ist nicht etwa der im ersten Testament eingesetzte A Alleinerbe des Erblassers; denn durch das zweite Testament ist das erste wirksam widerrufen. Es tritt also die gesetzliche Erbfolge ein. Hätte der Erblasser hilfsweise den A als Alleinerben haben wollen, dann hätte er ihn im zweiten Testament als Ersatzerben benennen müssen.

II. Vernichtung oder Veränderung der Testamentsurkunde

140 Der Aufhebungswille des Erblassers braucht nicht in der Form des Testaments erklärt zu werden. Es genügt, dass der Erblasser »die Testamentsurkunde vernichtet oder an ihr Veränderungen vornimmt, durch die der Wille, eine schriftliche Willenserklärung aufzuheben, ausgedrückt zu werden pflegt« (§ 2255 S. 1).

In Betracht kommen Verbrennen, Zerreißen oder Zerschneiden der Testamentsurkunde, Durchstreichen oder Einklammern, aber auch Unlesbarmachen des Textes durch Schwärzen oder Ausradieren. Wenn schon das ganze Testament auf diese Art widerrufen werden kann, ist es erst recht zulässig, nur eine einzelne darin enthaltene Verfügung etwa durch Herausschneiden oder Durchstreichen eines Satzes oder nur einzelner Wörter aufzuheben. Entscheidend ist letztlich, ob die Veränderung an der Urkunde nach der Verkehrsanschauung als Aufhebung der Erklärung angesehen werden kann. Dafür muss jedenfalls feststellbar sein, dass die Ausschneidung oder Veränderung vom Erblasser oder auf seine Veranlassung vorgenommen wurde.[94]

---

92 BGH NJW 1996, 201.
93 BGH NJW 1981, 2745; 1985, 969.
94 OLG München Rpfleger 2008, 29 ff.

Nach diesen Grundsätzen sind auch Entwertungsvermerke auf der Urkunde zu beurteilen. Wenn aus einem solchen Vermerk (»ungültig«, »aufgehoben«) zu erkennen ist, dass das Geschriebene als letztwillige Verfügung nicht mehr in Betracht kommen soll, so ist dies – ebenso wie etwa das Zerreißen – als Widerruf aufzufassen.[95]

Wenn aber der Gesetzgeber den Widerruf eines Testaments hinsichtlich der Form so erleichtert, dann sind die noch vorhandenen Formvorschriften genau zu beachten. Insbesondere muss verlangt werden, dass der objektive Tatbestand der Veränderung an der Urkunde selbst erfüllt ist. Daher kann zwar das Werfen der Testamentsurkunde in den Papierkorb als Erklärung des Aufgabewillens gedeutet werden; es erfüllt aber nicht den Tatbestand der Veränderung an der Urkunde.[96]

Die Formvorschriften haben nicht nur den Sinn, nach dem Tode des Erblassers den Beweis zu sichern; sie sollen den Erblasser auch vor Übereilung schützen. Dieser Zweck würde aber nicht erfüllt, wenn der Erblasser die Vernichtung des Testaments, etwa infolge Brand oder Kriegseinwirkung, später formlos billigen und dadurch einen wirksamen Widerruf erreichen könnte (**Fall b**).[97] Während die Widerrufsabsicht schnell und vielleicht unüberlegt gefasst werden kann, zwingt das weiter erforderliche Tätigwerden in aller Regel zu einer reiflichen Überlegung.

Nach der hM soll der Erblasser einen Dritten beauftragen können, als sein Werkzeug, nicht aber als sein Stellvertreter, die Testamentsurkunde zu vernichten.[98] Der Dritte kann nur dann als Werkzeug handeln, wenn ihm kein eigener Entscheidungs- oder Handlungsspielraum belassen wird.[99]

Die Wirksamkeit eines Testaments wird nicht dadurch berührt, dass die Urkunde in Verlust gerät oder unfreiwillig vernichtet wird.[100] Wenn also in einem Rechtsstreit der Kläger sich für sein Erbrecht auf ein verloren gegangenes Testament beruft (**Fall c**), so ist seine Klage schlüssig. Bei Bestreiten des Beklagten muss der Kläger die Errichtung und den Inhalt des nicht auffindbaren Testaments beweisen. Das kann mit allen zulässigen Beweismitteln geschehen; an den Beweis sind jedoch strenge Anforderungen zu stellen.[101] Gelingt dem Kläger der Beweis, kann der Beklagte demgegenüber nicht mit Erfolg geltend machen, bei Unauffindbarkeit der Testamentsurkunde spreche eine Vermutung dafür, dass der Erblasser sie vernichtet habe.[102]

Wenn der Beklagte sich auf den Widerruf des Testaments beruft (**Fall d**), muss er behaupten und bei Bestreiten auch beweisen, dass der objektive Tatbestand des § 2255 S. 1 (etwa das Vernichten der Testamentsurkunde durch den Erblasser) erfüllt ist. Bleibt nach der Beweisaufnahme unklar, ob der Erblasser das Testament zerrissen hat, geht das zu Lasten des Beklagten. Denn es besteht keine Vermutung dafür, dass dann, wenn das Testament zerrissen ist, dies durch den Erblasser geschehen ist. Steht dagegen fest, dass der Erblasser das Testament vernichtet hat, ist der objektive Tat-

95 **HM**; vgl. *Lange* ErbR Kap. 8 Rn. 13; MüKoBGB/*Hagena* § 2255 Rn. 7; Palandt/*Weidlich* § 2255 Rn. 6; **einschränkend** *Muscheler* ErbR I Rn. 1810; **aA** *Schmidt* MDR 1951, 324 und *Kipp/Coing* ErbR § 31 II 2 Fn. 7, die den Vermerk nur dann anerkennen, wenn er als Widerrufstestament aufzufassen, also durch eine Unterschrift gedeckt ist.
96 **HM**; Bamberger/Roth/*Litzenburger* § 2255 Rn. 4; *Muscheler* ErbR I Rn. 1807; Soergel/*Mayer* § 2255 Rn. 5 mN; **aA** Erman/*Schmidt* § 2255 Rn. 3; MüKoBGB/*Hagena* § 2255 Rn. 7; s. auch BGH NJW 1959, 2113.
97 S. BGH NJW 1951, 55.
98 OLG Hamm NJW-RR 2002, 222; Erman/*Schmidt* § 2255 Rn. 4; *Lange/Kuchinke* ErbR § 23 II 2c, Fn. 47 mN; MüKoBGB/*Hagena* § 2255 Rn. 13; Palandt/*Weidlich* § 2255 Rn. 4.
99 OLG München NJW-RR 2011, 945; dazu *Wellenhofer* JuS 2011, 939.
100 BGH NJW 1951, 559; BayObLG FamRZ 1986, 1044; 1990, 1163.
101 BayObLG FamRZ 1990, 1163; NJW-RR 1992, 653.
102 OLG Hamm NJW 1974, 1827; BayObLG FamRZ 1993, 117 mN.

bestand des § 2255 S. 1 erfüllt. Der Beklagte hat nunmehr nicht auch noch den subjektiven Tatbestand, nämlich die Aufhebungsabsicht des Erblassers, zu behaupten und zu beweisen; wenn der Erblasser die Urkunde zerrissen hat, wird vermutet, dass er die Aufhebung des Testaments beabsichtigt hat (§ 2255 S. 2). Bleibt also nach der Beweisaufnahme unklar, ob der Erblasser das Testament in Aufhebungsabsicht oder aus Versehen zerrissen hat, geht das zu Lasten des Klägers; dieser hat die Vermutung des § 2255 S. 2 zu widerlegen.

III. Rücknahme des öffentlichen Testaments aus der amtlichen Verwahrung

141 Die Rücknahme eines *öffentlichen* Testaments aus der amtlichen Verwahrung gilt nach § 2256 I 1 als Widerruf (unwiderlegbare Vermutung). Dagegen hat die Rücknahme eines *privaten* Testaments keinen Einfluss auf dessen Wirksamkeit (§ 2256 III).

Die Motive, die den Erblasser bewogen haben, sein öffentliches Testament aus der amtlichen Verwahrung zu holen, spielen für die Widerrufswirkung keine Rolle. Selbst wenn der Erblasser seinen Verwandten nur zeigen wollte, dass er sie zu Erben eingesetzt hat, liegt ein Widerruf gem. § 2256 vor. Bringt er die Urkunde nach einigen Tagen wieder in amtliche Verwahrung, wird dadurch der Widerruf nicht wieder beseitigt. Da der Erblasser die Wirkung der Rücknahme aus amtlicher Verwahrung vielleicht nicht kennt, soll die zurückgebende Stelle ihn über die Folge der Rückgabe belehren und dies auf der Urkunde vermerken sowie beides aktenkundig machen (§ 2256 I 2).

Wegen der Widerrufswirkung ist die Rücknahme eines öffentlichen Testaments aus amtlicher Verwahrung eine Verfügung von Todes wegen.[103] Deshalb ist die Testierfähigkeit des Erblassers erforderlich.[104]

Befand sich der widerrufsfähige Erblasser bei der Rücknahme in einem Irrtum, kann der Erblasser nicht anfechten. Da er neu zu testieren vermag, besteht für eine Anfechtung kein Bedürfnis. Anfechtungsberechtigt nach dem Erbfall aber gem. § 2080 I derjenige sein, dem die Beseitigung des Widerrufs unmittelbar zustatten kommt.[105] Anfechtungsgrund kann auch der Rechtsirrtum des Erblassers über die Bedeutung der Rücknahme sein; allerdings wird dieser Irrtum regelmäßig wegen der Belehrung über die Folge der Rücknahme (§ 2256 I 2) nicht entstehen.

Der Erblasser kann die Rückgabe jederzeit verlangen (§ 2256 II 1). Das Testament darf aber nur an den Erblasser persönlich zurückgegeben werden (§ 2256 II 2). Unzulässig ist also die Aushändigung an einen bevollmächtigten Vertreter oder eine Übersendung durch die Post; erfolgt die Rückgabe doch auf eine solche Weise, tritt keine Widerrufswirkung ein.

Ist der Erblasser nicht in der Lage, bei der Verwahrungsstelle zu erscheinen, kann ein Widerruf nach § 2256 I 1 nur dadurch erreicht werden, dass sich der Verwahrungsbeamte zum Erblasser begibt und ihm dort die Urkunde aushändigt.

C. Widerruf des Widerrufs

142 Ein Widerrufstestament kann wie jedes andere Testament widerrufen werden. Dann wird – wenn sich kein anderer Wille des Erblassers feststellen lässt – grundsätzlich das frühere Testament wieder wirksam (§ 2257).[106] Ist das erste Testament durch

---

103 BGHZ 23, 207 (211).
104 Jauernig/*Stürner* § 2256 Rn. 1; *Lange/Kuchinke* ErbR § 23 II 3a; *Merle* AcP 171 (1971) 486.
105 **HL**; vgl. Soergel/*Mayer* § 2256 Rn. 11 mN.
106 OLG Köln Rpfleger 2006, 322; OLG Hamm Rpfleger 1983, 401.

Vernichtung oder Veränderung der Urkunde (§ 2255) oder durch Rücknahme aus amtlicher Verwahrung (§ 2256 I) widerrufen worden, scheidet der Widerruf eines solchen Widerrufs aus (vgl. § 2257).

> Demnach ist im **Fall e** das Testament durch das Durchstreichen mit sofortiger Wirkung widerrufen. Dieser Widerruf kann nicht durch Wegradieren der Bleistiftstriche wieder beseitigt werden; das widerrufene Testament lebt nicht wieder auf. Allerdings ist es möglich, dass ein neues Testament mit gleich lautendem Inhalt errichtet wird. Das wäre zB schon der Fall, wenn der Erblasser auf die Urkunde einen handgeschriebenen und unterschriebenen Vermerk setzt, woraus sich ergibt, dass das Testament wieder gültig sein soll. Rechtlich liegt dann aber eine Neuerrichtung eines Testaments und kein wirksamer Widerruf des früheren Widerrufs vor.

Hat der Erblasser das erste Testament (A ist Alleinerbe) durch ein zweites (B ist Alleinerbe) und dann dieses zweite durch ein drittes (C ist Alleinerbe) widerrufen, so wird C beim Tode des Erblassers dessen Erbe. Ist dagegen im dritten Testament C nur als Erbe zu ½ eingesetzt, bleibt das zweite teilweise bestehen, sodass B und C zu je ½ erben. Schwieriger ist die Erbfolge zu bestimmen, wenn das dritte Testament ein reines Widerrufstestament ist oder wenn der Erblasser das zweite Testament durch Vernichtung (§ 2255) oder Rücknahme aus amtlicher Verwahrung (§ 2256 I) widerrufen hat. Lebt dann das erste Testament wieder auf, so dass A Alleinerbe wird, oder bleibt es beim Widerruf des ersten Testaments, so dass gesetzliche Erbfolge eintritt? Entscheidend ist, was der Erblasser mit dem Widerruf des zweiten Testaments erreichen wollte. Lässt sich das nicht eindeutig ermitteln, dann ist im Zweifel das erste Testament wirksam, wie wenn es nicht durch das zweite widerrufen worden wäre (§§ 2257, 2258 II).

D. Zusammenfassung

Der Widerruf des Testaments   143

I. Voraussetzung
Testierfähigkeit; im Übrigen jederzeit ohne Grund möglich (§ 2253)
II. Ausübung
  1. durch Testament (§ 2254)
    • reines Widerrufstestament
    • späteres Testament, das zu dem früheren in Widerspruch steht (§ 2258)
  2. durch Vernichtung oder Veränderung der Testamentsurkunde mit Aufhebungsabsicht (§ 2255)
  3. durch Rücknahme des Öffentlichen Testaments aus amtlicher Verwahrung (§ 2256)
III. Widerruf des Widerrufs
nur möglich beim Widerruf durch Testament (§ 2257)

§ 14 Der Erbvertrag

Literatur: *Battes,* Gemeinschaftliches Testament und Ehegattenerbvertrag als Gestaltungsmittel für   144
die Vermögensordnung der Familie, 1974; *Draschka,* Unbenannte Zuwendungen und der erbrechtliche Schutz gegen unentgeltliche Vermögensverfügungen, DNotZ 1993, 100; *Frieser,* Zur Auslegung

des Begriffs „Beeinträchtigungsabsicht" in § 2287 BGB, FS Picker, 2010, 249; *Gebel*, Gegenleistungen bei lebzeitigen und letztwilligen Zuwendungen, ZErb 2004, 53; *Grziwotz*, Der Erbvertrag nichtehelicher Partner, ZEV 1999, 299; *Hohmann*, Die Sicherung des Vertragserben vor lebzeitigen Verfügungen des Erblassers, ZEV 1994, 133; *Ivo*, Die Zustimmung zur erbvertraglichen lebzeitigen Verfügung, ZEV 2003, 101; *Keim*, Der Wegfall des vertragsmäßig eingesetzten Erben und seine Auswirkungen auf beeinträchtigende Verfügungen von Todes wegen des Erblassers, ZEV 1999, 413; *ders.*, § 2287 BGB und die Beeinträchtigung eines Vertragserben durch lebzeitige Zuwendungen an den anderen, ZEV 2002, 93; *ders.*, Die Aufhebung von Erbverträgen durch Rücknahme aus amtlicher oder notarieller Verwahrung, ZEV 2003, 55; *ders.*, Der Änderungsvorbehalt beim Erbvertrag – bei richtiger Handhabung ein sicheres Gestaltungsmittel, ZEV 2005, 365; *ders.*, Änderungsvorbehalte in Ehegattenerbverträgen, NJW 2009, 818; *Keller*, Aufhebung, Änderung und Ergänzung eines Erbvertrags durch die Vertragspartner, ZEV 2004, 93; *Kohler*, Erblasserfreiheit oder Vertragserbenschutz und § 826 BGB, FamRZ 1990, 464; *Kornexl*, Gibt es einen Nachtrag zum Erbvertrag?, ZEV 2003, 62; 2003, 235; *Krebber*, Die Anfechtbarkeit des Erbvertrages wegen Motivirrtums, DNotZ 2003, 20; *Kuchinke*, Beeinträchtigende Anordnungen des an seine Verfügungen gebundenen Erblassers, FS v. Lübtow, 1991, 283; *Langenfeld*, Das Ehegattentestament. Testamente und Erbverträge von Ehegatten im privaten und unternehmerischen Bereich, 1994; *W. Lüke*, Vertragliche Störungen beim »entgeltlichen« Erbvertrag, 1990; *Mankowski*, Selbstanfechtungsrecht des Erblassers beim Erbvertrag und Schadensersatzpflicht nach § 122 BGB, ZEV 1998, 46; *J. Mayer*, Der Änderungsvorbehalt beim Erbvertrag – erbrechtliche Gestaltung zwischen Bindung und Dynamik, DNotZ 1990, 755; *Meyding*, Erbvertrag und nachträgliche Auswechslung des Testamentsvollstreckers, ZEV 1994, 98; *Muscheler*, Zur Frage der Nachlaßzugehörigkeit des Anspruchs aus § 2287 BGB, FamRZ 1994, 1361; *Musielak*, Zur Bindung an den Erbvertrag und zu den rechtlichen Möglichkeiten einseitiger Änderungen, ZEV 2007, 245; *C. Nolting*, Inhalt, Ermittlung und Grenzen der Bindung beim Erbvertrag, 1985; *D. Nolting*, Der Erbvertrag, JA 1993, 129; *ders.*, Der Änderungsvorbehalt beim Erbvertrag, 1994; *Reimann*, Die Änderungen des Erbrechts durch das OLG-Vertretungsänderungsgesetz, FamRZ 2002, 1383; *Reimann/Bengel/Mayer*, Testament und Erbvertrag, 5. Aufl. 2006; *Rohlfing*, Der Erklärungsgegner bei der Anfechtung eines Erbvertrages oder gemeinschaftlichen Testaments, ZEV 2003, 49; *Rothe*, Erbvertrag und Synallagma, 2008; *Schermann*, Der Schutz des Vermächtnisnehmers im gemeinschaftlichen Testament und Ehegattenerbvertrag, 2006; *Schindler*, Irrtum über die rechtliche Bindung und die Beeinträchtigungsabsicht nach § 2287 BGB, ZEV 2005, 334; *J. Schneider*, Wie ist der Rücktritt vom Erbvertrag, wie der Widerruf eines gemeinschaftlichen Testamentes zu erklären?, ZEV 1996, 220; *K. Schreiber*, Verfügungen von Todes wegen – Teil II: Erbvertrag, gemeinschaftliches Testament –, Jura 1996, 409; *Vollmer*, Der entgeltliche Erbvertrag – Behandlung von Leistungsstörungen, ZErb 2003, 274; *Weiler*, Änderungsvorbehalt und Vertragsmäßigkeit der erbvertraglichen Verfügung, DNotZ 1994, 427; *Weirich*, Das Rücknahmeverbot beim Erbvertrag – eine Fehlkonstruktion des Gesetzes, DNotZ 1997, 7; *Winkler v. Mohrenfels*, Die Auskunfts- und Wertermittlungspflicht des vom Erblasser Beschenkten, NJW 1987, 2557.

Fälle:

a) M und seine Frau F haben einen Erbvertrag geschlossen, in welchem M die F zur Erbin eingesetzt und T als Testamentsvollstrecker benannt hat. M möchte die ganze Verfügung, mindestens aber die Ernennung des Testamentsvollstreckers widerrufen. (→ **Rn. 149**)

b) M und F haben sich im Erbvertrag gegenseitig zu Erben und den Neffen des M und die Nichte der F zu Erben des Überlebenden zu je 1/2 eingesetzt. Nach dem Tode der F möchte M anstelle seines Neffen und der Nichte seiner Frau seinen Bruder zum Erben einsetzen. (→ **Rn. 150**)

c) A hat den B im Erbvertrag zum Erben eingesetzt, und B hat sich verpflichtet, dem A bis zu seinem Lebensende monatlich 300 EUR zu zahlen. Da B nicht rechtzeitig zahlt, will A nach § 323 I vorgehen und vom Erbvertrag zurücktreten. (→ **Rn. 155**)

d) A hatte im Testament den X als Erben eingesetzt, einen Testamentsvollstrecker ernannt und für V ein Vermächtnis bestimmt. Später schloss er mit B einen Erbvertrag, wonach B sein Alleinerbe ist. Nach dem Tode des A meint B, durch den Erbvertrag sei das frühere Testament in vollem Umfang aufgehoben, was auch für die Testamentsvollstreckung und das Vermächtnis gelte, weil darüber im Erbvertrag nichts gesagt sei. (→ **Rn. 157**)

e) Im Erbvertrag hatte M den Y als alleinigen Vorerben und in einem späteren Testament ihn als Vollerben zu 1/2 eingesetzt. Nach dem Tode des M erfährt Y von dem Testament, dessen Regelung ihm günstiger erscheint, weshalb er sich mit der testamentarischen Regelung einverstanden erklärt. Ist Y Vorerbe oder Vollerbe zu 1/2? (→ **Rn. 157**, → **Rn. 163**)

A. Bedeutung und Begriff

I. Bedeutung

Auch nach Errichtung eines Testaments bleibt die Testierfreiheit des Erblassers unberührt; er kann also jederzeit seine Verfügung von Todes wegen ändern. Eine Einschränkung der Testierfreiheit ermöglicht das Gesetz durch Abschluss eines Erbvertrages (§§ 1941, 2274 ff.; Beispiel: → Rn. 835); denn der Erblasser ist an bestimmte im Erbvertrag getroffene Verfügungen gebunden. Für eine solche erbrechtliche Bindung des Erblassers besteht ein praktisches Bedürfnis, wie folgende Beispiele zeigen:

Der Sohn eines Unternehmers ist nur dann bereit, gute Stellenangebote abzulehnen und im väterlichen Betrieb zu arbeiten, wenn er sicher ist, dass er auch später das Unternehmen erbt.

Ehegatten wollen, dass beim Tode des Erstversterbenden der Überlebende Alleinerbe wird. Nach dem Tode des Überlebenden soll jedoch das von dem Erstverstorbenen stammende Vermögen an dessen Verwandten und nicht an die des Letztversterbenden fallen. Der Überlebende soll also hinsichtlich dieses Vermögens gebunden und nicht in der Lage sein, darüber einseitig durch Testament zu verfügen. Ein solches Interesse haben vor allem Ehegatten, die Kinder aus ihrer früheren Ehe mit in die neue Ehe bringen.

II. Begriff

Der Erbvertrag ist eine vertragliche Verfügung von Todes wegen. Seine Besonderheit **145** liegt in seiner *Doppelnatur:* Verfügung von Todes wegen und Vertrag.

1. Der Erbvertrag ist eine *Verfügung von Todes wegen.* Für ihn gelten weitgehend die Vorschriften über letztwillige Zuwendungen und Auflagen entsprechend (vgl. § 2279 I). Wie beim Testament verfügt der Erblasser nicht in dem Sinne, dass er eine unmittelbare Rechtsänderung herbeiführt, und er verpflichtet sich auch nicht schuldrechtlich. Also hindert der bindende Erbvertrag den Erblasser nicht, über sein Vermögen durch Rechtsgeschäft unter Lebenden zu verfügen (§§ 2286 ff.);[107] denn seine Verfügung von Todes wegen wird erst mit seinem Tode wirksam. Der im Erbvertrag bedachte Erbe oder Vermächtnisnehmer erwirbt – wie beim Testament – vor dem Tode des Erblassers weder einen künftigen Anspruch noch eine rechtlich gesicherte Anwartschaft, sondern lediglich eine tatsächliche Aussicht.

Deshalb kann zB ein im Erbvertrag enthaltenes Grundstücksvermächtnis vor dem Erbfall nicht durch eine Auflassungsvormerkung gesichert werden.[108] Jedoch kann sich der Erblasser bei bestehender erbvertraglicher Bindung zusätzlich verpflichten, über den vermachten Gegenstand auch unter Lebenden nicht mehr zu verfügen (§ 137 S. 2).[109]

---

107 BGHZ 8, 23 (30).
108 BGHZ 12, 115.
109 BGHZ 31, 13 (21).

Demnach sind *keine* Erbverträge:

- Verträge unter Lebenden (zB Kaufverträge), in denen die Erfüllung (zB Kaufpreiszahlung) bis nach dem Tode des einen Vertragspartners hinausgeschoben ist.[110] Hier wird durch den Vertrag bereits ein Anspruch begründet.
- Erbschaftskaufverträge. Bei diesen verpflichtet sich der Erbe nach dem Erbfall, die ihm angefallene Erbschaft auf den Käufer zu übertragen (§§ 2371 ff.).
- Verträge zwischen künftigen gesetzlichen Erben über den gesetzlichen Erbteil oder Pflichtteil (§ 311b V). Diese Rechtsgeschäfte unter Lebenden haben keine unmittelbare erbrechtliche Wirkung.
- Schenkungen auf den Todesfall (§ 2301). Sie sind Rechtsgeschäfte unter Lebenden. Auf sie finden die Vorschriften über Verfügungen von Todes wegen nur dann Anwendung, wenn sie zu Lebzeiten des Erblassers noch nicht vollzogen werden (§ 2301 I, → Rn. 740 ff.).

2. Wenn auch der Erbvertrag eine Verfügung von Todes wegen ist, so ist er doch ein wirklicher *Vertrag*.[111] Daraus ergibt sich die Bindung des Erblassers, die Einschränkung seiner Testierfreiheit (vgl. § 2289). Insoweit unterscheidet sich der Erbvertrag vom Testament. Insbesondere ist beim Erbvertrag die freie Widerrufbarkeit ausgeschlossen.

B. Abschluss

I. Geschäftsfähigkeit der Vertragschließenden

146 Beim Vertragserblasser genügt nicht dessen Testierfähigkeit; er muss unbeschränkt geschäftsfähig sein (§ 2275 I), weil er sich vertragsmäßig bindet.

Es gelten die Bestimmungen des Allg. Teils (§§ 104 ff.).[112] Jedoch reicht bei Erbverträgen zwischen Eheleuten oder Verlobten für den Erblasser beschränkte Geschäftsfähigkeit (§ 2275 II, III); diese Ausnahme wurde geschaffen, weil der Erbvertrag oft mit einem Ehevertrag verbunden wird.[113] Allerdings ist zum Schutz des beschränkt Geschäftsfähigen die Zustimmung des gesetzlichen Vertreters erforderlich; ist dieser ein Vormund, muss auch noch eine Genehmigung des Familiengerichts hinzukommen (§ 2275 II 2).

II. Vertretung der Vertragschließenden

Der Vertragserblasser kann – wie der Erblasser beim Testament – den Erbvertrag nur persönlich schließen (§ 2274). Eine Stellvertretung ist also ausgeschlossen. Dagegen kann für den Vertragsgegner der gesetzliche oder ein gewillkürter Vertreter handeln. Ist allerdings der Vertragsgegner ebenfalls Erblasser, so muss auch er persönlich abschließen.

III. Form des Erbvertrages

147 **1.** Ein Erbvertrag kann nur vor einem Notar bei gleichzeitiger Anwesenheit beider Teile geschlossen werden (§ 2276 I 1). Es ist also die Form des öffentlichen Testa-

---

110 RG SeuffArch 79, Nr. 13.
111 BGHZ 26, 204 (207).
112 *Brox/Walker* BGB AT Rn. 264 ff.
113 Prot. V, 374 ff.

ments vorgeschrieben; ausgeschlossen sind Erbverträge in der Form des eigenhändigen oder eines außerordentlichen Testaments.

Die Form ist auch gewahrt, wenn der Erbvertrag im Wege des Prozessvergleichs geschlossen wird (§ 127a). Jedoch muss der Erblasser seine Erklärung (Genehmigung des Vergleichs) persönlich (§ 2274) vor dem Gericht abgeben.[114]
Der BGH hat eine Hoferbenbestimmung, die in einem formlosen Erbvertrag enthalten war, nach Treu und Glauben als bindend angesehen.[115] Hier wurde letztlich der Grundsatz von Treu und Glauben missbraucht, um gegen den Willen des Gesetzgebers eine zwingende Gesetzesbestimmung zu durchbrechen (s. aber auch § 7 II HöfeO und dazu → Rn. 260).

2. Da die Form des öffentlichen Testaments vorgeschrieben ist, gelten weitgehend die dafür vorgesehenen Bestimmungen (§ 2276 I 2 sowie BeurkG). Was danach für den Erblasser gilt, ist auch für jeden Vertragschließenden (§ 2276 I 2, letzter Hs.) maßgebend. Hinsichtlich der Form ist also jeder Vertragteil wie ein Erblasser zu behandeln, selbst wenn er gar nicht von Todes wegen verfügt.

3. Schließen Eheleute oder Verlobte in derselben Urkunde mit dem Erbvertrag auch einen Ehevertrag, genügt gem. § 2276 II die für den Ehevertrag vorgeschriebene Form. Diese Vorschrift hat heute keine große Bedeutung mehr, da auch beim Abschluss eines Ehevertrages die Erklärungen beider Seiten bei gleichzeitiger Anwesenheit vor dem Notar abgegeben werden müssen (vgl. § 1410).

IV. Verschließung, Verwahrung, Eröffnung

Die Verschließung und die amtliche Verwahrung sind – wie beim öffentlichen Testament – keine Gültigkeitsvoraussetzungen, sollen aber grundsätzlich durchgeführt werden (§ 34 BeurkG). Für die Zuständigkeit und das Verfahren bei der amtlichen Verwahrung gelten die Bestimmungen über das Testament (§ 2300 iVm §§ 344 I, 346 FamFG). Die Erbvertragsparteien können die besondere amtliche Verwahrung ausschließen (§ 34 II BeurkG); dann bleibt die Urkunde in der Verwahrung des Notars. **148**

Im Zweifel ist ein Ausschluss der amtlichen Verwahrung anzunehmen, wenn mit dem Erbvertrag noch ein anderer Vertrag in derselben Urkunde verbunden ist (§ 34 II, letzter Hs. BeurkG).
Wird der Erbvertrag in amtliche Verwahrung genommen, soll jedem Vertragschließenden ein Hinterlegungsschein erteilt werden (§ 346 III FamFG). Da die Vertragsparteien die amtliche Verwahrung ausschließen dürfen, können sie auch jederzeit die Aufhebung der amtlichen Verwahrung verlangen. Die Urkunde gelangt dann in die Verwahrung des Notars, nicht in die Hände der Vertragsparteien. Die Aufhebung der amtlichen Verwahrung hat wie die Rücknahme des öffentlichen Testaments die Wirkung des Widerrufs (§§ 2300 II 3, 2256 I).
Beim Tode eines Erbvertragspartners sind nur dessen Verfügungen zu verkünden. Die davon trennbaren Verfügungen der anderen Vertragspartner bleiben geheim (§ 2300, § 349 FamFG).

C. Inhalt und Arten

I. Inhalt

Gem. § 1941 I kann der Erblasser durch Erbvertrag einen Erben einsetzen sowie Vermächtnisse und Auflagen anordnen. Aus § 2278 II ergibt sich, dass andere Verfügungen als Erbeinsetzungen, Vermächtnisse und Auflagen *vertragsmäßig* nicht getroffen werden können. Daraus folgt: **149**

---

114 OLG Düsseldorf Rpfleger 2007, 76 (77).
115 BGHZ 23, 249; BGH LM Nr. 2 zu § 2276.

1. Verfügungen des Erblassers, die nicht Erbeinsetzungen, Vermächtnisse oder Auflagen betreffen, können nicht erbvertragliche Verfügungen sein. Zwar darf der Vertragschließende im Erbvertrag einseitig jede Verfügung treffen, die durch Testament getroffen werden kann (§ 2299 I); an der vertraglichen Bindung nehmen solche Verfügungen aber nicht teil. Es liegt insoweit nur eine äußerliche Verbindung von Erbvertrag und letztwilliger Verfügung vor.[116]

> Infolgedessen kann M im **Fall a** nicht die vertragliche Verfügung der Erbeinsetzung, wohl aber die einseitige Verfügung der Ernennung des Testamentsvollstreckers widerrufen. Für solche im Erbvertrag enthaltenen einseitigen Verfügungen gilt nämlich das gleiche, wie wenn sie durch Testament getroffen worden wären (§ 2299 II 1). Also kann die Ernennung des Testamentsvollstreckers durch Testament (§§ 2254, 2258) aufgehoben werden. Die vertragsmäßige Verfügung der Erbeinsetzung ist dagegen nur durch Vertrag der Parteien des Erbvertrags aufhebbar (§ 2290 I 1). Wird ein solcher Aufhebungsvertrag geschlossen, dann kann darin auch die im Erbvertrag enthaltene einseitige Verfügung (hier: Ernennung des Testamentsvollstreckers) aufgehoben werden (§ 2299 II 2). Ist im Aufhebungsvertrag von der Aufhebung dieser Verfügung nicht die Rede, so wird vermutet, dass mit dem Vertrag auch die einseitige Verfügung beseitigt werden soll (§ 2299 III). Derjenige, der insoweit einen anderen Willen des Erblassers behauptet, ist für eine solche Behauptung also beweispflichtig. Entsprechendes gilt, wenn der Erblasser berechtigterweise vom Erbvertrag zurücktritt (§ 2299 III). Will der Erblasser trotz Aufhebungsvertrags oder Ausübung des Rücktrittsrechts seine im Erbvertrag enthaltenen einseitigen Verfügungen bestehen lassen, so empfiehlt es sich, das deutlich zum Ausdruck zu bringen.

150 **2.** Die im Erbvertrag enthaltenen Erbeinsetzungen, Vermächtnisse und Auflagen *können* vertragsmäßige Verfügungen sein, sie *müssen* es aber *nicht*. Denn gem. § 2299 I darf jede Verfügung, die durch Testament erfolgen kann, auch einseitig im Erbvertrag getroffen werden. Deshalb muss bei jeder Erbeinsetzung, jedem Vermächtnis und jeder Auflage im Erbvertrag geprüft werden, ob es sich um eine vertragsmäßige oder um eine einseitige Verfügung handelt. Im ersten Fall besteht die Bindung, im letzten die Möglichkeit zum freien Widerruf.

Was im Einzelfall gewollt ist, muss durch Auslegung ermittelt werden. Das Gesetz gibt dem Richter für die Auslegung keine Regel an die Hand. Insbesondere besteht keine Vermutung, dass eine im Erbvertrag enthaltene Erbeinsetzung im Zweifel als vertragsmäßige Verfügung gewollt ist. Mangels anderer Anhaltspunkte wird man bei der Auslegung darauf abstellen müssen, ob der Vertragspartner des Erblassers ein Interesse an der Aufrechterhaltung der Verfügung und damit an der Bindung des Erblassers an diese Verfügung gehabt hat oder jedenfalls gehabt haben konnte. Ist ein solches Interesse zu bejahen, so spricht das für die Vertragsmäßigkeit der Verfügung.

> Deshalb ist im **Fall b** die Erbeinsetzung der Vertragspartnerin F und deren Nichte als vertragsmäßige Verfügung des M anzusehen, so dass insoweit ein Widerruf ausscheidet. Wird jedoch auch ein Dritter bedacht (hier: Neffe des M), der mit dem Erbvertragspartner (F) weder verwandt ist noch ihm sonst nahe steht, so wird häufig der Wille zur Bindung fehlen und deshalb eine einseitige, testamentarische Verfügung vorliegen[117] (vgl. auch die Wertung in § 2270 II).[118] In der Regel kann also davon ausgegangen werden, dass die Verfügungen zu Gunsten der Verwandten des Erbvertragspartners vertragsmäßig, die zu Gunsten der eigenen Verwandten des Erblassers nur einseitig

---

116 Mot. V, 347.
117 BGH LM Nr. 4 zu § 2278 BGB.
118 Dazu *Bengel* DNotZ 1977, 5.

getroffen sind. M kann also im **Fall b** an Stelle seines Neffen – nicht an Stelle der Nichte seiner Frau – seinen Bruder zum Erben einsetzen.

3. Soweit die Erbvertragsparteien es wollen, besteht bei Erbeinsetzungen, Vermächt- **151** nissen und Auflagen die Bindung des Erblassers. Nur in diesem Umfang liegen *vertragsmäßige Verfügungen* vor, die das Besondere des Erbvertrages ausmachen. Erbvertrag ist daher nur ein solcher Vertrag, in dem wenigstens *eine* Verfügung eine vertragsmäßige ist. Ergibt also die Auslegung, dass keine Verfügung als vertragsmäßige gewollt ist, liegt kein Erbvertrag vor, auch wenn der abgeschlossene Vertrag von den Vertragschließenden so bezeichnet worden ist. Es kann sich jedoch um ein Testament handeln.

4. Der Erbvertrag darf mit einem anderen Vertrag kombiniert werden (§ 34 II, letzter **152** Hs. BeurkG).

Das ist in der Praxis häufig der Fall. Man denke nur daran, dass Eheleute einen Ehe- und Erbvertrag schließen (vgl. § 2276 II) oder dass der Erbvertragspartner des Erblassers sich im Erbvertrag verpflichtet, dem Erblasser bis zu dessen Tode Unterhalt zu gewähren.

II. Arten

1. Einseitige und zweiseitige Erbverträge

a) *Einseitige Erbverträge* sind solche, in denen nur *ein* Vertragspartner (= Vertrags- **153** erblasser) eine oder mehrere vertragsmäßige Verfügungen von Todes wegen trifft.

Der Vertragsgegner nimmt nur die Erklärung des Erblassers an, um die Bindungswirkung herbeizuführen, oder er verpflichtet sich seinerseits zu einer Leistung unter Lebenden (zB zur Unterhaltsleistung für den Erblasser). Daneben kann er einseitig eine Verfügung von Todes wegen treffen (§ 2299). Da er nicht vertragsmäßig von Todes wegen verfügt, brauchen bei ihm nicht die persönlichen Voraussetzungen vorzuliegen, die das Gesetz für den Vertragserblasser vorschreibt.

b) *Zweiseitige Erbverträge* sind solche, in denen *beide* Vertragsparteien vertragsmäßi- **154** ge (bindende) Verfügungen von Todes wegen treffen (§§ 2278 I, 2298 I). Beide Parteien sind also Vertragserblasser.

Oft bedenken die Vertragsparteien (vor allem Eheleute) sich gegenseitig; man spricht dann von einem gegenseitigen Erbvertrag. Diese Bezeichnung ist insofern missverständlich, als man an einen gegenseitigen schuldrechtlichen Vertrag und deshalb an die Anwendbarkeit der §§ 320 ff. denken könnte. Diese Bestimmungen kommen aber hier schon deshalb nicht in Betracht, weil der Erbvertrag keine schuldrechtlichen Verpflichtungen der beiden Vertragserblasser begründet. Aus demselben Grund sollte auch dann, wenn im Erbvertrag ein Dritter bedacht wird (was gem. § 1941 II möglich ist), nicht von einem Erbvertrag zu Gunsten eines Dritten gesprochen werden; die §§ 328 ff. sind nicht anwendbar, da der Vertragserblasser im Erbvertrag keine schuldrechtliche Verpflichtung eingeht und für den bedachten Dritten kein Forderungsrecht begründet wird.[119]

Haben beide Vertragspartner eines Erbvertrages vertragsmäßige Verfügungen getroffen, so kann es sein, dass jeder der beiden Erblasser seine Verfügung im Hinblick auf die des Partners getroffen hat und damit eine gegenseitige Abhängigkeit *(Wechselbezüglichkeit)* der beiderseitigen Verfügungen besteht. Es ist aber auch möglich, dass die Vertragschließenden zwar die Bindung, nicht aber die Abhängigkeit ihrer Verfügung von der des Partners beabsichtigt haben. Was im Einzelfall gewollt ist, muss durch Auslegung ermittelt werden.

---

119 BGHZ 12, 115 (119).

Das Gesetz gibt hier eine Auslegungsregel: Gegenseitige Abhängigkeit der Verfügungen wird vermutet (vgl. § 2298 I, II), wogegen das Fehlen einer solchen Abhängigkeit als Ausnahmetatbestand formuliert ist (§ 2298 III) und deshalb behauptet und bewiesen werden muss.

Bei Wechselbezüglichkeit führt die Nichtigkeit einer vertragsmäßigen Verfügung zur Unwirksamkeit aller vertragsmäßigen Verfügungen, also insbesondere auch der des anderen Vertragserblassers (§ 2298 I).

Ist eine vertragsmäßige Verfügung nichtig, so wird davon eine nicht vertragsmäßige Verfügung nicht unmittelbar berührt. Sie bleibt bestehen, es sei denn, der Erblasser hätte sie ohne die unwirksame Verfügung nicht getroffen (§ 2085; vgl. auch § 2299 III).

Die Ausübung eines vorbehaltenen Rücktrittsrechts hinsichtlich einer vertragsmäßigen Verfügung (§ 2293) hat ebenfalls die Aufhebung aller vertragsmäßigen Verfügungen zur Folge (§ 2298 II 1). Diese Regeln entsprechen den Interessen der beiden Vertragserblasser. Jeder verfügt nur deshalb vertragsmäßig, weil der andere ebenfalls vertragsmäßig verfügt. Er hätte nicht so verfügt, wenn er gewusst hätte, dass ein Teil der vertragsmäßigen Verfügung des anderen infolge Nichtigkeit oder Rücktritts nicht wirksam wird. Dadurch ist die zuvor gegebene Abhängigkeit gestört.

> Eine solche Störung kann auch aus anderen Gründen vorliegen (**Beispiel**: Der in der Verfügung Bedachte ist vorverstorben oder erbunwürdig). Der Vorschlag, in diesen Fällen § 2298 I, II analog anzuwenden,[120] hat sich nicht durchgesetzt. Ein Vorversterben führt nur zu einer Gegenstandslosigkeit, die von der hM der Nichtigkeit oder der durch Rücktritt herbeigeführten Unwirksamkeit nicht gleichgesetzt wird. In diesen Fällen wird die Wirksamkeit der übrigen Verfügungen nach den §§ 2279, 2085 (→ Rn. 264) beurteilt.[121]

Das vorbehaltene Rücktrittsrecht erlischt zwar mit dem Tode des anderen Vertragserblassers (§ 2298 II 2). Aber der Überlebende kann das ihm durch den Vertrag Zugewandte ausschlagen und erlangt dadurch wieder die Möglichkeit, frei zu verfügen; er kann also seine Verfügung zB durch Testament aufheben (§ 2298 II 3).

2. Entgeltliche und unentgeltliche Erbverträge

155 **a)** Bei einem *entgeltlichen* Erbvertrag besteht eine Abhängigkeit zwischen der vertragsmäßigen Bindung des Erblassers und der Verpflichtung des Vertragspartners. Der Vertragserblasser verfügt deshalb vertragsmäßig, weil der Vertragspartner ihm eine Leistung erbracht hat oder sich im Vertrag zu einer Leistung (zB Alimentation) verpflichtet. Hier stellt sich die Frage nach der Bindung des Erblassers, wenn der Vertragspartner seine Verpflichtung (zB zu regelmäßigen Unterhaltszahlungen) nicht oder schlecht erfüllt oder wenn diese Verpflichtung aufgehoben wird oder nicht wirksam entstanden ist. Für den Fall der Aufhebung (zB durch Vereinbarung, Eintritt einer auflösenden Bedingung, Rücktritt gem. § 346 I) gibt § 2295 dem Vertragserblasser das Recht, von der vertragsmäßigen Verfügung zurückzutreten. Dieses Recht sollte dem Erblasser auch zustehen, wenn die Verpflichtung des Partners (zB infolge Nichtigkeit) überhaupt nicht entstanden ist; zwar wird dieser Fall vom Wortlaut des § 2295 nicht erfasst, jedoch dürfte diese Lösung der Wertung des Gesetzes entsprechen.[122] Jedenfalls aber kann der Erblasser wegen Motivirrtums (§ 2281) anfechten.

---

120 So noch 21. Aufl.
121 BayObLG NJW-RR 2003, 293 (295); MüKoBGB/*Musielak* § 2298 Rn. 3, mN; Palandt/*Weidlich* § 2298 Rn. 2; Soergel/*Wolf* § 2298 Rn. 3; Staudinger/*Kanzleiter* 2006 § 2298 Rn. 7.
122 **Str.**; ebenso: *Muscheler* ErbR I Rn. 2266 f.; Palandt/*Weidlich* § 2295 Rn. 1; Soergel/*Wolf* § 2295 Rn. 3; **aA** MüKoBGB/*Musielak* § 2295 Rn. 6.

Bei nicht rechtzeitiger Erfüllung der Verpflichtung des Vertragspartners **(Fall c)** oder bei Schlechterfüllung kann der Erblasser nicht gem. § 323 I zurücktreten; denn die Regeln des gegenseitigen Vertrags sind nicht anwendbar, weil der Erblasser sich nicht zu einer Leistung verpflichtet hat.[123] Er kann aber gem. § 2281 anfechten. Wenn allerdings mit dem Erbvertrag ein weiterer Vertrag mit gegenseitigen Rechten und Pflichten (zB Pflicht des Erblassers zur Unterlassung der Veräußerung seines Hausgrundstücks gegen Pflegeleistungen des Bedachten) verbunden ist und der Bedachte seine Pflichten (zB Pflegeleistungen) nicht erfüllt, kann der Erblasser gem. § 323 I nach Fristsetzung von diesem Vertrag und zugleich nach § 2295 vom Erbvertrag zurücktreten.[124]

b) Ein *unentgeltlicher* Erbvertrag liegt vor, wenn der Bindung des Vertragserblassers **156** keine Gegenleistung des Partners gegenübersteht.

Ist der Vertragspartner beschränkt geschäftsfähig, kann er nach § 107 den Vertrag selbst abschließen, da er lediglich einen rechtlichen Vorteil erlangt.

Der Erbvertrag (§§ 2274 ff.)

I. Begriff: Vertragliche Verfügung von Todes wegen
II. Sinn: Erbrechtliche Bindung des Erblassers = Einschränkung der Testierfreiheit
III. Abschluss
    1. Unbeschränkte Geschäftsfähigkeit des Vertragserblassers (§ 2275 I; Ausnahmen Abs. 2, 3)
    2. Auf Seiten des Vertragserblassers keine Stellvertretung möglich (§ 2274)
    3. Form: gleichzeitige Anwesenheit vor einem Notar (§ 2276 I 1) oder Prozessvergleich (§ 127a)
    [4.]keine Wirksamkeitsvoraussetzung, aber vorgesehen (»soll«): Verschließung und amtliche Verwahrung (§ 34 BeurkG)
IV. Inhalt
    1. vertragsmäßige Verfügungen des Erblassers durch Erbeinsetzung, Anordnung von Vermächtnissen und Auflagen (§ 1941 I)
    → Bindungswirkung (→ Rn. 157 ff.)
    2. nicht vertragsmäßige sonstige Verfügungen (§§ 2278 II, 2299)
    → keine Bindungswirkung
V. Arten
    1. einseitige Erbverträge: nur ein Vertragspartner (= Vertragserblasser) trifft Verfügungen von Todes wegen
    2. zweiseitige Erbverträge: beide Vertragspartner treffen Verfügungen von Todes wegen (§§ 2278 I, 2298 I)
        a) bei Wechselbezüglichkeit der Verfügungen: Nichtigkeit einer Verfügung führt zur Unwirksamkeit des ganzen Vertrages (§ 2298 I)
        b) bei fehlender Wechselbezüglichkeit der Verfügungen: bei Nichtigkeit einer Verfügung hängt die Wirksamkeit der anderen vom hypothetischen Willen des Erblassers ab (§ 2085)

---

123 BGH NJW 2011, 224.
124 BGH NJW 2011, 224.

D. Bindungswirkung

I. Einfluss auf frühere und spätere Verfügungen

157 Durch eine vertragsmäßige Verfügung (→ Rn. 151) wird der Erblasser im Interesse seines Vertragspartners gebunden. Dieser soll darauf vertrauen dürfen, dass weder frühere noch spätere Verfügungen des Erblassers das Recht des vertragsmäßig Bedachten beeinträchtigen.

1. *Frühere* letztwillige Verfügungen sind nach § 2289 I 1 aufgehoben, soweit sie das Recht des vertragsmäßig Bedachten *beeinträchtigen* würden. Mit »Beeinträchtigungen« ist jede rechtliche Beschränkung des Rechts des Bedachten gemeint. Dazu gehören also auch die Fälle, in denen durch die frühere letztwillige Verfügung das Recht des vertragsmäßig Bedachten beschränkt oder belastet würde.[125]

> Im **Fall d** ist nicht nur die frühere testamentarische Erbeinsetzung des X durch die damit in Widerspruch stehende Erbeinsetzung des B aufgehoben, sondern auch die letztwillig verfügte Testamentsvollstreckung und das Vermächtnis, weil beide das Erbrecht des B beeinträchtigen.

Die Beeinträchtigung muss eine rechtliche sein. Sie ist nicht nach rein wirtschaftlichen Gesichtspunkten zu beurteilen. Denn eine solche Beurteilung findet im Gesetz keine Stütze; sie ist auch mit dem Wesen des Erbvertrags als eines Vertrags über letztwillige Zuwendungen unvereinbar.[126] Sie würde zudem keineswegs zu klaren Ergebnissen führen. So lässt sich etwa kaum sicher beurteilen, ob für den Bedachten die Einsetzung als alleiniger Vorerbe oder die als Vollerbe zu einem Bruchteil wirtschaftlich günstiger ist **(Fall e)**.

Wegen des Schutzes des Vertragspartners kommt es nicht darauf an, ob der Erblasser den Aufhebungswillen wirklich hatte.[127] Selbst wenn dieser nicht vorlag, ist § 2289 I 1 anzuwenden, sofern objektiv eine Beeinträchtigung gegeben ist.

Entscheidend für die Beurteilung der Beeinträchtigung ist der Zeitpunkt des Erbfalls. Wenn nämlich der erbvertraglich Bedachte – aus welchem Grund auch immer – ersatzlos weggefallen ist, bestehen insoweit keine schutzwürdigen Interessen des Vertragspartners mehr; ein Recht des Bedachten, das beeinträchtigt sein könnte, ist nicht mehr gegeben.

158 **2.** *Spätere* Verfügungen von Todes wegen können frühere vertragsmäßige Verfügungen nicht aufheben. Sie sind vielmehr unwirksam, soweit sie das Recht des vertragsmäßig Bedachten *beeinträchtigen* (§ 2289 I 2).[128] Die vertragsmäßige Verfügung bewirkt also eine Einschränkung der Testierfreiheit; diese Einschränkung folgt aus der Vertragsnatur und dient dem Schutz des Vertragspartners. Ob eine spätere testamentarische Verfügung den Vertragserben beeinträchtigt, ist durch einen Vergleich zwischen der im Erbvertrag und der im Testament festgelegten Rechtsstellung des Erben zu ermitteln. Die bloße nachträgliche Auswechslung der Person des Testamentsvollstreckers ist in der Regel keine Beeinträchtigung.[129]

---

125 Vgl. Mot. V, 331.
126 BGH NJW 2011, 1733 (1735); BGHZ 26, 204 (214); MüKoBGB/*Musielak* § 2289 Rn. 10; *Muscheler* ErbR I Rn. 2228; **anders:** *Lange* ErbR Kap. 4 Rn. 176; Palandt/*Weidlich* § 2289 Rn. 2; Soergel/*Wolf* § 2289 Rn. 3.
127 Mot. V, 331.
128 Vgl. BGHZ 26, 204 (207).
129 BGH NJW 2011, 1733 (1735 f.) mit Anm. *Deppenkemper* LMK 2011, 323732.

Eines solchen Schutzes bedarf der Vertragspartner nicht, wenn der vertragsmäßig Bedachte durch eine spätere Verfügung von Todes wegen gegenüber der Regelung im Erbvertrag *besser* gestellt wird.

> **Beispiel:** Ist in einer vertragsmäßigen Verfügung dem Vertragspartner der Nießbrauch am Nachlass des Erblassers zugewandt, steht die Bindungswirkung nicht entgegen, wenn der Erblasser in einer späteren Verfügung den Vertragspartner zum Alleinerben einsetzt.

Der Vertragspartner oder der Bedachte kann die Anwendung der Schutzvorschrift dadurch ausschließen, dass er der Verfügung von Todes wegen zustimmt. Nach ganz hM muss die Zustimmung in der Form der §§ 2290 ff. (Vertragspartner) bzw. des § 2348 (Bedachter) erfolgen, die dort für die Aufhebung des Erbvertrages bzw. für den Zuwendungsverzichtsvertrag vorgeschrieben ist[130] (s. auch → Rn. 163).

II. Keine Einschränkung bei Verfügungsgeschäften unter Lebenden

Die Bindungswirkung der vertragsmäßigen Verfügungen ist eine rein erbrechtliche. **159** Das Recht des Erblassers, über sein Vermögen durch Rechtsgeschäft unter Lebenden zu verfügen, wird nicht beschränkt (§ 2286). Der Vertragspartner und der in der vertragsmäßigen Verfügung Bedachte sind also gegen Verfügungen des Erblassers unter Lebenden grundsätzlich nicht geschützt. Selbst wenn der Erblasser in verschwenderischer Weise sein Vermögen weggibt, können sie dagegen nichts unternehmen.

Das Gesetz gewährt dem vertragsmäßig Bedachten bei lebzeitigen Verfügungen des Erblassers nur einen schwachen Schutz:

1. Der *Vertragserbe* kann bei einer Schenkung des Erblassers in Beeinträchtigungsabsicht nach dem Erbfall gegen den Beschenkten einen Bereicherungsanspruch geltend machen (§ 2287 I), der in drei Jahren nach dem Erbfall verjährt (§§ 195, 2287).

Schenkungen iSd § 2287 sind auch die gemischte Schenkung (Zuwendung ist zum Teil entgeltlich und zum Teil unentgeltlich) und die verschleierte Schenkung (Unentgeltlichkeit wird durch nicht gewollte Entgeltlichkeit getarnt).[131] Auch die sog. unbenannte (»ehebedingte«, »ehebezogene«) Zuwendung unter Ehegatten ist im Erbrecht grundsätzlich wie eine Schenkung zu behandeln.[132]

Die Schenkung muss vom Erblasser in der *Absicht* gemacht worden sein, *den Vertragserben zu beeinträchtigen*. Deshalb scheiden von vornherein alle Schenkungen aus dem Anwendungsbereich des § 2287 aus, die der Erblasser nur vornimmt, um gerade den Vorteil des begünstigten Vertragserben wahrzunehmen.[133] Die Absicht, dem Vertragserben die Vorteile der Erbeinsetzung zu entziehen oder zu schmälern, muss nicht der eigentlich leitende Beweggrund der Schenkung gewesen sein; eine Beeinträchtigungsabsicht ist vielmehr immer dann anzunehmen, wenn ein beachtenswertes *lebzeitiges Eigeninteresse* des Erblassers an der Verfügung fehlt, so dass sich

---

130 BGHZ 108, 252 (254); BayObLGZ 1974, 401 (404); Bamberger/Roth/*Litzenburger* § 2289 Rn. 13; Erman/*Schmidt* § 2289 Rn. 6; *Lange* ErbR Kap. 8 Rn. 70; MüKoBGB/*Musielak* § 2289 Rn. 18; *Muscheler* ErbR I Rn. 2240; **kritisch** dazu: *Damrau* FamRZ 1991, 552.
131 BGH FamRZ 1961, 72 f.
132 BGHZ 116, 167.
133 BGH NJW-RR 1987, 2.

die lebzeitige Verfügung im Hinblick auf die erbvertragliche Gebundenheit des Erblassers als Rechtsmissbrauch darstellt. Ein solches Eigeninteresse kann zB gegeben sein, wenn der Erblasser verfügt, um seine Altersversorgung sicherzustellen.[134] Ein lebzeitiges Eigeninteresse des Erblassers kann auch dann vorliegen, wenn der Beschenkte zwar keine Verpflichtung gegenüber dem Erblasser übernimmt (dann ohnehin keine Schenkung), aber tatsächlich Betreuungsleistungen erbringt und auch in Zukunft vornehmen will.[135] Da nach den Vorstellungen des Gesetzgebers dem Erblasser Anstands- und Pflichtschenkungen sowie »Schenkungen zu ideellen Zwecken oder aus persönlichen Rücksichten« erlaubt sein sollen,[136] begründen auch solche Schenkungen keinen Anspruch aus § 2287. Dagegen liegt ein Missbrauch des dem Erblasser zustehenden Rechts zu Verfügungen unter Lebenden vor, wenn die Verfügung darauf angelegt ist, dass an Stelle des Vertragserben ein anderer das wesentliche Erblasservermögen ohne angemessenes Äquivalent erhält.

Bis zur Entscheidung in BGHZ 59, 343 verlangte die Rechtsprechung für einen Anspruch aus § 2287, dass die Beeinträchtigung des vertragsmäßig Bedachten das vorherrschende Motiv bei der Schenkung des Erblassers war. Da durch diese Auslegung des § 2287 der Anwendungsbereich der Vorschrift stark eingeschränkt war, versuchte der BGH, einer »Aushöhlung« von Erbverträgen dadurch entgegenzuwirken, dass er lebzeitige Verfügungen des Erblassers unter bestimmten Voraussetzungen nach §§ 134, 138 für nichtig hielt (»Aushöhlungsnichtigkeit«). Diese nunmehr aufgegebene Rechtsprechung führte dazu, dass entgegen § 2286 die Verfügungsmacht des Erblassers unter Lebenden eingeschränkt wurde. Aus § 2287 geht jedoch hervor, dass nach der Vorstellung des Gesetzgebers lebzeitige Verfügungsgeschäfte des Erblassers selbst bei missbräuchlicher Ausnutzung seiner Verfügungsfreiheit nicht unwirksam sein sollen.[137]

Liegt eine Schenkung in Beeinträchtigungsabsicht vor, entsteht mit dem Anfall der Erbschaft ein *Bereicherungsanspruch des Vertragserben gegen den Beschenkten*. Dieser muss das Erlangte herausgeben, auch wenn er von dem Erbvertrag und der Beeinträchtigungsabsicht des Schenkers nichts gewusst hat. Wusste er davon, so haftet er verschärft gem. § 819.

Auf den Bereicherungsanspruch kann der Vertragserbe durch Vertrag mit dem Beschenkten oder mit dem Erblasser (zu Gunsten des Beschenkten) verzichten.[138] Nach Ansicht des BGH[139] bedarf die Zustimmung zur beeinträchtigenden Schenkung wegen der Nähe zum Erbverzicht der Form des § 2348; allerdings könne der Geltendmachung des Anspruchs aus § 2287 unter Berufung auf den Formmangel der Zustimmung der Arglisteinwand entgegenstehen.
Ein Anspruch auf Auskunftserteilung steht dem Vertragserben gem. § 242 zu, wenn er die Voraussetzungen für das Bestehen eines Anspruchs aus § 2287 hinreichend dartut.[140]
Fraglich ist, ob der Verpflichtete bei einer gemischten Schenkung (zB Verkauf eines Kunstgegenstandes zu einem Spottpreis) nur die Gelddifferenz zu zahlen oder ob er den Gegenstand gegen Erstattung der Gegenleistung herauszugeben hat. Diese Problematik entspricht der beim Widerruf einer Schenkung wegen groben Undanks (§ 530 I iVm § 531 II). Der BGH[141] stellt darauf ab, ob der unentgeltliche Charakter überwiegt. Nur wenn das der Fall ist, muss der Gegenstand herausgegeben werden.

---

134 BGH NJW-RR 2012, 207 (208); FamRZ 1977, 539; 1992, 1067.
135 Vgl. BGH NJW-RR 2012, 207 f.; dazu *Wellenhofer* JuS 2012, 360.
136 Prot. V, 393.
137 Vgl. auch BGHZ 66, 8.
138 OGHZ 2, 160 (170); vgl. ferner Erman/*Schmidt* § 2287 Rn. 9; MüKoBGB/*Musielak* § 2287 Rn. 24; Soergel/*Wolf* § 2287 Rn. 21.
139 BGH NJW 1989, 2818 (2819); ebenso Palandt/*Weidlich* § 2287 Rn. 8; aA Erman/*Schmidt* § 2287 Rn. 9; Soergel/*Wolf* § 2287 Rn. 10; Staudinger/*Kanzleiter* (2006) § 2287 Rn. 16.
140 BGHZ 97, 188.
141 BGH NJW 1953, 501; BGHZ 30, 120.

Ist der Bedachte zugleich Pflichtteilsberechtigter, beschränkt sich der Bereicherungsanspruch aus § 2287 auf das, was nach der Begleichung des Pflichtteils übrig bleibt. Da der Vertragserbe mit einer Pflichtteilslast rechnen muss, ist er nicht iSd § 2287 beeinträchtigt, soweit die Schenkung des Erblassers den Pflichtteil nicht übersteigt.[142]

Aus § 2287 ist zu entnehmen, dass der Vertragserbe keinen Anspruch gegen den Erblasser hat. Insbesondere besteht auch kein Anspruch auf Unterlassung einer unentgeltlichen Verfügung, der durch eine einstweilige Verfügung gesichert werden könnte.

Neben dem Anspruch aus § 2287 kann in Ausnahmefällen ein Anspruch aus § 812 oder § 985 dann gegeben sein, wenn das Verfügungsgeschäft des Erblassers nach § 138 I nichtig ist. Für die Anwendung des § 138 I reicht es jedoch nicht aus, dass der Erblasser missbräuchlich von seinem Recht zu Verfügungen unter Lebenden Gebrauch gemacht hat. Um einen Verstoß gegen die guten Sitten bejahen zu können, müssen weitere Umstände hinzukommen (zB ein anstößiges Zusammenwirken beider Parteien, um die in einem entgeltlichen Erbvertrag übernommene Bindung im Ergebnis wirkungslos zu machen und einen Dritten zu bereichern).[143] § 826 scheidet dagegen als Anspruchsgrundlage aus, da § 2287 eine genau diese Fälle treffende Spezialisierung enthält;[144] das gilt auch dann, wenn ein Dritter den Erblasser zu Schenkungen veranlasst hat, die den Vertragserben beeinträchtigen.[145]

2. Der *vertragsmäßige Vermächtnisnehmer* wird durch § 2288 geschützt. Ist die 160
Erfüllung eines Vermächtnisses vom Erblasser in Beeinträchtigungsabsicht ganz oder teilweise unmöglich gemacht worden, kann der Bedachte vom Erben Erfüllung oder Wertersatz verlangen (Näheres: § 2288 I, II). Eine Beeinträchtigungsabsicht liegt auch hier nur vor, wenn ein lebzeitiges Eigeninteresse des Erblassers an der Verfügung fehlt.

Ein lebzeitiges Eigeninteresse des Erblassers ist nur dann anzunehmen, wenn der erstrebte Zweck nicht auch in anderer Weise als durch Veräußerung des vermachten Gegenstandes zu erreichen gewesen wäre.[146]

Erfolgte die Veräußerung oder Belastung des vermachten Gegenstandes schenkweise und kann der Bedachte vom Erben keinen Ersatz erlangen, so steht ihm hilfsweise ein Bereicherungsanspruch gegen den Beschenkten zu (§§ 2288 II 2, 2287).

§ 2288 II 2 schützt auch Geld- und sonstige Gattungsvermächtnisse.[147]

E. Ausnahmen von der Bindungswirkung

I. Vorbehalt

Der Vertragspartner begibt sich insoweit seines Schutzes, als dem Vertragserblasser 161
im Erbvertrag das Recht vorbehalten wird, eine vertragsmäßige Verfügung durch Verfügung von Todes wegen abzuändern. Die Zulässigkeit eines solchen Vorbehalts folgt aus dem Prinzip der Vertragsfreiheit.[148] Ein praktisches Bedürfnis besteht häufig für beschränkte Änderungsvorbehalte etwa in dem Sinne, dass der überlebende Teil

---

142 BGHZ 88, 269.
143 BGHZ 59, 343 (348).
144 BGHZ 108, 73.
145 BGH NJW 1991, 1952.
146 BGH NJW 1984, 731 mwN.
147 BGHZ 111, 138.
148 Vgl. Mot. V, 332.

zwar zu Änderungsanordnungen berechtigt sein soll, aber nur innerhalb eines bestimmten Personenkreises oder bezüglich bestimmter Vermögensgegenstände.[149]

Da es dem Erblasser bei der sog. vertragsmäßigen Verfügung mit Vorbehalt gestattet ist, abweichende Verfügungen von Todes wegen zu treffen, fehlt die Bindungswirkung. Nur sie aber macht die im Vertrag enthaltene Verfügung zur vertragsmäßigen. Daher ist eine Unterscheidung zwischen vertragsmäßiger Verfügung mit Vorbehalt und nicht vertragsmäßiger nur von terminologischer Bedeutung.[150] Geht der Vorbehalt so weit, dass er sämtliche Verfügungen umfasst, so fehlt jegliche Bindungswirkung; dann liegt auch kein Erbvertrag vor. Denn dieser muss mindestens eine vertragsmäßige Verfügung enthalten.[151]

Nach BGH[152] bedarf der Vorbehalt der für den Erbvertrag vorgesehenen Form; er müsse in irgendeiner Bestimmung des Erbvertrags seinen Ausdruck mindestens in der Weise gefunden haben, dass er dieser Bestimmung im Wege der Auslegung entnommen werden könne.[153] Eine solche Beschränkung der Auslegung ist aber abzulehnen (vgl. zur Andeutungstheorie → Rn. 200).

II. Beschränkung in guter Absicht

162 § 2289 II enthält eine weitere Ausnahme von der Bindungswirkung für den Fall, dass der Erblasser einen pflichtteilsberechtigten Abkömmling vertragsmäßig bedacht hat, der in solchem Maße der Verschwendung ergeben oder derart überschuldet ist, dass sein späterer Erwerb erheblich gefährdet ist. Hier kann der Erblasser – wie im Pflichtteilsrecht (§ 2338) – den Erwerb des Abkömmlings durch letztwillige Verfügung beschränken. In Betracht kommen Nacherbschaft oder Nachvermächtnis zu Gunsten der gesetzlichen Erben des Abkömmlings sowie Anordnung der Testamentsvollstreckung für die Lebenszeit des Abkömmlings.

III. Zustimmung des Bedachten

163 Ist der Vertragspartner des Erblassers der vertraglich Bedachte und ist er mit einer beeinträchtigenden Verfügung des Erblassers einverstanden, so muss er diese gegen sich gelten lassen (volenti non fit iniuria). Die Zustimmung ist eine empfangsbedürftige Willenserklärung (§§ 182 ff.),[154] die nach ganz hM wie die Aufhebung des Erbvertrages der Form der §§ 2290 ff. bedarf.[155] Wenn Vertragspartner und vertragsmäßig Bedachter nicht identisch sind, ist die formlose Zustimmung des Bedachten zu der beeinträchtigenden Verfügung unwirksam.[156] Er muss sich der (aus Gründen der Rechtssicherheit formgebundenen) Möglichkeiten bedienen, die ihm das Erbrecht zur Verfügung stellt. Er kann also entweder vor dem Erbfall mit dem Erblasser einen formgerechten Erbverzichtsvertrag abschließen (§§ 2352, 2348) oder nach dem Erbfall die Erbschaft oder das Vermächtnis in der Form des § 1945 ausschlagen (§§ 1942 ff., 2180). Im **Fall e** ist deshalb der Y alleiniger Vorerbe geworden.

---

149 Formulierungsvorschlag zB bei *Keim* NJW 2010, 818 (819).
150 **Anders:** BGH NJW 1982, 441.
151 Ebenso: MüKoBGB/*Musielak* § 2278 Rn. 15 ff.
152 BGHZ 26, 204 (210).
153 Vgl. auch: *Coing* NJW 1958, 689; *Siebert*, FS Hedemann, 1958, 241 ff.
154 *Brox/Walker* BGB AT Rn. 503 ff.
155 BGHZ 108, 252 (254); BayObLGZ 1974, 401 (404); Bamberger/Roth/*Litzenburger* § 2289 Rn. 13; Erman/*Schmidt* § 2289 Rn. 6; *Lipp* ErbR Rn. 429; MüKoBGB/*Musielak* § 2289 Rn. 18.
156 Ganz **hM;** BGHZ 108, 252 (254); Bamberger/Roth/*Litzenburger* § 2289 Rn. 13; Erman/*Schmidt* § 2289 Rn. 6; MüKoBGB/*Musielak* § 2289 Rn. 18; *Muscheler* ErbR I Rn. 2240.

F. Beseitigung der Bindungswirkung

Die Bindungswirkung kann durch Aufhebung, Rücktritt und Anfechtung beseitigt **164** werden.

I. Aufhebung durch die Vertragsparteien

Durch die Bindungswirkung der vertragsmäßigen Verfügungen soll der Vertragspartner geschützt werden. Deshalb können sie nicht einseitig vom Erblasser aufgehoben werden. Dagegen muss eine Aufhebung, die auf dem Willen beider Vertragspartner beruht, möglich sein. Ist in einer vertragsmäßigen Verfügung ein Dritter bedacht, so ist dessen Zustimmung zur Aufhebung nicht erforderlich; denn er hat bis zum Erbfall kein Recht, sondern höchstens eine rechtlich nicht geschützte Erbaussicht erworben.

Das Gesetz sieht drei Fälle der Aufhebung durch die Vertragsparteien vor:

1. Aufhebungsvertrag

Der Erbvertrag kann – wie jeder andere Vertrag – durch einen von denselben Ver- **165** tragsparteien geschlossenen Aufhebungsvertrag beseitigt werden. Dieser bedarf der Form des Erbvertrages (§ 2290 IV). Inhalt des neuen Vertrages kann die ausdrückliche Aufhebung aller oder nur einzelner Verfügungen sein. Der Aufhebungsvertrag kann aber auch eine neue erbvertragliche Regelung enthalten, durch welche die davon abweichenden früheren vertragsmäßigen Verfügungen konkludent aufgehoben werden.

Der Erblasser kann den Aufhebungsvertrag nur persönlich schließen (§ 2290 II 1). Ist er beschränkt geschäftsfähig, so bedarf er nicht der Zustimmung seines gesetzlichen Vertreters (§ 2290 II 2), wenn der Vertrag nur die Aufhebung des Erbvertrages zum Gegenstand hat. Enthält dagegen der neue Vertrag auch eine neue erbvertragliche Regelung, ist § 2275 zu beachten, wonach grundsätzlich Geschäftsfähigkeit des Erblassers erforderlich ist. Wenn der Erblasser inzwischen geschäftsunfähig geworden ist, scheidet der Abschluss eines Aufhebungsvertrages aus, da der Erblasser den Vertrag nur persönlich schließen kann. Das Gesagte gilt auch für den Vertragspartner, sofern er ebenfalls Erblasser ist.

Andernfalls kann der Vertragspartner sich vertreten lassen. Ist er geschäftsunfähig, muss er durch seinen gesetzlichen Vertreter vertreten werden. Ist er beschränkt geschäftsfähig, kann sein gesetzlicher Vertreter oder er selbst den Aufhebungsvertrag schließen. Im letzteren Fall ist die Zustimmung des gesetzlichen Vertreters erforderlich (§§ 107, 108), da der Vertragspartner einen rechtlichen Vorteil (Bindung des Vertragserblassers) einbüßt. Außerdem ist die Genehmigung des Familiengerichts erforderlich (§ 2290 III 1). Der Genehmigung bedarf es nicht, wenn der Vertrag unter Ehegatten oder Verlobten (auch im Sinne des LPartG) geschlossen wird und der Inhaber der elterlichen Sorge (nicht der Vormund) des minderjährigen Vertragspartners zustimmt (§ 2290 III 2). Wird die Aufhebung vom Aufgabenkreis eines Betreuers erfasst, ist die Genehmigung des Betreuungsgerichts erforderlich (§ 2290 III 3).
Der Aufhebungsvertrag kann nach dem Tode eines Vertragspartners nicht mehr geschlossen werden (§ 2290 I 2). Es ist also nicht möglich, dass der überlebende Vertragspartner mit dem im Erbvertrag allein bedachten Dritten einen Aufhebungsvertrag schließt. Dafür besteht auch kein Bedürfnis, da der Bedachte mit dem Erblasser einen Verzichtsvertrag (§ 2352) schließen kann (→ Rn. 163).

Die Wirkung des Aufhebungsvertrages besteht darin, dass die vertragsmäßigen Verfügungen – soweit die Vertragsparteien es wollen – wirkungslos werden. Im Zweifel treten die einseitigen Verfügungen ebenfalls außer Kraft (§ 2299 III).

Auch der Aufhebungsvertrag kann aufgehoben werden. Dann tritt in entsprechender Anwendung der §§ 2257, 2258 II (Widerruf des Widerrufs) der ursprüngliche Erbvertrag wieder in Kraft, sofern die Parteien nichts anderes vereinbart haben. Weiterhin kann der Aufhebungsvertrag durch Anfechtung beseitigt werden (→ Rn. 250).

2. Gemeinschaftliches Aufhebungstestament

166 Eine Erleichterung für die Aufhebung des Erbvertrages bringt § 2292 für Ehegatten und Lebenspartner iSv § 1 LPartG. Diese können auch durch gemeinschaftliches Testament den Erbvertrag (ganz oder teilweise) aufheben.

Während sonst der Aufhebungsvertrag vor einem Notar geschlossen werden muss (§§ 2290 IV, 2276), kann das gemeinschaftliche Ehegatten- oder Lebenspartnertestament auch als eigenhändiges (§ 2267) oder als Nottestament errichtet werden. Deshalb werden Ehegatten und Lebenspartner schon aus Kostenersparnisgründen einen Erbvertrag meist durch ein privatschriftliches gemeinschaftliches Testament aufheben. Hinsichtlich des Vertragspartners des Vertragserblassers gilt bei beschränkter Geschäftsfähigkeit das beim Aufhebungsvertrag Gesagte (§§ 2292, 2290 III).

Nach seinem Wortlaut ist § 2292 nur anwendbar, wenn die Parteien bei Abschluss des Erbvertrags schon Eheleute oder Lebenspartner waren. Es ist aber kein Grund ersichtlich, warum nicht auch solche Personen von der Erleichterung des § 2292 Gebrauch machen sollen, die bei Abschluss des Erbvertrages noch nicht miteinander verheiratet oder in einer Lebenspartnerschaft verbunden waren. Entscheidend ist vielmehr, ob sie jetzt – im Zeitpunkt der Aufhebung – miteinander verheiratet sind oder eine Lebenspartnerschaft begründet haben;[157] denn nur Eheleute und Lebenspartner können ein gemeinschaftliches Testament errichten (§ 2265; § 10 IV LPartG).

3. Aufhebungstestament mit Zustimmung des Vertragspartners

167 Enthält der Erbvertrag eine vertragsmäßige Verfügung, die ein Vermächtnis oder eine Auflage (und nicht eine Erbeinsetzung) anordnet, kann der Erblasser diese nach § 2291 durch Testament aufheben. Die Aufhebung bedarf allerdings der Zustimmung des Vertragspartners, dessen Interessen dadurch gewahrt werden.

Die Zustimmungserklärung muss notariell beurkundet werden. Sie wird mit dem Zugang beim Erblasser unwiderruflich (§ 2291 II). Bei beschränkter Geschäftsfähigkeit des Vertragspartners und bei Betreuung, wenn die Aufhebung vom Aufgabenkreis des Betreuers erfasst wird, gilt das oben Gesagte (§§ 2291 I 2, 2290 III; → Rn. 165).

II. Rücktritt

168 Der *Vertragserblasser* kann sich von der Bindung lösen, wenn ihm im Erbvertrag ein Rücktrittsrecht vorbehalten ist (§ 2293) oder das Gesetz ihm ein solches Recht einräumt (§§ 2294 f.).

Für den Rücktritt des *Vertragspartners,* der nach dem Vertrag zu einer Leistung verpflichtet ist, gelten die allgemeinen Bestimmungen der §§ 346 ff. Übt er sein vertraglich vorbehaltenes Rücktrittsrecht durch einseitige, empfangsbedürftige, formlose Willenserklärung aus, wird seine Leistungspflicht aufgehoben, und es entsteht hinsichtlich des bereits Geleisteten ein Rückgewähranspruch. Ein gesetzliches Rücktrittsrecht nach §§ 323 I bzw. 326 V scheidet aus, da selbst der entgeltliche Erbvertrag kein gegenseitiger Vertrag ist. Eine Ausnahme gilt nur dann, wenn mit dem Erbvertrag ein gegenseitiger Vertrag verbunden ist und der Bedachte seine daraus folgenden Pflichten nicht erfüllt (→ Rn. 155); dann kann der Erblasser von diesem Vertrag unter den Voraussetzungen des § 323 und zugleich nach § 2295 vom Erbvertrag zurücktreten.[158]

Nur das Rücktrittsrecht des *Erblassers* ist durch Spezialvorschriften geregelt, welche die allgemeinen Vorschriften der §§ 346 ff. ausschließen.

---

157 Allg. Ansicht; s. nur BayObLG NJW-RR 1996, 457 f.
158 BGH NJW 2011, 224; dazu *Wellenhofer* JuS 2011, 555.

1. Rücktrittsgründe

a) Soweit ihm im Erbvertrag der Rücktritt *vorbehalten* ist, kann der Erblasser die **169** vertragsmäßigen Verfügungen einseitig (durch Rücktrittserklärung) außer Kraft setzen (§ 2293); der Vertragspartner ist nicht schutzbedürftig, weil er sich im Vertrag auf ein Rücktrittsrecht eingelassen hat.

Der Rücktrittsvorbehalt kann sich auf den gesamten Erbvertrag oder nur auf einzelne vertragsmäßige Verfügungen beziehen. Ob das eine oder das andere gewollt ist, muss durch Auslegung ermittelt werden. Ergibt sich dabei, dass der Erblasser nur vom ganzen Erbvertrag zurücktreten darf, ist ein Rücktritt von einer einzelnen Verfügung unzulässig und damit unwirksam.

b) Ein *gesetzliches* Rücktrittsrecht wird dem Erblasser in zwei Fällen eingeräumt:

aa) Nach § 2294 kann der Erblasser zurücktreten, wenn der Bedachte, der nicht mit dem Vertragspartner identisch zu sein braucht, sich einer Verfehlung schuldig macht, die den Erblasser zur Entziehung des Pflichtteils berechtigt. Die Pflichtteilsentziehungsgründe sind in § 2333 genannt (zB bei einem nach dem Leben des Erblassers oder einer ihm nahestehenden Person trachtenden Verhalten; → Rn. 568). Gehört der Bedachte nicht zu den pflichtteilsberechtigten Personen, besteht ein Rücktrittsrecht bei solchen Verfehlungen, die bei einem Abkömmling zur Pflichtteilsentziehung berechtigen würden (§§ 2294, 2333).[159]

Der Rücktritt kommt nur in Betracht, wenn der Tatbestand, der zur Pflichtteilsentziehung berechtigt, *nach* Vertragschluss erfüllt wurde. War er bereits *vor* Vertragschluss gegeben, aber dem Erblasser noch nicht bekannt, muss der Erblasser sich ebenfalls von der Verfügung lösen können; deshalb hat er ein Anfechtungsrecht nach § 2281.[160] Wusste der Erblasser bei Vertragschluss bereits von der Verfehlung, so ist er nicht schutzwürdig; er hätte ja den Vertrag nicht abzuschließen brauchen. Ihm steht weder ein Anfechtungs- noch ein Rücktrittsrecht zu.

bb) Nach § 2295 hat der Erblasser ein Rücktrittsrecht, wenn der Vertragspartner zu wiederkehrenden Leistungen (zB Unterhalt, Pflege) an den Erblasser für dessen Lebenszeit rechtsgeschäftlich verpflichtet ist, die vertragsmäßige Verfügung des Erblassers mit Rücksicht auf diese Verpflichtung getroffen worden war und die Verpflichtung vor dem Tode des Erblassers (zB durch Anfechtung, Rücktritt oder Unmöglichkeit) aufgehoben wird.

Das Rücktrittsrecht ist wegen der Störung des bestehenden Zusammenhangs zwischen der vertragsmäßigen Verfügung des Erblassers und der Verpflichtung des Vertragspartners gerechtfertigt.

2. Rücktrittserklärung

Die Rücktrittserklärung ist gegenüber dem Vertragspartner abzugeben (§ 2296 II 2); **170** sie muss für den Erklärungsempfänger erkennbar machen, ob der Erblasser von allen vertragsmäßigen Verfügungen oder etwa nur von einer Verfügung Abstand nehmen will. Denn er soll sich auf die durch den Rücktritt herbeigeführte Änderung der Rechtslage einstellen können. Zum Schutz des Vertragspartners wird eine notarielle Beurkundung der Erklärung verlangt (§ 2296 II 2). Zugehen muss die Urschrift oder eine Ausfertigung. Eine (einfache oder beglaubigte) Abschrift genügt nicht.[161]

---

159 Zur Beweislast: BGH NJW 1952, 700; NJW-RR 1986, 371.
160 Ganz **hM;** Erman/*Schmidt* § 2294 Rn. 1; MüKoBGB/*Musielak* § 2294 Rn. 3; *Lange/Kuchinke* ErbR § 25 VII 5a, Fn. 263 mN; *Muscheler* ErbR I Rn. 2263; Palandt/*Weidlich* § 2294 Rn. 1.
161 Vgl. BGHZ 31, 5 (7); 36, 201.

Der Rücktritt ist auch dann unwirksam, wenn zu Lebzeiten des Zurücktretenden dem Partner nur eine beglaubigte Abschrift zugegangen ist und ihm erst nach dem Tod des Zurücktretenden eine Ausfertigung zugestellt wird, um dem erst zu dieser Zeit erkannten Zustellungsmangel abzuhelfen.[162] Eine Zustellung iSd ZPO ist nicht erforderlich;[163] es genügt Zugang gem. den §§ 130 ff.[164]

Nach § 130 II ist es auf die Willenserklärung ohne Einfluss, wenn der Erklärende nach der Abgabe stirbt oder geschäftsunfähig wird. Das könnte einen pfiffigen Erblasser dazu veranlassen, den beurkundenden Notar anzuweisen, erst nach seinem (des Erblassers) Tod die Rücktrittserklärung dem Vertragspartner zu übermitteln. Jedoch würde dadurch der geschilderte Sinn der Rücktrittserklärung vereitelt.[165] § 130 II ist zwar grundsätzlich auch für die Rücktrittserklärung anwendbar; wenn aber eine bewusste Verzögerung des Zugangs der Erklärung bis nach dem Tode des Erklärenden vorliegt, ist der Rücktritt unwirksam. Das gilt auch für den Fall der unbewussten Verzögerung, sofern der Zugang zu einem Zeitpunkt erfolgt, zu dem der Überlebende mit einem Rücktritt nicht mehr zu rechnen brauchte.[166]

Da in der Rücktrittserklärung materiell eine Verfügung über die Erbfolge liegt,[167] muss der Erblasser persönlich handeln; der Rücktritt kann also nicht durch einen Vertreter erfolgen (§ 2296 I 1).

Demnach ist bei Geschäftsunfähigkeit des Erblassers die Ausübung des Rücktrittsrechts nicht möglich. Dieses Ergebnis ist nicht uneingeschränkt zu begrüßen; man denke etwa daran, dass der Bedachte sich eines Verbrechens gegen den Erblasser schuldig gemacht hat.

Die Rücktrittserklärung des beschränkt geschäftsfähigen Erblassers ist ohne Zustimmung seines gesetzlichen Vertreters wirksam (§ 2296 I 2), gleichgültig, ob der Rücktritt für ihn von Vor- oder Nachteil ist.

3. Rücktrittswirkung

171 Übt der Erblasser sein Rücktrittsrecht aus, so wird beim zweiseitigen Erbvertrag im Zweifel der ganze Erbvertrag aufgehoben (§ 2298 II 1, III). Ist die durch Rücktritt außer Kraft getretene vertragsmäßige Verfügung mit Rücksicht auf eine rechtsgeschäftliche Verpflichtung des Bedachten getroffen worden, entfällt im Zweifel auch diese Verpflichtung (§ 139).[168]

Haben Eheleute in einer einzigen notariellen Verhandlung einen Erbvertrag und einen Ehevertrag, in dem allgemeine Gütergemeinschaft vereinbart wurde, abgeschlossen, so wird durch die Ausübung eines vertraglich vorbehaltenen Rücktritts vom Erbvertrag die Weitergeltung des Ehevertrages nicht berührt.[169] § 139 ist nicht entsprechend anwendbar; denn die Aufhebung der Gütergemeinschaft kann durch einseitiges Handeln eines Ehegatten nur über § 1447 (Aufhebungsklage) und nicht durch einseitige rechtsgeschäftliche Erklärung erreicht werden.

4. Aufhebungstestament des Rücktrittsberechtigten

172 Nach dem Tod des Vertragspartners gibt das Gesetz dem Rücktrittsberechtigten eine andere Möglichkeit, vertragsmäßige Verfügungen außer Kraft zu setzen. Gem. § 2297

---

162 BGHZ 48, 374; (Widerruf wechselbezüglicher Verfügungen eines gemeinschaftlichen Testaments).
163 Mot. V, 343 f.
164 *Brox/Walker* BGB AT Rn. 149 ff.
165 Vgl. BGHZ 9, 233 für den Widerruf wechselbezüglicher Verfügungen eines gemeinschaftlichen Testaments.
166 Vgl. BGHZ 48, 374 (384).
167 Mot. V, 344.
168 *Brox/Walker* BGB AT Rn. 353 ff.
169 BGHZ 29, 129.

S. 1 kann der Erblasser vertragsmäßige Verfügungen durch Testament (reines Widerrufstestament, § 2254; widersprechendes Testament, § 2258) aufheben. Bei einem Rücktrittsrecht wegen Verfehlung des Bedachten (§ 2294) sind gem. § 2297 S. 2 die Regeln über die Pflichtteilsentziehung (§ 2336 II–III) zu beachten; vor allem ist zur Wirksamkeit der Aufhebung erforderlich, dass der Erblasser den Grund, der zur Zeit der Testamentserrichtung bestehen muss, im Testament angibt.

III. Anfechtung

Der Erbvertrag kann auch durch Anfechtung vernichtet werden (§§ 2281 bis 2285). **173** Insbesondere für den Erblasser kann mit Rücksicht auf die Bindungswirkung der vertragsmäßigen Verfügungen ein Interesse an der Vernichtung durch Anfechtung bestehen (Einzelheiten: → Rn. 244 ff.).

Die Bindungswirkung des Erbvertrages

I. Einfluss auf andere Verfügungen des Erblassers
1. Frühere letztwillige Verfügungen des Erblassers werden aufgehoben, soweit sie das Recht des vertragsmäßig Bedachten beeinträchtigen (§ 2289 I 1).
2. Spätere Verfügungen von Todes wegen sind unwirksam, soweit sie den vertragsmäßig Bedachten beeinträchtigen (§ 2289 I 2).
   Ausnahme: Zustimmung des Bedachten
3. Verfügungen unter Lebenden sind weiterhin möglich. Aber bei Verfügungen in Beeinträchtigungsabsicht Schutz des vertragsmäßig Bedachten nach §§ 2287, 2288.

II. Ausnahmen von der Bindungswirkung
1. Abänderungsvorbehalt im Erbvertrag
2. Beschränkung des bedachten pflichtteilsberechtigten Abkömmlings wegen Verschwendungssucht oder Überschuldung durch Anordnung von Nacherbschaft oder Nachvermächtnis (§§ 2289 II, 2338)
3. Zustimmung des Bedachten

III. Beseitigung der Bindungswirkung
1. Aufhebung durch die Vertragsparteien
   a) Aufhebungsvertrag in Form des Erbvertrages (§§ 2290, 2276)
   b) Gemeinschaftliches Aufhebungstestament (§ 2292), auch eigenhändig möglich
   c) Aufhebungstestament mit Zustimmung des Vertragspartners (§ 2291)
2. Rücktritt vom Erbvertrag (durch notariell beurkundete Erklärung gegenüber dem Vertragspartner, § 2296, oder nach dessen Tod durch Rücktrittstestament, § 2297)
   a) aufgrund Rücktrittsvorbehalts (§ 2293; Wirkung: § 2298 II)
   b) bei schwerer Verfehlung des Bedachten (§§ 2294, 2333)
   c) bei Aufhebung der Gegenverpflichtung des Bedachten (§ 2295)
3. Anfechtung (§§ 2281 ff., → Rn. 244 ff.)

G. Besonderheiten bei Erbverträgen unter Ehegatten, Verlobten und Lebenspartnern

174 Zum Abschluss eines Erbvertrags zwischen Ehegatten oder Verlobten genügen deren beschränkte Geschäftsfähigkeit (Einzelheiten: § 2275 II, III; → Rn. 146) und, wenn der Erbvertrag mit einem Ehevertrag verbunden wird, die für diesen vorgeschriebene Form (§ 2276 II; → Rn. 147).

Haben Ehegatten oder Lebenspartner sich im Erbvertrag gegenseitig zu Erben eingesetzt und bestimmt, dass nach dem Tod des Überlebenden der beiderseitige Nachlass an einen Dritten fallen soll, so ist nach § 2280 die Bestimmung des § 2269 entsprechend anwendbar. Danach wird der Dritte im Zweifel nicht Nacherbe des Erstversterbenden, sondern Erbe des Letztversterbenden (→ Rn. 189).

Bei Abschluss des Erbvertrages gehen die Parteien regelmäßig davon aus, dass die Ehe, die Lebenspartnerschaft oder das Verlöbnis nicht vor dem Tode eines Partners aufgelöst wird. Tritt das wider Erwarten doch ein, ist die Verfügung im Zweifel unwirksam (Einzelheiten: §§ 2279 II, 2077; → Rn. 219).

Für die Beseitigung der Bindungswirkung enthält das Gesetz zwei Besonderheiten:

Eheleute und Lebenspartner können den Erbvertrag auch durch gemeinschaftliches Testament aufheben (§ 2292; → Rn. 166).

Der Erblasser kann zurücktreten, wenn der Bedachte sich einer Verfehlung schuldig macht, die den Erblasser zur Pflichtteilsentziehung berechtigt (§ 2294 iVm § 2333 II; → Rn. 568).

H. Zusammenfassung

175 Ein Erbvertrag liegt nur vor, wenn mindestens eine Vertragspartei wenigstens eine vertragsmäßige (bindende) Verfügung von Todes wegen trifft. Vertragsmäßig können Erbeinsetzungen, Vermächtnisse und Auflagen sein. Der Erbvertrag kann nur vor einem Notar bei gleichzeitiger Anwesenheit beider Vertragsparteien geschlossen werden. Er setzt grundsätzlich die Geschäftsfähigkeit beider Teile voraus; auf Seiten des Vertragserblassers ist eine Stellvertretung ausgeschlossen. Verschließung und amtliche Verwahrung des Vertrages sollen grundsätzlich erfolgen, sind aber keine Gültigkeitsvoraussetzungen.

Hinsichtlich der vertragsmäßigen Verfügung besteht eine Bindung des Erblassers; insoweit ist seine Testierfreiheit ausgeschlossen. Diese Bindungswirkung kann im Einverständnis des Vertragspartners beseitigt werden. Einseitig kann sich der Erblasser davon durch Anfechtung oder durch Rücktritt befreien; Voraussetzung ist aber, dass ein Anfechtungs- bzw. Rücktrittsgrund gegeben ist. Ein Rücktrittsrecht kann vertraglich vorbehalten oder kraft Gesetzes gegeben sein. Niemals wird der Erblasser durch einen Erbvertrag gehindert, über sein Vermögen durch Rechtsgeschäft unter Lebenden zu verfügen.

Für Erbverträge unter Ehegatten, Verlobten oder Lebenspartnern gibt es einige Sonderbestimmungen.

§ 15 Das gemeinschaftliche Testament von Ehegatten und Lebenspartnern

Literatur: *Battes,* Gemeinschaftliches Testament und Ehegattenerbvertrag als Gestaltungsmittel für   **176** die Vermögensordnung der Familie, 1974; *Baumann,* Zur Bindungswirkung wechselbezüglicher Verfügungen bei gem. § 2069 BGB ermittelten Ersatzerben, ZEV 1994, 351; *Buchholz,* Berliner Testament (§ 2269 BGB) und Pflichtteilsrecht der Abkömmlinge – Überlegungen zum Ehegattenerbrecht, FamRZ 1985, 872; *ders.,* »Einseitige Korrespektivität«. Entwicklung und Dogmatik eines Modells zu §§ 2270, 2271 BGB, Rpfleger 1990, 45; *von Dickhuth-Harrach,* Erbrecht und Erbrechtsgestaltung eingetragener Lebenspartner, FamRZ 2001, 1660; *ders.,* Die analoge Anwendung der §§ 2287, 2288 BGB auf gemeinschaftliche Testamente schon vor Eintritt der Bindungswirkung, FamRZ 2005, 322; *Helms,* Der Widerruf und die Anfechtung wechselbezüglicher Verfügungen bei Geschäfts- und Testierunfähigkeit, DNotZ 2003, 104; *Jünemann,* Rechtsstellung und Bindung des überlebenden Ehegatten bei vereinbarter Wiederverheiratungsklausel im gemeinschaftlichen Testament, ZEV 2000, 81; *Kanzleiter,* Gemeinschaftliche Testamente bitte nicht auch für Verlobte!, FamRZ 2001, 1198; *Kanzleiter,* Empfiehlt es sich, das privatschriftliche gemeinschaftliche Testament abzuschaffen?, ZEV 2011, 1; *Keim,* Regelungen für den »gemeinsamen« und »gleichzeitigen« Tod im Ehegattentestament, ZEV 2005, 10; *Kellermann,* Die Auswirkungen einer Scheidung auf das Ehegattenerbrecht, JuS 2004, 1071; *Köster,* Das Schicksal des gemeinschaftlichen Testaments nach Auflösung der Ehe – Probleme des § 2268 BGB, JuS 2005, 407; *Kuchinke,* Enttäuschte Erwartungen eines Schlusserben – BGHZ 82, 274, JuS 1988, 853; *ders.,* Beeinträchtigende Anordnungen des an seine Verfügungen gebundenen Erblassers, FS v. Lübtow, 1991, 283; *Langenfeld,* Testamentsgestaltung, 4. Aufl., 2010; *Muscheler,* Der Einfluß der Eheauflösung auf das gemeinschaftliche Testament, DNotZ 1994, 733; *ders.,* Kindespflichtteil und Erbschaftsteuer beim Berliner Testament, ZEV 2001, 377; *Olzen,* Letztwillige Verfügungen unter Ehegatten, JuS 2005, 673; *Peißinger,* Das gemeinschaftliche Testament, zur Problematik der Erforschung des Erblasserwillens für Beteiligte und Gericht, Rpfleger 1995, 325; *Pfeiffer,* Das gemeinschaftliche Ehegattentestament – Konzept, Bindungsgrund und Bindungswirkungen, FamRZ 1993, 1266; *Radke,* Das Berliner Testament und die gegenseitige gemeinschaftliche Einsetzung der Ehegatten zu Vorerben in Formularsammlungen, 1999; *ders.,* Überlegungen zur Gestaltung der Wechselbezüglichkeit im gemeinschaftlichen Testament, NotBZ 2001, 15; *Rappenglitz,* Der Widerruf wechselbezüglicher Verfügungen mittels postmortal zugegangener Widerrufserklärung, Rpfleger 2001, 531; *Röthel,* Gutachten A zum 68. DJT, 2010, S. A 67 ff.; *Sachs,* Ehegattentestament und Pflichtteilsrecht, JuS 2001, 292; *Schermann,* Der Schutz des Vermächtnisnehmers im gemeinschaftlichen Testament und Ehegattenerbvertrag, 2006; *Scheuren/ Brandes,* Zur Entstehungsgeschichte des § 2269 BGB, insbesondere zur Frage der Herkunft der Bezeichnung »Berliner Testament«, Jura 2002, 734; *J. Schneider,* Wie ist der Rücktritt vom Erbvertrag, wie der Widerruf eines gemeinschaftlichen Testamentes zu erklären?, ZEV 1996, 220; *Tiedtke,* Zur Bindung des überlebenden Ehegatten an das gemeinschaftliche Testament bei Ausschlagung der Erbschaft als eingesetzter, aber Annahme als gesetzlicher Erbe, FamRZ 1991, 1259; *Wacke,* Gemeinschaftliche Testamente von Verlobten, FamRZ 2001, 457; *Waltermann,* Benachteiligende Schenkungen des testamentarisch gebundenen Erblassers – OLG Frankfurt, NJW-RR 1991, 1157, JuS 1993, 276; *Zimmer,* Erbrecht: Wechselbezügliche Verfügungen beim Gemeinschaftlichen Testament, NJW 2009, 2364.

Fälle:

a) Die Eheleute Max und Frieda Müller haben zur selben Zeit auf getrennten Briefbögen, die anschließend mit einer Heftklammer verbunden worden sind, eigenhändig die folgenden letztwilligen Verfügungen getroffen:

»Ich setze meine Frau als Alleinerbin ein. Köln, den 2. März 2003 Max Müller.

Ich setze meinen Mann als Alleinerben ein. Köln, den 2. März 2003 Frieda Müller.«

Handelt es sich um ein gemeinschaftliches Testament? (→ **Rn. 176**)

b) Verlobte haben sich in einem gemeinschaftlichen Testament gegenseitig zu Erben eingesetzt. Nach der Hochzeit erklären sie, das Testament entspreche auch jetzt noch ihrem Willen. Ist das Testament gültig? (→ **Rn. 180**)

c) Eheleute haben in einem gemeinschaftlichen Testament sich gegenseitig als Erben und ihre beiden Söhne zu Erben des Längstlebenden eingesetzt. Nach dem Tod des zuerst verstorbenen Vaters will der ältere Sohn wissen, was ihm jetzt von der Erbschaft zusteht. (→ **Rn. 189**)

d) Kinderlose Eheleute haben sich in einem gemeinschaftlichen Testament gegenseitig zu Erben eingesetzt. Später setzt der Ehemann in einem privatschriftlichen Testament seinen Freund A zu seinem Alleinerben ein, wovon die Ehefrau nichts erfährt. Bei einem Autounfall verunglückt das Ehepaar tödlich; es lässt sich nicht feststellen, wer zuerst gestorben ist. Die Geschwister der Eheleute und A streiten sich um die Erbschaft. (→ **Rn. 194**)

A. Begriff und Bedeutung

I. Begriff

Das gemeinschaftliche Testament (Beispiel: → Rn. 833) ist die Zusammenfassung von gemeinschaftlich getroffenen letztwilligen Verfügungen mehrerer Personen. Ein solches gemeinschaftliches Testament kann nach geltendem Recht nur von Ehegatten (§ 2265) und von Lebenspartnern iSv § 1 LPartG (§ 10 IV LPartG) errichtet werden. Es handelt sich dabei immer um *zwei* Verfügungen von Todes wegen: Die Ehegatten/Lebenspartner verfügen zwar gemeinschaftlich, aber jeder einseitig. Im Gegensatz zum Erbvertrag, der eine Doppelnatur (Verfügung von Todes wegen und Vertrag) hat, ist das gemeinschaftliche Testament nur Verfügung von Todes wegen und nicht auch ein Vertrag. Der Vertragscharakter fehlt auch dann, wenn es sich um wechselbezügliche Verfügungen (§ 2270) handelt (zB Ehegatten/Lebenspartner haben sich gegenseitig zu Erben eingesetzt); denn selbst hier tritt mit Errichtung des gemeinschaftlichen Testaments keine Bindungswirkung zu Lebzeiten der Ehegatten/Lebenspartner ein (§ 2271).

Ein gemeinschaftliches Testament setzt voraus, dass jeder der Ehegatten/Lebenspartner eine letztwillige Verfügung trifft und beide aufgrund eines gemeinsamen Entschlusses handeln. Wählen sie die Form des öffentlichen Testaments (→ Rn. 181), so ergibt sich die Gemeinschaftlichkeit schon aus der Errichtung des Testaments in einer einheitlichen Verhandlung. Das gemeinschaftliche Testament kann jedoch auch in der Form des eigenhändigen Testaments errichtet werden (→ Rn. 183). In diesem Fall stellt sich das Problem, welche Voraussetzungen erfüllt sein müssen, damit die beiden letztwilligen Verfügungen ein gemeinsames Testament darstellen. Insbesondere fragt es sich, ob die Verfügungen in *einer* Urkunde enthalten sein müssen. Diese Frage, zu der das Gesetz schweigt, ist für die Anwendung der nur für gemeinschaftliche Testamente geltenden Vorschriften des § 2268 (→ Rn. 180) und der §§ 2270, 2271 (→ Rn. 192 ff.) von Bedeutung.

Das RG verlangte für das gemeinschaftliche Testament, dass die beiden letztwilligen Verfügungen in *einer* Urkunde enthalten waren.[170] Dem Willen der Ehegatten wurde keine Bedeutung beigemessen. Nach der Auffassung des RG schied daher ein gemeinschaftliches Testament aus, wenn die Ehegatten ihre letztwilligen Verfügungen in getrennten Urkunden trafen, dabei aber mit dem Willen handelten, ein gemeinschaftliches Testament zu errichten. Andererseits sollte ein gemeinschaftliches Testament

---

170 Vgl. die Entscheidung in RGZ 72, 204 f., die jedoch auf § 2267 aF beruhte.

selbst dann vorliegen, wenn die Eheleute die Form des gemeinschaftlichen Testaments wählten, aber in Wirklichkeit Einzeltestamente errichten wollten. Die Ansicht des RG ist abzulehnen, zumal in der Zwischenzeit § 2267 geändert worden ist.[171]

Die meisten Testamente sind zwar in *einer* Urkunde enthalten. Es ist aber kein Grund dafür ersichtlich, dass ein privatschriftliches gemeinschaftliches Testament in einer einzigen Urkunde enthalten sein muss. Die Klammer zwischen beiden Verfügungen der Ehegatten/Lebenspartner ist vielmehr der *gemeinschaftliche Wille* beider Erblasser. Denn das Wesentliche des gemeinschaftlichen Testaments ist es gerade, dass die Eheleute/Lebenspartner gemeinsam verfügen wollen. Deshalb ist allein auf den Willen der Erblasser abzustellen. Dieser ist durch Auslegung der Erklärungen zu ermitteln; dabei sind auch Umstände außerhalb der Urkunde zu berücksichtigen. Auch der BGH[172] hält den Willen der Erblasser für entscheidend, verlangt aber, dass dieser Wille aus den beiden Erklärungen selbst erkennbar ist. Damit wird jedoch die Auslegung ohne hinreichenden Grund eingeschränkt (→ Rn. 200).

> Demnach liegt ein gemeinschaftliches Testament vor, wenn jeder Ehegatte/Lebenspartner auf einem besonderen Bogen sein Testament errichtet hat, aber der Wille, gemeinschaftlich zu verfügen, durch Auslegung feststellbar ist (**Fall a**).

Voraussetzung für ein gemeinschaftliches Testament ist stets, dass die Ehegatten/Lebenspartner aufgrund eines gemeinsamen Entschlusses handeln. Ein gleichzeitiges Handeln ist jedoch nicht erforderlich. Deshalb ist es zulässig, dass zunächst ein Ehegatte/Lebenspartner seine letztwillige Verfügung errichtet und sie dann dem anderen Teil gibt, der sich der Verfügung anschließt. Von einem gemeinschaftlichen Testament kann aber dann keine Rede sein, wenn ein Ehegatte/Lebenspartner sich der Verfügung des anderen anschließt, ohne dass dieser etwas davon weiß; denn hier fehlt es an einem gemeinschaftlichen Entschluss.

II. Bedeutung

Das gemeinschaftliche Testament von Ehegatten hat in der Praxis große Bedeutung, **177** und zwar wegen des Formprivilegs sowie – bei den wechselbezüglichen Verfügungen – wegen der beschränkten Bindungswirkung und der gegenseitigen Abhängigkeit. Die folgenden Ausführungen gelten für gemeinschaftliche Testamente von Lebenspartnern entsprechend.

1. Das Formprivileg zeigt sich besonders bei der Errichtung eines gemeinschaftlichen eigenhändigen Testaments. Hier genügt es, dass ein Ehegatte die Verfügungen beider Ehegatten eigenhändig schreibt und unterschreibt und der andere Ehegatte diese gemeinschaftliche Erklärung eigenhändig mitunterzeichnet (§ 2267). Von dem zweiten Ehegatten wird also nur eine eigenhändige Unterschrift verlangt.

Im Gegensatz zum Erbvertrag, der nur zur Niederschrift eines Notars geschlossen werden kann (§ 2276), kann das gemeinschaftliche Ehegattentestament in allen für das Testament zulässigen Formen errichtet werden, das privatschriftliche noch dazu in der geschilderten erleichterten Weise. Deshalb ziehen Ehegatten vielfach das gemeinschaftliche Testament dem Erbvertrag vor.

---

171 Vgl. schon *Coing* JZ 1952, 611.
172 BGHZ 9, 113 f.; ebenso OLG München Rpfleger 2008, 642; vgl. auch Soergel/*Wolf* § 2267 Rn. 2.

178 2. Eine besondere Interessenlage besteht beim gemeinschaftlichen Testament hinsichtlich der wechselbezüglichen (korrespektiven) Verfügungen. Das sind solche, die der
eine Ehegatte nur mit Rücksicht auf die Verfügungen des anderen Ehegatten getroffen
hat (gegenseitige Abhängigkeit der Verfügungen). Hier ist das Vertrauen des Erstversterbenden, nach seinem Tod werde der Überlebende nicht anders verfügen, zu
schützen. Deshalb bestimmt § 2271 II, dass das Recht zum Widerruf mit dem Tod
des anderen Ehegatten erlischt. Insoweit besteht also im Interesse des anderen Ehegatten eine Bindungswirkung bei wechselbezüglichen Verfügungen.

> Ob wechselbezügliche Verfügungen vorliegen, ist durch Auslegung festzustellen.[173] Im Zweifel hilft
> die Änderungsregel des § 2270 II. Haben Eheleute in einem gemeinschaftlichen Testament einen
> Neffen des Mannes und eine Nichte der Frau als Erben zu je ½ eingesetzt, ist regelmäßig davon
> auszugehen, dass der Mann die Nichte seiner Frau nur deshalb zu seiner Erbin eingesetzt hat, weil
> seine Frau seinen Neffen zu ihrem Erben bestimmt hat. Es wäre unbillig, wenn die Frau nach dem Tod
> ihres Mannes, der entsprechend seiner letztwilligen Verfügung von seinem Neffen und der Nichte
> seiner Frau beerbt worden ist, ihre letztwillige Verfügung widerrufen könnte und etwa anstelle des
> Neffen ihres Mannes ihren eigenen Neffen neben ihrer Nichte zum Erben bestimmen könnte.

Hinsichtlich der Entstehung der Bindungswirkung besteht ein Unterschied zum
Erbvertrag. Bei diesem tritt die Bindungswirkung für die vertragsmäßigen Verfügungen mit Abschluss des Vertrags ein; sie folgt aus der Vertragsnatur. Bei wechselbezüglichen Verfügungen im gemeinschaftlichen Testament entsteht sie erst mit dem
Tod des anderen Ehegatten; vor diesem Zeitpunkt ist auch eine wechselbezügliche
Verfügung einseitig frei widerruflich. Allerdings muss der Widerruf mit Rücksicht
auf das zu schützende Vertrauen des anderen Ehegatten durch persönliche, notariell
beurkundete Erklärung gegenüber dem anderen Ehegatten erfolgen (§§ 2271 I,
2296).

Die gegenseitige Abhängigkeit der wechselbezüglichen Verfügungen zeigt sich in
§ 2270 I; danach hat die Nichtigkeit oder der Widerruf der einen Verfügung die
Unwirksamkeit der anderen zur Folge.

Gerade in dieser gegenseitigen Abhängigkeit und in der beschränkten Bindungswirkung liegt das Besondere des gemeinschaftlichen Testaments. Dieses steht zwischen
Testament und Erbvertrag. Ehegatten, denen die beschränkte Bindungswirkung genügt, werden dem gemeinschaftlichen Testament, weil es privatschriftlich errichtet
werden kann, gegenüber dem Erbvertrag den Vorzug geben.

179 3. Die Zulassung des gemeinschaftlichen Testaments ist rechtspolitisch nicht bedenkenfrei. Die Motive[174] lehnten es als eine *unklare* Mitte zwischen Erbvertrag und Testament im Hinblick auf die
Schwierigkeiten bei der Ermittlung des wirklichen Willens der Verfügenden und der sich daraus
ergebenden zahlreichen Streitigkeiten ab. Die zweite Kommission ließ das gemeinschaftliche Testament für Ehegatten (und nicht für Verlobte) nur mit dem Hinweis auf die Gewohnheit in weiten
Kreisen zu.[175] Das war bei dem damaligen Stand des Gesetzgebungsverfahrens verständlich, weil das
private Testament noch nicht vorgesehen war. Als man es später zuließ, galt das auch für das
gemeinschaftliche Testament, so dass die Möglichkeit einer Beratung der Ehegatten durch die Urkundsperson (wie beim öffentlichen Testament) nicht mehr bestand. Damit wurde die Gefahr herauf-
beschworen, dass der gerissenere Ehegatte seinen Partner bei der Abfassung des gemeinschaftlichen
Testaments übervorteilt.

---

173 OLG Frankfut NJW-RR 2012, 776 (777).
174 V, 253 f.
175 Prot. V, 426 ff.

B. Errichtung

I. Beschränkung auf Ehegatten und Lebenspartner

1. Nur Eheleute und Lebenspartner iSd LPartG können ein gemeinschaftliches Testa- **180** ment errichten (§ 2265; § 10 IV LPartG). Daraus folgt, dass im Zeitpunkt der Errichtung die Ehe/Lebenspartnerschaft bestehen muss; sie darf also noch nicht rechtskräftig aufgehoben oder geschieden worden sein.

> Im **Fall b** ist das gemeinschaftliche Testament der Verlobten nichtig. Es wird auch nicht durch die Eheschließung wirksam. Die Bestätigung, die als erneute Vornahme zu beurteilen ist (§ 141 I), ist unwirksam, weil die Formvorschriften für die Testamentserrichtung nicht beachtet sind. Zu prüfen ist aber, ob das gemeinschaftliche Testament als Erbvertrag (Form!) oder als Einzeltestament (Form!) aufrechterhalten werden kann. Hätte der einzelne Erblasser bei Kenntnis der Nichtigkeit des gemeinschaftlichen Testaments in einem Einzeltestament ebenso verfügt, kommt eine Umdeutung in Betracht.[176] Das ist bei nicht wechselbezüglichen Verfügungen eher anzunehmen als bei wechsel-bezüglichen, aber auch bei diesen nicht schlechthin ausgeschlossen;[177] man denke an die Einsetzung der gemeinschaftlichen Kinder. Entscheidend ist der hypothetische Erblasserwille (→ Rn. 201 ff.).

2. Haben Ehegatten/Lebenspartner ein gemeinschaftliches Testament errichtet und wird später die Ehe/Lebenspartnerschaft durch Aufhebungs- oder Scheidungsurteil mit ex-nunc-Wirkung aufgelöst, steht § 2265 der Wirksamkeit des Testaments nicht entgegen; denn im Zeitpunkt der Errichtung lagen die Voraussetzungen noch vor. Aber man wird im Regelfall annehmen können, dass die Eheleute/Lebenspartner bei Errichtung des gemeinschaftlichen Testaments davon ausgingen, bis zum Tod miteinander verheiratet oder in einer Lebenspartnerschaft verbunden zu sein. Hätten sie mit einer Auflösung ihrer Ehe oder Partnerschaft durch Richterspruch gerechnet, hätten sie wohl nicht gemeinschaftlich testiert. Deshalb ist für diesen Fall das gemein-schaftliche Testament regelmäßig seinem ganzen Inhalt nach unwirksam (§§ 2268, 2077, § 10 IV 2 LPartG; → Rn. 219).

Das gilt auch, wenn ein Ehegatte/Lebenspartner zur Zeit seines Todes den Antrag auf Aufhebung oder Scheidung der Ehe gestellt hatte (Näheres: §§ 2268, 2077 I 2u. 3, 1933; → Rn. 219).

Ausnahmsweise bleiben die Verfügungen insoweit wirksam, als anzunehmen ist, dass sie auch für den Fall der Scheidung usw. getroffen sein würden (§ 2268 II). § 2268 enthält wie § 2077 eine Auslegungsregel.

Schließen die Eheleute/Lebenspartner nach der Scheidung erneut miteinander die Ehe oder begründen sie erneut eine Lebenspartnerschaft, so wird damit ihr gemeinschaftliches Testament nicht wieder wirksam; jedoch ist durch Ermittlung des (hypothetischen) Willens der Eheleute/Lebenspartner zur Zeit der Testamentserrichtung zu prüfen, welche Verfügungen die Beteiligten getroffen hätten, wenn sie die Scheidung/Aufhebung und Wiederheirat/Wiederbegründung der Partnerschaft als möglich vorausgesehen hätten.[178]

II. Form

Die Form des gemeinschaftlichen Testaments von Ehegatten (für Lebenspartner gilt **181** Entsprechendes) bestimmt sich danach, ob es als öffentliches oder privates errichtet wird.

---

176 Vgl. KG NJW 1972, 2133; BayObLG FamRZ 1992, 353.
177 Ebenso: Soergel/*Wolf* § 2265 Rn. 5.
178 BayObLG NJW 1996, 133; dazu *Hohloch* JuS 1996, 361.

1. Beim *öffentlichen* Testament ergeben sich Besonderheiten nur daraus, dass *zwei* Erblasser vorhanden sind. *Beide* müssen testierfähig sein und in einer Verhandlung das Testament errichten; darüber ist eine Niederschrift aufzunehmen. Die Gemeinschaftlichkeit verlangt weiter, dass jeder Ehegatte die Verfügungen des anderen kennt.[179]

Aus diesen Grundsätzen folgt zB:
Regelmäßig kann jeder Ehegatte die Errichtungsart wählen. So kann zB der eine seinen letzten Willen mündlich erklären, der andere eine Schrift überreichen. Die Übergabe einer verschlossenen Schrift ist unzulässig, sofern der andere Ehegatte von dem Inhalt keine Kenntnis hat.
Ein minderjähriger Ehegatte vermag nur durch Erklärung oder durch Übergabe einer offenen Schrift das Testament zu errichten (§ 2233 I; → Rn. 90). Danach kann auch der andere, volljährige Ehegatte nicht durch Übergabe einer verschlossenen Schrift testieren, selbst wenn der Minderjährige den Inhalt kennt. Die Urkundsperson könnte sonst ihrer Pflicht, den Minderjährigen zu beraten (→ Rn. 90), nicht nachkommen, weil sie die Schrift des Partners nicht kennt.
Der Notar ist als Urkundsperson ausgeschlossen, wenn er naher Angehöriger eines der beiden Erblasser ist (vgl. § 6 BeurkG; → Rn. 107).
Überwachungspersonen sollen zugezogen werden, wenn nur einer der Erblasser nach seinen Angaben oder nach der Überzeugung des Notars nicht hinreichend zu hören, zu sprechen oder zu sehen vermag (vgl. § 22 BeurkG; → Rn. 114).

182 **2.** Ein gemeinschaftliches Testament in der Form des *Nottestaments* (§§ 2249 f.; → Rn. 129 ff.) ist schon dann zulässig, wenn die entsprechenden Voraussetzungen nur in der Person eines der beiden Ehegatten vorliegen (§ 2266; Beispiel: nahe Todesgefahr eines Ehegatten).

183 **3.** Für das gemeinschaftliche *eigenhändige Testament* sieht § 2267 gegenüber § 2247 eine Formerleichterung vor: Es genügt, wenn ein Ehegatte das Testament eigenhändig schreibt und unterschreibt (§ 2247 I) und der andere Ehegatte die gemeinschaftliche Erklärung eigenhändig mitunterzeichnet. Diese Mitunterzeichnung des anderen Ehegatten kann grundsätzlich auch noch nach längerer Zeit erfolgen; allerdings muss zum Zeitpunkt dieser Beitrittserklärung der Wille des Ersttestierenden zur Errichtung eines gemeinschaftlichen Testaments fortbestehen.[180] Der mitunterzeichnende Ehegatte soll hierbei angeben, zu welcher Zeit und an welchem Ort er seine Unterschrift beigefügt hat.

Erforderlich ist aber, dass beide Ehegatten volljährig sind und Geschriebenes lesen können (§ 2247 IV). Aus der Wertung dieser Vorschrift ergibt sich auch, dass die Unterschrift des mit unterzeichnenden Ehegatten nicht vorweg blanko geleistet werden darf.[181]

§ 2267 enthält nicht die einzig mögliche Form der Errichtung eines gemeinschaftlichen eigenhändigen Testaments, sondern bringt nur eine Erleichterung (»genügt es«). Die Ehegatten können das gemeinschaftliche Testament auch gem. § 2247 I errichten. Dann muss also jeder Ehegatte seine Erklärung eigenhändig schreiben und unterschreiben.

Kein formgültiges gemeinschaftliches Testament liegt vor, wenn der Ehemann zunächst seine Verfügungen schreibt und unterschreibt und dann auch die Verfügungen der Frau schreibt, die diese unterschreibt.[182] Grund: Hier hat jeder nur seine eigene Verfügung unterschrieben.

---

179 Palandt/*Weidlich* Einf. v. § 2265 Rn. 4.
180 OLG München NJW-RR 2012, 338.
181 Vgl. OLG Hamm NJW-RR 1993, 269.
182 BGH NJW 1958, 547; zustimmend Erman/*Schmidt* § 2267 Rn. 1; Staudinger/*Kanzleiter* (2006) § 2267 Rn. 15.

III. Verwahrung

Für die Verwahrung gilt das bei den einzelnen Testamenten Gesagte. Beim Tod eines **184** Ehegatten/Lebenspartners werden nur seine Verfügungen eröffnet, während die davon trennbaren Verfügungen des anderen Teils wegen dessen Interesse an der Geheimhaltung nicht verkündet und den Beteiligten auch nicht zur Kenntnis gebracht werden (Näheres: § 349 FamFG).

C. Inhalt und Arten

I. Inhalt

Inhalt des gemeinschaftlichen Testaments kann alles das sein, was in einer Verfügung **185** von Todes wegen enthalten sein kann (→ Rn. 87). Als wechselbezügliche Verfügungen kommen aber gem. § 2270 III nur Erbeinsetzungen, Vermächtnisse und Auflagen in Betracht (vgl. die entsprechende Regelung bei den vertragsmäßigen Verfügungen im Erbvertrag, § 2278 II).

II. Arten

Hinsichtlich der Arten kann man unterscheiden: **186**

1. *Testamenta correspectiva.* Darunter versteht man gemeinschaftliche Testamente, in denen die Verfügungen des einen Gatten/Partners in ihrer Wirksamkeit von der Wirksamkeit der Verfügungen des anderen abhängen (gegenseitig abhängige, wechselbezügliche, korrespektive Testamente). Die Verfügungen des einen Gatten/Partners sollen mit denen des anderen stehen und fallen.[183] Entscheidend dafür ist, ob die Eheleute/Lebenspartner eine solche Abhängigkeit gewollt haben.

> **Beispiel:** Ehegatten setzen sich gegenseitig zu Erben und die gemeinsamen Kinder zu Erben des Längstlebenden ein. Diese Verfügungen sind in der Regel von den Eheleuten als wechselbezügliche gewollt (vgl. die Auslegungsregel des § 2270 II, die allerdings erst zum Zug kommt, wenn der Wille der Testierenden nicht durch Auslegung ermittelt werden kann).

2. *Testamenta reciproca.* Dabei handelt es sich um gemeinschaftliche Testamente, in denen die Ehegatten/Lebenspartner sich gegenseitig bedenken oder der eine mit Rücksicht auf den anderen Gatten/Partner einen Dritten bedenkt (gegenseitige Testamente). Hier besteht eine innere Verbindung beider Verfügungen, ohne dass diese jedoch als wechselbezüglich gewollt sind.

> **Beispiel:** Mann und Frau setzen sich gegenseitig zu Erben ein (inhaltlicher Zusammenhang beider Verfügungen); der reiche Mann wollte seine arme Frau aber auch dann zur Erbin einsetzen, wenn diese ihn nicht zum Erben bestimmt hätte. Zwischen beiden Verfügungen sollte also keine derartige Abhängigkeit bestehen, dass die Wirksamkeit der einen Verfügung von der Wirksamkeit der anderen abhängig ist.

3. *Testamenta mere simultanea.* Das sind gemeinschaftliche Testamente, die nur äußerlich die Verfügungen der Ehegatten/Lebenspartner zusammenfassen, ohne dass die Verfügungen gegenseitig oder gar wechselbezüglich sind. Die Eheleute/Lebenspartner machen also nur von dem Formprivileg Gebrauch (Testiergemeinschaft).

---

183 RGZ 116, 148 f.; OLG Hamm FamRZ 2004, 662; Palandt/*Weidlich* § 2270 Rn. 1; Soergel/*Wolf* § 2270 Rn. 2.

Beispiel: In einem vom Mann geschriebenen und von beiden Eheleuten unterschriebenen Testament setzt jeder Ehegatte seine Kinder aus seiner früheren Ehe zu Erben ein.

Das gemeinschaftliche Ehegattentestament (§§ 2265 ff.)

I. Begriff
Zusammenfassung von gemeinschaftlich getroffenen letztwilligen Verfügungen von Ehegatten oder Lebenspartnern (nicht notwendig in einer einzigen Urkunde)

II. Unterschiede zum Erbvertrag (→ Rn. 144 ff.)
 1. Als eigenhändiges Testament ohne Mitwirkung eines Notars möglich (§ 2267)
 2. Beschränkte Bindungswirkung bei wechselbezüglichen Verfügungen (→ **Rn. 192 ff.**) erst nach dem Tod des Erstversterbenden; bis dahin durch notariell beurkundete Erklärung gegenüber dem anderen Teil frei widerrufbar (§§ 2271 I, 2296)

III. Errichtung
 1. Beschränkung auf Ehegatten (§ 2265) und Lebenspartner (§ 10 IV LPartG); bei Auflösung der Ehe/Lebenspartnerschaft zu Lebzeiten wird das Testament unwirksam (§§ 2268, 2077), wenn nichts anderes bestimmt ist (§ 2268 II)
 2. Form: als öffentliches, als eigenhändiges Testament und als Nottestament möglich. Besonderheiten: §§ 2266, 2267
 3. Inhalt: alles, was in einer Verfügung von Todes wegen enthalten sein kann; als wechselbezügliche Verfügungen nur Erbeinsetzungen, Vermächtnisse und Auflagen (§ 2270 III)

D. Gegenseitige Erbeinsetzung (Berliner Testament)

I. Auslegungsmöglichkeiten

187 Unter einem Berliner Testament (so die frühere nichtamtliche Überschrift zu § 2269) versteht man ein gemeinschaftliches Testament, in dem die Ehegatten/Lebenspartner sich gegenseitig und einen Dritten (bei Ehegatten meist die Kinder) zu Erben des Überlebenden einsetzen. Hier ist durch Auslegung zu ermitteln, was die beiden Erblasser damit gewollt haben. Zwei Möglichkeiten, die im Folgenden am Beispiel des Berliner Testaments von Ehegatten erklärt werden (für Lebenspartner gilt Entsprechendes), sind denkbar:

1. Stirbt einer der Ehegatten (zB der Mann), wird der überlebende Ehegatte (die Frau) Vorerbe, und die Kinder werden Nacherben (→ Rn. 343). Beim Tode des längstlebenden Gatten (Frau) tritt der Nacherbfall ein. Die Kinder erhalten als Nacherben ihres Vaters dessen Nachlass nach ihrer Mutter, und außerdem werden sie (Voll-)Erben ihrer Mutter.

Man spricht hier vom »*Trennungsprinzip*«. Es bestehen zwei rechtlich voneinander getrennte Vermögensmassen. Mit dem Tod des Mannes erwirbt die Frau dessen Nachlass als Vorerbin; außerdem ist und bleibt sie Inhaberin ihres Eigenvermögens.

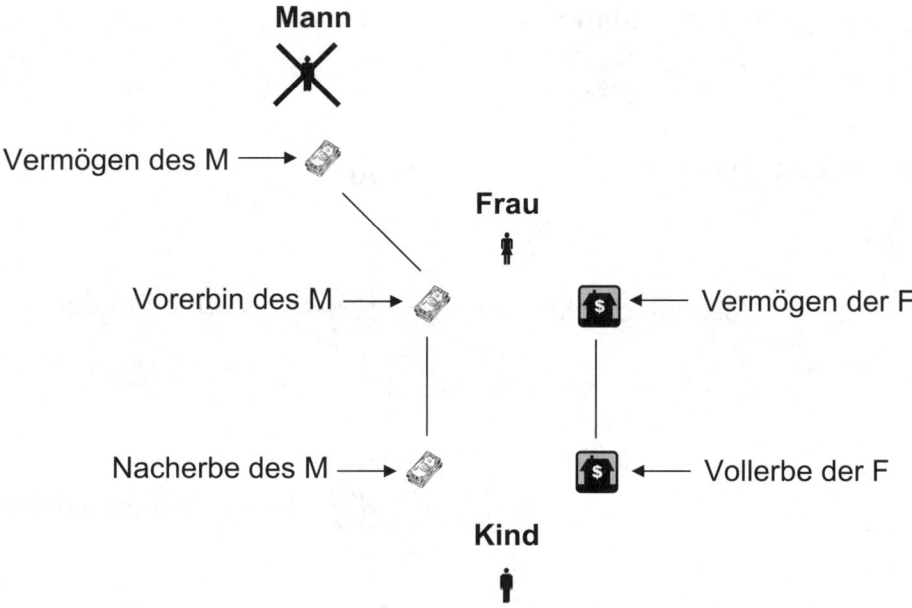

2. Der überlebende Ehegatte (zB die Frau) kann aber auch nach dem Tode des Erstverstorbenen (des Mannes) dessen Vermögen als Vollerbe erwerben. Die Kinder beerben später als Schlusserben ihre Mutter bei deren Tod. Damit erwerben sie das mütterliche Vermögen, in dem auch der noch vorhandene väterliche Nachlass enthalten ist.

Man spricht hier vom »*Einheitsprinzip*«, weil beim Tod des erstversterbenden Gatten dessen Vermögen mit dem des überlebenden Gatten rechtlich zu einer Einheit verschmilzt.

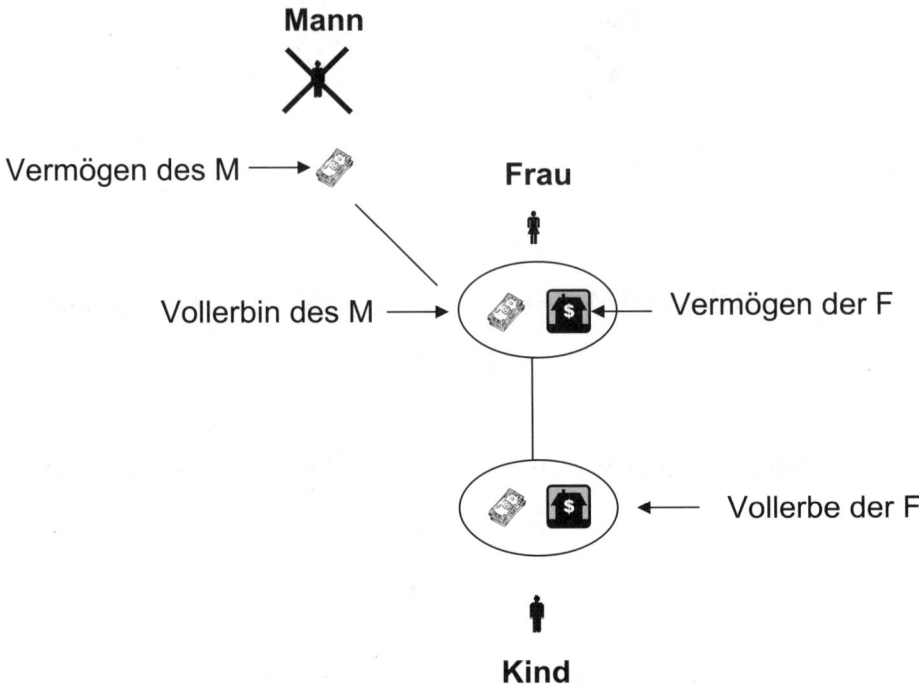

II. Folgen beim Trennungs- und Einheitsprinzip

188 Die Unterscheidung der beiden Möglichkeiten hat erhebliche praktische Konsequenzen:

1. Der überlebende Ehegatte wird beim Trennungsprinzip lediglich Vorerbe. Er unterliegt also hinsichtlich des Nachlasses des verstorbenen Gatten den Verfügungsbeschränkungen eines Vorerben (§§ 2112 ff.); bezüglich seines eigenen Vermögens ist er selbstverständlich frei. Beim Einheitsprinzip ist der überlebende Gatte auch hinsichtlich des Nachlasses des Verstorbenen frei, da er dessen Vollerbe ist.

Besonderheiten können sich im letzten Fall bei Wechselbezüglichkeit ergeben (§§ 2287 f.; → Rn. 192 ff.).

2. Der Dritte (im genannten Beispiel also die Kinder) wird beim Trennungsprinzip im Zeitpunkt des Todes des erstversterbenden Gatten dessen Nacherbe; er erwirbt eine veräußerliche und vererbliche Anwartschaft (→ Rn. 356 ff.). Beim Einheitsprinzip erwirbt dagegen der Dritte beim Tod des Erstversterbenden nichts; das Kind wird also nur dann Erbe, wenn es den letztversterbenden Elternteil überlebt.

Stirbt zB ein Kind der Eheleute nach dem Tod des Vaters, aber vor dem Tod der Mutter, so geht die beim Trennungsprinzip erworbene Anwartschaft grundsätzlich auf seine Erben, etwa seine Frau und seine Kinder, über (vgl. § 2108 II 1). Beim Einheitsprinzip dagegen gehört nichts aus dem Nachlass des verstorbenen Vaters zum Nachlass des verstorbenen Kindes. Dessen Kinder (nicht seine Frau) kommen nur dann in den Genuss des Nachlasses ihrer Großeltern, wenn sie die Großmutter überleben; denn dann werden sie (anstelle ihres verstorbenen Vaters) unmittelbare Erben ihrer Großmutter (vgl. §§ 2068 f., 1924 III).

3. Ist der Dritte gem. § 2303 pflichtteilsberechtigt (zB als Kind der Eheleute), so kann er nach dem Tod des erstverstorbenen Ehegatten beim Trennungsprinzip nur dann den Pflichtteil verlangen, wenn er (wegen der Anwartschaft) die Nacherbschaft ausschlägt (§ 2306 I , II). Beim Einheitsprinzip erhält er beim Tod des erstversterbenden Elternteils nichts, so dass er den Pflichtteil ohne Ausschlagung verlangen kann (§ 2303 I 1).

Hat ein Kind nach dem Tod des zuerst verstorbenen Elternteils seinen Pflichtteil verlangt, so ist es beim Tod des zuletzt versterbenden Elternteils dessen Erbe. Das bedeutet im Fall des Trennungsprinzips: Das Kind wird Erbe seiner zuletzt verstorbenen Mutter hinsichtlich deren Nachlasses. Da das Kind die Nacherbschaft in Bezug auf das Vermögen des Vaters ausgeschlagen hat, kommt es nicht mehr in den Genuss des väterlichen Nachlasses.

Unbefriedigend ist die Lösung beim Einheitsprinzip: Das Kind, das beim Tod des Vaters den Pflichtteil verlangt hat, wird – wie seine Geschwister – beim Tod der Mutter deren Erbe. Im Nachlass der Mutter steckt aber auch der Nachlass des Vaters. Somit kommt das betreffende Kind zweimal in den Genuss des väterlichen Nachlasses.

Um diese Ungerechtigkeit gegenüber den anderen Kindern zu vermeiden und um zu erreichen, dass dem überlebenden Ehegatten der Nachlass bis zu seinem Tod ungeschmälert erhalten bleibt, bestimmen die Ehegatten beim Einheitsprinzip meist, dass dasjenige Kind, das nach dem Tod des erstverstorbenen Ehegatten den Pflichtteil verlangt,[184] auch nach dem Tod des zuletzt verstorbenen Ehegatten nur den Pflichtteil verlangen kann (Verwirkungsklausel, Pflichtteilsstrafklausel).[185] Die Einsetzung des Kindes als Schlusserbe im Berliner Testament ist infolge der Verwirkungsklausel also auflösend bedingt. Aber auch damit sind noch nicht alle Schwierigkeiten beseitigt. Der Pflichtteil besteht in der Hälfte des Wertes des gesetzlichen Erbteils (§ 2303 I 2). Dabei ist also vom Wert des Nachlasses auszugehen. Da aber der Nachlass der zuletzt verstorbenen Mutter auch den Nachlass des zuerst verstorbenen Vaters enthält, erhält das Kind wirtschaftlich gesehen vom Vermögen des Vaters zweimal den Pflichtteil, nämlich einmal nach dem Tod des Vaters und zum zweiten Mal nach dem Tod der Mutter. Um einen solchen doppelten Pflichtteil zu verhindern, ist den testierenden Ehegatten zu raten, für diesen Fall den übrigen Kindern aus dem Vermögen des erstversterbenden Gatten entsprechende Vermächtnisse zuzuwenden, die erst beim Tod des Längstlebenden fällig werden.[186]

III. Auslegung im Einzelfall

Ob im Einzelfall das Trennungs- oder Einheitsprinzip gilt, hängt von dem durch Auslegung zu ermittelnden Willen *beider* Ehegatten ab.   **189**

Dabei ist – wie bei jeder Auslegung – der im Testament gebrauchte Wortlaut nicht allein entscheidend. Besonders bei einem privatschriftlichen gemeinschaftlichen Testament ist aus den darin gebrauchten Begriffen nicht viel herzuleiten. Selbst wenn von »Vorerben« oder von »Nacherben« die Rede ist, kann doch das Einheitsprinzip gewollt sein.[187] Werden dem überlebenden Gatten hinsichtlich des Nachlasses Pflichten auferlegt (zB Inventarerrichtung, Sicherheitsleistung) oder den Kindern Rechte (zB Kontrolle, Mitverwaltung) eingeräumt, mag das für Vor- und Nacherbfolge sprechen. Auch bei völliger Vermögenslosigkeit eines Ehegatten ist eine Vor- und Nacherbfolge in Betracht zu ziehen.[188]

---

184 Ein ernsthaftes, wenn auch aussichtsloses »Verlangen«, das nicht zu einer Auszahlung des Pflichtteils führt, reicht aus, um die Einsetzung als Schlusserben zu verwirken (OLG München NJW-RR 2008, 1034 [1036]; OLG Düsseldorf NJW-RR 2012, 1515 [1516]).
185 Zu einem solchen Fall etwa BGH NJW 2006, 3064; OLG Düsseldorf NJW-RR 2011, 1515; OLG München NJW-RR 2011, 1164 .
186 Einzelheiten: MüKoBGB/*Musielak* § 2269 Rn. 64 ff.
187 BGH WM 1982, 1254.
188 Vgl. KG DNotZ 1955, 408 (412); anders BayObLG NJW 1966, 1223.

Erst dann, wenn die Auslegung zu keinem eindeutigen Ergebnis führt, kommt die *Auslegungsregel* des § 2269 I, die gem. § 10 IV 2 LPartG entsprechend auch für die Partner einer eingetragenen Lebensgemeinschaft gilt, in Betracht: Im Zweifel gilt das Einheitsprinzip. Wer sich auf das Trennungsprinzip beruft, hat also dafür die Beweislast.[189]

> Im **Fall c** greift mangels anderer Anhaltspunkte § 2269 I ein. Danach erwirbt der Sohn beim Tod des Vaters nichts. Unberührt bleibt sein Pflichtteilsanspruch.

IV. Auslegung beim Vermächtnis

190 Eine ähnliche Auslegungsregel enthält § 2269 II für Vermächtnisse im gegenseitigen gemeinschaftlichen Testament. Soll ein Vermächtnis nach dem Tod des Überlebenden erfüllt werden, so fällt es im Zweifel erst mit dem Tod des Überlebenden an. Der Vermächtnisnehmer muss also den Längstlebenden überleben (vgl. § 2160). Auch hier können die Ehegatten etwas anderes gewollt haben, was im Streitfall bewiesen werden muss.[190]

V. Auslegung einer Wiederverheiratungsklausel

191 Auch für die Auslegung einer Wiederverheiratungsklausel[191] ist die Unterscheidung von Trennungs- und Einheitsprinzip von Bedeutung.

> **Beispiele:** »Heiratet der Überlebende wieder, dann soll der Nachlass des Verstorbenen an die Kinder fallen.« »Bei Wiederheirat soll der Überlebende sich mit den Kindern nach der gesetzlichen Erbfolge auseinander setzen.«

1. Haben die Ehegatten ohnehin Vor- und Nacherbfolge gewollt, soll durch die Wiederverheiratungsklausel erreicht werden, dass nicht erst beim Tod des Überlebenden, sondern bereits bei seiner Eheschließung der Nacherbfall eintritt.

2. Soll der Überlebende nach dem Willen der Ehegatten Vollerbe werden, ist die Wiederverheiratungsklausel in der Regel als Bestimmung einer auflösend bedingten (§ 158 II) Vollerbenschaft und zugleich als Anordnung einer aufschiebend bedingten (§ 158 I) Vor- und Nacherbfolge auszulegen.[192] Beide Bedingungen können nicht mehr eintreten, wenn der Überlebende stirbt, ohne wieder geheiratet zu haben. In diesem Fall wird er als Vollerbe seines Ehegatten von den Kindern beerbt.

Im Fall der Wiederheirat jedoch tritt der Nacherbfall ein, und der Überlebende ist nur Vorerbe gewesen. Allerdings wird man regelmäßig annehmen können, dass die Ehegatten den Überlebenden soweit wie möglich von den gesetzlichen Beschränkungen der Vorerbschaft befreien wollten (§ 2136). Mit der Wiederheirat entfällt im Zweifel auch eine bis dahin bestehende Bindung des Überlebenden an seine im gemeinschaftlichen Testament getroffenen Verfügungen über seinen Nachlass; er kann also frei widerrufen. Eines Widerrufs bedarf es dann nicht, wenn die Auslegung des gemeinschaftlichen Testaments ergibt, dass mit der Wiederheirat die Verfügungen über den Nachlass ohne weiteres gegenstandslos sein sollten.[193]

---

189 BGHZ 22, 364 (366).

190 Vgl. auch BGH FamRZ 1960, 432 f.

191 **Literatur:** zur Wiederverheiratungsklausel: *Buchholz*, Erbfolge und Wiederverheiratung, 1986; *Dippel* AcP 177 (1977) 349; *Leipold* FamRZ 1988, 352; *Junemann* ZEV 2000, 81; *Meier-Kraut* NJW 1992, 143; *Simshäuser* FamRZ 1972, 273; *Wilhelm* NJW 1990, 2857; *Zawar*, FS Schippel, 1996, 327.

192 Vgl. BGH WM 1986, 108.

193 Vgl. KG NJW 1957, 1073 f.; *Huken* DNotZ 1965, 729.

Das Berliner Testament (§ 2269)

I. Begriff

Gemeinschaftliches Testament mit gegenseitiger Erbeinsetzung und Einsetzung eines Dritten (meist Kinder) als Erben des Überlebenden

II. Inhaltsbestimmung durch Auslegung

1. Trennungsprinzip (getrennte Vermögensmassen der beiden Erblasser)

   a) Beim Tod eines Ehegatten wird der Überlebende Vorerbe mit den Verfügungsbeschränkungen der §§ 2112 ff.;
   der Dritte (meist Kinder) wird Nacherbe und erwirbt eine Anwartschaft

   b) Beim Tod des Längstlebenden tritt der Nacherbfall ein. Folge: der Dritte (Kinder) wird Nacherbe des Erstverstorbenen und Vollerbe des Zweitverstorbenen.

   c) Bedeutung einer Wiederverheiratungsklausel: Nacherbfall soll schon bei Wiederverheiratung des überlebenden Teils eintreten.

2. Einheitsprinzip (einheitliche Vermögensmasse nach dem Tod des Erstverstorbenen)

   a) Beim Tod eines Ehegatten wird der Überlebende Vollerbe ohne Verfügungsbeschränkungen;
   der Dritte (meist Kinder) erbt in diesem Zeitpunkt nichts; er kann ggf. den Pflichtteil verlangen (§ 2303).

   b) Beim Tod des Längstlebenden wird der Dritte (meist Kinder) Schlusserbe des Zweitverstorbenen.

   c) Bedeutung einer Wiederverheiratungsklausel: Vollerbschaft soll durch Wiederheirat des überlebenden Teils auflösend bedingt sein. Dann soll die durch Wiederheirat aufschiebend bedingte Vor- und Nacherbschaft eintreten.

3. Auslegungsregel (§ 2269)

   Im Zweifel (falls kein eindeutiges Auslegungsergebnis) gilt das Einheitsprinzip.

E. Wechselbezügliche Verfügungen

I. Voraussetzungen

Wechselbezüglich (korrespektiv) sind solche Verfügungen, von denen anzunehmen **192** ist, dass die Verfügung des einen Ehegatten nicht ohne die Verfügung des anderen Gatten getroffen sein würde (vgl. § 2270 I). Zwischen diesen Verfügungen besteht eine gegenseitige Abhängigkeit. Insoweit bestimmt das Gesetz wegen des Vertrauensschutzes des anderen Ehegatten eine beschränkte Bindung des Erblassers an seine Verfügungen (→ Rn. 178). Für die Verfügungen von Partnern einer eingetragenen Lebensgemeinschaft gelten die folgenden Ausführungen entsprechend (§ 10 IV 2 LPartG).

Nur Erbeinsetzungen, Vermächtnisse und Auflagen (nicht andere Verfügungen) können wechselbezügliche Verfügungen sein (§ 2270 III). Insoweit sind die Ehegatten frei darin, ob und inwieweit ihre Verfügungen wechselbezüglich sein sollen.[194]

---

194 BGHZ 2, 35.

Ob Wechselbezüglichkeit vorliegt, hängt von dem durch Auslegung zu ermittelnden Willen der beiden Erblasser ab.

Dabei spielt vor allem der Inhalt der Verfügungen eine Rolle.[195] Selbst wenn etwa der Ausdruck »wechselbezüglich« gebraucht wird, ist regelmäßig eine Wechselbezüglichkeit dann zu verneinen, wenn abweichende Verfügungen gestattet sein sollen;[196] denn dann fehlt es gerade an dem für die Wechselbezüglichkeit wesentlichen Bindungswillen. Zur Auslegung gehört auch die ergänzende Auslegung (→ Rn. 201 ff.). Sie kann zu einem Wegfall der Bindung führen, wenn sich die Verhältnisse derart geändert haben, dass die Erblasser bei Voraussicht der Entwicklung keine Bindung gewollt hätten.

Eine gegenseitige Abhängigkeit wird in folgenden typischen Fällen gesetzlich vermutet (§ 2270 II):

1. Die Ehegatten bedenken sich gegenseitig. Das braucht nicht eine gegenseitige Erbeinsetzung zu sein. Es genügt zB auch Erbeinsetzung des einen und Vermächtnis zu Gunsten des anderen Gatten.

2. Ein Ehegatte bedenkt den anderen. Dieser bedenkt für den Fall seines Überlebens einen Dritten, der mit dem erstgenannten Ehegatten verwandt ist oder diesem sonst nahe steht. Das Näheverhältnis muss einem Verwandtschaftsverhältnis ähnlich sein (zB Adoptiv-, Stief- oder Pflegekinder, enge Freunde;[197] nicht ausreichend: gemeinsamer Bekannter).[198] Bei der Wechselbezüglichkeit solcher Verfügungen bleibt es auch dann, wenn der überlebende Ehegatte nach dem Tod des Vorversterbenden erhebliches Vermögen aus seiner Verwandtschaft erbt; allerdings ist durch Auslegung zu prüfen, ob der Überlebende in diesem Fall entgegen § 2271 II (→ Rn. 195) zu einer abändernden neuen Verfügung befugt sein soll.[199]

Haben Ehegatten sich gegenseitig zu Erben und die Geschwister des Mannes zu Erben des Längstlebenden eingesetzt und stirbt der Mann zuerst, ist nach der Regel des § 2270 II die Frau hinsichtlich der Erbeinsetzung der Geschwister des Mannes gebunden. Stirbt aber die Frau zuerst, ist nach § 2270 II der Mann nicht gebunden; er darf anders testieren. Die Auslegung kann selbstverständlich einen anderen Willen der Ehegatten ergeben; denn § 2270 ist nur eine Auslegungsregel, die erst dann zur Anwendung kommt, wenn die Auslegung keine Klarheit über den Verknüpfungswillen gebracht hat.[200] Möglich ist also, dass die Wechselbezüglichkeit auf die Einsetzung der Verwandten des zuerst verstorbenen Ehegatten beschränkt wird.[201]
Sind als Erben des Längstlebenden die gemeinschaftlichen Kinder eingesetzt, dann ist nach § 2270 II der Überlebende gebunden. Dabei ist es gleichgültig, ob der Mann oder die Frau zuerst stirbt; denn die gemeinschaftlichen Kinder sind mit beiden Ehegatten verwandt.
Ist in einem gemeinschaftlichen Ehegattentestament die Einsetzung eines Schlusserben nur für den Fall des gemeinsamen Versterbens vereinbart, ist – wenn nicht die Umstände des Falles für eine andere Auslegung sprechen – beim nicht gemeinsamen Versterben der überlebende Ehegatte hinsichtlich der Schlusserbeneinsetzung nicht gebunden; er behält seine Testierfreiheit.[202]

Die Ehegatten können auch bestimmen, dass nur *einer* von ihnen gebunden sein soll. Das Gesetz behandelt diesen Fall zwar nicht. Es bestehen jedoch keine Bedenken

---

195 BGH LM Nr. 2 zu § 2270 BGB.
196 Vgl. BGH FamRZ 1956, 83 f. und NJW 1964, 2056.
197 OLG Koblenz NJW-RR 2007, 1599 (1600).
198 OLG München NJW-RR 2008, 387 (388).
199 OLG München NJW-RR 2011, 1020 (1022).
200 OLG Düsseldorf NJW-RR 2008, 236 (237); OLG Koblenz NJW-RR 2007, 1599 (1600); OLG München NJW-RR 2008, 387 (388); NJW-RR 2007, 949 (950).
201 BGH FamRZ 1957, 129 f.
202 KG JuS 2006, 937.

gegen eine solche einseitige Bindung, wenn sie gewollt ist. Die Lücke des Gesetzes ist durch entsprechende Anwendung der §§ 2270 f. zu schließen.[203] Beim Berliner Testament können dem überlebenden Ehegatten ebenso wie beim Erbvertrag (→ Rn. 144) auch beschränkte Änderungsvorbehalte in dem Sinne eingeräumt werden, dass er nach dem Tod des Erstversterbenden noch Änderungen bezüglich der Person des Schlusserben vornehmen darf, allerdings nur innerhalb eines bestimmten Personenkreises, zB der gemeinschaftlichen Kinder.[204]

II. Folgen der Wechselbezüglichkeit

1. Wegen der gewollten inneren Abhängigkeit der wechselbezüglichen Verfügungen voneinander hat die Nichtigkeit der einen Verfügung die Nichtigkeit der anderen zur Folge (§ 2270 I).　**193**

Gleichgültig ist, worauf die Nichtigkeit beruht (zB Testierunfähigkeit, Formfehler, Anfechtung).
Haben Ehegatten sich gegenseitig zu Erben eingesetzt und stellt sich später heraus, dass die Frau testierunfähig war, ist damit ihre Verfügung und wegen der Abhängigkeit auch die Verfügung des Mannes nichtig. Wenn aber der Mann bei Kenntnis der Testierunfähigkeit seiner Frau ebenso testiert hätte, ist seine Verfügung, soweit kein Formmangel vorliegt, gültig; es fehlt an der Wechselbezüglichkeit.

Die Nichtigkeitsregel des § 2270 I ist trotz Wechselbezüglichkeit nicht anwendbar, wenn eine Verfügung aus einem anderen Grund nicht zum Erfolg führt, zB wegen eines in der Person des Bedachten liegenden Grundes (Vorversterben, Erbunwürdigkeit, Ausschlagung). Hier ist die Verfügung von ihrem Zweck her gegenstandslos geworden.

Die Ehegatten können allerdings die Wirksamkeit einer Verfügung davon abhängig machen, dass die korrespektive Verfügung zum Erfolg führt. Ist das nicht gewollt, muss geprüft werden, ob der Erblasser seine Verfügung wegen Irrtums über die Wirksamkeit der korrespektiven Verfügung anfechten kann (vgl. §§ 2078 ff.; → Rn. 251 f.).

2. Der *Widerruf* einer Verfügung hat die Unwirksamkeit der wechselbezüglichen Verfügung zur Folge (§ 2270 I).　**194**

Jedoch ist der Widerruf wegen der Bindungswirkung bei wechselbezüglichen Verfügungen nicht in dem Maße möglich wie sonst bei testamentarischen Verfügungen (→ Rn. 138 ff.). Vielmehr sieht das Gesetz wegen des Vertrauensschutzes des anderen Ehegatten folgende Regelung vor (§ 2271):

a) *Zu Lebzeiten seines Ehegatten* kann der Erblasser *einseitig* seine wechselbezüglichen Verfügungen widerrufen (Beispiel: → Rn. 834). Der Widerruf muss aber nach den Vorschriften erfolgen, die für den Rücktritt vom Erbvertrag gelten (§§ 2271 I 1, 2296; → Rn. 170). Erforderlich ist also eine notariell beurkundete Erklärung gegenüber dem Ehegatten. Dieser soll dadurch von dem Widerruf erfahren, damit er sich seinerseits nicht mehr an seine wechselbezüglichen Verfügungen gebunden fühlt und anders testieren kann (→ Rn. 178).

Abgesehen von diesem einseitigen Widerruf können die Ehegatten ihre wechselbezüglichen Verfügungen *gemeinsam* widerrufen.

---

203 **HM;** Palandt/*Weidlich* § 2270 Rn. 3.
204 *Keim* NJW 2010, 818.

Da die Rücknahme des öffentlichen Testaments aus der amtlichen Verwahrung als Widerruf gilt (§ 2256; → Rn. 141), kann ein gemeinschaftliches Testament nur von beiden Ehegatten gemeinsam zurückgenommen werden (§ 2272).

> Im **Fall d** hat der Ehemann zwar nicht wirksam widerrufen. Sein späteres Testament ist aber dennoch wirksam, da es den anderen Teil nicht beeinträchtigt.[205] Das gemeinschaftliche Testament entfaltet nämlich keine Wirksamkeit, weil nach § 11 VerschG die Vermutung des gleichzeitigen Todes beider Ehegatten besteht.

b) *Nach dem Tod seines Ehegatten* besteht für den Überlebenden kein Widerrufsrecht mehr. Denn jetzt kann der verstorbene Ehepartner seine Verfügungen nicht mehr ändern, und deshalb soll auch der Überlebende gebunden bleiben. Wird aber das Gegenseitigkeitsverhältnis der wechselbezüglichen Verfügungen beseitigt, darf der Überlebende seine wechselbezügliche Verfügung aufheben. Schlägt also der Überlebende das ihm (als Erbschaft oder als Vermächtnis)[206] Zugewandte aus, kann er seine Verfügung aufheben (§ 2271 II 1).

Das soll nach einer in der Literatur vertretenen Ansicht aufgrund des genannten Sinns der Bestimmung auch dann gelten, wenn nicht der Überlebende, sondern ein diesem nahe stehender Dritter (vgl. § 2270 II) durch den Verstorbenen bedacht worden ist und dieser Dritte ausschlägt.[207] Sind der Überlebende und ein Dritter bedacht, müssen nach dieser Ansicht beide ausschlagen, damit der Überlebende eine Verfügung wirksam aufheben kann. Gute Gründe sprechen aber gegen eine analoge Anwendung des § 2271 II 1 bei der Ausschlagung durch den bedachten Dritten;[208] denn das Gegenseitigkeitsverhältnis der wechselbezüglichen Verfügungen kann durch einen Dritten nicht beseitigt werden.

195 **3.** Hat der Überlebende die Zuwendung angenommen, ist er an seine wechselbezüglichen Verfügungen gebunden; insoweit ist er in seiner Testierfreiheit beschränkt. Für den *Umfang der Bindung* gilt folgendes:

a) Jede beeinträchtigende Verfügung ist wie beim Erbvertrag (→ Rn. 157) unwirksam.[209]

b) Der Überlebende ist zur Aufhebung seiner Verfügung berechtigt, wenn der Bedachte sich einer Verfehlung schuldig macht, die zur Pflichtteilsentziehung berechtigt (§§ 2271 II 2, 2294, 2336; → Rn. 169 und → Rn. 568).

c) Ist der Bedachte ein pflichtteilsberechtigter Abkömmling eines oder beider Ehegatten, so ist wie beim Erbvertrag unter den Voraussetzungen des § 2338 eine Beschränkung in guter Absicht zulässig (§§ 2271 III, 2289 II, → Rn. 162).

d) Trotz der Bindungswirkung ist die Freiheit des Überlebenden, *unter Lebenden zu verfügen*, nicht beschränkt. Das Gesetz regelt diesen Fall nicht. Wegen der gleichen Interessenlage wie bei der erbvertraglichen Bindung sind die Bestimmungen der §§ 2287, 2288 (→ Rn. 159 f.) mit dem Tod des zuerst versterbenden Ehegatten entsprechend anzuwenden;[210] sie bieten nur beim Handeln des Überlebenden in Beeinträchtigungsabsicht einen Schutz.

---

205 Vgl. RGZ 149, 200 f.
206 BGH NJW 2011, 1353 (1354); dazu *Wellenhofer* JuS 2011, 839.
207 So *Kipp/Coing* ErbR § 35 III 3b; Soergel/*Wolf* § 2271 Rn. 20; 21. Auflage Rn. 194.
208 So Erman/*Schmidt* § 2271 Rn. 12; MüKoBGB/*Musielak* § 2271 Rn. 23; Palandt/*Weidlich* § 2271 Rn. 19.
209 Vgl. KG DNotZ 1977, 749.
210 BGHZ 82, 274 (276 f.); 87, 19 (23 f.).

F. Zusammenfassung

Im gemeinschaftlichen Testament erklären Eheleute oder Lebenspartner ihren letzten **196** Willen gemeinschaftlich. Wird es als eigenhändiges Testament errichtet, so genügt es, dass ein Ehegatte/Lebenspartner die gemeinschaftliche Erklärung eigenhändig schreibt sowie unterschreibt und der andere Gatte/Partner eigenhändig mitunterzeichnet.

Setzen die Ehegatten/Lebenspartner sich gegenseitig zu Erben ein und bestimmen sie, dass der beiderseitige Nachlass nach dem Tode des Überlebenden an einen Dritten fallen soll, so wird vermutet, dass keine Vor- und Nacherbfolge gewollt ist, sondern dass der Dritte als Erbe des Längstlebenden beide Nachlässe als Einheit erhalten soll (Berliner Testament).

Solche Verfügungen, von denen anzunehmen ist, dass die Verfügung des einen Ehegatten/Lebenspartners nicht ohne die Verfügung des anderen getroffen sein würde, werden als wechselbezügliche bezeichnet. Eine solche Verfügung kann der Erblasser nur durch eine notariell beurkundete Erklärung gegenüber seinem Ehegatten/Lebenspartner widerrufen. Nach dem Tode des Ehe- oder Lebenspartners ist der Erblasser an seine wechselbezüglichen Verfügungen gebunden, es sei denn, dass er das ihm Zugewendete ausschlägt.

§ 16 Die Auslegung der Verfügungen von Todes wegen

Literatur: *Braga*, Die »ergänzenden Auslegungsregeln« des Erbrechts, insbes. die des § 2069 BGB, **197** GS D. Schultz, 1987, 41; *Brox*, Die Einschränkung der Irrtumsanfechtung, 1960, 136; *ders.*, Der Bundesgerichtshof und die Andeutungstheorie, JA 1984, 549; *Dressler*, Der erbrechtliche Auslegungsvertrag – Gestaltungshilfe bei einvernehmlichen Nachlassregelungen, ZEV 1999, 289; *Edenfeld*, Auslegungsprobleme bei Wünschen des Erblassers: Erbenbindung oder moralischer Appell?, ZEV 2004, 141; *Fahrenhorst*, Die Bestandskraft von Testamenten und Erbausschlagungen im Hinblick auf die deutsche Vereinigung, JR 1992, 265; *Finger*, Ehenichtigkeit und § 2077 BGB, MDR 1990, 213; *Flume*, Allgemeiner Teil des Bürgerlichen Rechts, 2. Bd., 4. Aufl. 1992, § 16, 5; *ders.*, Testamentsauslegung bei Falschbezeichnung, NJW 1983, 2007; *Foerste*, Die Form des Testaments als Grenze seiner Auslegung, DNotZ 1993, 84; *Grunewald*, Die Auswirkungen eines Irrtums über politische Entwicklungen in der DDR auf Testamente und Erbschaftsausschlagungen, NJW 1991, 1208; *Horn/ Kroiß*, Irrtümer und Verfahrensfragen bei der Testamentsauslegung, NJW 2012, 666; *Keim*, Fröhliches Ex-Schwiegerkind – Zum Wirksambleiben letztwilliger Verfügungen zu Gunsten von Schwiegerkindern im Falle der Eheauflösung, NJW 2003, 3248; *Leipold*, Wille, Erklärung und Form – insbesondere bei der Auslegung von Testamenten, FS Müller-Freienfels, 1986, 421; *Litzenburger*, Auslegung und Gestaltung erbrechtlicher Zuwendungen an Schwiegerkinder, ZEV 2003, 385; *Perkams*, Ergänzende Testamentsauslegung im Umfeld von § 2069 BGB, ZEV 2005, 510; *Petersen*, Die Auslegung letztwilliger Verfügungen, Jura 2005, 598; *Preisner*, Examenstypische Klausurenkonstellationen des Familien- und Erbrechts – Teil II, JA 2010, 505; *Scherer*, Andeutungsformel und falsa demonstratio beim formbedürftigen Rechtsgeschäft in der Rechtsprechung des Reichsgerichts und des Bundesgerichtshofs, 1987; *Smid*, Probleme bei der Auslegung letztwilliger Verfügungen, JuS 1987, 283; *Sonntag*, Auslegungskriterien bei sich widersprechenden Testamenten vom selben Tag, ZEV 1996, 1; *Storz*, Zivilrechtliche Wirkungen des erbrechtlichen Auslegungsvertrags, ZEV 2008, 308; *ders.*, Rechtsnatur des erbrechtlichen Auslegungsvertrags, ZEV 2008, 353; *C. Stumpf*, Erläuternde und ergänzende Auslegung letztwilliger Verfügungen im System privatautonomer Rechtsgestaltung, 1991; *Tappmeier*, Die erbrechtlichen Auslegungsvorschriften in der gerichtlichen Praxis, NJW 1988, 2714; *Wacke*, Rechtsfolgen testamentarischer Verwirkungsklauseln. Anwachsung oder Ersatzerbschaft?,

DNotZ 1990, 403; *Welter*, Auslegung und Form testamentarischer Verfügungen, 1985; *Werner*, Die benigna interpretatio des § 2084 BGB, FS v. Lübtow, 1991, 265; *M. Wolf/Gangel*, Der nicht formgerecht erklärte Erblasserwille und die Auslegungsfähigkeit eindeutiger testamentarischer Verfügungen – BGH, NJW 1981, 1737 und NJW 1981, 1736, JuS 1983, 663.

Fälle:

a) E hat dem V ein Grundstück vermacht, das im Testament mit »Mainz, Band 3, Blatt 13« bezeichnet ist. Dieses Grundstück gehörte zwar dem E; V sollte aber nur das kleinere Grundstück, eingetragen im Grundbuch von Mainz, Band 3, Blatt 31, haben, was E mehrfach gegenüber seinen Verwandten, nicht aber gegenüber V geäußert hatte. Was kann V vom Erben des E verlangen? (→ **Rn. 200**)

b) E hatte zwei Dienstboten, Johann und Johanna. Da er annahm, dass Johann ihm regelmäßig Zigarren stahl, setzte er Johanna als seine Alleinerbin ein. Nach dem Tod des E stellte sich heraus, dass Johanna die Zigarren gestohlen und geraucht hatte. Wer ist Erbe: Johanna, Johann oder der mit E verfeindete Neffe N als einziger Verwandter des E? (→ **Rn. 202**)
   Spielt es eine Rolle, ob im Testament der Grund für die Nichteinsetzung des Johann ausdrücklich genannt ist?

c) E in Leipzig errichtet 1988 ein Testament, wonach seine Tochter T in Dresden seine dortigen Grundstücke und sein Sohn in Köln sein »Westkonto« von geringer Höhe erben soll. Als E 1991 stirbt, meint S, auch ihm stünden einige Grundstücke zu. (→ **Rn. 202**)

d) Macht es einen Unterschied, wenn es sich im Fall a um Bestimmungen eines Erbvertrags handelt? (→ **Rn. 224**)

A. Allgemeines zur Auslegung

Jede Willenserklärung besteht aus dem Willen und seiner Erklärung. Die Auslegung der Erklärung dient der Ermittlung ihres rechtlich maßgebenden Sinnes. Man kommt aber möglicherweise zu verschiedenen Ergebnissen, je nachdem, ob man nur auf die Erfolgsinteressen des Erklärenden oder aber auf den Vertrauensschutz des Erklärungsempfängers abstellt. Im ersten Fall ermittelt man den wirklichen Willen des Erklärenden; im letzten kommt es darauf an, was der Erklärungsempfänger bei zumutbarer Sorgfalt als Willen des Erklärenden zu ermitteln vermag (»Empfängerhorizont«).[211]

Sofern der Erklärungsempfänger schutzwürdig ist, stellt das Gesetz auf das Erklärte ab, auf das sich der Erklärungsempfänger in aller Regel verlassen können muss.

> **Beispiel:** V macht dem K ein Kaufangebot und verschreibt sich dabei (890 EUR statt 980 EUR). Kennt K den wirklichen Willen des V nicht und kann er ihn auch nicht feststellen, gilt im Interesse des Erklärungsempfängers (K) das Erklärte und nicht das Gewollte (vgl. die Wertung des § 119 I). Nimmt K das Angebot an, ist ein Kaufvertrag zum Preis von 890 EUR zustande gekommen. V kann aber seine Willenserklärung anfechten (§ 119 I) und dadurch vernichten (§ 142 I).

Ist ein Vertrauensschutz jedoch nicht erforderlich, so fällt der Grund dafür weg, dass das Erklärte maßgebend ist. Dann ist allein der wirkliche Wille des Erklärenden entscheidend, auch wenn er sich nicht mit der Erklärung deckt. Demnach ist für die Auslegung der Verfügungen von Todes wegen zu untersuchen, ob und inwieweit ein Vertrauensschutz zu beachten ist.

---

211 Einzelheiten: *Brox*, Die Einschränkung der Irrtumsanfechtung, 1960, 92 ff. und *Brox/Walker* BGB AT Rn. 124 ff.

B. Auslegung von Testamenten

I. Fehlender Vertrauensschutz

Beim Testament ist ein Vertrauensschutz nicht geboten, weil keine Person vorhanden **198** ist, die geschützt werden muss. Auch der im Testament Bedachte (Erbe, Vermächtnisnehmer) ist in seinem Vertrauen auf das im Testament Erklärte nicht schutzwürdig: Er ist nicht Erklärungsempfänger. Zudem erwirbt er unentgeltlich; denn er erbringt keine Gegenleistung, und zwar selbst dann nicht, wenn er mit einem Vermächtnis oder einer Auflage beschwert ist. Demnach ist »das Willensdogma, von welchem prinzipiell auch bei den Vorschriften des Allgemeinen Teils ausgegangen ist, in Ansehung der letztwilligen Verfügungen strenger durchzuführen«.[212]

Die geschilderte Wertung kommt auch im BGB zum Ausdruck. So ist – im Gegensatz zu § 119 II – nach § 2078 jeder Motivirrtum des Erblassers erheblich. Diese Vorschrift stellt nur auf die »Kenntnis der Sachlage« durch den Erblasser, nicht aber außerdem noch auf die »verständige Würdigung des Falles« (§ 119 I) ab. Hier wird deutlich, dass der Gesetzgeber dem Willen des Erblassers Vorrang vor den Interessen anderer einräumt.

> **Beispiel:** Die einleitende Formulierung im gemeinschaftlichen Testament »Sollte es Gott dem Allmächtigen gefallen, dass wir beide Ehegatten miteinander durch irgendein Ereignis sterben« mag es aus Sicht eines Dritten nahelegen, dass das Testament ausschließlich für den Fall eines gleichzeitigen Sterbens (zB bei einem Verkehrsunfall) gedacht ist. Dennoch kann die Auslegung bei entsprechenden Anhaltspunkten ergeben, dass die letztwillige Verfügung auch für den Fall gelten soll, dass die Ehegatten mit erheblichem zeitlichen Abstand versterben.[213] Selbst die Formulierung „gleichzeitiges Ableben" umfasst im Zweifel auch den Fall, dass die Ehegatten innerhalb eines kürzeren Zeitraums (zB aufgrund desselben Verkehrsunfalls) hintereinander sterben, wenn der zunächst Überlebende nach dem Tod des Erstversterbenden praktisch keine Möglichkeit mehr hat, ein Testament zu errichten.[214]

II. Auslegung und Anfechtung

Nach allgemeiner Meinung geht die Auslegung der Anfechtung vor.[215] Soweit durch **199** Auslegung dem Willen des Erblassers zum Erfolg verholfen werden kann, ist für die Anfechtung, welche die Willenserklärung des Erblassers vernichten würde, kein Raum.

Wollte der Erblasser den B zu seinem Alleinerben einsetzen, verschrieb er sich aber, so dass A im Testament als Erbe genannt ist, liegt ein Erklärungsirrtum vor (§ 2078 I; vgl. auch § 119 I 2. Fall). Ließe man wegen dieses Irrtums des Erblassers eine Anfechtung zu, würde dadurch das Testament vernichtet (§ 142 I). Damit träte die gesetzliche Erbfolge ein, und der Erblasser würde – entgegen seinem Willen – von seinen Verwandten beerbt. Ein solches Ergebnis befriedigt nicht. Dem Willen des Erblassers entspricht es nur, wenn der von ihm als Erbe gewollte B sein Erbe ist. Dieses Ergebnis ist allein durch Auslegung zu erreichen. Das geschieht, indem man den hinter der Erklärung »A soll mein Alleinerbe sein« stehenden Willen des Erblassers »B soll mein Alleinerbe sein« ermittelt. Das ist zulässig, da niemand, auch nicht der A, in seinem Vertrauen auf das Erklärte schutzwürdig ist.

---

212 Mot. V, 45.
213 OLG München JuS 2009, 380.
214 OLG München Rpfleger 2011, 208 (209).
215 Vgl. etwa *Brox/Walker* BGB AT Rn. 407; RGZ 70, 391 (393); OGHZ 1, 156 f.; BGH LM Nr. 1 zu § 2078 BGB; BayObLG FamRZ 1995, 246; *Brox*, Die Einschränkung der Irrtumsanfechtung, 1960, 140 mwN.

Eine umfassende Auslegung verdrängt vielfach die Anfechtung, obwohl deren Voraussetzungen gegeben sind. So kommt etwa in dem soeben genannten Beispiel des Erklärungsirrtums eine Anfechtung nicht in Betracht. Dieser Einschränkung der Anfechtung kann nicht entgegengehalten werden, dass es dem in § 2078 I zum Ausdruck gekommenen Willen des Gesetzgebers widerspreche, durch Auslegung die Anfechtung wegen Erklärungsirrtums überflüssig zu machen. Die Verfasser des BGB sind von der damaligen Auslegungspraxis ausgegangen, die noch sehr dem Wortlaut verhaftet war. Demnach war seinerzeit »§ 2078 I ein nützliches Sicherheitsventil für die in den ersten Jahren des BGB noch zu sehr am Wort hängende Auslegungspraxis«.[216] Nachdem sich die Rechtsprechung und vor allem die Lehre mit Recht von einer solchen Auslegung gelöst und die Auslegungsmethode fortentwickelt haben, stellt sich das Verhältnis von Auslegung und Anfechtung anders dar. Dabei ist zu berücksichtigen, dass das Gesetz vom Willensdogma ausgeht; dem Willen des Erblassers ist möglichst zum Erfolg zu verhelfen. Diesem Grundsatz wird die richtig verstandene Auslegung eher gerecht als die Anfechtung.

Durch die Ausdehnung der Auslegung wird im Übrigen § 2078 I nicht gegenstandslos. Lässt sich bei der Auslegung nur feststellen, dass der Erblasser das Erklärte nicht gewollt hat, nicht jedoch, was der Erblasser gewollt hat, führt die Auslegung nicht zum Ziel. Hier bleibt Raum für die Anfechtung.

III. Auslegung und Form

200 Die Auslegung des letzten Willens setzt ein formgültiges Testament voraus. Ist ein solches nicht vorhanden, nützen alle Auslegungskünste nichts, um dem Willen des Erblassers zum Erfolg zu verhelfen (vgl. § 125).

Soweit aber ein formgültiges Testament vorliegt, ist umstritten, ob der maßgebliche Wille des Erblassers in der Testamentsurkunde irgendwie zum Ausdruck gekommen oder angedeutet sein muss (so die *»Andeutungstheorie«*). Hier sind zwei Fragen zu unterscheiden: Einmal ist zu prüfen, ob bei der Ermittlung des Erblasserwillens nur auf das zurückgegriffen werden darf, was in der Testamentsurkunde zumindest angedeutet ist, oder ob der Testamentswortlaut der Auslegung keine Grenzen setzt (Auslegungsproblem). Im letzteren Fall stellt sich das weitere Problem, ob der so ermittelte Erblasserwille formgerecht erklärt ist (Formproblem).

Zum Auslegungsproblem weist der BGH[217] mit Recht darauf hin, dass bei der Auslegung des Testaments auch alle zugänglichen Umstände außerhalb der Testamentsurkunde heranzuziehen sind. Danach spielt bei der Auslegung die Andeutungstheorie keine Rolle. Der Richter ist bei einer Testamentsauslegung nicht auf eine Analyse des Testamentswortlauts beschränkt; denn es sind keine schutzwürdigen Belange anderer Personen erkennbar, die eine solche Einschränkung rechtfertigen könnten (→ Rn. 198). Deshalb ist auch in den Fällen »klaren und eindeutigen« Wortlauts der Auslegung eines Testaments durch eben diesen Wortlaut keine Grenze gesetzt.[218]

---

216 *Siber*, RG-Festgabe, III. Bd., 350 (379).
217 BGHZ 86, 41 (45 f.).
218 Siehe schon die Tendenz in BGHZ 80, 246 (248 ff.) mwN; aus jüngerer Zeit OLG München NJW-RR 2008, 1327 (1328).

Beim Formproblem greift der BGH[219] dagegen auf die Andeutungstheorie zurück. Hier soll der durch Auslegung ermittelte Erblasserwille nur dann formgültig erklärt sein, wenn er im Testament eine hinreichende Stütze findet. Diese Ansicht wird auch von der hM in der Literatur[220] vertreten.

Der IVa. Zivilsenat[221] hatte folgenden Fall zu entscheiden: Eheleute hatten ein gemeinschaftliches Testament errichtet, nach dessen Wortlaut ihre Kinder ihre Erben sein sollten. Bei der Niederschrift hatten sie aus dem Testamentsentwurf versehentlich nicht den Satz übertragen, wonach sie sich gegenseitig zu Alleinerben einsetzen wollten und ihre Kinder erst Erben des zuletzt Verstorbenen sein sollten. Der Senat entschied, der Wille der Eheleute, sich gegenseitig zu Alleinerben einzusetzen, habe im Testament keinen Niederschlag gefunden. Eine Erbeinsetzung, die im Testament nicht enthalten und nicht einmal angedeutet sei, ermangele der gesetzlich vorgeschriebenen Form und sei daher gem. § 125 S. 1 nichtig.

Diese Auffassung steht im Widerspruch zu einer Entscheidung des V. Zivilsenats des BGH,[222] der folgender Sachverhalt zugrunde lag: Die Parteien eines Grundstückskaufvertrages hatten einen Vertrag über die Flurstücke 30, 31 und 32 schließen wollen. Notariell beurkundet worden war jedoch nur der Verkauf der Flurstücke 31 und 32; die Aufnahme des Flurstücks 30 war versehentlich unterlassen worden. Der V. Senat stellte fest, dass auch das Flurstück 30 mitverkauft worden sei, da die unrichtige Bezeichnung des von den Beteiligten Gewollten (falsa demonstratio) für die Wirksamkeit des Kaufvertrages unschädlich sei, wenn das objektiv Erklärte dem Formerfordernis des § 311b I genüge.

Die Ansichten der beiden Senate sind nicht miteinander zu vereinbaren. Vielmehr sind die genannten Fälle in dem hier entscheidenden Punkt gleich zu behandeln. Für beide Rechtsgeschäfte ist eine Form gesetzlich vorgeschrieben; in beiden Fällen ist ein Teil des vorgesehenen Rechtsgeschäfts versehentlich nicht in die Urkunde aufgenommen worden. Beim Testament soll es schaden, dass die gegenseitige Erbeinsetzung bei der Errichtung der Urkunde vergessen wurde, während das Vergessen eines Flurstücks bei Abschluss des notariellen Vertrages unschädlich sein soll.

Der Andeutungstheorie wäre nur dann zu folgen, wenn ohne eine Andeutung des Gewollten in der Urkunde die vom Gesetzgeber mit der Formvorschrift bezweckten Ziele nicht oder weniger sicher erreicht würden. Beim eigenhändigen Testament scheiden der Schutz Dritter und die Beratungsfunktion als Formzweck von vornherein aus. Der Schutz des Erblassers vor Übereilung ist erreicht, wenn dieser seine letztwillige Verfügung niedergeschrieben und in dem Sinne verstanden hat, den er ihr beilegen wollte. Der Klarstellungsfunktion misst der Gesetzgeber hier keine große Bedeutung bei; wenn er überhaupt das eigenhändige Testament zulässt, nimmt er zwangsläufig Falschbezeichnungen durch den Erblasser in Kauf. Auch die Beweissicherungsfunktion der Formvorschrift rechtfertigt die Andeutungstheorie nicht; denn selbst nach dieser Theorie lassen sich Beweisaufnahmen über außerhalb der Testamentsurkunde liegende Umstände nicht vermeiden. Sofern der behauptete Erblasserwille nur die geringste Andeutung in der Testamentsurkunde gefunden hat, muss das Gericht über die für diesen Willen vorgetragenen Tatsachen Beweis erheben. Sind aber zur Ermittlung des Willens des Erblassers Umstände heranzuziehen, die außerhalb der Urkunde liegen, dann kann es nicht darauf ankommen, ob in der Urkunde zufällig größere, kleinere oder gar keine Anhaltspunkte dafür enthalten sind. Auch der Gesetzgeber hat das Problem des Umfangs der Beweiserhebung gesehen, als er die Testamentsanfechtung etwa wegen eines – aus der Urkunde nicht ersichtlichen – Motivirrtums des Erblassers zuließ.

---

219 BGHZ 86, 41; 80, 246.
220 Siehe etwa *Lange* ErbR Kap. 9 Rn. 16; MüKoBGB/*Leipold* § 2084 Rn. 14 ff. mwN; *Schlüter* ErbR Rn. 192; Soergel/*Loritz* § 2084 Rn. 8 f.; Staudinger/*Otte* (2003) Vorbem. zu §§ 2064 ff. Rn. 28 ff.
221 BGHZ 80, 242.
222 BGHZ 87, 150.

Sprechen schon die genannten Formzwecke nicht für die Andeutungstheorie, so eröffnet sie andererseits eine große Rechtsunsicherheit, da es in der nicht kalkulierbaren Entscheidung des Richters liegt, ob er die geforderte (wenn auch noch so unvollkommene) Andeutung im Testament findet oder nicht. Die von der hM vertretene Andeutungstheorie bevorzugt schließlich zu Unrecht den weitschweifigen Erblasser gegenüber demjenigen, der knapp formuliert. Sie ist nach alledem abzulehnen.[223]

Hat der Erblasser im Testament seine Ehefrau als »Mutter« bezeichnet und sie zur Erbin eingesetzt sowie seinem Freund seine »Bibliothek« vermacht, mit der er seinen Weinkeller gemeint hat, so ist beim Tod des Erblassers dessen Frau seine Erbin geworden, und sein Freund hat einen Anspruch auf den Inhalt des Weinkellers, obwohl beides im Wortlaut des Testaments nicht zum Ausdruck kommt.

> Im **Fall a** ist das kleinere Grundstück, das der Erblasser vermachen wollte, vermacht, obwohl dieser Wille sich nicht aus dem Testament, sondern nur aus anderen Umständen (Erklärung gegenüber den Verwandten) ermitteln lässt. Ob der Vermächtnisnehmer sich über den Inhalt des Vermächtnisses irrte, ist ohne Bedeutung, da er nicht schutzwürdig ist.

IV. Ergänzende Auslegung

201 In den bisher behandelten Beispielen lag eine Diskrepanz zwischen Wille und Erklärung des Erblassers vor. Es ist aber auch möglich, dass Wille und Erklärung sich decken, dem Erblasser jedoch bereits bei der *Willensbildung* ein Fehler unterlaufen ist. Hier greift die ergänzende Auslegung ein. Ergänzende Auslegung bedeutet Ergänzung des lückenhaften Rechtsgeschäfts.[224]

1. Bei der ergänzenden Auslegung ermittelt man zunächst, ob der Erklärende bei der Willensbildung von einem unrichtigen Motiv oder Wertungsmoment ausgegangen ist (Lückenfeststellung). Wenn das der Fall ist, muss gefragt werden, was der Erklärende bei richtiger Wertung gewollt und dementsprechend erklärt hätte (Lückenausfüllung). Ergänzende Auslegung ist demnach die Ermittlung des Willens des Erklärenden, den dieser bei richtiger Wertung gehabt hätte. Dieser Wille ist im psychologischen Sinne ein unwirklicher, hypothetischer Wille.[225]

Die ergänzende Auslegung ist nach geltendem Recht bei allen Rechtsgeschäften zulässig (vgl. dazu §§ 139, 140, 133, 157).[226] Wenn etwa ein Vertrag wegen Änderung der Geschäftsgrundlage an die veränderten Verhältnisse angepasst wird, ermittelt man im Wege der ergänzenden Auslegung, was die Parteien vereinbart hätten, wenn sie beide vom richtigen Wertungsmoment ausgegangen wären (vgl. § 313 I).

> **Beispiele:** Verkäufer und Käufer gehen beim Kaufvertrag über Aktien von einem unrichtigen Börsenkurs aus (falsche Vorstellung von einem gegenwärtigen Tatumstand). Bei einem langfristigen Branntweinlieferungsvertrag berücksichtigen die Parteien nicht, dass während der Laufzeit des Vertrages die Branntweinsteuer derart erhöht wird, dass der Verkäufer von dem Kaufpreis nicht einmal diese Steuer bezahlen kann (falsche Vorstellung von einem zukünftigen Tatumstand). Im ersten Beispiel erfolgt wegen Fehlens, im zweiten wegen Änderung der Geschäftsgrundlage eine Anpassung der vertraglichen Leistungspflichten durch ergänzende Auslegung (§ 313 I, II).

---

223 Wie hier *Brox* JA 1984, 549; *Flume*, § 16, 2; *Foerste* DNotZ 1993, 84 (93 ff.); MüKoBGB/*Busche* § 133 Rn. 50, 57; *Smid* JuS 1987, 283 (286 f.); zur Kritik an der Andeutungstheorie s. auch *Muscheler* ErbR I Rn. 1840 ff.

224 *Brox/Walker* BGB AT Rn. 138 ff.

225 Näheres: *Brox*, Die Einschränkung der Irrtumsanfechtung, 1960, 106 ff.; *Brox/Walker* BGB AT Rn. 138 ff.

226 *Brox* JR 1960, 324.

2. Beim Testament besteht für die ergänzende Auslegung ein besonderes Bedürfnis, **202** weil eine Änderung des Testaments nach dem Tode des Erblassers nicht mehr möglich ist, während bei Geschäften unter Lebenden diese regelmäßig in der Lage sind, sich über eine Anpassung zu einigen. Die ergänzende Auslegung eines Testaments macht weniger Schwierigkeiten als die eines Vertrages, da es beim Testament nur auf den Willen *einer* Person, nämlich des Erblassers, ankommt und Vertrauensinteressen anderer Personen außer Betracht bleiben können.

Die ergänzende Auslegung erfolgt in zwei Schritten: Ermittlung einer Lücke im Testament und Ausfüllung dieser Lücke.

a) Bei der Auslegung des Erblasserwillens geht man über die Erklärungs- und Inhaltsvorstellungen des Erblassers hinaus und ermittelt dessen nähere und fernere Motive, die zu diesem Erblasserwillen geführt haben. Diese Motive werden mit der objektiven Lage verglichen. Dabei wird festgestellt, ob der Erblasser bei der Abfassung des Testaments von einem unrichtigen Motiv oder Wertungsmoment ausgegangen ist.

aa) Es kann sein, dass der Erblasser einen gegenwärtigen Tatumstand falsch wertet.

> Im **Fall b** hält E Johann für den Dieb seiner Zigarren. Er geht also irrtümlich von einer falschen Bewertung der objektiven Lage zur Zeit der Testamentserrichtung aus.

bb) Möglich ist aber auch, dass die Wertung des Erblassers mit der im Zeitpunkt der Testamentserrichtung bestehenden Lage, nicht aber mit der Lage zur Zeit des Erbfalls übereinstimmt. Eine solche falsche Wertung eines zukünftigen Tatumstandes ist besonders häufig, weil nicht selten zwischen Testamentserrichtung und Erbfall eine längere Zeit liegt, in der sich die tatsächlichen Verhältnisse wesentlich geändert haben.

> **Beispiele:** Der Erblasser ging bei einer Teilungsanordnung oder einem Vermächtnis von dem damals bestehenden Wert des Geldes, dem damaligen Börsenkurs der Aktien aus.
> Er rechnete bei einer Teilungsanordnung nicht damit, dass wesentliche Vermögensstücke später durch Brand oder Bomben zerstört würden.
> Eine alte Dame vermachte ihren Freundinnen je ein Möbelstück ihrer Wohnung; kurz vor ihrem Tod ging sie in ein Altenheim, löste ihren Haushalt auf und verkaufte die Wohnungseinrichtung.

> Im **Fall c** ging E 1988 in Leipzig von den damals dort herrschenden politischen und wirtschaftlichen Verhältnissen aus.

b) Ist der Erblasser bei der Testamentserrichtung von einer falschen Wertung ausgegangen, muss ermittelt werden, wie er bei richtiger Wertung testiert hätte.

> Im **Fall b** wollte E auf jeden Fall verhindern, dass etwas aus seinem Vermögen dem Neffen zukommt. Vielmehr sollte nur derjenige seiner beiden Bediensteten Erbe sein, der nicht die Zigarren gestohlen hatte. Demnach ist das Testament entgegen dem Wortlaut berichtigend dahin auszulegen, dass Johann Erbe sein soll. Dieses Ergebnis ist der Testamentsanfechtung (§ 2078 II) vorzuziehen, da sie zur Vernichtung des Testaments und damit zur gesetzlichen Erbfolge führt, so dass der Neffe des E als dessen einziger Verwandter erben würde. Auch die ergänzende Auslegung geht also der Anfechtung vor.

> Wollte E im **Fall c** seine beiden Kinder im Wesentlichen gleich bedenken, hätte er bei Kenntnis der Grundstückswerte zur Zeit des Erbfalls anders testiert. Wollte er dagegen seinen »republikflüchtigen« Sohn durch das Testament »bestrafen«, fehlt es bereits an einer ausfüllungsbedürftigen Lücke.

203 3. Auch bei der ergänzenden Auslegung kommt es immer auf den Willen des Erblassers zur Zeit der Testamentserrichtung an. Deshalb ist bei einem erst später eingetretenen Umstand nicht danach zu fragen, was der Erblasser in diesem (späteren) Zeitpunkt gewollt hat. Ginge man so vor, dann wäre jeder spätere Gesinnungswandel des Erblassers zu berücksichtigen; das verstieße gegen gesetzliche Formvorschriften über den Widerruf des Testaments (§§ 2253 ff.) und über die Errichtung eines neuen Testaments (§§ 2232 ff.). Vielmehr ist der später eingetretene Umstand – losgelöst von der durch ihn hervorgerufenen Willensänderung – in den Erblasserwillen hineinzuprojizieren, der im Zeitpunkt der Testamentserrichtung bestand. Es wird also auf den fortgebildeten früheren Willen und nicht auf den späteren aktuellen Willen des Erblassers abgestellt. Man ermittelt das, was vom Erblasser als »gewollt« anzusehen ist, sofern er vorausschauend das spätere Ereignis bedacht haben würde.[227]

204 4. Der ergänzenden Auslegung des Testaments, die heute allgemein anerkannt ist, steht die Formbedürftigkeit nicht entgegen. Sicherlich muss das Testament formgerecht errichtet sein. Wollte man aber fordern, dass der irreale Wille des Erblassers in der Form des Testaments festgelegt sein muss, dann hätte man die ergänzende Auslegung lahm gelegt. Entgegen der hL muss der Wille auch nicht »irgendwie« oder »andeutungsweise« in der Testamentsurkunde zum Ausdruck kommen. Zur Begründung kann zunächst auf das oben (→ Rn. 200) Gesagte verwiesen werden. Die Andeutungstheorie ist zu formalistisch, was besonders bei der ergänzenden Auslegung zu unbilligen Ergebnissen führen kann. Ob etwas im Testament angedeutet ist oder nicht, hängt oft vom Zufall ab; das kann aber nicht entscheidend sein. Ist die allgemeine Willensrichtung aus dem Testament zu entnehmen, so wird derjenige, der eine vom Text abweichende Auslegung behauptet und zu beweisen hat, allerdings in einer besseren Beweislage sein. Im Übrigen wird das unklar abgefasste, weitschweifige Testament durch die Andeutungstheorie prämiert, da sich hier eher eine Andeutung finden lässt.[228]

V. Wohlwollende Auslegung (§ 2084)

205 Lässt ein Testament verschiedene Auslegungen zu, so ist gem. § 2084 diejenige Auslegung vorzuziehen, bei der die Verfügung Erfolg haben kann. Diese wohlwollende Auslegung setzt voraus, dass ein gültiges Testament vorliegt und die Auslegung nicht zu einer eindeutigen Feststellung des Erblasserwillens geführt hat.

Daraus folgt: § 2084 hilft nicht, wenn das Testament wegen Formmangels nichtig ist oder wenn unklar bleibt, ob ein Schriftstück vom Erblasser als Testament oder nur als Testamentsentwurf gewollt war.[229]

Führt die Auslegung zu einem eindeutigen Ergebnis, ist kein Raum für § 2084. Wenn die Verfügung wegen des ermittelten Willens des Erblassers nichtig ist, kommt § 2084 nicht in Betracht.

---

227 RGZ 99, 82 (85); vgl. RGZ 134, 277 (280); OGHZ 1, 156; BGHZ 22, 357 (360); BGH FamRZ 1962, 256 f.; BayObLG NJW 1988, 2744; vgl. auch Erman/*Schmidt* § 2084 Rn. 7; MüKoBGB/ *Leipold* § 2084 Rn. 84 f.; Palandt/*Weidlich* § 2084 Rn. 10.

228 Einzelheiten: *Brox,* Die Einschränkung der Irrtumsanfechtung, 1960, 151 ff.; **dagegen:** *Leipold* ErbR Rn. 396 mN; Staudinger/*Otte* (2003) Vorbem. zu §§ 2064 ff. Rn. 87 ff. mN.

229 BGH JZ 1965, 618; MüKoBGB/*Leipold* § 2084 Rn. 72; Palandt/*Weidlich* § 2084 Rn. 15.

Sind mindestens zwei Auslegungen möglich und bringt eine von ihnen die Verfügung zu Fall, ist gem. § 2084 die andere Auslegung anzunehmen, wenn bei ihr die Verfügung rechtlichen Bestand hat.

> **Beispiel:** Das Testament lässt die Auslegung zu, dass ein Krankenhaus, das keine juristische Person, sondern nur die Einrichtung einer Stadt oder einer Kirchengemeinde ist, Erbin sein soll. Möglich ist auch die Auslegung, dass die Stadt oder die Kirchengemeinde selbst Erbe sein und die Auflage bestehen soll, das Zugewandte für das Krankenhaus zu verwenden. Die erste Auslegungsmöglichkeit führt nicht zum Ziel, da das Krankenhaus nicht Erbe sein kann. Daher ist nach § 2084 die zweite Auslegungsmöglichkeit anzunehmen.

§ 2084 fördert nicht nur den rechtlichen Bestand der Verfügung. Die Bestimmung ist auch anzuwenden, wenn eine der möglichen Auslegungen zu einem praktikableren Ergebnis[230] beziehungsweise dazu führt, dass das vom Erblasser verfolgte Ziel am besten erreicht wird.[231]

Die Praxis hat vielfach § 2084 entsprechend angewandt. Dabei ist man meist zu zutreffenden Ergebnissen gekommen, obwohl die Heranziehung des § 2084 bedenklich war. Oft hätte bereits die richtige Auslegung zu einem eindeutigen Ergebnis geführt; häufig hätte § 140 angewandt werden müssen. Zuzugeben ist, dass die Grenzen im konkreten Einzelfall fließend sein können.

VI. Besondere gesetzliche Auslegungsregeln

1. Bedeutung

Die gesetzlichen Auslegungsregeln sind anzuwenden, wenn der Wille des Erblassers **206** durch Auslegung nicht ermittelt werden kann. Mit der Verbesserung der Auslegungsmethode ist die Bedeutung dieser Auslegungsregeln geringer geworden.

Die Regeln entsprechen allgemeinen Erfahrungssätzen. Wer einen anderen Willen des Erblassers behauptet, beruft sich auf einen Ausnahmetatbestand, den er beweisen muss. Gelingt der Beweis nicht, bleibt es bei der gesetzlichen Auslegungsregel.

Da zur Auslegung auch die ergänzende Auslegung gehört, umfassen die Auslegungsregeln im weiteren Sinn nicht nur die Vorschriften, die den Erblasserwillen klarstellen sollen (»im Zweifel«), sondern auch die ergänzenden Rechtsvorschriften, die bei fehlendem oder lückenhaftem Erblasserwillen eingreifen.

Auslegungsregeln findet man über das ganze 5. Buch des BGB verteilt. Im Folgenden werden die wichtigsten erläutert.

2. Regeln zur Bestimmung des Bedachten

a) *Gesetzliche Erben:* Spricht der Erblasser in der Verfügung von Todes wegen von **207** »meinen gesetzlichen Erben«, so sind die Personen bedacht, die der Erblasser mit diesem Ausdruck gemeint hat.

Das werden regelmäßig diejenigen sein, die ohne Verfügung von Todes wegen kraft Gesetzes (§§ 1924 ff.) Erben wären. Geht aber der Erblasser irrtümlich zB davon aus, seine Ehefrau gehöre nicht zu den gesetzlichen Erben, ist sie entgegen dem Wortlaut nicht bedacht. Entscheidend ist immer der Wille des Erblassers.

---

230 Vgl. KG HRR 1940, 1428.
231 MüKoBGB/*Leipold* § 2084 Rn. 63.

Erst wenn ein anderer Wille des Erblassers nicht feststellbar ist, greift § 2066 ein: Bei Verwendung der Bezeichnung »gesetzliche Erben« sind diejenigen bedacht, die zur Zeit des Erbfalls gesetzliche Erben wären, und zwar nach dem Verhältnis der gesetzlichen Erbteile.

Bei bedingter oder befristeter Zuwendung ist an Stelle des Erbfalls der nach diesem liegende Zeitpunkt der Bedingung bzw. des Termins entscheidend (§ 2066 S. 2). Geht es um eine Erbeinsetzung, ist § 2105 zu beachten.

208 **b)** *Verwandte:* Gem. § 2067 sind damit »im Zweifel« diejenigen Verwandten des Erblassers gemeint, die zur Zeit des Erbfalls seine gesetzlichen Erben wären, und zwar im Verhältnis ihrer gesetzlichen Erbteile. Im Übrigen gilt das zu § 2066 Gesagte entsprechend.

209 **c)** *Kinder:* Hat der Erblasser seine Kinder ohne nähere Bestimmung bedacht und ist ein Kind *vor* der Testamentserrichtung unter Hinterlassung von Abkömmlingen gestorben, so ist im Zweifel anzunehmen, dass die Abkömmlinge insoweit bedacht sind, als sie bei der gesetzlichen Erbfolge an die Stelle des Kindes treten würden (§ 2068). Das Gesetz geht von dem Regelfall aus, dass der (wirkliche oder hypothetische) Wille des Erblassers auf eine Erbfolge nach Stämmen (§ 1924 III) gerichtet war. Ist dagegen durch Auslegung ein anderer Wille des Erblassers festzustellen, so gilt er auch hier.

210 **d)** *Abkömmlinge:* Ist ein im Testament bedachter Abkömmling *nach* der Testamentserrichtung weggefallen (zB durch Tod; Erbunwürdigkeitserklärung, § 2344; Ausschlagung, § 1953), so sind im Zweifel dessen Abkömmlinge insoweit bedacht, als sie bei der gesetzlichen Erbfolge an dessen Stelle treten würden (§ 2069). Sie sind also Ersatzerben.

Die Auslegungsregel des § 2069 kann nicht (analog) angewendet werden, wenn der Erblasser nicht Abkömmlinge, sondern andere nahe Verwandte als Erben eingesetzt hat. Allerdings kann sich im Einzelfall dasselbe Ergebnis aus einer ergänzenden Auslegung ergeben.[232]

211 **e)** *Abkömmlinge eines Dritten:* Sind die Abkömmlinge eines Dritten bedacht, so ist im Zweifel anzunehmen, dass nur die zur Zeit des Erbfalls (bzw. einer danach eintretenden Bedingung, Befristung) lebenden oder erzeugten Abkömmlinge bedacht sind (§ 2070).

Abkömmlinge von Abkömmlingen des Erblassers sind auch dessen Abkömmlinge. Sie fallen also nicht unter § 2070. Beispiele für § 2070: Abkömmlinge eines Freundes, der Geschwister des Erblassers, Stiefkinder des Erblassers.
Hat der Dritte keine Abkömmlinge, so ist zu prüfen, was der Erblasser gewollt hätte, wenn er das vorausgesehen hätte. Das kann dazu führen, dass der Dritte selbst bedacht ist oder das entsprechende Vermächtnis wegfällt oder an die Stelle der gewillkürten Erbfolge die gesetzliche tritt.

212 **f)** *Personengruppen:* Ist eine bestimmte Personengruppe bedacht, so sind im Zweifel diejenigen bedacht, die zur Zeit des Erbfalls zu dem bezeichneten Kreis gehören (§ 2071).

Beispiele: Bewohner meines Hauses, mein Personal, meine Kegelbrüder.
Zu prüfen ist aber immer, ob der Erblasser nicht die Gruppe selbst bedenken wollte (zB den eingetragenen Verein; zum nicht eingetragenen Verein vgl. → Rn. 7).

---

232 OLG München NJW-RR 2006, 1597.

g) *Arme:* Sind »die Armen« bedacht, so ist im Zweifel damit nicht eine Gruppe von **213**
Einzelpersonen gemeint, sondern die öffentliche Armenkasse der Gemeinde, in welcher der Erblasser seinen letzten Wohnsitz gehabt hat, mit einer entsprechenden
Verwendungsauflage (§ 2072). Als Armenkasse ist der Träger der Sozialhilfe anzusehen (§§ 3, 97, 98 SGB XII).

Die Bedenkung von »Kriegsbeschädigten außer Offizieren und Berufsmilitärangehörigen« kann in
Anwendung des Grundgedankens des § 2072 und der Lebenserfahrung zu der Auslegung führen, dass
der Träger der Sozialhilfe mit der Auflage bedacht ist, das Zugewendete unter den genannten Personenkreis zu verteilen.[233]

h) *Mehrdeutige Bezeichnung:* Ist der Bedachte in einer Weise bezeichnet, die auf **214**
mehrere Personen passt, so muss durch Auslegung ermittelt werden, wen der Erblasser gemeint hat.

> **Beispiel:** »Heini soll meinen Konzertflügel haben.« Diesen Namen tragen ein Sohn, ein
> Enkelkind und ein Freund des Erblassers. Sind die Abkömmlinge unmusikalisch und ist der
> Freund ein Musiker, wird die Auslegung ergeben, dass ein Vermächtnis für den Freund
> angeordnet ist.

Kann keiner der ungenau Bezeichneten den Nachweis führen, dass er gemeint ist,
so könnte man folgern, keiner von ihnen sei Erbe oder Vermächtnisnehmer. Das
wäre unbefriedigend. Deshalb bestimmt § 2073, dass die Bezeichneten als zu
gleichen Teilen bedacht gelten. Diese Vorschrift ist keine Auslegungsregel; denn sie
entspricht weder dem wirklichen noch dem hypothetischen Erblasserwillen. Das
Ergebnis kommt aber dem Grundsatz der wohlwollenden Auslegung (§ 2084) entgegen.

§ 2073 ist auch anwendbar, wenn von mehreren ungenau Bezeichneten durch Auslegung nur einige als
nicht gemeint ausgeschlossen werden können, dann aber noch mindestens zwei Personen übrig
bleiben.

> **Beispiel:** »Heini soll 2.000 EUR für sein Studium haben.« Der Erblasser hat drei Enkel mit diesem
> Namen. Da ein Enkel nicht studiert, scheidet er aus. Kann bei den beiden übrigen Enkeln nicht
> geklärt werden, wer gemeint ist, bekommt jeder 1.000 EUR.

3. Regeln für bedingte Zuwendungen

Bedingung ist eine rechtsgeschäftliche Bestimmung, durch die rechtliche Wirkungen **215**
von einem zukünftigen, ungewissen Ereignis abhängig gemacht werden (vgl.
§§ 158 ff.).[234] Wie grundsätzlich jedes Rechtsgeschäft eine Bedingung zu enthalten
vermag, so kann auch die Zuwendung durch eine Verfügung von Todes wegen unter
einer Bedingung stehen.[235] Dadurch wird der Erblasser in die Lage versetzt, seine
Verfügung an die künftige Entwicklung anzupassen: »Alleinerbin ist meine Frau. Im
Fall ihrer Wiederheirat werden meine Kinder Erben.« Oder er kann auf den Begünstigten einwirken: »Mein Sohn erhält 10.000 EUR, wenn er sein Referendarexamen
bestanden hat.«

---

233 KG NJW-RR 1993, 76.
234 *Brox/Walker* BGB AT Rn. 479 ff.
235 BGH NJW-RR 2009, 1455 (1456).

Das Gesetz gibt folgende Auslegungsregeln:

216 **a)** *Aufschiebende Bedingung:* Gem. § 2074 ist im Zweifel anzunehmen, dass eine aufschiebend bedingte Zuwendung nur gelten soll, wenn der Bedachte den Bedingungseintritt erlebt.

> **Beispiel:** »Meine Frau erbt allein. Bei ihrer Wiederheirat erben mein Bruder und meine Schwester zu je ½.« Hier sind die Geschwister unter aufschiebender Bedingung (Wiederheirat) als Nacherben (→ Rn. 343) eingesetzt. Stirbt der Bruder nach dem Tod des Erblassers und vor der Wiederheirat seiner Schwägerin, kann er nicht mehr Erbe werden. Dann richtet es sich nach dem durch Auslegung zu ermittelnden Willen des Erblassers, ob das Anwartschaftsrecht (→ Rn. 356 ff.) des Bruders mit dessen Tod auf dessen Erben (zB seine Kinder) übergeht oder ob es nicht vererbt wird. Letzteres ist anzunehmen, wenn die Auslegung nicht zum Ziel führt (§§ 2074, 2108 II 2).

Zum bedingten Vermächtnis s. § 2177.

217 **b)** *Bedingung eines fortgesetzten Tuns oder Unterlassens:* Wenn der Erblasser eine Zuwendung unter der Bedingung macht, dass der Bedachte zB das Trinken oder das Spielen auf eine *unbestimmte* Dauer (etwa zeitlebens) unterlässt oder eine Person fortgesetzt pflegt, so könnte erst am Ende der genannten Zeit festgestellt werden, ob der Bedachte die Bedingung erfüllt hat oder nicht. Es wird regelmäßig nicht dem Willen des Erblassers entsprechen, wenn die Zuwendung erst zu diesem Zeitpunkt wirksam würde. Deshalb ist im Zweifel die Bedingung als eine auflösende anzusehen (§ 2075): Der Bedachte erwirbt sofort mit dem Erbfall die Erbschaft bzw. die Vermächtnisforderung, verliert sie aber mit dem Eintritt der Bedingung (er spielt, trinkt wieder).

Eine auflösende Bedingung wird vom Erblasser in der Regel auch dann gewollt sein, wenn seine Verfügung eine *Verwirkungsklausel* enthält (**Beispiele:** »Mein Sohn wird Erbe zur Hälfte. Greift er mein Testament an, ist er enterbt und erhält nur den Pflichtteil.«; »Wenn einer meiner Erben Ansprüche erhebt, die mit meinen letztwilligen Anordnungen in Widerspruch stehen, soll ihm jeglicher Erbteil entzogen und er auf den Pflichtteil gesetzt sein«).[236] Tritt die Bedingung ein, ist der Erbe enterbt, verliert der Vermächtnisnehmer sein Vermächtnis. Durch Auslegung des Testaments ist im Einzelfall zu ermitteln, durch welche Handlung des Bedachten (zB gerichtliche Schritte, außergerichtliche Willensäußerung) die angedrohte Folge ausgelöst wird. Es kann sein, dass der Erblasser mit der Klausel nur leichtfertige oder gar böswillige Angriffe gegen seinen letzten Willen zu verhindern gedachte; möglich ist aber auch, dass er den Frieden unter den Bedachten unter allen Umständen gewahrt wissen wollte.[237]

218 **c)** Bei einer *Bedingung zum Vorteil eines Dritten* gibt § 2076 über § 162 hinaus eine Auslegungsregel: Die Bedingung gilt im Zweifel als eingetreten, wenn der Dritte die erforderliche Mitwirkung verweigert.

> **Beispiel:** Zuwendung unter der Bedingung, dass der Bedachte die Mutter des Erblassers in sein Haus aufnimmt. Wenn die Mutter (Dritte iSv § 2076) das entsprechende Angebot des Bedachten nicht annimmt, kann zwar die Bedingung nicht eintreten, aber sie gilt gem. § 2076 im Zweifel als eingetreten. Das wird in der Regel dem Willen des Erblassers entsprechen; denn der Bedachte hat alles ihm Mögliche getan, um die Bedingung herbeizuführen.

Allerdings gilt das gem. § 2076 nur „im Zweifel". Deshalb kann im Einzelfall die Auslegung auch ergeben, dass hier die Zuwendung an den Bedachten wegfällt. Dafür kann die Feststellung sprechen, dass die Zuwendung ganz zur Erfüllung der Bedingung verwandt werden musste.

---

236 BGH NJW-RR 2009, 1455.
237 Einzelheiten: *Bartholomeyczik,* 5. Denkschrift, 1942, 12; MüKoBGB/*Leipold* § 2074 Rn. 19 ff.

d) *Auflösung der Ehe, des Verlöbnisses oder der Lebenspartnerschaft:* Hat der Erb-   **219**
lasser seinen *Ehegatten* im Testament bedacht, so ist es unwirksam, wenn die Ehe
durch Richterspruch aufgelöst worden ist (§ 2077 I 1). Trotz der Formulierung
handelt es sich auch hier nur um eine Auslegungsregel. Das ergibt sich aus § 2077 III;
danach ist die Verfügung nicht unwirksam, wenn anzunehmen ist, dass der Erblasser
sie auch für einen solchen Fall getroffen haben würde.

Wenn der Erblasser seinen Gatten bedenkt, dann geht er regelmäßig davon aus, dass die Ehe bis zu
seinem Tod noch besteht; andernfalls hätte er seinen Partner nicht bedacht. Der Erblasser ist von einem
unrichtigen Motiv ausgegangen. Deshalb wollte der Entwurf I zum BGB in einem solchen Fall die
Anfechtung zulassen.[238] Das BGB dagegen stellt auf den mutmaßlichen Erblasserwillen ab und bestimmt für den Regelfall die Unwirksamkeit der Verfügung. Es bedient sich der Konstruktion einer
Bedingung (»wenn die Ehe ... aufgelöst worden ist«).

Heute kommt man mit Hilfe der ergänzenden Auslegung ohne § 2077 aus. Was hätte
der Erblasser gewollt, wenn er gewusst hätte, dass seine Ehe scheitern würde? Er
hätte im Regelfall seine Frau nicht bedacht. Bei der ergänzenden Auslegung sind auch
spätere Ereignisse (zB Verzeihung, Aussöhnung, erneute Eheschließung mit dem
früheren Gatten) zu berücksichtigen.

Die ergänzende Auslegung kann bei einer testamentarischen Zuwendung »an meine Frau« auch dazu
führen, dass damit nicht die Ehefrau zur Zeit der Testamentserrichtung, sondern die zweite Ehefrau,
mit welcher der Erblasser bei seinem Tod verheiratet war, bedacht ist.[239]

Die Auslegungsregel des § 2077 erfasst nicht nur den Fall der rechtskräftigen Auflösung der Ehe, sondern greift auch dann ein, »wenn zur Zeit des Todes des Erblassers die Voraussetzungen für die Scheidung der Ehe gegeben waren und der
Erblasser die Scheidung beantragt oder ihr zugestimmt hatte. Das Gleiche gilt, wenn
der Erblasser zur Zeit seines Todes berechtigt war, die Aufhebung der Ehe zu
beantragen, und den Antrag gestellt hatte«.

Diese Formulierung stimmt mit § 1933 überein, der den Ausschluss des gesetzlichen Ehegattenerbrechts behandelt (→ Rn. 66).

Der dritte in § 2077 behandelte Fall ist die Bedenkung des *Verlobten* und die Auflösung des Verlöbnisses vor dem Tod des Erblassers. Ferner gilt die Vorschrift gem.
§ 10 V LPartG entsprechend bei letztwilligen Zuwendungen an *Lebenspartner* und
an denjenigen, der die *Eingehung einer Lebenspartnerschaft versprochen hat* (vgl. § 1
IV LPartG).

§ 2077 gilt auch für den *Erbvertrag* zwischen Ehegatten, Verlobten und Lebenspartnern (§ 10 V
LPartG), und zwar selbst dann, wenn ein Dritter bedacht ist (§ 2279 II). Hier gehen beide Vertrags-
parteien bei Vertragschluss von dem falschen Wertungsmoment aus, die Ehe, das Verlöbnis oder die
Lebenspartnerschaft werde bis zum Tod eines Partners nicht aufgelöst werden.
Auch für das *gemeinschaftliche Testament* der Ehegatten oder Lebenspartner (§ 10 IV, V LPartG) ist
die Auslegungsregel des § 2077 vorgesehen (§ 2268).

Umstritten ist, ob die Auslegungsregel des § 2077 analog bei der Erbeinsetzung von
Schwiegerkindern anzuwenden ist, wenn deren Ehe scheitert. Der BGH[240] hat das
verneint. Es fehle an einer Rechtsähnlichkeit mit den von § 2077 erfassten Fällen.

---

238 Mot. V, 54.
239 Ebenso MüKoBGB/*Leipold* § 2071 Rn. 5; § 2077 Rn. 28; § 2084 Rn. 105 f.; **kritisch** *Muscheler*
    ErbR I Rn. 1879; **anders** RGZ 134, 277 (281).
240 BGH NJW 2003, 2095 f.

Diese Entscheidung widerspricht der Lebenserfahrung und überzeugt nicht.[241] Im Regelfall wird der Erblasser sein Schwiegerkind aufgrund der bestehenden Ehe mit dem eigenen Kind bedacht haben. Das muss bei der Auslegung des Testaments – unabhängig von der Anwendung des § 2077 – berücksichtigt werden. Dem Erblasser ist allerdings zu raten, seinen entsprechenden Willen im Testament (zB durch eine durch das Scheitern der Ehe auflösend bedingte Erbeinsetzung des Schwiegerkindes) zum Ausdruck zu bringen.

Besondere Regeln bei der Auslegung von Testamenten

I. **Ermittlung des wirklichen Willens** des Erblassers, nicht der objektiven Bedeutung seiner Erklärung.
Grund: Es gibt keinen schutzwürdigen Erklärungsempfänger, auf dessen Empfängerhorizont es ankommen könnte.

II. **Formgültigkeit** des durch Auslegung ermittelten Willens nach hM nur, wenn dieser im Testament selbst angedeutet ist (Andeutungstheorie; str.)

III. **Ergänzende Auslegung = Ermittlung des hypothetischen Erblasserwillens**
1. Feststellung einer Lücke
bei unrichtigem Motiv des Erblassers zur Zeit der Testamentserrichtung, bei unrichtiger Wertung von gegenwärtigen oder künftigen Tatumständen
2. Ausfüllung der Lücke
durch hypothetischen Willen des Erblassers bei richtiger Wertung zur Zeit der Testamentserrichtung (str., ob Andeutung des hypothetischen Willens im Testament erforderlich)

IV. **Wohlwollende Auslegung (§ 2084)**
Bei verschiedenen Auslegungsmöglichkeiten ist im Zweifel diejenige vorzuziehen, bei der die letztwillige Verfügung wirksam ist.

V. **Besondere gesetzliche Auslegungsregeln**
1. Zur Bestimmung des Bedachten
- § 2066 »gesetzliche Erben«
- § 2067 »Verwandte«
- § 2068 »Kinder«
- §§ 2069, 2070 »Abkömmlinge«
- § 2071 Personengruppe
- § 2072 »Die Armen«
- § 2073 Mehrdeutige Bezeichnung
2. Für bedingte Zuwendungen (§§ 2074 ff.)

C. Auslegung von Erbverträgen

I. Rechtsgeschäfte unter Lebenden

220 Sind im Vertrag Rechtsgeschäfte unter Lebenden enthalten, ist der Vertragspartner regelmäßig schutzwürdig. Es gelten die allgemeinen Auslegungsgrundsätze (§§ 133, 157; → Rn. 197).

---

241 **Ablehnend** auch *Keim* NJW 2003, 3248; MüKoBGB/*Leipold* § 2077 Rn. 5.

II. Einseitige Verfügungen

Bei einseitigen Verfügungen des Erblassers ohne Bindungswirkung (→ Rn. 150 f.) ist **221**
dieser so frei gestellt wie beim Testament. Der Vertragspartner ist nicht schutzwürdig.
Es gelten die Grundsätze über die Auslegung von Testamenten (→ Rn. 198 ff.).

III. Vertragsmäßig bindende Verfügungen

Bei vertragsmäßig bindenden Verfügungen des Erblassers (→ Rn. 151) ist der Erb- **222**
lasser im Interesse des Vertragspartners gebunden. Fraglich ist, ob auch hier für die
Auslegung der wirkliche Wille des Erblassers maßgebend ist oder ob der Erbvertrag
als vertragliche Regelung wie andere verkehrsgeschäftliche Verträge auszulegen ist, so
dass dasjenige maßgeblich ist, was der Vertragspartner verstanden hat und auch
verstehen durfte (Auslegung vom Empfängerhorizont).[242] Nach hier vertretener Ansicht sollte danach unterschieden werden, ob der Erbvertrag entgeltlichen oder unentgeltlichen Charakter hat:[243]

1. Hat der Vertragspartner nur die Erklärung des Erblassers angenommen, ohne sich **223**
zu einer Leistung zu verpflichten, ist er nicht schutzwürdig. So hat auch der Gesetzgeber bei den Anfechtungsregeln gewertet. § 2281 verweist für die Anfechtung eines
Erbvertrags auf die Anfechtungsregeln, die für das Testament gelten (§§ 2078 f.; →
Rn. 231 ff.). Trotz des Vertragscharakters stellt das Gesetz beim Erbvertrag allein auf
den Erblasserwillen ab. Wird angefochten, wird die Verfügung vernichtet, und der in
ihr benannte Vertragspartner erhält nichts, nicht einmal den Ersatz seines Vertrauens-
interesses.

Wenn also nach dem Willen des Gesetzgebers der Partner nach erfolgter Anfechtung
ohnehin nichts zu beanspruchen hat, seine Interessen demnach für nicht schutzwürdig erachtet werden, dann ist nicht einzusehen, warum die Testamentsauslegung hier
nicht Platz greifen soll.

2. Steht der vertragsmäßigen Verfügung des einen Vertragspartners eine Verpflichtung **224**
des anderen Vertragspartners gegenüber (zB Pflicht zur Unterhaltsleistung), können
die beim Testament geltenden Auslegungsgrundsätze zu unhaltbaren Ergebnissen
führen. So kann zB die Ermittlung des Erblasserwillens ergeben, dass nicht der
Vertragspartner, sondern ein anderer Alleinerbe werden sollte. Der Vertragspartner
aber hat im Vertrauen darauf, dass er Alleinerbe werde, sich zu Unterhaltsleistungen
verpflichtet und diese Verpflichtung auch erfüllt. Hier sind bei der Auslegung auch
die schutzwürdigen Interessen des Vertragspartners zu beachten.

Eine entsprechende gesetzliche Wertung ergibt sich aus den Folgen der Anfechtung.
Wird die Verfügung wegen des Irrtums des Erblassers angefochten, entfällt damit der
Rechtsgrund für die Gewährung des Unterhalts. Es braucht kein Unterhalt mehr
geleistet zu werden, und die erbrachten Leistungen können als ungerechtfertigte
Bereicherung zurückgefordert werden. Der Vertragspartner ist also nicht ganz
schutzlos. Das wäre er aber, wenn der Erbvertrag bestehen bliebe und die Auslegung

---

242 So die **hM**; *Kipp/Coing* ErbR § 21 VIII; *Lange* ErbR Kap. 4 Rn. 168; MüKoBGB/*Musielak* Vor
§ 2274 Rn. 32; *Muscheler* ErbR I Rn. 2207; *Schlüter* ErbR Rn. 279; Staudinger/*Kanzleiter* (2006)
Einl. zu §§ 2274 ff. Rn. 30.
243 Siehe *Brox*, Die Einschränkung der Irrtumsanfechtung, 1960, 160 ff.

zu einer Berichtigung des Wortlauts der vertragsmäßigen Verfügung führte; denn dann wären die Unterhaltsleistungen mit Rechtsgrund erbracht worden. Die Auslegung darf nicht auf die vertragsmäßige Verfügung beschränkt bleiben, sondern muss auch die Willenserklärung des Vertragspartners erfassen. Bei dieser wird man in der Regel durch Erforschung des hypothetischen Willens des Vertragspartners zu dem Ergebnis kommen, dass er die Unterhaltsverpflichtung nicht übernommen hätte, wenn er gewusst hätte, dass er nicht Erbe (Vermächtnisnehmer) werden würde.

Ergibt die Auslegung, dass der Partner nach dem Willen des Erblassers zwar Erbe (Vermächtnisnehmer) werden, die Zuwendung jedoch geringer sein soll als der Wortlaut der Verfügung erkennen lässt, so kommt bei ergänzender Auslegung der Erklärung des Partners unter Umständen eine entsprechende Herabsetzung der Leistung des Partners in Betracht.

Entsprechendes muss wegen der gleichen Interessenlage auch dann gelten, wenn der Erblasser eine Verfügung zu Gunsten eines Dritten getroffen und der Vertragspartner sich gerade deshalb zur Leistung verpflichtet hat.

> Im **Fall d** kommt es darauf an, ob es sich um eine vertragsmäßig bindende Verfügung handelt und bejahendenfalls, ob der Partner ein »Entgelt« erbrachte. Nur dann gelten die soeben geschilderten Besonderheiten bei der Auslegung (Schutz des Partners).

Haben beide Vertragspartner im Erbvertrag bindende Verfügungen getroffen, so sind diese bei der Auslegung selbstverständlich ebenso zu behandeln wie entgeltliche Erbverträge; denn beide Verfügungen sind voneinander abhängig, die eine ist das »Entgelt« für die andere. Führt der Irrtum des einen Erblassers zu einer berichtigenden Auslegung seiner vertragsmäßigen Verfügung, so ist zu prüfen, wie die Verfügung des anderen Erblassers unter Berücksichtigung dieses Umstandes ausgesehen hätte.

224a 3. Falls der Erbvertrag sich als lückenhaft erweist, weil die Vertragschließenden eine spätere Entwicklung (zB geistige Behinderung des bedachten gemeinsamen Kindes) nicht berücksichtigt haben, ist eine *ergänzende Auslegung* möglich. Für die Lückenfüllung kommt es nicht allein auf den hypothetischen Parteiwillen des Erblassers, sondern auf den übereinstimmenden hypothetischen Willen beider Vertragspartner an.[244]

IV. Gesetzliche Auslegungsregeln

225 Die Auslegungsregeln für das Testament gelten nach § 2279 I auch für die vertragsmäßig bindenden Verfügungen im Erbvertrag. Sie sind erst recht auf einseitige Verfügungen im Erbvertrag anzuwenden, da diese bei der Auslegung keine Besonderheiten gegenüber den testamentarischen Verfügungen aufweisen.

D. Auslegung von gemeinschaftlichen Testamenten

226 Für die Auslegung ist die Unterscheidung zwischen wechselbezüglichen und nicht wechselbezüglichen Verfügungen von Bedeutung.

---

244 OLG Düsseldorf NJW-RR 2012, 391 (392).

I. Wechselbezügliche Verfügungen

Obwohl es sich bei den wechselbezüglichen Verfügungen (→ Rn. 192) nicht um einen Vertrag handelt, entsprechen sie den vertragsmäßigen Verfügungen beider Vertragspartner des Erbvertrages.

Für die Auslegung wechselbezüglicher Verfügungen ist entscheidend, dass zwischen ihnen dieselbe Abhängigkeit besteht wie zwischen den vertragsmäßigen Verfügungen des Erbvertrages. Die eine Verfügung ist hier »Entgelt« für die andere. Wegen des Vertrauensschutzes des Ehepartners/Lebenspartners gilt also für die Auslegung dasselbe wie bei entgeltlichen Erbverträgen.

II. Nicht wechselbezügliche Verfügungen

Bei nicht wechselbezüglichen Verfügungen besteht die soeben geschilderte Abhängig- **227** keit nicht. Deshalb ist bei der Auslegung auf die Belange des anderen Ehegatten/ Lebenspartners keine Rücksicht zu nehmen. Es gilt also die Testamentsauslegung ohne Einschränkung.

III. Gesetzliche Auslegungsregeln

Die gesetzlichen Auslegungsregeln für das Testament (→ Rn. 206 ff.) gelten wie beim **228** Erbvertrag (→ Rn. 225) auch für das gemeinschaftliche Testament.

Besondere Regeln bei der Auslegung von Erbverträgen und gemeinschaftlichen Testamenten

I. Auslegung von Erbverträgen iSv §§ 2274 ff.
1. Rechtsgeschäfte unter Lebenden im Erbvertrag:
   Allgemeine Auslegungsgrundsätze (§§ 133, 157); maßgeblich ist objektive Bedeutung der Erklärung.
2. Einseitige Verfügungen von Todes wegen ohne Bindungswirkung: Auslegungsgrundsätze wie bei Testamenten
3. Vertragsmäßige Verfügungen von Todes wegen mit Bindungswirkung (str.):
   a) bei unentgeltlichen Verfügungen:
      Auslegungsgrundsätze wie bei Testamenten
      Grund: Vertragspartner, auf dessen Empfängerhorizont es ankommen könnte, ist nicht schutzwürdig.
   b) bei entgeltlichen Verfügungen:
      Auslegung unter Berücksichtigung der Interessen des Vertragspartners
4. Besondere gesetzliche Auslegungsregeln
   wie bei Testamenten (§ 2279 I iVm §§ 2066 ff.)
II. Auslegung von gemeinschaftlichen Testamenten iSv §§ 2265 ff.
1. Wechselbezügliche Verfügungen:
   Auslegung unter Berücksichtigung der Interessen des anderen Teils (wie bei entgeltlichen Verfügungen im Erbvertrag)
2. Nicht wechselbezügliche Verfügungen:
   Auslegungsgrundsätze wie bei Testamenten (wie Verfügungen ohne Bindungswirkung im Erbvertrag)

> 3. Besondere gesetzliche Auslegungsregeln
> wie bei Testamenten und Erbverträgen

E. Zusammenfassung

229 Auslegung bedeutet die Ermittlung des wirklichen und des hypothetischen Willens des Erblassers. Da beim Testament schutzwürdige Interessen anderer Personen nicht zu beachten sind, kommt es bei der Testamentsauslegung einzig und allein auf den Willen des Erblassers an; einer Andeutung im Testament bedarf es – entgegen der hM – nicht. Deshalb kann hier meist mit der Auslegung, die das Testament oft gegen seinen Wortlaut »reformiert«, geholfen werden, so dass es einer Anfechtung, die das Rechtsgeschäft nur »kassiert«, kaum bedarf. Die Auslegung geht der Anfechtung vor.

Bei der Auslegung von vertragsmäßig bindenden Verfügungen im Erbvertrag und von wechselbezüglichen Verfügungen im gemeinschaftlichen Ehegatten- oder Lebenspartnertestament ist der Vertragspartner bzw. der andere Ehegatte/Lebenspartner schutzwürdig. Deshalb muss hier auch der Wille dieser Person beachtet werden.

Das Gesetz sieht eine ganze Reihe von Auslegungsregeln vor. Sie greifen ein, wenn der Wille des Erklärenden nicht ermittelt werden kann.

§ 17 Die Anfechtung der Verfügungen von Todes wegen

230 **Literatur:** *Brox,* Die Einschränkung der Irrtumsanfechtung, 1960, 136; *Fahrenhorst,* Die Bestandskraft von Testamenten und Erbausschlagungen im Hinblick auf die deutsche Vereinigung, JR 1992, 265; *Grunewald,* Die Auswirkungen eines Irrtums über politische Entwicklungen in der DDR auf Testamente und Erbschaftsausschlagungen, NJW 1991, 1208; *Harke,* Testamentsanfechtung durch den Erblasser?, JZ 2004, 180; *Iversen,* Die Selbstanfechtung beim gemeinschaftlichen Testament, ZEV 2004, 55; *Joussen,* Die erbrechtliche Anfechtung durch Minderjährige, ZEV 2003, 181; *Jung,* Die Testamentsanfechtung wegen »Übergehens« eines Pflichtteilsberechtigten, AcP 194 (1994) 42; *Krebber,* Die Anfechtbarkeit des Erbvertrages wegen Motivirrtums, DNotZ 2003, 20; *Leipold,* Der vergeßliche Erblasser und die Anfechtung, ZEV 1995, 99; *Mankowski,* Selbstanfechtung des Erblassers beim Erbvertrag und Schadensersatzpflicht nach § 122 BGB, ZEV 1998, 46; *Nieder,* Die Anfechtung von Verfügungen von Todes wegen, ZErb 1999, 42; *Otte,* Testamentsanfechtung nach § 2079 BGB wegen Anfechtung eines Pflichtteilsverzichts?, ZEV 2011, 233; *Preisner,* Examenstypische Klausurenkonstellationen des Familien- und Erbrechts – Teil II, JA 2010, 505; *Rohlfing/Mittenzwei,* Der Erklärungsgegner bei der Anfechtung eines Erbvertrags oder gemeinschaftlichen Testaments, ZEV 2003, 49; *Rosemeyer,* Beginn der Frist zur Anrechnung letztwilliger Verfügungen, ZEV 1995, 124; *Rudolf,* Handbuch Testamentsauslegung und -anfechtung, 2000; *Sieker,* Der Motivirrtum des Erblassers aufgrund nicht bedachter Ereignisse, AcP 201 (2001) 697; *Tiedtke,* Die Auswirkungen der Anfechtung eines Testaments durch den übergangenen Pflichtteilsberechtigten, JZ 1988, 649; *Veit,* Die Anfechtung von Erbverträgen durch den Erblasser, NJW 1993, 1553.

Fälle:

a) E hat F im Testament als Alleinerben benannt. Es stellt sich später heraus, dass er nicht F gemeint hat. Welche Person er als Alleinerben einsetzen wollte, lässt sich nicht aufklären. Der Neffe N des E ficht als gesetzlicher Erbe das Testament an. Wie? Was macht das Nachlassgericht? Kann auch der Sohn des N anfechten? (→ Rn. 237, → Rn. 243)

b) Im Fall a hält F die Anfechtung für unwirksam. Was kann er tun? (→ Rn. 243)

A. Allgemeines zur Anfechtung

Ebenso wie sonstige Willenserklärungen kann eine Verfügung von Todes wegen angefochten werden, wenn der Erblasser zu ihrer Abgabe durch Irrtum oder Drohung bestimmt wurde und dem wahren Willen des Erblassers nicht schon durch Auslegung zum Erfolg verholfen werden kann. Bei der Anfechtung einer Verfügung von Todes wegen ist aber die Interessenlage weitgehend anders als bei der Anfechtung von Willenserklärungen im Rechtsverkehr unter Lebenden. Bei diesen lässt das Gesetz (§§ 119 ff.)[245]die Anfechtung nur zu, wenn schwerwiegende Gründe vorliegen; es handelt sich um Fälle, in denen das Interesse des Anfechtenden an der Beseitigung seiner Willenserklärung höher zu bewerten ist als das Interesse des Erklärungsempfängers an der Aufrechterhaltung der Erklärung. Als Ausgleich erhält der Anfechtungsgegner, soweit er schützenswert ist, einen Anspruch auf Ersatz seines Vertrauensschadens (§ 122). Bei der Testamentsanfechtung dagegen verdient das Interesse des Bedachten an der Aufrechterhaltung des Testaments keinen Schutz. Ähnliches gilt auch bei einem Erbvertrag oder gemeinschaftlichem Testament; hier können aber möglicherweise schutzwürdige Interessen des Partners insoweit zu berücksichtigen sein, als es um die Auswirkungen der Anfechtung auf seine Verfügungen oder Verpflichtungen geht. Aus diesen Gründen enthält das Gesetz für die Testamentsanfechtung in den §§ 2078 ff. und für die Anfechtung des Erbvertrages in den §§ 2281 ff. (→ Rn. 244 ff.) Spezialvorschriften, die den allgemeinen Vorschriften der §§ 119 ff. vorgehen. Diese Sonderregeln finden auch auf die Anfechtung von gemeinschaftlichen Testamenten Anwendung (→ Rn. 251 ff.).

B. Testamentsanfechtung

I. Anfechtungstatbestand

1. *Eine letztwillige Verfügung muss vorliegen* (§ 2078 I). Das auf Irrtum beruhende **231** Unterlassen der Testamentserrichtung ist nicht anfechtbar. Gegenstand der Anfechtung ist immer nur die einzelne im Testament enthaltene Verfügung, nicht das Testament als Ganzes.[246]

2. Die *Auslegung* des Testaments *darf nicht schon zum Ziele führen.* Da in den allermeisten Fällen die Auslegung hilft, bleibt für die Anfechtung kaum noch Raum[247] (→ Rn. 199).

3. Ein *Anfechtungsgrund* muss gegeben sein. Als solcher kommt in Betracht: **232**

a) *Unbewusstes Abweichen von Wille und Erklärung* (§ 2078 I; vgl. § 119 I).

§ 2078 I nennt – wie § 119 I – zwei Anfechtungsgründe, den Erklärungsirrtum und den Inhaltsirrtum.

aa) *Erklärungsirrtum* (Irrtum über die Erklärungshandlung; § 2078 I, 2. Fall).

Beispiele: Der Erblasser verschreibt sich beim eigenhändigen Testament, verspricht sich bei der mündlichen Erklärung vor dem Notar, vergreift sich bei der Übergabe einer Schrift an den Notar.

---

245 *Brox/Walker* BGB AT Rn. 407 ff.
246 BGH NJW 1985, 2025 (2026); Soergel/*Loritz* § 2078 Rn. 27; MüKoBGB/*Leipold* § 2078 Rn. 58; Jauernig/*Stürner* § 2078 Rn. 6.
247 *Brox*, Die Einschränkung der Irrtumsanfechtung, 1960, 144.

bb) *Inhaltsirrtum* (Irrtum über die Erklärungsbedeutung; § 2078 I, 1. Fall).

Beispiel: Der Erblasser verbindet mit einem von ihm im Testament gebrauchten Rechtsbegriff oder Fremdwort eine falsche Bedeutung. Wenn sich aber ermitteln lässt, in welchem Sinne er das betreffende Wort aufgefasst hat, kann dieser Fehler durch Auslegung ausgeräumt werden, so dass eine Anfechtung ausscheidet.

233 **b)** *Irrtum bei der Willensbildung* (§ 2078 II).

Jeder Motivirrtum berechtigt zur Anfechtung. § 2078 II geht weiter als § 119 II, weil es beim Testament auf die Verkehrssicherheit nicht ankommt und ein schutzwürdiger Geschäftspartner nicht vorhanden ist. Da auch die arglistige Täuschung (vgl. § 123 I 1. Fall) zu einem Motivirrtum des Erblassers führt, ist dieser Tatbestand in der gesetzlichen Regelung über die Testamentsanfechtung nicht besonders erwähnt.

Es ist gleichgültig, ob der Erblasser sich über einen vergangenen, gegenwärtigen oder zukünftigen Umstand geirrt hat und auf welche Weise es zu dem Irrtum gekommen ist.

Beispiele: Irrtum über den Bestand der Währung, die Vermögensverhältnisse des Bedachten, das Verhalten des Bedachten gegenüber dem Erblasser. Ein Motivirrtum kann auch dann zu bejahen sein, wenn bewegender Grund für die letztwillige Verfügung die Erwartung des Erblassers war, seine persönlichen Beziehungen zum Bedachten würden sich frei von tief greifenden Störungen entwickeln,[248] oder wenn Beweggrund im Streit war, mit dessen Beilegung der Erblasser nicht gerechnet hat.[249] Selbst wenn der Erblasser in der ehemaligen DDR bei der Abfassung seines Testaments die spätere Änderung der politischen und wirtschaftlichen Verhältnisse durch die Wiedervereinigung nicht berücksichtigt hat, kann darin ein Anfechtungsgrund liegen. In allen Fällen ist aber vorweg zu prüfen, ob das Testament durch ergänzende Auslegung aufrechterhalten werden kann, was in aller Regel der Fall ist.

Irrtum und Nichtwissen sind gleich zu behandeln.[250] Folglich kann auch ein Umstand, über den der Erblasser sich keine Gedanken gemacht hat, bei deren Kenntnis er die Verfügung aber (so) nicht getroffen hätte, zur Anfechtung berechtigen.

Einen Spezialfall des Motivirrtums enthält § 2079, nämlich die irrtümliche Übergehung eines Pflichtteilsberechtigten (§ 2303). Diese Übergehung kann darauf beruhen, dass der Pflichtteilsberechtigte zur Zeit der Testamentserrichtung noch nicht existierte; er muss aber beim Erbfall leben, jedenfalls gezeugt sein (§ 1923; → Rn. 7 ff.).
Möglich ist, dass die Person bei Errichtung des Testaments bereits existierte, aber noch nicht zu den pflichtteilsberechtigten Personen gehörte.

Beispiele: Das Enkelkind des Erblassers ist kein gesetzlicher Erbe, solange sein Elternteil, der vom Erblasser abstammt, noch lebt (§ 1924 II; → Rn. 55 f.). Stirbt der Elternteil vor dem Erblasser, wird dessen Kind gesetzlicher Erbe und damit pflichtteilsberechtigt. Eine Anfechtung des Testaments durch dieses Enkelkind hat jedoch nur Erfolg, wenn der Erblasser mit der Enterbung des Elternteils nicht auch dessen Abkömmling enterben wollte (→ Rn. 272).
Die Frau, die der Erblasser nach der Testamentserrichtung heiratet, wird erst durch die Heirat pflichtteilsberechtigt. Hat der Erblasser sie schon in seinem Testament, zB als Haushälterin, mit einem Vermächtnis bedacht, dann soll § 2079 nicht erfüllt sein.[251] Nach hier vertretener Ansicht ist aber entscheidend, dass der Erblasser bei Testamentserrichtung nicht die Tatsachen kannte, die beim

---

248 BGH NJW-RR 2008, 747 (749).
249 OLG Köln FamRZ 1990, 1038.
250 **HM;** vgl. dazu BGHZ 4, 91 (95); BGH LM Nr. 3 zu § 2078 BGB; BGH NJW 1963, 246; DB 1971, 1859; *Kipp/Coing* ErbR § 24 II 2b; MüKoBGB/*Leipold* § 2078 Rn. 27; Staudinger/*Otte* (2003) § 2078 Rn. 23; **aA** Erman/*Schmidt* § 2078 Rn. 8; *Lange* ErbR Kap. 9 Rn. 88 aE; *Muscheler* ErbR I Rn. 1972 f.
251 *v. Lübtow* ErbR I 324; Staudinger/*Otte* (2003) § 2079 Rn. 5.

Erbfall zu einer Pflichtteilsberechtigung führen.[252] Der Streit ist ohne große Bedeutung; denn wenn man den Spezialfall des § 2079 verneint, kommt jedenfalls der allgemeine Tatbestand des § 2078 II in Betracht.[253]

Den Nachweis eines Irrtums im Beweggrund hat der Anfechtende zu führen.[254]

c) *Widerrechtliche Drohung* (§ 2078 II; vgl. § 123 I 2. Fall).   **234**

Bei der widerrechtlichen Drohung spielt es keine Rolle, von wem die Drohung ausgeht. Die Drohung ist widerrechtlich, wenn entweder das Mittel (das angedrohte Übel) oder der Zweck (der angestrebte Erfolg) oder die Mittel-Zweck-Relation unerlaubt ist.[255]

> **Beispiele:** Es ist nicht widerrechtlich, wenn die Pflegerin den hilfsbedürftigen E mehrfach darum bittet, sie in seinem Testament zu bedenken. Es ist auch nicht widerrechtlich, wenn die Pflegerin von ihrem Recht Gebrauch macht und das Dienstverhältnis kündigt. Dagegen ist das Inaussichtstellen der Kündigung, wenn der Bitte um eine testamentarische Zuwendung nicht entsprochen werde, widerrechtlich.
> Bei Ausnutzung der Todesnot des Erblassers kann § 2078 II, möglicherweise aber auch § 138 in Betracht kommen.

4. Der Irrtum oder die Drohung muss für die Verfügung des Erblassers *ursächlich*   **235** gewesen sein.

> § 2078 verlangt, dass der Erblasser die Erklärung »bei Kenntnis der Sachlage« nicht abgegeben hätte. Dieses Tatbestandsmerkmal betrifft die Ursächlichkeit des Irrtums für die Erklärung. Fehlt die Kausalität, scheidet eine Anfechtung aus. Das ist zB bei einem Irrtum nach Errichtung des Testaments der Fall.[256]
> Die Kausalität muss derjenige beweisen, der sich auf den Irrtum beruft.[257] Bei der Übergehung eines nicht bekannten Pflichtteilsberechtigten wird sie vermutet, so dass das Fehlen der Kausalität vom Anfechtungsgegner behauptet und bewiesen werden muss. Die verschiedene Beweislast ist aus der Formulierung in § 2078 I und § 2079 S. 2 zu entnehmen.

5. *Nicht erforderlich* ist für die Testamentsanfechtung, dass der Erblasser die Erklä-   **236** rung »*bei verständiger Würdigung des Falles*« nicht abgegeben hätte (anders § 119 I). Hier zeigt sich, dass das Gesetz allein auf den Willen und die Eigenarten des Erblassers abstellt. Ob auch ein vernünftiger Erblasser sich durch den Irrtum hätte beeinflussen lassen, ist ohne Bedeutung.

II. Anfechtungsberechtigte

1. Der Erblasser ist nicht anfechtungsberechtigt; er kann das Testament widerrufen.   **237**

2. Abgesehen von den Spezialfällen des § 2080 II, III ist derjenige anfechtungsberechtigt, dem die Aufhebung der letztwilligen Verfügung unmittelbar zustatten kommen würde (§ 2080 I). *Unmittelbar* bedeutet, dass der Anfechtende mit dem Wegfall der Verfügung Erbe oder von einer Verpflichtung (zB Vermächtnis) frei wird. Das Gesetz

---

252 Ebenso: *Jung* AcP 194 (1994) 70; MüKoBGB/*Leipold* § 2079 Rn. 6; Soergel/*Loritz* § 2079 Rn. 3.
253 Erman/*Schmidt* § 2079 Rn. 3; Palandt/*Weidlich* § 2079 Rn. 3; Staudinger/*Otte* (2003) § 2079 Rn. 5.
254 OLG München Rpfleger 2008, 492; 2007, 549 f.
255 *Brox/Walker* BGB AT Rn. 467 ff.
256 Vgl. BGHZ 42, 327.
257 OLG München Rpfleger 2007, 549 (550).

bezweckt, »nur diejenigen Personen zu schützen, welche bei unbeeinflusster Willens-entscheidung des Erklärenden nicht benachteiligt worden wären«.[258]

> Im **Fall a** kann N als der gesetzliche Erbe die Erbeinsetzung (wegen Erklärungsirrtums) anfechten; fällt nämlich die Erbeinsetzung weg, wird N gesetzlicher Erbe, so dass ihm die Vernichtung der Erbeinsetzung unmittelbar zustatten kommt. Dagegen ist der Sohn des N nicht anfechtungsberechtigt; selbst wenn er beim Tod des N dessen Erbe würde und damit die Erbschaft des E über N auch noch an ihn fiele, kommt ihm die Aufhebung des Testaments des E zu Lebzeiten des N nicht unmittelbar zustatten.
>
> Bei der Erbunwürdigkeit ist der Kreis der Anfechtungsberechtigten weiter gezogen (vgl. § 2341; → Rn. 284).
>
> Anfechtungsberechtigt sind also zB: der gesetzliche Erbe bei Erbeinsetzung eines Dritten, der Erbe bei Beschwerung (Vermächtnis, Auflage) oder Beschränkung (Testamentsvollstreckung) seines Erb-rechts, der Nacherbe bei Vorerbschaft, der Vorerbe bei Nacherbschaft, der Testamentsvollstrecker bei Aufhebung seiner Ernennung.

Es können auch mehrere Personen anfechtungsberechtigt sein. Dann kann jeder von ihnen allein anfechten. Die Anfechtung wirkt gegenüber allen.[259]

Stirbt der Anfechtungsberechtigte, so geht das Anfechtungsrecht im Wege der Uni-versalsukzession auf seine Erben über. Übertragbar unter Lebenden ist das Anfech-tungsrecht dagegen nicht.

238 **3.** Bei der Irrtumsanfechtung ist die Anfechtungsbefugnis eingeschränkt: Wenn der Irrtum sich auf eine bestimmte anfechtungsberechtigte Person bezieht, so ist nur diese anfechtungsberechtigt (§ 2080 II).

Ist diese Person bereits vor dem Erbfall gestorben, ist niemand anfechtungsberechtigt. Hat dagegen die Person den Erbfall erlebt, so ist das Anfechtungsrecht entstanden; stirbt der Anfechtungsberechtigte nach dem Erbfall, geht das Anfechtungsrecht auf seine Erben über.

Einen Spezialfall behandelt § 2080 III: Bei Übergehung eines Pflichtteilsberechtigten (§ 2079) bezieht sich der Irrtum nur auf seine Person. Deshalb ist auch nur er anfechtungsberechtigt.

III. Anfechtungserklärung

239 **1.** Die Anfechtung muss erklärt werden. Für diese Erklärung ist *keine Form* vor-geschrieben.

2. Die Anfechtungserklärung ist empfangsbedürftig. Es gilt die allgemeine Regelung des § 143, sofern nicht § 2081 als Spezialvorschrift eingreift.

a) Nach § 2081 I sind Erbeinsetzung, Enterbung, Ernennung eines Testamentsvoll-streckers sowie die Aufhebung solcher Verfügungen durch Erklärung *gegenüber dem Nachlassgericht* anzufechten. Die Amtsempfangsbedürftigkeit soll der Rechtssicher-heit dienen. Ferner soll der Anfechtungsberechtigte der Mühe enthoben werden, die durch die Verfügung Begünstigten (§ 143 IV 1) zu ermitteln. Diese Personen werden dadurch hinreichend geschützt, dass das Nachlassgericht ihnen die Anfechtungserklä-rung mitteilen soll (§ 2081 II).

---

258 Mot. V, 56.
259 BGH NJW 1985, 2025 (2026); *Lange* ErbR Kap. 9 Rn. 107; Staudinger/*Otte* (2003) § 2080 Rn. 12; **aA** MüKoBGB/*Leipold* § 2080 Rn. 13.

Durch Erklärung gegenüber dem Nachlassgericht sind auch solche Verfügungen anfechtbar, durch die ein Recht für einen anderen nicht begründet wird (§ 2081 III; Beispiele: Auflage, Entziehung des Pflichtteils).

b) In den übrigen Fällen (zB Vermächtnis, Teilungsanordnung) bleibt es bei der allgemeinen Regel des § 143 IV 1; Anfechtungsgegner ist jeder, der aufgrund des Testaments unmittelbar einen rechtlichen Vorteil erlangt hat.

3. Die Anfechtungserklärung braucht den Ausdruck »Anfechtung« nicht zu enthalten; sie muss nur den Willen des Erklärenden erkennen lassen, dass die Verfügung nicht bestehen bleiben soll. Der Anfechtende kann eine Begründung für seine Anfechtung geben, braucht das aber nicht.

4. Die Anfechtung ist *fristgebunden* (§ 2082). Die Frist ist für alle Anfechtungsgründe **240** gleich. Gegenüber §§ 121 und 124 ist § 2082 die Spezialvorschrift.

a) Die Anfechtung kann nur *binnen Jahresfrist* erfolgen (§ 2082 I). Es handelt sich um eine Ausschlussfrist. Mit Fristablauf erlischt also das Recht.

Demnach muss das Gericht den Fristablauf auch dann berücksichtigen, wenn sich der Gegner nicht darauf beruft (Gegensatz zur Verjährungsfrist). Die Hemmung der Frist, wie sie bei der Verjährung vorgesehen ist (§§ 203 ff.), gilt auch hier (§ 2082 II 2).

Die Frist beginnt mit dem Zeitpunkt, in dem der Anfechtungsberechtigte vom Anfechtungsgrund Kenntnis erlangt hat (§ 2082 II 1). Frühester Zeitpunkt ist der des Erbfalls, da erst mit ihm das Anfechtungsrecht entsteht. Kenntnis des Anfechtungsgrundes bedeutet Kenntnis der Tatsachen, die das Anfechtungsrecht begründen.

Demnach läuft die Frist auch dann nicht, wenn die Unkenntnis auf grober Fahrlässigkeit des Anfechtungsberechtigten beruht. Werden dagegen die Tatsachen, die einen Irrtum des Erblassers und die Ursächlichkeit für die Verfügung begründen, richtig erkannt und daraus falsche rechtliche Schlüsse gezogen (zB das Gesetz falsch angewandt), so läuft die Frist. Rechtsirrtum schadet dem Anfechtungsberechtigten.[260]

b) Ohne Rücksicht auf die Kenntnis des Anfechtungsberechtigten vom Anfechtungsgrund erlischt das Anfechtungsrecht *30 Jahre nach dem Erbfall* (§ 2082 III; Ausschlussfrist).

c) Selbst wenn die Anfechtungsfrist versäumt wurde, kann der Beschwerte, der aufgrund des Testaments zu einer Leistung verpflichtet ist (zB Vermächtnis), die Anfechtbarkeit dieser Verpflichtung einredeweise geltend machen (§ 2083). Diese Bestimmung ähnelt den §§ 821, 853.

IV. Verlust des Anfechtungsrechts

1. Mit *Ablauf der Ausschlussfristen* (§ 2082) erlischt das Recht. Maßgebend ist, ob die **241** Anfechtungserklärung dem Erklärungsempfänger (Nachlassgericht bzw. Betroffenen) fristgerecht zugeht (§ 130).

2. Die *Bestätigung der fehlerhaften Erklärung* schließt die Anfechtung aus (§ 144). Fraglich ist, auf wessen Bestätigung es ankommt.

---

260 Differenzierend MüKoBGB/*Leipold* § 2082 Rn. 5 ff.; vgl. aber auch BGH FamRZ 1970, 79; **kritisch:** *Muscheler* ErbR I Rn. 2010 ff.; Staudinger/*Otte* (2003) § 2082 Rn. 9.

a) Der Erblasser ist nicht anfechtungsberechtigt. Deshalb ist seine formlose Bestätigung nach § 144 unbeachtlich. Allerdings kann sie Indiz dafür sein, dass der Irrtum oder die Drohung für die Verfügung nicht ursächlich war.[261]

Will der Erblasser nach Kenntnis des Mangels verhindern, dass seine Verfügung später mit Erfolg angefochten wird, so ist ihm zu raten, neu zu testieren.

b) Derjenige, dem die Beseitigung der Verfügung unmittelbar zustatten kommt, ist zwar anfechtungsberechtigt. Aber er ist nicht Erklärender. Wegen der gleichen Interessenlage ist hier § 144, der von der Identität des Erklärenden mit dem Anfechtungsberechtigten ausgeht, entsprechend anzuwenden.[262] Der Anfechtungsberechtigte kann einseitig formlos bestätigen; er verliert damit sein Anfechtungsrecht.

V. Wirkung der Anfechtung

242 **1.** Wird eine Verfügung des Erblassers angefochten, so ist sie nach § 142 I als *von Anfang an nichtig* anzusehen.

Beispiele: Bei Anfechtung der Erbeinsetzung tritt gesetzliche Erbfolge ein. Die Anfechtung eines Testamentswiderrufs kann zur Wiederherstellung des widerrufenen Testaments führen.

2. Die Anfechtung vernichtet die Erklärung nur insoweit, als sie auf dem Irrtum beruht. Folgt man der oben dargelegten Auslegungsmethode (→ Rn. 197 ff.) nicht, so ist zumindest die Wirkung der Anfechtung nach dem hypothetischen Erblasserwillen zu bestimmen.

Beispiel: Die Anfechtung wegen Übergehung eines Pflichtteilsberechtigten (§ 2079) mag in einem Fall nur so weit wirken, dass der Pflichtteilsberechtigte seinen gesetzlichen Erbteil erhält und es im Übrigen bei der testamentarischen Erbfolge bleibt.[263] Die Ermittlung des hypothetischen Erblasserwillens kann in einem anderen Fall ergeben, dass der Erblasser bei Kenntnis der Sachlage die gesetzliche Erbfolge in vollem Umfange gewollt hätte, so dass die Anfechtung die ganze Verfügung vernichtet.[264]

3. Ein Ersatz des negativen Interesses (§ 122) kommt nicht in Betracht (§ 2078 III).

VI. Gerichtliche Prüfung der Wirkung der Anfechtung

243 **1.** Das Nachlassgericht ist für die Anfechtungserklärung nur Erklärungsempfänger (§ 2081 I, III).

Es benachrichtigt die Betroffenen (§ 2081 II 1) und nimmt die Anfechtungserklärung zu seinen Akten (zu **Fall a**). Jedem, der ein rechtliches Interesse glaubhaft macht, hat es die Einsicht der Erklärung zu gestatten (§ 2081 II 2).

Das Nachlassgericht hat also *nicht* zu prüfen, ob die Erklärung fristgerecht abgegeben wurde und ob die Anfechtung begründet ist.

2. Wird beim Nachlassgericht die Erteilung eines Erbscheines beantragt (§§ 2353 ff.; → Rn. 612 ff.), so muss das Gericht prüfen, wer Erbe geworden ist. Dazu hat das Gericht von Amts wegen die erforderlichen Ermittlungen zu veranstalten und die

---

261 Vgl. RGZ 77, 165 (170).
262 HL; vgl. MüKoBGB/*Leipold* § 2078 Rn. 62.
263 Vgl. BayObLG NJW-RR 2005, 91 (93); OLG Brandenburg FamRZ 1998, 59 (62); OLG Köln NJW 1956, 1522; Erman/*Schmidt* § 2079 Rn. 5.; MüKoBGB/*Leipold* § 2079 Rn. 24.
264 Vgl. BayObLG NJW-RR 2005, 91 (93); NJW 1971, 1565; Palandt/*Weidlich* § 2079 Rn. 7; dazu und zur Beweislast: *D. Reinicke* NJW 1971, 1961.

geeignet erscheinenden Beweise aufzunehmen (§§ 26, 29 I FamFG, § 2358). Hier muss auch geprüft werden, ob etwa die testamentarische Erbeinsetzung durch Testamentsanfechtung beseitigt und damit die gesetzliche Erbfolge eingetreten ist. Das aber hängt davon ab, ob die Anfechtung wirksam war (zu **Fall a**).

Auch im Prozess kann ein Gericht in die Lage versetzt werden, die Wirksamkeit der Anfechtung zu prüfen.

> Hat F im **Fall a** Nachlassgegenstände im Besitz, so kann N gegen ihn auf Herausgabe klagen. Er stützt seine Klage darauf, dass er, N, Erbe des E geworden sei (vgl. §§ 985, 2018; → Rn. 573 ff.). Bei Bestreiten des F hat das Gericht als Vorfrage zu prüfen, ob die Anfechtung des N wirksam war und gesetzliche Erbfolge eingetreten ist.

> Im **Fall b** kann F gegen N auf Feststellung klagen, dass er, F, Erbe des E geworden oder dass die Anfechtung unwirksam sei (§ 256 ZPO; Rechtsschutzbedürfnis prüfen!).

Die Testamentsanfechtung

I. Voraussetzungen der Anfechtung (Anfechtungstatbestand)
 1. Anfechtungsgrund
    a) Inhaltsirrtum (§ 2078 I, 1. Fall)
    b) Erklärungsirrtum (§ 2078 I, 2. Fall)
    c) Motivirrtum (§ 2078 II, Sonderfall: § 2079; ≠ §§ 119 ff.)
    d) Widerrechtliche Drohung (§ 2078 II)
 2. Ursächlichkeit des Irrtums oder der Drohung für die Verfügung des Erblassers = Erklärung wäre bei Kenntnis der Sachlage/ohne die Drohung nicht abgegeben worden (§ 2078 I)
 3. Anfechtungsberechtigte
    a) Grundsatz: Derjenige, welchem die Aufhebung der letztwilligen Verfügung unmittelbar zustatten kommen würde (§ 2080 I)
    b) Sonderfälle:
       aa) Wenn sich der Irrtum auf eine bestimmte Person bezieht, ist nur diese anfechtungsberechtigt (§ 2080 II)
       bb) Bei Übergehung eines Pflichtteilsberechtigten ist nur dieser anfechtungsberechtigt (§ 2080 III)
 4. Anfechtungserklärung (§§ 143, 2081)
    Formfreie Willenserklärung gegenüber dem Nachlassgericht (§ 2081 I) oder gegenüber jedem, der durch das Testament unmittelbar einen rechtlichen Vorteil erlangt hat (§ 143 IV 1)
 5. Anfechtungsfrist (§ 2082):
    ein Jahr ab Kenntnis vom Anfechtungsgrund
 6. Verlust des Anfechtungsrechts
    a) 30 Jahre ab Erbfall (§ 2082)
    b) durch (formlos mögliche) Bestätigung der fehlerhaften Erklärung (§ 144) durch den Anfechtungsberechtigten

II. Wirkung der Anfechtung
 1. Nichtigkeit der angefochtenen Verfügung ex tunc (§ 142 I), soweit sie auf dem Irrtum beruht
 2. Kein Ersatz des negativen Interesses (§ 2078 III)

C. Anfechtung des Erbvertrages

I. Allgemeines

244 Drei Fallgruppen sind zu unterscheiden:

1. Hat ein Partner des Erbvertrages im Vertrag Erklärungen abgegeben, die *keine Verfügungen von Todes wegen* sind (zB er hat sich zu Unterhaltsleistungen verpflichtet), so gelten insoweit für die Anfechtung die allgemeinen Vorschriften der §§ 119 ff.

2. Hat der Erblasser im Erbvertrag *einseitige Verfügungen* (§ 2299; → Rn. 149) getroffen, die also nicht vertragsmäßig binden, gilt das zur Testamentsanfechtung Gesagte. Der Erblasser kann widerrufen, er braucht keine Anfechtung. Für die Anfechtung dritter Personen sind die §§ 2078 ff. zu beachten.

3. Die Besonderheit liegt bei den *vertragsmäßig bindenden Verfügungen* (vgl. § 2289; → Rn. 151). Da insoweit der Erblasser im Interesse des Vertragspartners gebunden ist und nicht frei widerrufen kann, besteht hier auch ein Bedürfnis für eine Anfechtung des Erblassers *(Selbstanfechtung).* Nach dessen Tode kommt eine Anfechtung durch solche Personen in Betracht, denen die Aufhebung unmittelbar zustatten käme. Nur für die vertragsmäßig bindenden Verfügungen gelten die §§ 2281 ff.

Bei den folgenden Erörterungen geht es nur um die *vertragsmäßig bindenden* Verfügungen (→ Rn. 151); denn für die einseitigen Verfügungen gelten gegenüber der Testamentsanfechtung keine Besonderheiten.

II. Anfechtungstatbestand

245 Die Anfechtungsgründe entsprechen denen beim Testament (§ 2281 I verweist auf §§ 2078 f.). Damit wird also in erheblichem Maße auf den Erblasserwillen Rücksicht genommen und dem Vertragspartner des Erblassers nicht ein solch starker Schutz gewährt wie dem Partner in anderen Verträgen; denn jeder einseitige Motivirrtum berechtigt zur Anfechtung. Es kommt auch hier nicht auf die verständige Würdigung des Falles an.

Besonderheit: Bei der Anfechtung wegen Übergehens eines Pflichtteilsberechtigten (§ 2079) ist es erforderlich, dass dieser zur Zeit der Anfechtung vorhanden ist (§ 2281 I). Ist er also schon gestorben, bevor angefochten wird, besteht kein Anfechtungsrecht. Stirbt er dagegen erst nach erfolgter Anfechtung, so bleibt diese wirksam, selbst wenn er den Erbfall nicht mehr erlebt. Diese Regelung schafft für alle Beteiligten klare Verhältnisse. Würde man darauf abstellen, ob der Pflichtteilsberechtigte den Erbfall erlebt, so bliebe die Wirkung der Anfechtung in der Schwebe (bedingte Anfechtung).

III. Anfechtungsberechtigte

246 **1.** Der *Erblasser selbst* kann anfechten (§ 2281 I), da er durch die Verfügung gebunden ist. Er muss die Anfechtung *persönlich* erklären; Stellvertretung ist nicht zulässig (§ 2282 I 1).

Das Gesetz will eine persönliche Willensentscheidung des Erblassers. Das gilt sogar dann, wenn der Erblasser nur beschränkt geschäftsfähig ist; er bedarf nicht der Zustimmung seines gesetzlichen Vertreters (§ 2282 I 2). Diese ist deshalb nicht erforderlich, weil der beschränkt Geschäftsfähige durch die Anfechtung von der Bindung befreit wird und wieder frei verfügen kann. Die Regelung ist jedenfalls dann bedenklich, wenn die Anfechtung dem beschränkt Geschäftsfähigen auch Nachteile bringt (zB wenn er den Unterhaltsanspruch verliert, zu dem sich der Vertragspartner verpflichtet hatte). Nur für den geschäftsunfähigen Erblasser kann dessen gesetzlicher Vertreter mit Genehmigung des Familiengerichts anfechten (§ 2282 II). Ist der gesetzliche Vertreter ein Betreuer, ist die Genehmigung des Betreuungsgerichts erforderlich (§ 2282 II aE).

Die §§ 2281–2283 regeln lediglich die Anfechtung durch den Erblasser.

2. Derjenige, dem die *Aufhebung der letztwilligen Verfügung unmittelbar zustatten kommen würde,* ist nach dem Erbfall ebenfalls anfechtungsberechtigt (§§ 2080, 2281 [»auch von dem Erblasser«], 2285; → Rn. 237 f.). Es gelten die §§ 2078 ff.

IV. Anfechtungserklärung

1. Die Erklärung des Erblassers bedarf – in Anlehnung an die Rücktrittsregelung (§ 2296 II 2) – der notariellen Beurkundung (§ 2282 III).   **247**

2. Erklärungsempfänger ist der Vertragspartner (§ 143 II); ihm muss die Erklärung zugehen (§ 130). Ist der Vertragspartner bereits gestorben, so bedarf es dann keiner Anfechtung mehr, wenn die anfechtbare Verfügung zu seinen Gunsten getroffen wurde; denn sie ist durch seinen Tod gegenstandslos geworden. Ist dagegen die Verfügung zu Gunsten eines Dritten getroffen worden, so ist die Anfechtung nach dem Tode des Vertragspartners gegenüber dem Nachlassgericht zu erklären (§ 2281 II 1), das die Erklärung dem Dritten mitteilen soll (§ 2281 II 2).

3. Die Anfechtung ist auch beim Erbvertrag fristgebunden.

a) Der Erblasser kann nur binnen Jahresfrist seit Kenntnis des Anfechtungsgrundes bzw. im Falle der Drohung nach Beendigung der Zwangslage anfechten (§ 2283 I, II; Ausnahme: III).

b) Der Dritte, in dessen Person die Voraussetzungen des § 2080 (→ Rn. 237) vorliegen, hat ein eigenes Anfechtungsrecht. Jedoch besteht kein Bedürfnis, dem Dritten dieses Recht zu geben, wenn der Erblasser die Frist ungenutzt hat verstreichen lassen.[265] Daher bestimmt § 2285, dass Dritte nicht mehr wirksam anfechten können, wenn das Anfechtungsrecht des Erblassers zur Zeit des Erbfalls erloschen war.

Ist die Frist für den Erblasser schon zum Teil abgelaufen, wird die Frist für die Anfechtung durch einen Dritten nicht entsprechend gekürzt.[266]

V. Verlust des Anfechtungsrechts

Außer durch *Fristablauf* (§§ 2283, 2285) wird das Anfechtungsrecht durch *Bestätigung* des anfechtbaren Erbvertrages (§ 2284) ausgeschlossen. Diese kann nur durch den Erblasser persönlich erfolgen (§ 2284 S. 1). Da die Bestätigung den Erblasser weiterhin bindet, kann ein beschränkt Geschäftsfähiger nicht wirksam bestätigen (§ 2284 S. 2).   **248**

Die Bestätigungserklärung bedarf keiner Form (§ 144 II) und ist nicht empfangsbedürftig.[267]

---

265 Mot. V, 325.
266 Mot. V, 325.
267 BayObLG NJW 1954, 1039.

VI. Wirkung der Anfechtung

249 Nach § 142 I wird die Verfügung, soweit sie anfechtbar ist, durch Anfechtung vernichtet. Ob damit der ganze Vertrag nichtig ist, muss durch Auslegung ermittelt werden. Beim zweiseitigen Erbvertrag ist im Zweifel Unwirksamkeit des ganzen Vertrages anzunehmen (§ 2298); ansonsten ist § 2085 zu beachten (→ Rn. 265).

Ein Anspruch des Vertragsgegners nach § 122 auf Ersatz des negativen Interesses besteht nicht. Soweit ein Dritter den Erbvertrag anfict, ergibt sich dies aus der in § 2279 I enthaltenen Verweisung, die sich auch auf § 2078 bezieht. Da § 2281 hinsichtlich der Anfechtung des Erblassers ebenfalls auf § 2078 (auch auf dessen Abs. 3) Bezug nimmt, muss auch insoweit eine Ersatzpflicht nach § 122 ausgeschlossen sein.[268]

VII. Anhang: Anfechtung des Aufhebungsvertrages

250 Ist der Erbvertrag durch einen Aufhebungsvertrag aufgehoben worden (→ Rn. 165), kann dieser durch Anfechtung beseitigt werden. Umstritten ist, ob sich die Anfechtung nur nach den allgemeinen Vorschriften der §§ 119 ff. richtet oder ob in bestimmten Fällen (zB Anfechtung des Aufhebungsvertrages durch den früheren Vertragserblasser) die §§ 2281 ff. anzuwenden sind. Der Gesetzgeber hat das Problem gesehen und sich für die Anwendung der allgemeinen Vorschriften entschieden.[269] Deshalb ist der Aufhebungsvertrag nach §§ 119 ff. anfechtbar.[270] Ist der Aufhebungsvertrag wirksam angefochten worden, dann tritt der ursprüngliche Erbvertrag wieder in Kraft.

D. Anfechtung des gemeinschaftlichen Testaments

I. Allgemeines

251 Für das gemeinschaftliche Testament sieht das Gesetz keine besonderen Anfechtungsregeln vor. Daraus kann aber nicht der Schluss gezogen werden, hier habe der Erblasser keine Möglichkeit, seine auf Irrtum oder Drohung beruhende Erklärung zu beseitigen, wenn sie für ihn bindend ist. Es war nicht der Wille des Gesetzgebers, beim gemeinschaftlichen Testament eine stärkere Bindung als beim Erbvertrag zu schaffen. Hier liegt vielmehr eine gesetzliche Lücke vor, die durch entsprechende Anwendung der für den Erbvertrag bestimmten Anfechtungsregeln (§§ 2281 ff.) zu schließen ist.

II. Anfechtungsrecht des Erblassers

252 1. Ein Bedürfnis für eine Anfechtung des Erblassers besteht wegen der Bindung nur bei den wechselbezüglichen Verfügungen (§ 2270; → Rn. 192). Nicht wechselbezügliche Verfügungen sind wie Testamente frei widerruflich. Da auch wechselbezügliche Verfügungen zu Lebzeiten des anderen Ehegatten/Lebenspartners – zwar in einer besonderen Form – widerrufbar sind (§ 2271 I), kommt eine Anfechtung durch den

---

268 **Str.;** wie hier *Lange* ErbR Kap. 9 Rn. 148; *Lange/Kuchinke* ErbR § 25 IX 4; *Muscheler* ErbR I Rn. 2024; im Ergebnis auch MüKoBGB/*Musielak* § 2281 Rn. 21; **aA** Palandt/*Weidlich* § 2281 Rn. 10; Soergel/*Wolf* § 2281 Rn. 6.

269 Prot. V, 408.

270 Ebenso: RGRK/*Kregel* § 2290 Rn. 9; **aA** *Muscheler* ErbR I Rn. 2249; Palandt/*Weidlich* § 2290 Rn. 4.

Erblasser erst mit dem Tode des anderen Gatten/Partners in Betracht; denn dann erlischt das Recht zum Widerruf (§ 2271 II 1).[271]

> Häufiges **Beispiel:** Der überlebende Ehegatte heiratet wieder. Der neue Ehegatte ist Pflichtteilsberechtigter, so dass der Überlebende nach § 2079 anfechten kann. Damit eine Anfechtung nicht in Betracht kommt, ist den Ehegatten zu raten, bei Errichtung eines gemeinschaftlichen Testaments auch Bestimmungen darüber zu treffen, was bei Wiederheirat des Überlebenden gelten soll.

2. Die Anfechtungserklärung des Erblassers muss notariell beurkundet sein (§ 2282 III); sie muss innerhalb der Jahresfrist (§ 2283), die frühestens mit dem Tod des anderen Gatten/Partners beginnt, dem Nachlassgericht (§ 2281 II) zugehen.

> Hat der Erblasser durch sein gegen Treu und Glauben verstoßendes Verhalten den Anfechtungsgrund geschaffen, ist seine Anfechtung unzulässig.[272]

3. Die Anfechtung bewirkt gem. § 142 I die Nichtigkeit der angefochtenen Verfügung. Die dazu wechselbezügliche Verfügung des anderen Ehegatten/Lebenspartners ist wegen der Abhängigkeit der Verfügungen unwirksam (§ 2270 I).

> Sofern es mit dem Willen der Ehegatten/Lebenspartner im Einklang steht, kann die Anfechtung des Überlebenden auch nur dazu führen, dass die angefochtene und die damit wechselbezügliche Verfügung nicht völlig nichtig sind.[273]

III. Anfechtungsrecht des Ehegatten/Lebenspartners und Dritter

Nach dem Tode des Erblassers kann dessen Verfügung durch diejenigen angefochten werden, denen die Aufhebung unmittelbar zustatten kommen würde (§ 2080 I). Zu diesen Personen kann auch der überlebende Ehegatte/Lebenspartner gehören. Wie bei der Anfechtung des Erbvertrages durch Dritte sind die §§ 2078 ff. anwendbar. **253**

> Hatte der Erblasser sein Anfechtungsrecht bereits verloren, so kann entsprechend § 2285 auch der Dritte nicht mehr anfechten.[274]

Die Anfechtung des Erbvertrags und des gemeinschaftlichen Testaments

I. Die Anfechtung des Erbvertrages
1. andere Erklärungen als Verfügungen von Todes wegen: §§ 119 ff.
2. vertragsmäßige Verfügungen von Todes wegen mit Bindungswirkung: §§ 2281 ff.
   a) Voraussetzungen der Anfechtung (Anfechtungstatbestand)
      aa) Anfechtungsgrund: § 2281 I iVm §§ 2078 f. (wie beim Testament); Besonderheit: § 2281 I, 2. Halbsatz
      bb) Anfechtungsberechtigte
         (1) der Erblasser (§ 2282)
         (2) nach dem Erbfall: derjenige, welchem die Anfechtung der letztwilligen Verfügung unmittelbar zustatten kommen würde (§§ 2285, 2080)

---

271 Vgl. dazu BGH FamRZ 1956, 83 und 1960, 145; BGHZ 37, 331 (333); BGH FamRZ 1970, 79.
272 BGHZ 4, 91 (96); BGH FamRZ 1962, 427; 1970, 79.
273 Vgl. OLG Hamm NJW 1972, 1088.
274 RGZ 77, 165; Erman/*Schmidt* § 2080 Rn. 3; Palandt/*Weidlich* § 2271 Rn. 32.

cc) Anfechtungserklärung

Formfreie Willenserklärung (bei Anfechtung durch den Erblasser: notarielle Beurkundung, § 2282 III) gegenüber dem Vertragspartner (§ 143 II) oder (nach dessen Tod) gegenüber dem Nachlassgericht (§ 2281 II)

dd) Anfechtungsfrist

(1) für den Erblasser ein Jahr ab Kenntnis vom Anfechtungsgrund bzw. ab Wegfall der Zwangslage (§ 2283)

(2) für Dritte: wie beim Testament (§ 2082); aber Verlust des Anfechtungsrechts, wenn auch das Anfechtungsrecht des Erblassers erloschen ist (§ 2285)

ee) Verlust des Anfechtungsrechts

durch (formlos mögliche) Bestätigung der fehlerhaften Erklärung (§ 144) durch den Erblasser (§ 2284)

b) Wirkung der Anfechtung

aa) Nichtigkeit der angefochtenen Verfügung ex tunc (§ 142 I)

bb) kein Ersatz des Vertrauensschadens (§§ 2279, 2281 iVm § 2078)

II. Die Anfechtung des gemeinschaftlichen Testaments

1. Anfechtungsbedürfnis nur bei wechselbezüglichen Verfügungen (sonst Widerrufsmöglichkeit) und erst nach dem Tod des anderen Ehegatten/Lebenspartners (vorher Widerrufsmöglichkeit, § 2271 I, II).

2. Die Regeln für die Anfechtung vertragsmäßiger Verfügungen mit Bindungswirkung beim Erbvertrag (§§ 2281 ff.) gelten entsprechend.

E. Zusammenfassung

254 Zur *Testamentsanfechtung* berechtigt jeder Motivirrtum des Erblassers, sofern der Irrtum für die Verfügung ursächlich gewesen ist. Entsprechendes gilt für die widerrechtliche Drohung. Anfechtungsberechtigt ist nicht der Erblasser, da er die Verfügung widerrufen kann, sondern jeder, dem die Aufhebung der Verfügung unmittelbar zustatten kommen würde. Die formlose Anfechtungserklärung ist binnen Jahresfrist abzugeben. Erklärungsempfänger ist bei wichtigen testamentarischen Bestimmungen das Nachlassgericht, sonst der Bedachte. Die Anfechtung vernichtet die Verfügung. Das negative Interesse ist nicht zu ersetzen.

Zur Anfechtung vertragsmäßig bindender Verfügungen des *Erbvertrages* ist der Erblasser selbst befugt, da er nicht widerrufen kann. Nach seinem Tod ist derjenige anfechtungsberechtigt, dem die Aufhebung der Verfügung unmittelbar zustatten kommen würde, sofern der Erblasser das Anfechtungsrecht noch nicht verloren hatte. Die Anfechtungserklärung, die der notariellen Beurkundung bedarf, muss dem Vertragspartner und nach dessen Tode dem Nachlassgericht binnen Jahresfrist zugehen. Im Übrigen gelten die Regeln über die Testamentsanfechtung.

Für die Anfechtung wechselbezüglicher Verfügungen des *gemeinschaftlichen Testaments* gelten die Bestimmungen über die Anfechtung vertragsmäßig bindender Verfügungen des Erbvertrages entsprechend.

§ 18 Die Nichtigkeit und Unwirksamkeit der Verfügungen von Todes wegen

Literatur: *Damrau/Mayer,* Zur Vor- und Nachvermächtnislösung beim sog. Behindertentestament, ZEV 2001, 293; *Dreher/Görner,* Das Behindertentestament und § 138 BGB, NJW 2011, 1761; *Gaier,* Die Bedeutung der Grundrechte für das Erbrecht, ZEV 2006, 2; *Gebhardt,* Der Zeitpunkt für die Beurteilung der Sittenwidrigkeit eines Testaments, Rpfleger 2008, 622; *Goebel,* Eheschließungsfreiheit und erbrechtliche Potestativbedingungen, FamRZ 1997, 656; *Golpayegani/Boger,* Aktuelle Gestaltungsempfehlungen zum Behindertentestament, ZEV 2005, 377; *Gutmann,* Der Erbe und seine Freiheit, NJW 2004, 2347; *Hartmann,* Das sog. Behindertentestament: Vor- und Nacherbschaftskonstruktion oder Vermächtnisvariante?, ZEV 2001, 89; *Horsch,* Neue Aspekte zur Bestimmung des maßgeblichen Zeitpunktes der Sittenwidrigkeit von letztwilligen Verfügungen, Rpfleger 2005, 285; *Isensee,* Inhaltskontrolle des Bundesverfassungsgerichts über Verfügungen von Todes wegen – zum »Hohenzollern-Beschluss« des BVerfG, DNotZ 2004, 754; *Krampe,* Testamentsgestaltung zu Gunsten eines Sozialhilfeempfängers, AcP 191 (1991) 526; *Leipold,* Testierfreiheit und Sittenwidrigkeit in der Rechtsprechung des Bundesgerichtshofs, 50 Jahre Bundesgerichtshof, FG der Wissenschaft, Band I, 2000, 1011; *van de Loo,* Die letztwillige Verfügung von Eltern behinderter Kinder, NJW 1990, 2852; *Niemann,* Testierverbot in Pflegefällen, ZEV 1998, 419; *Otte,* Die Bedeutung der »Hohenzollern«-Entscheidung des Bundesverfassungsgerichts für die Testierfreiheit, ZEV 2004, 393; *Paul,* Sittenwidrigkeit im Erbrecht, JZ 2005, 436; *Petersen,* Die eingeschränkte Testierfreiheit beim Pflegeheimbetrieb durch eine GmbH, DNotZ 2000, 739; *Pieroth,* Grundgesetzliche Testierfreiheit, sozialhilferechtliches Nachrangprinzip und das sog. Behindertentestament, NJW 1993, 173; *Röthel,* Testierfreiheit und Testiermacht, AcP 210 (2010) 32; *Sasse,* Nichtigkeit letztwilliger Verfügungen gem. § 138 BGB, JA 1996, 160; *Scheuren-Brandes,* Wiederverheiratungsklauseln nach der Hohenzollern-Entscheidung – Handlungsbedarf für die Gestaltungspraxis, ZEV 2005, 185; *Schmoeckel,* Der maßgebliche Zeitpunkt zur Bestimmung der Sittenwidrigkeit nach § 138 I BGB, AcP 197 (1997) 1; *Schnabl/Hamelmann,* Das Ende der Sittenwidrigkeit sog. Geliebtentestamente, Jura 2009, 161; *Smid,* Rechtliche Schranken der Testierfreiheit aus § 138 I BGB, NJW 1990, 409; *Staudinger,* Die Nichtigkeit der Verfügung von Todes wegen und der Erbstreit im Adelshause Hohenzollern, Jura 2000, 467; *Suyter,* Neue Probleme bei der Testamentsgestaltung im Hinblick auf § 14 HeimG, ZEV 2003, 104; *v. Schrenck-Notzing,* Unerlaubte Bedingungen in letztwilligen Verfügungen, 2009; *Wietek,* Verfügungen von Todes wegen zu Gunsten behinderter Menschen, 1996.

255

Fälle:

a) E setzt in einem formgültigen eigenhändigen Testament seine Pflegerin zur Alleinerbin ein. Er will das aber nicht, sondern möchte dadurch nur erreichen, dass die Pflegerin im Vertrauen auf die Erbeinsetzung ihn bis zu seinem Tode pflegt. Der Sohn des E ficht das Testament an. Wer ist Erbe? (→ Rn. 257)

b) E setzt seinen Sohn zum Erben ein und enterbt seine Tochter, weil er die Frauen nicht leiden kann, weil sie ihm zu dumm ist, weil sie einen Ausländer, Angehörigen einer anderen Religion geheiratet hat, weil sie einer anderen Kirche beigetreten ist. (→ Rn. 262, → Rn. 263)

c) E setzt seine Tochter nur unter der Bedingung als Erbin ein, dass sie keinen Ausländer, Angehörigen einer anderen Religion heiratet, dass sie nicht aus der Kirche austritt. (→ Rn. 263)

d) E hat neben seiner Frau und seinen Kindern auch die S testamentarisch bedacht. Spielt es für die Gültigkeit eine Rolle, ob E in S ein aufstrebendes künstlerisches Talent fördern wollte, ob S zu weiterer geschlechtlicher Hingabe bewogen werden sollte, ob S für ihre Hingabe belohnt oder wegen verpasster Heiratschancen entschädigt werden sollte? (→ Rn. 263)

e) E hat seine Geliebte zur Alleinerbin eingesetzt. Nach dem Tode seiner Frau heiratet er sie, ohne das Testament zu ändern. (→ Rn. 256, → Rn. 263)

A. Bedeutung von Nichtigkeit und Unwirksamkeit

I. Nichtigkeit

Eine nichtige Verfügung von Todes wegen gilt wie jedes nichtige Rechtsgeschäft als rechtlich nicht vorhanden. Die Nichtigkeit kann von jedermann geltend gemacht werden. Der Richter muss sie berücksichtigen, auch wenn sich keine Partei auf sie beruft. Im Gegensatz dazu ist das anfechtbare Rechtsgeschäft wirksam. Erst eine wirksame Anfechtung führt zur Nichtigkeit des Rechtsgeschäfts.

Ein Rechtsgeschäft, das ohnehin schon nichtig ist, braucht nicht erst noch durch Anfechtung vernichtet zu werden. Dabei soll hier von den Ausnahmefällen abgesehen werden, in denen die Wirkung der Anfechtung über die der Nichtigkeit hinausgeht.[275]

II. Unwirksamkeit

256 »Unwirksamkeit« bedeutet oft nichts anderes als Nichtigkeit (zB in § 2101 I 2). Manchmal ist Nichtigkeit ein Unterfall des Oberbegriffs Unwirksamkeit (vgl. § 2270 I). Schließlich kann dieser Begriff auch in engerem Sinne gebraucht werden: Während Nichtigkeit eine rechtliche Nichtexistenz bedeutet, meint die so verstandene Unwirksamkeit, dass das Rechtsgeschäft keine Wirkung hervorbringt.

In diesem Sinne ist zB eine sittenwidrige Verfügung von Todes wegen nichtig, während eine Verfügung, durch die jemand zum Erben eingesetzt ist, der den Erbfall nicht mehr erlebt, unwirksam ist.

Andere Beispiele für eine solche Unwirksamkeit: Der Bedachte schlägt aus, das Testament wird widerrufen, der vermachte Gegenstand gehört zur Zeit des Erbfalls nicht zur Erbschaft (§ 2169 I).

Nichtigkeit und Unwirksamkeit in diesem Sinne führen nicht zu verschiedenen Ergebnissen. Die Unterscheidung ist deshalb unfruchtbar.

Der Ansicht, dass eine bestehende Nichtigkeit im Gegensatz zur Unwirksamkeit nicht beseitigt werden könne, ist nicht zu folgen. Allerdings kann ein durch Widerrufstestament unwirksames Testament durch Widerruf des Widerrufstestaments wirksam werden (§ 2257; → Rn. 142). Es ist aber auch möglich, dass ein zunächst nichtiges Testament zum Zeitpunkt des Erbfalls gültig ist (vgl. oben **Fall e** und → Rn. 263).

B. Bewusstes Abweichen von Wille und Erklärung

I. Geheimer Vorbehalt

257 Die Willenserklärung mit dem geheimen Vorbehalt, das Erklärte nicht zu wollen, ist grundsätzlich nicht nichtig (§ 116 S. 1).[276] Ausnahmsweise ist die Erklärung nichtig, wenn der Erklärungsempfänger den Vorbehalt kennt (§ 116 S. 2); in diesem Falle ist der Erklärungsempfänger nicht schutzwürdig.

Fraglich ist, ob § 116 S. 1 auch bei letztwilligen Verfügungen gilt. Da das Gesetz für die Frage der Nichtigkeit auf den Vertrauensschutz abstellt und da beim Testament schutzwürdige Belange anderer Personen nicht in Betracht kommen (→ Rn. 198), sprechen gute Gründe dafür, die testamentarische Verfügung mit dem Willen, das

---

275 *Brox/Walker* BGB AT Rn. 443.
276 *Brox/Walker* BGB AT Rn. 393 ff.

Erklärte nicht zu wollen, grundsätzlich als nichtig anzusehen.[277] Lediglich beim Erbvertrag (→ Rn. 222 ff.) sowie bei wechselbezüglichen Verfügungen des gemeinschaftlichen Testaments (→ Rn. 226) darf wegen des Vertrauens des jeweils anderen Teils ein geheimer Vorbehalt nicht zur Nichtigkeit führen. Über diese Fälle hinaus wendet die ganz hM § 116 S. 1 jedoch auch bei anderen letztwilligen Verfügungen ohne Einschränkungen an.[278]

> Im **Fall a** ist das Testament nach hM gem. § 116 S. 1 nicht wegen des geheimen Vorbehalts nichtig. Der Sohn des E ist zwar anfechtungsberechtigt (§ 2080 I); aber weder der geheime Vorbehalt als solcher noch ein möglicher Irrtum des E über die Wirksamkeit des geheimen Vorbehalts ist ein Anfechtungsgrund. Die Pflegerin ist Erbin.
> Nach der Gegenansicht ist das Testament entgegen § 116 S. 1 nichtig. Der Sohn ist Erbe. Einer Anfechtung bedarf es nicht. Im Streitfall muss der Sohn den Vorbehalt beweisen. Möglicherweise besteht aber ein Anspruch der Pflegerin nach §§ 611, 612, 812 I 2, 826 als Nachlassverbindlichkeit.

II. Nicht ernstliche Willenserklärung

Auch im Falle des § 118 liegt – wie bei § 116 – eine nicht ernstlich gemeinte Willenserklärung vor. Zum Tatbestand des § 116 gehört, dass der Erklärende täuschen will. Bei § 118 will der Erklärende nicht täuschen (»in der Erwartung, der Mangel der Ernstlichkeit werde nicht verkannt«).   **258**

Wenn § 118 schon für alle Verkehrsgeschäfte der Willenstheorie folgt und die Erklärung für nichtig erklärt,[279] dann muss das erst recht für alle Verfügungen von Todes wegen gelten. Ein Vertrauensschaden (§ 122) ist nicht zu ersetzen (arg. § 2078 III).

III. Scheinerklärung

Wird eine Willenserklärung nur zum Schein abgegeben und sind sich Erklärender   **259** und Erklärungsempfänger über die Scheinnatur einig, so ist die Erklärung nichtig (§ 117 I).[280] Hier wird also – anders als bei § 116 S. 2 – ein bewusstes Zusammenwirken vorausgesetzt. Auch bei § 118 braucht ein Einverständnis nicht zu bestehen; es genügt dort die einseitige Erwartung des Erklärenden.

Da § 117 nur die empfangsbedürftige Willenserklärung behandelt und das Testament nicht empfangsbedürftig ist, wendet die hM diese Bestimmung schon deshalb auf Testamente nicht an.[281] Dem ist zwar zuzustimmen. Wenn man aber für die Frage der Nichtigkeit auf das Fehlen eines schutzwürdigen Vertrauens und deshalb auf den Willen des Erblassers abstellt, ist ein Scheintestament nichtig. Es gilt das beim geheimen Vorbehalt Gesagte (→ Rn. 257) auch hier.

---

277 Willensdogma; *Lange/Kuchinke* ErbR § 35 I 1b.
278 ZB BayObLG FamRZ 1977, 347; OLG Frankfurt OLGZ 1993, 461 (466); AnwK-BGB/*Feuerborn* § 116 Rn. 3; *Lipp* ErbR Rn. 365; MüKoBGB/*Kramer* § 116 Rn. 4; Staudinger/*Otte* (2003) Vorbem. zu §§ 2064 ff. Rn. 12 ff.
279 *Brox/Walker* BGB AT Rn. 397 ff.
280 *Brox/Walker* BGB AT Rn. 402 ff.
281 BayObLG FamRZ 1977, 347 (348); *Lange* ErbR Kap. 3 Rn. 35; *Lipp* ErbR Rn. 366; *Muscheler* ErbR I Rn. 1914; Palandt/*Ellenberger* § 117 Rn. 2.

C. Formmangel

260 Eine Verfügung von Todes wegen ist nichtig, wenn sie der durch Gesetz vorgeschriebenen Form ermangelt (§ 125 S. 1).[282] Diese Rechtsfolge tritt nicht ein, wenn eine bloße Soll-Vorschrift nicht beachtet worden ist.

Führt die Nichtbeachtung der Formvorschrift zur Nichtigkeit, so kann das im Einzelfall sehr hart sein. Deshalb sind die Gerichte manchmal geneigt, unter Heranziehung des § 242 eine gerechte Entscheidung des Einzelfalles herbeizuführen, wobei der durch die Formvorschriften bezweckte Schutz vernachlässigt wird. Diese Rechtsprechung ist bedenklich und wird von der Literatur überwiegend abgelehnt.

> **Beispiel:** Ein nur schriftlich abgeschlossener Erbvertrag, der den Übergang eines Hofes zum Inhalt hat, kann nach der Rechtsprechung des BGH uU als wirksam aufrechterhalten werden;[283] der Mangel der Form führt danach mit Rücksicht auf Treu und Glauben nicht zur Nichtigkeit (vgl. auch § 7 II HöfeO, in dem die Rechtsprechung weitgehend übernommen worden ist). Es handelt sich um die über das Erbrecht hinausgehende Frage nach dem Verhältnis zwischen § 125 und § 242. Dabei wird es auf die Umstände des Einzelfalles ankommen. So kann zB entscheidend sein, ob der eine Vertragspartner den anderen schuldlos, fahrlässig oder vorsätzlich in einen Irrtum über die Formbedürftigkeit versetzt hat.[284]

D. Verstoß gegen ein gesetzliches Verbot oder gegen die guten Sitten

I. Verstoß gegen ein gesetzliches Verbot

261 1. Gem. § 134 ist ein Rechtsgeschäft nichtig, das gegen ein gesetzliches Verbot verstößt, wenn sich nicht aus dem Gesetz ein anderes ergibt.[285] Diese Norm gilt auch für die erbrechtlichen Rechtsgeschäfte, also insbesondere für Verfügungen von Todes wegen. Für Vermächtnisse (§ 2171) und Auflagen (§ 2192) wird das ausdrücklich vom Gesetz hervorgehoben.

Aus § 2171 ist weiter zu entnehmen, dass es für die Beurteilung, ob ein Verstoß gegen ein gesetzliches Verbot vorliegt, auf den Zeitpunkt des Erbfalles und nicht auf den der Errichtung der Verfügung ankommt. Verstößt also eine Verfügung gegen Bewirtschaftungsvorschriften, sind diese aber zur Zeit des Erbfalles bereits aufgehoben, so ist die Verfügung gültig; denn durch die Nichtigkeit soll nicht der Erblasser bestraft, sondern der vom Gesetz missbilligte Erfolg verhindert werden.

Ob das gesetzliche Verbot zur Nichtigkeit des Rechtsgeschäfts führt, kann oft schon aus dem Wortlaut der Gesetzesbestimmung und muss im Übrigen aus dem Sinn und Zweck des Gesetzes entnommen werden.

> **Beispiele:** Verstöße gegen § 2065 (»kann nicht«), § 2263 (»ist nichtig«) bewirken die Nichtigkeit des Rechtsgeschäfts. Dagegen berührt die Nichteinhaltung bloßer Soll-Vorschriften die Gültigkeit nicht.

261a Ein gesetzliches Verbot iSd § 134 enthält *§ 14 HeimG*.[286] Danach ist es dem Träger eines Heims sowie den Beschäftigten des Heims untersagt, sich von oder zu Gunsten von Heimbewohnern Geld oder geldwerte Leistungen (über das vereinbarte Entgelt

---

282 *Brox/Walker* BGB AT Rn. 308 ff.
283 BGHZ 23, 249.
284 Vgl. Erman/*Arnold* § 125 Rn. 23 ff.; Nachweise bei MüKoBGB/*Einsele* § 125 Rn. 62; *D. Reinicke,* Rechtsfolgen formwidrig abgeschlossener Verträge, 1969.
285 *Brox/Walker* BGB AT Rn. 320 ff.
286 BGHZ 110, 235.

hinaus) versprechen oder gewähren zu lassen. Nach dieser Vorschrift ist auch eine Verfügung von Todes wegen gem. § 134 insoweit nichtig, als darin der Heimbewohner eine der genannten Personen bedenkt. Das ist für den Erbvertrag zu Gunsten einer der genannten Personen allgemein anerkannt, gilt nach der Rechtsprechung aber auch für ein Testament, wenn es mit dem Einverständnis des bedachten Heimträgers bzw. Bediensteten errichtet wurde oder wenn die testamentarische Einsetzung dem Bedachten bereits zu Lebzeiten des Erblassers jedenfalls bekannt war.[287] Diese Rechtsprechung wird zwar zT abgelehnt, weil darin ein unverhältnismäßiger Eingriff in die verfassungsrechtlich geschützte Testierfreiheit (Art. 14 GG) liege.[288] Sie wurde aber vom BVerfG gebilligt.[289]

Eine testamentarische Zuwendung fällt zwar in aller Regel nicht unter den Wortlaut des § 14 HeimG, weil es an einem Sichversprechenlassen oder Gewährenlassen, also an einem irgendwie gearteten Zusammenwirken, fehlt. Aber Sinn und Zweck der Vorschrift erfassen auch das einseitige Rechtsgeschäft des Testaments, sofern dieses zu Lebzeiten des Heimbewohners dem bedachten Heimträger bekannt ist. Das gesetzliche Verbot des § 14 HeimG soll nämlich verhindern, dass alte und pflegebedürftige Menschen, die sich einem Heim anvertrauen, in ihrer Hilf- oder Arglosigkeit ausgenutzt und unterschiedliche Vermögensverhältnisse der Bewohner mit unterschiedlicher Behandlung (Bevorzugung oder Benachteiligung) verknüpft werden.[290] Diese Gefahr besteht auch bei der testamentarischen Zuwendung. Zwar ist der Erblasser jederzeit in der Lage, sein Testament ohne Grund – sogar durch bloße Vernichtung der Urkunde – zu widerrufen (§§ 2253 ff.; → Rn. 138 ff.); der im Testament Bedachte hat also bis zum Tod des Erblassers lediglich eine ungewisse Chance, demnächst einmal in den Genuss der Erbschaft oder des Vermächtnisses zu kommen. Aber erstens vertraut der bedachte Heimträger möglicherweise mit Recht darauf, dass sich alte und pflegebedürftige Heimbewohner dieses Widerrufsrechts gar nicht bewusst sind, und zweitens veranlasst vielleicht gerade diese Widerrufsmöglichkeit des Heimbewohners den Heimträger zu einer Vorzugsbehandlung, um einen Widerruf des Testaments zu verhindern.

Geht es nicht um das Testament eines Heimbewohners, sondern um dasjenige eines Angehörigen eines Heimbewohners, mit dem der Heimträger zum Nacherben eingesetzt wird und von dem der Heimträger erst nach dem Tod des Erblassers erfährt, ist das Testament nicht nach § 14 HeimG iVm § 134 unwirksam.[291] Die Testierfreiheit des Heimbewohners und dessen Schutz vor Ausnutzung seiner hilflosen Lage sind hier nicht betroffen. Eine bevorzugte Behandlung des Heimbewohners, die zur Störung des Heimfriedens führen könnte, ist nicht zu befürchten, wenn der Heimträger bis zum Erbfall nichts von seiner Nacherbenstellung weiß.

Kein gesetzliches Verbot für Verfügungen von Todes wegen enthält das *Allgemeine Gleichbehandlungsgesetz (AGG)*, das am 18.8.2006 in Kraft getreten ist.[292] Danach ist zwar auch bei der Begründung, Durchführung und Beendigung bestimmter zivilrechtlicher Schuldverhältnisse eine Benachteiligung aus Gründen der Rasse oder wegen der ethnischen Herkunft (§§ 1, 2 I Nr. 8, 19 II AGG), zum Teil auch wegen des Geschlechts, der Religion oder Weltanschauung einer Behinderung, des Alters oder der sexuellen Identität verboten (vgl. §§ 1, 2 I Nr. 8, 19 I AGG). Aber erstens handelt es sich bei erbrechtlichen Schuldverhältnissen weder um Massengeschäfte iSv

---

287 Vgl. BGH NJW 2012, 155; BayObLG FamRZ 1991, 1354; 1992, 975; 1993, 479; *Rossak* ZEV 1996, 41.
288 Vgl. *Brox*, FS Benda, 1995, 17 ; s. auch noch hier bis 24. Auflage.
289 1. Kammer des 1. Senats FamRZ 1998, 1498.
290 BT-Drs. 7/180.
291 BGH NJW 2012, 155 f.
292 BGBl. I 1897.

§ 19 I AGG, noch eröffnen sie iSv § 2 I Nr. 8 AGG den Zugang zu Gütern und Dienstleistungen, die der Öffentlichkeit zur Verfügung stehen. Zweitens bestimmt § 19 IV AGG klarstellend, dass die einschlägigen Vorschriften des AGG keine Anwendung auf familien- und erbrechtliche Schuldverhältnisse finden.

262   2. Fraglich ist, ob Verstöße gegen die *Grundrechtsnormen* der Verfassung die Verfügung unmittelbar oder über § 134 nichtig machen oder ob sie keinen Einfluss auf die Gültigkeit der Verfügung haben (zu § 138 → Rn. 263). Das ist vor allem für den Gleichheitssatz (Art. 3 GG) problematisch. Ist es zulässig, dass der Erblasser bei der Erbeinsetzung zB die Frauen gegenüber den Männern benachteiligt (Art. 3 II GG) oder jemanden wegen seiner Abstammung, Rasse, religiösen oder politischen Anschauungen benachteiligt oder bevorzugt (Art. 3 III GG)? Entscheidend ist, ob den Grundrechten unmittelbare Drittwirkung zukommt oder ob sie den Staatsbürger nur vor der hoheitlichen Gewalt schützen sollen. Der letzteren Auffassung ist zuzustimmen. Sie entspricht der klassischen Theorie der Grundrechte und der Entstehungsgeschichte des GG (Ausnahme: Art. 9 III GG). Die Grundrechte haben lediglich eine mittelbare Wirkung: Sie sind bei der Auslegung der Generalklauseln (zB § 138) zu berücksichtigen. Daraus folgt: Die Grundrechtsartikel sind keine gesetzlichen Verbote iSd § 134.[293] Dieses Ergebnis deckt sich mit der gesetzlichen Ausnahmeregelung für erbrechtliche Schuldverhältnisse in § 19 IV AGG.

> Im **Fall b** ist die Enterbung der Tochter jedenfalls nicht wegen Verstoßes gegen § 134 iVm Art. 3 GG nichtig. Auch Art. 6 GG (Schutz von Ehe und Familie) führt nicht zur Nichtigkeit; denn die gesetzliche Regelung des Pflichtteilsrechts trägt schon in ausreichendem Maße der Garantie des Art. 6 GG Rechnung.

II. Verstoß gegen die guten Sitten

263   1. Ein Rechtsgeschäft, das gegen die guten Sitten verstößt, ist nichtig (§ 138 I).[294] Das gilt auch für Verfügungen von Todes wegen. Sittenwidrig ist eine Verfügung, die gegen das »Anstandsgefühl aller billig und gerecht Denkenden« verstößt.[295] Dabei ist einerseits nicht auf die moralisch besonders hoch stehenden Anschauungen bestimmter Kreise und andererseits nicht auf die laxen Moralauffassungen mancher Menschen abzustellen. Maßgebend sind vielmehr die Anschauungen des »anständigen Durchschnittsmenschen«.

> **Beispiele:** Die Enterbung naher Angehöriger mag in den Kreisen, aus denen der Erblasser stammt, als verwerflich angesehen werden, ist aber allein noch nicht sittenwidrig (vgl. die gesetzliche Wertung in den Regeln über das Pflichtteilsrecht). Die Erbeinsetzung der Geliebten muss nicht sittenwidrig sein. Erfolgt sie allerdings mit dem alleinigen Ziel, dass die Geliebte das Verhältnis mit dem verheirateten Erblasser fortsetzt, liegt trotz gewandelter Moralvorstellungen ein Verstoß gegen die guten Sitten vor.[296]

263a   Die Sittenwidrigkeit kann sich bereits aus dem objektiven Inhalt der letztwilligen Verfügung des Erblassers ergeben (Beispiel: Auflage, einen beleidigenden Zeitungsartikel über eine bestimmte Person zu schreiben).

---

293 Siehe nur Soergel/*Stein* Einl. Rn. 10 und § 1937 Rn. 23; Staudinger/*Otte* (2003) Vorbem. zu §§ 2064 ff. Rn. 147.

294 *Brox/Walker* BGB AT Rn. 329 ff.

295 Vgl. Mot. II, 727; stRspr.

296 Dazu sogleich.

Hat der Erblasser (wie im **Fall b**) jemanden etwa aus rassistischen, religiösen oder politischen Gründen enterbt, so ist diese Verfügung nicht schon deshalb nach § 138 nichtig, weil die Differenzierung der Wertentscheidung des Art. 3 III GG zuwiderläuft.[297] Zwar kommt der Wertordnung des Grundgesetzes bei der Auslegung des Begriffs der guten Sitten wesentliche Bedeutung zu[298] (mittelbare Drittwirkung von Grundrechten). Gleichzeitig ist aber der verfassungsrechtlich geschützte Grundsatz der Testierfreiheit[299] (→ Rn. 27) zu berücksichtigen.[300] Im Rahmen der Testierfreiheit trifft den Erblasser keine Pflicht zur Gleichbehandlung.[301] Das BGB hat ihm das Recht eingeräumt, über sein Vermögen frei, also auch willkürlich, letztwillig zu verfügen.[302] Daran hat auch das AGG nichts geändert (§ 19 IV AGG; → Rn. 261).

Der Erblasser braucht die Sittenwidrigkeit nicht zu kennen; es genügt, dass er die objektiven Umstände kennt, aus denen sich die Sittenwidrigkeit ergibt.

Im **Fall c** ist die Bedingung zwar nicht aus rassistischen oder religiösen Gründen sittenwidrig; die Sittenwidrigkeit kann sich aber daraus ergeben, dass die Tochter in ihrer Entschließungsfreiheit (Gattenwahl, Wahl des religiösen Bekenntnisses) unzulässigerweise beeinträchtigt wird. Der Erblasser darf nicht materielle Vorteile für solche Entschlüsse versprechen, die nach allgemeiner Anschauung frei von Zwang und Beeinflussung Dritter zu treffen sind und bei denen man sich nicht von materiellen Erwägungen leiten lassen soll. Die Frage, ob deshalb nur die Bedingung entfällt, die Erbeinsetzung aber bestehen bleibt, oder ob auch die Erbeinsetzung entfällt, ist durch Ermittlung des hypothetischen Erblasserwillens zu entscheiden.

Bedenklich ist das Urteil des BGH,[303] wonach ein Verstoß gegen § 138 nicht vorliegen soll, wenn der Erblasser seinen Sohn unter der Bedingung zum Erben einsetzt, dass er sich von seiner ihm untreuen Frau scheiden lässt.

In den meisten Fällen sittenwidriger Verfügungen ergibt sich die Sittenwidrigkeit nicht bereits aus dem Inhalt, sondern erst aus dem damit verfolgten Zweck, der aus der Urkunde nicht entnommen werden kann. **263b**

Sittenwidrig ist nach bisheriger Auffassung[304] eine Zuwendung, durch die ein verheirateter Mann eine Frau für ehebrecherischen Verkehr belohnen oder zur Fortsetzung solchen Verkehrs bestimmen will (sog. Geliebtentestament). Das muss allerdings der ausschließliche oder zumindest ausschlaggebende Zweck der Zuwendung gewesen sein,[305] was eher selten der Fall sein wird. Nicht sittenwidrig sind dagegen solche Zuwendungen, für die durchaus billigenswerte Beweggründe maßgebend gewesen sind: zB um begangenes Unrecht zu sühnen, um geleistete Dienste als Wirtschafterin abzugelten,[306] um einem langjährigen Zusammenleben Rechnung zu tragen. Möglich ist, dass die Motive für eine Zuwendung an die Geliebte teils ehrenwert und teils verwerflich sind. Das kann dazu führen, dass die Einsetzung der Geliebten zur Alleinerbin unsittlich ist, aber als Einsetzung zur Miterbin (zB neben den ehelichen Kindern) aufrechterhalten werden kann (zu **Fall d**).[307] Derjenige, der sich auf die Nichtigkeit einer Zuwendung wegen Sittenwidrigkeit beruft, muss diese als Ausnahmetatbestand im Streitfall auch beweisen.[308]

---

297 Str.; vgl. *Lange/Kuchinke* ErbR § 35 IV 3b; Staudinger/*Otte* (2003) Vorbem. zu §§ 2064 ff. Rn. 156.
298 BVerfG 7, 198 (206); 89, 214 (229).
299 BVerfGE 58, 398; 91, 346 (358); BGH NJW 1994, 248 (250).
300 Soergel/*Stein* § 1937 Rn. 26
301 Vgl. BGHZ 70, 313 (324); BGH NJW 1999, 566 (569).
302 So schon BGH FamRZ 1956, 130.
303 FamRZ 1956, 130.
304 **AM** *Muscheler* ErbR I Rn. 1930 aE; *Schnabl/Hamelmann* Jura 2009, 161.
305 BGHZ 53, 369; BGH NJW 1973, 1645; 1984, 2150.
306 Vgl. BGH FamRZ 1954, 195; 1958, 127; NJW 1983, 674; BGHZ 53, 369.
307 BGH FamRZ 1963, 287; BGHZ 52, 17.
308 Einzelheiten vgl. BGHZ 53, 369.

263c Nicht sittenwidrig sind sog. *Behindertentestamente* von Eltern zugunsten ihrer behinderten Kinder, die Sozialleistungen beziehen. Sie werden so gestaltet, dass der Sozialleistungsträger weder auf Nachlassmittel zugreifen kann noch die Sozialleistungen kürzen darf. Die Eltern setzen dabei ihr behindertes, sozialleistungsberechtigtes Kind nur als Vorerben auf einen den Pflichtteil übersteigenden Erbteil ein und beschränken es durch Anordnung einer Dauertestamentsvollstreckung, die mit konkreten Verwaltungsanweisungen versehen ist; für den Fall des Todes dieses Kindes wird ein anderes Kind als Nacherbe eingesetzt.[309] Mit einem solchen Testament verfolgen die Eltern in erster Linie nicht etwa eine sittenwidrige Benachteiligung des Sozialleistungsträgers, sondern das sittlich anzuerkennende Ziel, ihr behindertes Kind über ihren Tod hinaus zu versorgen und abzusichern.[310] Eine Sittenwidrigkeit des Testaments liegt regelmäßig auch dann nicht vor, wenn der Erblasser sein Vermögen im Interesse seines behinderten Kindes so an eine Gesellschaft zur Unterstützung Behinderter weiterleitet, dass die Sozialbehörde keine Möglichkeit hat, wegen der Aufwendungen für das Kind auf den Nachlass zuzugreifen.[311]

2. Streitig ist, ob die Sittenwidrigkeit nach den Verhältnissen zur Zeit der Errichtung der Verfügung von Todes wegen[312] oder zur Zeit des Erbfalls[313] zu beurteilen ist.

> Wenn der Erblasser, der unter Verstoß gegen § 138 seine Geliebte zur Erbin eingesetzt hat, diese später heiratet **(Fall e)**, so liegt beim Tod des Erblassers keine Sittenwidrigkeit mehr vor.

Maßgebend ist nach hier vertretener Ansicht der Zeitpunkt des Erbfalls. § 138 will nicht die verwerfliche Gesinnung des Erblassers bestrafen, sondern einen zu missbilligenden Rechtserfolg der Verfügung verhindern. Dem entspricht auch die Wertung des § 2171; danach ist ein Vermächtnis unwirksam, das gegen ein zur Zeit des *Erbfalls* bestehendes gesetzliches Verbot verstößt. Die abweichende Ansicht kommt zu unbilligen Ergebnissen im umgekehrten Fall, wenn die Sittenwidrigkeit nicht zur Zeit der Errichtung der Verfügung, wohl aber beim Erbfall gegeben ist; sie kann hier nur mit dem Einwand der unzulässigen Rechtsausübung helfen.

Nach Ansicht des BGH ist und bleibt das Testament im **Fall e** nichtig. Der Erblasser muss also nach seiner zweiten Eheschließung ein neues (gleich lautendes) Testament errichten, wenn seine neue Frau Alleinerbin werden soll. Einer solchen Wiederholung bedarf es nach der hier vertretenen Auffassung nicht.[314]

E. Teilnichtigkeit und Umdeutung

I. Teilnichtigkeit

264 **1.** Ist in einem Testament eine von mehreren Verfügungen nichtig, so bewirkt das nach § 2085 im Zweifel nicht die Nichtigkeit der übrigen Verfügungen. Anders als

---

309 BGH NJW 1994, 248, dazu *Meyer* DNotZ 1994, 347; OLG Köln Rpfleger 2010, 140.
310 BGH NJW 2011, 1586 (1587), dazu *Dreher/Görner* NJW 2011, 1761 und *Wellenhofer* JuS 2012, 255; BGH NJW 1994, 248.
311 Ebenso: BGHZ 111, 36 bei bescheidenem Nachlass; dazu: *Otte* JZ 1990, 1027; *Schubert* JR 1991, 106; ferner: *Krampe* AcP 191 (1991) 559; *van de Loo* NJW 1990, 2852; *Pieroth* NJW 1993, 173.
312 So BGHZ 20, 71; BGH FamRZ 1969, 323.
313 So RG DR 1943, 91; 1944, 494 ff.; *Schlüter* ErbR Rn. 221; Soergel/*Stein* § 1937 Rn. 24
314 Ebenso schon *Bartholomeyczik*, FS OLG Zweibrücken, 1969, 26.

§ 139 stellt § 2085 also eine widerlegbare Vermutung für die Wirksamkeit der übrigen Verfügungen auf.

Eine Regelung, wie sie § 139 enthält, wäre bei Testamenten nicht interessengemäß. Regelmäßig dürfte es dem Willen des Erblassers mehr entsprechen, dass wenigstens die im Testament enthaltenen Verfügungen, die nicht nichtig sind, aufrechterhalten bleiben. Eine solche Lösung wird auch dem Grundsatz des favor testamenti gerecht. Deshalb regelt § 2085 das Problem der Teilnichtigkeit bei Testamenten anders als § 139.

> **Beispiel:** Der Erblasser hat seine Geliebte und seinen Sportverein zu Erben eingesetzt. Ist die Erbeinsetzung der Geliebten nichtig, führt das regelmäßig nicht zur Nichtigkeit der Einsetzung des Vereins. Die gesetzlichen Erben, die sich auf eine Nichtigkeit des gesamten Testaments berufen, müssen Tatsachen für diesen Ausnahmefall behaupten und beweisen.

Zweifelhaft ist, ob § 2085 auch dann anwendbar ist, wenn nur ein Teil einer im Testament enthaltenen Verfügung unwirksam ist, oder ob es dann bei der allgemeinen Regel des § 139 bleibt.

> **Beispiel:** Die Erbeinsetzung der Geliebten ist nur teilweise nichtig.

Der Wortlaut des § 2085 spricht zwar gegen dessen Anwendung. Aus dem Sinn der §§ 2085, 2084, nämlich das Testament möglichst aufrechtzuerhalten, wird aber mit Recht geschlossen, dass § 2085 auch hier gilt.[315]

Die hier vertretene Ansicht vermeidet auch die schwierige Abgrenzungsfrage, ob es sich im Einzelfall um eine selbstständige Einzelverfügung oder um den unselbstständigen Teil einer Verfügung handelt.

2. Bei *Erbverträgen* ist § 2085 auf vertragsmäßig bindende Verfügungen beider Parteien grundsätzlich nicht anwendbar. Hier wird eine gegenseitige Abhängigkeit der Verfügungen vermutet. Deshalb hat die Nichtigkeit einer Verfügung die Unwirksamkeit des ganzen Vertrages zur Folge (§ 2298 I; → Rn. 154). **265**

Etwas anderes gilt nach hM, wenn eine Verfügung im Erbvertrag nicht nichtig ist, sondern nur gegenstandslos wird, zB weil der Bedachte vorverstirbt. Hier werden die §§ 2279, 2085 angewendet (→ Rn. 154).

Soweit keine Bindung vorliegt, greift § 2085 ein.

3. Bei *gemeinschaftlichen Testamenten* gilt für wechselbezügliche Verfügungen (§ 2270 I; → Rn. 193) dasselbe wie für vertragsmäßig bindende Verfügungen im Erbvertrag. Bei nicht wechselbezüglichen Verfügungen ist § 2085 anwendbar. **266**

4. Eine letztwillige Verfügung ist im Zweifel auch wirksam, wenn sie den Vorbehalt einer Ergänzung enthält, diese aber unterblieben ist (§ 2086). Vgl. dazu die andersartige Regelung im Vertragsrecht (§ 154). **267**

II. Umdeutung

Ist ein Rechtsgeschäft nichtig, entspricht es aber den Erfordernissen eines anderen Rechtsgeschäfts, so gilt dieses, wenn anzunehmen ist, dass dessen Geltung bei Kenntnis der Nichtigkeit gewollt sein würde (§ 140). **268**

Ein gemeinschaftliches Testament von Verlobten ist gem. § 2265 nichtig. Entspricht es der Form des § 2276, ist es vielleicht als Erbvertrag zu halten; uU kann es auch in zwei eigenhändige Testamente

---

315 *Siber*, RG-FS, III. Bd., 370; *Schlüter* ErbR Rn. 199; *Kipp/Coing* ErbR § 21 VI; *Lange/Kuchinke* ErbR § 34 V 2b; MüKoBGB/*Leipold* § 2085 Rn. 11; **kritisch** *Muscheler* ErbR I Rn. 1887.

(§ 2247) umgedeutet werden.[316] Ist ein gemeinschaftliches Testament wegen Testierunfähigkeit eines Ehegatten unwirksam, kommt eine Umdeutung in ein Einzeltestament in Betracht, sofern ein entsprechender Wille des testierfähigen Ehegatten feststellbar ist.[317] Falls ein gemeinschaftliches Testament nur vom Erblasser unterschrieben ist, kann es in dessen einseitiges Testament zugunsten des anderen Ehegatten umgedeutet werden.[318] Der BGH hat auch die Umdeutung eines in einem Erbvertrag enthaltenen unwirksamen Vermächtnisses in ein Rechtsgeschäft unter Lebenden (Schenkungsvertrag) zugelassen.[319] Umgekehrt soll ein wegen § 1365 unwirksamer Vertrag unter Lebenden in einen Erbvertrag umgedeutet werden können.[320]

Bei der Umdeutung einer Verfügung von Todes wegen ist im Wege der ergänzenden Auslegung auf den hypothetischen Erblasserwillen abzustellen (→ Rn. 201 ff.).

F. Zusammenfassung

269

Die Nichtigkeit und Unwirksamkeit der Verfügungen von Todes wegen

I. Gründe
1. Bewusstes Abweichen von Wille und Erklärung
   a) Geheimer Vorbehalt
      aa) beim Testament: Verfügung entgegen § 116 S. 1 nichtig (anders die hM)
         Grund: kein schutzwürdiger Erklärungsempfänger
      bb) beim Erbvertrag und beim gemeinschaftlichen Testament: Erklärung grundsätzlich nicht nichtig (§ 116 S. 1, Ausnahme: Satz 2)
   b) Nicht ernstlich gemeinte Willenserklärung: Verfügung nichtig (§ 118)
   c) Scheinerklärung: Verfügung nichtig
2. Formmangel: Verfügung nichtig (§ 125 S. 1); ausnahmsweise Korrektur über § 242
3. Verstoß gegen ein gesetzliches Verbot (zB § 15 HeimG): Verfügung nichtig, sofern sich nicht aus dem Gesetz etwas anderes ergibt (§ 134)
4. Verstoß gegen die guten Sitten: Verfügung nichtig (§ 138 I)
   Maßgeblicher Zeitpunkt für Beurteilung der Sittenwidrigkeit (str.):
   ● hM: Zeitpunkt der Testamentserrichtung
   ● aM: Zeitpunkt des Erbfalls (Grund: verhindert werden soll sittenwidriger Rechtserfolg; arg. e § 2171)

II. Folgen der Teilnichtigkeit
1. Bei Testamenten: Im Zweifel keine Nichtigkeit der übrigen Verfügungen (§ 2085)
2. Bei vertragsmäßigen Verfügungen mit Bindungswirkung in Erbverträgen und wechselbezüglichen Verfügungen in gemeinschaftlichen Testamenten: Nichtigkeit des ganzen Vertrages (§ 2298 I) bzw. des ganzen Testaments

III. Umdeutung einer nichtigen Verfügung von Todes wegen (§ 140)
Ist unter Berücksichtigung des hypothetischen Erblasserwillens immer zu prüfen

---

316 Vgl. *Kanzleiter* DNotZ 1973, 133.
317 OLG München NJW-RR 2010, 1382 f., dazu *Wellenhofer* JuS 2011, 368.
318 OLG Frankfurt NJW-RR 2012, 11 (12).
319 BGH NJW 1978, 423; dagegen *Tiedtke* NJW 1978, 2572.
320 BGHZ 77, 293.

3. Kapitel. Ausschluss von der Erbfolge

§ 19 Die Enterbung

A. Begriff und Bedeutung

Enterbung ist der Ausschluss eines gesetzlichen Erben von der Erbfolge durch Ver- **270** fügung von Todes wegen (vgl. § 1938).

Aufgrund der Testierfreiheit kann der Erblasser seine gesetzlichen Erben mit Ausnahme des Fiskus ohne weiteres von der Erbfolge ausschließen. Den Staat als letzten gesetzlichen Erben vermag der Erblasser deshalb nicht zu enterben, weil sonst der Nachlass möglicherweise ohne Rechtsträger wäre (§§ 1936, 1938; → Rn. 81).

Von Enterbung spricht man nicht, wenn der Erblasser eine durch Verfügung von Todes wegen vorgenommene Erbeinsetzung wieder aufhebt.

B. Durchführung und Wirkung

I. Durchführung

Die Enterbung setzt eine Erklärung im Testament oder im Erbvertrag voraus, die auf **271** den Ausschluss eines gesetzlichen Erben von der Erbfolge gerichtet ist. Im Erbvertrag kann sie nur eine einseitige (nicht vertragsmäßige) Verfügung sein (§ 2278 II).

1. Die Enterbung ist in der Weise möglich, dass der Erblasser im Testament (Erbvertrag) seinen Ehegatten/Lebenspartner oder seine Verwandten von der gesetzlichen Erbfolge ausschließt, ohne einen Erben einzusetzen (§ 1938; sog. *negatives Testament*).

> **Beispiele:** »Meine Frau und meine Kinder sollen mich nicht beerben.« – »Jegliche Forderungen von Verwandten werden ausdrücklich ausgeschlossen.«[321]

2. Der Erblasser ist auch in der Lage, alle oder einzelne gesetzliche Erben dadurch von der Erbfolge auszuschließen, dass er den *vollen* Nachlass durch Erbeinsetzung anderweitig vergibt (sog. *positives Testament*).

> **Beispiel:** »Alleinerbe soll mein Freund Fritz sein.«

Von einer Enterbung durch Erbeinsetzung anderer spricht man nur, wenn die Erbeinsetzung den gesamten Nachlass erfasst. Bleibt ein auch nur geringfügiger Bruchteil übrig, tritt insoweit die gesetzliche Erbfolge ein (§ 2088 I). In diesem Fall liegt zwar eine Schmälerung des gesetzlichen Erbteils, aber keine Enterbung vor.

3. Die Erbeinsetzung anderer Personen kann mit einer ausdrücklichen Enterbung verbunden werden. Bedeutung hat das vor allem dann, wenn die Erbeinsetzung nur für einen Bruchteil des Nachlasses gelten soll.

> **Beispiel:** »Mein Freund F soll Erbe zu 1/3 sein. Mein Sohn S soll auch von dem Rest nichts erben.«

Umfasst die Erbeinsetzung dagegen den vollen Nachlass, so hat der daneben angeordnete Ausschluss eines gesetzlichen Erben zunächst nur deklaratorische Wirkung. Er erlangt aber Bedeutung, wenn die Erbeinsetzung unwirksam ist oder wird. Dann fällt zwar der in der Erbeinsetzung liegende Ausschluss der gesetzlichen Erbfolge fort; die ausdrückliche Enterbung behält jedoch ihre Wirkung.

---

321 Zur Auslegung dieser Formulierung als Enterbung OLG Hamm NJW-Spezial 2012, 104.

4. Ist in einer Verfügung von Todes wegen ohne ausdrückliche Enterbung angeordnet, ein gesetzlicher Erbe solle nur den Pflichtteil erhalten, so ist durch Auslegung zu ermitteln, ob der gesetzliche Erbe einen Erbteil in Höhe des Pflichtteils oder nur den Pflichtteilsanspruch haben soll. Im Zweifel ist das Letztere anzunehmen (§ 2304); dann ist das gesetzliche Erbrecht ausgeschlossen.

▏ **Beispiel:** »Erbin ist meine Tochter; meinen Sohn setze ich auf den Pflichtteil.«

5. Entzieht der Erblasser einem pflichtteilsberechtigten gesetzlichen Erben durch letztwillige Verfügung den Pflichtteil (§ 2333), gibt er damit seinen Willen zu erkennen, dass der Betreffende aus der Erbschaft nichts erhalten soll. Deshalb wird in der Pflichtteilsentziehung regelmäßig auch ein Ausschluss von der Erbfolge, also eine Enterbung, zu sehen sein.

Selbst wenn der Erblasser den mit der Pflichtteilsentziehung erstrebten Erfolg wegen Fehlens der gesetzlichen Voraussetzungen nicht erreicht (zB bei grundloser Pflichtteilsentziehung), ist sein in der Pflichtteilsentziehung geäußerter Wille, der Betreffende solle erst recht nicht Erbe sein, von Bedeutung. Weil eine Enterbung ohne Gründe möglich ist, kann sie am Fehlen eines Grundes für die Pflichtteilsentziehung nicht scheitern.

II. Wirkung

272 **1.** Der Enterbte wird nicht Erbe. Was mit dem an sich auf den Enterbten entfallenden Erbteil geschieht, bestimmt das Gesetz nicht. Eine der Enterbung ähnliche Lage besteht bei der Ausschlagung der Erbschaft, der Erbunwürdigkeitserklärung und dem Erbverzicht. Dort fällt nach dem Gesetz die Erbschaft demjenigen an, der berufen sein würde, wenn der Ausschlagende bzw. der für erbunwürdig Erklärte oder der Verzichtende im Zeitpunkt des Erbfalls nicht gelebt hätte (§§ 1953 II, 2344 II; 2346 I 2, → Rn. 309, → Rn. 286, → Rn. 292). Diese Regelung ist für den Fall der Enterbung entsprechend anzuwenden.[322]

2. Die Enterbung erstreckt sich im Zweifel nicht auf die Abkömmlinge.[323] Will der Erblasser auch die Abkömmlinge des Enterbten von der gesetzlichen Erbfolge ausschließen, dann muss er diese ebenfalls enterben. Ob dies im Einzelfall gewollt ist, muss durch Auslegung der letztwilligen Verfügung ermittelt werden.[324]

3. Die Enterbung berührt das Pflichtteilsrecht nicht. Dieses kann nur unter den besonderen Voraussetzungen des § 2333 (→ Rn. 63) entzogen werden.

C. Zusammenfassung

273 Die Enterbung ist ein vom Erblasser angeordneter Ausschluss von der gesetzlichen Erbfolge. Jeder Erblasser kann seinen Ehegatten/Lebenspartner und seine Verwandten ohne Vorliegen besonderer Voraussetzungen durch Testament oder einseitige Verfügung im Erbvertrag enterben. Der Staat als gesetzlicher Erbe nach § 1936 kann nicht enterbt werden. Bei Enterbung fällt die Erbschaft dem an, der Erbe geworden wäre, wenn der Enterbte im Zeitpunkt des Erbfalles nicht gelebt hätte. Pflichtteilsrechte werden durch die Enterbung nicht berührt.

---

322 BGH NJW 2011, 1878 (1880) mit Anm. *Walker/Findeisen* FamRZ 2011, 1051; RGZ 61, 14 (16); RG JW 1913, 869 f.
323 BayObLG Rpfleger 1989, 369.
324 Vgl. BGH NJW 2011, 1878 (1880) mit Anm. *Walker/Findeisen* FamRZ 2011, 1051; BGH MDR 1959, 290.

§ 20 Die Erbunwürdigkeit

Literatur: *Hohloch,* Beweislast zur Unzurechnungsfähigkeit im Erbunwürdigkeitsverfahren, JuS 1988, 819; *Kuchinke,* Zur Erbunwürdigkeit wegen Verfälschen einer letztwilligen Verfügung, ZEV 1999, 317; *Muscheler,* Grundlagen der Erbunwürdigkeit, ZEV 2009, 58; *ders.,* Erbunwürdigkeitsgründe und Erbunwürdigkeitsklage, ZEV 2009, 101.

274

Fälle:

a) Der alleinige gesetzliche Erbe des E weiß, dass als Privattestament nur eine vom Erblasser eigenhändig geschriebene und unterschriebene Erklärung ausreicht. Dennoch veranlasst er den E, Maschinenschrift zu verwenden. Ist er erbunwürdig? (→ **Rn. 278**)

b) Die Ehefrau verschweigt ihrem Ehemann ihre eheliche Untreue. Sie wird von ihm als Alleinerbin eingesetzt. Ist sie erbunwürdig? (→ **Rn. 279**)

c) Der Sohn S des E aus dessen erster Ehe spiegelt dem E wider besseres Wissen vor, die jetzige Ehefrau F des E unterhalte ein ehebrecherisches Verhältnis zu X. Dadurch wird E bestimmt, S testamentarisch zum Alleinerben einzusetzen. Was erreicht F, wenn sie das Testament anficht? Was, wenn sie die Erbunwürdigkeitsklage gegen S erhebt? (→ **Rn. 279**)

d) Können im Fall c auch der Sohn der F aus deren früherer Ehe und die Gläubiger der F mit Erfolg das Testament anfechten und die Erbunwürdigkeitsklage gegen S erheben? (→ **Rn. 284**)

e) Der Erbe S veräußert einen Nachlassgegenstand an A, zieht eine Nachlassforderung bei B ein, bezahlt eine Nachlassschuld aus seinem Vermögen an C, lässt eine dringend erforderliche Reparatur an einem zum Nachlass gehörenden Haus von D durchführen. Danach wird er rechtskräftig für erbunwürdig erklärt. (→ **Rn. 287**)

A. Bedeutung

Bei bestimmten schweren Verfehlungen des Erben gegen den Erblasser verlangt das Gerechtigkeitsempfinden den Ausschluss oder die Beschränkung des Erbrechts. Das kann vielfach dadurch erreicht werden, dass der Erblasser den Täter enterbt. Diese Möglichkeit scheidet aus, wenn der Erblasser zu einer letztwilligen Verfügung nicht mehr in der Lage ist oder von der Tat keine Kenntnis erlangt. Hier helfen die gesetzlichen Regeln über die Erbunwürdigkeit, die für die gesetzliche wie für die gewillkürte Erbfolge gelten.

Nach den §§ 2339 ff. bedeutet Erbunwürdigkeit nicht Erbunfähigkeit. Auch der erbunwürdige Erbe erwirbt zunächst die Erbschaft. Sie *kann* ihm aber später auf eine *Anfechtungsklage* hin mit Rückwirkung wieder entzogen werden. Wird eine solche Klage nicht erhoben, so bleibt die Verfehlung des unwürdigen Erben ohne erbrechtliche Sanktion.

B. Erbunwürdigkeitsgründe

I. Gesetzliche Tatbestände

§ 2339 I zählt die Tatbestände auf, bei deren Vorliegen der Erbschaftserwerb wegen Unwürdigkeit des Erben angefochten werden kann. Es handelt sich um einen erschöpfenden Katalog der Erbunwürdigkeitsgründe; eine entsprechende Anwendung auf andere Fälle ist deshalb nicht zulässig (Analogieverbot).

275

Ein Erbunwürdigkeitsgrund liegt vor, wenn der Erbe eine der nachfolgenden Verfehlungen als Täter, Anstifter oder Gehilfe begangen hat.

276 1. Erbunwürdig ist, wer den Erblasser vorsätzlich und widerrechtlich getötet oder zu töten versucht hat (§ 2339 I Nr. 1, 1. Fall).

Strafrechtlich sind das die versuchten und vollendeten Fälle der §§ 211 (Mord) und 212 (Totschlag) StGB. Bei Tötung auf Verlangen (§ 216 StGB) dürfte regelmäßig Verzeihung (§ 2343) vorliegen. Beruft sich der Täter auf seine Unzurechnungsfähigkeit zur Tatzeit, ist er dafür beweispflichtig.[325]
Weil das Gesetz Tötungsvorsatz verlangt, genügen vorsätzlich begangene sonstige Straftaten mit (leichtfertig herbeigeführter) Todesfolge nicht.
Tötet der Nacherbe den Vorerben (also nicht den Erblasser), liegt keine Erbunwürdigkeit nach § 2339 I Nr. 1 vor; nach § 162 II gilt der Nacherbfall jedoch als nicht eingetreten.[326]

277 2. Erbunwürdig ist, wer den Erblasser vorsätzlich und widerrechtlich in einen Zustand versetzt hat, infolgedessen der Erblasser bis zu seinem Tode unfähig war, eine Verfügung von Todes wegen zu errichten oder aufzuheben (§ 2339 I Nr. 1, 2. Fall).

Der Vorsatz des Täters braucht sich nur auf die Herbeiführung des Zustandes zu erstrecken, der objektiv die Testierunfähigkeit bis zum Tode bewirkt;[327] es kommt nicht darauf an, ob der Täter die Fortdauer dieses Zustandes bis zum Tode und die Beseitigung der Testierfähigkeit gewollt oder in Kauf genommen hat. Demnach ist derjenige, der den Erblasser durch Beibringung von Gift für dauernd geschäftsunfähig macht, auch dann erbunwürdig, wenn dieser Zustand nach seiner Vorstellung nur wenige Tage dauern sollte.

278 3. Erbunwürdig ist, wer den Erblasser vorsätzlich und widerrechtlich gehindert hat, eine Verfügung von Todes wegen zu errichten oder aufzuheben (§ 2339 I Nr. 2).

Die Hinderung des Erblassers kann durch Gewalt, Täuschung und Drohung erfolgen. Voraussetzung ist immer, dass die Errichtung oder Aufhebung einer letztwilligen Verfügung vom Erblasser konkret beabsichtigt war. Die Bestimmung trifft auch die Fälle, in denen der Täter nicht die Errichtung oder Aufhebung einer Verfügung von Todes wegen überhaupt, sondern nur deren Wirksamkeit verhindert (**Fall a**).[328] Fiele dieses Verhalten nicht unter § 2339 I Nr. 2, dann würde zu Unrecht das größere Geschick bei der vorsätzlichen und widerrechtlichen Verhinderung einer wirksamen letztwilligen Verfügung belohnt.

Aus ähnlichen Erwägungen ist die Vorschrift auch dann anzuwenden, wenn der Erblasser lediglich gehindert wird, der Verfügung von Todes wegen einen bestimmten Inhalt zu geben. Häufig wird allerdings in solchen Fällen auch § 2339 I Nr. 3 eingreifen.

279 4. Erbunwürdig ist, wer den Erblasser durch arglistige Täuschung oder widerrechtlich durch Drohung bestimmt hat, eine Verfügung von Todes wegen zu errichten oder aufzuheben (§ 2339 I Nr. 3).

Die Vorschrift entspricht in ihren Voraussetzungen dem § 123 I. Das bloße Verschweigen einer Tatsache erfüllt den Tatbestand nur, sofern eine Offenbarungspflicht besteht. Ob allerdings ein Ehegatte sein ehewidriges Verhalten immer dann, wenn sein Verschweigen bestimmend für die Testierung des Ehepartners wird, diesem offenbaren muss, ist problematisch. Die Frage ist nur ausnahmsweise zu bejahen; andernfalls würde ehewidriges Verhalten als ein neuer Erbunwürdigkeitsgrund geschaffen, was jedoch mit dem Analogieverbot des § 2339 unvereinbar ist (zu **Fall b**).[329]

Wird der Erblasser durch arglistige Täuschung oder widerrechtliche Drohung zur Errichtung einer Verfügung von Todes wegen bestimmt, dann kann neben der Erb-

---

325 BGH NJW 1988, 822.
326 BGH FamRZ 1968, 518; *Lange/Kuchinke* ErbR § 6 II 1a Fn. 26.
327 Staudinger/*Olshausen* (2004) § 2339 Rn. 32.
328 *Kipp/Coing* ErbR § 85 II 2.
329 Vgl. *Deubner* JuS 1968, 449; BGHZ 49, 155.

unwürdigkeit ein Anfechtungsrecht desjenigen gegeben sein, dem die Aufhebung der letztwilligen Verfügung unmittelbar zustatten kommen würde (§§ 2078 II, 2080 I).

> Im **Fall c** wäre F bei Aufhebung des Testaments zusammen mit S gesetzliche Erbin (§§ 1931 I 1, 1924 I). Deshalb kann sie das Testament wegen der arglistigen Täuschung des S gem. §§ 2078 II, 2080 I mit der Wirkung anfechten, dass gesetzliche Erbfolge eintritt. F kann aber auch unabhängig von der Anfechtung oder im Anschluss an sie den Ausspruch der Erbunwürdigkeit des S betreiben; mit der Rechtskraft des Erbunwürdigkeitsurteils gilt der Anfall an S als nicht erfolgt (§ 2344 I); die F wird Alleinerbin, sofern S keine Kinder hat (vgl. → Rn. 286).

Falls der Täter den Erblasser zur Aufhebung einer letztwilligen Verfügung veranlasst hat, tritt eine Konkurrenz mit dem Anfechtungsrecht nach den §§ 2078 ff. nur ein, wenn die Aufhebung durch letztwillige Verfügung geschieht. Hat zB E ein notarielles Testament errichtet und veranlasst S ihn durch arglistige Täuschung zum Widerruf durch ein Testament (§ 2254), so ist das neue Testament nach § 2078 II anfechtbar; gleichzeitig liegt ein Fall von Erbunwürdigkeit nach § 2339 I Nr. 3 vor. Hat dagegen S den E zur Vernichtung der Testamentsurkunde (§ 2255) veranlasst, scheidet eine Anfechtung aus.

Der Gesetzgeber musste demnach aus zwei Gründen die Regelung des § 2339 I Nr. 3 trotz der Anfechtungsmöglichkeit nach § 2078 II in das Gesetz aufnehmen: Einmal erfasst das Anfechtungsrecht nicht alle Fälle der Aufhebung einer Verfügung von Todes wegen. Vor allem aber beseitigt die Anfechtung nur die mangelhafte Verfügung von Todes wegen, ohne die Stellung des Erbunwürdigen als *gesetzlichen* Erben zu berühren.

5. Erbunwürdig ist, wer sich in Ansehung einer Verfügung des Erblassers von Todes wegen eines Urkundendelikts (§§ 267, 271–274 StGB) schuldig gemacht hat (§ 2339 I Nr. 4). Die Bestimmung greift auch dann ein, wenn die Straftat nicht eine bereits vorhandene Verfügung des Erblassers von Todes wegen betrifft, sondern eine falsche letztwillige Verfügung neu hergestellt wird.[330]

Nach richtiger Ansicht liegt ein Fall der Erbunwürdigkeit gem. § 2339 I Nr. 4 jedoch nicht vor, wenn der Täter ein falsches Testament herstellt, das dem wahren Willen des Erblassers entspricht.[331] Das gilt auch für ein Verfälschen des Testaments im Sinne des Erblasserwillens. Zwar wird in beiden Fällen die für die Erbfolge maßgebliche urkundliche Beweislage beeinträchtigt. Aber für alle Erbunwürdigkeitsgründe ist entscheidend, dass es sich um eine Verfehlung gegen den Erblasser handelt. Das ergibt sich auch aus der Wertung des § 2343; danach ist die Anfechtung wegen Erbunwürdigkeit ausgeschlossen, wenn der Erblasser dem Täter verziehen hat. Von einem Angriff gegen den Erblasser kann keine Rede sein, wenn der Täter dem Willen des Erblassers durch Fälschung zum Siege verhelfen will. Der Täter ist für seine Behauptung, die Fälschung entspreche dem wahren Willen des Erblassers, beweispflichtig.[332]

II. Ausschluss der Erbunwürdigkeit

Auch wenn der Erbe einen der Tatbestände des § 2339 I erfüllt hat, kann das ohne 280
Einfluss auf seine Erbstellung bleiben:

---

330 Mot. V, 519.
331 So RGZ 72, 207; 81, 413; MüKoBGB/*Helms* § 2339 Rn. 13; **differenzierend** *Muscheler* ErbR II
   Rn. 3161; **aA** BGH NJW 1970, 197; Erman/*Schlüter* § 2339 Rn. 6; *Lange* ErbR Kap. 10 Rn. 80;
   Palandt/*Weidlich* § 2339 Rn. 7.
332 Vgl. zu allem *Speckmann* JuS 1971, 235.

1. Seine Rechtsstellung bleibt unberührt, wenn die Geltendmachung der Erbunwürdigkeit durch Anfechtung nicht oder nicht rechtzeitig (§§ 2340 III, 2082) erfolgt. Durch Vertrag mit dem Erbunwürdigen kann der Anfechtungsberechtigte auf sein Anfechtungsrecht verzichten.

281 **2.** Erbunwürdigkeit tritt nach § 2339 II in den Fällen der arglistigen Täuschung und Drohung sowie des Urkundendelikts nicht ein, wenn die Verfügung des Erblassers vor dem Erbfall unwirksam geworden ist.

Dabei kommen nach dem Wortlaut des Gesetzes solche Tatbestände in Betracht, die sich zwischen der unlauteren Tat und dem Erbfall ereignen (zB Widerruf der Verfügung durch den Erblasser, Ablauf der Geltungsdauer des Nottestaments, Tod des Bedachten). Weil die Tat des Unwürdigen beim Erbfall nicht mehr kausal werden kann, verzichtet das Gesetz auf eine Sanktion.
Nach § 2339 II soll die Erbunwürdigkeit nur dann nicht eintreten, wenn die Verfügung erst später (zB durch Tod des Bedachten) unwirksam wird (nachträgliche Unwirksamkeit). Die hL[333] gewährt diese Wohltat dem Täter auch, wenn die Verfügung von Anfang an unwirksam ist (anfängliche Unwirksamkeit). Hauptbeispiel: Der Täter fälscht ein formungültiges Testament (Schreibmaschinenschrift bei einem Privattestament). Zur Begründung dieser Gleichstellung der anfänglichen mit der nachträglichen Unwirksamkeit wird mit Recht darauf hingewiesen, dass auch bei anfänglicher Unwirksamkeit die Handlung des Täters nicht kausal werde für eine Verdunklung der Erbfolge.[334]

3. Erbunwürdigkeit tritt nach § 2339 II auch dann nicht ein, wenn die Verfügung, zu deren *Aufhebung* der Erblasser durch arglistige Täuschung oder Drohung bestimmt worden ist, ohnehin vor dem Eintritt des Erbfalles – etwa durch Vorversterben des Alleinbedachten – unwirksam geworden wäre. Gleiches gilt, wenn der Erbe in Bezug auf die Verfügung des Erblassers ein Urkundendelikt (§ 2339 I Nr. 4) begangen hat.

282 **4.** Die Geltendmachung der Erbunwürdigkeit ist ausgeschlossen, wenn der Erblasser dem Erbunwürdigen *verziehen* hat. Dazu ist erforderlich, dass er zu erkennen gegeben hat, er gedenke aus dem Verhalten des Erbunwürdigen keine diesem nachteiligen Folgerungen zu ziehen (§ 2343). Verzeihung kann auch in schlüssigem Verhalten liegen. Die Verzeihung setzt aber Kenntnis des zur Erbunwürdigkeit führenden tatsächlichen Verhaltens voraus.

C. Anfechtungsverfahren

I. Anfechtungsklage

283 Die Erbunwürdigkeit tritt nicht kraft Gesetzes ein. Sie wird vielmehr durch Anfechtung des Erbschaftserwerbs geltend gemacht (§ 2340 I). Das geschieht durch Erhebung der Anfechtungsklage, die darauf zu richten ist, dass der Erbe für erbunwürdig erklärt wird (§ 2342 I). Es geht dabei nicht – wie bei den §§ 119 ff. – um die Vernichtung einer Willenserklärung. Die Rechtswirkungen der Anfechtung treten auch nicht schon mit Abgabe der Anfechtungserklärung – wie bei § 142 I –, sondern erst mit der Rechtskraft des die Erbunwürdigkeit aussprechenden Urteils ein (§ 2342 II).

---

333 Palandt/*Weidlich* § 2339 Rn. 8.
334 **Differenzierend** *Muscheler* ErbR II Rn. 3166; **aA** MüKoBGB/*Helms* § 2339 Rn. 32.

Das Urteil ist nach verbreiteter, aber umstrittener Ansicht Gestaltungs-, nicht Feststellungsurteil.[335] Das Gestaltungsurteil soll nach hM über die Parteien des Rechtsstreits hinaus für und gegen jedermann wirken.[336]

II. Anfechtungsberechtigung

Anfechtungsberechtigt ist jeder, dem der Wegfall des Erbunwürdigen, sei es auch **284** nach dem Wegfall eines anderen, zustatten kommt (§ 2341). Das Gesetz verlangt also – anders als bei der Anfechtung einer letztwilligen Verfügung (§ 2080 I) – keine *unmittelbare* Begünstigung des Anfechtungsberechtigten durch die Erbunwürdigkeitserklärung. Die Begünstigung durch den Wegfall des Erbunwürdigen muss jedoch erbrechtlicher Art sein.

> Im **Fall d** ist der Sohn der F mittelbar Begünstigter. Deshalb kann er die Erbunwürdigkeit geltend machen, nicht aber das Testament anfechten. Die Gläubiger der F können beides nicht.
> Der Vermächtnisnehmer ist nicht befugt, die Erbunwürdigkeit geltend zu machen, weil sich durch den Wegfall des Erbunwürdigen seine erbrechtliche Position nicht verändert.
> Das Anfechtungsrecht ist vererblich,[337] aber nicht übertragbar und nicht pfändbar.[338]
> Jeder Anfechtungsberechtigte kann das Recht selbstständig, aber auch gemeinsam mit anderen ausüben. Im Prozess sind mehrere Anfechtungsberechtigte, die gemeinsam klagen, notwendige Streitgenossen (§ 62 ZPO), weil die Entscheidung ihnen gegenüber nur einheitlich ergehen kann.

III. Zeitpunkt der Anfechtung

Die Rechtssicherheit verlangt, dass die Erbunwürdigkeit nur innerhalb einer be- **285** stimmten Frist – grundsätzlich ein Jahr nach Kenntnis vom Anfechtungsgrund[339] – geltend gemacht werden kann (§§ 2340 III, 2082).

Die Anfechtung ist erst nach dem Anfall der Erbschaft zulässig (§ 2340 II 1). Zur Vermeidung unnötiger Prozesse soll abgewartet werden, ob der Erbunwürdige überhaupt Erbe wird; das steht frühestens beim Erbfall fest.

Abweichend davon kann einem Nacherben gegenüber die Anfechtung schon erfolgen, sobald die Erbschaft dem Vorerben angefallen ist (§ 2340 II 2). Die Regelung ist im Interesse des Vorerben getroffen, der beim Wegfall der Nacherben infolge Erbunwürdigkeit Vollerbe wird und als solcher nicht mehr den Beschränkungen der Vorerbschaft unterliegt. Das kann und soll schon vor Eintritt des Nacherbfalls geklärt werden.
Der Tod des Erbunwürdigen vor Ablauf der Anfechtungsfrist hindert die Anfechtung nicht; die Erbunwürdigkeitsklage ist dann gegen die Erben des Unwürdigen zu richten.

D. Wirkungen der erfolgreichen Anfechtung

I. Rechtliches Schicksal der Erbschaft

Mit der Rechtskraft des die Erbunwürdigkeit aussprechenden Urteils verliert der **286** Unwürdige rückwirkend die Erbschaft, die er zunächst mit dem Erbfall erworben hat; der Anfall an ihn gilt als nicht erfolgt (§ 2344 I).

---

335 KG NJW-RR 1989, 455; *Lange* ErbR Kap. 10 Rn. 83; *Lange/Kuchinke* ErbR § 6 III 2; MüKoBGB/*Helms* § 2342 Rn. 7; Soergel/*Damrau* § 2342 Rn. 1; **aM** *Muscheler* ErbR II Rn. 3175; *ders.* ZEV 2009, 101 (105).
336 Zur Problematik s. *Brox* FamRZ 1963, 392.
337 Mot. V, 521; Prot. V, 645; **hM.**
338 Palandt/*Weidlich* § 2341 Rn. 1.
339 Dazu BGH NJW 1989, 3214.

Das Gesetz beschränkt die nachteiligen Folgen der Erbunwürdigkeit auf den Unwürdigen selbst, indem es ihn wie einen im Zeitpunkt des Erbfalls bereits Verstorbenen behandelt; die Erbschaft fällt rückwirkend demjenigen an, der berufen sein würde, wenn der Erbunwürdige zur Zeit des Erbfalls nicht gelebt hätte (§ 2344 II). Diese Regelung entspricht der für den Fall der Ausschlagung (§ 1953 II).

II. Rechtsbeziehungen zu Dritten

287 Problematisch ist die Rückwirkung, soweit sie inzwischen erworbene Rechte Dritter berührt.

> Im **Fall e** hat S wegen der Rückwirkung der Erbunwürdigkeitserklärung als Nichtberechtigter verfügt. A hat den Gegenstand nur erworben, wenn gutgläubiger Erwerb möglich ist. Dieser scheitert hier nicht an §§ 857, 935, da § 857 auf den rückwirkenden Wegfall der Erbenstellung nicht anzuwenden ist.[340]
>
> Weil die Gläubigerstellung des S rückwirkend entfallen ist, hat B an einen Nichtgläubiger geleistet. B wird nur unter den Voraussetzungen des entsprechend anzuwendenden § 407 frei. Allerdings sind A und B dann geschützt, wenn sie auf einen auf S ausgestellten Erbschein vertraut haben (§§ 2366 f.). C, der aus dem Vermögen des S die Leistung empfangen hat, ist nach § 812 I zur Rückgabe verpflichtet.
>
> Vertragspartner des D ist und bleibt S; D kann sich wegen seines Werklohns nicht an den Nachlass halten.

Während das Gesetz für den interessenmäßig gleichliegenden Fall der Ausschlagung einen begrenzten Schutz des Dritten vorsieht (§ 1959 II und III; → Rn. 317 f.), hat der Gesetzgeber bei den Bestimmungen über die Erbunwürdigkeit bewusst auf eine derartige Regelung verzichtet.[341]

III. Rechtsbeziehungen zwischen dem Erbunwürdigen und dem neuen Erben

288 Der neue Erbe hat gegen den für erbunwürdig Erklärten, der zugleich Erbschaftsbesitzer ist, die Rechte aus den §§ 2018 ff. (→ Rn. 573 ff.). Weil die in § 2339 I aufgeführten Verfehlungen Vorsatz voraussetzen und nach § 142 II, der hier analog anzuwenden ist, Kenntnis der Anfechtbarkeit genügt, wird der Erbunwürdige in der Regel bösgläubig iSv § 2024 sein.

E. Anhang: Unwürdigkeit bei Vermächtnis- und Pflichtteilsansprüchen

289 Auch der Vermächtnisnehmer und der Pflichtteilsberechtigte können unwürdig sein. Die Unwürdigkeitsgründe sind dieselben wie in § 2339 I. Im Übrigen bestehen folgende Besonderheiten:

I. Vermächtnisunwürdigkeit

1. Die Vermächtnisunwürdigkeit wird – wie die Erbunwürdigkeit – durch *Anfechtung* geltend gemacht. Anders als bei der Erbunwürdigkeit richtet sich die Anfechtung hier aber nicht gegen eine dingliche Zuordnungsänderung (Erbschaftserwerb, § 2340 I), sondern gegen den schuldrechtlichen Anspruch des Vermächtnisnehmers (§ 2345 I 1).

---

340 MüKoBGB/*Joost* § 857 Rn. 12; Soergel/*Stadler* § 857 Rn. 6.
341 Mot. V, 602; Prot. V, 728.

Bei der Anfechtung eines einzelnen schuldrechtlichen Anspruchs ist das öffentliche Interesse an einer möglichst sicheren Klärung der Rechtslage nicht so groß wie bei der Anfechtung des Erwerbs der ganzen Erbschaft. Das rechtfertigt eine andere Anfechtungsform: Es bedarf nicht – wie bei der Erbunwürdigkeit, § 2342 – einer Anfechtungsklage und eines Gestaltungsurteils (arg. § 2345 I 2); vielmehr genügt entsprechend den allgemeinen Vorschriften über die Anfechtung eine *formlose Anfechtungserklärung* (§ 143 I) gegenüber dem Vermächtnisunwürdigen (§ 143 IV 1).

Ist ein unwürdiger Erbe zusätzlich mit einem Vermächtnis bedacht, dann wird mit der Erbunwürdigkeitsklage regelmäßig auch die Anfechtung des Vermächtnisses gewollt sein.

2. Die *Anfechtungsfrist* richtet sich – wie bei der Erbunwürdigkeit – nach den Fristen für die Anfechtung eines Testaments (§ 2345 I 2 iVm § 2082).

Ist die Anfechtungsfrist abgelaufen, dann kann der mit dem Vermächtnis beschwerte Erbe trotzdem gegenüber dem unwürdigen Vermächtnisnehmer die Erfüllung der Vermächtnisforderung durch die *Einrede der Vermächtnisunwürdigkeit* verweigern (§ 2345 I 2 iVm § 2083).

3. Die *Wirkung der Anfechtung* besteht in der rückwirkenden Beseitigung des schuldrechtlichen Vermächtnisanspruchs des Unwürdigen (§ 142 I).

Sofern der Erblasser einen Ersatzvermächtnisnehmer bestimmt hat (§ 2190), erwirbt dieser den Anspruch. Fehlt ein Ersatzvermächtnisnehmer, ist aber ein Mitvermächtnisnehmer vorhanden, dann findet unter den Voraussetzungen der §§ 2158 f. Anwachsung statt. Scheidet auch Anwachsung aus, erlischt das Vermächtnis.

4. Was der Vermächtnisnehmer vor der Anfechtung zur Erfüllung der Vermächtnisforderung erhalten hat, muss er nach § 812 I als ungerechtfertigte Bereicherung zurückgeben.

Soweit der Empfänger seine Vermächtnisunwürdigkeit kennt, trifft ihn die verschärfte Haftung (§ 819 I iVm § 142 II analog). Nach Ablauf der Anfechtungsfrist ist wegen der dauernden Einrede aus § 2345 I 2 iVm § 2083 die Rückforderung des bereits Geleisteten nach § 813 I 1 möglich, sofern nicht § 814 – Kenntnis der Nichtschuld – entgegensteht.

5. Die Regelung der Vermächtnisunwürdigkeit gilt auch für den Voraus des Ehegatten und den »Dreißigsten« (§§ 1932 II, 1969 II, 2345 I).

II. Unwürdigkeit bei Pflichtteilsansprüchen

Die Pflichtteilsunwürdigkeit wird vom Gesetz wie die Vermächtnisunwürdigkeit **290** behandelt (§ 2345 II). Als Pflichtteilsanspruch ist dabei auch der Pflichtteilsergänzungsanspruch anzusehen. Die erfolgreiche Anfechtung des Pflichtteilsanspruchs beseitigt die in § 2309 enthaltene Sperre für Pflichtteilsansprüche entfernterer Abkömmlinge und der Eltern des Erblassers. Das Gleiche dürfte gelten, wenn ein Pflichtteilsanspruch mit der Einrede der Pflichtteilsunwürdigkeit (§§ 2345 II, I 2, 2083) abgewehrt worden ist.[342]

---

342 Einschränkend Staudinger/*Olshausen* (2004) § 2345 Rn. 18; **aA** MüKoBGB/*Helms* § 2345 Rn. 8.

F. Zusammenfassung

291

Die Erbunwürdigkeit (§§ 2339 ff.)

I. Erbunwürdigkeitsgründe (§ 2339)
1. Schwere Verfehlungen des Erben nach Abs. 1 Nr. 1–4
2. kein Ausschluss der Erbunwürdigkeit
   a) wegen nicht rechtzeitiger Geltendmachung (§§ 2340 II, 2082)
   b) wegen vorzeitiger Unwirksamkeit der durch Drohung, Täuschung oder Urkundsdelikt veranlassten Verfügung des Erblassers (§ 2339 Abs. 2)
   c) wegen Verzeihung durch den Erblasser (§ 2343)

II. Geltendmachung der Erbunwürdigkeit durch Anfechtungsklage (§ 2342)
1. Anfechtungsberechtigt: jeder, dem der Wegfall des Erbunwürdigen zustatten kommt (§ 2341)
2. Zeitpunkt der Anfechtung:
   a) frühestens nach Anfall der Erbschaft (§ 2340 II)
   b) spätestens 1 Jahr nach Kenntnis vom Anfechtungsgrund (§§ 2340 III, 2082)
3. Wirkung der Anfechtungsklage: erst mit Rechtskraft des Urteils (§ 2342 II)

III. Wirkung der Erbunwürdigkeitserklärung
1. Anfall der Erbschaft an den Erbunwürdigen gilt rückwirkend als nicht erfolgt (§ 2344 I)
2. Rückwirkender Anfall der Erbschaft an denjenigen, der ohne Existenz des Erbunwürdigen Erbe geworden wäre (§ 2344 II)
3. Wirksamkeit zwischenzeitlicher Verfügungen des Erbunwürdigen nach §§ 932 ff., 2366; Wirksamkeit zwischenzeitlicher Leistungen an den Erbunwürdigen nach §§ 407, 2367
4. Herausgabeanspruch des neuen Erben gegen den erbunwürdigen Erbschaftsbesitzer nach §§ 2018 ff.

IV. Besonderheiten bei Vermächtnis- und Pflichtteilsunwürdigkeit (§ 2345)
1. Anfechtung des schuldrechtlichen Anspruchs des Vermächtnisnehmers/ Pflichtteilsberechtigten durch formlose Anfechtungserklärung (§ 143 I) gegenüber dem Unwürdigen (§ 143 IV)
2. Herausgabepflicht des Unwürdigen gem. § 812 I

§ 21 Der Erbverzicht

292 **Literatur:** *Damrau*, Der Erbverzicht als Mittel zweckmäßiger Vorsorge für den Todesfall, 1966; *Edenfeld*, Die Stellung weichender Erben beim Erbverzicht, ZEV 1997, 134; *Everts*, Die Erstreckungswirkung beim Zuwendungsverzicht: Ein Fortschritt und (fast) ein Glücksgriff des Gesetzgebers!, ZEV 2010, 392; *Frank*, Der Verzicht auf erbrechtlichen Erwerb zum Nachteil der Gläubiger, FS D. Leipold, 2009, 983; *Jordan*, Der gegenständlich beschränkte Pflichtteilsverzicht, Rpfleger 1985, 7; *Kather/ Roth*, Testierfreiheit mittels Zuwendungsverzicht, NJW-Spezial, 2010, 103; *Keim*, Der stillschweigende Erbverzicht: sachgerechte Auslegung oder unzulässige Unterstellung?, ZEV 2001, 1; *Keller*, Die Form des Erbverzichts, ZEV 2006, 229; *Kuchinke*, Zur Aufhebung eines Erbverzichts mit Drittwirkung, ZEV 2000, 169; *Larenz*, Erbverzicht als abstraktes Rechtsgeschäft, JherJb 81, 1; *J. Mayer*, Zweckloser Zuwendungsverzicht?, ZEV 1996, 127; *ders.*, Der beschränkte Pflichtteilsverzicht, ZEV 2000, 263;

ders., Unliebsame Folgen des Pflichtteilsverzichts, ZEV 2007, 556; *Mittenzwei,* Die Aufhebung des Zuwendungsverzichts, ZEV 2004, 488; *Muscheler,* Aufhebung eines Erbverzichts nach dem Tod des Verzichtenden, ZEV 1999, 49; *Pentz,* Anfechtung eines Erbverzichts, MDR 1999, 785; *Schotten,* Die Erstreckung der Wirkung eines Zuwendungsverzichts auf Abkömmlinge des Verzichtenden, ZEV 1997, 1; *ders.*, Das Kausalgeschäft zum Erbverzicht, DNotZ 1998, 163; *Theiss/Boger,* Möglichkeiten der Vorbeugung gegen Ansprüche aus §§ 2325, 2329 BGB wegen Abfindungen für Erb- bzw. Pflichtteilsverzichte, ZEV 2006, 143; *Weidlich,* Die Erstreckung des Zuwendungsverzichts auf Ersatzerben – Altes Problem in neuem Gewand?, FamRZ 2010, 166.

Fälle:
a) S hat zu Gunsten seiner bedürftigen Schwester auf sein gesetzliches Erbrecht verzichtet. Diese stirbt vor dem Erblasser. (→ **Rn. 294**)
b) Da der Sohn S, der auf sein gesetzliches Erbrecht verzichtet hatte, vor dem Erblasser E verstorben ist, machen die beiden Töchter des S geltend, sie seien anstelle ihres Vaters neben dessen Geschwistern gesetzliche Erben des E, da sie nicht verzichtet und dem Verzicht ihres Vaters nicht zugestimmt hätten. (→ **Rn. 294**)
c) E hat mit seinem Sohn S einen notariell beurkundeten Vertrag geschlossen, wonach S auf sein Erbrecht verzichtet und E sich verpflichtet, an S 10.000 EUR zum Zwecke einer Geschäftsgründung zu zahlen. Da E nicht zahlt, will S gem. § 323 I vom Vertrage zurücktreten. (→ **Rn. 299**)

A. Begriff und Bedeutung

Erbverzicht ist der vor Eintritt des Erbfalls mit dem Erblasser vereinbarte vertragliche Verzicht des zukünftigen Erben auf sein Erbrecht (vgl. §§ 2346, 2352). Dass er *vor* dem Erbfall erfolgen muss, hat der Erbverzicht mit der Enterbung gemeinsam. Das Ergebnis – Ausschluss des Anfalls der Erbschaft – entspricht für die Zeit *nach* dem Erbfall dem der Ausschlagung.

Der Erbverzicht verhindert den Anfall der Erbschaft an den Verzichtenden; dieser wird erbrechtlich so behandelt, wie wenn er zur Zeit des Erbfalls nicht gelebt hätte (§ 2346 I 2). Der Erbverzicht ist damit keine Verfügung über gegenwärtiges Vermögen, sondern ein erbrechtliches Verfügungsgeschäft, das lediglich einen zukünftigen Erwerb verhindert. Er kann deshalb nicht als Schenkung angesehen und nicht von den Gläubigern des Verzichtenden angefochten werden. Verfügungsbeschränkungen stehen dem Erbverzicht nicht entgegen.

Ebenso wie der zukünftige Erbe können der Vermächtnisnehmer und der Pflichtteilsberechtigte auf ihr Recht verzichten (§§ 2346, 2352). **293**

Meistens ist der Erbverzicht mit einer *Gegenleistung des Erblassers* verknüpft, durch die der Verzichtende »abgefunden« wird.

Der Erbanwärter kann sich auf diese Weise eine vorzeitige Überlassung des auf ihn entfallenden Nachlassanteils »erkaufen«, etwa um damit Kapital für die Gründung einer eigenen Existenz zu bekommen, ohne dass dadurch die übrigen Erbanwärter erbrechtlich benachteiligt werden.
Der Erblasser vermeidet durch Vorwegabfindung mit Erbverzicht die bei Erbauseinandersetzungen nicht selten Schwierigkeiten und Streitereien.
Wenn ein landwirtschaftlicher Betrieb oder ein Wirtschaftsunternehmen auf einen von mehreren gesetzlichen Erben übergehen soll, kann der Erblasser durch Vorwegabfindung der übrigen die Einheit des Betriebes erhalten. Außerdem gibt der Erbverzicht die Möglichkeit, Abfindungen der Verzichtenden in Zeiten guter Liquidität vorzunehmen und – durch Tilgung in Raten – über längere Zeit zu erstrecken.

B. Gegenstand des Erbverzichts und Verzichtsberechtigung

I. Verzicht auf das gesetzliche Erbrecht

294 **1.** *Verzichtsberechtigt* ist *jeder zukünftige gesetzliche Erbe*, nicht jedoch der Staat als gesetzlicher Zwangserbe. Es ist nicht erforderlich, dass der verzichtende Verwandte gesetzlicher Erbe des Erblassers wäre, wenn dieser im Zeitpunkt des Verzichts sterben würde; die Angehörigen fernerer Ordnungen sind ebenfalls verzichtsberechtigt. Auch der zukünftige Ehegatte kann verzichten (vgl. § 2347 I), ebenso der Lebenspartner (§ 10 VII LPartG).

2. Der Verzicht kann sich *auf das Erbrecht insgesamt* beziehen, aber *auch auf einen Bruchteil der Erbschaft* beschränkt werden.

Dagegen ist der Verzicht auf einzelne Nachlassgegenstände, etwa auf ein Grundstück oder auf eine Unternehmensbeteiligung, nicht möglich. Ein solcher Verzicht wird sich aber in der Regel in eine für den Erben verbindliche Regelung der Auseinandersetzung umdeuten lassen.

3. Der Verzicht *zu Gunsten einer anderen Person* ist zulässig. Er gilt im Zweifel nur, wenn diese Person auch wirklich Erbe wird (§ 2350 I). Diese gesetzliche Auslegungsregel greift aber nur dann ein, wenn der Wille der Parteien des Verzichtsvertrages anderweitig nicht zu ermitteln ist.

> Im **Fall a** ist der Erbverzicht (wegen des Wegfalls der Schwester als Erbin) unwirksam, wenn kein anderer Wille der Vertragsparteien zu ermitteln ist.

4. Der *Verzicht eines Abkömmlings* auf sein gesetzliches Erbrecht ist im Zweifel als Verzicht *nur zu Gunsten der anderen Abkömmlinge und des Ehegatten oder Lebenspartners* (§ 10 VII LPartG)[343] des Erblassers aufzufassen (§ 2350 II). In der Regel will der Verzichtende nämlich zu Gunsten der »Kleinfamilie« verzichten; eine Begünstigung entfernterer Verwandter oder gar Fremder ist von ihm regelmäßig nicht gewollt. Lässt sich ein abweichender Parteiwille feststellen, geht dieser allerdings vor.[344]

5. Der *Verzicht eines Abkömmlings oder eines Seitenverwandten* (Bruder, Neffe, Vetter) des Erblassers *erstreckt sich auf seinen ganzen Stamm*, sofern nichts anderes bestimmt ist (§ 2349). Dieser wird erbrechtlich dann so behandelt, wie wenn er nicht vorhanden wäre **(Fall b).**

Die Regelung hat vor allem Bedeutung, wenn ein verzichtender Abkömmling den Anteil, den er als Erbteil bekommen hätte, bereits zu Lebzeiten des Erblassers als Abfindung erhalten hat. Ohne die Vorschrift würden, sofern keine Regelung im Erbverzichtsvertrag enthalten ist, die Anteile der übrigen Erben durch die Berücksichtigung der Abkömmlinge des Verzichtenden geschmälert, da dem Stamm des Verzichtenden bereits ein Anteil vorweg zugeflossen ist.

Die Rechtsfolge des § 2349 ist von der Zustimmung der Abkömmlinge des Verzichtenden unabhängig **(Fall b).** Soll der Ausschluss des ganzen Stammes vermieden werden, dann bedarf es einer besonderen Bestimmung im Verzichtsvertrag.

6. Der Verzicht auf das Erbrecht schließt nicht aus, dass der Erblasser den Verzichtenden später durch eine Verfügung von Todes wegen zum Erben einsetzt oder ihm ein Vermächtnis zuwendet.[345]

---

343 Palandt/*Weidlich* § 2350 Rn. 3.
344 BGH NJW 2008, 298 (299).
345 Vgl. BGHZ 30, 267; Staudinger/*Schotten* (2004) § 2346 Rn. 71 mN.

II. Verzicht auf das Pflichtteilsrecht

1. Der Verzicht auf das gesetzliche Erbrecht *schließt* den *Verzicht auf etwaige Pflicht-* **295**
teilsansprüche ein (§ 2346 I 2, letzter Hs.), sofern nichts anderes vereinbart ist.

2. Das Gesetz sieht daneben die Möglichkeit vor, den *Verzicht auf das Pflichtteilsrecht*
zu beschränken (§ 2346 II).

Ein Verzicht auf das Pflichtteilsrecht gibt dem Erblasser die Sicherheit, dass die von ihm mittels
Verfügung von Todes wegen vorgenommene Verteilung des Nachlasses nicht durch Geltendmachung
von Pflichtteilsansprüchen vereitelt wird. Andererseits bleibt ihm auch die Möglichkeit, gesetzliche
Erbfolge eintreten zu lassen oder nach seinem Gutdünken den Verzichtenden durch letztwillige Verfügung zu bedenken. Ob der vor Eintritt des Erbfalls vereinbarte Verzicht auf das Pflichtteilsrecht
sittenwidrig ist, wenn der Verzichtende sozialhilfebedürftig ist und wegen des Verzichts auch bleibt,
wird unterschiedlich beurteilt.[346]

Unter § 2346 II fallen in der Regel auch Vereinbarungen des Erblassers mit dem
Pflichtteilsberechtigten, durch welche die Stellung des Pflichtteilsschuldners gegenüber der gesetzlichen Regelung verbessert wird (zB Festlegung von Zahlungsbedin-
gungen oder Bewertungsvorschriften, die für den Erben günstiger sind). In einem
solchen Falle liegt ein sachlich beschränkter Verzicht (Teilverzicht) vor.

III. Verzicht auf Erbeinsetzungen und Vermächtnisse

1. Auf Erbeinsetzungen und Vermächtnisse kann verzichtet werden (§ 2352). **296**

Das hat Bedeutung für die Fälle, in denen der Erblasser das Testament wegen inzwischen eingetretener
Geschäftsunfähigkeit nicht widerrufen kann. Denn beim Verzichtsvertrag wird der geschäftsunfähige
Erblasser durch seinen gesetzlichen Vertreter vertreten.

Einen *Verzicht auf Auflagen* gibt es nicht, weil ein Berechtigter fehlt, der auf die
Auflage verzichten könnte. Der *Testamentserbe* kann auch *nicht zu Gunsten eines*
Dritten verzichten; § 2350 gilt nur für den gesetzlichen Erben.[347] Ein Verzicht gem.
§ 2352 kann aber zu Gunsten bestimmter Personen als bedingter Erbverzicht vereinbart werden. Er hat dann keine unmittelbar übertragende Wirkung, sondern setzt
voraus, dass der Begünstigte Erbe wird.[348]

2. *Verzichtsberechtigt* ist nur, wer bedacht ist. Der Verzicht setzt also voraus, dass die
letztwillige Verfügung errichtet ist und eine Zuwendung (Erbeinsetzung oder Vermächtnis) für den Verzichtenden enthält.

Handelt es sich um Zuwendungen durch *Testament,* kann jeder Bedachte verzichten.
Bei Zuwendungen durch *Erbvertrag* können nur bedachte Dritte, nicht aber die
Parteien des Erbvertrages verzichten (§ 2352 S. 2). Diese haben die Möglichkeit, einen
Aufhebungsvertrag zu schließen.[349]

3. Der Verzicht auf testamentarische Zuwendungen *erstreckt sich auf die Abkömm-*
linge des Verzichtenden; das folgt aus dem Verweis in dem zum 1.1.2010 insoweit neu
gefassten § 2352 S. 3 auf § 2349.

---

346 Verneinend OLG Köln Rpfleger 2010, 140 (141).
347 Vgl. dazu RG HRR 1939, Nr. 1163; LG Lübeck SchlHA 1959, 211.
348 OLG Hamm Rpfleger 1982, 148.
349 Vgl. OLG Stuttgart OLGZ 1979, 129.

C. Vereinbarung und Beseitigung des Erbverzichts

I. Vereinbarung des Erbverzichts

297 **1.** Der Erbverzicht erfolgt durch *Vertrag des Verzichtenden mit dem Erblasser.* Deshalb äußert der Verzichtsvertrag nur Rechtswirkungen beim Erbgang nach dem Erblasser. Er hat keine Bedeutung, wenn der Nachlass des Erblassers dem Verzichtenden als Bestandteil des Nachlasses eines Dritten zufällt, der ihn von dem Erblasser erworben hat.

Wenn also E seine Frau F und seinen Sohn S als gesetzliche Erben hinterlässt und S gegenüber E verzichtet hat, fällt der gesamte Nachlass an F. Als Erbe der F erhält S später auch den zuvor an F gefallenen Nachlass des E.
Für Verzichtsverträge zwischen künftigen gesetzlichen Erben gilt § 311b V (→ Rn. 33).

2. Der Verzichtsvertrag bedarf der *notariellen Beurkundung* (§§ 2348; 2352 S. 3). Gleichzeitige Anwesenheit beider Teile ist nicht vorgeschrieben.

Die Formvorschrift des § 2348 betrifft nur den Erbverzichtsvertrag als abstraktes erbrechtliches Verfügungsgeschäft. Sie erstreckt sich nicht auf dingliche Vollzugsgeschäfte im Zusammenhang mit dem Verzicht.[350]

3. Hinsichtlich der *Geschäftsfähigkeit* und der *Stellvertretung* bestimmt § 2347 für den Verzichtenden und für den Erblasser einige Besonderheiten:

a) Der *Verzichtende* kann den Vertrag persönlich schließen, sich aber auch eines Stellvertreters bedienen. Ist der Verzichtende beschränkt geschäftsfähig, kann er mit Zustimmung seines gesetzlichen Vertreters abschließen (§ 108). Steht er unter Vormundschaft, ist gem. § 2347 I eine familiengerichtliche Genehmigung erforderlich; das gilt in der Regel auch, wenn er unter elterlicher Sorge steht (Ausnahme: Vertragschluss unter Ehegatten oder Verlobten; § 2347 I 1 aE). Bei Geschäftsunfähigkeit des Verzichtenden schließt für ihn sein gesetzlicher Vertreter den Vertrag, für den im Regelfall eine Genehmigung des Familiengerichts erforderlich ist (§ 2347 I).

Der Erbverzicht kann in den Aufgabenkreis des Betreuers fallen. Wird der Erbverzicht durch den Betreuer erklärt, ist gem. § 2347 I 2 auch für diesen Verzicht durch den Betreuer die Genehmigung des Betreuungsgerichts erforderlich. Durch diese Regelung soll eine Verzichtserklärung durch den Betreuer nicht völlig ausgeschlossen werden, da dem Verzichtenden in der Praxis vielfach erhebliche Gegenleistungen für den Verzicht geboten werden und der Verzicht daher für ihn vorteilhaft sein kann.[351]

b) Der *Erblasser,* der nicht geschäftsunfähig ist, kann den Verzichtsvertrag nur persönlich schließen (§ 2347 II 1). Eine Stellvertretung ist für ihn also ausgeschlossen. Als beschränkt Geschäftsfähiger bedarf er nicht der Zustimmung des gesetzlichen Vertreters. Dieser kann den Verzichtsvertrag nur für den geschäftsunfähigen Erblasser schließen, da dieser sonst einen wirksamen Verzicht nicht entgegennehmen könnte. Eine familien- oder betreuungsgerichtliche Genehmigung ist nach § 2347 II 2 in gleichem Umfang wie nach § 2347 I erforderlich.

Im Falle der Betreuung des Erblassers kann dessen Erklärung nicht unter Einwilligungsvorbehalt des Betreuers gestellt werden (§ 1903 II).

---

350 BGH NJW-RR 2012, 332.
351 BT-Drs. 11/4528, 162.

II. Beseitigung des Erbverzichts

Der Verzicht auf das *gesetzliche Erbrecht* oder auf Pflichtteilsansprüche kann durch **298** *Aufhebungsvertrag* wieder beseitigt werden (arg. § 2351). Für den Aufhebungsvertrag gilt hinsichtlich der Form und der Stellvertretung des Erblassers das Gleiche wie für den Verzichtsvertrag selbst (§ 2351). Jedoch bedarf der beschränkt geschäftsfähige Erblasser zu dem Aufhebungsvertrag der Genehmigung des gesetzlichen Vertreters (§ 2351).

Auch wenn der Erblasser zwischenzeitlich mit einem anderen einen Erbvertrag geschlossen und darin bindend die Erbfolge festgelegt hat, ist ein Aufhebungsvertrag nach § 2351 möglich.[352]

Der Verzicht auf die *Zuwendung aus einer Verfügung von Todes wegen* (§ 2352) kann nach hM ebenfalls entsprechend § 2351 durch Aufhebungsvertrag wieder beseitigt werden.[353]

Zwar spricht der Gesetzeswortlaut eher gegen diese Möglichkeit, weil § 2352 nicht auf § 2351 verweist. Danach könnte die Rückgängigmachung des Verzichts nur durch eine neue Verfügung von Todes wegen erreicht werden,[354] und diese Möglichkeit wäre ausgeschlossen, wenn der Erblasser inzwischen testierunfähig oder erbvertraglich gebunden ist. Dieses Ergebnis hat der Gesetzgeber kaum gewollt, zumal dass Bedürfnis nach einer Aufhebung des Zuwendungsverzichts nicht anders zu beurteilen ist als beim Verzicht auf die gesetzliche Erbaussicht.

D. Erbverzicht gegen Abfindung

Besondere Probleme ergeben sich, wenn der Erbverzicht gegen Abfindung erfolgt. **299** Da der Verzicht bereits mit Vertragsschluss wirksam wird, besteht für den Verzichtenden die Gefahr, dass er gebunden ist, die Abfindung jedoch nicht erhält.

> **Beispiel:** Die Abfindungsvereinbarung ist unwirksam, oder die Leistung der Abfindung unterbleibt und kann auch nicht erzwungen werden.

Schwierigkeiten lassen sich vermeiden, wenn die Wirksamkeit des Erbverzichts vom Vollzug der Abfindung abhängig gemacht wird.[355] Falls der Erbverzicht und die Abfindungsvereinbarung in *einer* Urkunde vereinbart sind, ist an eine Anwendung des § 139 zu denken. Für den Fall, dass dieser Weg nicht zum Ziel führt, ist für die Frage, wie dem Verzichtenden geholfen werden kann, zu unterscheiden:[356]

Bei Wirksamkeit des Verzichtsvertrages und der Abfindungsvereinbarung lässt sich mit den §§ 320 ff. eine sachgemäße Lösung finden. Zwar trifft es zu, dass – wie vielfach hervorgehoben wird – Abfindungsversprechen und Erbverzicht miteinander keinen gegenseitigen Vertrag bilden; das Abfindungsversprechen ist verpflichtender, der Erbverzicht dagegen verfügender Art. Aber das Abfindungsversprechen korrespondiert mit einer – in den Vertragsurkunden häufig nicht ausgesprochenen – Verpflichtung zum Erbverzicht und bildet mit ihr ein einheitliches obligatorisches Ge-

---

352 BGHZ 77, 264.
353 ZB BGH NJW-RR 2008, 747; Erman/*Schlüter* § 2352 Rn. 5; *Lange* ErbR Kap. 10 Rn. 115; MüKoBGB/*Wegerhoff* § 2352 Rn. 17; Soergel/*Damrau* § 2352 Rn. 2.
354 So *Kipp/Coing* ErbR § 82 V 2.
355 Vgl. BayObLG FamRZ 1995, 964.
356 Vgl. dazu BGHZ 37, 319 = LM Nr. 13 zu § 2271 BGB mit Anm. von *Mattern;* Bamberger/Roth/ *Mayer* § 2346 Rn. 30; *Lipp* ErbR Rn. 148; MüKoBGB/*Wegerhoff* § 2346 Rn. 21 ff.; Palandt/ *Weidlich* § 2346 Rn. 8.

bilde, das in der Regel alle Voraussetzungen des gegenseitigen Vertrages erfüllt. Dann sind die §§ 320 ff. anwendbar. Bei Nichterfüllung der Abfindungsverpflichtung führen die §§ 323 ff. (sei es über den Schadensersatzanspruch, sei es über die Verpflichtung zur Rückgabe der empfangenen Gegenleistung nach Rücktritt) auch zum Wegfall des Erbverzichts.

Bei Nichtigkeit des Grundgeschäfts kann der Verzichtende nach § 812 I 1, 1. Fall vom Erblasser die Aufhebung des Verzichts nach § 2351 verlangen. Diese Möglichkeit besteht zwar nach dem Tod einer der Vertragsparteien nicht mehr; aber dann haben der Verzichtende oder seine Erben einen Anspruch auf Wertersatz nach § 818 II.

> Bei dieser Lösung kann im **Fall c** S gem. § 323 I vom Vertrage zurücktreten. Er kann von E Aufhebung des Erbverzichtsvertrages (§ 2351) verlangen und gegebenenfalls auf Abgabe einer entsprechenden Willenserklärung klagen (vgl. § 894 ZPO).

E. Zusammenfassung

300

Der Erbverzicht (§§ 2346 ff.)

I. Verzichtsvertrag
1. Parteien: Erblasser und zukünftige gesetzliche oder durch Testament bedachte Erben oder Vermächtnisnehmer (§§ 2346 I, 2352 S. 1; Besonderheit beim Erbvertrag: § 2352 S. 2)
2. Form: notarielle Beurkundung (§§ 2348, 2352 S. 3)
3. Stellvertretung: nur beim Verzichtenden möglich (§ 2347)

II. Möglicher Gegenstand des Erbverzichts
1. Verzicht auf das gesetzliche Erbrecht
   a) gesetzliches Erbrecht insgesamt (einschließlich Pflichtteilsrecht, § 2346 I 2 aE)
   b) Bruchteil der gesetzlichen Erbschaft (aber nicht einzelne Gegenstände)
   c) Verzicht zu Gunsten eines Dritten (§ 2350)
2. Beschränkter Verzicht auf das Pflichtteilsrecht (§ 2346 II)
3. Verzicht auf testamentarische Erbeinsetzung und Vermächtnisse (§ 2352)

III. Wirkung des Erbverzichts
Verzichtender wird so behandelt, als habe er zur Zeit des Erbfalls nicht gelebt (§ 2346 I 2)

IV. Beseitigung des Erbverzichts
1. beim Verzicht auf das gesetzliche Erbrecht: Aufhebungsvertrag (§ 2351)
2. beim Verzicht auf Zuwendung aus Verfügung von Todes wegen: nach hM entsprechend § 2351 ebenfalls Aufhebungsvertrag möglich

§ 22 Die Ausschlagung sowie die Annahme der Erbschaft

301 **Literatur:** *Damrau*, Die Verpflichtung zur Ausschlagung der Erbschaft, ZEV 1995, 425; *Firsching/Graf*, Nachlassrecht, 9. Aufl. 2008; *Frohn*, Die Erbausschlagung unter dem Vorbehalt des Pflichtteils, Rpfleger 1982, 56; *Heinrich/Heinrich*, Das Ausschlagungsrecht der Erbes-Erben, Rpfleger 1999, 201; *Heldrich*, Schranken der elterlichen Vertretungsmacht bei der Ausschlagung einer Erbschaft, FS W. Lorenz, 1991, 97; *Holzhauer*, Erbrechtliche Untersuchungen, 1973, 85; *Ivo*, Die Teilausschlagung

einer Erbschaft, ZEV 2002, 145; *ders.*, Die Erbausschlagung für das minderjährige Kind, ZEV 2002, 309; *ders.*, Die Erbschaftsausschlagung eines Sozialhilfeempfängers, FamRZ 2003, 6; *ders.*, Der Verzicht auf erb- und familienrechtliche Positionen im Insolvenzrecht, ZErb 2003, 250; *ders.*, Erbschaftsausschlagung wegen vermeintlicher Überschuldung und ihre Anfechtung bei Nachlassspaltung, NJW 2003, 185; *Malitz/Benninghoven*, Erbausschlagung und Rechtsirrtum, ZEV 1998, 415; *Olzen*, Annahme der Erbschaft und Rechtsstellung des vorläufigen Erben, Jura 2001, 366; *Pentz*, Ausschlagung durch Erbeserben (§ 1952 Abs. 3 BGB), Rpfleger 1999, 516; *Sagmeister*, Die Erbausschlagung bei minderjährigen Nach- und Ersatzerben, ZEV 2012, 121; *Sarres*, Die Auskunftspflichten des vorläufigen Erben gegenüber dem endgültigen Erben, ZEV 1999, 216; *Specks*, Zur Zulässigkeit der Erbschaftsausschlagung unter einer Gegenwartsbedingung, ZEV 2007, 356; *Tönnies*, Die teilweise Ausschlagung als Gestaltungsmittel bei Testamentserrichtung, ZNotP 2003, 92.

Fälle:

a) E wird von seinem Sohn S beerbt. Dieser stirbt 14 Tage nach dem Tode des E, ohne sein Ausschlagungsrecht verloren zu haben. Seine Alleinerbin T möchte wissen, ob sie die Erbschaft nach S ausschlagen und die Erbschaft nach E annehmen kann. (→ **Rn. 302**)

b) E hat seinen Sohn S testamentarisch zum Alleinerben eingesetzt und ihn mit einem Vermächtnis zu Gunsten des V beschwert. Um das Vermächtnis loszuwerden, schlägt S als eingesetzter Erbe aus und nimmt als gesetzlicher Erbe an. Möglich? (→ **Rn. 306**)

c) Im Fall b hat E die T als Ersatzerbin eingesetzt. (→ **Rn. 306**)

d) E wird gesetzlich von seinen Söhnen A und B zu je ¼ und von seiner Ehefrau zu ½ beerbt. A schlägt die Erbschaft form- und fristgerecht aus. Konsequenz? (→ **Rn. 309**)

A. Begriff und Bedeutung der Ausschlagung

Die Berufung zum Erben geschieht in der Regel ohne dessen Mitwirkung. Es kann sein, dass dem Bedachten die Erbschaft höchst unwillkommen ist, etwa weil sie wegen der Nachlassverbindlichkeiten für ihn mehr Nachteile als Vorteile bringt. Da niemandem gegen seinen Willen Vermögen oder gar Schulden aufgedrängt werden dürfen, muss der Bedachte sich gegen den Erwerb der Erbschaft wehren können.

Das lässt sich gesetzestechnisch auf zweierlei Weise erreichen: Der Erbschaftserwerb kann von einer Mitwirkungshandlung des Erben, insbesondere vom Antritt der Erbschaft, abhängig gemacht werden (Antrittserwerb). Man kann aber auch beim Tod des Erblassers die Erbschaft dem Erben ohne Rücksicht auf seinen Willen zunächst einmal zufallen lassen (Vonselbsterwerb), ihm aber die Möglichkeit einräumen, sich der Erbschaft wieder zu entledigen.

Nach dem BGB geht die Erbschaft mit dem Erbfall ohne Mitwirkung des Erben auf diesen über; der Erbe kann jedoch die Erbschaft in bestimmter Frist und Form ausschlagen und dadurch den Anfall des Nachlasses rückwirkend wieder beseitigen (§§ 1942 I, 1944, 1945, 1953 I; Formulierungsbeispiel: → Rn. 837).

Ausschlagung ist also die form- und fristgebundene Willenserklärung des Erben, dass er die Erbschaft nicht haben will. Die Vorschriften der §§ 104 ff. sind anwendbar.

B. Recht zur Ausschlagung und Verfahren

I. Recht zur Ausschlagung

1. Grundsätzlich kann *jeder Erbe* den Erbanfall durch Ausschlagung mit Rückwirkung auf den Erbfall wieder beseitigen (§§ 1942 I, 1953 I), mag seine Berufung auf Gesetz, testamentarischer Erbeinsetzung oder Erbvertrag beruhen. **302**

2. Ausnahmsweise besteht *kein* Ausschlagungsrecht:

a) für den *Staat* als gesetzlichen Zwangserben (§§ 1942 II, 1936; → Rn. 81);

b) für alle sonstigen Erben *nach Annahme* der Erbschaft (§ 1943, 1. Hs.; → Rn. 310).

3. Das Ausschlagungsrecht ist *vererblich* (§ 1952 I). Es geht auf die Erben des vorläufigen Erben (die sog. Erbeserben) über.

> Im **Fall a** geht das Ausschlagungsrecht des S hinsichtlich der Erbschaft nach E auf T über. Diese hat nunmehr folgende Möglichkeiten:
> (1) Sie kann beide Erbschaften annehmen.
> (2) Sie kann beide Erbschaften ausschlagen. Da sie die Erbschaft nach E indes nur als Bestandteil der Erbschaft nach S erhalten hat, bewirkt allein die Ausschlagung der Erbschaft nach S bereits den Verlust beider Erbschaften. Die eigens erklärte Ausschlagung der Erbschaft nach E ist deshalb neben der Ausschlagung der Erbschaft nach S ohne rechtliche Bedeutung.
> (3) T kann die Erbschaft nach S annehmen, aber die nach E ausschlagen. In der Ausschlagung der Erbschaft nach E liegt möglicherweise eine Annahme der Erbschaft nach S.
> Ist eine Miterbengemeinschaft Erbeserbe (zB statt T die Erbengemeinschaft T 1, T 2 und T 3), kann jeder Miterbe den auf ihn entfallenden Teil der Erbschaft des S nach E ausschlagen (§ 1952 III).
> T kann aus den zu (2) angeführten Gründen nicht die Erbschaft nach S ausschlagen und die Erbschaft nach E annehmen. Mit der Ausschlagung der Erbschaft nach S verliert sie als deren Bestandteil auch die Erbschaft nach E; eine Annahme der Erbschaft nach E bleibt deshalb ohne Wirkung.
> Wegen des geschilderten Zusammenhangs zwischen beiden Erbschaften endet die Frist für die Ausschlagung der Erbschaft nach E für die Erbeserbin T nicht vor Ablauf der Frist für die Ausschlagung der Erbschaft nach S (§ 1952 II).

4. Das Ausschlagungsrecht ist als Teil der Erbenstellung zwar vererblich, aber *nicht übertragbar.* Es geht also insbesondere nicht auf den rechtsgeschäftlichen Erwerber einer Erbschaft (Erbschaftskäufer) über. Es kann auch nicht einem Dritten zur Ausübung überlassen werden. Deshalb besteht auch nicht die Möglichkeit, es auf Grundlage einer (Vorsorge-)Vollmacht für den Erben auszuüben.[357]

5. Die Ausschlagung wird durch Eröffnung des Insolvenzverfahrens über das Vermögen des Erben (§ 83 I 1 InsO) nicht gehindert. Sie unterliegt auch nicht der Gläubigeranfechtung nach dem Anfechtungsgesetz.

II. Verfahren bei der Ausschlagung

303 **1.** Die Ausschlagung erfolgt durch *einseitige Erklärung* des Ausschlagungsberechtigten. Sie ist Willenserklärung und unterliegt den allgemeinen Vorschriften.

2. Die Ausschlagungserklärung ist *formbedürftig.* Sie muss zur Niederschrift des Nachlassgerichts (vgl. § 1945 II) oder in öffentlich beglaubigter Form abgegeben werden (§ 1945 I, 2. Hs.).

3. Die Ausschlagungserklärung ist *amtsempfangsbedürftig;* sie muss gegenüber dem Nachlassgericht abgegeben werden (§ 1945 I, 1. Hs.); sie wird also erst mit dem Zugang beim Nachlassgericht wirksam (§ 130 III, I).

---

357 OLG Zweibrücken NJW-RR 2008, 239.

Nachlassgericht ist das Amtsgericht (§ 23a I Nr. 2, II Nr. 2 GVG). Die örtliche Zuständigkeit bestimmt sich in der Regel nach dem Wohnsitz des Erblassers im Zeitpunkt des Erbfalls (vgl. § 343 I FamFG). Ob der Zugang bei einem unzuständigen Gericht ausreicht, ist streitig.[358] Rechtsprechung und Lehre neigen mit Recht dazu, nach Möglichkeit Wirksamkeit anzunehmen.

4. Die Ausschlagungserklärung kann durch einen *Vertreter* abgegeben werden (arg. §§ 1945 III).   **304**

a) Der *gewillkürte* Vertreter bedarf einer öffentlich beglaubigten Vollmacht; diese muss spätestens bis zum Ablauf der Ausschlagungsfrist dem Nachlassgericht eingereicht sein (§ 1945 III).

b) Zur Ausschlagung durch einen *gesetzlichen* Vertreter (Eltern, Vormund, Betreuer, Pfleger) ist in der Regel die Genehmigung des Familiengerichts (vgl. §§ 1643 II, 1822 Nr. 2) bzw. des Betreuungsgerichts (§§ 1908i I, 1915) erforderlich.

Für Eltern ist die familiengerichtliche Genehmigung ausnahmsweise dann entbehrlich, wenn die Erbschaft ihrem Kinde ausschließlich deshalb angefallen ist, weil sie selbst ausgeschlagen haben (§ 1643 II 2). In einem solchen Fall erschien dem Gesetzgeber die Gefahr einer eigennützigen Entscheidung durch die Eltern, die durch die Genehmigungsbedürftigkeit verhindert werden soll, ausgeschlossen.

Sind die Eltern, wie das heute regelmäßig zutrifft (vgl. § 1627), gesamtvertretungsberechtigt, ist eine familiengerichtliche Genehmigung auch dann nicht nötig, wenn der Anfall an das Kind auf der Ausschlagung der Erbschaft durch einen Elternteil beruht.[359]
Grundsätzlich muss die Genehmigung des Familiengerichts für einseitige Rechtsgeschäfte bei deren Vornahme vorliegen (§ 1831 S. 1). Abweichend davon genügt es bei der Ausschlagung, dass die Genehmigung und ihre Bekanntmachung an den gesetzlichen Vertreter dem Nachlassgericht bis zum Ablauf der Ausschlagungsfrist nachgewiesen werden (§ 1945 III 2 entspr.),[360] auch wenn die Ausschlagungserklärung selbst schon vorher eingereicht worden ist.

5. Die Ausschlagungserklärung ist *unwirksam,* wenn sie mit einer *Bedingung oder Zeitbestimmung* verknüpft wird (§ 1947). Mit dieser Bestimmung wollte der Gesetzgeber klare Verhältnisse schaffen.

Als unzulässige Bedingung kann es vor allem anzusehen sein, wenn die Ausschlagung zu Gunsten eines Dritten erfolgt.[361] Wird dieser aber ohnehin kraft der gesetzlichen Regelung (§ 1953 II) anstelle des Ausschlagenden Erbe, handelt es sich um eine (unschädliche) Rechtsbedingung.

6. Die Ausschlagung kann ferner gem. § 138 I *wegen Sittenwidrigkeit unwirksam* sein. Das ist nach umstrittener, aber wohl überwiegender Ansicht anzunehmen, wenn ein Sozialhilfeempfänger eine werthaltige Erbschaft ausschlägt und deshalb seine Sozialhilfebedürftigkeit fortbesteht.[362] Etwas anderes kann gelten, wenn legitime Interessen seine Ausschlagung nachvollziehbar motivieren.

7. Die Ausschlagung unterliegt *zeitlichen Grenzen.*   **305**

a) Die Ausschlagung ist *erst nach Eintritt des Erbfalls* zulässig (frühestmöglicher Zeitpunkt, vgl. § 1946).

---

358 Vgl. Staudinger/*Otte* (2000) § 1945 Rn. 17 mwN.
359 Vgl. OLG Hamm NJW 1959, 2215; str.
360 Vgl. BayObLG 1983, 213; Palandt/*Weidlich* § 1945 Rn. 6.
361 Vgl. BayObLG Rpfleger 1982, 69.
362 OLG Hamm NJW-RR 2010, 83 (84) mit zahlreichen Nachweisen zum Meinungsstand.

Notwendig ist nur der Eintritt des Erbfalls, nicht hingegen der Anfall an den Ausschlagenden. Für den Nacherben ist das in § 2142 I ausdrücklich bestätigt; er kann also vor dem Nacherbfall ausschlagen.

b) Die Ausschlagung muss innerhalb einer bestimmten Frist erfolgen (*Ausschlagungs-frist*, § 1944).

Durch die Befristung erreicht der Gesetzgeber zunächst, dass die Endgültigkeit des Erbanfalls im Interesse des Rechtsverkehrs nicht zu lange in der Schwebe bleibt. Ferner hat der Erbe die Möglichkeit, innerhalb der Frist den Bestand des Nachlasses zu prüfen und sich so über die für die Entscheidung über Ausschlagung oder Annahme maßgeblichen Umstände zu unterrichten.

Die Ausschlagungsfrist beträgt in der Regel *sechs Wochen* (§ 1944 I; Ausnahmen: § 1944 III und § 1952 II). Die Frist beginnt mit dem Zeitpunkt, in dem der Erbe von dem Anfall und dem Grunde des Anfalls Kenntnis erlangt hat, bei Berufung durch Verfügung von Todes wegen frühestens mit der Bekanntgabe der Verfügung von Todes wegen durch das Nachlassgericht (§ 1944 II).[363] Der Lauf der Frist kann gem. §§ 1944 II 3, 206, 210 wegen höherer Gewalt oder fehlender Geschäftsfähigkeit gehemmt sein.

Kenntnis iSd § 1944 II setzt voraus, dass dem Erben die tatsächlichen oder rechtlichen Umstände in so zuverlässiger Weise bekannt geworden sind, dass von ihm erwartet werden kann, über die Annahme oder Ausschlagung der Erbschaft nachzudenken. Ein Irrtum über Tatsachen oder eine irrige rechtliche Beurteilung, die nicht von vornherein von der Hand zu weisen ist, kann die erforderliche Kenntnis verhindern.[364] Dieser Zeitpunkt ist vom Nachlassgericht im Erbscheinsverfahren von Amts wegen zu ermitteln.[365]

Bei der Anordnung von Vor- und Nacherbschaft (→ Rn. 343 ff.) beginnt die Ausschlagungsfrist für den Nacherbfall, nach deren Ablauf eine Ausschlagung nicht mehr möglich ist, frühestens mit Kenntnis des Nacherbfalls (§§ 2139, 1944 II). Eine vorher, etwa im Erbscheinsverfahren des Vorerben erlangte Kenntnis des Nacherben setzt die Ausschlagungsfrist noch nicht in Gang.[366]

c) Bei *Ablauf der Ausschlagungsfrist* gilt die Erbschaft *als angenommen* (§ 1943); eine Ausschlagung ist dann nicht mehr möglich.

Für den Ablauf der Ausschlagungsfrist ist der Ausschlagungsgegner beweispflichtig. Dagegen trägt der ausschlagende Erbe die Beweislast dafür, dass er nicht geschäftsfähig und der Lauf der Frist deshalb gem. §§ 1944 II, 210 gehemmt gewesen sei.[367]

C. Umfang der Ausschlagung

306 Nach der Regel des § 1950 kann die Erbschaft nicht teilweise ausgeschlagen werden. Von diesem Grundsatz macht das Gesetz verschiedene Ausnahmen. Im Einzelnen sind bei der Ausschlagung folgende Fälle zu unterscheiden:

I. Ganzer Nachlass oder ein Erbteil

1. Erbt jemand kraft Gesetzes den ganzen Nachlass oder einen Erbteil, dann kann er grundsätzlich die Erbschaft nur einheitlich ausschlagen oder annehmen. Dasselbe gilt

---

363 Dazu BGHZ 112, 229.
364 BGH NJW-RR 2000, 1530; OLG München NJW-RR 2006, 1668 (1669); OLG Zweibrücken NJW-RR 2006, 1594 (1595).
365 OLG Zweibrücken NJW-RR 2006, 1594 (1595).
366 BGH Rpfleger 2011, 274.
367 BGH Rpfleger 2000, 500.

für denjenigen, der durch Verfügung von Todes wegen erbt und nicht zu den gesetzlichen Erben gehört. In diesen Fällen kann die Ausschlagung nicht wirksam auf einen Bruchteil der Erbschaft oder auf einzelne Nachlassgegenstände beschränkt werden; eine Teilausschlagung ist unwirksam (§ 1950).

Ein Erbteil in diesem Sinne ist auch der durch Erhöhung (§ 1935), Anwachsung (§§ 2094 f.) oder Zugewinnausgleich (§ 1371 I) vergrößerte Erbteil. Allerdings berührt die Ausschlagung den Anspruch auf Ausgleich des Zugewinns nicht (§ 1371 III).

2. Ist ein gesetzlicher Erbe durch Verfügung von Todes wegen als Erbe berufen, dann kann er die Erbschaft als eingesetzter Erbe ausschlagen und als gesetzlicher Erbe annehmen (§ 1948 I). Eine Teilausschlagung kommt auch hier nicht in Betracht.

Das Gesetz will dem Erben auf diese Weise einen Weg eröffnen, sich die uU günstigere gesetzliche Erbfolge zu sichern (zB die Ehefrau möchte den Voraus nach § 1932) oder sich Beschwerungen, die ihn ausschließlich als eingesetzten Erben treffen, zu entziehen. In der Regel bleiben diese Beschwerungen aber auch bei Ausschlagung und Eintritt gesetzlicher Erbfolge bestehen (§ 2085, vgl. auch §§ 2161, 2192 für Vermächtnis und Auflage). Deshalb ist die gesetzlich eingeräumte Möglichkeit nicht von großer praktischer Bedeutung (zu **Fall b**).

Schon nach dem Wortlaut greift § 1948 I nicht ein, wenn die gesetzliche Erbfolge des eingesetzten Erben (etwa durch Einsetzung eines Ersatzerben) ausgeschlossen ist.

> Im **Fall c** tritt durch Ausschlagung des S nicht gesetzliche Erbfolge ein. Vielmehr wird die Ersatzerbin T Alleinerbin des E.

Entsprechend § 1948 I sieht § 1948 II bei Berufung eines Erben durch Testament und Erbvertrag die Ausschlagung aus dem einen und die Annahme aus dem anderen Grunde vor. Das rechtspolitische Ziel ist auch hier die Begünstigung des Erben durch Einräumung einer Wahlmöglichkeit zwischen den verschiedenen Berufungsgründen.

Da die Ausschlagungserklärung sich im Zweifel auf alle dem Erben im Zeitpunkt der Erklärung bekannten Berufungsgründe erstreckt (§ 1949 II), muss die Beschränkung in den Fällen des § 1948 zum Ausdruck gebracht werden.

II. Mehrere Erbteile

Der Erwerb der verschiedenen Erbteile kann sich gleichzeitig oder in zeitlichem **307** Abstand (Erwerb *eines* Erbteils durch gewöhnlichen Erbgang, eines weiteren durch Nacherbschaft) vollziehen. Beim Erwerb mehrerer Erbteile ist zu unterscheiden:

1. Anfall aus demselben Berufungsgrunde

Beruht der Anfall der verschiedenen Erbteile auf demselben Grunde, gilt die Ausschlagung eines Erbteils für alle Erbteile, selbst wenn die anderen Erbteile erst später anfallen (§ 1951 II 1).

»Auf demselben Grunde« beruht nach § 1951 II 2 insbesondere die Berufung zu verschiedenen Erbteilen durch verschiedene Testamente oder durch verschiedene zwischen denselben Personen abgeschlossene Erbverträge. Erst recht muss man von einem einheitlichen Berufungsgrund sprechen, wenn nur eine Verfügung von Todes wegen den Anfall mehrerer Erbteile bewirkt.
Im Gegensatz zur Teilausschlagung bei einheitlicher Erbschaft ordnet das Gesetz in § 1951 II 1 also nicht die Unwirksamkeit der Teilausschlagung, sondern eine Ausdehnung der Wirksamkeit auf die von der Ausschlagungserklärung nach ihrem Inhalt nicht erfassten Teile der Erbschaft an. Das kann jedoch nur gelten, wenn die auf einen Erbteil bezogene Ausschlagungserklärung offen lässt, ob sie auch für die weiteren Erbteile gelten soll. Beschränkt der Erbe dagegen die Ausschlagungserklärung auf einen Erbteil und nimmt er die übrigen Erbteile erkennbar von der Ausschlagung aus, dann ist die Teilausschlagung entsprechend § 1950 S. 2 als unwirksam anzusehen.

Ausnahmsweise ist trotz Einheitlichkeit des Erwerbsgrundes Teilausschlagung möglich, wenn der Erblasser dieses durch Verfügung von Todes wegen angeordnet hat (§ 1951 III).

2. Anfall aus verschiedenen Berufungsgründen

Erfolgt der Anfall mehrerer Erbteile dagegen aus verschiedenen Gründen, dann darf der Erbe den einen Erbteil annehmen, den anderen ausschlagen (§ 1951 I).

Ein Erwerb mehrerer Erbteile aus verschiedenen Berufungsgründen liegt insbesondere in folgenden Fällen vor:
a) Ein Erbteil fällt kraft Gesetzes an, ein anderer aufgrund einer Verfügung von Todes wegen (Testament, Erbvertrag). Eine solche Situation kann nur eintreten, wenn der Erblasser durch Verfügung von Todes wegen lediglich über einen Teil seines Nachlasses verfügt hat (vgl. § 2088) und der eingesetzte Erbe gleichzeitig gesetzlicher Erbe ist.
b) Der Erblasser wendet dem Erben einen Erbteil durch Testament, einen anderen durch Erbvertrag zu.
c) Der Erbe erhält mehrere Erbteile aufgrund von Erbverträgen, die der Erblasser mit verschiedenen Personen geschlossen hat.
d) Eine Person ist mehrfacher gesetzlicher Erbe, sei es wegen mehrfacher Verwandtschaft (§ 1927), sei es als Ehegatte/Lebenspartner und gleichzeitig als Verwandter (§ 1934, § 10 I 6, 7 LPartG).

Wenn das Gesetz in diesen Fällen nicht nur auf die Zahl der Erbteile abstellt, sondern zusätzlich den Berufungsgrund berücksichtigt, so bedeutet das im Ergebnis eine Komplizierung der Regelung, die sich sachlich kaum rechtfertigen lässt.

D. Rechtsfolgen der Ausschlagung

I. Rechtsstellung des Ausschlagenden

308   Der Ausschlagende verliert rückwirkend die durch den Erbfall eingetretene vorläufige Rechtsstellung. Der Anfall der Erbschaft an ihn gilt als nicht erfolgt (§ 1953 I); das Gesetz fingiert damit, dass der Ausschlagende die Erbschaft nie erhalten hat.

(Zu den Rechtsfolgen der Verpflichtungen und Verfügungen, die der Ausschlagende vor der Ausschlagung in Ansehung des Nachlasses vorgenommen hat, → Rn. 316 f.)

II. Schicksal des Nachlasses

309   **1.** Für das weitere Schicksal des Nachlasses wird fingiert, dass der Ausschlagende beim Erbfall bereits verstorben war. Die Erbschaft fällt daher demjenigen an, der berufen gewesen wäre, wenn der Ausschlagende beim Erbfall nicht gelebt hätte (§ 1953 II).

a) An die Stelle des ausschlagenden (eingesetzten oder gesetzlichen) Alleinerben treten die Ersatzerben oder – wenn keine Ersatzerben vorhanden sind – die nach gesetzlicher Erbfolge nächstberufenen Erben.
b) Schlagen einige der *Miterben* die Erbschaft aus, dann findet bei gewillkürter Erbfolge Anwachsung statt (§ 2094). Bei gesetzlicher Erbfolge fällt der Erbteil zunächst an die erbberechtigten Abkömmlinge des Ausschlagenden; fehlen solche, dann erhöht sich der Anteil der übrigen Miterben der gleichen Ordnung entsprechend (§§ 1924 ff., 1935).

> Hat der Ausschlagende A im **Fall d** Abkömmlinge, erhalten diese seinen Anteil (§ 1924 III). Ist A dagegen kinderlos, fällt sein Anteil voll an B; dieser hätte nach § 1924 neben F auch dann zu ½ geerbt, wenn A beim Erbfall nicht gelebt hätte.

c) Wird eine *Nacherbschaft* ausgeschlagen, wird der Vorerbe zum Vollerben, sofern der Erblasser nichts anderes bestimmt (etwa einen Ersatznacherben eingesetzt) hat (§ 2142 II). Das Nacherbrecht erlischt also.

2. Der nach § 1953 II anstelle des Ausschlagenden eintretende Erbe ist – wie der Ausschlagende – zunächst nur *vorläufiger Erbe*. Auch er kann bis zur Annahme unter den gesetzlichen Voraussetzungen der §§ 1942 ff. die Erbschaft ausschlagen. Weil er von dem Anfall und dem Grunde der Berufung nicht vor der Ausschlagung Kenntnis erlangt haben kann (die Ausschlagung führt ja den Anfall – wenn auch mit Rückwirkung – erst herbei), beginnt für ihn die Ausschlagungsfrist frühestens mit der Ausschlagung (vgl. § 1944 II). Damit die Frist alsbald nach der Ausschlagung zu laufen anfängt, soll das Nachlassgericht dem neuen Erben die Ausschlagung mitteilen (§ 1953 III 1).

3. Bis der neue Erbe feststeht, muss das Nachlassgericht – soweit erforderlich – den Nachlass sichern und gegebenenfalls einen Nachlasspfleger bestellen (§§ 1960 ff.).

E. Annahme der Erbschaft

Da bereits mit dem Erbfall die Erbschaft an den Erben fällt, dieser aber das Recht hat, 310
sie auszuschlagen (§ 1942 I), entsteht zunächst ein Schwebezustand. Dieser wird durch die Annahme beseitigt; denn mit ihr wird der vorläufige Erbschaftserwerb ein endgültiger. Die Annahme bewirkt den Verlust des Ausschlagungsrechts für den Erben.

Die Annahme ist eine Willenserklärung;[368] sie hat den Inhalt, der Erklärende wolle endgültiger Erbe sein. Da sogar das Verstreichenlassen der Ausschlagungsfrist als Annahme gilt (§ 1943) und als Willenserklärung behandelt wird (vgl. § 1956), ist die Annahmeerklärung formlos gültig und nicht empfangsbedürftig. Demnach ist auch ein solches Verhalten des Erben, das auf dessen Willen, die Erbschaft zu behalten, schließen lässt (pro herede gestio), als Annahme zu werten. Das muss im Interesse der Klarheit selbst dann gelten, wenn der Erbe mit seiner Handlung die Erbschaft nicht annehmen will und nicht einmal mit der Möglichkeit rechnet, dass sein Verhalten als Annahme aufgefasst werden kann.

Nicht jede Besorgung erbschaftlicher Geschäfte ist als Annahme der Erbschaft anzusehen (vgl. § 1959). Bloße Fürsorgehandlungen (zB Verkauf und Veräußerung verderblicher Sachen, Antrag auf Nachlassverwaltung oder -insolvenzverfahren, sogar eine einstweilige Weiterführung eines Betriebes, eines Geschäfts) sind nicht als Annahme aufzufassen. Dagegen sind zB der Verkauf der Erbschaft, der Antrag auf Erteilung eines Erbscheines, erhebliche Veränderungen im Betrieb oder Geschäft Annahmehandlungen. Die Abgrenzung kann im Einzelfall schwierig sein.

Da die Annahme eine Willenserklärung ist, gelten auch die Vorschriften über die Geschäftsfähigkeit. Ein Minderjähriger kann nur mit Einwilligung seines gesetzlichen Vertreters annehmen, weil die Annahme wegen der Erbenhaftung (§§ 1967 ff.) nicht lediglich rechtlich vorteilhaft ist. Eine Genehmigung der Annahmeerklärung scheidet gem. § 111 S. 1 aus.

Wie die Ausschlagung kann die Annahme erst nach dem Erbfall (§ 1946) und nicht unter einer Bedingung oder Zeitbestimmung (§ 1947) erfolgen. Für den Umfang der Annahme gilt das bei der Ausschlagung Gesagte entsprechend.

---

368 **HM;** MüKoBGB/*Leipold* § 1943 Rn. 9 mN.

F. Willensmängel bei Annahme und Ausschlagung

I. Anfechtungsgründe

311 1. Das Gesetz enthält besondere Vorschriften über Form, Frist und Wirkung einer Anfechtung der Annahme und der Ausschlagung (§§ 1954 ff.); spezielle Anfechtungsgründe kennt es dagegen nicht. Daraus ist zu schließen, dass hier – anders als bei der Anfechtung einer Verfügung von Todes wegen – die *Anfechtungsgründe des Allg. Teils (§§ 119 ff.)*[369] gelten sollen.[370] Demnach kann der Erbe die Annahme oder Ausschlagung wegen widerrechtlicher Drohung und arglistiger Täuschung (§ 123) sowie wegen Irrtums (§ 119) anfechten.

> **Beispiel** für einen Inhaltsirrtum: Ein als Alleinerbe eingesetzter Pflichtteilsberechtigter ist mit einem Vermächtnis beschwert. Statt der belasteten Erbschaft möchte er lieber den Pflichtteil in Anspruch nehmen. In Unkenntnis des § 2306 I (→ Rn. 557) glaubt er, er dürfe nicht ausschlagen, um seinen Pflichtteil nicht zu verlieren. Deshalb erklärt er die Annahme. Darin liegt ein beachtlicher Rechtsfolgenirrtum,[371] der zur Anfechtung der Annahme berechtigt.[372]

Große praktische Bedeutung hat die Frage, ob die Überschuldung des Nachlasses eine verkehrswesentliche Eigenschaft im Sinne von § 119 II ist. Die überwiegende Meinung nimmt dies an und lässt die Anfechtung zu.[373]

Der Erbe kann also die Versäumung der Ausschlagungsfrist anfechten (§ 1956), wenn er die Überschuldung des Nachlasses nicht gekannt hat. Dabei ist es gleichgültig, ob er irrtümlich wesentliche Aktiva als vorhanden oder wesentliche Passiva als nicht vorhanden annahm. Der Irrtum muss aber ursächlich für das Verstreichenlassen der Ausschlagungsfrist gewesen sein. Machte der Erbe sich keine Gedanken, kann er auch nicht anfechten.

Umgekehrt kann die Ausschlagung nach § 119 II angefochten werden, wenn der Erbe aufgrund falscher Vorstellungen von der Zusammensetzung des Nachlasses irrtümlich von dessen Überschuldung ausgegangen ist.[374]

2. Einen besonderen Anfechtungsgrund wegen eines *Irrtums im Motiv* enthält § 2308. Hat ein pflichtteilsberechtigter Erbe die Erbschaft wegen einer Beschränkung oder Beschwerung (§ 2306) ausgeschlagen, so kann er die Ausschlagung anfechten, wenn die Beschränkung oder Beschwerung zur Zeit der Ausschlagung weggefallen und ihm der Wegfall nicht bekannt war.

3. Eine Anfechtung der Annahme ist ausgeschlossen, wenn der Erbe sich *über den Berufungsgrund irrte*. Vielmehr gilt nach § 1949 I die Annahme als nicht erfolgt.

> **Beispiel:** A meint, er sei als gesetzlicher Erbe des E berufen; in Wirklichkeit ist er durch Testament, das er nicht kennt, als Erbe eingesetzt. Nimmt er als vermeintlicher gesetzlicher Erbe an, ist diese Annahme wirkungslos.

Der Irrtum über den Berufungsgrund bewirkt also abweichend von den §§ 119 ff. nicht lediglich Anfechtbarkeit, sondern Unwirksamkeit der Erklärung.

---

369 *Brox/Walker* BGB AT Rn. 411 ff.
370 BGH NJW 2006, 3353 (3355).
371 *Brox/Walker* BGB AT Rn. 423.
372 BGH NJW 2006, 3353.
373 Vgl. Palandt/*Weidlich* § 1954 Rn. 6; Staudinger/*Otte* (2000) § 1954 Rn. 11; BGHZ 106, 359 (363); OLG Düsseldorf NJW-RR 2009, 12 (13); OLG Hamm NJW-RR 2009, 1664.
374 OLG Düsseldorf NJW-RR 2009, 12 (13), im entschiedenen Fall aber Anfechtungsgrund verneint.

Das gilt – obwohl das Gesetz es nicht ausdrücklich sagt – nach zutreffender allgemeiner Meinung auch für die *Ausschlagung*.[375] Nach § 1949 II erstreckt sich die Ausschlagung nur auf die dem Erben zur Zeit der Erklärung bekannten Berufungsgründe; deshalb entfaltet die Ausschlagungserklärung keine Rechtswirkungen, wenn der Erbe in Wirklichkeit aus einem anderen, ihm nicht bekannten Grunde berufen ist.

Praktische Bedeutung hat die Bestimmung allerdings nur, wenn der Erbe nicht von vornherein eine auf einen bestimmten Berufungsgrund beschränkte Erklärung abgibt.

Beispiel: A erklärt im obigen Fall, er schlage die *gesetzliche* Erbschaft aus oder nehme sie an.

Diese Erklärung besagt ohnehin nichts über Annahme oder Ausschlagung der auf dem Testament beruhenden Erbschaft; deshalb ist § 1949 II nicht anwendbar. Die Vorschrift betrifft also lediglich Fälle, in denen Annahme oder Ausschlagung ohne ausdrückliche oder schlüssige Bezogenheit auf bestimmte Berufungsgründe erklärt wird.

§ 1949 ist als Überbleibsel aus dem gemeinen Recht ein Fremdkörper in der gesetzlichen Regelung. Er sollte gestrichen werden. Es bliebe dann eine Anfechtung wegen Inhaltsirrtums.

4. Die *Anfechtungserklärung* ist als rechtsgestaltende Willenserklärung ihrerseits grundsätzlich *anfechtbar*, falls insoweit ein Anfechtungsgrund vorliegt.[376] Auch diese Anfechtungserklärung unterliegt den Formerfordernissen der analog anzuwendenden §§ 1955, 1945; denn ihr kommen weitreichende rechtliche Konsequenzen im Hinblick auf die Annahme oder Ausschlagung zu, und insoweit besteht ein Interesse an Rechtsklarheit, zu der auch die Einhaltung der Form beiträgt.[377]

II. Anfechtungserklärung

Während die §§ 1954 ff. die in §§ 119 ff. umschriebenen Anfechtungs*gründe* unberührt lassen, enthalten sie teilweise abweichende Bestimmungen für das Anfechtungsverfahren. Dieses ist in seinen Besonderheiten weitgehend dem Ausschlagungsverfahren nachgebildet.   312

1. Die Anfechtungserklärung bedarf der gleichen *Form* wie die Ausschlagung (§§ 1955 S. 2; 1945 I), muss also zur Niederschrift des Nachlassgerichts erfolgen oder öffentlich beglaubigt sein. Im Falle der Stellvertretung ist die *Vollmacht* wie bei der Ausschlagung nachzuweisen (§§ 1955 S. 2; 1945 III). Da die Anfechtung der Annahme als Ausschlagung gilt (§ 1957 I), ist bei ihr die für die Ausschlagung erforderliche *familiengerichtliche Genehmigung* beizubringen.

2. Die Anfechtungserklärung ist *gegenüber dem Nachlassgericht abzugeben* (§ 1955 S. 1); durch diese Regelung ist § 143 III, IV ausgeschaltet.

3. Die *Anfechtungsfrist* beträgt in der Regel sechs Wochen (vgl. § 1954 I). Sie beginnt bei Anfechtbarkeit wegen Drohung mit dem Wegfall der Zwangslage, im Übrigen (arglistige Täuschung, Irrtum) mit der Kenntnis des Anfechtungsgrundes (§ 1954 II 1). Die Anfechtung ist ausgeschlossen, wenn seit Ausschlagung oder Annahme 30 Jahre verstrichen sind (§ 1954 IV).

---

375 Vgl. *Lange/Kuchinke* ErbR § 8 VII 1e.
376 BayObLGZ 1980, 188; OLG Hamm NJW-RR 2009, 1664 (1666); MüKoBGB/*Leipold* § 1955 Rn. 4.
377 OLG Hamm NJW-RR 2009, 1664 (1666).

III. Wirkung der Anfechtung

313 1. Auch die Folgen der Anfechtung sind abweichend von § 142 I geregelt: Die Anfechtung der Ausschlagung gilt als Annahme; die Anfechtung der Annahme gilt als Ausschlagung (§ *1957 I*).

Das Gesetz stellt also sogleich die der angefochtenen Erklärung entgegengesetzte Gestaltung an deren Stelle. Das wird in der Regel auch dem Willen des Anfechtenden entsprechen und dient im Übrigen im Interesse der Rechtssicherheit einer schnellen Klärung der Rechtslage.

2. Da die §§ 1954 ff. nichts Abweichendes bestimmen, ist § *122* mit der Verpflichtung des Anfechtenden zum Ersatz des negativen Interesses anwendbar. Anspruchsberechtigt sind solche Dritte, die auf die Gültigkeit der Ausschlagung vertraut und deshalb einen Schaden erlitten haben.[378]

IV. Anfechtung der Versäumung der Ausschlagungsfrist

314 Die nach § 1943 als Annahme geltende Versäumung der Ausschlagungsfrist ist zwar kein Rechtsgeschäft, aber vom Gesetz mit den Rechtsfolgen eines Rechtsgeschäfts ausgestattet worden. Die Gleichstellung mit der Annahme in den Rechtsfolgen erfordert für den Erben einen gleichwertigen Schutz im Falle von Willensmängeln. Deshalb kann der Erbe die als Annahme geltende Versäumung der Ausschlagungsfrist in gleicher Weise wie die Annahme selbst anfechten (§ 1956).

> **Häufigster Fall:** Der Erbe lässt ohne Annahmewillen die Ausschlagungsfrist verstreichen, weil er diese nicht kennt oder weil er sie für länger hält oder weil er die Bedeutung der Fristversäumung nicht kennt. Er kann gem. § 119 I anfechten. Es kommt nicht auf ein bewusstes Verstreichenlassen der Frist an; es genügt auch ein unbewusstes Versäumen der Frist.[379]

Die Ausschlagung der Erbschaft (§§ 1942 ff.)

    I. Begriff: Willenserklärung des Erben, dass er die Erbschaft nicht haben will.

  II. Ausschlagungsberechtigt: jeder Erbe, § 1942 I (außer Fiskus, § 1942 II)

 III. Ausschlagungserklärung (einseitige, empfangsbedürftige WE)
    1. Adressat: Nachlassgericht (§ 1945 I, 1. Hs.)
    2. Form: zur Niederschrift des Nachlassgerichts oder öffentliche Beglaubigung (§ 1945 I, 2. Hs.)
    3. Zeitpunkt:
        a) erst nach Eintritt des Erbfalls (§ 1946)
        b) bis 6 Wochen nach Kenntnis des Erben von Anfall und Grund der Berufung (§ 1944 I, II; Ausnahme Abs. 3)
    4. Stellvertretung unter bestimmten Voraussetzungen möglich (§§ 1945 III, 1643 II, 1822 Nr. 2, 1908i I, 1915)
    5. bedingungsfeindlich (§ 1947)

 IV. Umfang der Ausschlagung
    1. Grundsatz: nur Erbschaft insgesamt (§ 1950)
    2. Ausnahmen:
        a) Beschränkung auf einen von mehreren (gesetzlichen, testamentarischen) Berufungsgründen (§ 1948)

---

378 **Kritisch** zu dieser Regelung MüKoBGB/*Leipold* § 1957 Rn. 4.
379 RGZ 143, 419; Palandt/*Weidlich* § 1956 Rn. 1 f.

b) Beschränkung auf einen von mehreren Erbteilen, die aus verschiedenen Gründen angefallen sind, oder bei Gestattung durch Verfügung von Todes wegen (§ 1951 I, III)

V. Rechtsfolgen der Ausschlagung

1. Anfall der Erbschaft an den Ausschlagenden gilt als nicht erfolgt (§ 1953 I)
2. Anfall der Erbschaft ex tunc an denjenigen, der geerbt hätte, wenn der Ausschlagende zur Zeit des Erbfalls nicht gelebt hätte (§ 1953 II)

VI. Anfechtung der Ausschlagung

1. Anfechtungsgründe: §§ 119, 123, 2308 (Sonderfall eines Motivirrtums: Ausschlagung eines Pflichtteilsberechtigten wegen einer in Wirklichkeit schon weggefallenen Beschränkung)
2. Anfechtungserklärung:
   a) Adressat: Nachlassgericht (§ 1955 S. 1)
   b) Form: zur Niederschrift des Nachlassgerichts oder öffentliche Beglaubigung (§§ 1955 S. 2, 1945 I)
3. Anfechtungsfrist: 6 Wochen seit Kenntnis des Anfechtungsgrundes bzw. (bei Drohung) seit Wegfall der Zwangslage (§ 1954 I, II)
4. Ausschluss der Anfechtung: 30 Jahre nach der Ausschlagung (§ 1954 IV)
5. Wirkung der Anfechtung:
   a) Anfechtung der Ausschlagung gilt als Annahme der Erbschaft (§ 1957 I)
   b) Ersatz des Vertrauensschadens (§ 122), der Dritten durch Vertrauen auf die Ausschlagung der Erbschaft entstanden ist.

G. Rechtsstellung des vorläufigen Erben

Der Erbe ist bis zur Annahme oder Ausschlagung der Erbschaft vorläufiger Erbe. Als **315** solcher ist er regelmäßig nicht verpflichtet, für den Nachlass tatsächliche Handlungen oder Rechtsgeschäfte vorzunehmen und Prozesse zu führen. Macht er Rechte aus dem Nachlass prozessual geltend, so ist darin eine Annahme der Erbschaft zu erblicken, sofern es sich nicht um eine unaufschiebbare Angelegenheit handelt.

I. Gerichtliche Verfahren

Solange der Erbe nur vorläufiger Erbe ist, muss er vor gerichtlichen Verfahren gegen sich als Erben möglichst verschont bleiben. Insbesondere ist während der Schwebezeit auch sein Eigenvermögen (im Gegensatz zum Sondervermögen des Nachlasses) vor dem Zugriff der Nachlassgläubiger zu schützen. Andererseits müssen auch der endgültige Erbe und die Nachlassgläubiger davor bewahrt werden, dass persönliche Gläubiger des vorläufigen Erben sich aus dem Nachlass befriedigen; denn dadurch würden im Falle der Ausschlagung durch den vorläufigen Erben der endgültige Erbe und die Nachlassgläubiger wegen Schmälerung des Nachlasses benachteiligt.

Im Einzelnen kommen folgende Fälle in Betracht:

1. Bei der *Zwangsvollstreckung durch einen Nachlassgläubiger*[380] ist zu unterscheiden:

---

380 Vgl. *Brox/Walker* ZVR Rn. 37, 118, 196.

a) Hat eine Zwangsvollstreckung gegen den Erblasser bereits zu dessen Lebzeiten begonnen, so wird sie in den Nachlass fortgesetzt (§ *779 I ZPO*). Es bedarf keiner Umschreibung der Vollstreckungsklausel gegen den Erben. Die Vollstreckung ist aber, solange der Erbe die Erbschaft nicht angenommen hat, nur in den Nachlass zulässig (§ *778 I ZPO*).

Wird ins persönliche Vermögen des Erben vollstreckt, steht diesem die Erinnerung gegen die Art und Weise der Zwangsvollstreckung (§ 766 ZPO)[381]und (wahlweise) die Drittwiderspruchsklage (§ 771 ZPO)[382]gegen den pfändenden Gläubiger zu. Da durch eine solche Zwangsvollstreckung auch die persönlichen Gläubiger des Erben beschwert werden, können auch sie sich dagegen mit der Erinnerung wehren; die Drittwiderspruchsklage haben sie nur, wenn ihnen ausnahmsweise ein die Vollstreckung hinderndes Recht (zB Eigentum) an dem Gegenstand zusteht.

b) Liegt ein Vollstreckungstitel gegen den Erblasser vor und hat die Zwangsvollstreckung zu dessen Lebzeiten noch nicht begonnen, so muss die Vollstreckungsklausel gegen den Erben umgeschrieben werden (§ *727 ZPO*). Das ist aber während des Schwebezustandes bis zur Annahme der Erbschaft wegen § 1958 nicht zulässig.

Wird die Klausel dennoch erteilt, kann der vorläufige Erbe dagegen gem. § 732 ZPO (Einwendungen gegen die Zulässigkeit der Vollstreckungsklausel)[383]oder gem. § 768 ZPO (Vollstreckungsklauselgegenklage)[384]vorgehen. Wird ohne Klausel gegen den Erben vollstreckt, liegen die Voraussetzungen der Zwangsvollstreckung nicht vor; deshalb kann er Erinnerung gem. § 766 ZPO einlegen.
Will der Gläubiger vor Annahme der Erbschaft in den Nachlass vollstrecken, muss er vorher die Bestellung eines Nachlasspflegers bewirken (§ 1961; § 778 I ZPO).

2. Eine *Zwangsvollstreckung der persönlichen Gläubiger* des vorläufigen Erben *in den Nachlass* ist im Interesse des endgültigen Erben und der Nachlassgläubiger vor Annahme der Erbschaft nicht zulässig (§ 778 II ZPO).[385]

Bei Verstoß gegen diese Vorschrift kann der Erbe nach den §§ 766 oder 771 ZPO vorgehen. Nachlassgläubiger und gegebenenfalls Nachlasspfleger, Nachlassverwalter, Testamentsvollstrecker (soweit sein Verwaltungsrecht reicht) haben die Erinnerung (§ 766 ZPO).

3. *Stirbt der Erblasser während des Rechtsstreits* und war er nicht durch einen Prozessbevollmächtigten vertreten, wird das Verfahren bis zur Aufnahme durch den Rechtsnachfolger unterbrochen (§ 239 I ZPO). Handelt es sich bei dem Rechtsnachfolger um eine Erbengemeinschaft, kann die Aufnahme durch einen einzelnen Miterben erfolgen, der gem. § 2039 zur Geltendmachung des Klageanspruchs berechtigt ist.[386] Vor der Annahme der Erbschaft ist der Erbe zur Fortsetzung des Rechtsstreits nicht verpflichtet (§ 239 V ZPO).

Auf diese Schutzvorschrift zu Gunsten des vorläufigen Erben kann dieser aber verzichten, was sich schon aus dem Wortlaut (»ist nicht verpflichtet«) ergibt. Der Erbe kann also auch schon während des Schwebezustandes den Rechtsstreit aufnehmen. Im Einzelfall liegt darin möglicherweise bereits eine Annahme der Erbschaft.

War der Erblasser durch einen Prozessbevollmächtigten vertreten, so unterbricht der Tod des Erblassers den Rechtsstreit nicht; das Gericht hat jedoch auf Antrag des Prozessbevollmächtigten oder des Prozessgegners die Aussetzung des Verfahrens

---

381 *Brox/Walker* ZVR Rn. 1160 ff.
382 *Brox/Walker* ZVR Rn. 1396 ff.
383 *Brox/Walker* ZVR Rn. 136 ff.
384 *Brox/Walker* ZVR Rn. 141 ff.
385 *Brox/Walker* ZVR Rn. 196.
386 BGH NJW-RR 2012, 8.

anzuordnen (§ 246 I ZPO). Diese dauert bis zur Annahme der Erbschaft (§§ 246 II, 239 V ZPO); der Erbe kann aber schon vorher die Aufnahme betreiben.

4. *Soll der Rechtsstreit erst nach dem Tode des Erblassers anhängig gemacht werden,* so ist § 1958 zu beachten: Vor der Annahme kann ein Anspruch, der sich gegen den Nachlass richtet, nicht gegen den Erben gerichtlich geltend gemacht werden.

Streitig ist, ob die Annahme der Erbschaft Prozessvoraussetzung ist oder ob dem Erben vor der Annahme die Passivlegitimation fehlt.
Handelt es sich um eine Prozessvoraussetzung, so ist die Annahme der Erbschaft von Amts wegen auch dann zu prüfen, wenn der Kläger die Annahme der Erbschaft durch den Beklagten unbestritten vorträgt. Kommt das Gericht zu dem Ergebnis, dass der Erbe noch nicht angenommen hat, ist die Klage mangels Vorliegens einer Prozessvoraussetzung als unzulässig abzuweisen.
Geht es dagegen um die Frage der Passivlegitimation, so ist der vorläufige Erbe nicht der richtige Beklagte, weil er nicht Träger der geltend gemachten Verbindlichkeiten ist. Dann gehört die Behauptung, der Erbe habe angenommen, zur Schlüssigkeit der Klage. Wird die Tatsache vom Beklagten nicht bestritten, gilt sie als zugestanden. Das Gericht hat nicht von Amts wegen zu ermitteln. Kann der Kläger bei Bestreiten des Beklagten die Annahme der Erbschaft nicht beweisen, ist die Klage als unbegründet abzuweisen.
Die Frage wird deshalb kaum praktisch bedeutsam, weil selten innerhalb der Ausschlagungsfrist geklagt wird und noch seltener innerhalb dieser Frist ein Urteil ergeht. Da die Bestimmung lediglich den Schutz des vorläufigen Erben bezweckt, kann dieser nach hier vertretener Ansicht wirksam auf diesen Schutz verzichten, so dass kein Grund für eine Prüfung von Amts wegen vorliegt.[387]

Will der Gläubiger schon vor der Annahme des Erben klagen, kann er beim Nachlassgericht die Bestellung eines Nachlasspflegers beantragen (§ 1961), gegen den dann die Klage zu richten ist (vgl. § 1960 III).

II. Verpflichtungsgeschäfte

1. Aus schuldrechtlichen Geschäften, die der Erbe bis zur Ausschlagung vorgenommen hat, bleibt er mit seinem Eigenvermögen verpflichtet. Das gilt nur dann nicht, wenn er eine Haftungsbeschränkung auf den Nachlass vereinbart hat; eine solche Haftungsbeschränkung ist anzunehmen, sofern er für den Vertragspartner erkennbar das Geschäft allein mit Wirkung für den Nachlass abgeschlossen hat. **316**

Im Innenverhältnis zum endgültigen Erben hat er die Stellung eines Geschäftsführers ohne Auftrag (§ 1959 I). Unter den Voraussetzungen der §§ 683, 670 steht ihm also gegen den endgültigen Erben ein Anspruch auf Ersatz der von ihm für die Geschäftsführung zu Gunsten des Nachlasses gemachten Aufwendungen zu.

2. Nimmt der Erbe die Erbschaft später an, sind die in der Schwebezeit von ihm getätigten Geschäfte seine eigenen, so dass keine besonderen Probleme entstehen.

III. Verfügungsgeschäfte

1. Verfügt der vorläufige Erbe über einen Nachlassgegenstand und kann darin eine Annahme der Erbschaft erblickt werden, dann hat der Erwerber vom Berechtigten erworben. **317**

---

387 **Anders hM;** vgl. *Lange* ErbR Kap. 11 Rn. 8; MüKoBGB/*Leipold* § 1958 Rn. 1, 10 f.; *Muscheler* ErbR II Rn. 3073.

2. Verfügungen des vorläufigen Erben während der Schwebezeit sind auch dann unproblematisch, wenn der vorläufige Erbe die Erbschaft auf andere Weise annimmt; denn er war und ist Berechtigter.

3. Schlägt der vorläufige Erbe später aus, dann sind seine vorherigen Verfügungen über Nachlassgegenstände wirksam, wenn sie nicht ohne Nachteil für den Nachlass aufgeschoben werden konnten (§ 1959 II).

Bei solchen dringlichen Verfügungen (zB Veräußerungen verderblicher Sachen) erwirbt der Erwerber vom Berechtigten. Die Verfügung ist und bleibt gegenüber dem endgültigen Erben und auch gegenüber allen anderen wirksam.

Zu nicht dringlichen Verfügungen ist der vorläufige Erbe nicht befugt. Der Erwerber erwirbt nur dann, wenn der endgültige Erbe als Berechtigter die Verfügung genehmigt (§ 185 II) oder die Voraussetzungen des gutgläubigen Erwerbs vom Nichtberechtigten vorliegen. Ein gutgläubiger Erwerb scheitert nicht an §§ 935, 857, da die Sache dem endgültigen Erben nicht abhanden gekommen ist (→ Rn. 287).

IV. Einseitige Rechtsgeschäfte gegenüber dem vorläufigen Erben

318   Für den Dritten, der zB anfechten, kündigen, zurücktreten will, besteht ein Bedürfnis, dass er seine Erklärung schon in der Zeit vor der Annahme der Erbschaft abgeben kann. Als Erklärungsempfänger kommt nur der vorläufige Erbe in Betracht. Die ihm gegenüber abgegebene Erklärung ist auch nach der Ausschlagung wirksam (§ 1959 III). Das gilt selbst dann, wenn keine Dringlichkeit vorliegt und der Erklärende weiß, dass der Erklärungsempfänger nur vorläufiger Erbe ist.

Das Gesagte gilt ebenfalls für eine Mahnung gegenüber dem vorläufigen Erben. Jedoch führt sie während der Schwebezeit noch keinen Schuldnerverzug herbei; denn bis zur Annahme ist der Erbe zur Leistung nicht verpflichtet.
Auch eine Aufrechnung gegenüber dem vorläufigen Erben mit einer Forderung gegen den Nachlass ist möglich. Jedoch führt sie dann nicht zum Erlöschen der Forderungen, wenn es sich bei der Gegenforderung um eine persönliche (nicht zum Nachlass gehörende) Forderung des vorläufigen Erben handelt und dieser die Erbschaft ausschlägt; denn dann fehlt es an der Gegenseitigkeit (§ 387).
Die Erfüllung einer Nachlassforderung fällt zwar unter § 1959 III, aber auch unter § 1959 II, da die Einziehung der Forderung eine Verfügung des vorläufigen Erben über die Forderung darstellt. Deshalb kommt es hier für die Wirksamkeit auf die Dringlichkeit an.[388] Der Schuldner ist hier auch nicht schutzwürdig; notfalls kann er hinterlegen.

H. Zusammenfassung

319   Dem Erben steht das vererbliche Recht zu, die Erbschaft auszuschlagen. Das Recht wird durch eine öffentlich beglaubigte Erklärung gegenüber dem Nachlassgericht ausgeübt. Diese kann grundsätzlich nur binnen sechs Wochen nach Kenntnis des Erben vom Anfall und dem Grund der Berufung erfolgen. Sie bewirkt, dass der Anfall der Erbschaft an den Ausschlagenden als nicht erfolgt gilt.

Zulässig ist die Beschränkung der Ausschlagung auf einen von mehreren Berufungsgründen sowie auf einen von mehreren Erbteilen, wenn diese auf verschiedenen Berufungsgründen beruhen.

---

388 **HM;** Erman/*Schlüter* § 1959 Rn. 4; **aA** *Kipp/Coing* ErbR § 90 III 3c.

Annahme ist die formlose, nicht empfangsbedürftige Willenserklärung, endgültig Erbe sein zu wollen. Durch sie verliert der Erbe sein Ausschlagungsrecht.

Bis zur Annahme der Erbschaft ist der Erbe vor Prozessen der Nachlassgläubiger geschützt.

Während der Schwebezeit ist der vorläufige Erbe nicht verpflichtet, aber berechtigt, erbschaftliche Geschäfte zu besorgen. Aus Verpflichtungsgeschäften ist er mit seinem Eigenvermögen verpflichtet, es sei denn, dass die Haftung vereinbarungsgemäß auf den Nachlass beschränkt sein sollte. Gegenüber dem endgültigen Erben hat er die Stellung eines Geschäftsführers ohne Auftrag.

Verfügungsgeschäfte kann der vorläufige Erbe nur in dringlichen Fällen vornehmen.

Einseitige, empfangsbedürftige Willenserklärungen können gegenüber dem vorläufigen Erben abgegeben werden und sind dem endgültigen Erben gegenüber wirksam.

3. Abschnitt. Die Anordnungen des Erblassers

1. Kapitel. Erbeinsetzung

§ 23 Die Bestimmung des Erben

Literatur: *Staats,* Anwachsung oder Erhöhung bei Wegfall eines »gesetzlichen« Erben?, ZEV 2002, 11.

320

Fälle:

a) In einem Testament heißt es: »Mein Sohn S. soll mein Grundstück, Grundbuch von Münster, Bd. 10, Bl. 12 haben.« Ist S Erbe seines Vaters? (→ Rn. 321)

b) E hat A zu ½, B zu ¼ und C zu $\frac{1}{6}$ als Erben eingesetzt. Der Neffe des E meint, der Rest stehe ihm als gesetzlichem Erben zu. Die eingesetzten Erben beanspruchen auch den Rest für sich. (→ Rn. 325)

c) E hat seine Frau F zu ½, seine Kinder A und B zu je ¼ als Erben eingesetzt. B stirbt vor dem E und hinterlässt zwei Kinder. Diese streiten sich mit F und A darüber, wem der Erbteil des B zusteht. (→ Rn. 332, → Rn. 333)

d) Wenn es im Fall c zur Anwachsung kommt, möchte F den ihr anwachsenden Teil ausschlagen, weil dieser mit einem Vermächtnis beschwert ist. (→ Rn. 333)

A. Begriff der Erbeinsetzung

Erbeinsetzung ist die Bestimmung einer Person oder mehrerer Personen zum *Gesamtrechtsnachfolger* des Erblassers (vgl. § 1922 I).

Die Feststellung, ob jemand als Erbe und nicht etwa nur als Vermächtnisnehmer eingesetzt wurde, ist deshalb wichtig, weil lediglich auf den Erben das Vermögen des Erblassers bei dessen Tode im Wege der Universalsukzession übergeht (§ 1922). Nur dem Erben ist ein Erbschein zu erteilen (§ 2353). Allein der Erbe haftet für die Nachlassverbindlichkeiten (§ 1967).

Im Einzelfall kann diese Feststellung schwierig sein, weil der Erblasser bei einer Erbeinsetzung keinen bestimmten Wortlaut gebrauchen muss. Entscheidend ist der durch Auslegung zu ermittelnde Wille des Erblassers. Ergibt die Auslegung, dass der Erblasser eine im Testament genannte Person als Gesamtrechtsnachfolger gewollt hat, ist diese sein Erbe, auch wenn der Wortlaut des Testaments dafür nichts hergibt oder sogar entgegensteht (zB »Ich vermache ...«).

Will der Erblasser eine Gesamtrechtsnachfolge, liegt Erbeinsetzung vor. Will er dagegen nur eine Einzelzuwendung, ist der Bedachte Vermächtnisnehmer. Dieser wird mit dem Erbfall nicht Eigentümer des vermachten Gegenstandes, sondern erhält nur einen schuldrechtlichen Anspruch gegen den Erben auf Übertragung des Gegenstandes. Diese theoretisch einfache Unterscheidung ist in der Praxis nicht immer so leicht zu treffen.

321

Da die Begriffe »vererben«, »erben«, »vermachen« oft ohne Unterschied gebraucht werden, kann aus ihnen in aller Regel wenig für die Auslegung hergeleitet werden.

Nach § 2087 II ist im Zweifel *keine Erbeinsetzung* anzunehmen, wenn dem Bedachten nur *einzelne Gegenstände zugewendet* sind. Diese Auslegungsregel greift nicht ein, wenn ein anderer Wille des Erblassers festgestellt werden kann.[1]

> Ist zB **(Fall a)** dem Sohn des Erblassers ein bestimmtes Grundstück zugewandt, so ist davon auszugehen (vgl. § 2087 II), dass es sich um ein Vermächtnis handelt. Stellte aber dieses Grundstück bei Testamentserrichtung den einzigen Vermögensgegenstand des Erblassers dar, ist eine Einsetzung des S als Alleinerbe gewollt. Hatte der Erblasser außer dem genannten noch ein anderes, gleichwertiges Grundstück und machten beide das Vermögen des Erblassers aus, soll nach dem Willen des Erblassers der Sohn wohl Erbe zu ½ sein; gleichzeitig ist die Zuwendung des einen Grundstücks als Teilungsanordnung (§ 2048) anzusehen, so dass bei der Auseinandersetzung der Miterben S das genannte Grundstück bekommen soll.
>
> Das Beispiel zeigt, dass bei der Auslegung nicht die einzelne Testamentsbestimmung isoliert betrachtet werden darf. Zu berücksichtigen sind vielmehr alle Umstände, gleichgültig, ob sie in der Urkunde angedeutet sind oder nicht[2] (→ Rn. 200).

322 Die Zuwendung eines einzelnen Gegenstandes spricht also nicht zwingend gegen eine Erbeinsetzung. Es kann sich um eine Erbeinsetzung mit *Teilungsanordnung* (§ 2048; → Rn. 523) handeln: Der Bedachte ist dann einer der Miterben; er hat bei der Erbteilung einen schuldrechtlichen Anspruch auf den Gegenstand, dessen Wert er sich auf seinen Erbteil anrechnen lassen muss.

323 Schließlich kann mit der Zuwendung eines Gegenstandes auch ein *Vorausvermächtnis* (§ 2150) gewollt sein: Der Bedachte ist Miterbe und außerdem hinsichtlich des Gegenstandes Vermächtnisnehmer. Im Unterschied zur Teilungsanordnung erhält er den Gegenstand *neben* seinem Erbteil (→ Rn. 525).

Gem. § 2087 I ist die Verfügung als *Erbeinsetzung* anzusehen, wenn der Erblasser sein *Vermögen* oder einen *Bruchteil seines Vermögens* dem Bedachten zugewendet hat. Auch hierbei handelt es sich nicht um eine zwingende Vorschrift. Sie ist zB nicht anwendbar, wenn ein Quotenvermächtnis (→ Rn. 425) vorliegt. Das ist dann der Fall, wenn der Bedachte einen Bruchteil des Nachlasses haben soll, aber nicht als Erbe, sondern nur als Anspruch gegen den Erben.

> **Beispiel:** Wird im Testament ein bestimmter Bruchteil des Vermögens genannt, der dem Bedachten ausgezahlt werden soll, so kann es sich um das Vermächtnis einer Geldsumme handeln.

B. Erbeinsetzung nach Bruchteilen sowie unter einer Bedingung oder Befristung

I. Erbeinsetzung nach Bruchteilen

324 Der Erblasser kann bestimmen, dass *eine* Person allein sein Gesamtrechtsnachfolger sein soll (Alleinerbe). Besonders häufig ist es, dass *mehrere* Personen Erben sein sollen. Dann entsteht beim Erbfall eine Miterbengemeinschaft. Meist bestimmt der Erblasser ausdrücklich die Bruchteile, zu denen die Miterben eingesetzt sein sollen. Das ist auch konkludent möglich. So kann die Auslegung der Verfügung von Todes wegen ergeben, dass der Erblasser mit seinen Wertangaben bei einzelnen Nachlass-

---

1 Vgl. BGH FamRZ 1972, 561; BayObLG FamRZ 1995, 835; OLG Köln DNotZ 1993, 133.
2 OLG Brandenburg NJW-RR 2009, 14 (15).

gegenständen, die bestimmten Miterben zukommen sollen, die Bruchteile festsetzen will (→ Rn. 525).

Werden mehrere Personen nach Bruchteilen eingesetzt, so können Schwierigkeiten dadurch entstehen, dass der Erblasser die Bruchteile nicht oder nicht richtig angegeben hat. Das Gesetz will das Testament möglichst aufrechterhalten und dabei dem Willen des Erblassers Rechnung tragen. Dem dienen folgende Auslegungsregeln:

1. Erschöpfen die vom Erblasser bestimmten Bruchteile nicht das Ganze, so sind **325** zwei Auslegungen möglich:

a) Der Erblasser wollte nur über einen *Bruchteil* des Nachlasses letztwillig verfügen. Hier tritt in Ansehung des Restes die gesetzliche Erbfolge ein (§ 2088; Nebeneinander von gewillkürter und gesetzlicher Erbfolge; → Rn. 45).

b) Der Erblasser wollte über den *ganzen* Nachlass verfügen, er hat sich aber zB verrechnet und deshalb nicht über das Ganze verfügt. Dann tritt eine verhältnismäßige Erhöhung der Bruchteile ein (§ 2089).

> Im **Fall b** hat der Erblasser nur über 6/12 + 3/12 + 2/12 = 11/12 verfügt. Durch Auslegung ist zu ermitteln, ob der Erblasser nur über diese 11/12, also nicht über das Ganze, verfügen wollte. Ist das der Fall, tritt wegen des Restes von 1/12 die gesetzliche Erbfolge ein. Insoweit erbt also der Neffe. Ergibt jedoch die Auslegung, dass der Erblasser sich verrechnet hat, also die eingesetzten Personen A, B und C seine Erben sein sollen, werden die Bruchteile verhältnismäßig erhöht, also im Verhältnis 6:3:2, so dass A zu 6/11, B zu 3/11 und C zu 2/11 erben. Wer behauptet, der Erblasser habe die benannten Personen als alleinige Erben gewollt, hat dafür die Beweislast.

2. *Übersteigen die vom Erblasser bestimmten Bruchteile das Ganze*, so tritt eine **326** verhältnismäßige Minderung der Bruchteile ein (§ 2090).

> **Beispiel:** Sind A zu 1/2, B zu 1/4 und C zu 1/3 eingesetzt, hat der Erblasser über 6/12 + 3/12 + 4/12 = 13/12 verfügt. Die Minderung hat im Verhältnis 6:3:4 zu erfolgen. A erbt also 6/13, B 3/13 und C 4/13.
> Solche Fälle können insbesondere vorkommen, wenn der Erblasser mehrfach testiert hat. Dabei ist aber zu prüfen, ob das spätere Testament nicht als (teilweiser) Widerruf des älteren (§ 2258) aufzufassen ist.

3. Sind *mehrere Erben ohne Bestimmung der Erbteile eingesetzt*, so muss zunächst **327** versucht werden, durch Auslegung die Erbteile zu ermitteln. Führt das nicht zum Erfolg, greift die Auslegungsregel des § 2091 ein: Erbeinsetzung zu gleichen Teilen.

Bei einer Erbeinsetzung der »gesetzlichen Erben«, »Verwandten«, »Kinder«, »Abkömmlinge« des Erblassers verweist § 2091 auf die Auslegungsregeln der §§ 2066–2069 (→ Rn. 207 ff.).

4. Sind *einige Erben auf Bruchteile und andere ohne Bruchteile eingesetzt*, so erhalten **328** die Letzteren den freigebliebenen Teil der Erbschaft (§ 2092 I), und zwar nach § 2091 im Zweifel zu gleichen Teilen, wenn nicht die Regeln der §§ 2066 ff. eingreifen.

Erschöpfen aber die bestimmten Bruchteile schon die Erbschaft, so erhält jeder der ohne Bruchteil eingesetzten Erben so viel wie der mit dem geringsten Bruchteil bedachte Erbe. Dann aber übersteigen die Bruchteile das Ganze, so dass eine verhältnismäßige Minderung der Bruchteile eintreten muss (vgl. § 2092 II).

> **Beispiel:** A soll 1/2, B 1/4, C 1/4 erben. Außerdem ist noch D ohne Bruchteil als Erbe eingesetzt. Er erhält auch 1/4. Damit ist über 2/4 + 1/4 + 1/4 + 1/4 = 5/4 verfügt. Die Herabsetzung erfolgt im Verhältnis 2:1:1:1. A erhält 2/5, die übrigen bekommen je 1/5.

Auch bei § 2092 handelt es sich um eine Auslegungsvorschrift. Ein anderer Wille des Erblassers geht also vor.

329 5. Die genannten Regeln (§§ 2089–2092) sind entsprechend anwendbar, wenn vom Erblasser *für mehrere Erben ein gemeinschaftlicher Erbteil bestimmt* ist (§ 2093).

Das ist dann der Fall, wenn einige von mehreren Erben zusammen auf einen und denselben Bruchteil der Erbschaft eingesetzt sind (»Die Kinder meines verstorbenen Bruders erben zusammen ¼«). Ob das vom Erblasser gewollt ist, muss durch Auslegung ermittelt werden. Die rein sprachliche Zusammenfassung allein reicht dazu regelmäßig nicht aus (»Meine Neffen sollen ¼ erben«).

II. Bedingte und befristete Erbeinsetzung

330 Die Erbeinsetzung kann vom Erblasser unter einer Bedingung (→ Rn. 215 ff.) oder Befristung erfolgen. Bei einer aufschiebenden Bedingung oder einem Anfangstermin wird der Benannte Nacherbe, sofern die Bedingung (der Termin) beim Erbfall noch nicht eingetreten ist. Bei einer auflösenden Bedingung oder einem Endtermin wird er beim Erbfall Vorerbe.

(Über Vor- und Nacherbfolge → Rn. 343 ff.; Auslegungsregeln: §§ 2105 I, 2104)

C. Anwachsung

I. Bedeutung

331 Sind mehrere zu Erben eingesetzt und fällt einer von ihnen (zB durch Vorversterben) weg, kommt es auf den Willen des Erblassers an, was für diesen Fall gelten soll. Denkbar ist, dass eine andere Person an die Stelle des weggefallenen Erben treten oder insoweit gesetzliche Erbfolge eintreten oder der für den Weggefallenen vorgesehene Erbteil den übrigen eingesetzten Erben zufallen soll. Im letzteren Fall spricht man von Anwachsung.

Anwachsung ist also die Erhöhung des Erbteils des gewillkürten Erben wegen Wegfalls eines Miterben.

Dasselbe Problem kann auch bei gesetzlicher Erbfolge auftreten; hier spricht man von Erhöhung des Erbteils (§ 1935; → Rn. 63).

II. Voraussetzungen

332 1. Einer der eingesetzten Erben muss *weggefallen* sein.

Beispiele: Vorversterben (vgl. § 1923 I), Erbverzicht (§ 2346), Erbunwürdigkeit (§ 2344), Erbausschlagung (§ 1953), aber auch Nichterleben einer aufschiebenden Bedingung (§ 2074). Schließlich scheidet eine Miterbenstellung mangels Erbfähigkeit aus, wenn eine Leibesfrucht nicht lebend zur Welt kommt (§ 1923 II).

Streitig ist, ob eine Anwachsung auch dann in Betracht kommt, wenn eine als Miterbe eingesetzte Person wegen wirksamer Anfechtung dieser Erbeinsetzung oder Nichtigkeit (zB wegen Formmangels) dieser Verfügung nicht Erbe wird.[3] Hier ist – wie auch in allen anderen genannten Fällen – der Wille des Erblassers entscheidend. Kommt man zu dem Ergebnis, dass in den anderen Fällen eine Anwachsung stattfinden soll, so wird man das regelmäßig auch bei Nichtigkeit der Einsetzung eines Miterben annehmen können; denn dann wird es dem Erblasser gleichgültig sein, aus welchem Grunde eine als Miterbe eingesetzte Person nicht Erbe wird.

---

3 Vgl. *Muscheler* ErbR II Rn. 2443 ff.; Soergel/*Loritz* § 2094 Rn. 6.

2. Der Erblasser muss die *Anwachsung gewollt* haben. Hier ist die Auslegungsregel des § 2094 I 1 zu beachten. Danach wächst der Erbteil des weggefallenen Erben den übrigen Erben im Verhältnis ihrer Erbteile an, wenn der Erblasser die mehreren Erben derart eingesetzt hat, dass die gesetzliche Erbfolge ausgeschlossen ist.

Hat der Erblasser in seiner Verfügung von Todes wegen den *ganzen* Nachlass unter die eingesetzten Erben aufgeteilt, ist zu vermuten, dass er die gesetzliche Erbfolge ausschließen wollte, und zwar auch für den Fall des Wegfalls eines eingesetzten Erben.

Diese Vermutung wird widerlegt, wenn der Erblasser die Anwachsung ausgeschlossen hat (§ 2094 III). Das ist zB dann der Fall, wenn der Erblasser einen Ersatzerben (§ 2096) benannt hat; denn das Recht des Ersatzerben geht dem Anwachsungsrecht vor (§ 2099). Im **Fall c** treten die Kinder des B an dessen Stelle, sofern es bei der Vermutung des § 2069 bleibt.[4] Andernfalls tritt Anwachsung ein.

III. Wirkungen

1. Der Erbteil des weggefallenen Erben wächst den übrigen Erben *nach dem Verhältnis* ihrer Erbteile an. **333**

Kommt es im **Fall c** zur Anwachsung, erben F zu ⅔ und A zu ⅓.
Handelt es sich um einen gemeinschaftlichen Erbteil (§ 2093), tritt die Anwachsung zunächst unter den Erben ein, die auf einen gemeinschaftlichen Erbteil eingesetzt sind (§ 2094 I 2).
Wenn zum Teil die gesetzliche Erbfolge stattfindet, tritt die Anwachsung ein, wenn einer von mehreren auf einen gemeinschaftlichen Erbteil eingesetzten Erben wegfällt (§ 2094 II).
Aber auch in diesen Fällen kann der Erblasser die Anwachsung (ganz oder teilweise) ausschließen (§ 2094 III).

2. Der ursprüngliche und der anwachsende Erbteil werden grundsätzlich als *ein* Erbteil behandelt (vgl. die Ausnahmen in § 2095 und die entspr. Regelung in § 1935). Annahme und Ausschlagung können also nur einheitlich erfolgen.

Dadurch kann die Anwachsung zu einer Benachteiligung des Erben führen, wenn der anwachsende Teil mit Vermächtnissen oder Auflagen beschwert ist oder insoweit Ausgleichungspflichten bestehen. Deshalb bestimmt § 2095 zum Schutze des Erben, dass der durch Anwachsung anfallende Erbteil *insoweit* als besonderer Erbteil gilt.

Im **Fall d** kann F nicht den anwachsenden Teil allein ausschlagen. Sie braucht aber auch nicht die ganze Erbschaft auszuschlagen. Das Vermächtnis beschwert nur den angewachsenen Teil. Zur Erfüllung des Vermächtnisses braucht der ursprüngliche Erbteil nicht angegriffen zu werden.

D. Zusammenfassung

Die Erbeinsetzung

I. Begriff: Bestimmung einer Person oder mehrerer Personen als Gesamtrechts-nachfolger **334**
Problem: Abgrenzung zum Vermächtnis (im Zweifel bei Einzelzuwendung)
II. Auslegungsregeln bei Erbeinsetzung mehrerer Personen:
1. keine Bestimmung der Erbteile: im Zweifel Einsetzung zu gleichen Teilen (§ 2091)

---

4 Vgl. OGHZ 4, 219; KG FamRZ 1977, 345.

2. die vom Erblasser bestimmten Bruchteile erschöpfen nicht das Ganze:
   a) hinsichtlich des Restes gesetzliche Erbfolge (§ 2088)
      oder (Auslegung)
   b) verhältnismäßige Erhöhung der Bruchteile
3. die vom Erblasser bestimmten Bruchteile übersteigen das Ganze: verhältnismäßige Minderung der Bruchteile (§ 2090)
4. von mehreren Erben sind nur die einen auf Bruchteile, die anderen ohne Bruchteile eingesetzt:
   a) die anderen erhalten den freigebliebenen Teil im Zweifel zu gleichen Bruchteilen (§§ 2092 I, 2091)
   b) sofern die »vermachten« Bruchteile das Ganze erschöpfen: verhältnismäßige Minderung der Bruchteile, bis die Erben, welche nicht auf Bruchteile eingesetzt sind, jeweils so viel erhalten wie der mit dem geringsten Bruchteil Bedachte (§ 2092 II)
5. bei Wegfall eines von mehreren eingesetzten Erben:
   a) Ersetzung des weggefallenen Miterben durch eine andere Person (§§ 2096, 2099)
      oder (Auslegung)
   b) verhältnismäßige Anwachsung der Erbteile der übrigen Erben (§ 2094)
      oder (Auslegung)
   c) insoweit gesetzliche Erbfolge

§ 24 Die Bestimmung eines Ersatzerben

335   **Literatur:** *Britz,* Ersatzerbeneinsetzung statt Schlusserbeneinsetzung im Berliner Testament, RNotZ 2001, 389; *Muscheler,* Zum Verhältnis von § 2069 BGB und Ersatznacherbeneinsetzung, JR 1995, 309; *Nieder,* Die ausdrücklichen oder mutmaßlichen Ersatzbedachten im deutschen Erbrecht, ZEV 1996, 241.

Fälle:
a) E hat den A zum Erben und den B zum Ersatzerben eingesetzt. Drei Tage nach dem Erbfall stirbt B; 10 Tage nach dem Erbfall schlägt A die Erbschaft aus. Die gesetzlichen Erben des E und die Erben des B streiten sich um den Nachlass des E. (→ Rn. 339)
b) E hat A zu ½, B zu ¼ und C zu ⅙ zu Erben und auch gegenseitig zu Ersatzerben eingesetzt. B schlägt aus. (→ Rn. 340)

A. Begriff des Ersatzerben

Ersatzerbe ist der Erbe, der vom Erblasser für den Fall eingesetzt ist, dass ein anderer Erbe vor oder nach dem Eintritt des Erbfalls wegfällt (§ 2096). Die Ersatzerbfolge steht also unter der Bedingung, dass der zuerst Berufene nicht Erbe wird.

> **Beispiel:** »Ich setze A und für den Fall, dass er nicht Erbe wird, B zu meinem Erben ein.« Stirbt A vor dem Erblasser oder schlägt er die Erbschaft aus, ist A niemals Erbe geworden. An seiner Stelle wird mit dem Erbfall der B Erbe des Erblassers.

Vom Ersatzerben ist der *Nacherbe* zu unterscheiden. Dieser wird erst Erbe, nachdem zunächst ein anderer (der Vorerbe) Erbe des Erblassers geworden ist (§ 2100). Bei der Nacherbfolge tritt also zweimal, bei der Ersatzerbschaft dagegen nur einmal eine Rechtsnachfolge ein.

> **Beispiel:** »Zu meinem Erben setze ich A ein. Nach dessen Tode soll B mein Erbe sein.« Hier sollen A *und* B Erben werden, und zwar zeitlich nacheinander. Mit dem Tode des Erblassers wird A dessen Rechtsnachfolger; in dem vom Erblasser bestimmten Zeitpunkt (hier: beim Tod des A) wird B Rechtsnachfolger des Erblassers.

Ob jemand Ersatzerbe oder Nacherbe ist, hängt vom Erblasserwillen ab, der durch **336** Auslegung zu ermitteln ist. Im Zweifelsfall greift die Auslegungsregel des § 2102 II ein, wonach der Eingesetzte als Ersatzerbe gilt.

Ist eine Einsetzung des B als Nacherbe vom Erblasser gewollt und wird der zum **337** Vorerben eingesetzte A nicht Erbe (zB weil A vor dem Erblasser stirbt), dann wird man im Zweifel annehmen dürfen, dass der Erblasser für diesen Fall den als Nacherben eingesetzten B auch als Ersatzerben gewollt hätte. Deshalb liegt in der Einsetzung als Nacherbe im Zweifel auch die Erbeinsetzung als Ersatzerbe (§ 2102 I). Dagegen enthält im umgekehrten Fall die Einsetzung als Ersatzerbe nicht auch die Einsetzung als Nacherbe.

Erlebt also A den Erbfall und fällt er auch nicht nachträglich (zB durch Ausschlagung) weg, dann ist und bleibt er – trotz der Einsetzung des B als Ersatzerben – Erbe des Erblassers. Stirbt A, so geht sein Vermögen, wozu auch der Nachlass des Erblassers gehört, an seine Erben.

Mehrere Personen können hintereinander als Ersatzerben eingesetzt werden. Der **338** Erblasser kann auch einen Ersatzerben für einen Vorerben oder für einen Nacherben bestimmen.

> **Beispiele:** »Ich setze A, hilfsweise B, hilfsweise C zu meinem Erben ein.« Hier ist B Ersatzerbe für den Fall, dass A nicht Erbe wird. C ist Ersatzerbe für den Fall, dass auch B nicht Erbe wird.
> »Ich setze A, hilfsweise X, als Vorerben und B, hilfsweise Y, als Nacherben ein.«

B. Voraussetzungen

I. Wegfall eines Erben

Wegfall bedeutet, dass der (gewillkürte oder gesetzliche) Erbe nicht Erbe wird. Die **339** Gründe des Wegfalls decken sich mit denen bei der Anwachsung.

> (Zu der gesetzlichen Formulierung »vor oder nach dem Erbfall wegfällt« s. auch die Bemerkung zu § 1935 [→ Rn. 63].)

> Auch wenn der Erbe *nach* dem Erbfall wegfällt, muss es sich um solche Fälle handeln, in denen die Erbenstellung rückwirkend wieder beseitigt wird (zB Ausschlagung, Erklärung der Erbunwürdigkeit). Deshalb genügt es, dass der Ersatzerbe den Tod des Erblassers erlebt, wenn er auch vor der Ausschlagungserklärung des Erben stirbt. Im **Fall a** ist also der Ersatzerbe B Erbe des E geworden. Der Nachlass des E fällt mit dem Tode des B an dessen Erben.

II. Anordnung des Erblassers

1. Der Ersatzerbe muss vom Erblasser eingesetzt sein; andernfalls kommt es bei **340** Wegfall eines Erben zur Anwachsung. Es gibt keine vom Gesetz angeordnete Ersatzerbfolge ohne entsprechenden Erblasserwillen. Wohl kennt das Gesetz Auslegungsregeln (§§ 2069, 2102), nach denen im Zweifel ein auf Ersatzerbeinsetzung gerichteter Wille des Erblassers anzunehmen ist.

2. Der Erblasser kann anordnen, dass die Ersatzerbfolge nur in bestimmten Fällen des Wegfalls eines Erben eintreten soll.

> **Beispiel:** Nur bei Vorversterben des Erben soll an dessen Stelle ein anderer treten. Dann kommt es zB bei Ausschlagung des Erben zur Anwachsung.

Nach § 2097 ist *im Zweifel* anzunehmen, dass Ersatzerbfolge sowohl für den Fall, dass der zunächst berufene Erbe nicht Erbe sein *kann,* als auch für den Fall, dass er nicht Erbe sein *will,* angeordnet ist, selbst wenn der Erblasser nur für einen der beiden genannten Fälle einen Ersatzerben eingesetzt hat.

Maßgebend für diese Auslegungsregel ist die Vermutung, dass der Erblasser sich bei der Ersatzerbeinsetzung schlecht ausgedrückt hat: Obgleich er nur das Nichtkönnen oder nur das Nichtwollen des zunächst Eingesetzten genannt hat, meinte er beide Fälle.
Ist dagegen festzustellen, dass der Erblasser nur den genannten Fall gemeint hat, gilt das Gewollte.

3. Sind die Erben gegenseitig als Ersatzerben eingesetzt, so ist nach § 2098 I *im Zweifel* anzunehmen, dass sie nach dem Verhältnis ihrer Erbteile als Ersatzerben eingesetzt sind. Entsprechendes gilt im Zweifel, wenn nur für den Wegfall eines Erben die anderen als Ersatzerben eingesetzt sind.

> Im **Fall b** fällt das Viertel des weggefallenen B im Verhältnis 3:1 an A und C. Demnach erhält A zu dem 1/2 noch 3/4 von 1/4 = 3/16, also insgesamt 1/2 + 3/16 = 33/48. C bekommt zu dem 1/6 noch 1/4 von 1/4 = 1/16, also insgesamt 1/6 + 1/16 = 11/48. 4/48 entfallen auf die gesetzlichen Erben (§ 2088 II).

Sind Erben auf einen gemeinschaftlichen Erbteil eingesetzt und fällt einer von ihnen weg, so haben *im Zweifel* die übrigen auf den gemeinschaftlichen Erbteil eingesetzten Erben den Vorrang vor den übrigen Miterben (§ 2098 II). Erst wenn alle diese Vorrangigen weggefallen sind, kommen die übrigen Miterben als Ersatzerben in Betracht.

C. Wirkungen

341 Das Recht des Ersatzerben geht dem Anwachsungsrecht vor (§ 2099).

Wenn der Erbe wegfällt, ist der Ersatzerbe unmittelbar Erbe.

Ob eine der Erbeinsetzung beigefügte Bedingung auch für den Ersatzerben gelten soll, hängt vom Erblasserwillen ab. Eine Auslegungsregel hat das Gesetz dafür nicht aufgestellt.[5]

D. Zusammenfassung

342 Ersatzerbe ist der Erbe, der vom Erblasser für den Fall eingesetzt ist, dass ein anderer Erbe wegfällt. Der Ersatzerbe wird also mit dem Wegfall des anderen unmittelbar Erbe des Erblassers. Das Recht des Ersatzerben geht der Anwachsung vor.

---

5 Mot. V, 78.

2. Kapitel. Beschränkung der Erben

§ 25 Die Vor- und Nacherbschaft

Literatur: *Avenarius,* Testamentsauslegung und »fallgruppentypische Sachlage« bei der Anordnung 343
von Vor- und Nacherbfolge, NJW 1997, 2740; *Bestelmeyer,* »Herrschende Meinungen« im Bereich
des Nacherbenrechts, Rpfleger 1994, 189; *Brox,* Die Bestimmung des Nacherben oder des Gegenstandes der Zuwendung durch den Vorerben, FS Bartholomeyczik, 1973, 41; *Damrau,* Beweispro-
bleme bei Vor- und Nacherbschaft, ZErb 2003, 281; *ders.,* Der Zeitpunkt des Nacherbfalls, wenn
der Vorerbe wegfällt und der Nacherbe noch nicht geboren ist, ZEV 2004, 19; *Dillmann,* Verfügungen während der Vorerbschaft, RNotZ 2002, 1; *Dumoulin,* Nacherbenzustimmung zur Grund-
stücksüberlassung vom Vorerben an Nacherben, DNotZ 2003, 571; *Edenfeld,* Lebenslange Bindungen im Erbrecht, DNotZ 2003, 4; *Finkenauer,* Die verschenkte Vorerbschaft, Jura 2001, 606; 121;
Harder, Unentgeltliche Verfügungen und ordnungsgemäße Nachlaßverwaltung des Vorerben,
DNotZ 1994, 822; *Heider,* Die Befugnis des Vorerben zu unentgeltlichen Verfügungen über Nach-
laßgegenstände, ZEV 1995, 1; *Kanzleiter,* Ermächtigung des Vorerben zu Schenkungen aus dem
Nachlaß, FS Schippel, 1996, 287; *Keim,* Erbauseinandersetzung zwischen Vor- und Nacherben durch
Freigabe aus der Nacherbenbindung?, DNotZ 2003, 822; *Klinger/Roth,* Abgrenzung der Vor- und
Nacherbschaft zu verwandten Rechtsinstituten, NJW-Spezial 2009, 135; *H. Köster,* Vor- und Nacherbschaft im Erbscheinsverfahren, Rpfleger 2000, 90 u. 133; *Lange,* Einverständliche Überführung
von Nachlassgegenständen in das Eigenvermögen des Vorerben, AcP 212 (2012) 334; *de Leve,*
Aufwendungen des Vorerben – Erstattungspflicht des Nacherben?, ZEV 2005, 16; *Ludwig,* Der
»unbekannte« Nacherbe, DNotZ 1996, 995; *Lutter,* Zur Beschränkung des Vorerben im Gesellschaftsrecht, ZGR 1982, 108; *Maurer,* Fragen des (Eigen-)Erwerbs von Nachlaßgegenständen durch
den Vor- oder Nacherben, DNotZ 1981, 223; *J. Mayer,* Der superbefreite Vorerbe? – Möglichkeiten
und Grenzen der Befreiung des Vorerben, ZEV 2000, 1; *N. Mayer,* Ermächtigung des Vorerben zur
Beseitigung der Nacherbschaft, ZEV 1996, 104; *G. Müller,* Möglichkeiten der Befreiung des Vorerben über § 2136 BGB hinaus, ZEV 1996, 179; *Musielak,* Zur Vererblichkeit des Anwartschaftsrechts eines Nacherben, ZEV 1995, 5; *Olzen,* Die Vor- und Nacherbschaft, Jura 2001, 726; *Petzoldt,*
Vorerbschaft und Nießbrauchvermächtnis, BB 1975, Beil. 6; *Ricken,* Die Verfügungsbefugnis des
nicht befreiten Vorerben, AcP 202 (2002) 465; *Rossak,* Problematik der gegenständlichen Beschränkung einer zeitlich gestuften Sukzession, insbesondere bei Vor- und Nacherbfolge, ZEV 2005, 14;
Sarres, Auskunftspflichten bei Vor- und Nacherbschaft, ZEV 2004, 56; *Voit,* Außergewöhnliche
notwendige Aufwendungen des Vorerben zur Erhaltung der Erbschaft und ihre Finanzierung durch
Kredite, ZEV 1994, 138; *Werkmüller,* Bankrechtliche Probleme der Vor- und Nacherbschaft, ZEV
2004, 276; *Wolf,* Dingliche Surrogation und Wertersatz bei der Nacherbschaft, JuS 1981, 14;
Wübben, Zur Zulässigkeit unentgeltlicher Verfügungen durch den Vorerben, ZEV 2000, 30; *Zawar,*
Gedanken zum bedingten oder befristeten Rechtserwerb im Erbrecht, NJW 2007, 2353.

Fälle:
a) Im Testament heißt es unter anderem: »Meine Tochter ist meine Erbin. Meine Frau soll aber
zeitlebens die Nutznießung am Nachlass haben.« Ist die Frau Vorerbin? (→ Rn. 346)
b) Die Frau ist als Vorerbin, die Tochter als Nacherbin eingesetzt. Nach dem Tode des Erblassers
stirbt die Tochter. Wer ist nun Nacherbe? Der Ehemann der Tochter, deren Kinder oder niemand?
(→ Rn. 357)
c) Die Vorerbin veräußert ein Nachlassgrundstück an K. Was kann die Nacherbin tun? (→ Rn. 362)
d) Ein Gläubiger der Vorerbin hat wegen einer Geldforderung ein Klavier gepfändet, das zum Nachlass gehört. Zulässig? – Was kann die Nacherbin tun? – Kann der Gläubiger mit einer Forderung
aus einem mit der Vorerbin geschlossenen Kaufvertrag gegen eine zum Nachlass gehörende
Forderung aufrechnen? (→ Rn. 365)

A. Begriff und Bedeutung

I. Begriff

Nacherbe ist die vom Erblasser eingesetzte Person, die erst Erbe wird, nachdem zunächst ein anderer Erbe geworden ist (§ 2100). Demnach ist *Vorerbe* die Person, die zeitlich vor dem Nacherben Erbe des Erblassers geworden ist.

> **Beispiel:** »Ich setze meine Frau zur Erbin und im Falle ihres Todes meinen Sohn zum Erben ein.« Die Frau ist Vorerbin, der Sohn Nacherbe.

Vor- und Nacherbe sind Erben des Erblassers, aber zeitlich nacheinander. Sie bilden also keine Erbengemeinschaft wie die Miterben; diese sind gleichzeitig und nebeneinander Erben des Erblassers.

Möglich ist allerdings, dass mehrere Personen zusammen Vor- oder Nacherben sind. Dann bilden die Vor- bzw. Nacherben jeweils eine Miterbengemeinschaft.

> **Beispiel:** »Meine Söhne sind Vorerben bis zum 31.12.2025. Dann fällt die Erbschaft den Enkelkindern zu.«

Der Vorerbe kann auch Mitnacherbe sein.

Setzt zB der Erblasser seine Frau als Vorerbin ein und soll nach deren Wiederheirat die Erbschaft der Frau und dem Sohn je zur Hälfte zustehen, so ist die Frau als Vorerbin Alleinerbin und neben dem Sohn auch Mitnacherbin.
(Zum Unterschied zwischen Nach- und Ersatzerben → Rn. 335.)

II. Bedeutung

344 Durch Vor- und Nacherbfolge kann der Erblasser auf längere Zeit die Zuordnung seines Vermögens bestimmen (zeitliche Grenze: § 2109; → Rn. 354). Das dient oft dazu, der Familie des Erblassers das Vermögen zu erhalten.

Der Erblasser kann zB durch Anordnung von Vor- und Nacherbschaft seine Frau als Alleinerbin einsetzen, ohne dadurch seine Kinder leer ausgehen zu lassen. Bestimmt er nämlich seine Frau zur alleinigen Vorerbin, steht diese sich insoweit besser als bei der gesetzlichen Erbfolge, da sie nicht nur Miterbin zu einem Bruchteil neben den Kindern ist. Die Einsetzung der Kinder (zB aus erster Ehe) als Nacherben verhindert andererseits, dass die Frau als Alleinerbin das von ihrem Mann ererbte Vermögen anderen Personen zuwendet oder dass es an die gesetzlichen Erben der Frau fällt.

Der Erblasser kann mit der Anordnung einer Nacherbfolge auch das Ziel verfolgen, dass der eingesetzte Erbe eine Handlung unterlässt oder vornimmt.

> **Beispiele:** Der Nacherbfall soll eintreten, wenn der Vorerbe eine strafbare Handlung begeht. Damit sein Sohn möglichst bald sein Referendarexamen macht, setzt der Erblasser ihn zum Nacherben für den Fall ein, dass er die Prüfung besteht.

B. Anordnung der Nacherbschaft

I. Bestimmung durch Verfügung von Todes wegen

345 Nur durch eine Verfügung von Todes wegen kann eine Nacherbschaft angeordnet werden. Das BGB kennt keinen Fall der *gesetzlich* bestimmten Nacherbfolge.

II. Auslegung der Verfügung von Todes wegen

Ob und in welchem Umfange eine Vor- und Nacherbschaft vom Erblasser gewollt ist, **346** muss durch Auslegung der Verfügung von Todes wegen ermittelt werden (dazu: → Rn. 198 ff.).

> Im **Fall a** kann der Erblasser gewollt haben, dass seine Tochter Erbin sein und seiner Frau ein Nießbrauchsvermächtnis, also ein Anspruch gegen die Tochter auf Einräumung des Nießbrauchs am Nachlass, zustehen soll. Möglich ist aber auch, dass trotz des entgegenstehenden Wortlauts Vor- und Nacherbfolge gewollt war. Maßgebend ist, ob die Frau im Zeitpunkt des Erbfalls »Herr des Nachlasses« werden sollte.[6] Trifft das zu, ist sie Vorerbin. Sollte der Frau dagegen nur ein schuldrechtlicher Anspruch gegen den Erben auf Einräumung eines Nutzungsrechts am Nachlass zustehen, liegt ein Nießbrauchsvermächtnis vor.
>
> Gegen die Annahme einer Vor- und Nacherbschaft spräche es auch nicht, wenn der Erblasser die Verfügungsbefugnis über die §§ 2113–2115 hinaus eingeschränkt hätte. Denn solche weitergehenden Beschränkungen, die der Erblasser durch Auflagen anordnen kann,[7] haben nur schuldrechtlichen Charakter; sie ändern aber nichts an der Erbeinsetzung zum Vorerben.

Führt die Auslegung zu keinem Ergebnis, ist auf die Auslegungsregeln der §§ 2101 ff. **347** zurückzugreifen.

1. Eine im Zeitpunkt des Erbfalls noch nicht gezeugte Person kann nicht Erbe sein (§ 1923; → Rn. 7 ff.); für die Nacherbfolge kommt es aber nicht auf den Zeitpunkt des Erbfalls, sondern auf den des Nacherbfalls an (§§ 2108 I, 1923). Setzt nun der Erblasser jemanden zum Erben ein, der beim Erbfall noch nicht erzeugt ist, so kann die Einsetzung nur als Nacherbeneinsetzung wirksam sein. Daher bestimmt § 2101 I 1, dass im Zweifel eine Nacherbeneinsetzung als gewollt anzunehmen ist.[8] Ergibt allerdings die Auslegung einen anderen Erblasserwillen, ist die Erbeinsetzung eines beim Erbfall noch nicht Erzeugten unwirksam (§ 2101 I 2). Entsprechendes gilt bei der Einsetzung einer juristischen Person, die erst nach dem Erbfall entsteht (§ 2101 II).

Ist eine Nacherbfolge anzunehmen, so tritt der Nacherbfall mit der Geburt des Erben bzw. der Entstehung der juristischen Person ein (§ 2106 II). Bis dahin kann ein Pfleger bestellt werden (§ 1913, 2).

2. Die Einsetzung als Nacherbe enthält im Zweifel auch die Einsetzung als Ersatzerbe **348** (§ 2102 I; → Rn. 337).

Bei Zweifeln darüber, ob der Erblasser jemanden als Ersatzerben oder als Nacherben gewollt hat, gilt der Eingesetzte als Ersatzerbe (§ 2102 II; → Rn. 336).

3. Enthält eine Verfügung von Todes wegen die Bestimmung, dass der Erbe mit dem **349** Eintritt eines Zeitpunktes oder Ereignisses die Erbschaft oder einen Erbteil einem anderen herausgeben soll, so muss ermittelt werden, ob der Erblasser eine Nacherbfolge oder nur ein Vermächtnis gewollt hat. Führt die Auslegung nicht zum Ziel, ist nach § 2103 Nacherbeneinsetzung anzunehmen.

4. Hat der Erblasser nur einen Vorerben und keinen Nacherben oder hat er umge- **350** kehrt nur einen Nacherben und keinen Vorerben benannt, so muss zunächst durch

---

6 BGH LM Nr. 2 zu § 2100 BGB; BayObLG Rpfleger 1981, 64.
7 Vgl. BGH LM Nr. 2 zu § 2100 BGB.
8 Vgl. OLG Köln NJW-RR 1992, 1417.

Auslegung geklärt werden, was für die nicht ausdrücklich geregelte Nach- bzw. Vorerbfolge gelten soll.

Gelangt man damit zu keinem Ergebnis, ist nach § 2104 S. 1 anzunehmen, dass diejenigen als Nacherben eingesetzt sind, die gesetzliche Erben des Erblassers sein würden, wenn er zur Zeit des Nacherbfalls gestorben wäre. Dem vermuteten Erblasserwillen entspricht es aber regelmäßig nicht, dass der Fiskus Nacherbe wird (§ 2104 S. 2).

Die Auslegungsregel des § 2104 findet grundsätzlich keine Anwendung, wenn der Erblasser einen Nacherben bestimmt hat, die Einsetzung aber unwirksam ist; denn § 2104 setzt gerade voraus, dass ein Nacherbe nicht benannt worden ist.[9]

Nach § 2105 I sind im umgekehrten Falle die gesetzlichen Erben des Erblassers Vorerben. Hier ist der Fiskus nicht ausgenommen. Das beruht darauf, dass schließlich einer (Vor-)Erbe sein muss, damit eine herrenlose Erbschaft vermieden wird.

Auch im Falle des § 2105 I geht ein anderer Erblasserwille der gesetzlichen Regelung vor; denn es ist kein überzeugender Grund dafür ersichtlich, dass hier etwas anderes als bei § 2104 gelten soll. Der unterschiedliche Wortlaut allein rechtfertigt keine unterschiedliche Behandlung.
§ 2105 I gilt auch für den Fall der Nacherbfolge gem. § 2101 (→ Rn. 347; § 2105 II).

351 5. Hat der Erblasser einen Abkömmling (Kind, Enkelkind) zum Vorerben und für die Zeit nach dessen Tod einen Dritten zum Nacherben bestimmt, so kann die Nacherbeneinsetzung des Dritten darauf beruhen, dass der zum Vorerben eingesetzte Abkömmling keinen Abkömmling hatte oder aber der Erblasser von der Existenz eines solchen Abkömmlings bei der Errichtung einer Verfügung von Todes wegen nichts wusste. Hinterlässt der Vorerbe bei seinem Tode nun doch einen Abkömmling, so kann es dem Willen des Erblassers entsprechen, dass der Nachlass nicht auf einen Familienfremden übergehen soll. Auf dieser Überlegung beruht die Regelung des § 2107: Es ist, wenn kein anderer Erblasserwille zu ermitteln ist, davon auszugehen, der Nacherbe sei nur für den Fall eingesetzt, dass der Abkömmling des Erblassers ohne Nachkommenschaft stirbt. Das gilt auch dann, wenn der eingesetzte Nacherbe ebenfalls ein Abkömmling des Erblassers ist und mit diesem sogar näher verwandt ist als der Nachkomme des eingesetzten Vorerben.[10] Der als Vorerbe Eingesetzte ist, wenn er Abkömmlinge hinterlässt, als Vollerbe anzusehen. Es ist aber besonders sorgfältig zu prüfen, ob der Abkömmling des Abkömmlings nicht als Nacherbe gewollt ist.

352 6. Setzen Ehegatten sich gegenseitig als Erben ein und bestimmen sie, dass nach dem Tode des Überlebenden ein Dritter erben soll, so kann damit Vor- und Nacherbfolge gemeint sein. Nach der Auslegungsregel des § 2269 I ist aber anzunehmen, dass der überlebende Ehegatte (Voll-)Erbe des erstversterbenden Gatten und der Dritte (Voll-)Erbe des längstlebenden Gatten werden soll (→ Rn. 189).

353 7. Hat der Erblasser mehrere Personen zu Vorerben eingesetzt, so stellt sich beim Wegfall eines der Vorerben das Problem, was mit dessen Erbanteil geschieht (1). Soweit der Anteil dem oder den Mitvorerben zufällt, fragt es sich, ob beim Eintritt des Nacherbfalls das Recht des Nacherben sich auch auf diesen Anteil erstreckt (2).

---

9 Vgl. BGH FamRZ 1986, 462 (463).
10 BGH NJW 1981, 2743.

a) Beim Wegfall eines von mehreren Vorerben sind die folgenden Fälle zu unterscheiden:

aa) Verstirbt ein Mitvorerbe vor dem Erbfall oder fällt er nach dem Erbfall mit Wirkung auf diesen weg (zB durch Ausschlagung, § 1953; → Rn. 308), dann tritt, wenn der Erblasser nichts anderes bestimmt hat, der Nacherbe als Ersatzerbe an die Stelle des Weggefallenen (§ 2102 I; → Rn. 348). Der Anteil des weggefallenen Vorerben wächst nicht nach § 2094 I dem oder den Mitvorerben an; denn das Recht des Ersatzerben geht dem Anwachsungsrecht vor (§ 2099). Auch § 2105 I greift hier nicht ein. Diese Vorschrift kommt schon deshalb nicht in Betracht, weil sie eine Anordnung des Erblassers voraussetzt, wonach die Erbschaft dem eingesetzten Erben erst mit Eintritt eines bestimmten Zeitpunktes oder Ereignisses zufallen, der Eingesetzte also lediglich Nacherbe und nicht zugleich auch Ersatzerbe sein soll.

Hat der Erblasser eine Ersatzerbfolge das Nacherben ausgeschlossen, so wächst der Anteil der weggefallenen Vorerben nach § 2094 I dem Mitvorerben an. § 2105 I ist auch hier nicht anwendbar; denn aus § 2094 I ist zu entnehmen, dass – sofern der Erblasser nichts anderes bestimmt hat – die eingesetzten Erben den gesetzlichen vorgehen sollen.

Die Vorschrift des § 2105 I greift erst dann ein, wenn der Erblasser nicht nur die Ersatzerbfolge des Nacherben, sondern auch die Anwachsung ausgeschlossen hat. In einem solchen Fall treten die gesetzlichen Erben des Erblassers an die Stelle des mit Wirkung auf den Erbfall weggefallenen Mitvorerben.

bb) Stirbt der Vorerbe nach dem Erbfall, so tritt regelmäßig der Nacherbfall ein (§ 2106 I). Hat der Erblasser aber gewollt, dass der Nacherbe die Erbschaft erst mit Eintritt eines bestimmten Zeitpunktes oder Ereignisses und nicht früher erhalten soll, dann rücken, falls der Vorerbe vorher stirbt, dessen gesetzliche oder gewillkürte Erben bis zum Eintritt des Nacherbfalls in die Stellung des Verstorbenen ein. Eine Anwachsung nach § 2094 I scheidet aus; denn sie setzt einen Wegfall des Vorerben mit Rückwirkung auf den Zeitpunkt des Erbfalls nach dem Erblasser voraus. Für die Anwendung des § 2105 I ist kein Raum, weil der Erblasser in seiner Verfügung von Todes wegen bestimmt hat, wer bis zum Eintritt des Nacherbfalls Vorerbe sein soll.

Die Vorschrift greift jedoch dann ein, wenn nach dem Willen des Erblassers bei einem vorzeitigen Tod des Vorerben dessen Erben auf keinen Fall den Anteil erhalten sollen. Da hier für die Zeit nach dem Tode des Vorerben bis zum Eintritt des Nacherbfalls nicht bestimmt ist, wer Erbe sein soll, sind nach § 2105 I die gesetzlichen Erben des Erblassers Vorerben hinsichtlich des Erbteils des Verstorbenen.

b) Soweit einem Vorerben beim Wegfall eines Miterben dessen Erbteil zufällt (nach § 1935, § 2094 oder § 2096), geht auch dieser Anteil beim Nacherbfall auf den Nacherben über, es sei denn, dass der Erblasser etwas anderes angeordnet hat.

Ein dem Vorerben zugewendetes Vorausvermächtnis fällt im Zweifel nicht an den Nacherben (§ 2110 II).

III. Bestimmung des Eintritts der Nacherbfolge

Der Erblasser kann den Zeitpunkt oder das Ereignis, mit dem die Nacherbfolge 354 eintreten soll, bestimmen (arg. § 2106 I).

Mit Rücksicht auf § 2065 (→ Rn. 96 f.) darf der Erblasser die Bestimmung des Zeitpunktes oder des Ereignisses nicht einem Dritten (etwa dem Testamentsvollstrecker) überlassen.[11]

1. Die Anordnung der Nacherbfolge ist nur *zeitlich begrenzt* wirksam, damit das Vermögen des Erblassers nicht allzu lange gebunden ist. § 2109 I 1 bestimmt, dass die Einsetzung eines Nacherben mit dem Ablauf von 30 Jahren nach dem Erbfall unwirksam wird, wenn nicht vorher die Nacherbfolge eingetreten ist.

Es ist also möglich, dass mehrere Nacherben hintereinander zum Zuge kommen, wenn insgesamt die Frist noch nicht abgelaufen ist.

Von dieser Regel gibt es für den Fall, dass natürliche Personen Erben sind, zwei Ausnahmen, welche die genannte Frist erheblich verlängern können (§ 2109 I 2):

---

11 Vgl. BGHZ 15, 199; zustimmend Erman/*Schmidt* § 2106 Rn. 3; MüKoBGB/*Grunsky* § 2106 Rn. 1; *Muscheler* ErbR II Rn. 2482.

a) Die Nacherbfolge ist für den Fall angeordnet, dass in der Person des Vor- oder Nacherben ein bestimmtes Ereignis (zB Erreichung eines bestimmten Alters, Bestehen einer Prüfung, Heirat) eintritt und diese Person zur Zeit des Erbfalls lebt oder wenigstens gezeugt ist (§§ 2108 I, 1923).

Es muss sich nach dem Gesetzeswortlaut um ein »Ereignis in der Person« des betreffenden Erben handeln. Ereignisse, die sich nicht auf diese Person beziehen (zB politische Ereignisse), fallen nicht darunter.[12] Es genügt aber, dass das Ereignis die rechtlichen oder wirtschaftlichen Verhältnisse der Person betrifft.[13]

b) Die Nacherbfolge ist für den Fall angeordnet, dass dem Vor- oder Nacherben ein (Halb-)Bruder oder eine (Halb-)Schwester geboren und diese Person als Nacherbe bestimmt wird.

> **Beispiel:** Der Erblasser setzt seine Frau zur Vorerbin, das Kind zum Nacherben und ein etwaiges weiteres Kind zum weiteren Nacherben ein. Die zeitliche Schranke dieser Nacherbfolge ergibt sich hier jedenfalls aus der Lebensdauer der Eltern des Nacherben.

Da juristische Personen etliche Generationen »überleben« können, bleibt es für sie bei der dreißigjährigen Frist (§ 2109 II). Das muss nach der ratio legis auch für Gesamthandsgemeinschaften gelten.

355 **2.** Lässt sich nicht ermitteln, wann nach dem Willen des Erblassers die Erbschaft an den Nacherben fallen soll, so tritt der Nacherbfall mit dem Tode des Vorerben ein (§ 2106 I).

C. Rechtsstellung des Nacherben

I. Anwartschaftsrecht

356 Mit dem Eintritt des Nacherbfalls (des vom Erblasser bestimmten Zeitpunkts oder Ereignisses) fällt die Erbschaft dem Nacherben an (§ 2139). Dieser erwirbt das Vermögen des Erblassers als Ganzes unmittelbar wie der Erbe bei der gewöhnlichen Erbfolge im Zeitpunkt des Erbfalls.

Aber bereits *vor dem Nacherbfall* erwirbt der Nacherbe mit dem Tode des Erblassers eine unentziehbare und gesicherte Rechtsposition, die man als erbrechtliches Anwartschaftsrecht bezeichnen kann.[14] Das ergibt sich unter anderem aus einer Reihe von Befugnissen, die das Gesetz dem Nacherben verleiht.

> **Beispiele:** Anspruch auf Hinterlegung von Wertpapieren (§ 2116), Mitteilung eines Inventars (§ 2121), Feststellung des Zustandes der zur Erbschaft gehörenden Sachen durch Sachverständige (§ 2122 S. 2) oder eines Wirtschaftsplanes (§ 2123), Auskunftserteilung (§ 2127), Sicherheitsleistung (§ 2128). Außerdem sind bestimmte Verfügungen des Vorerben nur mit Zustimmung des Nacherben diesem gegenüber wirksam (§§ 2113 ff.). Alle diese gesetzlichen Regeln sollen erreichen, dass der Nacherbe beim Nacherbfall auch in den Genuss des insoweit ungeschmälerten Nachlasses kommt.

---

12 Palandt/*Weidlich* § 2109 Rn. 3; **aA** MüKoBGB/*Grunsky* § 2109 Rn. 5.
13 Staudinger/*Avenarius* (2003) § 2109 Rn. 8.
14 StRspr.; BGHZ 87, 367 (369) mwN; Erman/*Schmidt* § 2100 Rn. 9; MüKoBGB/*Grunsky* § 2100 Rn. 27; *Muscheler* ErbR II Rn. 2533; Palandt/*Weidlich* § 2100 Rn. 12.

II. Vererblichkeit des Anwartschaftsrechts

357 Stirbt der Nacherbe vor dem Nacherbfall, so fragt sich, ob sein Anwartschaftsrecht auf seine Erben übergeht. Entscheidend ist, ob nach dem Willen des Erblassers das Anwartschaftsrecht vererblich sein soll.

Die Auslegung der Verfügung von Todes wegen kann ergeben, dass beim Tode des Nacherben der Vorerbe Vollerbe sein soll. Dann geht das Anwartschaftsrecht des Nacherben nicht auf dessen Erben über. Das gilt auch, wenn der Erblasser einen Ersatznacherben benannt hat; hier ist aber besonders zu prüfen, ob diese Benennung auch für den Fall des Todes des Nacherben oder etwa nur im Falle der Ausschlagung des Nacherben (§ 2142 II) gelten soll. Möglich ist schließlich auch, dass der Erblasser eine Vererbung des Anwartschaftsrechts gewollt hat. Wenn der Erblasser also die Wahl zwischen Vererblichkeit und Unvererblichkeit hat (§ 2108 II 1), dann muss ihm auch der Mittelweg offen stehen, die Vererbung etwa nur auf die zur Familie gehörenden Erben und nicht auf familienfremde Erben zu bestimmen.[15]

Im Zweifelsfall ist gem. § 2108 II 1 Vererblichkeit anzunehmen. Wer sich auf den Ausschluss der Vererblichkeit beruft, hat dafür den Beweis zu erbringen.[16] Ist jedoch der Nacherbe unter einer aufschiebenden Bedingung eingesetzt (§ 2108 II 2), so bleibt es bei der Regel des § 2074; danach ist im Zweifel anzunehmen, dass die Zuwendung nur gelten soll, wenn der Bedachte den Bedingungseintritt erlebt.

> Im **Fall b** hat der Erblasser nicht bestimmt, wer an die Stelle der Tochter treten soll. Nach der Auslegungsregel des § 2069 (→ Rn. 210) sind das die Abkömmlinge der Tochter als Ersatznacherben. Nach § 2108 II geht dagegen das Nacherbenrecht der Tochter als zu deren Nachlass gehörend auf ihre Erben, also bei gesetzlicher Erbfolge auf Kinder und Ehemann, über. Maßgebend ist der (wirkliche oder hypothetische) Erblasserwille. Kam es dem Erblasser vor allem darauf an, sein Vermögen der Familie zu erhalten, so spricht das dafür, die Regelung des § 2069 anzuwenden. Sollte die Verfügung dagegen mehr dem eigenen Interesse der Tochter dienen und etwa deren Kreditfähigkeit erhöhen, wird man die Vererbung des Anwartschaftsrechts auf die Erben der Tochter (§ 2108 II) annehmen. Es gibt keinen Erfahrungssatz, der für die erste oder zweite Lösung spricht.[17]

III. Verfügung über das Anwartschaftsrecht

358 Nach heute wohl allgemeiner Ansicht kann der Nacherbe über sein Anwartschaftsrecht verfügen.[18] Damit wird ihm die Möglichkeit gegeben, seine Rechtsposition bereits vor Eintritt des Nacherbfalles zu verwerten.

Eine Vorschrift, in der das Anwartschaftsrecht des Nacherben ausdrücklich für übertragbar erklärt wird, fehlt. Aus den Materialien kann man entnehmen, dass der Gesetzgeber annahm, der Nacherbe habe vom Erbfall an ein Recht, welches er bereits vor dem endgültigen Anfall der Erbschaft verwerten könne.[19] Die Zulässigkeit einer Übertragung ergibt sich aus der entsprechenden Anwendung des § 2033. Zwischen der Rechtsstellung des Miterben und der des Nacherben besteht eine Rechtsähnlichkeit. Beide können, wenn auch aus verschiedenen Gründen, nicht über einzelne Gegenstände des Nachlasses verfügen; sie sollen aber in den Genuss eines Teils des Erblasservermögens kommen. Die wirtschaftlichen Interessen, welche den Gesetzgeber veranlasst haben, dem Miterben eine Verfügung über seinen Anteil zu gestatten, bestehen in gleicher Weise beim Nacherben. Die genannten Gründe treffen sowohl für den Allein- als auch den Mitnacherben zu. Aus der entsprechenden Anwendung des § 2033 folgt, dass der Verfügungsvertrag auch der notariellen Beurkundung bedarf (§ 2033 I 2 analog).

---

15 BGH LM Nr. 1 zu § 2108 BGB; Erman/*Schmidt* § 2108 Rn. 4; MüKoBGB/*Grunsky* § 2108 Rn. 7.
16 OLG Karlsruhe Rpfleger 2009, 151 (152).
17 Zutreffend: BGH LM Nr. 1 zu § 2108 BGB.
18 BGHZ 87, 367 (369) mwN sowie die gesamte Kommentarliteratur.
19 Prot. V, 81.

Liegt der Verfügung ein Kaufvertrag zugrunde, so muss dieser ebenfalls notariell beurkundet werden (§§ 2371, 1922 II, 2385).

Ist das Anwartschaftsrecht verwertbar, dann kann es auch vom Gläubiger des Nacherben gepfändet werden (§§ 857, 851 ZPO).[20]

Das Gebot, sich jeder Verfügung über das Recht zu enthalten, ist nur dem Alleinnacherben zuzustellen, nicht auch dem Vorerben; denn dessen Recht wird nicht berührt (§ 857 II ZPO). Ist dagegen der Schuldner Mitnacherbe, so sind die übrigen Mitnacherben Drittschuldner, denen der Beschluss zugestellt werden muss (§ 829 II ZPO).

Mit der Eröffnung des Insolvenzverfahrens über das Vermögen des Nacherben gehört das Anwartschaftsrecht zur Insolvenzmasse.

Wenn der Erblasser die Vererblichkeit des Anwartschaftsrechts ausschließen kann, so muss das auch für die Übertragbarkeit möglich sein.[21] Der Erblasser hat uU ein Interesse daran, dass die Erbschaft beim Nacherbfall auch dem Nacherben zufällt.

IV. Vernichtung des Anwartschaftsrechts

359 Der Nacherbe kann das Anwartschaftsrecht durch Verzicht oder Ausschlagung vernichten:

1. Der *Verzicht* des Nacherben zu Gunsten des Vorerben erfolgt durch vertragliche Übertragung des Anwartschaftsrechts vom Nacherben auf den Vorerben (Form des § 2033).

360 2. Die *Ausschlagung* der Erbschaft durch den Nacherben kann schon erfolgen, sobald der Erbfall eingetreten ist (§ 2142 I).

Die Ausschlagungsfrist des § 1944 beginnt jedoch frühestens mit dem Eintritt der Nacherbfolge (§§ 1944 II 1, 2139); denn die von § 1944 II 1 vorausgesetzte Kenntnis kann erst im Zeitpunkt des Anfalls der Nacherbschaft vorhanden sein.

Schlägt der Nacherbe form- und fristgerecht aus, so verliert er damit sein Anwartschaftsrecht (vor dem Nacherbfall) bzw. die Erbschaft (nach dem Nacherbfall). Ob ein anderer an seine Stelle tritt, Anwachsung unter Mitnacherben eintritt oder ob die Erbschaft dem Vorerben verbleibt, richtet sich nach der Bestimmung des Erblassers. Ist nichts zu ermitteln, so wird der Vorerbe Vollerbe (§ 2142 II).

Hat der Erblasser einen Ersatzerben bestimmt (§ 2096; → Rn. 338), ist regelmäßig § 2142 II nicht anwendbar. Dasselbe gilt, wenn der Erblasser einen Abkömmling als Nacherben eingesetzt hat und dieser Abkömmling selbst wieder Abkömmlinge hat, die bei seiner Ausschlagung nach § 2069 (→ Rn. 210) an seine Stelle treten. Schlägt jedoch ein neben anderen Verwandten als Nacherbe eingesetzter Abkömmling des Erblassers die Nacherbschaft aus und verlangt er den Pflichtteil (§ 2306 II), dann ist nicht gesagt, dass nunmehr seine Abkömmlinge nach § 2069 berufen sind. Damit würde nämlich dieser Stamm durch den Pflichtteil des Erstberufenen und das Erbrecht seiner Abkömmlinge besser gestellt; es ist sehr fraglich, ob das dem Erblasserwillen entspricht. Mit dem BGH[22] ist deshalb § 2069 auf einen solchen Fall nicht anzuwenden.

---

20 *Brox/Walker* ZVR Rn. 718, 731, 806 ff.
21 RGZ 170, 163 (168); MüKoBGB/*Grunsky* § 2100 Rn. 34; Palandt/*Weidlich* § 2100 Rn. 13.
22 BGHZ 33, 60; ebenso OLG München Rpfleger 2007, 26 (27 f.) zur Auslegung eines Erbvertrages, in dem die Kinder als Nacherben und deren Abkömmlinge als Ersatzerben eingesetzt waren: bei Ausschlagung und Pflichtteilverlangen der Nacherben im Zweifel Ausschluss der Ersatzerben von der Erbfolge.

Sind mehrere Personen als Nacherben eingesetzt und schlägt eine von ihnen aus, so wächst der Anteil des Ausschlagenden den Miterben gem. § 2094 I nur an, wenn der Erblasser sowohl eine Ersatz-nacherbfolge nach § 2069 als auch die Regelung des § 2142 II nicht gewollt hat.

Da der Nacherbe schon zwischen Erb- und Nacherbfall ausschlagen kann, muss es auch möglich sein, dass er zu dieser Zeit bereits annehmen kann. Eine solche Annahme wird regelmäßig in der Verfügung über das Anwartschaftsrecht liegen. Dadurch wird auch der Erwerber oder Pfandgläubiger des An-wartschaftsrechts geschützt; er läuft nicht Gefahr, dass der Nacherbe später noch ausschlägt.

D. Rechtsstellung des Vorerben

Mit dem Erbfall wird der Vorerbe Herr des Nachlasses (§ 1922). Aber mit dem   **361**
Nacherbfall hört er auf, Erbe zu sein, und die Erbschaft fällt dem Nacherben an (§ 2139). Dieser wird vom Gesetz auf mehrfache Weise davor geschützt, dass die Erbschaft vom Vorerben zum Nachteil des Nacherben geschmälert wird.

I. Verfügungsfreiheit und Verfügungsbeschränkungen

1. Grundsätzlich kann der Vorerbe nach dem Erbfall und vor dem Nacherbfall über die zur Erbschaft gehörenden Gegenstände verfügen (§ 2112).

Der Vorerbe soll also insoweit besser stehen als der Nießbraucher; denn er ist wirklicher Erbe. Die Regelung dient dem Vorerben und auch dem Rechtsverkehr.

2. Dieser Grundsatz wird durch die §§ 2113–2115 im Interesse des Nacherben nicht   **362**
unerheblich eingeschränkt.

a) Verfügungen des Vorerben über zur Erbschaft gehörende *Grundstücke* oder *Grundstücksrechte* sind beim Eintritt der Nacherbfolge insoweit unwirksam, als sie das Recht des Nacherben vereiteln oder beeinträchtigen würden (§ 2113 I). Das gilt nicht für die zugrunde liegenden Verpflichtungsgeschäfte.

Aus dem Gesetzeswortlaut und den Motiven[23] ist zu entnehmen, dass der Gesetzgeber hier nicht eine nur dem Nacherben gegenüber wirkende (relative) Unwirksamkeit (vgl. § 135), sondern eine gegen-über jedermann wirkende (absolute) Unwirksamkeit gewollt hat.[24] Vorbilder waren die §§ 161, 163 (Bedingung, Zeitbestimmung).

Die Verfügungsbeschränkung des § 2113 gilt nur für solche Grundstücke, die zur Erbschaft gehören, bezüglich deren eine Nacherbfolge angeordnet worden ist. Sie findet dagegen keine (auch keine analoge) Anwendung, wenn die Vorerbschaft An-teile an einem Gesamthandsvermögen umfasst, zu welchem ein Grundstück gehört.[25] Nachlassgegenstand ist dann nämlich nicht das Grundstück, sondern nur der Ge-samthandsanteil.

> **Beispiel:**[26] Der Erblasser wird von mehreren Miterben beerbt. Zum ungeteilten Nachlass gehört ein Grundstück. Vor der Erbauseinandersetzung stirbt einer der Miterben. Er hat Vor- und Nacherb-schaft angeordnet. Da der verstorbene Miterbe nicht Alleineigentümer des Grundstücks, sondern nur Inhaber eines Anteils an der Erbengemeinschaft war, bezieht sich die von ihm angeordnete Vor- und Nacherbschaft nur auf diesen Gesamthandsanteil. Könnte der Vorerbe jetzt nicht gemeinsam mit den verbliebenen Miterben über das Grundstück verfügen, wären auch diese wegen der gesamt-händerischen Bindung (§ 2040 I) in ihrer Verfügungsbefugnis über das Grundstück blockiert,

---

23 Mot. V, 116.
24 Vgl. BGHZ 52, 269 (270).
25 BGH NJW 1976, 893; NJW 1978, 698; NJW 2007, 2114.
26 BGH NJW 2007, 2114.

obwohl sie gar nicht von der Vor- und Nacherbschaft betroffen sind. Eine derartige Blockierung der an sich unbeschränkten Miterben entspricht nicht dem Zweck des § 2113.

aa) Die Verfügung des Vorerben wird unwirksam, wenn bei Eintritt des Nacherbfalls das Recht des Nacherben vereitelt oder beeinträchtigt wird.

Eine Vereitelung oder Beeinträchtigung des Rechts des Nacherben wird regelmäßig vorliegen, wenn der Vorerbe über ein Grundstück oder ein Grundstücksrecht (vor allem Hypothek, Grundschuld, Rentenschuld) verfügt. Das gilt auch dann, wenn ein entsprechendes Entgelt für die Verfügung in den Nachlass fällt; denn es kommt nach dem Gesetz nur auf eine rechtliche und nicht auf eine wirtschaftliche Betrachtungsweise an.

Im **Fall c** wird die Nacherbin mit dem Nacherbfall Eigentümerin des Grundstücks. Das Grundbuch wird unrichtig; die Nacherbin kann von K eine Berichtigungsbewilligung (§ 894) verlangen. Ihr steht der Herausgabeanspruch (§ 985) zu. Vor dem Nacherbfall ist K Eigentümer. Doch kann die Nacherbin unter den Voraussetzungen des § 256 ZPO gegen die Vorerbin und K eine Feststellungsklage erheben.[27]

Auch eine Verfügung des Vorerben, die der Erfüllung einer Nachlassverbindlichkeit (etwa einer Erblasserschuld oder eines Vermächtnisses) dient, vereitelt oder beeinträchtigt das Recht des Nacherben. Sie ist daher nur wirksam, wenn der Nacherbe ihr zustimmt, wozu er nach § 2120 verpflichtet ist.[28] Zum Teil wird zwar die Ansicht vertreten, eine derartige Verfügung sei für den Nacherben nicht rechtlich nachteilig, weil eine Nachlassverbindlichkeit getilgt werde; deshalb sei die Zustimmung des Nacherben nicht erforderlich.[29] Diese Auffassung ist jedoch abzulehnen. Nach § 2113 kommt es allein darauf an, ob die Verfügung den Nacherben benachteiligt; die Verfügung selbst ist aber auch dann für den Nacherben rechtlich nachteilig, wenn sie der Erfüllung einer Nachlassverbindlichkeit dient. Dass eine solche Verfügung ohne Zustimmung des Nacherben unwirksam ist, ergibt sich zudem aus § 2120. Nach dieser Vorschrift ist der Nacherbe verpflichtet, in eine der Berichtigung einer Nachlassverbindlichkeit dienende Verfügung einzuwilligen, soweit der Vorerbe die Verfügung nicht mit Wirkung gegen den Nacherben vornehmen kann. Diese Verpflichtung des Nacherben wäre entbehrlich, wenn die auf die Erfüllung einer Nachlassverbindlichkeit gerichtete Verfügung nicht unter § 2113 I fiele.

Nach anderer Auffassung ist eine Verfügung des Vorerben, mit welcher dieser ein Vermächtnis oder eine Teilungsanordnung des Erblassers erfüllt, zwar rechtlich nachteilig; sie soll aber ohne Zustimmung des Nacherben wirksam sein, weil anzunehmen sei, dass der Erblasser den Vorerben insoweit gem. § 2136 von den Beschränkungen des § 2113 I befreit habe.[30] Aus der Anordnung eines Vermächtnisses oder aus einer Teilungsanordnung kann jedoch allein noch nicht auf eine Befreiung des Vorerben geschlossen werden. Ob der Erblasser den Vorerben insoweit von den Beschränkungen des § 2113 I befreien wollte, ist vielmehr im Einzelfall durch Auslegung zu klären.

Eine Verfügung des Vorerben, die sich auf die Zeit der Vorerbschaft beschränkt (zB Nießbrauch, Hypothek bis zum Nacherbfall), ist wirksam; denn durch sie wird die Stellung des Nacherben nicht verschlechtert.

bb) Die Unwirksamkeit der genannten Verfügungen wird vom Gesetz im Interesse des Nacherben bestimmt. Es lassen sich aber Fälle denken, in denen der Nacherbe nicht schutzwürdig und deshalb die Verfügung wirksam ist:

Der Erblasser kann bestimmen, dass die Beschränkung des § 2113 I nicht gelten soll (§ 2136, befreiter Vorerbe; → Rn. 381 ff.). Zum anderen kann der Nacherbe der Verfügung des Vorerben zustimmen. § 185 gilt entsprechend.[31]

---

27 BGHZ 52, 269 (271); OLG Oldenburg NJW-RR 2002, 728; Bamberger/Roth/*Litzenburger* § 2113 Rn. 19; Erman/*Schmidt* § 2113 Rn. 7.
28 MüKoBGB/*Grunsky* § 2113 Rn. 14.
29 Staudinger/*Avenarius* (2003) § 2113 Rn. 5; *Schlüter* ErbR Rn. 752.
30 RGRK/*Johannsen* § 2113 Rn. 50.
31 BGHZ 40, 115.

Auch in den Fällen des § 185 II ist die Verfügung des Vorerben wirksam, wenn zB der Vorerbe vom Nacherben beerbt wird. Zwar spricht § 185 vom Nichtberechtigten; die Bestimmung ist dennoch hier anzuwenden, da der Vorerbe zwar Berechtigter, aber auch bedingt Nichtberechtigter ist.

Schließlich ist der Nacherbe dann weniger schutzwürdig als der erwerbende Dritte, wenn dieser gutgläubig (§ 2113 III; vgl. § 161 III) ist. Weiß der Erwerber nichts von der Verfügungsbeschränkung, wird er zum Nachteil des Nacherben geschützt.

> **Beispiele:** Dem Erwerber ist nicht bekannt, dass das Grundstück oder Grundstücksrecht zum Nachlass gehört, dass Nacherbfolge angeordnet ist. Der Erwerber geht irrig von befreiter Vorerbschaft aus.

> Hat K im **Fall c** gutgläubig erworben (§§ 2113 III, 892), hat die Nacherbin beim Nacherbfall das Eigentum am Grundstück nicht erworben. Sie hat keine Ansprüche gegen K. Wohl kann sie von der Vorerbin bzw. deren Erben gem. § 816 I 1 das Erlangte begehren.

Damit der Nacherbe vor dem gutgläubigen Erwerb durch einen Dritten (§ 2113 III) geschützt wird, ist der Nacherbenvermerk von Amts wegen im Grundbuch einzutragen (§ 51 GBO) und die Anordnung einer Nacherbfolge im Erbschein anzugeben (§ 2363).

Der Nacherbenvermerk im Grundbuch bewirkt keine Grundbuchsperre.

Liegen also die grundbuchmäßigen Voraussetzungen für die Eintragung des Käufers eines Nachlassgrundstücks als Eigentümer vor, dann muss er eingetragen werden, ohne dass eine Zustimmungserklärung des Nacherben verlangt werden darf **(Fall c)**. Durch Auflassung und Eintragung (§§ 925, 873) wird der Käufer Eigentümer des Grundstücks.

b) Die Verfügungsmacht des Vorerben ist auch bei *unentgeltlichen Verfügungen* und **363** bei *Verfügungen zur Erfüllung eines von ihm erteilten Schenkungsversprechens* entsprechend beschränkt (§ 2113 II). Solche Verfügungen sind unwirksam, sofern sie das Recht des Nacherben beim Nacherbfall beeinträchtigen. Der Nacherbe soll vor solchen Verfügungen geschützt werden, auch wenn es sich dabei nicht um Grundstücke oder Grundstücksrechte, sondern etwa um bewegliche Sachen oder um Forderungen handelt; denn es gelangt kein entsprechender Gegenwert in den Nachlass. Aus dem Sinn der Vorschrift ergibt sich, dass darunter nicht nur Verfügungen fallen, denen eine Schenkung oder eine gemischte Schenkung zugrunde liegt, sondern auch solche, die rechtsgrundlos erfolgen.

Die *Unentgeltlichkeit* der Verfügung bestimmt sich nach objektiven und subjektiven Kriterien. Sie liegt *objektiv* vor, wenn die durch die Verfügung eintretende Verringerung des Nachlasses nicht durch Zuführung eines entsprechenden Vermögensvorteils aufgewogen wird.[32] Das objektive Moment ist nicht allein entscheidend; denn sonst wären alle Verfügungen unwirksam, die vom Vorerben zur Erfüllung eines Kaufvertrages mit objektiv zu niedrigem Kaufpreis vorgenommen werden. Deshalb wird von der Rechtsprechung mit Recht außerdem noch ein *subjektives* Moment für die Unentgeltlichkeit gefordert: Der Vorerbe erkennt oder muss bei ordnungsgemäßer Verwaltung (vgl. §§ 2120, 2130) erkennen, dass eine gleichwertige Gegenleistung dem Nachlass nicht zufließt.[33] Maßgebend ist, ob der Vorerbe als ordentlicher Vermögensverwalter unter Berücksichtigung der Umstände des Einzelfalles und im Hinblick auf seine künftige Herausgabepflicht gegenüber dem Nacherben (§ 2130) verfügen durf-

---

32 BGHZ 7, 274.
33 BGH NJW 1984, 366; 1991, 842.

te. Entscheidend für die Beurteilung ist der Zeitpunkt der Vornahme der Verfügung. Ob der Nacherbe durch die Verfügung in seinem Recht beeinträchtigt wird, richtet sich allerdings nach dem Zeitpunkt des Nacherbfalles.[34]

Ist die Verfügung teils entgeltlich und teils unentgeltlich (gemischte Schenkung, Freundeskauf), soll nach stRspr.[35] und hL[36] die ganze Verfügung unwirksam sein. Nach dieser Ansicht braucht der Erwerber das Herausgabeverlangen des Nacherben jedoch nur Zug um Zug gegen Rückgewähr der erbrachten Gegenleistungen zu erfüllen.[37] Jedoch ist aus unserer Sicht den Interessen des Nacherben genügt, wenn der Erwerber bereit ist, für den unentgeltlichen Teil ein angemessenes Entgelt zu zahlen; denn der Nacherbe hat kein Recht auf bestimmte Nachlassgegenstände, sondern nur auf Erhaltung des Nachlasswertes.[38]

Von der Verfügungsbeschränkung ausgenommen sind gem. § 2113 II 2 Pflicht- und Anstandsschenkungen (vgl. auch § 534).

Nach dem Sinn der Bestimmung muss die sittliche Pflicht und die Rücksicht auf den Anstand gerade im Hinblick auf die Leistung aus dem Nachlass des Erblassers bestehen. Es genügt also nicht, wenn zB eine sittliche Pflicht lediglich des Vorerben besteht.

Der Erblasser kann den Vorerben zwar von gewissen Verfügungsbeschränkungen befreien (befreite Vorerbschaft; → Rn. 382); er kann ihm aber nicht gestatten, unentgeltlich zu verfügen (§ 2136).

Der befreite Vorerbe kann demnach über Grundstücke und Grundstücksrechte entgeltlich verfügen, nicht aber unentgeltlich. Der Grundbuchrichter müsste, wenn ein Nacherbenvermerk eingetragen ist, bei jeder Eintragung verlangen, dass der Nachweis der Entgeltlichkeit in grundbuchmäßiger Form erbracht wird (§ 29 I 2 GBO). Da das nur selten möglich sein wird, lässt man es in der Praxis grundsätzlich ausreichen, dass die Entgeltlichkeit aus den überreichten Urkunden entnommen werden kann. Ergeben sich insoweit Zweifel, ist eine Nachprüfung erforderlich.
Der überlebende Ehegatte kann als befreiter Vorerbe über die zum Gesamtgut gehörenden Grundstücke auch unentgeltlich verfügen, solange keine Auseinandersetzung stattgefunden hat.[39] Denn der Gegenstand des Gesamtguts ist kein Nachlassgegenstand.[40]

Der Gutglaubensschutz des § 2113 III kommt auch bei unentgeltlicher Verfügung in Betracht (vgl. § 892 für Grundstücke und Grundstücksrechte, §§ 932 ff. für bewegliche Sachen). Erwirbt der Dritte gutgläubig unentgeltlich, besteht gegen ihn ein Anspruch aus § 816 I 2.

364   c) *Kündigt* der Vorerbe eine zur Erbschaft gehörende *Hypothekenforderung, Grundschuld, Rentenschuld und zieht er sie ein,* so verfügt er über ein Grundstücksrecht. In Abweichung von § 2113 I ist nach § 2114 der Vorerbe zu solchen Verfügungen ohne Zustimmung des Nacherben befugt. Damit aber der Nacherbe nicht benachteiligt wird, kann der Vorerbe nur Zahlung an sich verlangen, wenn er die Einwilligung des Nacherben beibringt. Andernfalls steht ihm lediglich ein Anspruch auf Hinterlegung für sich und den Nacherben zu (§ 2114 S. 2). Über den hinterlegten Betrag können

---

34 RGZ 159, 385 (393).
35 BGHZ 7, 279; BGH LM Nr. 1 zu § 2113 BGB; NJW 1985, 382 (383).
36 Erman/*Schmidt* § 2113 Rn. 17; *Lange* ErbR Kap. 11 Rn. 102; Palandt/*Weidlich* § 2113 Rn. 13; Soergel/Harder/*Wegmann,* § 2113 Rn. 22; Staudinger/*Avenarius* (2003) § 2113 Rn. 65 ff.
37 BGH NJW 1985, 382 (383); FamRZ 1990, 1344 (1345).
38 Ebenso: MüKoBGB/*Grunsky* § 2113 Rn. 37.
39 BGHZ 26, 378 für westf. Gütergemeinschaft; BGH NJW 1964, 768 für Errungenschaftsgemeinschaft.
40 Vgl. auch BGH FamRZ 1976, 338.

beide nur gemeinsam verfügen. Der Erblasser kann den Vorerben von der Beschränkung des § 2114 S. 2 befreien (§ 2136).

> Die Kündigung des Vorerben ist auch dann wirksam, wenn sie gegenüber dem persönlichen Schuldner erfolgt, der nicht Grundstückseigentümer ist.
> Wenn der Vorerbe allein kündigen kann, dann muss auch eine Kündigung des Schuldners nur gegenüber dem Vorerben (und nicht auch gegenüber dem Nacherben) wirksam sein.

Andere als in § 2114 S. 1 genannte Verfügungen des Vorerben fallen unter § 2113 (§ 2114 S. 3).

d) Zu den Verfügungen rechnet § 2115 auch *Zwangsvollstreckungen gegen den Vorerben* (Zwangsverfügungen). **365**

Vollstreckt ein persönlicher Gläubiger des Vorerben wegen einer Geldforderung in einen Nachlassgegenstand, so kann dadurch das Recht des Nacherben beeinträchtigt werden. Durch Versteigerung des gepfändeten Gegenstandes wird nämlich der Nachlass geschmälert. Deshalb ist eine solche Zwangsverfügung beim Eintritt des Nacherbfalls insoweit unwirksam, als sie das Recht des Nacherben vereiteln oder beeinträchtigen würde (§ 2115 S. 1).

> Das gilt ebenfalls für Zwangsvollstreckungen in solche Gegenstände, über die der Vorerbe frei verfügen kann (zB bewegliche Sachen; **Fall d**). Auch eine Befreiung durch den Erblasser kommt hier nicht in Betracht (§ 2136).

Liegen die Voraussetzungen des § 2115 S. 1 vor, erwirbt der Gläubiger das Recht selbst dann nicht, wenn er gutgläubig ist (zB wenn er nicht weiß, dass der gepfändete Gegenstand zum Nachlass gehört); denn einen Gutglaubensschutz kennt unsere Rechtsordnung nur beim rechtsgeschäftlichen Erwerb, nicht beim Erwerb im Wege der Zwangsvollstreckung.

> § 2115 S. 1 ist zusammen mit § 773 ZPO[41] zu lesen. Danach darf der Nacherbe nicht der Pfändung, sondern nur der Veräußerung der gepfändeten Sache (bzw. der Überweisung der gepfändeten Forderung) widersprechen. Der Klageantrag der Drittwiderspruchsklage (§ 771 ZPO) gegen den pfändenden Gläubiger lautet: »Es wird für unzulässig erklärt, dass der (genau zu bezeichnende) Gegenstand im Wege der Zwangsvollstreckung veräußert (bzw. überwiesen) wird.« Die Pfändung allein beeinträchtigt den Nacherben nicht, da der Eintritt des Nacherbfalls noch nicht sicher ist. Mit dem Nacherbfall kann der Nacherbe die Beseitigung der Vollstreckungsmaßnahmen verlangen, da sie jetzt sein Recht beeinträchtigen (zu **Fall d**).

Es gibt Ausnahmefälle, in denen der Nacherbe nicht schutzwürdig ist; dann ist die Zwangsverfügung unbeschränkt wirksam (vgl. § 2115 S. 2). Das ist der Fall, wenn wegen einer Nachlassschuld vollstreckt wird; denn dafür haftet auch der Nacherbe (§ 1967; dazu → Rn. 366). Ferner ist der Nacherbe nicht schutzwürdig, wenn ein an einem Nachlassgegenstand bestehendes Recht (zB Pfandrecht) geltend gemacht wird. Ein Schutz des Nacherben entfällt schließlich auch, falls dieser in die Vollstreckung eingewilligt hat.

§ 2115 gilt ebenfalls für die Arrestvollziehung und für Verfügungen des Insolvenzverwalters im Insolvenzverfahren über das Vermögen des Vorerben (vgl. § 83 II InsO).

---

41 *Brox/Walker* ZVR Rn. 1427 f.

Aus dem Sinn des § 2115 folgt, dass auch die Aufrechnung des Gläubigers einer gegen den Vorerben bestehenden Forderung gegen eine Nachlassforderung unzulässig ist. Denn die Aufrechnung würde zu einer Zwangsbefriedigung des Gläubigers und zu einer Schmälerung des Nachlasses führen (**Fall d**).[42]

II. Verpflichtungsgeschäfte des Vorerben

366 Der Vorerbe ist nicht gehindert, Verpflichtungsgeschäfte einzugehen, die sich auf den Nachlass beziehen. Eine andere Frage ist, ob dem Gläubiger neben dem Eigenvermögen des Vorerben auch der Nachlass haftet. Das ist der Fall, wenn die vom Vorerben eingegangene Verbindlichkeit vom Standpunkt eines sorgfältigen Dritten in ordnungsmäßiger Verwaltung des Nachlasses eingegangen wird; denn dann handelt es sich um eine Nachlassverbindlichkeit iSd § 1967, deren Schuldner der Nacherbe beim Nacherbfall wird (vgl. § 2144).[43]

Der Vorerbe kann mit dem Vertragspartner vereinbaren, dass für die Schuld nur der Nachlass und nicht zugleich sein Eigenvermögen haftet. Liegt dagegen eine Nachlassschuld nicht vor, dann kann eine Vereinbarung zwischen Vorerben und Vertragspartner keine Haftung des Nachlasses begründen, weil damit die Rechte des Nacherben beeinträchtigt würden; der Vorerbe haftet mit seinem Eigenvermögen.

Hat der Vorerbe ein Nachlassgrundstück oder ein eingetragenes Nachlassschiff vermietet oder verpachtet, so tritt der Nacherbe beim Nacherbfall in den Vertrag ein; er kann aber unter Einhaltung der gesetzlichen Kündigungsfrist kündigen (§§ 2135, 1056 II).

III. Verwaltung durch den Vorerben

367 1. Der Vorerbe verwaltet den Nachlass. Er ist gehalten, ihn ordnungsmäßig zu verwalten. Denn nach § 2130 I 1 ist er nach Eintritt des Nacherbfalles verpflichtet, dem Nacherben die Erbschaft in dem Zustand herauszugeben, der sich bei einer bis zur Herausgabe ordnungsmäßigen Verwaltung ergibt.

Zu einer solchen Verwaltung gehört insbesondere die Berichtigung von Nachlassverbindlichkeiten (zB Erfüllung einer Verbindlichkeit des Erblassers, einer Vermächtnisforderung), aber auch das Eingehen von neuen Verbindlichkeiten (zB Abschluss eines Werkvertrages zwecks Reparatur des schadhaften Daches an einem zum Nachlass gehörenden Haus).

Ordnungsmäßige Verwaltung durch den Vorerben kann bei einer Kreditaufnahme zu Lasten des Nachlasses die Einschaltung eines erfahrenen und zuverlässigen Treuhänders und die Sicherstellung voraussetzen, dass die fortlaufenden Zinsen und die Tilgung nicht zu einer Auszehrung des Nachlasses führen können.[44]

Ist eine Verfügung erforderlich (zB Veräußerung eines Nachlassgrundstückes, um mit dem Erlös Nachlassschulden zu bezahlen), kann der Vorerbe vom Nacherben die Erteilung der Einwilligung zu der Verfügung verlangen (§ 2120).

Geld hat der Vorerbe gem. § 2119 mündelsicher anzulegen. Die Regelung für Inhaberpapiere und Orderpapiere mit Blankoindossament findet sich in den §§ 2116–2118, die für Wälder, Bergwerke unter anderem in § 2123.

---

42 Vgl. RGZ 80, 30 (33); MüKoBGB/*Grunsky* § 2115 Rn. 9.
43 BGHZ 32, 60; 110, 176.
44 BGH DNotZ 1993, 538.

2. Verletzt der Vorerbe die ihm obliegende Sorgfaltspflicht, so kommt eine Ersatz- **368** pflicht erst mit Eintritt des Nacherbfalls in Betracht (§§ 2131 ff.).

Bis zu diesem Zeitpunkt wird der Nacherbe durch eine Reihe von Rechten (→ Rn. 356) geschützt, die ihm gegenüber dem Vorerben zustehen.

Um eine Beeinträchtigung der Rechte des Nacherben zu verhindern, kann dem Vorerben unter besonderen Voraussetzungen die *Verwaltung entzogen werden* (§§ 2128 II, 1052):

Besteht wegen des Verhaltens oder der ungünstigen Vermögenslage des Vorerben die Besorgnis einer erheblichen Verletzung der Rechte des Nacherben, so kann der Nacherbe Sicherheitsleistung verlangen (§ 2128 I). Ist der Vorerbe rechtskräftig zur Sicherheitsleistung verurteilt und hat er die ihm auf Antrag des Nacherben dazu bestimmte Frist verstreichen lassen (§§ 2128 II, 1052 I; § 255 II ZPO), so kann der Nacherbe beim Vollstreckungsgericht (§ 764 ZPO) die Anordnung einer Zwangsverwaltung beantragen.

Der Vorerbe hat die Erbschaft dem vom Gericht bestellten Verwalter herauszugeben; er verliert das ihm gem. § 2112 eingeräumte Recht, über Erbschaftsgegenstände zu verfügen (§ 2129 I). Der Verwalter kann in dem Umfang verfügen, wie es der Vorerbe ohne Zwangsverwaltung könnte. Verfügt der Vorerbe dennoch, so wird der gutgläubige Dritte geschützt (§§ 2129 II 1, 892, 932 ff.). Zieht der Vorerbe eine zum Nachlass gehörende Forderung ein, so wird der Schuldner von seiner Verbindlichkeit frei, es sei denn, dass er die Anordnung kennt oder dass ihm eine Mitteilung von der Anordnung zugestellt ist (§ 2129 II 2).

Das über den Schutz des gutgläubigen Dritten Gesagte gilt auch, wenn der Verwalter verfügt, obwohl die Entziehung der Verwaltung des Vorerben aufgehoben worden ist (§ 2129 II 3). Die Verwaltung ist aufzuheben, sobald die Sicherheit geleistet wird (§§ 2128 II, 1052 III).

IV. Prozessführung durch den Vorerben

1. Der Vorerbe ist als Erbe des Erblassers Träger der Rechte und Pflichten hinsicht- **369** lich der Nachlassgegenstände und der Nachlassverbindlichkeiten. Deshalb führt er die entsprechenden Prozesse. Ist ein Rechtsstreit zwischen dem Vorerben und einem Dritten rechtskräftig entschieden, so fragt sich, ob das Urteil auch für und gegen den Nacherben wirkt.

Grundsätzlich wirkt die Rechtskraft nur unter den Prozessparteien und nicht gegenüber Dritten. Gem. § 325 ZPO wirkt das Urteil aber für und gegen die Person, die nach der Rechtshängigkeit Rechtsnachfolger einer Prozesspartei geworden ist. Das gilt jedoch nicht für den Nacherben, da er nicht Rechtsnachfolger des Vorerben, sondern des Erblassers ist.

§ 326 ZPO regelt die *Rechtskraftwirkung gegenüber dem Nacherben.* Drei Fälle sind zu unterscheiden:[45]

a) § 326 I (1. Fall) ZPO: *Passivprozess* über eine Nachlassverbindlichkeit.

> **Beispiel:** Der Kläger verlangt vom beklagten Vorerben Zahlung des Kaufpreises aus einem angeblich zwischen dem Erblasser und dem Kläger geschlossenen Kaufvertrag.

Wenn das Urteil vor dem Nacherbfall rechtskräftig wurde, so wirkt es *zu Gunsten* (nicht zu Ungunsten) des Nacherben.

---

45 Vgl. *Brox/Walker* ZVR Rn. 119 f.

> **Beispiel:** Die genannte Kaufpreisklage wird abgewiesen; einer erneuten Klage gegen den Nacherben steht die Rechtskraft entgegen.

b) § 326 I (2. Fall) ZPO: *Aktivprozess* über einen der Nacherbfolge unterliegenden Gegenstand.

> **Beispiel:** Der Vorerbe klagt gegen den Besitzer auf Herausgabe eines Nachlassgegenstandes.

Wenn das Urteil vor dem Nacherbfall rechtskräftig wurde, so wirkt es *zu Gunsten* des Nacherben.

> **Beispiel:** Der Klage wird stattgegeben. Der Nacherbe braucht nicht erneut gegen den Besitzer auf Herausgabe zu klagen. Er kann für sich die Erteilung der Vollstreckungsklausel beantragen (§§ 728 I, 727 ZPO; Nachweis durch Erbschein).

c) § 326 II ZPO: Der *Prozess über einen der Nacherbfolge unterliegenden Gegen-stand* kann *für den Vorerben ungünstig ausgehen.* Tritt nach Rechtskraft des Urteils der Nacherbfall ein, so wirkt das Urteil auch *gegen* den Nacherben, wenn der Vorerbe über den Gegenstand ohne Zustimmung des Nacherben nach den §§ 2112 ff. (→ Rn. 361 ff.) zu verfügen berechtigt war.

> **Beispiel:** Bewegliche Sachen. Beachte bei befreiter Vorerbschaft § 2136 (→ Rn. 383). Die Vollstreckungsklausel kann gegen den Nacherben umgeschrieben werden (§ 728 I ZPO).
> Der Nacherbe ist auch dann nicht schutzwürdig, wenn er der Prozessführung des Vorerben zugestimmt hat; in diesem Falle muss er das Urteil gegen sich gelten lassen.

2. Tritt der *Nacherbfall während des Rechtsstreits* ein, wird das Verfahren bis zu seiner Wiederaufnahme unterbrochen (§§ 242, 239 ZPO). Bei Vertretung des Vorerben durch einen Prozessbevollmächtigten tritt beim Nacherbfall keine Unterbrechung ein; jedoch ist auf Antrag das Verfahren auszusetzen (§ 246 ZPO).

V. Surrogation

370 Um dem Nacherben den Nachlass möglichst ungeschmälert zu erhalten, gehört zum Nachlass das, was der Vorerbe aufgrund eines zur Erbschaft gehörenden Rechtes oder als Ersatz für die Zerstörung, Beschädigung oder Entziehung eines Erbschaftsgegenstandes oder durch Rechtsgeschäft mit Mitteln der Erbschaft erwirbt (§ 2111).

Wird aber ein Giroverhältnis zwischen Erblasser und Bank vom Vorerben fortgeführt, tritt der Nacherbe beim Nacherbfall nicht in das Vertragsverhältnis ein,[46] weil das Kontoguthaben nicht vom Erblasser herrührt.[47]
Da der Ersetzungsgrundsatz an mehreren Stellen des Erbrechts vorkommt, wird er unten (→ Rn. 600 ff.) im Zusammenhang dargestellt.

E. Folgen des Nacherbfalls

I. Anfall der Erbschaft

371 Mit dem Nacherbfall fällt die Erbschaft dem Nacherben an; der Vorerbe hört auf, Erbe zu sein (§ 2139).

Der Nacherbe wird kraft Gesetzes Eigentümer der Nachlassgegenstände, Gläubiger der Nachlassforderungen und Schuldner der Nachlassschulden. Das Grundbuch, in dem der Vorerbe eingetragen

---

46 BGHZ 131, 60.
47 Vgl. *Krampe* ZEV 1996, 63.

ist, wird unrichtig; der Nacherbenvermerk ist auf Antrag des Nacherben zu löschen. Der Erbschein (§ 2363) wird ebenfalls unrichtig und ist einzuziehen (§ 2361 I 1).

Nach § 857 geht der *Besitz* auf den Erben über. Das gilt für den Nacherben insofern, als der Vorerbe den Besitz tatsächlich noch nicht erlangt hatte, also selbst nur gem. § 857 Besitzer war. Hatte dagegen der Vorerbe die tatsächliche Sachherrschaft, greift § 857 zu Gunsten des Nacherben nicht ein.

Das folgt auch aus § 2140. Nach dieser Bestimmung ist der Vorerbe zu bestimmten Verfügungen auch nach Eintritt des Nacherbfalls berechtigt (→ Rn. 377 ff.). Solche Verfügungen würden nicht zum Erfolg führen, wenn § 857 eingriffe und deshalb ein Eigentumserwerb des Dritten wegen des Abhandenkommens nicht möglich wäre.

Beim Tod des Vorerben geht dessen Besitz gem. § 857 auf die Erben des Vorerben über.

II. Herausgabeanspruch des Nacherben

Unmittelbar mit dem Eintritt des Nacherbfalls erwirbt der Nacherbe das Recht, vom Vorerben die Herausgabe der Erbschaft zu verlangen (§ 2130 I).   **372**

Herauszugeben ist alles, was zur Erbschaft gehört. Darunter fallen auch die Surrogate (§ 2111); für die Surrogation hat der Nacherbe die Darlegungs- und Beweislast.[48] Ebenfalls sind solche Gegenstände herauszugeben, die für sich allein für den Vorerben wertlos sind, aber dem Nacherben hinsichtlich eines Nachlassgegenstandes dienlich sein können (zB vollstreckbare Schuldurkunde über eine Nachlassforderung).[49]

Der Anspruch aus § 2130 I ähnelt insoweit dem Erbschaftsherausgabeanspruch gem. § 2018 (→ Rn. 572 ff.). Dieser richtet sich gegen den Erbschaftsbesitzer, jener gegen den Vorerben.

§ 2018 kommt nur dann gegen den Vorerben in Betracht, wenn dieser vorträgt, nach wie vor Erbe zu sein.

III. Ersatzanspruch des Nacherben

1. § 2130 I verpflichtet den Vorerben, den Nachlass *in dem Zustande herauszugeben,*   **373**
der sich bei einer bis zur Herausgabe fortgesetzten ordnungsmäßigen Verwaltung ergibt. Stellt sich am Ende der Vorerbschaft heraus, dass bei ordnungsmäßiger Verwaltung durch den Vorerben der Wert der Erbschaft größer gewesen wäre, als er tatsächlich ist, so muss der Vorerbe in Höhe der Differenz Wertersatz leisten.

Zwecks Feststellung der Ansprüche aus § 2130 I hat der Vorerbe auf Verlangen Rechenschaft abzulegen (§ 2130 II; vgl. §§ 259 f.).

Da der Vorerbe zur Benutzung der Erbschaftssachen berechtigt ist, haftet er nicht für Veränderungen und Verschlechterungen, die durch ordnungsmäßige Benutzung herbeigeführt werden (§ 2132). Die Behauptungs- und Beweislast hat der Vorerbe.

Der Vorerbe hat dem Nacherben gegenüber in Ansehung der Verwaltung nur für diejenige Sorgfalt einzustehen, die er in eigenen Angelegenheiten anzuwenden pflegt (§ 2131: diligentia quam in suis).

---

48 BGH NJW 1983, 2874.
49 RGZ 163, 51.

Diese Regelung dürfte dem mutmaßlichen Erblasserwillen entsprechen und berücksichtigt, dass der Vorerbe Eigentümer der zur Erbschaft gehörenden Sachen ist; deshalb darf keine andere Sorgfalt verlangt werden als diejenige, die er auf sein übriges Vermögen verwendet.[50]

Im Streitfall muss der Vorerbe beweisen, dass er auch in eigenen Angelegenheiten nicht anders zu verfahren pflegt. Von der Haftung wegen grober Fahrlässigkeit ist er nicht befreit (§ 277).

§ 2131 kommt in den Fällen nicht in Betracht, in denen das Gesetz dem Vorerben ein bestimmtes Verhalten vorschreibt (§§ 2116–2119, 2123, 2133) oder die Ersatzpflicht besonders regelt (§ 2134).

2. Kann der Vorerbe einen Erbschaftsgegenstand nicht herausgeben, weil er ihn für sich verwendet hat, so muss er stattdessen *Wertersatz* leisten (§ 2134 S. 1).

Da der Ersatzanspruch erst mit dem Nacherbfall entsteht, kommt auch eine Verzinsung frühestens von diesem Zeitpunkt an in Betracht.

Daneben besteht ein Anspruch auf *Schadensersatz* (§§ 280 ff., 249 ff.) dann, wenn den Vorerben ein Verschulden iSd § 2131 trifft (§ 2134 S. 2).

IV. Anspruch des Nacherben wegen übermäßiger Fruchtziehung

374 Nutzungen (Früchte und Gebrauchsvorteile, § 100) stehen bis zum Nacherbfall dem Vorerben zu, denn er ist Erbe und damit Herr des Nachlasses.

Vgl. § 953. Die Surrogationsvorschrift des § 2111 steht dem nicht entgegen.

Der Vorerbe erwirbt also auch diejenigen Früchte zu Eigentum, die er den Regeln einer ordnungsmäßigen Wirtschaft zuwider zieht.

Eine andere Frage ist es, ob und inwieweit der Nacherbe gegen den Vorerben einen schuldrechtlichen Anspruch wegen der Fruchtziehung hat. Die Antwort gibt § 2133: Der Vorerbe hat nach dem Eintritt des Nacherbfalls den Mehrertrag an den Nacherben herauszugeben oder zu ersetzen, wenn er Früchte (zB Holz) den Regeln einer ordnungsmäßigen Wirtschaft zuwider gezogen hat (zB Raubbau durch übermäßiges Abholzen) oder wenn eine Fruchtziehung im Übermaß deshalb erfolgte, weil diese infolge eines besonderen Ereignisses notwendig geworden war (zB Windbruch nach einem Orkan). In allen übrigen Fällen verbleiben dem Vorerben die Früchte.

Ist nach § 2133 der Mehrertrag herauszugeben bzw. zu ersetzen, so ist darauf zu Gunsten des Vorerben anzurechnen, was er an Fruchtausfall wegen des ordnungswidrigen oder übermäßigen Fruchtbezugs erlitten hat. Eine solche Anrechnung kommt jedoch insoweit nicht in Betracht, als der Wert der Früchte zur Wiederherstellung der Sache zu verwenden ist.

Unberührt bleibt ein Schadensersatzanspruch des Nacherben gegen den Vorerben gem. §§ 280, 2130, wenn dieser schuldhaft (§ 2131) in ordnungswidriger Weise Früchte gezogen hat und dadurch nun dem Nacherben ein Schaden entstanden ist.

---

50 Prot. V, 96.

V. Gegenansprüche des Vorerben

Ob der Vorerbe Kosten und Lasten, die er getragen hat, vom Nacherben ersetzt **375** verlangen kann, richtet sich nach den §§ 2124–2126. Folgende Fälle sind zu unterscheiden:

1. Die *gewöhnlichen Erhaltungskosten* (zB normale Verschleißreparaturen; vgl. BGH FamRZ 1993, 1311) trägt der Vorerbe dem Nacherben gegenüber (§ 2124 I).

Grund: Diese Kosten sind aus den Nutzungen zu decken, die dem Vorerben bis zum Nacherbfall zustehen. Auch wenn die genannten Kosten den Wert der Nutzungen übersteigen, muss der Vorerbe sie tragen.

2. Die *außergewöhnlichen Erhaltungskosten* (zB außergewöhnliche Ausbesserungen oder Erneuerungen) können aus der Erbschaft bestritten werden (§ 2124 II 1). Deckt der Vorerbe sie aus seinem eigenen Vermögen, so kann er sie vom Nacherbfall an vom Nacherben ersetzt verlangen (§ 2124 II 2).

Grund: Derartige Aufwendungen stellen regelmäßig solche Wertverbesserungen des Nachlasses dar, die über den Nacherbfall hinausreichen und deshalb auch dem Nacherben noch zugute kommen.

Voraussetzung für den Anspruch ist nicht, dass die Erhaltungskosten objektiv erforderlich waren. Es genügt, dass der Vorerbe sie den Umständen nach für erforderlich halten durfte (vgl. die entsprechende Regelung in § 670).

3. Die *sonstigen Verwendungen*, also solche, die nicht Erhaltungskosten iSd § 2124 sind, müssen vom Nacherben dem Vorerben nach den Vorschriften über die Geschäftsführung ohne Auftrag (§§ 2125 I, 683, 684) ersetzt werden (zB Kosten für Betriebserweiterungen, Luxusaufwendungen).

Grund: Hier soll der Nacherbe nicht in jedem Fall, sondern nur dann ersatzpflichtig sein, wenn der Vorerbe die Aufwendungen den Umständen nach für erforderlich halten durfte und der damit verfolgte Zweck dem wirklichen oder mutmaßlichen Willen des Nacherben entspricht oder die Aufwendungen der Erfüllung einer im öffentlichen Interesse liegenden Pflicht dienen (§§ 683, 679). Andernfalls besteht nur ein Bereicherungsanspruch (§ 684 S. 1).

§ 2125 II gibt dem Vorerben ein Wegnahmerecht (§ 258), das die Regeln der §§ 677 ff. nicht vorsehen.

4. Die *ordentlichen Lasten* (zB Grundsteuern, Versicherungsprämien; vgl. § 103) trägt – wie die gewöhnlichen Erhaltungskosten – der Vorerbe.

Grund: Dem Vorerben fließen auch die Nutzungen zu.

5. Die *außerordentlichen Lasten*, die als auf den Stammwert der Erbschaftsgegenstände gelegt anzusehen sind (zB Schulden des Erblassers, Pflichtteilsansprüche, Erschließungsbeiträge für Nachlassgrundstücke), hat der Vorerbe im Verhältnis zum Nacherben nicht zu tragen (§ 2126 S. 1). Sie können – wie die außergewöhnlichen Erhaltungskosten – aus der Erbschaft bestritten werden oder müssen, wenn der Vorerbe sie aus seinem Vermögen tilgt, vom Nacherben ersetzt werden (§§ 2126 S. 2; 2124 II).

Grund: Derartige Lasten betreffen unmittelbar den Nachlass.

VI. Wiederaufleben erloschener Rechte

376 Hat der Vorerbe eine Forderung gegen den Erblasser, so erlischt diese mit dem Erbfall infolge Konfusion. Tritt aber der Nacherbfall ein, ist der Nacherbe als Rechtsnachfolger des Erblassers Schuldner der Forderung; denn diese lebt mit dem Nacherbfall wieder auf (§ 2143). Das gilt ebenfalls für die Sicherungsrechte (Bürgschaften, Pfandrechte).

Entsprechend gilt eine Forderung des Erblassers gegen den Vorerben mit dem Nacherbfall als nicht erloschen. Der Nacherbe kann also die Forderung gegen den Vorerben geltend machen.

Das Gesagte gilt auch bei Konsolidation (Vereinigung von Recht und Belastung in der Person des Vorerben), wenn der Nacherbfall eintritt.

Vor dem Nacherbfall ist bereits eine entsprechende Feststellungsklage möglich (§ 256 ZPO).[51]

§ 2143 ist nicht anwendbar, wenn schon aus einem anderen Grund (zB Testamtensvollstreckung, Nachlassverwaltung, Nachlassinsolvenzverfahren) der Nachlass vom sonstigen Vermögen des Vorerben getrennt worden ist.[52]

VII. Verfügungen des Vorerben nach Eintritt des Nacherbfalls

377 Mit dem Nacherbfall hört der Vorerbe auf, Erbe zu sein (§ 2139). Demnach müsste damit auch sein Verfügungsrecht über Nachlassgegenstände enden. Diese Regelung wäre für den Vorerben und den Dritten misslich, wenn der Vorerbe, ohne den Eintritt des Nacherbfalls (zB Geburt eines Nacherben) zu kennen oder kennen zu müssen, verfügt und der Dritte (Erwerber) ebenfalls den Eintritt des Nacherbfalls weder kennt noch kennen muss: Der Vorerbe wäre dem Nacherben wegen der Verfügung verantwortlich, und der Dritte könnte nicht erwerben, wenn nicht § 932 (guter Glaube an das Eigentum des Veräußerers) gegeben ist.

Diese unbilligen Ergebnisse verhindert § 2140:

378 1. Der *Vorerbe*, der den Eintritt des Nacherbfalls nicht kennt und nicht kennen muss, wird vom Gesetz *als verfügungsberechtigt behandelt* (§ 2140 S. 1).

379 2. Der *Dritte* wird bei einer Verfügung des gutgläubigen (§ 2140 S. 1) Vorerben ebenfalls geschützt, es sei denn, dass der Dritte den Eintritt des Nacherbfalls kannte oder kennen musste (§ 2140 S. 2). Ist also der Dritte in diesem Sinne *gutgläubig, so erwirbt er zum Nachteil des Nacherben.*

> **Beispiel:** Übereignet der Vorerbe einen Nachlassgegenstand, so erwirbt der Dritte, der die Zugehörigkeit des Gegenstandes zum Nachlass und die Vorerbeneigenschaft des Veräußerers kennt, nur dann, wenn der Veräußerer und der Dritte in Bezug auf den Eintritt des Nacherbfalls gutgläubig (iSd § 2140) sind; leichte Fahrlässigkeit schadet bereits.
> Weiß der Dritte jedoch nicht, dass der Veräußerer Vorerbe ist und die Sache zum Nachlass gehört, so kann er nach § 932 Eigentum erwerben, wenn er an das Eigentum des Veräußerers glaubt; insofern schadet nur grobe Fahrlässigkeit oder positive Kenntnis in Bezug auf das Eigentum des Veräußerers.

---

51 BGH LM Nr. 5 zu § 2100 BGB.
52 BGHZ 48, 214.

VIII. Unterhaltsanspruch der Mutter des Nacherben

Tritt der Nacherbfall ein, bevor der Nacherbe geboren ist, so kann die Mutter des **380** erwarteten Nacherben uU Unterhalt aus dem Nachlass verlangen (§§ 2141, 1963).

IX. Haftung des Nacherben

Die Haftung des Nacherben ist in § 2144 geregelt (→ Rn. 737).

F. Besonderheiten der befreiten Vorerbschaft

I. Anordnung des Erblassers

Der Erblasser kann die Rechtsstellung des Vorerben weitgehend verbessern, indem er **381** ihn von gewissen gesetzlichen Beschränkungen und Verpflichtungen befreit (§ 2136). Ob und inwieweit der Erblasser ihn befreien wollte, ist durch Auslegung der Verfügung von Todes wegen zu ermitteln (→ Rn. 198 ff.).

Hat der Erblasser den Nacherben auf das eingesetzt, was von der Erbschaft beim Nacherbfall übrig sein wird, so gilt das als Befreiung des Vorerben, soweit diese gesetzlich zulässig ist (§ 2137 I). Das ist im Zweifel auch dann anzunehmen, wenn der Vorerbe nach dem Willen des Erblassers über die Erbschaft frei zu verfügen berechtigt sein soll (§ 2137 II).

> **Beispiel:** Der Erblasser setzt seinen Ehegatten zum Vollerben ein, bestimmt aber, dass im Falle der Wiederheirat die Kinder Nacherben sein sollen (bedingte Vor- und Nacherbfolge). In einem solchen Fall wird man mangels besonderer Umstände eine stillschweigende Befreiung des Vorerben im gesetzlich zulässigen Umfange annehmen dürfen.[53] Andererseits lässt sich bei Anordnung einer Nacherbfolge allein aus dem Umstand, dass der Vorerbe als Alleinerbe eingesetzt ist, kein Hinweis dafür entnehmen, er solle befreiter Vorerbe sein.[54]

II. Grenzen der Befreiung

In § 2136 sind die gesetzlichen Beschränkungen und Verpflichtungen aufgeführt, von **382** denen der Erblasser den Vorerben ganz oder teilweise befreien kann. Im Übrigen kommt eine Befreiung nicht in Betracht.

Demnach kann der Erblasser den Vorerben *nicht befreien* von:
1. § 2113 II (keine Verfügungsmacht zu unentgeltlichen Verfügungen; → Rn. 363);
2. § 2115 (Unwirksamkeit der Verfügungen im Wege der Zwangsvollstreckung; → Rn. 365);
3. § 2121 (Mitteilung eines Verzeichnisses der Nachlassgegenstände);
4. § 2122 (Duldung der Feststellung des Zustandes der Nachlassgegenstände);
5. § 2111 (Ersetzungsgrundsatz).

III. Folgen der Befreiung

1. Hat der Erblasser den Nacherben *auf den Überrest eingesetzt* (§ 2137), so muss **383** der Vorerbe beim Nacherbfall *nur die noch vorhandenen Nachlassgegenstände* dem Nacherben *herausgeben* (§ 2138 I 1). Soweit sie nicht mehr vorhanden sind, braucht er auch keinen Ersatz zu leisten; denn eine Verwaltungspflicht des Vorerben besteht in dem Umfange nicht, in dem der Erblasser ihn »befreit« hat.

---

53 BGH FamRZ 1961, 275; MüKoBGB/*Grunsky* § 2136 Rn. 5.
54 BGH FamRZ 1970, 192.

Es wäre unbillig, den Nacherben zum Ersatz der Verwendungen (§§ 2124 II, 2125) auch insoweit zu verpflichten, als eine Herausgabepflicht des Vorerben nicht besteht (vgl. § 2138 I 2). Kann dagegen der Vorerbe zB infolge zufälligen Untergangs nicht herausgeben, bleibt es bei der Pflicht des Nacherben zum Verwendungsersatz; § 2138 I 2 kommt nicht in Betracht, weil die Herausgabepflicht nicht »infolge dieser Beschränkung« entfällt.

2. Der Vorerbe ist dem Nacherben *schadensersatzpflichtig*, wenn er über einen Nachlassgegenstand unentgeltlich verfügt hat oder den Nachlass in der Absicht, den Nacherben zu benachteiligen, vermindert hat (§ 2138 II).

G. Zusammenfassung

384   Der Erblasser kann nur in einer Verfügung von Todes wegen Vor- und Nacherbfolge anordnen. Der Vorerbe ist bis zum Nacherbfall Herr des Nachlasses. Beim Nacherbfall wird der Nacherbe Rechtsnachfolger des Erblassers und nicht des Vorerben; mit dem Erbfall erwirbt der Nacherbe ein erbrechtliches Anwartschaftsrecht.

Bis zum Nacherbfall kann der Vorerbe über Nachlassgegenstände grundsätzlich verfügen (wichtigste Ausnahmen: Verfügungen über Grundstücke und Grundstücksrechte, unentgeltliche Verfügungen). Er ist zur ordnungsmäßigen Verwaltung des Nachlasses verpflichtet und zur Prozessführung über Nachlassgegenstände und Nachlassverbindlichkeiten befugt. Von einer Reihe gesetzlicher Beschränkungen und Verpflichtungen kann der Erblasser den Vorerben befreien.

Mit dem Nacherbfall fällt die Erbschaft dem Nacherben an. Dieser kann vom Vorerben Herausgabe des Nachlasses einschließlich der Surrogate verlangen und eventuell Ersatzansprüche geltend machen. Gegenansprüche des Vorerben können sich wegen Verwendungen auf die Erbschaft oder Tilgung außergewöhnlicher Lasten ergeben.

Die Vor- und Nacherbschaft (§§ 2100 ff.)

  I. Begriff: Vorerbe und Nacherbe werden zeitlich nacheinander Erben des Erblassers

II. Anordnung der Nacherbschaft
    1. Nur durch Verfügung von Todes wegen möglich
    2. Gesetzliche Auslegungsregeln für die Verfügung von Todes wegen: §§ 2101 ff.
    3. Zeitpunkt des Eintritts der Nacherbfolge vom Erblasser bestimmbar (arg. § 2106 I) in den Grenzen des § 2109

III. Rechtsstellung des Nacherben vor dem Nacherbfall: Anwartschaft
    ● im Zweifel vererblich (§ 2108 II 1, Ausnahme: II 2)
    ● übertragbar und pfändbar (§§ 857, 851 ZPO)
    ● vernichtbar durch Übertragung auf den Vorerben (Form: § 2033 I 2) oder durch Ausschlagung (§ 2142 I)

IV. Rechtsstellung des Vorerben bis zum Nacherbfall
    1. Verfügungen des Vorerben über Nachlassgegenstände
      a) Grundsatz: Verfügungsrecht des Vorerben über die Nachlassgegenstände (§ 2112)

b) Einschränkungen der Verfügungsfreiheit

   aa) Verfügungen über Grundstücke oder Grundstücksrechte werden im Nacherbfall unwirksam (§ 2113 I)

   Ausnahmen: § 2136 (befreiter Vorerbe); § 185 (Zustimmung des Nacherben, § 2113 III (gutgläubiger Erwerb), § 2114 (Verfügungen über Hypothekenforderungen)

   bb) Unentgeltliche Verfügungen (§ 2113 II 1)

   Ausnahmen: § 2113 II 2 (Pflicht- und Anstandsschenkungen), § 2113 III (gutgläubiger Erwerb)

   cc) Verfügungen in Form von Zwangsvollstreckungen gegen den Vorerben (§ 2115 S. 1)

   Ausnahmen: Vollstreckung wegen einer Nachlassschuld oder eines an einem Nachlassgegenstand bestehenden Rechts (§ 2115 S. 2)

2. Verpflichtungsgeschäfte mit Bezug auf den Nachlass sind wirksam (Haftung des Nachlasses aber nur, wenn die Verpflichtung ordnungsmäßiger Nachlassverwaltung entspricht, §§ 1967, 2144)

3. Pflicht zur ordnungsmäßigen Verwaltung des Nachlasses (arg. § 2130 I 1)

4. Befugnis zur Prozessführung in Bezug auf Nachlassgegenstände und Nachlassverbindlichkeiten (zur Rechtskraft: § 326 ZPO)

V. Folgen des Nacherbfalles

1. Vorerbe ist nicht mehr Erbe (Verlust der Verfügungsbefugnis über Nachlassgegenstände in den Grenzen des § 2140)

2. Anspruch des Nacherben auf Herausgabe der Erbschaft (§ 2130 I)
Ausnahme: im Fall des § 2137 nur Herausgabe der noch vorhandenen Nachlassgegenstände (§ 2138 I 1)

3. Ersatzansprüche des Nacherben

   • wegen nicht ordnungsmäßiger Verwaltung (arg. § 2130 I, aber nur für Verschulden in eigenen Angelegenheiten, § 2131)

   • wegen übermäßiger Fruchtziehung (§ 2133)

   • wegen eigennütziger Verwendung des herauszugebenden Gegenstandes durch den Vorerben (§ 2134)

4. Gegenansprüche des Vorerben

   • auf Ersatz außergewöhnlicher Erhaltungskosten und Lasten (§§ 2124 II 2, 2126 S. 2)

   • auf Ersatz sonstiger Verwendungen (§§ 2125 I, 683, 684; Ausnahme: § 2138 I 2)

§ 26 Die Testamentsvollstreckung

Literatur: *Adams*, Der Alleinerbe als Testamentsvollstrecker, ZEV 1998, 321; *Bengel/Reimann*, Handbuch der Testamentsvollstreckung, 4. Aufl. 2010; *Bork*, Testamentsvollstreckung durch Banken, WM 1995, 225; *Burgard*, Die Haftung des Erben für Delikte des Testamentsvollstreckers, FamRZ 2000, 1269; *Damrau*, Das Bestimmungsrecht des Testamentsvollstreckers, FamRZ 2004, 421; *ders.*, Pflegschaft für den unbekannten Testamentsvollstrecker, FS Herm. Lange, 1992, 797; *ders.*, Der Nachlaß vor Beginn des Testamentsvollstreckeramtes, ZEV 1996, 81; *ders.*, Lebenslange Testamentsvollstreckung im Insolvenzfall, MDR 2000, 255; *Deckert*, Testamentsvollstreckung, JA 1995, 111; *Dörrie*,

385

Reichweite der Kompetenzen des Testamentsvollstreckers an Gesellschaftsbeteiligungen, ZEV 1996, 370; *Faust,* Die Testamentsvollstreckung am Anteil eines persönlich haftenden Gesellschafters, DB 2002, 189; *Frank,* Die Testamentsvollstreckung über Aktien, ZEV 2002, 389; *Grunsky/Hohmann,* Die Teilbarkeit des Testamentsvollstreckeramtes, ZEV 2005, 41; *Grunsky/Theiss,* Testamentsvollstreckung durch Banken, WM 2006, 1561; *Häfke,* Steuerliche Pflichten, Rechte und Haftung des Testamentsvollstreckers, ZEV 1997, 429; *Haegele/Winkler,* Der Testamentsvollstrecker nach bürgerlichem, Handels- und Steuerrecht, 17. Aufl. 2005; *Hehemann,* Testamentsvollstreckung bei Vererbung von Anteilen an Personengesellschaften, BB 1995, 1301; *Holzhauer,* Erbrechtliche Untersuchungen, 1973, 1; *Jung,* Unentgeltliche Verfügungen des Testamentsvollstreckers und des befreiten Vorerben, Rpfleger 1999, 204; *Kesseler,* Die Vereitelung der Ziele der Testamentsvollstreckung durch Veräußerung des Miterbenanteils, NJW 2006, 3672; *Klingelhöffer,* Testamentsvollstreckung und Pflichtteilsrecht – Anmerkungen zu § 2313 Abs. 1 S. 3 BGB, ZEV 2000, 261; *Klumpp,* Handlungsspielraum und Haftung bei Vermögensanlagen durch den Testamentsvollstrecker, ZEV 1994, 65; *Lehmann,* Die unbeschränkbare Verfügungsbefugnis des Testamentsvollstreckers, AcP 188 (1988) 1; *Lorz,* Testamentsvollstreckung und Unternehmensrecht, 1995; *Mayer,* Die Testaments-Vollstreckung über GmbH-Anteile, ZEV 2002, 209; *Möhring/Beißwingert/Klingelhöffer,* Vermögensverwaltung in Vormundschafts- und Nachlaßsachen, 7. Aufl. 1992; *Muscheler,* Die Haftungsordnung der Testamentsvollstreckung, 1994; *ders.,* Testamentsvollstreckung über Erbteile, AcP 195 (1995) 35; *ders.,* Die Freigabe von Nachlaßgegenständen durch den Testamentsvollstrecker, ZEV 1996, 401; *ders.,* Die Entlassung des Testamentsvollstreckers, AcP 197 (1997) 226; *ders.,* Die vom Testamentsvollstrecker erteilte Vollmacht, ZEV 2008, 213; *ders.,* Der Pflichtteilsberechtigte als Beteiligter im Sinne des § 2227 BGB, ZErb 2009, 54; *ders.,* Pflicht des Testamentsvollstreckers zur Kündigung seines Amtes, NJW 2009, 2081; *ders.,* Testamentsvollstreckung und Vermächtnis, ZEV 2011, 230; *Offergeld,* Die Rechtsstellung des Testamentsvollstreckers, 1995; *v. Preuschen,* Testamentsvollstreckung für Erbteile (Teilvollstreckung), FamRZ 1993, 1390; *Priester,* Testamentsvollstreckung am GmbH-Anteil, FS Stimpel, 1985, 463; *Quack,* Die Testamentsvollstreckung an Kommanditanteilen, BB 1989, 2271; *Reimann,* Der Urkundsnotar als Testamentsvollstrecker, FS v. Lübtow, 1991, 317; *ders.,* Notare als Testamentsvollstrecker, DNotZ 1994, 659; *ders.,* Zur Festsetzung der Testamentsvollstreckervergütung, ZEV 1995, 57; *ders.,* Die Kontrolle des Testamentsvollstreckers, FamRZ 1995, 588; *ders.,* Ende der Testamentsvollstreckung durch Umwandlung?, ZEV 2000, 381; *ders.,* Vereinbarungen zwischen Testamentsvollstreckern und Erben über die vorzeitige Beendigung der Testamentsvollstreckung, NJW 2005, 789; *ders.,* Gesamtschuldnerische Haftung sukzessiv tätiger Testamentsvollstrecker, ZEV 2004, 234; *Reithmann,* Die Vergütung des Testamentsvollstreckers im notariellen Testament, ZEV 2001, 385; *Sarres,* Die Auskunftspflichten des Testamentsvollstreckers, ZEV 2000, 90; *B. Schaub,* Testamentsvollstreckung durch Banken, FamRZ 1995, 845; *ders.,* Unentgeltliche Verfügungen des Testamentsvollstreckers, ZEV 2001, 257; *ders.,* Die Veräußerung von Grundstücken durch den Testamentsvollstrecker, ZEV 2000, 49; *Schiemann,* Der Testamentsvollstrecker als Unternehmer, FS Medicus, 1999, 513; *Skibbe,* Zur Kumulation von Testamentsvollstreckeraufgaben in einer Hand, FS Brandner, 1996, 769; *Spall,* Vollzug eines Nachvermächtnisses durch den Testamentsvollstrecker, ZEV 2002, 5; *Sprenger,* Die Unvereinbarkeit des Amts des Testamentsvollstreckers mit seiner Stellung als gesetzlicher Vertreter einer natürlichen Person als Erbe, 2011; *Storz,* Autonomie und Heteronomie des Testamentsvollstreckers, 2009; *Tiedtke,* Der Testamentsvollstrecker als gesetzlicher oder gewillkürter Prozessstandschafter, JZ 1981, 429; *Ulmer,* Testamentsvollstreckung am Kommanditanteil, NJW 1990, 73; *Wacke,* Die Testamentsvollstreckung im deutschen und im europäischen Recht, Jura 1989, 577; *Walloschek,* Die Bedeutung der Testamentsvollstreckung im Grundbuchverkehr, ZEV 2011, 167; *D. Weber,* Testamentsvollstreckung an Kommanditanteilen, FS Stiefel, 1987, 829; *Weidlich,* Die Testamentsvollstreckung an Beteiligungen einer werbenden OHG bzw. Kommanditgesellschaft, ZEV 1994, 205; *ders.,* Testamentsvollstreckung an einem einzelkaufmännischen Unternehmen – Zulässigkeit aufgrund geänderter Gesetzeslage?, NJW 2011, 641; *Werkmüller,* Vollmacht und Testamentsvollstreckung als Instrumente der Nachfolgegestaltung bei Bankkonten, ZEV 2000, 305; *Zimmer,* Die Fortdauer der Testamentsvollstreckung über den Zeitraum von 30 Jahren hinaus, NJW 2008, 1125; *Zimmermann,* Die Testamentsvollstreckung, Handbuch für die gerichtliche anwaltliche und notarielle Praxis, 3. Aufl. 2008.

Fälle:

a) Der im Testament zum Testamentsvollstrecker ernannte T lehnt die Übernahme des Amtes ab. Möglich? Kann T zur Annahme gezwungen werden, wenn er sich vertraglich zur Übernahme verpflichtet hat? (→ **Rn. 389**)

b) Trotz testamentarischer Anordnung der Auseinandersetzung durch T lehnen die Erben übereinstimmend die Auseinandersetzung ab. Was soll T tun? (→ **Rn. 395**)

c) T übereignet schenkweise eine Uhr aus dem Nachlass an X. Erwirbt X das Eigentum, wenn die Erben der Übereignung zustimmen oder wenn er T für den Eigentümer hält? (→ **Rn. 408**)

d) Der Erbe verkauft und übereignet bei bestehender Testamentsvollstreckung die Uhr aus dem Nachlass an K. Erwirbt dieser? Kann K aus dem Kaufvertrag mit Erfolg gegen den Verkäufer oder den Testamentsvollstrecker auf Übereignung klagen? (→ **Rn. 416**, → **Rn. 417**)

A. Bedeutung

Testamentsvollstreckung (§§ 2197 ff.) liegt vor, wenn der Erblasser durch letztwillige Verfügung bestimmt hat, dass jemand die letztwilligen Anordnungen ausführen soll. Diese Person heißt Testamentsvollstrecker. Sie nimmt dem Erben in bestimmtem Umfang das Verwaltungs- und Verfügungsrecht über den Nachlass.

Mit der Ernennung eines Testamentsvollstreckers kann der Erblasser erreichen, dass seine letztwilligen Verfügungen durch eine Person seines Vertrauens ausgeführt werden. Mitunter geschieht dies aus Herrschsucht über den Tod hinaus, meist jedoch aus sinnvollen Gründen: So kann die Befürchtung bestehen, der nachlässige Erbe werde die Verbindlichkeiten, insbesondere Vermächtnisse und Auflagen, nicht erfüllen. Die Erben können zur ordnungsmäßigen Verwaltung des Nachlasses ungeeignet sein; hier liegt es nahe, die Verwaltung einer geschäftsgewandten Person zu übertragen und den Erben die Nutzungen zukommen zu lassen. Ein geschickter Testamentsvollstrecker vermag außerdem bei der Auseinandersetzung zwischen mehreren Erben ausgleichend zu wirken. Er kann verhindern, dass Feindschaften unter Miterben aufkommen oder wirtschaftliche Einheiten, die oft das Lebenswerk des Erblassers darstellen, sinnlos zerschlagen werden.

B. Voraussetzungen

I. Anordnung der Testamentsvollstreckung

Eine Testamentsvollstreckung kann *nur durch eine einseitige Verfügung von Todes wegen* angeordnet werden (§ 2197 I). 386

Das geschieht regelmäßig durch Testament. Die Anordnung kann auch in einem Erbvertrag enthalten sein, aber nicht als vertragsmäßig bindende Verfügung (§§ 2299 I, 2278 II). Beim gemeinschaftlichen Ehegattentestament ist eine wechselbezügliche Verfügung insoweit ausgeschlossen (§ 2270 III).

II. Ernennung des Testamentsvollstreckers

Von der Anordnung der Testamentsvollstreckung ist die Ernennung des Testaments- 387 vollstreckers zu unterscheiden. Darunter versteht man die Bestimmung der Person des Testamentsvollstreckers. Die Ernennung kann durch den Erblasser, einen Dritten oder durch den Nachlassrichter erfolgen. Sie ist von vornherein gegenstandslos, wenn bereits alle Testamentsvollstreckeraufgaben ausgeführt sind.[55]

1. Die Ernennung erfolgt meist durch den *Erblasser* im Testament (§ 2197 I).

Möglich ist auch die Ernennung unter einer Bedingung oder Befristung (vgl. § 2197 II). Beispiel: »Zum Testamentsvollstrecker ernenne ich X, ersatzweise Y.« Y wird Testamentsvollstrecker, wenn X zB das Amt nicht annimmt oder stirbt.

2. Ein *Dritter* kann die Person des Testamentsvollstreckers bestimmen, wenn der Erblasser ihn dazu im Testament ermächtigt hat (§ 2198 I 1; Abweichung von § 2065, → Rn. 96 f.).

Dritter iSv § 2198 I kann auch der Alleinerbe sein.[56] Dessen Ermächtigung ist insbesondere dann zweckmäßig, wenn die Testamentsvollstreckung in seinem Interesse zu seiner Unterstützung angeordnet wird.
Die Bestimmung durch den Dritten erfolgt durch öffentlich beglaubigte Erklärung gegenüber dem Nachlassgericht (§§ 2198 I 2, 2199 III).
Das Nachlassgericht kann auf Antrag eines Beteiligten (zB des Erben, des Nachlassgläubigers) dem bestimmungsberechtigten Dritten eine Frist zur Erklärung setzen. Nach deren fruchtlosem Ablauf erlischt das Recht (§ 2198 II).

3. Gem. § 2199 kann der Erblasser auch den *Testamentsvollstrecker* ermächtigen, einen oder mehrere Mitvollstrecker oder einen Nachfolger zu ernennen.

4. Der *Nachlassrichter* ist berechtigt, einen Testamentsvollstrecker zu ernennen, wenn der Erblasser im Testament darum ersucht hat; zuvor soll er die Beteiligten hören (§ 2200).

Das Ersuchen braucht nicht ausdrücklich im Testament enthalten zu sein; es kann auch durch Auslegung ermittelt werden. Ist zB Testamentsvollstreckung angeordnet, fehlt aber ein Hinweis auf eine bestimmte Person oder einen bestimmungsberechtigten Dritten, kann häufig auf ein stillschweigendes Ersuchen um gerichtliche Ernennung geschlossen werden, zumal sich andernfalls die Anordnung der Testamentsvollstreckung nicht auszuwirken vermag (vgl. § 2084).

III. Eignung zum Testamentsvollstrecker

388 1. Grundsätzlich können *natürliche und juristische Personen* Testamentsvollstrecker sein. Für Letztere (zB Treuhandgesellschaften, Banken) ergibt sich das aus § 2163 II, auf den § 2210 S. 3 verweist. Juristische Personen handeln durch ihre Organe.

Abgesehen vom Sonderfall des § 2223 ist die Ernennung eines Alleinerben zum Testamentsvollstrecker unwirksam, da durch die Testamentsvollstreckung die Befugnisse des Erben beschränkt werden sollen.[57] Wohl kann der Alleinerbe einer von mehreren Testamentsvollstreckern sein, da diese das Amt gemeinschaftlich führen (§ 2224 I). Auch der Allein-Nacherbe kann Testamentsvollstrecker sein, soweit durch seine Einsetzung die Befugnisse des Vorerben beschränkt werden.[58] Wegen des Interessenwiderstreits kann der Allein-Vorerbe nicht alleiniger Nacherbenvollstrecker gem. § 2222 sein.[59] Auch ein Miterbe kann Testamentsvollstrecker sein; denn als Testamentsvollstrecker hat er Befugnisse, die ihm als Miterben fehlen.[60] Aus ähnlichem Grund kann es sinnvoll sein, sämtliche Miterben zu Testamentsvollstreckern zu ernennen;[61] das hat zur Folge, dass bei Meinungsverschiedenheiten in der

---

55 BGHZ 41, 23.
56 RGZ 92, 68.
57 RGZ 77, 177; 163, 57 f.; BayObLG ZEV 2002, 24.
58 Vgl. BGH NJW 1990, 2056.
59 Palandt/*Weidlich* § 2222 Rn. 2; aM *Rohlff* DNotZ 1971, 518.
60 RGZ 61, 139; BGHZ 30, 67 (70).
61 RGZ 163, 57 (59); Soergel/*Damrau* § 2197 Rn. 13.

gemeinsamen Verwaltung des Nachlasses an die Stelle eines Mehrheitsbeschlusses der Erbengemeinschaft (§§ 2038 II, 745) die neutrale Mitwirkung und Entscheidung des Nachlassgerichts tritt (§ 2224 I 1).

2. Der Testamentsvollstrecker muss *voll geschäftsfähig* sein und darf nicht nach § 1896 zur Besorgung seiner Vermögensangelegenheiten einen Betreuer erhalten haben (§ 2201).

IV. Annahme des Amtes

Niemand kann ohne seinen Willen Testamentsvollstrecker werden. Erforderlich ist   **389** eine unbedingte und unbefristete *Annahmeerklärung gegenüber dem Nachlassgericht* (Näheres: § 2202).

> Hat der zum Testamentsvollstrecker Ernannte sich vertraglich zur Übernahme des Amtes verpflichtet, kann er auf Abgabe der Annahmeerklärung (§ 894 ZPO) verklagt werden. Dies ergibt sich schon daraus, dass auf das Rechtsverhältnis zwischen Testamentsvollstrecker und Erben die Auftragsregeln Anwendung finden (§ 2218 I). Deshalb ist wie beim Auftrag ein klagbarer Anspruch auf Vertragserfüllung zu bejahen **(Fall a)**.[62] Allerdings ist es wenig zweckmäßig, den Testamentsvollstrecker auf Übernahme des Amtes zu verklagen, da der in sein Amt Gezwungene jederzeit kündigen kann (§ 2226). Zudem wäre eine ordnungsmäßige Ausübung des Vertrauensamtes nicht gewährleistet.

Auch die *Ablehnung* des Amtes erfolgt durch Erklärung gegenüber dem Nachlassgericht (§ 2202 II). Der fruchtlose Ablauf der vom Nachlassgericht gesetzten Erklärungsfrist gilt als Ablehnung (§ 2202 III).

C. Dauer der Testamentsvollstreckung und des Testamentsvollstreckeramtes

Es ist zu unterscheiden zwischen Beginn und Ende der Testamentsvollstreckung   **390** einerseits sowie des Testamentsvollstreckeramtes andererseits.

I. Beginn

1. Die *Testamentsvollstreckung* beginnt mit dem Erbfall, es sei denn, dass der Erblasser einen späteren Zeitpunkt angeordnet hat.

2. Das *Amt des Testamentsvollstreckers* beginnt mit dessen Annahmeerklärung, die erst nach dem Eintritt des Erbfalls abgegeben werden kann (§ 2202).

Dem Testamentsvollstrecker kann ein Testamentsvollstreckerzeugnis erteilt werden (§ 2368; → Rn. 626 f.). Dieses ist aber nicht Voraussetzung für Beginn oder Ausübung des Amtes.

II. Ende

1. Das *Amt des Testamentsvollstreckers* endet durch: **391**

a) *Tod* des Testamentsvollstreckers (§ 2225).

Das Amt ist also nicht vererblich. Der Erbe des Testamentsvollstreckers ist aber verpflichtet, dem Erben, für den der Testamentsvollstrecker bestellt war, den Tod anzuzeigen und notfalls die Geschäfte

---

62 *Lange* ErbR Kap. 15 Rn. 43; *Muscheler* ErbR II Rn. 2739; RGRK/*Kregel* § 2202 Rn. 3 Soergel/*Damrau* § 2202 Rn. 2; **aA** MüKoBGB/*Zimmermann* § 2202 Rn. 2; Palandt/*Weidlich* § 2202 Rn. 2.

des Testamentsvollstreckers fortzusetzen, wenn mit dem Aufschub Gefahr verbunden ist (§§ 2218 I; 673 S. 2).

b) *Verlust der Geschäftsfähigkeit* des Testamentsvollstreckers oder Bestellung eines Betreuers zur Besorgung der Vermögensangelegenheiten für den Testamentsvollstrecker (§§ 2225, 2201).

Das einmal erloschene Amt lebt nicht wieder auf, wenn die betreffende Person später wieder geschäftsfähig bzw. ihre Betreuung aufgehoben wird.

c) *Kündigung* durch den Testamentsvollstrecker (§ 2226 S. 1).

Die Kündigung erfolgt durch formlose Erklärung gegenüber dem Nachlassgericht (§ 2226 S. 2). Sie setzt keinen Kündigungsgrund voraus, es sei denn, dass der Testamentsvollstrecker vertraglich auf sein Kündigungsrecht verzichtet hatte; in diesem Fall ist jedoch eine Kündigung aus wichtigem Grund möglich (§§ 2226 S. 3; 671 III).
Eine Kündigung zur Unzeit ohne wichtigen Grund macht schadensersatzpflichtig (§§ 2226 S. 3; 671 II 2).

d) *Entlassung* des Testamentsvollstreckers durch das Nachlassgericht (§ 2227).

Voraussetzung ist der Antrag eines Beteiligten (zB eines Erben, Vermächtnisnehmers, Mitvollstreckers, nicht eines gewöhnlichen Nachlassgläubigers)[63] und das Vorliegen eines wichtigen Grundes; dafür nennt das Gesetz beispielhaft grobe Pflichtverletzung und Unfähigkeit zur ordnungsmäßigen Geschäftsführung. Ein solcher Fall kann etwa beim Einziehen einer überhöhten Testamentsvollstreckervergütung vorliegen.[64] Ein Verschulden des Testamentsvollstreckers ist nicht erforderlich.
Das Nachlassgericht entscheidet, nachdem es die erforderlichen Ermittlungen vorgenommen hat (§ 26 FamFG).

392 **2.** In den bisher genannten Fällen endet das Amt des betreffenden Testamentsvollstreckers. Die *Testamentsvollstreckung* als solche endet aber nur, wenn ein weiterer Testamentsvollstrecker nicht vorhanden ist (§ 2224 I 2) oder der Erblasser im Testament keine Ersatzbestimmung getroffen hat,[65] zB durch Ersatzberufung (§ 2197 II) oder Ermächtigung zur Ernennung eines Nachfolgers (§ 2199 II).

Darüber hinaus findet die Testamentsvollstreckung selbst ihr Ende mit Erledigung aller dem Testamentsvollstrecker zugewiesenen Aufgaben[66] sowie durch Eintritt der vom Erblasser bestimmten Bedingung oder des angeordneten Endtermins.

Schließlich wird gem. § 2210 S. 1 selbst eine angeordnete Dauervollstreckung iSv § 2209 (→ Rn. 396 f.) unwirksam, wenn seit dem Erbfall 30 Jahre verstrichen sind. Zwar kann gem. § 2210 S. 2 die Testamentsvollstreckung auch über diese Frist von 30 Jahren hinaus angeordnet werden. Das darf aber nach Sinn und Zweck des § 2210 nicht dazu führen, dass der Erblasser die Testamentsvollstreckung über seinen Nachlass verewigt. Vielmehr unterliegt auch die Anordnung über 30 Jahre hinaus einer zeitlichen Begrenzung. Für deren Bemessung gibt es verschiedene Vorschläge. Der BGH hat sich der Ansicht angeschlossen, wonach die Anordnung der Dauertestamentsvollstreckung spätestens mit dem Tod des letzten Testamentsvollstreckers, der innerhalb von 30 Jahren seit dem Erbfall ernannt wurde, ihre Wirksamkeit verliert.[67]

---

63 BGHZ 35, 296.
64 KG Rpfleger 2011, 275.
65 RGZ 156, 70 (76).
66 RGZ 81, 166; BGH LM Nr. 1 zu § 2226 BGB; BGHZ 41, 23.
67 BGH NJW 2008, 1157 (1159) auch mit Nachweisen zu anderen Ansichten.

Es bedarf keiner förmlichen, die Beendigung feststellenden Aufhebung. Bei Streit über die Beendigung entscheidet das Prozessgericht.[68]

D. Rechtsstellung und Aufgaben des Testamentsvollstreckers

I. Rechtsstellung

Der Testamentsvollstrecker hat den Nachlass zu verwalten; er ist berechtigt, den Nachlass in Besitz zu nehmen, und regelmäßig befugt, über Nachlassgegenstände zu verfügen (§ 2205). Er hat im Rahmen der §§ 2212 f. das Prozessführungsrecht. Vornehmlich aus diesen Bestimmungen zieht man Schlüsse auf die Rechtsstellung des Testamentsvollstreckers. Die einen sehen in ihm einen Vertreter (Vertretertheorie), andere den Träger eines privaten Amtes (Amtstheorie)[69] oder einen Treuhänder (Treuhandtheorie). Derselbe Streit besteht hinsichtlich der Stellung des Insolvenz-, Zwangs- und Nachlassverwalters. Er ist kaum von praktischer Bedeutung.   393

Nach der Rechtsprechung[70] prozessiert der Testamentsvollstrecker als Partei kraft Amtes im eigenen Namen. Der Erbe ist also nicht Partei, so dass er als Zeuge vernommen werden kann.

II. Aufgaben des Testamentsvollstreckers

Der Aufgabenbereich des Testamentsvollstreckers wird durch die letztwillige Verfügung des Erblassers bestimmt. Im Einzelfall ist durch Auslegung zu ermitteln, was der Testamentsvollstrecker vorzunehmen hat. Das Gesetz ergänzt und begrenzt nur den vom Erblasser eingeräumten Wirkungskreis.   394

Bei der Festlegung des Aufgabenbereichs des Testamentsvollstreckers ist der Erblasser nicht völlig frei. Er kann zwar die Rechte des Testamentsvollstreckers beschränken; dagegen vermag er nicht dessen Befugnisse über den vom Gesetz gezogenen Rahmen hinaus zu erweitern.[71] Unwirksam ist zB die Bestimmung, der Testamentsvollstrecker dürfe über einen Miterbenanteil verfügen oder der Miterbe dürfe seinen Anteil nur mit Zustimmung des Testamentsvollstreckers veräußern. Dagegen sind auf den Testamentsvollstrecker solche Befugnisse übertragbar, die jedem Dritten eingeräumt werden können (zB § 2048 S. 2: Auseinandersetzung der Miterbengemeinschaft nach billigem Ermessen des Testamentsvollstreckers; §§ 2151, 2153 ff.: Bestimmungsrecht bei Vermächtnissen; § 2193: Bestimmung des Begünstigten einer Auflage).

1. Die in der Praxis wichtigsten Fälle sind die Abwicklungsvollstreckung und die Verwaltungsvollstreckung im engeren Sinne.   395

a) Die *Abwicklungsvollstreckung* ist der gesetzlich vorgesehene Regelfall. Sie ist immer dann gegeben, wenn kein anderer Erblasserwille zu ermitteln ist. Nach § 2203 obliegt es dem Testamentsvollstrecker, die letztwilligen Anordnungen des Erblassers auszuführen. Dem Testamentsvollstrecker ist ein den gesamten Nachlass umfassender Rechts- und Pflichtkreis eingeräumt. Er hat alle Anordnungen auszuführen, denen sonst der Erbe nachzukommen hätte. Der Testamentsvollstrecker hat also den Nachlass entsprechend dem Erblasserwillen abzuwickeln. Ziel der Abwicklung ist die Aushändigung des Nachlasses an den Alleinerben, bei Miterben die Vornahme der Auseinandersetzung (§ 2204 I). Ehe der Testamentsvollstrecker den Nachlass dem

---

68 BGHZ 41, 23.
69 So die **hM;** BGHZ 25, 275 (279); Bamberger/Roth/*Mayer* § 2197 Rn. 5; Palandt/*Weidlich* Einf. v. § 2197 Rn. 2.
70 RGZ 56, 327 (330); 61, 139 (145); 76, 125; BGHZ 13, 203 (205).
71 Mot. V, 241; Prot. V, 308.

oder den Erben überlassen darf, muss er zuvor den Nachlass verwalten (→ Rn. 387 ff.), insbesondere zunächst die Nachlassverbindlichkeiten (zB Erblasserschulden, Erbfallschulden wie Vermächtnisse und Auflagen) erfüllen.

> Vor der Auseinandersetzung unter Miterben (Auseinandersetzungsvollstreckung) hat der Testamentsvollstrecker einen Teilungsplan aufzustellen, zu dem die Erben zu hören sind (§ 2204 II). Ihr Einverständnis ist zur Gültigkeit der Auseinandersetzung jedoch nicht erforderlich. Vereinbaren die Erben allerdings, sich nicht auseinander zu setzen, ist auch der Testamentsvollstrecker daran gebunden (§§ 2204 I, 2042 II, 749 II; **Fall b**). Setzt er dennoch auseinander, macht er sich schadensersatzpflichtig. Die Auseinandersetzung ist aber wirksam, da die Vereinbarung der Erben nur schuldrechtliche Wirkung hat.[72]

396 **b)** Bei der *Verwaltungsvollstreckung im engeren Sinne* hat der Erblasser dem Testamentsvollstrecker lediglich die Verwaltung des Nachlasses und keine anderen Aufgaben zugewiesen (§ 2209 S. 1, 1. Hs.). Hier ist die Verwaltung des Nachlasses nicht Vorbereitung zur Durchführung der anderen Anordnungen des Erblassers, sondern eine selbstständige, für sich bestehende Aufgabe. Nach deren Ende überlässt der Testamentsvollstrecker den Nachlass den Erben, die dann selbst zB die Auseinandersetzung vorzunehmen haben.

397 **2.** Der Erblasser kann vor allem folgende *Erweiterungen und Beschränkungen* anordnen:

a) Bei der *Dauervollstreckung* hat der Testamentsvollstrecker nach Erledigung der ihm sonst zugewiesenen Aufgaben (zB Verwertung einzelner Nachlassgegenstände) die Verwaltung fortzuführen (§ 2209 S. 1, 2. Hs.). Dauervollstreckung ist zB auch gegeben, wenn der Testamentsvollstrecker zunächst die Auseinandersetzung vorzunehmen hat und danach noch einzelne Nachlassgegenstände (etwa ein Miethaus) weiter verwalten soll.

Die Dauervollstreckung und die Verwaltungsvollstreckung im engeren Sinn fasst man unter dem Begriff der Verwaltungsvollstreckung zusammen. Diese begrenzt das Gesetz auf eine Höchstdauer von 30 Jahren (Näheres: § 2210), damit der Nachlass den Erben nicht für immer entzogen wird.[73]

398 **b)** Der Erblasser kann anordnen, dass die Verwaltungs-, Verpflichtungs- oder Verfügungsbefugnis des Testamentsvollstreckers *eingeschränkt oder ganz ausgeschlossen* sein soll (§ 2208 I 1). Derartige Beschränkungen sind auch nur in Bezug auf einzelne Nachlassgegenstände möglich (vgl. § 2208 I 2).

> **Beispiele:** Keine Verfügungsbefugnis über Grundstücke, Verfügung über eine bestimmte Sache nur mit Zustimmung eines Dritten. Möglich ist auch die Beschränkung der Testamentsvollstreckung auf einen Erbteil.[74]

Solche Beschränkungen wirken auch gegenüber Dritten und nicht bloß schuldrechtlich wie im Falle des § 2204 (→ Rn. 395). Deshalb ist die Beschränkung im Testamentsvollstreckerzeugnis anzugeben (§ 2368 I 2).

c) Der Erblasser kann ferner eine *bloß beaufsichtigende Testamentsvollstreckung* bestimmt haben. Dann haben die Erben die Verfügungen des Erblassers auszuführen.

---

72 KGJ 52, 113; Palandt/*Weidlich* § 2204 Rn. 2.
73 Vgl. aber OLG Zweibrücken Rpfleger 1982, 106.
74 *Lange/Kuchinke* ErbR § 31 V 1a mN.

Dem Testamentsvollstrecker steht hier im Zweifel das Recht zu, von den Erben die Ausführung zu verlangen (§ 2208 II).

Wird dieses Recht vom Erblasser ausgeschlossen, ist die ernannte Person nicht Testamentsvollstrecker, sondern lediglich Berater der Erben.[75]

d) Auch eine Testamentsvollstreckung nur zur Wahrnehmung der Rechte und Pflichten des Nacherben während der Vorerbschaft ist möglich (*Nacherbenvollstreckung*, § 2222).

Eine solche Vollstreckung beschränkt nicht den Vorerben, sondern den Nacherben.

e) Damit die dem Vermächtnisnehmer auferlegten Beschwerungen (Untervermächtnisse, Auflagen) erfüllt werden, kann der Erblasser zu diesem Zweck einen Testamentsvollstrecker ernennen (*Vermächtnisvollstreckung*, § 2223).

Eine solche Vollstreckung beschränkt nicht den Erben, sondern den Vermächtnisnehmer. Deshalb kann auch der Alleinerbe Vermächtnisvollstrecker sein.

III. Mehrere Testamentsvollstrecker

Mehrere Testamentsvollstrecker führen im Regelfall das Amt nach innen und nach **399** außen gemeinschaftlich (*Gesamtvollstrecker*, § 2224 I 1). Dringliche Erhaltungsmaßnahmen darf jeder Testamentsvollstrecker jedoch allein treffen (§ 2224 II).

Bei Meinungsverschiedenheiten zwischen mehreren Testamentsvollstreckern entscheidet das Nachlassgericht, sofern der Erblasser nichts anderes bestimmt hat (§ 2224 I). Die hM[76] hält nur beim Streit über die sachliche Amtsführung, also über die Zweckmäßigkeit von Maßnahmen, das Nachlassgericht für zuständig. Dagegen soll das Prozessgericht zuständig sein bei Meinungsverschiedenheiten über die Rechtmäßigkeit eines Vorhabens, wenn also umstritten ist, ob das Vorhaben überhaupt zum gemeinschaftlichen Verwaltungskreis gehört, insbesondere ob es mit der letztwilligen Verfügung oder dem Gesetz vereinbar ist. Dem Gesetzeswortlaut lässt sich diese Differenzierung allerdings nicht entnehmen. Das Gesetz unterstellt vielmehr allgemein die Entscheidung beim Streit über »das gemeinschaftlich« zu führende »Amt« dem Nachlassgericht. Zum anderen ist eine genaue Abgrenzung zwischen Rechtsfragen und solchen der sachlichen Ausführung oft nicht möglich.[77] Deshalb sollte man das Nachlassgericht jedenfalls dann auch für Meinungsverschiedenheiten über Rechtsfragen als zuständig ansehen, wenn diese Voraussetzung für die sachliche Amtsführung sind.[78]

Der Erblasser kann aber auch jedem von mehreren Testamentsvollstreckern einen eigenen Aufgabenkreis zuweisen, für den der jeweilige Vollstrecker allein zuständig ist *(Nebenvollstrecker)*.

E. Verwaltung des Nachlasses durch den Testamentsvollstrecker

I. Allgemeines

1. Der Testamentsvollstrecker hat bei der *Abwicklungsvollstreckung* die Anordnun- **400** gen des Erblassers auszuführen, Nachlassverbindlichkeiten zu berichtigen und die Erbauseinandersetzung zu bewirken. Deshalb räumt das Gesetz ihm das Recht zur

---

75 Prot. V, 310.
76 ZB BGHZ 20, 264; Erman/*Schmidt* § 2224 Rn. 4 f.; MüKoBGB/*Zimmermann* § 2224 Rn. 10 ff.; Palandt/*Weidlich* § 2224 Rn. 3.
77 *Baur* JZ 1956, 495.
78 Bamberger/Roth/*Mayer* 2224 Rn. 6; MüKoBGB/*Zimmermann* § 2224 Rn. 12; Palandt/*Weidlich* § 2224 Rn. 6.

Verwaltung des Nachlasses ein (§ 2205 S. 1). Der Begriff der Verwaltung ist in einem weiten Sinn zu verstehen. Der Testamentsvollstrecker ist »insbesondere berechtigt, den Nachlass in Besitz zu nehmen und über die Nachlassgegenstände zu verfügen« (§ 2205 S. 2). Darüber hinaus ist er zB befugt, bestimmte Verbindlichkeiten einzugehen (§§ 2206 f.), Prozesse zu führen (§§ 2212 f.), das Aufgebot von Nachlassgläubigern, die Zwangsversteigerung eines Nachlassgrundstückes sowie das Insolvenzverfahren und die Nachlassverwaltung zu beantragen (§ 1970; §§ 454, 455 FamFG; § 175 I 2 ZVG; § 317 InsO; § 1981). Grundsätzlich kann also der Testamentsvollstrecker alle rechtlichen und auch tatsächlichen Maßnahmen für den Nachlass ergreifen.

Eine Verpflichtung des Testamentsvollstreckers gegenüber den Erben, nur solche Handlungen vorzunehmen, denen die Erben zuvor zugestimmt haben, und sein Amt jederzeit auf Verlangen eines Miterben niederzulegen, ist unwirksam.[79] Denn mit einer solchen Verpflichtung begibt sich der Testamentsvollstrecker ganz in die Hand der Erben. Das ist mit der freien, nur durch Gesetz und Weisung des Erblassers gebundenen Stellung des Testamentsvollstreckers nicht vereinbar.
Allerdings können der Testamentsvollstrecker und alle Erben sich einverständlich über Verwaltungsanordnungen des Erblassers (zB Auseinandersetzungsverbot; → Rn. 515) hinwegsetzen.[80] Das Gleiche gilt hinsichtlich der gesetzlichen Regelungen über den Wirkungsbereich des Testamentsvollstreckers.[81]

Die weitgehenden Befugnisse des Testamentsvollstreckers können im Einzelfall zu einer Schädigung der Erben führen. Dem Schutz der Erben dienen die §§ 2216, 2218 f. und die allgemeinen Strafbestimmungen, insbesondere § 266 StGB (Untreue).

401   2. Auch bei der *Verwaltungsvollstreckung* gem. § 2209 stehen dem Vollstrecker die in § 2205 genannten Befugnisse zu. Sein Verwaltungsrecht schließt also ebenfalls eine gesetzliche Verpflichtungs-, Verfügungs- und Prozessführungsermächtigung ein (§§ 2205 ff., 2211 ff.).

Bei der Anlage von Nachlassvermögen ist er so frei, wie der Vormund vom Familiengericht äußerstenfalls gestellt werden darf (vgl. § 1811 S. 2). Ihm sind daher nur solche Anlagen verwehrt, die den Grundsätzen einer wirtschaftlichen Vermögensverwaltung zuwiderlaufen (BGH NJW 1987, 1070).

402   3. Wenn die Testamentsvollstreckung die Verwaltung eines *einzelkaufmännischen Unternehmens oder eines Anteils an einer Handelsgesellschaft* umfasst, ergeben sich Schwierigkeiten aus der Konkurrenz von Erbrecht und Handels- oder Gesellschaftsrecht.[82]

403   a) Führt der Testamentsvollstrecker ein *einzelkaufmännisches Unternehmen* weiter, könnte er gem. §§ 2206 f. Verbindlichkeiten nur mit Wirkung für den Nachlass eingehen und den Erben nicht persönlich verpflichten; denn nach Erbrecht ist die Haftung auf den Nachlass beschränkt. Dagegen würde nach Handelsrecht der Testamentsvollstrecker als Einzelkaufmann unbeschränkt haften. Oft liegt aber die Verwaltung eines Handelsunternehmens durch einen Testamentsvollstrecker im Interesse aller Beteiligten. Daher sind folgende Wege zur Lösung der Schwierigkeiten beschritten worden:
aa) *Treuhandlösung:* Der Testamentsvollstrecker wird zum Treuhänder des oder der Erben bestellt. Er wird Inhaber des Handelsunternehmens und als solcher ins Handelsregister eingetragen. Er betreibt das Unternehmen im eigenen Namen und haftet persönlich für die von ihm getätigten Geschäfte.[83] Im

---

79 BGHZ 25, 275.
80 BGHZ 40, 115; 56, 275.
81 BGHZ 57, 84.
82 Einzelh.: MüKoBGB/*Zimmermann* § 2205 Rn. 16 ff.; Soergel/*Damrau* § 2205 Rn. 16 ff.; Staudinger/*Reimann* (2012) § 2205 Rn. 90 f.; MüKo-HGB/*Lieb* § 27 Rn. 22 ff.; *Weidlich* NJW 2011, 641.
83 Vgl. BGHZ 12, 100 (102); *John* BB 1980, 757.

Innenverhältnis kann der Testamentsvollstrecker von den Erben Befreiung von den Verbindlichkeiten und Ersatz seiner Aufwendungen verlangen (§§ 2218, 670).

bb) *Vollmachtslösung:* Die Erben werden Inhaber des Unternehmens und dementsprechend im Handelsregister eingetragen. Sie bestellen den Testamentsvollstrecker zu ihrem Bevollmächtigten. Er handelt im Namen der Erben und verpflichtet sie.[84] Im Innenverhältnis zwischen Testamentsvollstrecker und Erben gilt Testamentsvollstreckerrecht (vor allem § 2219).

Zu **aa)** und **bb):** Die Treuhand- und die Vollmachtslösung setzen entsprechende Willenserklärungen aller Erben voraus, nämlich die Zustimmung zur treuhänderischen Geschäftsführung bzw. die Bevollmächtigung zum Handeln im Namen der Erben. Um solche Erklärungen der Erben zu erreichen, kann der Erblasser in seiner Verfügung von Todes wegen die Erben dazu durch eine Auflage verpflichten oder die Erbeinsetzung von einer entsprechenden Bedingung abhängig machen.[85] Durch Auslegung des Testaments lässt sich im Einzelfall ein derartiger Wille ermitteln, wenn etwa der Erblasser die Testamentsvollstreckung gerade deshalb angeordnet hat, um seine geschäftsungewandten Erben von der Leitung des Handelsunternehmens auszuschließen.

cc) *Testamentsvollstreckerlösung:* Die von *Baur*[86] begründete Ansicht will dem Testamentsvollstrecker von vornherein die diesem zustehende Vollstreckermacht am Handelsunternehmen geben. Dieses wird vom Testamentsvollstrecker als Sondervermögen verwaltet, und die vom Vollstrecker eingegangenen Geschäftsverbindlichkeiten sind Nachlassverbindlichkeiten. Nach dieser rein erbrechtlichen Lösung, durch welche die handelsrechtlichen Regeln zurückgedrängt werden, sind die Erben Inhaber des Unternehmens; jedoch steht die Verwaltung allein dem Testamentsvollstrecker unter Ausschluss der Erben zu. Diese Auffassung führt dazu, dass die Erben den Geschäftsgläubigern immer nur – mit dem Nachlass – beschränkt haften.[87]

b) Wenn die Testamentsvollstreckung den *Anteil eines persönlich haftenden Gesellschafters einer Personenhandelsgesellschaft* (OHG, KG) umfasst, entstehen einmal dieselben haftungsrechtlichen Schwierigkeiten wie bei der Verwaltung eines einzelkaufmännischen Unternehmens. Insoweit wird auf die geschilderte Treuhand- oder Vollmachtslösung zurückgegriffen. Das Einverständnis der Erben kann der Erblasser ebenfalls durch eine entsprechende Auflage oder Bedingung erreichen. **404**

Auf der anderen Seite ergeben sich Probleme, weil auch die Interessen der übrigen Gesellschafter zu berücksichtigen sind.[88] Ihnen kann nicht zugemutet werden, dass ein Testamentsvollstrecker, also ein Gesellschaftsfremder, ohne ihren Willen die Rechte und Pflichten eines Gesellschafters wahrnimmt. Deshalb ist eine entsprechende Einverständniserklärung aller Gesellschafter erforderlich. Es reicht aber aus, wenn bereits im Gesellschaftsvertrag eine Testamentsvollstreckung an einem Gesellschaftsanteil vorgesehen wurde.[89]

(Zur Vererbung des Anteils an einer Personalgesellschaft s. die Literaturangaben in → Rn. 778.)

c) Die Testamentsvollstreckung an *Kommanditanteilen* wird von der Rechtsprechung für zulässig erachtet,[90] weil die Haftung des Kommanditisten auf die geleistete Einlage beschränkt und damit eine persönliche Verpflichtung des Gesellschafter-Erben durch den Testamentsvollstrecker ausgeschlossen ist. **405**

d) Die Verwaltung von *GmbH-Anteilen* durch den Testamentsvollstrecker umfasst regelmäßig alle damit zusammenhängenden Rechtshandlungen. Ausgenommen sind nur solche, für die in der Satzung eine höchstpersönliche Rechtsausübung vorgesehen ist.[91] **406**

II. Besitz

Der Besitz an den Nachlasssachen geht nach § 857 auf den Erben, nicht auf den Testamentsvollstrecker über. Dieser ist jedoch berechtigt, den Nachlass in Besitz zu nehmen (§ 2205 S. 2). Ihm steht mithin ein Anspruch auf Besitzübergabe gegen den **407**

---

84 Vgl. BGHZ 12, 100 (102).
85 Vgl. BGHZ 12, 100 (103).
86 FS Dölle, Bd. I, 249 ff.
87 Erman/*Schmidt* § 2205, 21.
88 Vgl. *V. Emmerich* ZHR 1969, 297 ff.; *Johannsen* WM 1969, 1406.
89 Vgl. *Lange/Kuchinke* ErbR § 31 V 7c a mN.
90 BGHZ 108, 187.
91 Einzelheiten: Palandt/*Weidlich* § 2205 Rn. 19 mN.

Besitzer zu, den er notfalls im Klageweg durchsetzen muss. Die Besitzschutzrechte (§§ 859 ff.) hat der Testamentsvollstrecker erst nach der Besitzergreifung.

Ist der Testamentsvollstrecker unmittelbarer Besitzer, so ist der Erbe mittelbarer Besitzer.

III. Verfügungen

408 1. Der Testamentsvollstrecker ist *zur Verfügung über Nachlassgegenstände berechtigt* (§ 2205 S. 2). Diese Befugnis geht über die des Vorerben (→ Rn. 349 ff.) erheblich hinaus. Insbesondere darf der Testamentsvollstrecker über Grundstücke und Grundstücksrechte verfügen. Der Dritte erwirbt selbst dann, wenn die Verfügung nicht einer ordnungsmäßigen Verwaltung entspricht. Ob eine solche vorliegt, spielt nur im Innenverhältnis gegenüber dem Erben eine Rolle (→ Rn. 419). Allerdings ist der Testamentsvollstrecker nicht befugt, einen Miterbenanteil (vgl § 2033 I) an dem von ihm zu verwaltenden Nachlass zu übertragen.[92]

Ist der Testamentsvollstrecker nur für den Vorerben bestellt, hat er nicht mehr Rechte als dieser ohne Testamentsvollstreckung hätte.[93] Anders ist die Rechtslage, wenn der Testamentsvollstrecker sowohl für den Vor- als auch für den Nacherben eingesetzt ist.[94]

Ein Insichgeschäft kann der Testamentsvollstrecker grundsätzlich nicht wirksam vornehmen (entsprechende Anwendung des § 181); etwas anderes gilt, wenn dies vom Erblasser gestattet ist und dem Gebot ordnungsmäßiger Verwaltung des Nachlasses nicht widerspricht.[95] § 181 greift auch dann nicht ein, wenn der Testamentsvollstrecker ausschließlich zur Erfüllung einer Verbindlichkeit mit sich selbst kontrahiert. Er kann etwa ein zum Nachlass gehörendes Grundstück an sich selbst auflassen, wenn ihm vermächtnisweise die Möglichkeit des Grundstückserwerbs zugewendet worden ist.[96]

2. Zu *unentgeltlichen Verfügungen* ist der Testamentsvollstrecker *nicht berechtigt*, sofern sie nicht einer sittlichen Pflicht oder einer auf den Anstand zu nehmenden Rücksicht entsprechen (§ 2205 S. 3). Insoweit gleicht die gesetzliche Regelung derjenigen bei der Vorerbschaft (§ 2113 II; → Rn. 363). Das dort insbesondere zur Unentgeltlichkeit Gesagte gilt auch hier.[97]

Streitig ist die Frage, ob der Testamentsvollstrecker mit Zustimmung der Erben unentgeltlich verfügen kann **(Fall c)**. Teilweise wird das verneint, weil die Erben gem. § 2211 I nicht verfügungsberechtigt seien.[98] Jedoch bestehen gegen die Wirksamkeit einer solchen Verfügung keine Bedenken, wenn schutzwürdige Interessen nicht beeinträchtigt werden.[99] Die Erben sind wegen ihres Einverständnisses nicht schutzwürdig. Von dritten Personen müssen nur die Vermächtnisnehmer zustimmen, nicht auch die sonstigen Nachlassgläubiger und Auflagebegünstigten; denn nur den Vermächtnisnehmern gegenüber besteht eine Pflicht zur ordnungsmäßigen Verwaltung[100] (vgl. → Rn. 419). Unerheblich ist, ob die unentgeltliche Verfügung dem Willen des Erblassers entspricht (vgl. → Rn. 400).

Liegt eine unentgeltliche Verfügung vor, so wird der gutgläubige Erwerber nicht geschützt.

---

92 BGH NJW 1984, 2464 (2465).
93 Ebenso MüKoBGB/*Zimmermann* § 2205 Rn. 64.
94 Vgl. BGHZ 40, 115 (119).
95 BGHZ 30, 67 (71).
96 BayObLG Rpfleger 1982, 344.
97 BGH NJW 1963, 1613; BGHZ 57, 84.
98 RGZ 105, 246 (249 f.).
99 BGHZ 57, 84; KG OLGZ 1992, 139.
100 Palandt/*Weidlich* § 2205 Rn. 30.

Hält der Erwerber den Testamentsvollstrecker für den Eigentümer, kommen die §§ 932 ff. in Betracht (zu **Fall c**).

IV. Verpflichtungen

Der Testamentsvollstrecker kann in bestimmten Fällen Verbindlichkeiten mit Wirkung für den Nachlass eingehen. Bei diesen Verpflichtungen handelt es sich um Nachlassverbindlichkeiten, für die der Erbe immer mit dem Nachlass haftet; mit seinem persönlichen Vermögen hat der Erbe dagegen nur dann einzustehen, wenn er unbeschränkt haftet (→ Rn. 647).   **409**

Voraussetzungen für die Haftung des Erben sind: **410**

1. Der Testamentsvollstrecker muss für den Vertragspartner *erkennbar* als Testamentsvollstrecker *für den Nachlass* handeln.

Ist das nicht der Fall, so wird der Testamentsvollstrecker persönlich verpflichtet.

2. Der Testamentsvollstrecker muss *berechtigt* sein, die Verpflichtung einzugehen.

Fehlt es an der Verpflichtungsmacht, kann sich eine Haftung des Testamentsvollstreckers aus einer analogen Anwendung des § 179 (Vertreter ohne Vertretungsmacht) ergeben.

Zur Verpflichtung des Nachlasses ist der Testamentsvollstrecker in den Fällen der §§ 2206 f. ermächtigt.

1. Fallgruppe: Die Eingehung der Verbindlichkeit ist zur ordnungsmäßigen Verwaltung erforderlich (§ 2206 I 1). Entgegen dem Wortlaut muss es zum Schutz des Dritten genügen, wenn dieser ohne Fahrlässigkeit annehmen darf, der Testamentsvollstrecker halte sich bei der Verpflichtung im Rahmen der ordnungsmäßigen Verwaltung, obwohl dies objektiv nicht der Fall ist.[101]

2. Fallgruppe: Es handelt sich um die Verpflichtung zu einer Verfügung, zu welcher der Testamentsvollstrecker berechtigt ist (§ 2206 I 2; zB Verkauf eines Nachlassgegenstandes). Der Gesetzgeber will verhindern, dass der Dritte mangels wirksamer Verpflichtung einem Bereicherungsanspruch ausgesetzt ist, obwohl die Verfügung des Testamentsvollstreckers gültig ist. Verfügungs- und Verpflichtungsermächtigung sollen sich also decken.

Die höchstrichterliche Rechtsprechung[102] hält den Dritten dann nicht für schutzwürdig, wenn der Testamentsvollstrecker gegen seine Pflicht verstößt, den Nachlass ordnungsmäßig zu verwalten, und der Dritte dies erkennen kann, weil sich der Testamentsvollstrecker ersichtlich verdächtig verhalten hat. Das entspricht zwar nicht dem Wortlaut des § 2206 I 2, wohl aber einer vernünftigen Interessenabwägung.

3. Fallgruppe: Der Erblasser hat über den Rahmen des § 2206 hinaus die Verpflichtungsbefugnis des Testamentsvollstreckers *erweitert* (§ 2207 S. 1), was im Zweifel bei der Verwaltungsvollstreckung der Fall ist (§§ 2209 S. 2; 2207). Die Befugnis des Testamentsvollstreckers zu Schenkungsversprechen (§ 2205 S. 3) kann der Erblasser jedoch nicht erweitern (§ 2207 S. 2).

(Zur Beschränkung der Verpflichtungsbefugnis durch den Erblasser s. § 2208 [→ Rn. 398].)

---

101 RGZ 83, 348; BGH WM 1982, 1082.
102 RGZ 75, 299; BGH NJW 1959, 1429; NJW-RR 1989, 642 f.

V. Prozessführung und Zwangsvollstreckung

411 Folgende Fälle sind zu unterscheiden:[103]

1. Beim Erbfall *liegt bereits ein auf den Erblasser lautender Vollstreckungstitel vor.*

a) Bei einer Zwangsvollstreckung aus einem *Titel gegen den Erblasser* kommt es darauf an, ob die Zwangsvollstreckung schon vor dem Erbfall begonnen hatte.

aa) Hatte die *Zwangsvollstreckung bereits vor dem Erbfall begonnen,* wird sie gegen den Nachlass fortgesetzt (§ 779 I ZPO), und zwar selbst dann, wenn ein Testamentsvollstrecker bestellt ist. Die Vollstreckungsklausel braucht nicht umgeschrieben zu werden.

bb) Hatte die *Zwangsvollstreckung zur Zeit des Erbfalles noch nicht begonnen,* muss die Vollstreckungsklausel *gegen* den Testamentsvollstrecker umgeschrieben werden (§§ 749, 727 ZPO), wenn der *ganze* Nachlass der Verwaltung des Testamentsvollstreckers unterliegt (vgl. § 748 I ZPO). Verwaltet dieser dagegen nur *einzelne* Nachlassgegenstände und soll in sie vollstreckt werden, so muss die Umschreibung gegen Testamentsvollstrecker *und* Erben erfolgen (vgl. § 748 II ZPO).

b) Soll *für* den Testamentsvollstrecker aus dem Titel vollstreckt werden, muss die Vollstreckungsklausel auf ihn umgeschrieben werden (§ 749 S. 1 ZPO).

Voraussetzung dafür ist, dass das zugesprochene Recht der Verwaltung des Testamentsvollstreckers unterliegt. Ob das der Fall ist, ergibt sich aus dem Testamentsvollstreckerzeugnis (§ 2368).[104]

412 **2.** Ein *Vollstreckungstitel liegt noch nicht vor.*

a) Der *Testamentsvollstrecker ist prozessführungsbefugt,* wenn das Recht, das gerichtlich geltend gemacht werden soll, seiner Verwaltung unterliegt (*Aktiv*prozess; § 2212).

Das gilt auch für einen Rechtsstreit gegen einen Miterben wegen einer zum Nachlass gehörenden Forderung. Der Miterbe wird regelmäßig nicht mit dem Einwand gehört, die Einziehung der Forderung sei nicht erforderlich oder er werde durch das Vorgehen des Testamentsvollstreckers im Vergleich zu den anderen Miterben benachteiligt.[105]

Das zwischen dem Testamentsvollstrecker und dem Beklagten ergehende Urteil wirkt *für und gegen* den Erben (§ 327 I ZPO). Deshalb kann der Erbe dem Rechtsstreit als streitgenössischer Nebenintervenient (§§ 66, 69 ZPO) beitreten. Nach Beendigung der Testamentsvollstreckung kann eine vollstreckbare Ausfertigung des Urteils *für* den Erben erteilt werden (§ 728 II ZPO).

Klagt der Erbe selbst ein der Testamentsvollstreckung unterliegendes Recht ein, so ist die Klage abzuweisen, weil der Erbe das Recht nicht gerichtlich geltend machen kann (§ 2212).[106]

Möglich ist allerdings eine gewillkürte Prozessstandschaft des Erben. Voraussetzung dafür ist eine Ermächtigung durch den Testamentsvollstrecker und ein eigenes Rechtsschutzinteresse des Erben an der Prozessführung im eigenen Namen.[107]

---

103 Vgl. *Brox/Walker* ZVR Rn. 121 f.
104 Schuschke/Walker/*Schuschke* § 749 Rn. 3.
105 BGHZ 25, 275 (284).
106 BGHZ 31, 279.
107 Vgl. BGHZ 38, 281; *Johannsen* Anm. zu BGH LM Nr. 1 zu § 1984 BGB.

b) Soll ein Anspruch *gegen* den Nachlass gerichtlich geltend gemacht werden (*Passiv-* **413** prozess; § 2213) und unterliegt der *ganze* Nachlass der Verwaltung des Testamentsvollstreckers, so stehen dem Gläubiger drei Klagemöglichkeiten offen:

aa) Einmal kann er den *Testamentsvollstrecker* verklagen (§ 2213 I 1). Das ist schon vor Annahme der Erbschaft durch den Erben möglich (§ 2213 II). Ein Urteil gegen den Testamentsvollstrecker reicht zur Vollstreckung in den Nachlass grundsätzlich aus (§ 748 I ZPO).

Das Urteil wirkt auch für und gegen den Erben (§ 327 II ZPO). Der Gläubiger kann die Erteilung einer vollstreckbaren Ausfertigung gegen den Erben schon dann begehren, wenn die Verwaltung des Testamentsvollstreckers noch besteht (§ 728 II 2 ZPO).

bb) Zum anderen besteht für den Gläubiger die Möglichkeit, den *Erben* zu verklagen (§ 2213 I 1), sofern dieser die Erbschaft angenommen hat (§ 1958). Aus einem solchen Urteil kann in das private Vermögen des Erben vollstreckt werden, das nicht der Verwaltung des Testamentsvollstreckers unterliegt (vgl. § 748 I ZPO). Der Erbe kann jedoch gem. §§ 780 ff. ZPO die Beschränkung seiner Haftung geltend machen.

Gegen den Testamentsvollstrecker wirkt das Urteil nicht; sonst könnte der Erbe zB durch schlechte Prozessführung die Rechtsstellung des Testamentsvollstreckers beeinträchtigen. Hat dagegen der Erbe obsiegt, so kann sich der Testamentsvollstrecker, wenn er wegen desselben Anspruchs verklagt wird, sich auf das Urteil berufen. Denn der Kläger kann nicht verlangen, dass der Testamentsvollstrecker ihm aus dem Nachlass, also aus dem Vermögen des Erben, das leistet, was er nach dem abweisenden Urteil des Vorprozesses von dem Erben nicht zu fordern hat.[108]

cc) Schließlich kann der Gläubiger den *Erben und* den *Testamentsvollstrecker* verklagen, Letzteren auch auf Leistung (§ 2213 I 1) oder auf Duldung der Zwangsvollstreckung in den Nachlass (§ 2213 III). Das hat den Vorteil, dass der Gläubiger aus einem obsiegenden Urteil in den Nachlass (§ 748 I ZPO) und in das persönliche Vermögen des Erben (vgl. § 780 f. ZPO) vollstrecken kann.

c) Verwaltet der Testamentsvollstrecker *nicht den ganzen Nachlass,* so ist die Klage **414** gegen den Erben zu richten (§ 2213 I 2). Steht dem Testamentsvollstrecker die Verwaltung *einzelner* Nachlassgegenstände zu, kann in *diese* nur vollstreckt werden, wenn ein Leistungstitel gegen den Erben und ein Duldungstitel gegen den Testamentsvollstrecker vorliegen (§ 748 II ZPO). Deshalb ist dem Gläubiger zu raten, den Erben (§ 2213 I 2) und den Testamentsvollstrecker (§ 2213 III) zusammen zu verklagen.

d) *Pflichtteilsansprüche* sind in jedem Falle, also auch, wenn der Testamentsvollstrecker den ganzen Nachlass verwaltet, gegen den *Erben* gerichtlich geltend zu machen (§ 2213 I 3). Allerdings kann der Testamentsvollstrecker unstreitige Pflichtteilsansprüche wirksam anerkennen.[109] Ist über das Vermögen des Erben das Insolvenzverfahren eröffnet worden, richtet sich der Anspruch gegen den Insolvenzverwalter.[110]

Zur Zwangsvollstreckung in Nachlassgegenstände, die der Verwaltung des Testamentsvollstreckers unterliegen, ist hier auch ein Duldungstitel gegen ihn erforderlich (§ 748 III ZPO).

---

108 Prot. V, 539.
109 OLG München Rpfleger 2003, 588 mit Anm. *Bestelmeyer.*
110 BGH NJW 2006, 2698.

415   3. Ein *Eigen- (oder Privat-)gläubiger* des Erben kann nicht in Nachlassgegenstände vollstrecken, die der Verwaltung des Testamentsvollstreckers unterliegen (§ 2214). Denn sonst würde dessen Rechtsstellung beeinträchtigt (vgl. dazu §§ 2205, 2211). Wird dennoch entgegen § 2214 vollstreckt, so steht dem Testamentsvollstrecker die Erinnerung (§ 766 ZPO) zu.

F. Rechtsstellung des Erben während der Testamentsvollstreckung

I. Verfügungen

416   Dem Erben fehlt die Verfügungsmacht über die Nachlassgegenstände, die der Verwaltung des Testamentsvollstreckers unterliegen (§ 2211 I). Ohne diese Entziehung der Verfügungsmacht wäre es dem Erben möglich, die Macht des Testamentsvollstreckers willkürlich zu vereiteln.[111]

Zu den Verfügungen iSd § 2211 gehört auch der Antrag eines oder mehrerer Miterben auf Teilungsversteigerung nach § 180 ZVG.[112] Denn die Versteigerung führt zum Verlust des Eigentums und kommt damit einer Verfügung gleich, die der Erblasser durch Anordnung der Testamentsvollstreckung gerade verhindern wollte.

Verfügt der Erbe dennoch, so ist die Verfügung gegenüber jedermann unwirksam.[113] Es handelt sich um eine schwebende Unwirksamkeit; denn es bestehen keine Bedenken gegen eine rückwirkende Heilung der Verfügung, wenn der Testamentsvollstrecker sie genehmigt. Außerdem wird die Verfügung auch zu dem Zeitpunkt wirksam, in dem das Recht des Testamentsvollstreckers wegfällt (vgl. § 185).

Im Interesse des gutgläubigen Erwerbers sind gem. § 2211 II die Vorschriften des Gutglaubensschutzes beim Erwerb vom Nichtberechtigten anwendbar.

> Im **Fall d** erwirbt K das Eigentum, wenn er gutgläubig (vgl. § 932 II) davon ausgeht, die Uhr gehöre nicht zum Nachlass oder es bestehe keine Testamentsvollstreckung oder die Uhr unterliege nicht der Verwaltung des Testamentsvollstreckers. Ist die Uhr aber dem Testamentsvollstrecker abhanden gekommen, so scheidet wegen § 935 ein gutgläubiger Erwerb aus.
> Weiß der Erwerber nichts von der Anordnung der Testamentsvollstreckung, muss sorgfältig geprüft werden, ob eine grobe Fahrlässigkeit darin liegt, dass der Erwerber sich keinen Erbschein vorlegen lässt; darin ist nämlich die Testamentsvollstreckung anzugeben (§ 2364 I). Der im Grundbuch eingetragene Testamentsvollstreckervermerk (vgl. § 52 GBO) verhindert einen gutgläubigen Erwerb (vgl. §§ 892 f.).

Die Testamentsvollstreckung hindert einen Miterben nicht, über seinen Miterbenanteil zu verfügen.

II. Verpflichtungen

417   Der Erbe kann Verpflichtungen auch über solche Nachlassgegenstände eingehen, die der Verwaltung des Testamentsvollstreckers unterliegen.

Wenn zB der Verkäufer in der Lage ist, einen Kaufvertrag sogar über eine Sache zu schließen, die ihm nicht gehört, muss der Erbe erst recht einen unter die Testamentsvollstreckung fallenden Nachlassgegenstand verkaufen können. Jedoch kann der Erbe wegen fehlender Verfügungsmacht (§ 2211 I) den Kaufvertrag nicht erfüllen.

---

111 Mot. V, 233.
112 BGH NJW 2009, 2458.
113 RGZ 87, 432 f.; MüKoBGB/*Zimmermann* § 2211 Rn. 7; Palandt/*Weidlich* § 2211 Rn. 2.

Aus einem Verpflichtungsgeschäft des Erben kann der Testamentsvollstrecker nicht mit Erfolg in Anspruch genommen werden. Wäre das nämlich möglich, dann hätte der Erbe es in der Hand, durch solche Geschäfte die Macht des Testamentsvollstreckers zu beeinträchtigen.

> Im **Fall d** ist die Klage auf Vertragserfüllung gegen den Testamentsvollstrecker aussichtslos. Den Erben verklagt K zweckmäßigerweise sofort auf Schadensersatz.

G. Rechtsverhältnis zwischen Erben und Testamentsvollstrecker

I. Gesetzliches Schuldverhältnis

Das zwischen Erben und Testamentsvollstrecker bestehende gesetzliche Schuldverhältnis hat weitgehend Auftragscharakter. Daher sind nach § 2218 die meisten der für den Auftrag geltenden Vorschriften entsprechend anwendbar.

418

II. Pflichten des Testamentsvollstreckers

Den Testamentsvollstrecker treffen außer den in § 2218 angesprochenen noch folgende Pflichten gegenüber dem Erben:

419

1. Unverzüglich nach Annahme des Amtes hat der Testamentsvollstrecker dem Erben ein *Nachlassverzeichnis* mitzuteilen (Einzelheiten: § 2215).

2. Der Testamentsvollstrecker ist zur *ordnungsmäßigen Verwaltung* verpflichtet (§ 2216). Insbesondere hat er die letztwilligen Verfügungen des Erblassers auszuführen (§§ 2203, 2216 II 1).

Wenn durch die Befolgung einer Verwaltungsanordnung des Erblassers der Nachlass erheblich gefährdet würde, kann das Nachlassgericht die betreffende Anordnung außer Kraft setzen (§ 2216 II 2). Doch kann sich der Testamentsvollstrecker mit Zustimmung aller Erben über die Grenzen seiner Verwaltungsbefugnis hinwegsetzen[114] (→ Rn. 400).

3. Eine *Schadensersatzpflicht* des Testamentsvollstreckers gegenüber den Erben besteht, wenn er seine ihm obliegenden Verpflichtungen schuldhaft verletzt (§ 2219 I). Mehrere Testamentsvollstrecker haften als Gesamtschuldner (§§ 2219 II, 421 ff.).

Ausnahmsweise besteht auch eine Schadensersatzpflicht des Testamentsvollstreckers gegenüber dem Vermächtnisnehmer. Das ist dann der Fall, wenn es sich um eine schuldhafte Pflichtverletzung hinsichtlich der Vollziehung eines Vermächtnisses handelt (§ 2219 I). Anderen Personen (zB Nachlassgläubigern, Auflagebegünstigten) gegenüber haftet der Testamentsvollstrecker nur aus unerlaubter Handlung (§§ 823 ff.).

Um von vornherein eine Schadensersatzpflicht zu vermeiden, kann der Testamentsvollstrecker von den Erben die Einwilligung zu den Verpflichtungsgeschäften verlangen, die einzugehen er berechtigt ist (§ 2206 II). Eine Schadensersatzpflicht des Testamentsvollstreckers entfällt auch, wenn er sich in Übereinkunft mit den Erben über eine Anordnung des Erblassers hinwegsetzt.

4. Von den bisher genannten Verpflichtungen (§§ 2215, 2216, 2218, 2219) kann der Erblasser den Testamentsvollstrecker *nicht befreien* (§ 2220). Die ohnehin starke Rechtsstellung des Testamentsvollstreckers soll der Erblasser nicht noch mehr auf Kosten des Erben erweitern können.

---

114 BGHZ 57, 83.

Tut er es doch, so ist diese Bestimmung unwirksam. Es muss aber im Einzelfall geprüft werden, ob der Erblasser nicht eine Erbeinsetzung des als Testamentsvollstrecker Bezeichneten gewollt hat und der als Erbe Eingesetzte etwa nur Nacherbe sein soll, der auf den Überrest eingesetzt ist.

420 5. Zur *Überlassung von Nachlassgegenständen,* deren er zur Erfüllung seiner Obliegenheiten offenbar nicht bedarf, ist der Testamentsvollstrecker dem Erben gegenüber auf dessen Verlangen verpflichtet (§ 2217 I). Von dieser Verpflichtung kann der Erblasser ihn befreien (vgl. § 2220).

Mit der Überlassung erlischt insoweit das Verwaltungsrecht des Testamentsvollstreckers (§ 2217 I 2); der Erbe kann also verfügen (vgl. § 2211 I).
Bei irrtümlicher Freigabe hat der Testamentsvollstrecker gem. § 812 einen Anspruch auf Wiederherstellung seines Verwaltungsrechts.[115]

Der Testamentsvollstrecker kann die Freigabe nicht im Hinblick auf Nachlassverbindlichkeiten verweigern, sofern der Erbe eine entsprechende Sicherheit leistet. Das gilt jedoch nicht, wenn der herausverlangte Gegenstand zur Vollziehung eines bereits fälligen Vermächtnisses oder einer fälligen Auflage bestimmt ist; hier kann der Testamentsvollstrecker die Überlassung verweigern (vgl. § 2217 II).

§ 2217 ist bei der Verwaltungsvollstreckung nicht anwendbar. Denn der Verwaltungsvollstrecker braucht während seiner gesamten Amtszeit alle Nachlassgegenstände zur Erfüllung der nach § 2209 selbstständigen Verwaltungsaufgaben.[116] Doch kann sich der Testamentsvollstrecker mit Zustimmung aller Erben über den Willen des Erblassers hinwegsetzen und ihnen Nachlassgegenstände freigeben. Allerdings machen sich der Testamentsvollstrecker und die Erben gegenüber den dadurch nachteilig Betroffenen (zB Vermächtnisnehmern) uU schadensersatzpflichtig.[117]

III. Rechte des Testamentsvollstreckers

421 Abgesehen von seinem Anspruch auf Aufwendungsersatz (§§ 2218 I, 670; etwa Prozesskosten) hat der Testamentsvollstrecker eine Forderung auf eine *angemessene Vergütung* für die Führung seines Amtes, sofern der Erblasser nicht ein anderes bestimmt hat (§ 2221).

Wenn der Erblasser die Höhe der Vergütung nicht festgelegt hat und sie auch nicht mit den Erben vereinbart worden ist, entscheidet über die Höhe das Prozessgericht unter Berücksichtigung aller Umstände: zB Pflichtkreis, Verantwortung, geleistete Arbeit, Schwierigkeiten der gelösten Aufgaben, Dauer der Abwicklung oder Verwaltung, Verwertung besonderer Kenntnisse, Bewährung einer sich im Erfolg auswirkenden Geschicklichkeit.[118]
(Zum Anspruch des vermeintlichen Testamentsvollstreckers: BGH LM Nr. 3 zu § 2221 BGB, BGHZ 69, 235.)

H. Zusammenfassung

422 Durch Verfügung von Todes wegen kann der Erblasser eine Testamentsvollstreckung anordnen. Der Testamentsvollstrecker, dessen Amt durch Ernennung und Annahme beginnt, soll die letztwilligen Verfügungen des Erblassers ausführen.

Der Testamentsvollstrecker ist Herr des Nachlasses und regelmäßig befugt, diesen zu verwalten, über Nachlassgegenstände zu verfügen und den Nachlass betreffende Pro-

---

115 BGHZ 24, 106 (109 f.).
116 Vgl. Prot. VI, 357.
117 BGHZ 57, 84.
118 BGH LM Nr. 2 zu § 2221 BGB.

zesse zu führen. Welche Rechte und Aufgaben der Testamentsvollstrecker im Einzelfall hat, richtet sich nach dem Erblasserwillen, sofern dieser sich in dem vom Gesetz vorgesehenen Rahmen hält.

Soweit die Verwaltung des Testamentsvollstreckers reicht, ist dem Erben die Verfügungsmacht entzogen; dieser kann auch keine Verpflichtungen mit Wirkung für den Nachlass eingehen. Zwischen dem Erben und dem Testamentsvollstrecker besteht ein gesetzliches Schuldverhältnis, das sich weitgehend nach Auftragsregeln richtet.

Die Testamentsvollstreckung endet mit Fristablauf (§ 2210), mit Eintritt der vom Erblasser bestimmten Bedingung oder mit Erledigung der Aufgabe. Das Amt des Testamentsvollstreckers endet durch Tod, Verlust der Geschäftsfähigkeit, Bestellung eines Betreuers zur Besorgung der Vermögensangelegenheiten, Kündigung oder Entlassung des Testamentsvollstreckers.

Die Testamentsvollstreckung (§§ 2197 ff.)

 I. **Bedeutung:** Ausführung der letztwilligen Verfügungen des Erblassers durch einen Testamentsvollstrecker (§ 2203)
 II. **Voraussetzungen**
   1. Anordnung der Testamentsvollstreckung durch Verfügung von Todes wegen (§§ 2197, 2299 I)
   2. Ernennung des Testamentsvollstreckers (natürliche geschäftsfähige Person oder juristische Person)
     • durch den Erblasser (§ 2197 I)
     • durch einen vom Erblasser ermächtigten Dritten (§ 2198 I)
     • durch das Nachlassgericht (§ 2200)
   3. Annahme des Amtes durch den Testamentsvollstrecker gegenüber dem Nachlassgericht (§ 2202 II)
 III. **Dauer der Testamentsvollstreckung und des Testamentsvollstreckeramtes**
   1. Beginn
     a) der Testamentsvollstreckung: mit dem Erbfall oder einem anderen vom Erblasser bestimmten Zeitpunkt
     b) des Testamentsvollstreckeramtes: mit Annahmeerklärung nach dem Erbfall (§ 2202 I)
   2. Ende
     a) des Testamentsvollstreckeramtes: mit Tod (§ 2225), Verlust der Geschäftsfähigkeit (§§ 2225, 2201), Kündigung (§ 2226 S. 1) oder Entlassung (§ 2227)
     b) der Testamentsvollstreckung: mit Erledigung der Aufgaben, bei Dauervollstreckung nach 30 Jahren (§ 2210), mit dem vom Erblasser bestimmten Zeitpunkt, mit Wegfall des Testamentsvollstreckers, falls kein weiterer vorhanden (vgl. § 2224 I 2) und kein Ersatz bestimmt ist (vgl. §§ 2197 II, 2199 II)
 IV. **Rechtsstellung und Aufgaben des Testamentsvollstreckers**
   1. Rechtsstellung kraft Gesetzes: Inhaber eines privaten Amtes (hM) mit Recht zur
     • Inbesitznahme des Nachlasses (§ 2205 S. 2)

- Verfügung über Nachlassgegenstände (§ 2205 S. 2), Einschränkung bei unentgeltlichen Verfügungen (§ 2205 S. 3)
- Prozessführung (§§ 2212 f.)

2. Umfang der Aufgaben je nach Bestimmung des Erblassers
   a) Abwicklungsvollstreckung (§ 2203, Regelfall)
   b) Verwaltungsvollstreckung im engeren Sinne (§ 2209 S. 1, 1. Hs.)
   c) Dauervollstreckung (§ 2209 S. 1, 2. Hs.)
   d) Einschränkungen der Verwaltungs-, Verpflichtungs-, Verfügungsbefugnis (§ 2208 I)
   e) bloß beaufsichtigende Testamentsvollstreckung (§ 2208 II)
   f) Nacherbenvollstreckung (§ 2222)
   g) Vermächtnisvollstreckung (§ 2223)

V. **Rechtsstellung des Erben während der Testamentsvollstreckung**
   1. keine Verfügungsmacht über Nachlassgegenstände, die der Testamentsvollstreckung unterliegen (§ 2211 I), aber gutgläubiger Erwerb eines Dritten möglich (§ 2211 II)
   2. Rechte gegenüber dem Testamentsvollstrecker
      - Mitteilung eines Nachlassverzeichnisses (§ 2215)
      - Schadensersatz bei schuldhafter Verletzung der Testamentsvollstreckerpflichten (§ 2219)
      - Überlassung von Nachlassgegenständen, die der Testamentsvollstrecker zur Erfüllung seiner Aufgaben nicht benötigt (§ 2217)
      - jährliche Rechnungslegung (§ 2218 II)
      - aus Auftragsrecht (§ 2218 I)
   3. Pflichten gegenüber dem Testamentsvollstrecker
      - Aufwendungsersatz (§§ 2218 I, 670)
      - Vergütung (§ 2221)

3. Kapitel. Beschwerungen der Erben

§ 27 Das Vermächtnis

423 **Literatur:** *Amend,* Schuldrechtsreform und Mängelhaftung beim Gattungsvermächtnis, ZEV 2002, 227; *Bengel,* Rechtsfragen zum Vor- und Nachvermächtnis, NJW 1990, 1826; *Buscher,* Das verbrannte Vermächtnis, JA 2003, 849; *Damrau/Mayer,* Zur Vor- und Nachvermächtnislösung beim sog. Behindertentestament, ZEV 2001, 293; *Eidenmüller,* Vorausvermächtnis und Teilungsanordnung, JA 1991, 150; *Harder,* Gibt es gesetzliche Vermächtnisse?, NJW 1988, 2716; *Hartmann,* Das sog. Behindertentestament: Vor- und Nacherbschaftskonstruktion oder Vermächtnisvariante, ZEV 2001, 89; *Jünemann,* Die Rechtsposition des Bestimmungsvermächtnisnehmers, ZEV 2011, 163; *Keilbach,* Die Auskunftsrechte des Vermächtnisnehmers, FamRZ 1996, 1191; *Keim,* Vermächtnisse zugunsten Minderjähriger: Schwierigkeiten und Lösungsmöglichkeiten, ZEV 2011, 563; *Kornexl,* Geld-, Immobilien- und Hausratsvermächtnisse: Risiken für den Verteilungsplan des Erblassers und gestalterische Vorsorge – Teil 1: Allgemeine Gefahrenquellen, ZEV 2002, 142, Teil 2: Spezifische Gefahrenquellen, ZEV 2002, 173; *Landsittel,* Der Stichtag bei Erwerben durch Vermächtnis und Erbfall, ZEV 2003, 221; *Loritz,* Teilungsanordnung und Vorausvermächtnis, NJW 1988, 2697; *Muscheler,* Das Vor- und Nachvermächtnis, AcP 208 (2008) 69; *ders.,* Das gemeinschaftliche Vermächtnis, NJW 2012, 1399; *Otte,* Die Verjährung von Ansprüchen aus Vermächtnissen, ZGS 2004, 450; *Schermann,* Der Schutz des

Vermächtnisnehmers im gemeinschaftlichen Testament und Ehegattenerbvertrag, 2006; *Schlichting*, Verwendungsersatzanspruch des Vorvermächtnisnehmers gegen den Nachvermächtnisnehmer, ZEV 2000, 385; *Sonntag*, Zur Rechtsnatur des Vorausvermächtnisses an die Vorerben, ZEV 1996, 450; *von Venrooy*, Annahme und Ausschlagung von Vermächtnissen, 1990; *Werkmüller*, Gestaltungsmöglichkeiten des Erblassers im Rahmen der Anordnung von Vor- und Nachvermächtnissen, ZEV 1999, 343; *Zawar*, Gedanken zum bedingten oder befristeten Rechtserwerb im Erbrecht, NJW 2007, 2353.

Fälle:

a) E hat seinen Freund F zum Alleinerben bestimmt, seinen Sohn S auf den Pflichtteil gesetzt, seinem Vetter V ein Vermächtnis von 1.000 EUR zugewendet und den T zum Testamentsvollstrecker eingesetzt. Wen kann E mit einem weiteren Vermächtnis von 500 EUR zu Gunsten des X belasten? (→ Rn. 428)

b) E vermacht einem der Kinder seiner Schwester S seine Bibliothek. Die Auswahl des Kindes soll sein Freund F treffen. Als E stirbt, hat S zwei Kinder, die 3 Jahre und 1/2 Jahr alt sind. Ein Jahr später wird ein drittes Kind geboren, das F bestimmt. Kann das dritte Kind die Bibliothek beanspruchen? (→ Rn. 430, → Rn. 432, → Rn. 433)

c) E hat dem V ein Vermächtnis zugewendet und wird von seinem Sohn S beerbt. Haftet S auch mit seinem eigenen Vermögen, wenn der Nachlass durch das Vermächtnis überschuldet ist? (→ Rn. 454)

d) E wendet dem V ein Vermächtnis von 1.000 EUR zu und beschwert ihn zugleich mit einem Untervermächtnis von 500 EUR zu Gunsten des U. Was kann U von V verlangen, wenn V wegen Überschuldung des Nachlasses nur 500 EUR erhält? (→ Rn. 456)

A. Begriff

Vermächtnis ist die Zuwendung eines Vermögensvorteils von Todes wegen, die weder Erbeinsetzung noch Auflage ist (vgl. §§ 1939, 2147 ff.).

Das Vermächtnis kann auf einer Verfügung von Todes wegen, die der Erblasser durch Testament oder Erbvertrag getroffen hat (§§ 1939, 1941, 2270 III, 2278 II), oder auf einer gesetzlichen Anordnung (Voraus, § 1932; Dreißigster, § 1969) beruhen.

Das Vermächtnis ist keine Erbeinsetzung. Es begründet für den Bedachten mit dem **424** Erbfall lediglich das Recht, von dem Beschwerten die Leistung des vermachten Gegenstandes (zB einen Geldbetrag, eine Sache, ein Recht) zu fordern (§ 2174). Der Vermächtnisnehmer erwirbt also gegen den Beschwerten einen schuldrechtlichen Anspruch auf Einräumung des zugewandten Vermögensvorteils durch ein selbstständiges Erfüllungsgeschäft unter Lebenden.

> **Beispiel:** Der Erbe wird mit dem Erbfall Eigentümer des vom Erblasser einem Dritten vermachten Klaviers. Er ist aber verpflichtet, dem Dritten das Klavier zu übereignen.
>
> Die rechtliche Beziehung zwischen dem Bedachten als Gläubiger und dem Beschwerten als Schuldner des Vermächtnisanspruchs ist als einseitig verpflichtendes Schuldverhältnis ausgestaltet. Es unterliegt daher den allgemeinen Regeln des Schuldrechts (§§ 241–304),[119] soweit nicht besondere Regeln des Vermächtnisrechts eingreifen.

Ob im Einzelfall ein Vermächtnis oder eine Erbeinsetzung vorliegt, hängt davon ab, **425** ob der Erblasser den Bedachten unmittelbar am Nachlass beteiligen (Erbeinsetzung) oder ihm nur einen schuldrechtlichen Anspruch (Vermächtnis) zuwenden wollte.

---

119 Vgl. Mot. V, 191.

Im Zweifel ist gem. § 2087 II ein Vermächtnis anzunehmen, wenn nur einzelne Gegenstände zugewendet werden. Eine Erbeinsetzung liegt gem. § 2087 I im Zweifel vor, wenn der Bedachte auf die Erbschaft im Ganzen oder einen Bruchteil davon eingesetzt wird (→ Rn. 320 ff.). Allerdings kann der Erblasser auch die Zuwendung der gesamten Erbschaft (Universalvermächtnis) oder eines Bruchteils davon (Quotenvermächtnis) als Vermächtnis gewollt haben,[120] so dass die Auslegungsregel des § 2087 nicht eingreift.[121] Hat jedoch der Erbe alle Nachlassgegenstände zu übertragen, ist zu prüfen, ob nicht Vor- und Nacherbschaft gewollt ist oder ob der »Vermächtnisnehmer« Vollerbe und der »Erbe« Testamentsvollstrecker sein soll.

Bestimmt der Erblasser, dass dem eingesetzten Erben ein Erbschaftsgegenstand nicht zufallen soll, so ist im Zweifel bezüglich dieses Gegenstandes ein Vermächtnis anzunehmen, und zwar zu Gunsten der gesetzlichen Erben (§ 2149).

Hinsichtlich der Abgrenzung von Vermächtnis, insbesondere Vorausvermächtnis, und Teilungsanordnung sowie von Vermächtnis und Auflage wird auf die Ausführungen bei → Rn. 322 f. und → Rn. 460 verwiesen.

B. Beschwerter

I. Bestimmung des Beschwerten

426 Beschwert mit einem Vermächtnis ist derjenige, der zur Erfüllung der Verbindlichkeit aus dem Vermächtnis verpflichtet ist. Der Erblasser kann nicht jeden Beliebigen mit einem Vermächtnis beschweren, sondern nur jemanden, der von Todes wegen etwas aus seinem Vermögen erhält.

1. Für die Beschwerung mit einem Vermächtnis kommen Erben und Vermächtnisnehmer in Betracht.

a) Für die Beschwerung eines *Erben* mit einem Vermächtnis ist es unerheblich, ob die Berufung zum Erben auf Gesetz oder Verfügung von Todes wegen beruht. Ohne Bedeutung ist insoweit auch die Art der Erbenstellung.

Beschwert sein kann daher nicht nur der in erster Linie berufene Erbe, sondern auch der Ersatzerbe. Dieser wird aber erst dann Erbe und damit zur Erfüllung des Vermächtnisses verpflichtet, wenn der in erster Linie Berufene wegfällt (§ 2096).
Auch Vor- und Nacherben können mit einem Vermächtnis belastet werden. Der Nacherbe wird aber erst dann verpflichtet, wenn er Erbe geworden, dh wenn der Nacherbfall (§ 2100) eingetreten ist. Hat der Erblasser verfügt, dass der Nacherbe schon vor dem Nacherbfall das Vermächtnis erfüllen soll, so handelt es sich nur um einen unverbindlichen Wunsch, wenn nicht die Bestimmung dahin auszulegen ist, dass die Entstehung des Nacherbenrechts durch die Erfüllung des Vermächtnisanspruchs bedingt sein soll.
Der Erblasser kann einen, mehrere oder alle Miterben gemeinsam mit einem Vermächtnis beschweren.

Hat der Erblasser den Beschwerten nicht bestimmt, ist im Zweifel der Erbe beschwert (§ 2147 S. 2).

427 **b)** Der *Vermächtnisnehmer* kann mit einem sog. Untervermächtnis beschwert werden (§ 2147 S. 1). Hierbei ist es ohne Bedeutung, ob das Vermächtnis auf einer Verfügung von Todes wegen oder auf dem Gesetz beruht.

Möglich ist die Bestimmung des Erblassers, dass ein einzelner oder mehrere Vermächtnisnehmer und ein Erbe gemeinsam das Vermächtnis erfüllen sollen.

---

120 Vgl. *Lange/Kuchinke* ErbR § 29 II 2a.
121 Zum Vorrang der individuellen Auslegung vor der Auslegungsregel des § 2087 II s. etwa OLG München Rpfleger 2007, 469 (470).

c) Da derjenige, der durch einen Vertrag zu Gunsten Dritter (zB Lebensversicherung) mit dem Tod des Versprechensempfängers Rechte erwirbt, wirtschaftlich einem Vermächtnisnehmer gleichsteht, wird man es in ergänzender Auslegung des § 2147 S. 1 billigerweise zulassen müssen, ihn zu beschweren.[122] Denn die häufige Umgehung der erbrechtlichen Regeln durch Verträge zu Gunsten Dritter hatte der Gesetzgeber nicht vorhergesehen. Der Dritte wird damit nicht schlechter gestellt als ein Erbe oder Vermächtnisnehmer, die beide ausschlagen und sich damit von der Vermächtnisverpflichtung befreien können; der Dritte kann das gleiche Ziel erreichen, indem er das Recht zurückweist (§ 333).

2. Aus § 2147 S. 1 ergibt sich, dass zB der Testamentsvollstrecker, der Auflagen-begünstigte, der Erbeserbe oder der Erbe eines Vermächtnisnehmers *nicht* mit einem Vermächtnis belastet werden können. **428**

Hat der Erblasser den Erben eines Erben oder Vermächtnisnehmers beschwert, so ist zu prüfen, ob die Verfügung dahin auszulegen ist, dass in Wirklichkeit der Erbe oder Vermächtnisnehmer beschwert und das Vermächtnis erst mit dem Tod des Beschwerten fällig sein soll (vgl. § 2181). Dann geht die Belastung des Erben oder des Vermächtnisnehmers mit dessen Tod als Nachlassverbindlichkeit auf dessen Erben über (§§ 1922, 1967).

Wer nur den gesetzlichen Pflichtteil erhält, kann durch den Erblasser nicht mit einem Vermächtnis belastet werden; denn der Pflichtteil soll dem Berechtigten ungeschmä-lert erhalten bleiben (Ausnahme: § 2338 I 1; → Rn. 569).

Im **Fall a** kann E den F und den V, nicht aber S und T mit dem Vermächtnis belasten.

II. Wegfall des Beschwerten

Der Wegfall des beschwerten Erben oder beschwerten Vermächtnisnehmers (zB durch Ausschlagung) bleibt ohne Einfluss auf den Bestand des Vermächtnisses (§ 2161 S. 1). Ist aber aus der Verfügung von Todes wegen zu entnehmen, dass der Erblasser nur eine bestimmte Person zur Erfüllung des Vermächtnisses verpflichten wollte, so ist die Zuwendung bei Wegfall dieser Person unwirksam. § 2161 enthält hierzu nur eine Auslegungsregel. **429**

Ist der zunächst Beschwerte weggefallen, so ist beschwert, wem der Wegfall unmittelbar zustatten kommt (§ 2161 S. 2). Das ist derjenige, der rechtlich an die Stelle des Erstbeschwerten tritt (zB der gesetzliche Erbe an Stelle des Testamentserben).
Fällt ein mit einem Untervermächtnis beschwerter Vermächtnisnehmer vor dem Erbfall weg, so kommt dem mit dem Hauptvermächtnis beschwerten Erben der Wegfall zustatten, weil er von seiner Ver-mächtnisverbindlichkeit frei wird (§ 2160). Gegenüber dem Untervermächtnisnehmer ist daher der Erbe beschwert, da das Untervermächtnis gültig bleibt. Tritt gem. § 2161 an die Stelle des mit einem Untervermächtnis Beschwerten ein anderer (zB der Erbe), so haftet dieser nicht weiter als der Weggefallene (§ 2187 II).

C. Vermächtnisnehmer

I. Bedachtenfähigkeit

Mit einem Vermächtnis kann jede natürliche oder juristische Person bedacht werden. **430**

Zur Bedachtenfähigkeit des nicht eingetragenen Vereins → Rn. 7.

Ein Vermächtnis ist unwirksam, wenn der Bedachte zur Zeit des Erbfalls nicht mehr lebt (§ 2160). Ist der Bedachte vor dem Erbfall noch nicht geboren oder nicht einmal

---

122 *Schlüter* ErbR Rn. 891; wohl auch *Muscheler* ErbR II Rn. 2657; **aA** Palandt/*Weidlich* § 2147 Rn. 4.

erzeugt, so genügt es, dass er innerhalb der zeitlichen Schranken der §§ 2162 II, 2178 zur Welt kommt.

> Im **Fall b** kann also auch das dritte Kind der S Vermächtnisnehmer sein.

II. Bestimmung des Bedachten

431 Die Bestimmung der Person, der ein Vermächtnis zugewandt wird, kann durch den Erblasser oder einen anderen erfolgen.

1. Bestimmung durch den Erblasser

Regelmäßig bestimmt der Erblasser selbst den Vermächtnisnehmer. In diesem Fall bestehen keine Besonderheiten gegenüber der Bestimmung des Erben durch den Erblasser.

a) Hat der Erblasser seine gesetzlichen Erben, seine Verwandten, seine Kinder usw. als Vermächtnisnehmer eingesetzt, so gelten im Zweifel die allgemeinen Auslegungsregeln der §§ 2066 ff. hinsichtlich der Frage, wem das Vermächtnis zufallen soll.

b) Hat der Erblasser bestimmt, dass der *eingesetzte Erbe* einen bestimmten Gegenstand *nicht* erhalten soll, so sind im Zweifel die gesetzlichen Erben mit Ausnahme des Fiskus bedacht (§ 2149).

2. Bestimmung durch einen anderen

432 **a)** Abweichend von § 2065 II (→ Rn. 97) kann der Erblasser in den Fällen der §§ 2151, 2152 es einem *anderen* überlassen, aus einem vom Erblasser näher bezeichneten Personenkreis denjenigen zu bestimmen, der Vermächtnisnehmer werden soll.

Das bedeutet nicht, dass der Erblasser zB ein Vermächtnis anordnen kann, in dem er die Benennung des Bedachten überhaupt auf einen Dritten überträgt. Vielmehr gelten die genannten Ausnahmebestimmungen nur für die Fälle, in denen der Erblasser bereits einen bestimmten, abgegrenzten Personenkreis bezeichnet und es dem Dritten lediglich überlässt, aus diesem Kreis den Vermächtnisnehmer zu bestimmen.

Der Personenkreis muss überschaubar sein, da nur dann eine Auswahl möglich ist (Beispiel: »einer meiner Neffen«; nicht: »ein Einwohner der Stadt Münster«).

Ermangelt eine Vermächtnisanordnung der genauen Abgrenzung des Personenkreises, so kann die Verfügung nach § 2084 uU als Auflage ausgelegt werden; bei dieser ist nämlich die Bestimmung des Begünstigten auf einen Dritten übertragbar, wenn ihr Zweck festgelegt ist (vgl. § 2193 I im Gegensatz zu § 2151 I).

> Im **Fall b** ist der Personenkreis, aus dem der Vermächtnisnehmer bestimmt werden soll, näher bezeichnet und überschaubar. Zu prüfen ist aber, ob der Erblasser auch nachgeborene Kinder in diesen Kreis aufnehmen wollte.

Die Möglichkeit, dass ein anderer als der Erblasser die Vermächtnisnehmer aus dem vom Erblasser festgelegten Personenkreis auswählen kann, ist in der Praxis aufgrund der engen Auslegung des § 2065 II durch den BGH bei der Erbeinsetzung (→ Rn. 97) von besonderer Bedeutung beim sog. *vorzeitigen Unternehmertestament*.

> **Beispiel:** Der Inhaber eines Unternehmens hat mehrere minderjährige Söhne; sein Unternehmen macht sein gesamtes oder nahezu gesamtes Vermögen aus. Er will erreichen, dass später einmal der geschäftstüchtigste Sohn das Unternehmen erhält. Deshalb setzt er alle Kinder als Erben ein und ordnet hinsichtlich des Unternehmens ein Vermächtnis zu Gunsten des Tüchtigsten an (Universalvermächtnis: → Rn. 425). Er legt weiter fest, dass ein anderer – etwa der Testamentsvollstrecker –

den tüchtigsten Sohn zu einem festgelegten Zeitpunkt (Erreichen der Volljährigkeit oder Abschluss der Berufsausbildung auch des jüngsten Sohnes) als Vermächtnisnehmer bestimmen soll.[123]

b) *Bestimmungsberechtigt* kann der Beschwerte oder ein Dritter sein (§ 2151). Ob **433** der Berechtigte seine Auswahl frei oder nach billigem Ermessen zu treffen hat, richtet sich nach dem Erblasserwillen.[124]

> Im **Fall b** ist F bestimmungsberechtigt. Das dritte Kind ist Vermächtnisnehmer, sofern der Erblasser nicht nur die beiden ihm bekannten Kinder gemeint hat.
> Gehört der Bestimmungsberechtigte zu dem Kreis der Personen, aus dem der Vermächtnisnehmer auszuwählen ist, so kann er sich auch selbst bestimmen. Hier ist aber besonders sorgfältig zu prüfen, ob der Erblasser das gewollt hat.

Wenn der Bestimmungsberechtigte die Bestimmung nicht treffen kann (zB wegen Geschäftsunfähigkeit, Tod) oder wenn er die ihm vom Nachlassgericht auf Antrag eines Beteiligten gesetzte Frist zur Abgabe der Erklärung verstreichen lässt, so tritt gem. § 2151 III Gesamtgläubigerschaft aller vom Erblasser Bedachten ein (vgl. § 428).

Anders als in § 430 ist der Bedachte, der das Vermächtnis erhält, im Zweifel nicht zur Ausgleichung mit den übrigen verpflichtet (§ 2151 III 3). Der Gesetzgeber ging bei dieser Regelung davon aus, dass es dem Erblasser in erster Linie darauf ankomme, nur einem das Vermächtnis zuzuwenden.[125]

Hat der Erblasser nicht angeordnet, wer die Bestimmung des Vermächtnisnehmers bei mehreren alternativ Bedachten treffen soll, so ist im Zweifel der Beschwerte bestimmungsberechtigt (§ 2152).

Sind mehrere Personen bestimmungsberechtigt (zB mehrere Testamentsvollstrecker), so können diese in entsprechender Anwendung der §§ 317 II, 2224 I 1 nur gemeinsam die Erklärung abgeben.

c) Die *Bestimmung* des Bedachten erfolgt durch eine formlose, unwiderrufliche und **434** empfangsbedürftige *Willenserklärung*, die der Anfechtung unterliegt. Soll der Beschwerte den Bedachten bestimmen, so muss die Erklärung gegenüber dem erfolgen, der das Vermächtnis erhalten soll; die Bestimmung durch den Dritten erfolgt durch Erklärung gegenüber dem Beschwerten (§ 2151 II).

III. Mehrere Bedachte

Hat der Erblasser mehrere mit demselben Vermächtnis bedacht *(gemeinschaftliches* **435** *Vermächtnis),*[126] so gelten für das Rechtsverhältnis der Vermächtnisnehmer untereinander die §§ 2089–2093 entsprechend (§ 2157).

Meistens wird der Erblasser die Anteile der Bedachten am vermachten Gegenstand selbst festlegen. Andernfalls sind die Vermächtnisnehmer regelmäßig zu gleichen Teilen bedacht (§§ 2157, 2091).

---

123 Vgl. dazu *Klunzinger* BB 1970, 1197.
124 *Lange/Kuchinke* ErbR § 29 III 2b a.
125 Vgl. Mot. V, 42.
126 Zur Abgrenzung des gemeinschaftlichen Vermächtnisses von einer Mehrheit von selbstständigen Vermächtnissen, durch die mehreren Bedachten jeweils Teile eines Gegenstandes zugewendet werden, s. *Muscheler* NJW 2012, 1399.

Der Erblasser kann aber auch die Bestimmung der Anteile der einzelnen Vermächtnisnehmer am Vermächtnisgegenstand dem Beschwerten oder einem Dritten (zB dem Testamentsvollstrecker) überlassen (§ 2153 I 1).

Hinsichtlich der Einzelheiten gilt das oben (→ Rn. 432 ff.) Gesagte entsprechend (§ 2153 I 2, II).

Fällt bei der Anordnung eines gemeinschaftlichen Vermächtnisses ein Bedachter vor oder nach dem Erbfall weg, tritt bei den übrigen Bedachten Anwachsung (→ Rn. 331 ff.) nach dem Verhältnis ihrer Anteile ein, sofern der Erblasser nichts anderes bestimmt hat (§ 2158).

Die Regelung des § 2158 I 1 gilt auch, wenn der Erblasser die Anteile bereits selbst bestimmt hat (§ 2158 I 2). Ist ein Bedachter weggefallen, der mit anderen auf *denselben* Anteil am Vermächtnisgegenstand eingesetzt ist, tritt Anwachsung zunächst nur unter den übrigen mit demselben Anteil Bedachten ein (§ 2158 I 3).
In Bezug auf Untervermächtnisse und Auflagen gilt der anfallende Anteil als selbstständiges Vermächtnis (§ 2159).

Ist das Vermächtnis teilbar (zB eine Geldsumme), kann jeder Bedachte vom Beschwerten die Erfüllung des Vermächtnisses nur zu seinem Anteil verlangen (§ 420). Bei Unteilbarkeit des Vermächtnisgegenstandes (zB Landgut) kann jeder Vermächtnisnehmer vom Beschwerten lediglich Leistung an alle verlangen (§ 432, nicht § 428). Die Vermächtnisnehmer werden dann Miteigentümer nach Bruchteilen. Die Auseinandersetzung erfolgt nach den §§ 749 ff.

IV. Besondere Vermächtnisnehmer

436 Hinsichtlich der Rechtsstellung des Bedachten ergeben sich Besonderheiten beim Voraus-, Ersatz- und Nachvermächtnis.

1. In der Regel wird der Erblasser jemanden, der nicht Erbe ist, mit einem Vermächtnis bedenken. Er kann aber auch einem Erben ein Vermächtnis zuwenden. Ist die Miterbengemeinschaft mit dem Vermächtnis beschwert, handelt es sich um ein *Vorausvermächtnis.* Dieses gilt als Vermächtnis auch insoweit, als der Erbe selbst beschwert ist (§ 2150). Ein Vorausvermächtnis liegt ebenfalls vor, wenn der Alleinerbe mit einem Vermächtnis zu seinen Gunsten beschwert ist.

Die Doppelstellung als Erbe und Vermächtnisnehmer begünstigt den mit dem Vermächtnis Bedachten, insbesondere gegenüber seinen Miterben:

Ein Unwirksamkeitsgrund, der entweder nur das Erbrecht oder nur das Vorausvermächtnis betrifft, berührt regelmäßig nicht die jeweils andere Rechtsstellung (§ 2085). So kann der Erbe die Erbschaft ausschlagen, das Vermächtnis aber annehmen und umgekehrt.

Der Vermächtnisnehmer ist Nachlassgläubiger (§ 1967 II) und kann, wenn eine Miterbengemeinschaft besteht, bereits aus dem ungeteilten Nachlass von allen Miterben Befriedigung verlangen (§ 2059 II). Bei deren Vollzug (zB Übereignung eines Grundstückes) muss er in seiner Eigenschaft als Miterbe selbst mitwirken.[127]

Er braucht sich den vermachten Gegenstand nicht auf seinen Erbteil bei der Auseinandersetzung der Miterben anrechnen zu lassen. Dadurch unterscheidet sich das

---

127 Dazu OLG Saarbrücken NJW-RR 2007, 1659 (1660).

Vorausvermächtnis von der bloßen Teilungsanordnung (zur Abgrenzung: →
Rn. 322 f., → Rn. 525).

Hat der Erblasser dem alleinigen Vorerben ein Vorausvermächtnis zugewendet, so fällt dem Nacherben
im Nacherbfall regelmäßig nicht der Gegenstand des Vorausvermächtnisses zu (§ 2110 II). Der Vorerbe
wird bereits mit dem Vorerbfall kraft seines Erbrechts Eigentümer der vorausvermachten Sache und
bleibt es auch.[128] Insbesondere ist der Vorerbe in Bezug auf den Vermächtnisgegenstand von den
Verfügungsbeschränkungen des § 2113 befreit. Insofern entfaltet das Vorausvermächtnis nicht nur eine
schuldrechtliche, sondern ausnahmsweise auch eine dingliche Wirkung.

2. Hat der Erblasser ein *Ersatzvermächtnis* angeordnet, so ist der vermachte Gegen- **437**
stand für den Fall, dass der zunächst Bedachte nicht erwirbt, einem anderen zugewendet (§ 2190). Es gelten die Vorschriften über die Ersatzerbschaft entsprechend
(§§ 2190, 2097–2099; → Rn. 335 ff.).

Das Ersatzvermächtnis geht der Anwachsung vor (§§ 2190, 2099). Hat der Erblasser einen Ersatzvermächtnisnehmer bestimmt, ist daher eine Anwachsung ausgeschlossen (§ 2158 II).

3. Ein *Nachvermächtnis* liegt vor, wenn der Erblasser den vermachten Gegenstand **438**
von einem nach dem Anfall des Vermächtnisses eintretenden bestimmten Zeitpunkt
oder Ereignis an einem anderen zugewandt hat (§ 2191 I). Vor dem Nachvermächtnisnehmer ist also bereits ein anderer Inhaber des Vermächtnisanspruchs. Dieser
Vorvermächtnisnehmer ist mit dem Nachvermächtnis beschwert (§ 2191 I).

a) Der Unterschied zwischen *Ersatz- und Nachvermächtnis* liegt in Folgendem: Beim Ersatzvermächtnis wird der zunächst Bedachte so behandelt, als habe er das Vermächtnis nie erworben (§ 2190); es
tritt kein Wechsel in der Person des Bedachten ein. Der Vorvermächtnisnehmer hingegen behält seine
Rechtsstellung bei Eintritt des Nachvermächtnisses; er kann nämlich, sofern der Beschwerte (regelmäßig der Erbe; § 2147 S. 2) die Vermächtnisleistung noch nicht erbracht hat, weiterhin Erfüllung
verlangen. Andererseits ist er gegenüber dem Nachvermächtnisnehmer verpflichtet, die Vermächtnisleistung zu übertragen.
b) Zwischen *Nach- und Untervermächtnis* besteht eine große Ähnlichkeit, da auch beim Nachvermächtnis der Beschwerte dem Vorvermächtnisnehmer und dieser dem Nachvermächtnisnehmer verpflichtet ist. Die für das Untervermächtnis geltenden Bestimmungen der §§ 2186–2189 sind daher
entsprechend anzuwenden. Verwendungsersatzansprüche des Vorausvermächtnisnehmers gegen den
Nachvermächtnisnehmer sind nach § 2185 und nicht entsprechend den für die Vor- und Nacherbfolge
geltenden §§ 2124 ff. zu beurteilen;[129] infolgedessen sind die Vorschriften des Eigentümer-Besitzer-
Verhältnisses (§§ 994 ff.) bei Verwendungsersatzansprüchen des Vorvermächtnisnehmers anzuwenden
(vgl. → Rn. 440 aE).
Nachvermächtnis und Untervermächtnis werden dadurch abgegrenzt, dass bei dem Ersteren derselbe
Gegenstand vom Vor- auf den Nachvermächtnisnehmer zu übertragen ist. Beim Untervermächtnis
hingegen ist der Hauptvermächtnisnehmer mit einer vom Hauptvermächtnis verschiedenen Verbindlichkeit belastet.
c) Die rein schuldrechtliche Beschwerung (§ 2174) des Vorvermächtnisnehmers kennzeichnet den
Unterschied zur Vor- und Nacherbschaft. Der Nacherbe erwirbt den Nachlass im Nacherbfall unmittelbar als Eigentümer und wird Rechtsnachfolger des Erblassers (§ 2139). Mit Rücksicht auf diese
verschiedene rechtliche Beurteilung hat der Gesetzgeber für das Nachvermächtnis eine entsprechende
Anwendung der Bestimmungen über die Nacherbschaft nur für wenige Ausnahmefälle gestattet (vgl.
§ 2191 II).[130]
Aus der beschränkten Anwendung des Nacherbenrechts für das Nachvermächtnis folgt, dass der
Vorvermächtnisnehmer nicht den Verfügungsbeschränkungen des Vorerben (vgl. § 2113) unterliegt
und dass sich der Vermächtnisanspruch des Nachvermächtnisnehmers nicht auf Gegenstände oder

---

128 Vgl. BGHZ 32, 60 ff.; *Otte* Jura 2011, 810 (811).
129 So mit Recht BGHZ 114, 16 unter Hinweis auf die Ähnlichkeit von Nach- und Untervermächtnis
    sowie auf die Entstehungsgeschichte und die Rspr. des RG.
130 Mot. V, 208 f.

Rechte erstreckt, die der Vorvermächtnisnehmer durch Verkauf oder Untergang des Vermächtnisgegenstandes erworben hat (vgl. im Gegensatz dazu § 2111). Insofern genießt der Nachvermächtnisnehmer einen erheblich schwächeren Schutz als der Nacherbe. Der Nachvermächtnisnehmer kann jedoch vom Vorvermächtnisnehmer Schadensersatz verlangen, wenn dieser den Anspruch aus dem Nachvermächtnis schuldhaft beeinträchtigt oder vereitelt (§§ 2177, 2179, 160).

D. Gegenstand des Vermächtnisses

439   Gegenstand der Zuwendung muss gem. § 1939 ein Vermögensvorteil sein.

I. Begriff des Vermögensvorteils

1. Ein Vermögensvorteil iSd § 1939 ist jede *unmittelbare Vermehrung des Vermögens* des Bedachten.

Es können daher zB Sachen, Forderungen, bestimmte Geldbeträge, die Zahlung einer Rente, die Befreiung von einer Verbindlichkeit usw. zugewendet werden. Da alles, was mit einem Vermögensvorteil für den Bedachten verbunden ist, Inhalt des Vermächtnisses werden kann, ist auch ein bestimmtes Tun (Anfertigung eines Gegenstandes) oder Unterlassen (Verbot der Einziehung einer Forderung vor einem bestimmten Zeitpunkt) als Leistungspflicht möglich.

2. Auch eine *mittelbare wirtschaftliche Besserstellung* des Bedachten reicht aus, da der Begriff »Vermögensvorteil« weit auszulegen ist.[131] Es ist nicht erforderlich, dass die Zuwendung unentgeltlich erfolgt.

Ein Vermächtnis kann daher in der Anordnung des Erblassers liegen, dass einer seiner Erben das Recht haben solle, ein zum Nachlass gehörendes Grundstück zu einem dem Wert entsprechenden Preis bei der Auseinandersetzung zu übernehmen. Hier besteht der Vermögensvorteil in der dem Bedachten zustehenden Möglichkeit, den Übernahmegegenstand zu erwerben.[132]

Wenn kein Vermögensvorteil iSd § 1939 gegeben ist, kann die Verfügung des Erblassers uU als Anordnung einer Auflage aufrechterhalten werden, für die das Merkmal des Vermögensvorteils ohne Bedeutung ist (vgl. § 1940). Auch kann die Anordnung einer Testamentsvollstreckung vorliegen, die auf einen einzelnen Nachlassgegenstand beschränkt ist (§ 2208 I 2).

II. Arten der Leistungsgegenstände

440   **1.** Beim *Stückvermächtnis* ist ein bestimmter zum Nachlass gehörender Gegenstand (Sache, Recht, Forderung) vermacht.

Hatte der Erblasser nur den Besitz einer vermachten Sache, so gilt im Zweifel der Besitz als vermacht, es sei denn, dass er dem Bedachten keinen rechtlichen Vorteil gewährt (§ 2169 II). Der Vorteil fehlt, wenn der Eigentümer bereits Herausgabe verlangt hat und Gegenrechte nach den §§ 994 ff. nicht bestehen.[133]

Nach § 2169 I ist ein Stückvermächtnis im Zweifel unwirksam, wenn der vermachte Gegenstand zur Zeit des Erbfalls nicht zum Nachlass gehört. Der Gesetzgeber ist also davon ausgegangen, dass der Erblasser nur über die zu diesem Zeitpunkt zu seinem Vermögen gehörenden Gegenstände hat letztwillig verfügen wollen).[134]

---

131 Vgl. Entwurf I, § 1756; Prot. V, 6.
132 Vgl. BGHZ 36, 115 (117).
133 Vgl. Prot. V, 168 f.
134 Vgl. Mot. V, 143; Prot. V, 167 f.; BGHZ 31, 13 (16).

Für die Frage, ob in diesem Sinne ein Gegenstand zur Zeit des Erbfalls zum Nachlass gehört, ist eine wirtschaftliche Betrachtungsweise entscheidend. Zur Erbschaft gehört daher ein Gegenstand dann nicht, wenn der Erblasser zur Veräußerung verpflichtet ist (§ 2169 IV). Hat andererseits der Erblasser zur Zeit des Erbfalls nur einen Anspruch auf Leistung des Gegenstandes, so gilt im Zweifel der Anspruch als vermacht (§ 2169 III, 1. Fall).

Ist allerdings der vermachte Gegenstand zwischen Errichtung der Verfügung und Eintritt des Erbfalls untergegangen, verändert oder dem Erblasser entzogen worden, so ist durch (ergänzende) Auslegung der Zuwendungsverfügung zu ermitteln, ob der Erblasser auch das hat vermachen wollen, was sich an Stelle des Gegenstandes beim Erbfall im Nachlass befindet.[135]

Ist der vermachte Gegenstand vor dem Erbfall untergegangen, beschädigt oder dem Erblasser entzogen worden, so ist im Zweifel ein dem Erblasser zustehender Ersatzanspruch zugewendet (§§ 2164 II, 2169 III, 2. Fall). Beim Vermächtnis einer dem Erblasser zustehenden Geldforderung gilt im Zweifel die vor dem Erbfall zur Erfüllung gezahlte Geldsumme als vermacht (§ 2173 S. 2). Bei anderen Forderungen gilt dies für die Leistung nur dann, wenn sie sich noch im Nachlass befindet (§ 2173 S. 1). Ist eine Forderung des Erblassers gegen den Alleinerben vermacht, so geht sie beim Erbfall durch Konfusion unter. Der Erbe wäre demnach wegen des Vermächtnisses zur Wiederherstellung der Forderung verpflichtet. § 2175 geht einen anderen Weg: Die Forderung gilt in Ansehung des Vermächtnisses, also nur gegenüber dem Vermächtnisnehmer, als nicht erloschen. Entsprechendes gilt, wenn der Erblasser ein ihm zustehendes Recht an einer Sache oder einem Recht des Erben vermacht. (Zur Verbindung, Vermischung usw. s. § 2172.)

Aus diesen Einzelbestimmungen lässt sich jedoch nicht der allgemeine Grundsatz ableiten, dass jeder Ersatz bei Untergang, Entziehung usw. des vermachten Gegenstandes an dessen Stelle tritt. Dies ist vielmehr nur dann anzunehmen, wenn die (ergänzende) Auslegung der Zuwendungsverfügung einen entsprechenden Willen des Erblassers erkennen lässt.[136]

Das Stückvermächtnis erstreckt sich im Zweifel auf das *zur Zeit des Erbfalls vorhandene Zubehör* (§ 2164 I). Diese Vorschrift gilt auch beim aufschiebend bedingten oder befristeten Vermächtnis.

Nach § 2184 S. 1 hat der Beschwerte beim Stückvermächtnis dem Bedachten die seit dem Anfall gezogenen *Früchte* sowie das sonst aufgrund des vermachten Rechts Erlangte (zB Ersatzansprüche nach § 285) herauszugeben. Ein Ersatz für sonstige Nutzungen kommt jedoch nicht in Betracht (§ 2184 S. 2).

Beim Stückvermächtnis bestehen im Zweifel *keine Gewährleistungspflichten* des Beschwerten für Rechts- oder Sachmängel (Umkehrschluss aus §§ 2182 f.).[137]

Insbesondere ist der Beschwerte im Zweifel nicht zur Beseitigung von dinglichen Rechten verpflichtet, mit denen der vermachte Nachlassgegenstand belastet ist (§ 2165 I 1).
Das Vermächtnis erstreckt sich aber im Zweifel auf einen eventuell bestehenden Beseitigungsanspruch des Erblassers (§ 2165 I 2).
Zu Einzelheiten vgl. weiter die §§ 2165 II 2168a.

Der Beschwerte kann beim Vermächtnis einer bestimmten Nachlasssache für *Verwendungen und Aufwendungen,* die er nach dem Erbfall für die Sache erbracht hat, nach den §§ 994 ff. Ersatz verlangen (§ 2185).

---

135 **HM;** BGHZ 22, 357 (359).
136 **HM;** BGHZ 22, 357 (359).
137 Vgl. Mot. V, 166.

441　2. Dem Erblasser ist es gestattet, den zugewandten Gegenstand nur der Gattung nach zu bestimmen (*Gattungsvermächtnis*; § 2155). Es handelt sich dabei um eine Gattungsschuld, bei der im Gegensatz zu § 243 I nicht eine Sache mittlerer Art und Güte zu leisten ist, sondern eine solche, die den Verhältnissen des Bedachten entspricht (§ 2155 I). Die Bestimmung des konkreten Leistungsgegenstandes kann dem Beschwerten, dem Bedachten oder einem Dritten zustehen (§ 2155 II).

Entspricht die vom Beschwerten bestimmte Sache nicht den Verhältnissen des Bedachten, so kann dieser die Leistung einer entsprechenden Sache verlangen. Das Gericht ist jedoch nicht befugt, selbst die entsprechende Sache durch Urteil zu bestimmen. Es kann vielmehr »nur abstrakt die Grundsätze aufstellen, nach welchen die Auswahl des zu leistenden Gegenstandes erfolgen müsse«.[138] Die Vollstreckung erfolgt gem. § 884 ZPO, wenn eine den Erfordernissen des § 2155 genügende Sache im Nachlass vorhanden ist. Unberührt bleibt das Recht des Gläubigers, vom Beschwerten die Leistung des Interesses zu verlangen (§ 893 ZPO).

Entspricht die betroffene Bestimmung »offenbar«, dh in besonders augenfälliger Weise, nicht den Verhältnissen des Bedachten, hat der Bestimmungsberechtigte seine Befugnis verloren. Das Bestimmungsrecht geht auf den Beschwerten über, als wenn der Erblasser über die Bestimmung der Sache keine Anordnung getroffen hätte (§ 2155 III).

Die *Rechts- und Sachmängelhaftung* beim Gattungsvermächtnis folgt im Wesentlichen den entsprechenden Regeln beim Kaufvertrag (vgl. §§ 2182 f.).

Nicht im Gesetz geregelt ist das *auf den Nachlass beschränkte Gattungsvermächtnis* (zB »mein Neffe soll drei Bilder aus meiner Gemäldesammlung erhalten«). In diesem Fall sind – sofern der Erblasser nichts anderes bestimmt hat – die Vorschriften über das Gattungsvermächtnis anzuwenden.

Beim beschränkten Gattungsvermächtnis haftet der Beschwerte nicht für Rechts- oder Sachmängel;[139] denn es ist davon auszugehen, dass der Erblasser dem Bedachten nicht mehr zuwenden wollte, als er selbst besaß.

Der in der Praxis am häufigsten vorkommende Fall ist das *Geldvermächtnis*, das auf eine feste Summe oder einen Bruchteil des Nachlasses (Quotenvermächtnis) lauten kann.

442　3. Ein *Wahlvermächtnis* liegt vor, wenn der Erblasser anordnet, der Bedachte solle von mehreren Gegenständen nur den einen oder den anderen erhalten (§ 2154 I 1). Die »mehreren Gegenstände« können nach der Gattung (»sechs Maria-Theresien-Taler *oder* sechs Kennedy-Gedächtnismünzen«) oder stückweise (»eine meiner antiken Vasen«) bestimmt, aus dem Nachlass oder auch anderweitig zu verschaffen sein.

Das Wahlvermächtnis begründet eine Wahlschuld iSd §§ 262 ff.[140]

Das Wahlrecht kann dem Beschwerten, dem Bedachten oder einem Dritten zustehen. Für die beiden ersten Fälle gelten die §§ 262 ff. Die Wahl durch einen Dritten ist in § 2154 I 2, II geregelt.

443　4. Beim *Zweckvermächtnis* bestimmt der Erblasser den Zweck des Vermächtnisses und regelmäßig auch den Empfänger; er kann in Abweichung von § 2065 II die Bestimmung der Leistung dem billigen Ermessen des Beschwerten oder eines Dritten, nicht aber des Bedachten[141] überlassen (§ 2156 S. 1).

---

138 Prot. V, 200.
139 Mot. V, 197 f.
140 Vgl. Mot. V, 171; Prot. V, 195.
141 BGH NJW 1991, 1885; MüKoBGB/*Schlichting* § 2156 Rn. 4; *Schlüter* ErbR Rn. 917; **aA** *Lange* ErbR Kap. 6 Rn. 123; *Muscheler* ErbR II Rn. 2602; Soergel/*Wolf* § 2156 Rn. 4.

Auf das Zweckvermächtnis sind die §§ 315–319 entsprechend anzuwenden (§ 2156 S. 2).

Der Zweck muss so umgrenzt sein, dass für den Bestimmungsberechtigten die Möglichkeit besteht, den Inhalt der Leistung nach billigem Ermessen im einzelnen (zB die Höhe einer Geldsumme) so festzulegen, dass der vom Erblasser erstrebte Zweck (zB Studienreise des Neffen) erreicht werden kann.

Den Zuwendungsempfänger muss der Erblasser selbst bestimmen, soweit nicht ein Fall der §§ 2151 f. vorliegt.

5. Beim *Verschaffungsvermächtnis* ist ein nicht zum Nachlass gehörender Gegenstand **444** vermacht und der Beschwerte nach dem Willen des Erblassers verpflichtet, den Gegenstand dem Bedachten zu verschaffen (§ 2170 I). Ein solcher Wille des Erblassers ist in aller Regel anzunehmen, wenn dieser das Vermächtnis in Kenntnis der Tatsache angeordnet hat, dass der Vermächtnisgegenstand nicht zu seinem Vermögen gehört. Ein Verschaffungsvermächtnis kann aber auch dann gegeben sein, wenn der Erblasser irrtümlich davon ausging, der zugewandte Gegenstand gehöre zu seinem Vermögen. Entscheidend dafür ist, dass der letztwilligen Verfügung der unbedingte Wille entnommen werden kann, dem Bedachten den zugewandten Gegenstand in jedem Fall zukommen zu lassen.[142]

Die *Rechtsverschaffungspflicht* des Beschwerten entspricht der des Verkäufers (§ 2182 II; Besonderheiten: § 2182 III).

Die Leistungspflicht des Beschwerten beim Verschaffungsvermächtnis ist nicht unbegrenzt: Bei Unmöglichkeit der Leistung ist das Vermächtnis nach § 2171 I unwirksam. Bei Unvermögen hat der Beschwerte den Wert zu entrichten (§ 2170 II 1). Ist die Verschaffung nur mit unverhältnismäßigen Aufwendungen möglich, so kann sich der Beschwerte durch Entrichtung des Wertes befreien (§ 2170 II 2).

Eine *Haftung für Sachmängel* ergibt sich aus § 2183, der für die Ansprüche auf Nacherfüllung und auf Schadensersatz statt der Leistung auf die Sachmängelhaftung beim Kauf einer Sache verweist.

6. Um ein *Schuldbefreiungsvermächtnis* handelt es sich, wenn der Beschwerte ver- **445** pflichtet ist, den Bedachten von einer Verbindlichkeit gegenüber dem Erblasser, dem Beschwerten oder auch einem Dritten zu befreien.

Die Befreiungswirkung tritt nicht bereits mit dem Erbfall ein. In den beiden ersten Fällen ist der beschwerte Erbe vielmehr mit dem Erbfall verpflichtet, mit dem Bedachten einen Erlassvertrag nach § 397 I zu schließen. Ist ein Dritter Gläubiger des Bedachten, so muss der Beschwerte die Befreiung durch Leistung an den Dritten herbeiführen.

E. Erwerb des Vermächtnisses

I. Anfall

Unter Anfall des Vermächtnisses versteht man den vorläufigen Erwerb der Vermächt- **446** nisforderung, der durch Ausschlagung beseitigt werden kann (§ 2176).

1. Das Vermächtnis fällt dem Bedachten regelmäßig mit dem *Erbfall* an (§§ 2176, 1922 I). Vorher hat der Vermächtnisnehmer lediglich eine Aussicht auf den Erwerb des Vermächtnisanspruchs und noch keine rechtlich geschützte Anwartschaft.

---

142 BGH NJW 1983, 937; WM 1983, 1211.

Dies gilt selbst dann, wenn sich der Erblasser durch Erbvertrag unwiderruflich gebunden hat;[143] denn nach § 2286 ist der Erblasser durch den Erbvertrag nicht gehindert, über den vermachten Gegenstand durch Rechtsgeschäft unter Lebenden zu verfügen.

Der Anfall des Vermächtnisses ist unabhängig davon, ob der Erbe die Erbschaft annimmt oder nicht.[144] Der Anspruch des Bedachten besteht daher bereits vor Ablauf der Ausschlagungsfrist des Erben (§ 1944). Zu beachten ist aber, dass der Erbe vor der Annahme der Erbschaft noch nicht verklagt werden kann (§ 1958).

447 2. Der Erblasser kann den Anfall des Vermächtnisses auf einen späteren Zeitpunkt als den Erbfall hinausschieben (§ 2177). Wird das Vermächtnis unter einer *aufschiebenden Bedingung* angeordnet (zB »Mein Neffe soll 1.000 EUR aus dem Nachlass erhalten, wenn er das Abitur besteht«; »Mein Anwalt wird Erbe, wenn er innerhalb von drei Jahren mein Manuskript … als Buch veröffentlicht«),[145] so ist der Vermächtnisanspruch erst mit Bedingungseintritt begründet.

Der Bedachte muss also im Zweifel den Erbfall *und* den Bedingungseintritt erleben (§§ 2160, 2074; → Rn. 216). Zwar erlangt der Vermächtnisnehmer mit dem Erbfall schon eine Anwartschaft; jedoch ist sie, wenn der Bedachte vor Bedingungseintritt verstirbt, nicht vererblich.[146] Hat der Erblasser einen Abkömmling aufschiebend bedingt bedacht und fällt dieser vor Eintritt der Bedingung weg, so sind im Zweifel dessen Abkömmlinge als Ersatzvermächtnisnehmer berufen (§ 2069).[147]

Für das Entstehen des Vermächtnisanspruchs kann vom Erblasser ein Anfangstermin gesetzt sein (§ 2177; Beispiel: »Mein Neffe soll meine Briefmarkensammlung zehn Jahre nach meinem Ableben erhalten«). Das Vermächtnis fällt dann mit dem Eintritt des Termins an (§§ 2177, 163, 158 I; sog. *aufschiebende Befristung*).

Der Bedachte erhält mit dem Erbfall bereits ein vererbliches Anwartschaftsrecht. Den Eintritt des Termins braucht er nicht zu erleben, sofern der Erblasser dies nicht bestimmt hat; denn § 2074 gilt hier nicht.[148]

448 3. War der Vermächtnisnehmer *im Zeitpunkt des Erbfalls noch nicht erzeugt,* so fällt ihm die Zuwendung mit der Geburt und nicht mit Rückwirkung auf den Erbfall an (§ 2178).

Ist der Bedachte aber im Zeitpunkt des Erbfalls schon erzeugt, so muss § 1923 II entsprechend angewandt werden (→ Rn. 9).
Für eine noch nicht entstandene juristische Person gilt § 2178 entsprechend. Bei einer Stiftung ist § 84 zu beachten.

Wird die Persönlichkeit des Bedachten *durch ein erst nach dem Erbfall eintretendes Ereignis* bestimmt (»Wenn jemand die Sorge über meinen Hund übernimmt, soll er 1.000 EUR erhalten«), so erfolgt der Anfall des Vermächtnisses mit dem Eintritt des Ereignisses (§ 2178).

Tritt das Ereignis bereits vor dem Erbfall ein, so bleibt es bei der Grundregel des § 2176.

---

143 Vgl. BGHZ 12, 115 f.
144 Vgl. Mot. V, 178.
145 Vgl. OLG Bamberg NJW-RR 2008, 1325.
146 Vgl. Mot. V, 178.
147 Vgl. BGH LM Nr. 1 zu § 2069 BGB.
148 Vgl. Prot. V, 212.

4. In den Fällen der §§ 2177 f. steht dem Bedachten für die *Schwebezeit* zwischen **449** Erbfall und Anfall des Vermächtnisses bereits ein rechtlich geschütztes Anwartschaftsrecht zu.

Dieses kann rechtsgeschäftlich übertragen, verpfändet und gepfändet werden. Es ist auch vererblich; eine Ausnahme besteht im Zweifel nur für das aufschiebend bedingte Vermächtnis (§ 2074; → Rn. 447).

Der Bedachte wird in der Schwebezeit durch § 2179 geschützt: Es finden die Vorschriften Anwendung, die für den Fall gelten, dass eine Leistung unter einer aufschiebenden Bedingung geschuldet wird.

Anwendbar sind die §§ 160 I und 162. Vereitelt oder beeinträchtigt der beschwerte Erbe nach dem Erbfall und vor dem Anfall des Vermächtnisses schuldhaft den Anspruch des Bedachten, ist der Erbe zum Schadensersatz verpflichtet (vgl. §§ 280 ff.). Bestritten ist, ob auch § 161 zum Schutz des Vermächtnisnehmers heranzuziehen ist. Maßgeblich ist, dass § 2179 keinen weitergehenden Schutz als bei einem unbedingten Vermächtnis gewähren soll.[149] Da es sich bei einem Vermächtnis, sei es auch aufschiebend bedingt, um eine schuldrechtliche Leistungspflicht handelt (vgl. den Wortlaut von § 2179), kann der nur für aufschiebend bedingte Verfügungen geltende § 161 keine Anwendung finden.[150]

5. Das Gesetz hat eine *zeitliche Grenze für den Schwebezustand* gesetzt. Nach § 2162 **450** werden Vermächtnisse, die nicht schon mit dem Erbfall anfallen, mit dem Ablauf von 30 Jahren nach dem Erbfall unwirksam, wenn nicht vorher das für den Anfall maßgebende Ereignis eingetreten ist.

Die Ausnahmen sind in § 2163 geregelt.

6. Der Erblasser kann anordnen, dass der Vermächtnisgegenstand dem Bedachten bei **451** Eintritt einer *auflösenden Bedingung* oder von einem Endtermin an (*auflösende Befristung*, § 163) nicht mehr zustehen soll.[151] Hierfür sind die allgemeinen Regeln der §§ 158 II bzw. 163 anwendbar.

Hat der Erblasser bestimmt, dass das Vermächtnis einem anderen vom Eintritt der Bedingung oder des Endtermins an herauszugeben ist, so handelt es sich um ein Nachvermächtnis (§ 2191). Besteht keine solche Bestimmung, so muss der Bedachte das Vermächtnis an den Beschwerten zurückgeben (Rückvermächtnis).

II. Fälligkeit

Vom Anfall des Vermächtnisses ist dessen Fälligkeit zu unterscheiden. Grundsätzlich **452** wird die Forderung mit ihrem Entstehen – dem Anfall – fällig (§ 271). Der Erblasser kann aber abweichende Anordnungen über die Fälligkeit treffen, insbesondere die Fälligkeit auf einen späteren Zeitpunkt hinausschieben (*betagtes Vermächtnis*). Davon zu unterscheiden ist der Fall, dass der Erblasser ein aufschiebend befristetes Vermächtnis anordnet (§ 2177; → Rn. 447). Zulässig ist es auch, dass der Erblasser die Fälligkeit in das billige oder freie Ermessen des Beschwerten stellt (vgl. §§ 315, 2181).

Untervermächtnisse fallen zwar schon mit dem Erbfall an (§ 2176). Sie werden aber erst fällig, wenn auch der Hauptvermächtnisnehmer vom Beschwerten die Leistung verlangen kann (§ 2186). Allerdings kann der Erblasser bestimmen, dass die Untervermächtnisforderung erst zu einem späteren Zeitpunkt

---

149 *Bungeroth* NJW 1967, 1357.
150 *Muscheler* ErbR I Rn. 1042; Palandt/*Weidlich* § 2179 Rn. 2; **aM** *Gudian* NJW 1967, 431.
151 Zur Abgrenzung zwischen aufschiebend und auflösend bedingter Zuwendung OLG Bamberg NJW-RR 2008, 1325.

fällig sein soll. Dagegen ist die Anordnung, das Untervermächtnis solle vor Fälligkeit des Hauptvermächtnisses fällig sein, unwirksam.[152]

III. Annahme und Ausschlagung

453 Mit dem Vermächtnisanspruch erwirbt der Bedachte das Recht zur Ausschlagung (§ 2176). Annahme und Ausschlagung erfolgen durch formlose, empfangsbedürftige und nach den §§ 119 ff. anfechtbare Willenserklärung gegenüber dem Beschwerten (§ 2180 II 1), nicht – wie bei der Erbausschlagung – gegenüber dem Nachlassgericht.

Annahme und Ausschlagung können erst nach dem Erbfall erklärt werden. Die Erklärung kann schlüssig in der Annahme bzw. Ablehnung der vom Beschwerten angebotenen Leistung des Vermächtnisses erblickt werden und ist nicht von der Einhaltung einer bestimmten Frist abhängig (anders § 1944).[153] Die Beifügung einer Bedingung oder Zeitbestimmung führt zur Unwirksamkeit (§ 2180 II 2). Eine Ausschlagung nach Annahme kommt nicht in Betracht; denn die Annahme- oder Ausschlagungserklärung ist unwiderruflich (§ 2180 I; zur Wirkung: § 2180 III iVm: § 1953 I, II; → Rn. 308 f.).

F. Haftung des Beschwerten

I. Haftung von Erben

454 1. Die Verpflichtung des beschwerten *Alleinerben* zur Erfüllung des Vermächtnisanspruchs ist eine Nachlassverbindlichkeit (§ 1967). Der Erbe haftet grundsätzlich auch mit seinem eigenen Vermögen (→ Rn. 647). Über die ohnehin bestehenden Möglichkeiten zur Beschränkung der Erbenhaftung (→ Rn. 648 f.) hinaus lässt das Gesetz den Erben gegenüber Vermächtnisnehmern weniger streng haften als gegenüber anderen Nachlassgläubigern.

Im Einzelnen unterscheidet sich die Haftungsbeschränkung gegenüber Vermächtnisnehmern von der gegenüber sonstigen Gläubigern folgendermaßen: Üblicherweise beschränkt sich die Haftung nur dann auf den Nachlass, wenn Nachlassverwaltung angeordnet (§ 1975; → Rn. 679 ff.), Nachlassinsolvenzverfahren eröffnet (§ 1975; → Rn. 679 ff.) oder die Dürftigkeitseinrede begründet ist (§ 1990; → Rn. 708). Darüber hinaus kann der Erbe die Erfüllung des Vermächtnisses durch Erhebung der Einrede des § 1992 insoweit verweigern, als der Nachlass zur Erfüllung nicht ausreicht (vgl. **Fall c**). Dazu muss sich der Erbe diese Haftungsbeschränkung im Urteil vorbehalten lassen (§ 780 ZPO). Die Einrede des § 1992 kann aber nur dann noch erhoben werden, wenn die Erbenhaftung noch beschränkbar ist.

Daher haftet der Erbe, wenn er zB die Inventarfrist versäumt (§ 1994) oder absichtlich ein unrichtiges Inventarverzeichnis errichtet (§ 2005), stets auch mit seinem gesamten eigenen Vermögen (vgl. § 2013 I 1).

Macht der Erbe die Einrede des § 1992 geltend, so muss er den Nachlass zum Zwecke der Befriedigung der Vermächtnisgläubiger herausgeben (§§ 1992 S. 1; 1990 I 2). Die Herausgabe kann er aber durch Zahlung des Wertes abwenden (§ 1992 S. 2).

Der für den Erben erleichterten Haftungsbeschränkung entspricht eine Zurücksetzung der Vermächtnisnehmer gegenüber anderen Nachlassgläubigern. Das zeigt sich

---

152 Staudinger/*Otte* (2003) § 2186 Rn. 8.
153 BGH NJW 2011, 1353 (1354), dazu *Wellenhofer* JuS 2011, 839.

vor allem darin, dass Ansprüche aus Vermächtnissen im Nachlassinsolvenzverfahren an vorletzter Stelle zu berichtigen sind (vgl. § 327 I Nr. 2 InsO).

2. Die genannten Grundsätze gelten auch bei einer *Mehrheit von Erben:* **455**

Im Verhältnis zu den Vermächtnisnehmern *(Außenverhältnis)* haften sie als Gesamtschuldner (§ 2058).

Sind nur mehrere, nicht aber alle Erben beschwert, so ist streitig, ob sich die Haftung nach § 2148 oder nach § 2058 richtet. Eine Ansicht geht bei unteilbaren Verpflichtungen von einer Gesamtschuldnerschaft aus (arg. § 431), will aber bei teilbarer Schuld die einzelnen Miterben nur nach dem Verhältnis ihrer Erbteile gegenüber dem Vermächtnisnehmer haften lassen (arg. §§ 2148, 420).[154] Dem kann für den letzteren Fall nicht gefolgt werden: Die Interessenlage im Hinblick auf den Bedachten ist nicht anders, als wenn alle Miterben belastet wären. Zwar kommt die Bestimmung des § 2058 über die gesamtschuldnerische Haftung von Miterben nach ihrem Wortlaut nicht zur Anwendung; denn *gemeinschaftliche* Nachlassverbindlichkeiten sind nur solche, die *alle* Miterben treffen. Wenn der Erblasser keine nähere Bestimmung getroffen hat, kommt es jedoch entscheidend darauf an, dass es für die Durchsetzbarkeit der Vermächtnisforderung des Bedachten keinen Unterschied machen darf, ob nun alle oder nur einige Miterben beschwert sind.[155]

Im Verhältnis der Miterben zueinander *(Innenverhältnis)* haben mehrere Erben das Vermächtnis im Verhältnis ihrer Erbteile zu tragen (§ 2148).

Die Bestimmung des § 2148 ist aber nur eine Auslegungsregel. Hat der Erblasser also eine von § 2148 abweichende Regelung getroffen, so ist diese maßgebend.

II. Haftung von Vermächtnisnehmern

Wesentlich anders ist die Haftung des mit einem Untervermächtnis beschwerten Vermächtnisnehmers gestaltet: **456**

1. Ist nur *ein Vermächtnisnehmer* beschwert, so bleibt für ihn, da er nicht Erbe wird, die unbeschränkte, wenn auch beschränkbare Erbenhaftung nach § 1967 II außer Betracht. Der Untervermächtnisnehmer kann von ihm die Leistung des vermachten Gegenstandes nach § 2174 verlangen. Der Vermächtnisnehmer haftet aber nur im Umfang des ihm selbst zugewendeten Vermächtnisses. Er kann die Erfüllung des Untervermächtnisses insoweit verweigern, als dasjenige, was er aus dem Vermächtnis erhält, zur Erfüllung nicht ausreicht (§ 2187). Es kommt nicht darauf an, was der Vermächtnisnehmer von seinem Beschwerten zu erhalten gehabt hätte. Entscheidend ist vielmehr, was er tatsächlich erhalten hat.

Die Einrede des § 2187 steht dem Vermächtnisnehmer auch noch nach Annahme seines Vermächtnisses zu. Er muss sich die Haftungsbeschränkung im Urteil vorbehalten lassen (§§ 786, 780 I ZPO). Die Regelung gilt gem. § 2187 II auch dann, wenn nach § 2161 ein anderer an die Stelle des Beschwerten tritt.

Das hinsichtlich der §§ 1992, 1990 f., 1978 f. Angeführte (→ Rn. 454, → Rn. 681 ff.) gilt auch für das Untervermächtnis entsprechend (vgl. § 2187 III).

Eine Minderung des Untervermächtnisses sieht § 2188 in den Fällen vor, in denen die einem Hauptvermächtnisnehmer gebührende Leistung aufgrund der Beschränkung der Haftung des Erben (§§ 1992, 1990; § 327 I Nr. 2 InsO), wegen eines

---

154 Vgl. Erman/*Schmidt* § 2148 Rn. 2; RGRK/*Johannsen* § 2148 Rn. 3.
155 So auch Bamberger/Roth/*Müller-Christmann* § 2148 Rn. 2; MüKoBGB/*Schlichting* § 2148 Rn. 2; Soergel/*Wolf* § 2148 Rn. 1; Staudinger/*Otte* (2003) § 2148 Rn. 4.

Pflichtteilsanspruchs (§§ 2318, 2322–2324) oder im Fall des § 2187 gekürzt worden ist. Hier kann der Vermächtnisnehmer die ihm auferlegten weiteren Beschwerungen verhältnismäßig kürzen, sofern nicht ein anderer Wille des Erblassers anzunehmen ist. Das bedeutet, dass der Vermächtnisnehmer die erlittene Kürzung seines Vermächtnisanspruchs anteilig auf den Untervermächtnisnehmer abwälzen kann, auch wenn das schon gekürzte Vermächtnis noch zur Erfüllung des Untervermächtnisses ausreicht.

> Im **Fall d** kann V das ihn beschwerende Untervermächtnis von 500 EUR im entsprechenden Verhältnis kürzen. U erhält nur 250 EUR.

Bei unteilbarem Untervermächtnis ist der Vermächtnisnehmer lediglich zur Zahlung in Höhe des entsprechend gekürzten Wertes verpflichtet.[156]

Diese Kürzung nach § 2188 tritt nicht kraft Gesetzes ein. Sie muss vielmehr vom Vermächtnisnehmer geltend gemacht werden. Der Erblasser kann nach § 2189 eine von §§ 2187 f. abweichende Regelung durch Testament oder Erbvertrag anordnen.

457 2. Sind *mehrere Vermächtnisnehmer* mit einem Untervermächtnis beschwert, so nimmt die hM bei unteilbarer Vermächtnisforderung im Außenverhältnis Gesamtschuld an.[157] Bei teilbarer Vermächtnisforderung wird jedoch nach außen eine Haftung nur nach dem Verhältnis des Wertes der Vermächtnisse zugrunde gelegt (vgl. § 2148),[158] es sei denn, dass der Erblasser erkennbar eine gesamtschuldnerische Haftung gewollt hat. Für die teilbare Vermächtnisforderung kann der hM aus den in → Rn. 455 genannten Gründen nicht gefolgt werden.[159]

G. Zusammenfassung

458 Vermächtnis ist die Zuwendung eines einzelnen Vermögensvorteils durch eine Verfügung von Todes wegen an einen anderen, ohne dass dieser als Erbe eingesetzt wird. Der so Bedachte erhält nur einen schuldrechtlichen Anspruch gegen den mit dem Vermächtnis Beschwerten (Erben oder Vermächtnisnehmer). Die Vermächtnisforderung gegenüber dem Erben ist eine Nachlassverbindlichkeit mit gewissen Besonderheiten.

Möglich sind zB folgende Vermächtnisarten: Wahl-, Gattungs-, Zweck-, Stück- (häufigster Fall), Verschaffungs-, Schuldbefreiungs-, Voraus-, Ersatz-, Nachvermächtnis.

Das Vermächtnis fällt regelmäßig mit dem Erbfall an; der Erblasser kann den Anfall aber auf einen späteren Zeitpunkt hinausschieben (zeitliche Grenze: §§ 2162 f.). Soweit nichts anderes bestimmt ist, wird die Vermächtnisforderung mit dem Anfall fällig. Das Vermächtnis gegenüber einem Vermächtnisnehmer (= Untervermächtnis) wird erst fällig, wenn der Hauptvermächtnisnehmer Erfüllung des Vermächtnisses verlangen kann.

Der Bedachte kann das Vermächtnis durch eine formlose Willenserklärung gegenüber dem Beschwerten ausschlagen.

---

156 Vgl. BGHZ 19, 309.
157 *Schlüter* ErbR Rn. 892.
158 *Kipp/Coing* ErbR § 54 II.
159 Ebenso MüKoBGB/*Schlichting* § 2148 Rn. 2; Staudinger/*Otte* (2003) § 2148 Rn. 4.

Das Vermächtnis (§§ 2147 ff.)

I. **Begriff:** Zuwendung eines Vermögensvorteils von Todes wegen, die weder Erbeinsetzung noch Auflage ist (§ 1939)

II. **Bedeutung:** Der Bedachte (Vermächtnisnehmer) erwirbt mit dem Erbfall einen schuldrechtlichen Anspruch gegen den Beschwerten auf Einräumung des zugewandten Vermögensteils (vgl. § 2174).

III. **Anordnung:** durch Testament, Erbvertrag oder kraft Gesetzes (§§ 1932, 1969)

IV. **Beschwerter:** nur Erben und Vermächtnisnehmer (§ 2147)

V. **Vermächtnisnehmer:** jede natürliche oder juristische Person
   1. Bestimmung: durch den Erblasser oder durch einen vom Erblasser dafür vorgesehenen Dritten (§ 2151, im Zweifel durch den Beschwerten, § 2152)
   2. Mehrere Bedachte (gemeinschaftliches Vermächtnis): im Zweifel gleiche Anteile (§§ 2157, 2091), wenn nicht vom Erblasser anders bestimmt
   3. Besondere Vermächtnisnehmer
      a) Vorausvermächtnis (§ 2150)
      b) Ersatzvermächtnis (§ 2190)
      c) Nachvermächtnis (§ 2191)

VI. **Gegenstand des Vermächtnisses:**
   Vermögensteil im Sinne einer unmittelbaren oder mittelbaren Vermögensmehrung
   1. bestimmter Nachlassgegenstand (Stückvermächtnis)
   2. der Gattung nach bestimmter Gegenstand (Gattungsvermächtnis, § 2155)
   3. einer von mehreren bestimmten Gegenständen (Wahlvermächtnis, § 2154)
   4. dem Zweck nach vom Erblasser oder einem Dritten bestimmte Leistung (Zweckvermächtnis, § 2156)
   5. bestimmter nicht zum Nachlass gehörender Gegenstand (Verschaffungsvermächtnis, § 2170)
   6. Befreiung von einer Verbindlichkeit (Schuldbefreiungsvermächtnis)

VII. **Erwerb des Vermächtnisses**
   1. Anfall: vorläufiger Erwerb, der durch Ausschlagung beseitigt werden kann (§ 2176 ff.)
      a) mit dem Erbfall (Regelfall)
      b) mit Eintritt einer vom Erblasser gesetzten aufschiebenden Bedingung oder Befristung (§ 2177)
      c) mit der Geburt oder der Bestimmung eines beim Erbfall noch nicht gezeugten oder bestimmten Bedachten (§ 2178)
   2. Fälligkeit (§ 271): sofort = mit dem Anfall oder zu einem späteren, vom Erblasser bestimmten Zeitpunkt (betagtes Vermächtnis)
   3. Annahme oder Ausschlagung durch formlose Willenserklärung nach dem Erbfall gegenüber dem Beschwerten (§§ 2176, 2180)

VIII. **Haftung des Beschwerten**
   1. des beschwerten Erben: Nachlassverbindlichkeit (§ 1967)
      • Haftungseinschränkungen: §§ 1975, 1990, 1992
      • bei mehreren Erben: Haftung als Gesamtschuldner (§ 2058)
   2. des beschwerten Vermächtnisnehmers: Haftung nur im Umfang des erhaltenen Vermächtnisses (§ 2187 I)

- Haftungseinschränkungen: §§ 1990 f., 1992 iVm § 2187 III
- Kürzung der Beschwerung nach § 2188
- bei mehreren Vermächtnisnehmern: Haftung als Gesamtschuldner (§ 2058)

§ 28 Die Auflage

459 **Literatur:** *Sturm,* Der Vollziehungsberechtigte der erbrechtlichen Auflage und seine Befugnisse, Diss. Konstanz, 1985; *Vorwerk,* Geldzuwendung durch erbrechtliche Auflage, ZEV 1998, 297.

Fälle:

a) E hat A, B und C zu Miterben eingesetzt, T zum Testamentsvollstrecker ernannt und dem A zugleich auferlegt, 5.000 EUR für wohltätige Zwecke zu zahlen. Wer kann die Erfüllung verlangen? Ist der Erfüllungsanspruch abtretbar? (→ **Rn. 462**)

b) E setzt von seinen Söhnen A und B den A zum Alleinerben mit der Auflage ein, einer beliebigen Universitätsbibliothek bestimmte Bücher aus dem Nachlass zu Forschungszwecken zu übereignen. Nach dem Erbfall verbrennt die gesamte Bibliothek des E durch ein Verschulden des A. Welchen Einfluss hat das auf die Auflageverpflichtung? (→ **Rn. 466**)

A. Begriff, Abgrenzung und gesetzliche Regelung

I. Begriff

Auflage ist die in einer Verfügung von Todes wegen enthaltene Anordnung des Erblassers, die den Beschwerten zu einer Leistung verpflichtet, ohne einem Begünstigten ein Recht auf die Leistung zuzuwenden (§ 1940).

1. Eine Auflage vermag der Erblasser *nur durch Testament oder Erbvertrag* anzuordnen (§§ 1940, 1941, 2270 III, 2278 II).

2. *Beschwerter* kann der Erbe oder ein Vermächtnisnehmer sein (§§ 1940, 2192 iVm § 2147).

3. *Inhalt der Auflage* kann jedes Tun oder Unterlassen sein; denn der Begriff der »Leistung« in § 1940 ist im weitesten Sinn zu verstehen.[160] Die Leistung braucht keinen Vermögenswert darzustellen (vgl. den verschiedenen Wortlaut von § 1940 und § 1939).

Beispiele: Grabpflege, Verteilung einer Geldsumme zu wohltätigen Zwecken, Veröffentlichung oder Nichtveröffentlichung eines hinterlassenen Briefwechsels.

4. Ein *Begünstigter* braucht *nicht* vorhanden zu sein (zB Grabpflege). Wird jedoch jemand durch die Auflage begünstigt (zB die Armen der Gemeinde), so hat er keinen Anspruch auf die Leistung (§ 1940).

---

160 Prot. V, 7.

II. Abgrenzung

Die Auflage ist von einem unverbindlichen Wunsch des Erblassers, einer bedingten **460** Erbeinsetzung und einem Vermächtnis zu unterscheiden. Was der Erblasser im Einzelfall gewollt hat, ist durch Auslegung zu ermitteln.

Keine Verpflichtung entsteht, wenn der Erblasser nur einen Wunsch zum Ausdruck bringt.

Eine Verpflichtung zur Leistung entsteht auch dann nicht, wenn der Erblasser die Erbeinsetzung oder Vermächtnisanordnung davon abhängig macht, dass der Bedachte eine bestimmte Leistung erbringt. In diesem Fall steht die Erbeinsetzung oder Vermächtnisanordnung unter einer Bedingung; der Bedachte wird nur dann Erbe oder Vermächtnisnehmer, wenn er die Bedingung erfüllt.

Will der Erblasser den Erben oder Vermächtnisnehmer zu einer Leistung verpflichten, so handelt es sich bei dieser Anordnung entweder um ein Vermächtnis oder um eine Auflage. Der Unterschied zwischen Vermächtnis und Auflage besteht darin, dass beim Vermächtnis dem Begünstigten ein Vermögensvorteil zugewendet wird, auf den er einen klagbaren Anspruch gegen den Beschwerten hat (§ 2174), während bei der Auflage ein solcher Anspruch nicht besteht (§ 1940).

III. Gesetzliche Regelung

Da der Beschwerte bei der Auflage wie beim Vermächtnis eine ihm auferlegte Verpflichtung zu erfüllen hat, besteht zwischen Auflage und Vermächtnis eine nahe Verwandtschaft. Deshalb hat der Gesetzgeber in § 2192 eine Anzahl von Bestimmungen des Vermächtnisrechts für entsprechend anwendbar erklärt (zB die Vorschriften über das Wahl-, Gattungs- und Zweckvermächtnis). Die Aufzählung in § 2192 ist jedoch nicht abschließend.[161] Man wird das Vermächtnisrecht für die Auflage als entsprechend anwendbar ansehen können, soweit sich das nicht durch die fehlende Gläubigerstellung des Auflagebegünstigten von selbst verbietet.

So sind etwa die §§ 2169, 2170 analog anzuwenden, wenn durch die Auflage die Leistung eines bestimmten Nachlassgegenstandes erbracht oder der Auflagegegenstand anderweitig verschafft werden soll.

B. Begünstigter

Ordnet der Erblasser eine Auflage an, durch die jemand begünstigt werden soll, so **461** kann er die Bestimmung der zu begünstigenden Person regelmäßig nicht einem anderen überlassen (§§ 2192, 2065 II). Hat er allerdings mit der Anordnung der Auflage auch deren Zweck festgelegt, darf er die Bestimmung des Begünstigten dem Beschwerten oder einem Dritten überlassen (§ 2193).

Auch wenn die Auswahl des Begünstigten nach freiem Ermessen erfolgen soll, kann sie gerichtlich darauf überprüft werden, ob sie den vom Erblasser verfolgten Zweck offensichtlich verfehlt oder auf Arglist beruht.[162]

---

161 Mot. V, 212, 215.
162 BGHZ 121, 357.

Vollzieht der bestimmungsberechtigte Beschwerte die Auflage nicht, obwohl er auf die Klage eines Vollziehungsberechtigten (§ 2194; → Rn. 462) hierzu rechtskräftig verurteilt worden ist und eine danach gesetzte, angemessene Frist fruchtlos abgelaufen ist, so geht das Bestimmungsrecht auf den Kläger über (§ 2193 II). Die Bestimmung durch einen Dritten (zB Testamentsvollstrecker) erfolgt durch Erklärung gegenüber dem Beschwerten (§ 2193 III 1). Bei Unvermögen des Dritten wird der Beschwerte bestimmungsbefugt (§ 2193 III 2). Das Gleiche gilt, wenn das Nachlassgericht dem Dritten auf Antrag einer der in § 2194 genannten Personen erfolglos eine Frist zur Bestimmung gesetzt hat (§§ 2193 III 3, 2151 III 2).

C. Vollziehungsanspruch

I. Vollziehungsberechtigter

462 **1.** Da der Auflagenbegünstigte, sofern ein solcher überhaupt vorhanden ist, gegenüber dem Beschwerten nicht forderungsberechtigt ist, besteht die Gefahr, dass dieser der Auflage nicht nachkommt. Deshalb räumt *§ 2194* bestimmten Personen die Befugnis ein, vom Beschwerten die Vollziehung der Auflage zu verlangen. Unter mehreren Vollziehungsberechtigten kann jeder vom Beschwerten die Leistung verlangen.[163]

Vollziehungsberechtigt ist der Erbe und bei einer Erbengemeinschaft jeder Miterbe. Berechtigter ist auch, wem der Wegfall des mit der Auflage zunächst Beschwerten unmittelbar zustatten kommen würde. Das kann zB sein: der Ersatzerbe, der Nacherbe, der gesetzliche Erbe bei einem auflagebeschwerten Testamentserben, der Mit- oder Ersatzvermächtnisnehmer bei einem auflagebeschwerten Vermächtnisnehmer. Liegt die Vollziehung der Auflage im öffentlichen Interesse, so kann auch die zuständige Behörde die Vollziehung der Auflage verlangen.
Über den Kreis der in § 2194 Genannten hinaus ist weiter der Testamentsvollstrecker vollziehungsberechtigt; denn er hat die letztwilligen Anordnungen des Erblassers nach § 2203 auszuführen. Der Erblasser kann sogar einen Testamentsvollstrecker eigens zu dem Zweck ernennen, dass er für die Erfüllung von Auflagen sorgt (§§ 2208 II, 2223).

Im **Fall a** können danach B, C und T die Erfüllung der Auflage verlangen.

2. Der *Anspruch* gegen den Beschwerten gehört nicht zum Vermögen des Vollziehungsberechtigten; er ist ein fremdnütziges Recht und geht *auf Leistung an den Begünstigten.*

Der Anspruch kann daher auch nicht abgetreten (**Fall a**), verpfändet oder gepfändet werden; dagegen ist eine Bevollmächtigung zur Geltendmachung möglich. Der Anspruch ist jedoch vererblich, wenn der Erbe in die Rechtsstellung eintritt, auf der das Recht beruht.

II. Entstehung, Fälligkeit und Dauer

463 Der Vollziehungsanspruch entsteht mit dem Erbfall. Das Entstehen kann aber hinausgeschoben werden (§§ 2176–2178 analog). Entsprechendes gilt für die Fälligkeit des Anspruchs (§§ 271, 2181, 2192).

Die zeitlichen Schranken, die in den §§ 2162, 2163 für das Vermächtnis aufgestellt sind, gelten nach dem Willen des Gesetzgebers nicht für die Auflage.[164] Dadurch sollte die Möglichkeit einer der Stiftung ähnlichen Dauerwirkung gegeben werden. Der Vollziehungsanspruch unterliegt aber der Regelverjährung von drei Jahren nach § 195.

---

163 Vgl. Mot. V, 215.
164 Prot. V, 242 f.

III. Durchsetzung

Der Vollziehungsberechtigte kann den Vollziehungsanspruch gegen den Beschwerten **464** einklagen (Leistungsklage).

Die Zwangsvollstreckung richtet sich nach den allgemeinen Vorschriften; erbrechtliche Besonderheiten ergeben sich nicht.

D. Unwirksamkeit der Auflage

I. Unwirksamkeitsgründe und Folgen

Die Auflage ist nach den §§ 2192, 2171 unwirksam, wenn sie vom Beschwerten eine **465** zur Zeit des Erbfalls unmögliche Leistung verlangt; die Unmöglichkeit kann auf tatsächlichen oder rechtlichen (zB §§ 134, 138) Gründen beruhen.

Wenn die Auflage infolge veränderter Umstände nicht mehr vollzogen werden kann, ist sie nicht wegen Unmöglichkeit unwirksam, sofern dem Anliegen des Erblassers durch eine andere Art der Vollziehung Rechnung getragen werden kann.[165] Es ist unerheblich, ob die veränderten Umstände schon zur Zeit des Erbfalls oder erst später eingetreten sind.

Ist die Auflage unwirksam, so berührt das die Gültigkeit der Zuwendung an den Beschwerten im Zweifel nicht (§ 2195).

Andererseits bleibt der Wegfall des Beschwerten im Zweifel ohne Einfluss auf den Bestand der Auflage (§ 2192 iVm § 2161 S. 1). Beschwert ist dann der, dem der Wegfall des zunächst Bedachten unmittelbar zustatten kommt (§ 2192 iVm § 2161 S. 2).

II. Unmöglichkeit

Tritt die Unmöglichkeit nach dem Erbfall ein, wird der Beschwerte von seiner Ver- **466** pflichtung frei (§ 275 I). Beruht die Unmöglichkeit auf einem vom Beschwerten zu vertretenden Umstand, ist er zur Herausgabe der Zuwendung nach den §§ 2196 I, 818 ff. insoweit verpflichtet, als die Zuwendung zur Vollziehung der Auflage hätte verwendet werden müssen. Anspruchsberechtigt ist derjenige, dem der Wegfall des zunächst Beschwerten unmittelbar zustatten käme. Ob er das Herausgegebene zur Erfüllung der Auflage (soweit das – bei lediglich subjektiver Unmöglichkeit für den Erstbeschwerten – noch möglich ist) verwenden muss, ist streitig. Der Gesetzeswortlaut sieht eine solche Pflicht zwar nicht vor.[166] Aber der Erblasserwille und der Sinn der Auflage sprechen für eine solche Verwendungspflicht.[167]

Im **Fall b** hat A gem. den §§ 2196 I, 818 II für die verbrannten Bücher Wertersatz aus dem Nachlass zu leisten. Anspruchsberechtigt ist B, weil ihm der Wegfall des A unmittelbar zustatten käme.

Entsprechendes gilt nach § 2196 II, wenn der Beschwerte zur Vollziehung einer Auflage, die nicht durch einen Dritten erfüllt werden kann, rechtskräftig verurteilt ist und die zulässigen Zwangsmittel erfolglos gegen ihn angewendet worden sind.

---

165 BGHZ 42, 327.
166 Darauf abstellend Bamberger/Roth/*Müller-Christmann* § 2196 Rn. 6; MüKoBGB/*Schlichting* § 2196 Rn. 8; Staudinger/*Otte* (2003) § 2196 Rn. 6.
167 So *Kipp/Coing* ErbR § 65 III; Palandt/*Weidlich* § 2196 Rn. 2.

E. Zusammenfassung

467

Die Auflage (§§ 2192 ff.)

I. Begriff: Anordnung des Erblassers, die den Beschwerten – anders als beim Vermächtnis – zu einer Leistung verpflichtet, ohne einem Begünstigten einen Anspruch einzuräumen (§ 1940)

II. Anordnung: durch Testament (§ 1940) oder Erbvertrag (§ 2278 II)

III. Beschwerter: nur der Erbe und der Vermächtnisnehmer (§ 1940)

IV. Begünstigter:
- muss nicht vorhanden sein
- Bestimmung eines Begünstigten durch den Erblasser (§§ 2192, 2065 II), bei Zweckbestimmung des Erblassers auch durch einen Dritten (§ 2193)

V. Vollziehungsberechtigter (§ 2194)
(für Anspruch auf Vollziehung der Auflage und für die Durchsetzung im Wege der Klage und der Zwangsvollstreckung)
- Erben, Miterben
- jeder, dem der Wegfall des zunächst Beschwerten unmittelbar zustatten kommen würde (zB Ersatzerbe, Nacherbe, Mit- oder Ersatzvermächtnisnehmer)
- die zuständige Behörde (bei öffentlichem Interesse an Vollziehung der Auflage, § 2194 S. 2)
- der Testamentsvollstrecker (§§ 2203, 2208 II, 2223)

VI. Unwirksamkeit der Auflage
bei Unmöglichkeit zur Zeit des Erbfalls (§§ 2192, 2171)
Folge: Zuwendung an den mit der unwirksamen Auflage Beschwerten bleibt im Zweifel unberührt

VII. Nachträgliche Unmöglichkeit
- Beschwerter wird frei (§ 275 I)
- bei Vertretenmüssen: Herausgabepflicht nach §§ 2196 I, 818 ff.

4. Abschnitt. Die Miterbengemeinschaft

§ 29 Gesamthand und Miterbenanteil

Literatur: *Ann,* Zum Problem der Vorkaufsberechtigung beim Miterbenvorkaufsrecht nach § 2034 **468** BGB, ZEV 1994, 343; *Eberl-Borges,* Die Rechtsnatur der Erbengemeinschaft nach dem Urteil des BGH vom 29.1.2001 zur Rechtsfähigkeit der (Außen-)GbR, ZEV 2002, 125; *Fest,* Die personelle Abschichtung als »dritter Weg« zur Auflösung einer Erbengemeinschaft, JuS 2007, 1081; *Grunewald,* Die Rechtsfähigkeit der Erbengemeinschaft, AcP 197 (1997) 305; *Heil,* Ist die Ebengemeinschaft rechtsfähig?, ZEV 2002, 296; *Hohensee,* Die unternehmenstragende Erbengemeinschaft, 1994; *Kapp/Ebeling/Grune,* Handbuch der Erbengemeinschaft und Erbauseinandersetzung im Zivil- und Steuerrecht (Loseblattausgabe), 5. Aufl. 1996; *Krug,* Die dingliche Surrogation bei der Miterbengemeinschaft, ZEV 1999, 381; *Sarres,* Die Erbengemeinschaft und das Teilungskonzept des BGB, ZEV 1999, 377; *K. Schmidt,* Die Erbengemeinschaft nach einem Einzelkaufmann, NJW 1985, 2785.

Fälle:

a) S ist Erbe zu 1/5. Er schuldete dem Erblasser aus einem Kaufvertrag 5.000 EUR. Als die übrigen Miterben vor der Auseinandersetzung der Erbengemeinschaft an diese Zahlung von 5.000 EUR verlangen, will S mit Rücksicht auf seinen Erbteil nur 4.000 EUR zahlen. (→ Rn. 470)

b) S will über seinen Miterbenanteil am Nachlass des E verfügen. Der Nachlass besteht nur aus einem Grundstück. Ist zur Verfügung eine Auflassung erforderlich? (→ Rn. 477)

c) S verkauft seinen Miterbenanteil an F. Die übrigen Miterben üben ihr Vorkaufsrecht nicht aus, weil sie F als Freund der Familie kennen. Als F den Anteil drei Monate später an X verkauft, berufen sich die Miterben auf ihr Vorkaufsrecht. Mit Recht? (→ Rn. 479)

d) V verkauft und überträgt seinen Miterbenanteil an K. Diesem gegenüber üben die anderen Miterben ihr Vorkaufsrecht aus. Da sie mit der Kaufpreiszahlung in Verzug geraten, verweigert K die Übertragung des Erbteils. Am liebsten würde K das Vorkaufsschuldverhältnis von sich aus lösen. (→ Rn. 485)

A. Allgemeines

Das BGB behandelt die Alleinerbschaft als Regelfall zuerst und dann die Mehrheit von Erben. Im Leben dagegen ist eine Erbenmehrheit die Regel und der Alleinerbe die Ausnahme. Das gilt ganz besonders für die gesetzliche Erbfolge. In der Praxis sind daher die Vorschriften über die Miterbengemeinschaft von großer Bedeutung.

Eine gesetzliche Regelung der Erbengemeinschaft hat sowohl die unterschiedlichen Interessen der einzelnen Miterben als auch die Interessen der Nachlassgläubiger zu berücksichtigen. Erben mit starker Familienbindung haben oft den Wunsch, die Erbschaft als Einheit zu erhalten; dem kann das Interesse anderer Miterben entgegenstehen, den Nachlass möglichst bald und günstig zu verwerten.

Die Nachlassgläubiger wollen aus dem Nachlass befriedigt werden, bevor er unter die Miterben verteilt wird. Volkswirtschaftlich kann die Erhaltung der wirtschaftlichen Einheit des Nachlasses wertvoll sein. Die Schwierigkeit für den Gesetzgeber bestand darin, eine einheitliche rechtliche Ausgestaltung zu finden, die der Vielfalt der denkbaren Interessenlagen bei Erbenmehrheit gerecht wird.

B. Sondervermögen der Gesamthänder

I. Gesamthand

469 Der Gesetzgeber des BGB stand vor der Wahl, das Rechtsverhältnis der Miterben als Bruchteilsgemeinschaft oder als Gesamthandsgemeinschaft zu regeln.[1] Bei der Bruchteilsgemeinschaft hätte jeder Miterbe ein Recht zu einem ideellen Bruchteil an jedem einzelnen Nachlassgegenstand, bei der Gesamthandsgemeinschaft dagegen nur einen Anteil an dem Nachlass als Sondervermögen gehabt. Das BGB hat sich für eine Gesamthandsgemeinschaft der Miterben entschieden (§§ 2032 ff.), um die Verwaltung, Nutzung und Auseinandersetzung des Nachlasses interessengerecht zu ermöglichen.

Die gesamthänderische Bindung der Miterben macht den Nachlass zu einem Sondervermögen.

Das Zivilrecht verwendet die Zuordnungsweise der Gesamthand auch bei der Gesellschaft (§§ 718 ff.) und bei der ehelichen Gütergemeinschaft (§§ 1416, 1419). Es erreicht damit jeweils die dingliche Bindung eines Sondervermögens für gemeinschaftliche Zwecke, ohne dass die Schaffung einer besonderen Rechtsperson erforderlich ist. Die Besonderheit der Erbengemeinschaft besteht darin, dass sie ohne den Willen der Beteiligten entsteht und regelmäßig auf Auseinandersetzung gerichtet ist.

Aus der gesamthänderischen Verbundenheit der Miterben und aus der Zuordnung des Nachlasses als Sondervermögen folgt aber nicht, dass es sich bei der Erbengemeinschaft um ein eigenständiges, handlungsfähiges Rechtssubjekt handelt. Die Erbengemeinschaft ist *nicht rechtsfähig*.[2]

Der BGH hat ausdrücklich entschieden, dass die Rechtsfähigkeit der Erbengemeinschaft sich weder aus der Anerkennung der Rechtsfähigkeit der GbR[3] herleiten lässt[4] noch aus den Gründen, die zur Anerkennung der Rechtsfähigkeit der Wohnungseigentümergemeinschaft[5] geführt haben.[6] Die Erbengemeinschaft ist nicht zur dauerhaften Teilnahme am Rechtsverkehr bestimmt, sondern auf Auseinandersetzung gerichtet. Sie verfügt zudem nicht über handlungsfähige Organe, durch die sie im Rechtsverkehr handeln könnte.

II. Selbstständigkeit des Nachlasses

470 Die Selbstständigkeit des Nachlasses als Sondervermögen zeigt sich in verschiedenen Einzelheiten der rechtlichen Behandlung:

1. Der Miterbe kann zwar über seinen Anteil am gesamten Nachlass, aber *nicht über einzelne Nachlassgegenstände* oder seinen Anteil daran *verfügen* (§§ 2033, 2040 I).

Die Frage, ob dem Miterben überhaupt ein Anteil am einzelnen Nachlassgegenstand zusteht, hat wegen § 2033 II keine praktische Bedeutung. Ein Anteil am Gesamtnachlass lässt sich allerdings ohne eine Beteiligung am Einzelgegenstand kaum erklären. Man darf sich diese Beteiligung jedoch wegen der Gesamthand nicht als bestimmten Bruchteil vorstellen. Auch der Einzelgegenstand gehört jedem Miterben ganz, beschränkt durch die Rechte der übrigen Miterben.

---

1 Vgl. Prot. V, 835.
2 BGH NJW 2006, 3715 f.
3 Dazu BGH NJW 2001, 1056.
4 BGH NJW 2002, 3389.
5 Dazu BGH NJW 2005, 2061.
6 BGH NJW 2006, 3715 (3716).

2. *Rechtsbeziehungen, die zwischen dem Erblasser und einzelnen Miterben bestanden, bestehen nun zwischen der Miterbengemeinschaft und dem Miterben.* Im Verhältnis des Miterben zur Erbengemeinschaft ist eine Vereinigung von Gläubigerrecht und Schuld *(Konfusion)* oder von Vollrecht und beschränktem dinglichen Recht *(Konsolidation)* nicht möglich; die Bindung des Sondervermögens schließt ein Aufgehen von Nachlassgegenständen im Privatvermögen einzelner Gesamthänder aus. Insoweit sind das Sondervermögen des Nachlasses und das Eigenvermögen des einzelnen Miterben Vermögen verschiedener Rechtsträger.

> Im **Fall a** schuldet S der Erbengemeinschaft 5.000 EUR; die Schuld ermäßigt sich nicht.

Aus den genannten Gründen treten Konfusion und Konsolidation auch dann nicht ein, wenn die Rechtsbeziehungen erst zwischen der Erbengemeinschaft und dem einzelnen Miterben entstehen, etwa weil der Miterbe zur Erhaltung des Nachlasses notwendige Aufwendungen bestreitet.

3. Die Selbstständigkeit des Sondervermögens wird auch bei einer *Aufrechnung* deutlich: Die Gegenseitigkeit ist nur zu bejahen, wenn eine Forderung der gesamthänderisch gebundenen Miterben gegen eine Schuld von ihnen aufgerechnet wird, nicht jedoch, wenn eine Forderung der Gesamthand einer Forderung gegen einen Miterben gegenübersteht (vgl. § 2040 II).

4. Die Selbstständigkeit des Nachlasses als Sondervermögen zeigt sich weiter, *wenn dieselben Personen zwei Erblasser beerben.* Trotz der Identität der Rechtsträger bleiben beide Nachlässe als Sondervermögen bestehen.

Das folgt aus dem Bindungszweck: Das Sondervermögen soll zunächst zur Befriedigung der Nachlassgläubiger dienen. Zwei verschiedene Nachlässe mit ganz unterschiedlicher Verschuldung müssen auch bei derselben Erbengemeinschaft selbstständig bleiben. Die Gläubiger des überschuldeten Nachlasses könnten sich andernfalls ungehindert aus dem zweiten, weniger verschuldeten Nachlass zum Nachteil von dessen Gläubigern befriedigen.
Für die Übertragung einzelner Gegenstände von einem Nachlass in den anderen müssen daher alle Voraussetzungen rechtsgeschäftlicher Veräußerung erfüllt sein, obwohl als Veräußerer wie als Erwerber dieselben Personen handeln.

III. Erhaltung des Nachlasses

1. Der Erhaltung des Nachlasses als Sondervermögen dient der Grundsatz der *ding-* **471** *lichen Ersetzung* (Surrogation, § 2041): Was aufgrund eines zum Nachlass gehörenden Rechtes oder als Ersatz für zerstörte, beschädigte bzw. entzogene Nachlassgegenstände oder rechtsgeschäftlich für den Nachlass erworben wird, gehört zum Nachlass. Die Vorschrift will zu Gunsten der Erbengemeinschaft und der Nachlassgläubiger den Bestand des Nachlasses vor Wertminderungen durch Außenstehende und durch Miterben schützen (Näheres zur Surrogation: → Rn. 600 ff.).

2. *Ersatzansprüche* der Nachlassgläubiger gegen die Erben *aus schlechter Verwaltung* gelten als zum Nachlass gehörig (§ 1978 II). Sie werden also Nachlassforderungen und gleichen damit die durch die schlechte Verwaltung entstandene Schmälerung des Nachlasses rechtlich aus. Neben die dingliche Ersetzung tritt die haftungsmäßige Ergänzung des Nachlasses zur Erhaltung seines Wertbestandes.

IV. Besonderer Gläubigerschutz

472 Die Gesamthandsbindung des Nachlasses bewirkt einen Schutz der Nachlassgläubiger, zu deren Befriedigung der Nachlass vor allem dienen soll. Nur die Nachlassgläubiger können sich aus dem ungeteilten Nachlass befriedigen (§ 2059 II).

Die Zwangsvollstreckung in Nachlassgegenstände setzt einen Titel gegen alle Miterben voraus (§ 747 ZPO).[7] Mit einem Titel gegen den einzelnen Miterben kann nur in dessen Miterbenanteil, nicht aber in Gegenstände des ungeteilten Nachlasses vollstreckt werden. Die Eigengläubiger können sich nur an das halten, was ihr Schuldner als Miterbe bei der Auseinandersetzung bekommen hat. Die Miterben müssen vor der Auseinandersetzung zunächst die Nachlassverbindlichkeiten berichten (§ 2046 I).

C. Verfügung über den Miterbenanteil

473 § 2033 I 1 gibt dem Miterben das Recht, über seinen Anteil am gesamten Nachlass zu verfügen. Dadurch kann der einzelne Miterbe sein Interesse verwirklichen, den durch den Anfall der Erbschaft eingetretenen Vermögenszuwachs sofort wirtschaftlich (etwa durch Veräußerung oder als Kreditgrundlage) zu nutzen.

Die strenge Bindung der Miterben an die Gesamthand verlangt einen solchen Ausgleich, zumal die Erbengemeinschaft eine Zwangsgemeinschaft ist, also nicht auf den Willensentschluss der Miterben zurückgeht. Die Zwangsbindung kann lästig sein, wenn der Erblasser die Auseinandersetzung aufgeschoben oder ausgeschlossen hat (§ 2044) oder der Eigensinn eines Miterben die Abwicklung erschwert.

Durch das freie Verfügungsrecht des einzelnen Miterben über seinen Anteil wird die personelle Zusammensetzung der Gemeinschaft zwar dem Einfluss der anderen entzogen. Jedoch bietet das gesetzliche Vorkaufsrecht der Miterben einen angemessenen Schutz (§§ 2034 ff.; → Rn. 478 ff.).

Allerdings ist der Erwerb eines Miterbenanteils für den Erwerber nicht ohne Risiko, da sich der wirkliche Wert, vor allem das Ausmaß der Belastung mit Nachlassschulden, vor der Abwicklung kaum genau feststellen lässt. Der Erwerber wird daher regelmäßig zum Ausgleich dieser Unsicherheiten nur einen niedrigeren Preis zahlen wollen. Der Veräußerer handelt nicht selten unter dem Zwang akuter Geldnot und erhält daher meist kein angemessenes Entgelt.

I. Gegenstand der Verfügung

474 Der Miterbenanteil ist die Summe der Rechte, die dem Einzelnen aufgrund seiner Miterbenstellung in Ansehung des Nachlasses vor der Auseinandersetzung zustehen.

Aus § 2033 I 1 folgt, dass der Miterbenanteil zum *ungebundenen Eigenvermögen* des Miterben, nicht zum gebundenen Sondervermögen gehört.

Verfügungen über den Anteil sind nur möglich, soweit der Nachlass als Sondervermögen besteht, also *nach* dem Erbfall und *vor* Abschluss der Auseinandersetzung. Ist der Nachlass restlos unter die Miterben verteilt, so besteht kein Anteil mehr, über den verfügt werden könnte. Dasselbe gilt, wenn sich alle Miterbenanteile in einer Person vereinigen.[8] Die Erbengemeinschaft ist damit beendet; das Gesamthandsvermögen wird Eigenvermögen.

Gegenstand der Verfügung nach § 2033 I 1 ist demnach die vermögensrechtliche Stellung des Miterben in der Erbengemeinschaft zum Zeitpunkt der Verfügung.

---

7 Dazu *Brox/Walker* ZVR Rn. 37.
8 RGZ 134, 296 (298).

Da der Miterbe über seinen ganzen Anteil am Nachlass verfügen kann, muss man folgerichtig auch Verfügungen über einen *Bruchteil* des Anteils zulassen. So können zB auch Miterben den Anteil des Erblassers an einem anderen Nachlass nach Bruchteilen aufgeteilt verlangen.[9] Die Übertragung eines Bruchteiles führt zu einer Bruchteilsgemeinschaft des Erwerbers mit dem Miterben am Anteil. Die Bruchteilsgemeinschaft ist zugleich Glied der Gesamthand am ganzen Nachlass.

Umstritten ist, ob der Anspruch auf das Auseinandersetzungsguthaben (→ Rn. 512 ff.) ohne den Miterbenanteil abgetreten werden kann.[10] Die Bedenken überwiegen: Der Miterbe könnte diesen Anspruch formlos abtreten und sodann den so wirtschaftlich ausgehöhlten Anteil nach § 2033 übertragen. Der Erwerber des Miterbenanteils müsste nach den §§ 2382, 2385 haften, ohne den die Haftung rechtfertigenden Gegenwert zu erhalten. Die zwingende Formvorschrift des § 2033 I 2 würde umgangen. Daraus ist zu folgern, dass das BGB eine Verfügung nur über den gesamten wirtschaftlichen Wert des Anteils nach § 2033 zulässt.

II. Arten der Verfügung

Inhalt des Verfügungsgeschäftes kann vor allem die Übertragung des Anteils, seine Verpfändung und die Bestellung eines Nießbrauchs daran sein.   **475**

1. Durch die *Übertragung* des Anteils wird der Erwerber nicht Erbe, da die Erbenstellung des Verfügenden nicht durch Rechtsgeschäft auf einen anderen übertragen werden kann. Sie wird nur durch gewillkürte oder gesetzliche Erbfolge begründet. Der Verfügende bleibt auch nach der Übertragung Erbe.

Es ist also zwischen dem übertragbaren (vermögensrechtlichen) Anteil am Nachlass und der unveräußerlichen Erbenstellung des Verfügenden zu unterscheiden:

Wird ein Erbschein erteilt, so ist darin auch *nach* der Übertragung allein der Verfügende als Miterbe zu bezeichnen. Der Erwerber kann zwar die Erteilung des Erbscheins beantragen, aber nur auf den Namen des Veräußerers.[11] Erbrechtliche Gestaltungserklärungen bleiben regelmäßig dem Miterben vorbehalten. So kann zB die Erbunwürdigkeit auch nach Übertragung vom Veräußerer gegenüber einem anderen Miterben geltend gemacht werden; allerdings ist die Übertragung im Zweifel dahin auszulegen, dass in ihr eine Ermächtigung des Erwerbers zur Geltendmachung der Erbunwürdigkeit enthalten ist, soweit seine Rechtsstellung davon betroffen werden kann. Auch das Vorkaufsrecht nach §§ 2034 ff. geht nicht auf den Erwerber über.[12]

Der Erwerber rückt in die vermögensrechtliche Stellung des veräußernden Miterben ein. Alle Rechte, Pflichten und Belastungen gehen mit dem Erwerb des Anteils auf ihn über.

Er haftet wie der Veräußerer neben diesem für die Nachlassverbindlichkeiten (§§ 2382 I, 2385, 1922 II), ist wie er ausgleichungspflichtig und den gleichen Beschränkungen (zB Testamentsvollstreckung) und Beschwerungen (Vermächtnisse, Auflagen) unterworfen. Die Erbunwürdigkeit oder ein Anfechtungsrecht gegenüber dem Erbrecht des Veräußerers kann auch nach der Übertragung und mit Wirkung gegen den Erwerber geltend gemacht werden. Er selbst dagegen ist nicht Erbe, kann also auch nicht erbunwürdig sein.

Der Besitz am Nachlass geht nicht entsprechend § 857 auf den Erwerber über. § 857 soll den Erben schützen (vgl. § 935), der – vielleicht ohne sein Wissen – Gesamtrechtsnachfolger wird. Dieser Schutz-

---

9 BGH NJW 1963, 1610.

10 **Dafür:** RGRK/*Kregel* § 2033 Rn. 2; *Sigler* MDR 1964, 372; **dagegen: hM,** vgl. *Lange* ErbR Kap. 14 Rn. 27; MüKoBGB/*Gergen* § 2033 Rn. 10; *Muscheler* ErbR II Rn. 4036; Staudinger/*Werner* (2002) § 2033 Rn. 12.

11 KG OLG Rspr 44, 106.

12 Vgl. BGHZ 56, 117.

zweck entfällt beim Erwerber des Miterbenanteils, weil er kraft Vertrages, also wissentlich, Rechtsnachfolger wird und daher in der Lage ist, sich durch ordentlichen Besitzerwerb vor Verlusten zu schützen. Erforderlich ist daher eine Übertragung nach den §§ 854 I, II oder 870. In der Verfügung über den Anteil liegt allerdings regelmäßig eine Übertragung des Mitbesitzes nach §§ 854 II oder 870.

476 2. Die wirtschaftliche Verwertung des Anteils durch den Miterben vor der Auseinandersetzung kann auch darin bestehen, dass er einem Dritten einen *Nießbrauch* oder ein *Pfandrecht* daran bestellt.

Gegenstand der Bestellung beider Rechte ist nicht die Summe der einzelnen Nachlassstücke, sondern das durch die Erbenstellung begründete Mitgliedschaftsrecht in der Erbengemeinschaft. Es gilt daher nur die Formvorschrift des § 2033 I 2, nicht auch § 1069 oder § 1274 I 1. Die einzelnen Nachlassstücke werden von der Bestellung eines Pfandrechts am Anteil nicht berührt. So wird zB ein Grundstück dadurch selbst dann nicht belastet, wenn es den einzigen Nachlassgegenstand bildet. Mit der Nießbrauchsbestellung oder Verpfändung wird lediglich die Verfügungsbefugnis des Miterben über seinen Anteil eingeschränkt. Er kann nur noch mit Zustimmung des Nießbrauchers oder Pfandgläubigers über seinen Anteil verfügen (§§ 1071 I 1, II, 1276 I 1, II).[13] Diese Verfügungsbeschränkung kann nach Voreintragung des Miterben als Mitglied der ungeteilten Erbengemeinschaft (§§ 39, 40 GBO) in das Grundbuch eingetragen werden.[14]

3. Der Möglichkeit des Miterben, seinen Anteil zu verpfänden, entspricht das Recht der Gläubiger (Nachlass- oder Eigengläubiger) zur *Pfändung* des Anteils (§ 859 II ZPO).[15]

III. Form

477 1. Die Verfügung über den Miterbenanteil muss *notariell beurkundet* werden (§ 2033 I 2). Die gleiche Form ist für das Verpflichtungsgeschäft vorgeschrieben, soweit es sich dabei um Kauf, Tausch oder Schenkung handelt (§§ 2371, 2385, 1922 II), also dann, wenn die Veräußerung – nicht die Belastung – des Anteils erstrebt wird.

Für die Verfügung über den Anteil am Nachlass ist § 2033 I 2 die einzige maßgebende Formvorschrift. Die Verfügung begründet eine Gesamtrechtsnachfolge. Der Erwerber wird Gesamthänder hinsichtlich des gesamten Nachlasses, also auch aller einzelnen Nachlassgegenstände. Auch soweit die Übertragung dieser einzelnen Gegenstände sonst an spezielle Voraussetzungen und Formen gebunden ist (zB für Grundstücke §§ 873, 925), gilt nur § 2033 I 2; denn verfügt wird nur über den Anteil am Nachlass, nicht über die einzelnen Nachlassstücke (zu **Fall b**). Deshalb bedarf auch die Übertragung eines Nachlassteils, zu dem ein GmbH-Geschäftsanteil gehört, nicht der für die Abtretung des Geschäftsanteils vereinbarten Genehmigung.[16]

2. Verpflichtung und Verfügung werden meist *in einer Urkunde vereint*. Eventuell ist durch Auslegung zu ermitteln, ob die Beurkundung des Verkaufs auch die unmittelbare Verfügung über den Anteil enthält und umgekehrt.[17]

Umstritten ist die Frage, ob die formgerechte Verfügung den formlosen und damit nichtigen (§ 125) Kaufvertrag heilen kann. Die Interessenlage ist ähnlich wie in den Fällen der §§ 311b I 2; 518 II; 766 S. 2; 2301 II. Der formgültige Vollzug heilt daher den formnichtigen Kaufvertrag (Einzelheiten: → Rn. 799).

---

13 KG HRR 1934 Nr. 265.
14 RGZ 90, 232; KGJ 37 A, 273.
15 *Brox/Walker* ZVR Rn. 785 ff.
16 BGHZ 92, 386 (393 f.).
17 Vgl. RGZ 137, 171.

3. Formbedürftig ist auch die Vollmacht zur Veräußerung des Miterbenanteils, soweit ihre Erteilung die endgültige Gestaltung der Rechtslage bedeutet, besonders also bei Unwiderruflichkeit der Vollmacht.[18]

IV. Abgrenzung zum Ausscheiden durch Abschichtung

Von der Verfügung über den Miterbenanteil ist das einvernehmliche Ausscheiden **477a** eines Miterben aus der Erbengemeinschaft gegen Zahlung einer Abfindung (sog. Abschichtung) abzugrenzen. Dabei handelt es sich um einen von der herrschenden Meinung[19] anerkannten dritten Weg neben der Verfügung über den Anteil (§ 2033 I) und der Auseinandersetzung (§ 2042 I, → Rn. 512 ff.), wie ein Miterbe aus der Erbengemeinschaft ausscheiden kann. Dabei überträgt der ausscheidende Miterbe seine Rechte nicht auf einen bestimmten Rechtsnachfolger, sondern er verzichtet gegen Zahlung einer Abfindung lediglich auf seine Rechte als Mitglied der Erbengemeinschaft, insbesondere auf das Auseinandersetzungsguthaben. Eine derartige Abschichtung ist formfrei möglich. Als Folge des Ausscheidens aus der Erbengemeinschaft wächst der Erbteil des Ausgeschiedenen den verbleibenden Miterben kraft Gesetzes an. Bleibt nur ein Miterbe übrig, führt die Anwachsung zu Alleineigentum am Nachlass und damit zur Beendigung der Erbengemeinschaft.

D. Vorkaufsrecht der Miterben

Verkauft ein Miterbe seinen Anteil an einen Dritten, sind die übrigen Miterben **478** vorkaufsberechtigt (§ 2034 I).

I. Zweck

Das Vorkaufsrecht der Miterben (§§ 2034–2037) – das einzige *gesetzliche* Vorkaufsrecht des BGB – soll das unerwünschte Eindringen Fremder in die Erbengemeinschaft und deren Überfremdung verhindern. Der Schutz der Miterben gegen unliebsame Anteilserwerber wird dadurch verstärkt, dass das Vorkaufsrecht nach Eintritt des Vorkaufsfalles sowohl gegenüber dem Verkäufer (vor der Übertragung) als auch gegenüber dem Käufer (nach der Übertragung) und sogar gegenüber weiteren Erwerbern ausgeübt werden kann (§§ 2035, 2037). Es besteht also gegenüber dem Erwerber fort. Deshalb spricht man von einer dinglichen Wirkung.[20] Das ist jedoch missverständlich, da das ausgeübte Vorkaufsrecht rein obligatorische Rechtsfolgen auslöst.

Allerdings bietet das Vorkaufsrecht keine absolute Gewähr gegen den Eintritt unerwünschter Fremder in die Erbengemeinschaft. Es gilt nur für den Fall des Verkaufs, nicht bei Schenkung, Vergleich, Sicherungsübertragung, Nießbrauch, Verpfändung. Außerdem wird es nur bedeutsam, wenn die übrigen Miterben finanziell in der Lage sind, es auszuüben.

II. Vorkaufsfall

Das BGB gewährt das Vorkaufsrecht nur, wenn ein *Miterbe* seinen Anteil an einen **479** *Dritten* – nicht an einen Miterben – *verkauft* (§ 2034 I). Es gelten die Vorschriften über das schuldrechtliche Vorkaufsrecht (§§ 463 ff.), soweit die §§ 2034–2037 keine

---

18 Vgl. KG DNotZ 1937, 687; BayObLGZ 1954, 225; SchlHOLG SchlHA 1962, 174.
19 BGH NJW 1998, 1557; *Fest* JuS 2007, 1081.
20 Palandt/*Weidlich* § 2037 Rn. 1.

Sonderregelung treffen. Folgende Voraussetzungen müssen für die Ausübung des Vorkaufsrechts gegeben sein:

1. Ein *Miterbe* (oder dessen Erbe)[21] verkauft seinen Miterbenanteil. Kein Vorkaufsfall liegt also vor, wenn ein *Erwerber* seinen Anteil verkauft.[22] Er ist nicht Miterbe (§ 2034 I), und eine *Entstehung* des Vorkaufsrechts nach § 2034 sieht § 2037 nicht vor.

> Diese Vorschrift lässt nur das beim Verkauf durch den Miterben begründete Vorkaufsrecht fortbestehen, falls der Erwerber weiterveräußert. Der Zweck des Vorkaufsrechts (Abwehr unerwünschter Fremder) kann zwar auch beim Verkauf durch den Erwerber zu bejahen sein, wenn zB der beschenkte oder erwünschte Ersterwerber an einen unerwünschten anderen verkauft. Wie aber das Vorkaufsrecht selbst keine absolute Schranke gegen das Eindringen Fremder darstellt, so hat das Gesetz auch hier nur einen beschränkten Schutz der Miterben vorgesehen, indem es diesen lediglich das Recht eingeräumt hat, das mit dem Verkauf seitens eines Miterben entstandene Vorkaufsrecht innerhalb der Frist des § 2034 II auch noch gegen spätere Erwerber des Anteils auszuüben. Im **Fall c** ist das Vorkaufsrecht gegenüber F wegen Fristablaufs erloschen (§ 2034 II 1); mit dem Verkauf an X entstand kein neues Vorkaufsrecht.

480   **2.** Ein *Dritter* ist Partei des Kaufvertrages. Dritter ist jeder, der nicht Miterbe ist. § 2034 greift also selbst dann ein, wenn ein Erbteilskäufer einen weiteren Erbanteil aufkauft; denn diese Bestimmung soll auch vor einer Überfremdung des Nachlasses schützen.[23]

481   **3.** Ein *Miterbenanteil* wird *verkauft*.

Ob ein *Verkauf* als Voraussetzung des Vorkaufsrechts vorliegt, muss im Hinblick auf die in den §§ 2034–2037 geschützten Interessen der übrigen Miterben beurteilt werden. Vereinbarungen, die denselben wirtschaftlichen Zweck wie ein Kaufvertrag verfolgen und nur zur Umgehung des Vorkaufsrechts abweichend vom Kauf getroffen werden, begründen ebenfalls ein Eintrittsrecht der übrigen Miterben.[24]

Kein Verkauf iSd § 2034 ist die gemischte Schenkung,[25] da die vom Gesetz vorausgesetzte Entgeltlichkeit der Verfügung dabei teilweise fehlt. Beim Tausch wird man jedoch ein Eintrittsrecht der Miterben zulassen müssen, wenn diese in der Lage sind, das geschuldete Tauschobjekt zu liefern.[26]
Ein Vorkaufsrecht der Miterben entsteht nicht, wenn auf Betreiben eines Miterben der nicht in Natur teilbare Nachlass zum Zwecke der Auseinandersetzung versteigert wird (§§ 2042 II, 753, 1233 ff., §§ 180 f. ZVG). Diese Versteigerung steht zwar einem freihändigen Verkauf gleich; sie erstreckt sich jedoch auf den ganzen unteilbaren Nachlass und nicht auf den Erbanteil des einzelnen Miterben.[27]

Der Miterbe muss *freiwillig* verkaufen. Ein »Verkauf« bei der Pfandverwertung, in der Zwangsvollstreckung oder durch den Insolvenzverwalter begründet kein Vorkaufsrecht.[28]

---

21 Vgl. BGH NJW 1966, 2207.
22 **HM;** Staudinger/*Werner* (2002) § 2034 Rn. 6.
23 BGHZ 56, 115.
24 BGHZ 23, 301 f.; 25, 174.
25 RGZ 101, 99.
26 **Anders hM;** Erman/*Schlüter* § 2034 Rn. 2; *Lange* ErbR Kap. 13 Rn. 25; MüKoBGB/*Gergen* § 2034 Rn. 7; *Muscheler* ErbR II Rn. 3912; Staudinger/*Werner* (2002) § 2034 Rn. 4.
27 Vgl. BGH LM Nr. 9 zu § 2034 BGB.
28 BGH NJW 1977, 37.

Der Verkauf muss *gültig* sein. Ein formungültiger Kaufvertrag begründet also kein Vorkaufsrecht.[29]

Bejaht man jedoch eine Heilung des Grundgeschäfts durch wirksame Übertragung des Anteils (→ Rn. 477), so sind die übrigen Miterben gegenüber dem Erwerber zum Vorkauf berechtigt. Die Annahme der Heilung bietet auch für das Vorkaufsrecht eine klare Lösung. Die Gegenmeinung, welche die Heilung ablehnt, lässt damit zugleich das Vorkaufsrecht scheitern. Das ist vertretbar, wenn der Anteil wegen der Nichtigkeit des Kaufs auf den Miterben zurückübertragen wird (§ 812). Mit der Rückübertragung scheidet der unerwünschte Fremde aus der Erbengemeinschaft wieder aus. Damit entfällt der Zweck des Vorkaufsrechts.[30]

Bleibt dagegen der Anteil beim Käufer, weil zB der Verkäufer trotz Nichtigkeit des Kaufs seinen Herausgabeanspruch nicht geltend macht, so muss den Miterben das Vorkaufsrecht zustehen. Denn der Gesetzeszweck, unerwünschte Käufer aus der Miterbengemeinschaft fern zu halten, darf nicht umgangen werden. Die Bedeutung des Streites um die Heilung nichtiger Kaufverträge zeigt sich, wenn der Kaufpreis höher beurkundet wird als tatsächlich vereinbart ist, um die berechtigten Miterben von der Ausübung ihres Vorkaufsrechts abzuhalten.[31] Wird der Erbanteil in Kenntnis des Formmangels dem Dritten übertragen, so besteht gem. § 814 kein Anspruch auf Rückgewähr. Überträgt der Dritte diesen Anteil auf den Miterben zurück, obwohl er weiß, dass er dazu nicht verpflichtet ist, so will die hM den vorkaufsberechtigten Miterben den Einwand des Rechtsmissbrauchs zugestehen. Dieser Umweg wird durch die Annahme der Heilung überflüssig.

III. Berechtigte

Das Vorkaufsrecht steht den übrigen *Miterben* zu (§§ 2034 I, 472). Anteilserwerber **482** haben kein Vorkaufsrecht.[32] Das gilt auch dann, wenn sie Miterben sind;[33] denn das Vorkaufsrecht ist nicht übertragbar (§ 473 S. 1). Auch einem Miterben, der seinen Erbanteil bereits vorher veräußert hat, steht kein Vorkaufsrecht mehr zu.[34] Das ergibt sich aus dem Zweck des § 2034, die Miterben vor einer Überfremdung des Nachlasses zu schützen. Dieses Schutzes bedarf ein Miterbe nicht, wenn er aus der Erbengemeinschaft ausgeschieden ist. Das Vorkaufsrecht des Miterben wird jedoch mit dem Anteil vererbt (§ 2034 II 2).

Die Miterben können es gemeinschaftlich ausüben. Wenn ein Miterbe es nicht ausübt, sind die übrigen berechtigt (§ 472 S. 2).[35] Erklärt ein Miterbe, er übe das Vorkaufsrecht aus, so ist das im Zweifel dahin auszulegen, dass er es *allein* ausübt, wenn andere Miterben nicht ebenfalls fristgemäß die Ausübung erklären.[36] Die erforderlichen Erklärungen brauchen nicht gleichzeitig abgegeben zu werden.[37]

IV. Verpflichtete

Die Berechtigten können das Vorkaufsrecht *vor* der Übertragung des Anteils nur **483** gegenüber dem Verkäufer, *nach* der Übertragung nur gegenüber dem Käufer und nach einer weiteren Übertragung durch den Käufer nur gegenüber dem Dritterwerber ausüben (§§ 2035 I, 2037). Verpflichteter des Vorkaufsrechtes ist also der, dem der Anteil jeweils dinglich zugeordnet ist.

---

29 BGH DNotZ 1960, 551; BGHZ 14, 1.
30 RGZ 170, 203 (206 f.).
31 *Lange/Kuchinke* ErbR § 42 III 2a.
32 BGHZ 56, 115 (118).
33 BGH NJW 1983, 2142 (2143).
34 So auch BGH FamRZ 1993, 420.
35 Vgl. aber BGH WM 1971, 457; NJW 1982, 330.
36 *Kipp/Coing* ErbR § 115 I 3.
37 RGZ 158, 57.

Die Berechtigung besteht – einmal entstanden – fort, auch wenn über den Anteil noch mehrfach verfügt wird. Die weiteren Übertragungen nach § 2037 müssen nicht auf Verkäufe zurückgehen. Mit der jeweiligen Übertragung rückt der neue Erwerber in die Stellung des Vorkaufsverpflichteten ein (§§ 2035 I 2, 2037). Damit die Berechtigten wissen, wem der Anteil jeweils zusteht, verpflichtet § 2035 II (vgl. auch § 2037) den Verfügenden, die Übertragung den Berechtigten anzuzeigen. Solange diese Anzeige nach § 2035 II fehlt, können die Miterben ihr Recht analog § 407 I wirksam gegenüber dem Verkäufer ausüben.

V. Ausübung

484 Zur Geltendmachung des Vorkaufsrechts genügt eine formlose Erklärung der berechtigten Miterben gegenüber dem Verpflichteten (§ 464 I 1). Sie muss innerhalb einer Frist von zwei Monaten abgegeben werden (§ 2034 II 1), die mit dem Zugang der Anzeige des verkaufenden Miterben (§ 469 I) beginnt.

Diese Anzeige hat über den *Inhalt* des Kaufvertrages Aufschluss zu geben, damit der Berechtigte über die Ausübung des Vorkaufsrechts entscheiden kann. Da das Vorkaufsrecht nur einmal entsteht und bei weiteren Übertragungen lediglich die Verpflichteten wechseln, läuft auch die Frist des § 2034 nur einmal. Die Berechtigten müssen sich also nach dem Zugang der Verkaufsanzeige (§ 464) innerhalb von zwei Monaten erklären, auch wenn inzwischen mehrere Veräußerungen des Anteils stattfinden.

VI. Wirkung

485 Mit der Ausübung des Vorkaufsrechts entsteht ein *Schuldverhältnis* zwischen den vorkaufsberechtigten Miterben und dem Verpflichteten (also dem Verkäufer, dem Käufer oder dem weiteren Erwerber). Es wird kraft Gesetzes begründet[38] und richtet sich nach den Vorschriften über den Kauf (§ 464 II).

Die Berechtigten können danach die Übertragung des Anteils gem. § 2033 I 2 auf sich verlangen.[39] Sie erwerben den Anteil als Gesamthänder im Verhältnis ihrer Anteile. Ein Anspruch auf die Übertragung einzelner Nachlassgrundstücke besteht nicht (vgl. § 2033 II).

Der Verkäufer hat einen Anspruch gegen die Berechtigten auf den im ursprünglichen Kaufvertrag vereinbarten Kaufpreis (§§ 464 II, 433 II). Die Berechtigten haften nach außen als Gesamtschuldner entsprechend § 427, im Innenverhältnis jedoch nach ihren Anteilen.

Wird das Vorkaufsrecht gem. § 2035 I gegenüber dem Käufer oder dem Dritterwerber ausgeübt, sind die Miterben verpflichtet, diesem den entrichteten Kaufpreis als Gesamtschuldner Zug um Zug gegen Übertragung des Erbanteils zu erstatten.[40] Bis dahin steht dem Erwerber ein Zurückbehaltungsrecht zu (**Fall d**). Das wird teilweise mit § 1100 (Zurückbehaltungsrecht des Käufers gegenüber dem Inhaber eines dinglichen Vorkaufsrechts) begründet.[41] Der BGH[42] stützt das Zurückbehaltungsrecht auf § 273. Nach § 464 II liegt es näher, die §§ 433 II, 320 anzuwenden.

Ein Rücktrittsrecht des Erbteilskäufers (**Fall d**) nach § 323 oder analog § 350 wird dagegen überwiegend abgelehnt.[43]

---

38 BGHZ 6, 85.
39 BGH LM Nr. 1 zu § 2034 BGB.
40 BGHZ 6, 85 (88).
41 *Lange/Kuchinke* ErbR § 42 III 3c.
42 BGHZ 15, 102 (106).
43 BGHZ 102, 105; Erman/*Schlüter* § 2035 Rn. 5; MüKoBGB/*Gergen* § 2035 Rn. 9; **aM** Palandt/ *Weidlich* § 2034 Rn. 9.

VII. Haftung

Der Käufer des Anteils wird von der Haftung gegenüber den Nachlassgläubigern **486** nach den §§ 2382, 2385 mit der Übertragung des Anteils auf die Vorkaufsberechtigten frei (§ 2036 S. 1). Das gilt aber nur, wenn der Nachlassanteil während der Mitgliedschaft des Käufers in der Erbengemeinschaft nicht durch seine schlechte Verwaltung geschmälert worden ist. Für Ansprüche der Nachlassgläubiger gegen ihn aus den §§ 1978–1980 (→ Rn. 682 ff.) bleibt seine Haftung bestehen (§ 2036 S. 2). Die Verweisung der Vorschrift auf die §§ 1990, 1991 ist wohl ein Redaktionsversehen;[44] sie hat jedenfalls nach hM nur die Bedeutung, dass die Haftung auch dann fortbesteht, wenn Nachlassverwaltung und -insolvenzverfahren wegen Dürftigkeit des Nachlasses unterbleiben.[45] War der Anteil gar nicht auf den Käufer übertragen worden, so entfällt dessen Haftung mit der Ausübung des Vorkaufsrechts.

E. Zusammenfassung

Die Miterbengemeinschaft ist eine Gesamthand, auf die das Vermögen des Erblassers **487** als Ganzes übergeht. Durch die Gesamthandsbindung wird der Nachlass zu einem Sondervermögen. Das dient dem Schutz der Nachlassgläubiger und der einzelnen Miterben.

Jeder Miterbe kann zwar über seinen Erbteil, nicht aber über einzelne Nachlassgegenstände oder seinen Anteil daran verfügen. Verkauft ein Miterbe seinen Erbteil an einen Dritten, der nicht Miterbe ist, so haben die übrigen Miterben ein Vorkaufsrecht.

Miterbengemeinschaft als Gesamthandsgemeinschaft

I. Verfügungsmöglichkeiten der Miterben
1. Keine Verfügungen über einzelne Nachlassgegenstände (§§ 2033 II, 2040 I)
2. Verfügung über den Miterbenanteil (§ 2033 I 1)
   a) Arten: Übertragung, Verpfändung, Nießbrauchsbestellung
   b) Form: notarielle Beurkundung (§ 2033 I 2)
   c) Abgrenzung zum Ausscheiden durch Abschichtung

II. Vorkaufsrecht der Miterben (§§ 2034–2037)
1. Vorkaufsfall: Verkauf eines Erbteils durch einen Miterben an einen Dritten (§ 2034 I)
2. Vorkaufsberechtigt: nur Miterben (§§ 2034 I, II 2, 472, 473 S. 1)
3. Vorkaufsverpflichtet:
   a) Vor Übertragung des Anteils: Anteilsverkäufer (§ 2034 I)
   b) Nach Übertragung des Anteils: Erstkäufer (§ 2035 I) oder weiterer Käufer (§ 2037)
4. Ausübung des Vorkaufsrechts: Formlose Erklärung gegenüber dem Verpflichteten innerhalb von zwei Monaten (§§ 464 I, 2034 II 1)
5. Wirkung: Gesetzliches Schuldverhältnis zwischen vorkaufsberechtigten Miterben und dem Verpflichteten mit Anspruch auf Übertragung des Anteils zu dem im ursprünglichen Kaufvertrag vereinbten Kaufpreis

---

44 *Siber*, Haftung für Nachlassschulden, 1937, 133.
45 Staudinger/*Werner* (2002) § 2036 Rn. 4; Rn. 708 f.

§ 30 Die Verwaltung des Nachlasses durch die Miterbengemeinschaft

488   **Literatur:** *Eberl-Borges*, Verfügungsgeschäfte der Erbengemeinschaft im Rahmen der Nachlassverwaltung, NJW 2006, 1313; *Fischer*, Fortführung eines Handelsgeschäfts durch eine Erbengemeinschaft?, ZHR 1980, 1; *Hellfeld*, Treuepflichten unter Miterben, 2010; *Kapp/Ebeling/Grune*, Handbuch der Erbengemeinschaft und Erbauseinandersetzung im Zivil- und Steuerrecht (Loseblattausgabe), 5. Aufl. 1996; *Löhnig*, Geschäftsführung und Vertretung bei der Erbengemeinschaft, JA 2007, 262; *Muscheler*, Der Mehrheitsbeschluss in der Erbengemeinschaft, ZEV 1997, 169 (222); *Steiner*, Nutzung von Nachlassgegenständen durch Miterben, ZEV 2004, 405; *Werkmüller*, Die Mitwirkungsbefugnisse der Bruchteilsminderheit bei Beschlussfassungen in der ungeteilten Erbengemeinschaft, ZEV 1999, 218; *Wernecke*, Die Aufwendungs- und Schadensersatzansprüche bei der Notgeschäftsführung des Miterben – eine Zusammenschau, AcP 193 (1993) 240.

Fälle:

a) Ist die Verarbeitung von Rohmaterial in einem Betrieb, der zum Nachlass gehört, als ordnungsmäßige Verwaltung (§ 2038 I) anzusehen? (→ Rn. 492)

b) Ist der mit Stimmenmehrheit gefasste Beschluss einer Erbengemeinschaft über den Aufbau eines zum Nachlass gehörenden zerstörten Hauses wirksam gegenüber den ablehnenden Miterben? (→ Rn. 492)

c) Drei von vier Miterben überlassen dem Vierten längere Zeit die Führung des gemeinsam ererbten Unternehmens. Kann dieser von seinen Miterben Aufwendungsersatz verlangen, wenn er eigene Mittel für den Ankauf des erforderlichen Produktionsmaterials einsetzt? (→ Rn. 498)

d) Ein Miterbe entdeckt an dem zum Nachlass gehörenden Haus Schwamm. Da er die übrigen Miterben nicht erreichen kann, will er sofort ohne deren Zustimmung die erforderlichen Renovierungsarbeiten vornehmen lassen. (→ Rn. 494)

e) Muss ein Miterbe den Tierarzt holen, wenn er an dem zum Nachlass gehörenden Rennpferd Anzeichen einer Seuchenerkrankung feststellt? (→ Rn. 496)

f) Drei von vier Miterben veräußern ein Auto aus dem Nachlass. Wird die Veräußerung durch die Genehmigung des vierten wirksam? (→ Rn. 506)

A. Grundlinien

Für die Erbengemeinschaft hat das Gesetz – anders als im Gesellschaftsrecht (§§ 709, 714; §§ 109 ff., 123 ff. HGB) – keine klare Unterscheidung zwischen Geschäftsführung (Innenverhältnis) und Vertretung (Außenverhältnis) getroffen. Es regelt stattdessen die Verwaltung in § 2038, die Verfügungsmacht in § 2040 und die Befugnis, Nachlassansprüche geltend zu machen, in § 2039.

Diese Vorschriften behandeln die Geschäftsführung der Gesamthand nicht getrennt von ihrer Vertretung. Sie regeln vielmehr nur eine verschieden starke Beteiligung der Miterben bei der Willensbildung: Jeder Miterbe allein kann Nachlassansprüche für die Gesamthand geltend machen (§ 2039 S. 2). Die *Verwaltung* steht zwar den Miterben *grundsätzlich gemeinschaftlich* zu (§ 2038 I 1). Über die ordnungsmäßige Verwaltung entscheidet jedoch die Stimmenmehrheit der Miterben (§§ 2038 II 1, 745). Verfügungen bedürfen dagegen nach § 2040 I der Mitwirkung aller Miterben (Ausnahme: Verfügung als Maßnahme der Notverwaltung nach § 2038 I 2, 2. Hs.; → Rn. 494 ff.). Das Gesetz schützt damit den einzelnen Miterben weitgehend gegen Verfügungen über Nachlassgegenstände. Zugleich schützt es die Mehrheit der Miterben gegen den Eigensinn einzelner: Jeder Miterbe ist verpflichtet, bei der ordnungsmäßigen Verwaltung des Nachlasses mitzuwirken (§ 2038 I 2).

Ausnahmsweise greift § 2038 nicht ein, **489**

- wenn die Verwaltung einem Testamentsvollstrecker (§ 2205; → Rn. 393), Nachlassverwalter (§ 1984; → Rn. 689) oder Insolvenzverwalter (§ 80 I InsO; → Rn. 689) zusteht;
- wenn der Erblasser einem der Miterben besondere Verwaltungsbefugnisse überträgt, ohne ihn zum Testamentsvollstrecker zu bestellen;[46]
- wenn die Miterben gem. den §§ 2038 II, 745 eine abweichende Regelung getroffen haben. Sie können etwa einen Erbschaftsverwalter mit der Vertretungsmacht bestellen, was nicht selten stillschweigend geschieht, indem einem Miterben die ganze Verwaltung überlassen wird.

B. Begriff der Verwaltung

Das Gesetz selbst sagt nicht, was es unter »Verwaltung des Nachlasses« (§ 2038 I 1) **490** versteht. Es spricht daneben noch von der »ordnungsmäßigen Verwaltung« und von den »zur Erhaltung notwendigen Maßregeln« (§ 2038 I 2).

Der allgemeine Begriff »Verwaltung des Nachlasses« findet sich auch in § 1978. Nach den Motiven[47] ist damit die »gesamte tatsächliche und rechtliche Verfügung über das verwaltete Gut« gemeint. Mit der hM ist die Verwaltung nach § 2038 I 1 im gleichen umfassenden Sinne zu verstehen.[48] Der Begriff umfasst also alle Handlungen, die von den Miterben mit Wirkung für den Nachlass zu dessen Erhaltung, Nutzung oder Mehrung vorgenommen werden. Gleichgültig ist, ob die Maßnahmen nur im Innenverhältnis oder auch nach außen wirken. Verwaltung kann daher sowohl Geschäftsführung als auch Vertretung sein.

Wegen dieser schillernden Bedeutung des Verwaltungsbegriffes erscheint eine nach Innen- und Außenverhältnis getrennte Darstellung zweckmäßig. Diese ist verständlicher, wenn zuvor das Verhältnis zwischen der Geschäftsführungsbefugnis und der Vertretungsbefugnis in der Miterbengemeinschaft nach dem BGB umrissen wird. Während im Gesellschaftsrecht zur Erhöhung der Verkehrsfähigkeit die Vertretungsbefugnis mindestens gleich, oft aber umfassender ist als die Geschäftsführungsbefugnis, gilt in der Erbengemeinschaft der Grundsatz, dass die Vertretungsbefugnis nie die Geschäftsführungsbefugnis übersteigt. Die Innenbindung der Erbengemeinschaft ist also auf Kosten der Verkehrsfähigkeit zum Schutz der Gläubiger und der einzelnen Miterben (vor allem bei Verfügungen) betont worden.[49]

C. Innenverhältnis

I. Bereiche der Verwaltung

Für das Innenverhältnis sind drei Bereiche der Verwaltung zu unterscheiden: **491**

- Maßregeln, die nur gemeinschaftlich getroffen werden dürfen;
- Maßregeln, die von der Mehrheit getroffen werden dürfen;
- Maßregeln, die jeder Miterbe allein treffen darf.

---

46 Vgl. RG HRR 1929, 500 und RGRK/*Kregel* § 2038 Rn. 2.
47 Mot. V, 627.
48 MüKoBGB/*Gergen* § 2038 Rn. 14.
49 Vgl. *Bartholomeyczik*, 4. Denkschrift, 1940, 190 f.

§ 2038 I 1 stellt für das Verhältnis unter den Miterben den *Grundsatz der gemein-schaftlichen Verwaltung* auf. Dieser ist jedoch in mehrfacher Hinsicht durchbrochen.

Über die *ordnungsmäßige* Verwaltung entscheidet die Stimmenmehrheit der Miterben (§§ 2038 II 1, 745). Der einzelne Miterbe ist zur Mitwirkung bei der ordnungsmäßigen Verwaltung verpflichtet (§ 2038 I 2, 1. Hs.).

Notwendige Erhaltungsmaßregeln kann jeder Miterbe allein treffen (§ 2038 I 2, 2. Hs.).

1. Gemeinschaftliche und Mehrheitsverwaltung

492 **a)** Der Grundsatz der *Gemeinschaftlichkeit* gilt nur für die *nicht ordnungsmäßige Verwaltung* (vgl. § 2038 I). Was ordnungsmäßige Verwaltung ist, richtet sich nach § 745: Sie muss der Beschaffenheit des Gegenstandes und dem Interesse aller Mit-erben nach billigem Ermessen entsprechen. Wesentliche Veränderungen des Nach-lasses gehören nicht zur ordnungsmäßigen Verwaltung. Die Abgrenzung ist wichtig, weil davon die Willensbildung (Einstimmigkeitserfordernis oder Mehrheitsentscheid) abhängt.

Die Anlehnung an das Gemeinschaftsrecht (§§ 2038 II 1, 745) führt zu Schwierigkeiten, weil bei der Bruchteilsgemeinschaft im Gegensatz zur Erbengemeinschaft regelmäßig nur ein einzelner Gegenstand gemeinschaftlich ist. Die Verweisung des § 2038 II 1 auf § 745 betrifft jedoch den Nachlass als ein Ganzes. § 745 geht von *einem* gemeinschaftlichen Gegenstand aus. Dem entspricht bei der Erben-gemeinschaft der gesamte Nachlass, nicht der einzelne Nachlassgegenstand. Man muss daher den Gegenstand des § 745 im Sinne des gesamten Nachlasses verstehen.[50] Einzelne Nachlassgegenstände können also im Rahmen ordnungsmäßiger Verwaltung durchaus umgestaltet, verarbeitet und veräußert werden, wenn nur der Nachlass als Ganzes nicht wesentlich verändert wird.

> So kann im **Fall a** die weitere Verarbeitung halb fertiger Produkte eines zum Nachlass gehörenden Unternehmens ordnungsmäßige Verwaltung sein, auch wenn dabei etwa aus Roheisen Werkzeuge oder aus Mehl Brote werden.[51] Die Gegenmeinung führt zu einer unerträglichen Behinderung der Verwaltung. Ein einziger Quertreiber kann nach ihr die Vornahme alltäglicher Verwaltungsmaß-nahmen vereiteln. Die Einstimmigkeit bei der Verwaltung ist nach ihrem Schutzzweck jedoch nur dann erforderlich, wenn durch die geplante Maßnahme eine wesentliche Veränderung des *gesam-ten* Nachlasses erreicht wird.

Außerhalb einer ordnungsmäßigen Verwaltung würde etwa die Entscheidung liegen, aus einer Bäckerei, die den wesentlichen Teil des Nachlasses bildet, eine Brathendl-Station zu machen. Aber auch das ist eine Frage der Zusammensetzung des Nach-lasses. Gehört zum Nachlass ein Nahrungsmittelgroßbetrieb mit vielen Filialen, so kann die Umstellung eines Zweigbetriebes auf einen neuen Zweck ebenfalls ord-nungsmäßige Verwaltung sein.

> Der Wiederaufbau eines zerstörten Hauses (**Fall b**) ist in der Regel keine Maßregel der ordnungs-mäßigen Verwaltung.[52]

493 **b)** Eine *Mehrheitsentscheidung* der Miterben reicht bei Maßnahmen der *ordnungs-mäßigen Verwaltung* aus (vgl. § 2038 I 2, II 1, § 745 I 1). Das Stimmrecht der Mit-erben richtet sich nach der Größe ihrer Anteile (§ 745 I 2).

---

50 BGH NJW 2006, 439.
51 Wie hier *Lange/Kuchinke* ErbR § 43 I 3d; **aA** *Schlüter* ErbR Rn. 672; Staudinger/*Werner* (2002) § 2038 Rn. 13.
52 BGH LM Nr. 4 zu § 2038 BGB.

Maßgebend ist der durch Erbfall oder Übertragung begründete feste Erbanteil, nicht etwa das jeweilige rechnerische Guthaben. Der Minderheitenschutz der unterliegenden Miterben besteht in ihrem Recht, die Auseinandersetzung zu verlangen (§ 2042; → Rn. 513). Hat die Gesamthand gegen einen Miterben Forderungen in solcher Höhe, dass dieser bei der Auseinandersetzung nichts mehr zu erwarten hat, so kann die Ausübung des Stimmrechts durch diesen Miterben gegen die Interessen der übrigen Miterben Rechtsmissbrauch sein.

Jeder Miterbe ist den anderen gegenüber *verpflichtet,* zu den erforderlichen Maßregeln der ordnungsmäßigen Verwaltung *mitzuwirken* (§ 2038 I 2). Die Mitwirkungspflicht gilt sowohl für die Willensbildung als auch für die Ausführung der beschlossenen Maßnahmen.

Inhalt und Umfang der Mitwirkungspflicht sind zwar grundsätzlich für alle Miterben gleich, werden aber oft nach den Umständen des Einzelfalles von den Miterben, nicht selten stillschweigend, speziell vereinbart. Das trifft etwa zu, wenn ein Sohn für die Erbengemeinschaft das Unternehmen des verstorbenen Vaters fortführt. Der einzelne Miterbe kann sich zur Erfüllung seiner Mitwirkungspflicht eines Gehilfen bedienen, dem er, soweit Rechtsgeschäfte vorzunehmen sind, Vollmacht erteilen muss. Die Mitwirkung kann klageweise erzwungen werden. Soweit nur Zustimmung zu einer Maßregel verlangt wird, gilt sie mit dem rechtskräftigen Urteil als erteilt (§ 894 ZPO). Andernfalls richtet sich die Vollstreckung danach, ob es sich bei der verlangten Mitwirkung um vertretbare (Ersatzvornahme, § 887 ZPO) oder unvertretbare Handlungen (Zwangsgeld oder Zwangshaft, § 888 ZPO) handelt.[53]

Zu a) und b): Das *Verfahren der Stimmabgabe* ist nach der jeweiligen Zusammensetzung der Erbengemeinschaft zu beurteilen. Die §§ 32 ff. sind nur mit Einschränkungen anwendbar, da sie eine körperschaftliche Organisation voraussetzen, die bei der Erbengemeinschaft fehlt. Deshalb wird man etwa eine Stimmabgabe unter Abwesenden (zB Telefon, Brief) zulassen können.

Bei einem *Interessenwiderstreit,* jedenfalls in den Fällen des § 34, hat der betroffene Miterbe kein Stimmrecht. Das gilt zB, wenn über die Einziehung einer Forderung beschlossen wird, deren Schuldner er ist.[54]

An einen wirksamen Beschluss ist auch ein Rechtsnachfolger des Miterben gebunden (§ 746).

2. Notverwaltung

Nach § 2038 I 2, 2. Hs. kann jeder Miterbe die zur Erhaltung des Nachlasses **494** notwendigen Maßregeln allein treffen.

a) Die Notwendigkeit einer Erhaltungsmaßnahme gibt dem Einzelnen ein Alleinentscheidungsrecht. Dieses ist in der Gesamthandsstruktur der Miterbengemeinschaft ein Fremdkörper, der die Gesamthandsbindung zerstören kann. Die Notverwaltungsbefugnis des Einzelnen ist daher grundsätzlich eng auszulegen und nur für *notwendige,* nicht für *nützliche* Maßnahmen zu bejahen.

b) Das Alleinhandeln ist bei bedeutsamen Maßnahmen regelmäßig nur zulässig, wenn der Handelnde die Zustimmung seiner Miterben vorher nicht mehr einholen kann. Zur *Notwendigkeit* muss also die *Dringlichkeit* der Maßnahme kommen (zu **Fall d**).[55]

---

53 Einzelheiten dazu *Brox/Walker* ZVR Rn. 1064 ff.
54 Vgl. BGHZ 56, 47 (52 f.).
55 BGHZ 6, 76 (83); Erman/*Schlüter* § 2038 Rn. 6; *Lange/Kuchinke* ErbR § 43 II 4; MüKoBGB/ *Gergen* § 2038 Rn. 56.

Etwas anderes kann für kleinere Maßregeln gelten, die den Wert des Nachlasses nicht wesentlich berühren.

Verweigern die übrigen Miterben zu einer notwendigen, jedoch nicht dringlichen Erhaltungsmaßnahme die Zustimmung, so scheidet eine Notverwaltung aus. Es handelt sich dann um eine Frage der ordnungsmäßigen Verwaltung nach § 2038 I 2, 1. Hs., II 1 iVm § 745. Ein Meinungsstreit unter den Miterben über die Notwendigkeit einer Maßregel soll nur durch den Alleinentscheid eines Einzelnen entschieden werden, wenn die fragliche Maßnahme im Interesse der Nachlasserhaltung keinen *Aufschub duldet*. Die regelmäßige Mehrheitsverwaltung hat den Vorrang vor der Notverwaltung des Einzelnen.[56]

Dasselbe gilt erst recht, wenn die Miterbenmehrheit wirksam beschlossen hat, einen bestimmten Nachlassgegenstand nicht zu erhalten. Der einzelne Miterbe ist daran gebunden. Das Notverwaltungsrecht besteht nur, wenn die sonstige Verwaltungsregelung zum Schaden des Nachlasses versagen würde. Es darf nicht dazu dienen, die ordnungsmäßige Verwaltung der Mehrheit zu durchkreuzen.

495 c) Als Notverwaltung kommen nur solche Maßnahmen in Betracht, die *zugleich* zur *ordnungsmäßigen Verwaltung* gehören.

Ob das der Fall ist, muss nach den jeweiligen Umständen entschieden werden. Maßgebende Gesichtspunkte sind etwa die allgemeine Wirtschaftslage und die Frage, ob die erforderlichen Aufwendungen aus Nachlassmitteln bestritten werden können.
Welche Maßregeln unter § 2038 I 2, 2. Hs. fallen, ist vom objektiven Standpunkt eines vernünftig und wirtschaftlich denkenden Beurteilers aus zu entscheiden.[57]

d) Die Vorschrift berechtigt den Handelnden, im Innenverhältnis alle Maßregeln der Notverwaltung zu treffen. Dazu können rein tatsächliche Handlungen, Verpflichtungs- und Verfügungsgeschäfte gehören.[58]

496 e) Dem Notverwaltungsrecht entspricht aufgrund des gesetzlichen Schuldverhältnisses, das unter den Miterben besteht, eine *Notverwaltungspflicht* des einzelnen Miterben.

Das Bestehen und der Inhalt dieser Verpflichtung sind nach den Umständen des Einzelfalles zu beurteilen. Im **Fall e** ist der Miterbe gegenüber den anderen berechtigt und *verpflichtet*, unverzüglich einen Tierarzt zu rufen. Verletzt er schuldhaft diese Pflicht, macht er sich schadensersatzpflichtig.

II. Auskunftspflicht

497 Die Gesamthand ist ein gesetzliches Schuldverhältnis der Miterben untereinander, das wie jedes andere Rechtsverhältnis unter dem Grundsatz von Treu und Glauben steht. Daraus kann sich im Einzelfall jedenfalls dann eine Auskunftspflicht unter den Miterben ergeben, wenn sie aus den §§ 2027 f., 2057 oder 666, 681 herzuleiten ist.[59] Auch die Pflicht, ein Nachlassverzeichnis oder Inventar zu errichten oder dabei mitzuwirken, kann im Einzelfall aus § 2038 I 1 oder aus dem allgemeinen Pflichtenverhältnis unter den Miterben folgen.[60]

---

56 BGHZ 6, 76 (84).
57 Vgl. BGHZ 6, 76.
58 MüKoBGB/*Gergen* § 2038 Rn. 55; Soergel/*Wolf* § 2038 Rn. 4 f.
59 Vgl. Erman/*Schlüter* § 2038 Rn. 10; *Muscheler* ErbR II Rn. 4145; *Speckmann* NJW 1973, 1869; **aA** BGH JR 1990, 16.
60 So *Lange/Kuchinke* ErbR § 45 II 7c; MüKoBGB/*Gergen* § 2038 Rn. 49; Palandt/*Weidlich* § 2038 Rn. 14; **aA** RGZ 81, 30.

III. Aufwendungsersatz

1. Soweit einzelne Miterben bei Maßregeln der ordnungsmäßigen (Mehrheits-)Ver- **498**
waltung tätig werden, wozu sie durch Mehrheitsbeschluss beauftragt sind, haben sie
als Beauftragte (§ 670) einen Ersatzanspruch wegen ihrer Aufwendungen gegen die
Miterben (vgl. auch § 669). Dabei ist jedoch der Anteil abzuziehen, den der Handelnde selbst zu tragen hat (§§ 2038 II 1, 748).

> Ob ein Auftrag der Miterbenmehrheit vorliegt, ist nach den Umständen des Einzelfalles zu ent-
> scheiden. Übernimmt ein Miterbe mit Wissen der anderen die Verwaltungsgeschäfte, so wird man
> ihr Einverständnis vermuten können, solange sie ihm ohne Widerspruch die Sorge für den Nachlass
> überlassen (zu **Fall c**).

Fehlt ein Mehrheitsbeschluss, so kann der Miterbe auch nach der Aufwendung einen
Ersatzanspruch aus Auftrag geltend machen, wenn er die Zustimmung der Mehrheit
zu seiner Maßnahme erhält. Kommt ein Mehrheitsbeschluss nicht zustande, so kann
er nur wie ein Geschäftsführer ohne Auftrag den Ersatz seiner Aufwendungen verlangen (§§ 683 f.).

2. Hat ein Miterbe eine Maßnahme der Notverwaltung getroffen, so kann er wie ein
Beauftragter Ersatz seiner Aufwendungen abzüglich des von ihm zu tragenden
Anteils an der Verwaltungslast verlangen (§§ 2038 I 2, 2. Hs., II 1, 748).

IV. Gebrauch

Nach den §§ 2038 II 1, 743 II ist jeder Miterbe zum Gebrauch der Nachlassgegenstände insoweit **499**
befugt, als der Mitgebrauch der anderen nicht beeinträchtigt wird. Die Regelung besagt nur, dass allen
Miterben ein Anspruch auf Mitgebrauch der Nachlassgegenstände zusteht. Der konkrete Gebrauch
verlangt regelmäßig eine Vereinbarung der Miterben; sie ist als Teil der ordnungsmäßigen Verwaltung
anzusehen und kann notfalls durch Mehrheitsbeschluss (§§ 2038 II 1, 745 I 1) ersetzt werden. Hat ein
Miterbe bei der Auseinandersetzung nichts mehr zu erwarten, so ist zu prüfen, ob seine Forderung auf
Mitgebrauch rechtsmissbräuchlich ist.

V. Früchte

Jeder Miterbe hat Anspruch auf einen seinem Erbteil entsprechenden Anteil der Früchte. Die Teilung **500**
der Früchte ist jedoch bis zur Auseinandersetzung aufgeschoben, wenn diese nicht (etwa durch
Testament) länger als ein Jahr ausgeschlossen ist. Trifft Letzteres zu, so kann jeder Miterbe jeweils am
Jahresschluss die Teilung des Reinertrages verlangen (§§ 2038 II 1, 743 II).
Hat ein Miterbe wegen seiner Ausgleichungspflichten bei der Auseinandersetzung nichts mehr zu
erwarten, so ist sein Begehren, bei der Teilung des Reinertrages beteiligt zu werden, rechtsmissbräuchlich.

VI. Lasten

Für die Verteilung der Lasten des Nachlasses unter den Miterben verweist § 2038 II 1 **501**
auf § 748. Die Lasten sind also nach dem Verhältnis der Erbanteile aufzuteilen.

1. Die Pflicht zur anteiligen Tragung der Lasten des Nachlasses entsteht mit dem Zeitpunkt, in dem die
Lasten und Kosten entstehen. Hat also ein Miterbe bei der ordnungsmäßigen Verwaltung oder bei der
Notverwaltung über seinen pflichtgemäßen Anteil hinaus Aufwendungen für den Nachlass gemacht,
so kann er diese sofort ersetzt verlangen.
Nach ganz hM ist diese Pflicht auf die im Nachlass vorhandenen Mittel beschränkt. Eine Vorschuss-
pflicht der Miterben aus privaten Mitteln wird allgemein abgelehnt.[61] Damit wird der einzelne Miterbe

---

61 Erman/*Schlüter* § 2038 Rn. 9; MüKoBGB/*Gergen* § 2038 Rn. 66; RGRK/*Kregel* § 2038 Rn. 10;
Staudinger/*Werner* (2002) § 2038 Rn. 42.

vor unerwünschten Belastungen des Eigenvermögens geschützt. Die Ablehnung einer Vorschusspflicht kann allerdings dazu führen, dass die ordnungsmäßige Verwaltung eines Nachlasses erheblich erschwert ist, wenn dieser zwar hochwertige Sachgüter, aber kein Geld enthält.[62]

Die Lasten und Kosten müssen regelmäßig sofort gedeckt werden. Sie sind zunächst aus den Früchten und sodann aus flüssigen Mitteln des Nachlasses zu bestreiten. Selbstverständlich können die Miterben eine andere Weise der Lastentragung zB in Form von freiwilligen Vorschüssen vereinbaren.

2. Hat ein Miterbe im Hinblick auf seine anrechnungspflichtigen Vorempfänge bei der Auseinandersetzung nichts mehr zu erwarten, so kann das Verlangen der übrigen, er solle sich an solchen Lasten beteiligen, die sich gerade aus der Fortdauer der Erbengemeinschaft ergeben, rechtsmissbräuchlich sein.

VII. Geltendmachung von Ansprüchen

502 Eine Regelung des Innenverhältnisses enthält auch § 2039 S. 2. Hier decken sich Geschäftsführungs- und Vertretungsmacht des einzelnen Miterben. Da der Schwerpunkt in der Außenwirkung liegt, wird auf die Behandlung dort verwiesen (→ Rn. 508 ff.).

D. Außenverhältnis

503 Die Erbengemeinschaft handelt mangels Rechtsfähigkeit (→ Rn. 469) nicht als solche, sondern durch die Miterben. Sie kann auch mangels Parteifähigkeit nicht selbst klagen oder verklagt werden.[63]

I. Vertretungsmacht

Das rechtswirksame Handeln der Miterben für den Nachlass setzt eine gesetzliche oder rechtsgeschäftliche Vertretungsmacht der Handelnden voraus. Der Gesamthand entspricht bei strenger Durchführung nur ein gemeinsames Handeln aller Miterben. Das Gesetz enthält jedoch hiervon abweichende spezielle Vorschriften in den §§ 2038–2041. Im Übrigen gelten die Bestimmungen des Allgemeinen Teils des BGB.

II. Verpflichtungsgeschäfte

504 Für Verpflichtungsgeschäfte ist die Vertretung der Erbengemeinschaft nicht besonders geregelt. Es gelten daher – entsprechend den drei Möglichkeiten der Geschäftsführung – drei verschiedene Vertretungsweisen:

1. Grundsätzlich sieht das Gesetz eine Verpflichtung des Nachlasses durch das mitwirkende Handeln *aller Miterben* vor (§ 2038 I 1). Ohne das Erfordernis gleichzeitiger Erklärungen oder eines einheitlichen Rechtsaktes müssen sich die Willenserklärungen der einzelnen Miterben – die oft als Genehmigungen abgegeben werden – zu einem einheitlichen Verpflichtungsgeschäft aller zusammenfügen. Soweit die Miterben erkennbar nur für den Nachlass handeln, werden sie nur mit dem Sondervermögen, nicht mit dem sonstigen Vermögen verpflichtet; insofern ist eine vertragliche Haftungsbeschränkung anzunehmen.[64]

505 **2.** Das Eingehen von Verpflichtungen im Rahmen der *ordnungsmäßigen Verwaltung* kann im Innenverhältnis mit *Stimmenmehrheit* beschlossen werden (§§ 2038 II 1,

---

62 Die aus diesem Grund bis zur 21. Aufl. vertretene Bejahung einer Vorschusspflicht hat sich allerdings trotzdem nicht durchgesetzt.
63 BGH NJW 2006, 3715 f.
64 Vgl. BGH BB 1968, 769 (770).

745). Die Frage, ob dieser Akt der internen Willensbildung zugleich der Mehrheit die Vertretungsmacht für das beschlossene Verpflichtungsgeschäft verleiht, ist im Interesse einer verkehrsnotwendigen Handlungsfähigkeit und im Hinblick auf § 2038 I 2, 1. Hs. zu bejahen.[65]

Wenn die Miterben verpflichtet sind, sich bei Verpflichtungsgeschäften der ordnungsmäßigen Verwaltung dem Beschluss der Mehrheit zu fügen und bei ihrer Ausführung mitzuwirken, bestehen keine Bedenken, in der Beschlussfassung zugleich eine Bevollmächtigung der Mehrheit oder einzelner Miterben zum Geschäftsabschluss zu sehen. Das folgt aus § 745, da auch die rechtsgeschäftliche Vertretung bei Verpflichtungsgeschäften einen Teil der ordnungsmäßigen Verwaltung bildet.[66]

Die *Haftung der Handelnden* (des einzelnen oder mehrerer Miterben) aus den Verpflichtungsgeschäften für den Nachlass richtet sich nach den allgemeinen Vorschriften (§§ 164, 179). Berufen sie sich darauf, erkennbar nur für den Nachlass gehandelt zu haben, trifft sie dafür die Beweislast.

Im Übrigen haften die Erben mit dem Nachlass für ersatzpflichtige Handlungen der Miterben bei der Wahrnehmung der Verwaltung nur nach den allgemeinen Vorschriften (§§ 278, 831). Da eine körperschaftliche Verfassung fehlt, ist § 31 nicht anwendbar.

3. Dem *einzelnen Miterben* verleiht § 2038 I 2, 2. Hs. eine *gesetzliche Vertretungsmacht* für *Notverpflichtungsgeschäfte*.[67]

III. Verfügungsgeschäfte

1. Die Verfügung über einen Nachlassgegenstand erfordert nach § 2040 I das *Zusammenwirken aller Miterben*. Dadurch sollen die Miterben und die Nachlassgläubiger vor einer Entwertung des Nachlasses geschützt werden. Als Verfügung wird dabei jede unmittelbare Einwirkung (Übertragung, Belastung, Änderung, Aufhebung) auf ein bestehendes Recht verstanden. Verfügungen sind also zB auch Kündigung[68] (dazu noch → Rn. 507), Anfechtung, Widerruf, Aufrechnung, Annahme als Erfüllung oder Verzicht.   506

2. Das Handeln der Erbengemeinschaft wird durch die Notwendigkeit des Zusammenwirkens aller Miterben bei Verfügungen sehr *schwerfällig*.

> Allerdings ist auch hier nicht ein zeitlich gemeinschaftliches Handeln aller oder gar eine einheitliche Erklärung erforderlich. Die Erklärungen der Einzelnen müssen nur ein einheitliches Verfügungsgeschäft ergeben. Verfügen also Miterben über einen Nachlassgegenstand, ohne zu wissen, dass zur Erbengemeinschaft noch andere Miterben gehören, so wird die Verfügung durch die Genehmigung der anderen wirksam (zu **Fall f**).[69]

Hinsichtlich der Vertretung und der Genehmigung des Handelns Nichtberechtigter gelten die allgemeinen Vorschriften (§§ 164 ff., 182 ff.). Die Ausübung von Gestaltungsrechten durch einen Teil der Miterben kann zur Unsicherheit des Erklärungsempfängers über die Wirksamkeit der Erklärung führen. Er hat daher das Recht, eine einseitige Verfügung zurückzuweisen, wenn sie nicht von allen

---

65 BGHZ 56, 47; *Muscheler* ErbR II Rn. 3864; aA *Jülicher* AcP 175 (1975) 143 (147 ff.).
66 **HM;** MüKoBGB/*Gergen* § 2038 Rn. 51 mN.
67 **HM;** *Muscheler* ErbR II Rn. 3863; Soergel/*Wolf* § 2038 Rn. 12; zu den Voraussetzungen der Notverwaltung vgl. BGHZ 6, 76 (83) und →Rn. 494 ff.
68 BGH NJW 2007, 150 (151) (unter Aufgabe der entgegengesetzten Ansicht von BGH NJW 1952, 111); BGH NJW 2010, 765 (766); OLG Brandenburg NJW-RR 2012, 336 (337); MüKoBGB/*Gergen* § 2040 Rn. 8; Palandt/*Weidlich* § 2038 Rn. 7 und § 2040 Rn. 2; Soergel/*Wolf* § 2040 Rn. 3.
69 Vgl. BGHZ 19, 138.

Miterben gemeinsam erklärt oder die Einwilligung der Abwesenden schriftlich vorgelegt wird (§§ 180, 182 III, 111 S. 2).[70]

507 3. *Verfügungen* über Nachlassgegenstände werden häufig zur *ordnungsmäßigen Verwaltung* des Nachlasses erforderlich sein, können also im Innenverhältnis mit Stimmenmehrheit beschlossen werden. Ob zum Vollzug dieses Beschlusses gleichwohl – anders als bei den Verpflichtungsgeschäften – vor allem im Interesse der Rechtssicherheit grundsätzlich die *Mitwirkung aller Miterben* beim Abschluss des Verfügungsgeschäftes erforderlich ist, war lange umstritten. Zum Teil wurde vertreten, § 2040 I gehe als Spezialnorm dem § 2038 vor[71] und nur ausnahmsweise reiche Stimmenmehrheit aus, wenn durch die Verfügung zur ordnungsmäßigen Nachlassverwaltung die auf den Erhalt des Nachlassbestandes gerichteten Interessen der anderen Miterben nicht beeinträchtigt würden.[72] Der BGH[73] vertritt nunmehr das Gegenteil: Für Verfügungen im Rahmen ordnungsmäßiger Verwaltung werde § 2040 durch § 2028 I verdrängt. Danach können die Erben etwa die Kündigung eines Mietverhältnisses über eine zum Nachlass gehörende Sache mit Stimmenmehrheit aussprechen, wenn sich die Kündigung als Maßnahme ordnungsmäßiger Verwaltung darstellt. Gleiches dürfte bei der Kündigung eines Girovertrages oder eines Vertrages über ein Sparkonto gelten.[74]

4. Für Notverfügungen gilt § 2038 I 2, 2. Hs.[75] (zu den Voraussetzungen → Rn. 494 ff.). Die Vorschrift gibt dem einzelnen Miterben eine gesetzliche Vertretungsmacht für solche Geschäfte, auch für Verfügungen, die zur Erhaltung des Nachlasses notwendig sind.

5. Keine Verfügungsgeschäfte über Nachlassgegenstände sind die Erwerbsgeschäfte der Miterben für den Nachlass. Hier wird zwar verfügt, aber nicht über Nachlassgegenstände. Nach § 2041 gehört der erworbene Gegenstand zum Nachlass, wenn sich das Erwerbsgeschäft auf den Nachlass bezieht (→ Rn. 608).

IV. Geltendmachung von Nachlassansprüchen

508 Jeder Miterbe allein ist berechtigt, Nachlassansprüche geltend zu machen. Er kann allerdings nach § 2039 nur die Leistung an alle Miterben, die Hinterlegung für alle Miterben oder die Ablieferung an einen gerichtlich bestellten Verwahrer verlangen. Diese Vorschrift enthält eine *gesetzliche Ermächtigung* des einzelnen Miterben zur Wahrnehmung aller Rechte, die zur Geltendmachung des Anspruchs erforderlich sind.

---

70 RGZ 146, 314.
71 Wie hier: BGH NJW 2007, 150 (151 f.); BGHZ 56, 47 (50); Erman/*Schlüter* § 2040 Rn. 3; *Lange/Kuchinke* ErbR § 43 III 6c mwN; *v. Lübtow* ErbR 806; MüKoBGB/*Gergen* § 2038 Rn. 53; Palandt/*Weidlich* § 2040 Rn. 5; aA *Kipp/Coing* ErbR § 114 IV 2c; *Lange* ErbR Kap. 14 Rn. 75; *Lipp* ErbR Rn. 529; *Muscheler* ErbR II Rn. 3865 ff.; Soergel/*Wolf* § 2038 Rn. 5; *Wieser*, FS Heinr. Lange 1970, 325 (334).
72 BGH NJW 2007, 150 (151 f.).
73 BGH NJW 2010, 765 (766) mAnm. *Muscheler* LMK 2009, 295205, Anm. *Müßig* JZ 2011, 481 und Anm. *Walker* FamRZ 2010, 204 f.
74 OLG Brandenburg NJW-RR 2012, 336 (338).
75 **HM;** Erman/*Schlüter* § 2040 Rn. 6; Palandt/*Weidlich* § 2038 Rn. 11.

Das bedeutet eine Einschränkung der §§ 2038, 2040, soweit diese Vorschriften Verwaltungs- und Verfügungsgeschäfte an die Mitwirkung aller oder der Mehrheit der Miterben binden. Diese Bindungen gelten nicht, soweit es nur um die Geltendmachung von Ansprüchen geht.

1. Als Anspruch, den jeder Miterbe geltend machen kann, ist jedes *Recht auf Leistung* (§ 194 I) anzusehen.[76]

Regelmäßig wird es sich um Zahlungs-, Überweisungs- und Herausgabeansprüche handeln. Auch Unterlassungs-, Abwehr- (§ 1004), Berichtigungs- (§ 894) und Auseinandersetzungsansprüche kommen in Betracht. Ferner können Feststellungsklagen[77] und prozessuale Gestaltungsklagen (zB Vollstreckungsgegenklage gem. § 767 ZPO),[78] denen in der Sache ein Anspruch zugrunde liegt, unter § 2039 fallen. Ferner gehört die Aufnahme und Fortführung eines durch den Tod des Erblassers unterbrochenen Prozesses zu den Befugnissen jedes Miterben, wenn er damit einen jetzt zum Nachlass gehörenden Anspruch verfolgt.[79]

Zur Ausübung von Gestaltungsrechten ist der einzelne Miterbe nicht befugt. Er kann nicht allein kündigen, anfechten, zurücktreten, mindern usw. In diesen Fällen gilt § 2040 I.[80] Dasselbe trifft zu, wenn in der Geltendmachung des Anspruchs eine Genehmigung zu sehen ist, welche die Anspruchsgrundlage erst schafft. Das ist ein Verwaltungsgeschäft, zu dem der Einzelne nur unter den Voraussetzungen der Notverwaltung befugt ist (§ 2038). Dagegen ist der Miterbe berechtigt, einen Anfechtungsanspruch nach dem AnfG allein zu verfolgen, weil dieser auf eine Leistung gerichtet ist.

2. Zu den Ansprüchen, deren Erfüllung jeder Miterbe verlangen kann, zählen *alle* Nachlassansprüche, auch solche, die sich gegen einen anderen *Miterben* richten.   509

Miterbenschuldner müssen regelmäßig bei Fälligkeit leisten. Lässt sich allerdings zweifelsfrei absehen, dass die Miterbenschuld aus dem Miterbenanteil gedeckt wird, so kann die Einziehung rechtsmissbräuchlich sein.[81] Das trifft jedoch nicht zu, wenn der Nachlass gerade bei Fälligkeit der Miterbenschuld zur ordnungsmäßigen Verwaltung flüssige Mittel benötigt. Der verklagte Miterbe kann nur mit einem Anspruch gegen den Nachlass aufrechnen, nicht mit einem Anspruch gegen den Kläger.

3. Zum *Geltendmachen* gehören alle gerichtlichen und außergerichtlichen Rechtshandlungen, die erforderlich sind, um die Erfüllung des Anspruchs herbeizuführen:

Mahnungen, alle Prozesshandlungen bei Feststellungs- und Leistungsklagen,[82] Anträge, Rechtsmittel, Maßnahmen der Zwangsvollstreckung, Anträge auf einstweilige Verfügungen. Hat der Miterbe einen Anwalt mit der Verfolgung des Nachlassanspruchs beauftragt, ist er selbst zur Tragung der Anwaltskosten verpflichtet.

4. Das *Einziehungsrecht* des einzelnen Miterben ist ein *eigenes* Recht, nicht ein Fall   510 der Vertretung, sondern der *Prozessstandschaft* für den Nachlass.

Deshalb ist im Prozess nur der klagende Miterbe Partei. Das gilt auch, wenn mehrere Miterben klagen; sie sind dann keine notwendigen Streitgenossen, und die Rechtskraft des Urteils wirkt nicht für und gegen die übrigen Miterben. Lediglich wenn alle Miterben als Erbengemeinschaft als Kläger auftreten, liegt notwendige Streitgenossenschaft vor (Gesamthandsklage).[83]

---

76 BGH NJW 2006, 1969 (1970).
77 BGH LM Nr. 2 zu § 2039 BGB.
78 BGH NJW 2006, 1969 (1970).
79 BGHZ 14, 251.
80 RGZ 107, 238; 151, 304.
81 BGH FamRZ 1971, 644.
82 RG HRR 1935, Nr. 1602; MüKoBGB/*Gergen* § 2039 Rn. 18 ff.
83 MüKoBGB/*Gergen* § 2032 Rn. 36 und § 2039 Rn. 20; Soergel/*Wolf* § 2039 Rn. 12. Zu Fragen der Streitgenossenschaft und der Rechtskraft s. ferner BGHZ 23, 207 (212); RGZ 75, 26 f.; 93, 127

Da die Anspruchsverfolgung für den Nachlass ein eigenes Recht des Miterben ist, kann er sie auch *gegen den Willen anderer Miterben* betreiben.

Das gilt sogar für die Vollstreckung aus einem gemeinsam erwirkten Urteil gegen den Einspruch der anderen Miterben.[84] Für das Innenverhältnis ist jedoch erforderlich, dass der vollstreckende Miterbe dabei im Rahmen der ordnungsmäßigen Verwaltung, also objektiv im Interesse der Erhaltung des Nachlasses handelt. Andernfalls haftet er gegenüber den anderen Gesamthändern für den aus der Vollstreckung entstehenden Schaden.

E. Zusammenfassung

511 Im *Innenverhältnis* bedarf nur die nicht ordnungsmäßige Verwaltung der Mitwirkung aller Miterben. Über die ordnungsmäßige Verwaltung entscheidet die Stimmenmehrheit. Der einzelne Miterbe ist zur Mitwirkung bei der ordnungsmäßigen Verwaltung verpflichtet. Das ist besonders für Verfügungen über Nachlassgegenstände wichtig, da diese nur gemeinschaftlich getroffen werden können. Notwendige Erhaltungsmaßregeln kann und muss jeder Miterbe allein treffen.

Im *Außenverhältnis* gilt für Verpflichtungsgeschäfte dasselbe wie im Innenverhältnis. Im gültigen Beschluss der Mehrheit liegt zugleich die Vollmacht zur Eingehung der Verpflichtung. Verfügungen setzen dagegen die Mitwirkung aller Miterben voraus; eine Ausnahme gilt für Notverfügungen. Nachlassansprüche kann jeder Miterbe im eigenen Namen geltend machen, und zwar auch gegen den Willen der übrigen.

Miterbengemeinschaft – Verwaltung des Nachlasses

I. Innenverhältnis
1. Erforderliche Maßnahmen zur ordnungsmäßigen Verwaltung: Stimmenmehrheit (§§ 2038 II, 745 I)
2. Maßnahmen außerhalb der ordnungsmäßigen Verwaltung: Einstimmigkeit (§ 2038 I 1)
3. Notverwaltung: Alleinentscheidungsrecht des einzelnen Miterben (§ 2038 I 2, 2. Hs.)

II. Außenverhältnis
1. Verpflichtungsgeschäfte
   a) gemeinschaftliches Handeln aller Miterben (§ 2038 I 1)
   b) bei ordnungsmäßiger Verwaltung: gemeinschaftliches Handeln der Mehrheit (§§ 2038 II, 745 I)
   c) bei Notverwaltung oder rechtsgeschäftlicher Bevollmächtigung: Handeln durch einzelnen Miterben (§ 2038 I 2, 2. Hs.)
2. Verfügungsgeschäfte
   a) gemeinschaftliches Handeln aller Miterben (§ 2040 I)
   b) bei Notverwaltung oder Genehmigung: Handeln durch einzelnen Miterben (§§ 2038 I 2, 2. Hs., 164 ff. 182 ff.)
3. Geltendmachung von Nachlassansprüchen: durch jeden Miterben, aber nicht an sich, sondern nur an alle Miterben (§ 2039)

---

(129); 119, 163 (168); OGHZ 3, 242 (244); *Blomeyer* AcP 159 (1960/61) 385; *Schwab*, FS Lent, 1957, 271 ff.
84 KG NJW 1957, 1154; zustimmend MüKoBGB/*Gergen* § 2039 Rn. 28; Soergel/*Wolf* § 2039 Rn. 8.

§ 31 Die Auseinandersetzung

Literatur: *Bengel,* Zur Rechtsnatur des vom Erblasser verfügten Erbteilungsverbots, ZEV 1995, 178;   **512**
Damrau, Die Abschichtung, ZEV 1996, 361; *ders.,* Druck bei der Erbauseinandersetzung durch Pfandverkauf, ZEV 2008, 216; *Ebenroth/Bacher/Lorz,* Dispositive Wertbestimmungen und Gestaltungswirkungen bei Vorempfängen, JZ 1991, 277; *Eberl-Borges,* Die Erbauseinandersetzung, 2000; *Eidenmüller,* Vorausvermächtnis und Teilungsanordnung, JA 1991, 150; *Fest,* Die personelle Abschichtung
als »dritter Weg« zur Auflösung einer Erbengemeinschaft, JuS 2007, 1081; *Gergen,* Begünstigung
und Begünstigungswille als Abgrenzung zwischen Vorausvermächtnis und Teilungsanordnung – zur
Kritik der Rechtsprechung seit BGHZ 36, 115, Jura 2005, 185; *Keller,* Ausscheiden eines Miterben
aus der Erbengemeinschaft durch »Abschichtung«?, ZEV 1998, 281; *Kerschner/Tank,* Zuwendungen
an Kinder zur Existenzgründung: Die »Ausstattung« als ausgleichpflichtiger Vorempfang, ZEV 1997,
354; *Krenz,* Die Auseinandersetzung der Erbengemeinschaft, AcP 195 (1995) 361; *Kues,* Die Pflege-
vergütung naher Angehöriger, ZEV 2000, 443; *Loritz,* Teilungsanordnung und Vorausvermächtnis,
NJW 1988, 2697; *Mayer,* Das gerichtliche Teilungsverfahren, Rpfleger 2011, 245; *Mohr,* Ausgleichung und Anrechnung bei Schenkungen, ZEV 1999, 257; *Muscheler,* Ausschluss der Erbauseinandersetzung durch den Erblasser, ZEV 2010, 340; *Otte,* Bessere Honorierung von Pflegeleistungen, ZEV
2008, 260; *Petersen,* Die Beweislast bei der Ausgleichspflicht unter Miterben nach § 2057a BGB,
ZEV 2000, 432; *Reimann,* Erbauseinandersetzung durch Abschichtung, ZEV 1998, 213; *Sarres,* Auskunftspflichten zwischen Miterben über lebzeitige Zuwendungen gemäß § 2057 BGB, ZEV 2000,
349; *ders.,* Aufschub und Ausschluss der Erbauseinandersetzung, ZEV 2005, 191; *Schmitz,* Ausgleichung unter Miterben, 2005; *Schnüttgen,* Die Erbengemeinschaft und ihre Auseinandersetzung im
Ertragsteuerrecht, 2009; *Werkmüller,* Aufgaben und Funktionen der Bank in der Erbauseinandersetzung, ZEV 2001, 340; *Wesser/Saalfrank,* Formfreier Grundstückserwerb durch Miterben, NJW
2003, 2937; *Windel,* Wie ist die häusliche Pflege aus dem Nachlass zu honorieren?, ZEV 2008, 305;
Winkler, Verhältnis von Erbteilsübertragung und Erbauseinandersetzung – Möglichkeiten der Beendigung der Erbengemeinschaft, ZEV 2001, 435.

Fälle:

a) Nach der Anordnung des Erblassers soll sein ältester Sohn unter Anrechnung auf seinen Erbteil
das väterliche Stammhaus erhalten. Können die Miterben wirksam beschließen, dass die jüngere
Schwester das Haus bekommt? (→ Rn. 515)
b) Der Großvater finanziert seinem Enkel das juristische Studium. Auf der Heimfahrt von der
Examensfeier verunglücken Vater und Großvater des jungen Juristen. Der Vater ist sofort tot, der
Großvater stirbt auf dem Weg in das Krankenhaus. Können die Brüder des Vaters als Miterben
den Ausgleich der Studiengelder verlangen? (→ Rn. 529)
c) E hinterlässt seiner Frau, mit der er im gesetzlichen Güterstand lebte, und seinen drei Kindern A, B
und C einen Nachlass im Wert von 100.000 EUR. A hat eine Aussteuer im Wert von 20.000 EUR
und B denselben Betrag als ausgleichspflichtigen Zuschuss kraft Anordnung des E erhalten. Was
können die einzelnen Miterben bei der Auseinandersetzung verlangen? (→ Rn. 537)
d) Im Fall c hat C wegen Pflege des E nach § 2057a ein Ausgleichsrecht in Höhe von 12.000 EUR.
(→ Rn. 540)

A. Begriff

Auseinandersetzung bedeutet Liquidation der Erbengemeinschaft. Der Begriff umfasst die Abwicklung aller Rechtsbeziehungen der Gesamthand im Innen- und Außenverhältnis, also die Befriedigung der Nachlassgläubiger, Erledigung aller Rechtsgeschäfte der Gesamthand mit Dritten, auch mit Miterben, Ausgleichung von Vorempfängen sowie Teilung des verbleibenden Restes unter den Miterben. Unter *Tei-*

lung des Nachlasses versteht man die Übertragung der Nachlassgegenstände aus dem Sondervermögen in das ungebundene Privatvermögen der einzelnen Miterben.

Von der Auseinandersetzung abzugrenzen ist das einvernehmliche Ausscheiden eines Miterben aus der Erbengemeinschaft gegen Zahlung einer Abfindung (sog. Abschichtung). Siehe dazu → Rn. 477a.

B. Anspruch auf Auseinandersetzung

I. Grundsatz

513 Die Erbengemeinschaft ist auf Auflösung gerichtet, also eine geborene *Liquidationsgemeinschaft*. Regelmäßig kann jeder Miterbe daher jederzeit die Auseinandersetzung verlangen (§ 2042 I). Das gilt sogar, wenn der Zeitpunkt für die Auseinandersetzung ungünstig ist und der die Liquidation Begehrende für sein Verlangen keinen wichtigen Grund hat (anders zB § 723 II). Schranken ergeben sich jedoch aus der Pflicht zur Rücksichtnahme auf die Miterben (→ Rn. 492 f.). Wird hiergegen ohne hinreichenden Grund verstoßen, kann das Auseinandersetzungsverlangen rechtsmissbräuchlich sein.[85]

Ein Miterbe kann grundsätzlich nicht verlangen, dass eine persönlich auf ihn beschränkte Teilauseinandersetzung stattfindet. Dem steht der Zweck einer Auseinandersetzung, in einem einzigen Verfahren alle Abwicklungsfragen zu klären, entgegen.[86]

II. Ausnahmen

514 Von der Regel des § 2042 I gibt es folgende Ausnahmen:

1. Vereinbarung der Miterben

Die Miterben können die Auseinandersetzung einstimmig auf Zeit oder auf Dauer ausschließen. Die Aufhebung ist dann, solange sie vertraglich ausgeschlossen ist, wie bei allen Dauerrechtsverhältnissen, nur aus wichtigem Grunde möglich (§§ 2042 II, 749 II, III, 750, 751 S. 1).

Eine solche Vereinbarung wirkt auch gegen den Sonderrechtsnachfolger (zB Erbteilskäufer), nicht aber gegen den Gläubiger eines Miterben, der dessen Anteil aufgrund eines nicht nur vorläufig vollstreckbaren Titels gepfändet hat (§ 751 S. 2).

Durch den vertraglichen Ausschluss der Auseinandersetzung kann sich uU der Zweck der Erbengemeinschaft ändern.

Führen die Miterben ein Unternehmen des Erblassers fort und widmen sie ihm ihre ganze Kraft, so schließen sie konkludent die Auseinandersetzung aus. Es handelt sich dann nicht mehr um eine auf Liquidation gerichtete Erbengemeinschaft, sondern um ein personenrechtliches Verhältnis werbenden Charakters, auf das Gesellschaftsrecht (OHG), nicht Erbrecht anzuwenden ist.[87]

2. Anordnung des Erblassers

515 Der Erblasser kann die Auseinandersetzung durch letztwillige Verfügung (auch durch erbvertragliche Verfügung)[88] bis zur Dauer von 30 Jahren ausschließen oder von einer

---

[85] RGZ 65, 5 (10); Soergel/*Wolf* § 2042 Rn. 17.
[86] BGH NJW 1985, 51 (52).
[87] Vgl. BGH LM Nr. 5 zu § 2038 BGB mit Anm. *Johannsen;* Staudinger/*Werner* (2002) § 2042 Rn. 29.
[88] Vgl. Staudinger/*Werner* (2002) § 2044 Rn. 10.

Kündigung bzw. von anderen Voraussetzungen (etwa Mehrheitsbeschluss der Miterben) abhängig machen (§ 2044).

Die Anordnung wirkt nur obligatorisch, berührt also die Verfügungsmacht der Miterben nicht (§§ 2040 I, 137).[89] Diese können sich demnach über eine solche Verfügung des Erblassers durch Vereinbarung aller (nicht durch Mehrheitsbeschluss) hinwegsetzen **(Fall a)**. Gegenüber den Gläubigern der Miterben wirkt das Auseinandersetzungsverbot des Erblassers ebenso wenig wie die entsprechende Vereinbarung der Miterben (§§ 2044 I 2; 751 S. 2).

Die Schranke des § 137 gegenüber dem Auseinandersetzungsverbot des Erblassers gilt auch dann, wenn er einen Testamentsvollstrecker einsetzt. Verfügungen, die entgegen dem Verbot von Testamentsvollstrecker und allen Miterben gemeinsam getroffen werden, sind wirksam.[90] Der Testamentsvollstrecker allein kann eine Aufhebung der Verfügungen des Erblassers durch das Nachlassgericht nur erreichen, wenn ihre Ausführung den Nachlass erheblich gefährden würde (§ 2216 II).

3. Unbestimmtheit der Erbteile

Solange die Erbteile, etwa wegen der zu erwartenden Geburt eines Miterben oder aus **516** anderen, im Gesetz genannten Gründen, noch unbestimmt sind, ist die Auseinandersetzung gesetzlich ausgeschlossen (§ 2043).

Der Ausschluss wirkt nur insoweit, als die Erbteile unbestimmt sind. Ist nur die Person eines Erben (etwa innerhalb eines Stammes), nicht aber die Größe der Erbteile unbestimmt, so kann die Auseinandersetzung vorgenommen werden. Dasselbe gilt, wenn die Zahl der Erben innerhalb eines von mehreren Stämmen noch unsicher ist. Soweit die Erbteile der anderen Stämme feststehen, ist die Auseinandersetzung möglich. Der auf den fraglichen Stamm entfallende Erbteil ist nach Beseitigung der Unbestimmtheit gegebenenfalls erneut zu teilen.

C. Verfahren der Auseinandersetzung

Das Gesetz sieht für die Frage, in welcher Weise die Auseinandersetzung stattfinden **517** soll, verschiedene Möglichkeiten vor:

I. Testamentsvollstrecker

Hat der Erblasser einen Testamentsvollstrecker eingesetzt (§§ 2197 ff.; → Rn. 385 ff.), so hat dieser auch die Auseinandersetzung unter den Miterben zu bewirken (§ 2204).

Der Testamentsvollstrecker stellt den Auseinandersetzungsplan auf und hat die Miterben vor der Ausführung zu hören (§ 2204 II). Er muss die gesetzlichen Auseinandersetzungsregeln beachten, soweit er nicht an Anordnungen des Erblassers gebunden ist. Auf diese Bindung ist § 2216 II entsprechend anzuwenden, so dass er sie bei Gefährdung des Nachlasses beseitigen lassen kann. Vereinbarungen der Miterben binden ihn, soweit sie die Fortsetzung der Miterbengemeinschaft betreffen[91] und nicht gegen Anordnungen des Erblassers verstoßen. Auch sie wirken nur obligatorisch.[92] Entgegenstehende Verfügungen des Testamentsvollstreckers sind wirksam, können ihn aber ersatzpflichtig machen.

II. Auseinandersetzungsvertrag

Die Mitglieder der Erbengemeinschaft können die Auseinandersetzung – ganz oder **518** teilweise – vertraglich nach ihren Wünschen regeln.[93] Der Vertrag ist grundsätzlich

---

89 BGHZ 40, 115 (117).
90 BGHZ 40, 115 (118); 56, 275 (278); BGH NJW 1984, 2464 (2465).
91 RG Warn 1934, Nr. 21.
92 KGJ 52, 113 (117); Erman/*Schlüter* § 2204 Rn. 2; MüKoBGB/*Zimmermann* § 2204 Rn. 22.
93 Vgl. BGHZ 40, 115.

formfrei. Ein Formzwang kann sich jedoch aus dem Gegenstand der Auseinandersetzung ergeben (zB § 311b I).

Durch den Vertrag wird die Teilung geregelt. Er bildet den Rechtsgrund für die Übernahme der (geteilten) Nachlassgegenstände durch die Miterben, kann zugleich deren Pflichten bei der Abwicklung bestimmen und oft auch die dinglichen Erfüllungsgeschäfte enthalten. Dabei sind die jeweils vorgeschriebenen Übertragungsformen (zB §§ 873, 925) zu beachten.
Übernimmt ein Miterbe einzelne Nachlassstücke gegen eine Abfindung, so ist auf dieses Austauschverhältnis das Recht der gegenseitigen Verträge, gegebenenfalls auch Kaufrecht, anzuwenden.[94]

III. Vereinigung aller Erbteile

519 Übertragen die Miterben *alle* Erbteile auf *eine* Person (meist auf einen Gesamthänder, möglich aber auch auf einen Dritten), so *erlischt* die Erbengemeinschaft.

Soweit das Grundgeschäft eine Abfindung der Veräußerer durch den Erwerber vorsieht, wird darin teilweise ein Erbteilskauf gesehen, der notariell beurkundet sein müsste (§§ 2371, 1922 II).[95] Sieht man jedoch zutreffend einen formfreien Auseinandersetzungsvertrag als mögliche causa der Erbteilsübertragung an, bedarf nur der Verfügungsvertrag der Form des § 2033 I.[96]

IV. Klage auf Auseinandersetzung

520 1. Jeder Gesamthänder kann vor dem Prozessgericht gegen die übrigen *auf Zustimmung* zu einem von ihm vorgelegten Auseinandersetzungsplan *klagen* (Zuständigkeit: § 27 ZPO).

2. Der *Auseinandersetzungsplan* muss allen bindenden Teilungsregeln entsprechen, also entsprechende Anordnungen des Erblassers (§ 2048; → Rn. 523 f.), wirksame Vereinbarungen der Miterben (→ Rn. 518) und die gesetzlichen Auseinandersetzungsvorschriften (→ Rn. 526 f.) berücksichtigen; andernfalls ist die Klage nicht begründet.

Die Aufstellung des Auseinandersetzungsplans durch den Kläger ist besonders schwierig, wenn erhebliche Nachlassschulden zu befriedigen sind (§ 2046) und deshalb ein Teil des Nachlasses verwertet werden muss. Die Auseinandersetzungsklage birgt für den Kläger, der die gesamte Abwicklung rechtlich unangreifbar vorschlagen muss, ein nicht geringes Risiko.
Die Klage ist ausschließlich auf die Zustimmung der verklagten Gesamthänder gerichtet, sie ist also eine Leistungsklage auf Abgabe einer Willenserklärung. Für die Vollstreckung gilt § 894 ZPO.

3. Dem Richter ist jeder gestaltende Eingriff in den Abwicklungsplan verwehrt. Er kann nur über den Antrag des Klägers entscheiden[97] (beachte aber § 139 ZPO).

V. Vermittlungsverfahren

521 Jeder Gesamthänder oder sein Pfandgläubiger kann ein Vermittlungsverfahren vor dem Nachlassgericht beantragen, wenn kein Testamentsvollstrecker eingesetzt und weder Nachlassverwaltung noch -insolvenzverfahren eingeleitet worden ist. Das Vermittlungsverfahren gehört zur freiwilligen Gerichtsbarkeit (§§ 363 ff. FamFG).

Das Nachlassgericht darf nur *vermitteln, nicht entscheiden*. Es kann Auseinandersetzungsvorschläge machen. Diese werden jedoch nur verbindlich, wenn *alle* Gesamt-

---

94 BGH LM Nr. 2 zu § 2040 BGB.
95 *Patschke* NJW 1955, 444; *Kipp/Coing* ErbR § 118 III 3.
96 Ebenso MüKoBGB/*Ann* § 2042 Rn. 36 f.
97 KG NJW 1961, 733; zustimmend Erman/*Schlüter* § 2042 Rn. 16; Palandt/*Weidlich* § 2042 Rn. 21.

händer zustimmen. Der Widerspruch eines Miterben lässt das Vermittlungsverfahren scheitern.

Ein mittelbarer Zwang auf nicht zum Termin erscheinende Miterben besteht allerdings darin, dass das Gericht den Vorschlägen der Erschienenen zu folgen hat (§ 366 FamFG) und deren Auseinandersetzungsplan den Säumigen aufzwingen kann, wenn diese nicht fristgerecht einen neuen Termin beantragen und dazu auch erscheinen (§§ 368, 366 III, IV FamFG).

Der vom Nachlassgericht *bestätigte Auseinandersetzungsplan* wirkt mit Rechtskraft des Bestätigungsbeschlusses wie ein *Auseinandersetzungsvertrag* der Gesamthänder (§ 371 I FamFG). Er kann Verpflichtungen und Verfügungen enthalten und ist zugleich Vollstreckungstitel (§ 371 II FamFG).

Das Vermittlungsverfahren vor dem Nachlassgericht steht der Auseinandersetzungsklage vor dem Prozessgericht (→ Rn. 520) im Range nach. Es ist daher ausgeschlossen bzw. auszusetzen, sobald eine solche Klage rechtshängig ist. Das gilt allerdings nur, solange das Vermittlungsverfahren nicht durch rechtskräftigen Bestätigungsbeschluss beendet ist.
Besondere landesrechtliche Vermittlungsverfahren sind nach Maßgabe des § 487 FamFG zulässig, unterliegen aber dann auch den §§ 364–372 FamFG.

VI. Zuweisung durch das Landwirtschaftsgericht

Gehört zum Nachlass einer durch gesetzliche Erbfolge entstandenen Erbengemeinschaft ein landwirt- **522**
schaftlicher Betrieb, so kann das Landwirtschaftsgericht diesen auf Antrag eines Miterben ungeteilt einem Gesamthänder zuweisen (§§ 13 ff. des Grundstückverkehrsgesetzes v. 28.7.1961).[98]

D. Auseinandersetzungsregeln

I. Auseinandersetzungsanordnungen des Erblassers

Der Erblasser kann durch Verfügung von Todes wegen bestimmen, wie die Aus- **523**
einandersetzung vorgenommen werden soll (§ 2048). Er kann auch anordnen, dass die Auseinandersetzung nach dem billigen Ermessen eines Dritten zu erfolgen hat. Die Auseinandersetzungsanordnungen können sowohl in einem Testament als auch in einem Erbvertrag enthalten sein. Im Erbvertrag wird es sich regelmäßig um einseitige, nicht vertragsmäßige Verfügungen handeln. Das muss aber nicht so sein. Solche Anordnungen können zugleich Vermächtnisse oder Auflagen sein und als solche auch erbvertraglich getroffen werden (§ 2278 II).[99]

1. Schuldrechtliche Wirkung

Die Auseinandersetzungsanordnung des Erblassers ist darauf gerichtet, eine bestimm- **524**
te vom Erblasser gewollte Verteilung des Nachlasses unter den Miterben zu bewirken. Sie hat doppelt *verpflichtende* Wirkung: Der mit der Zuweisung eines bestimmten Nachlassgegenstandes bedachte Miterbe kann eine entsprechende Aufnahme im Teilungsplan verlangen; zugleich wird er zur Übernahme des Gegenstandes verpflichtet. Gegen unerwünschte Zuweisungen des Erblassers kann sich der Miterbe wehren, wenn sein Pflichtteilsrecht dadurch geschmälert wird (§ 2306 I). Zu den Möglichkeiten des pflichtteilsberechtigten Miterben → Rn. 557.

---

98 BGBl. I 1091; Schönfelder-Ergänzungsband Nr. 40.
99 BGHZ 36, 115.

Die Auseinandersetzungsanordnung kann auch Lasten verteilen, etwa einem Miterben bestimmte Nachlassschulden auferlegen.[100] Auch insoweit ist der Belastete bis zur Grenze seines Pflichtteils gebunden.

Der Wert des in der Auseinandersetzungsanordnung einem Miterben zugeteilten Nachlassgegenstandes wird auf seinen Erbteil angerechnet. Der Erblasser kann jedoch anders verfügen.

2. Abgrenzungsfragen

525 Die rechtliche Einordnung von Anordnungen des Erblassers zur Auseinandersetzung kann schwierig sein.[101] Entscheidend ist der durch Auslegung zu ermittelnde *Wille des Erblassers*.[102]

a) Handelt es sich nur um *unverbindliche Erwägungen* oder *Ratschläge* des Erblassers, so fehlt die verpflichtende Wirkung.

b) Die Auslegung kann auch ergeben, dass die *Vereinbarung aller* oder sogar ein *Mehrheitsbeschluss der Miterben* den *Vorrang* vor den Weisungen des Erblassers haben soll. Das ist zB der Fall, wenn die Weisungen erkennbar nur von der Absicht getragen sind, Streit bei der Teilung zu verhüten, der bei einer von allen getroffenen Vereinbarung ohnehin ausscheidet.

c) Ein *Vorausvermächtnis* (→ Rn. 323, → Rn. 436) ist anzunehmen, wenn der Erblasser einem der Miterben einen *besonderen Vermögensvorteil zuwenden wollte*.[103] Die Rechtslage ist für den Bedachten erheblich günstiger als bei der bloßen Teilungsanordnung, weil die Zuwendung nicht auf seinen Erbteil angerechnet wird und er das Vermächtnis ausschlagen kann (§ 2180). Ob beim gemeinschaftlichen Testament oder Erbvertrag der überlebende Teil an seine Verfügung gebunden ist (→ Rn. 157 ff., → Rn. 192 ff.), kann davon abhängen, ob es sich dabei um ein Vorausvermächtnis oder um eine bloße Teilungsanordnung handelt; nur bei einem Vorausvermächtnis kommt eine Bindung in Betracht.

Die Abgrenzung zwischen Teilungsanordnung und Vorausvermächtnis[104] ist schwierig, wenn der Erblasser einem Erben Gegenstände zuweist, die wertmäßig den Erbteil übersteigen. Darin kann eine Teilungsanordnung nur dann gesehen werden, wenn vorgesehen ist, dass der Bedachte den seine Erbquote übersteigenden Wert (zB durch Geldzahlung) ausgleicht.[105]

Die Auslegung der Verfügung wird noch schwieriger, wenn der Erblasser die Zuteilung eines Nachlassgegenstandes mit einer Anrechnungspflicht verbindet.

Entspricht der angeordnete Anrechnungsbetrag unter Berücksichtigung des Erbteils des Bedachten etwa dem Verkehrswert des zugeteilten Gegenstandes, so kann eine Teilungsanordnung vorliegen. Ist die Anrechnung niedriger, so ist in der Regel bis zur Höhe des Betrages eine Teilungsanordnung, für die Differenz zum Verkehrswert jedoch ein Vorausvermächtnis anzunehmen.[106] Ist der Anrechnungsbetrag nach der Anordnung des Erblassers höher als der Verkehrswert, so liegen darin neben der

---

100 BGH LM Nr. 2 zu § 138 [Cd] BGB.
101 Vgl. *Gergen* Jura 2005, 185; *Coing* JZ 1962, 529; *P. Emmerich* JuS 1962, 269; *Grunsky* JZ 1963, 250; *Kipp/Coing* ErbR § 44 II 4; *Mattern* DNotZ 1963, 450; *Natter* JZ 1959, 151.
102 Vgl. zB BGH LM Nr. 5a zu § 2048 BGB.
103 BGHZ 36, 115; vgl. aber auch BGH LM Nr. 5 zu § 2048 BGB.
104 S. dazu etwa OLG Frankfurt NJW-RR 2008, 532.
105 Vgl. BGHZ 82, 274 (279); BGH NJW 1985, 51 (52); FamRZ 1990, 396.
106 RGZ 108, 83 f.; 170, 163 (170); vgl. auch OGHZ 1, 161 (165).

Teilungsanordnung Vorausvermächtnisse *für die übrigen Miterben*. Der von der Zuteilung Betroffene ist zur Übernahme verpflichtet, soweit nicht sein Pflichtteilsrecht verletzt wird.

d) Eine *Auflage* zu Lasten aller Miterben ist anzunehmen, wenn der Erblasser sie an seine Auseinandersetzungsanordnung soweit binden will, dass auch die Vereinbarung aller Miterben sie nicht ausräumen kann.

Ihre Vollziehung ist in diesen Fällen regelmäßig nur dann sicher, wenn der Erblasser zugleich einen Ersatzerben für den Fall des Verstoßes gegen seine Anordnung eingesetzt hat (vgl. § 2194).

II. Gesetzliche Auseinandersetzungsregeln

Die gesetzlichen Bestimmungen über die Auseinandersetzung sind nicht zwingend. **526** Anordnungen des Erblassers oder Vereinbarungen der Miterben haben also Vorrang. Soweit solche letztwilligen oder vertraglichen Bestimmungen fehlen, gilt folgende Regelung:

1. Berichtigung der Nachlassverbindlichkeiten

Das Sondervermögen dient zunächst der Befriedigung der Gläubiger (§ 2046 I 1). Diese Bestimmung regelt nur das Innenverhältnis der Miterben; sie behandelt allein Rechte und Pflichten der Miterben untereinander.

Das Gesetz ordnet den Verkauf des Nachlasses an, soweit er erforderlich ist (§ 2046 III). Nach den §§ 2042 II, 753 gelten dafür die Vorschriften über den Pfandverkauf (§§ 1233 ff.); Grundstücke werden zwangsversteigert (§§ 180 ff. ZVG).[107] Soll der Gegenstand aufgrund einer Auseinandersetzungsanordnung oder Vereinbarung nicht an Dritte veräußert werden, so wird er unter den Miterben versteigert (§ 753 I 2).

Die Auswahl der zu verkaufenden Gegenstände ist kein Akt der *ordnungsmäßigen* (erhaltenden) Verwaltung, der von der Mehrheit beschlossen werden könnte (§§ 2038 II 1, 745); vielmehr ist die Zustimmung aller Miterben erforderlich.[108]

Soweit die Miterben nach außen als Gesamtschuldner für eine Forderung haften, die sie untereinander nach § 748 anteilig zu tragen haben, kann jeder Miterbe bei der Auseinandersetzung Berichtigung aus dem Nachlass verlangen (§§ 2042 II, 755).
Forderungen eines Miterben gegen einen anderen Miterben, die auf der Erbengemeinschaft beruhen, sind auf Verlangen des Gläubigers aus dem Auseinandersetzungsguthaben des Schuldners zu befriedigen (§§ 2042 II, 756).
Jeder Miterbe kann verlangen, dass für nicht fällige oder streitige Nachlassverbindlichkeiten das zur Berichtigung Erforderliche zurückbehalten wird (§ 2046 I 2). Nachlassverbindlichkeiten, die nur einen Teil der Miterben treffen, sind aus deren Auseinandersetzungsguthaben zu befriedigen (§ 2046 II).

2. Teilung

Was nach Berichtigung aller Nachlassschulden übrig bleibt, ist unter den Miterben **527** nach dem Verhältnis ihrer Erbteile (§ 2047 I) und unter Berücksichtigung ihrer Ausgleichungspflichten (§§ 2050 ff.) zu verteilen. Teilung bedeutet also anteilsmäßige Übertragung der Nachlassgegenstände aus dem Sondervermögen des Nachlasses in das Privatvermögen der Miterben. Dabei ist die jeweils vorgeschriebene Form (zB §§ 873, 925) zu beachten.

Bei einer Auseinandersetzung, an der ein Minderjähriger und sein gesetzlicher Vertreter beteiligt sind, ist für den Minderjährigen ein Pfleger zu bestellen, es sei denn, § 181 greift nicht ein.[109]

---

107 *Brox/Walker* ZVR Rn. 984 ff.
108 Staudinger/*Werner* (2002) § 2046 Rn. 17.

a) Die *Teilung in Natur* hat den Vorrang (§§ 2042 II, 752), soweit sich die Nachlassgegenstände ohne Wertminderung in gleichartige, den Erbteilen der Gesamthänder entsprechende Anteile zerlegen lassen.

Die Teilbarkeit bestimmter Nachlassstücke ist wirtschaftlich zu beurteilen. Bei Geld und Vorratsware (Zucker, Kohlen) entstehen keine Schwierigkeiten. Auch Hypotheken[110] und Wertpapiere (soweit Stückelung möglich)[111] sind regelmäßig teilbar. Dasselbe gilt für einen zum Nachlass gehörenden Anteil an einer anderen Erbschaft.[112] Die Naturalteilung ist nach § 752 nur dann vorzunehmen, wenn sie nicht zu einer Wertminderung führt. Der addierte Wert der Teile muss auch nach der Teilung dem Wert des Ganzen entsprechen. Eine Naturalteilung ist jedoch auch dann geboten, wenn bei der sonst erforderlichen Veräußerung (§ 753) ein dem wirklichen Wert entsprechender Preis nicht annähernd zu erwarten ist.

b) Soweit eine Teilung in Natur ausscheidet, ist der Nachlass zu *verkaufen* (§ 753) und der Erlös nach dem Verhältnis der Erbteile (§ 2047) zu teilen.

Bei der Teilung des Überschusses sind alle noch nicht berichtigten Ansprüche, etwa die eines Miterben auf Aufwendungsersatz aus ordnungsmäßiger Verwaltung oder solche des Nachlasses gegen Miterben auf Schadensersatz wegen Verletzung der Miterbenpflichten, vorweg zu berücksichtigen. Dasselbe gilt für Ausgleichungspflichten (§ 2050).

c) *Persönliche und familiäre Urkunden* des Erblassers bleiben Gesamthandseigentum, wenn sich die Miterben nicht über ihre Zuteilung einigen (§ 2047 II). Der einzelne Miterbe hat insoweit keinen Auseinandersetzungsanspruch.

III. Ausgleich von Vorempfängen

528 Bei der gesetzlichen Erbfolge sind bestimmte Vorempfänge, die ein Abkömmling des Erblassers bereits zu dessen Lebzeiten von diesem erhalten hat (zB Übereignung eines Hauses an die heiratende Tochter), bei der Auseinandersetzung zu berücksichtigen (§§ 2050 ff.).

1. Zweck

Das BGB will die Abkömmlinge des Erblassers in der gesetzlichen Erbfolge gleichbehandeln; denn der Erblasser hätte bei abweichendem Willen von Todes wegen verfügen können. Um die Gleichbehandlung der Abkömmlinge gleichen Grades möglichst vollkommen zu erreichen, bezieht das Gesetz gewisse Zuwendungen des Erblassers an seine Abkömmlinge zu seinen Lebzeiten in die Berechnung des Auseinandersetzungsguthabens ein (§§ 2050–2057a). Die gesetzliche Regelung verwirklicht den vermuteten Erblasserwillen (die gleichmäßige Verteilung seines Vermögens unter seine Abkömmlinge) auch für den Fall, dass ein Teil seines Vermögens bereits zu seinen Lebzeiten durch Rechtsgeschäfte unter Lebenden mit bestimmtem Zweck einzelnen Abkömmlingen zugewendet worden ist.

Die Empfänger solcher Zuwendungen müssen sich deren Wert auf ihren Erbteil anrechnen lassen.

---

109 BGHZ 21, 229.
110 RGZ 59, 314 (318).
111 RGZ 69, 36 (42); 91, 416.
112 BGH NJW 1963, 1610.

2. Verpflichtete und Berechtigte

a) *Ausgleichungspflichtig* sind die *Abkömmlinge* des Erblassers, wenn ihr Erbrecht auf *gesetzlicher Erbfolge* beruht (§ 2050 I). Gleiches gilt im Zweifel, wenn eine Verfügung von Todes wegen die gesetzliche Erbfolge nur bestätigt (§ 2052). **529**

Eine Ausgleichsvorschrift für die übrigen Fälle der gewillkürten Erbfolge fehlt, weil der Gesetzgeber davon ausgeht, dass der Erblasser hier in Kenntnis der Vorempfänge über sein Vermögen verfügt hat und diese dabei berücksichtigen konnte.

Gelangt ein Abkömmling nicht zur gesetzlichen Erbfolge (etwa durch Enterbung, Tod vor dem Erbfall, Erbverzicht, Ausschlagung, Erbunwürdigkeit), so ist wegen der ihm gemachten Zuwendungen der an seine Stelle tretende Abkömmling zur Ausgleichung verpflichtet (§ 2051 I). Dasselbe gilt im Zweifel für einen vom Erblasser für den Wegfallenden eingesetzten Ersatzerben, der nicht Abkömmling ist (§ 2051 II).

Die gesetzliche Regelung der Ausgleichungspflicht ist insgesamt auf den mutmaßlichen Willen des Erblassers gerichtet. Deshalb sieht das Gesetz eine Ausgleichspflicht nicht vor, wenn der Erblasser die Zuwendung zu einer Zeit machte, als der betreffende Abkömmling noch nicht zu dem Kreis der vermutlichen gesetzlichen Erben gehörte (§ 2053). Der Erblasser gibt mit der Zuwendung im Zweifel zu erkennen, dass er das Zugewendete nicht den gesetzlichen Erben zugedacht hat.

> Im **Fall b** ist der Enkel daher nicht ausgleichungspflichtig. Er wäre es nur, wenn der Erblasser die Ausgleichung bei der Zuwendung angeordnet hätte (§ 2053).

b) *Ausgleichungsberechtigt* sind die durch gesetzliche Erbfolge zu Miterben berufenen Abkömmlinge. Die gewillkürte Erbfolge steht der gesetzlichen gleich, wenn sie nur zur Bestätigung des gesetzlichen Erbrechts dient. Auch der Ersatzerbe eines gesetzlichen Erben ist ausgleichsberechtigt.[113]

Der Ehegatte des Erblassers gehört als Miterbe weder zu den Verpflichteten noch zu den Berechtigten der Ausgleichung von Vorempfängen.

Gehören zur Erbengemeinschaft Miterben, die nicht ausgleichsberechtigt oder -verpflichtet sind, so findet die Ausgleichung unabhängig davon nur unter den dazu berechtigten und verpflichteten Abkömmlingen statt.

3. Auszugleichende Zuwendungen

§ 2050 nennt verschiedene Gruppen von Zuwendungen, die auszugleichen sind. Alle müssen vom Erblasser zu dessen Lebzeiten gemacht worden sein. Die Ausgleichungspflicht setzt keine *unentgeltliche* Zuwendung – etwa im Sinne einer Schenkung – voraus.[114] Jeder wirtschaftliche Vorteil, dem keine entsprechende Gegenleistung gegenübersteht, genügt. **530**

Die gesetzlichen Ausgleichsvorschriften sind nicht zwingend. Dem *Erblasser* steht es frei, die gesetzliche Ausgleichspflicht durch eine entsprechende Anordnung *bei* der Zuwendung formlos, auch stillschweigend, oder nach der Zuwendung durch Verfügung von Todes wegen[115] auszuschließen oder einzuschränken. Allerdings darf dadurch das Pflichtteilsrecht nicht beeinträchtigt werden (vgl. § 2316 III).

---

113 **HM;** Staudinger/*Werner* (2002) § 2050 Rn. 14.
114 Vgl. Mot. V, 704; RGZ 67, 306 (308); 73, 372 (377).
115 RGZ 90, 419 (422); Erman/*Schlüter* § 2050 Rn. 11; MüKoBGB/*Ann* § 2050 Rn. 21; Soergel/*Wolf*
§ 2050 Rn. 19, 22.

Durch Rechtsgeschäft unter Lebenden nach der Zuwendung kann der Erblasser die entstandene Ausgleichspflicht nicht mehr aufheben,[116] da sonst die zwingenden Formvorschriften über Verfügungen von Todes wegen umgangen werden könnten. Die Miterben können die gesetzlichen Ausgleichungsvorschriften abbedingen.[117] Erforderlich ist eine Vereinbarung aller, die an der Ausgleichung beteiligt sind.

531 Auszugleichen sind:

a) die *Ausstattung,* die der Abkömmling vom Erblasser erhalten hat (§ 2050 I).

Dazu gehört alles, was der Erblasser seinem Abkömmling im Hinblick auf dessen Heirat oder zur Begründung oder Erhaltung einer selbstständigen Lebensstellung zuwendet (§ 1624).[118] Ausstattung kann auch vorliegen, wenn regelmäßige Zahlungen geleistet werden, die nicht als Einkünfte, sondern nur zur Begründung oder Erhaltung der selbstständigen Lebensstellung des Empfängers verwendet werden sollen. Meist werden solche Zahlungen jedoch unter § 2050 II fallen; sie sind dann auszugleichen, wenn sie als übermäßig anzusehen sind.[119]
Für die Beurteilung einer Zuwendung als Ausstattung ist es gleichgültig, ob sie in Erfüllung einer Verpflichtung (Unterhalt) gegeben wird und ob sie übermäßig ist.

532 **b)** *Zuschüsse,* die als Einkünfte dienen sollen, sind nur insoweit auszugleichen, als sie das den Vermögensverhältnissen des Erblassers entsprechende Maß überstiegen haben (§ 2050 II).

Die hM rechnet dazu nur solche Zahlungen, deren Wiederholung beabsichtigt war, ohne dass jedoch dazu eine Rechtspflicht bestehen müsste. Ein einmaliger Zuschuss, zB zu einer Badereise, wäre danach trotz möglichen Übermaßes nicht auszugleichen.[120]

533 **c)** *Aufwendungen für die Vorbildung zu einem Beruf* sind wie die Zuschüsse nur auszugleichen, wenn sie als *übermäßig* anzusehen sind (§ 2050 II).

Nicht hierher gehören die Kosten des Besuchs einer höheren Schule, da sie zur allgemeinen Schulbildung, nicht zur Berufsvorbildung gehören. Dazu zählen aber meistens die Aufwendungen für Fachschulen, Hochschulen, Kosten der Promotion etc. Die Beschaffung der zur Ausübung eines Berufes erforderlichen Gegenstände (Instrumente des Arztes, Kanzleieinrichtung des Anwalts) ist dagegen Ausstattung (§ 2050 I).

534 Zu **b)** und **c)**: Die Beurteilung des *Übermaßes* für Zuschüsse und Aufwendungen nach § 2050 II richtet sich regelmäßig nach dem Vermögensstand des Erblassers bei der Zuwendung. Wesentlich ist die Frage, ob der Erblasser glauben konnte, die Aufwendung ohne Beeinträchtigung des gleichen Rechts seiner anderen Kinder machen zu können.

Der Rückgriff auf den Stamm des Vermögens rechtfertigt die Annahme des Übermaßes allein nicht, kann aber ein Hinweis sein. Entscheidend sind die Umstände des Einzelfalles. So sind zB bei einer ernstlichen Notlage eines Kindes besondere Zuschüsse und bei besonderer Begabung erhöhte Ausbildungskosten nicht übermäßig.[121]

---

116 RGZ 90, 419 (422); Soergel/*Wolf* § 2050 Rn. 19, 22.
117 RGZ 149, 129 (131); zustimmend Erman/*Schlüter* § 2050 Rn. 10; MüKoBGB/*Ann* § 2050 Rn. 22; Soergel/*Wolf* § 2050 Rn. 23.
118 Zur Ausgleichung einer Aussteuer vgl. aber BGH NJW 1982, 575 (577).
119 RGZ 79, 266 f.
120 Erman/*Schlüter* § 2050 Rn. 7; *Lange* ErbR Kap. 14 Rn. 156; MüKoBGB/*Ann* § 2050 Rn. 24; *Muscheler* ErbR I Rn. 1375; Soergel/*Wolf* § 2050 Rn. 14; Staudinger/*Werner* (2002) § 2050 Rn. 25 mwN.
121 MüKoBGB/*Ann* § 2050 Rn. 26.

d) Für *andere Zuwendungen,* die nicht kraft Gesetzes auszugleichen sind, kann der   **535**
Erblasser die Ausgleichspflicht formlos *bei* der Zuwendung (§ 2050 III) oder durch
Verfügung von Todes wegen *nach* der Zuwendung anordnen.

Dem Empfänger wird damit die Möglichkeit gegeben, die Zuwendung unter Lebenden im Hinblick
auf die angeordnete Ausgleichungspflicht zurückzuweisen.[122] Die nachträgliche Anordnung durch
Verfügung von Todes wegen beschwert den Ausgleichspflichtigen mit einem Vermächtnis. Er kann
nur wählen, ob er die Erbschaft annehmen oder ausschlagen will. Der Erblasser erhält durch § 2050 III
ein Korrektiv für den Ausgleich von Geschenken oder anderen Ausgaben, die nicht unter § 2050 I und
II fallen. Auch diese Zuwendungen müssen nicht unentgeltlich gewesen sein, und der Erblasser kann
mit ihnen einer gesetzlichen Pflicht genügt haben.[123]
Eine formlose Anrechnungsbestimmung nach § 2050 III reicht allerdings nur aus, wenn es um eine
Ausgleichung unter Abkömmlingen geht, die gesetzliche Erben werden. Will der Erblasser bei der
Auseinandersetzung unter anderen Miterben (zB Abkömmling und Ehegatte; gewillkürte Erfolge) eine
Anrechnung von Vorempfängen auf den Erbteil erreichen, muss er dies durch letztwillige Verfügung
anordnen, zB durch Teilungsanordnungen oder Vorausvermächtnisse.[124]
Zuwendungen an Minderjährige mit Anrechnungsbestimmung nach § 2050 III bedürfen nicht der
Zustimmung des gesetzlichen Vertreters, weil durch die Anrechnungsbestimmung keine schuldrecht-
liche Verpflichtung begründet wird.[125]

4. Rechtsnatur der Ausgleichung

Die Ausgleichungspflicht besagt, dass der Verpflichtete gehalten ist, in der Auseinan-   **536**
dersetzung der Anrechnung auszugleichender Zuwendungen zuzustimmen. Ausgleichung ist also ein gesetzlich angeordneter besonderer Teil der Auseinandersetzung.
Ausgleichungsrecht und -pflicht umschreiben ein an die Miterbenanteile gebundenes
gesetzliches Schuldverhältnis unter den aktiv und passiv Beteiligten.[126] Die Aus-
gleichsbeteiligung hängt mit dem Erbteil der Abkömmlinge untrennbar zusammen,
so dass sie auch auf den Erwerber (§§ 2033 I, 2372) und Erben (§ 1922 I) des Erbteils
eines Abkömmlings übergeht.

5. Durchführung

Die Ausgleichung der Vorempfänge wird in folgender Weise vorgenommen: Die   **537**
Erbteilswerte der an der Ausgleichung *nicht beteiligten* Miterben (zB Ehegatte des
Erblassers, der von den §§ 2050 ff. nicht betroffen ist) werden *vorweg* nach dem
vorhandenen Nachlass berechnet.[127] Die Ausgleichung findet danach als zweiter Teil
der Auseinandersetzung nur unter den ausgleichsbeteiligten Miterben (Abkömmlinge) statt. Der Wert sämtlicher auszugleichender Zuwendungen wird dem Wert des
Nachlassteiles zugerechnet, der den ausgleichsbeteiligten Miterben insgesamt zukommt (§ 2055 I 2).

Die Wertberechnung richtet sich nach dem *Zeitpunkt der Zuwendung,* nicht nach dem der Auseinandersetzung (§ 2055 II). Härten, die sich aus zufälligem Untergang des zugewendeten Gegenstandes ergeben, sind vom Bedachten hinzunehmen, da er diese Zufallsgefahr als Eigentümer tragen

---

122 RGZ 67, 306 (308).
123 RGZ 73, 372 (377).
124 BGH FamRZ 2010, 27.
125 BGHZ 15, 168; *Lange* ErbR Kap. 14 Rn. 159; MüKoBGB/*Ann* § 2050 Rn. 31; *Muscheler* ErbR I
    Rn. 1379; **aA** *Heinr. Lange* NJW 1955, 1339 (1343).
126 Zu dem unfruchtbaren Streit über die Rechtsnatur vgl. die Nachweise bei Staudinger/*Werner*
    (2002) § 2050 Rn. 4 ff.
127 Vgl. BGHZ 96, 177.

muss.[128] Besonderheiten können sich jedoch bei Geldwertverfall und Währungsreform ergeben.[129] – Bei einer Zuwendung aus dem Gesamtgut der Gütergemeinschaft ist § 2054 zu beachten.

Aus dem Gesamtwert des »Ausgleichungs-Nachlasses« werden nach dem Verhältnis der Erbteile der ausgleichsbeteiligten Miterben die diesen zustehenden Wertquoten berechnet. Auf die so errechneten Erbteilswerte der Einzelnen muss sich jeder das anrechnen lassen, was er auszugleichen hat (§ 2055 I 1).

> Im **Fall c** erhält also die Ehefrau als gesetzlichen Erbteil ¼ und als Zugewinnausgleich ¼ = insgesamt 50.000 EUR. Zu den verbleibenden 50.000 EUR sind die auszugleichenden Zuwendungen an die Tochter A (20.000 EUR) und den Sohn B (20.000 EUR) hinzuzurechnen, so dass sich unter den Kindern ein Ausgleichsnachlass von 90.000 EUR ergibt. Jedem stünden davon nach dem Verhältnis der gleichen Erbteile 30.000 EUR zu. A und B müssen sich jedoch je 20.000 EUR anrechnen lassen. Danach erhalten beide nur noch 10.000 EUR, während C 30.000 EUR zustehen.

Eine *Rückgewährpflicht* für Vorempfänge kennt das BGB nicht.

Das gilt auch für den Fall, dass ein Miterbe durch auszugleichende Zuwendungen mehr erhalten hat, als ihm bei der Auseinandersetzung zukäme. Diese Regelung ist von der Vermutung getragen, der Erblasser habe ohne besondere Anordnung die Zuwendung als endgültig gewollt. Der betreffende Miterbe braucht nichts herauszugeben.

Auch ein Pflichtteilsanspruch nach § 2316 besteht gegen ihn nicht. Der Pflichtteilsergänzungsanspruch (§ 2325) ermöglicht nur bei Schenkungen, nicht aber bei anderen Zuwendungen, eine gewisse Korrektur.[130] Bei der Verteilung des Nachlasses scheidet ein solcher Miterbe aus. Sowohl der Wert der von ihm empfangenen Zuwendungen als auch sein Erbteil bleiben außer Ansatz.

> Hat A im **Fall c** 50.000 EUR auszugleichen, so entfällt auf sie nur ein Erbteilswert von 120.000 : 3 = 40.000 EUR. Sie erhält also nichts mehr. Zwischen B und C beträgt der Ausgleichsnachlass 50.000 + 20.000 = 70.000 EUR, der Erbteilswert je 35.000 EUR. Danach erhält B 15.000 EUR, C dagegen 35.000 EUR.

Die Miterbenstellung (Stimmrecht bei der Verwaltung, Haftung usw.) bleibt von der Ausgleichspflicht grundsätzlich unberührt. Die Ausübung der Rechte kann jedoch nach Treu und Glauben beschränkt sein.

Zur Erleichterung der Ausgleichung ordnet das Gesetz in § 2057 eine *Auskunftspflicht* jedes Miterben über die von ihm empfangenen auszugleichenden Zuwendungen an. Auskunftsberechtigt ist jeder einzelne ausgleichsbeteiligte Miterbe.

IV. Ausgleich für besondere Leistungen

538 Hatte ein Abkömmling etwa durch Mitarbeit im elterlichen Haushalt oder Betrieb dem Erblasser besondere Leistungen zugewandt, ohne dafür ein (angemessenes) Entgelt zu erhalten, so kann er nach § 2057a von den Abkömmlingen, die mit ihm gesetzliche Erben sind, einen Ausgleich verlangen.

1. Voraussetzungen

539 **a)** Das Ausgleichsrecht besteht nur unter den *Abkömmlingen*, die gesetzliche Erben sind. Diesen stehen im Zweifel diejenigen Abkömmlinge gleich, die durch Verfügung von Todes wegen auf den gesetzlichen Erbteil eingesetzt sind (§§ 2057a I 1, 2052). Unerheblich ist es, ob es sich um Kinder oder Kindeskinder (vgl. § 1924) handelt.

---

128 Mot. V, 708.
129 Vgl. die Hinweise bei Staudinger/*Werner* (2002) § 2055 Rn. 6 ff.; *Kohler* NJW 1963, 225.
130 RGZ 77, 282.

Dagegen gehört der überlebende Ehegatte des Erblassers nicht zu den Berechtigten und Verpflichteten, da er im gesetzlichen Güterstand durch § 1371, bei Gütertrennung durch § 1931 IV berücksichtigt wird.

b) Ausgleichungsberechtigt ist der Abkömmling, der *in besonderem Maße dazu beigetragen hat, das Vermögen des Erblassers zu erhalten oder zu vermehren* (§ 2057a I). Das kann durch eine während längerer Zeit geleistete Mitarbeit im Haushalt (vgl. § 1619), im Beruf (zB als Arzt) oder Geschäft (zB Gaststätte, Landwirtschaft) sowie durch erhebliche Geldleistungen oder in anderer Weise (zB Warenlieferung, Bürgschaft) geschehen. Ausgleichungsberechtigt ist auch ein Abkömmling, der den Erblasser während längerer Zeit gepflegt hat, und zwar unabhängig davon, ob er dafür auf eigenes berufliches Einkommen verzichtet hat (§ 2057a I 2).

> **Beispiel:** Der verwitwete Erblasser E hinterlässt zwei Kinder. K_1 hat ihn über lange Jahre gepflegt. E stirbt, ohne ein Testament hinterlassen zu haben. Sein Nachlass beträgt 100.000 EUR. Die Pflegeleistungen des K_1 sind mit 20.000 EUR zu bewerten. Dafür kann er nach § 2057a einen Ausgleich verlangen. Zu seinen Gunsten wird von dem Nachlass der Ausgleichsbetrag abgezogen. Die restlichen 80.000 EUR werden nach der Erbquote verteilt: K_1 und K_2 erben je zu ½, also jeder 40.000 EUR. K_1 erhält zusätzlich den Ausgleichsbetrag von 20.000 EUR, also insgesamt 60.000 EUR.

Ist für die Leistung ein angemessenes Entgelt gewährt oder vereinbart worden oder hat der Abkömmling aus einem anderen Grund (zB §§ 683 f., 812 ff.) einen Anspruch, dann ist die Ausgleichung ausgeschlossen (§ 2057a II 1). In diesen Fällen hat der Abkömmling entweder das Entgelt schon erhalten oder eine Nachlassforderung gegen die Erbengemeinschaft (vgl. § 1967 II), so dass er keines Schutzes bedarf. Kann der Abkömmling aber seine Forderung (etwa wegen Verjährung) nicht durchsetzen, greift nach seinem Schutzzweck § 2057a ein.[131]

c) Die *Höhe des Ausgleichsbetrages* ist nach Billigkeitsgesichtspunkten zu bemessen; dabei sind einerseits Dauer sowie Umfang der Leistungen und andererseits der Wert des Nachlasses zu berücksichtigen (§ 2057a III). Durch diese großzügige Regelung sollen eine kleinliche Berechnung bis auf Cents und im Streitfall eine umfangreiche Beweisaufnahme vermieden werden.

2. Durchführung

Die Ausgleichung wird nach § 2057a IV folgendermaßen durchgeführt: **540**

a) Vorweg sind die Erbteilswerte der an der Ausgleichung nicht beteiligten Miterben nach dem tatsächlichen Nachlasswert zu berechnen und vom Nachlasswert abzuziehen.

> Im **Fall d** erbt F zu ½. Der Wert ihres Erbteils beträgt 50.000 EUR, so dass 50.000 EUR für die Kinder verbleiben (→ Rn. 537).

b) Von der Restsumme ist der nach § 2057a auszugleichende Betrag abzuziehen (§ 2057a IV 2); die nach §§ 2050 ff. auszugleichenden Beträge sind hinzuzurechnen (§ 2055 I 2).

> Im **Fall d** sind von den verbleibenden 50.000 EUR die 12.000 EUR (für C) abzuziehen sowie 20.000 EUR (Aussteuer für A) und 20.000 EUR (auszugleichender Zuschuss für B) zu addieren, so dass sich ein Betrag von 78.000 EUR ergibt.

---

131 Soergel/*Wolf* § 2057a Rn. 15; Staudinger/*Werner* (2002) § 2057a Rn. 23; **hM.**

c) Von dem sich ergebenden Betrag sind die Erbteile der an der Ausgleichung beteiligten Erben zu berechnen.

> Im **Fall d** erben A, B und C zu gleichen Teilen. Also beträgt der Erbteilswert eines jeden Kindes 78.000 : 3 = 26.000 EUR.

d) Zu dem errechneten Erbteilswert ist bei einem nach § 2057a ausgleichsberechtigten Miterben der Ausgleichungsbetrag hinzuzurechnen (§ 2057a IV 1) und bei jedem nach §§ 2050 ff. ausgleichungspflichtigen Miterben der auszugleichende Betrag abzuziehen (§ 2055 I 1).

> Im **Fall d** erhält C 26.000 + 12.000 = 38.000 EUR, während A und B je 26.000 – 20.000 = 6.000 EUR bekommen.

E. Zusammenfassung

541 Die Miterbengemeinschaft ist zur Auflösung bestimmt. Darum kann jeder Miterbe jederzeit die Auseinandersetzung beantragen, wenn diese nicht vom Erblasser oder durch Vereinbarung der Miterben ausgeschlossen ist.

Das Gesetz stellt neben dem Regelfall des Auseinandersetzungsvertrages verschiedene Verfahren zur Abwicklung der Miterbengemeinschaft bereit: Testamentsvollstreckung, Vermittlungsverfahren, Auseinandersetzungsklage.

Die materiellen Auseinandersetzungsregeln können vom Erblasser durch Auseinandersetzungsanordnungen oder von den Miterben durch Vertrag bestimmt werden. Hilfsweise hält das Gesetz eine Regelung bereit. Danach sind zunächst alle Nachlassverbindlichkeiten zu berichtigen. Der verbleibende Rest ist unter den Miterben zu verteilen. Mit der Teilung werden die Nachlassgegenstände aus dem Sondervermögen in das Eigenvermögen der Miterben überführt.

Die Kinder des Erblassers müssen sich bestimmte Vorempfänge auf ihren Erbteil anrechnen lassen (§§ 2050 ff.).

> ### Die Auseinandersetzung der Miterbengemeinschaft
>
> **I. Anspruch auf Auseinandersetzung**
> 1. Grundsatz: jeder Miterbe jederzeit (§ 2042 I)
> 2. Ausnahmen:
>   a) Aufschub oder Ausschluss durch Vereinbarung der Miterben
>   b) Aufschub oder Ausschluss durch Anordnung des Erblassers (§ 2044)
>   c) Aufschub wegen Unbestimmtheit der Erbteile (§ 2043)
>
> **II. Verfahren der Auseinandersetzung**
> 1. Durchführung durch Testamentsvollstrecker (§ 2204)
> 2. Auseinandersetzungsvertrag zwischen den Miterben
> 3. Auseinandersetzungsklage auf Zustimmung zu Auseinandersetzungsplan
> 4. Antrag auf Vermittlungsverfahren des Nachlassgerichts (§§ 363 ff. FamFG)
>
> **III. Auseinandersetzungsregeln**
> 1. Anordnungen des Erblassers (Teilungsanordnungen, § 2048; Vorausvermächtnis)
> 2. Auseinandersetzungsvertrag zwischen den Miterben

3. Gesetzliche Auseinandersetzungsregeln (subsidiär)
   a) Berichtigung von Nachlassverbindlichkeiten (§ 2046 I 1)
   b) Teilung des Restes
      - in Natur (§§ 2042 II, 752)
      - durch Verkauf oder Teilung des Erlöses (§§ 2047, 2042 II, 753)
   c) Ausgleich von Vorempfängen (§§ 2050 ff.)
      aa) Ausgleichspflichtig: Abkömmlinge als gesetzliche Erben (§§ 2050 I, 2052)
      bb) Ausgleichsberechtigt: Abkömmlinge als gesetzliche Miterben (§§ 2050 ff.)
      cc) Ausgleichspflichtige Zuwendungen: Ausstattung, Zuschüsse, Aufwendungen für die Vorbildung zu einem Beruf, sonstige Zuwendungen bei Anordnung des Erblassers: (§ 2050 I–III)
      dd) Durchführung
         - Vorweg Bestimmung der Erbteile der nicht an der Ausgleichung beteiligten Miterben
         - Zurechnung aller auszugleichenden Zuwendungen zum Wert des verbleibenden Nachlasses (»Ausgleichungs-Nachlass«; § 2055 I 2)
         - Berechnung der Wertquoten der ausgleichsbeteiligten Miterben nach dem »Ausgleichs-Nachlass«
         - Anrechnung der auszugleichenden Zuwendungen bei den jeweils ausgleichspflichtigen Miterben (§ 2055 I 1)
         - ggf. Ausgleichung für besondere Leistungen eines Miterben (§ 2057a)

5. Abschnitt. Das Pflichtteilsrecht

§ 32 Das Pflichtteilsrecht

Hinweis: Dem überlebenden Lebenspartner steht ab 1.8.2001 ein Pflichtteilsanspruch zu, wie wenn er ein überlebender Ehegatte wäre (§ 10 VI LPartG). **542**

Literatur: *W. Baumann,* Die Pflichtteilsbeschränkung »in guter Absicht«, ZEV 1996, 121; *Bengel,* Die Pflichtteilsproblematik beim Tod des Nacherben vor Eintritt des Nacherbfalls, ZEV 2000, 388; *Bestelmeyer,* Das Pflichtteilsrecht der entfernteren Abkömmlinge und Eltern des Erblassers im Anwendungsbereich des § 2309 BGB, FamRZ 1997, 1124; *ders.*, Das Pflichtteilsrecht im Schenkungszeitpunkt als Voraussetzung für den Pflichtteilsergänzungsanspruch, FamRZ 1998, 1152; *ders.,* Zur Anwendbarkeit des § 2306 Abs. 2 BGB bei angeordneter aufschiebend bedingter oder auflösend bedingter Nacherbfolge, Rpfleger 2007, 1; *Coing,* Zur Auslegung des § 2314 BGB, NJW 1983, 1298; *Cornelius,* Auskunfts- und Wertermittlungsverlangen des enterbten Pflichtteilsberechtigten bei pflichtteilsergänzungsrechtlich relevanten Veräußerungen, ZEV 2005, 286; *Dauner-Lieb,* Bedarf es einer Reform des Pflichtteilsrechts?, DNotZ 2001, 460; *Dingerdissen,* Pflichtteilsergänzung bei Grundstücksschenkung unter Berücksichtigung der neueren Rechtsprechung des BGH, JZ 1993, 402; *Draschka,* Vorweggenommene Erbfolge und Pflichtteilsergänzung, 1992; *ders.,* Unbenannte Zuwendungen und der erbrechtliche Schutz gegen unentgeltliche Vermögensverfügungen, DNotZ 1993, 100; *Dutta,* Grenzen der Vertragsfreiheit im Pflichtteilsrecht, AcP 209 (2009) 760; *ders.,* Entwicklungen des Pflichtteilsrechts in Europa, FamRZ 2011, 182; *Ebenroth/Bacher/Lorz,* Dispositive Wertbestimmungen und Gestaltungswirkungen bei Vorempfängen, JZ 1991, 277; *Everts,* Pflichtteilsklauseln in Überlassungsverträgen mit minderjährigen Erwerbern, Rpfleger 2005, 180; *Frohn,* Der imaginäre Rückkaufswert als Berechnungsgröße – Lebensversicherung und Pflichtteilsergänzungsanspruch, Rpfleger 2010, 185; *Gerken,* Pflichtteilsergänzungsansprüche – Entstehung und Durchsetzung, Rpfleger 1991, 443; *Haas,* Ist das Pflichtteilsrecht verfassungswidrig?, ZEV 2000, 249; *Hauck,* Irrungen und Wirrungen bei den neuen strafbarkeitsgestützten Pflichtteilsentziehungsgründen, NJW 2010, 903; *Heidenreich,* Auskunfts- und Wertermittlungsansprüche des Pflichtteilsberechtigten, 2010; *Henrich,* Testierfreiheit versus Pflichtteilsrecht, 2000; *Herrler,* Strategien zur Minimierung des Pflichtteils, JA 2007, 120; *ders.,* Ehegattenerb- und -pflichtteilsrecht: »Kleiner« oder »großer« Pflichtteil?, JA 2008, 450; *Hilbig,* Der Umfang des § 2325 BGB bei Lebensversicherungen, ZEV 2008, 262; *Hohloch,* Wertermittlung des pflichtteilsberechtigten Erben auf eigene Kosten, JuS 1994, 76; *Kanzleiter,* Verwirkungsklausel zu Lasten eines Erben, dem ein belasteter Erbteil in Höhe des Pflichtteils (oder weniger) zugewendet ist?, DNotZ 1993, 780; *Kasper,* Anrechnung und Ausgleichung im Pflichtteilsrecht, 1999; *Keim,* Testamentsgestaltung bei »missratenen« Kindern, NJW 2008, 2072; *Keller,* Die Pflichtteilsberechtigung im Zeitpunkt der Schenkung als Voraussetzung eines Pflichtteilsergänzungsanspruchs, ZEV 2000, 268; *Kleensang,* Zur »historischen Auslegung« der Pflichtteilsentziehungsvorschriften des BGB, DNotZ 2005, 509; *ders.,* Familienerbrecht versus Testierfreiheit – Das Pflichtteilsentziehungsrecht auf dem Prüfstand des Bundesverfassungsgerichts, ZEV 2005, 277; *Klingelhöffer,* Pflichtteilsrecht, 3. Aufl., 2009; *ders.,* Die Stundung des Pflichtteilsanspruchs, ZEV 1998, 121; *ders.,* Testamentsvollstreckung und Pflichtteilsrecht, ZEV 2000, 261; *Kochendörfer,* Das Pflichtteilsrecht des Schlusserben – Rechtliche Beurteilung und testamentarische Gestaltungsmöglichkeiten, JA 1998, 713; *Kornexl,* Die Schenkung an den Ehegatten in der Pflichtteilsergänzung: Teleologische Reduktion des § 2325 BGB bei Rückabwicklung, Rückschenkung und Weiterschenkung, ZEV 2003, 196; *Kuchinke,* Der Pflichtteilsanspruch als Gegenstand des Gläubigerzugriffs, NJW 1994, 1769; *Kuhn,* Anforderungen an die Pflichtteilsbeschränkung nach § 2338 BGB, ZEV 2011, 288; *Kuhn/Trappe,* Der Anspruch auf ein notarielles Nachlassverzeichnis gemäß § 2314 Abs. 1 Satz 3 BGB, ZEV 2011, 347; *Kummer,* Klage des Pflichtteilsberechtigten auf Feststellung der

Unwirksamkeit des Pflichtteilsentzugs, ZEV 2004, 274; *Leisner,* Pflichtteilsentziehungsgründe nach § 2333 ff. BGB verfassungswidrig? BVerfG lässt eine wichtige Frage offen, NJW 2001, 126; *Lenz,* Verjährungsbeginn von Pflichtteilsergänzungsansprüchen, JuS 1995, 280; *Marotzke,* Das Wahlrecht des pflichtteilsberechtigten Erben bei ungünstigem Testament, AcP 191 (1991) 563; *J. Mayer,* Wertermittlung des Pflichtteilsanspruchs: Von gemeinen, inneren und anderen Werten, ZEV 1994, 331; *ders.,* Der beschränkte Pflichtteilsverzicht, ZEV 2000, 263; *N. Mayer,* Probleme der Pflichtteilsergänzung bei Überlassungen im Rahmen einer vorweggenommenen Erbfolge, FamRZ 1994, 739; *Meyding,* Schenkung unter Nießbrauchsvorbehalt und Pflichtteilsergänzungsanspruch, ZEV 1994, 202; *Muscheler,* Das neue Recht der Pflichtteilsentziehung, in: Bayer/Koch, Aktuelle Fragen des Erbrechts, 2010; *Oechsler,* Pflichtteil und Unternehmensnachfolge von Todes wegen, AcP 200 (2000) 603; *v. Olshausen,* Analoge Anwendung des § 2325 III Hs. 2 BGB auf vor der Eheschließung vorgenommene Schenkungen an den späteren Ehegatten?, FamRZ 1995, 717; *Chr. Paulus,* Pflichtteilsergänzungsanspruch bei Grundstücksschenkungen, Rpfleger 1986, 206, 423; *Pawlytta,* Erbrechtliches Schiedsgericht und Pflichtteilsrecht, ZEV 2003, 89; *Pentz,* Pflichtteilsergänzung bei »gemischten« Schenkungen, FamRZ 1997, 724; *ders.,* Pflichtteilsergänzung nur bei Pflichtteilsrecht auch im Schenkungszeitpunkt, MDR 1997, 717; *ders.,* Die Pflichtteilslast des Ersatzmannes nach § 2320 BGB, MDR 1998, 1391; *Rawert/Katschinski,* Stiftungserrichtung und Pflichtteilsergänzung, ZEV 1996, 161; *Röthel,* Pflichtteil und Stiftungen: Generationengerechtigkeit versus Gemeinwohl?, ZEV 2006, 8; *dies.,* Verzicht auf den Kindespflichtteil: Plädoyer für mehr Wachsamkeit, NJW 2012, 337; *dies.,* Umgehung des Pflichtteilsrechts, AcP 121 (2012) 157; *Sarres,* Auskunftsansprüche des Pflichtteilsberechtigten, ZEV 1998, 4; *ders.,* Die Auskunfts- und Rechenschaftspflicht nach § 666 BGB im System der erbrechtlichen Auskunftsansprüche, ZEV 2008, 512; *Schindler,* Pflichtteilsverzicht und Pflichtteilsverzichtsaufhebungsvertrag – oder: die enttäuschten Schlusserben, DNotZ 2004, 824; *Schlitt,* Zur Anrechnung aufschiebend bedingter Vermächtnisses auf den Pflichtteil, NJW 1992, 28; *ders.,* Der mit einem belasteten Erbteil und einem Vermächtnis bedachte Pflichtteilsberechtigte, ZEV 1998, 216; *ders.,* Aufteilung der Pflichtteilslast zwischen Erbe und Vermächtnisnehmer, ZEV 1998, 91; *ders.,* Der Umfang des Auskunftsanspruchs des Pflichtteils- und Pflichtteilsergänzungsberechtigten gegenüber dem Erben wegen des Bankvermögens des Erblassers, ZEV 2007, 515; *Schlüter,* Die Änderung der Rolle des Pflichtteilsrechts im sozialen Kontext, in: 50 Jahre Bundesgerichtshof, FG der Wissenschaft, Band I, 2000, 1047; *ders.,* Die Anrechnung von Zuwendungen unter Ehegatten auf den Zugewinnausgleich und den Pflichtteil, FS Kollhosser, 2004, Bd. 2, 663; *Schreiber,* Der Pflichtteilsanspruch, Jura 2008, 749; *Schröder,* Pflichtteilsrecht, DNotZ 2001, 465; *Siebert,* Grenzen und Schutzbereich des Pflichtteilsergänzungsanspruchs, NJW 2006, 2948; *Simon,* Die lebzeitige Vermögensübertragung und ihre Bezüge zum Pflichtteilsrecht, JuS 2012, 214; *Stüber,* BVerfG zum Pflichtteilsrecht: Kein Beitrag zu mehr Klarheit!, NJW 2005, 2122; *Sturm/Sturm,* Zur Ausgleichung beim Pflichtteilsergänzungsanspruch nach § 2325 BGB, FS v. Lübtow, 1991, 291; *Tegelkamp/Krüger,* Anwesenheitsrechte bei der Erstellung des Nachlassverzeichnisses nach § 2314 Abs. 1 S. 2 Alt. 1 BGB, ZErb 2011, 33; *Tiedtke,* Die Voraussetzungen des Pflichtteilsergänzungsanspruchs, DNotZ 1998, 85; *Trappe,* Die Pro-rata-Regelung bei der Pflichtteilsergänzung, ZEV 2010, 388; *van der Auwera,* Die Rechte des Pflichtteilsberechtigten im Rahmen seines Auskunftsanspruchs nach § 2314 BGB, ZEV 2008, 359; *van Eymeren,* Die Anwendung der Pro-rata-Regelung auf den Umfang der Ausfallhaftung des Letztbeschenkten, ZEV 2011, 343; *Wegmann,* Ehevertragliche Gestaltung zur Pflichtteilsreduzierung, ZEV 1996, 201; *ders.,* Gesellschaftsvertragliche Gestaltungen zur Pflichtteilsreduzierung, ZEV 1998, 135; *Werner,* Stiftungen und Pflichtteilsrecht – Rechtliche Überlegungen, ZSt 04–05/2005, 83; *Winkler,* Reduzierung der Ansprüche der bei der Gesellschafter-Nachfolge übergangenen Pflichtteilsberechtigten durch gesellschaftsvertragliche Abfindungsklauseln?, BB 1997, 1697; *Zacher-Röder/Eichner,* Die Berücksichtigung von Eigengeschenken bei der Pflichtteilsergänzung ist nach der Einführung der Pro-rata-Regelung zu ändern!, ZEV 2011, 557.

Fälle:

a) E, der seine Schwester S und seine Kinder A und B als Erben zu je ⅓ eingesetzt hat, hinterlässt seine Frau F, seine Kinder A, B und C und seinen Vater V. F hatte auf ihr Erbrecht verzichtet. A

schlägt die Erbschaft aus. B wird für erbunwürdig erklärt. Wer ist in welcher Höhe pflichtteilsberechtigt? (→ **Rn. 543**, → **Rn. 545**, → **Rn. 548**)

b) E hat seine Frau F zur Alleinerbin eingesetzt und seine Kinder A, B, C nicht bedacht. A verlangt
einen Pflichtteil in Höhe von $\frac{1}{8}$ des Nachlasswertes. F will nur $\frac{1}{12}$ zahlen. (→ **Rn. 551**)

c) E hinterlässt seine Frau F und die Kinder A, B und C. X ist Alleinerbe. Es sind 44.000 EUR
vorhanden, davon 4.000 EUR in der Ehe erzielter Zugewinn. Was können F, A, B und C beanspruchen? (→ **Rn. 552**)

d) E, der den X zum Alleinerben eingesetzt hat, hinterlässt seine Frau F und die Kinder A, B und C.
Vor seinem Tode hatte er an A 5.000 EUR, an B 1.000 EUR und an C ebenfalls 1.000 EUR gezahlt.
A und B haben ihre Beträge auszugleichen, C muss sich die 1.000 EUR anrechnen lassen. Wie hoch
sind die Pflichtteile, wenn der Nachlass 8.000 EUR beträgt? Wie ist es, wenn C die 1.000 EUR
dazu noch auszugleichen hat? (→ **Rn. 559**)

e) E hinterlässt seine Frau F, mit der er in Gütertrennung lebte, und die Kinder A, B und C. Er hat die
F zu ¾, den A zu ¼ als Erben eingesetzt. Vor seinem Tode hat er im Jahre 2002 dem X 28.000
EUR, im Jahre 2003 dem B 4.000 EUR geschenkt. In welcher Höhe haben F, A, B und C Ansprüche
gegen wen, wenn ein Nachlass von 8.000 EUR vorhanden ist? (→ **Rn. 563**)

A. Bedeutung

Aufgrund der Testierfreiheit kann der Erblasser seine nächsten Angehörigen enterben. Um ihren völligen Ausschluss von der Teilhabe am Vermögen des Erblassers
zu vermeiden, sieht das Gesetz für diesen Personenkreis in den §§ 2303 ff. ein Pflichtteilsrecht vor. Diese Regelung beruht auf dem Gedanken, dass den Erblasser eine über
den Tod hinausgehende Sorgepflicht für seine nahen Angehörigen trifft. Das Pflichtteilsrecht gibt einen *schuldrechtlichen Anspruch gegen die Erben auf Zahlung eines
Geldbetrages;* es verschafft dem Berechtigten keine Erbenstellung und keinen Anspruch auf bestimmte Nachlassgegenstände.

B. Gläubiger und Schuldner des Pflichtteilsanspruchs

I. Gläubiger des Pflichtteilsanspruchs

Den Pflichtteilsanspruch haben nach § 2303 bestimmte nahe Angehörige des Erb-   **543**
lassers, wenn sie durch Verfügung von Todes wegen von der Erbfolge ausgeschlossen
sind.

1. Pflichtteilsberechtigt sind gem. § 2303 I 1, II 1 nur die *Abkömmlinge, der Ehegatte
und die Eltern des Erblassers.* Gleiches gilt gem. § 10 VI 1 LPartG für den *Lebenspartner.* Dieser ist (auch bei der Berechnung der Pflichtteilsansprüche der anderen
Berechtigten sowie bei der Frist für pflichtteilsergänzungsrelevante Schenkungen
nach § 2325 III) wie ein Ehegatte zu behandeln (§ 10 VI 2 LPartG).

Nach § 2309 werden entferntere Abkömmlinge durch nähere und Eltern als gesetzliche Erben zweiter Ordnung (§ 1925 I) durch pflichtteilsberechtigte Erben erster
Ordnung (§ 1924 I) insoweit verdrängt, als diese den Pflichtteil verlangen können
oder eine Zuwendung annehmen. Damit sind für das Pflichtteilsrecht durch § 2309
wie für das Erbrecht durch die §§ 1924 II, 1930 gleichzeitige Ansprüche mehrerer
voneinander abstammender Personen oder Personen verschiedener Ordnungen ausgeschlossen.

Im **Fall a** hat also der Vater V des E neben dessen Kindern keinen Pflichtteilsanspruch.

Die in § 2309 vorgesehene Verdrängung des entfernteren Abkömmlings aus der Pflichtteilsberechtigung setzt allerdings voraus, dass der nähere Abkömmling wirklich den Pflichtteil verlangen kann. Daran fehlt es, wenn der nähere Abkömmling nicht nur enterbt, sondern ihm auch der Pflichtteil gem. § 2333 entzogen wurde.[1]

544 **2.** Die genannten Personen müssen durch Verfügung von Todes wegen *von der Erbfolge ausgeschlossen* sein. Der Ausschluss ist auf verschiedene Weise möglich (→ Rn. 271): Der Erblasser kann ausdrücklich die Enterbung aussprechen oder denjenigen, den er übergehen will, mit keinem Wort erwähnen. Auch durch Zuwendung eines Vermächtnisses oder Verweisung auf den Pflichtteil kann der Erblasser zu verstehen geben, dass eine Enterbung gewollt ist.

Bestimmt der Erblasser in seinem Testament, dass er jemandem den Pflichtteil zuwendet, so braucht darin nicht in jedem Fall eine Verweisung auf den Pflichtteil zu liegen. Vielmehr muss die Auslegung ergeben, ob Verweisung auf den Pflichtteil, Erbeinsetzung in Höhe der Pflichtteilsquote oder Zuwendung eines Vermächtnisses im Werte des Pflichtteils gewollt ist (→ Rn. 271). Die grundlegenden Abgrenzungsmerkmale sind aus dem Sinn, der Bedeutung und den Kennzeichen von Erbschaft, Vermächtnis und Pflichtteil zu entnehmen. Will der Erblasser den Pflichtteilsberechtigten möglichst ausschließen und wendet er ihm nur deshalb den Pflichtteil zu, so liegt eine Enterbung vor. Andernfalls ist entweder eine Erbeinsetzung oder eine Vermächtnisanordnung anzunehmen.[2]
Bleibt nach der Auslegung zweifelhaft, ob Erbeinsetzung oder Verweisung auf den Pflichtteil gewollt ist, so ist nach § 2304 Letzteres anzunehmen.

545 **3.** Wer sich selbst durch Ausschlagung um die Erbschaft bringt, hat nur unter den Voraussetzungen der §§ 2306 I, 2303 II 2 iVm § 1371 III den Pflichtteilsanspruch; das gilt auch bei der Ausschlagung durch den Lebenspartner. Der ausschlagende Vermächtnisnehmer dagegen ist immer pflichtteilsberechtigt (§ 2307).

Der Verlust des Ehegattenerbrechts nach § 1933 und des Lebenspartnererbrechts nach § 10 III LPartG, die Entziehung des Pflichtteils (§ 2333), die Erklärung der Pflichtteilsunwürdigkeit (§ 2345 II) und der Verzicht auf Erb- oder Pflichtteilsrecht (§ 2346) stehen der Pflichtteilsberechtigung entgegen.

Im **Fall a** scheiden auch F, A und B als Pflichtteilsberechtigte aus. Allein C ist pflichtteilsberechtigt.

II. Schuldner des Pflichtteilsanspruchs

546 Schuldner des Pflichtteilsanspruchs ist der Erbe (§ 2303 I 1; Ausnahme: § 2329; → Rn. 562); mehrere Erben haften als Gesamtschuldner (§§ 2058 ff.). Ein selbst pflichtteilsberechtigter Miterbe kann nach der Teilung den Pflichtteilsberechtigten insoweit an die anderen Miterben verweisen, als ihm sonst sein eigener Pflichtteil nicht verbliebe (§ 2319).

Vor der Teilung wird der einzelne Miterbe durch § 2059 geschützt.

C. Berechnung des Pflichtteils

547 Der Pflichtteilsanspruch geht nach § 2303 I 2 auf die *Hälfte des Wertes des gesetzlichen Erbteils*. Um den Geldbetrag zu berechnen, dessen Zahlung der einzelne Pflicht-

---

1 BGH NJW 2011, 1878 (1881) mit Anm. *Walker/Findeisen* FamRZ 2011, 1051 und *Wellenhofer* JuS 2011, 1127.
2 RGZ 113, 234 (236 f.).

teilsberechtigte beanspruchen kann, muss die Pflichtteilsquote ermittelt und mit dem Nachlasswert multipliziert werden.

I. Berechnung der Pflichtteilsquote

Die Pflichtteilsquote beträgt ½ des gesetzlichen Erbteils. **548**

Es ist also festzustellen, zu welcher Quote der Pflichtteilsberechtigte Erbe wäre, wenn die gesetzliche Erbfolge gelten würde. Das richtet sich nach den §§ 1924 ff. (→ Rn. 60 ff.).

Bei dieser Feststellung sind auch solche Personen mitzuzählen, die wegen Enterbung, Erbausschlagung oder Erbunwürdigkeit keine Erben werden (§ 2310 S. 1). Dagegen wird nicht berücksichtigt, wer durch Erbverzicht von der Erbfolge ausgeschlossen ist (§ 2310 S. 2); der Gesetzgeber geht davon aus, dass der Verzichtende regelmäßig schon vor dem Verzicht abgefunden worden ist.[3]

Die Zahl der bei der Pflichtteilsberechnung zu berücksichtigenden Personen ist daher unter Umständen größer, aber niemals kleiner als die Zahl der im Einzelfall tatsächlich Pflichtteilsberechtigten. Infolgedessen kann die Summe aller Pflichtteilsansprüche unter die Hälfte des Nachlasswertes absinken, sie jedoch nicht überschreiten.

Im **Fall a** scheidet bei der Berechnung der Pflichtteilsquote des C der V aus, weil dieser neben C nicht Erbe oder Pflichtteilsberechtigter sein kann (§§ 1930, 2309). F ist nach § 2310 S. 2 nicht mitzuzählen. A und B sind dagegen nach § 2310 S. 1 zu berücksichtigen. Der gesetzliche Erbteil des C beträgt nach § 1924 IV neben A und B ⅓, sein Pflichtteil nach § 2303 I 2 mithin ⅙ des Nachlasswertes.

II. Berechnung des Pflichtteilsbetrages

Der Nachlasswert, der der Berechnung des Pflichtteils zu Grunde zu legen ist, wird **549** für den Zeitpunkt des Erbfalls nach den §§ 2311–2313 ermittelt.[4] Er ergibt sich nach Abzug der Passiven von den Aktiven. Zu den Passiven gehören die Erblasserschulden und die meisten Erbfallschulden (→ Rn. 655 ff.), wie Beerdigungskosten und Kosten der Nachlassverwaltung.

Auch der vom Ehegatten oder Lebenspartner in den Fällen des § 1371 II, III beanspruchte Zugewinnausgleich ist vor der Berechnung der Pflichtteile abzuziehen, da andernfalls die Abkömmlinge daran beteiligt würden, obwohl er nach § 1371 II dem Ehegatten zustehen soll.
Besonderheiten gelten für die Berechnung des Pflichtteils bei Rückgabe von DDR-Grundstücken an die Erben.[5]

Bei der Berechnung des Pflichtteils eines Abkömmlings und der Eltern des Erblassers wird nach § 2311 I 2 nur der Voraus vom Nachlasswert abgezogen. Im Übrigen bleiben die Auflagen und testamentarischen sowie gesetzlichen Vermächtnisse (§§ 1371 IV, 1969) bei der Berechnung des Pflichtteils unberücksichtigt. Dieser Regelung liegt der Gedanke zu Grunde, dass es zu einer zu weitgehenden Entlastung des Erben von Pflichtteilsansprüchen führen würde, wenn bei der Berechnung des

---

3 Prot. V, 612 (613).
4 Zu speziellen Berechnungsproblemen vgl. nur BGH NJW 2011, 606 (Berücksichtigung dinglicher Belastungen eines Grundstücks); BGH NJW 2011, 1004 (Bewertung von nach dem Erbfall veräußerten Nachlassgegenständen).
5 BGH NJW 1993, 2176. Dazu: *Dressler* NJW 1993, 2519.

Nachlasswertes die Vermächtnisse abzuziehen wären und der Erbe dann noch einen Teil der Pflichtteilslast nach § 2318 auf den Vermächtnisnehmer abwälzen könnte.

D. Berechnung des Pflichtteils bei Zugewinngemeinschaft

550 Der gesetzliche Erbteil des Ehegatten oder des Lebenspartners, der im gesetzlichen Güterstand der Zugewinngemeinschaft lebte, erhöht sich zur Ausgleichung des Zugewinns um ein Viertel (§ 1371 I; → Rn. 75, → Rn. 77d). Es fragt sich, wie sich der Pflichtteil der Abkömmlinge bzw. des überlebenden Gatten/Partners berechnet, wenn diese weder Erben noch Vermächtnisnehmer werden. Das richtet sich nach den §§ 1371, 2303 II 2, um deren Auslegung ein heftiger Streit entbrannt war. Er ist jedoch durch zwei für die Rechtspraxis grundlegende Entscheidungen des BGH[6] abgeschlossen.

I. Auswirkung des § 1371 I auf den Pflichtteil der Abkömmlinge

551 Ist der überlebende Ehegatte/Lebenspartner Alleinerbe und verlangt das Kind des Erblassers den Pflichtteil, so stellt sich das Problem, ob bei Ermittlung der Pflichtteilsquote von dem gesetzlichen Erbteil der Mutter in Höhe von ¼ (§ 1931 I 1) oder von dem erhöhten gesetzlichen Erbteil von ¼ + ¼ = ½ (§ 1371 I) auszugehen ist. Eine Meinung wollte dem § 1371 I keinerlei Einfluss auf das Pflichtteilsrecht zubilligen,[7] eine zweite § 1371 I nur bei gesetzlicher Erbfolge eingreifen lassen und bei Erbeinsetzung des Ehegatten auch die Pflichtteile der übergangenen Pflichtteilsberechtigten nach dem nicht erhöhten gesetzlichen Erbteil des Ehegatten berechnen.[8] Die dritte und heute nahezu einhellig vertretene Meinung wendet § 1371 I ohne Rücksicht darauf an, ob die gesetzliche oder testamentarische Erbfolge eintritt.[9] Dieser herrschenden Meinung ist zu folgen: § 2303 II 2 verweist allgemein auf § 1371, nicht etwa nur auf § 1371 III. Dem Wortlaut des § 1371 I ist, wenngleich der gesetzliche Erbteil die Berechnungsgrundlage für den Pflichtteil bildet, keine Beschränkung dahin zu entnehmen, dass die Vorschrift nur bei gesetzlicher Erbfolge eingreifen soll. Die Entstehungsgeschichte spricht eindeutig für die hier vertretene Auffassung.[10]

> Im **Fall b** beträgt der gesetzliche Erbteil der F ½ und der der Kinder je ⅙ (§§ 1931 I, 1924 IV), der Pflichtteil der Kinder demnach je ¹⁄₁₂.[11] Die abgelehnten Ansichten kämen zu gesetzlichen Erbteilen von je ¼ und damit zu Pflichtteilen von je ⅛.

II. Auswirkung des § 1371 II auf den Pflichtteil des Ehegatten/Lebenspartners

552 Ist der überlebende Ehegatte/Lebenspartner des Erblassers weder Erbe noch Vermächtnisnehmer, kann er nach § 1371 II den Zugewinnausgleich (§§ 1373 ff.) und den nach dem nicht erhöhten gesetzlichen Ehegattenerbteil berechneten Pflichtteil (den *kleinen* Pflichtteil) verlangen. Nach der von der hM vertretenen *Einheitstheorie*[12]

---

6 BGHZ 37, 58; 42, 182.
7 *Niederländer* NJW 1960, 1737 (1740).
8 Nachweise: BGHZ 37, 58 (59).
9 BGHZ 37, 58 (60) mwN; Erman/*Schlüter* § 2303 Rn. 8; vgl. *Lange* ErbR Kap. 20 Rn. 33; MüKoBGB/*Lange* § 2303 Rn. 34; *Muscheler* ErbR II Rn. 4128 ff.
10 BT-Drs. 2. WP, Nr. 3409, Anl. S. 17.
11 BGHZ 37, 58.
12 Im Anschluss an *D. Reinicke* DB 1965, 1351 (1354 f.): BGHZ 42, 182 (185 f.) mN; BGH FamRZ 1982, 571 mN; vgl. auch *Muscheler* ErbR I Rn. 1503.

richtet sich der Pflichtteilsanspruch immer nur nach dem nicht erhöhten gesetzlichen Ehegattenerbteil. Das gilt selbst dann, wenn mangels Zugewinns ein Zugewinnausgleichsanspruch nicht besteht oder wenn der überlebende Ehegatte von der Möglichkeit, den Zugewinnausgleich zu verlangen, keinen Gebrauch macht.

Demgegenüber gibt die von einer Mindermeinung vertretene *Wahltheorie*[13] dem überlebenden Ehegatten/Lebenspartner ein Wahlrecht: Er kann wählen zwischen dem Zugewinnausgleich und dem kleinen Pflichtteil einerseits und dem großen Pflichtteil (berechnet nach dem erhöhten gesetzlichen Ehegattenerbteil) andererseits.

Die Wahltheorie fasst das »in diesem Fall« im 2. Hs. des § 1371 II so auf, dass der kleine Pflichtteil nicht schon dann zu gewähren ist, wenn der Ehegatte den Zugewinnausgleich verlangen kann, sondern nur, wenn er ihn tatsächlich verlangt. Beansprucht er ihn nicht, soll ihm der große Pflichtteil zustehen.

Der herrschenden Einheitstheorie ist zu folgen. Sie hält sich nicht nur enger an den Wortlaut des § 1371 II,[14] sondern entspricht auch dem Willen des Gesetzgebers. Das ergibt sich aus der Entstehungsgeschichte: Bei den Beratungen zu § 1371 II ist von einem Wahlrecht des überlebenden Ehegatten nicht die Rede gewesen. Vielmehr ging man davon aus, dass dem Ehegatten, der nicht Erbe oder Vermächtnisnehmer ist, in jedem Falle nur der kleine Pflichtteil und der Zugewinnausgleich zustehen soll.[15] Ein Wahlrecht des überlebenden Ehegatten würde zu einer beträchtlichen Rechtsunsicherheit führen, da es zeitlich unbegrenzt wäre; der von der Mindermeinung vorgeschlagene Weg einer analogen Anwendung des § 2307 II ist nicht allgemein anerkannt.

Bei der Einheitstheorie treten in Grenzfällen gewisse *Härten* auf, wie die Gegenüberstellung der beiden folgenden **Beispiele** zeigt: Hat der vermögende Erblasser seinen Ehegatten mit einem Vermächtnis bedacht, dessen Wert geringer ist als die Hälfte des gesetzlichen Erbteils, so steht dem überlebenden Ehegatten selbst dann, wenn kein Zugewinn erzielt worden ist, neben dem Vermächtnis nach § 2307 I 2 der Pflichtteilsanspruch in Höhe des Unterschiedes zwischen dem großen Pflichtteil und dem Vermächtnis zu. Auf den kleinen Pflichtteil ist der Überlebende in diesem Fall nur verwiesen, wenn er das Vermächtnis ausschlägt (§ 1371 III). Der überlebende Ehegatte wird jedoch in dieser Situation regelmäßig das Vermächtnis nicht ausschlagen, weil ihm wegen des fehlenden Zugewinns kein Anspruch auf Zugewinnausgleich zusteht, er also bei Annahme des Vermächtnisses und Geltendmachung des »Zusatzpflichtteils« nach § 2307 I 2 besser steht. Hat dagegen der vermögende Erblasser seinen Ehegatten enterbt und wurde kein Zugewinn erzielt, dann ist der Überlebende nach der Einheitstheorie stets auf den kleinen Pflichtteil verwiesen; nach der Wahltheorie könnte er sich jedoch auch in diesem Fall für den großen Pflichtteil entscheiden. Die Einheitstheorie hat also zur Folge, dass der Erblasser durch Zuwendung eines noch so geringen Vermächtnisses dem überlebenden Ehegatten die Möglichkeit verschafft, entweder den großen Pflichtteil oder – nach Ausschlagung des Vermächtnisses – den kleinen Pflichtteil und den Ausgleich eines etwaigen Zugewinns zu verlangen. Dies muss jedoch hingenommen werden; denn nur die Einheitstheorie wird dem Willen des Gesetzgebers, eine schematische Regelung des Zugewinnausgleichs zu schaffen, hinreichend gerecht.

Im **Fall c** berechnen sich die Pflichtteile nach der Einheitstheorie folgendermaßen: F kann den Zugewinnausgleich von 2.000 EUR (§ 1378 I) und den kleinen Pflichtteil von $\frac{1}{8}$ (= Hälfte des nicht erhöhten gesetzlichen Erbteils von $\frac{1}{4}$) verlangen. Der Nachlasswert beträgt 42.000 EUR (die Zugewinnausgleichsforderung der F ist vor der Pflichtteilsberechnung abzuziehen). $\frac{1}{8}$ von 42.000 EUR ist 5.250 EUR. F bekommt also 5.250 und 2.000 EUR, zusammen 7.250 EUR. A, B und C erhalten als Pflichtteil gleichfalls $\frac{1}{8}$ (gesetzlicher Erbteil $\frac{1}{4}$; §§ 1931 I, 1924 IV), dh je 5.250 EUR.

---

13 Nachweise: BGHZ 42, 182 (185 f.); *Heinr. Lange* NJW 1965, 369.
14 BGHZ 42, 182 (186).
15 Dazu *D. Reinicke* BB 1958, 575 (577 f.).

III. Regelung des § 1371 III, IV

553 1. § 1371 III gibt dem überlebenden Ehegatten/Lebenspartner (§ 6 S. 2 LPartG) auch bei der Ausschlagung der Erbschaft den Anspruch auf den Zugewinnausgleich und den kleinen Pflichtteil. Diese Vorschrift enthält damit eine Ausnahme zu § 2303 II 1. Dadurch soll erreicht werden, dass der überlebende Ehegatte/Lebenspartner stets in den Genuss des Zugewinnausgleichs kommen kann, ohne den kleinen Pflichtteil zu verlieren.

§ 1371 III greift nicht ein, wenn der überlebende Ehegatte/Lebenspartner durch Vertrag mit dem anderen auf sein gesetzliches Erbrecht oder sein Pflichtteilsrecht verzichtet hat. Dann ist der überlebende Teil nicht schutzwürdig, da er seinem Gatten/Partner vertraglich die volle Verfügungsfreiheit auch hinsichtlich seines Pflichtteilsrechts eingeräumt hat.

Dass der Ehegatte/Lebenspartner auch bei Ausschlagung des Vermächtnisses den Pflichtteil verlangen kann, ergibt sich schon aus § 2307 I.

2. Erhöht sich nach § 1371 I der Erbteil des Ehegatten/Lebenspartner, so hat dieser aus dem zusätzlich gewährten Anteil die Stiefkinder nach § 1371 IV/§ 6 S. 2 LPartG) zu versorgen (→ Rn. 75).

E. Schutz gegen Beeinträchtigung des Pflichtteils

554 Es gibt Fälle, in denen eine Anwendung der bisher genannten Regeln den Zweck des Pflichtteilsrechts verfehlen würde, einen billigen Ausgleich für die übergangenen nächsten Angehörigen zu schaffen. Deshalb enthält das Gesetz drei Gruppen von Vorschriften, mit denen eine ungerechtfertigte Beeinträchtigung des Pflichtteilsanspruchs möglichst verhindert werden soll:

1. Gruppe: §§ 2305–2308; Pflichtteilsanspruch bei zu geringem oder belastetem Erbteil sowie bei Vermächtnis (→ Rn. 555 ff.).

2. Gruppe: §§ 2315, 2316; Anrechnung und Ausgleichung der Zuwendungen des Erblassers und der in § 2057a genannten Leistungen der Abkömmlinge auf den Pflichtteil (→ Rn. 559 ff.).

3. Gruppe: §§ 2325–2331; Berücksichtigung von Schenkungen, die der Erblasser zu seinen Lebzeiten gemacht hat, für den Pflichtteilsanspruch (→ Rn. 562 f.).

I. Vervollständigung des Pflichtteils

555 Die erste Gruppe (§§ 2305–2308) schafft einerseits einen Ausgleich für den Fall, dass der Erblasser das Pflichtteilsrecht des Berechtigten dadurch ausschließt, dass er ihn als Erben einsetzt (vgl. § 2301 I), den Erbteil aber so gering hält oder so stark belastet, dass der Erbe weniger erhält, als ihm im Falle der Enterbung bei Geltendmachung des Pflichtteilsanspruchs zustünde (§§ 2305, 2306). Andererseits soll ein Vermächtnisnehmer, dem nach § 2303 I 1 ein Pflichtteilsanspruch zusteht, nicht das Vermächtnis und zusätzlich den Pflichtteil beanspruchen können (§ 2307).

556 1. § 2305 gewährt dem Erben, dem weniger als die Hälfte des gesetzlichen Erbteils zugewandt ist, einen Anspruch auf Vervollständigung bis zur Höhe des Pflichtteils *(Pflichtteilsrestanspruch).*

> **Beispiel:** Ist die Tochter des Erblassers als Erbin in Höhe von 1/6 eingesetzt, so kann sie, wenn ihr Pflichtteil 1/4 des Nachlasswertes beträgt, über § 2305 zu dem Sechstel noch den Wert von 1/12 verlangen.

Bei der Berechnung des Wertes bleiben Beschränkungen und Beschwerungen iSv § 2306 außer Betracht (§ 2305 I 2). Aus § 2305 folgt im Umkehrschluss, dass kein Pflichtteilsanspruch besteht, wenn der Pflichtteilsberechtigte wenigstens zur Hälfte seines gesetzlichen Erbteils zum unbeschränkten und unbeschwerten Erben eingesetzt ist, er aber die Erbschaft ausschlägt.

2. § 2306 I betrifft den Fall eines durch Beschränkungen oder Beschwerungen belaste-   **557**
ten Erbteils. Die zum 1.1.2010 neu gefasste Vorschrift gibt dem Pflichtteilsberechtigten unabhängig von der Höhe seines Erbteils ein Wahlrecht. Er kann entweder den belasteten Erbteil mit allen Beschränkungen und Beschwerungen annehmen oder den Erbteil ausschlagen und dennoch den Pflichtteil verlangen. Entsprechende Rechte hat auch der Pflichtteilsberechtigte, der lediglich als Nacherbe eingesetzt ist (§ 2306 II). Dieses Wahlrecht besteht auch dann, wenn der Pflichtteilsberechtigte als Alleinerbe eingesetzt, aber mit Beschränkungen und Beschwerungen belastet ist.[16]

Um den Pflichtteil verlangen zu können, muss der Erbe den Erbteil ausschlagen; die Ausschlagungsfrist beginnt erst mit der Kenntnis des Pflichtteilsberechtigten von der Beschränkung oder Beschwerung.[17] Hat der Pflichtteilsberechtigte ausgeschlagen, weil er Beschränkungen oder Beschwerungen als vorliegend annahm, die in Wirklichkeit zur Zeit der Ausschlagung weggefallen waren, so kann er die Ausschlagung nach § 2308 anfechten. Wenn umgekehrt der Pflichtteilsberechtigte die Erbschaft nicht ausgeschlagen hat, weil er irrtümlich davon ausging, andernfalls seinen Pflichtteilsanspruch zu verlieren, kann er nach der Rechtsprechung des BGH seine Annahme wegen Inhaltsirrtums anfechten.[18]

3. Ist dem Pflichtteilsberechtigten ein Vermächtnis zugewandt, so steht ihm der   **558**
Pflichtteilsanspruch in voller Höhe nur dann zu, wenn er das Vermächtnis ausschlägt (§ 2307 I 1).[19] Schlägt er nicht aus, so mindert sich der Pflichtteilsanspruch auf den Unterschied zwischen der Hälfte des gesetzlichen Erbteils und dem geringeren Vermächtnis (§ 2307 I 2). Er entfällt ganz, wenn das Vermächtnis die Hälfte des gesetzlichen Erbteils erreicht oder übersteigt.

II. Anrechnung und Ausgleichung

Die zweite Gruppe von Vorschriften (§§ 2315 f.) richtet sich vor allem gegen eine   **559**
Doppelbeteiligung des Pflichtteilsberechtigten am Vermögen des Erblassers und eine damit verbundene Minderung der Ansprüche anderer Pflichtteilsberechtigter: Bestimmte Zuwendungen, die zu Lebzeiten des Erblassers erfolgt sind, werden vom Pflichtteilsanspruch abgezogen (Ausnahme: §§ 2016 I 1, 2057a). Das Gesetz unterscheidet anzurechnende und auszugleichende Zuwendungen. Erfolgte eine Zuwendung durch den Erblasser an den Pflichtteilsberechtigten etwa „im Wege vorweggenommener Erbfolge unentgeltlich", ist durch Auslegung zu ermitteln, ob er damit eine Anrechnung, eine Ausgleichung oder beides (dazu → Rn. 561) anordnen wollte.[20]

---

16 OLG Karlsruhe NJW-RR 2008, 316 f.
17 Dazu BGHZ 112, 229.
18 BGH NJW 2006, 3353 (3356).
19 BGHZ 80, 263 (265).
20 BGH NJW 2010, 3023 (3024); dazu *Wellenhofer* JuS 2010, 922.

1. Anrechnung

560 Nach § 2315 hat der Pflichtteilsberechtigte sich rechtsgeschäftliche Zuwendungen des Erblassers anrechnen zu lassen, wenn dieser das *vor* oder *bei* der Zuwendung bestimmt hat. Die Beweislast für eine pflichtteilsmindernde Anrechnung trägt der Erbe.[21]

Die Anrechnung kann nach der Zuwendung nur noch durch einen in der Form des § 2348 geschlossenen Vertrag bestimmt werden, da sie einen wenigstens teilweisen Pflichtteilsverzicht darstellt (§ 2346 II).

Die Anrechnung erfolgt in der Weise, dass bei der Berechnung des Pflichtteils des zur Anrechnung Verpflichteten – aber auch nur bei ihm – der Nachlass um den anzurechnenden Betrag erhöht (§ 2315 II 1) und anschließend die anzurechnende Zuwendung von dem sich auf diese Weise ergebenden Pflichtteil wieder abgezogen wird. Über die Höhe des anzurechnenden Betrages entscheidet der Wert im Zeitpunkt der Zuwendung.

> Im **Fall d** ergäben sich, wenn Ausgleichungspflichten nicht bestünden, folgende Pflichtteilsquoten: F, A und B erhalten je ⅛ von 8.000 = 1.000 EUR; C erhält ⅛ von 9.000 = 1.125 EUR. Er muss sich die 1.000 EUR nunmehr anrechnen lassen und erhält noch einen Rest von 125 EUR.

2. Ausgleichung

561 **a)** Unter *Ausgleichungspflicht* versteht man, dass eine Ausstattung, die ein Abkömmling zu Lebzeiten des Erblassers erhalten hat, bei der Berechnung der Pflichtteile der Abkömmlinge zu berücksichtigen ist (§§ 2316 I 1, 2050 ff.).

> **Beispiele:** Geschäftsausstattung; eine die Vermögensverhältnisse des Erblassers übersteigende Berufsausbildung, §§ 2050 II, 2316 I 1.

Ausgleichungspflichtig ist der Abkömmling, der die Ausstattung erhalten hat. Da nur unter Abkömmlingen auszugleichen ist, ziehen nur sie Vorteile aus Ausgleichungen anderer Abkömmlinge. Der überlebende Ehegatte/Lebenspartner ist weder selbst ausgleichungspflichtig noch wirken sich Ausgleichungspflichten von Abkömmlingen in einer Erhöhung seines Pflichtteils aus.

Die Ausgleichung braucht (außer im Fall der §§ 2316 I, 2050 III) im Gegensatz zur Anrechnung nicht vom Erblasser bestimmt zu sein, sondern hängt nach § 2316 I 1 davon ab, ob bei gesetzlicher Erbfolge nach den §§ 2050 ff. (→ Rn. 528 ff.) eine Ausgleichungspflicht bestünde. Ist sie gegeben, so kann sie der Erblasser nicht zum Nachteil eines Pflichtteilsberechtigten ausschließen (§ 2316 III).
Für den Ehegatten/Lebenspartner kann sich zwar nach § 2315 eine Anrechnungspflicht ergeben; doch ist er weder ausgleichungspflichtig noch kann er aus Ausgleichungspflichten anderer Vorteile ziehen. Demnach ist der Berechnung seines Pflichtteils der nicht um die auszugleichenden Beträge erhöhte Nachlasswert zugrunde zu legen.
Während der anrechnungspflichtige Betrag dem Nachlass nur bei der Berechnung des Pflichtteils des zur Anrechnung Verpflichteten zugerechnet wird, ist der Nachlass bei der Berechnung der Pflichtteile der Abkömmlinge um die Summe aller auszugleichenden Beträge zu erhöhen. Bei der *Anrechnung* wird der anzurechnende Betrag erst nach der Berechnung des Pflichtteilsanspruchs, bei der *Ausgleichung* schon vor der abschließenden Berechnung des Pflichtteils von dem Wert abgezogen, der dem gesetzlichen Erbteil entspricht (vgl. §§ 2315, 2316 I 1, 2055 I).

> **Beispiel:** E enterbt seine Söhne A und B, die einzigen Pflichtteilsberechtigten. Beträgt der Nachlass 10.000 EUR und hat B 2.000 EUR auszugleichen, so beträgt der Pflichtteil des A ¼ x (10.000 + 2.000) = 3.000 EUR. B erhielte als Erbteil ½ x (10.000 + 2.000) = 6.000 EUR. Davon ist der

---

21 BGH JZ 2010, 739 (741).

auszugleichende Betrag von 2.000 EUR abzuziehen. Von den verbleibenden 4.000 EUR beträgt der Pflichtteil die Hälfte, also 2.000 EUR.

Hat B die 2.000 EUR anzurechnen, so erhält A ¼ von 10.000 = 2.500 EUR; B bekommt ¼ x (10.000 + 2.000) – 2.000 = 1.000 EUR als Pflichtteil.

Besonderheiten ergeben sich in folgenden Fällen: Stellt sich bei der Berechnung des Pflichtteils eines Ausgleichungspflichtigen heraus, dass der Verpflichtete *mehr* erhalten hat, als er zu beanspruchen hatte, so scheidet er bei der Berechnung des Pflichtteils der übrigen Berechtigten aus; er ist jedoch zur Herausgabe des zu viel Erhaltenen nicht verpflichtet. Die auszugleichende Summe des Ausscheidenden bleibt dann bei der Berechnung des Pflichtteils der übrigen pflichtteilsberechtigten Abkömmlinge unberücksichtigt; der ausgleichungspflichtige Pflichtteilsberechtigte gilt für die Berechnung der übrigen Pflichtteile als nicht vorhanden (§§ 2316 I 1, 2056). § 2316 II passt die Vervollständigung des Pflichtteils (§§ 2305 ff.) der Ausgleichspflicht an.

Ist eine Zuwendung *sowohl anzurechnen als auch auszugleichen,* so wird nach Berechnung des unter Berücksichtigung der Ausgleichspflicht ermittelten Pflichtteils der anzurechnende Betrag nicht in voller Höhe, sondern nur zur Hälfte abgezogen (§ 2316 IV). Betreffen aber die Anrechnung und Ausgleichung verschiedene Zuwendungen, bleibt es bei der Berechnung nach den allgemeinen Grundsätzen. Das führt dazu, dass der »Ausgleichsnachlass«, der als Berechnungsgrundlage dient, einen höheren Wert aufweist als der Nachlass, nach dem die Pflichtteile der nicht anrechnungspflichtigen Abkömmlinge berechnet werden.[22]

Lösung des **Falles d:**

F: Sie hat sich nichts anrechnen zu lassen. Anrechnungspflichten Anderer berühren ihren Pflichtteil nicht. Auszugleichen ist nur unter den Abkömmlingen. Gesetzlicher Erbteil: § 1371 II = ¼; Pflichtteil: ⅛ von 8.000 = 1.000 EUR.

Kinder: Auf sie entfiele bei gesetzlicher Erbfolge ein Nachlass von 6.000 EUR.

A: Nachlass: 6.000 + 5.000 (eigener auszugleichender Betrag) + 1.000 (auszugleichender Betrag des B) = 12.000 EUR. Gesetzlicher Erbteil: ⅓ des auf die Kinder entfallenden Nachlasses = 4.000 EUR. Ausgleichung: 4.000 – 5.000 = –1.000 EUR. §§ 2316 I 1, 2056: A erhält nichts, braucht nichts zurückzuzahlen und scheidet bei der Berechnung der Pflichtteile von B und C aus.

B: Nachlass: 6.000 + 1.000 (eigener auszugleichender Betrag) = 7.000 EUR. Gesetzlicher Erbteil: nach Wegfall des A neben C die Hälfte des auf die Kinder entfallenden Nachlasses = 3.500 EUR. Ausgleichung: 3.500 – 1.000 = 2500 EUR. Pflichtteil: ½ x 2.500 = 1.250 EUR.

C: Nachlass: 8.000 + 1.000 (anzurechnender Betrag des C) = 9.000 EUR. Abzüglich 2.250 EUR (gesetzlicher Erbteil der F) = 6.750 EUR (Ausgleichsnachlass) + 1.000 (auszugleichender Betrag des B) = 7.750 EUR. Gesetzlicher Erbteil: ½ x 7.750 = 3.875 EUR. Ausgleichung: keine. Pflichtteil: ½ x 3.875 = 1.937,50 EUR. Anrechnung: 1.937,50 – 1.000 = 937,50 EUR.

Hat C sich die 1.000 EUR nicht nur *anrechnen* zu lassen, sondern sie *auch auszugleichen,* so ergibt sich Folgendes:

F: ⅛ x 8.000 = 1.000 EUR als Pflichtteil.

A: Nachlass: 6.000 + 5.000 + 1.000 + 1.000 = 13.000 EUR. Gesetzlicher Erbteil: ⅓ dieses Betrages: 4.333,33 EUR. Ausgleichung: 4.333,33 – 5.000 = –666,67 EUR. §§ 2316 I 1, 2056: A erhält wiederum nichts und scheidet aus.

B: Nachlass: 6.000 + 1.000 + 1.000 = 8.000 EUR (A scheidet aus). Gesetzlicher Erbteil: (nach Ausscheiden des A) ½ x 8.000 = 4.000 EUR. Ausgleichung: 4.000 – 1.000 = 3.000 EUR. Pflichtteil: ½ x 3.000 = 1.500 EUR.

---

22 Vgl. MüKoBGB/*Lange* § 2316 Rn. 35; Soergel/*Dieckmann* § 2316 Rn. 24.

> C: Nachlass: 6.000 + 1.000 + 1.000 = 8.000 EUR. Gesetzlicher Erbteil: ½ x 8.000 = 4.000 EUR. Ausgleichung: 4.000 – 1.000 = 3.000 EUR. Pflichtteil: ½ x 3.000 = 1.500 EUR. Anrechnung (§ 2316 IV): 1.500 – 500 = 1.000 EUR.

Aus dem schwer verständlichen § 2316 ist nicht zu folgern, dass eine Ausgleichung nur stattfinden soll, wenn mehrere (also mindestens zwei) Abkömmlinge auch Pflichtteilsansprüche haben, und dass sich die Vorschrift – wie § 2315 – nur zum Nachteil eines Pflichtteilsberechtigten auswirkt.

Dann schiede § 2316 aus, wenn der Erblasser zB seinem Sohn A eine Geschäftsausstattung zugewandt und ihn im Testament als seinen Alleinerben bestimmt hat, während dem Sohn B nur ein Pflichtteilsrecht zusteht.

Aus der Entstehungsgeschichte[23] und dem Zweck des § 2316 ergibt sich, dass bei der Berechnung des dem Pflichtteil zu Grunde zu legenden Erbteils eines Abkömmlings die bei gesetzlicher Erbfolge in Betracht kommenden Ausgleichungsrechte und -pflichten zu berücksichtigen sind. Demnach ist § 2316 anwendbar, wenn neben dem pflichtteilsberechtigten Abkömmling noch mindestens ein weiterer Abkömmling den Erblasser überlebt hat; dabei ist es gleichgültig, ob dieser weitere Abkömmling allein oder neben Fremden Erbe oder ob er Pflichtteilsberechtigter geworden ist.[24]

Die Ausgleichung führt auch nicht immer zu einer Minderung des Pflichtteilsanspruchs. Wie die Entstehungsgeschichte zeigt, wurde unter anderem die Frage diskutiert, welche Zuwendungen unter Lebenden beim Pflichtteil berücksichtigt werden sollten, und zwar zu Lasten des Pflichtteilsberechtigten, wenn dieser der Zuwendungsempfänger war, oder zu seinen Gunsten, wenn andere in den Genuss der Zuwendung gekommen waren. Daraus folgt, dass auch jeder Abkömmling, der nichts vorempfangen hat, einen Pflichtteil in Höhe des halben Wertes eines nach §§ 2316 I, 2055 berechneten Erbteils erhält.

> Im **Beispielsfall** ist zu dem Nachlasswert der Wert der dem A gemachten ausgleichungspflichtigen Zuwendung hinzuzurechnen. Von diesem fiktiven Nachlasswert entfiele bei gesetzlicher Erbfolge auf jeden der beiden Söhne die Hälfte. Die Hälfte dieses sog. Ausgleichungserbteils ergibt die Höhe des Pflichtteilsanspruchs des B (sog. Ausgleichungspflichtteil).

b) Die *Ausgleichungspflicht* wird zu Gunsten des pflichtteilsberechtigten Abkömmlings des Erblassers *erweitert*: Hat ein Abkömmling durch Mitarbeit im Haushalt, Beruf oder Geschäft des Erblassers während längerer Zeit, durch erhebliche Geldzuwendungen oder in anderer Weise in besonderem Maße dazu beigetragen, dass das Vermögen des Erblassers erhalten oder vermehrt wurde oder hat der Abkömmling den Erblasser während längerer Zeit gepflegt, wäre er als Miterbe ausgleichungsberechtigt (§ 2057a; → Rn. 538 ff.). Der Ausgleichungsbetrag ist nach § 2316 I 1 auch beim Pflichtteil zu berücksichtigen. Er wird vom Nachlasswert abgezogen. Von dem sich ergebenden Betrag wird der Erbteilswert berechnet; dem Erbteilswert des Begünstigten wird der Ausgleichungsbetrag hinzugerechnet. Die Hälfte dieser Summe ist der Pflichtteil.

> **Beispiel:** E hat von seinen drei Söhnen den A als Alleinerben seines Nachlasses (Wert: 60.000 EUR) eingesetzt. B und C sind pflichtteilsberechtigt. Zu Gunsten des B sind 12.000 EUR zur Ausgleichung zu bringen. Vom Nachlasswert sind 12.000 EUR abzuziehen. Der Erbteilswert jedes Sohnes

---

23 Vgl. Prot. V, 523 ff., VI, 102 f.
24 So zB MüKoBGB/*Lange* § 2316 Rn. 3; RGRK/*Johannsen* § 2316 Rn. 1.

betrüge 1/3 von 48.000 EUR = 16.000 EUR. Bei B sind die 12.000 EUR hinzuzuzählen, so dass sich ein Erbteilswert von 28.000 EUR ergibt. Der Pflichtteil beträgt die Hälfte, also 14.000 EUR. Der Pflichtteil des C beläuft sich auf 16.000 : 2 = 8.000 EUR.

III. Pflichtteilsergänzung

Die dritte Gruppe von Vorschriften (§§ 2325 ff.) soll verhindern, dass der Erblasser durch unentgeltliche Zuwendungen vor seinem Tode die Pflichtteilsansprüche aushöhlt.[25]

562

1. Voraussetzung des Ergänzungsanspruchs ist, dass der Erblasser innerhalb der letzten zehn Jahre vor dem Erbfall (vgl. § 2325 III) einem anderen eine Schenkung gemacht hat, die keiner sittlichen Pflicht oder Rücksichtnahme auf den Anstand entsprach (§§ 2325, 2330).

In der Praxis spielt vor allem die (meist *widerrufliche*) *schenkweise Einräumung des Bezugsrechts aus einer vom Erblasser abgeschlossenen Lebensversicherung* eine bedeutende Rolle. Umstritten war lange, mit welchem Wert die Schenkung eines solchen widerruflichen Bezugsrechts für die Berechnung des Pflichtteilsergänzungsanspruchs zu berücksichtigen ist. Der BGH stellte in langjähriger Rechtsprechung auf die Summe der gezahlten Versicherungsprämien ab.[26] Nach einer im Vordringen befindlichen Ansicht im Schrifttum sollte dagegen die gesamte nach dem Todesfall auszuzahlende Versicherungssumme maßgeblich sein.[27] Nunmehr berücksichtigt der BGH nur noch den Rückkaufswert, den die Versicherung zur Zeit des Erbfalls hatte; denn nur diesen Wert habe der Erblasser zu Lebzeiten noch realisieren können, so dass auch nur dieser Wert aus seinem Vermögen ausgeschieden sei.[28] Gute Gründe sprechen aber dafür, doch die Versicherungssumme als maßgeblich anzusehen; denn der Erblasser hätte zu Lebzeiten auch durch Widerruf des Bezugsrechts erreichen können, dass der (bis zum Todesfall noch nicht fällige) Anspruch auf die Versicherungssumme in den Nachlass gefallen wäre,[29] so dass letztlich dieser Anspruch unentgeltlich aus seinem Vermögen ausgeschieden ist.[30]
Zu den *Schenkungen iSd § 2325* zählen auch die gemischte und die verschleierte Schenkung. Dass die Parteien eine unentgeltliche Zuwendung gewollt haben, muss der Pflichtteilsberechtigte beweisen.[31] Bei einem großen Missverhältnis zwischen der Leistung des Erblassers und der Gegenleistung des Vertragspartners spricht jedoch eine tatsächliche Vermutung dafür, dass beim Vertragsschluss über die Unentgeltlichkeit der dem anderen Teil zugewandten Bereicherung Einigkeit bestand.[32] Vereinbart dagegen der Erblasser nach Vollzug der Schenkung mit dem Erwerber durch Änderungsvertrag ein volles Entgelt, steht dem Pflichtteilsberechtigten beim Erbfall kein Ergänzungsanspruch zu;[33] denn dann ist trotz der ursprünglichen Schenkung doch ein angemessener Ersatz für den weggegebenen Gegenstand in den Nachlass gefallen. Das gilt auch, wenn etwa ein Abkömmling eine Abfindung für einen Erbverzicht erhält und die Abfindung sich der Höhe nach im Rahmen der Erberwartung des Verzichtenden hält.[34] Insoweit greift § 2325 nicht ein.
Aufgrund der *gleitenden Ausschlussfrist des § 2325 III* wird die Schenkung für die Berechnung des Ergänzungsanspruchs graduell immer weniger berücksichtigt, je länger sie zurückliegt. Eine Schenkung im ersten Jahr vor dem Erbfall wird voll in die Berechnung einbezogen, im zweiten Jahr wird sie nur noch zu 9/10, im dritten Jahr zu 8/10 und dann weiter absteigend berücksichtigt.

---

25 In diesem Sinn BGH NJW-RR 2007, 803 (804).
26 BGHZ 7, 134; 130, 377.
27 ZB Bamberger/Roth/*Mayer* § 2325 Rn. 9; *Elfring* NJW 2004, 483; *Hasse* VersR 2009, 733; *Schindler* ZErb 2008, 331 (332).
28 BGH FamRZ 2010, 1071 mit **zust. Anm.** *Olzen/Metzmacher* JZ 2011, 322 und *Röthel* LMK 2010, 304941 sowie **krit. Anm.** *Frohn* Rpfleger 2010, 185, *Kesseler* NJW 2010, 3238 und *Walker* FamRZ 2010, 1248.
29 Vgl. BGHZ 32, 44 (46 f.).
30 *Walker* Anm. zu BGH FamRZ 2010, 1071 in FamRZ 2010, 1248.
31 BGH NJW 1981, 2458.
32 BGH NJW-RR 2007, 803 (804); BGHZ 59, 132 = LM Nr. 7 zu § 2325 mAnm. v. *Johannsen*.
33 BGH NJW-RR 2007, 803 (804).
34 BGH NJW 2009, 1143 (1144 f.).

Für Schenkungen an den Ehegatten, zu denen auch objektiv unentgeltliche ehebezogene Zuwendungen gehören,[35] beginnt die Frist nicht vor Auflösung der Ehe (§ 2325 III 3); Zuwendungen aus dem Gesamtgut gelten in der Regel als von jedem Ehegatten zur Hälfte gemacht (§ 2331 I 1). Entsprechendes gilt für Schenkungen an Lebenspartner (§ 10 VI 2 LPartG).

Anspruchsberechtigt sind alle Personen, die beim Tode des Erblassers pflichtteilsberechtigt sind; es kommt nicht darauf an, ob sie schon zur Zeit der Schenkung vorhanden waren.[36]

Schuldner des Ergänzungsanspruchs ist regelmäßig der *Erbe.* Nur im Falle des § 2329 I muss der *Beschenkte* das Geschenk zum Zwecke der Befriedigung herausgeben; doch kann er die Herausgabe durch Zahlung des fehlenden Betrages abwenden (§ 2329 II). Wenn der Beschenkte verstorben ist, richtet sich der Anspruch gegen seine Erben.[37]

Sind verbrauchbare Sachen (§ 92) geschenkt oder solche nicht verbrauchbaren Sachen zugewendet worden, bei denen zwischen Schenkung und Erbfall eine Wertsteigerung eingetreten ist, so ist die Zuwendung mit dem Wert im Zeitpunkt der Schenkung anzusetzen; in allen anderen Fällen ist der Wert im Zeitpunkt des Erbfalls maßgebend (§ 2325 II).[38]

Bei dem Wertvergleich ist der Kaufkraftschwund des Geldes zu berücksichtigen.[39]
Der pflichtteilsberechtigte Erbe, der den vom Erblasser Beschenkten auf Pflichtteilsergänzung in Anspruch nimmt, kann gegen diesen einen Anspruch auf Wertermittlung aus § 242 haben; allerdings muss er die Kosten für die Wertermittlung selbst tragen.[40] Dieser Wertermittlungsanspruch setzt nicht voraus, dass der mögliche Pflichtteilsergänzungsanspruch des pflichtteilsberechtigten Erben dem Grunde nach bereits feststeht.[41]

563 **2.** Die §§ 2326–2329 sollen eine möglichst gleichmäßige Behandlung der Pflichtteilsberechtigten sicherstellen.

a) § 2326 bestimmt, dass auch derjenige, dem die Hälfte oder mehr als die Hälfte des gesetzlichen Erbteils hinterlassen ist, die Differenz verlangen kann, um die der Pflichtteil wegen der Berücksichtigung der Schenkungen höher ist als das ihm tatsächlich Zugewandte.

> Im **Fall e** stünde der F ein Pflichtteilsanspruch von $\frac{1}{8}$ x 8.000 = 1.000 EUR, ein Pflichtteilsergänzungsanspruch von $\frac{1}{8}$ x (28.000 + 4.000) = 4.000 EUR zu. Da sie aber eine Erbschaft im Werte von $\frac{3}{4}$ x 8.000 = 6.000 EUR erhält, hat sie weder einen Pflichtteils- noch einen Pflichtteilsergänzungsanspruch. A erhielte einen Pflichtteil von $\frac{1}{8}$ x 8.000 = 1.000 EUR. Sein Pflichtteilsergänzungsanspruch beträgt $\frac{1}{8}$ x (28.000 + 4.000) = 4.000 EUR. Zusammen erhält er demnach 5.000 EUR. Da der Wert der Erbschaft nur $\frac{1}{4}$ von 8.000 = 2.000 EUR beträgt, hat A noch einen Pflichtteilsergänzungsanspruch von 3.000 EUR.

b) Ist der Pflichtteilsberechtigte selbst beschenkt, darf sich die Schenkung nicht zu seinen Gunsten bei der Bestimmung seines Pflichtteils auswirken. Deshalb muss er

---

35 BGHZ 116, 170.
36 *D. Reinicke* NJW 1973, 597; *Lange* ErbR Kap. 20 Rn. 126; MüKoBGB/*Lange* § 2325 Rn. 6 ff.; *Muscheler* ErbR II Rn. 4217; **aM** BGH NJW 1973, 40; 1997, 2676.
37 BGHZ 80, 205 (210).
38 Vgl. BGHZ 118, 49.
39 BGHZ 65, 75 (77); 85, 274 (282 f.).
40 BGHZ 108, 393.
41 BGH NJW 1993, 2737.

sich die Schenkung vom Ergänzungsanspruch abziehen lassen (§ 2327 I 1). Hat er nach dem Abzug noch etwas zu beanspruchen, so ist das der Ergänzungsanspruch. Überschreitet dagegen die Schenkung den Ergänzungsanspruch, so verbleibt ihm der Überschuss, es sei denn, er würde von anderen Ergänzungsberechtigten nach den §§ 2329, 2328 in Anspruch genommen.

Im Fall eines Berliner Testaments (§ 2269; → Rn. 187 ff.) muss sich der Pflichtteilsberechtigte nach dem Tode des längstlebenden Ehegatten nur das Geschenk anrechnen lassen, das er von dem längstlebenden Ehegatten erhalten hatte. Ein Geschenk vom Erstverstorbenen bleibt dagegen unberücksichtigt.[42] Das ergibt sich aus dem Wortlaut des § 2327; danach muss der Erblasser mit dem Schenker identisch sein. Außerdem hat der Abkömmling der Eheleute schon nach dem Tode des Erstverstorbenen einen Pflichtteilsanspruch; dabei muss er sich das Geschenk des Erstverstorbenen anrechnen lassen.

Im **Fall e** steht dem B ein Pflichtteilsanspruch von ⅛ x 8.000 = 1.000 EUR, ein Pflichtteilsergänzungsanspruch von ⅛ x (28.000 + 4.000) = 4.000 EUR zu. Von dem Pflichtteilsergänzungsanspruch hat er sich nach § 2327 das Geschenk von 4.000 EUR abziehen zu lassen, so dass ihm nur der Pflichtteilsanspruch von 1.000 EUR verbleibt.

c) Ist ein Pflichtteilsberechtigter Alleinerbe, so ist er zur Erfüllung der Pflichtteilsansprüche der anderen Pflichtteilsberechtigten unbegrenzt verpflichtet; denn da alle Pflichtteilsansprüche allenfalls die Hälfte des gesetzlichen Erbteils ausmachen, verbleibt dem Erben immer noch mehr als sein eigener Pflichtteil. Anders kann es sich bei den Pflichtteilsergänzungsansprüchen verhalten, die sich auch dann zunächst gegen den Erben richten, wenn ein Dritter beschenkt ist. Damit der Erbe in diesen Fällen nicht schlechter steht, als wenn er enterbt und deshalb pflichtteils- und pflichtteilsergänzungsberechtigt wäre, kann er die Erfüllung der Ergänzungsansprüche insoweit verweigern, als ihm Pflichtteils- und Pflichtteilsergänzungsanspruch sonst nicht verblieben (§ 2328). Im Übrigen haftet der Beschenkte dem Ergänzungsberechtigten nach den Vorschriften über die ungerechtfertigte Bereicherung (§ 2329 I 2). Der Anspruch geht nicht auf Zahlung, sondern auf Duldung der Zwangsvollstreckung in den geschenkten Gegenstand.[43] Unter mehreren Beschenkten haftet der zuletzt Beschenkte zuerst (§ 2329 III).[44] Ist der Beschenkte selbst pflichtteilsberechtigt, soll ihm analog § 2328 soviel verbleiben, wie sein eigener Pflichtteil ausmacht.[45]

Endergebnis im **Fall e**: F hat weder einen Pflichtteils- noch einen Pflichtteilsergänzungsanspruch. A kann eine Ergänzung von 3.000 EUR, B den ordentlichen (= nicht ergänzten) Pflichtteil von 1.000 EUR beanspruchen. C erhält ⅛ x 8.000 = 1.000 EUR als ordentlichen Pflichtteil, ⅛ x (28.000 + 4.000) = 4.000 EUR als Ergänzung. B und C müssen sich mit ihrem ordentlichen Pflichtteilsanspruch an die Erben F und A halten. Auch die Ergänzungsansprüche von A und C richten sich zunächst gegen die Erben F bzw. A. Da A jedoch selbst ergänzungsberechtigt ist, kann er nach § 2328 nicht in Anspruch genommen werden. F braucht gem. § 2328 nur 1.000 EUR zu zahlen, da ihr von dem Wert ihres Erbteils, 6.000 EUR, der ergänzte Pflichtteil, 5.000 EUR, verbleiben muss. Im Übrigen müssen sich A und C mit ihren Ergänzungsansprüchen an den zuletzt Beschenkten B halten (§ 2329 I, III, für den aber wiederum § 2328 gilt). An seine Stelle tritt der vor ihm Beschenkte X.

---

42 BGHZ 88, 102 (104 ff.); MüKoBGB/*Lange* § 2327 Rn. 4; Erman/*Schlüter* § 2327 Rn. 2.
43 BGHZ 25, 274 (282).
44 Vgl. BGHZ 17, 336.
45 BGHZ 85, 274 (284).

F. Entstehung, Verwirklichung und Stundung

I. Entstehung

564 Der Pflichtteilsanspruch entsteht mit dem Erbfall (§ 2317 I).

Er ist vererblich und übertragbar (§ 2317 II).

Vor dem Erbfall sind Verträge über den Pflichtteil nur unter künftigen gesetzlichen Erben (§ 311b V) zulässig.

Die Pfändung des Pflichtteilsanspruchs ist zwar gem. § 852 I ZPO erst möglich, wenn er durch Vertrag anerkannt oder rechtshängig geworden ist; schon vorher kann er allerdings als aufschiebend bedingter Anspruch gepfändet werden.[46] Entsteht der Pflichtteilsanspruch durch einen Erbfall während des Insolvenzverfahrens über das Vermögen des Pflichtteilsberechtigten, fällt der Anspruch in die Insolvenzmasse.[47]

II. Auskunftsanspruch

565 Der Pflichtteilsberechtigte ist vielfach nicht in der Lage, selbst die Höhe seines Anspruchs zu ermitteln, da er den Nachlass und dessen Wert nicht kennt. Dabei muss er im Streitfall alle Tatsachen beweisen, von denen der Grund und die Höhe des von ihm geltend gemachten Pflichtteilsanspruchs abhängt.[48] Das Gesetz hilft ihm, diese Unsicherheit über die Höhe seines Anspruchs zu beseitigen, indem es ihm einen Anspruch auf Auskunftserteilung gibt (§§ 2314, 260).

Der Auskunftsanspruch des § 2314 steht nur dem Pflichtteilsberechtigten zu, der nicht selbst Erbe ist (§ 2314 I 1). Der Auskunftsanspruch des mit einem Vermächtnis bedachten Pflichtteilsberechtigten hängt nicht davon ab, dass dieser das Vermächtnis ausschlägt oder dass es den Wert des Pflichtteils übersteigt.[49] Ein Auskunftsbegehren ist aber im Allgemeinen unbegründet, wenn der Pflichtteilsanspruch selbst verjährt ist und der Erbe die Verjährungseinrede erhoben hat.[50]

Nach § 2314 I steht dem Pflichtteilsberechtigten ein Auskunftsanspruch nur gegen den Erben zu, also nicht gegen den Beschenkten im Falle des § 2329. Die Bestimmung ist jedoch, sofern ein Anspruch gegen den Beschenkten nach § 2329 in Betracht kommt, auf das Verhältnis eines Pflichtteilsberechtigten, der nicht Erbe ist, zum Beschenkten entsprechend anwendbar.[51] Denn auch in diesem Fall ist der Pflichtteilsberechtigte, da er nicht am Nachlass beteiligt ist und keinen Zugang zu ihm hat, zur Wahrnehmung seiner Rechte darauf angewiesen, durch eine entsprechende Auskunft des Beschenkten Klarheit über den Bestand und den Umfang seines Anspruchs zu erhalten. Dagegen kommt eine analoge Anwendung des § 2314 I nicht in Betracht, wenn der Pflichtteilsberechtigte zugleich Erbe ist.[52] Die Auskunft hat sich nach dem Gesetzeswortlaut auf den Bestand des Nachlasses zu beziehen. Aus dem Sinn der Vorschrift, dem Pflichtteilsberechtigten die Ermittlung der Höhe seines Anspruchs zu ermöglichen, ist zu entnehmen, dass der Anspruch auf Auskunftserteilung sehr weit geht und sich auf alle Tatsachen und Rechtsverhältnisse beziehen muss, die die Höhe des Pflichtteils beeinflussen.[53] Sogar schon dann, wenn Gegenstände unter Umständen veräußert wurden, die eine Schenkung vermuten lassen, besteht der Auskunftsanspruch.[54] Der auskunftspflichtige Erbe muss sich auch über sein eigenes Wissen hinaus die zur Auskunftserteilung notwendigen Kenntnisse verschaffen. Dazu gehört, dass er eigene Auskunftsansprüche gegen Dritte (zB gegen die Bank des Erblassers) geltend macht.[55]

---

46 BGH NJW 2011, 1448; NJW-RR 2010, 121; *Brox/Walker* ZVR Rn. 530.
47 BGH NJW 2011, 1448.
48 BGH NJW-RR 2010, 1378 (1379).
49 BGHZ 28, 177.
50 BGH NJW 1985, 384 (385).
51 BGHZ 55, 378; 58, 237.
52 BGHZ 61, 180 (185); *Muscheler* ErbR II Rn. 4141 ff.; Palandt/*Weidlich* § 2314 Rn. 5; **aM** noch *v. Lübtow* ErbR 602 f.; *Speckmann* NJW 1973, 1869.
53 Vgl. zB BGHZ 33, 373.
54 Vgl. zB BGHZ 33, 373.
55 BGH NJW 1989, 1601.

Eine fehlerhafte oder unvollständige Auskunft des Erben über den Bestand des Nachlasses kann im Fall des Verschuldens zu einem Schadensersatzanspruch des Pflichtteilsberechtigten nach § 280 I führen; dagegen ändert sich allein durch eine solche Pflichtverletzung nichts an der grundsätzlich vom Pflichtteilsberechtigten zu tragenden Beweislast für alle anspruchsbegründenden Tatsachen.[56]

Außerdem hat der Pflichtteilsberechtigte einen Anspruch auf Ermittlung des Wertes der Nachlassgegenstände (§ 2314 I 2). Damit er den Pflichtteil ungeschmälert erhält und nicht noch die Kosten der Wertermittlung zu tragen hat, fallen diese nach § 2314 II dem Nachlass zur Last.

Der Wertermittlungsanspruch hinsichtlich eines nicht mehr zum Nachlass gehörenden Gegenstandes ist allerdings im Gegensatz zu dem Auskunftsanspruch nicht schon bei dem begründeten Verdacht einer nach § 2325 ergänzungspflichtigen Schenkung gegeben, sondern erst dann, wenn deren Vorliegen feststeht.[57]

Prozessual empfiehlt sich eine Stufenklage (§ 254 ZPO): 1. Auskunft, 2. Versicherung an Eides statt, 3. Zahlung. Die Vollstreckung des titulierten Auskunftsanspruchs erfolgt nach § 888 ZPO dadurch, dass der Wille des Schuldners durch Zwangsgeld oder Zwangshaft gebeugt wird, denn bei der Auskunft handelt es sich um eine unvertretbare Handlung.[58]

III. Stundung

Pflichtteilsansprüche können die Erben in Bedrängnis bringen, wenn zur Erfüllung **566** etwa wirtschaftliche Einheiten zerschlagen werden müssen und dadurch den Erben die Existenzgrundlage genommen wird. Um diesen Gefahren vorzubeugen, gibt § 2331a dem Erben das Recht, Stundung des Pflichtteilsanspruchs zu verlangen, wenn die sofortige Erfüllung des gesamten Anspruchs für den Erben wegen der Art der Nachlassgegenstände eine unbillige Härte wäre. Als Beispiele für solche Härten nennt das Gesetz die Aufgabe des Familienheims und die Veräußerung eines Wirtschaftsgutes, das die wirtschaftliche Lebensgrundlage für den Erben und seine Familie bildet. Allerdings sind auch die Interessen des Pflichtteilsberechtigten angemessen zu berücksichtigen (§ 2331a I 2). Es hat also eine Abwägung der beiderseitigen Interessen zu erfolgen.

Das Recht, Stundung zu verlangen, steht seit der Neufassung des § 2331a mit Wirkung zum 1.1.2010 jedem Erben zu; nach der alten Gesetzesfassung bestand diese Möglichkeit nur für den selbst pflichtteilsberechtigten Erben. Ist der Pflichtteilsanspruch streitig, so entscheidet das Prozessgericht auch über das Stundungsverlangen durch Urteil (§ 2331a II 2 iVm § 1382 V). Bei nichtstreitigem Anspruch ist beim Nachlassgericht der Stundungsantrag zu stellen (§ 2331a II 1), über den der Rechtspfleger im Rahmen der freiwilligen Gerichtsbarkeit entscheidet (§ 3 Nr. 2c RPflG; § 362 FamFG).

G. Ausschluss des Pflichtteilsrechts

I. Verlust des Erbrechts

Es liegt nahe, auch das Pflichtteilsrecht auszuschließen, wenn das Erbrecht durch **567** Gründe, die in der Person des gesetzlichen Erben liegen, ausgeschlossen ist. Diese Folgerung zieht das Gesetz in § 2345 II (Erbunwürdigkeit, → Rn. 274 ff.) und § 2346 I 2 (Erbverzicht, → Rn. 292 ff.). Dem Ehegatten des Erblassers steht unter den Voraussetzungen des § 1933 (Scheidungsantrag oder Aufhebungsantrag) nur der An-

---

56 BGH NJW-RR 2010, 1378 ff.; dazu *Wellenhofer* JuS 2011, 264.
57 BGHZ 89, 24 (28ff).
58 BGH NJW 2008, 2919.

spruch auf den Zugewinnausgleich, nicht aber ein Pflichtteil zu. Entsprechendes gilt unter den Voraussetzungen des § 10 III LPartG für den Lebenspartner (→ Rn. 77a).

Auf den Pflichtteil kann durch einen Vertrag, der notariell beurkundet werden muss (§§ 2346 II, 2348), verzichtet werden.[59] Wird der Verzicht von einem behinderten Sozialleistungsempfänger erklärt, um die für den Bezug von Sozialleistungen notwendige Bedürftigkeit aufrecht zu erhalten, ist das nicht sittenwidrig.[60] Vielmehr macht der Leistungsbezieher in Ausübung der Privatautonomie zulässigerweise von seinem Recht aus § 2346 II Gebrauch.

II. Entziehung des Pflichtteils

568 Das Gesetz geht mit der Schaffung des Pflichtteilsrechts davon aus, dass übergangene nahe Angehörige des Erblassers an seinem Vermögen teilhaben sollen, mag die Enterbung auf Willkür des Erblassers beruhen oder durch das Verhalten der Übergangenen verursacht worden sein. Erst wenn besondere Gründe vorliegen, darf der Erblasser auch den Pflichtteil entziehen. Die Entziehungsgründe sind für den Abkömmling (§ 2333 I) sowie für den Elternteil und den Ehegatten/Lebenspartner des Erblassers (§ 2333 II) erschöpfend aufgezählt. Es handelt sich um besonders schwere Verfehlungen gegen den Erblasser, seinen Ehegatten oder eine andere dem Erblasser nahe stehende Person. Eine erfolgreiche Pflichtteilsentziehung wird selten in Betracht kommen.

> **Beispiele:** Tötungsversuch oder vorsätzliche körperliche Misshandlung gegenüber dem Erblasser, dessen Ehegatten, Abkömmling oder einer sonst nahestehenden Person (zB langjähriger Lebensgefährte); böswillige Verletzung der gegenüber dem Erblasser bestehenden Unterhaltspflichten; rechtskräftige Verurteilung zu einer Freiheitsstrafe ohne Bewährung wegen einer vorsätzlichen Straftat (zB Vergewaltigung),[61] wenn deshalb die Teilhabe am Nachlass für den Erblasser unzumutbar ist. Dagegen bildet eine allgemeine Zerrüttung des Verhältnisses zwischen dem Erblasser und dem Pflichtteilsberechtigten keinen Grund für die Pflichtteilsentziehung; das wäre mit dem verfassungsrechtlichen Schutz des Pflichtteilsrechts (Art. 14 I 1, 6 I GG) nicht vereinbar.[62]

Die Entziehung kann auf die vom Gesetz genannten Gründe nur dann wirksam gestützt werden, wenn sie durch eine Verfügung von Todes wegen erfolgt, in welcher der Entziehungsgrund, der bei ihrer Errichtung bestehen muss, angegeben ist (§ 2336 I, II 1). Dabei muss der Erblasser sich auf unverwechselbare konkrete Vorgänge beziehen; andernfalls bestünde die Gefahr, dass die Entziehung auf Vorwürfe gestützt wird, die für den Erblasser gar nicht maßgeblich waren, sondern vom Erben nachgeschoben werden.[63]

Nach BGH[64] soll es für die Angabe des Grundes der Pflichtteilsentziehung nicht ausreichen, wenn im Testament lediglich auf andere, nicht formgerechte Erklärungen verwiesen wird; der Kern des konkreten Sachverhalts müsse sich aus dem Testament selbst ergeben. Damit folgt der BGH auch in diesem Zusammenhang der Andeutungstheorie; sie ist abzulehnen (dazu → Rn. 200). Für § 2336 II 1 genügt es, wenn die Angaben im Testament zusammen mit den außerhalb der Urkunde liegenden Umständen einen Grund zur Pflichtteilsentziehung ergeben.[65]
Im Prozess hat die Beweislast für das Vorliegen des Entziehungsgrundes derjenige, der die Entziehung geltend macht (§ 2336 III).

---

59 Vgl. BGHZ 22, 364.
60 BGH NJW 2011, 1586 (1587 ff.).
61 Zu einem solchen Fall LG Stuttgart NJW-Spezial 2012, 263.
62 Vgl. BVerfG NJW 2005, 1561.
63 OLG Hamm NJW-RR 2007, 1235 (1237).
64 BGHZ 94, 36 (40 ff.).
65 Vgl. auch *Lange/Kuchinke* ErbR § 37 XII 3 Fn. 681.

Das Recht zur Pflichtteilsentziehung erlischt durch Verzeihung (§ 2337). Diese kann auch konkludent erklärt werden, wenn der Erblasser (zB durch finanzielle Unterstützung des Pflichtteilsberechtigten) zum Ausdruck bringt, dass er die Verfehlung nicht mehr als existent betrachtet.[66]

III. Beschränkung in guter Absicht

Zwischen dem Anspruch auf den vollen Pflichtteil und der Entziehung des Pflichtteils **569** steht die Pflichtteilsbeschränkung in guter Absicht. Durch sie kann der Erblasser einem Abkömmling, der in hohem Maße verschwenderisch lebt oder verschuldet ist, Beschränkungen auferlegen (§ 2338). Damit wird ein doppelter Zweck verfolgt: Einmal wird dem Abkömmling der Unterhalt gesichert, zum anderen wird der Pflichtteil vor Verschwendung und Verschuldung geschützt.

Der Erblasser kann den Pflichtteilsberechtigten den Verfügungsbeschränkungen eines Vorerben oder eines Vermächtnisnehmers unterwerfen (§§ 2338 I 1, 2112 ff.). Ferner kann er die Verwaltung des Pflichtteils durch einen Testamentsvollstrecker anordnen (§ 2338 I 2).
Bei der Zwangsvollstreckung ist § 863 ZPO zu beachten.[67]

IV. Verjährung

Nach dem Tode des Erblassers soll die Auseinandersetzung des Nachlasses nicht **570** durch Ungewissheit über Pflichtteilsansprüche verzögert werden. Deshalb verjähren der Pflichtteilsanspruch, der Pflichtteilsergänzungsanspruch (§§ 2325, 2329) sowie die vorbereitenden Ansprüche auf Auskunft und Wertermittlung (§ 2314) schon in drei Jahren (§ 195). Die Frist beginnt grundsätzlich mit dem Schluss des Jahres, in dem der Berechtigte Kenntnis von der Entstehung des Anspruchs (Erbfall) und von der den Pflichtteilsberechtigten beeinträchtigenden Verfügung (Enterbung durch Testament, beeinträchtigende Schenkung an einen Dritten) erlangt oder ohne grobe Fahrlässigkeit erlangen müsste (§ 199 I). Unabhängig von dieser Kenntnis tritt die Verjährung spätestens in 30 Jahren nach dem Erbfall ein (§ 199 IIIa).

Abweichend von § 199 I beginnt die dreijährige Verjährungsfrist für den Pflichtteilsergänzungsanspruch gegen den Beschenkten (§ 2329) unabhängig von Kenntnis oder grob fahrlässiger Unkenntnis des Berechtigten immer mit dem Erbfall (2332 I). Diese Regelung erleichtert also die Verjährung zum Schutz des Beschenkten. Er ist als Außenstehender nicht unmittelbar an der Nachlassabwicklung beteiligt und soll nicht zu lange mit der Unsicherheit über die Pflicht zur Herausgabe des Geschenks belastet sein. Diese Sonderregelung zum Fristbeginn gilt auch, wenn der Beschenkte zugleich Miterbe ist; denn auch dann besteht das Interesse des Beschenkten, möglichst bald zu wissen, ob er das Geschenk behalten darf.[68]

H. Verteilung der Pflichtteilslast

Schuldner des Pflichtteilsanspruchs ist gegenüber dem Pflichtteilsberechtigten regel- **571** mäßig der Erbe (→ Rn. 546; Außenverhältnis). Damit ist noch nicht gesagt, dass er auch im Verhältnis zu Miterben und Vermächtnisnehmern letztlich die Pflichtteilslast

---

66 OLG Hamm NJW-RR 2007, 1235 (1237 f.); OLG Nürnberg NJW-Spezial 2012, 455.
67 *Brox/Walker* ZVR Rn. 601.
68 BGH NJW 1986, 1610.

zu tragen hat (Innenverhältnis). Die Verteilung der Pflichtteilslast im Innenverhältnis ist in den §§ 2318 ff. geregelt:

Unter *Miterben* richtet sich die Verteilung der Pflichtteilslast nach dem Verhältnis ihrer Erbquoten. Jedoch bürdet § 2320 dem Miterben, der an Stelle des Pflichtteilsberechtigten Erbe wird, die gesamte Pflichtteilslast auf. Entsprechend muss derjenige, dem ein vom Pflichtteilsberechtigten ausgeschlagenes Vermächtnis zu Gute kommt, in Höhe des Vorteils die Pflichtteilslast tragen (§ 2321). Dem nach den §§ 2320 f. an die Stelle des Pflichtteilsberechtigten Getretenen steht jedoch seinerseits wiederum eine Befugnis zur Kürzung von Beschwerungen zu (vgl. § 2322).

Im Verhältnis des *Erben* zum *Vermächtnisnehmer* oder *Auflagenbegünstigten* kann der Erbe die Erfüllung der Vermächtnisse und Auflagen so weit verweigern, dass die Pflichtteilslast von ihm und dem Vermächtnisnehmer (Auflagebegünstigten) verhältnismäßig getragen wird (§ 2318 I). Wenn die §§ 2320–2322 eingreifen, ist eine Kürzung unzulässig (§ 2323). Einem pflichtteilsberechtigten Vermächtnisnehmer muss sein eigener Pflichtteil belassen werden (§ 2318 II). Zu einer im Vergleich zu § 2318 I höheren Kürzung von Vermächtnis und Auflage ist der Erbe dann berechtigt, wenn ihm bei anteiliger Kürzung weniger als der eigene Pflichtteil verbliebe (§ 2318 III); das gilt auch bei einer Erbenmehrheit.[69]

Der Erblasser kann die Verteilung der Pflichtteilslast im Innenverhältnis weitgehend abweichend regeln (vgl. § 2324).

J. Zusammenfassung

572 Das Pflichtteilsrecht verhindert, dass der Erblasser aufgrund seiner Testierfreiheit seinen Ehegatten/Lebenspartner, seine Abkömmlinge und seine Eltern bei der Erbfolge leer ausgehen lässt. Der Pflichtteilsanspruch ist ein Geldanspruch in Höhe der Hälfte des gesetzlichen Erbteils; er richtet sich gegen den Erben (Ausnahme: § 2329).

Pflichtteilsrestansprüche, Pflichtteilsergänzungsansprüche sowie Anrechnungs- und Ausgleichspflichten verhindern eine Umgehung oder die Aushöhlung des Pflichtteilsanspruchs. Den Ausschluss des Pflichtteilsrechts hat das Gesetz an strenge Voraussetzungen geknüpft (§ 2333).

> ### Das Pflichtteilsrecht
>
> **I. Der Pflichtteilsanspruch**
>   1. Gläubiger: Abkömmlinge, Ehegatte, Eltern des Erblassers (§ 2303 I, II) und dessen Lebenspartner (§ 10 VI 1 LPartG)
>   2. Schuldner: Erbe (§ 2303 I 1)
>   3. Höhe: Hälfte des gesetzlichen Erbteils (§ 2303 I 2)
>   • Regeln für die Ermittlung des gesetzlichen Erbteils: § 2310
>   • Regeln für die Bestimmung des Nachlasswertes: §§ 2311–2313
>   4. Berechnung des Pflichtteils bei Zugewinngemeinschaft
>   a) überlebender Ehegatte ist Alleinerbe: Pflichtteil der Abkömmlinge richtet sich nach §§ 1931 I 1, 1371 I

---

69 BGHZ 95, 222 (225 ff.).

    b) überlebender Ehegatte ist nicht Erbe: Pflichtteil des Ehegatten berechnet sich nach dem nicht erhöhten Erbteil (= kleiner Pflichtteil);
hinzu kommt Anspruch auf Zugewinnausgleich (§ 1371 II)

    c) überlebender Ehegatte schlägt Erbschaft aus: kleiner Pflichtteil und Anspruch auf Zugewinnausgleich (§ 1371 III)

II. Schutz gegen ungerechtfertigte Beeinträchtigung des Pflichtteils

  1. Vervollständigung des Pflichtteils

    a) bei geringem Erbteil unter der Pflichtteilsgrenze (§ 2305 = Pflichtteilsrestanspruch)

    b) bei Beschränkungen und Belastungen des Erbteils bis unter die Grenze des Pflichtteils (§ 2306)

    c) bei Ausschlagung eines Vermächtnisses oder Vermächtnis unter der Pflichtteilsgrenze (§ 2307)

  2. Anrechnung und Ausgleichung

    a) Anrechnung von Zuwendungen des Erblassers durch Rechtsgeschäft unter Lebenden auf den Pflichtteil (§ 2315)

    b) Ausgleichung = Berücksichtigung von bestimmten Zuwendungen des Erblassers und Leistungen an den Erblasser bei der Berechnung der Pflichtteile (§§ 2316, 2050 ff., 2057a)

  3. Pflichtteilsergänzung bei Aushöhlung des Pflichtteilsanspruchs durch Schenkungen des Erblassers an Dritte (§§ 2325 ff. = Pflichtteilsergänzungsanspruch)

III. Ausschluss des Pflichtteilsanspruchs

  1. bei Verlust des Erbrechts
wegen Erbunwürdigkeit (§ 2345 II), Erbverzicht (§ 2346 I 2), Scheidungs- oder Aufhebungsantrag (§ 1933)

  2. bei Entziehung des Pflichtteils durch Verfügung von Todes wegen (§ 2336 I, II) aus den Gründen des § 2333

  3. bei Verjährung (§§ 195, 199 I, IIIa, 2332)

6. Abschnitt. Der Schutz des Erben, der Erbschaft und des Rechtsverkehrs

§ 33 Der Erbschaftsanspruch

Literatur: *Gursky,* Zur Rechtsnatur des Erbschaftsanspruchs, FS v. Lübtow, 1991, 221; *Olzen,* Der Erbschaftsanspruch, JuS 1989, 374; *ders.,* Der Erbschaftsanspruch, §§ 2018 ff. BGB, Jura 2001, 223; *Otte,* Die Verjährung erbrechtlicher Ansprüche, ZGS 2010, 157; *Richter,* Das Verhältnis des Erbschaftsanspruches zum Eigentumsherausgabeanspruch aus prozessualer Sicht, JuS 2008, 97; *Sarres,* Auskunftsansprüche gegen den Erbschaftsbesitzer, ZEV 1998, 298; *ders.,* Auskunftsansprüche des Erben gegen den Hausgenossen, ZEV 1998, 422; *Tiedtke,* Beweislast beim Anspruch des Erben gegen den Erbschaftsbesitzer, DB 1999, 2352; *Wendt,* Die Bedeutung des Erbschaftsanspruchs, FS v. Lübtow, 1991, 229; *Wieling,* Hereditatis petitio und res judicata, JZ 1986, 5.

573

Fälle: E, der mit B zusammengewohnt hat, hinterlässt bei seinem Tod seinen Neffen N als einzigen Verwandten. Bevor das Erbrecht des N festgestellt wird, nimmt B den gesamten Nachlass des E in Besitz und führt Geschäfte für die Erbschaft. B hält sich aufgrund eines formnichtigen Testaments des E schuldlos für den wahren Erben.

a) N möchte die Erbschaft von B herausverlangen, kennt aber die einzelnen Nachlassgegenstände nicht. Wie muss er vorgehen? (→ **Rn. 591**, → **Rn. 593**)

b) B hat mit Erbschaftsmitteln von V ein Grundstück erworben und für sich im Grundbuch eintragen lassen. N will das Grundstück haben. (→ **Rn. 579**)

c) B erntet im Garten des E Äpfel. Auf einem Gut des E, das B noch nie besucht hat, fohlt eine Stute. Wer ist Eigentümer der Äpfel und des Fohlens? Stehen dem N Herausgabeansprüche zu? (→ **Rn. 580**, → **Rn. 587**)

d) B hat im Vertrauen auf die Wirksamkeit des Testaments von seinen eigenen Ersparnissen eine kostspielige Vergnügungsreise bezahlt. Kann er diese Kosten gegenüber dem Herausgabeverlangen des N als Wegfall der Bereicherung geltend machen? (→ **Rn. 581**)

A. Einführung

Nach dem Eintritt eines Erbfalls ist der Erbe regelmäßig daran interessiert, die Habe des Erblassers ausgehändigt zu erhalten. Besitzt ein anderer als der Erbe Nachlassgegenstände, kann der Erbe, da er in die Rechtsstellung des Erblassers eingetreten ist, die ererbten Einzelrechte geltend machen, zB Herausgabeansprüche des Erblassers aus Eigentum, unerlaubter Handlung, ungerechtfertigter Bereicherung.

Darüber hinaus kann der Erbe von jedem, der aufgrund eines ihm in Wirklichkeit nicht zustehenden Erbrechts etwas aus der Erbschaft erlangt hat, die Herausgabe des Erlangten verlangen (§ 2018). Nach der Vorstellung des Gesetzgebers soll dieser Erbschaftsanspruch es dem wahren Erben erleichtern, den Nachlass vollständig zu erlangen, ohne auf eine Vielzahl von Einzelklagen angewiesen zu sein.[1]

---

1 Mot. V, 576 f.

B. Gläubiger des Erbschaftsanspruchs

574 Gläubiger des Erbschaftsanspruchs ist nach § 2018 der Erbe. Sein Erbrecht bestimmt daher Art und Inhalt der Anspruchsberechtigung.

So kann der *Miterbe* den Anspruch für die Erbengemeinschaft erheben (§ 2039), da der Erbschaftsanspruch zum Nachlass gehört. Der *Vorerbe* hat den Anspruch bis zum Eintritt des Nacherbfalls; danach steht er dem Nacherben zu (§§ 2100, 2139). Der *Erwerber eines Miterbenanteils* (§ 2033) erlangt den gesamthänderisch gebundenen Anspruch des Miterben. Der *Erbschaftskäufer* kann den Erbschaftsanspruch erst geltend machen, wenn dieser ihm vom Verkäufer abgetreten worden ist (§§ 398, 413, 2374). Der verwaltende Testamentsvollstrecker (§§ 2205, 2209; → Rn. 400 ff.), der *Nachlassverwalter* (§ 1985; → Rn. 691) sowie der *Insolvenzverwalter* (§ 80 I InsO; → Rn. 698) sind statt des Erben anspruchsberechtigt, da sie für die Dauer ihres Amtes zur Verwaltung des Nachlasses befugt und verpflichtet sind.

Umstritten ist, ob auch dem Nachlasspfleger (§ 1960; → Rn. 636) der Erbschaftsanspruch zusteht. Dies wird zum Teil bejaht[2] und dem Nachlasspfleger damit die Möglichkeit eingeräumt, den Erbschaftsanspruch sogar mit Erfolg gegen den geltend zu machen, der sich später als der wahre Erbe erweist. Die Gegenmeinung lehnt die Anwendung des § 2018 ab, gibt dem Nachlasspfleger jedoch aus § 1960 einen Herausgabeanspruch, auf den die Vorschriften über den Erbschaftsanspruch allerdings nicht anwendbar sein sollen.[3] Der BGH[4] nimmt einen vermittelnden Standpunkt ein. Nach ihm steht dem Nachlasspfleger ein Herausgabeanspruch gegen den Erbschaftsbesitzer zu, ohne dass er dessen Nichtberechtigung zu beweisen braucht. Den Anspruch kann der Nachlasspfleger auch gegen den wahren Erben geltend machen, solange dessen Erbrecht dem Nachlasspfleger gegenüber noch nicht rechtskräftig festgestellt ist. Der Herausgabeanspruch soll sich jedoch unmittelbar aus dem Recht des Nachlasspflegers ergeben, weil die Wahrnehmung seiner Aufgaben voraussetze, dass er den gesamten Nachlass in Besitz nehmen könne. Der BGH ist aber der Auffassung, dass auf den Herausgabeanspruch des Nachlasspflegers § 2022, der die Rechte des Erbschaftsbesitzers wegen Verwendungen regelt, entsprechend anwendbar sei. Nachdem damit die analoge Anwendung der §§ 2019 ff. anerkannt ist, besteht bezüglich des Ergebnisses zwischen der eingangs geschilderten Auffassung und der des BGH kein wesentlicher Unterschied mehr. Denn auch diejenigen, die dem Nachlasspfleger den Erbschaftsanspruch geben und damit eine unmittelbare Anwendung der §§ 2018 ff. bejahen, verlangen nicht, dass der Nachlasspfleger die Nichtberechtigung des Erbschaftsbesitzers beweist.

Der Erbschaftsanspruch kann außer durch Abtretung (§§ 398, 413) und Erbfolge (§ 1922) im Wege der Zwangsvollstreckung auf einen anderen übergehen (§§ 829, 835, 857 ZPO). (Zum Scheinerbfall vgl. § 2031)

C. Schuldner des Erbschaftsanspruchs

575 Der Erbschaftsanspruch richtet sich nach § 2018 gegen den Erbschaftsbesitzer.

I. Erbschaftsbesitzer

Erbschaftsbesitzer ist derjenige, der Erbschaftsgegenstände unter Berufung auf sein vermeintliches Erbrecht dem wirklichen Erben vorenthält. Gleichgültig ist dabei, ob die Anmaßung des Erbrechts gut- oder bösgläubig erfolgt.

Wer seinen Besitz auf andere Rechte stützt oder wer eine Sache rechtsgrundlos erlangt hat und sich nicht eines Erbrechts berühmt, kommt daher als Erbschaftsbesitzer nicht in Betracht.

Es kommt nicht darauf an, wie der Erbschaftsbesitzer die Nachlassgegenstände erhalten hat. Der Erbschaftsbesitz kann daher begründet werden durch eigenmächti-

---

2 RG JW 1931, 44; Erman/*Schlüter* § 2018 Rn. 1; *Lange/Kuchinke* ErbR § 40 II 1a; *v. Lübtow* ErbR 1048 f.; MüKoBGB/*Helms* § 2018 Rn. 13; *Muscheler* ErbR II Rn. 3213; Staudinger/*Gursky* (2002) § 2018 Rn. 3.
3 *Lange* ErbR Kap. 11 Rn. 29; RGRK/*Kregel* § 2018 Rn. 3.
4 BGH NJW 1972, 1752; 1983, 226.

ges, einseitiges Verhalten, durch Handlungen Dritter und selbst durch ein Vorgehen des wirklichen Erben, wenn dieser das vom Erbschaftsbesitzer geltend gemachte Erbrecht zunächst irrtümlich anerkannt hat.

> **Beispiel:** Der Erbe verlangt ein bisher dem Erblasser E gehörendes Auto vom Besitzer heraus. Beruft sich dieser auf eine in Wirklichkeit unwirksame Übereignung durch E, so kommt § 985 und nicht § 2018 in Betracht. Beruft er sich dagegen auf ein in Wirklichkeit nichtiges Testament des E, ist auch § 2018 anwendbar.

Erbschaftsbesitzer ist auch, wer bereits zu Lebzeiten des Erblassers etwas aus dessen Vermögen erlangt hat, was er nach dem Erbfall als vermeintlicher Erbe zurückhält, mag auch der Wortlaut des § 2018 auf das Erlangen »aus dem Nachlass« abstellen.

Wer einmal Erbschaftsbesitzer war, nachdem er aufgrund angemaßten Erbrechts einen Nachlassgegenstand erlangt hat, bleibt selbst dann aus § 2018 verpflichtet, wenn er die Herausgabe an den Erben nicht mehr unter Berufung auf sein vermeintliches Erbrecht verweigert.[5] Würde man in diesem Fall einen Erbschaftsanspruch verneinen, weil lediglich noch eine mit anderen Rechten oder eine überhaupt nicht mehr begründete Herausgabeverweigerung gegeben ist, so könnte der Schuldner sich allein durch seine Erklärung dem lästigen Surrogatsanspruch (§ 2019) und der Verpflichtung zur Herausgabe aller Nutzungen (§ 2020) entziehen. Das widerspräche den Wertungen des Gesetzes zu Gunsten des Erben; ohne die Anwendung der §§ 2018 ff. würde der Schuldner nämlich nur nach den nicht so weitgehenden Bestimmungen über das Verhältnis des Eigentümers zum unrechtmäßigen Besitzer (§§ 987 ff.) haften.

Erbschaftsbesitzer ist weiterhin derjenige, der ohne Erbrechtsanmaßung Gegenstände aus dem Nachlass erlangt hat, die er später als Erbe beansprucht.

Schließlich wird eine im Testament als Erbe eingesetzte Person durch Anfechtung der Verfügung rückwirkend zum Erbschaftsbesitzer.[6] Entsprechendes muss gelten, wenn der Erbe für erbunwürdig erklärt wird.

Ein *Miterbe,* der sich ein weitergehendes Erbrecht anmaßt, als ihm in Wahrheit zusteht, ist nur dann Erbschaftsbesitzer, wenn er unter Berufung auf dieses angemaßte Erbrecht andere Miterben vom Besitz an den Nachlassgegenständen ausschließt. Solange der Nachlass im gesamthänderischen Mitbesitz aller Erben verbleibt, ist § 2018 nicht anwendbar. Die anderen Miterben können in diesem Fall lediglich Feststellung des Erbteils verlangen.

II. Dem Erbschaftsbesitzer gleichstehende Personen

Nach § 2030 steht einem Erbschaftsbesitzer gleich, wer von diesem die Erbschaft **576** durch Vertrag erwirbt. Es sind damit die Fälle gemeint, in denen jemand aufgrund eines einheitlichen Verpflichtungsgeschäfts über den ganzen Nachlass (§§ 2371, 2385) oder einen Erbteil (§§ 1922 II, 2033) im Wege einzelner Verfügungsgeschäfte Erbschaftsgegenstände an sich bringt.

Aus dem Sinn dieser Gleichstellung ergibt sich: Verpflichtungs- und Verfügungsgeschäfte brauchen nicht wirksam zu sein. Der Anspruch entsteht, sobald der Erwerber einen Erbschaftsgegenstand

---

5 BGH NJW 1985, 3068 (3070); MüKoBGB/*Helms* § 2018 Rn. 17; **anders:** RGRK/*Kregel* § 2018 Rn. 6.
6 BGH NJW 1985, 3068 (3069) mwN.

tatsächlich erlangt hat; die Vorschriften über den gutgläubigen Erwerb (vgl. §§ 932, 892, 2365 ff.) finden keine Anwendung.[7]

Da der Erwerber dem Erbschaftsbesitzer gleichsteht, aber nicht dessen Verpflichtung übernimmt, müssen die Voraussetzungen einer verschärften Haftung (§§ 2024, 2025; → Rn. 583 f.) in der Person des Erwerbers gegeben sein.

III. Kein Erbschaftsbesitzer

577 Nach § 2018 haftet nicht, wer eine ihm angefallene Erbschaft *ausschlägt* (§ 1953). Er haftet bis zur Ausschlagung vielmehr nach der besonderen, schärferen Regelung des § 1959 wie ein Geschäftsführer ohne Auftrag (§§ 677 ff.). Umstritten ist, ob das auch für die Zeit nach der Ausschlagung gilt, wenn der vorläufige Erbe die Ausschlagung zu Unrecht nicht als wirksam gelten lassen will. Das wird zum Teil mit der Begründung bejaht, für den vorläufigen Erben bestehe vor der endgültigen Klarstellung der Erbfolge Grund zu besonderer Vorsicht.[8] Die hM wendet dagegen für die Zeit nach der Ausschlagung § 2018 an, weil nach dem Wortlaut des § 1959 die strengere Haftung über die Vorschriften der GoA nur für die Zeit vor der Ausschlagung gelten soll.[9]

Der *Vorerbe* ist nur nach der schärferen Bestimmung des § 2130 verantwortlich, selbst wenn er den Eintritt des Nacherbfalls bestreitet.[10] Diese Vorschrift geht als Spezialregelung dem § 2018 vor. Es wäre auch nicht sinnvoll, vom Eintritt des Nacherbfalls an lediglich im Hinblick auf eine subjektive Einstellung des Vorerben eine schwächere Haftung eintreten zu lassen.

Testamentsvollstrecker, Nachlasspfleger sowie *Nachlass- und Insolvenzverwalter* sind im Verhältnis zu dem Erben, dessen Nachlass ihrer Verwaltung untersteht, keine Erbschaftsbesitzer, da sie insoweit kein Erbrecht an diesem Nachlass beanspruchen, sondern den Nachlass aufgrund ihrer Verwaltungsaufgabe besitzen.[11] Der Erbe kann jedoch gem. § 256 ZPO gegen die genannten Personen Klage auf Feststellung seines Erbrechts erheben, wenn diese das Erbrecht bestreiten.[12] Haben sie aber etwas ihrer Verwaltung unterstellt, was zu Unrecht für eine schon dem Erblasser angefallene Erbschaft gehalten wird, so sind sie im Verhältnis zu jenem anderen Erben, dessen Erbschaft ihrer Verwaltung nicht unterliegt, Erbschaftsbesitzer, da sie das Erbrecht jenes wahren Erben durch Erbrechtsanmaßung verletzen.[13]

D. Herausgabepflicht des Erbschaftsbesitzers

578 Der Erbschaftsanspruch richtet sich in erster Linie auf die Herausgabe dessen, was der Erbschaftsbesitzer erlangt hat (§ 2018). Hierzu gehören auch die Gegenstände, die mit Mitteln der Erbschaft erlangt sind (§ 2019), und die Nutzungen (§ 2020).

---

7 Prot. V, 723.
8 Palandt/*Weidlich* § 2018 Rn. 8; hier bis 24. Auflage.
9 MüKoBGB/*Helms* § 2018 Rn. 19; *Muscheler* ErbR II Rn. 3218.
10 BGH NJW 1983, 2374 (2375); Erman/*Schlüter* § 2018 Rn. 2; *Lange* ErbR Kap. 11 Rn. 33; *Lange/ Kuchinke* ErbR § 40 II 2 Fn. 30; MüKoBGB/*Helms* § 2018 Rn. 19; *Muscheler* ErbR II Rn. 3218; **aM** Soergel/*Harder/Wegmann* § 2130 Rn. 6.
11 Prot. V, 708; RGZ 81, 151.
12 Vgl. BGH NJW 1951, 559.
13 MüKoBGB/*Helms* § 2018 Rn. 20; Soergel/*Dieckmann* § 2018 Rn. 8; Staudinger/*Gursky* (2002) § 2018 Rn. 13; **aA** *Lange/Kuchinke* ErbR § 40 II 2 Fn. 32.

I. Ursprünglich Erlangtes

Erlangt sein kann der Besitz an Sachen, die Eigentum des Erblassers waren oder an denen diesem ein zum Besitz berechtigendes schuldrechtliches oder dingliches Nutzungsrecht zustand, zB Miete oder Nießbrauch.

Bei Forderungen und sonstigen Rechten des Erblassers, die auf den Erben übergegangen sind, kann der Erbschaftsbesitzer die das Recht verkörpernden Urkunden (zB Wechsel, Aktien) oder Beweismittel (Schuldscheine, Beweismarken) an sich gebracht haben.

Da die Herausgabepflicht nach § 2018 umfassend angeordnet ist, beschränkt sie sich nicht auf den Besitz. Vielmehr umfasst sie auch jeden anderen Vorteil, so etwa unrichtige Eintragungen im Grundbuch oder Handelsregister, die der Erbschaftsbesitzer zu seinen Gunsten herbeigeführt hat.

Hat der durch einen unrichtigen Erbschein ausgewiesene Erbschaftsbesitzer eine Nachlassforderung gegen eine Forderung wirksam aufgerechnet, die ein Nachlassgläubiger gegen ihn persönlich hatte, so ist der Erbschaftsbesitzer von seiner Schuld befreit (§§ 2365, 2367). Er muss den Forderungsbetrag an den wahren Erben zahlen, da dieser die Nachlassforderung verloren hat.

II. Surrogate

Die Herausgabepflicht erstreckt sich nach § 2019 auf die Ersatzstücke, die der Erbschaftsbesitzer durch Rechtsgeschäft mit Mitteln der Erbschaft erwirbt (sog. rechtsgeschäftliche Surrogate; **Fall b**). Die sog. gesetzlichen Surrogate werden dagegen von § 2019 nicht erfasst; sie stehen dem Erben aber aus anderen Gründen zu (→ Rn. 601 ff.). **579**

III. Nutzungen

Die Herausgabepflicht umfasst schließlich nach § 2020 alle aus Erbschaftsgegenständen gezogenen Nutzungen (§§ 99, 100), einschließlich der Früchte, an denen der Erbschaftsbesitzer gem. § 955 das Eigentum erworben hat. **580**

Damit gleicht die Stellung des Erbschaftsbesitzers der des gutgläubigen, unentgeltlichen Besitzers im Eigentümer-Besitzer-Verhältnis. Beide haften bis zum Eintritt der Rechtshängigkeit nur nach den Vorschriften über die ungerechtfertigte Bereicherung (vgl. §§ 988; 2020, 2021, 2023). Diese Gleichstellung ist deshalb berechtigt, weil der Erbschaftsbesitzer den Besitz an den Nachlassgegenständen im Regelfall unentgeltlich erworben hat. Eine umfassende Herausgabe der Nutzungen ist zudem im Interesse des Erben und der Nachlassgläubiger geboten.[14]

> Im **Fall c** erwirbt B nach § 955 Eigentum an den Äpfeln. Eigentümer des Fohlens wird N (§ 953); § 955 greift hier nicht ein, weil B noch keinen Eigenbesitz hatte. Nach § 2020 steht dem N hinsichtlich der Äpfel ein schuldrechtlicher Anspruch auf Eigentumsübertragung und Besitzverschaffung zu; bezüglich des Fohlens hat N gem. § 2020 einen dinglichen Herausgabeanspruch.
> Bei nichtherausgabefähigen Nutzungen (zB bei Gebrauchsvorteilen) besteht ein schuldrechtlicher Wertersatzanspruch des Erben (§§ 2020 f.).

E. Haftung des Erbschaftsbesitzers

Die Haftung des Erbschaftsbesitzers richtet sich danach, ob dieser gut- oder bösgläubig, verklagt oder nicht verklagt ist. **581**

---

14 Mot. III, 401; V, 586.

I. Unverklagter gutgläubiger Besitzer

Wenn der gutgläubige und nicht verklagte Erbschaftsbesitzer dasjenige, was er nach den §§ 2018–2020 schuldet, nicht mehr herausgeben kann, so haftet er gem. § 2021 nach den Vorschriften über die ungerechtfertigte Bereicherung.

Aus welchem Grund die Herausgabe in Natur unmöglich geworden ist, kann dabei auf sich beruhen. Die Bezugnahme auf die Vorschriften über die Herausgabe einer ungerechtfertigten Bereicherung ist lediglich als Beschränkung einer bereits vorhandenen Verpflichtung zu verstehen. Die Verweisung erstreckt sich also nur auf die §§ 818 ff., so dass die besonderen Voraussetzungen eines Bereicherungsanspruchs nicht gegeben zu sein brauchen (Rechtsfolgenverweisung).[15] Der Anspruch aus § 2021 geht demnach auf Wertersatz (§ 818 II). Er erlischt mit dem Wegfall der Bereicherung (§ 818 III). Wenn der Erbschaftsbesitzer den erlangten Gegenstand einem Dritten geschenkt hat, so ist dieser zur Herausgabe verpflichtet (§ 822).

Ein Wegfall der Bereicherung liegt etwa vor, wenn Nachlassgegenstände untergegangen sind oder der Erbschaftsbesitzer sie verbraucht hat. Da die Bereicherung nach wirtschaftlichen Gesichtspunkten zu beurteilen ist, muss jedoch geprüft werden, ob sich der Wert eines nicht mehr vorhandenen Nachlassgegenstandes noch ganz oder teilweise im Vermögen des Erbschaftsbesitzers befindet. Veräußert dieser beispielsweise Nachlassgegenstände und bezahlt er mit dem Erlös eine kostspielige Vergnügungsreise, die er sonst nicht unternommen hätte, ist er allein um die ersparten normalen Lebenshaltungskosten bereichert. Dasselbe muss im **Fall d** gelten, da es wirtschaftlich keinen Unterschied macht, ob B im Vertrauen auf die Wirksamkeit des Testaments das Geld für die Reise sofort aus dem Nachlass oder zunächst aus eigenen Ersparnissen nimmt.[16] Als Wegfall der Bereicherung sind auch Verwendungen auf den Nachlass zu berücksichtigen. Dagegen können Aufwendungen, die für den Erwerb des herauszugebenden Gegenstandes gemacht worden sind, nicht abgezogen werden; denn der Erbschaftsbesitzer ist nur insoweit schutzwürdig, als ihm die Nachteile wegen seines Vertrauens auf die Endgültigkeit des Erwerbs entstanden sind. Deshalb sind auch die Kosten für einen unrichtigen Erbschein oder für einen vom Erbschaftsbesitzer zur Erlangung der Erbschaft geführten Rechtsstreit nicht abzugsfähig.[17]

II. Verklagter Besitzer

582 Nach dem Eintritt der Rechtshängigkeit des Erbschaftsanspruchs (§§ 253, 261 ZPO) haftet der Erbschaftsbesitzer verschärft nach den Vorschriften, die für das Verhältnis zwischen dem Eigentümer und dem unrechtmäßigen Besitzer von dem Eintritt der Rechtshängigkeit des Eigentumsanspruchs an gelten (§ 2023 iVm §§ 987 II, 989).

Diese Verweisung ist gerechtfertigt, da der Erbschaftsbesitzer von der Rechtshängigkeit an sein vermeintliches Erbrecht vor Gericht bestritten sieht und daher mit der Möglichkeit rechnen muss, dass es sich bei den Gegenständen der Erbschaft um für ihn fremde Güter handelt. Der Bereicherungsanspruch des Erben aus § 2021 richtet sich nach den allgemeinen Vorschriften (§ 818 IV); das sind die Bestimmungen der §§ 291, 292, 987 ff., so dass nur ein nicht zu vertretender Wegfall der Bereicherung den Erbschaftsbesitzer entlastet.

III. Bösgläubiger Besitzer

583 Der bösgläubige Erbschaftsbesitzer ist dem Erbschaftsbesitzer nach Rechtshängigkeit gleichgestellt (§ 2024 S. 1). Der Erbschaftsbesitzer ist nicht gutgläubig, wenn er bei der Begründung des Erbschaftsbesitzes weiß oder infolge grober Fahrlässigkeit nicht

---

15 RGZ 139, 17 (22).
16 MüKoBGB/*Helms* § 2021 Rn. 5; Soergel/*Dieckmann* § 2021 Rn. 4.
17 Erman/*Schlüter* § 2021 Rn. 2; MüKoBGB/*Helms* § 2021 Rn. 6; Staudinger/*Gursky* (2002) § 2021 Rn. 9.

weiß, dass er nicht Erbe ist (vgl. § 932 II), oder wenn er dies später erfährt (§ 2024 S. 2). Dabei ist der späteren Kenntnis die vorsätzliche Vermeidung der Kenntnisnahme vom fehlenden Erbrecht gleich zu achten, so zB wenn der Erbschaftsbesitzer es ablehnt, ein ihm vorgelegtes Testament zu lesen.[18] Eine allgemeine Prüfungspflicht trifft den Erbschaftsbesitzer also nur bei der Besitzbegründung, während er sich später lediglich einer nahe liegenden Aufklärung nicht bewusst verschließen darf.

Ist der Erbschaftsbesitzer hinsichtlich seines Erbrechts bösgläubig, nimmt er jedoch bezüglich eines einzelnen Erbschaftsgegenstandes gutgläubig ein Recht zum Besitz an, dann ist er insoweit wie ein gutgläubiger Erbschaftsbesitzer zu behandeln. Das gilt allerdings nur dann, wenn er die Sache wegen des vermeintlichen Erbrechts für sich in Anspruch genommen hat.[19]

Die Gleichstellung des bösgläubigen Erbschaftsbesitzers mit dem Erbschaftsbesitzer nach Rechtshängigkeit durch § 2024 bezieht sich auf schuldrechtliche sowie dingliche Ansprüche; deswegen gilt hier nicht die Verschiedenheit zwischen dem Bereicherungsanspruch, der auf Kenntnis abstellt (§ 819), und dem Eigentumsanspruch, bei dem schon grobfahrlässige Unkenntnis bei Besitzerwerb schadet (§ 990).[20]

Gerät der bösgläubige Erbschaftsbesitzer in *Verzug*, so haftet er verschärft nach dem Recht des Schuldnerverzuges (§ 2024 S. 3 iVm §§ 280 I, II, 286). Da diese Steigerung der Verantwortung nicht für den gutgläubigen Erbschaftsbesitzer gilt, schadet der leicht fahrlässige Irrtum über die Erbberechtigung niemals.

IV. Deliktischer Besitzer

Hat der Erbschaftsbesitzer einen Erbschaftsgegenstand durch eine mit Strafe bedrohte Handlung, zB durch Vorlage eines gefälschten Erbscheins oder durch verbotene Eigenmacht (§ 858) erlangt, so haftet er nach den Regeln über den Schadensersatz bei unerlaubten Handlungen (§ 2025). Dabei ist aus der Bezugnahme auf die Deliktsvorschriften (§§ 823 ff.) zu entnehmen, dass wie bei § 992 hinsichtlich der verbotenen Eigenmacht auch Verschulden vorliegen muss.[21] Art und Umfang der Deliktshaftung richten sich nach den §§ 823 ff., 848–850, 249 ff. Das Ersetzungsprinzip (§ 2019) ist dabei nicht ausgeschlossen, so dass ein Schaden nur insoweit anzunehmen ist, als er durch die Ersatzgegenstände nicht gedeckt wird.

584

Anders als beim Eigentumsanspruch nach § 992 erstreckt sich die Haftungsverschärfung nach § 2025 nicht nur auf Sachen, sondern auf alle herauszugebenden Erbschaftsgegenstände einschließlich der Nutzungen, soweit es sich nicht um bloße Gebrauchsvorteile (§ 100) oder ins Eigentum des Erbschaftsbesitzers gefallene Früchte handelt (§§ 2018, 2019, 2020, 953). Vorteile, die nicht gegenständlich in den Nachlass gelangen, wie Gebrauchsvorteile oder vom Erbschaftsbesitzer zu Eigentum erworbene Früchte oder durch unrichtigen Erbschein mit Aufrechnung von Nachlassforderungen bewirkte persönliche Schuldbefreiungen, fallen zwar nicht unter § 2025, unterliegen aber unmittelbar den Deliktsregeln, wenn sie durch strafbare Handlungen erlangt werden.

Da der Besitz ohne Rücksicht auf den Wechsel der tatsächlichen Sachherrschaft (§ 854) kraft Gesetzes auf den Erben übergeht (§ 857), begeht bereits derjenige verbotene Eigenmacht (§ 858), der vor der tatsächlichen Inbesitznahme durch den Erben ohne dessen Willen einen Erbschaftsgegenstand erlangt. Daher wäre auch der gutgläubige Erbschaftsbesitzer der Deliktshaftung ausgesetzt, wenn er nur leicht fahrlässig an sein vermeintliches Erbrecht glaubt. Dieses unbillige Ergebnis vermeidet § 2025 S. 2. Danach ist ein gutgläubiger Erbschaftsbesitzer wegen verbotener Eigenmacht nach Deliktsrecht nur dann verantwortlich, wenn der Erbe den Besitz der Sachen bereits tatsächlich ergriffen hatte.

---

18 MüKoBGB/*Helms* § 2024 Rn. 3; Staudinger/*Gursky* (2002) § 2024 Rn. 5.
19 Erman/*Schlüter* § 2024 Rn. 2.
20 Vgl. Prot. V, 719.
21 **HM;** MüKoBGB/*Helms* § 2025 Rn. 4; vgl. aber: *Brox* JZ 1965, 517 f.

F. Verwendungen des Erbschaftsbesitzers

585 Wegen der auf die Erbschaft gemachten Verwendungen stehen dem Erbschaftsbesitzer Rechte gegen den Erben zu. Unter Verwendungen sind vermögenswerte Maßnahmen und Ausgaben zu verstehen, die einer Sache zugute kommen sollen.[22]

I. Unverklagter gutgläubiger Besitzer

Der gutgläubige und nicht verklagte Erbschaftsbesitzer braucht den Erbschaftsanspruch gem. § 2022 nur zu erfüllen, wenn der Erbe ihm alle Verwendungen ersetzt, soweit sie nicht bereits durch Anrechnung auf die gem. § 2021 geschuldete Bereicherung gedeckt werden. Es kommt also nicht darauf an, ob es sich um notwendige, nützliche, überflüssige oder überhaupt um werterhöhende Verwendungen handelt.

Zu den Verwendungen gehören gem. § 2022 II auch die Aufwendungen, die der Erbschaftsbesitzer zur Bestreitung von Lasten der Erbschaft oder zur Berichtigung von Nachlassverbindlichkeiten macht. Der Verwendungsersatzanspruch entsteht also sowohl wegen der auf einzelne Nachlassgegenstände als auch wegen der auf die Erbschaft als Ganzes gemachten Verwendungen. Bei der Begleichung von Nachlassverbindlichkeiten kann ein Erstattungsanspruch allerdings nur entstehen, wenn der Erbschaftsbesitzer mit eigenen Mitteln wirksam geleistet hat, da bei der Begleichung mit Erbschaftsmitteln nur eine Minderung der nach § 2021 geschuldeten Bereicherung eintritt. Hat der Erbschaftsbesitzer irrtümlich eine vermeintliche Nachlassschuld bezahlt, so steht der Rückzahlungsanspruch bei Leistung aus dem Nachlass unmittelbar dem Erben zu (§ 2019). Bei Zahlung mit eigenen Mitteln muss der Erbschaftsbesitzer seine Leistung selbst zurückverlangen, da die Zahlung der Erbschaft nicht zu Gute gekommen ist. Wird der Erbschaftsbesitzer hingegen nicht im Sinne von § 2022 auf die Herausgabe von bestimmten Erbschaftsgegenständen, sondern auf die Herausgabe der Bereicherung im Sinne von § 2021 in Anspruch genommen, so kann er den Wert der Zahlung bei gleichzeitiger Abtretung seines eigenen Bereicherungsanspruchs als Minderung der Bereicherung verrechnen.
Nach dem Wortlaut des Gesetzes soll der Verwendungsersatzanspruch aus § 2022 nur dem gutgläubigen Erbschaftsbesitzer vor Rechtshängigkeit zustehen, der mit einem Erbschaftsanspruch dinglicher Natur in Anspruch genommen wird (»Herausgabe der *zur Erbschaft gehörenden Sachen*«). Die umfassende Anordnung des Verwendungsersatzes muss jedoch ihrem Sinn nach auch für den schuldrechtlichen Anspruch auf Herausgabe der Früchte gelten, die Eigentum des Erbschaftsbesitzers geworden sind (vgl. §§ 2020, 955), zumal der bösgläubige Erbschaftsbesitzer sonst besser gestellt wäre als der gutgläubige und nicht verklagte.[23] Hinsichtlich der für die Gewinnung von Früchten gemachten Ausgaben geht § 2022 als Sondervorschrift den Bestimmungen der §§ 102 und 998 vor. Gegenüber dem schuldrechtlichen Bereicherungsanspruch des Erben aus § 2021 besteht hingegen kein Anspruch des Erbschaftsbesitzers auf Verwendungsersatz, sondern allenfalls die Möglichkeit, bestimmte Aufwendungen als Wegfall der Bereicherung zu verrechnen.

Da der gutgläubige und nicht verklagte Erbschaftsbesitzer alle Verwendungen ersetzt verlangen kann, ist er besser gestellt als ein der Eigentumsklage ausgesetzter Besitzer (vgl. § 996).

586 Nach § 2022 I 2 finden auf den Verwendungsersatzanspruch des Erbschaftsbesitzers die Vorschriften der §§ 1000–1003 Anwendung. Danach besteht für den Erbschaftsbesitzer zunächst ein Zurückbehaltungsrecht (§ 1000) wegen aller sich noch in seinem Besitz befindlichen Nachlasssachen, auch wenn die Verwendungen nur bestimmten oder nicht mehr vorhandenen Sachen oder dem gesamten Nachlass zu Gute gekommen sind.

---

22 Vgl. BGHZ 10, 171 (177); 41, 157.
23 **HM;** MüKoBGB/*Helms* § 2022 Rn. 2.

Dem gutgläubigen Erbschaftsbesitzer ist entsprechend den §§ 997, 258 ein Wegnahmerecht einzuräumen, da er sonst schlechter gestellt wäre als der bösgläubige oder verklagte Erbschaftsbesitzer.

Soweit der Erbschaftsbesitzer Aufwendungen nicht auf bestimmte einzelne Sachen, sondern etwa auf die Erbschaft insgesamt gemacht, insbesondere Nachlassverpflichtungen beglichen hat, behält er neben den Rechten aus den §§ 1000–1003 seine gegen den Erben nach den allgemeinen Vorschriften begründeten Ansprüche auf Ersatz in weiterem Umfang (§ 2022 III).

Bei der Begleichung von Nachlassverbindlichkeiten zahlt der Erbschaftsbesitzer auf eine vermeintlich eigene Schuld. Gegen den Nachlassgläubiger steht ihm daher die Leistungskondiktion zu. Stattdessen kann er aus Geschäftsführung ohne Auftrag gegen den wahren Erben vorgehen, wenn er nach Kenntnis seines fehlenden Erbrechts erklärt, die Zahlung solle für den wahren Erben gelten.

II. Verklagter und bösgläubiger Besitzer

Für die Verwendungen des gutgläubigen Erbschaftsbesitzers nach Rechtshängigkeit **587** und für die des bösgläubigen Erbschaftsbesitzers gelten die Vorschriften des Eigentümer-Besitzer-Verhältnisses (§§ 2023 II, 2024, 994–1003). Danach kann nur nach den Regeln über die Geschäftsführung ohne Auftrag (§§ 677 ff.) Ersatz für notwendige Verwendungen verlangt werden (§§ 994–996, 998).

Ersatzpflichtige notwendige Verwendungen müssen also dem wirklichen bzw. mutmaßlichen Willen des Erben entsprochen haben oder von ihm genehmigt worden sein oder aber noch eine ungerechtfertigte Bereicherung des Erben darstellen (§§ 683 ff.). Daraus ist weiter zu entnehmen, dass der Erbschaftsbesitzer Ersatz für die Berichtigung von Erbschaftsschulden nur beanspruchen kann, soweit er die hier entsprechend anwendbaren Vorschriften der §§ 1978–1980, 1991 beachtet hat.[24] Gleichgültig ist hingegen, ob die notwendigen Verwendungen auf die herauszugebenden Sachen oder auf andere Erbschaftsgegenstände oder den Nachlass insgesamt gemacht wurden, da der Erbschaftsanspruch immer als einheitlicher Gesamtanspruch zu verstehen ist (**Fall c;** → Rn. 596). Ferner ist § 2022 III anwendbar, soweit er Bereicherungsansprüche ohne die Beschränkung der §§ 1000–1003 gewährt. Die Bestimmung des § 997 gewährt im Umfang des Verwendungsersatzes ein beschränktes Wegnahmerecht.

III. Deliktischer Besitzer

Hat der Erbschaftsbesitzer Nachlassgegenstände durch eine strafbare Handlung oder **588** eine schuldhaft verbotene Eigenmacht erlangt, so kann er, auch wenn er gutgläubig im Hinblick auf das Erbrecht gewesen ist,[25] nicht alle Verwendungen ersetzt verlangen. Gem. § 2025 steht ihm vielmehr nur eine Vergütung für die notwendigen und nützlichen Verwendungen zu (§§ 850, 994–1003). Ein Zurückbehaltungsrecht entfällt, wenn der Erbschaftsbesitz durch eine vorsätzlich begangene unerlaubte Handlung erlangt wurde (§ 1000 S. 2).

G. Auskunftsansprüche

I. Anspruch gegen den Erbschaftsbesitzer

1. Der Erbe und die anderen Gläubiger des Erbschaftsanspruchs kennen den Nach- **589** lass regelmäßig nicht genau. Darum gewährt das Gesetz ihnen in § 2027 I gegen die

---

24 MüKoBGB/*Helms* § 2023 Rn. 6; Staudinger/*Gursky* (2002) § 2023 Rn. 9; **aA** RGRK/*Kregel* § 2023 Rn. 7.
25 Vgl. RGZ 81, 413.

Schuldner des Erbschaftsanspruchs Auskunftsrechte, damit der Erbschaftsanspruch durchgesetzt werden kann. Diese Auskunftsrechte gehören zum Nachlass.

590 **2.** Da der Erbschaftsbesitzer die Gesamtheit der Nachlassgegenstände herauszugeben hat, ist er bereits nach § 260 verpflichtet, dem Erben ein Verzeichnis der zur Erbschaft gehörenden einzelnen Gegenstände vorzulegen und es unter Umständen durch eine eidesstattliche Versicherung zu bestätigen. Darüber hinaus verpflichtet § 2027 I den Erbschaftsbesitzer oder seine Erben,[26] besondere Auskünfte zu erteilen über den Bestand der Erbschaft, den Verbleib von Erbschaftsgegenständen, ihre Verschlechterung, ihren Untergang sowie ihre Surrogate. Im Ergebnis kann das eine Pflicht zur Rechenschaftslegung über die Nachlassverwaltung bedeuten. Die Auskunftspflicht beschränkt sich, anders als das Inventar (vgl. § 2001), auf den positiven Bestand der Erbschaft und seine Veränderungen, umfasst daher nicht Wertangaben und Nachlassverbindlichkeiten.[27]

Der Erblasser kann die Auskunftspflicht nicht im Voraus erlassen, da sie ihm nie zugestanden hat. Jedoch kann der Erbe auf seinen Auskunftsanspruch verzichten.[28]

591 **3.** Der Erbe kann auf Auskunftserteilung vor dem Gericht klagen, bei dem der Erblasser zur Zeit seines Todes den allgemeinen Gerichtsstand gehabt hat (§ 27 ZPO). Hat der Erbe ein obsiegendes Urteil erlangt, so ist es gem. § 888 ZPO[29] zu vollstrecken. Ob eine nach der Verurteilung erteilte Auskunft genügt, ist auf eine Vollstreckungsabwehrklage hin (§ 767 ZPO)[30] zu prüfen. Dabei ist zu beachten, dass mehrere Teilverzeichnisse eine ausreichende Auskunft darstellen können.[31] Die Ergänzung einer unvollständigen Auskunft ist nur dann durch eine neue Klage zu erzwingen, wenn ein selbstständiger Nachlassteil oder eine bestimmte Mehrheit von Erbschaftsgegenständen nicht aufgeführt worden sind und deshalb insoweit überhaupt noch keine Auskunft vorgelegen hat.[32] Sonst kann eine Vervollständigung nur durch Verlangen der eidesstattlichen Versicherung unter den Voraussetzungen des § 260 erzwungen werden. Die Verurteilung zur Abgabe einer eidesstattlichen Versicherung wird nach § 889 ZPO vollstreckt. Eine freiwillige eidesstattliche Versicherung ist in §§ 413, 410 Nr. 1 FamFG vorgesehen.

Der Auskunftsanspruch ist selbstständig einklagbar. Die Klage auf Auskunftserteilung hemmt nicht die Verjährung des Erbschaftsanspruchs. Jedoch kann der Erbe nach § 254 ZPO im Wege der Stufenklage vorgehen und sich die bestimmte Bezeichnung der herausverlangten Gegenstände bis zum Vorliegen einer ausreichenden Auskunft vorbehalten (zu **Fall a**).

II. Ansprüche gegen sonstige Besitzer von Nachlassgegenständen

592 In gleicher Weise wie der Erbschaftsbesitzer ist derjenige auskunftspflichtig, der ohne Berufung auf ein Erbrecht Sachen aus dem Nachlass an sich genommen hat, bevor der Erbe den Besitz tatsächlich ergriffen hat (§ 2027 II).

---

26 Vgl. BGH NJW 1985, 3068 (3069 f.).
27 RGSt 71, 360; Staudinger/*Gursky* § 2027 Rn. 11.
28 MüKoBGB/*Helms* § 2027 Rn. 4.
29 Dazu *Brox/Walker* ZVR Rn. 1076 ff.
30 Dazu *Brox/Walker* ZVR Rn. 1312 ff.
31 BGH NJW 1962, 1499.
32 RGZ 84, 41 (44); BGH LM Nr. 1 zu § 260 BGB.

Keine Auskunftspflicht nach § 2027 II trifft denjenigen, der den Besitz schon vor dem Erbfall erlangt hat oder der nach dem Eintritt des Erbfalls eine Sache in Besitz nimmt, die der Erblasser einem Dritten überlassen hatte, da dann nichts aus dem Nachlass entfernt wird.[33]

Da die Auskunftspflicht dazu dient, Aufschluss über den wirklichen Bestand der Erbschaft zu geben, ist es unerheblich, aus welchen Gründen in den Nachlass eingegriffen wurde und ob die Inbesitznahme unbefugt oder berechtigt, eigennützig oder sogar zum Schutze des wahren Erben, gutgläubig oder bösgläubig erfolgte. Es kann daher auch nicht darauf ankommen, ob dem eigenmächtig Handelnden bekannt gewesen ist, dass er etwas aus einem Nachlass entnimmt.[34]

Wer aufgrund eines besonderen Amtes Nachlassgegenstände an sich nimmt, ist nach Sondernormen rechenschaftspflichtig. Daher gilt § 2027 II nicht gegenüber dem Testamentsvollstrecker, Nachlassverwalter und Nachlasspfleger.

Der Gerichtsstand des § 27 ZPO gilt nach seinem Sinn und Zweck auch für den Auskunftsanspruch aus § 2027 II.[35]

III. Ansprüche gegen Hausgenossen des Erblassers

Auskunftspflichtig ist ferner jeder, der sich zur Zeit des Erbfalls mit dem Erblasser in 593 häuslicher Gemeinschaft befunden hat (§ 2028 I). Der Begriff der häuslichen Gemeinschaft ist weit auszulegen. Zur Begründung einer Auskunftspflicht nach dieser Vorschrift genügt es, dass jemand nach seinen räumlichen und persönlichen Beziehungen zum Erblasser Gelegenheit hatte, erbschaftliche Geschäfte zu führen oder sonst auf den Nachlass einzuwirken.[36] Nicht erforderlich ist dagegen Zugehörigkeit zum Hausstand (vgl. § 1619), Familienzugehörigkeit oder Unterhaltsbezug (vgl. § 1969). Als auskunftspflichtige Personen kommen somit vornehmlich in Betracht: Angehörige, Hausangestellte, Pflegepersonal, Gastgeber, Zimmernachbarn. Im **Fall a** kann N von B Auskunft über den Bestand des Nachlasses verlangen.

Von Bedeutung ist vor allem die Verpflichtung zur Auskunft darüber, ob überhaupt erbschaftliche Geschäfte geführt worden sind. Denn soweit bekannt ist, dass der Hausgenosse derartige Geschäfte vorgenommen hat, ist er schon nach den §§ 681, 666, 259, 260 auskunftspflichtig.

H. Verjährung und Ersitzung

Die Beziehung zwischen Verjährung und Ersitzung wird in § 2026 geregelt. Diese 594 Bestimmung ist notwendig, da der Erbschaftsanspruch erst in 30 Jahren verjährt (§ 197 I Nr. 1), während bewegliche Sachen bereits mit Ablauf von 10 Jahren ersessen werden können (§ 937 I). Für Grundstücke hat § 2026 keine Bedeutung, da die Buchersitzung ebenfalls erst nach 30 Jahren eintritt (§ 900), so dass sich insoweit die Fristen für Verjährung und Ersitzung decken. Eine Ersitzung oder Verjährung der Erbschaft insgesamt oder des Erbrechts kennt das Gesetz nicht.

I. Verjährung

Die Vorschrift des § 2026 stellt zunächst klar, dass der Erbschaftsanspruch insgesamt einheitlich verjährt. Die Verjährung beginnt für den gesamten Erbschaftsanspruch, sobald der Erbschaftsbesitzer erstmals etwas aus dem Nachlass erlangt (§ 198), mag

---

33 BGH LM Nr. 1 zu § 1421 BGB.

34 HM; MüKoBGB/*Helms* § 2027 Rn. 10; Palandt/*Weidlich* § 2027 Rn. 3.

35 OLG Nürnberg OLGZ 1981, 115 (116 f.); Erman/*Schlüter* § 2027 Rn. 3; Palandt/*Weidlich* § 2027 Rn. 5; Soergel/*Dieckmann* § 2027 Rn. 5; **aA** MüKoBGB/*Helms* § 2027 Rn. 14 mN; *Muscheler* ErbR II Rn. 3259.

36 Vgl. BGH LM Nr. 1 zu § 2028 BGB.

er auch später noch weitere Nachlassgegenstände hinzu erhalten.[37] Es gilt die besondere Verjährungsfrist von 30 Jahren (§§ 194, 197 I Nr. 1). Soweit der Erbschaftsbesitzer allerdings nach Deliktsrecht verantwortlich ist, muss infolge der umfassenden Verweisung auf das Recht der unerlaubten Handlung in § 2025 S. 1 auch die in § 195 vorgesehene Verjährungsfrist von drei Jahren Anwendung finden.[38] Ebenfalls nach § 195 verjähren die Folgeansprüche der §§ 2020 ff.; denn nach § 197 I Nr. 1 gilt die 30-jährige Frist nur für den Herausgabeanspruch aus § 2018 und die zu dessen Geltendmachung dienenden Auskunftsansprüche.

Wenn dem Erben ein Erbrecht erst durch Anfechtung zufallen kann (vgl. §§ 2078, 2079; 2340), so beginnt die Verjährung des Erbschaftsanspruchs gem. § 200 mit der Zulässigkeit der Anfechtung ohne Rücksicht auf den Zeitpunkt der Anfechtung und die Kenntnis des Berechtigten vom Anfechtungsgrund.

Geht der Erbschaftsbesitz insgesamt auf einen anderen über (§ 2030), dann kommt dem Rechtsnachfolger die gegenüber dem Erbschaftsbesitzer verstrichene Verjährungsfrist nach § 198 zustatten.

Nach Vollendung der Verjährung ist der Erbschaftsbesitzer lediglich berechtigt, die Herausgabe der Erbschaftsgegenstände zu verweigern (§ 214 I). Er erhält nicht die Rechtsstellung eines Erben, so dass er weder Nachlassgegenstände von anderen Personen herausverlangen kann noch für die Nachlassverbindlichkeiten einzustehen hat.

II. Ersitzung

595 Der gutgläubige Erbschaftsbesitzer ist Eigenbesitzer der Erbschaftsgegenstände, ihrer Surrogate (§ 2019), der ins Eigentum der Erben fallenden Nutzungen (§ 2020) und schließlich auch der im Eigentum Dritter stehenden Sachen, die er für Bestandteile der Erbschaft hält. Bei fortbestehender Gutgläubigkeit wird er nach zehn Jahren durch Ersitzung Eigentümer dieser Sachen (§ 937). § 2026 ordnet jedoch an, dass er sich dem Erben gegenüber während des Laufes der Verjährungsfrist nicht auf eine Ersitzung berufen kann.

Handelt es sich um eine schon dem Erblasser gehörende Sache, so gilt die Ersitzung vor Vollendung der Verjährung im Verhältnis zwischen dem Erben und dem Erbschaftsbesitzer als wirkungslos; gegenüber Dritten ist hingegen allein der Erbschaftsbesitzer zur unbeschränkten Geltendmachung des Eigentums befugt. Nach Ablauf der Verjährungsfrist wirkt die Ersitzung auch gegenüber dem Erben. Gehörte die Sache einem Dritten, so kann sich der Erbschaftsbesitzer gleichfalls im Verhältnis zum Erben nicht auf einen Ersitzungserwerb berufen; sofern der Erbe insoweit mit Erfolg seinen Erbschaftsanspruch erhebt, gilt die Ersitzung rückwirkend unmittelbar zu Gunsten des Erben, und zwar ohne Rücksicht darauf, ob der Erbe gutgläubig war. Es handelt sich um einen dem Erben gegenüber relativ unwirksamen Ersitzungserwerb des Erbschaftsbesitzers.[39] Soweit ein dinglich unbeschränkter Erwerb des Erbschaftsbesitzers angenommen wird,[40] bleibt unbeachtet, dass eine nur schuldrechtliche Verpflichtung zur Rechtsübertragung den Interessen des Erben und der Nachlassgläubiger namentlich bei einem Vermögensverfall des Erbschaftsbesitzers nicht gerecht wird.

Erlangt der Erbe eine rechtlich nicht zum Nachlass gehörende Sache vor Ablauf der Ersitzungszeit vom Erbschaftsbesitzer, so kommt ihm der Teil der Ersitzungszeit zustatten, der zu Gunsten des Erbschaftsbesitzers verstrichen ist (§ 944). Voraussetzung ist dabei ein guter Glaube des Erben und des Erbschaftsbesitzers hinsichtlich der Zugehörigkeit der Sache zum Nachlass, während es auf den guten Glauben des Erbschaftsbesitzers an sein Erbrecht nicht ankommt.[41]

---

37 *Schlüter* ErbR Rn. 631; **aM** *Lange/Kuchinke* ErbR § 40 IV 7; *Muscheler* ErbR II Rn. 3208.
38 Erman/*Schlüter* § 2025 Rn. 4; Staudinger/*Gursky* (2002) § 2025 Rn. 13.
39 *Kipp/Coing* ErbR § 106 VII 2; Jauernig/*Stürner* § 2026 Rn. 1.
40 Palandt/*Weidlich* § 2026 Rn. 1; *Schlüter* ErbR Rn. 613.
41 MüKoBGB/*Helms* § 2026 Rn. 10; Staudinger/*Gursky* § 2026 Rn. 19; **aA** Erman/*Ebbing* § 944 Rn. 4.

J. Rechtliche Einordnung des Erbschaftsanspruchs

Der Erbschaftsanspruch ist nicht nur eine Bezeichnung für eine unter erbrechtlichen **596** Gesichtspunkten modifizierte Zusammenfassung der verschiedenen Einzelansprüche. Er ist vielmehr als einheitlicher erbrechtlicher Gesamtanspruch zu verstehen, der sich unmittelbar aus der Verletzung des Erbrechts selbst ergibt und auf die Herausgabe der ganzen Erbschaft oder einzelner Gegenstände als Bestandteile des Nachlasses gerichtet ist. Der Erbschaftsanspruch besteht also als eigenständiger Anspruch neben den Einzelansprüchen zB aus Eigentum, unerlaubter Handlung.

Der Erbschaftsanspruch ist ein besonderer erbrechtlicher Anspruch. Soweit der vom Erbschaftsbesitzer herauszugebende Gegenstand zum Vermögen des Erben gehört (zB Eigentum des Erben), hat der Anspruch dinglichen Charakter. Befindet sich das Erlangte hingegen im Vermögen des Erbschaftsbesitzers (zB in dessen Eigentum), so steht dem Erben lediglich ein schuldrechtlicher Anspruch auf Verschaffung des jeweiligen Rechts zu (zB §§ 2021, 818 II; § 2020, 2. Hs.).

Nur bei dinglicher Wirkung besteht in der Zwangsvollstreckung ein Widerspruchsrecht iSv § 771 ZPO[42] und im Insolvenzverfahren ein Aussonderungsrecht nach § 47 InsO.

K. Konkurrenzen und Prozessuales

I. Konkurrenzen

Neben dem Erbschaftsanspruch stehen dem Erben die Einzelansprüche zu: die **597** Besitzschutzansprüche (§§ 861, 862 iVm § 857), der Anspruch aus früherem Besitz (§ 1007), die dinglichen Herausgabeansprüche (§§ 985, 1065, 1227; § 11 I ErbbauRG), der Grundbuchberichtigungsanspruch (§ 894), die Ansprüche aus ungerechtfertigter Bereicherung und unerlaubter Handlung (§§ 812, 823 ff.).

Als besondere erbrechtliche Rechtsbehelfe sind in diesem Zusammenhang noch die Klagen des Erben gegen den Besitzer eines unrichtigen Erbscheins auf dessen Herausgabe und auf Auskunft zu nennen (§ 2362).

Nach § 2029 bestimmt sich die Haftung des Erbschaftsbesitzers auch »gegenüber den Ansprüchen, die dem Erben in Ansehung der einzelnen Erbschaftsgegenstände zustehen, nach den Vorschriften über den Erbschaftsanspruch«. Diese Regelung stellt sicher, dass bei einer Konkurrenz von Erbschaftsanspruch und Einzelansprüchen die Haftung sich stets nach den §§ 2018 ff. richtet. Damit wird aber nur der Inhalt der Einzelansprüche beeinflusst, ohne dass diese Ansprüche in ihrem Bestand berührt werden.

Auf die Einzelansprüche sind nach § 2029 alle Vorschriften über die Verantwortlichkeit des Erbschaftsbesitzers anzuwenden, die den Inhalt seiner Verpflichtung bestimmen. Damit ist zunächst eine Schlechterstellung verbunden, da auch der gutgläubige Erbschaftsbesitzer über § 993 hinaus alle Nutzungen (§ 2020) und Surrogate (§ 2019) herauszugeben hat und sich nur beschränkt auf einen Ersitzungserwerb berufen kann (§ 2026). Der bösgläubige Erbschaftsbesitzer hat entgegen § 819 bereits für ein grobfahrlässiges Nichtwissen einzustehen (§ 2024 S. 1). Andererseits liegt eine Besserstel-

---

lung darin, dass der Erbschaftsbesitzer nicht schlechthin zur Herausgabe verpflichtet ist, sondern nur insoweit, als er durch den Besitz von Nachlassgegenständen insgesamt noch bereichert ist (§ 2021) und Ersatz für *alle* seine Verwendungen erhält (§ 2022). In diesem Umfang besteht ferner ein Zurückbehaltungsrecht, wenn der Erbschaftsbesitzer gutgläubig ist und der Erbe den Besitz noch nicht tatsächlich ergriffen hatte, da auch beim Gesamtanspruch dem Zurückbehaltungsrecht der Einwand einer Verantwortlichkeit aus unerlaubter Handlung zur Herstellung des früheren Zustandes entgegensteht (§§ 2025, 823 ff., 249). Das Zurückbehaltungsrecht des Erbschaftsbesitzers besteht trotz des in § 863 grundsätzlich vorgesehenen Ausschlusses petitorischer Einwendungen auch gegenüber den Besitzklagen des Erben (§§ 861, 862). Ohne die Anwendung des § 2029 auf die Besitzschutzansprüche würde die gesetzliche Sonderregelung des Erbschaftsanspruchs gegen den gutgläubigen Erbschaftsbesitzer weitgehend keine Bedeutung mehr haben, da der Erbe auf die Klagen aus Besitz zurückgreifen könnte.

Umgekehrt kann der Erbschaftsbesitzer gegenüber dem Gesamtanspruch alle Einzeleinwendungen erheben, die ihren Grund in Rechtsbeziehungen finden, welche sich nur auf einzelne Nachlassgegenstände erstrecken. Es handelt sich dabei um Einwände, die auch dem Erblasser gegenüber bestanden hätten. So kann der Erbschaftsbesitzer sich zB auf einen Erwerb vom Erblasser oder einen Vertrag mit diesem berufen, der ihm ein Besitz- oder Nutzungsrecht gibt, das den Tod des Erblassers überdauert hat (Leihe, Miete, Pacht usw.).

II. Prozessuales

598 Der Erbe kann den Gesamtanspruch und die Einzelansprüche in einer Klage verbinden (§ 260 ZPO). Bei einem Übergang des Erben vom Erbschaftsanspruch zu den Einzelansprüchen wird das Gericht weitgehend eine sachdienliche Klageänderung annehmen (§ 263 ZPO). Der besondere Gerichtsstand des § 27 ZPO gilt nicht für die Klagen aus Einzelansprüchen.

Obwohl es sich bei dem Erbschaftsanspruch um einen Gesamtanspruch handelt, sind die herausverlangten Gegenstände einzeln im Klageantrag aufzuführen (§ 253 II Nr. 2 ZPO). Diese Bestimmtheit ist erforderlich zur eindeutigen Umgrenzung von Rechtshängigkeit und Rechtskraft sowie zur Durchführung der Zwangsvollstreckung (§ 883 ZPO). Die genaue Bezeichnung des Streitgegenstandes wird dem Erben durch die Gewährung der Auskunftsansprüche (§§ 2027 f.) ermöglicht. Eine während des Prozesses vorgenommene nachträgliche Ergänzung der im Klageantrag bezeichneten Gegenstände stellt keine Klageänderung, sondern eine zulässige Klageerweiterung dar (§ 264 Nr. 2 ZPO); Auskunfts- und Herausgabeklagen können auch miteinander verbunden werden (Stufenklage, § 254 ZPO). Geschieht das, so darf die bestimmte Angabe der Leistung bis zum Vorliegen der Auskunft bzw. der eidesstattlichen Versicherung vorbehalten bleiben.

Rechtshängigkeit und Rechtskraft erstrecken sich nur auf die im Urteil benannten Gegenstände. Insbesondere umfasst die Rechtskraft eines Urteils, das über den Erbschaftsanspruch ergeht, nicht das Erbrecht selbst, da dies nur eine Vorfrage des Rechtsstreits bildet (§ 322 ZPO).[43] Will der Erbe eine rechtskräftige Entscheidung auch über sein Erbrecht herbeiführen, so muss er eine entsprechende Feststellungs- oder Zwischenfeststellungsklage erheben (§ 256 I, II ZPO); ein Feststellungsinteresse liegt in der Regel vor, weil das Leistungsbegehren keine verbindliche Aussage über das Erbrecht selbst nach sich zieht.

Da es sich bei dem Erbschaftsanspruch um einen besonderen erbrechtlichen Anspruch handelt, kann er außer im allgemeinen Gerichtsstand des Erbschaftsbesitzers im Gerichtsstand der Erbschaft (§§ 13 ff., 27 ZPO), nicht aber im dinglichen Gerichtsstand (§ 24 ZPO) geltend gemacht werden.

---

43 *Brox* JuS 1962, 121.

L. Zusammenfassung

Mit dem als Gesamtanspruch ausgestalteten Erbschaftsanspruch kann der Erbe Erb- **599**
schaftsgegenstände von demjenigen herausverlangen, der sie ihm unter Berufung auf
ein angebliches eigenes Erbrecht vorenthält. Der Erbschaftsanspruch besteht neben
den Einzelansprüchen. Regelmäßig vermag der Erbe mit dem Erbschaftsanspruch
nicht mehr Rechte geltend zu machen, als mit den durch § 2029 modifizierten Einzelansprüchen.

Der Erbschaftsanspruch (§§ 2018 ff.)

I. Gläubiger:
- Erbe (Allein-, Mit-, Vor-, Nacherbe) (§ 2018)
- ggf. statt des Erben: Nachlassverwalter, Testamentsvollstrecker, Insolvenzverwalter, Nachlasspfleger

II. Schuldner:
- Erbschaftsbesitzer (§ 2018)
- rechtsgeschäftlicher Erbschaftserwerber (§ 2030)

III. Inhalt
1. Herausgabe des ursprünglich Erlangten (§ 2018)
2. Herausgabe der Surrogate (§ 2019)
3. Herausgabe der Nutzungen einschließlich der Früchte (§ 2020)

IV. Haftung des Erbschaftsbesitzers
1. Unverklagter gutgläubiger Erbschaftsbesitzer:
   Haftung nach Bereicherungsrecht (§ 2021; Rechtsfolgenverweisung)
2. Verklagter Erbschaftsbesitzer:
   verschärfte Haftung aus EBV (§§ 2023, 987 II, 989)
3. Bösgläubiger Erbschaftsbesitzer:
   verschärfte Haftung nach EBV (§§ 2024, 2023, 987 II, 989)
4. Deliktischer Erbschaftsbesitzer:
   verschärfte Haftung aus u. H. (§§ 2025, 823 ff., 848 ff.)

**V. Gegenanspruch des Erbschaftsbesitzers auf Verwendungs- und Aufwen-
dungsersatz**
1. Unverklagter gutgläubiger Erbschaftsbesitzer: wegen aller Verwendungen
   (§ 2022)
2. Verklagter und bösgläubiger Erbschaftsbesitzer: nur wegen der notwendigen Verwendungen nach GoA (§§ 2023 II, 2024, 994–1003, 677 ff.)
3. Deliktischer Besitzer: selbst bei Gutgläubigkeit nur wegen notwendiger und
   nützlicher Verwendungen (§§ 2025, 850, 994 ff.)

VI. Verjährung
1. Grundsatz: 30 Jahre ab Besitzerlangung (§§ 197 I Nr. 1, 198)
2. bei deliktischer Haftung: 3 Jahre (§§ 2025 S. 1, 195)
3. keine Ersitzung vor Verjährung des Erbschaftsanspruchs (§ 2026)

VII. Konkurrenzen
1. Neben Ansprüchen aus §§ 861 f., 1007, 985, 894, 812 ff., 823 ff.
2. Haftung des Erbschaftsbesitzers auch bei Einzelansprüchen nach §§ 2018 ff.
   modifiziert (§ 2029

---

§ 34 Ersetzungsgrundsatz im Erbrecht

600 **Literatur:** *Coester-Waltjen,* Die dingliche Surrogation, Jura 1996, 24; *M. Wolf,* Dingliche Surrogation und Wertersatz bei der Nacherbschaft – BGH, NJW 1977, 163, JuS 1981, 14.

Fälle:

a) A übereignet ein von ihm an den Erblasser verkauftes Auto an den durch unrichtigen Erbschein ausgewiesenen B. Was kann der wahre Erbe unternehmen, wenn ein Gläubiger des B das Auto pfänden lässt? (→ Rn. 603)

b) B, der aufgrund einer Erbrechtsanmaßung den Nachlass in Besitz genommen hat, findet auf dem Erbschaftsgrundstück einen Schatz. Wer ist Eigentümer des Fundes? (→ Rn. 604)

c) B erwirbt mit Geld aus der Erbschaft eine beschränkte persönliche Dienstbarkeit. Welche Rechte hat der wahre Erbe? (→ Rn. 605)

d) B, der die Erbschaft – ohne einen Erbschein zu haben – in Besitz genommen hat, tauscht ein vom Erblasser hinterlassenes Bild gegen eine Plastik des C. Der wirkliche Erbe möchte die Plastik haben. (→ Rn. 605)

e) Ein Vorerbe macht gegenüber einem Nachlassgläubiger die Erschöpfungseinrede (§ 1990) geltend und ist bereit, die Zwangsvollstreckung in die Nachlassgegenstände zuzulassen. Der Gläubiger möchte in ein Auto vollstrecken, das der Vorerbe mit Nachlassmitteln erworben hat. (→ Rn. 606)

f) Ein Miterbe ersteht mit geliehenem Geld einen Pkw zur Führung des vom Erblasser hinterlassenen Geschäfts. Wer ist der Eigentümer des Wagens? (→ Rn. 608)

A. Allgemeines

Damit die Erbschaft dem Berechtigten möglichst ungeschmälert und gesondert erhalten bleibt,[44] sieht das BGB in einzelnen erbrechtlichen Vorschriften eine Ersetzung vor (Surrogationsprinzip). Danach gehören alle Gegenstände, die unter gesetzlich näher bestimmten Voraussetzungen im Hinblick auf den Nachlass erworben werden, ohne weiteres zum Nachlass. Es kommt dabei nicht darauf an, ob der Handelnde für sich oder mit Wirkung für den Nachlass handeln wollte und wie er nach außen hin aufgetreten ist.[45] Der Ersetzungsgrundsatz gilt für den Erbschaftsbesitzer (§ 2019), die Miterben (§ 2041) und den Vorerben (§ 2111); die genannten Bestimmungen sind im Wege der Rechtsanalogie nach richtiger Ansicht auch auf den Testamentsvollstrecker anzuwenden.[46]

Diese so genannte dingliche Ersetzung knüpft an den dinglichen Erwerbsakt an. Der zugrunde liegende schuldrechtliche Vertrag, der vom Handelnden regelmäßig im eigenen Namen abgeschlossen wird, hat insoweit keine Bedeutung. Vertragspartner und damit auch der aus dem schuldrechtlichen Geschäft Verpflichtete bleibt stets der Handelnde.

Die gesetzlichen Bestimmungen unterscheiden verschiedene Arten des Ersetzungserwerbs. Durch einfachen Ersetzungserwerb gehört zum Nachlass, was aufgrund eines zum Nachlass gehörenden Rechts oder als Ersatz für die Zerstörung, Beschädigung oder Entziehung eines Nachlassgegenstandes erworben wird (§§ 2041, 2111 I). Aufgrund rechtsgeschäftlichen Ersetzungserwerbs gehört zum Nachlass, was durch ein Rechtsgeschäft mit Nachlassmitteln (§§ 2019 I, 2111 I) oder durch ein Rechts-

---

44 Mot. V, 583; Prot. VI, 324.
45 Vgl. Prot. VI, 325.
46 Vgl. *Lange/Kuchinke* ErbR § 41 VI 3.

geschäft, das sich auf den Nachlass bezieht (§ 2041), erworben wird. Schließlich gibt es Ersetzungsfälle, bei denen der Erwerb nicht von der Herkunft der verwendeten Mittel und Rechte oder der Art des Erwerbsgeschäfts abhängt (§ 2111 II).

B. Einfacher Ersetzungserwerb

I. Gesetzliche Fälle

Den einfachen Ersetzungserwerb ordnet das Gesetz ausdrücklich beim Miterben und beim Vorerben an (§§ 2041, 2111 I). Vom Ersetzungserwerb unberührt bleibt allerdings, was dem Vorerben als Nutzung gebührt (§ 2111 I 1 aE). **601**

In § 2041 ist die Rede vom Nachlass und Nachlassgegenstand, in § 2111 von Erbschaft und Erbschaftsgegenstand, ohne dass insoweit ein sachlicher Unterschied besteht.

Für den Erbschaftsbesitzer besteht in § 2019 keine ausdrückliche Regelung des einfachen Ersetzungserwerbs. Gleichwohl besteht Einigkeit darüber, dass dem Erben auch die gesetzlichen Ersatzvorteile im Verhältnis zum Erbschaftsbesitzer zustehen.

Es ist ohne Bedeutung, ob man dies schon aus der Stellung des Erben als Eigentümer und Eigenberechtigten des Nachlasses herleitet[47] oder die Geltung der einfachen Surrogation aufgrund der weiten Fassung von § 2018 und des in § 2021 für anwendbar erklärten § 818 folgert.[48]

II. Umfang

Der einfache Ersetzungserwerb umfasst zunächst, was aufgrund eines zum Nachlass gehörenden Rechts erworben wird. **602**

Darunter fallen zB Zahlungen auf eine Nachlassforderung, Gewinnanteile von Wertpapieren. In diesen Fällen wird nicht mit Erbschaftsgegenständen etwas erworben, sondern ein zur Erbschaft gehörendes Recht geltend gemacht.

Die einfache Surrogation erstreckt sich ferner auf den Ersatz für die Zerstörung, Beschädigung oder Entziehung eines Nachlassgegenstandes.

Dazu gehören insbesondere Schadensersatz-, Entschädigungs- und Bereicherungsansprüche, die gerade auf der Beeinträchtigung der Erbschaftsgegenstände beruhen, zB bei Sachversicherungen der Anspruch auf die Versicherungsleistung. Nicht hierher zu zählen sind daher Ansprüche, die auf Rückgabe des ursprünglichen Erbschaftsgegenstandes gehen, zB der Herausgabeanspruch nach § 985 oder der rechtsgeschäftliche Anspruch auf Bezahlung eines veräußerten Gegenstandes.

III. Wirkung

Nach dem Ersetzungsgrundsatz stehen alle Gegenstände, auf die sich die Ersetzung erstreckt, dem Berechtigten oder dem geschützten Vermögen unmittelbar, dh ohne Durchgangserwerb des Betroffenen, zu. Eigentum, beschränkte dingliche Rechte, schuldrechtliche Ansprüche werden unmittelbar erworben. **603**

> Im **Fall a** hat A wegen § 2367 (→ Rn. 619) den Kaufvertrag durch Übereignung des Autos an B wirksam erfüllt. Eigentümer ist jedoch der wahre Erbe geworden. Er hat gegen den pfändenden Gläubiger die Drittwiderspruchsklage (§ 771 ZPO).[49] Im Insolvenzverfahren des B steht dem Erben ein Aussonderungsrecht (§ 47 InsO) zu.

---

47 *Lange/Kuchinke* ErbR § 41 II 3; *Kipp/Coing* ErbR § 107 II 3; RGRK/*Kregel* § 2019 Rn. 3.
48 Erman/*Schlüter* § 2019 Rn. 2.
49 Dazu *Brox/Walker* ZVR Rn. 1396 ff.

Gläubiger des Anspruchs auf die Leistung aus der Sachversicherung ist bei Zerstörung eines versicherten Erbschaftsgegenstandes sofort der Erbe. Wird an den Erbschaftsbesitzer wirksam geleistet (§ 2019 II), so erwirbt der Erbe sofort Eigentum an dem Geld.

IV. Bedeutung

604 Die praktische Bedeutung der einfachen Ersetzung liegt in der unmittelbaren Zuordnung der erfassten Gegenstände zum Vermögen des Begünstigten, dh ohne Zwischenerwerb des tatsächlichen Inhabers der Nachlassgegenstände und ohne weitere Übertragungsakte. Die Ersetzung spielt keine Rolle, wenn eine solche Zuordnung bereits nach anderen Vorschriften eintritt.

Um das Verhältnis des einfachen Ersetzungsgrundsatzes zu den allgemeinen Rechtsregeln zu verstehen, muss man sich vergegenwärtigen, dass dem Alleinerben und den Miterben die Nachlassgegenstände bereits gehören, während dem Nacherben lediglich eine rechtlich gesicherte Anwartschaft zusteht (→ Rn. 356 ff.). Soweit das Gesetz schon nach allgemeinen Regeln dem jeweiligen Rechtsinhaber einen unmittelbaren Rechtserwerb zuspricht, kann der Ersetzungsgrundsatz sich nicht mehr auswirken. So erwirbt zB im **Fall b** der Alleinerbe beim Schatzfund bereits aufgrund seines Eigentums am Nachlassgrundstück anteilig Eigentum am Schatz (§ 984). Entsprechendes gilt für den an der Erbengemeinschaft beteiligten Miterben. Für das Verhältnis vom Vorerben zum Nacherben hingegen bleibt in einem solchen Fall die einfache Ersetzung (§ 2111 I 1) von Bedeutung. Der Ersatzgegenstand fällt also durch die Ersetzung in den Nachlass und nicht in das sonstige Eigenvermögen des Vorerben.

Es gibt aber auch Fälle, in denen der Ersetzungsgrundsatz durch andere Vorschriften ausgeschlossen wird. Früchte, die der Vorerbe und der Erbschaftsbesitzer zu Eigentum erwerben (vgl. § 955), bleiben vom Ersetzungsgrundsatz ausgenommen (→ Rn. 374). Dafür gewähren die §§ 2020, 2133 einen schuldrechtlichen Ausgleich.

C. Rechtsgeschäftlicher Ersetzungserwerb

I. Erwerb mit Mitteln der Erbschaft (Mittelsurrogation)

605 Nach den §§ 2019, 2111 ist zum Nachlass zu rechnen, was Erbschaftsbesitzer und Vorerbe durch Rechtsgeschäfte mit Mitteln der Erbschaft erwerben.

1. Voraussetzungen

a) Der rechtsgeschäftliche Ersetzungserwerb kann sich auf alle rechtlichen oder tatsächlichen Vorteile beziehen, zB auf bewegliche und unbewegliche Sachen, dingliche oder persönliche Rechte, Schuldbefreiung, Besitz, Gebrauchsüberlassungen (etwa Miete), unrichtige Grundbucheintragungen.

Zu beachten ist allerdings, dass unter Umständen ein Erwerb nur in der Person des Handelnden möglich ist: aus rechtlichen Gründen zB bei höchstpersönlichen Rechten (Nießbrauch, § 1059; beschränkte persönliche Dienstbarkeit, § 1092); aus tatsächlichen Gründen zB bei völligem Aufgehen des Erworbenen im Vermögen des Handelnden (Bezahlung einer Schuld des Handelnden mit Nachlassmitteln). Im **Fall c** wird gem. § 984 das Eigentum an dem Schatz jeweils zur Hälfte von B und dem wirklichen Erben als Grundstückseigentümer erworben. In diesen Fällen ist eine Ersetzung ausgeschlossen. Ein Ausgleich erfolgt nur unter den Voraussetzungen der allgemeinen Vorschriften (zB §§ 812 ff.).

b) Der Erwerb muss durch ein *Rechtsgeschäft und mit Erbschaftsmitteln* erfolgen.

aa) §§ 2019, 2111 setzen stets ein Rechtsgeschäft voraus.

Bringt ein Vorerbe Nachlassgegenstände als seine Einlage in eine Kommanditgesellschaft ein und wird er Kommanditist, dann gehört seine Rechtsstellung als Kommanditist als Surrogat zum Nachlass.[50]

Zwar ist § 2111 seinem Wortlaut nach nicht anwendbar, wenn ein Vorerbe mit Erbschaftsmitteln einen Gegenstand in der Zwangsversteigerung erwirbt, da dieser Erwerb nicht auf einem Rechtsgeschäft, sondern auf dem Zuschlag (staatlicher Hoheitsakt) beruht. Dennoch ist § 2111 nach seinem Schutzzweck entsprechend anzuwenden.[51]

Auf den Zweck, den der Handelnde mit dem Rechtsgeschäft verfolgt, kommt es nach dem Grundgedanken der Mittelsurrogation nicht an. So fällt auch ein Gebiss, das sich ein Erbschaftsbesitzer mit Nachlassmitteln anfertigen lässt, in den Nachlass.

bb) Für den Erwerb müssen Erbschaftsmittel hingegeben werden. Zu diesen Mitteln zählen alle Vorteile, die dem Erblasser zugestanden haben. Die Ersetzung erstreckt sich also nicht auf Gegenstände, die der Handelnde mit eigenen Mitteln erwirbt, mag er sie auch für den Nachlass erworben haben, zB als Zubehör für eine Nachlasssache. Bei Erwerb mit Eigen- und Nachlassmitteln entsteht Miteigentum im Verhältnis der Anteile (§§ 741 ff., 1008 ff.).

Von einer Kettensurrogation spricht man, wenn der Handelnde mit dem Ersatzgegenstand erneut einen anderen Gegenstand erwirbt.

Die Verfügung des Handelnden über die Erbschaftsmittel muss wirksam sein oder durch Genehmigung des Erben wirksam werden.

Im **Fall d** kann der Erbe nach § 2019 vom Erbschaftsbesitzer B die Plastik herausverlangen, wenn er die nach §§ 857, 935 unwirksame Verfügung über das Bild genehmigt (§ 185 II 1, 1. Fall). Regelmäßig ist in dem Herausgabeverlangen die Genehmigung der unwirksamen Verfügung zu erblicken, allerdings bedingt durch die tatsächliche Herausgabe.

Eine entsprechende Anwendung des § 2111 bejaht der BGH,[52] wenn dem Vorerben ein Grundstück, welches dem Erblasser schon zu Lebzeiten durch Enteignung entzogen worden war, während der Vorerbschaft auf Grundlage des Vermögensgesetzes zurück übertragen wird. Zwar hat dieses Grundstück formell niemals zum Nachlass gehört; aber der Sinn und Zweck des § 2111, den Wert des Nachlasses als Sondervermögen bei Veränderungen seiner Bestandteile im Interesse des Nacherben zu erhalten, passt auch hier. Wertungsmäßig macht es keinen Unterschied, ob die Enteignung noch zu Lebzeiten des Erblassers rückgängig gemacht wird und das Grundstück deshalb in den Nachlass fällt oder ob die Rückübertragung erst während der Vorerbschaft erfolgt.

cc) Zwischen dem Erwerb und der Aufwendung von Nachlassmitteln durch Rechtsgeschäft muss ein *Zusammenhang* bestehen. Dabei muss es sich nicht um eine rechtliche Verknüpfung handeln.[53] Eine enge wirtschaftliche Beziehung genügt.[54] Praktisch wird diese Frage vor allem dann, wenn für verschenkte Nachlasssachen Gegengeschenke empfangen werden. Da die Ersetzung die durch Hingabe von Nachlassmitteln erworbenen Gegenstände erfassen soll, fallen nur die schon bei der Schenkung vereinbarten Gegengeschenke darunter.[55]

---

50 BGHZ 109, 214.

51 *Kipp/Coing* ErbR § 49 II 2a; MüKoBGB/*Grunsky* § 2111 Rn. 19; *Muscheler* ErbR II Rn. 2488, 3226; aA RGZ 136, 353; Palandt/*Weidlich* § 2111 Rn. 3.

52 BGH Rpfleger 2010, 370.

53 So aber noch Planck/*Flad* § 2019 Rn. 3.

54 MüKoBGB/*Helms* § 2019 Rn. 13; Staudinger/*Gursky* (2002) § 2019 Rn. 15.

55 *Lange/Kuchinke* ErbR § 41 III 2d Fn. 45.

2. Wirkung

606 **a)** Auch die Ersetzung aufgrund rechtsgeschäftlichen Erwerbs mit Mitteln der Erbschaft kommt regelmäßig dem Nachlass ohne Zwischenerwerb des Handelnden unmittelbar zugute. So fällt bei der Veräußerung eines Nachlassgegenstandes der Erlös sofort mit dinglicher Wirkung in den Nachlass, so dass die am Nachlass berechtigten Personen den Erlös unmittelbar erwerben.[56]

> Dieser unmittelbare Erwerb tritt jedoch nur dann ein, wenn die Leistungsgeschäfte von beiden Seiten gleichzeitig vorgenommen werden. Fallen sie, wie insbesondere beim Kreditgeschäft, zeitlich auseinander, so kann es zum Durchgangserwerb des Handelnden kommen: Bewirkt der Handelnde zB erst zwei Monate nach Abschluss des Verpflichtungsgeschäfts die ihm obliegende Leistung mit Nachlassmitteln, fällt damit zunächst der schuldrechtliche Anspruch, der bis dahin dem Handelnden zustand, in den Nachlass. Erfolgt dann die Gegenleistung des Vertragspartners, so gelangt sie unmittelbar in die Erbschaft. Erbringt hingegen der Partner als Erster seine Leistung, so erwirbt zunächst der Handelnde, da in diesem Zeitpunkt noch gar nicht zu übersehen ist, ob der Erwerb mit Erbschaftsmitteln bewirkt wird oder nicht. Erst wenn dies geschieht, geht das Ersatzstück kraft Gesetzes aus dem Vermögen des Handelnden in den Nachlass über.[57]

b) Die Ersetzungswirkung dient dem Schutz der am Nachlass Berechtigten, nicht dem der Nachlassgläubiger.

> Im **Fall e** ist der Vorerbe dem Nachlassgläubiger daher nur gem. §§ 1991 I, 1978 schuldrechtlich verantwortlich. In das Auto kann der Nachlassgläubiger wegen einer Nachlassschuld nicht vollstrecken.[58] Auf § 2111 können sich die Nachlassgläubiger auch deswegen nicht berufen, weil diese Bestimmung nur zu Gunsten des Nacherben und erst nach Eintritt des Nacherbfalls zur Anwendung kommt.[59] Vollstrecken die Nachlassgläubiger trotzdem, so kann der Vorerbe nach den §§ 781, 784 I, 785, 767 ZPO[60] vorgehen.

3. Bedeutung

607 Die besondere Bedeutung der Mittelsurrogation liegt – wie bei der einfachen Surrogation – in der unmittelbaren Begünstigung des Nachlasses, die regelmäßig ohne Zwischenerwerb des Handelnden eintritt. Praktisch wird diese Erwerbsart vor allem, wenn Erbschaftsbesitzer oder Vorerbe (vgl. §§ 2112, 2136) zwar unbefugt gegenüber dem Erben bzw. Nacherben, aber wirksam im Verhältnis zum Erwerber über Nachlassgegenstände verfügt. Das ist möglich, sofern sie einen unrichtigen Erbschein besitzen, der ihnen ein unbeschränktes Erbrecht bestätigt (vgl. §§ 2366, 2367), oder wenn sie mit Geld erwerben, das zum Nachlass gehört (vgl. §§ 857, 935 II). Dann fällt die Gegenleistung gem. § 2019 I unmittelbar in den Nachlass. Wenn der Erbschaftsbesitzer bei Verfügungen über Nachlassgegenstände nicht durch einen Erbschein ausgewiesen ist, verhindern bei beweglichen Sachen die unmittelbare Besitzvererbung (vgl. §§ 935 I, 857) und bei Grundstücken der grundbuchrechtliche Formzwang (§§ 35, 39, 40 GBO) schon eine Entwertung der Erbschaft durch unberechtigte Verfügungen.

---

56 **HM;** *Muscheler* ErbR II Rn. 3224; Staudinger/*Gursky* (2002) § 2019 Rn. 3.
57 Ebenso: MüKoBGB/*Helms* § 2019 Rn. 14; **aA** Soergel/*Dieckmann* § 2019 Rn. 1.
58 Vgl. Erman/*Schlüter* § 1978 Rn. 3; RGRK/*Johannsen* § 1978 Rn. 6; Planck/*Flad* § 1978, 2b; unentschieden: RGZ 134, 259.
59 RG Recht 1913, Nr. 2308.
60 Dazu *Brox/Walker* ZVR Rn. 1378 ff.

Auch bei der rechtsgeschäftlichen Verwendung von Erbschaftsmitteln kann der mit dem Ersetzungsgrundsatz angestrebte Erfolg uU bereits nach allgemeinen Vorschriften eintreten.

Bezahlt der Erbschaftsbesitzer mit Erbschaftsmitteln eine Nachlassschuld, für die an einem Nachlassgrundstück eine Hypothek bestellt ist, so steht die Hypothek nach allgemeinen Regeln dem Erben als Grundstückseigentümer zu (§§ 1163 I 2, 1177). Beim Vorerben ist demgegenüber zu beachten, dass er bis zum Eintritt des Nacherbfalls selbst Grundstückseigentümer ist. Begleicht er mit Nachlassmitteln, so würde die Hypothek ohne den Ersetzungsgrundsatz in sein freies Eigenvermögen fallen. Zahlt er mit eigenen Mitteln, so gehört die Hypothek zu seinem freien Vermögen.[61]

II. Erwerb mit Beziehung auf den Nachlass

Gem. § 2041 gehört zum Nachlass, was Miterben durch ein Rechtsgeschäft erwerben, das sich auf den Nachlass bezieht.   608

1. Voraussetzungen

Wann ein Rechtsgeschäft eine Beziehung zum Nachlass hat, ist umstritten.[62] Der Meinungsstreit geht um die Frage, ob zur Nachlassbezogenheit immer objektive und subjektive Elemente gehören oder ob eines der beiden Kriterien ausreicht.

Nach einer früher vertretenen Ansicht muss der Erwerb objektiv mit dem Nachlass zusammenhängen und der handelnde Miterbe stets subjektiv für den Nachlass und nicht für sich persönlich erwerben wollen.[63] Die heute vorherrschende Auffassung will ohne Rücksicht auf den Erwerbswillen eine Beziehung zum Nachlass jedenfalls dann annehmen, wenn das Erwerbsgeschäft mit Nachlassmitteln durchgeführt wird.[64] Beim Erwerb mit nachlassfremden Mitteln wird überwiegend verlangt, dass die Nachlassbezogenheit sich aus dem Willen des Miterben ergebe, aber auch durch objektive Kriterien gestützt werde (zB Erwerb eines Grundstücks, um ein bereits zum Nachlass gehörendes Grundstück besser nutzen zu können).[65]

a) Um *objektive Umstände* handelt es sich immer bei Erwerbsgeschäften mit Nachlassmitteln, ohne dass es auf den Willen des Handelnden ankommt. Der Schutzzweck der Ersetzung, den Nachlass weitgehend wertmäßig zu erhalten, verlangt, dass der Erwerb mit Nachlassmitteln ohne Rücksicht auf die Willensrichtung des Handelnden als nachlassbezogenes Geschäft gilt. Das dürfte weitgehend unstreitig sein.

Auch bei Erwerbsgeschäften mit nachlassfremden Mitteln können *objektive Umstände* eine eindeutige Beziehung zum Nachlass herstellen, zB die Anschaffung von Zubehörstücken für Gegenstände des Nachlasses. In diesen Fällen ist nach hier vertretener Ansicht ebenfalls ein entgegenstehender Wille des Handelnden unbeachtlich.[66]

b) Ergibt sich die Beziehung zum Nachlass nicht aus den objektiven Umständen, so reicht allein ein subjektiv begründeter Nachlassbezug nach den soeben genannten

---

61 Palandt/*Weidlich* § 2111 Rn. 3; Erman/*Schmidt* § 2111 Rn. 4; **aA** Planck/*Flad* § 2126 Rn. 2, die hier den Gedanken der einfachen Ersetzung anwenden und dem Vorerben Ersatzansprüche gegen den Nacherben zubilligen.

62 Überblick zum Meinungsstand zB bei MüKoBGB/*Gergen* § 2041 Rn. 12 ff.

63 OGHZ 2, 226.

64 BGH NJW 1968, 1824; *Kipp/Coing* ErbR § 114 III 2a; Soergel/*Wolf* § 2041 Rn. 8; Staudinger/ *Werner* (2002) § 2041 Rn. 6.

65 Erman/*Schlüter* § 2041 Rn. 4; Palandt/*Weidlich* § 2041 Rn. 2; Soergel/*Wolf* § 2041 Rn. 11.

66 Erman/*Schlüter* § 2041 Rn. 4; *Muscheler* ErbR II Rn. 3887; Palandt/*Weidlich* § 2041 Rn. 2; Soergel/*Wolf* (2002) § 2041 Rn. 11; **aA** MüKoBGB/*Gergen* § 2041 Rn. 25.

Ansichten für die Anwendung des § 2041 nicht aus. Dagegen sollte in diesen Fällen die *Willensrichtung* des Handelnden darüber entscheiden, ob das Geschäft auf den Nachlass bezogen ist. Diese Fälle werden allerdings selten vorkommen.

> Im **Fall f** erwirbt der Miterbe den Pkw mit nachlassfremden Mitteln; objektive Umstände, die eine Beziehung zum Nachlass ergeben, sind nicht festzustellen. Also kommt es auf den Willen des Miterben an. Da dieser den Pkw zur besseren Führung des Geschäfts erworben hat, sind die Miterben nach § 2041 Eigentümer des Wagens.

2. Wirkung und Bedeutung

609 Die Ersetzungswirkung bei nachlassbezogenen Geschäften entspricht derjenigen bei der Mittelsurrogation. Entscheidend ist der Zeitpunkt der beiderseitigen Leistungsgeschäfte.

Auch die Bedeutung dieser Ersetzungsart ist weitgehend mit den Auswirkungen der Mittelsurrogation zu vergleichen. Zu beachten ist jedoch, dass der Kreis der erfassten Geschäfte verschieden ist. Von der Ersetzung nach § 2041 können – anders als bei der Mittelsurrogation – auch Geschäfte erfasst werden, die mit nachlassfremden Mitteln getätigt worden sind. Diese Regelung verletzt keine schutzwürdigen Interessen des handelnden Miterben; dieser hat Ersatzansprüche gegen die Miterben nach den §§ 670, 683 f.

D. Ersetzung durch Inventarzuwachs

610 Nach § 2111 II gehört zur Erbschaft, was der Vorerbe dem Inventar eines erbschaftlichen Grundstückes einverleibt. Eine Einverleibung von Inventarstücken (zB Maschinen und Gerätschaften bei einem gewerblich genutzten Grundstück, § 98 I Nr. 1) liegt regelmäßig vor, wenn eine zweckentsprechende räumliche Beziehung der Gegenstände zum Grundstück hergestellt ist.

§ 2111 II will verhindern, dass eine wirtschaftliche Einheit willkürlich zerschlagen wird. Deshalb gehören einverleibte Inventargegenstände auch dann zum Nachlass, wenn sie weder an die Stelle ausgeschiedener Inventarstücke noch mit Erbschaftsmitteln angeschafft werden, sondern zum bisherigen Inventar hinzukommen. Erfolgt der Erwerb mit Erbschaftsmitteln, so greift ohnehin schon § 2111 I ein.

Etwaige Ersatzansprüche des Vorerben beim Eintritt des Nacherbfalls richten sich nach den §§ 2124, 2125. Ferner hat der Vorerbe gem. § 2125 II ein Wegnahmerecht.[67] Er muss allerdings nach § 258 die Kosten der Durchführung tragen.

E. Zusammenfassung

611 Der Ersetzungsgrundsatz (Surrogationsprinzip) gilt im Erbrecht beim Erbschaftsbesitzer, Miterben und Vorerben. Es gibt den einfachen und den rechtsgeschäftlichen Ersetzungserwerb sowie Ersetzungsfälle, bei denen der Erwerb nicht von der Herkunft der verwendeten Mittel oder der jeweiligen Art des Erwerbsgeschäfts abhängt. Ein Erwerb, der dem Ersetzungsgrundsatz unterliegt, gehört regelmäßig ohne Zwi-

---

67 Bamberger/Roth/*Litzenburger* § 2125 Rn. 2; *Kipp/Coing* ErbR § 49 II 3; MüKoBGB/*Grunsky* § 2125 Rn. 4; *Muscheler* ErbR II Rn. 2525; **aA** Erman/*Schmidt* § 2125 Rn. 2; Palandt/*Weidlich* § 2125 Rn. 2; Staudinger/*Avenarius* (2003) § 2125 Rn. 4 f.

schenerwerb des Handelnden unmittelbar zum Nachlass. Dadurch soll der Nachlass dem Berechtigten möglichst ungeschmälert erhalten bleiben.

Ersetzungsgrundsatz im Erbrecht (Surrogationsprinzip)

I. Bedeutung

Unmittelbare Zuordnung der erfassten Gegenstände zum Nachlass ohne Zwischenerwerb des Handelnden

II. Arten

1. Einfacher Ersetzungserwerb
    a) Erfasste Gegenstände: alles, was aufgrund eines zum Nachlass gehörenden Rechts oder als Ersatz für Zerstörung, Beschädigung oder Entziehung eines Nachlassgegenstandes erworben wird
    b) Anwendungsfälle
        aa) Erwerb durch Miterben (§ 2041)
        bb) Erwerb durch Vorerben (§ 2111 I)
        cc) Erwerb durch Erbschaftsbesitzer
2. Rechtsgeschäftlicher Ersetzungserwerb
    a) Erwerb mit Mitteln der Erbschaft
        aa) Erfasste Gegenstände: alles, was durch Rechtgeschäft mit Erbschaftsmitteln erworben wird
        bb) Anwendungsfälle
            (1) Erwerb durch Erbschaftsbesitzer (§ 2019)
            (2) Erwerb durch Vorerben (§ 2111 I)
    b) Erwerb mit Beziehung auf den Nachlass
        aa) Erfasste Gegenstände: alles, was durch ein Rechtsgeschäft erworben wird, das sich auf den Nachlass bezieht
        bb) Anwendungsfall: Erwerb durch Miterben (§ 2041)
3. Ersetzung durch Inventarzuwachs (§ 2111 II)

---

§ 35 Der Erbschein

Literatur: *Dillberger/Fest,* Vorgehen gegen einen unrichtigen Erbschein, JuS 2009, 1099; *Edenfeld,* Der deutsche Erbschein nach ausländischem Erblasser, ZEV 2000, 482; *Firsching/Graf,* Nachlassrecht, 9. Aufl. 2008; *Herminghausen,* Auswirkungen von einander inhaltlich widersprechenden Erbscheinen, NJW 1986, 571; *Hohloch,* Nachlassspaltung und Zuständigkeitsbegrenzung für Erbscheinserteilung durch das Nachlassgericht, JuS 1997, 467; *Keidel,* FamFG, 17. Aufl. 2011; *Keim,* Erbnachweis gegenüber Banken ohne Erbschein?, WM 2006, 753; *Köster,* Vor- und Nacherbschaft im Erbscheinsverfahren, Rpfleger 2000, 90, 133; *Lieder,* Gutgläubiger Erwerb im Erbrecht und Gesellschaftsrecht, Jura 2010, 801; *Medicus,* Besitz, Grundbuch und Erbschein als Rechtsscheinträger, Jura 2001, 294; *Parodi,* Die Maßgeblichkeit der Kenntnis vom Erbschein für einen gutgläubigen Erwerb einer beweglichen Sache nach § 2366 BGB, AcP 185 (1985) 362; *Pentz,* Der Vorbescheid im Erbscheinsverfahren, NJW 1996, 2559; *Scheer,* Der Erbschein, 1988; *Schreiner,* Der Vorbescheid im Erbscheinsverfahren, Rpfleger 2007, 636; *Schröder/Meyer,* Eröffnetes notarielles Testament versus Erbschein, NJW 2006, 3252; *Tiedtke,* Gutgläubiger Erwerb im bürgerlichen Recht, im Handels- und Wertpapierrecht sowie in der Zwangsvollstreckung, 1985, 197; *Zimmermann,* Das Erbscheinsverfahren im FamFG, JuS 2009, 817.

612

Fälle:

a) K hat einen Erbteil von dem durch Erbschein ausgewiesenen Miterben M erworben. G, dem M den Miterbenanteil bereits vorher verpfändet hatte, vollstreckt nunmehr aufgrund seines Pfandrechts. K wendet sich dagegen und beruft sich auf den Erbschein des M, der keine Angaben über das Pfandrecht enthält. Mit Recht? (→ **Rn. 616**)

b) Im Nachlass des X befindet sich ein dem A gehörender Ring, den A dem X geliehen hatte. Der Scheinerbe S hat einen Erbschein erlangt und veräußert den Ring an K. Unter welchen Voraussetzungen erwirbt K Eigentum? (→ **Rn. 618**)

c) Erwirbt K im Fall b Eigentum, wenn X den Ring dem A gestohlen hatte? (→ **Rn. 618**)

d) Ein Erbschein stellt sich nachträglich als unrichtig heraus. Der wirkliche Erbe legt Beschwerde gegen die Erbscheinserteilung ein. Zulässig? Wie kann er sonst noch seine Rechte wahren? Muss der Nachlassrichter von Amts wegen einschreiten, auch wenn ihm später lediglich Zweifel wegen der Richtigkeit des Erbscheins kommen? (→ **Rn. 623**, → **Rn. 624**)

e) A, B und C streiten, wer Erbe des E ist. A hat gegen B ein rechtskräftiges Feststellungsurteil erstritten, dass er E beerbt hat. Ist das Nachlassgericht an das Urteil gebunden, wenn A, B oder C einen Erbscheinsantrag stellen?
A hat einen Erbschein erlangt. Jetzt klagt B gegen C auf Feststellung seines Erbrechts. Darf das Prozessgericht abweichend vom Erbschein entscheiden? (→ **Rn. 625**)

A. Überblick

Der Erbschein (Beispiel: → Rn. 839) ist ein auf Antrag erteiltes Zeugnis über die erbrechtlichen Verhältnisse (§ 2353). Er wird vom Nachlassgericht aufgrund eines amtlichen Ermittlungsverfahrens ausgestellt (§§ 2354–2359) und gibt die Person des Erben, den Umfang seines Erbrechts sowie die Anordnung einer Nacherbfolge oder einer Testamentsvollstreckung (§§ 2363, 2364) an. Der Erbschein begründet wie das Grundbuch eine Vermutung für die Richtigkeit und Vollständigkeit seines Inhalts (§ 2365). Aufgrund seines öffentlichen Glaubens werden gutgläubige Dritte geschützt, die mit dem durch einen Erbschein Ausgewiesenen Verfügungsgeschäfte abschließen (§§ 2366, 2367).

Mit seiner Rechtswirkung erfüllt der Erbschein dringende Bedürfnisse des Rechtsverkehrs: Die Erben haben häufig ihre Gesamtnachfolge in das Vermögen des Erblassers zu beweisen. Behörden benötigen vor allem zur Führung öffentlicher Bücher und Register einen zuverlässigen Nachweis über die Erbfolge (vgl. zB § 35 GBO). Das Geschäftsleben ist auf ein verkehrssicheres Zeugnis über die Berechtigung des Erben angewiesen. Die Einrichtung des Erbscheins macht es überflüssig, in jedem Einzelfall die Gesamtnachfolge eines Erben jeweils erneut prüfen und feststellen zu lassen.

B. Inhalt und Arten des Erbscheins

I. Inhalt des Erbscheins

613 Der Erbschein weist das Erbrecht, die Erbteilsgröße und die erbrechtlichen Beschränkungen aus (§§ 2353, 2357, 2363, 2364). Andere Angaben dürfen nicht aufgenommen werden.[68]

---

68 Vgl. Mot. V, 565.

Eine Bezugnahme auf andere Urkunden ist unzulässig; der Erbschein muss vielmehr für sich allein verständlich sein. Maßgebend sind grundsätzlich die erbrechtlichen Verhältnisse zur Zeit des Erbfalls. Daher werden spätere Veränderungen, zB Erbteilsveräußerung, Eröffnung des Nachlassinsolvenzverfahrens, nicht berücksichtigt. Zu beachten sind hingegen Umstände, die für die Erbfolge bedeutsam sind (zB Testamentsanfechtung, Erbausschlagung).

1. *Gesamtnachfolge:* Im Erbschein sind Erblasser und Erbe so genau zu bezeichnen, dass Verwechslungen ausgeschlossen sind; außerdem ist die Todeszeit des Erblassers anzugeben.

2. *Erbteilsgröße:* Der Erbschein bezeichnet das Erbrecht des Erben; bei mehreren Erben muss die Erbteilsgröße in Bruchteilen angegeben werden (§§ 2353, 2357). Es sind daher nicht bestimmte Gegenstände oder Geldsummen aufzuführen; ferner ist nicht auf den Umfang des Nachlasses einzugehen.

Ist trotz Zuwendung bestimmter Gegenstände eine Erbeinsetzung anzunehmen, so bestimmt sich die Größe des Erbanteils nach dem Wert der Gegenstände (→ Rn. 321). In besonderen Fällen kann im Erbschein ein Mindesterbanteil oder ein der Größe nach noch unbestimmter Erbteil angegeben werden (→ Rn. 614).

3. *Beschränkungen:* Der Erbschein bezeugt die Verfügungsbefugnis des Erben über den Nachlass. Daher sind Verfügungsbeschränkungen des Erben mit ihrem Umfang anzugeben, insbesondere Nacherbfolge (§ 2363) und Testamentsvollstreckung (§ 2364). Schuldrechtliche Verpflichtungen des Erben (Beschwerungen wie Teilungsanordnungen, Vermächtnisse, Pflichtteilsansprüche) werden hingegen nicht angeführt. Haben sich die Verfügungsbeschränkungen in der Zeit zwischen dem Erbfall und der Erbscheinserteilung erledigt, so ist dies aus Vereinfachungsgründen zu berücksichtigen.[69]

Im Erbschein des Vorerben sind somit anzugeben (§ 2363): Anordnung der Nacherbfolge, deren Eintrittsvoraussetzungen (zB Tod des Vorerben), Person des Nacherben bzw. deren möglichst genaue Beschreibung, wenn die Person noch ungewiss ist (zB der zuerst geborene Enkel); Bestimmung der Unvererblichkeit des Nacherbenrechts;[70] Befreiung von Beschränkungen (vgl. §§ 2136, 2137); Bestellung eines Nacherbentestamentsvollstreckers (§ 2222).
Da der Erbschein ein Ausweis über das Erbrecht ist, nicht aber einen bestellten Testamentsvollstrecker legitimieren soll (Testamentsvollstreckerzeugnis; → Rn. 626), ist nur die Anordnung der Testamentsvollstreckung, nicht aber der Name des Testamentsvollstreckers anzugeben.[71] Umstritten ist, ob die Beschränkung der Testamentsvollstreckung nur im Zeugnis des Testamentsvollstreckers[72] oder auch im Erbschein anzugeben ist.[73]

4. *Andere Angaben:* Werden außer der Bezeichnung des Erben, der Erbteilsgröße und der erbrechtlichen Beschränkungen noch weitere Angaben in den Erbschein aufgenommen, so nehmen sie jedenfalls nicht an den Wirkungen der §§ 2365–2367 teil. Im Einzelfall ist zu prüfen, ob der Erbschein ungültig oder zumindest anfechtbar ist. Entsprechendes gilt, wenn der Erbschein nicht die gesetzlichen Erfordernisse enthält.

---

69 Staudinger/*Herzog* (2010) § 2353 Rn. 81 mN; **aA** wohl *Kipp/Coing* ErbR § 128 III 3c.
70 Vgl. § 2108 II; RGZ 154, 330; Staudinger/*Herzog* (2010) § 2363 Rn. 16.
71 **HM**; Erman/*Schlüter* § 2364 Rn. 1.
72 So KG OLG 40, 155; Erman/*Schlüter* § 2364 Rn. 1; RGRK/*Kregel* § 2064 Rn. 1.
73 So *Lange/Kuchinke* ErbR § 39 V 2; Soergel/*Zimmermann* § 2364 Rn. 1.

II. Erbscheinsarten

614 Das Gesetz sieht den Alleinerbschein, den gemeinschaftlichen Erbschein, den Teilerbschein und den gegenständlich beschränkten Erbschein vor. Die Rechtsprechung hat darüber hinaus den Gruppenerbschein, den gemeinschaftlichen Teilerbschein und den vereinigten Erbschein entwickelt. Schließlich gibt es noch Erbscheine für besondere Fälle, zB Hoffolgezeugnis und Erbschein über hoffreies Vermögen, Erbscheine für besondere Verfahren (zB Wiedergutmachungs- und Lastenausgleichsverfahren).

1. Alleinerbschein (§ 2353, 1. Fall): Er ist ein Ausweis über das Erbrecht des Allein- oder Universalerben.

2. Teilerbschein (§ 2353, 2. Fall): Er ist eine Urkunde über das Erbrecht eines von mehreren Miterben. Der Teilerbschein kann von dem einzelnen Miterben sowohl über das eigene Erbrecht als auch über das Erbrecht eines anderen Miterben derselben Erbengemeinschaft beantragt werden.

3. Gemeinschaftlicher Erbschein (§ 2357; → Rn. 839): Er bezeugt bei Erbenmehrheit die Erbfolge in den gesamten Nachlass. Daher bezeichnet der gemeinschaftliche Erbschein alle Miterben und die Größe ihrer Erbanteile. Antragsberechtigt ist jeder einzelne Miterbe.

Es steht dem einzelnen Miterben frei, ob er einen gemeinschaftlichen Erbschein, einen Teilerbschein oder beides beantragt.

Die gesetzliche Forderung, beim Miterben die Erbanteile anzugeben (§§ 2353, 2357 II), kann zu Schwierigkeiten führen, wenn zwar die Erben bekannt sind, die Höhe aller oder einzelner Erbteile aber noch ungewiss ist. In diesen Fällen lassen die Rechtsprechung[74] und die hM[75] einen vorläufigen Erbschein zu, in dem eine noch ungewisse Erbschaftsquote oder ein Mindesterbteil angegeben wird. Es darf dabei ein Teilerbschein oder ein gemeinschaftlicher Erbschein ausgestellt werden.[76] Ein gemeinschaftlicher Erbschein mit unbestimmtem Inhalt kann zwar nicht Grundlage einer Erbauseinandersetzung sein, wohl aber eine Verfügung über den ganzen Nachlass ermöglichen. Dabei ist für einen bereits gezeugten, aber noch nicht geborenen Miterben ein Pfleger zu bestellen (§ 1960). Ein vorläufiger Erbschein mit unbestimmtem Inhalt ist nach Klärung der Ungewissheit einzuziehen.

615 *4. Gruppenerbschein:* In ihm sind mehrere Teilerbscheine in einer Urkunde zusammengefasst. Er steht damit zwischen dem Teilerbschein und dem gemeinschaftlichen Erbschein, da er das Erbrecht mehrerer, aber nicht aller Miterben bescheinigt. Als Antragsteller müssen beim Gruppenerbschein alle aufgeführten Miterben auftreten.[77]

Der Gruppenerbschein kommt kaum noch vor, seitdem die Rechtsprechung den gemeinschaftlichen Teilerbschein zulässt.

5. Gemeinschaftlicher Teilerbschein: Er unterscheidet sich vom Gruppenerbschein nur dadurch, dass er schon auf Antrag eines einzigen Miterben erteilt werden kann.[78]

---

74 Vgl. KGJ 42, 128; OLG Hamm Rpfleger 1969, 299.
75 *Lange/Kuchinke* ErbR § 39 IV 2; MüKoBGB/*Mayer* § 2357 Rn. 16; Soergel/*Zimmermann* § 2357 Rn. 4.
76 Vgl. KGJ 42, 128; zustimmend MüKoBGB/*Mayer* § 2357 Rn. 16 f.; Soergel/*Zimmermann* § 2357 Rn. 4.
77 KGJ 41, 90; MüKoBGB/*Mayer* § 2353 Rn. 12.
78 MüKoBGB/*Mayer* § 2353 Rn. 12; Palandt/*Weidlich* § 2353 Rn. 5.

Ein Bedürfnis für die Erteilung eines gemeinschaftlichen Teilerbscheins besteht insbesondere, wenn mehrere Stämme an der Erbfolge beteiligt sind, aber zB die Erbberechtigung innerhalb eines einzelnen Stammes noch ungeklärt oder ungewiss ist.

6. *Sammelerbschein (zusammengefasster oder vereinigter Erbschein):* Er ist eine Zusammenfassung mehrerer Erbscheine über mehrere, aufeinander folgende Erbfälle.[79]

7. *Gegenständlich beschränkter Erbschein* (§ 2369): Die Erbfolge richtet sich regelmäßig nach dem Recht des Staates, dem der Erblasser zur Zeit seines Todes angehört (Art. 25 EGBGB; → Rn. 28).

Richtet sich die Erbfolge eines Ausländers nach deutschem Erbrecht, so ist nach den allgemeinen Regeln (§ 2353) ein unbeschränkter Erbschein zu erteilen (sog. *Eigenrechtserbschein*). Gilt für den Erbfall eines Ausländers hingegen materielles ausländisches Recht, so begründet § 2369 eine sog. internationale Zuständigkeit des deutschen Nachlassgerichts (dazu → Rn. 831) zur Erteilung eines gegenständlich beschränkten Erbscheins über das zur Zeit der Antragstellung im Inland befindliche Nachlassvermögen (sog. *Fremdrechtserbschein*); sachliche und örtliche Zuständigkeit bestimmen sich auch hier nach § 23a I Nr. 2, II Nr. 2 GVG, § 343 FamFG.

Auch der gegenständlich beschränkte Erbschein bezeugt für die im Inland befindlichen Nachlassgegenstände nur das Erbrecht, nicht hingegen die Zugehörigkeit bestimmter Gegenstände zum Nachlass. Einzelne Nachlasssachen sind daher auch in einem gegenständlich beschränkten Erbschein nicht aufzuführen.[80] Hinzuweisen ist aber auf die für das Inlandsvermögen beschränkte Geltung und auf das für die Erbfolge maßgebende sachliche Recht. Die Erbscheinserteilung richtet sich immer nach deutschem Verfahrensrecht.

Das BGB kennt nur den gegenständlich beschränkten Erbschein des § 2369 und lässt eine ausdehnende Anwendung auf andere Fälle nicht zu.[81]

8. In Art. 62 ff. der Verordnung (EU) Nr. 650/2012[82] ist die Einführung eines *Europäischen Nachlasszeugnisses* vorgesehen. Diese VO ist am 16.8.2012 in Kraft getreten,[83] gilt aber gem. Art. 84 in ihren wesentlichen Teilen erst ab 17. 8. 2015. Durch sie soll die Abwicklung grenzüberschreitender Erbfälle (in der EU angeblich jährlich bis zu 450.000) erleichtert werden. Wenn der Erblasser etwa Konten bei ausländischen Banken, Ferienimmobilien oder einen zweiten Wohnsitz (zB Altersruhesitz) im Ausland hat, hilft ein deutscher Erbschein nicht weiter. Die Erben müssen sich bisher vielmehr an die nach dem jeweiligen nationalen Recht zuständige Behörde wenden, um dort einen geeigneten Nachweis zu erlangen, damit sie die geerbten Vermögensgegenstände in Besitz nehmen können. Diese kosten- und zeitintensive Belastung der Erben soll durch Schaffung eines einheitlichen Europäischen Nachlasszeugnisses, das in allen Mitgliedstaaten anerkannt wird, abgebaut werden.

615a

Das Europäische Nachlasszeugnis tritt nicht an die Stelle des nationalen Erbscheins (Art. 62 III), seine Verwendung ist auch nicht verpflichtend (Art. 62 II). Vielmehr eröffnet es bei Erbfällen mit grenzüberschreitendem Bezug den Erben, Vermächtnisnehmern, Testamentsvollstreckern und Nachlassverwal-

---

79 KGJ 44, 99; BayObLGZ 1951, 690 (695); MüKoBGB/*Mayer* § 2353 Rn 14.
80 Palandt/*Weidlich* § 2369 Rn. 2.
81 BGHZ 1, 15; **hM;** s. aber auch BGHZ 52, 123; Staudinger/*Herzog* (2010) § 2369 Rn. 1.
82 Genaue Bezeichnung: Verordnung des Europäischen Parlaments und des Rates vom 4. Juli 2012 über die Zuständigkeit, das anzuwendende Recht, die Anerkennung und Vollstreckung von Entscheidungen und die Annahme und Vollstreckung öffentlicher Urkunden in Erbsachen sowie zur Einführung eines Europäischen Nachlasszeugnisses.
83 ABl. L 201/107 vom 27.7.2012.

tern eine zusätzliche Möglichkeit, ihren Status, ihre Rechte und Befugnisse in einem anderen Mitgliedstaat, in dem beispielsweise Nachlassvermögen belegen ist, einfach nachzuweisen. Es wird auf Antrag einer der genannten Personen erteilt (Art. 63 I, 65 I). Zuständig ist ein Gericht oder eine andere Behörde des international zuständigen Mitgliedstaats (Art. 64, Rn. 830 a). Nach Art. 68 enthält das Europäische Nachlasszeugnis unter anderem Angaben zur ausstellenden Stelle, zum Antragsteller, zum Erblasser, zu den Erben und gegebenenfalls ihren Erbquoten, zu Vermächtnisnehmern und sonstigen verfügungsberechtigten Personen (Testamentsvollstrecker, Nachlassverwalter), ferner zu dem auf den Erbfall anwendbaren Recht sowie darüber, ob für die Rechtsnachfolge von Todes wegen die gewillkürte oder die gesetzliche Erbfolge gilt und ob die Erben und Vermächtnisnehmer in ihren Rechten Beschränkungen unterliegen

Die *Wirkungen* des Europäischen Nachlasszeugnisses ergeben sich aus Art. 69 II–V. Sie entsprechen den Rechtswirkungen eines nationalen Erbscheins (Vermutung der Richtigkeit, Legitimations- und Gutglaubenswirkung, dazu → Rn. 616 ff.), gelten allerdings in allen Mitgliedstaaten, ohne dass es eines besonderen Verfahrens bedarf (Art. 69 I).

C. Rechtswirkungen des Erbscheins

616 Der Erbschein hat eine doppelte Wirkung. Sie besteht einmal in der Vermutung für das Erbrecht des im Erbschein Bezeichneten (§ 2365) und zum anderen im Schutz gutgläubiger Dritter bei Verfügungsgeschäften mit dem als Erben Ausgewiesenen (§§ 2366, 2367). Vermutung und öffentlicher Glaube des Erbscheins sind dem Verkehrsschutz des Grundbuchs (§§ 891–893) nachgebildet.

Die Rechtswirkungen des Erbscheins beginnen mit seiner Erteilung und enden mit seiner Einziehung, Kraftloserklärung oder Herausgabe (§§ 2361, 2362); ein einfacher Verlust des Erbscheins schadet hingegen nicht.

I. Vermutung des § 2365

Es wird vermutet, dass der im Erbschein Bezeichnete wirklich Alleinerbe oder Miterbe zum ausgewiesenen Anteil ist und dass keine anderen als die angegebenen erbrechtlichen Verfügungsbeschränkungen bestehen (§ 2365).

1. *Umfang der Vermutung:* Die Vermutung beschränkt sich auf den gesetzlich vorgeschriebenen Inhalt des Erbscheins; über die Richtigkeit anderer Angaben wird hingegen nichts ausgesagt. Positiv wird demnach nur das bezeichnete Erbrecht zur angegebenen Größe vermutet und negativ nur, dass andere als die angegebenen Nacherbschaften und Testamentsvollstreckungen nicht bestehen.

Es besteht keine *positive* Vermutung für den Berufungsgrund (Gesetz, Testament, Erbvertrag), die Person des Testamentsvollstreckers und die Zugehörigkeit bestimmter Sachen zum Nachlass, soweit der Erbschein hierüber regelwidrig Angaben enthält, ferner nicht für die Geschäftsfähigkeit oder Verfügungsmacht des Erben (zB Pfandfreiheit des Erbteils) oder für das Eigentum des Erblassers an den im Nachlass befindlichen Sachen. Im **Fall a** hat K den Erbteil also nicht frei von einem Pfandrecht des G erworben, so dass er die Vollstreckung des G nicht verhindern kann. Der für den Vorerben erteilte Erbschein (§ 2363; → Rn. 613) begründet nicht die positive Vermutung, dass die im Erbschein als Nacherbe genannte Person auch Nacherbe ist; denn das steht bei Ausstellung des Erbscheins noch nicht fest.[84] Die *negative* Ver-

---

84 BGHZ 84, 196 (199 ff.).

mutung umfasst nicht das Fehlen erbrechtlicher Beschwerungen (zB Auflage, Vermächtnis, Pflichtteil) sowie den Nichteintritt von Nachlassverwaltung und Nachlassinsolvenzverfahren. Ferner erstreckt sich die Vermutung nur negativ auf das Fehlen von nicht angegebenen Beschränkungen des Erben, nicht positiv auf das Entstehen und Fortbestehen der bezeichneten Nacherbfolgen und Testamentsvollstreckungen.[85]

In Verbindung mit § 857 ist nach § 2365 zu vermuten, dass der Besitz an den Nachlasssachen aufgrund eines bestehenden Erbrechts auf denjenigen übergegangen ist, der im Erbschein als Erbe bezeichnet ist, so dass diesem deswegen die Besitzschutzrechte der §§ 859 ff. zustehen.

Die Vermutung des § 2365 wirkt für und gegen jeden, also auch den im Erbschein Bezeichneten, so zB zu seinen Gunsten bei der Geltendmachung von zur Erbschaft gehörenden Rechten und zu seinen Ungunsten etwa bei seiner Inanspruchnahme aus Nachlassverbindlichkeiten.

2. *Wirkung der Vermutung:* Der durch einen Erbschein Ausgewiesene gilt im bezeugten Umfang als Erbe, solange die Erbscheinsvermutung nicht ausgeräumt ist.

a) Die durch den Erbschein begründete Rechtsvermutung ist mit allen Beweismitteln widerlegbar. Der von der Tatsachenvermutung handelnde § 292 ZPO ist für die aufgrund eines Erbscheins bestehende Rechtsvermutung entsprechend anwendbar. Da das Prozessgericht nicht an die Entscheidung des Nachlassgerichts gebunden ist (→ Rn. 625), kann der Beweis des Gegenteils auch mit den Beweismitteln geführt werden, die schon bei der Erbscheinserteilung dem Nachlassgericht bekannt waren.[86]

Die Erbscheinsvermutung ist ferner durch die Beseitigung des Erbscheins (§§ 2361, 2362) auszuräumen. Dabei ist wesentlich, dass § 2361 nicht den Nachweis der Unrichtigkeit verlangt, sondern die Erschütterung der nach § 2359 erforderlichen Überzeugung des Gerichts genügen lässt (→ Rn. 624). Daher kann für den Gegner des Erbscheinserben die Anregung des Einziehungsverfahrens günstiger und zugleich billiger sein als ein Prozess.

b) Soweit nicht besondere Bestimmungen etwas anderes anordnen, kann die Legitimation des Erben nicht nur durch einen Erbschein, sondern auch in anderer geeigneter Weise geschehen (vgl. § 35 GBO).

Das Erbrecht kann durch Klage festgestellt werden (§ 256 ZPO). Eine Geltendmachung des Erbschaftsanspruchs (§ 2018) setzt keinen Erbschein voraus. Nachlassschuldner dürfen nicht bis zur Vorlage eines Erbscheins die Leistung verweigern, wenn das Erbrecht auf andere Weise ausreichend nachgewiesen wird[87] und der Erblasser keine entgegenstehenden vertraglichen Absprachen (zB Bank- oder Lebensversicherungsbedingungen) eingegangen ist.

II. Öffentlicher Glaube des Erbscheins (§§ 2366, 2367)

Im Umfang der Vermutung des § 2365 begründen die §§ 2366, 2367 einen öffentlichen Glauben des Erbscheins: Der Inhalt des Erbscheins gilt danach gegenüber einem Gutgläubigen als richtig, der von dem im Erbschein Bezeichneten durch Rechtsgeschäft einen Erbschaftsgegenstand, ein dingliches Recht an einem solchen

617

---

85 Erman/*Schlüter* § 2365 Rn. 3; **hM.**
86 RGZ 92, 68 (71); RG DR 1942, 977; MüKoBGB/*Mayer* § 2365 Rn. 8; Soergel/*Zimmermann* § 2365 Rn. 2.
87 Prot. V, 728.

Gegenstand oder die Befreiung von einem dinglichen oder persönlichen Nachlassrecht erwirbt (§ 2366). Entsprechendes gilt, wenn ein Gutgläubiger mit dem im Erbschein als Erbe Bezeichneten andere Verfügungsgeschäfte über Erbschaftsgegenstände abschließt oder wenn ein Gutgläubiger an den Erbscheinserben eine Leistung aufgrund eines Nachlassrechts bewirkt (§ 2367).

Der öffentliche Glaube ist beschränkt auf den gesetzlichen Inhalt des Erbscheins (→ Rn. 613). Somit besteht ein Rechtsschein nur für das bezeichnete Erbrecht im angegebenen Umfang und das Fehlen nicht aufgeführter Nacherbfolgen und Testamentsvollstreckungen. Enthält der Erbschein weitere Angaben, so besteht insoweit kein Schutz gutgläubiger Dritter.

Sind von verschiedenen Nachlassgerichten mehrere Erbscheine erteilt worden, so entfällt eine Erbscheinswirkung, soweit ein Widerspruch zwischen den Urkunden besteht.[88] Es bleibt allerdings zu erwägen, ob der auf einen ihm vorgelegten, unrichtigen Erbschein Vertrauende nach allgemeinen Rechtsscheinsgrundsätzen Schutz verdient.

Der Erbschein ersetzt nur das fehlende Erbrecht des Ausgewiesenen, nicht die Zugehörigkeit eines Gegenstandes zum Nachlass. Betrifft das Rechtsgeschäft des Erbscheinserben einen im Nachlass befindlichen Gegenstand, der dem Erblasser nicht gehörte, so ist neben den §§ 2366, 2367 Raum für die Anwendung anderer Bestimmungen über gutgläubigen Erwerb (zB §§ 405, 932 ff., 892 f.).

1. Erwerbsgeschäfte

618 **a)** Unter die Bestimmung des § 2366 fallen nur rechtsgeschäftliche Verfügungen des Erbscheinserben über einzelne Nachlassgegenstände. Der Schutz umfasst also nicht schuldrechtliche Geschäfte, rechtsgeschäftliche Gesamtnachfolgen, Rechtserwerb kraft Gesetzes sowie Vollstreckungshandlungen.

Es besteht somit keine Wirkung gegen den wirklichen Erben, wenn der Erbscheinserbe zB einen Erbschaftsgegenstand verpachtet, sich zur Übereignung einer Nachlasssache verpflichtet, einen Miterbenanteil veräußert (vgl. auch § 2030) oder über den Nachlass von Todes wegen verfügt. Gleiches gilt, wenn beim Tod des Erbscheinserben gesetzliche Erbfolge eintritt oder wenn der Erbscheinserbe verklagt und aufgrund eines gegen ihn erstrittenen Urteils in den Nachlass vollstreckt wird (Ausnahme: § 894 ZPO).[89] Im Übrigen werden jedoch alle rechtsgeschäftlichen Einzelverfügungen erfasst, auch wenn sie wie zB die Forderungsabtretung und die Schuldübernahme im Schuldrecht geregelt sind.

Der öffentliche Glaube des Erbscheins erstreckt sich *gegenständlich* auf den gesamten Nachlass, also auf alle Erbschaftsgegenstände, mag es sich um Sachen oder Rechte handeln. Erfasst werden somit auch Gegenstände, bei denen ein gutgläubiger Erwerb nach anderen Bestimmungen nicht möglich ist.

Vom Erbscheinserben können daher zB auch Forderungen des Erblassers gutgläubig erworben werden, obwohl die Voraussetzungen von § 405 nicht gegeben sind, ferner der Geschäftsanteil an einer GmbH.
Bewegliche Nachlasssachen, deren Besitz gem. § 857 auf den wirklichen Erben übergegangen ist, vermag ein Dritter aufgrund des Erbscheins trotz des § 935 zu erwerben, da diese Vorschrift nur den gutgläubigen Erwerb nach § 932 ausschließt, nicht aber denjenigen nach § 2366. Vielmehr gilt der Erbscheinserbe gem. § 2366 auch als Besitzer der Erbschaftssachen.[90]

---

88 BGHZ 33, 314.
89 Dazu Prot. V, 684 f.
90 MüKoBGB/*Mayer* § 2366 Rn. 16; Palandt/*Weidlich* § 2366 Rn. 7.

b) Ein gutgläubiger Erwerb nach § 2366 kommt jedoch nur in Betracht, wenn der Erwerber davon ausgeht, der Veräußerer verfüge als Erbe über einen Nachlassgegenstand.

§ 2366 greift also nicht ein, wenn der Erwerber annimmt, der Veräußerer verfüge als Berechtigter über einen Gegenstand, den er nicht durch den Erbfall, sondern auf andere Weise erworben habe. In diesen Fällen ist ein gutgläubiger Erwerb allein nach den allgemeinen Vorschriften möglich.

c) Der Erbschein schützt nur den Gutgläubigen. Bösgläubig ist lediglich, wer die Unrichtigkeit des Erbscheins kennt oder weiß, dass das Nachlassgericht die Rückgabe des Erbscheins wegen Unrichtigkeit verlangt hat (§ 2366); es kommt nicht darauf an, ob die Anordnung des Gerichts zu Recht ergangen ist. Selbst grobfahrlässige Unkenntnis begründet daher noch keinen bösen Glauben.

Die Kenntnis nur der Tatsachen, die eine Unrichtigkeit des Erbscheins ergeben, beseitigt den guten Glauben noch nicht;[91] es besteht dann jedoch ein Anscheinsbeweis für eine Bösgläubigkeit. Der Kenntnis von der Unrichtigkeit des Erbscheins stehen gleich die Kenntnis der rechtskräftigen Verurteilung des Erbscheinerben zur Herausgabe (§ 2362 I) und die Kenntnis von der Anfechtbarkeit der maßgebenden Verfügung von Todes wegen (§ 142 II).

Die Gutgläubigkeit entfällt lediglich bei Kenntnis. Voraussetzung des gutgläubigen Erwerbs ist nicht, dass aufgrund des Erbscheins tatsächlich ein Vertrauen im Rechtsverkehr hervorgerufen worden ist. Wer vom Erbscheinerben erwirbt, braucht daher nicht zu wissen, dass überhaupt ein Erbschein ausgestellt ist. Entscheidend ist allein, dass ein Erbschein erteilt ist.[92]

Zeitlich gesehen muss Gutgläubigkeit noch bei Vollendung des Rechtserwerbs vorliegen. Die Bestimmung des § 892 II ist auf den Erbschein nicht entsprechend anwendbar.

Ist bei einem Grundstücksgeschäft jedoch der Erblasser fälschlich im Grundbuch eingetragen, so gilt für einen Erwerb vom Erbscheinerben außer § 2366 auch § 892; soweit es daher auf die Kenntnis von der Unrichtigkeit des Grundbuchs ankommt, ist § 892 II zu beachten.

d) Wer als Gutgläubiger Erwerbsgeschäfte mit dem Erbscheinerben abschließt, wird demnach im Rahmen der Fiktion des § 2366 so behandelt, als hätte er vom wirklichen Erben erworben. War der Erblasser also Inhaber einer Forderung oder Eigentümer einer Sache, erwirbt ein gutgläubiger Dritter vom Erbscheinerben die Forderung gem. §§ 398, 2366, eine bewegliche Sache nach §§ 929 ff., 2366 und ein Grundstück gem. §§ 873, 925, 2366. Der gutgläubige Erwerber wird jedoch durch den Erbschein nicht besser gestellt, als wenn er das Rechtsgeschäft mit dem wirklichen Erben getätigt hätte. War also bereits der Erblasser Nichtberechtigter, so kommt ein gutgläubiger Erwerb nur in Betracht, wenn sowohl die Voraussetzungen des § 2366 als auch der Tatbestand einer allgemeinen Gutglaubensvorschrift (zB §§ 932 ff., 892) erfüllt sind.

Im **Fall b** gehört der Ring nicht zum Nachlass. Ist K gutgläubig in Bezug auf das Eigentum des Erblassers X, greift zu seinen Gunsten § 932 ein. Hält er außerdem den Erbscheinerben S für den wirklichen Erben des X, fingiert § 2366, dass S Erbe des X sei.
Im **Fall c** steht § 935 einem gutgläubigen Erwerb des K entgegen; K hätte auch vom Erblasser oder von dessen wirklichen Erben das Eigentum an dem Ring nicht erwerben können.

---

91 Prot. V, 685.
92 Mot. V, 569; BGHZ 33, 317.

Bei einem unrichtigen Grundbuch kommt ein gutgläubiger Erwerb vom Erbscheinserben nach §§ 892, 2366 in Betracht, wenn der Erblasser fälschlich im Grundbuch steht. Ist der wirkliche Erbe im Grundbuch eingetragen, so geht der öffentliche Glaube des Grundbuchs wegen seiner spezielleren Bedeutung einem anders lautenden Erbschein vor.

e) Soweit ein Rechtsgeschäft aufgrund des Erbscheins gegenüber dem wahren Erben wirksam ist, kann dieser in erster Linie nach den §§ 2018 ff., 816 Ausgleich vom Erbscheinserben beanspruchen; außerdem wird er durch die Surrogationsbestimmung des § 2019 geschützt (→ Rn. 600 ff.); es kommen auch Ansprüche des wahren Erben nach den §§ 823 ff. und § 822 in Betracht.

2. Leistungs- und andere Verfügungsgeschäfte

619 Die Bestimmung des § 2366 wird durch § 2367 ergänzt. Es besteht zwischen diesen Vorschriften ein entsprechendes Verhältnis wie zwischen den § 892 und § 893.

Nach § 2367 wird der gutgläubige Dritte geschützt, der wegen eines obligatorischen oder dinglichen Nachlassrechts Leistungen an den im Erbschein als Erben Bezeichneten bewirkt.

Bezahlt zB ein gutgläubiger Schuldner eine zur Erbschaft gehörende Forderung an den Erbscheinserben, so erlischt die Forderung auch mit Wirkung gegen den wirklichen Erben; dieser kann sich nur an den Erbscheinserben halten.

Unter § 2367 fallen Leistungsgeschäfte, die entweder an den durch Erbschein ausgewiesenen Nichterben erbracht werden oder an den wirklichen Erben, dessen Erbschein aber angeordnete Verfügungsbeschränkungen (Nacherbfolgen oder Testamentsvollstreckungen) nicht enthält.

Ein Gutgläubiger kann daher trotz bestehender Testamentsvollstreckung wirksam an den Erben leisten, wenn dem Erben ein Erbschein erteilt ist, der über die Testamentsvollstreckung nichts aussagt.

Schließlich schützt § 2367 einen Gutgläubigen, der Verfügungsgeschäfte gegenüber dem durch Erbschein Ausgewiesenen vornimmt, die nicht schon als Erwerbsgeschäfte unter § 2366 fallen. Dazu gehören ebenfalls einseitige Rechtsgeschäfte mit Verfügungswirkung, zB Kündigung, Anfechtung.

Auch § 2367 setzt voraus, dass es sich um Rechtsgeschäfte handelt. Erfasst werden daher nicht Prozesshandlungen und Rechtswirkungen, die unmittelbar kraft Gesetzes eintreten.

Soweit aber als Folge einer rechtsgeschäftlichen Leistung ein gesetzlicher Rechtsübergang stattfindet, kommt er nach dem Zweck der gesetzlichen Bestimmungen (vgl. zB §§ 268, 426, 774, 1143, 1163) auch dem Schuldner zu Gute, der wirksam an den Erbscheinserben leistet.

D. Erbscheinsverfahren

I. Erteilung des Erbscheins

620 1. *Zuständigkeit:* Der Erbschein wird auf Antrag (Beispiel: → Rn. 838) vom Nachlassgericht (§ 2353) im Verfahren über die Angelegenheiten der Freiwilligen Gerichtsbarkeit (§ 23a GVG, § 343 FamFG) ausgestellt. Die Aufgaben des Nachlassgerichts nimmt das Amtsgericht wahr (§ 23a I Nr. 2, II Nr. 2 GVG). Örtlich zuständig ist regelmäßig das Amtsgericht, in dessen Bezirk der Erblasser seinen letzten Wohnsitz hatte (Einzelheiten: § 343 FamFG).

Liegt eine Verfügung von Todes wegen vor, ist der Erbschein vom Richter zu erteilen. Das gilt auch für den gegenständlich beschränkten Erbschein (§ 2369). In allen übrigen Fällen wird der Rechtspfleger tätig (§§ 3 Nr. 2c, 16 I Nr. 6 RPflG). In Baden-Württemberg sind die Notariate zuständig (Art. 147 EGBGB, §§ 1 I, II, 38 LFGG).

2. *Antragsrecht:* Antragsberechtigt sind nach § 2353 der (Allein- oder Mit-) Erbe, der Vorerbe bis zum Eintritt des Nacherbfalles, danach der Nacherbe. Die Antragsbefugnis folgt für Testamentsvollstrecker, Nachlass- und Nachlassinsolvenzverwalter sowie Abwesenheitspfleger aus ihrer Stellung und ihrem Aufgabenbereich. Nicht antragsberechtigt ist hingegen der Nachlasspfleger (§ 1960), da er keinen bestimmten Erben vertritt. Die Gläubiger des Erben, die den Erbschein für die Zwangsvollstreckung benötigen, sind gem. §§ 792, 896 ZPO zur Antragstellung befugt. Erbteilserwerber und Erbeserben können den Erbschein für sich auf den Namen des Erben beantragen.

Die Erbscheinserteilung setzt die Annahme der Erbschaft voraus (vgl. § 2357 III 1). Eine Annahmeerklärung des Erben ist in der Antragstellung zu erblicken.

3. *Darlegungspflicht des Antragstellers:* Der Antragsteller hat dem Nachlassgericht die in den §§ 2354, 2355 aufgeführten Angaben zu machen. **621**

Mitzuteilen sind die Todeszeit des Erblassers, Rechtsstreitigkeiten über das geltend gemachte Erbrecht und die Umstände, durch die eine Person weggefallen ist, die den Antragsteller von der Erbfolge ausgeschlossen oder seinen Erbteil gemindert hätte (§§ 2354 I Nr. 1, 5, II; 2355, 2356 II). Der durch Verfügung von Todes wegen berufene Erbe hat ferner die Verfügung, aus der er sein Erbrecht herleitet, zu bezeichnen sowie anzugeben, ob und welche sonstigen Verfügungen von Todes wegen der Erblasser hinterlassen hat (§ 2355). Der gesetzliche Erbe muss weiter das Verhältnis angeben, auf dem sein Erbrecht beruht (Ehegattenverhältnis und Güterstand; verwandtschaftliche Beziehung; Staat), ferner vorhandene oder vorhanden gewesene Personen, die für den Ausschluss oder die Minderung seines Erbrechts von Bedeutung sind, schließlich sämtliche Verfügungen des Erblassers von Todes wegen (§ 2354 I Nr. 2–4).
Bezieht sich der Antrag nicht allein auf das eigene Erbrecht des Antragstellers, so muss unter Beweis gestellt werden, dass alle Erben die Erbschaft angenommen haben (§ 2357 III).

Der Antragsteller hat die in § 2356 genannten Beweismittel und Urkunden beizubringen.

Die Todeszeit des Erblassers, der Berufungsgrund bei gesetzlicher Erbfolge sowie die Umstände, die den Wegfall anderer Erben begründen, sind durch öffentliche Urkunden (§ 415 ZPO; zB §§ 54 ff. PStG) nachzuweisen. Bei gewillkürter Erbfolge muss die Verfügung von Todes wegen vorgelegt werden (§ 2356 I 1). Die Angabe anderer Beweismittel (zB Fotokopie der Urschrift)[93] genügt, wenn diese Urkunden nicht oder nur mit unverhältnismäßigen Schwierigkeiten zu beschaffen sind (§ 2356 I 2); an den Nachweis von Existenz und Inhalt einer nicht vorlegbaren Testamentsurkunde sind allerdings strenge Anforderungen zu stellen.[94] Im Übrigen reicht die eidesstattliche Versicherung aus; das Nachlassgericht kann jederzeit nach pflichtgemäßem Ermessen von dieser Versicherung absehen (§ 2356 II),[95] zB wenn der Erbe für das Nachlassgericht zweifelsfrei feststeht.[96] Bloße Äußerungen des Testators gegenüber dem Bedachten oder einem Dritten reichen dagegen für den Nachweis eines urkundlich vorhandenen Testaments nicht aus.[97] Offenkundige Tatsachen (§ 291 ZPO, zB Ausschlagungserklärung) brauchen weder bewiesen noch glaubhaft gemacht zu werden (§ 2356 III).

---

93 BayObLG NJW-RR 1992, 1358 mN; KG Rpfleger 2007, 264 f.
94 OLG München NJW-RR 2009, 305; OLG Naumburg NJW-Spezial 2012, 391.
95 Zum Ermessen des Nachlassgerichts OLG München NJW-RR 2007, 665 f.
96 LG Ansbach Rpfleger 2009, 568.
97 OLG München Rpfleger 2012, 27 (29).

622   **4.** *Amtsermittlung:* Das Nachlassgericht darf den Erbschein nur erteilen, wenn es von der Richtigkeit der Tatsachen überzeugt ist, die zur Begründung des Antrags erforderlich sind (§ 2359). Es hat zu diesem Zweck *von Amts wegen* die erforderlichen Ermittlungen anzustellen und die geeignet erscheinenden Beweise zu erheben (§ 2358; §§ 26, 29 FamFG). Das Erbscheinsverfahren wird somit zwar auf Antrag eingeleitet, ist aber ein Amtsermittlungsverfahren.

Das Gericht ist also nicht auf die Prüfung des Vorbringens der Beteiligten beschränkt. Möglich ist sogar eine öffentliche Aufforderung zur Anmeldung der Rechte anderer Erbanwärter (§ 2358 II; §§ 454 ff. FamFG). Das Nachlassgericht hat auf die Stellung sachdienlicher Anträge hinzuwirken, darf aber nicht von den gestellten Anträgen abweichen (Antragsverfahren). Es ist nicht an eine übereinstimmende Auslegung,[98] an Vergleiche oder Anerkenntnisse der Beteiligten über die Erbfolge gebunden (Ausnahme: → Rn. 625). Das Gericht kann das persönliche Erscheinen eines Beteiligten zu einem Termin anordnen, wenn dies zur Aufklärung des Sachverhalts sachdienlich erscheint (§ 33 I 1 FamFG). Ein Beteiligter ist persönlich anzuhören, wenn es zur Gewährung des rechtlichen Gehörs erforderlich ist (vgl. § 34 I Nr. 1 FamFG).

5. *Entscheidung des Nachlassgerichts:* Das Nachlassgericht entscheidet durch Beschluss (§ 38 FamFG).

a) Sieht das Nachlassgericht den Antrag als begründet an, so erlässt es gem. § 352 I FamFG einen *Feststellungsbeschluss* mit folgendem Inhalt: »Die zur Erteilung eines Erbscheins erforderlichen Tatsachen werden für festgestellt erachtet.« Der Beschluss wird sofort wirksam. Gleichzeitig fertigt es den beantragten Erbschein aus und übergibt oder übersendet ihn dem Antragsteller.

b) Widerspricht der Beschluss dem erklärten Willen eines Beteiligten, hat das Gericht die sofortige *Wirksamkeit des Beschlusses auszusetzen* und die *Erteilung des Erbscheins bis zur Rechtskraft des Beschlusses zurückzustellen* (§ 352 II FamFG). Das ist im Tenor des Beschlusses so auszusprechen. Danach wartet das Nachlassgericht die Beschwerdefrist von einem Monat (§ 63 FamFG) ab. Wird der Beschluss mangels rechtzeitiger Beschwerdeeinlegung rechtskräftig, erteilt das Nachlassgericht automatisch den Erbschein. Falls Beschwerde eingelegt wird, entscheidet darüber das OLG.

In der Praxis der Gerichte hatte es sich vor Inkrafttreten des FamFG am 1.9.2009 durchgesetzt, bei zweifelhafter Rechtslage einen sog. Vorbescheid zu erlassen. Es handelt sich dabei um die Ankündigung in Beschlussform, dass ein beantragter Erbschein bestimmten Inhalts erteilt werde, falls nicht binnen festgesetzter Frist gegen diesen Ankündigungsbeschluss Beschwerde eingelegt werde.[99] Im FamFG ist ein Vorbescheid nicht mehr vorgesehen. Er ist daher seit Einführung des Verfahrens nach § 352 II FamFG nicht mehr zulässig.[100]

c) Wenn das Nachlassgericht die Voraussetzungen für die Erteilung des Erbscheins nicht für gegeben hält, *weist es den Antrag* durch zu begründenden (§ 38 III 1 FamFG) und mit einer Rechtsmittelbelehrung (§ 39 FamFG) zu versehenden Beschluss *zurück.*

II. Unrichtiger Erbschein und Rechtsmittel

1. Rechtsmittel gegen die Entscheidung des Nachlassgerichts

623   **a)** *Gegen den Feststellungsbeschluss* ist gem. §§ 58, 63 FamFG die *befristete Beschwerde* vorgesehen. Für die Beschwerde muss in vermögensrechtlichen Sachen der Be-

---

98 OLG München Rpfleger 2010, 591 (592).
99 Vgl. BGHZ 20, 255; Einzelheiten zum Vorbescheid *Schreiner* Rpfleger 2007, 636.
100 OLG Köln Rpfleger 2010, 664 (665); *Zimmermann* JuS 2009, 817 (819).

schwerdewert größer als 600 EUR sein, oder das erstinstanzliche Gericht muss die Beschwerde zugelassen haben (§ 61 FamFG). Das erstinstanzliche Gericht kann der Beschwerde selbst abhelfen (§ 68 FamFG). Beschwerdegericht ist das OLG (§ 119 I Nr. 1b GVG). Bei einer Entscheidung des Rechtspflegers kommt zunächst die Erinnerung in Betracht (§ 11 RPflG).

Praktische Erwägungen sprechen dafür, dass außer dem Antragsteller (§ 58 II FamFG) auch derjenige beschwerdeberechtigt ist, der den Antrag ebenfalls hätte stellen können.[101]

Gegen den Beschwerdebeschluss des OLG ist die *Rechtsbeschwerde* zum BGH nur statthaft, wenn sie vom OLG zugelassen wurde (§ 70 FamFG).

b) *Nach Erteilung des Erbscheins* kann der Beschluss allerdings nicht mehr mit der Beschwerde angefochten werden. Mit seiner Erteilung treten die Wirkungen des Erbscheins im Rechtsverkehr ein (§§ 2365–2367). Auch das Gericht kann daher die Erteilung nicht durch einfache Aufhebung oder Änderung des Erbscheins wieder rückgängig machen (vgl. § 11 II 1 RPflG). Da das Nachlassgericht jedoch einen unrichtigen Erbschein einzuziehen oder für kraftlos zu erklären hat (§ 2361), ist eine Beschwerde mit dem Antrag auf *Einziehung des Erbscheins* zulässig (§ 352 III FamFG).[102] Ein seinem Wortlaut nach unzulässiges Beschwerdebegehren wird vielfach als Anregung an das Nachlassgericht auszulegen sein, den erteilten Erbschein einzuziehen, verbunden mit dem Antrag, einen Erbschein mit anderem Inhalt auszustellen[103] **(Fall d).** Beschwerdeberechtigt ist jeder, der durch die angefochtene Entscheidung für den Fall ihrer Unrichtigkeit in seinen Rechten betroffen wird (§ 59 I FamFG).

2. Einziehung, Kraftloserklärung und Herausgabeanspruch

a) Das Nachlassgericht hat auch nach der Erteilung von Amts wegen die Richtigkeit **624** des Erbscheins zu überprüfen, sofern ein Anlass dafür besteht; ein unrichtiger Erbschein ist *einzuziehen* (§ 2361). Gibt es objektive Anhaltspunkte für die Unrichtigkeit eines Erbscheins, kommt auch eine Sicherstellung von Amts wegen im Wege einer einstweiligen Anordnung nach § 49 I, II FamFG in Betracht.[104] Unrichtig ist ein Erbschein, dessen Inhalt (→ Rn. 613) der wirklichen Rechtslage nicht oder nicht mehr (zB infolge einer Testamentsanfechtung) entspricht. Es reicht dabei aus, dass die Überzeugung des Gerichts, die § 2359 für die Erteilung des Erbscheins voraussetzt, nach abgeschlossenen Ermittlungen erschüttert ist.[105]

> Die Unrichtigkeit braucht also nicht festzustehen. Andererseits genügen nicht schon bloße Zweifel; diese können aber Anlass zu weiteren Nachforschungen geben (§ 2361 III; **Fall d).**

Eine Verletzung verfahrensrechtlicher Vorschriften begründet eine Unrichtigkeit des Erbscheins iSd §§ 2361 f. nur, wenn der Erbschein aufgrund eines unzulässigen Verfahrens ausgestellt worden ist, zB Erbscheinserteilung ohne Antrag, abweichend vom

---

101 Vgl. dazu schon *Baur,* Freiwillige Gerichtsbarkeit (1955), § 29 A III 2e; ferner Staudinger/*Herzog* (2010) § 2353 Rn. 88.
102 MüKoBGB/*Mayer* § 2361 Rn. 31.
103 BayObLG FamRZ 1996, 1113; MüKoBGB/*Mayer* § 2353 Rn. 124; Soergel/*Zimmermann* § 2353 Rn. 51.
104 OLG Saarbrücken NJW-RR 2012, 588 f.
105 BGHZ 40, 54.

gestellten Antrag oder auf Antrag eines Nichtberechtigten, falls nicht der Antragsberechtigte die Erteilung genehmigt.[106]

Der vom örtlich unzuständigen Gericht erteilte Erbschein ist wirksam (§ 2 III FamFG), aber auf die Beschwerde ist seine Einziehung auch bei inhaltlicher Richtigkeit anzuordnen.[107] Auch im Beschwerdeverfahren ist die Zuständigkeit von Amts wegen zu prüfen.[108]

Offenbare Unrichtigkeiten wie Schreibversehen oder Rechenfehler sind in sinngemäßer Anwendung des § 319 ZPO auch von Amts wegen zu berichten.

Der Erbschein ist wirkungslos, sobald sämtliche Ausfertigungen eingezogen sind (§ 2361 I 2).

Die *Verweigerung der Einziehung* kann mit der *Beschwerde* nach §§ 58 ff. FamFG von demjenigen angefochten werden, der durch die Wirkung des Erbscheins im Falle seiner Unrichtigkeit in seinen Rechten beeinträchtigt ist (§ 59 I FamFG), zB der wirkliche Erbe[109] oder der Nachlassgläubiger, der einen Vollstreckungstitel erlangt hat.[110] Die *Beschwerde gegen die Einziehungsanordnung* steht dem Antragsteller und allen anderen Antragsberechtigten zu. Nach dem Vollzug der Einziehung des Erbscheins kann mit der Beschwerde nur noch die Neuerteilung des eingezogenen Erbscheins erstrebt werden.[111]

b) Kann der unrichtige Erbschein nicht sofort aus dem Verkehr gezogen werden, so hat ihn das Nachlassgericht *für kraftlos zu erklären* (§ 2361 II). Gegen die Kraftloserklärung gibt es keine Beschwerde, sobald der Beschluss gem. § 2361 II 2 öffentlich bekannt gemacht ist (§ 353 III FamFG).

c) Unabhängig vom Einziehungsverfahren hat der wirkliche Erbe gegen den Besitzer eines unrichtigen Erbscheins einen *Anspruch auf Herausgabe* an das Nachlassgericht (§ 2362 I; **Fall d**).

Der Anspruch ist mit der Klage vor dem ordentlichen Gericht geltend zu machen. Der Erbschein wird kraftlos mit der Herausgabe an das Nachlassgericht.
Auch anderen Personen steht dieser Anspruch zu (vgl. §§ 2363 II, 2364 II, 2370 II).
Wer einen unrichtigen Erbschein erlangt hat, ist dem wirklichen Erben ferner auskunftspflichtig (§§ 2362 II, 260).

III. Erbscheinsverfahren und Erbrechtsprozess

625 Erbscheinsverfahren vor dem Nachlassgericht und streitiges Verfahren über die Erbberechtigung vor dem Prozessgericht (zB Erbrechtsfeststellungsklage, § 256 ZPO; Erbschaftsklage, § 2018) sind grundsätzlich voneinander unabhängig. Das Nachlassgericht kann die Beteiligten insbesondere nicht zur Klärung von Streitpunkten auf den Prozessweg verweisen. Es gibt jedoch Berührungspunkte zwischen beiden Verfahren.

---

106 BGHZ 40, 54.
107 BayObLG Rpfleger 1981, 112.
108 OLG Hamm Rpfleger 1972, 102.
109 RGZ 61, 273 (277).
110 OLG München JFG 23, 154; MüKoBGB/*Mayer* § 2361 Rn. 49; Soergel/*Zimmermann* § 2361 Rn. 29.
111 BGHZ 30, 220; 40, 54.

1. Aussetzung: Ist ein Rechtsstreit über das Erbrecht anhängig, kommt eine Aussetzung des Erbscheinsverfahrens in Betracht, wenn die Entscheidung im Verfahren ganz oder teilweise vom Ausgang des Rechtsstreits abhängt (vgl. § 21 I FamFG).

Ein Rechtsstreit in diesem Sinne setzt nicht voraus, dass das Erbrecht Streitgegenstand ist. Es genügt vielmehr, dass über das Erbrecht als Vorfrage entschieden wird (zB beim Erbschaftsanspruch, → Rn. 573 ff.).

Dagegen darf das Prozessgericht den Rechtsstreit nicht bis zum Abschluss des Erbscheinsverfahrens aussetzen, da hierfür die Voraussetzungen des § 148 ZPO nicht gegeben sind.

2. Bindungswirkungen: Urteile des Prozessgerichts, die einen der Rechtskraft fähigen Ausspruch über das Erbrecht enthalten, binden den Erbscheinsrichter innerhalb der persönlichen und sachlichen Grenzen der Rechtskraft (§§ 322, 325 ZPO).[112] Zu diesen Urteilen gehören insbesondere solche, die eine Feststellung des Erbrechts enthalten (§ 256 ZPO). Dagegen entfaltet die Entscheidung des Nachlassgerichts keine Bindungswirkung für das Prozessgericht.

> Im **Fall e** erstreckt sich die Rechtskraft des Feststellungsurteils zu Gunsten des A nur auf A und B. Das Nachlassgericht kann also nicht dem B, wohl aber dem C einen Erbschein erteilen, wenn es diesen für den Erben hält.
>
> Falls A schon einen Erbschein erlangt hat und nunmehr C auf Feststellung seines Erbrechts klagt, ist das Prozessgericht an die Entscheidung des Nachlassgerichts im Erbscheinsverfahren nicht gebunden; denn der Erbschein hat keine Rechtskraftwirkung, und er kann gem. § 2361 jederzeit eingezogen werden, wenn sich seine Unrichtigkeit herausstellt.

Der Erbschein (§§ 2353 ff.)

I. Inhalt
1. Genaue Bezeichnung von Erblasser und Erben (§ 2353)
2. Bei mehreren Erben Angabe der Erbteilsgröße in Bruchteilen (§ 2353)
3. Beschränkungen wie Nacherbfolge (§ 2363) und Testamentsvollstreckung (§ 2364)

II. Arten
- Alleinerbschein (§ 2353, 1. Fall)
- Teilerbschein (§ 2353, 2. Fall)
- gemeinschaftlicher Erbschein (§ 2357)
- sonstige (Gruppenerbschein, gemeinschaftlicher Teilerbschein, Sammelerbschein, gegenständlich beschränkter Erbschein)
- Europäisches Nachlasszeugnis (ab 17.8. 2015)

III. Rechtswirkungen
1. Vermutung der Richtigkeit des Inhalts (§ 2365)
2. öffentlicher Glaube des Erbscheins
   a) gutgläubiger Erwerb vom Erbscheinserben (§ 2366)
   b) Wirksamkeit von Leistungen eines gutgläubigen Dritten aufgrund eines zum Nachlass gehörenden Rechts an den Erbscheinserben (§ 2367)

---

112 **HM,** MüKoBGB/*Mayer* § 2360 Rn. 40.

IV. Erbscheinsverfahren

1. Antrag des Allein- oder Miterben (§ 2353) mit dem Inhalt der §§ 2354, 2355 und der Beibringung der in § 2356 genannten Urkunden und Beweismittel

2. Zuständigkeit: Amtsgericht als Nachlassgericht (§ 2353; § 23a I Nr. 2, II Nr. 2 GVG, §§ 343 f. FamFG)

3. Amtsermittlung durch das Nachlassgericht (§§ 2358, 2361 III)

4. Entscheidung durch das Nachlassgericht: Feststellungsbeschluss mit Erteilung des Erbscheins (§ 352 I, II FamFG) oder Zurückweisung des Antrags durch Beschluss

5. Rechtsmittel:
   a) gegen den Feststellungsbeschluss: Beschwerde und Rechtsbeschwerde (§§ 58, 70 FamFG); Rechtspflegererinnerung (§ 11 II RPflG)
   b) nach Erteilung des Erbscheins: Nur Beschwerde mit dem Antrag auf Einziehung (§ 2361 I) des Erbscheins (§ 352 III FamFG)

6. Verhältnis zum Erbrechtsprozess
   a) ggf. Aussetzung des Erbscheinsverfahrens (§ 21 FamFG)
   b) Bindung des Nachlassgerichts an Urteile des Prozessgerichts

E. Anhang: Testamentsvollstreckerzeugnis

I. Allgemeines

626 Das Testamentsvollstreckerzeugnis (§ 2368; Beispiel: → Rn. 840) ist ein amtliches Zeugnis über die rechtliche Stellung des zum Testamentsvollstrecker Berufenen. Die Vorschriften über den Erbschein gelten beim Testamentsvollstreckerzeugnis entsprechend (§ 2368 III). Für den Grundbuchverkehr ist § 35 II GBO zu beachten.

Die Ausstellung des Zeugnisses kann der Testamentsvollstrecker beantragen (§ 2368 I 1), nach Annahme des Amtes auch ein Nachlassgläubiger (§§ 792, 896 ZPO), ebenso der Erbe, da er als Betroffener beteiligt ist.[113] Zur Ausstellung des Zeugnisses ist nur der Richter befugt (§ 16 I Nr. 6 RPflG).

II. Inhalt

626a Im Testamentsvollstreckerzeugnis sind Erblasser und Testamentsvollstrecker so zu bezeichnen, dass Verwechslungen ausgeschlossen werden. Die Befugnisse des Testamentsvollstreckers sind nur insoweit anzugeben, wie sie von der gewöhnlichen Regelung des Gesetzes abweichen und rechtliche Wirkung gegenüber Dritten äußern. § 2368 I 2, der dazu nur die Beschränkung des Vollstreckers in der Nachlassverwaltung und die Anordnung des Erblassers über die Freiheit des Vollstreckers in der Eingehung von Verbindlichkeiten nennt, enthält nach dem Legitimationszweck des Zeugnisses keine abschließende Aufzählung.

Aufzuführen sind daher im Testamentsvollstreckerzeugnis auch andere Bestimmungen des Erblassers, welche die Rechtsmacht des Vollstreckers abweichend vom gesetzlichen Regelfall einschränken oder erweitern, zB eine Verwaltungsübertragung gem. § 2209, eine besondere Regelung der Verwaltungsdauer nach § 2210, die Ernennung mehrerer Testamentsvollstrecker mit von § 2224 abweichenden

---

113 *Lange/Kuchinke* ErbR § 39 VIII 2; MüKoBGB/*Mayer* § 2368 Rn. 6; Soergel/*Zimmermann* § 2368 Rn. 7; **aA** OLG Hamm FamRZ 2000, 487 (488); *Lange* ErbR Kap. 19 Rn. 125; Palandt/ *Weidlich* § 2368 Rn. 5; *Schlüter* ErbR Rn. 878; Staudinger/*Herzog* (2010) § 2368 Rn. 4.

Befugnissen (vgl. im Einzelnen die §§ 2207–2210, 2222–2224). Aus dem Sinn des Testamentsvollstreckerzeugnisses ergibt sich ferner, dass interne Verwaltungsanordnungen des Erblassers, die keine Wirkung gegenüber Dritten haben, im Zeugnis nicht anzugeben sind (zB Maßregeln zur Überprüfung der dem Erben verbleibenden Befugnisse).

III. Rechtswirkungen des Testamentsvollstreckerzeugnisses

Wie der Erbschein, so hat auch das Testamentsvollstreckerzeugnis eine doppelte **627** Wirkung, die sich in einer Vermutung für das Amt des Bezeichneten und in einem Verkehrsschutz zu Gunsten Gutgläubiger äußert. Diese Rechtswirkung beschränkt sich auf den gesetzlich zulässigen Inhalt des Zeugnisses.

1. Nach den §§ 2368 III, 1. Hs., 2365 wird vermutet, dass der im Zeugnis Bezeichnete Testamentsvollstrecker mit den gesetzlichen Regelbefugnissen geworden ist und andere als die angegebenen Beschränkungen und Erweiterungen seines Amtes nicht bestehen. Dagegen erstreckt sich die Vermutung nicht auf den Fortbestand des Amtes über seine Beendigung hinaus.[114]

2. Während der öffentliche Glaube des Erbscheins sich nur auf Verfügungsgeschäfte erstreckt, umfasst der Verkehrsschutz des Testamentsvollstreckerzeugnisses auch Verpflichtungsgeschäfte, die nach dem gesetzlichen Regelfall oder dem ausgewiesenen Umfang zum Amtsbereich des Testamentsvollstreckers gehören. Das folgt aus § 2368 I 2.

Ist zB im Testamentsvollstreckerzeugnis angegeben, dass der Vollstrecker in der Eingehung von Verbindlichkeiten für den Nachlass nicht beschränkt ist, so haftet der Erbe gutgläubigen Dritten gegenüber für alle vom Testamentsvollstrecker eingegangenen Verpflichtungen als Nachlassverbindlichkeiten, auch wenn sich nachträglich die Nichtigkeit des Testaments und damit auch der Anordnung einer Testamentsvollstreckung herausstellt.

IV. Dauer der Zeugniswirkung

Endet das Amt des Testamentsvollstreckers, so wird auch das Testamentsvollstrecker- **627a** zeugnis kraftlos (§ 2368 III, 2. Hs.). Es braucht daher zur Aufhebung seiner Rechtswirkungen – anders als der Erbschein – nicht eingezogen oder für kraftlos erklärt zu werden; das Nachlassgericht hat es jedoch aus Gründen der Verkehrssicherheit zu den Akten zurück zu fordern.[115]

Ein guter Glaube an das Fortbestehen des Testamentsvollstreckeramtes nach seiner Beendigung wird regelmäßig nicht geschützt. Beruht das Ende der Testamentsvollstreckung jedoch auf einer Anordnung des Erblassers, dann verlangt die Rechtsprechung insoweit eine im Zeugnis zu vermerkende Beschränkung, so dass Gutgläubige, die auf die gewöhnliche Dauer des Amtes vertrauen, geschützt werden;[116] diese Auslegung verdient zum Schutz der Verkehrssicherheit Zustimmung.

F. Anhang: Öffentlicher Glaube bei Todeserklärung und Feststellung der Todeszeit

Nach § 2370 I sind die §§ 2366, 2367 auch anzuwenden, wenn jemand, der für tot **628** erklärt oder dessen Todeszeit festgestellt ist (§§ 2 ff., 39 ff. VerschG), die angenom-

---

114 BGHZ 41, 23.
115 BayObLGZ 1953, 357; OLG Köln Rpfleger 1986, 261; Erman/*Schlüter* § 2368 Rn. 4; Palandt/ *Weidlich* § 2368 Rn. 10.
116 RGZ 83, 348 (352); Erman/*Schlüter* § 2368 Rn. 4; MüKoBGB/*Mayer* § 2368 Rn. 46; Palandt/ *Weidlich* § 2368 Rn. 10.

mene Todeszeit überlebt hat oder vor diesem Zeitpunkt gestorben ist. In diesen Fällen sind daher Verfügungsgeschäfte desjenigen, der bei Richtigkeit der Todeserklärung oder Todeszeitfeststellung Erbe des für tot Erklärten gewesen wäre, gegenüber Gutgläubigen wirksam. Bösgläubig ist, wer die Unrichtigkeit der Todeserklärung oder Feststellung der Todeszeit kennt oder von ihrer Aufhebung (§§ 30 ff., 40 VerschG) weiß. Diese Regelung greift ein, wenn kein Erbschein erteilt ist.

Ist aber ein Erbschein ausgestellt, so gilt sein Rechtsschein. Lebt der zu Unrecht für tot Erklärte noch, so hat er wegen des unrichtigen Erbscheins gem. § 2370 II 1 die Rechte aus § 2362. Entsprechendes gilt, wenn der Tod einer Person ohne Verfahren nach dem VerschG irrtümlich angenommen worden ist (§ 2370 II 2), zB infolge Fälschung einer Sterbeurkunde.

G. Zusammenfassung

629 Der in einem amtlichen Ermittlungsverfahren ausgestellte Erbschein bezeugt die Person des Erben, den Umfang seines Erbrechts sowie das Fehlen anderer als der angegebenen Nacherbfolgen und Testamentsvollstreckungen. Insoweit besteht eine Rechtsvermutung und ein öffentlicher Glaube für Verfügungsgeschäfte mit dem Scheinerben. Einen unrichtigen Erbschein hat das Nachlassgericht einzuziehen oder für kraftlos zu erklären; der wirkliche Erbe kann seine Herausgabe verlangen.

Das Testamentsvollstreckerzeugnis weist die Person des Testamentsvollstreckers aus und seine Befugnisse, soweit sie vom gesetzlichen Regelfall abweichen. Es erstreckt sich auch auf Verpflichtungsgeschäfte des Testamentsvollstreckers. Im Übrigen entspricht es in seiner rechtlichen Ausgestaltung dem Erbschein.

§ 36 Die staatlichen Aufgaben im Erbrecht

630 **Literatur:** *Everts*, Nachlasspflegschaft trotz transmortaler Vollmacht, NJW 2010, 2318; *Firsching/Graf*, Nachlassrecht, 9. Aufl. 2008; *Möhring/Beisswingert/Klingelhöffer*, Vermögensverwaltung in Vormundschafts- und Nachlaßsachen, 7. Aufl. 1992; *Primozic*, Kann der Nachlasspfleger zum Nachlass gehörende Pflichtteilsansprüche geltend machen?, NJW 2000, 711; *Tidow*, Die Anordnung der Nachlaßpflegschaft gemäß § 1960 BGB, Rpfleger 1991, 400; *Zimmermann*, Vergütung und Ersatz von Aufwendungen des Nachlasspflegers, ZEV 1999, 329.

Fälle:

a) A hat ein mit dem PC geschriebenes und ausgedrucktes Testament des E in Verwahrung. Nach dem Tode des E verweigert er die Ablieferung an das Nachlassgericht mit der Begründung, das Testament sei ohnehin unwirksam und brauche daher nicht eröffnet und verkündet zu werden. (→ Rn. 631)

b) Die Eheleute M und F haben ein gemeinschaftliches Testament errichtet, in dem sie den Überlebenden von ihnen zum Vorerben, ihre Töchter A und B zu Nacherben einsetzen und ihren Sohn C enterben. Die Töchter sollen auch Erben des Längstlebenden sein. M stirbt zuerst. Wie ist das Testament zu verkünden? (→ Rn. 633)

c) Erblasser E hat als Nachlass ein Bankguthaben von 20.000 EUR hinterlassen. Es ist unbekannt, wer Erbe ist und ob dieser die Erbschaft annimmt. Was kann zur Sicherung des Nachlasses geschehen, wenn die Gefahr besteht, dass Nichtberechtigte Geld abheben? (→ Rn. 635)

Das BGB beschränkt die Mitwirkung des Staates im Erbrecht im Wesentlichen auf Eröffnungs-, Verkündungs-, Feststellungs-, Fürsorge-, Legitimations- und Sicherungsaufgaben. Der Staat erfüllt diese Aufgaben regelmäßig durch das Nachlassgericht.

Zur Tätigkeit des Nachlassgerichts bei der Feststellung des Staatserbrechts → Rn. 80, bei der Erteilung eines Erbscheins und Testamentsvollstreckerzeugnisses → Rn. 620 ff.

A. Zuständigkeit und Verfahren des Nachlassgerichts

I. Zuständigkeit

1. *Sachlich* zuständig ist nach § 23a I Nr. 2, II Nr. 2 GVG für die dem Nachlassgericht obliegenden Verrichtungen das Amtsgericht.

Art. 147 EGBGB lässt jedoch eine landesrechtlich geregelte Zuständigkeit anderer als gerichtlicher Behörden unangetastet.

2. *Örtlich* zuständig ist das Amtsgericht, in dessen Bezirk der Erblasser seinen letzten Wohnsitz hatte, beim Fehlen eines Wohnsitzes im Inland das Amtsgericht des letzten Aufenthalts (§ 343 I FamFG).

Als letzter Wohnsitz kommt auch der Ort eines Pflegeheims in Betracht, in das der Erblasser aus gesundheitlichen Gründen auf nicht begrenzte Dauer aufgenommen wurde.[117] Hatte der Erblasser zur Zeit des Erbfalles weder seinen Wohnsitz noch seinen Aufenthalt im Inland, so ist für einen deutschen Erblasser das Amtsgericht Berlin-Schöneberg Nachlassgericht (§ 343 II FamFG). Für einen Ausländer als Erblasser sind die Amtsgerichte zuständig, in deren Bezirk sich Nachlassgegenstände befinden (§ 343 III FamFG).

3. *Funktionell* gilt für die Aufgabenverteilung zwischen Richter und Rechtspfleger das Prinzip der Vorbehaltsübertragung: Soweit Nachlass- und Teilungssachen nicht nach § 16 I RPflG dem Richter vorbehalten sind, ist nach § 3 Nr. 2c RPflG der Rechtspfleger zuständig.

II. Verfahren

Das Verfahren des Nachlassgerichts in Nachlass- und Teilungssachen gehört zur freiwilligen Gerichtsbarkeit (§ 23a II Nr. 2 GVG). Die wichtigsten Besonderheiten dieses Verfahrens gegenüber dem Zivilprozess sind: Das Verfahren wird von Amts wegen oder auf Antrag eingeleitet. Es gilt der Untersuchungsgrundsatz (§ 26 FamFG). An die Stelle von Parteien treten Beteiligte.

B. Eröffnung und Verkündung der Verfügungen von Todes wegen

Nach dem Tode des Erblassers besteht ein Bedürfnis danach, dass der Inhalt einer **631** vorhandenen Verfügung von Todes wegen amtlich festgestellt wird. Das Gesetz enthält daher in § 348 FamFG für die in amtlicher Verwahrung befindliche Verfügung von Todes wegen und in §§ 2259, 2263 für das nicht in amtliche Verwahrung gebrachte Testament Vorschriften darüber, wie nach dem Tod des Erblassers mit der Verfügung von Todes wegen zu verfahren ist. Diese Bestimmungen sind für das gemeinschaftliche Testament und für den Erbvertrag in § 349 FamFG etwas abgewandelt (Beispiel: → Rn. 836).

---

117 OLG Düsseldorf Rpfleger 2009, 681 (noch zu § 73 FGG).

I. Eröffnung von Testamenten

1. *Zuständigkeit:* Für die Eröffnung des Testaments, das sich im Besitz einer Privatperson oder in der amtlichen Verwahrung einer nicht gerichtlichen Behörde oder des Nachlassgerichts befindet, ist das Nachlassgericht zuständig (vgl. § 2259, § 348 FamFG).

Hat dagegen ein anderes Gericht als das Nachlassgericht das Testament in amtlicher Verwahrung, so eröffnet das verwahrende Gericht (vgl. §§ 344 VI, 350 FamFG).

2. *Voraussetzungen der Eröffnung:* Das zuständige Gericht kann das Testament nur eröffnen, wenn ihm der Eintritt des Erbfalls bekannt ist (Ausnahme: § 351 FamFG) und ihm die Testamentsurkunde vorliegt.

Soweit nicht eine Mitteilung von privater Seite erfolgt, erlangt das zuständige Gericht auf folgendem Wege Kenntnis vom Erbfall:

Die Stelle, die ein Testament in Verwahrung nimmt, teilt dem Standesamt des Geburtsortes des Erblassers mit, dass ein Testament verwahrt werde. Außerdem werden die Verwahrangaben der Bundesnotarkammer übermittelt, die sie im Zentralen Testamentsregister registriert (→ Rn. 111). Wird später das Standesamt vom Tod des Erblassers benachrichtigt, so macht es nunmehr seinerseits der Bundesnotarkammer Mitteilung, die nach Prüfung der Verwahrangaben das zuständige Nachlassgericht und die verwahrende Stelle benachrichtigt (§ 78c BNotO).
Auch ohne vom Tod des Erblassers erfahren zu haben, darf das verwahrende Gericht eröffnen, wenn die Verwahrung schon 30 Jahre lang andauert und die nach dieser Zeit anzustellenden Ermittlungen über Leben oder Tod des Erblassers nicht zur Feststellung seines Fortlebens geführt haben (§ 351 FamFG).

Sofern das Testament sich nicht schon in amtlicher Verwahrung eines Gerichts befindet, ist es an das Nachlassgericht abzuliefern (§ 2259 I, II 1). Das Nachlassgericht hat, wenn es von dem Testament Kenntnis erlangt, die Ablieferung zu veranlassen.

Zur Auffindung von Testamenten kann das Nachlassgericht von bestimmten Personen die Abgabe einer eidesstattlichen Versicherung über den Verbleib verlangen (vgl. § 35 FamFG). Verweigert jemand die Ablieferung, kann das Nachlassgericht gegen ihn Ordnungsstrafen verhängen und Zwang anwenden (§§ 358, 35 FamFG). Die Verweigerung der Ablieferung ist auch dann nicht berechtigt, wenn der Verwahrer das Testament, und sei es auch zu Recht, für unwirksam hält; denn die Feststellung der Wirksamkeit ist nicht Aufgabe des Verwahrers **(Fall a)**.

Wer das Testament unterdrückt, kann sich strafbar machen (§ 274 I Nr. 1 StGB), sich um sein gesetzliches Erbrecht bringen, das er mit der Unterdrückung zu wahren bestrebt war (§ 2339 I Nr. 4), und sich den testamentarischen Erben gegenüber schadensersatzpflichtig machen (§ 823 II iVm § 274 I Nr. 1 StGB; § 826).

Zu den Voraussetzungen der Eröffnung gehört *nicht*, dass der Erblasser mit ihr einverstanden war: Das Gesetz erklärt Anordnungen des Erblassers, durch die er die Eröffnung des Testaments nach seinem Tode hinausschieben oder ganz ausschließen will, für nichtig (§ 2263).

632 **3.** *Eröffnungsverfahren:* Das Nachlassgericht setzt den Eröffnungstermin an und lädt zu ihm, soweit tunlich, die gesetzlichen Erben und die sonstigen Beteiligten (zB Testamentserben, Testamentsvollstrecker, Vermächtnisnehmer; § 348 II 1 FamFG). Der Rechtspfleger (§ 3 Nr. 2c RPflG) öffnet das Testament, verkündet seinen Inhalt – ohne ihn rechtlich zu werten, da dies nicht seine Aufgabe ist – und legt den Anwesenden das Testament auf Verlangen vor (§ 348 II 3 FamFG). Über die Eröffnung ist eine Niederschrift aufzunehmen (§ 348 I 2 FamFG).

4. *Mitteilungen an nicht Erschienene:* Den Inhalt des Testaments zu erfahren, ist vor allem für die Erben, die Enterbten, die Vermächtnisnehmer und den Testamentsvollstrecker bedeutsam. Auch das Nachlassgericht muss, wenn es nicht selbst eröffnet, zur Wahrnehmung seiner übrigen Aufgaben den Inhalt des Testaments kennen. Deshalb hat das eröffnende Gericht den bei der Eröffnung nicht erschienenen Beteiligten den Inhalt des Testaments mitzuteilen, soweit er sie betrifft (§ 348 III FamFG).

Zur Eröffnung durch ein anderes Gericht vgl. § 350 FamFG.

5. Ein Recht auf *Einsichtnahme in eine Verfügung von Todes wegen* hat jeder, der ein berechtigtes Interesse glaubhaft macht (§ 357 I FamFG).

6. *Rechtsfolgen der Nichteröffnung:* Die Eröffnung des Testaments ist nicht Wirksamkeitsvoraussetzung für die in ihm enthaltenen Verfügungen.

II. Eröffnung von gemeinschaftlichen Testamenten

Durch die Eröffnung der Verfügungen von Todes wegen und die Verkündung ihres **633** Inhalts soll nur der letzte Wille der schon verstorbenen, nicht auch einer noch lebenden Person bekannt werden. Deshalb dürfen gemeinschaftliche Testamente (§ 2265) nur dann sogleich in ihrem gesamten Inhalt verkündet werden, wenn beide Ehegatten schon vor der ersten Eröffnung verstorben sind. Von dieser Ausnahme abgesehen, muss dem Erfordernis Rechnung getragen werden, dass einerseits der Wille des Erblassers offenbar werden, andererseits aber der des Überlebenden noch nicht in Erscheinung treten soll. Das ist in § 349 FamFG berücksichtigt.

> Im **Fall b** ist demnach zu verkünden, dass M die F zur Vorerbin und A und B zu Nacherben eingesetzt hat. C weiß dann, dass er nicht Erbe des E wird und kann den Pflichtteil verlangen. Die Kinder dürfen aber über die Erbfolge nach ihrer Mutter noch nichts erfahren.

Da das Testament wieder zu verschließen und zur Aufbewahrung für den zweiten Erbfall in amtliche Verwahrung zurückzubringen ist (§ 349 II 2 FamFG), andererseits aber der letzte Wille des schon verstorbenen Ehegatten ersichtlich bleiben muss, ist von seinen Verfügungen eine beglaubigte Abschrift anzufertigen (§ 349 II 1 FamFG). § 349 II FamFG gilt nicht, wenn das Testament nur Anordnungen für den schon eingetretenen Erbfall enthält (§ 349 III FamFG).

III. Eröffnung von Erbverträgen

Für die Erbverträge gilt das für die gemeinschaftlichen Testamente Ausgeführte ent- **634** sprechend (§ 349 IV FamFG). § 349 II, III FamFG ist also nur bei Erbverträgen anzuwenden, die sich in besonderer amtlicher Verwahrung befinden.

Die Eröffnungsfrist beträgt beim Erbvertrag wie beim Testament 30 Jahre (§ 351 FamFG).

C. Sicherung des Nachlasses

I. Voraussetzungen

Nach dem BGB gibt es zwar keine Erbschaft ohne Erben. Gleichwohl kann der **635** Nachlass ohne Verwalter sein, wenn etwa der Erbe die Erbschaft noch nicht angenommen hat, er unbekannt ist oder Ungewissheit über die Annahme besteht (§ 1960 I). Ergibt sich in diesen Fällen ein Bedürfnis für Sorgemaßnahmen durch das Nachlassgericht, so hat es nach pflichtgemäßem Ermessen geeignete Maßnahmen zu treffen, von denen einige in § 1960 II beispielhaft aufgezählt sind.

> Im **Fall c** kann das Nachlassgericht zB einen Nachlasspfleger bestellen und (oder) das Bankkonto sperren lassen.[118]

Unter den Voraussetzungen des § 1960 I ist die Bestellung eines Nachlasspflegers zwingend vorgeschrieben, wenn ein Nachlassgläubiger es zur gerichtlichen Geltendmachung eines Anspruchs beantragt (§ 1961).

Die Bestellung eines Pflegers für den *nasciturus* kommt aus zwei Gründen in Betracht: Einmal kann das Familiengericht unter den Voraussetzungen des § 1912 einen Pfleger zur Wahrung der künftigen Rechte der Leibesfrucht bestellen. Zum anderen kann das Nachlassgericht, da der Erbe noch unbekannt ist, unter den Voraussetzungen des § 1960 I, II einen Nachlasspfleger einsetzen. Die Pflegschaft nach § 1912 kommt neben der Nachlasspflegschaft in Betracht.[119]

II. Rechtsstellung des Nachlasspflegers

636 Die Nachlasspflegschaft ist eine Pflegschaft iSd §§ 1909 ff., auf die nach § 1915 I die Vorschriften über die Vormundschaft entsprechend anzuwenden sind. Nur tritt an die Stelle des Familiengerichts das Nachlassgericht (§ 1962).

Das bedeutet im Einzelnen: Das Nachlassgericht bestellt den Nachlasspfleger (§§ 1962, 1915 I, 1789, 1791), beaufsichtigt ihn (§§ 1915 I, 1837), genehmigt die Geschäfte, die er allein nicht vornehmen kann (§§ 1915 I, 1821 f.), und setzt seine Vergütung fest (§§ 1915 I, 1836). Die Vergütung kann dagegen nicht wirksam zwischen dem Nachlasspfleger und dem Erben vereinbart werden.[120] Der Nachlasspfleger hat die Erben zu ermitteln sowie im Übrigen den Nachlass in Besitz zu nehmen (→ Rn. 574) und zu verwalten, wie es das Vormundschaftsrecht für das Vermögen des Mündels vorschreibt. Mit derselben Maßgabe kann er Ansprüche,[121] die zum Nachlass gehören, gerichtlich geltend machen. Auch können Nachlassgläubiger schon vor Annahme der Erbschaft gegen ihn als Vertreter der Erben vorgehen (vgl. § 1960 III). Er hat dem Nachlassgericht Rechnung zu legen (§§ 1915 I, 1840 ff., 1962) und haftet den Erben für Pflichtverletzungen (§§ 1915 I, 1833). Entfällt der Grund für die Anordnung der Nachlasspflegschaft, so hat das Nachlassgericht sie aufzuheben (§§ 1962, 1919).

D. Zusammenfassung

637 Im Erbrecht des BGB sind die Aufgaben des Staates auf ein Mindestmaß beschränkt. Sie bestehen darin, Verfügungen von Todes wegen zu eröffnen und zu verkünden, das Erbrecht des Staates festzustellen, dem Erben einen Erbschein, dem Testamentsvollstrecker ein Testamentsvollstreckerzeugnis zu erteilen und erforderlichenfalls für die Sicherung des Nachlasses zu sorgen.

Der Staat nimmt nahezu alle ihm obliegenden Aufgaben durch das Nachlassgericht wahr, dessen Zuständigkeit und Verfahren sich nach dem Gesetz über das Verfahren in Familiensachen und in den Angelegenheiten der freiwilligen Gerichtsbarkeit (FamFG) richten.

---

118 Vgl. RGZ 154, 110 (114); KG Rpfleger 1982, 184.
119 MüKoBGB/*Leipold* § 1960 Rn. 35.
120 OLG Celle Rpfleger 2012, 30.
121 Auch Pflichtteilsansprüche; *Primozic* NJW 2000, 711 f.

Die staatlichen Aufgaben im Erbrecht
(Wahrnehmung durch Amtsgerichte als Nachlassgerichte,
§ 23a I Nr. 2, II Nr. 2 GVG, §§ 342 ff. FamFG)

I. Eröffnung von Testamenten (§§ 348, 350 f. FamFG), gemeinschaftlichen Testamenten (§ 349 FamFG) und Erbverträgen (§ 2300, §§ 348 ff. FamFG)
II. Erteilung von Erbscheinen (→ Rn. 612 ff.)
III. Ausstellung eines Testamentsvollstreckungszeugnisses (→ Rn. 626 f.)
IV. Sicherung des Nachlasses durch
- Bestellung eines Nachlasspflegers (§§ 1960 II, 1961, 1909 ff.)
- sonstige Sicherungsanordnungen nach § 1960 II

7. Abschnitt. Die Erbenhaftung

§ 37 Grundfragen der Erbenhaftung

Literatur: *Christmann*, Die Geltendmachung der Haftungsbeschränkung zugunsten Minderjähriger, **638** ZEV 1999, 416; 2000, 45; *Finkenauer*, Konvaleszenz und Erbenhaftung, FS Picker, 2010, 201; *Graf*, Möglichkeiten der Haftungsbeschränkung für Nachlassverbindlichkeiten ZEV 2000, 125; *Hambitzer*, Zur Bindungswirkung von Unterhaltsvereinbarungen gem. § 1586b BGB gegenüber den Erben, FamRZ 2001, 200; *Joachim*, Die Haftung des Erben, ZEV 2005, 99; *Olzen*, Die Erbenhaftung, Jura 2001, 520; *Schindler*, Problem der Vererblichkeit der Unterhaltspflicht nach § 1586b I S. 3 BGB, FamRZ 2004, 1527; *Schreiber*, Die Haftung des Erben für Nachlassverbindlichkeiten, Jura 2010, 117; *Widmann*, Zur Bedeutung des § 1968 BGB als Anspruchsgrundlage, FamRZ 1988, 351.

A. Übergang der Schulden

Mit dem Erbfall geht das Vermögen des Erblassers auf den oder die Erben über (§ 1922 I). Der Erblasser kann nach seinem Tod nicht mehr Träger von Rechten und Pflichten sein; deshalb tritt der Erbe an seine Stelle. Auf ihn gehen nicht nur die Aktiva des Vermögens des Erblassers, sondern auch die Passiva, also die Schulden, über.

Auf die Streitfrage, ob der Begriff »Vermögen« iSd § 1922 I auch die Verbindlichkeiten umfasst oder nicht,[1] braucht nicht eingegangen zu werden; denn jedenfalls ergibt sich aus § 1967 I eindeutig, dass auch die Schulden auf den Erben übergehen.[2]

Gem. § 1967 I »haftet« der Erbe für die Nachlassverbindlichkeiten. Der Wortlaut deutet darauf hin, dass keine Schuld (= Leistensollen des Schuldners), sondern nur eine Haftung des Erben in dem Sinne besteht, dass das Vermögen des Erben dem Vollstreckungszugriff der Nachlassgläubiger unterworfen ist. Gemeint ist aber, dass der Erbe persönlich an Stelle des Erblassers Schuldner der Verbindlichkeit wird.[3] Der Erbe schuldet und haftet.

B. Haftungssysteme

Mit dem Erbfall ist der Erbe Träger zweier Vermögensmassen. Einmal ist er nach wie **639** vor Inhaber seines *persönlichen (Eigen-)Vermögens*. Zum anderen wird er mit dem Erbfall Träger des Vermögens des Erblassers, also des *Nachlasses*. Da auch die Schulden des Erblassers auf den Erben übergehen, stehen diesem zwei Gruppen von Gläubigern gegenüber, nämlich die persönlichen Gläubiger und die Nachlassgläubiger.

Persönlicher Gläubiger des Erben ist zB derjenige, der aus einem vor dem Erbfall mit dem Erben geschlossenen Vertrag eine Kaufpreisforderung hat. Nachlassgläubiger ist etwa derjenige, dem aus einem Vertrag mit dem Erblasser eine Forderung zusteht.

---

1 Dazu: MüKoBGB/*Leipold* § 1922 Rn. 16 f.
2 Staudinger/*Marotzke* (2010) Vorbem. zu § 1967 Rn. 5.
3 Vgl. Mot. V, 604; *Kipp/Coing* ErbR § 91 II 2; Staudinger/*Marotzke* (2010) Vorbem. zu § 1967 Rn. 7.

Bei dieser Sachlage lassen sich folgende Haftungssysteme denken, die rechtsgeschichtliche Vorbilder haben und in den einzelnen Rechtsordnungen kombiniert vorkommen:

I. Einheit der beiden Vermögensmassen

640   Beide Vermögensmassen verschmelzen haftungsrechtlich zu einer Einheit, so dass der Erbe seinem persönlichen Gläubiger und dem Gläubiger der Nachlassverbindlichkeit sowohl mit dem Eigenvermögen als auch mit dem Nachlass haftet. Die Haftung des Erben für Nachlassverbindlichkeiten ist hier also nicht auf den Nachlass beschränkt; es handelt sich vielmehr um eine *unbeschränkte Haftung* mit Nachlass und Eigenvermögen.

II. Gegenständliche Trennung der beiden Vermögensmassen

641   Beide Vermögensmassen bleiben haftungsrechtlich getrennt; dem persönlichen Gläubiger des Erben haftet nur das Eigenvermögen des Erben, dem Gläubiger einer Nachlassverbindlichkeit dagegen nur der Nachlass. Die Haftung des Erben für Nachlassverbindlichkeiten ist hier eine *gegenständlich beschränkte Haftung* mit dem Nachlass. Der Erbe haftet nach einer Bezeichnung im späten gemeinen Recht »cum viribus hereditatis«. Der Gläubiger einer Nachlassverbindlichkeit kann nur in den Nachlass vollstrecken.

III. Wertmäßige (rechnerische) Trennung

642   Die beiden Vermögensmassen verschmelzen miteinander, so dass eine Trennung nicht mehr möglich ist. Der Wert des Nachlasses bleibt jedoch insofern von rechtlicher Bedeutung, als der Erbe mit seinem ganzen (Eigen- und Nachlass-) Vermögen für eine Nachlassverbindlichkeit haftet, allerdings nur bis zur Höhe des Wertes des Nachlasses. Diese *rechnerisch beschränkte Haftung*, die im gemeinen Recht als Haftung »pro viribus hereditatis« bezeichnet wurde, ist in Wahrheit eine Beschränkung der Schuld, der Leistungspflicht.[4]

C. Interessenlage

643   Bei der Erbenhaftung stehen sich widerstreitende Interessen der Gläubiger des Erblassers, des Erben und der Gläubiger des Erben gegenüber.

Bei einer Erbenmehrheit sind außerdem die Interessen der einzelnen Miterben und bei Vor- und Nacherbschaft die des Vorerben und die des Nacherben zur berücksichtigen. Diese Besonderheiten bleiben hier zunächst außer Betracht.

I. Nachlassgläubiger

644   Durch den Tod des Erblassers hat dessen Gläubiger den Schuldner verloren. Schuldner wird mit dem Erbfall an Stelle des Erblassers der Erbe, der im Einzelfall weniger vertrauenswürdig als der Erblasser sein kann. Die Arbeitskraft des Erblassers, die eine Grundlage für den Kredit des Gläubigers gewesen sein mag, ist weggefallen. Ferner verschmelzen regelmäßig Nachlass und Eigenvermögen des Erben sehr

---

4 *Boehmer*, Erbfolge und Erbenhaftung, 1927, 78 ff.

schnell, so dass schwer erkennbar ist, was zum Nachlass und was zum Eigenvermögen gehört. Der Erbe ist in der Lage, den Nachlass zu verkleinern, indem er etwa Nachlassgegenstände weggibt, verbraucht oder vernichtet. Deshalb entspricht es den Interessen des Gläubigers des Erblassers (Nachlassgläubigers), dass ihm nicht nur der Nachlass, sondern auch das Eigenvermögen des Erben haftet (= unbeschränkte Haftung).

Wenn aber der Erbe dem Nachlassgläubiger nur mit dem Nachlass haften soll (= gegenständlich beschränkte Haftung), dann muss im Interesse des Nachlassgläubigers wenigstens gewährleistet sein, dass der Nachlass möglichst ungeschmälert erhalten bleibt. Das kann dadurch erreicht werden, dass der Nachlass vom Eigenvermögen des Erben getrennt bleibt, der Erbe nicht (zB durch Verfügungen über Nachlassgegenstände) auf den Nachlass einwirken kann und schließlich auch persönliche Gläubiger des Erben nicht in den Nachlass zu vollstrecken vermögen.

Nicht alle Nachlassgläubiger sind in gleicher Weise schutzwürdig. Zu den Nachlassgläubigern gehört zB auch der Gläubiger eines vom Erblasser ausgesetzten Vermächtnisses. Dieser Gläubiger verdient in der Regel weniger Schutz als etwa der Gläubiger einer vom Erblasser eingegangenen Verbindlichkeit (zB Gläubiger einer Kaufpreisforderung). Der Vermächtnisgläubiger erwirbt unentgeltlich; sonstige Nachlassgläubiger erwerben regelmäßig entgeltlich (zB bei gegenseitigen Verträgen des Erblassers). Stünden Vermächtnisgläubiger den sonstigen Nachlassgläubigern gleich, so hätte es der Erblasser in der Hand, durch Vermächtnisse auf Kosten der sonstigen Nachlassgläubiger großzügig zu sein. Deshalb ist es berechtigt, die Interessen bestimmter Nachlassgläubiger (zB der Vermächtnisnehmer) den Interessen anderer Nachlassgläubiger nachzuordnen.

II. Erbe

Für den Erben wäre es am besten, wenn er für Nachlassverbindlichkeiten nur mit **645** dem Nachlass zu haften hätte. Eine solche gegenständlich beschränkte Haftung ist für ihn vor allem dann günstig, wenn die Passiva des Nachlasses dessen Aktiva übersteigen. Hier entspricht es den Interessen des Erben, dass er den Nachlassgläubigern nicht auch mit seinem Eigenvermögen haftet.

III. Eigengläubiger des Erben

Dem Eigengläubiger des Erben käme es am meisten entgegen, wenn er nicht nur auf **646** das Eigenvermögen des Erben, sondern zusätzlich auf den Nachlass zugreifen könnte. Haftet ihm auch der Nachlass, kann das jedoch zu einer Benachteiligung der Nachlassgläubiger führen. Das Interesse des Eigengläubigers an einer Haftung des Nachlasses verdient keinen Schutz, da er ohne den Erbfall auch nur auf das Eigenvermögen des Erben hätte zurückgreifen können.

Wenn den Nachlassgläubigern auch das Eigenvermögen haftet, können daraus Nachteile für den Eigengläubiger entstehen, weil sich damit der Kreis der auf das Eigenvermögen zugriffsbefugten Gläubiger vergrößert.

D. Gesetzliche Interessenbewertung

I. Verhältnis des Erben zum Nachlassgläubiger

1. Grundsatz der unbeschränkten Erbenhaftung

647 Das BGB hält die Interessen des Nachlassgläubigers für schutzwürdiger als die des Erben. Deshalb geht es zu Gunsten des Nachlassgläubigers vom Grundsatz der unbeschränkten Erbenhaftung aus. Dieser Grundentscheidung ist zuzustimmen; denn die Interessen des Nachlassgläubigers (→ Rn. 644) sind vor allem durch die Vermengung von Nachlass und Eigenvermögen und durch eine Verkleinerung des Nachlasses gefährdet.

2. Grundsatz der beschränkbaren Erbenhaftung

648 Auf der anderen Seite räumt das Gesetz dem Erben die Möglichkeit ein, die Haftung für Nachlassschulden auf den Nachlass zu beschränken (Grundsatz der beschränkbaren Erbenhaftung).

a) Eine solche Haftungsbeschränkung kann durch *Nachlassverwaltung* und *Nachlassinsolvenzverfahren* (§§ 1975 ff., §§ 315 ff. InsO) herbeigeführt werden. In beiden Fällen wird ein Verwalter bestellt und eine *Absonderung* des Nachlasses vom Eigenvermögen erreicht. Dem Erben wird die Möglichkeit genommen, den Nachlass zu verkleinern. Damit sind die Nachlassgläubiger hinreichend geschützt.

649 **b)** Nachlassverwaltung und Nachlassinsolvenzverfahren kosten Geld. Liegt ein *dürftiger Nachlass* vor, bei dem sich die Verwaltung mangels Masse nicht lohnt, so hat der Erbe die Möglichkeit, die beschränkte Erbenhaftung herbeizuführen (§§ 1990 f.).[5] Er wickelt dann – wie ein Verwalter – selbst den Nachlass ab (vgl. § 1991) und kann im Prozess mit dem Nachlassgläubiger die Dürftigkeitseinrede erheben (§ 1990). Die Nachlassgläubiger sind in diesem Falle weniger geschützt.

650 **c)** Es gibt Fälle, in denen der Erbe einzelnen Nachlassgläubigern nur mit dem Nachlass haftet, da diese weniger schutzwürdig sind.

Einmal kann der Nachlassgläubiger sich mit dem Erben darüber *vertraglich einigen*, dass dieser ihm nur mit dem Nachlass haftet.[6]

Der Nachlassgläubiger ist ferner dann nicht schutzwürdig, wenn er sich *im Aufgebotsverfahren nicht gemeldet* hat (§ 1973; → Rn. 663 ff.). Der Erbe kann die Befriedigung eines solchen Gläubigers verweigern, sofern der Nachlass durch Befriedigung der nicht ausgeschlossenen Gläubiger erschöpft ist. Im Übrigen ist die Haftung des Erben auf die Bereicherung beschränkt (§ 1973 II). Der Erbe brauchte nämlich mit diesem (ausgeschlossenen) Nachlassgläubiger nicht mehr zu rechnen; der Gläubiger hätte seine Forderung anmelden sollen. Dieselbe Interessenlage besteht, wenn das *Nachlassinsolvenzverfahren* durch Verteilung der Masse oder durch einen *Insolvenzplan beendet* worden ist (§ 1989).

Dem im Aufgebotsverfahren Ausgeschlossenen wird derjenige Nachlassgläubiger gleichgestellt, der seine Forderung *später als fünf Jahre nach dem Erbfall* dem Erben gegenüber *geltend macht,* es sei denn, dass dem Erben diese Forderung vor Ablauf

---

5 Zu den Voraussetzungen KG NJW-RR 2003, 941.
6 RGZ 146, 343 (346); Soergel/*Stein* vor § 1967 Rn. 8.

der Frist bekannt war oder dass sie im Aufgebotsverfahren angemeldet worden ist (§ 1974).

Schließlich sind *Vermächtnisnehmer und Auflagenbegünstigte* weniger stark geschützt, da solche Verbindlichkeiten auf einer Freigebigkeit des Erblassers beruhen. Deshalb kann der Erbe ihnen gegenüber bei einer auf Vermächtnissen und Auflagen beruhenden Überschuldung des Nachlasses die *Nachlassüberschwerung* geltend machen (vgl. § 1992), auch wenn der Nachlass nicht dürftig iSd § 1990 ist.

3. Verlust des Rechts auf Haftungsbeschränkung

a) Der Erbe kann sein Recht zur Beschränkung der Haftung *allen Nachlassgläubigern*   **651**
gegenüber verwirkt haben. Das ist der Fall, wenn er das Inventar nicht oder nicht sorgfältig errichtet. Dann soll er mit dem Nachlass und seinem Eigenvermögen unbeschränkt und unbeschränkbar haften. Im Einzelnen gilt:

Ist dem Erben auf Antrag eines Nachlassgläubigers eine Frist zur Errichtung eines Inventars (eines Verzeichnisses des Nachlasses; → Rn. 669 ff.) vom Nachlassgericht bestimmt und lässt er die *Frist ohne Inventarerrichtung verstreichen, so haftet* er nach Fristablauf *allen Nachlassgläubigern gegenüber unbeschränkt* (absolut unbeschränkte Haftung, § 1994 I 2). Da der Erbe nicht dargelegt hat, was zum Nachlass gehört und damit Haftungsobjekt für die Nachlassforderung ist, fordert der Schutz der Nachlassgläubiger, dass er auch mit seinem privaten Vermögen für die Nachlassverbindlichkeiten haftet.

Das Gleiche gilt, wenn der Erbe absichtlich ein erheblich unvollständiges Inventar errichtet oder in der Absicht, Nachlassgläubiger zu benachteiligen, die Aufnahme einer nicht bestehenden Nachlassverbindlichkeit bewirkt (*Inventaruntreue*, vgl. § 2005). Auch in diesen Fällen gibt der Erbe den Nachlassgläubigern keine sichere Unterlage über den Bestand des Nachlasses; deshalb müssen die Gläubiger besonders geschützt werden.

Die Inventarerrichtung führt nach unserem Recht aber keine beschränkte Erbenhaftung herbei. Vielmehr bewirken die Nichterrichtung sowie die Inventaruntreue, dass der Erbe allen Nachlassgläubigern unbeschränkt und nicht mehr beschränkbar haftet (§ 2013; → Rn. 675).

b) *Dem einzelnen Nachlassgläubiger gegenüber* verliert der Erbe das Recht der   **652**
Haftungsbeschränkung in folgenden Fällen:

Der Erbe hat durch *Vertrag* mit dem Nachlassgläubiger diesem gegenüber auf die Haftungsbeschränkung verzichtet.[7]

Der Erbe kann aus *prozessualen* Gründen dem Prozessgegner gegenüber die Haftung nicht mehr beschränken (vgl. §§ 780, 781, 785, 767 ZPO; Einzelheiten: → Rn. 712 f.).

Der Erbe *verweigert* die von einem Nachlassgläubiger verlangte eidesstattliche Versicherung, dass er im Inventar nach bestem Wissen die Nachlassgegenstände so vollständig angegeben habe, wie er dazu imstande sei. Dann haftet er dem Antragsteller unbeschränkt und unbeschränkbar (relativ unbeschränkte Haftung; § 2006 III).[8]

---

7 RGZ 146, 343 (346).
8 Zur Begründung vgl. Prot. V, 757 f.

II. Stellung des Eigengläubigers

653 Vor dem Erbfall haftet dem Eigengläubiger des Erben nur dessen Eigenvermögen. Von der Annahme der Erbschaft an haftet ihm außerdem noch der Nachlass. Das führt möglicherweise zu einer Benachteiligung der Nachlassgläubiger, wenn ein Eigengläubiger des Erben in den Nachlass vollstreckt (vgl. § 778 II ZPO). Der Nachlassgläubiger kann das verhindern, indem er eine Trennung der Vermögensmassen durch Nachlassinsolvenzverfahren (vgl. § 317 InsO) oder Nachlassverwaltung (vgl. § 1981 II) herbeiführt.

Selbst der Erbe, der seine Haftung für Nachlassverbindlichkeiten nicht mehr auf den Nachlass zu beschränken vermag (also unbeschränkbar haftet), kann noch die Eröffnung des Nachlassinsolvenzverfahrens beantragen (§§ 316 f. InsO), um seine Eigengläubiger vom Nachlass abzuwehren. Er ist jedoch gem. § 2013 I 1 nicht mehr in der Lage, die Nachlassverwaltung herbeizuführen.

Kommen Nachlassinsolvenzverfahren und Nachlassverwaltung wegen Dürftigkeit des Nachlasses nicht in Betracht (§ 1990), so können allerdings die Eigengläubiger auch in den Nachlass vollstrecken.

Der Eigengläubiger des Erben kann durch den Erbfall auch zu Gunsten der Nachlassgläubiger benachteiligt werden, nämlich dann, wenn die Nachlassgläubiger auch in das Privatvermögen des Erben vollstrecken. Durch eine Trennung der Vermögensmassen kann das verhindert werden; jedoch hat der Eigengläubiger nicht das Recht, Nachlassverwaltung oder Nachlassinsolvenzverfahren zu beantragen.

E. Arten der Nachlassverbindlichkeiten

654 Haftet der Erbe für Nachlassverbindlichkeiten unbeschränkt, so kommt es nicht darauf an, ob es sich um eine Nachlassverbindlichkeit oder um eine eigene Verbindlichkeit des Erben handelt. Haftet er dagegen für Nachlassverbindlichkeiten nur beschränkt mit dem Nachlass, ist es von entscheidender Bedeutung, ob die Verbindlichkeit zu den Nachlassverbindlichkeiten gehört. Bei der Definition der verschiedenen in Betracht kommenden Verbindlichkeiten ist manches streitig.

I. Erblasserschulden

655 Zu den Nachlassverbindlichkeiten gehören die »vom Erblasser herrührenden Schulden« (§ 1967 II), soweit sie vererblich sind.

Nicht vererblich sind zB die Pflicht zur Dienstleistung (§ 613), zur Leistung von Unterhalt (§§ 1615 I, 1360a III; beachte aber § 1586b), zur Zahlung einer schenkweise versprochenen Rente (§ 520).

Die vom Erblasser herrührenden Schulden können auf einem Rechtsgeschäft des Erblassers oder auf Gesetz beruhen.

Hat der Erblasser zB einen Kaufvertrag geschlossen, stammt die Schuld aus einem Rechtsgeschäft des Erblassers. Ist der Kaufvertrag nichtig und hat der Verkäufer die Leistung an den Erblasser bereits bewirkt, so ist der Anspruch aus § 812 I 1, 1. Fall eine gesetzliche Erblasserschuld.

Die Abgrenzung der Erblasserschuld von der Eigenschuld des Erben kann schwierig sein, wenn noch nicht alle Voraussetzungen für die Entstehung der Verbindlichkeit vor dem Erbfall erfüllt sind. Um eine Erblasserschuld handelt es sich, falls der wesentliche Entstehungstatbestand noch der Sphäre des Erblassers zuzurechnen ist.

Demnach rührt die Schuld auch dann vom Erblasser her, wenn er etwa eine aufschiebend bedingte (oder befristete) Verpflichtung eingegangen und die Bedingung (oder der Zeitpunkt) erst nach dem Erbfall eingetreten ist.[9]

> **Beispiel:** Hat der Erblasser mit einer Bank einen Bürgschaftsvertrag für einen dem S zu gewährenden Kredit geschlossen und wird der Kredit erst nach dem Erbfall gewährt, so ist die Verpflichtung aus dem Bürgschaftsvertrag eine Erblasserschuld. Nimmt der Erbe einen von der Bank dem Erblasser eingeräumten Kredit weiter in Anspruch,[10] so handelt es sich auch um eine Erblasserschuld, da der Vertrag bereits mit dem Erblasser geschlossen wurde. Außerdem haftet der Erbe, da er insoweit selbständig gehandelt hat, persönlich (Nachlasserbenschuld; → Rn. 658).
> Ist jemand auf der schadhaften Treppe in einem zum Nachlass gehörenden Haus zu Fall gekommen und dadurch geschädigt worden, so liegt ausschließlich eine Erblasserschuld vor, wenn der Erblasser trotz Kenntnis die Treppe nicht reparieren ließ und der Erbe schuldlos die Schadhaftigkeit nicht kannte. Dagegen haftet der Erbe auch persönlich, wenn er es schuldhaft unterließ, den Schaden beseitigen zu lassen. Schließlich kommt nur eine eigene Schuld des Erben in Betracht, wenn die Treppe erst nach dem Tod des Erblassers schadhaft wurde.

Besonders deutlich wird der »Übergang des Pflichtlebens des Erblassers auf den Erben«[11] bei Dauerschuldverhältnissen.

> **Beispiel:** Kündigt der Erbe eines Mieters das Mietverhältnis zum ersten zulässigen Termin (§ 564), so sind die Mietzahlungsverpflichtungen Erblasserschulden. Kündigt der Erbe nicht und setzt er das Mietverhältnis fort, weil er die gemieteten Räume zur Aufbewahrung von Nachlassgegenständen benutzt, sind die nunmehr fälligen Mieten Nachlasserbenschulden. Zieht er später mit seiner Familie in die Räume ein, begründet er Eigenschulden, für die nur noch sein Eigenvermögen haftet.[12]

Bei Schulden, die noch gar nicht in der Person des Erblassers angelegt waren, sondern erstmals in der Person des Erben entstanden sind, handelt es sich nicht um Nachlassverbindlichkeiten in Form von Erblasserschulden, sondern um Eigenschulden des Erben.

> **Beispiel:** Nach dem Tod des rentenberechtigten Erblassers werden weiterhin irrtümlich Rentenzahlungen geleistet. Die darauf beruhende bereicherungsrechtliche Rückzahlungspflicht hat niemals für den Erblasser bestanden und war auch in seiner Person nicht angelegt. Es handelt sich daher nicht um eine Nachlassverbindlichkeit.[13]

II. Erbfallschulden

Zu den Nachlassverbindlichkeiten gehören auch »die den Erben als solchen treffenden Verbindlichkeiten« (§ 1967 II). Dabei handelt es sich *nicht* um Verbindlichkeiten, die in der Person des Erblassers entstanden und mit dem Erbfall auf den Erben übergegangen sind. Vielmehr sind es Schulden, die aus Anlass des Erbfalls in Bezug auf den Nachlass erst mit dem Erbfall in der Person des Erben entstanden sind.

656

Zu den Erbfallschulden gehören zunächst die Verbindlichkeiten aus Pflichtteilsrechten, (gesetzlichen oder gewillkürten) Vermächtnissen und Auflagen (§ 1967 II), ferner die Kosten der standesgemäßen Bestattung des Erblassers (§ 1968).

---

9 BGH BB 1968, 152.
10 RGZ 146, 343.
11 *Boehmer*, RG-Festgabe, III. Bd., S. 216.
12 Vgl. Soergel/*Stein* § 1967 Rn. 2; Staudinger/*Marotzke* (2010) § 1967 Rn. 24.
13 AG Bad Segeberg NJW-RR 2012, 213.

Unter die Bestattungskosten fallen regelmäßig nicht die Kosten für die Reise naher Angehöriger zur Beerdigung[14] und nicht die Aufwendungen für die Grabpflege.[15]

Erbfallschulden sind auch: der Unterhaltsanspruch der werdenden Mutter, welche die Geburt eines Erben erwartet und außerstande ist, sich selbst zu unterhalten (vgl. § 1963), die Zugewinnausgleichsforderung (§ 1371 II, III),[16] die Erbschaftsteuer (§ 9 ErbStG) sowie die Kosten der Todeserklärung (§ 34 II VerschG).

III. Nachlasskostenschulden

657 Schulden, die erst nach dem Tode durch Nachlassabwicklung oder Geschäfte für den Nachlass entstehen, werden in der Literatur meist als Nachlasskostenschulden bezeichnet.[17] Manche verwenden dafür auch den Begriff Erbschaftsverwaltungskosten;[18] andere unterscheiden zwischen Nachlasskosten und Nachlassverwaltungskosten.[19] Man sollte diese Gruppe von Schulden zu den Erbfallschulden zählen;[20] denn in den Rechtsfolgen ergeben sich keine Unterschiede. Es handelt sich stets um Verbindlichkeiten, die erst in der Person des Erben entstehen und für die der Nachlass haftet.

Zu den Nachlasskostenschulden werden gezählt: Kosten der Eröffnung einer Verfügung von Todes wegen (§§ 348 ff. FamFG), der gerichtlichen Nachlasssicherung (§ 1960), des Nachlassgläubigeraufgebots (§§ 1970 ff.), der Inventarerrichtung (§§ 1993 ff.), der Nachlasspflegschaft (§ 1961), der Nachlassverwaltung (§§ 1975 ff.), des Nachlassinsolvenzverfahrens (§ 1975, §§ 315 ff. InsO).
Ferner sind die Verpflichtungen zu nennen, die sich aus der ordnungsmäßigen Verwaltung des vorläufigen Erben, des endgültigen Erben bei Nachlassabsonderung sowie des Vorerben ergeben. Hierher gehören schließlich auch die Verpflichtungen aus Geschäften des Nachlasspflegers, -verwalters, -insolvenzverwalters und Testamentsvollstreckers.

IV. Nachlasserbenschulden

658 Verbindlichkeiten, für die sowohl der Nachlass als auch das Eigenvermögen des Erben haften, werden als Nachlasserbenschulden oder Nachlasseigenschulden bezeichnet.[21] Der Gläubiger einer solchen Schuld hat also den Vorteil, sowohl in den Nachlass als auch in das Eigenvermögen des Erben vollstrecken zu können. Gegenüber einer Vollstreckung ins Eigenvermögen kann somit der Erbe nicht mit Erfolg die beschränkte Erbenhaftung geltend machen.

Hauptfälle der Nachlasserbenschulden sind diejenigen, in denen der Erbe eine Nachlassverbindlichkeit eingeht und dabei eine Haftung auch mit dem eigenen Vermögen nicht ausschließt.

Beispiele: Schließt der Erbe einen Vertrag über eine notwendige Dachreparatur an einem zum Nachlass gehörenden Haus, so ist der geschuldete Werklohn eine Nachlassverbindlichkeit. Als Vertragspartei haftet der Erbe auch mit seinem Eigenvermögen, wenn er nicht mit dem Werkunternehmer vereinbart, dass für die Schuld nur der Nachlass haften soll. Zahlt der Erbe aus dem

---

14 BGHZ 32, 72.
15 RGZ 160, 255 f.; BGHZ 61, 238; OLG Oldenburg DNotZ 1993, 135; *Lange* ErbR Kap. 16 Rn. 26; **aA** *Damrau* ZEV 2004, 456.
16 BGHZ 37, 58 (64).
17 *Schlüter* ErbR Rn. 1060; *Boehmer*, Erbfolge und Erbenhaftung, 1927, 117.
18 *Schlüter* ErbR Rn. 1060.
19 *Lange/Kuchinke* ErbR § 47 IV; *v. Lübtow* ErbR 1097.
20 So auch MüKoBGB/*Küpper* § 1967 Rn. 10 aE.
21 MüKoBGB/*Küpper* § 1967 Rn. 15 ff.; Palandt/*Weidlich* § 1967 Rn. 8; Soergel/*Stein* § 1967 Rn. 8; Staudinger/*Marotzke* (2010) § 1967 Rn. 5 ff.

Eigenvermögen, kann er unter den Voraussetzungen des § 1978 III (→ Rn. 686) Ersatz aus dem Nachlass verlangen.

Eine Nachlasserbenschuld ist auch eine solche Verbindlichkeit, die der Vorerbe in ordnungsmäßiger Verwaltung des Nachlasses eingegangen ist.[22]

Zu Nachlasserbenschulden können im Einzelfall aber auch Erblasserschulden (→ Rn. 655) und Erbfallschulden (→ Rn. 656) werden.

Beispiel: Das ist der Fall, wenn der Erbe eine solche Schuld vertraglich anerkennt und aus dem Vertrage zu entnehmen ist, dass er für diese Schuld auch mit seinem Eigenvermögen einstehen will. Macht der Erbe sich bei der Erfüllung einer Nachlassverbindlichkeit schadensersatzpflichtig (§§ 280 ff.), so handelt es sich um eine persönliche Schuld und um eine Nachlassverbindlichkeit. Ist dagegen der Erbe für eine Handlung des Testamentsvollstreckers, Nachlasspflegers usw. schadensersatzpflichtig, so haftet er nicht persönlich, da die genannten Verwalter nur zu Lasten des Nachlasses handeln.[23]

V. Geschäftsverbindlichkeiten

1. Gehört zum Nachlass ein *Handelsgeschäft,* so haftet der Erbe für die früheren **659** Geschäftsschulden wie auch sonst für Erblasserschulden, nämlich unbeschränkt, aber beschränkbar.

Führt der Erbe aber die frühere Firma mit oder ohne einen das Nachfolgeverhältnis andeutenden Zusatz fort, so muss er sich so behandeln lassen, als ob er ein Handelsgeschäft unter Lebenden erworben und die bisherige Firma fortgeführt hätte (§ 27 I HGB). Er haftet dann für die Geschäftsverbindlichkeiten auch mit seinem Privatvermögen, ohne die Haftung auf den Nachlass beschränken zu können.

In gleicher Weise haftet der Erbe, wenn die Übernahme der Verbindlichkeiten in handelsüblicher Weise bekannt gemacht worden ist oder ein sonstiger besonderer Verpflichtungsgrund vorliegt (§§ 27 I, 25 III HGB).

Dem Erben muss jedoch zu seinem Schutz eine Überlegungszeit gegeben werden. Deshalb tritt gem. § 27 II HGB die unbeschränkte Haftung des Erben nicht ein, wenn er innerhalb einer Frist von drei Monaten nach Kenntnis vom Anfall der Erbschaft den Geschäftsbetrieb aufgibt. Ist nach Ablauf der drei Monate das Recht zur Ausschlagung der Erbschaft noch nicht verloren, so endet die Frist nicht vor Ablauf der Ausschlagungsfrist.

Die Bezugnahme in § 27 I HGB erstreckt sich auch auf § 25 II HGB. Dessen sinngemäße Anwendung gibt dem Erben die Möglichkeit, durch einseitige Erklärung, die im Handelsregister einzutragen und bekannt zu machen oder dem Dritten mitzuteilen ist, die unbeschränkte Haftung auszuschließen.[24]

Die vom Erben eingegangenen Geschäftsschulden sind, wenn die Haftung nicht durch Vereinbarung auf den Nachlass beschränkt wird, Nachlasserbenschulden;[25] für sie haften also der Nachlass und das Eigenvermögen des Erben.

---

22 BGHZ 110, 176; KG NJW 2006, 2561 f.

23 Erman/*Schlüter* § 1967 Rn. 9; MüKoBGB/*Küpper*, § 1967 Rn. 25 (für den Nachlasspfleger); Soergel/*Stein* § 1967 Rn. 18.

24 **HM;** BaumbachHopt/*Hopt* § 27 Rn. 8; MüKoBGB/*Küpper* § 1967 Rn. 42, *Muscheler* ErbR II Rn. 3408; **aM** MüKo-HGB/*Lieb* § 27 Rn. 50.

25 Vgl. Erman/*Schlüter* § 1967 Rn. 12; str.

660 2. War der Erblasser *Gesellschafter einer offenen Handelsgesellschaft,* scheidet er nach dem gesetzlichen Regelfall bei seinem Tod aus der Gesellschaft aus, und diese wird mit den übrigen Gesellschaftern fortgesetzt (§ 131 III Nr. 1 HGB). Allerdings kann vereinbart werden, dass die Gesellschaft mit den Erben des Verstorbenen fortgeführt wird (vgl. § 131 III Nr. 1 HGB: »abweichende vertragliche Bestimmung«). Dann können sich folgende Möglichkeiten ergeben (→ Rn. 779 ff.):

Wird der Erbe persönlich haftender Gesellschafter, dann haftet er wie ein Eintretender (§ 130 HGB) für frühere Gesellschaftsschulden persönlich und unbeschränkbar (arg. § 139 IV HGB). Das gilt auch für die neuen Geschäftsschulden (§ 128 HGB).

Der Erbe kann bis zum Verlust des Rechts zur Ausschlagung, jedenfalls aber innerhalb von drei Monaten nach Kenntnis vom Anfall der Erbschaft verlangen, Kommanditist zu werden (§ 139 I, III HGB). Dann haftet er gem. § 139 IV HGB für die früheren Gesellschaftsschulden als Erbe nach BGB mit dem Recht, die Haftung auf den Nachlass zu beschränken. Außerdem haftet er persönlich als Kommanditist bis zur Höhe seiner Einlage, soweit diese nicht geleistet ist (§ 171 I HGB). Für neue Gesellschaftsschulden hat der Erbe nur als Kommanditist einzustehen.

Nehmen die übrigen Gesellschafter den Antrag des Erben, Kommanditist zu werden, nicht an, so kann der Erbe aus der Gesellschaft ausscheiden (§ 139 II HGB). In diesem Fall haftet er für die früheren Gesellschaftsschulden nur nach den Vorschriften des BGB (§ 139 IV HGB), also unbeschränkt, aber beschränkbar.

661 3. War der Erblasser *Gesellschafter einer Kommanditgesellschaft,* so ist zu unterscheiden:

Hatte er die Stellung eines *persönlich haftenden Gesellschafters,* bleibt im gesetzlichen Regelfall die Gesellschaft bestehen, und der Gesellschafter scheidet aus (vgl. §§ 131 III Nr. 1, 161 II HGB). Dessen Erbe tritt nur aufgrund einer Nachfolgeklausel (→ Rn. 786 ff.) an seine Stelle.

War er *Kommanditist,* wird der Erbe an Stelle des Erblassers Kommanditist (§ 177 HGB). Für frühere Gesellschaftsschulden haftet der Erbe mit seinem Kommanditanteil und in Höhe der rückständigen Hafteinlage auch mit dem sonstigen Nachlass. Ob er auch mit seinem Eigenvermögen für die rückständige Hafteinlage haftet, hängt davon ab, ob § 173 HGB nur für den vertraglichen Eintritt oder auch für den Erbfall gilt. Letzteres ist mit der hM zu bejahen; die gesellschaftsrechtliche Haftung nach § 173 HGB unterliegt nicht der erbrechtlich möglichen Haftungsbeschränkung.[26] Für neue Gesellschaftsschulden haftet der Erbe mit seinem Anteil und bei rückständiger Hafteinlage auch persönlich ohne Haftungsbeschränkung auf den Nachlass (§§ 171, 172 HGB).

Wenn jedoch der Erbfall erst nach der Auflösung der Gesellschaft eingetreten ist, haftet der Erbe des Kommanditisten nur nach erbrechtlichen Grundsätzen, so dass er die Möglichkeit hat, seine Haftung auf den Nachlass zu beschränken; eine gesellschaftsrechtliche und damit unbeschränkbare Haftung besteht daneben weder im Außenverhältnis noch gegenüber der Gesellschaft.[27]

---

26 RGZ 123, 366 (370); MüKo-HGB/*K. Schmidt* § 173 Rn. 44; Soergel/*Stein* vor § 1967 Rn. 32.
27 BGH NJW 1995, 3315.

F. Zusammenfassung

I. Der Erbe haftet für Nachlassverbindlichkeiten *grundsätzlich unbeschränkt* (also **662** mit dem Nachlass und dem Eigenvermögen).

II. Eine *beschränkte Erbenhaftung* (nur mit dem Nachlass) tritt *gegenüber allen Nachlassgläubigern* ein durch Nachlassverwaltung (§ 1975), Nachlassinsolvenzverfahren (§ 1975) oder Dürftigkeitseinrede (§ 1990).

III. Eine *beschränkte Erbenhaftung gegenüber dem einzelnen Nachlassgläubiger* erfolgt durch Erschöpfungseinrede gegenüber dem Nachlassgläubiger, der im Aufgebotsverfahren ausgeschlossen worden ist (§ 1973) oder der seine Forderung später als fünf Jahre nach dem Erbfall dem Erben gegenüber geltend macht (§ 1974).

IV. Der Erbe *verliert das Recht,* die Haftung auf den Nachlass zu beschränken, *gegenüber allen Nachlassgläubigern* bei Versäumung der Inventarfrist und bei Inventaruntreue.

V. Der Erbe *verliert das Recht* der Haftungsbeschränkung *gegenüber dem einzelnen Nachlassgläubiger* durch Verweigerung der von dem Gläubiger beantragten eidesstattlichen Versicherung, durch vorbehaltslose Verurteilung und durch vertraglichen Verzicht auf die Haftungsbeschränkung.

VI. Zu den *Nachlassverbindlichkeiten* gehören die Erblasserschulden, die Erbfallschulden, die Nachlasskostenschulden und die Nachlasserbenschulden. Für die drei erstgenannten Schulden haftet bei beschränkter Erbenhaftung nur der Nachlass. Für die Nachlasserbenschulden haften der Nachlass und das Eigenvermögen des Erben.

VII. Handels- und gesellschaftsrechtliche Besonderheiten ergeben sich für die Haftung des Erben bei Geschäftsverbindlichkeiten (§§ 27, 139, 173, 177 HGB; → Rn. 778 ff.).

Erbenhaftung (§§ 1967 ff.)

I. Grundsatz der unbeschränkten Haftung für Nachlassverbindlichkeiten mit Nachlass und Eigenvermögen (§ 1967)

II. Grundsatz der beschränkbaren Erbenhaftung für Nachlassverbindlichkeiten

   1. Beschränkungsmöglichkeiten auf den Nachlass

      a) gegenüber allen Nachlassgläubigern

         aa) Nachlassverwaltung (§§ 1975 ff.)

         bb) Nachlassinsolvenzverfahren (§§ 1975 ff., §§ 315 ff. InsO)

         cc) Dürftigkeitseinrede (§§ 1990 ff.)

      b) gegenüber einzelnen Nachlassgläubigern

         aa) vertragliche Haftungsbeschränkung

         bb) gegenüber Gläubigern, die sich nicht im Aufgebotsverfahren oder später als 5 Jahre nach dem Erbfall gemeldet haben (§§ 1973 f.)

         cc) gegenüber Vermächtnisnehmern und Auflagenbegünstigten bei Nachlassüberschwerung (§ 1992)

2. Verlust des Rechts auf Haftungsbeschränkung
   a) Verwirkung gegenüber allen Nachlassgläubigern bei Versäumung der Inventarfrist (§ 1994 I 2) oder Inventaruntreue (§ 2005)
   b) Verlust gegenüber einzelnen Nachlassgläubigern bei Verzicht auf Haftungsbeschränkung, bei vorbehaltloser Verurteilung (§§ 780, 781, 785, 767 ZPO) und bei Verweigerung der eidesstattlichen Versicherung (§ 2006 III)

III. **Arten von Nachlassverbindlichkeiten**
   1. Erblasserschulden = vom Erblasser begründet (§ 1967 II)
   2. Erbfallschulden = entstehen in der Person des Erben mit dem Erbfall (§ 1967 II)
   3. Nachlasskostenschulden = entstehen nach dem Erbfall mit der Nachlassabwicklung
   4. Nachlasserbenschulden = Haftung mit dem Nachlass und dem Eigenvermögen

§ 38 Gläubigeraufgebot und Inventarerrichtung

663 **Literatur:** *Firsching/Graf,* Nachlassrecht, 9. Aufl. 2008; *Harder,* Die gerichtliche Zuständigkeit für das Nachlassgläubigeraufgebot, ZEV 2002, 90; *v. Venrooy,* Zum Sinn eines Nachlassinventars, AcP 186 (1986) 356.

Fälle:
a) Der im Aufgebotsverfahren ausgeschlossene Nachlassgläubiger G macht seine Forderung auf Zahlung von 1.000 EUR gegen den Erben E geltend, nachdem dieser aus dem Nachlass die bekannten Nachlassgläubiger befriedigt, seinem Neffen N 2.000 EUR geschenkt und den Rest des Nachlasses (3.000 EUR) verspielt hat. (→ Rn. 666)
b) Nach Geltendmachung der Forderung des G erfüllt E noch ein Vermächtnis in Höhe von 500 EUR an V. (→ Rn. 665)
c) Im Fall a war die Forderung des G durch ein Pfand gesichert, dessen Versteigerung 900 EUR erbringt. (→ Rn. 667)
d) E hat das Inventar errichtet und soll auf Verlangen des G eine eidesstattliche Versicherung nach § 2006 abgeben. E weigert sich, weil kein entsprechendes Urteil gegen ihn vorliegt. (→ Rn. 673)

A. Aufgebot der Nachlassgläubiger

I. Bedeutung

Der Erbe hat ein Interesse daran, die Passiva des Nachlasses zu erfahren, weil er sich erst dann entscheiden kann, ob er eine Beschränkung der Haftung auf den Nachlass durch Nachlassverwaltung oder -insolvenzverfahren herbeiführen soll. Deshalb gibt das Gesetz ihm die Möglichkeit, in einem gerichtlichen Verfahren (§§ 454 ff. FamFG) die Nachlassgläubiger auffordern zu lassen, ihre Forderungen anzumelden (§ 1970).

Die Nachlassgläubiger sind nicht zur Anmeldung gezwungen. Meldet sich ein Gläubiger nicht bis zum Erlass des gerichtlichen Ausschließungsbeschlusses,[28] haftet ihm

---

28 OLG Düsseldorf NJW-RR 2012, 841 f.

gegenüber der Erbe nur mit dem Nachlass (vgl. § 1973). Der Erbe läuft demnach nicht mehr Gefahr, dass unbekannte Gläubiger wegen ihrer Forderungen auf sein Eigenvermögen Zugriff nehmen. Stellt der Erbe nach Durchführung des Aufgebotsverfahrens fest, dass die Aktiva des Nachlasses zur Befriedigung der bekannten Gläubiger ausreichen, so kann er den Nachlass selbst abwickeln, ohne unliebsame Überraschungen durch unbekannte Gläubiger befürchten zu müssen.

II. Verfahren

1. *Zuständig* ist das Nachlassgericht (§ 454 II iVm § 343 I FamFG), in dessen Bezirk der Erblasser zur **664** Zeit des Erbfalls seinen Wohnsitz, hilfsweise seinen Aufenthalt hatte (§ 343 I FamFG).

2. *Antragsberechtigt* sind: der Erbe nach Annahme der Erbschaft, sofern er nicht schon allen Nachlassgläubigern unbeschränkt haftet (§ 455 I FamFG), der verwaltende Nachlasspfleger, der Nachlassverwalter, der verwaltende Testamentsvollstrecker nach Annahme der Erbschaft (§ 455 II, III FamFG), der das Gesamtgut (mit-)verwaltende Ehegatte, wenn der Nachlass zum Gesamtgut gehört (§ 462 I FamFG), und der Erbschaftskäufer (§ 463 I FamFG).

3. Der *Antrag* ist schriftlich oder zur Niederschrift der Geschäftsstelle zu stellen (§ 25 I, II FamFG).

4. Der *Erlass des Aufgebots* erfolgt durch Beschluss des Rechtspflegers (§§ 3 Nr. 1 Buchst. c, 16 RPflG; Einzelheiten: §§ 434 II, 435, 437, 454 ff., 458 II FamFG).

5. Bei der *Anmeldung* hat der Gläubiger den Gegenstand und Grund der Forderung anzugeben (§ 459 I FamFG), damit die Forderung im Ausschließungsbeschluss eindeutig bezeichnet werden kann.

6. Der öffentlich zuzustellende (§ 441 FamFG) Ausschließungsbeschluss (§ 439 FamFG) ist mit der *Beschwerde* angreifbar (§ 58 FamFG). Gegen die Beschwerdeentscheidung kommt gem. § 70 FamFG die *Rechtsbeschwerde* in Betracht, falls sie vom Beschwerdegericht zugelassen wird.

III. Wirkung des Ausschließungsbeschlusses

1. Die Forderung des ausgeschlossenen Gläubigers erlischt nicht. Jedoch haftet der **665** Erbe, der insoweit die Möglichkeit einer Haftungsbeschränkung noch nicht verloren hat, für eine solche Forderung nur mit dem Nachlass, obwohl keine Trennung der beiden Vermögensmassen erfolgt ist. Der Erbe darf bei seinen Maßnahmen in Bezug auf den Nachlass davon ausgehen, dass andere als die angemeldeten Forderungen nicht vorhanden sind. Macht der ausgeschlossene Gläubiger seine Forderungen gegen den Erben geltend, so hat dieser die *Ausschließungseinrede* (§ 1973 I 1), wenn er nachweist, dass der Nachlass durch Befriedigung der nicht ausgeschlossenen Gläubiger bereits erschöpft ist oder durch die noch ausstehende Befriedigung solcher Gläubiger erschöpft wird.

Ob die Einrede besteht, kann im Erkenntnisverfahren nachgeprüft werden. Liegen die Voraussetzungen vor, führt das zur Abweisung der Klage des ausgeschlossenen Gläubigers. Es besteht für das Gericht aber auch die Möglichkeit, den Erben ohne Nachprüfung der Einrede zu verurteilen und den Beschränkungsvorbehalt ins Urteil aufzunehmen; dann kann der Erbe die Einrede in der Zwangsvollstreckung geltend machen (vgl. §§ 780, 781, 785, 767 ZPO; → Rn. 712).

2. Macht der ausgeschlossene Gläubiger seine Forderung geltend, so kann der Erbe die Ausschließungseinrede nicht mit Erfolg darauf stützen, der Nachlass werde erschöpft sein, wenn Verbindlichkeiten aus *Pflichtteilen, Vermächtnissen* oder *Auflagen* befriedigt seien. Denn die genannten Verbindlichkeiten gehen den Nachlassverbindlichkeiten gegenüber den ausgeschlossenen Gläubigern nach (§ 1973 I 2); der Erbe hat also den ausgeschlossenen Gläubiger, der seine Forderung gegenüber dem Erben geltend macht, zB vor dem Vermächtnisgläubiger zu befriedigen, andernfalls muss er dem Ausgeschlossenen Ersatz leisten (**Fall b**).

Hat der Erbe dagegen Pflichtteilsrechte usw. bereits erfüllt, wenn der ausgeschlossene Gläubiger seine Forderungen geltend macht, dann muss dieser das gegen sich gelten lassen, selbst wenn der Erbe die Forderung bereits vorher gekannt hat. § 1973 I 2 stellt nämlich auf das Geltendmachen durch den Gläubiger, nicht auf die Kenntnis des Erben ab. Jedoch steht dem ausgeschlossenen Gläubiger gegenüber dem befriedigten Pflichtteilsberechtigten ein Anfechtungsrecht zu (§ 322 InsO).

666 **3.** Hinsichtlich eines Überschusses haftet der Erbe dem ausgeschlossenen Gläubiger nach den Regeln der *ungerechtfertigten Bereicherung* (§§ 1973 II 1, 812 ff.). Ist er also nicht mehr bereichert, haftet er nicht, es sei denn, dass er die Forderung des Ausgeschlossenen kannte (§§ 818, 819).

> Im **Fall a** kommt es also darauf an, ob E die Forderung des G kannte, als er Nachlassgegenstände verschenkte und verspielte. Kannte er sie nicht, kann G von E nichts fordern. G hat dann aber gegen N einen Anspruch aus § 822.

4. Sind noch Nachlassgegenstände vorhanden, hat der Erbe die Zwangsvollstreckung in diese Gegenstände zu dulden. Er kann sie aber durch Zahlung des Wertes abwenden (*Ersetzungsbefugnis*, § 1973 II 2). Der Erbe kann die Forderung eines ausgeschlossenen Gläubigers, über die ein rechtskräftiges Urteil vorliegt, anderen ausgeschlossenen Gläubigern gegenüber geltend machen, wie wenn er sie schon befriedigt hätte (§ 1973 II 3).

Kannte der Erbe die Forderung des später ausgeschlossenen Gläubigers bereits in dem Zeitpunkt, in dem er den Antrag zum Aufgebotsverfahren stellte, so hätte er sie in das dem Antrag beizufügende Verzeichnis der bekannten Gläubiger aufnehmen müssen (§ 456 FamFG). Unterließ er das schuldhaft, so ist er dem Gläubiger aus Pflichtverletzung schadensersatzpflichtig. Da der Gläubiger nach § 249 so zu stellen ist, wie er ohne die Pflichtverletzung gestanden hätte, darf der Erbe sich ihm gegenüber nicht auf die Ausschließungseinrede berufen.[29]

IV. Vom Aufgebotsverfahren nicht betroffene Gläubiger

667 Bestimmte Nachlassgläubiger erleiden keinen Rechtnachteil dadurch, dass sie sich im Aufgebotsverfahren nicht melden:

1. Dinglich Berechtigte (§ 1971)

Wenn Gläubiger dinglich gesichert sind, kann der Erbe, soweit es um die Befriedigung aus dem dinglichen Recht geht, sich nicht auf die Beschränkung seiner Haftung berufen.

Dinglich Berechtigte iSd § 1971 sind Pfandgläubiger, diesen gleichstehende Gläubiger (Absonderungsberechtigte, §§ 49 ff. InsO), Gläubiger, die bei der Zwangsvollstreckung in das unbewegliche Vermögen ein Recht auf Befriedigung aus diesem Vermögen haben (Realberechtigte, § 10 ZVG), Gläubiger der durch eine Vormerkung gesicherten Ansprüche (§§ 883 f.) und Aussonderungsberechtigte (§§ 47 f. InsO).

> Im **Fall c** steht dem G der Versteigerungserlös von 900 EUR zu. Wegen des Restes von 100 EUR kann G sich nicht an E halten, weil er insofern durch das Aufgebot betroffen wird (§ 1971 I 1) und dem E die Ausschließungseinrede (§ 1973) zusteht.

2. Pflichtteilsberechtigte, Vermächtnisnehmer, Auflagenbegünstigte (§ 1972)

Diese Rechte, die ohnedies gegenüber den Rechten der ausgeschlossenen Gläubiger zurückgesetzt sind (§ 1973 I 2), werden dem Erben aus der Verfügung von Todes wegen regelmäßig bekannt sein.

---

29 *Kipp/Coing* ErbR § 95 III 6; Staudinger/*Marotzke* (2010) § 1970 Rn. 11; **str.**

3. Gläubiger, denen der Erbe unbeschränkbar haftet (§ 2013 I)

Hier kommt eine Haftungsbeschränkung nicht in Betracht.

B. Gläubigerversäumnis

Ein Nachlassgläubiger, der seine Forderung erst *später als fünf Jahre* nach dem Erbfall **668** gegenüber dem Erben *geltend macht*, steht einem ausgeschlossenen Gläubiger gleich (§ 1974 I 1). Diese Regelung schützt den Erben davor, dass er nach so langer Zeit noch bis dahin unbekannte Nachlassverbindlichkeiten zu befriedigen hat.[30]

§ 1974 hat Bedeutung für die Fälle, in denen kein Aufgebotsverfahren stattgefunden oder der Gläubiger erst nach Ablauf der Anmeldefrist im Aufgebotsverfahren die Forderung erworben hat, sowie für die nach § 1972 durch das Aufgebot nicht betroffenen Personen.

Die Säumnis des Gläubigers ist unschädlich bei Nachlassverbindlichkeiten, die dem Erben schon vor Ablauf der fünf Jahre bekannt geworden oder die im Aufgebotsverfahren angemeldet worden sind (§ 1974 I 1), bei dinglich gesicherten Nachlassverbindlichkeiten (§§ 1974 III, 1971) und bei Nachlassverbindlichkeiten, für die der Erbe unbeschränkbar haftet.

C. Inventarerrichtung

I. Begriff

Das Inventar ist ein *Verzeichnis des Nachlasses,* und zwar der Aktiva und Passiva **669** (vgl. § 2001). Das Gesetz versteht darunter nicht ein privat aufgestelltes Verzeichnis, sondern ein solches, bei dem zur Aufnahme durch den Erben eine zuständige Behörde, ein zuständiger Beamter oder ein Notar zugezogen wird (§ 2002) oder das vom Nachlassgericht selbst bzw. von einer zuständigen Behörde, einem zuständigen Beamten oder Notar aufgenommen wird (§ 2003).

Inventarerrichtung ist die *Einreichung eines solchen Inventars beim Nachlassgericht* (§ 1993, vgl. auch § 2004).

II. Bedeutung

1. Der *Erbe* kann mit der Inventarerrichtung zwar *nicht* seine beschränkte Haftung **670** herbeiführen, weil die Inventarerrichtung nur eine »papierene« und deshalb nach Ansicht der Verfasser des BGB eine nicht genügende Absonderung des Nachlasses vom Eigenvermögen bewirkt. Die Inventarerrichtung dient aber dem Erben zur Erhaltung des Rechts, die Haftung für Nachlassverbindlichkeiten auf den Nachlass zu beschränken. Im Übrigen begründet sie gegenüber den Nachlassgläubigern lediglich die *Vermutung,* dass zur Zeit des Erbfalls weitere Nachlassgegenstände als die angegebenen nicht vorhanden gewesen seien (§ 2009).

2. Der *Nachlassgläubiger* kann an dem Inventar interessiert sein, weil es ihm Aufschluss über den Bestand des Nachlasses gibt. Das hat Bedeutung für seine Entscheidung darüber, ob und in welche Gegenstände er vollstrecken oder ob er etwa ein Nachlassinsolvenzverfahren beantragen soll. Ferner kann dem Erben, der eine Haftungsbeschränkung herbeigeführt hat, anhand des Inventars leichter eine Verände-

---

30 Prot. V, 795.

rung des Nachlasses nachgewiesen und ein Ersatzanspruch gegen ihn begründet werden. Deshalb wird dieser bemüht sein, für die Erhaltung des Nachlasses zu sorgen.

Außerdem kann der Nachlassgläubiger durch seinen Antrag, dem Erben eine Inventarfrist zu bestimmen (§ 1994 I 1), möglicherweise eine unbeschränkbare Haftung des Erben erreichen, nämlich dann, wenn der Erbe nicht fristgerecht das Inventar errichtet (§ 1994 I 2) oder sich der Inventaruntreue schuldig macht (§ 2005).

III. Verfahren

671   1. Für die *freiwillige Inventarerrichtung* gibt es folgende Möglichkeiten:

a) Der Erbe errichtet das Inventar selbst unter Zuziehung einer zuständigen Behörde, eines zuständigen Beamten oder eines Notars (§ 2002) und reicht es beim örtlich zuständigen Nachlassgericht ein (§ 1993; § 343 FamFG).

Nach Bundesrecht sind nur Notare zuständig (§ 20 I BNotO). Die Zuständigkeit von Behörden und Beamten richtet sich nach Landesrecht.

b) Auf Antrag des Erben hat das Nachlassgericht das Inventar aufzunehmen. Das Gericht kann die Aufnahme einer zuständigen Behörde, einem zuständigen Beamten oder einem Notar übertragen (§ 2003 I 1). Der das Inventar Aufnehmende reicht das Inventar beim Nachlassgericht ein (§ 2003 III).

c) Der Erbe erklärt gegenüber dem Nachlassgericht, dass ein dort befindliches, den §§ 2002, 2003 entsprechendes Inventar als von ihm eingereicht gelten soll (§ 2004).

Zu a)–c): In allen genannten Fällen soll das Inventar die beim Erbfall vorhandenen Nachlassgegenstände und die Nachlassverbindlichkeiten vollständig angeben sowie eine Beschreibung der Gegenstände, soweit das zur Bestimmung des Wertes erforderlich ist, und die Angabe des Wertes enthalten (§ 2001).

672   2. Bei der *beantragten Inventarerrichtung* ist außer dem Antrag eines Nachlassgläubigers (§ 1994 I 1) erforderlich, dass dessen Forderung glaubhaft gemacht wird (§ 1994 II 1). Das Gericht setzt dem Erben eine Inventarfrist (Einzelheiten: §§ 1994–2000). Verschiedenen Personen kann keine Inventarfrist bestimmt werden; sie sind den Nachlassgläubigern gegenüber zur Auskunft über den Bestand des Nachlasses verpflichtet (vgl. §§ 2011 f.; § 2000 S. 2). Bei unvollständigem Inventar kann dem Erben eine neue Inventarfrist zur Ergänzung gesetzt werden (vgl. § 2005 II). Eine Pflicht des Erben zur Inventarerrichtung besteht in keinem Fall.

673   3. Der Erbe, der ein Inventar errichtet hat, muss auf Verlangen eines Nachlassgläubigers eine *eidesstattliche Versicherung* abgeben, dass er nach bestem Wissen die Nachlassgegenstände so vollständig angegeben habe, wie er dazu imstande sei (§ 2006 I). Ein Vollstreckungstitel des Nachlassgläubigers braucht nicht vorzuliegen **(Fall d)**; es handelt sich nämlich nicht um eine eidesstattliche Versicherung des Schuldners im Rahmen der Zwangsvollstreckung (§§ 807, 883 II, III, 899 ff. ZPO). Es ist auch nicht erforderlich, dass der Erbe zur Abgabe einer eidesstattlichen Versicherung verurteilt worden ist (§ 889 ZPO). Vielmehr ist die Abnahme der eidesstattlichen Versicherung ein Akt der freiwilligen Gerichtsbarkeit (vgl. § 361 FamFG).

Die eidesstattliche Versicherung ist vor dem Nachlassgericht abzugeben (§ 2006 I). Zuständig ist der Rechtspfleger (§ 3 Nr. 2c RPflG). Vorher kann der Erbe das Inventar vervollständigen (§ 2006 II). Auch zu der Versicherung kann der Erbe nicht gezwungen werden.

IV. Folge der rechtzeitigen Inventarerrichtung

Ist das Inventar rechtzeitig errichtet worden, wird im Verhältnis zwischen dem Erben **674** und den Nachlassgläubigern vermutet, dass zur Zeit des Erbfalls weitere Nachlassgegenstände als die angegebenen nicht vorhanden gewesen seien (§ 2009). Diese Bestimmung schützt den Erben, wenn er seine Verwaltung gegenüber den Nachlassgläubigern zu verantworten (vgl. § 1978) oder den Nachlass herauszugeben hat (zB §§ 1973 II 1, 1974).

Die Vermutung hat lediglich negativen Inhalt und bezieht sich nur auf die Aktiva des Nachlasses, nicht auf die Wertangaben und erst recht nicht auf die Passiva. Sie gilt nur im Verhältnis zu den Nachlassgläubigern, nicht zB gegenüber Eigengläubigern oder Nacherben. Sie wird insoweit widerlegt, als der Nachlassgläubiger den Beweis erbringt, dass vorhandene Nachlassgegenstände nicht im Inventar enthalten sind. Wird dagegen dem Erben eine Inventaruntreue (§ 2005; → Rn. 646) nachgewiesen, ist die Vermutung in vollem Umfange beseitigt.[31]

V. Folgen der nicht rechtzeitigen Inventarerrichtung

Die nicht rechtzeitige Inventarerrichtung führt zu einer *allen Nachlassgläubigern* **675** *gegenüber unbeschränkbaren Haftung* des Erben (§ 1994 I 2). Er haftet also mit dem Nachlass und seinem Eigenvermögen.

Im Einzelnen bedeutet das (vgl. § 2013 I):

1. Der Erbe kann kein Nachlassgläubigeraufgebot (§§ 1970 ff.) mehr beantragen (vgl. § 455 I FamFG).

2. Der Erbe kann die Ausschließungseinrede (§ 1973) und die Verschweigungseinrede (§ 1974) nicht mehr mit Erfolg erheben, wenn erst nach Eintritt der unbeschränkten Haftung das Ausschließungsurteil ergangen oder die Fünfjahresfrist abgelaufen ist.

Demgegenüber ist die Einrede dann gegeben, wenn die unbeschränkte Haftung erst nach dem Ausschließungsurteil bzw. nach Ablauf der fünfjährigen Frist eingetreten ist (§ 2013 I 2).

3. Der Erbe kann keine Nachlassverwaltung beantragen (§§ 1981 I, 2013 I 1).

Dem Erben bleibt das Recht, die Eröffnung des Nachlassinsolvenzverfahrens zu beantragen (§ 316 I InsO). Die Nachlassgläubiger behalten ihr Antragsrecht für Nachlassverwaltung und -insolvenzverfahren (§ 1981 II, arg. § 2013 I 1; § 317 InsO). Jedoch führen diese Verfahren jetzt nicht mehr eine Haftungsbeschränkung des Erben herbei; § 1975 ist nicht anwendbar (§ 2013 I 1).

4. Eine Aufrechnung des Nachlassgläubigers, die gem. § 1977 I nach Anordnung der Nachlassverwaltung oder Eröffnung des Nachlassinsolvenzverfahrens als nicht erfolgt anzusehen wäre, bleibt wirksam (→ Rn. 681).

5. Der Erbe kann trotz Nachlassverwaltung oder Nachlassinsolvenzverfahrens nicht mit Erfolg die Aufhebung einer Maßregel der Zwangsvollstreckung verlangen, die zu

---

31 Vgl. Prot. V, 756; Palandt/*Weidlich* § 2009 Rn. 2; Soergel/*Stein* § 2009 Rn. 1; Staudinger/*Marotzke* (2010) § 2009 Rn. 7.

Gunsten eines Nachlassgläubigers in das Eigenvermögen betrieben wird (§ 784 I aE ZPO).

Wohl kann der Nachlassverwalter Maßregeln der Zwangsvollstreckung von persönlichen Gläubigern des Erben in den Nachlass aufheben lassen (§ 784 II ZPO).

6. Die Bestimmungen über eine Verantwortlichkeit des Erben (§§ 1978–1980) bleiben außer Betracht, da der Erbe ohnehin auch mit seinem Privatvermögen haftet.

7. Die Ausschließungseinrede nach Beendigung des Nachlassinsolvenzverfahrens durch Verteilung der Masse oder durch Insolvenzplan (§ 1989), die Dürftigkeitseinrede (§ 1990) und die Einrede wegen Nachlassüberschwerung durch Vermächtnisse und Auflagen (§ 1992) stehen dem Erben nicht zu, da sie zu einer beschränkten Haftung führen würden.

8. Die aufschiebenden Einreden der §§ 2014, 2015 (→ Rn. 702 ff.) hat der Erbe ebenfalls nicht mehr (§ 2016 I), da sie ihm dazu dienen sollen, die Haftungsbeschränkung vorzubereiten; dazu besteht bei einem schon unbeschränkbar haftenden Erben kein Grund.

9. Der Erbe hat nicht mehr die Möglichkeit, die Zwangsversteigerung eines Nachlassgrundstückes zu beantragen (§ 175 II ZVG).

Das Antragsrecht steht ihm sonst gem. § 175 I ZVG zu, wenn ein Nachlassgläubiger für seine Forderung ein Befriedigungsrecht aus dem Grundstück hat. Damit soll der Erbe feststellen können, ob der Gläubiger einen Ausfall erleidet und deshalb eine persönliche Haftung in Betracht kommt. Dieser Grund entfällt, wenn der Erbe schon unbeschränkt haftet.

Die geschilderten Folgen einer unbeschränkbaren Haftung treten außer bei nicht rechtzeitiger Inventarerrichtung auch bei Inventaruntreue (§ 2005 I) und beim Verzicht des Erben auf die Haftungsbeschränkung gegenüber allen Nachlassgläubigern (§ 311 I, arg. § 2012 I 3) ein.

VI. Folgen der Verweigerung der eidesstattlichen Versicherung

676 Verweigert der Erbe die Abgabe der eidesstattlichen Versicherung, so führt das zur *unbeschränkten Haftung des Erben gegenüber dem antragstellenden Gläubiger* (§ 2006 III 1).

Der Verweigerung steht es gleich, wenn der Erbe weder im Termin zur Abgabe der eidesstattlichen Versicherung noch in einem auf Antrag des Gläubigers bestimmten neuen Termin erscheint, es sei denn, dass das Nichterscheinen genügend entschuldigt wird (§ 2006 III 2).

Aus der Tatsache, dass nach § 2006 III 1 der Erbe nur gegenüber dem antragstellenden Gläubiger unbeschränkbar haftet, folgt, dass den übrigen Gläubigern gegenüber die Möglichkeiten der Haftungsbeschränkungen nicht verloren gehen (§ 2013 II).

Eine unbeschränkbare Haftung des Erben gegenüber einem einzelnen Nachlassgläubiger tritt außer im Falle der Verweigerung der eidesstattlichen Versicherung auch beim Verzicht auf die Haftungsbeschränkung gegenüber einem Gläubiger und bei einer vorbehaltslosen Verurteilung des Erben (§ 780 ZPO) ein.

VII. Inventaruntreue

Die Inventaruntreue des Erben führt dessen unbeschränkbare Haftung gegenüber **677** allen Nachlassgläubigern herbei (§§ 2005 I, 2013 I).

Der Tatbestand der Inventaruntreue liegt vor:

1. wenn der Erbe absichtlich eine erhebliche Unvollständigkeit der im Inventar enthaltenen Angabe der Nachlassgegenstände herbeiführt.

Objektiv ist erforderlich, dass eine erhebliche Unvollständigkeit der Angabe der Aktiva des Nachlasses (nicht der Wertangabe oder der Beschreibung) vorliegt. Subjektiv muss Absicht des Erben gegeben sein. Sie ist mehr als Vorsatz; es muss mit der Unvollständigkeit etwas bezweckt werden, zB das Finanzamt oder andere Personen zu täuschen. Eine Absicht, die Nachlassgläubiger zu benachteiligen, reicht zwar aus, ist aber hier nicht erforderlich.

2. wenn der Erbe die Aufnahme einer nicht bestehenden Nachlassverbindlichkeit in der Absicht bewirkt, die Nachlassgläubiger zu benachteiligen.

Nicht bestehende Schulden werden angegeben oder bestehende Schulden werden als größer dargestellt. Es reicht nicht aus, dass eine bestehende Verbindlichkeit nicht angegeben wird; denn in diesem Falle wird der Eindruck eines größeren Nachlasses bezweckt. Subjektiv ist die Absicht erforderlich, die Nachlassgläubiger zu benachteiligen.
Häufiger Fall: Schulden werden erdichtet, um den Nachlass möglichst geringwertig erscheinen zu lassen und dadurch eine für den Erben möglichst günstige Vereinbarung mit den Nachlassgläubigern herbeizuführen.

3. wenn der Erbe bei der Aufnahme des Inventars durch eine amtliche Stelle (§ 2003) die Auskunft verweigert oder absichtlich in erheblichem Maße verzögert (§ 2005 I 2).

Die Verweigerung setzt eine Aufforderung der Amtsperson voraus. Sie erfordert eine ausdrückliche Ablehnung; darin kommt die Absicht, die Auskunft nicht zu erteilen, zum Ausdruck.
Bei Verweigerung und Verzögerung handelt es sich sachlich nicht um Inventaruntreue, sondern um Inventarversäumung. Deshalb ist dieser Tatbestand nur erfüllt, wenn ein Nachlassgläubiger einen Antrag auf Bestimmung einer Inventarfrist gestellt hat, und nicht, wenn der Erbe freiwillig ein Inventar errichtet. Dagegen kann Inventaruntreue in den Fällen des § 2005 I 1 auch dann vorliegen, wenn es sich um eine freiwillige Inventarerrichtung handelt.

D. Zusammenfassung

Das *Aufgebot der Nachlassgläubiger* bezweckt, die Passiva des Nachlasses fest- **678** zustellen. Der Nachlassgläubiger ist nicht verpflichtet, seine Forderung anzumelden. Wird er aber infolge der Nichtanmeldung ausgeschlossen, verliert er zwar seine Forderung nicht, jedoch hat der Erbe ihm gegenüber die Ausschließungseinrede, wenn der Nachlass durch Befriedigung der nicht ausgeschlossenen Gläubiger erschöpft wird. Mit einem Überschuss haftet der Erbe dem Ausgeschlossenen nur nach Bereicherungsrecht. Bestimmte Gläubiger werden vom Aufgebotsverfahren nicht betroffen.

Die *Inventarerrichtung* bewirkt für den Erben keine Haftungsbeschränkung, sondern die Vermutung gegenüber den Nachlassgläubigern, dass weitere Nachlassgegenstände als die angegebenen zZ des Erbfalls nicht vorhanden gewesen sind. Der Nachlassgläubiger kann den Erben eine Frist zur Inventarerrichtung bestimmen lassen, damit er den Umfang des Nachlasses erfährt. Auf Antrag eines Nachlassgläubigers hat der Erbe die Vollständigkeit des Nachlasses eidesstattlich zu versichern. Errichtet der Erbe das Inventar nicht fristgemäß oder macht er sich einer Inventaruntreue schuldig, so haftet er allen Nachlassgläubigern gegenüber unbeschränkbar. Verweigert er die Abgabe der eidesstattlichen Versicherung, verliert er die Haftungsbeschränkung gegenüber dem Gläubiger, der den Antrag auf Abgabe der eidesstattlichen Versicherung gestellt hat.

§ 39 Nachlassverwaltung und Nachlassinsolvenzverfahren

679   **Literatur:** *Bork,* Einführung in das neue Insolvenzrecht, 5. Aufl. 2009; *Firsching/Graf,* Nachlassrecht, 9. Aufl. 2008; *Foerste,* Insolvenzrecht, 5. Aufl. 2010; *Möhring/Beisswingert/Klingelhöffer,* Vermögensverwaltung in Vormundschafts- und Nachlaßsachen, 7. Aufl. 1992.

Fälle:

a) X hat eine Darlehensforderung gegen den Erblasser E und schuldet dem Alleinerben A aus einem Kaufvertrag den Kaufpreis. Kann X nach dem Erbfall gegenüber A aufrechnen? Wirkung nach Anordnung der Nachlassverwaltung? Ändert sich das Ergebnis, wenn der Erbe mit der Aufrechnung einverstanden war? (→ Rn. 681)

b) Y hat eine Mietforderung gegen A und schuldet dem Erblasser E einen Werklohn. Kann Y nach dem Erbfall aufrechnen, wenn A Alleinerbe ist? Wirkung nach Eröffnung des Nachlassinsolvenzverfahrens, wenn der Erbe mit der Aufrechnung einverstanden war? (→ Rn. 681)

c) Nach Eröffnung des Nachlassinsolvenzverfahrens verkauft und veräußert der Erbe das zum Nachlass gehörende Klavier an K. Dieser weigert sich, das Klavier dem Insolvenzverwalter herauszugeben; hilfsweise verlangt er Schadensersatz wegen Nichterfüllung. Wie ist die Rechtslage, wenn K an L weiterveräußert hat? Wie bei Veräußerung eines Nachlassgrundstückes? (→ Rn. 689)

A. Gemeinsamkeiten von Nachlassverwaltung und Nachlassinsolvenz

I. Trennung der Vermögensmassen

Nachlassverwaltung und Nachlassinsolvenzverfahren trennen rückwirkend auf den Erbfall das Eigenvermögen des Erben rechtlich vom Nachlass. Das dient einmal dem Erben; sofern er das Recht zur Haftungsbeschränkung noch nicht verloren hat, haftet er nämlich den Nachlassgläubigern nur mit dem Nachlass und nicht mit seinem Eigenvermögen (vgl. § 1975). In der Regel kommt die Sonderung der beiden Gütermassen auch den Nachlassgläubigern zugute, da der Erbe und dessen Eigengläubiger vom Nachlass fern gehalten werden. Den Eigengläubigern haftet nur das Eigenvermögen.

1. Bedeutung für Konfusion und Konsolidation

680   Ist mit dem Erbfall ein Rechtsverhältnis durch Vereinigung von Recht und Verbindlichkeit (Konfusion) oder von Recht und Belastung (Konsolidation) erloschen, so gilt es wegen der Trennung der Vermögensmassen bei Anordnung der Nachlassverwaltung oder Eröffnung des Nachlassinsolvenzverfahrens *rückwirkend als nicht erloschen* (§ 1976, vgl. auch § 326 I InsO).

> **Beispiel:** Die Darlehensforderung des Erblassers gegen den Alleinerben erlischt beim Erbfall. Mit der Anordnung der Nachlassverwaltung gilt die Forderung jedoch als nicht erloschen. Der Nachlassverwalter kann sie gegen den Erben einklagen. Sicherungsrechte (Bürgschaft, Pfandrecht), die wegen ihrer Akzessorietät mit dem Erlöschen der Forderung beim Erbfall ebenfalls erloschen waren, leben mit der Nachlassverwaltung rückwirkend wieder auf; eine Hypothek, die wegen

Erlöschens der Forderung Eigentümergrundschuld geworden war, wird bei Anordnung der Nachlassverwaltung rückwirkend wieder Fremdhypothek.

2. Bedeutung für die Aufrechnung

Bei der Aufrechnung ist zunächst danach zu unterscheiden, ob sie vor oder nach der **681**
Anordnung der Nachlassverwaltung oder der Eröffnung des Nachlassinsolvenzverfahrens erfolgt. Wird die Aufrechnung vor der Trennung der beiden Vermögensmassen erklärt, so ist weiter wesentlich, ob ein Nachlassgläubiger oder ein Eigengläubiger des Erben aufrechnet.

a) Ein Gläubiger des Erblassers, der zugleich Schuldner des Erben ist, kann nach dem Erbfall mit seiner Nachlassforderung gegen die Forderung des Erben aufrechnen; denn der Erbe ist nunmehr Schuldner der Nachlassforderung, so dass die für die Aufrechnung erforderliche Gegenseitigkeit gegeben ist (§ 387; **Fall a**). Wird nach der Aufrechnung die Nachlassverwaltung angeordnet oder das Nachlassinsolvenzverfahren eröffnet, so ist sie wegen der Trennung der Vermögensmassen gem. § 1977 I als nicht erfolgt anzusehen. Diese Bestimmung schützt den Erben davor, dass eine Nachlassverbindlichkeit mit Mitteln seines Eigenvermögens getilgt wird. Der Erbe kann auf diesen Schutz verzichten. Deshalb bleibt die Aufrechnung trotz Anordnung der Nachlassverwaltung oder der Eröffnung des Nachlassinsolvenzverfahrens wirksam, wenn der Gläubiger mit Zustimmung des Erben aufgerechnet hat **(Fall a)**. Die Aufrechnung erfolgt hier zum Nutzen des Nachlasses und zum Nachteil des Eigenvermögens (zum Anspruch des Erben gegen den Nachlass: vgl. §§ 1979, 1978 III). Haftet der Erbe unbeschränkbar, bleibt die Aufrechnung wirksam (§ 2013 I 1); in diesem Fall verdient der Erbe nicht den Schutz des § 1977 I.

b) Auch dann, wenn der Eigengläubiger des Erben gegen eine Nachlassforderung nach dem Erbfall zulässigerweise aufgerechnet hat **(Fall b)**, ist die Aufrechnung, sofern Nachlassverwaltung angeordnet oder das Nachlassinsolvenzverfahren eröffnet wird, gem. § 1977 II als nicht erfolgt anzusehen. Diese Vorschrift soll den Nachlass und damit die Nachlassgläubiger schützen. Bliebe die Aufrechnung in diesem Fall wirksam, so würde eine Nachlassforderung erlöschen und damit der Nachlass zum Vorteil des Eigenvermögens des Erben geschmälert. Da § 1977 II nicht dem Schutz des Erben dienen soll, kann es auch nicht auf dessen Zustimmung ankommen. Diese Bestimmung greift ebenfalls ein, wenn der Erbe aufgerechnet hat. Die Nachlassgläubiger sind durch § 1977 II auch dann geschützt, wenn der Erbe unbeschränkbar haftet; deshalb gilt § 2013 I entgegen seinem Wortlaut nicht für § 1977 II.[32]

c) § 1977 behandelt nicht die Fälle, in denen die Aufrechnungserklärung erst *nach* Anordnung der **682**
Nachlassverwaltung oder Eröffnung des Nachlassinsolvenzverfahrens abgegeben wird. Hier fehlt es wegen der Trennung der beiden Vermögensmassen an der Gegenseitigkeit,[33] so dass eine Aufrechnung mit einer Eigenforderung des Erben gegen eine Nachlassschuld sowie mit einer Nachlassforderung gegen eine Eigenschuld des Erben unwirksam ist. Rechnet der Erbe mit einer Eigenforderung gegen die Forderung eines Nachlassgläubigers auf, so ist die Aufrechnung trotz fehlender Gegenseitigkeit wirksam, wenn der Gläubiger damit einverstanden ist.

---

32 **HM;** Erman/*Schlüter* § 1977 Rn. 4.
33 Vgl. Erman/*Schlüter* § 1977 Rn. 2.

3. Bedeutung für die Geschäfte des Erben

Hat der Erbe vor Anordnung der Nachlassverwaltung oder vor Eröffnung des Nachlassinsolvenzverfahrens Nachlassgegenstände veräußert, verändert, beschädigt oder vernichtet, so kann das trotz der Rückwirkung der Anordnung bzw. der Eröffnung auf den Erbfall nicht ungeschehen gemacht werden. Außerdem muss der Erwerber eines Nachlassgegenstandes geschützt werden. Auf der anderen Seite muss im Interesse der nicht ausgeschlossenen Nachlassgläubiger (§§ 1973 f.) der Nachlass möglichst ungeschmälert erhalten bleiben. Das Gesetz erreicht dies dadurch, dass es den Erben rückwirkend wie einen Verwalter eines fremden Vermögens (des Nachlasses) ansieht und eine Haftung des Erben für die Verwaltung des Nachlasses bestimmt (§ 1978). Diese Haftungsregelung gilt allerdings nicht, wenn der Erbe unbeschränkbar haftet (§ 2013 I).

Die Haftung nach § 1978 ist verschieden geregelt, je nachdem, ob die Tätigkeit des Erben in Bezug auf den Nachlass in die Zeit vor oder nach Annahme der Erbschaft fällt.

a) *Vor Annahme der Erbschaft* braucht der Erbe sich nicht um den Nachlass zu kümmern. Besorgt er erbschaftliche Geschäfte, haftet er Nachlassgläubigern gegenüber wie ein *Geschäftsführer ohne Auftrag* (§ 1978 I 2).

Vgl. dazu die entsprechende Rechtsstellung des vorläufigen Erben, der später form- und fristgemäß ausschlägt, gegenüber dem Erben (§ 1959 I; → Rn. 316).
Nach § 677 muss das Geschäft unter anderem dem wirklichen oder mutmaßlichen Willen des Geschäftsherrn entsprechen. Das kann hier nicht bedeuten, dass es auf den Willen einzelner Nachlassgläubiger ankommt; es muss vielmehr genügen, dass der Erbe sein Verhalten auf die objektive Wahrung der Interessen der Nachlassgläubiger einstellt.[34]
Eine Schadensersatzpflicht des Erben ergibt sich aus § 678; bestimmte Nebenpflichten folgen aus §§ 681, 666–668.

683   **b)** Für sein Verhalten *nach Annahme der Erbschaft* haftet der Erbe den Nachlassgläubigern strenger. Er hat die Stellung eines *Beauftragten* (§ 1978 I 1).

Demnach hat er für veräußerte oder verbrauchte Nachlassgegenstände Ersatz zu leisten, das Erlangte herauszugeben (§ 667), Auskunft zu erteilen (vgl. § 666) und für sich verwendete Gelder zu verzinsen (§ 668). Der Erbe haftet für jedes eigene Verschulden nach § 276. Für das Verschulden eines Nachlasspflegers sowie eines Testamentsvollstreckers hat er nach § 278 mit dem Nachlass einzustehen.[35]
Eine Schadensersatzpflicht des Erben gegenüber den Nachlassgläubigern besteht auch, wenn der Erbe bei Kenntnis der Überschuldung des Nachlasses oder fahrlässiger Unkenntnis nicht unverzüglich die Eröffnung des Nachlassinsolvenzverfahrens beantragt (Näheres: § 1980).

684   **c)** Hat der Erbe vor oder nach Annahme der Erbschaft eine *Nachlassverbindlichkeit aus Nachlassmitteln berichtigt,* so kann er wegen der Minderung des Nachlasses den Nachlassgläubigern gem. § 1978 ersatzpflichtig sein. Das bedeutet eine Härte für den Erben, wenn er nach Prüfung der Aktiva und Passiva des Nachlasses den Umständen nach ohne Fahrlässigkeit annehmen durfte, dass der Nachlass zur Berichtigung aller Nachlassverbindlichkeiten ausreiche. Für diesen Fall bestimmt deshalb § 1979, dass die Nachlassgläubiger die Berichtigung der Nachlassverbindlichkeiten als für Rechnung des Nachlasses erfolgt gelten lassen müssen.

---

34 Staudinger/*Marotzke* (2010) § 1978 Rn. 5.
35 Erman/*Schlüter* § 1978 Rn. 4.

Liegen die besonderen Voraussetzungen des § 1979 nicht vor, bleibt es bei der Regelung des § 1978. Hat der Erbe die Nachlassverbindlichkeit *aus eigenen Mitteln* berichtigt, so hat er, wenn die Voraussetzungen des § 1979 vorliegen, insoweit einen Aufwendungsersatzanspruch (§ 1978 III), der im Nachlassinsolvenzverfahren Masseverbindlichkeit ist (§ 324 I Nr. 1 InsO). Greift aber § 1979 nicht ein, so tritt der Erbe im Nachlassinsolvenzverfahren an die Stelle des befriedigten Gläubigers (§ 326 II InsO); er erhält also nur die entsprechende Quote, die sonst der Gläubiger erhalten würde. Außerhalb des Insolvenzverfahrens hat der Erbe nur einen Bereicherungsanspruch (§§ 1978 III, 684).

d) Die den Nachlassgläubigern gem. § 1978 I zustehenden Ansprüche gegen den Erben als Träger seines Privatvermögens gelten als zum Nachlass gehörend (§ 1978 II). Deshalb können sie während der Verwaltung oder des Insolvenzverfahrens nur von dem Verwalter, nicht von dem einzelnen Nachlassgläubiger geltend gemacht werden (vgl. § 1984 I 1; § 80 I InsO).   **685**

e) Hat der Erbe *Aufwendungen aus dem Eigenvermögen* gemacht, so richtet sich der Ersatzanspruch danach, ob es sich um eine Aufwendung vor oder nach Annahme der Erbschaft handelt (vgl. § 1978 III). Für eine Aufwendung *vor* der Annahme gelten die Regeln der Geschäftsführung ohne Auftrag (also §§ 683 f.); bei einer solchen *nach* der Annahme richtet sich der Anspruch nach Auftragsrecht (also § 670).   **686**

Der Ersatzanspruch, den der Erbe als Träger seines Privatvermögens gegen den Nachlass hat, ist gegen den Verwalter geltend zu machen.

II. Verwalter

Trotz Nachlassverwaltung oder Nachlassinsolvenzverfahrens bleibt der Erbe Träger des Nachlasses. Er verliert aber die Befugnis, den Nachlass zu verwalten und über Nachlassgegenstände zu verfügen. Die Verwaltungs- und Verfügungsbefugnis geht auf den Nachlassverwalter oder Insolvenzverwalter über (§ 1984 I 1; § 80 I InsO).   **687**

1. Stellung

Der Verwalter hat nach hM nicht »die Stellung eines gesetzlichen Vertreters des Erben oder der Nachlassgläubiger oder beider zusammen, sondern die eines amtlich bestellten Organs zur Verwaltung einer fremden Vermögensmasse«.[36]

Dieser Amtstheorie ist für den Insolvenzverwalter zuzustimmen; sie muss auch für den Nachlassverwalter gelten, obwohl die Nachlassverwaltung in § 1975 als eine Nachlasspflegschaft zum Zwecke der Befriedigung der Nachlassgläubiger angesehen wird und der Nachlasspfleger sonst nach einhelliger Meinung Vertreter ist.[37] Im Prozess ist der Verwalter Partei kraft Amtes; der Erbe kann als Zeuge vernommen werden.

2. Ernennung, Aufsicht, Vergütung

a) Die Anordnung der Nachlassverwaltung und die Ernennung des Nachlassverwalters erfolgen durch Beschluss des Nachlassgerichts (§ 1981 I).   **688**

Nachlassgericht ist das Amtsgericht, in dessen Bezirk der Erblasser zur Zeit des Erbfalls seinen Wohnsitz bzw. Aufenthalt hatte (vgl. §§ 1981 I, 1975, 1962; § 23a I Nr. 2, II Nr. 2 GVG, §§ 343, 342 I Nr. 8 FamFG). In Abweichung vom Vormundschafts- und Pflegschaftsrecht (§§ 1785, 1915) besteht keine Verpflichtung zur Übernahme des Amtes (§ 1981 III).

Die Anordnung ist vom Nachlassgericht durch das für seine Bekanntmachungen bestimmte Blatt zu veröffentlichen (§ 1983; keine Wirksamkeitsvoraussetzung).

---

36 RGZ 135, 305 (307).
37 BGH NJW 1983, 226; Erman/*Schlüter* § 1960 Rn. 19; MüKoBGB/*Leipold* § 1960 Rn. 30; Soergel/ *Stein* § 1960 Rn. 25.

Durch Beschluss des Insolvenzgerichts wird das Insolvenzverfahren eröffnet und der Insolvenzverwalter bestellt (§ 27 InsO).

Insolvenzgericht ist das Amtsgericht, bei dem der Erblasser zur Zeit des Erbfalls den allgemeinen Gerichtsstand hatte (§ 315 InsO). Es besteht keine Pflicht zur Annahme des Amtes.[38]
Der Eröffnungsbeschluss ist im Internet (www.insolvenzbekanntmachungen.de) zu veröffentlichen (§§ 30, 9 InsO). Die öffentliche Bekanntmachung genügt als Zustellung (vgl. § 9 III InsO).

b) Der Nachlassverwalter untersteht der *Aufsicht* des Nachlassgerichts (§§ 1975, 1962, 1915 I, 1837 II), der Insolvenzverwalter der des Insolvenzgerichts (§ 58 I 1 InsO).

c) Nachlassverwalter und Insolvenzverwalter haben einen Anspruch auf eine angemessene *Vergütung* ihrer Tätigkeit (§ 1987; § 63 InsO).

Die Höhe der Vergütung wird durch das Nachlass- bzw. Insolvenzgericht festgesetzt. Der Anspruch ist Nachlassverbindlichkeit, die vor dem Prozessgericht geltend zu machen ist; im Insolvenzverfahren ist sie Masseverbindlichkeit (§§ 55 I Nr. 1, 324 I Nr. 4, 6 InsO).

III. Verwaltungs- und Verfügungsbefugnis

689 Mit der Anordnung der Nachlassverwaltung bzw. der Eröffnung des Nachlassinsolvenzverfahrens verliert der Erbe die Befugnis, den Nachlass zu verwalten und über ihn zu verfügen (§ 1984 I 1 bzw. § 80 I InsO). Diese Befugnisse gehen auf den Verwalter über (vgl. § 1985 I; § 80 I InsO).

Damit der Nachlass nicht durch Rechtshandlungen des Erben beeinträchtigt wird, sind diese den Nachlassgläubigern gegenüber unwirksam (§ 81 I InsO; § 1984 I 2).

Im **Fall c** erwirbt K kein Eigentum am Klavier, selbst wenn er hinsichtlich der Veräußerungsbefugnis gutgläubig war. Der Insolvenzverwalter kann das Klavier also nach § 985 herausverlangen. Auch der Kaufvertrag ist eine in Bezug auf den Nachlass unwirksame Rechtshandlung des Erben; denn andernfalls würde der Nachlass durch Ersatzansprüche belastet. Soweit der Erbe dem Käufer schadensersatzpflichtig ist, haftet er mit seinem Eigenvermögen. Hat K den Kaufpreis bezahlt, so ist dieser aus dem Nachlass zurückzugewähren, falls Letzterer bereichert ist (§ 81 I 3 InsO; § 1984 I 2).

Hat K das Klavier an L weiterveräußert, hat dieser gem. § 932 das Eigentum erworben, wenn er gutgläubig den K für den Eigentümer hielt und das Klavier dem Verwalter nicht abhanden gekommen ist.

Der öffentliche Glaube des Grundbuchs (§§ 892, 893) bleibt jedoch unberührt (§ 81 I 2 InsO; § 1984 I 2).

Hat der Erbe im **Fall c** ein Nachlassgrundstück an K veräußert, so wird dieser Eigentümer, wenn er die Anordnung der Nachlassverwaltung bzw. die Eröffnung des Nachlassinsolvenzverfahrens nicht kennt und Nachlassverwaltung bzw. Nachlassinsolvenzverfahren im Grundbuch nicht eingetragen ist. Um einen gutgläubigen Erwerb auszuschließen, ist der Verwalter verpflichtet, die Nachlassverwaltung bzw. das Nachlassinsolvenzverfahren im Grundbuch eintragen zu lassen (vgl. 32 InsO).

Leistet der Schuldner einer Nachlassforderung nach Anordnung der Nachlassverwaltung bzw. Eröffnung des Nachlassinsolvenzverfahrens an den Erben, so wird er von seiner Verbindlichkeit nur insoweit frei, als das Geleistete in den Nachlass gekommen

---

38 MüKoInsO/*Graeber* § 56 Rn. 139.

ist (§ 82 InsO; § 1984 I 2). Der Schuldner wird auch befreit, wenn er von der Anordnung bzw. Eröffnung keine Kenntnis hatte (vgl. § 82 InsO; § 1984 I 2).

B. Besonderheiten der Nachlassverwaltung

I. Voraussetzungen für die Anordnung der Nachlassverwaltung

1. Die Anordnung der Nachlassverwaltung setzt einen Antrag an das Nachlassgericht   **690** voraus (§ 1981).

Antragsberechtigt sind:

a) *der Erbe* (§ 1981 I), sofern er nicht allen Nachlassgläubigern unbeschränkbar haftet (vgl. § 2013 I 1, II). Auch vor der Annahme der Erbschaft muss man ihm ein Antragsrecht aus Gründen der Vorsorge zugestehen;[39] die Antragstellung kann normalerweise auch nicht als Annahme der Erbschaft gedeutet werden (→ Rn. 310). Ebenso wie dem Erben steht das Antragsrecht auch dessen Erben (Erbeserben) zu.[40]
Antragsberechtigt sind ferner: der Nacherbe nach Eintritt des Nacherbfalles (§ 2144 I), der Erbschaftskäufer (§ 2383), der Testamentsvollstrecker, dem die Verwaltung des Nachlasses zusteht (§ 317 I InsO entsprechend). Miterben können den Antrag nur gemeinschaftlich und nur vor der Nachlassteilung stellen (§ 2062).
Der Nachlasspfleger (§ 1960 II) hat kein Antragsrecht, da zu seinen Aufgaben weder die Herbeiführung der Haftungsbeschränkung des Erben noch die Gläubigerbefriedigung gehören.
b) der *Nachlassgläubiger* gem. § 1981 II. Da der Nachlassgläubiger mit dem Antrag eigene Interessen verfolgt, ist dieser auch dann zulässig, wenn der Erbe nicht mehr die Möglichkeit hat, seine Haftung zu beschränken. In diesem Falle bewirkt die Nachlassverwaltung zwar die Trennung der Vermögensmassen im Interesse der Nachlassgläubiger (vgl. § 1984 I, II); es bleibt aber bei der unbeschränkten Haftung des Erben.

2. *Keine* Voraussetzung für die Anordnung der Nachlassverwaltung ist das Vorhandensein einer den Kosten des Verfahrens entsprechenden Masse. Das Gericht kann aber beim Fehlen einer solchen Masse die Anordnung der Nachlassverwaltung ablehnen (§ 1982). Dem Erben bleibt zur Haftungsbeschränkung die Einrede gem. § 1990.

II. Rechte des Nachlassverwalters

Der Nachlassverwalter hat die Befugnis, den Nachlass zu verwalten und darüber zu   **691** verfügen (§ 1985), soweit es sich nicht um höchstpersönliche Rechte des Erben (persönliche Rechte eines Gesellschaftererben aufgrund seiner Mitgliedschaft) handelt.[41] Er führt die Aktivprozesse für den Nachlass (arg. § 1984 I 1) und ist für Prozesse gegen den Nachlass legitimiert (§ 1984 I 3).

Vollstreckt ein Eigengläubiger des Erben in den Nachlass, so steht dem Nachlassverwalter die Vollstreckungsgegenklage offen (vgl. § 1984 II; §§ 784 II, I, 785, 767 ZPO).

Der Nachlassverwalter hat das Recht, den Nachlass in Besitz zu nehmen (arg. § 1986 I). Das darf nicht eigenmächtig geschehen (§ 858). Erforderlich ist ein Vollstreckungstitel.

---

39 Erman/*Schlüter* § 1981 Rn. 2; MüKoBGB/*Küpper* § 1981 Rn. 2; Soergel/*Stein* § 1981 Rn. 3; Palandt/*Weidlich* § 1981 Rn. 1; **aA** Staudinger/*Marotzke* (2010) § 1981 Rn. 11.
40 OLG Jena NJW 2009, 304.
41 BGHZ 47, 293.

Streitig ist, ob eine Herausgabeklage angestrengt werden muss[42] oder ob der Anordnungsbeschluss des Nachlassgerichts auf Wegnahme genau bezeichneter Gegenstände als Vollstreckungstitel iSd § 794 I Nr. 3 ZPO ausreicht.[43] Die letztere Lösung ist praktikabler. Sie kommt aber nur für solche Gegenstände in Betracht, die unstreitig zum Nachlass gehören; denn es ist nicht Aufgabe des Nachlassgerichts, den Streit darüber zu schlichten, ob bestimmte Gegenstände zum Nachlass gehören. Das muss gegebenenfalls im Herausgabeprozess geklärt werden.

III. Pflichten des Nachlassverwalters

692 Der Nachlassverwalter hat die Pflicht, den Nachlass zu verwalten und vor allem die Nachlassverbindlichkeiten aus dem Nachlass zu berichtigen (§ 1985 I).

Dazu hat er den Nachlass und die Nachlassgläubiger festzustellen. Nachlassgläubiger darf er erst befriedigen, nachdem seine Prüfung ergeben hat, dass der Nachlass zur Erfüllung aller Verbindlichkeiten ausreicht.[44] Bei Überschuldung des Nachlasses muss er das Nachlassinsolvenzverfahren beantragen (§§ 1985 II, 1980). Nur soweit es zur Befriedigung der Nachlassverbindlichkeiten erforderlich ist, darf der Verwalter Nachlassgegenstände „versilbern". Erst nach Befriedigung der bekannten Nachlassverbindlichkeiten darf er den verbleibenden Nachlass dem Erben überlassen (§ 1986 I). Bei streitigen Verbindlichkeiten muss er vom Erben Sicherheitsleistung verlangen (Näheres: § 1986 II). Im Einzelnen richten sich die Pflichten des Verwalters nach dem Vormundschaftsrecht (§§ 1985 I, 1915 I).

Zwischen dem Verwalter und dem Erben besteht ein gesetzliches Schuldverhältnis.[45] Der Nachlassverwalter haftet dem Erben für jede schuldhafte Pflichtverletzung (§§ 1985 I, 1915 I, 1833). Aber auch den Nachlassgläubigern ist er für die Verwaltung des Nachlasses verantwortlich (§ 1985 II 1). Etwaige Ersatzansprüche gegen den Verwalter gehören zum Nachlass (§§ 1985 II 2, 1978 II).

IV. Ende der Nachlassverwaltung

1. Voraussetzungen

693 a) Kraft Gesetzes endet die Nachlassverwaltung mit der Eröffnung des Nachlassinsolvenzverfahrens (§ 1988 I).

b) Im Übrigen endet sie mit der Aufhebung durch das Nachlassgericht.

Im Normalfall wird die Nachlassverwaltung aufgehoben, wenn der Zweck der Verwaltung erreicht ist (vgl. § 1919), die Nachlassverbindlichkeiten also berichtigt und die noch vorhandenen Nachlassgegenstände an den Erben herausgegeben sind (§ 1986 I). Das Gericht kann die Verwaltung aufheben, wenn sich herausstellt, dass eine den Kosten entsprechende Masse nicht vorhanden ist (§ 1988 II). Daneben gibt es weitere Aufhebungsgründe.[46]

2. Folgen

694 a) Der Verwalter hat, sofern noch nicht geschehen, den Nachlass an den Erben bzw. an den Nachlassinsolvenzverwalter herauszugeben und über die Verwaltung *Rechenschaft abzulegen* (§§ 1915, 1890).

---

42 So MüKoBGB/*Küpper* § 1985 Rn. 3; Palandt/*Weidlich* § 1985 Rn. 5; Staudinger/*Marotzke* (2010) § 1985 Rn. 13.
43 So Bamberger/Roth/*Lohmann* § 1985 Rn. 3; Erman/*Schlüter* § 1985 Rn. 2; *Lange* ErbR Kap. 17 Rn. 25; RGRK/*Johannsen* § 1985 Rn. 5.
44 BGH NJW 1985, 140.
45 RGZ 150, 189 f.; OGHZ 4, 219.
46 Siehe Staudinger/*Marotzke* (2010) § 1988 Rn. 10 ff.

b) *Haftungsrechtlich* ergeben sich keine Besonderheiten, wenn der Erbe unbeschränkbar haftet. Eigen- und Nachlassgläubiger können in das Vermögen des Erben, also in das Eigenvermögen und in Nachlassgegenstände, vollstrecken.

Hat der Erbe die Möglichkeit der Haftungsbeschränkung für Nachlassverbindlichkeiten noch nicht verloren, so haftet er nach hM auch nach Beendigung der Nachlassverwaltung nur mit dem Nachlass.[47] Die Haftungsbeschränkung setzt also nicht voraus, dass der Erbe erneut eine Trennung der Vermögensmassen durch Nachlassverwaltung oder ein Nachlassinsolvenzverfahren herbeiführen muss, wie dies früher einmal vertreten wurde.

C. Besonderheiten des Nachlassinsolvenzverfahrens

I. Voraussetzungen für die Eröffnung des Nachlassinsolvenzverfahrens

1. Das Insolvenzgericht (§ 315 InsO) wird nur auf *Antrag* tätig.　　695

Der Antrag ist auch dann zulässig, wenn der Erbe die Erbschaft noch nicht angenommen hat oder bereits unbeschränkbar haftet (§ 316 I InsO). Im letzteren Falle bleibt es bei der unbeschränkten Haftung; das Insolvenzverfahren dient dann nur den Interessen der Nachlassgläubiger.

Antragsberechtigt sind nach § 317 InsO:

a) jeder *Erbe.* Er ist als endgültiger Erbe bei Überschuldung des Nachlasses sogar zur Antragstellung verpflichtet, es sei denn, dass die Überschuldung auf Vermächtnissen und Auflagen beruht (vgl. § 1980). Für Nach- und Miterben sind die §§ 317 II, 316 II InsO zu beachten.
b) der *Nachlasspfleger, Nachlassverwalter, verwaltende Testamentsvollstrecker.* Stellt der Testamentsvollstrecker den Antrag, ist der Erbe zu hören (§ 317 III InsO).
c) jeder *Nachlassgläubiger* (vgl. §§ 317 I, 319, 14 I InsO).
d) der *verwaltende Ehegatte* bei einem zum Gesamtgut gehörenden Nachlass (§ 318 InsO).

2. *Eröffnungsgründe* sind beim Nachlassinsolvenzverfahren die *Überschuldung* des Nachlasses und die *Zahlungsunfähigkeit,* bei bestimmten Antragstellern auch die drohende Zahlungsunfähigkeit (§ 320 InsO).

Bei einer nicht kostendeckenden Masse weist das Insolvenzgericht den Antrag auf Eröffnung des Insolvenzverfahrens ab, wenn nicht ein ausreichender Geldbetrag vorgeschossen wird oder die Kosten nach § 4a InsO gestundet werden (§ 26 I InsO).

II. Folgen der Eröffnung des Nachlassinsolvenzverfahrens

1. Beim Nachlassinsolvenzverfahren ist Träger des Nachlasses *der Insolvenzschuld-*　　696
ner. Das ist der Erbe, der Nacherbe beim Nacherbfall (arg. § 329 InsO) und der Erbschaftskäufer mit dem Vertragschluss (§ 330 I, III InsO).

2. Zur *Insolvenzmasse* gehört nicht das Eigenvermögen des Erben, sondern nur der im Zeitpunkt der Eröffnung des Verfahrens vorhandene Nachlass, soweit er der Zwangsvollstreckung unterliegt (vgl. § 35 I InsO).

Ist auch über das Eigenvermögen des Erben das Insolvenzverfahren eröffnet (vgl. § 331 InsO), so sind Nachlassinsolvenzverfahren und Eigeninsolvenzverfahren zwei völlig getrennte Verfahren.

3. *Gläubiger* sind alle Nachlassgläubiger (vgl. § 325 InsO).　　697

---

47 Seit BGH NJW 1954, 635 mwN

Für Absonderungs-, Aufrechnungsberechtigte und Massegläubiger gelten die allgemeinen insolvenzrechtlichen Bestimmungen. Folgende Besonderheiten sind zu beachten: Abgesonderte Befriedigung kann nicht aufgrund einer nach dem Erbfall gegen den Nachlass erfolgten Zwangsvollstreckung oder Arrestvollziehung verlangt werden (§ 321 InsO). Der Kreis der Masseverbindlichkeiten ist über § 55 InsO hinaus erheblich erweitert (§ 324 InsO); dazu gehören zB die Kosten der standesgemäßen Beerdigung des Erblassers, der Sicherung des Nachlasses, der Nachlasspflegschaft, des Gläubigeraufgebots, der Inventarerrichtung, ferner die Verbindlichkeiten aus den vom Nachlasspfleger oder Testamentsvollstrecker vorgenommenen Rechtsgeschäften und die dem Erben aus dem Nachlass zu ersetzenden Aufwendungen (§§ 1978 f.).

Bei den Insolvenzgläubigern sind zwei Gruppen zu unterscheiden:

a) Die *gewöhnlichen (= nichtnachrangigen) Insolvenzgläubiger* sind diejenigen Nachlassgläubiger, die nicht zu den minderberechtigten Gläubigern gehören.

b) *Minderberechtigte (= nachrangige) Insolvenzgläubiger* sind die Gläubiger derjenigen Verbindlichkeiten, die in § 327 InsO aufgezählt sind. Diese werden erst nach allen übrigen Verbindlichkeiten berichtigt.

Erwähnenswert sind besonders die auf einer Verfügung von Todes wegen beruhenden Verbindlichkeiten (Pflichtteilsrechte, § 327 I Nr. 1 InsO; Vermächtnisse und Auflagen, § 327 I Nr. 2 InsO) sowie die Verbindlichkeiten gegenüber ausgeschlossenen und säumigen Gläubigern (§ 327 III InsO).

Bei der Befriedigung der Nachlassgläubiger ist nach der genannten Rangordnung vorzugehen. Es sind verschiedene Klassen aufgeführt, deren Reihenfolge bei der Berichtigung der Verbindlichkeiten zu beachten ist. Reicht der verbleibende Betrag für die Befriedigung der zu einer Klasse gehörenden Gläubiger nicht aus, so erfolgt unter den Gläubigern dieser Klasse eine anteilige Befriedigung nach dem Verhältnis der Beträge.

698 4. Der *Insolvenzverwalter* übt das Verwaltungs- und Verfügungsrecht über den Nachlass aus (§ 80 I InsO). Er hat den Nachlass in Besitz zu nehmen und zu verwerten (§§ 148 I, 159 InsO) sowie den Erlös zu verteilen (§ 187 InsO). Dem Verwalter steht das Prozessführungsrecht zu. Auch das Anfechtungsrecht im Insolvenzverfahren wird von ihm ausgeübt (§ 129 InsO).

Zu den allgemeinen Anfechtungsgründen (§§ 129 ff. InsO) kommt beim Nachlassinsolvenzverfahren noch ein zusätzlicher: Anfechtbar ist die Leistung des Erben, mit der dieser vor Eröffnung des Verfahrens Pflichtteilsansprüche, Vermächtnisse oder Auflagen aus dem Nachlass erfüllt hat (§ 322 InsO).

Zwischen dem Verwalter und den Beteiligten besteht ein gesetzliches Schuldverhältnis. Der Verwalter haftet für schuldhafte Pflichtverletzungen (§ 60 InsO).

Wird die Masse geschädigt, so kann ein neu bestellter Verwalter den Anspruch der Masse gegen den bisherigen Verwalter geltend machen.

III. Ende des Nachlassinsolvenzverfahrens

1. Beendigungsgründe

699 Regelmäßig endet das Verfahren durch *Aufhebungsbeschluss* nach Abhaltung des Schlusstermins oder nach rechtskräftiger Bestätigung des Insolvenzplanes (§§ 197, 200, 258 InsO).

Das Verfahren ist auf Antrag des Erben einzustellen, wenn die Gläubiger zustimmen (vgl. § 213 InsO).

2. Folgen

Bei Beendigung des Nachlassinsolvenzverfahrens haftet der Erbe, sofern er die Möglichkeit der Haftungsbeschränkung noch nicht verloren hat, den nicht befriedigten Nachlassgläubigern so, wie wenn diese im Aufgebotsverfahren ausgeschlossen worden wären (§§ 1989, 1973).

700

Bei Zustimmung aller Gläubiger zur Einstellung des Insolvenzverfahrens (§ 213 InsO) kommt es für die Haftung des Erben in erster Linie auf die Vereinbarungen an, die er mit den Gläubigern getroffen hat.

Im Übrigen kann dem Erben die Dürftigkeitseinrede nach § 1990 (→ Rn. 708) zustehen.

D. Zusammenfassung

Nachlassverwaltung und Nachlassinsolvenzverfahren führen eine Trennung des Nachlasses vom Eigenvermögen herbei (wichtig für Konfusion, Konsolidation, Aufrechnung). Für Nachlassverbindlichkeiten haftet der Nachlass, für Eigenverbindlichkeiten des Erben dessen Eigenvermögen. Die Verwaltungs- und Verfügungsbefugnis über den Nachlass stehen dem Nachlassverwalter bzw. Nachlassinsolvenzverwalter zu. Verfügt der Erbe dennoch, so wird der Dritte nur unter den in §§ 81, 82 InsO genannten Voraussetzungen geschützt. Der Erbe hat vor Annahme der Erbschaft die Stellung eines Geschäftsführers ohne Auftrag und nach Erbschaftsannahme die eines Beauftragten.

701

Nachlassverwaltung ist eine Nachlasspflegschaft zum Zwecke der Befriedigung der Nachlassgläubiger. Der Nachlassverwalter hat die Pflicht, den Nachlass zu verwalten und aus ihm die Nachlassverbindlichkeiten zu berichtigen. Die Nachlassverwaltung endet mit der Eröffnung des Nachlassinsolvenzverfahrens und sonst mit der Aufhebung durch das Nachlassgericht. Der Erbe haftet auch nach Beendigung der Nachlassverwaltung beschränkt nur mit dem Nachlass.

Das Nachlassinsolvenzverfahren setzt die Überschuldung des Nachlasses und den Antrag eines Antragsberechtigten voraus. Bei der Befriedigung der Nachlassgläubiger ist deren Rangordnung zu beachten. Nach Beendigung des Verfahrens durch Verteilung der Masse oder durch Insolvenzplan haftet der noch nicht unbeschränkbar haftende Erbe den noch nicht befriedigten Nachlassgläubigern wie den im Aufgebotsverfahren ausgeschlossenen Gläubigern.

Nachlassverwaltung und Nachlassinsolvenzverfahren

I. Sinn
  1. Nachlassverwaltung: Verwaltung des Nachlasses und Berichtigung der Nachlassverbindlichkeiten aus dem Nachlass
  2. Nachlassinsolvenzverfahren: Verwertung des Nachlasses und Befriedigung der Nachlassgläubiger

II. Voraussetzungen
  1. Nachlassverwaltung: Antrag des Erben oder (bei Gefährdung der Gläubigerbefriedigung) eines Nachlassgläubigers an das Nachlassgericht (§ 1981 I, II)
  2. Nachlassinsolvenzverfahren
     a) Antrag eines Erben, Nachlassgläubigers, Nachlassverwalters, Nachlasspflegers, Testamentsvollstreckers (§§ 315, 317 InsO)
     b) Überschuldung des Nachlasses oder Zahlungsunfähigkeit (§ 320 InsO)

III. Wirkungen

1. Trennung der Vermögensmassen in Nachlass (Haftung nur für Nachlassverbindlichkeiten) und Eigenvermögen (Haftung nur für Eigenverbindlichkeiten)

   a) Kein Erlöschen von Rechten durch Konfusion und Konsolidation (§ 1976)

   b) Kein Erlöschen von Forderungen durch Aufrechnung vor Anordnung der Nachlassverwaltung oder Eröffnung des Nachlassinsolvenzverfahrens

   aa) eines Nachlassgläubigers gegen eine nicht zum Nachlass gehörende Forderung (§ 1977 I)

   bb) eines Eigengläubigers gegen eine zum Nachlass gehörende Forderung (§§ 1977 II)

   c) Rückwirkende Haftung des Erben für die bisherige Verwaltung des Nachlasses

   aa) für Geschäfte vor Annahme der Erbschaft nach GoA-Regeln (§ 1978 I 2)

   bb) für Geschäfte nach Annahme der Erbschaft nach Auftragsrecht (§ 1978 I 1)

   d) Verwendungsersatzansprüche des Erben

   aa) für Verwendungen vor Annahme der Erbschaft nach GoA-Regeln = §§ 683 f. (§ 1978 III)

   bb) für Verwendungen nach Annahme der Erbschaft nach Auftragsrecht = § 670 (§ 1978 III)

2. Übergang der Verwaltungs- und Verfügungsbefugnis vom Erben auf den Nachlassverwalter (§§ 1984 I 1, 1985 I) oder Insolvenzverwalter (§ 80 I InsO)

IV. Beendigung

1. Nachlassverwaltung: mit Eröffnung des Nachlassinsolvenzverfahrens (§ 1988 I) oder mit Aufhebung durch das Nachlassgericht

2. Nachlassinsolvenzverfahren: durch Aufhebungsbeschluss nach Verteilung der Masse oder Bestätigung des Insolvenzplanes (§§ 197, 200, 258 InsO)

§ 40 Die Einreden des Erben und ihre Bedeutung im Prozess

702   **Literatur:** *Behr*, Zwangsvollstreckung in den Nachlass, Rpfleger 2002, 2, 510; *Werner*, Der überschuldete Nachlaß, Jura 2001, 390; *Westphal*, Dürftigkeitseinrede statt Erbausschlagung, Rpfleger, 1997, 199.

Fälle:

a) Der Nachlassgläubiger G pfändet aufgrund eines Zahlungsurteils, in welchem dem Erben E wegen der von ihm erhobenen Aufgebotseinrede die beschränkte Erbenhaftung vorbehalten worden ist, einen Pkw. Muss E sich das gefallen lassen? Was ist zu tun, wenn der Vorbehalt im Urteil fehlt? (→ Rn. 705)

b) G verlangt außerdem von E Ersatz des durch die Erhebung der Einrede entstandenen Verzugsschadens. E meint, trotz Fälligkeit des Anspruchs und Mahnung habe er wegen der Aufgebotseinrede nicht in Verzug kommen können. (→ Rn. 706)

c) G klagt gegen E auf Zahlung einer Nachlassverbindlichkeit in Höhe von 10.000 EUR. E erhebt die Einrede der beschränkten Erbenhaftung gem. § 1990. Wie entscheidet das Gericht, wenn es zum

Ergebnis kommt, dass der Nachlass völlig erschöpft ist? Wie, wenn der Nachlass nur noch aus einem Fernsehgerät und einem Klavier besteht? (→ **Rn. 711**)

d) Nachdem der Erbe festgestellt hat, dass der Nachlass zur Befriedigung aller Nachlassgläubiger nicht ausreicht, befriedigt er aus dem Nachlass zunächst sich selbst wegen einer Forderung gegen den Erblasser, dann den G wegen einer Kaufpreisforderung gegen den Erblasser und den V wegen einer Vermächtnisforderung in Höhe von 2.000 EUR. Gegenüber dem H, der eine Werklohnforderung gegen den Erblasser von 500 EUR hat, und gegenüber dem X, dem ein Vermächtnis von 1.000 EUR ausgesetzt ist, beruft er sich darauf, dass er den Nachlass unter die anderen Gläubiger verteilt habe und nichts mehr vorhanden sei. (→ **Rn. 714**)

A. Aufschiebende Einreden (§§ 2014–2017)

I. Bedeutung der Einreden

Der Erbe, der die Erbschaft angenommen hat, wird nach Klageantrag verurteilt, wenn der Kläger eine bestehende Nachlassverbindlichkeit einklagt. Aus dem Titel ist eine Vollstreckung gegen den Erben möglich. Das kann zu unbilligen Härten führen, wenn der Erbe noch damit beschäftigt ist, den Umfang des Nachlasses und der Nachlassverbindlichkeiten festzustellen, um sich schlüssig zu werden, ob er Maßnahmen zur Beschränkung der Haftung auf den Nachlass ergreifen soll oder muss. Kommt es später zu einer Trennung des Nachlasses vom Eigenvermögen des Erben, so wird sie erschwert, wenn zuvor schon ein Nachlassgläubiger aus einer der beiden Vermögensmassen im Wege der Zwangsvollstreckung befriedigt worden ist. Aus diesen Gründen werden dem Erben gewisse Schonfristen (§§ 2014 f.) eingeräumt. Die gesetzliche Regelung ist reichlich kompliziert. Ihr Sinn wird nur dann richtig erfasst, wenn man die Bestimmungen des BGB zusammen mit denen der ZPO (§§ 782 ff. ZPO)[48]betrachtet: Der Nachlass soll während der in den §§ 2014 f. genannten Fristen zusammengehalten, die Nachlassgläubiger sollen auch nicht aus dem Eigenvermögen befriedigt werden.

II. Voraussetzungen der Einreden

1. Als aufschiebende Einreden nennt das Gesetz die Dreimonatseinrede und die Aufgebotseinrede.   703

Dreimonatseinrede (§ 2014): Bis zum Ablauf von drei Monaten nach Annahme der Erbschaft kann der Erbe regelmäßig die Berichtigung einer Nachlassverbindlichkeit verweigern.

Der Erbe soll Zeit zur Unterrichtung über den Umfang des Nachlasses haben. Hat der Erbe jedoch das Inventar vor Ablauf der Frist errichtet, so fällt der Grund der Einrede weg (vgl. § 2014).

Aufgebotseinrede (§ 2015): Solange ein Aufgebotsverfahren schwebt, steht dem Erben ein Leistungsverweigerungsrecht zu.

Dem Erben soll so lange Zeit gelassen werden, bis die Nachlassgläubiger feststehen. Damit die Gläubiger nicht allzu lange auf eine Befriedigung warten müssen, setzt § 2015 I voraus, dass der Antrag auf Einleitung des Aufgebotsverfahrens binnen Jahresfrist nach Annahme der Erbschaft gestellt ist. Besonderheit: § 2015 III.

---

48 Dazu *Brox/Walker* ZVR Rn. 1388 ff.

Die beiden Einreden können auch vom Nachlasspfleger, der vor Annahme der Erbschaft zur Verwaltung des Nachlasses bestellt worden ist, geltend gemacht werden; die Fristen beginnen hier mit der Bestellung (§ 2017).

Gegen den Nachlasspfleger kann schon vor Annahme der Erbschaft vorgegangen werden (§ 1960 III). Deshalb müssen ihm im Interesse des Erben und der übrigen Nachlassgläubiger die Einreden zustehen, damit die Befriedigung eines einzelnen Nachlassgläubigers vorerst verhindert wird. Der Fristbeginn kann hier vorverlegt werden, da der verwaltende Nachlasspfleger von seiner Bestellung an den Umfang des Nachlasses zu ermitteln und den Erlass eines Gläubigeraufgebots zu beantragen vermag (§ 455 II FamFG).

Auch dem verwaltenden Testamentsvollstrecker stehen die Einreden zu. Die Frist des § 2015 beginnt hier wegen § 455 III FamFG aber erst mit Annahme der Erbschaft.

704 2. Die genannten Einreden können gegenüber bestimmten Gläubigern nicht erhoben werden, und zwar:

a) gegenüber Gläubigern, denen der Erbe bereits unbeschränkbar haftet (§ 2016 I);

b) gegenüber dinglich berechtigten Gläubigern (§§ 2016 II, 1971), soweit es um die dinglich gesicherten Ansprüche geht (→ Rn. 667).

Die Einrede versagt auch gegenüber einem Pfändungspfandgläubiger, es sei denn, dass das Pfandrecht erst nach dem Erbfall erlangt wurde. Im letzten Fall kann der Erbe nach §§ 782, 783, 785 ZPO vorgehen; wenn nämlich der Gläubiger das Pfandrecht verwerten könnte, würde er den anderen Gläubigern vorgezogen (vgl. die entspr. Wertung in § 321 InsO). Entsprechendes gilt bei einem durch Arrestvollziehung erlangten Recht und einer Vormerkung aufgrund einer einstweiligen Verfügung.

c) gegenüber Gläubigern, deren Anspruch keinen Aufschub verträgt.

Diese Einschränkung folgt aus dem Zweck einiger Ansprüche. So würden etwa der Anspruch auf den Dreißigsten (§ 1969) und der Unterhaltsanspruch der Mutter eines bereits gezeugten Erben (§ 1963) entwertet, wenn der Erbe eine aufschiebende Einrede hätte. Gleiches gilt für einen Anspruch auf weitere Gebrauchsüberlassung.

III. Wirkungen der Einreden

705 1. Im *Erkenntnisverfahren* führt die Erhebung der Einrede bei begründeter Klage eines Nachlassgläubigers zu einer Verurteilung des Erben unter dem Vorbehalt der beschränkten Erbenhaftung (§§ 305, 780 I ZPO).

Dabei handelt es sich nicht um ein Vorbehaltsurteil iSd §§ 302, 599 ZPO, das zu einem Nachverfahren führt. Die Bedeutung der Verurteilung unter Vorbehalt der beschränkten Erbenhaftung zeigt sich vielmehr bei der Zwangsvollstreckung.

2. Im *Zwangsvollstreckungsverfahren* hindert der Vorbehalt den Gläubiger nicht an der Pfändung und Verwertung des Pfandes (§ 781 ZPO). Der Erbe kann aber die Verwertung verhindern, indem er gegen den Gläubiger gem. §§ 782, 785, 767 ZPO Vollstreckungsgegenklage erhebt[49] **(Fall a)**. Voraussetzung für die Klage ist der Vorbehalt im Urteil. Fehlt er, obwohl der Erbe die Einrede erhoben hat, kann dieser Ergänzung des Urteils begehren (§ 321 ZPO). Ansonsten vermag er gegen die Zwangsvollstreckung nichts zu unternehmen.

Ausnahmsweise ist der Vorbehalt nicht erforderlich (vgl. § 780 II ZPO; → Rn. 712).

---

[49] *Brox/Walker* ZVR Rn. 1388 ff.

Ziel der Vollstreckungsgegenklage ist es, dass für die Dauer der Schonfrist die Versteigerung des gepfändeten Gegenstandes für unzulässig erklärt wird bzw. gepfändetes Geld hinterlegt wird. Es bleibt also bei der Sicherung des Gläubigers. Die Verwertung kann erfolgen, sobald die Schonfrist abgelaufen ist (Fristverlängerung: § 782 S. 2 ZPO).

Die Vollstreckungsgegenklage ist abzuweisen, wenn der beklagte Gläubiger vorbringt und bei Bestreiten auch beweist, dass der Erbe inzwischen unbeschränkbar haftet (§ 2016 I).

Dem noch nicht unbeschränkbar haftenden Erben steht die Klage gem. den §§ 785, 767 ZPO auch dann zu, wenn ein Eigengläubiger in den Nachlass vollstreckt (§ 783 ZPO).

Hier ist selbstverständlich ein Vorbehalt im Urteil, das der Eigengläubiger gegen den Erben erstritten hat, nicht erforderlich; denn einen solchen Vorbehalt kann es hier gar nicht geben.

3. Eine *materiellrechtliche Wirkung* der aufschiebenden Einreden wird weitgehend verneint.[50] Danach kann der Erbe trotz der Einrede zB in Schuldnerverzug kommen **(Fall b).** **706**

Dieser Auffassung kann nicht gefolgt werden.[51] Wenn das Gesetz dem Erben bestimmte Schonfristen einräumt, innerhalb derer er den Nachlassgläubiger nicht zu befriedigen braucht und eine zwangsweise Befriedigung des Gläubigers verhindern kann, so ist es schwer einzusehen, weshalb dem Erben aus dieser gesetzlich zugelassenen Weigerung ein Schuldvorwurf gemacht werden soll, der gem. § 286 IV Voraussetzung für den Schuldnerverzug ist. Dass die Einrede auch materiell-rechtlich von Bedeutung sein soll, entspricht dem Willen des Gesetzgebers. Das ergibt sich aus dem Wortlaut und der Entstehungsgeschichte der §§ 2014 f.

Nach dem Wortlaut ist der Erbe »berechtigt, die Berichtigung einer Nachlassverbindlichkeit ... zu verweigern«. Diese Formulierung entspricht dem ursprünglich vorgeschlagenen § 2130.[52] Sie wurde gewählt, um die materiell-rechtliche Wirkung der Einrede zum Ausdruck zu bringen. Wörtlich heißt es:[53] »Die materiell-rechtliche Wirkung der Einrede liegt insbesondere darin, dass der Erbe durch die Weigerung nicht in Verzug kommt.« Diese Bestimmung wurde »sachlich von keiner Seite beanstandet«.[54]

B. Unzulänglichkeitseinreden (§§ 1990–1992)

I. Bedeutung der Einreden

Wenn eine Trennung des Nachlasses vom Eigenvermögen des Erben durch Nachlassverwaltung oder Nachlassinsolvenzverfahren nicht in Betracht kommt, weil die dafür erforderlichen Kosten aus dem Nachlass nicht gedeckt werden können, muss dem Erben dennoch die Möglichkeit der Haftungsbeschränkung auf den Nachlass eingeräumt werden. Das Gesetz hilft dem Erben dadurch, dass es ihm eine Einrede **707**

---

50 RGZ 79, 201 (204 ff.); *Lange* ErbR Kap. 17 Rn. 17; *Lange/Kuchinke* ErbR § 48 III 2; *v. Lübtow* ErbR 1105; MüKoBGB/*Küpper*, § 2014 Rn. 5; *Muscheler* ErbR II Rn. 3513 ff.
51 Wie hier *Kipp/Coing* ErbR § 100 IV 1; RGRK/*Johannsen* § 2014 Rn. 6 f.; Staudinger/*Marotzke* (2010) § 2014 Rn. 8.
52 Prot. V, 744.
53 Prot. V, 785.
54 Prot. V, 787.

gewährt: Der Erbe kann die Befriedigung eines Nachlassgläubigers insoweit verweigern, als der Nachlass nicht ausreicht (§ 1990 I 1).

Es kommt hier also nicht zu einer Trennung der Vermögensmassen. Der Erbe behält die Verwaltungs- und Verfügungsbefugnis über den Nachlass. Eigengläubiger des Erben können in den Nachlass vollstrecken. Die Interessen des Nachlassgläubigers sind also bei weitem nicht so stark geschützt, wie es bei Nachlassverwaltung und -insolvenzverfahren der Fall ist.

II. Voraussetzungen der Einreden

708 Bei dürftigem Nachlass steht dem Erben die Unzulänglichkeitseinrede im engeren Sinne oder die Überschwerungseinrede zu. Haftet er allerdings bereits unbeschränkbar, kann er die Einreden nicht mit Erfolg erheben (§ 2013 I 1), weil er ohnehin auch mit seinem Eigenvermögen haftet.

1. Die *Unzulänglichkeitseinrede* im engeren Sinne (§ 1990) setzt voraus, dass die Anordnung der Nachlassverwaltung oder die Eröffnung des Nachlassinsolvenzverfahrens mangels einer den Kosten entsprechenden Masse nicht tunlich ist (vgl. § 1982; § 26 InsO) oder dass aus diesem Grunde die Nachlassverwaltung aufgehoben bzw. das Insolvenzverfahren eingestellt worden ist (vgl. § 1988 II; § 207 InsO).

Die Einrede ist also gegeben, wenn der Nachlass dürftig ist, ohne überschuldet zu sein, ferner, wenn der Nachlass dürftig und überschuldet ist, und schließlich, wenn kein Nachlassgegenstand mehr vorhanden ist. Für die Voraussetzungen des § 1990 kommt es nicht auf den Zeitpunkt des Erbfalls, sondern auf den der Entscheidung über die Einrede an; das ist der Zeitpunkt der letzten mündlichen Verhandlung in der letzten Tatsacheninstanz.[55] Selbst wenn also der Nachlass erst nach dem Erbfall unzulänglich geworden ist, steht dem Erben die Einrede zu. Zu prüfen ist jedoch, ob der Erbe gem. § 1978 ersatzpflichtig ist (§ 1991 I).

709 **2.** Die *Überschwerungseinrede* (§ 1992) ist schon dann gegeben, wenn die Überschuldung des Nachlasses auf Vermächtnissen und Auflagen beruht, ohne dass die Voraussetzungen des § 1990 vorzuliegen brauchen.

Es dürfte nicht dem mutmaßlichen Willen des Erblassers entsprechen, dass Vermächtnisnehmer oder diejenigen, die die Vollziehung einer Auflage fordern können, berechtigt sein sollen, das Nachlassinsolvenzverfahren herbeizuführen.[56] Der Erbe ist in einem solchen Fall auch nicht verpflichtet, das Nachlassinsolvenzverfahren zu beantragen (§ 1980 I 3). Deshalb muss der Erbe die Haftungsbeschränkung hier auch noch in anderer Weise geltend machen können,[57] nämlich durch die Einrede gem. § 1992.

§ 1992 setzt voraus, dass die Überschuldung auf Vermächtnissen und Auflagen beruht; ohne Vermächtnisse und Auflagen muss der Nachlass zur Berichtigung von Nachlassverbindlichkeiten ausreichen.[58] Eine andere Meinung lässt es für eine Anwendung des § 1992 genügen, dass der Nachlass auch ohne die Vermächtnisse und Auflagen überschuldet ist.[59] Der erstgenannten Ansicht ist zu folgen. Beruht die Überschuldung auf anderen Gründen, ist der Erbe zum Antrag auf Eröffnung des Nachlassinsolvenzverfahrens verpflichtet (§ 1980 I 1); erfüllt er diese Pflicht nicht, ist kein Grund ersichtlich, ihm die Wohltat des § 1992 zu gewähren. Der Wille des

---

55 BGHZ 85, 274 (280 f.).
56 Prot. V, 762, 802 f.
57 Prot. V, 803.
58 RG JW 1912, 40; MüKoBGB/*Küpper* § 1992 Rn. 5; Palandt/*Weidlich* § 1992 Rn. 1; Soergel/*Stein* § 1992 Rn. 2; Staudinger/*Marotzke* (2010) § 1992 Rn. 3.
59 Erman/*Schlüter* § 1992 Rn. 2; *Kipp/Coing* ErbR § 99 VI 1; *v. Lübtow* ErbR 1176; RGRK/*Johannsen* § 1992 Rn. 2.

Gesetzes ist auch aus dem Wortlaut des § 1992 und der Entstehungsgeschichte zu entnehmen (»lediglich« bzw. »nur«).[60]

Eine entsprechende Anwendung des § 1992 ist allerdings dann geboten, wenn die Überschuldung auf Forderungen anderer minderberechtigter Gläubiger (ausgeschlossener bzw. säumiger Gläubiger, §§ 1973 f.) beruht.[61]

3. Die Einreden gem. den §§ 1990, 1992 stehen auch dem Nachlasspfleger[62] und dem   **710** Testamentsvollstrecker zu; der Nachlassverwalter kann sich auf § 1992 berufen.[63]

III. Prozessuale Wirkung der Einreden

1. Wird im *Erkenntnisverfahren* gegenüber dem Anspruch des Nachlassgläubigers   **711** auf Zahlung vom Erben die Einrede erhoben, ergeben sich für das Prozessgericht zwei Möglichkeiten.[64] Das Gericht prüft nach, ob die Einrede begründet ist. Kommt es zum Ergebnis, dass der Nachlass völlig erschöpft ist, weist es die Klage ab (**Fall c**, 1. Frage). Sind noch einzelne Nachlassgegenstände vorhanden (**Fall c**, 2. Frage), kommt es bei entsprechendem Klageantrag zu einer Verurteilung des Erben, die Zwangsvollstreckung in die genannten Gegenstände zu dulden (vgl. § 1990 I 2). Das Gericht braucht aber nicht so vorzugehen. Selbst wenn der beklagte Erbe Beweis für die Tatsachen, die die Einrede rechtfertigen, angetreten hat, kann das Gericht den Beklagten nach Klageantrag verurteilen und in den Urteilstenor den S. aufnehmen: »Dem Beklagten wird die Beschränkung seiner Haftung auf den Nachlass vorbehalten«. In aller Regel verfahren die Gerichte dementsprechend. Das dient einer schnellen Beendigung dieses Prozesses. Die Prüfung der Frage der Haftungsbeschränkung wird damit in das Zwangsvollstreckungsverfahren verlagert.

Zu einer solchen Verurteilung unter Vorbehalt der beschränkten Erbenhaftung kommt es aber nur, wenn der Erbe die Einrede erhoben hat. Das muss bis zur letzten mündlichen Verhandlung der letzten Tatsacheninstanz geschehen.[65] Behauptet der Kläger gegenüber der Einrede des Beklagten Tatsachen, aus denen sich ergibt, dass der Erbe bereits unbeschränkbar haftet, muss das Gericht dem nachgehen.[66] Bestreitet der Beklagte die Tatsachen nicht oder werden sie vom Kläger bewiesen, so erfolgt eine Verurteilung ohne den entsprechenden Vorbehalt.
Bei begründeter Überschwerungseinrede kann dem Erben im Urteil vorbehalten werden, die Vollstreckung in Nachlassgegenstände durch Zahlung des Wertes abzuwenden (§ 1992 S. 2).

2. Im *Zwangsvollstreckungsverfahren* wird zunächst der im Urteil enthaltene Vor-   **712** behalt nicht beachtet. Der Gläubiger kann in das ganze Vermögen des Erben, also in den Nachlass und in das Eigenvermögen, vollstrecken. Wird aber vom Nachlassgläubiger in Gegenstände des Eigenvermögens vollstreckt, dann ist es Sache des Erben, sich dagegen zu wehren. Das geschieht durch Vollstreckungsgegenklage (§§ 780 I, 781, 785, 767 ZPO).[67]

---

60 Prot. V, 802, 816.
61 Staudinger/*Marotzke* (2010) § 1992 Rn. 4.
62 Vgl. Prot. V, 816.
63 Vgl. dazu Erman/*Schlüter* § 1990 Rn. 4 und § 1992 Rn. 5; *Lange/Kuchinke* ErbR § 49 VIII 8b Fn. 216.
64 Vgl. BGH NJW 1983, 2378 (2379); *Brox/Walker* ZVR Rn. 1386.
65 Ausnahme: BGHZ 17, 69.
66 Vgl. aber Stein/Jonas/*Münzberg*, ZPO, 22. Aufl. 2002, § 780 Rn. 6.
67 *Brox/Walker* ZVR Rn. 1378 ff.

Voraussetzung ist, dass der Tenor des Urteils, aus dem vollstreckt wird, den Vorbehalt der Haftungsbeschränkung enthält (§ 780 I ZPO).

Dieser Vorbehalt ist nach § 780 II ZPO ausnahmsweise nicht erforderlich, wenn der Fiskus als gesetzlicher Erbe verurteilt ist (Grund: Er haftet immer nur beschränkt) oder wenn das Urteil gegen einen Nachlasspfleger (-verwalter) bzw. einen verwaltenden Testamentsvollstrecker ergangen ist (Grund: Sie können auf eine Haftungsbeschränkung nicht verzichten). Auch dann, wenn aus einem gegen den Erblasser erstrittenen Urteil nach Umschreibung der Vollstreckungsklausel (§ 727 ZPO) vollstreckt wird, muss dem Erben die Vollstreckungsgegenklage zugestanden werden, ohne dass der Titel den Vorbehalt enthält; denn in dem Prozess gegen den Erblasser konnte die Einrede noch nicht erhoben werden.

Ziel der Vollstreckungsgegenklage ist es, dass die Zwangsvollstreckung in die nicht zum Nachlass gehörenden Gegenstände für unzulässig erklärt wird. In diesem Prozess muss der Erbe die Voraussetzungen der Einrede behaupten und beweisen.

Die Einreden greifen auch gegenüber einem solchen Nachlassgläubiger durch, der nach dem Erbfall ein dingliches Sicherungsrecht im Wege der Zwangsvollstreckung oder eine Vormerkung durch einstweilige Verfügung erlangt hat (§ 1990 II); denn oft treten die Voraussetzungen der Einreden erst ein oder werden erst dann offenbar, wenn bereits Vollstreckungsmaßnahmen gegen den Erben ergangen sind.[68]

Ist von der Zwangsvollstreckungsmaßnahme das Eigenvermögen des Erben betroffen, so hat dieser die Vollstreckungsgegenklage gem. den §§ 785, 767 ZPO; auf diesen Fall ist nämlich § 784 I ZPO entsprechend anzuwenden. Diese Bestimmung gibt dem Erben die Vollstreckungsgegenklage, wenn Nachlassverwaltung angeordnet oder das Nachlassinsolvenzverfahren eröffnet ist; der Erbe darf aber dann nicht schlechter behandelt werden, wenn mangels Masse ein solches Verfahren nicht in Betracht kommt.

§ 1990 II kann aber auch eingreifen, wenn der Nachlassgläubiger in den Nachlass vollstreckt und dabei schon ein Sicherungsrecht erlangt hat. Zwar muss der Erbe nach § 1990 I 2 grundsätzlich die Vollstreckung in den Nachlass dulden. Soweit er jedoch die Befriedigung der Nachlassgläubiger nach § 1990 I 1 verweigern kann (weil zB die Vollstreckung die vom Erben nach § 1991 IV zu beachtende Rangfolge beeinträchtigt oder dem Erben selbst ein Aufwendungsersatzanspruch gegen den Nachlass zusteht, der sonst nicht befriedigt werden könnte), steht dem Erben aufgrund des § 1990 II die Vollstreckungsgegenklage zu.[69]

Vollstreckt ein Eigengläubiger des Erben in den Nachlass, so kann bei Nachlassverwaltung der Verwalter dagegen mit der Vollstreckungsgegenklage vorgehen (§ 784 II ZPO). Dieses Recht steht richtiger Ansicht nach unter den Voraussetzungen der §§ 1990, 1992 auch dem Erben in entsprechender Anwendung des § 784 II ZPO zu; denn in diesen Fällen fungiert der Erbe selbst als Verwalter des Nachlasses.[70]

IV. Materielle Wirkung der Einreden

713 1. Die Einreden führen nicht zu einer Trennung des Nachlasses vom Eigenvermögen des Erben, wie das bei Nachlassverwaltung und Nachlassinsolvenzverfahren der Fall

---

68 Staudinger/*Marotzke* 2010 § 1990 Rn. 25.
69 Vgl. dazu Erman/*Schlüter* § 1990 Rn. 9; Staudinger/*Marotzke* 2010 § 1990 Rn. 24 ff.
70 **HM;** vgl. Jauernig/*Stürner* §§ 1990, 1991 Rn. 8; *Lange/Kuchinke* ErbR § 49 VIII 8e Fn. 230; Stein/Jonas/*Münzberg,* ZPO, 22. Aufl. 2002, § 784 Rn. 5.

ist. Wohl aber werden die beiden Vermögensmassen als getrennt behandelt, wenn der Erbe sich gegenüber dem Anspruch eines Nachlassgläubigers auf eine der Einreden beruft. Nach § 1991 II gelten die beim Erbfall durch Konfusion und Konsolidation erloschenen Rechtsverhältnisse (→ Rn. 680) im Verhältnis zwischen diesem Gläubiger und dem Erben als nicht erloschen.

Beruft sich der Erbe gegenüber einem Nachlassgläubiger auf § 1990, so ist bei der Feststellung des Nachlassbestandes eine durch Konfusion erloschene Forderung des Erben gegen den Erblasser zu den Passiva des Nachlasses zu rechnen. Aber im Verhältnis zu anderen Gläubigern des Erben bleibt es bei der Konfusion; diese Gläubiger können also die Forderung zB nicht pfänden.

Obwohl es bei der Einrede nicht zu einer Vermögenstrennung kommt, ist der Erbe im Verhältnis zum Nachlassgläubiger hinsichtlich seiner Verantwortlichkeit (→ Rn. 682 f.) und seines Aufwendungsersatzanspruches (→ Rn. 686) so zu behandeln, als ob es zu einer Trennung der Massen durch Nachlassverwaltung oder -insolvenzverfahren gekommen wäre (§ 1991 I).

Ersatzansprüche gegen den Erben sind zu den Aktiva, Aufwendungsersatzansprüche des Erben zu den Passiva des Nachlasses zu zählen.

2. Da der Erbe in den Fällen der §§ 1990, 1992 selbst als Verwalter des Nachlasses **714** fungiert, fragt es sich, ob er bei der Befriedigung der Nachlassgläubiger eine bestimmte Reihenfolge einzuhalten hat. Das Gesetz stellt in § 1991 III, IV zwei Spezialregeln auf. Daraus folgt im Umkehrschluss, dass der Erbe im Regelfall nicht verpflichtet ist, die Gläubiger in einer bestimmten Reihenfolge zu befriedigen; dem wäre der Erbe meist nicht gewachsen.[71]

In folgenden Fällen muss der Erbe eine bestimmte Reihenfolge beachten:

a) Die rechtskräftige Verurteilung des Erben zur Befriedigung eines bestimmten Gläubigers wirkt einem anderen Gläubiger gegenüber wie die Befriedigung (§ 1991 III). Der Erbe darf andere Gläubiger insoweit nicht befriedigen, als dadurch der titulierte Anspruch des Gläubigers beeinträchtigt wird. Somit hat der Gläubiger mit einem rechtskräftigen Titel den Vorrang vor den anderen Gläubigern.[72]

Beachtet der Erbe den Vorrang nicht, macht er sich schadensersatzpflichtig und haftet mit seinem Eigenvermögen (§§ 1991 I, 1978).[73]

Dem Gläubiger nach § 1991 III ist der Erbe gleichzustellen, der selbst eine Forderung gegen den Nachlass hat; denn er kann sich selbst nicht verklagen.

b) Für Pflichtteilsrechte, Vermächtnisse und Auflagen gilt die Regelung, die für das Insolvenzverfahren in § 327 I InsO getroffen ist (§ 1991 IV). Diese Verbindlichkeiten sind also erst nach den anderen in einer bestimmten Reihenfolge zu erfüllen, bei gleichem Rang im Verhältnis ihrer Beträge.

Eine Verpflichtung des Erben, diese Rangfolge zu beachten, besteht erst dann, wenn er weiß oder schuldhaft nicht weiß, dass der Nachlass nicht ausreicht. In diesem Fall macht sich der Erbe bei Nichtbeachtung des § 1991 IV schadensersatzpflichtig (§§ 1991 I, 1978). Die Leistung an den minderberechtigten Gläubiger ist wie eine unentgeltliche Verfügung des Erben anfechtbar (§ 5 AnfG). Der

---

71 Vgl. Prot. V, 800.
72 **HM;** Palandt/*Weidlich* § 1991 Rn. 4; Soergel/*Stein* § 1991 Rn. 7; **anders** *Lange/Kuchinke* ErbR § 49 VIII 4b Fn. 197.
73 RGZ 139, 199 (202).

Erbe kann gegen den minderberechtigten Gläubiger auch einen Bereicherungsanspruch haben (§§ 812, 813, 814), wenn die Nachlassgläubiger die Befriedigung nicht gegen sich gelten zu lassen brauchen (vgl. § 1979).

> Im **Fall d** hätte der Erbe zunächst die Forderung des H befriedigen müssen. Der Rest von 1.500 EUR hätte im Verhältnis von 2:1 unter die Vermächtnisnehmer V und X verteilt werden müssen. H und X haben also einen Schadensersatzanspruch von je 500 EUR gegen E.

Die ausgeschlossenen und säumigen Gläubiger (§§ 1973 f.; → Rn. 665 und → Rn. 668) sind nach den übrigen Gläubigern, aber vor den in § 1991 IV genannten zu befriedigen.[74]

C. Ausschließungs- und Verschweigungseinrede (§§ 1973, 1974)

715 Die Ausschließungseinrede (§ 1973) sowie die Verschweigungseinrede (§ 1974) können nur gegenüber dem Anspruch des Gläubigers erhoben werden, der im Aufgebotsverfahren ausgeschlossen worden ist oder der seinen Anspruch erst fünf Jahre nach dem Erbfall geltend macht. Wegen der Einzelheiten wird auf die → Rn. 665 und → Rn. 668 verwiesen.

D. Zusammenfassung

716 Nach Annahme der Erbschaft können dem Erben aufschiebende Einreden, nämlich die Dreimonatseinrede und die Einrede des schwebenden Aufgebotsverfahrens zustehen. Sie führen bei Erhebung der Einrede zu einer Verurteilung unter Vorbehalt und hindern in der Zwangsvollstreckung eine Verwertung des Pfändungspfandrechts, wenn der Erbe Vollstreckungsgegenklage erhebt.

Die Unzulänglichkeitseinrede steht dem Erben zu, wenn Nachlassverwaltung und -insolvenzverfahren mangels einer den Kosten entsprechenden Masse nicht infrage kommen. Die Überschwerungseinrede greift ein, wenn die Überschuldung des Nachlasses nur auf Vermächtnissen und Auflagen beruht. Wird eine dieser Einreden im Prozess erhoben, kann das Gericht deren Begründetheit nachprüfen oder den Erben ohne Nachprüfung unter Vorbehalt der Haftungsbeschränkung auf den Nachlass verurteilen. Im letzten Fall ist es Sache des Erben, sich durch Vollstreckungsgegenklage gegen eine Zwangsvollstreckung des Nachlassgläubigers in das Eigenvermögen des Erben zu wehren.

Gegenüber einem im Aufgebotsverfahren ausgeschlossenen Gläubiger hat der Erbe die Ausschließungseinrede, gegenüber einem Gläubiger, der seine Forderung erst später als fünf Jahre nach dem Erbfall geltend macht, die Verschweigungseinrede. Das Gericht kann die Einrede im Prozess nachprüfen oder aber die Nachprüfung dem Zwangsvollstreckungsverfahren überlassen.

Die Einreden der Erben

I. Aufschiebende Einreden (§§ 2014–2017)
    1. Arten
        a) Dreimonatseinrede (§ 2014)
        b) Aufgebotseinrede (§ 2015)

---

74 Palandt/*Weidlich* § 1991 Rn. 5; MüKoBGB/*Küpper* § 1991 Rn. 10.

2. Wirkungen

    a) prozessual:

        aa) im Erkenntnisverfahren Verurteilung des Erben unter Vorbehalt der beschränkten Erbenhaftung (§§ 305, 780 I ZPO)

        bb) in der Zwangsvollstreckung Verhinderung der Verwertung durch Vollstreckungsgegenklage (§§ 782, 785, 767 ZPO)

    b) materiell: vorübergehendes Recht, die Befriedigung von Nachlassverbindlichkeiten zu verweigern → kein Schuldnerverzug (str.)

II. Unzulänglichkeitseinreden

    1. Arten

        a) Dürftigkeitseinrede (§ 1990)

        b) Überschwerungseinrede (§ 1992)

    2. Wirkungen

        a) prozessual:

            aa) im Erkenntnisverfahren Klageabweisung oder Verurteilung zur Duldung der Zwangsvollstreckung in die noch vorhandenen Gegenstände oder Verurteilung unter dem Vorbehalt der beschränkten Erbenhaftung

            bb) in der Zwangsvollstreckung Verhinderung der Vollstreckung in das Eigenvermögen durch Vollstreckungsgegenklage (§§ 780 I, 781, 785, 767 ZPO)

        b) materiell:

            aa) Nachlass und Eigenvermögen werden als getrennt behandelt, wenn der Erbe sich auf eine der Einreden beruft (§ 1991 I, II)

            bb) besondere Regeln für die Befriedigung der Nachlassgläubiger (§ 1991 III, IV)

III. Ausschließungs- und Verschweigungseinrede (§§ 1973, 1974)

§ 41 Die Haftung der Miterben

Literatur: *Harder/Müller-Freienfels,* Grundzüge der Erbenhaftung, JuS 1980, 879; *Hoepfner,* Grundzüge der Erbenhaftung, Jura 1982, 169.

717

Fälle:

a) E hinterlässt als Erben zu gleichen Teilen seine Söhne A, B und C. Der Nachlass ist bisher nicht auseinander gesetzt. Der Nachlassgläubiger X möchte wegen einer Forderung von 15.000 EUR in den Nachlass vollstrecken; wie muss er vorgehen? Ändert sich etwas, wenn X den Erbanteil des A pfänden möchte? (→ Rn. 723, → Rn. 724)

b) Im Fall a verspricht eine Vollstreckung in den Nachlass keinen Erfolg. Kann X sich an das Eigenvermögen des wohlhabenden B halten? Ist es von Bedeutung, ob B die Möglichkeit zur Haftungsbeschränkung schon verloren hat? (→ Rn. 728)

c) A hat vor der Teilung ein privates Aufgebotsverfahren betrieben. Gleichwohl hat X seine Nachlassforderung, von der C allerdings wusste, nicht angemeldet. Wie haften A und C dem X nach der Teilung? (→ Rn. 731)

A. Grundzüge

I. Haftungsmöglichkeiten und Interessenlage

1. Besonderheiten für die Erbenhaftung ergeben sich, wenn mehrere Personen erben. Hier taucht nicht nur das Problem auf, ob der einzelne Miterbe unbeschränkt oder beschränkt haftet. Hinzu kommt noch die Frage, ob der Miterbe als Gesamtschuldner auf das Ganze haftet oder ob nur eine Teilhaftung entsprechend der Erbquote in Betracht kommt.

Bei vier Erben mit gleicher Quote und einer Nachlassverbindlichkeit in Höhe von 4.000 EUR ergeben sich somit die Fragen, ob jeder Miterbe gesamtschuldnerisch 4.000 EUR schuldet oder teilschuldnerisch nur 1.000 EUR, und ferner, ob er nur mit seinem Anteil am Nachlass oder auch mit seinem Eigenvermögen haftet.

Denkbar sind vier Haftungsmöglichkeiten:

- unbeschränkt und gesamtschuldnerisch,
- beschränkt und gesamtschuldnerisch,
- unbeschränkt und teilschuldnerisch,
- beschränkt und teilschuldnerisch.

718 **2.** Ähnlich wie bei der Haftung des Alleinerben (→ Rn. 643 ff.) stehen sich auch hier widerstreitende Interessen der Nachlassgläubiger, der Eigengläubiger und der Erben gegenüber. Die Eigengläubiger eines Miterben sind hinreichend geschützt, wenn ihnen das Eigenvermögen des Miterben haftet; zu diesem Vermögen gehört auch der gesamthänderische Anteil des Miterben am Nachlass. Die Interessen der Nachlassgläubiger sind genügend berücksichtigt, wenn diese sich wegen ihrer Nachlassforderung an den Nachlass und den Anteil eines jeden Miterben am Nachlass halten können. Das ist jedoch nur so lange möglich, wie der Nachlass noch nicht unter den Miterben aufgeteilt ist. Nach erfolgter Nachlassteilung sind die Nachlassgläubiger besonders schutzwürdig; hier wird eine gesamtschuldnerische und unbeschränkte Haftung jedes Miterben ihren Interessen am besten gerecht. Andererseits muss dem Miterben auch jetzt noch die Möglichkeit eingeräumt werden, seine Haftung zu beschränken, sofern er dieses Recht nicht schon verloren hat.

II. Gesetzliche Interessenbewertung

719 Das Gesetz unterscheidet zunächst danach, ob die Nachlassforderung gegen alle Miterben oder nur gegen einzelne Miterben gerichtet ist.

1. Handelt es sich um eine *gemeinschaftliche Nachlassverbindlichkeit aller Miterben*, geht § 2058 grundsätzlich davon aus, dass jeder Miterbe sowohl mit seinem Anteil am Nachlass als auch mit seinem Eigenvermögen haftet. Dieser Grundsatz wird jedoch durchbrochen. Dabei kommt es je nach der Interessenlage darauf an, ob der Nachlass noch ungeteilt oder bereits geteilt ist.

a) Bei *ungeteiltem Nachlass* geht das Gesetz davon aus, dass der Nachlass einerseits und die Eigenvermögen der Erben andererseits noch hinreichend voneinander abgesondert sind.

aa) Gegen alle Miterben in ihrer Gesamtheit hat der Nachlassgläubiger das Recht auf Befriedigung aus dem ungeteilten Nachlass (§ 2059 II).

bb) Der einzelne Miterbe kann erreichen, dass er dem Nachlassgläubiger bis zur Nachlassteilung nur mit seinem Anteil am Nachlass haftet (vgl. § 2059 I 1). Diese Haftung des Miterben reicht dem Gesetzgeber zum Schutz des Nachlassgläubigers aus, weil der einzelne Miterbe allein über Nachlassgegenstände nicht verfügen und somit den Nachlass nicht schmälern kann. Hat der Miterbe allerdings sein Recht, die Haftung zu beschränken, allen Nachlassgläubigern oder dem einzelnen Nachlass-gläubiger gegenüber verloren, haftet er bis zur Nachlassteilung auch mit seinem gesamten Eigenvermögen, jedoch nur entsprechend seiner Erbquote (Teilhaftung; § 2059 I 2). Dem Gesetzgeber erscheint eine unbeschränkte und gesamtschuldneri-sche Haftung des Miterben vor der Nachlassteilung als unbillig streng, zumal der Nachlassgläubiger sich an den noch ungeteilten Nachlass halten kann.

b) *Nach der Nachlassteilung* ist die Lage des Nachlassgläubigers schlechter, da der ungeteilte Nachlass als Haftungsobjekt weggefallen ist. Der einzelne Miterbe kann über die ihm zugefallenen Gegenstände frei verfügen. Deshalb ist der Nachlassgläubi-ger jetzt schutzwürdiger als vor der Teilung. Darum sieht das Gesetz eine unbe-schränkte, aber beschränkbare und grundsätzlich gesamtschuldnerische Haftung des Miterben vor (vgl. § 2058). Ausnahmsweise, nämlich in den Fällen der §§ 2060, 2061, kommt nur eine Teilhaftung in Frage. Eine Nachlassverwaltung ist nicht mehr zu-lässig (§ 2062), da der Nachlass verteilt ist. Hat ein Miterbe ein Inventar errichtet, so kommt das auch jedem anderen Miterben zustatten, sofern er noch nicht unbe-schränkbar haftet (§ 2063).

2. Sind nur *einige Miterben* mit einer Nachlassverbindlichkeit belastet (ist zB ein Vermächtnis oder eine Auflage nicht allen Miterben auferlegt; vgl. § 2046 II), scheidet eine Verpflichtung der davon nicht betroffenen Miterben aus. **720**

Soweit für einzelne Miterben derselbe erbrechtliche Haftungsgrund eingreift, besteht nach § 2058 eine gesamtschuldnerische Haftung.

B. Haftung vor der Nachlassteilung

I. Haftung bis zur Annahme der Erbschaft

Bis zur Annahme der Erbschaft bestehen keine Besonderheiten gegenüber der Haf-tung des Alleinerben. Über Annahme und Ausschlagung bestimmt jeder Erbe selbst-ständig. Vor der Annahme können Miterben ebenso wenig wie Alleinerben gericht-lich in Anspruch genommen werden (§ 1958). **721**

Die Rechtsstellung des vorläufigen Miterben entspricht auch im Übrigen der des vorläufigen Alleinerben (→ Rn. 315).

II. Haftung zwischen Annahme und Teilung der Erbschaft

1. Gesamtschuld- und Gesamthandsklage:

a) Die Miterben haften für gemeinschaftliche Nachlassverbindlichkeiten als Gesamt-schuldner (§ 2058). Auch vor der Teilung kann daher ein Nachlassgläubiger jeden Miterben als Gesamtschuldner in Anspruch nehmen *(Gesamtschuldklage)*. Als Ge-samtschuldner haftet ein Miterbe grundsätzlich mit seinem Eigenvermögen, ein-schließlich seines Miterbenanteils (vgl. § 859 II ZPO);[75] jedoch hat er die Möglichkeit, **722**

---

[75] *Brox/Walker* ZVR Rn. 37, 785.

seine Haftung auf den Erbanteil zu beschränken (§ 2059; → Rn. 728). Mit der Gesamtschuldklage kann der Nachlassgläubiger auch mehrere oder alle Miterben gleichzeitig oder nacheinander belangen.

Mehrere gleichzeitig als Gesamtschuldner verklagte Miterben sind keine notwendigen Streitgenossen. Der als Gesamtschuldner in Anspruch genommene Miterbe kann von den anderen Miterben Ausgleichung verlangen nach dem Verhältnis der einzelnen Erbteilsquoten und unter Berücksichtigung ausgleichspflichtiger Vorempfänge (§§ 426, 2050 ff.).

723 **b)** Der Nachlassgläubiger kann auch alle Miterben gleichzeitig als Gesamthänder in Anspruch nehmen und Befriedigung aus dem ungeteilten Nachlass verlangen (§ 2059 II; *Gesamthandsklage; Fall a*). Während mit der Gesamtschuldklage das Eigenvermögen des einzelnen Miterben belangt wird, richtet sich also die Gesamthandsklage gegen den gesamthänderisch gebundenen Nachlass (vgl. § 747 ZPO).

Werden die Miterben gemeinschaftlich mit der Gesamthandsklage in Anspruch genommen, so sind sie notwendige Streitgenossen (§ 62 ZPO).[76]

724 **c)** Dem Gläubiger steht es frei, ob er die Gesamtschuld- oder die Gesamthandsklage erhebt **(Fall a)**. Er kann auch von einem Klagebegehren zum anderen übergehen (§ 264 Nr. 2 ZPO). Schließlich darf er mit beiden Klagen gleichzeitig vorgehen, da sie auf die Vollstreckung in verschiedene Vermögensmassen gerichtet sind (Eigenvermögen und Nachlass).

Welche von beiden Klagen vorliegt, ist durch Auslegung zu ermitteln. Zur Vollstreckung in den Nachlass genügt ein gegen alle Erben ergangenes Urteil (§ 747 ZPO), gleichgültig, ob es sich um ein Gesamthands- oder Gesamtschuldurteil handelt. Ferner reicht es aus, dass der Gläubiger gegen alle Erben in verschiedenen Prozessen obsiegende Urteile erlangt; denn wenn damit alle Erbteile der Vollstreckung zugänglich sind, so muss dasselbe für die ganze Erbschaft gelten[77] **(Fall a)**. Zur Vermeidung von Nachteilen empfiehlt es sich für den Erben immer, sich die Beschränkung seiner Haftung vorzubehalten (§ 780 ZPO), solange der Gläubiger nicht eindeutig beantragt, dass er lediglich die Duldung der Zwangsvollstreckung in den Nachlass oder bestimmte Miterbenanteile begehrt.

Vollstreckt der Gläubiger aufgrund eines Gesamthandstitels in den zum Eigenvermögen gehörenden Miterbenanteil, so hat der Miterbe die Erinnerung nach § 766 ZPO; denn zur Pfändung in Eigenvermögen ist ein Gesamtschuldtitel gegen den betroffenen Miterben erforderlich (vgl. § 859 II ZPO; **Fall a**). Umgekehrt ist § 766 ZPO auch gegeben, wenn lediglich aufgrund eines Gesamtschuldtitels gegen einzelne Miterben in den Nachlass vollstreckt wird (§ 747 ZPO).[78]

2. Haftungsbeschränkung:

725 Zum Verständnis der Haftungsbeschränkung im Verhältnis zwischen den Miterben und den Nachlassgläubigern ist davon auszugehen, dass die für den Alleinerben geltenden Haftungsbestimmungen (§§ 1967–2017) grundsätzlich auch für Miterben gelten. Die Regelung in den §§ 2058–2063 enthält für die Haftung der Miterben nur Ergänzungen. Soweit daher nichts Abweichendes vorgeschrieben ist, kann jeder Miterbe die Maßnahmen, die für die Haftungsbeschränkung eines Alleinerben vorgesehen sind, selbstständig ohne Mitwirkung der anderen Miterben ergreifen.

---

76 BGH NJW 1963, 1611.
77 **HM;** MüKoBGB/*Ann* § 2059 Rn. 19.
78 *Brox/Walker* ZVR Rn. 37, 1213.

a) Bei der *Verteidigung des Miterben gegenüber der Gesamthandsklage* ist zu berücksichtigen, dass der Gläubiger ohnehin nur die Duldung der Zwangsvollstreckung in den Nachlass verlangt (§ 2059 II). Deswegen sind gegenüber der Gesamthandsklage nur Einwände denkbar, die eine Haftung des Nachlasses abwehren, zB Erlöschen oder Verjährung der Nachlassforderung. Als erbrechtliche Besonderheiten sind hier allein die Schonungseinreden zu beachten: Aufgrund der *Dreimonatseinrede* und der *Aufgebotseinrede* kann der Miterbe bei einer Vollstreckung in den Nachlass die Verwertung mit aufschiebender Wirkung verhindern (§§ 2014–2017; §§ 782, 783, 785 ZPO;[79] → Rn. 703 ff.).

726

Die Einleitung des Aufgebotsverfahrens kann jeder Miterbe beantragen, der noch nicht allen Nachlassgläubigern unbeschränkt haftet (§ 455 I, III FamFG). Der Antrag kommt auch den übrigen Miterben zugute, soweit sie noch nicht unbeschränkt haften (§ 460 I 1 FamFG).

b) Bei der *Verteidigung des Miterben gegenüber der Gesamtschuldklage* ist entscheidend, dass der Miterbe grundsätzlich als Gesamtschuldner für die Nachlassverbindlichkeiten mit seinem Eigenvermögen einzustehen hat (§ 2058).

727

aa) Für die Beschränkung der Miterbenhaftung auf den Nachlass gelten zunächst die für den Alleinerben geltenden Regeln mit einigen Abweichungen:

Ohne Besonderheiten stehen auch dem Miterben die aufschiebenden Einreden der §§ 2014–2017, die Verschweigungseinrede (§ 1974) und die Unzulänglichkeitseinreden (§§ 1990–1992) zu. Die Ausschließungseinrede (§ 1973) besteht mit der Erweiterung, dass ein Ausschließungsbeschluss zur beschränkten Haftung aller der Miterben führt, die noch nicht unbeschränkt haften (460 I 1 FamFG).

Die Inventarerrichtung hat bei Miterben die gleiche Wirkung wie beim Alleinerben (→ Rn. 674). Die Inventarfrist des § 1994 I 1 ist jedoch für jeden einzelnen Miterben gesondert zu bestimmen. Die Inventarerrichtung durch einen Miterben kommt auch den anderen Miterben zugute, soweit sie nicht schon unbeschränkbar für die Nachlassverbindlichkeiten haften (§ 2063 I). Inventarverfehlungen wirken nur in der Person des Erben, der sie begangen hat.

Die Eröffnung des Nachlassinsolvenzverfahrens kann jeder Miterbe beantragen. Das Gericht hat die anderen Miterben zu hören. Wird der Antrag nicht von allen Miterben gestellt, so ist die Überschuldung glaubhaft zu machen (§ 317 II 1 InsO).

bb) Neben diesen teilweise veränderten allgemeinen Bestimmungen gelten für die Beschränkung der Haftung des Miterben bei der Gesamtschuldklage vor der Teilung die besonderen Vorschriften des § 2059 I:

728

Der einzelne Miterbe kann regelmäßig bis zur Nachlassteilung seine Haftung auf seinen Miterbenanteil beschränken (§ 2059 I 1; aufschiebende Einrede der beschränkten Miterbenhaftung). Der Nachlassgläubiger vermag also nur diesen Anteil zu pfänden und zu verwerten (§ 859 II ZPO),[80] dagegen nicht in das sonstige Eigenvermögen des Miterben zu vollstrecken **(Fall b)**.

Haftet ein Miterbe aber bereits unbeschränkbar, so hat er darüber hinaus mit seinem Eigenvermögen für den Teil der Forderung einzustehen, der seinem Erbanteil ent-

---

79 *Brox/Walker* ZVR Rn. 1388 ff.
80 Einzelheiten: *Brox/Walker* ZVR Rn. 785 ff.

spricht (§ 2059 I 2; Teilhaftung). Ein Nachlassgläubiger kann also aufgrund der Gesamtschuldklage bis zur Teilung in den Erbanteil eines unbeschränkbar haftenden Miterben vollstrecken und außerdem in dessen Eigenvermögen bis zur Höhe des Bruchteils der gesamten Schuld, der dem Miterbenanteil entspricht **(Fall b)**.

Bei den Rechten aus § 2059 I handelt es sich um Leistungsverweigerungsrechte, die der besonderen Geltendmachung durch den Miterben bedürfen.

Prozessual gelten für den Miterben gleichfalls die allgemeinen Bestimmungen über die Geltendmachung der beschränkten Erbenhaftung (§§ 780–785 ZPO). Der allgemeine Vorbehalt der Haftungsbeschränkung reicht auch im Fall des § 2059 I 1 aus; eine ausdrückliche Einschränkung, dass die Haftung bis zur Nachlassteilung auf den Miterbenanteil vorbehalten werde, ist nicht erforderlich, aber zulässig. Beschränkt der Nachlassgläubiger seinen Klageantrag bereits auf Duldung der Zwangsvollstreckung in den Miterbenanteil, so erübrigt sich ein Vorbehalt. Entsprechendes gilt, wenn der Gläubiger von vornherein nur einen Bruchteil der Nachlassforderung einklagt und dieser Bruchteil den Teil der Verbindlichkeit nicht übersteigt, für den der beklagte Miterbe nach § 2059 I 2 mit seinem Eigenvermögen haften muss. Soweit Streit darüber besteht, ob der Nachlass noch ungeteilt ist, trifft den Erben die Beweislast.

C. Haftung nach der Nachlassteilung

I. Nachlassteilung

729 Der Nachlass ist als geteilt iSv § 2059 anzusehen, wenn ein so erheblicher Teil der gesamthänderisch gebundenen Nachlassgegenstände in das Eigenvermögen der einzelnen Miterben übertragen ist, dass die Gesamthandsgemeinschaft der Miterben bei wirtschaftlicher Betrachtungsweise praktisch als aufgelöst erscheint. Maßgebend ist also weder die Verteilung nur einzelner, auch besonders wertvoller Gegenstände, noch ein Zurückbleiben weniger, bisher ungeteilter Sachen. Ob noch Nachlassverbindlichkeiten bestehen, ist unerheblich.

Sind erst einzelne Gegenstände verteilt, so gehören sie nicht mehr zum Nachlass, sondern zum Eigenvermögen der Miterben und sind damit gem. § 2059 I 1 vor der Teilung den Nachlassgläubigern entzogen. Die Gläubiger können nur auf die Ersatzansprüche aus den §§ 1978 II, 1991 I zurückgreifen.[81]

II. Gesamtschuldnerische Haftung

730 Nach der Teilung des Nachlasses haften die Miterben gem. § 2058 als Gesamtschuldner mit ihrem Eigenvermögen für die verbliebenen gemeinschaftlichen Nachlassverbindlichkeiten. Die Nachlassgläubiger können sich also – von den Ausnahmen der §§ 2060, 2061 abgesehen – wegen der ganzen Forderung an jeden Miterben wenden (§ 421). Mit der Teilung gibt es keinen Nachlass und keine Miterbenanteile mehr. Dementsprechend entfällt auch eine Haftung der Gesamthand mit dem Nachlass (§ 2059 II) und eine beschränkte Haftung der Miterben mit ihren Erbanteilen (§ 2059 I 1); etwas anderes gilt nur für etwa noch ungeteilt verbliebene Gegenstände (vgl. auch § 2046 I 2).

---

81 RGZ 89, 403 (408); Palandt/*Weidlich* § 2059 Rn. 3; **aM** MüKoBGB/*Ann* § 2059 Rn. 10 (Zugriff der Gläubiger auch auf die schon verteilten Gegenstände).

III. Haftungsbeschränkung

1. Auch nach der Teilung des Nachlasses gelten zu Gunsten der Miterben grundsätzlich die *allgemeinen Bestimmungen,* die eine Haftungsbeschränkung des Alleinerben vorsehen. Einige Besonderheiten sind jedoch zu beachten: Bei dem Vorhandensein mehrerer Erben ist die Eröffnung des Insolvenzverfahrens auch nach der Teilung
zulässig (§ 316 II InsO); zur Insolvenzmasse gehören hier insbesondere die noch
nicht verteilten Erbschaftssachen sowie Ersatzansprüche gegen einzelne Miterben aus
den §§ 1978, 1980. Nachlassverwaltung scheidet nach der Teilung aus (§ 2062). Beruft sich ein Miterbe nach der Teilung auf die §§ 1990, 1992, so haftet er nur mit den
Gegenständen, die er bei der Auseinandersetzung erhalten hat. Ersatzansprüche
gegen einen Miterben aus den §§ 1991 I, 1978 gehören zu dem insoweit noch
ungeteilten Nachlass.

731

2. Das Gesetz sieht durch besondere Vorschriften nach der Teilung eine Haftung des
Miterben ausnahmsweise nur für den Teil einer Nachlassverbindlichkeit vor, der
seinem Erbanteil entspricht. Diese Teilhaftung tritt ein ohne Rücksicht darauf, ob ein
Miterbe noch beschränkbar oder bereits unbeschränkbar haftet.

Bei der Berechnung der Teilschuld eines Miterben sind Ausgleichungen gem. den §§ 2050 ff. unerheblich, da sie nur das Innenverhältnis zwischen den Miterben berühren.

a) Ein Miterbe haftet anteilig in folgenden Fällen:

aa) gegenüber den durch *öffentliches Aufgebot des Nachlassgerichts* (§§ 1970–1973)
ausgeschlossenen Nachlassgläubigern (§ 2060 Nr. 1). Das Ausschlussurteil muss vor
der Teilung ergangen sein.[82]

Das Aufgebot erstreckt sich hier auch auf die Gläubiger, denen der Miterbe unbeschränkt haftet, ferner
auf die Pflichtteilsberechtigten, Vermächtnisnehmer und Auflagebegünstigten. Im Aufgebot ist den
Gläubigern die Teilhaftung besonders anzudrohen (§ 460 I 2 FamFG); dieses Aufgebot kann auch ein
Miterbe beantragen, der unbeschränkt haftet (§ 460 II FamFG).

bb) gegenüber allen Nachlassgläubigern, die auf das *öffentliche Privataufgebot eines
Miterben* nicht binnen sechs Monaten ihre Forderung angemeldet haben und dem
Erben zur Zeit der Teilung nicht bekannt sind (§ 2061).

Eine Teilhaftung setzt Aufgebot, Fristablauf und Teilung voraus; das Gesetz verlangt jedoch keine
Durchführung des Aufgebotsverfahrens vor der Teilung (str.).
Anders als § 2060 Nr. 1 sieht § 2061 zwar nicht ausdrücklich vor, dass ein Privataufgebot auch die
in § 1972 genannten Gläubiger (Pflichtteils-, Vermächtnis- und Auflagenberechtigte) ausschließt.[83]
Die ausdrückliche Erwähnung in § 2060 Nr. 1 beruht aber lediglich darauf, dass diese Gläubiger
von dem gerichtlichen Aufgebotsverfahren nach §§ 1970 ff. gem. § 1972 nicht erfasst werden. Für
das private Aufgebotsverfahren gibt es keine dem § 1972 entsprechende Vorschrift, so dass hier
eine besondere Erwähnung des der in § 1972 genannten Gläubiger entbehrlich ist. Deshalb
erstreckt sich die Ausschlusswirkung des § 2061 nach hM[84] auch auf diese Gläubiger.
Das Privataufgebot eines Miterben kommt auch den Übrigen zugute (§ 2061 I 2). Gleichwohl
kann eine unterschiedliche Haftung der Miterben eintreten, etwa wenn ein Miterbe eine Nachlass-

---

82 Bamberger/Roth/*Lohmann* § 2060 Rn. 4; MüKoBGB/*Ann* § 2060 Rn. 8; Palandt/*Weidlich* § 2060
Rn. 2; Soergel/*Wolf* § 2060 Rn. 4; **aM** Erman/*Schlüter* § 2060 Rn. 4; Staudinger/*Marotzke* (2010)
§ 2060 Rn. 68.
83 *Lange/Kuchinke* ErbR § 48 V.
84 MüKoBGB/*Ann* § 2061 Rn. 6; Palandt/*Weidlich* § 2061 Rn. 2; Staudinger/*Marotzke* (2010) § 2061
Rn. 11.

forderung bei der Teilung kennt und demgemäß als Gesamtschuldner für die ganze Forderung haftet, während die Schuld den anderen unbekannt bleibt, so dass sie insoweit nur anteilig haften **(Fall c)**.

cc) gegenüber den Gläubigern, die ihre *Forderung erst fünf Jahre nach dem Erbfall geltend machen,* außer wenn die Forderung in dieser Frist im Aufgebotsverfahren angemeldet oder den Miterben bekannt geworden ist (§ 2060 Nr. 2).

Die dinglich gesicherten Gläubiger des § 1971 werden nicht betroffen, wohl aber die aus Pflichtteilen, Vermächtnissen oder Auflagen Berechtigten iSd § 1972.

dd) gegenüber allen Nachlassgläubigern bei *Durchführung des Nachlassinsolvenzverfahrens* infolge Masseverteilung oder durch einen Insolvenzplan (§ 2060 Nr. 3).

Nach hM[85] setzt die Teilhaftung eine Eröffnung des Nachlassinsolvenzverfahrens vor der Teilung voraus.[86] § 2060 Nr. 3 gilt entsprechend nach Beendigung der Nachlassverwaltung.[87]

b) Die Teilhaftung gem. den §§ 2060, 2061 tritt kraft Gesetzes ein und bewirkt unmittelbar eine beschränkte Haftung der Miterben. Die Miterben brauchen sich daher im Prozess nicht ausdrücklich darauf zu berufen. Es handelt sich um eine Einwendung, nicht um eine Einrede. Ist eine Teilhaftung bereits bis zum Schluss der letzten mündlichen Verhandlung gegeben, so darf nur eine anteilige Verurteilung ausgesprochen werden; ein Vorbehalt gem. § 780 ZPO kommt daher nicht in Betracht.[88] Treten die Voraussetzungen einer Teilhaftung später ein, so ist Vollstreckungsgegenklage gegen das unbeschränkt verurteilende Erkenntnis zu erheben (§ 767 ZPO).

Die Teilhaftung passt nur für teilbare Nachlassverbindlichkeiten. Bei unteilbarer Schuld entsteht entweder ein Schadensersatzanspruch wegen Nichterfüllung, oder es ist § 45 InsO sinngemäß anzuwenden.[89]

D. Haftung gegenüber einem Miterben als Nachlassgläubiger

732 Ist ein Miterbe Nachlassgläubiger, so fragt es sich, wie sich ihm gegenüber die Haftung der übrigen Miterben gestaltet. Die besondere Problematik, die der Gesetzgeber nicht gesehen hat, liegt in der Doppelstellung des Gläubigers: Er ist Nachlassgläubiger und gleichzeitig Miterbe.

I. Vor der Nachlassteilung

Vor der Nachlassteilung soll nach einer früher vertretenen Ansicht dem Erben nicht die Gesamtschuldklage, wohl aber die Gesamthandsklage und das Recht, die Miterben als Ausgleichungspflichtige (§ 426) in Anspruch zu nehmen, zustehen.[90] Die Gesamtschuldklage wurde mit der Begründung ausgeschlossen, dass im Innenverhältnis unter den Miterben nur eine anteilige Haftung stattfinde. Demgegenüber ist aber

85 MüKoBGB/*Ann* § 2060 Rn. 15; Palandt/*Weidlich* § 2060 Rn. 4; Soergel/*Wolf* § 2060 Rn. 4, 9.
86 **AA** Erman/*Schlüter* § 2060 Rn. 6; RGRK/*Kregel* § 2060 Rn. 9.
87 *Lange/Kuchinke* ErbR § 50 V 4a d Fn. 76; MüKoBGB/*Ann* § 2060 Rn. 16.
88 **HM;** MüKoBGB/*Ann* § 2060 Rn. 3; **aA** *Lange/Kuchinke* ErbR § 50 IV 2e Fn. 53.
89 *Lange/Kuchinke* ErbR § 50 V 4b; MüKoBGB/*Ann* § 2060 Rn. 6.
90 RGZ 93, 196 f.; RG JW 1929, 584; Planck/*Ebbecke* § 2039 Rn. 3.

zu betonen, dass der den Anspruch erhebende Miterbe in seiner Eigenschaft als Nachlassgläubiger klagt, so dass ihm wie auch jedem sonstigen Nachlassgläubiger das Recht zusteht, die übrigen Miterben als Gesamtschuldner (auch durch Einzelklagen) zu belangen.[91] Allerdings darf dabei seine Miterbenstellung nicht außer Betracht bleiben.[92] Deshalb muss er von der Nachlassforderung den Betrag abziehen, der entsprechend seinem Erbteil auf ihn entfällt. Außerdem kann der Klageforderung ganz oder teilweise die Arglisteinrede entgegenstehen.

> **Beispiele** für Arglisteinrede: Es entstünden besondere Verluste, weil es an bereiten Zahlungsmitteln fehlt, und das Zuwarten kann dem Miterben-Gläubiger zugemutet werden. Oder es besteht noch eine Schuld des Miterben gegenüber anderen Miterben, die in ihrer Höhe die Nachlassforderung erreicht.[93]

Dem Miterben-Gläubiger gegenüber kann sich der Miterbe immer auf seine Haftungsbeschränkung berufen (§ 2063 II).

II. Nach der Nachlassteilung

Nach der Nachlassteilung steht dem Miterben-Gläubiger die Gesamtschuldklage zu. Das wurde auch von der früher vertretenen Ansicht zugestanden, die diese Klage vor der Teilung nicht zulassen wollte.[94]

E. Zusammenfassung

Miterben haften für gemeinschaftliche Nachlassverbindlichkeiten als Gesamtschuldner. Vor der Nachlassteilung kann ein Nachlassgläubiger sowohl Befriedigung aus dem ungeteilten Nachlass verlangen (Gesamthandsklage) als auch jeden Miterben als Gesamtschuldner in Anspruch nehmen (Gesamtschuldklage). Bis zur Teilung haftet ein Miterbe jedoch grundsätzlich nur beschränkt mit seinem Erbanteil; hat er die Möglichkeit zur Haftungsbeschränkung bereits verloren, so ist er mit seinem sonstigen Eigenvermögen außerdem bis zur Höhe des Bruchteils der Gesamtschuld verantwortlich, der seinem Erbanteil entspricht. Nach der Teilung kann jeder Miterbe durch verschiedene Maßnahmen herbeiführen, dass er nur entsprechend seiner Erbberechtigung gesamtschuldnerisch haftet, gleichgültig, ob er bereits die Möglichkeit zur Haftungsbeschränkung verloren hat. Im Übrigen gelten die Bestimmungen über die Haftung des Alleinerben mit einigen Abweichungen.

733

---

91 BGH NJW-RR 1988, 710; BGH NJW 1963, 1611; *Kipp/Coing* ErbR § 121 III 3; MüKoBGB/*Ann* § 2058 Rn. 29; RGRK/*Kregel* § 2058 Rn. 7.
92 Vgl. dazu BGH NJW-RR 1988, 710 f.; *Schlüter* Rn. 1212; Staudinger/*Marotzke* (2010) § 2058 Rn. 93.
93 Vgl. BGH LM Nr. 1 zu § 2046 BGB.
94 RGZ 150, 344; s. aber auch *Lange/Kuchinke* ErbR § 50 VII 2c.

> **Die Haftung der Miterben für**
> **gemeinschaftliche Nachlassverbindlichkeiten**
>
> **I. Haftung vor der Teilung**
> 1. bis zur Annahme der Erbschaft: keine gerichtliche Inanspruchnahme durch Nachlassgläubiger (§ 1958)
> 2. zwischen Annahme und Teilung der Erbschaft:
>   a) Haftung für Nachlassverbindlichkeiten als Gesamtschuldner mit Eigenvermögen und Miterbenanteil (§ 2058) = Gesamtschuldhaftung
>   **aber**: Möglichkeit der Haftungsbeschränkung auf den eigenen Anteil am Nachlass (§ 2059 I)
>   b) gemeinsame Haftung aller Miterben mit dem ungeteilten Nachlass (§ 2059 II) = Gesamthandshaftung
> **II. Haftung nach der Teilung**
> 1. Grundsatz: gesamtschuldnerische Haftung mit dem Eigenvermögen (§ 2058)
> 2. Ausnahme: Haftung nur für einen Teil der Nachlassverbindlichkeiten entsprechend dem Erbteil (§ 2060)
> **III. Haftung gegenüber einem Miterben als Nachlassgläubiger**
> 1. Haftung vor der Teilung
>   Gesamthandshaftung und (str.) Gesamtschuldhaftung unter Abzug des auf den eigenen Anteil entfallenden Betrages und mit Möglichkeit der Haftungsbeschränkung (§ 2063 II)
> 2. Haftung nach der Teilung
>   gesamtschuldnerische Haftung

§ 42 Die Haftung von Vor- und Nacherben

> **Fälle:**
>
> 734   a) Der Erblasser hat V zum Vorerben und N zum Nacherben eingesetzt. Nachlassgläubiger G will vor Eintritt des Nacherbfalls, aber nach Annahme der Nacherbschaft den N in Anspruch nehmen. (→ Rn. 736)
>
> b) Vor Eintritt des Nacherbfalls hat V eine Nachlasserbenschuld gegenüber G begründet. Wer haftet dem G nach Eintritt des Nacherbfalls? (→ Rn. 738)
>
> c) N hat die Haftung beschränkt, weil sich im Nachlass nur noch 1.000 EUR befanden. Was kann Nachlassgläubiger G tun, der dem Erblasser ein Darlehen von 2.000 EUR gegeben hatte, wenn V seine Haftung nicht beschränkt hatte? (→ Rn. 738)

Die allgemeinen Bestimmungen über die Erbenhaftung sind auf den Regelfall zugeschnitten, dass derjenige, der einmal Erbe geworden ist, auch Erbe bleibt. Sie sind deshalb nicht ohne weiteres auf die Haftung von Vor- und Nacherben anwendbar, weil die Erbschaft vor dem Eintritt des Nacherbfalls dem Vorerben und danach dem Nacherben zusteht. Hier haftet für die Nachlassverbindlichkeiten regelmäßig zunächst der Vorerbe und nach dem Nacherbfall der Nacherbe. Ausnahmen ergeben sich aus den §§ 2144–2146.

A. Haftung vor Eintritt des Nacherbfalls

I. Haftung des Vorerben

Für den Vorerben gelten vor dem Nacherbfall die Vorschriften über die Haftung des **735** Alleinerben uneingeschränkt. Mehrere Vorerben haften wie Miterben.

Der Vorerbe haftet allerdings nicht für Vermächtnisse und Auflagen, mit denen der Erblasser nur den Nacherben beschwert hat.

II. Haftung des Nacherben

Der Nacherbe haftet vor dem Nacherbfall nicht. Die zu dieser Zeit bestehenden **736** Beschränkungen des Vorerben und Rechte des Nacherben dienen der Erhaltung des Nachlasses für den Nacherben, verschaffen ihm aber noch nicht den Nachlass selbst, der die Haftungsgrundlage für Nachlassverbindlichkeiten bilden soll.

Das gilt auch dann, wenn der Nacherbe die Erbschaft schon vor Eintritt des Nacherbfalls annimmt. Im **Fall a** kann daher G nur V, nicht N in Anspruch nehmen. Auch für die dem Nacherben auferlegten Vermächtnisse und Auflagen tritt die Haftung erst mit dem Nacherbfall ein.

B. Haftung nach Eintritt des Nacherbfalls

I. Haftung des Nacherben

Nach Eintritt des Nacherbfalls haftet regelmäßig der Nacherbe wie ein Alleinerbe; **737** mehrere Nacherben haften wie Miterben.

Für die Nachlassgläubiger ist es von erheblicher Bedeutung, von dem Eintritt des Nacherbfalls zu erfahren, da die Person des Schuldners wechselt. Deshalb hat der Vorerbe den Eintritt der Nacherbfolge dem Nachlassgericht anzuzeigen (§ 2146 I). Seine Anzeige wird durch die des Nacherben ersetzt (§ 2146 I 2). In dem praktisch häufigen Fall, dass der Nacherbfall mit dem Tode des Vorerben eintritt, trifft die Anzeigepflicht den Erben des Vorerben, nicht den Nacherben.

1. *Haftungsgrundlage:* Für die Haftung des Nacherben bestimmt das Gesetz zunächst die Grundlage neu, da die Verwaltung des Nachlasses durch den Vorerben den Bestand des Nachlasses erheblich verändert haben kann. Der Nacherbe haftet nicht mit dem Nachlass, wie dieser dem Vorerben angefallen ist, sondern mit dem, was er aus der Erbschaft erlangt, einschließlich der Ansprüche, die der Nacherbe gegen den Vorerben in dessen Eigenschaft als Vorerben erlangt (§ 2144 I). Gemeint sind die Ansprüche aus den §§ 2130, 2134, 2138 II.

2. *Haftungsbeschränkung:* Der Nacherbe kann die Haftung für Nachlassverbindlichkeiten nach den allgemeinen Vorschriften beschränken (§ 2144 I). Ordnungsmäßige Maßnahmen, die der Vorerbe zur Beschränkung der Erbenhaftung durchgeführt hat, kommen dem Nacherben zugute.

Das Gesetz bestimmt in § 2144 II zwar nur, dass die Inventarerrichtung durch den Vorerben dem Nacherben zustatten kommt. Doch dauern auch die übrigen haftungsbeschränkenden Maßnahmen fort. Für das Aufgebotsverfahren gelten die §§ 461, 460 I 1 FamFG. Der Eintritt des Nacherbfalls ist allein kein Aufhebungsgrund für ein laufendes Insolvenzverfahren über den Nachlass. Die Nachlassverwaltung wird allerdings nur fortgesetzt, wenn ein Nachlassgläubiger sie beantragt hatte und Verhalten oder Vermögenslage des Nacherben die Fortdauer veranlassen (vgl. § 1981 II 1).[95] Hat der

---

[95] MüKoBGB/*Grunsky* § 2144 Rn. 5 f.

Vorerbe haftungsbeschränkende Maßnahmen schon abgeschlossen und damit die Haftung beschränkt, so richtet sich die Haftung des Nacherben nach § 1973 (vgl. § 461 FamFG).

Hat der Vorerbe das Recht zur Haftungsbeschränkung bereits verloren, so wirkt das nicht gegen den Nacherben.

3. *Haftung im Verhältnis Vorerbe – Nacherbe:* Im Verhältnis zum Vorerben kann sich der Nacherbe auch dann auf die Beschränkung der Haftung berufen, wenn er den übrigen Nachlassgläubigern unbeschränkbar haftet (§ 2144 III). Denn der Vorerbe hätte selbst ein Inventar errichten können.

II. Haftung des Vorerben

738 Nach Eintritt des Nacherbfalls haftet der Vorerbe regelmäßig nicht mehr. Doch gelten weitreichende Ausnahmen.

1. *Alleinige Haftung des Vorerben:* Abgesehen von den Eigenverbindlichkeiten haftet der Vorerbe auch für die Nachlassverbindlichkeiten (Vermächtnisse und Auflagen) allein, mit denen der Erblasser nur ihn beschwert hat.

2. *Gesamtschuldnerische Haftung neben dem Nacherben:* Der Nachlassgläubiger kann wegen einer Nachlassschuld sowohl den Vorerben als auch den Nacherben in Anspruch nehmen, wenn vor Eintritt des Nacherbfalls der Vorerbe nach den allgemeinen Vorschriften unbeschränkbar haftete. Diese unbeschränkbare Haftung erlischt nach richtiger Ansicht nicht mit dem Nacherbfall.[96] Das ordnet zwar das Gesetz nicht ausdrücklich an; eine solche Haftung wird aber von § 2145 II als selbstverständlich vorausgesetzt.

Vorerbe und Nacherbe haften auch gesamtschuldnerisch für Verbindlichkeiten, die der Vorerbe im Verhältnis zum Nacherben zu tragen hat (zB Grundsteuern eines Nachlassgrundstücks für die Zeit vor dem Nacherbfall).[97]

Gleiches gilt schließlich für Verbindlichkeiten, die der Vorerbe vor dem Eintritt des Nacherbfalls als Nachlassverbindlichkeiten und zugleich als Eigenverbindlichkeiten begründet hatte. Hierzu zählen vor allem die Schulden, die im Rahmen der ordnungsmäßigen Verwaltung des Nachlasses begründet worden sind und für die der Vorerbe den Gläubigern gegenüber die persönliche Haftung nicht ausgeschlossen hat.[98]

> Im **Fall b** haften also V und N nebeneinander.
> Wer im Innenverhältnis zwischen dem Vor- und dem Nacherben die Haftung zu übernehmen hat, richtet sich nach den §§ 2124 ff., 426.

3. *Subsidiäre Haftung nach dem Nacherben:* Soweit der Nacherbe nicht haftet, hat der Vorerbe auch nach Eintritt des Nacherbfalls für die Nachlassverbindlichkeiten einzustehen (§ 2145 I 1).

> Das ist vor allem bedeutsam, wenn, wie im **Fall c**, der Nacherbe nur beschränkt haftet. V hat die 1.000 EUR zu zahlen, mit denen G bei einem Vorgehen gegen N ausfällt. Für den Fall, dass der

---

96 Soergel/*Harder/Wegmann* § 2145 Rn. 3; Staudinger/*Avenarius* (2003) § 2145 Rn. 2 *Muscheler* ErbR II Rn. 2479; **aA** *Kipp/Coing* ErbR § 52, vor I.
97 Vgl. Palandt/*Weidlich* § 2145 Rn. 1.
98 Vgl. Erman/*Schmidt* § 2145 Rn. 4.

Nacherbe zwar unbeschränkt haftet, er aber tatsächlich nichts hat, sieht das Gesetz eine subsidiäre Haftung des Vorerben nicht vor. Doch ist sie auch hier insoweit zu bejahen, als dem Vorerben Vorteile des Nachlasses verblieben sind.

4. *Haftungsgegenstand:* Der Vorerbe haftet, wenn seine Haftung beschränkt ist, nur mit dem, was ihm aus dem Nachlass zusteht (§ 2145 II 1); die Erhebung der Dürftigkeitseinrede ist möglich (§ 2145 II 2).

C. Zusammenfassung

Die Haftung von Vor- und Nacherben   **739**
für Nachlassverbindlichkeiten

I. Haftung vor Eintritt des Nacherbfalles
  1. unbeschränkte, aber beschränkbare Haftung des Vorerben
  2. keine Haftung des Nacherben
II. Haftung nach Eintritt des Nacherbfalles
  1. unbeschränkte, aber beschränkbare (§ 2144) Haftung des Nacherben
  2. Haftung des Vorerben
    a) Grundsatz: keine Haftung mehr
    b) Ausnahmen
      aa) alleinige Forthaftung für nur ihn betreffende Nachlassverbindlichkeiten
      bb) gesamtschuldnerische Haftung neben dem Nacherben in Sonderfällen
      cc) subsidiäre Haftung, soweit der Nacherbe nicht haftet (§ 2145)

8. Abschnitt. Zuwendungen auf den Todesfall durch Rechtsgeschäfte unter Lebenden

§ 43 Zuwendungen auf den Todesfall durch Rechtsgeschäfte unter Lebenden

Literatur: *Bork,* Schenkungsvollzug mit Hilfe einer Vollmacht, JZ 1988, 1059; *Brun,* Die »post- 740 mortale Willenserklärung«, Jura 1994, 291; *Henrich,* Die Anknüpfung von Spar- und Depotverträgen zugunsten Dritter auf den Todesfall, FS W. Lorenz, 1991, 379; *Imgrund/Reese,* Grundfälle zur gewillkürten Erbfolge, Jura 2006, 565; *Kegel,* Zur Schenkung auf den Todesfall, 1972; *Kuchinke,* Das versprochene Bankguthaben auf den Todesfall und die zur Erfüllung des Versprechens erteilte Verfügungsvollmacht über den Tod hinaus, FamRZ 1984, 109; *Leipold,* Zuwendungen durch Vertrag zugunsten Dritter auf den Todesfall und Probleme im Valutaverhältnis, ZEV 2004, 121; *Martinek/ Röhrborn,* Der legendäre Bonifatius-Fall – Nachlese zu einer reichsgerichtlichen Fehlentscheidung, JuS 1994, 473; *J. Mayer,* Ausgewählte erbrechtliche Fragen des Vertrages zu Gunsten Dritter, DNotZ 2000, 905; *Muscheler,* Vertrag zugunsten Dritter auf den Todesfall und Erbenwiderruf, WM 1994, 921; *Olzen,* Die vorweggenommene Erbfolge, 1984; *ders.,* Lebzeitige und letztwillige Rechtsgeschäfte, Jura 1987, 16, 116; *Otte,* Der Bonifatiusfall – RGZ 83, 223 ff. –, Jura 1993, 643; *Petersen,* Die Vollmacht über den Tod hinaus, Jura 2010, 757; *Reischl,* Zur Schenkung von Todes wegen, 1996; *Schmidt-Kessel,* Wohin entwickelt sich die unbedingte, auf den Tod des Erblassers befristete Schenkung?, FS Schippel, 1996, 317; *Schreiber,* Unentgeltliche Zuwendungen auf den Todesfall, Jura 1995, 159; *Seif,* Die postmortale Vollmacht, AcP 200 (2000) 192; *Vollkommer,* Erbrechtliche Gestaltung des Valutaverhältnisses beim Vertrag zugunsten Dritter auf den Todesfall, ZEV 2000, 10; *Wall,* Das Valutaverhältnis des Vertrags zugunsten Dritter auf den Todesfall – ein Forderungsvermächtnis, 2010.

Fälle:

a) E verspricht seiner Haushälterin H in einer notariellen Urkunde, dass er ihr seine Wertpapiere schenke, damit sie und ihre Familie ein gutes Auskommen hätten. Die Übereignung soll erst nach dem Tod des E erfolgen. Hat H nach dem Tod des E gegen dessen Erben einen Anspruch auf Übereignung der Wertpapiere? (→ Rn. 742)

b) Kunstmaler E sendet seinem allein stehenden Freund F einen maschinengeschriebenen Brief: »Mein Bild ›Schwanensee‹; soll dir gehören, damit du stets eine Erinnerung an mich hast. Lass es mir, solange ich lebe, damit ich es auf Ausstellungen schicken kann.« F dankt postwendend. Nach dem Tod des E wollen dessen Erben dem F das Bild nicht geben, weil der Brief keine formgültige Vermächtnisanordnung enthalte. (→ Rn. 746)

c) Der schwer kranke Pfarrer E übergibt seinem Amtsbruder B verschiedene Wertpapiere zur Weiterleitung an Weihbischof W, der Vorstand des Bonifatius-Vereins ist. E erklärt dabei, die Papiere sollten nach seinem Tod dem Verein gehören. Am nächsten Tag stirbt E. Erst eine Woche später kommt B seinem Auftrag nach. Die Erben des E verlangen vom Bonifatius-Verein Herausgabe des Erhaltenen. (→ Rn. 748, → Rn. 749, → Rn. 752)

d) E legt ein Sparkonto bei der Bank B an und nimmt jahrelang Einzahlungen und Abhebungen vor. Das Sparbuch ist auf den Namen seiner Schwester D ausgestellt, was diese nicht weiß. Nach dem Tod des E streiten dessen Kinder und D darüber, wem das Sparguthaben zusteht. (→ Rn. 762, → Rn. 765, → Rn. 766, → Rn. 772)

e) Wie ist die Rechtslage, wenn E im **Fall d** mit B ausdrücklich vereinbart hat, dass der D nach seinem Tod ein Forderungsrecht gegen die Bank zustehen soll? (→ Rn. 762, → Rn. 765, → Rn. 766)

A. Überblick

Mit dem Ausdruck »Rechtsgeschäfte unter Lebenden (lebzeitige Zuwendungen, lebzeitige Verfügungen) auf den Todesfall« werden in der Literatur und Rechtsprechung die Rechtsgeschäfte bezeichnet, welche tatbestandlich den § 2301 oder die §§ 331, 330 erfüllen, sowie jene Rechtsgeschäfte, auf die § 2301 nur deshalb nicht unmittelbar anwendbar ist, weil keine schenkweise Zuwendung vorliegt.

Mit einer lebzeitigen Zuwendung auf den Todesfall verfolgt der Zuwendende denselben *Zweck* wie mit der Verfügung von Todes wegen (Testament, Erbvertrag): Er ordnet seine Rechtsverhältnisse für die Zeit nach seinem Tod. Dabei bedient er sich jedoch der Mittel, die das BGB für Rechtsgeschäfte unter Lebenden zur Verfügung stellt, nämlich etwa des Schenkungsvertrages oder eines Vertrages zu Gunsten Dritter. Hierin liegt für ihn eine Erleichterung, da er sich dem (zum Teil) strengeren Form- und Typenzwang des Rechtsgeschäfts von Todes wegen entziehen kann.

Ob die Zuwendung unter Lebenden auf den Todesfall ein eigenes Rechtsinstitut ist oder ob sich unter der genannten Bezeichnung einmal ein Rechtsgeschäft unter Lebenden, ein andermal eine Verfügung von Todes wegen verbirgt, kann offen bleiben.

Die lebzeitigen Zuwendungen auf den Todesfall können sich wirschaftlich als Zuwendungen aus dem Nachlass darstellen. Ist das der Fall, werden möglicherweise die Interessen von Nachlassgläubigern, Erben, Pflichtteilsberechtigten, Vermächtnisnehmern und Auflagenbegünstigten beeinträchtigt. Diese Problematik hat der Gesetzgeber nicht in ihrer ganzen Tragweite erkannt und daher eine nur unzulängliche Regelung geschaffen.

Lediglich § 2301 I setzt ausdrücklich rechtliche Schranken. Die Bestimmung unterstellt das zu Lebzeiten des Erblassers nicht vollzogene Schenkungsversprechen auf den Todesfall den Vorschriften über die Verfügung von Todes wegen. Das wirkt sich insbesondere wegen der strengen erbrechtlichen Formvorschriften (→ Rn. 758) auf die Wirksamkeit der Schenkung aus.

B. Schenkungen auf den Todesfall

741 Die Wirksamkeitsvoraussetzungen und Rechtsfolgen der Schenkungen auf den Todesfall sind verschieden, je nachdem, ob die Schenkung zu Lebzeiten des Erblassers vollzogen oder nicht vollzogen ist. Nach § 2301 II sind Erstere als Schenkungen unter Lebenden zu behandeln; nach § 2301 I unterstehen Letztere dem Erbrecht. Voraussetzung für die Anwendung von § 2301 ist jedoch stets, dass die Schenkung auf den Todesfall erfolgt.

I. Begriff

1. Eine Schenkung auf den Todesfall liegt vor, wenn das Wirksamwerden eines Schenkungsversprechens durch den Tod des Zuwendenden befristet und durch das Überleben des Leistungsempfängers bedingt ist (vgl. § 2301 I 1).

Die rechtsgeschäftliche Leistungsverpflichtung muss also erstens durch den Tod des Leistenden aufschiebend befristet (vgl. § 163) und zweitens entweder durch das Überleben des Bedachten aufschiebend oder durch seinen Tod zu Lebzeiten des Verpflichteten auflösend bedingt sein *(Überlebensbedingung).*[1]

---

0 **HM;** zB Bamberger/Roth/*Litzenburger* § 2301 Rn. 4; Erman/*Schmidt* § 2301 Rn. 5; *Lange* ErbR Kap. 4 Rn. 186; *Lange/Kuchinke* ErbR § 33 II 1a; Palandt/*Weidlich* § 2301 Rn. 3; Staudinger/

Ob die Leistungsverpflichtung durch das Überleben des Bedachten bedingt ist, muss durch Auslegung ermittelt werden. Ein solcher Wille des Erblassers liegt meist vor, wenn er den Gegenstand nur dem Bedachten zuwenden will.[2] Soll der Gegenstand auch den Erben des Bedachten zukommen, so steht das Rechtsgeschäft nicht unter der Bedingung des Überlebens des Zuwendungsempfängers. Regelmäßig wird eine Schenkung aber den Charakter einer höchstpersönlichen Zuwendung tragen.[3]

2. Ist die Schenkung nicht im genannten Sinn befristet und bedingt, so handelt es sich um eine Schenkung unter Lebenden, auf die § 2301 nicht anwendbar ist. Diese Bestimmung greift also in folgenden Fällen *nicht* ein: **742**

a) Die Schenkung ist nicht durch das Überleben des Bedachten bedingt; doch soll die Leistung erst beim Tod des Zuwendenden fällig sein *(betagte Schenkung)*. Der Unterschied zur lebzeitigen Schenkung auf den Todesfall besteht darin, dass der Gegenstand dem Beschenkten nicht höchstpersönlich zugewandt werden soll.

> Im **Fall a** liegt eine solche betagte Schenkung vor, da auch die Familie in den Genuss der Wertpapiere kommen soll; § 2301 greift nicht ein. H kann von den Erben die Übereignung der Wertpapiere verlangen (§§ 518 I 1, 516 I, 1967).

b) Der Zuwendende will *zu seinen Lebzeiten eine Handschenkung* machen. Dazu bedient er sich eines Mittlers (zB eines Boten, Vertreters). Bevor dieser das Angebot zur Handschenkung (zB zur Übereignung der Sache) abgibt, stirbt der Zuwendende. In einem solchen Fall fehlen sowohl die für die Anwendung des § 2301 erforderliche Bedingung als auch die Befristung.

> **Beispiele:** Der Zuwendende hatte seinem Schuldner in einem Brief schenkweise Erlass der Forderung angeboten. Hier kann der Zuwendungsempfänger das nach § 130 II weiterhin wirksame Einigungsangebot annehmen (vgl. § 153). Damit ist der Erlassvertrag zustande gekommen, die Forderung erloschen (§ 397) und die Leistung iSd § 518 II bewirkt.
> Entsprechendes gilt, wenn eine bewegliche Sache mittels Boten übereignet werden soll. Mit Annahme der Übereignungsofferte (§§ 929 S. 1, 130, 153) und Besitzübertragung wird der Zuwendungsempfänger Eigentümer; auf einen möglicherweise entgegenstehenden Willen der Erben kommt es nicht an (dazu → Rn. 752).

Zu a) und b): Zum Schutz der Pflichtteilsberechtigten und der Nachlassgläubiger → Rn. 774 f.

II. Vollzogene Schenkung auf den Todesfall

Für die noch zu Lebzeiten des Erblassers vollzogene Schenkung auf den Todesfall gelten nach § 2301 II die Vorschriften über die Schenkung (§§ 516 ff.). Das bedeutet zunächst, dass mit dem Vollzug nach § 518 II Heilung des nicht in der nach § 518 I erforderlichen Form vorgenommenen Schenkungsvertrages erfolgt, der Zuwendungsempfänger also mit Rechtsgrund erwirbt. **743**

Die unmittelbare Anwendung des § 518 II ist also nicht identisch mit derjenigen über § 2301 II.[4] Bei der Schenkung unter Lebenden kommt eine Heilung des Formmangels nach § 518 II auch noch durch eine Leistung (des Erben oder eines postmortalen Vertreters) nach dem Tod des Schenkers in Betracht. Dagegen kann die Schenkung auf den Todesfall gem. §§ 2301 II, 518 II nur durch Vollzug zu Lebzeiten des Zuwendenden geheilt werden; denn nachher gelten die Formvorschriften des Erbrechts.

Kanzleiter (2006) § 2301 Rn. 10b; **aM** *Lipp* ErbR Rn. 168; MüKoBGB/*Musielak* § 2301 Rn. 9 (nur aufschiebende Bedingung); *Muscheler* ErbR II Rn. 2838.
1 Vgl. BGHZ 99, 101; OLG Hamm NJW-RR 2000, 1389 (1390); Jauernig/*Stürner* § 2301 Rn. 2.
2 *Lange/Kuchinke* ErbR § 33 II 1 Fn. 50.
3 BGH NJW 1987, 840.

Vollzug kommt sowohl dann in Betracht, wenn ihm ein Schenkungsversprechen auf den Todesfall vorausging, als auch dann, wenn der Vollzug mit dem Abschluss des Schenkungsvertrages zusammenfällt.

1. Voraussetzungen des Vollzugs

744 In Rechtsprechung und Lehre ist umstritten, unter welchen Voraussetzungen ein Rechtsgeschäft iSd § 2301 II vollzogen ist.

Nach dem Willen des Gesetzgebers liegt Vollzug vor, wenn der Zuwendende sein Vermögen »sofort und unmittelbar mindert«.[5] § 2301 will nach seinem Grundgedanken nur diejenigen lebzeitigen Verfügungen auf den Todesfall, die den Verfügungen von Todes wegen funktionell gleichartig sind, den Vorschriften des Erbrechts unterstellen. Die Verfügung von Todes wegen ist durch das Fehlen eines Vermögensopfers zu Lebzeiten des Erblassers gekennzeichnet. In den Fällen, in denen dieser zu seinen Lebzeiten sein Vermögen bereits gemindert hat, ist daher die Anwendung der Vorschriften über die Verfügungen von Todes wegen nicht gerechtfertigt.

Auch wenn man von diesem einfach klingenden Abgrenzungsmerkmal ausgeht, können die Anforderungen, die an den Vollzug einer lebzeitigen Verfügung auf den Todesfall zu stellen sind, im Einzelfall zweifelhaft sein; denn es bleibt zu klären, unter welchen Voraussetzungen eine unmittelbare Vermögensminderung vorliegt. Die Vermögensminderung muss einerseits ein Weniger gegenüber der unbedingten Übereignung an den Zuwendungsempfänger sein, da in diesem Fall schon eine wirksame Schenkung unter Lebenden vorliegt (§§ 516, 518). Sie muss andererseits in mehr als nur der schuldrechtlichen Verpflichtung zur Übereignung bestehen, wie die Regelung des § 2301 I, II zeigt.

Nach verbreiteter Formulierung wird ein Vollzug des Rechtsgeschäfts dann angenommen, wenn der Bedachte ein dingliches Anwartschaftsrecht auf den Erwerb der Sache erhalten hat; es soll genügen, dass der Dritte »eine Rechtsstellung erlangt, die der Schenker nicht mehr zerstören und beeinträchtigen kann«.[6] Richtiger erscheint es allerdings, dieses zutreffende Ergebnis nicht aus der Erwerbsperspektive des Zuwendungsempfängers zu formulieren, sondern mit den Motiven allein auf die Minderung des Vermögens des Erblassers nach Abschluss der Schenkung unter Lebenden auf den Todesfall und damit auf das Erfordernis des gegenwärtigen Vermögensopfers des Zuwendenden abzustellen.[7] Der Schenker muss alles aus seiner Sicht Erforderliche und Mögliche getan und damit dem Beschenkten eine gesicherte und unentziehbare Anwartschaft eingeräumt haben, die sich im Todesfall zwangsläufig zu einem Vollrecht entwickelt.[8]

In aller Regel führen beide unterschiedlichen Formulierungen nicht zu verschiedenen Ergebnissen; denn »das Vermögensopfer, das jener bringt, besteht eben in der für ihn bindenden dinglichen Erwerbsanwartschaft des Bedachten: Schon dadurch hat er endgültig sein Vermögen vermindert«.[9]

---

5 Mot. V, 252.

6 OLG Hamburg NJW 1961, 76; ferner Bamberger/Roth/*Litzenburger* § 2301 Rn. 13; Staudinger/ *Kanzleiter* (2006) § 2301 Rn. 23.

7 So *Kipp/Coing* ErbR § 81 III 1c; *G. und D. Reinicke* NJW 1956, 1053 (1054).

8 BGH ZIP 2012, 326 (328, 330) zur Vollziehung der Schenkung einer Unterbeteiligung an einem Geschäftsanteil – Siegfried Unseld-Stiftung. Dazu *Joost* EWiR 2012, 343; *Schmidt* JuS 2012, 460; *Westermann* ZIP 2012, 1007.

9 Hk-BGB/*Hoeren* § 2301 Rn. 32. Früher schon Staudinger/*Boehmer*, 11. Aufl., Einl. Erbrecht, S. 166, Nachtrag; zust. *Kipp/Coing* ErbR § 81 III 1c Fn. 33.

Vollzug ist daher anzunehmen, wenn der Zuwendende (durch Einräumung eines Anwartschaftsrechts) sein Vermögen durch Beschränkung seiner Verfügungsmacht verringert. Die Rechtszuständigkeit braucht dabei noch nicht zu seinen Lebzeiten überzugehen.

> **Beispiele:** Übereignung, die unter der aufschiebenden Bedingung und der Befristung des § 2301 I 1 erfolgt (vgl. § 161).
> Komplizierter, aber praxisrelevanter Fall: Die unentgeltliche Zuwendung einer durch den Abschluss eines Innen-Gesellschaftsvertrages entstehenden Unterbeteiligung an einem Geschäftsanteil, mit der neben schuldrechtlichen Berechtigungen auch Mitgliedschaftsrechte in der Unterbeteiligungsgesellschaft eingeräumt werden, ist mit Abschluss des Gesellschaftsvertrages vollzogen.[10]

Selbst wenn die sachenrechtliche Güterzuordnung verändert wurde und die §§ 516, 518 nicht anwendbar sind, braucht kein Vollzug iSd § 2301 II vorzuliegen.

So ist zB bei Übereignung einer Sache an einen fremdnützigen Verwaltungstreuhänder mit dem Auftrag, diese nach dem Tod des Erblassers einem Dritten schenkweise zu übereignen, das Vermögen des Erblassers wirtschaftlich noch nicht gemindert, da dieser, solange er lebt, von dem Treuhänder jederzeit die Rückübereignung an sich verlangen kann.[11]

Zu weitgehend ist allerdings die sowohl in der Rechtsprechung[12] als auch in der **745** Literatur[13] anzutreffende Formulierung, eine Schenkung sei schon dann als vollzogen anzusehen, wenn sich der Rechtserwerb des Bedachten ohne weiteres Zutun des Erblassers oder des Erben von selbst vollendet.

Damit wird nämlich auf das Merkmal des gegenwärtigen Vermögensopfers des Erblassers verzichtet. So bleibt beim Vertrag zu Gunsten Dritter auf den Todesfall (→ Rn. 760 ff.), sofern nicht dem Dritten unwiderruflich das Recht zugewandt ist (vgl. § 328 II), dem Versprechensempfänger der wirtschaftliche Vermögenswert der Leistung des Versprechenden an den Dritten bis zu seinem Tod zugeordnet; von einem Vermögensopfer des Erblassers zu Lebzeiten kann folglich nicht gesprochen werden.

Als Formen des Vollzugs können solche unterschieden werden, bei denen ein Mittler beteiligt wird und solche, bei denen dies nicht geschieht.

2. Vollzug ohne Beteiligung eines Mittlers

a) Nach dem oben Ausgeführten ist ein Vollzug stets zu bejahen, wenn der Zuwen- **746** dende einen Gegenstand dem Empfänger unter der auflösenden oder aufschiebenden Bedingung sowie der Befristung des § 2301 I überträgt (heute wohl unstreitig).

> **Beispiele:** A gibt seiner Haushälterin ein wertvolles Bild und erklärt, es soll ihr von seinem Tod an für immer gehören, wenn sie ihn überlebe (aufschiebende Bedingung), oder er sagt, es solle ihr zustehen, doch wenn sie vor ihm sterbe, wolle er es wiederhaben (auflösende Bedingung).

> Im **Fall b** wollte E sich schon zu Lebzeiten binden. Daher enthält der Brief keine Vermächtnisanordnung, sondern ein Schenkungsversprechen. Aus den Umständen ergibt sich, dass F das Gemälde sofort übereignet werden sollte. Der Eigentumserwerb war jedoch nur dann als endgültig beabsichtigt, wenn F den E überlebte (§ 2301, auflösende Bedingung); denn das Bild sollte lediglich F – nicht auch seinen Erben – als Erinnerung gehören. Mit der Annahmeerklärung des F kam die auflösend bedingte Übereignung in der Form der §§ 929 S. 1, 930 durch Vereinbarung einer Leihe zustande. Somit war die Schenkung vollzogen und der Mangel der Form geheilt (§§ 2301 II, 518 II).

---

10 BGH ZIP 2012, 326 ff. (Siegfried Unseld-Stiftung); dazu *Joost* EWiR 2012, 343; *Schmidt* JuS 2012, 460; *Westermann* ZIP 2012, 1007.

11 **AM** Soergel/*Wolf* § 2301 Rn. 20.

12 BGH NJW 1970, 941 f., 1638; einschränkend: NJW 1974, 2319.

13 Vgl. Palandt/*Weidlich* § 2301 Rn. 8, 10 mN.

> F kann zB nach § 985 das Bild herausverlangen; einer Arglisteinrede der Erben ist er nicht ausgesetzt, da er das Eigentum am Bild mit Rechtsgrund erworben hat und die Erben daher keinen Anspruch auf Rückübereignung aus ungerechtfertigter Bereicherung haben.

b) Wollte der Zuwendende dem Zuwendungsempfänger einen Gegenstand schenkweise überlassen und hat er ihm lediglich Vollmacht erteilt, nach dem Tode des Zuwendenden die Rechtshandlungen vorzunehmen, die zum Erwerb erforderlich sind, so liegt *kein Vollzug* iSd § 2301 II vor.[14] Der Zuwendende hat mit der – widerruflichen oder unwiderruflichen – Vollmachterteilung noch kein Vermögensopfer erbracht, da seine Verfügungsbefugnis nicht eingeschränkt wird. Eine die Verfügungsbefugnis des Zuwendenden verdrängende Vollmacht ist nach hL durch § 137 S. 1 ausgeschlossen. Verpflichtet sich der Zuwendende zulässigerweise, über den Gegenstand nicht zu verfügen (§ 137 S. 2), so liegt ebenfalls kein Schenkungsvollzug zu Lebzeiten vor: Der Gegenstand bleibt im Vermögen des Zuwendenden, und eine Schadensersatzpflicht wegen abredewidriger Verfügung träfe ohnehin nur die Erben.

c) *Kein Vollzug* liegt ferner vor, wenn der Zuwendende sich schuldrechtlich verpflichtet, dem Bedachten einen Gegenstand schenkweise auf den Todesfall zuzuwenden. Gleiches gilt nach der ausdrücklichen Regelung des § 2301 I 2 für ein Schuldversprechen oder -anerkenntnis, das unter der Bedingung und Befristung des § 2301 I 1 erteilt wird.

Ob außer einer schuldrechtlichen Verpflichtung auch eine Verfügung getroffen wurde, kann insbesondere dann zweifelhaft sein, wenn es sich bei dem Zuwendungsgegenstand um eine Forderung handelt, die erlassen oder übertragen werden soll. Während bei Sachen die bedingte Übereignung regelmäßig mehr als eine Einigung verlangt, erfolgen Forderungsübertragung und Erlass unter einer Bedingung durch bloße Einigung. Da Verpflichtungs- und Verfügungsgeschäft hier regelmäßig in einem Akt erfolgen, ist oft kaum erkennbar, ob auch das Verfügungsgeschäft vorgenommen worden ist. Maßgeblich für die Feststellung des Vollzuges sind die Umstände des Einzelfalles. So kann etwa die Übergabe des Schuldscheins vom Schenker an den Beschenkten für den Abschluss eines Erlassvertrages sprechen.[15]

3. Vollzug bei Beteiligung eines Mittlers

747 Die Frage nach dem Vollzug bereitet besondere Schwierigkeiten, wenn auf Seiten des Zuwendenden oder des Empfängers ein Mittler (Treuhänder, Stellvertreter, Bote) eingeschaltet ist.

a) Der *Mittler auf Seiten des Zuwendungsempfängers kann dessen* Vertreter oder Empfangsbote sein.

aa) Gegenüber dem *Vertreter des Zuwendungsempfängers* ist das Rechtsgeschäft unter Lebenden vollzogen, sofern es bei direkter Vornahme gegenüber dem Bedachten vollzogen wäre. Das Zuwendungsangebot geht dem Zuwendungsempfänger mit Erklärung gegenüber seinem Vertreter zu[16] (vgl. § 164 III). Mit dessen Annahmeerklärung ist die Zuwendung vollzogen.

Das gilt auch für den Vertreter ohne Vertretungsmacht, dessen vollmachtloses Handeln der Bedachte genehmigt (§ 177). Die Genehmigung kann auch noch nach dem Tod des Zuwendenden erfolgen;

---

14 BGHZ 87, 19 (23).
15 MüKoBGB/*Musielak* § 2301 Rn. 30 mN.
16 *Brox/Walker* BGB AT Rn. 151.

wegen ihrer Rückwirkung ist die Rechtslage so, als sei der Vollzug im Zeitpunkt des Vertreterhandelns eingetreten.

bb) Hat der Mittler lediglich die Rechtsmacht, das dingliche Einigungsangebot des Zuwendenden entgegenzunehmen *(Empfangsbote)*, dann kann ein Vollzug frühestens in Betracht kommen, wenn der Zuwendungsempfänger selbst die Annahme erklärt. Umstritten ist die Frage, welche Rechtsfolgen eintreten, falls der Zuwendende vor der Annahmeerklärung stirbt.

Nach allgemeinen Regeln ist die (Übereignungs- oder Abtretungs-) Offerte dem Zuwendungsempfänger durch Erklärung gegenüber dem Empfangsboten zu dem Zeitpunkt zugegangen, zu dem regelmäßig die Weiterleitung an ihn zu erwarten ist.[17] Gem. § 130 I 2 ist sie mit dem Zugang unwiderruflich, und wegen § 153 kann der Zuwendungsempfänger die Annahme – gegenüber den Erben – erklären (s. aber auch § 151). Die Einigung ist damit zustande gekommen. Handelt es sich um die Übereignung einer beweglichen Sache und sieht man die Übergabe an den Empfangsboten als ausreichend iSd § 929 an, so ist mit der Annahme die Übereignung erfolgt; die Bedingung des § 2301 ist bereits mit dem Tod des Zuwendenden eingetreten.

Gegen die Bejahung des Vollzugs könnte zwar sprechen, dass die Übereignung erst nach dem Tod des Zuwendenden wirksam wird. Der Zuwendende hat also zu Lebzeiten kein Vermögensopfer erbracht. Dennoch ist auch hier ein Vollzug anzunehmen. Wenn nämlich der Schenkungsvollzug im Falle des § 518 II wegen der Regelung des § 153 durch den – zufälligen – Tod nicht vereitelt wird (→ Rn. 742), dann darf dies auch bei der Schenkung auf den Todesfall nicht sein.

Für die Ansicht, die den Vollzug bereits bejaht, sofern sich der Rechtserwerb des Bedachten ohne weiteres Zutun des Erblassers oder des Erben von selbst vollendet, ergibt sich das hier vertretene Ergebnis bereits aus dem weiteren Vollzugsbegriff.

b) Steht der *Mittler auf Seiten des Zuwendenden*, so ist die Lösung jener Fälle streitig, **748** in denen der Mittler die zur Vollziehung der Schenkung auf den Todesfall auf Seiten des Zuwendenden erforderlichen Handlungen erst vorgenommen hat, nachdem der Zuwendende gestorben ist.

> Dabei kann der Tod zufällig in der Zwischenzeit eingetreten sein, wie etwa im **Fall c** (dem »Bonifatius«-Fall[18] nachgebildet). Der Zuwendende kann aber auch den Mittler angewiesen haben, die Vollzugsgeschäfte erst nach seinem – des Zuwendenden – Tod vorzunehmen.

aa) Die *Abgabe* der Schenkungs- und Übereignungsofferte (bzw. Übertragungsoffer- **749** te bei Forderungen) liegt bereits in der Erklärung gegenüber dem Boten. Damit hat der Zuwendende zu Lebzeiten alles Erforderliche getan, die Erklärung auf den Weg zum Empfänger zu bringen. Die Wirkungen des § 130 II können also eintreten. Der Tod des Zuwendenden vor Zugang der Willenserklärung beim Empfänger bleibt daher ohne Einfluss auf die Wirksamkeit der Willenserklärung **(Fall c)**.

bb) Allerdings erfolgen der Zugang der Offerte beim Empfänger und dessen *Annahme* **750** erst nach dem Tod des Zuwendenden. Bis zum Zugang kann der Erblasser (nach seinem Tod der Erbe) seine Willenserklärung gem. § 130 I 2 widerrufen; die einem Vertreter erteilte Vollmacht kann gem. § 168 widerrufen werden. Deshalb und aus weiteren

---

17 *Brox/Walker* BGB AT Rn. 152.
18 RGZ 83, 223.

Gründen wird zum Teil der Vollzug zu Lebzeiten verneint.[19] Der Erblasser habe noch nicht alles getan, was er zur Verschaffung des Rechts tun musste; der Rechtserwerb hänge noch von Handlungen des Zuwendenden bzw. seiner Erben ab. Für die Annahme des Vollzugs fehle die erforderliche Verschaffung eines Anwartschaftsrechts des Zuwendungsempfängers zu Lebzeiten des Zuwendenden. Lediglich dann, wenn der Zuwendende auf sein Recht verzichtet habe, den zwischen ihm und dem Stellvertreter oder Boten geschlossenen Auftrag, Werk- oder Geschäftsbesorgungsvertrag zu widerrufen, wird zum Teil ausnahmsweise ein Vollzug zu Lebzeiten bejaht.[20]

Nach der hier vertretenen Auffassung kann zwar die Frage der Widerruflichkeit nicht ausschlaggebend sein. In beiden Fällen ist mit der Abgabe der Willenserklärung und der Erteilung einer Vollmacht noch keine Vermögensminderung beim Erblasser eingetreten.

Das Abstellen auf die Unwiderruflichkeit oder Widerruflichkeit führt auch zu zufälligen Ergebnissen. Bei einer unwiderruflichen Vollmacht wäre der Vollzug stets zu bejahen, bei einer widerruflichen nur dann, wenn der Erblasser nicht vor Zugang und Annahme der Offerte gestorben ist.
Richtig ist allerdings, dass die Erwerbschance des möglichen Zuwendungsempfängers bei Unwiderruflichkeit größer ist; für die Frage des Vollzugs kann hieraus aber nichts entnommen werden.

Aber aus einem anderen Grund muss die Möglichkeit des Vollzugs bejaht werden. Das BGB geht davon aus, dass eine Willenserklärung wirksam bleiben kann, wenn der Erklärende vor ihrem Zugang stirbt (vgl. §§ 130 II, 153), und dass eine Vollmacht im Zweifel nicht mit dem Tod des Vollmachtgebers erlischt (vgl. §§ 168, 672). Wegen dieser Fortwirkung kann der Erblasser für die Zeit nach seinem Tod Verpflichtungen begründen, deren Erfüllung dem Erben obliegt, und wirksame Verfügungen vornehmen. Das einzige Mittel der Erben gegen solche Maßnahmen ist der Widerruf (§§ 130 I 2, 168 S. 2, 671). Es bleibt letztlich nur die Frage, ob diese allgemeine Regelung wegen § 2301 für unentgeltliche Zuwendungen nicht gelten soll. Dies ist zu verneinen.[21] Wegen der Regelung der §§ 130 II, 153, 168 muss daher auch hier Vollzug bejaht werden, obwohl die Vermögensminderung erst nach dem Tod der Zuwendenden eintritt (**Fall c**). Im Ergebnis begründen die §§ 130 II, 153, 168 eine Ausnahme von der Notwendigkeit eines lebzeitigen Vollzugs nach § 2301 II.[22] Die Erben haben allerdings die Möglichkeit, durch rechtzeitige Ausübung ihres Widerrufs (dh bis zu dem Zugang der Willenserklärung bzw. bis zu ihrer Abgabe durch den Vertreter) den Eintritt des Vollzugs zu verhindern.[23]

751 cc) Besonderheiten gelten allerdings, wenn der Zuwendende *nicht zufällig* zwischen Einschaltung des Mittlers und dessen Vollzugshandlung gestorben ist, sondern der Mittler *weisungsgemäß* die Offerte erst nach dem Tod des Zuwendenden überbracht hat.

Ist der Mittler *Bote* des Zuwendenden, ist seine Erklärung unwirksam, da § 130 II nicht eingreift.[24]

---

19 Vgl. Erman/*Schmidt* § 2301 Rn. 8; ferner die Nachweise bei *Damrau* Jura 1970, 716 (723).
20 Vgl. zB *Schlüter* ErbR Rn. 1252.
21 Str.; wie hier Hk-BGB/*Hoeren* § 2301 Rn. 37 f.; Jauernig/*Stürner* § 2301 Rn. 4; MüKoBGB/*Musielak* § 2301 Rn. 24.
22 **AA** *Muscheler* ErbR II Rn. 2885.
23 BGH NJW 1975, 382.
24 Ebenso: Hk-BGB/*Hoeren* § 2301 Rn. 37; MüKoBGB/*Musielak* § 2301 Rn. 24; Soergel/*Wolf* § 2301 Rn. 18; **str.**; kritisch zu dieser Begründung *Lipp* ErbR Rn. 178 f.

Diese Bestimmung will nur verhindern, dass eine »in Gang gesetzte« Willenserklärung durch den zufälligen Tod des Erklärenden ihre Wirkungen verliert. Sie erfasst aber nicht solche Fälle, in denen der Erklärende den Zugang bewusst bis nach seinem Tod aufschiebt.

Ist der Mittler dagegen *Vertreter* des Zuwendenden und soll er erst nach dessen Tod die erforderlichen Erklärungen abgeben, dann fragt sich, ob diese »postmortale« Vollmacht zulässig ist.

Aus den §§ 168, 672 kann zur Beantwortung dieser Frage nichts entnommen werden (str.), da dort lediglich die Fortgeltung einer bereits vor dem Tod des Vollmachtgebers bestehenden Vollmacht angesprochen wird. Mit Rechtsprechung[25] und Lehre[26] wird man grundsätzlich die Zulässigkeit der Vollmacht auf den Todesfall bejahen können; die gegen die postmortale Vollmacht vorgebrachten Bedenken, es bestehe die Gefahr einer Umgehung der Bestimmungen über die Testamentsvollstreckung, überzeugen nicht. Lediglich die unwiderrufliche postmortale Vollmacht ist wegen der zu weit gehenden Bindung der Erben nach § 138 nichtig.[27] Soweit aufgrund der postmortalen Vollmacht nach dem Tode des Vollmachtgebers Schenkungen vorgenommen werden sollen, wird jedoch meist von der Unwirksamkeit solcher Schenkungen ausgegangen, da § 2301 I zumindest entsprechend anwendbar sein soll;[28] anderer Ansicht sind offenbar diejenigen Autoren, die bereits in der Erteilung der Vollmacht einen Vollzug iSd § 2301 sehen.

Nach hier vertretener Ansicht ist in diesen Fällen die Wirksamkeit des aufgrund der postmortalen Vollmacht geschlossenen Geschäftes zu verneinen, da nicht ersichtlich ist, dass das BGB insoweit eine Ausnahme von dem Erfordernis des lebzeitigen Vollzugs machen will. Die Situation ist anders als im Falle der §§ 130, 153 und 672 iVm § 168. Nach den genannten Bestimmungen sollen gewisse angebahnte Rechtsbeziehungen nicht wegen des zufälligen Todes eines Beteiligten nicht zur Vollendung kommen. Das bedeutet, dass auch der Vollzug nach § 2301 II nicht deshalb verneint werden darf, weil die Vollzugshandlungen zufälligerweise erst nach dem Tode des Zuwendenden erfolgten. Bei einer bewussten Verzögerung fehlt dagegen ein schutzwürdiges Interesse des Zuwendenden an dieser Rechtsfolge. Er kann sich für die Zuwendung der Formen des Erbrechts bedienen.

dd) Ein weiteres Problem tritt auf, wenn eine bewegliche Sache mittels Boten über-eignet werden soll. Überbringt dieser die Sache erst nach dem Tod des Zuwendenden und gibt er dabei die Übereignungsofferte ab, so fragt sich, welche Bedeutung ein der Übereignung entgegenstehender Wille der Erben hat. Die hM folgert insbesondere aus dem Wortlaut des § 929 S. 1 (Einigsein im Zeitpunkt der Übergabe des Besitzes), dass ein Widerruf der einmal erklärten Einigung bis zur Übergabe der Sache möglich ist.[29] **752**

Früher wurde teilweise[30] bereits bei jeder nach außen in Erscheinung getretenen Abkehr von der dinglichen Einigung das für § 929 erforderliche Einigsein im Zeitpunkt der Übergabe verneint. Diese Abkehr sollte nach Auffassung des Reichsgerichts schon dann erkennbar vorliegen, wenn der Erbe nicht den Willen zur Eigentumsübertragung habe, weil er von den gesamten Vorgängen nichts weiß. Danach hätte der Bonifatius-Verein im **Fall c** kein Eigentum erworben.[31] Diese Auffassung widersprach aber anerkannten anderen Interessenbewertungen. Der Widerruf einer Willenserklärung ist wirkungslos, wenn er nicht vor dem Zugang der Willenserklärung gegenüber dem Erklärungsempfänger erfolgte. So ist ein erst nach Übergabe der Ware an den Käufer einseitig erklärter Eigentumsvorbehalt unwirksam, auch wenn der Lieferschein, auf dem der Eigentumsvorbehalt erklärt ist, bereits vor Übergabe ausgestellt und nur irrtümlich später überbracht wurde.

---

25 Vgl. zB BGH NJW 1969, 1245.
26 Staudinger/*Reimann* (2012) Vorbem. zu § 2197 Rn. 53 ff.
27 Dagegen RGZ 114, 351.
28 Staudinger/*Schilken* (2009) § 168 Rn. 30; *Lipp* ErbR Rn. 183.
29 Vgl. Palandt/*Bassenge* § 929 Rn. 9.
30 RGZ 83, 223 (230); *Wolff/Raiser,* Sachenrecht, 10. Aufl. 1957, § 66 I 4.
31 So RGZ 83, 223.

Es ist indes keine gesetzgeberische Wertung erkennbar, nach der das dingliche Übereignungsangebot über § 130 I 2 hinaus widerruflich sein soll.[32]

> Im **Fall c** spielt der Unterschied zwischen der hM und der hier vertretenen Auffassung keine Rolle, da der Zugang der Übereignungsofferte zeitlich mit der Übergabe zusammentraf, so dass der Bonifatius-Verein Eigentum erworben hat. Unterschiede ergeben sich, wenn die Ereignisse in folgender Reihenfolge ablaufen: Einigung über die Übereignung der Sache zwischen Zuwendendem und Zuwendungsempfänger – Absendung der Sache an den Zuwendungsempfänger – Tod des Zuwendenden – Widerruf der Einigung durch Erklärung seiner Erben gegenüber dem Zuwendungsempfänger – Ankunft der Sache. Die hM würde hier, aus unserer Sicht zu Unrecht, den Eigentumsübergang verneinen.

753 **ee)** Übt der Erbe sein Widerrufsrecht (zB nach §§ 130 I 2, 672, 168) aus, so kann das entsprechend dem allgemeinen Rechtsgedanken des § 534 als unzulässige Rechtsausübung zurückzuweisen sein, wenn der Erblasser durch die Zuwendung »einer sittlichen Pflicht oder einer auf den Anstand zu nehmenden Rücksicht« nachkommen wollte.

754 **ff)** *Ergebnis:* Will der Zuwendende einen Gegenstand durch Vermittlung eines Dritten schenkweise auf den Todesfall übertragen, so kann auch nach seinem Tod noch ein Vollzug iSd § 2301 II erfolgen. Die Erben haben allerdings regelmäßig die Möglichkeit, es durch einen Widerruf nach § 130 I 2 bzw. durch Widerruf des Grundverhältnisses zwischen dem Zuwendenden und dem Vertreter – und damit der Vollmacht – zu verhindern. Vollzug scheidet dagegen stets aus, wenn der Zuwendende veranlasst hat, dass das Vollzugsgeschäft erst nach seinem Tod durch den Mittler vorgenommen wird.

4. Rechtsfolgen der vollzogenen Schenkung auf den Todesfall

755 Auf die vollzogene Schenkung auf den Todesfall sind gem. § 2301 II die Vorschriften über Rechtsgeschäfte unter Lebenden anzuwenden. Zwar unterliegt das Schenkungsversprechen der Formvorschrift des § 518 I (notarielle Beurkundung); aber nach § 518 II ist ein Formmangel des Schenkungsversprechens mit der vollzogenen Zuwendung geheilt, so dass der Zuwendungsempfänger den Gegenstand mit Rechtsgrund (Schenkung nach § 516) erwirbt.

Von den sonstigen Folgen sind einige wegen ihrer Bedeutung für den Erben und den Gläubiger des Erblassers zu erwähnen. Dem *Vertragserben* steht bei sog. böswilligen Schenkungen nach Anfall der Erbschaft ein Rückforderungsanspruch gegen den Beschenkten zu (§ 2287). *Pflichtteilsberechtigte Erben* werden durch den zeitlich und inhaltlich beschränkten Pflichtteilsergänzungsanspruch (§ 2325) geschützt. Die *Gläubiger des Erblassers* haben unter den Voraussetzungen der §§ 130 ff. InsO ein Anfechtungsrecht.

III. Nicht vollzogene Schenkung auf den Todesfall

756 Nach § 2301 I 1 finden auf das Schenkungsversprechen auf den Todesfall die Vorschriften über Verfügungen von Todes wegen Anwendung.

> In dieser Bestimmung ist die gesetzliche Umdeutung eines Schenkungsversprechens in eine Verfügung von Todes wegen zu sehen.[33]

---

32 *Westermann/Gursky/Eickmann*, Sachenrecht, 8. Aufl. 2011, § 37 Rn. 11.
33 *Harder*, Zuwendungen unter Lebenden auf den Todesfall, 1968, S. 95 ff.

1. Voraussetzungen

a) § 2301 I 1 setzt ein lebzeitiges Schenkungsversprechen auf den Todesfall voraus.   **757**

Dieses Versprechen, die Erklärung des Zuwendenden, kann Bestandteil eines Schenkungsvertrages sein; für die Anwendung des § 2301 I 1 reicht jedoch auch die noch nicht angenommene Erklärung des Schenkers aus.[34] Dem Schenkungsversprechen gleichgestellt sind Schuldversprechen und Schuldanerkenntnis, wenn sie unter der Befristung und Bedingung des § 2301 I 1 erfolgen (§ 2301 I 2).

b) Da die Vorschriften über die Verfügungen von Todes wegen Anwendung finden,   **758** ist das nicht vollzogene Schenkungsversprechen nur wirksam, wenn es in der *Form* dieser Verfügungen erfolgt. Umstritten ist, auf welche Formvorschrift es ankommt:

Eine verbreitete Ansicht fordert wegen der Vertragsnatur des Schenkungsversprechens stets die Einhaltung der Erbvertragsform, also die Niederschrift eines Notars bei gleichzeitiger Anwesenheit beider Teile (§ 2276).[35] Bei Nichteinhaltung der Form soll aber eine Umdeutung in ein eigenhändiges Testament in Betracht kommen.[36]

Gegen diese Ansicht spricht jedoch, dass § 2301 I nicht lediglich auf die Vorschriften über den Erbvertrag verweist. Auch geht die Bestimmung nicht vom Schenkungsvertrag, sondern vom »Schenkungsversprechen« aus, lässt also eine einseitige Erklärung genügen, die nicht im Erbvertrag, sondern im Testament ihre Parallele hat. Deshalb ist zu unterscheiden: Die für vertragsmäßige Zuwendungen geltende Form des Erbvertrags (§ 2276) ist maßgeblich, wenn der Zuwendungsempfänger das Schenkungsangebot – wie in § 2276 vorgeschrieben – angenommen hat. In den übrigen Fällen reicht die Form des (öffentlichen, eigenhändigen) Testaments (§§ 2231 ff.) aus.[37]

2. Rechtsfolgen

Ist die Form eingehalten, so muss die versprochene Leistung als Zuwendung aus dem   **759** Nachlass behandelt werden, und zwar als Vermächtnis. Bei einer Zuwendung des gesamten Vermögens oder von Bruchteilen hiervon nimmt die hM[38] eine Erbeinsetzung an. Dem kann nicht gefolgt werden. Der Zuwendende, der schenken will, beabsichtigt weder, dem Zuwendungsempfänger eine unmittelbare Rechtsstellung am Nachlass einzuräumen, noch, ihn etwa der Erbenhaftung auszusetzen. Falls er das möchte, ist das »Schenkungsversprechen« in Wahrheit eine Erbeinsetzung durch Verfügung von Todes wegen.

Die sonstigen Folgen des formgültigen Schenkungsversprechens sind die der Vermächtnisanordnung aufgrund Erbvertrags oder Testaments.

Ist das Schenkungsversprechen formnichtig (§ 125) und hat der Zuwendungsempfänger etwas erlangt, so ist er nach den Vorschriften über die ungerechtfertigte Bereicherung zur Herausgabe bzw. zum Wertersatz verpflichtet (§§ 812 ff.).

---

34 Ebenso: MüKoBGB/*Musielak* § 2301 Rn. 5 f.; str.

35 Jauernig/*Stürner* § 2301 Rn. 9; *Kipp/Coing* ErbR § 81 III 2a; Palandt/*Weidlich* § 2301 Rn. 6; RGRK/*Kregel* § 2301 Rn. 7; Staudinger/*Kanzleiter* (2006) § 2301 Rn. 3.

36 Vgl. dazu *Kipp/Coing* ErbR § 81 III 2a; *Muscheler* ErbR II Rn. 2834; Palandt/*Weidlich* § 2301 Rn. 6; *Schlüter* Rn. 1254.

37 Wie hier RGZ 83, 223 (227); Erman/*Schmidt* § 2301 Rn. 6; *Harder*, Zuwendungen unter Lebenden auf den Todesfall, 1968, S. 103 ff.; *Lange/Kuchinke* ErbR § 33 II 1a; MüKoBGB/*Musielak* § 2301 Rn. 13; *Seif* AcP 200 (2000) 192, 218

38 Vgl. zB Bamberger/Roth/*Litzenburger* § 2301 Rn. 9; *Damrau* Jura 1970, 716 (718); Erman/*Schmidt* § 2301 Rn. 6; Palandt/*Weidlich* § 2301 Rn. 7.

Schenkung auf den Todesfall (§ 2301)

I. Begriff
Schenkungsversprechen durch Tod des Zuwendenden befristet und durch Überleben des Leistungsempfängers bedingt (Überlebensbedingung)

II. Die zu Lebzeiten des Erblassers vollzogene Schenkung (§ 2301 II)
1. Voraussetzungen des Vollzugs (str.): sofortige und unmittelbare Minderung des Vermögens des Zuwendenden = Vermögensopfer zu Lebzeiten des Erblassers
    a) Beispiele: Vermögensminderung durch bedingte Übereignung oder Einräumung eines Anwartschaftsrechts
    b) Vollzug bei zufälligem Tod des Zuwendenden zwischen Abgabe und Zugang seiner WE beim Zuwendungsempfänger (+), §§ 130 II, 153 (hM)
    c) Vollzug bei Beteiligung eines Mittlers (eines Boten oder Vertreters)
        aa) Mittler auf Seiten des Zuwendungsempfängers (Empfangsbote oder -vertreter); Vollzug (+), wenn Zuwendungsangebot vor Tod des Zuwendenden durch Zugang unwiderruflich geworden ist (§ 130 I 1) und nach dem Tod vom Zuwendungsempfänger angenommen wird (§ 153)
        bb) Mittler auf Seiten des Zuwendenden (Erklärungsbote, Vertreter): Vollzug (+) bei zufälligem Tod des Zuwendenden zwischen der Erklärung gegenüber dem Mittler und anschließender Übermittlung an den Empfänger und dessen Annahme (arg. e §§ 130 II, 153, 168, 672) Ausnahme: rechtzeitiger Widerruf durch die Erben (§§ 130 I 2, 168 S. 2)
2. Wirksamkeit bei Einhaltung der Form für Schenkungen (§§ 2301 II, 518)
    → Heilung eines Formmangels durch den Vollzug der Schenkung (§ 518 II)

III. Die zu Lebzeiten des Erblassers nicht vollzogene Schenkung (§ 2301 I 1)
1. Wirksamkeit nur bei Einhaltung der Form des Erbvertrages (§ 2276 I) oder des Testaments (§§ 2231 ff. – str.)
2. Wirksames Schenkungsversprechen ist wie Vermächtnis zu behandeln und aus dem Nachlass zu erfüllen.

C. Verträge zu Gunsten Dritter auf den Todesfall

760 Hier ist zu unterscheiden zwischen solchen Verträgen zu Gunsten Dritter auf den Todesfall, bei denen der Versprechende schuldrechtlich verpflichtet ist, ein eigenes Recht auf den Dritten zu übertragen (schuldrechtliche Verträge) und solchen, bei denen das Recht des Versprechensempfängers ohne Zwischenerwerb des Versprechenden auf den Dritten übergehen soll (verfügungsrechtliche Verträge).

I. Schuldrechtliche Verträge

761 Der Vertrag zu Gunsten Dritter (§§ 328 ff.) ist kein eigenständiger Vertragstyp neben den im besonderen Teil des Schuldrechts geregelten Vertragstypen. Vielmehr ist jeder (typische oder atypische) Vertrag ein Vertrag zu Gunsten Dritter, sofern in ihm einem am Vertragsschluss unbeteiligten Dritten »unmittelbar«, dh auch ohne dessen Wissen

und Mitwirkung,[39] entweder sofort mit Vertragschluss oder zu einem festgelegten späteren Zeitpunkt ein Recht zugewandt wird. Soll der Dritte das Recht erst mit dem Tod des Versprechensempfängers erwerben, so liegt ein Vertrag zu Gunsten Dritter auf den Todesfall vor (§§ 331, 330).

Die Zulässigkeit dieses Vertrages wird in den §§ 330 f., §§ 159 f. VVG vorausgesetzt. Er darf daher nicht schon deswegen allgemein wegen Umgehung zwingender erbrechtlicher Vorschriften für nichtig erklärt werden, weil mit seiner Hilfe die Wirkung einer Verfügung von Todes wegen erreicht werden kann.

Beim Vertrag zu Gunsten Dritter auf den Todesfall ist – wie auch sonst bei Verträgen zu Gunsten Dritter – zwischen dem Deckungsverhältnis und dem Valutaverhältnis zu unterscheiden. **762**

1. Deckungsverhältnis

Unter dem Deckungsverhältnis versteht man die Rechtsbeziehung zwischen dem Versprechenden und dem Versprechensempfänger.[40]

a) Der Vertrag zu Gunsten Dritter bedarf jedenfalls dann der *Form,* wenn das Gesetz dies (ausnahmsweise) für das Rechtsgeschäft vorschreibt, das zwischen dem Versprechenden und dem Versprechensempfänger abgeschlossen wird (zB § 311b I). Fraglich ist, ob ein Vertrag zu Gunsten Dritter auch dann der Form bedarf, wenn er zur Deckung eines formbedürftigen Rechtsgeschäfts im Verhältnis des Versprechensempfängers zum Dritten (Valutaverhältnis) dient. Diese Frage ist möglicherweise beim (unentgeltlichen) Vertrag zu Gunsten Dritter auf den Todesfall von Bedeutung, weil hier im Valutaverhältnis eine Schenkung (§§ 516 ff., 2301) oder ein erbrechtliches Rechtsgeschäft vorliegen kann. Da sich die Rechtsstellung des Dritten gegenüber dem Versprechenden jedoch nach dem Deckungsverhältnis bestimmt und der Vertrag zu Gunsten Dritter keine Regelung des Valutaverhältnisses enthält, kann für die Form nur das Deckungsverhältnis maßgebend sein.[41] Weder § 2301 noch andere im Valutaverhältnis maßgebliche Formvorschriften schlagen auf das Deckungsverhältnis durch.

---

39 Mot. II, 268.
40 Einzelheiten: *Brox/Walker* SchuldR AT § 32 Rn. 7 ff.
41 **HM;** vgl. BGHZ 46, 198; 54, 145; BGH WM 1983, 1355; Palandt/*Weidlich* § 2301 Rn. 18.

b) Beim Tode des Versprechensempfängers ist der Versprechende verpflichtet, an den Dritten zu leisten. Ob der Dritte ein eigenes Forderungsrecht hat (berechtigender Vertrag zu Gunsten Dritter), ist auch beim Vertrag zu Gunsten Dritter auf den Todesfall durch Auslegung zu ermitteln (vgl. § 328 II). Nach der Auslegungsregel des § 330 muss dies bei den dort genannten Fällen im Zweifel angenommen werden.

Der Gesetzgeber geht hier mit Recht davon aus, dass bei Verträgen, welche die Versorgung eines Dritten bezwecken, diesem in der Regel ein eigener Anspruch gegen den Versprechenden eingeräumt werden soll.

Für die in § 330 nicht erwähnten Verträge auf den Todesfall fehlt eine Auslegungsregel; § 331 I geht von dem berechtigenden Vertrag zu Gunsten Dritter auf den Todesfall aus und betrifft nur den Zeitpunkt des Rechtserwerbs. Dennoch wird man auch hier im Zweifel ein Forderungsrecht des Dritten annehmen können, sofern der Dritte die Zuwendung zu seiner Versorgung erhält.

> Im **Fall d** sprechen die Umstände zwar dafür, dass E mit B einen – schuldrechtlichen (s. aber → Rn. 772)
> Vertrag zu Gunsten der D abgeschlossen hat. Das bedeutet aber noch nicht, dass das Guthaben schon von der Anlegung des Sparbuchs an der D zugewendet sein sollte. Da E weiterhin das Buch behielt, keine Mitteilung an D machte und über das Konto verfügte, zeigte sich sein Wille, zu Lebzeiten das Verfügungsrecht zu behalten. Es kann daher nur ein Vertrag zu Gunsten der D auf den Todesfall vorliegen.[42] Die weitere Frage ist, ob es sich hierbei um einen berechtigenden Vertrag zu Gunsten der D handelte. Die Ausstellung des Sparbuchs auf den Namen der D ist hierfür lediglich Beweisanzeichen. Gegen die Annahme eines berechtigenden Vertrages spricht entscheidend, da weitere Indizien fehlen, die Unkenntnis der D von den gesamten Vorgängen.[43]
> Im **Fall e** ist die Berechtigung ausdrücklich vereinbart.

2. Valutaverhältnis

763 Unter dem Valutaverhältnis versteht man die Rechtsbeziehungen zwischen dem Versprechensempfänger und dem Dritten.[44]

a) Der Dritte kann beim Vertrag zu Gunsten Dritter auf den Todesfall – wie bei jedem Vertrag zu Gunsten Dritter – das ihm zugewandte Recht nur dann endgültig behalten, wenn hierfür in den Beziehungen zwischen ihm und dem Versprechensempfänger ein Rechtsgrund enthalten ist (heute wohl allgemeine Meinung). Fehlt eine – wirksame – Vereinbarung im Valutaverhältnis, so ist die Leistung rechtsgrundlos erfolgt und kann von den Erben des Versprechensempfängers nach den §§ 812 ff. (Leistungskondiktion) zurückgefordert werden.

Das RG vertrat für den Vertrag zu Gunsten Dritter auf den Todesfall zunächst eine andere Auffassung.[45] Es sah diesen Vertrag als Mittel an, eine auch schuldrechtlich bestandskräftige, »den Formen der Schenkung nicht unterworfene freigebige Zuwendung zu machen«. Damit verzichtete es – anders als bei seiner Rechtsprechung zu den übrigen Verträgen zu Gunsten Dritter – auf eine besondere »causa« im Valutaverhältnis. Eine solche Sonderstellung in Ansehung des Valutaverhältnisses hat das BGB den Verträgen zu Gunsten Dritter auf den Todesfall in den §§ 330, 331 jedoch nicht eingeräumt. Diese Vorschriften sind lediglich Auslegungsregeln, und zwar § 331 für die Frage, wann der Dritte die

---

42 Vgl. BGH JZ 1967, 26.
43 Vgl. BGH NJW 1970, 1181.
44 *Brox/Walker* SchuldR AT § 32 Rn. 12.
45 Vgl. RGZ 19, 276 (279), zuletzt RGZ 106, 1.

Forderung erwirbt,[46] § 330 für die Frage, ob ein berechtigender Vertrag zu Gunsten Dritter vorliegt. In einer späteren Entscheidung[47] änderte das Reichsgericht daher zu Recht seine Meinung und verlangte einen (besonderen) Rechtsgrund für die Zuwendung.

b) Zwar besteht heute weitgehend Einigkeit darüber, dass der Dritte das Zugewende- **764** te beim Vertrag zu Gunsten Dritter auf den Todesfall nur dann endgültig erwirbt, wenn im Valutaverhältnis ein Rechtsgrund vorliegt. Umstritten ist jedoch, ob dieser Rechtsgrund schuldrechtlicher (§§ 516 ff.) oder erbrechtlicher Art ist. Von der Beantwortung dieser Frage hängen Form und Wirkung des für das Valutaverhältnis erforderlichen Rechtsgeschäfts ab.

aa) Die Rechtsprechung[48] und ihr folgend die hM[49] nehmen an, dass der Verspre- **765** chensempfänger dem Dritten unter Lebenden schenke (§§ 516 ff.). Soweit zwischen diesen Personen nicht bereits ein Schenkungsvertrag geschlossen wurde, komme er wie folgt zustande: Der Versprechensempfänger erkläre mit dem Abschluss des berechtigenden Vertrages zu Gunsten Dritter das Angebot zum Schenkungsvertrag gegenüber dem Versprechenden mit dem Auftrag, es nach seinem Tod an den Dritten weiterzuleiten. Nach dem Willen des Versprechensempfängers erlösche der Auftrag nicht durch dessen Tod (vgl. § 672). Der Dritte nehme das wegen § 130 II noch wirksame Schenkungsangebot an (vgl. § 153), wenn der Versprechende ihm von der Begünstigung Kenntnis gebe. Eine Erklärung der Annahme könne wegen § 151 unterbleiben. Da der Dritte ein Forderungsrecht aus dem Vertrag zu Gunsten Dritter erhalte, sei die Schenkung vollzogen (§ 518 II) und der Formmangel geheilt.[50] Allerdings gehe das Recht des Versprechensempfängers, den Auftrag bzw. das Schenkungsangebot zu widerrufen, auf die Erben über. Solange dem Dritten das Schenkungsangebot von dem Versprechenden noch nicht übermittelt sei, könnten die Erben daher den Auftrag und das Schenkungsangebot widerrufen.[51]

> Für die Anwendung des § 518 spricht, dass der Gesetzgeber den Vertrag zu Gunsten Dritter auf den Todesfall im Schuldrecht und nicht im Erbrecht geregelt hat. Dem Gedanken, Umgehungsgeschäfte zu verhindern, wird die Ansicht des BGH jedoch nicht gerecht. Auch die rechtliche Konstruktion erweckt Zweifel. Der Versprechende wird häufig nicht wissen, dass er als Bote für den Versprechensempfänger tätig werden soll. Zudem ist es bedenklich, die §§ 130 II, 153 anzuwenden; diese Vorschriften wollen nicht solche Fälle erfassen, in denen der Zugang der Willenserklärung bewusst bis nach dem Tode des Erklärenden hinausgezögert wurde. Zu unbilligen Ergebnissen führt auch das Widerrufsrecht der Erben. Hier kommt es darauf an, wer schneller ist, der Versprechende (die Bank) mit der Übermittlung des Schenkungsangebots oder die Erben mit ihrem Widerruf. Zudem wird die Abwicklung von Verträgen zu Gunsten Dritter auf den Todesfall meist deshalb erschwert, weil der Versprechende nicht weiß, an wen er zu leisten hat: Trotz Widerrufs der Erben kann er mit befreiender Wirkung nur an den Dritten leisten, wenn diesem das Schenkungsangebot schon zu Lebzeiten des Versprechensempfängers übermittelt worden ist.
>
> Im **Fall e** wäre nach der Ansicht des BGH die Schenkung vollzogen, da D ein Forderungsrecht erwarb, so dass D Gläubigerin der Bank ist. Anders ist es im **Fall d**, da hier nur ein unechter Vertrag zu Gunsten Dritter vorliegt.

---

46 Vgl. Prot. I, 759.
47 RGZ 128, 187; ihr folgend BGHZ 41, 95.
48 RGZ 128, 187; BGHZ 41, 95; 46, 198; 66, 12; NJW 1984, 480 (481); NJW 2004, 767 (768).
49 Nachw. MüKoBGB/*Gottwald* § 331 Rn. 4; *Muscheler* ErbR I Rn. 883 ff.
50 BGH NJW 1975, 382, 1360; 1976, 749.
51 BGH NJW 1975, 382.

766 **bb)** Nach einer anderen Auffassung[52] ist im Valutaverhältnis § 2301 anzuwenden, da sonst durch den Vertrag zu Gunsten Dritter die erbrechtlichen Vorschriften umgangen würden; außerdem könnten die Nachlassgläubiger benachteiligt werden. Der Dritte darf den zugewandten Gegenstand nur dann endgültig behalten, wenn die Zuwendung noch zu Lebzeiten des Versprechensempfängers vollzogen ist (§§ 2301 II, 518) oder der Versprechensempfänger dem Dritten gegenüber ein Schenkungsversprechen in der nach § 2301 I erforderlichen Form abgegeben hat. Fehlt die erforderliche Form, so haben die Erben einen Bereicherungsanspruch nach §§ 812 ff.; dieser kann aber im Einzelfall an § 814 scheitern.

> Diese Auffassung hat den Vorzug, dass sie bei einer unentgeltlichen Zuwendung auf den Todesfall, die in der Form des Vertrages zu Gunsten Dritten erfolgt, denselben Ausgangspunkt (§ 2301) wählt wie bei einer unmittelbaren Schenkung auf den Todesfall. In den Fällen der §§ 330, 331 wird jedoch kaum jemals vor dem Tode des Versprechenden ein Vollzug im hier vertretenen Sinn (→ Rn. 744) vorliegen; die Versuche, aus der vertraglichen Bindung des Versprechensempfängers zur Bejahung eines Vollzuges zu kommen, überzeugen nicht. Da auch die nach § 2301 einzuhaltende Form regelmäßig fehlen würde, wäre der Anwendungsbereich der §§ 330, 331 sehr klein.
> Wendet man § 2301 an, so ist weder im **Fall d** noch im **Fall e** vollzogen; da die Form des § 2301 nicht eingehalten ist, wurde nicht D, sondern wurden die Erben des E Forderungsinhaber (§ 1922).

767 **cc)** Schließlich wird auch vertreten, der Vertrag zu Gunsten Dritter auf den Todesfall enthalte im Valutaverhältnis eine testamentarische Sondererbfolge, auf welche die Formvorschriften des Erbrechts nicht anwendbar seien,[53] bzw. eine einseitige Zuwendung von Todes wegen besonderer Art, die hinsichtlich ihrer Wirkung zum Teil den Vermächtnisregeln unterliege.[54]

Hiergegen bestehen zwar nicht die Bedenken, welche gegen die bisher geschilderten Meinungen anzuführen sind. Dem BGB ist jedoch die Einrichtung einer Sondererbfolge – Erbfolge in Ansehung eines abgesonderten Vermögensteils – fremd. Soweit in anderen Gesetzen (etwa den Höfeordnungen) eine Sondererbfolge zugelassen ist, handelt es sich um Fälle, die zum Teil historisch erklärbar sind und deren Besonderheiten in dem zu vererbenden Gegenstand liegen. Gegen ein gewillkürtes Vermächtnis eigener Art, das nicht in erbrechtlichen Formen angeordnet werden muss, spricht die abschließende Regelung des BGB.

768 **dd)** Die Entscheidung der geschilderten Streitfrage hängt letztlich davon ab, ob man den Vertrag zu Gunsten Dritter auf den Todesfall als eine dem Erblasser zusätzlich eröffnete Möglichkeit ansieht, das Schicksal seines Vermögens nach dem Tode zu bestimmen, oder ob man in ihm den Versuch der Umgehung zwingender erbrechtlicher Bestimmungen erblickt. Nach hier vertretener Ansicht wäre die Anwendung des § 2301 im Valutaverhältnis sachgerecht. Für die Praxis ist die Frage jedoch im Sinne der ständigen Rechtsprechung des BGH entschieden. Diese Rechtsprechung wird bereits seit langem als gewohnheitsrechtlich verfestigt angesehen[55] und ist immer wieder bestätigt worden.[56]

---

52 ZB *Kipp/Coing* ErbR § 81 V 1; *Medicus/Petersen,* Bürgerliches Recht, 23. Aufl. 2011, Rn. 396 ff.; *Olzen* Jura 1987, 22.
53 So *Finger* WM 1970, 374 (377 ff.).
54 *Harder,* Zuwendungen unter Lebenden auf den Todesfall, 1968, 154 ff.
55 So schon *G. und D. Reinicke* NJW 1956, 1053 (1054); OLG Stuttgart NJW 1956, 1073.
56 BGH NJW 2004, 767 (768).

3. Wirkungen gegenüber Erben, Pflichtteilsberechtigten und Nachlassgläubigern

Nimmt man mit der Rechtsprechung an, dass im Valutaverhältnis eine Schenkung **769** unter Lebenden vorliegt, dann haben die Erben und die Gläubiger des Erblassers dieselben Herausgabe- (§ 2287), Pflichtteilsergänzungs- (§ 2325) und Anfechtungsansprüche (§ 134 InsO) wie im Falle des § 2301 II (→ Rn. 755).

Für Versicherungsverträge auf den Todesfall, insbesondere den *Lebensversicherungsvertrag*, bestehen hier Besonderheiten. Fraglich ist, ob sich das Anfechtungsrecht (und entsprechend der Herausgabeanspruch und das Recht auf Pflichtteilsergänzung) auf Auszahlung der vollen Versicherungssumme oder nur auf Rückgewähr der gezahlten Prämien richtet und zu welchem Zeitpunkt die Schenkung vorgenommen wurde. Im Zusammenhang mit dem Anfechtungsrecht nach § 134 I InsO hat der BGH[57] folgende Regeln entwickelt und damit einen früheren Meinungsstreit[58] entschieden:

a) Der Anfechtungsanspruch gegen den Dritten richtet sich nach dem Eintritt des Versicherungsfalls auf Auszahlung der vom Versicherer geschuldeten *Versicherungssumme*, nicht nur auf Rückgewähr der vom Schuldner gezahlten Prämien.[59] Darin besteht die unentgeltliche Leistung des Versprechensempfängers. Die durch Zwischenschaltung eines Versprechenden (Versicherungsunternehmen) vom Versprechensempfänger (Schuldner) mittelbar gewährte Leistung wird so behandelt, als habe der Versprechende an den Versprechensempfänger und dieser an den Dritten geleistet. Diese Grundsätze gelten im Ergebnis auch für den Inhalt des Herausgabeanspruchs nach § 2287 und – entgegen der Ansicht des BGH[60] – für denjenigen des Pflichtteilsergänzungsanspruchs nach § 2325[61] (dazu → Rn. 562). Der Erblasser wendet dem Dritten schenkweise den Anspruch auf Auszahlung der Versicherungssumme zu, der sonst in den Nachlass gefallen wäre.

b) Bei Erteilung einer *widerruflichen* Zuwendung gilt die Schenkung erst dann als vorgenommen, wenn der Versicherungsfall eingetreten ist.[62] Bis dahin hat der Dritte aufgrund des Widerrufsrechts weder einen Anspruch aus dem Versicherungsvertrag noch eine Anwartschaft, sondern nur eine ungesicherte Aussicht auf einen künftigen Anspruch erhalten. Der Eintritt des Versicherungsfalls ist deshalb für die Berechnung der Anfechtungsfrist aus § 134 I InsO maßgeblich. Gleiches dürfte für die Frist des § 2325 III beim Pflichtteilsergänzungsanspruch gelten.

c) Die Einräumung eines *unwiderruflichen* Bezugsrechts ist bereits die vollzogene Schenkung. Ab diesem Zeitpunkt gehört die Zuwendung zum Vermögen des begünstigten Dritten.[63] Lag dieser Zeitpunkt außerhalb der Anfechtungsfrist (§ 134 I InsO: 4 Jahre vor Antrag auf [Nachlass-] Insolvenzeröffnung) oder der für den Pflichtteilsergänzungsanspruch maßgeblichen Frist (§ 2325 III: bis 10 Jahre vor dem Erbfall), scheidet eine Anfechtung bzw. Pflichtteilsergänzung aus.

---

57 BGH NJW 2004, 214.
58 Dazu 21. Aufl. Rn. 769.
59 BGH NJW 2004, 214 Leitsatz 1 und 216.
60 BGH ZEV 2010, 305 (maßgeblich sei der Rückkaufswert der Versicherung zur Zeit des Erbfalls) mit krit. Anm. *Walker* FamRZ 2010, 204 f.
61 *Elfring* NJW 2004, 483 (485); *Hasse* VersR 2009, 733; *Schindler* ZErb 2008, 331 (332).
62 BGH NJW 2004, 214 Leitsatz 2 und 216.
63 BGH NJW 2003, 2679; *Elfring* NJW 2004, 483 (484).

II. Verfügungsrechtliche Verträge

770 Bei den bisher behandelten Verträgen zu Gunsten Dritter auf den Todesfall war der Versprechende stets Rechtsinhaber; der Dritte sollte mit dem Tode des Versprechensempfängers einen schuldrechtlichen Anspruch gegen den Versprechenden auf Übertragung des Gegenstandes erwerben. Es gibt jedoch auch Fälle, in denen der Versprechensempfänger Inhaber des Rechts bleibt und mit dem Vertrag eine unmittelbare Rechtsübertragung auf den Dritten anstrebt.

> **Beispiel:** E gibt seine Wertpapiere bei der Bank in Sonder- oder Sammelverwahrung (§§ 2, 5 DepotG) und vereinbart, dass die Wertpapiere nach seinem Tod dem D gehören sollen. Hier bleibt E weiterhin (Mit-)Eigentümer der Papiere, anders als bei der unregelmäßigen Verwahrung (Girosammelverwahrung; § 15 DepotG, § 700), bei der das Eigentum auf den Verwahrer übergeht.

Umstritten ist, ob in solchen Fällen der Dritte lediglich aufgrund des Vertrages im Zeitpunkt des Todes des Versprechensempfängers Rechtsinhaber werden kann (verfügungsrechtlicher Vertrag zu Gunsten Dritter auf den Todesfall).

771 **1.** Die Rechtsprechung wendet die §§ 328 ff. wegen ihrer Stellung im BGB und des auf Forderungen beschränkenden Wortlauts von § 328 I auf dingliche Rechtsgeschäfte weder direkt noch entsprechend an.[64] Der Dritte hat danach in allen Fällen der §§ 328, 331 lediglich einen schuldrechtlichen Anspruch gegen den Versprechenden auf Übertragung des Rechts. Ist der Versprechensempfänger Rechtsinhaber geblieben, muss der Versprechende also als dessen Stellvertreter, Bote oder als zur Verfügung nach § 185 Ermächtigter dem Dritten gegenüber zB eine Übereignungsofferte abgeben und ihm, soweit erforderlich, Besitz verschaffen. Die Erben des Versprechensempfängers haben die dingliche Rechtsverschiebung endgültig hinzunehmen, wenn die Rechtsbeziehungen zwischen dem Versprechensempfänger und dem Dritten (Valutaverhältnis) hierfür den rechtlichen Grund enthalten. Ist eine unentgeltliche Zuwendung gewollt, so muss dies ein formgültiger Schenkungsvertrag oder eine vollzogene Schenkung sein. Die Frage nach dem Vollzug ist hier in derselben Weise zu beantworten wie bei den schuldrechtlichen Verträgen zu Gunsten Dritter auf den Todesfall.

772 **2.** Mit der hM in der Literatur[65] ist ein verfügungsrechtlicher Vertrag zu Gunsten Dritter für zulässig zu halten. Aus der Stellung der §§ 328 ff. im allgemeinen Teil des Schuldrechts lassen sich hiergegen keine Bedenken herleiten; auch Abtretung und Schuldübernahme sind als verfügungsrechtliche Tatbestände im allgemeinen Teil des Schuldrechts geregelt. Ebensowenig steht der Wortlaut des § 328 bei Forderungen und sonstigen auf eine Duldung oder Leistung gerichteten Rechten (zB Hypothek) einer Übertragung auf einen am Vertrag unbeteiligten Dritten entgegen. Bei solchen Rechten bejaht daher die überwiegende Literatur die Zulässigkeit von dinglichen Verfügungen zu Gunsten Dritter.[66]

Es ist nicht einzusehen, warum die Zuordnungswirkung des § 328 auf schuldrechtliche und sachenrechtliche Leistungsansprüche beschränkt bleiben soll. In entspre-

---

64 Vgl. zB RGZ 98, 279; BGHZ 41, 95; BGH JZ 1965, 361.

65 Vgl. Staudinger/*Jagmann* (2009) vor § 328 Rn. 82; *Wolf/Wellenhofer,* Sachenrecht, 26. Aufl. 2011, § 6 Rn. 17.

66 *Baur/Stürner,* Sachenrecht, 18. Aufl. 2009, § 5 Rn. 28; *Esser/Schmidt* Schuldrecht I/2, 8. Aufl. 2000, § 36 IV.

chender Anwendung des § 328 sind daher sämtliche Verfügungen zu Gunsten Dritter als wirksam zu betrachten.[67]

Eine Ausnahme gilt nur für die Eigentumsübertragung bei Grundstücken. Dort würde der Rechtsgedanke des § 925 II einem Schwebezustand, wie er durch das zeitlich begrenzte Zurückweisungsrecht nach § 333 entstünde, widersprechen.

Zu beachten ist jedoch, dass § 328 nur die Drittwirkung der Einigung ermöglicht. Ein für die sachenrechtliche Verfügung wesentlicher zusätzlicher Übertragungstatbestand (zB Übergabe bei beweglichen Sachen) muss in der Person des Dritten verwirklicht werden.

Die Konsequenzen dieser Auffassung zeigen sich bei der Beantwortung der Frage, ob der Zuwendungsempfänger im Verhältnis zu den Erben das Zugewendete endgültig behalten darf. Ist die Übertragung einer *Forderung* des Versprechensempfängers gegen den Versprechenden oder der Erlass einer Forderung des Versprechensempfängers gegen den Dritten Zuwendungsgegenstand, so liegt stets eine vollzogene Schenkung vor; der Rechtserwerb erfolgt mit dem Tod des Versprechensempfängers, da ein weiterer Erwerbsakt nicht erforderlich ist. Bei diesem Ergebnis spielt es keine Rolle, ob man § 518 II oder § 2301 II im Valutaverhältnis anwendet und welche Anforderungen man an den Vollzug stellt. Es ist stets Vollzug anzunehmen. Im Wege des verfügungsrechtlichen Vertrages könnte auch die Schenkung einer Forderung gegen die Bank (vgl. **Fall d**) problemlos erfolgen; überwiegend werden jedoch dem Versprechensempfänger die Vorstellung und der Wille fehlen, eine bedingte Verfügung vorzunehmen. Bei *beweglichen Sachen* dagegen (etwa im Beispielsfall des Wertpapierdepots) findet der Eigentumserwerb erst mit der Übergabe an den Dritten statt. Da mit der dinglichen Einigung – auch wenn man sie als bindend ansieht – noch keine Verfügungsbeschränkung des Versprechensempfängers eintritt, bestehen hier hinsichtlich des Vollzugs dieselben Probleme wie beim schuldrechtlichen Vertrag zu Gunsten Dritter auf den Todesfall.

Verträge zu Gunsten Dritter auf den Todesfall

I. Begriff
Verträge zwischen Versprechendem und Versprechensempfänger, bei denen der Dritte das Recht erst mit dem Tod des Versprechensempfängers erwerben soll (§ 331 I)

II. Deckungsverhältnis zwischen Versprechendem und Versprechensempfänger (§ 331)
1. Form:
   - nicht formbedürftig nach § 2301 (im Deckungsverhältnis kein erbrechtlicher Vertrag)
   - eventuelles Formerfordernis aus Valutaverhältnis gilt nicht für Deckungsverhältnis
2. Inhalt: Eigenes Forderungsrecht des Dritten
   - durch Auslegung zu ermitteln (§ 328 II)
   - bei Lebensversicherungsverträgen Auslegungsregel des § 330

III. Valutaverhältnis zwischen Versprechensempfänger und Drittem
= Rechtsgrund für Behaltendürfen der Leistung (sonst: §§ 812 ff.)

---

67 Ebenso unter anderem *Larenz*, Schuldrecht I, 13. Aufl. 1982, § 17 IV; *Westermann/Gursky/Eickmann*, Sachenrecht, 8. Aufl. 2011, § 13 Rn. 10.

1. HM: Schenkungsvertrag, Zustandekommen:
   - vor dem Tod des Versprechensempfängers: Einhaltung der Form des § 518 I oder Heilung des Formmangels nach § 518 II erforderlich
   - nach dem Tod des Versprechensempfängers: Übermittlung des konkludenten Angebotes des Versprechensempfängers durch den Versprechenden an den Dritten und Annahmeerklärung des Dritten (Zugang nach § 151 entbehrlich) → dadurch sofortige Heilung des Formmangels (§ 518 II) Ausnahme: rechtzeitiger Widerruf des Angebotes durch die Erben

2. AM: Vertrag nach § 2301
   → erbrechtliche Form (§ 2301 I) oder Vollzug der Zuwendung zu Lebzeiten des Versprechensempfängers (§§ 2301 II, 518 II) erforderlich

IV. Sonderfall: Verfügungsrechtliche Verträge zu Gunsten Dritter auf den Todesfall

1. Rechtsprechung: §§ 328 ff. nicht anwendbar
   → kein unmittelbarer Erwerb des Dritten möglich; Rechtsübertragung durch den Versprechenden als Mittler erforderlich

2. Literatur: §§ 328 ff. analog anwendbar
   → unmittelbarer Erwerb des Dritten beim Tod des Versprechensempfängers

D. Sonstige Zuwendungen unter Lebenden auf den Todesfall

773 Es bleibt zu klären, ob über den Wortlaut des § 2301 I 1 hinaus alle zu Lebzeiten des Erblassers nicht vollzogenen Rechtsgeschäfte unter Lebenden auf den Todesfall den Vorschriften des Erbrechts zu unterwerfen sind. Dies hätte zur Folge, dass zu Lebzeiten des Erblassers nicht vollzogene, der Testaments- oder Erbvertragsform nicht genügende Rechtsgeschäfte aus dem Gesichtspunkt der Umgehung der Erbrechtsvorschriften nichtig wären.

Bei den Rechtsgeschäften kann es sich um entgeltliche Zuwendungen und um solche unentgeltlichen Zuwendungen handeln, die nicht den Schenkungsvorschriften unterliegen. Zu Letzteren zählt nach § 517 zB das Unterlassen eines Vermögenserwerbs oder der Verzicht auf ein angefallenes Recht; nach hM kann die Anwendung der §§ 516 ff. ebenfalls ausscheiden, wenn ein Gegenstand zum unentgeltlichen Gebrauch oder zur unentgeltlichen Nutzung überlassen wird.[68]

I. Unentgeltliche Rechtsgeschäfte

774 Eine entsprechende Anwendung des § 2301 I auf sonstige unentgeltliche Rechtsgeschäfte unter Lebenden auf den Todesfall, die nicht vollzogen sind, ist gerechtfertigt, wenn sie dem Zweck der Bestimmung und den Interessen der Beteiligten entspricht. Zur Feststellung dieser Interessen sind die Folgen zu vergleichen, die sich aus lebzeitigen Verfügungen und aus Verfügungen von Todes wegen ergeben.

1. Der Erblasser kann zu *Lebzeiten* sein Vermögen grundsätzlich nach seinem Belieben verwenden; er kann es vernichten oder verschleudern. Selbst der erbvertraglich gebundene Erblasser ist in seiner Freiheit, durch Rechtsgeschäft unter Lebenden sein Vermögen nach seinem Tod zu verteilen, rechtlich nicht beschränkt (vgl. § 2286).

---

68 Vgl. MüKoBGB/*Koch* § 516 Rn. 6; s. aber auch BGH NJW 1970, 941.

Dem Vertragserben steht nach Anfall der Erbschaft lediglich bei böswilligen Schenkungen ein Rückforderungsanspruch gegen den Beschenkten zu (§ 2287).

Das geltende Recht schützt die Erben, soweit sie pflichtteilsberechtigt sind, gegen lebzeitige Verfügungen des Erblassers nur durch den Pflichtteilsergänzungsanspruch (§ 2325). Die Gläubiger des Erblassers sind bei lebzeitigen Verfügungen des Erblassers unter den Voraussetzungen der §§ 129 ff. InsO, §§ 3 f. AnfG geschützt.

2. Bedient sich der Erblasser der *Verfügung von Todes wegen*, um die Verteilung seines Vermögens nach seinem Tode zu regeln, so sind seinem Willen durch die Bestimmungen des Pflichtteilsrechts (§§ 2303 ff.) gesetzliche Schranken gesetzt. Die Gläubiger des Erblassers sind durch die Vorschriften über die Erbenhaftung gesichert und haben bei der Befriedigung aus dem Nachlass den Vorrang vor den Pflichtteilsberechtigten und Vermächtnisnehmern (vgl. § 327 InsO; §§ 1991 IV, 1973 I 2, 1974 II, 1989).

3. Vergleicht man nunmehr beide Möglichkeiten, so ergibt sich für die lebzeitige **775** Zuwendung auf den Todesfall:

Die Nachlassgläubiger können diese Zuwendungen, soweit diese unentgeltlich sind, nach § 134 InsO bzw. nach § 4 AnfG anfechten. Die jeweiligen Gegenstände sind ihnen nach § 143 I InsO oder § 11 I AnfG zurückzugewähren, bei Gutgläubigkeit des Empfängers allerdings nur in Höhe der noch vorhandenen Bereicherung (§ 143 II InsO; § 11 II AnfG). Wendet man dagegen nicht Schenkungsrecht, sondern Erbrecht an, so besteht bei Formnichtigkeit regelmäßig auch nur ein Bereicherungsanspruch auf Rückgewähr der Sache.

Die Nachlassgläubiger werden somit bei Anwendung der allgemeinen schuldrechtlichen Vorschriften auf die lebzeitigen Zuwendungen auf den Todesfall nicht benachteiligt. Die Pflichtteilsberechtigten sind bei Zuwendung an einzelne Erben durch die Ausgleichspflicht der §§ 2316, 2050 f., bei Leistungen an Dritte durch den Pflichtteilsergänzungsanspruch gegen den Erben (§ 2325; → Rn. 562), hilfsweise durch den Bereicherungsanspruch gegen den Bedachten (§ 2329) geschützt. Bei Anwendung der Vorschriften des Erbrechts auf die lebzeitige Vergabe auf den Todesfall ergibt sich für die Pflichtteilsberechtigten kein wirksamerer Schutz.[69]

Aus dem Gesagten folgt, dass die Interessen der Nachlassgläubiger und Pflichtteilsberechtigten, soweit sie gesetzlich anerkannt sind, durch lebzeitige Zuwendungen auf den Todesfall nicht berührt werden, gleichgültig, ob man diese an den schuldrechtlichen oder an den erbrechtlichen Vorschriften misst. Die Heranziehung erbrechtlicher Wertungen, um lebzeitige Zuwendungen den Vorschriften des Erbrechts zu unterwerfen, dient somit ausschließlich den Erben. Deren gesetzlich nicht geschütztes Interesse rechtfertigt aber nicht die entsprechende Anwendung des § 2301 I 1 auf sämtliche Arten des unentgeltlichen Rechtsgeschäfts unter Lebenden auf den Todesfall.[70]

---

69 Vgl. *Bartholomeyczik*, 5. Denkschrift, 1942, 195 f.
70 **HM;** vgl. BGHZ 8, 23; **aA** etwa *Medicus/Petersen*, Bürgerliches Recht, 23. Aufl. 2011, Rn. 394 ff.

II. Entgeltliche Rechtsgeschäfte

776 Das Gesagte gilt auch für die entgeltlichen Rechtsgeschäfte unter Lebenden auf den Todesfall, obwohl hier weder eine Schenkungsanfechtung noch eine Pflichtteilsergänzung in Betracht kommt. Die rechtlichen Unterschiede zwischen entgeltlichen und unentgeltlichen Zuwendungen sind jedoch zu groß, als dass eine entsprechende Anwendung des § 2301 gerechtfertigt wäre.[71] Denn die nach § 2301 I eingreifenden Vorschriften über die Verfügungen von Todes wegen gehen in aller Regel von der Unentgeltlichkeit der Zuwendungen aus;[72] zudem fließt das Entgelt dem Nachlass zu.

E. Zusammenfassung

777 Eine Schenkung auf den Todesfall liegt vor, wenn das Wirksamwerden durch den Tod des Zuwendenden befristet und durch das Überleben des Leistungsempfängers bedingt ist. Wird die Schenkung zu Lebzeiten des Schenkers vollzogen, ist nach § 2301 II das Schenkungsrecht des BGB anwendbar; wird sie zu Lebzeiten nicht vollzogen, untersteht sie nach § 2301 I dem Erbrecht.

Vollzug liegt vor, wenn der Zuwendende sein Vermögen sofort und unmittelbar mindert. Abzustellen ist auf ein gegenwärtiges Vermögensopfer des Zuwendenden; dabei genügt, dass dieser seiner Verfügungsmacht durch Einräumung eines Anwartschaftsrechts an den Empfänger eingeschränkt hat. Besonders schwierig ist der Vollzug zu beurteilen, wenn auf Seiten des Empfängers ein Mittler (Treuhänder, Stellvertreter, Bote) eingeschaltet ist. Hier muss wegen §§ 130, 168 die Möglichkeit des Vollzugs bejaht werden; allerdings haben die Erben die Möglichkeit, durch rechtzeitige Ausübung ihres Widerrufsrechts den Eintritt des Vollzugs zu verhindern. Hat jedoch der Mittler weisungsgemäß die Offerte erst nach dem Tod des Zuwendenden überbracht, ist die Erklärung unwirksam, da § 130 II nicht eingreift.

Ein Vertrag zu Gunsten Dritter auf den Todesfall liegt vor, wenn der Dritte das Recht erst mit dem Tod des Versprechensempfängers erwerben soll. Bei dem Vertrag zwischen dem Versprechenden und dem Versprechensempfänger (Deckungsverhältnis) handelt es sich um ein Rechtsgeschäft unter Lebenden. Streitig ist, ob im Verhältnis zwischen dem Versprechensempfänger und dem Dritten (Valutaverhältnis) Schenkungsrecht gem. §§ 516 ff. gilt oder § 2301 anzuwenden ist. Nach hM ist auch ein verfügungsrechtlicher Vertrag zu Gunsten Dritter zulässig; aufgrund eines solchen Vertrages kann der Dritte im Zeitpunkt des Todes des Versprechensempfängers Rechtsinhaber werden.

---

71 Vgl. auch Staudinger/*Kanzleiter (2006)* § 2301 Rn. 5.
72 *Harder*, Zuwendungen unter Lebenden auf den Todesfall, 1968, 47.

9. Abschnitt. Erbrecht und Gesellschaftsrecht

§ 44 Erbrecht und Gesellschaftsrecht

Literatur: *Blaurock*, Ausschluss nach dem Willen des Erblassers, FS Leipold, 2009, 967; *Bratke*, Gesellschaftsvertragliche Abfindungsklauseln und Pflichtteilsansprüche, ZEV 2000, 16; *Brox*, Zweckmäßige Gestaltung der Erbfolge im Unternehmen, JA 1980, 561; *Budzikiewicz*, Die letztwillige Verfügung als Mittel postmortaler Verhaltenssteuerung, AcP 209 (2009) 354; *Damrau*, Die Fortführung des von einem Minderjährigen ererbten Handelsgeschäfts, NJW 1985, 2236; *V. Emmerich*, Die Haftung des Gesellschaftserben nach § 139 HGB, ZHR 1986, 193; *Robert Fischer*, Fortführung eines Handelsgeschäfts durch eine Erbengemeinschaft, ZHR 1980, 1; *Flick*, Widerspruch zwischen Testament und Gesellschaftsvertrag, ZEV 1994, 34; *Heydn*, Die erbrechtliche Nachfolge in Anteile an Partnerschaftsgesellschaften, ZEV 1998, 161; *Hölscher*, Der gesellschaftsrechtliche Abfindungsausschluss in der erbrechtlichen Gestaltung: Wirksames Instrument zur Pflichtteilsreduzierung?, ZEV 2010, 609; *Hoppe*, Haftungsfalle für Erben von GmbH-Anteilen?, ZEV 2004, 226; *Hüffer*, Die Fortführung des Handelsgeschäfts in ungeteilter Erbengemeinschaft und das Problem des Minderjährigenschutzes, ZGR 1986, 603; *Ivo*, Erbteilsverfügung bei Sondererbfolge in Anteile von Personengesellschaften, ZEV 2004, 499; *Keller*, Die Problematik des § 2306 BGB bei der Sondererbfolge in Anteile an Personengesellschaften, ZEV 2001, 297; *Klein/Lindemeier*, Tod des Gesellschafters, 2. Kapitel § 11 in Münchener Handbuch des Gesellschaftsrechts, Band 1, 3. Aufl. 2009; *R. Kohl*, Ausschluß und Beschränkung von Abfindungsansprüchen nach dem Tod eines Personengesellschafters gegen Pflichtteilsrecht und Zugewinnausgleich, MDR 1995, 865; *Konzen*, Der vermeintliche Erbe der OHG, ZHR 1981, 29; *Marotzke*, »Höferechtliche Tendenzen« und dogmatische Lösungen bei der Beerbung des Mitglieds einer offenen Handelsgesellschaft, AcP 184 (1984) 541; *ders.*, Die insolvente GmbH im Erbgang, ErbR 2010, 115; *Martinek*, Der Kommanditanteil als Nachlaßsurrogat – ein neuer Konflikt zwischen Erb- und Gesellschaftsrecht? –, ZGR 1991, 74; *J. Mayr*, Rechtsnachfolge bei Freiberufler-Gesellschaften, ZEV 1996, 321; *Proppe*, Die Erbfolge in Beteiligungen an Personengesellschaften, JA 1999, 581; *Reimann*, Gesellschaftsvertragliche Abfindung und erbrechtlicher Ausgleich, ZEV 1994, 7; *ders.*, Die qualifizierte Nachfolgeklausel – Gestaltungsmittel und Störfaktor, ZEV 2002, 487; *Reuter*, Probleme der Unternehmensfolge, ZGR 1991, 467; *Röthel*, Gutachten A zum 68. DJT, S. A 40 ff.; *Rüthers*, Die privatautonome Gestaltung der Vererbung des Anteils an einer OHG durch eine beschränkte Nachfolgeklausel, AcP 168 (1968) 263; *Säcker*, Gesellschaftsvertragliche und erbrechtliche Nachfolge in Gesamthandsmitgliedschaften, 1970; *Schaub*, Die Rechtsnachfolge von Todes wegen im Handelsregister bei Einzelunternehmen und Personengesellschaften, ZEV 1994, 71; *K. Schmidt*, Handelsrecht, 5. Aufl. 1999; *ders.*, Gesellschaftsrecht, 4. Aufl. 2002, 1096 ff.; *Schörnig*, Die Bedeutung des § 139 HGB bei der Gesellschafternachfolge, ZEV 2001, 129; *Seeger*, Einführung in das Recht der Unternehmensnachfolge, Jura 2007, 889; *M. Siegmann*, Personengesellschaftsanteil und Erbrecht, 1992; *ders.*, Zur Fortbildung des Rechts der Anteilsvererbung, NJW 1995, 481; *P. Ulmer*, Probleme der Vererbung von Personengesellschaftsanteilen – BGH, NJW 1986, 2431, JuS 1986, 856; *Ulmer/Schäfer*, Die Zugriffsmöglichkeiten der Nachlaß- und Privatgläubiger auf den durch Sondervererbung übergegangenen Anteil an einer Personengesellschaft, ZHR 160, 413; *Weipert*, Die Erbengemeinschaft als Mitglied einer Personengesellschaft, ZEV 2002, 300.

778

Fälle:

a) E ist von seiner Frau F und seinem minderjährigen Sohn S beerbt worden. Diese führten das zum Nachlass gehörende Handelsgeschäft unter der bisherigen Firma fort; die ungeteilte Erbengemeinschaft wurde antragsgemäß als Inhaber ins Handelsregister eingetragen. F kaufte bei V im Namen der Firma »in ungeteilter Erbengemeinschaft« Waren. Später verlangt V von S persönlich Zahlung des Kaufpreises. (→ Rn. 778)

b) Der Gesellschaftsvertrag einer OHG enthält die Bestimmung: »Nach dem Tode eines Gesellschafters soll dessen ältester Sohn das Recht haben, an Stelle seines Vaters in die Gesellschaft einzutreten. Die überlebenden Gesellschafter sind verpflichtet, mit ihm einen Aufnahmevertrag abzuschließen.« Nachdem der Gesellschafter G verstorben ist, streiten sich seine gesetzlichen Erben, nämlich die Ehefrau F, Sohn S und Tochter T, wer Gesellschafter geworden ist. (→ **Rn. 782**, → **Rn. 784**)

c) Im Gesellschaftsvertrag einer OHG ist bestimmt: »Beim Tode eines Gesellschafters wird die OHG mit dessen Erben fortgesetzt. Erben, die der Gesellschafter von der Nachfolge in die Gesellschaft ausgeschlossen hat, stehen keine Abfindungsansprüche gegen die Gesellschaft zu.« A hinterlässt folgendes Testament: »Meine Frau F und meine Kinder X und Y sollen sich mein Vermögen nach den Vorschriften über die gesetzliche Erbfolge teilen. Meine Nachfolger in der OHG sollen X und Y werden.« Der Wert des Nachlasses (ohne den Gesellschaftsanteil) beträgt 40.000 EUR, der Wert des Gesellschaftsanteils 60.000 EUR. Bei der Erbauseinandersetzung beansprucht F den Nachlass ohne Gesellschaftsanteil und verlangt ferner von X und Y die Zahlung von je 5.000 EUR. (→ **Rn. 781**, → **Rn. 791**, → **Rn. 794**)

A. Fortführung eines Einzelhandelsgeschäfts

Aus den §§ 22 I, 27 I HGB ergibt sich, dass das Handelsgeschäft eines Einzelkaufmanns vererblich ist und von dem (oder den) Erben fortgeführt werden kann. Diese Bestimmungen behandeln aber nur firmen- und haftungsrechtliche Fragen bei der Fortsetzung eines zum Nachlass gehörenden Handelsgeschäfts; dagegen fehlt eine Regelung darüber, in welcher Rechtsform das Geschäft bei einer Mehrheit von Erben weiterzuführen ist. Zweifelhaft ist, ob auch eine ungeteilte Erbengemeinschaft das Handelsgeschäft weiterbetreiben kann. Bedenken bestehen vor allem deshalb, weil die Erbengemeinschaft nicht über handlungsfähige Organe verfügt und keine rechtliche Selbständigkeit hat, wie sie § 124 HGB für die OHG vorsieht. Deshalb wird die Ansicht vertreten, in der Fortführung eines Unternehmens nach Ablauf der Dreimonatsfrist des § 27 II HGB liege ein gesellschaftlicher Zusammenschluss der Miterben in Form einer OHG.[1] Demgegenüber hält die ganz hM die Fortführung des Handelsgeschäfts durch eine Erbengemeinschaft für zulässig.[2] Dafür werden Gründe der Praktikabilität angeführt; die fehlende organschaftliche Ausstattung der ungeteilten Erbengemeinschaft steht dem nicht entgegen. Haben demnach die Miterben die Wahlmöglichkeit, ob sie das Geschäft in Form einer Handelsgesellschaft oder als ungeteilte Erbengemeinschaft weiterbetreiben, dann kann nicht in jeder Geschäftsfortführung der (konkludente) Abschluss eines Gesellschaftsvertrages gesehen werden.

Im **Fall a** fehlen Anhaltspunkte für den Abschluss eines Gesellschaftsvertrages. Vielmehr spricht die Eintragung der Erbengemeinschaft in das Handelsregister dafür, dass ein Wille zur Geschäftsfortführung als OHG nicht bestand. Deshalb kann S nicht gem. § 128 S. 1 HGB für eine Gesellschaftsschuld in Anspruch genommen werden.

S ist aber auch nicht gem. § 2058 als Gesamtschuldner zur Zahlung verpflichtet. Zwar stand der F nach dem Tode des E die elterliche Sorge über ihren minderjährigen Sohn (§ 1680 I) und damit die gesetzliche Vertretungsmacht gem. § 1629 I 3 allein zu. Deshalb konnte sie zur Verwaltung des Nachlasses (vgl. § 2038 I 1) zugleich im eigenen und im Namen des S rechtsgeschäftlich ver-

---

1 *Fischer* ZHR 1980, 1 ff. mwN.

2 BGHZ 92, 259 (264); vgl. auch Baumbach/Hopt/*Hopt*, HGB, 35. Aufl. 2012, § 22 Rn. 2; *K. Schmidt* NJW 1985, 2785 (2787 ff.) und *ders.*, Handelsrecht, 5. Aufl. 1999, § 5 I 3b.

bindliche Erklärungen abgeben. Da F aber bei Abschluss des Kaufvertrages für die Firma in ungeteilter Erbengemeinschaft gehandelt hat, war für V erkennbar, dass sie Geschäfte nur für den Nachlass vornehmen wollte. Deshalb ist eine Beschränkung der Haftung auf den Nachlass als vereinbart anzunehmen.[3] S ist also nur mit dem Sondervermögen verpflichtet worden und kann nicht mit seinem Privatvermögen in Anspruch genommen werden.

B. Nachfolge in den Anteil an einer Personengesellschaft

I. Gesetzliche Regelung

1. Für Personengesellschaften sind die persönlichen Beziehungen der Gesellschafter zueinander meist von wesentlicher Bedeutung. Deshalb wird durch den Tod des persönlich haftenden Gesellschafters nach § 727 I die *BGB-Gesellschaft* aufgelöst, »sofern nicht aus dem Gesellschaftsvertrag sich ein anderes ergibt«. Daraus folgt, dass der Gesellschaftsanteil grundsätzlich nicht vererblich ist. Gesetzlicher Regelfall ist bei der *BGB-Gesellschaft* vielmehr die Auflösung. Bei ihr verwandelt sich die werbende Gesellschaft in eine Liquidationsgesellschaft zum Zweck der Verteilung des vorhandenen Vermögens nach Bezahlung der Schulden. Die Erben des verstorbenen Gesellschafters werden gem. den §§ 1922, 2032 ff. in ihrer gesamthänderischen Verbundenheit als Miterbengemeinschaft Mitglied dieser Abwicklungsgesellschaft. Sie treten in die Rechtsbeziehungen des Erblassers zur Gesellschaft ein und sind berechtigt, im Rahmen des Abwicklungszwecks die Verwaltungsrechte des Erblassers auszuüben.

779

2. War der Verstorbene *persönlich haftender Gesellschafter einer Personenhandelsgesellschaft (oHG, KG)*, so gilt seit dem Handelsrechtsreformgesetz v. 22.6.1998[4] folgende Regelung: Gesetzlicher Regelfall (vgl. §§ 131 III Nr. 1, 161 II HGB) ist, dass im Falle des Todes eines Gesellschafters dieser ausscheidet und die Handelsgesellschaft ohne den verstorbenen Gesellschafter fortgesetzt wird. Auch hier ist also der Gesellschaftsanteil grundsätzlich nicht vererblich. Durch die Fortsetzungsregelung kann eine wirtschaftliche Einheit vor der uU sinnlosen Zerschlagung bewahrt werden. Nur im Ausnahmefall, nämlich durch eine abweichende vertragliche Bestimmung, ist es möglich, die Auflösung der Gesellschaft beim Tod eines Gesellschafters vorzusehen (vgl. § 131 III HGB).

3. Aus diesen gesetzlichen Regelungen können sich sowohl für die überlebenden Gesellschafter als auch für die Erben des verstorbenen Gesellschafters unerwünschte wirtschaftliche Folgen ergeben. Deshalb besteht oft ein Bedürfnis nach *abweichenden gesellschaftsvertraglichen Vereinbarungen*, durch die erreicht wird, dass die BGB-Gesellschaft oder die Personenhandelsgesellschaft mit allen, mit einzelnen oder mit einem von mehreren Erben fortgesetzt wird. Schwierigkeiten bereiten dabei die Konstruktion der Nachfolge und die Frage der wertmäßigen Einbeziehung des Gesellschaftsanteils in den Nachlass (dazu → Rn. 782 ff.). Praktisch und rechtlich bedeutsam sind drei Vertragsgestaltungen, nämlich die Fortsetzungsklausel (nur bei der BGB-Gesellschaft), die Eintrittsklausel und die Nachfolgeklausel.

---

3 Vgl. BVerfG NJW 1986, 1859; BGH BB 1968, 769 (770); Rn. 504.
4 BGBl. I 1474.

II. Fortsetzungsklausel

780 Bestimmt das Gesetz (bei OHG und KG) oder der Gesellschaftsvertrag (bei der BGB-Gesellschaft), dass die Gesellschaft beim Tod eines Gesellschafters unter den Überlebenden fortgesetzt wird *(Fortsetzungsklausel),* so wächst dessen Anteil den übrigen Gesellschaftern an (§ 738 I 1; § 105 III HGB).

781 1. Enthält der Gesellschaftsvertrag bei einer Fortsetzungsklausel *keine Regelung über die Abfindungsansprüche,* so steht den Erben nach § 738 I 2 ein schuldrechtlicher Anspruch auf Abfindung in Höhe des Kapitalwerts der Mitgliedschaft gegen die Gesellschaft zu.[5]

2. Da die Vorschriften über die Abfindung (§§ 738 I 2, 3, II, 740) abdingbar sind, kann der Anspruch durch eine Vereinbarung im Gesellschaftsvertrag gekürzt oder pauschaliert werden. Auch ein völliger *Ausschluss des Abfindungsanspruchs* der Erben ist zulässig **(Fall c)**. Bedenken, dass eine solche Regelung wegen Verkürzung des Pflichtteilsanspruchs nach § 138 sittenwidrig sein könnte, bestehen hiergegen nicht.[6] Problematisch ist die Wirksamkeit des Ausschlusses jedoch im Hinblick auf § 2301.

a) Gilt der Ausschluss des Abfindungsanspruchs für den Fall des Todes eines *jeden* Gesellschafters, so findet § 2301 I 1 keine Anwendung. Die Zuwendung des Gesellschaftsanteils beruht nicht auf einer Schenkung, sondern auf einer entgeltlichen, gegenseitigen Verpflichtung der Gesellschafter; denn der Chance jedes Gesellschafters, seinen Anteil zu vergrößern, steht das Risiko des Anteilsverlustes im Todesfall gegenüber.[7]

b) Ist der Abfindungsanspruch nur für den Fall des Todes *einzelner* Gesellschafter ausgeschlossen, so liegt eine Schenkung nach § 2301 zu Gunsten jener Gesellschafter vor, bei denen die Abfindungsansprüche der Erben gegen die Gesellschaft nicht ausgeschlossen sind.

Ob die Schenkung noch zu Lebzeiten des Erblassers vollzogen ist (§ 2301 II), hängt davon ab, ob zugleich mit dem schuldrechtlichen Schenkungsversprechen auch ein dinglicher Erlassvertrag zustande gekommen ist (→ Rn. 746 aE).

Liegt eine vollzogene Schenkung vor, so können Pflichtteilsergänzungs- (§§ 2325 ff.) und Zugewinnausgleichsansprüche (§ 1390) sowie ein Recht auf Schenkungsanfechtung (§ 134 InsO, § 4 AnfG) bestehen.

III. Eintrittsklausel

782 Für den Fall, dass die Gesellschaft bei Ausscheiden eines Gesellschafters durch Tod mit einem oder mehreren Nachfolgern fortgesetzt werden soll, bieten sich zwei Möglichkeiten an: Bei der *Eintrittsklausel* wird dem Nachfolger ein Recht auf Eintritt eingeräumt; bei der *Nachfolgeklausel* (→ Rn. 786) wird der Gesellschaftsanteil des Erblassers als solcher dem Nachfolger zugewendet.

---

5 MüKoBGB/*Leipold* § 1922 Rn. 67.
6 Vgl. BGH WM 1971, 1338; *Lange/Kuchinke* ErbR § 5 VI 3a.
7 RGZ 22, 186 (194); MHdB GesR I/*Klein* § 79 Rn. 6; Staudinger/*Kanzleiter* (2006) § 2301 Rn. 51.

1. Begriff und Wirkung der Eintrittsklausel

Als Eintrittsklausel bezeichnet man eine Vereinbarung unter den Gesellschaftern, wonach beim Tod eines Gesellschafters der Erbe oder eine andere Person berechtigt sein soll, in die Gesellschaft einzutreten (**Fall b**). Es handelt sich also nicht um einen Erwerb kraft Erbrechts. Die Mitgliedschaft des Nachfolgers soll vielmehr durch Rechtsgeschäft unter Lebenden neu begründet werden. Praktisch bedeutsam ist hierbei vor allem, dass mit der Eintrittsklausel die Möglichkeit besteht, einem Dritten, der nicht Erbe wird, ein Eintrittsrecht einzuräumen.[8]

Bei dem Erwerbsvorgang ist ein schuldrechtlicher und ein vollziehender Teil zu unterscheiden:

a) Durch die Eintrittsklausel verpflichten sich die Gesellschafter, mit dem Dritten einen Aufnahmevertrag zu schließen *(schuldrechtlicher Teil)*.

> Erforderlich ist nicht, dass der Dritte im Gesellschaftsvertrag bereits bestimmt ist; die genaue Bezeichnung kann sich der Altgesellschafter für einen späteren Zeitpunkt vorbehalten. Im **Fall b** hätte G also die Bestimmung, welcher seiner Erben in die Gesellschaft eintreten soll, nicht im Gesellschaftsvertrag treffen müssen.

Die Eintrittsklausel stellt einen Vertrag *zu Gunsten Dritter auf den Todesfall* (§§ 328 ff., 331) dar, wobei der Dritte regelmäßig ein eigenes Forderungsrecht auf Abschluss des Aufnahmevertrages erwirbt (Eintrittsrecht; **Fall b**); eine Pflicht zum Eintritt besteht jedoch nicht.[9]

b) Während der Dritte das Eintrittsrecht ohne seinen Willen erwirbt, ist zum Vollzug seine Mitwirkung erforderlich *(vollziehender Teil)*. Der Vollzug liegt in dem *Abschluss eines neuen Gesellschafts- oder Beitrittsvertrages,* den die verbleibenden Gesellschafter in Erfüllung ihrer Verpflichtung aus dem Gesellschaftsvertrag mit dem Eintretenden abschließen.[10] Mit der Aufnahme in die Gesellschaft wächst dem Eintretenden ein Gesellschaftsanteil zu.

> Im **Fall b** ist S erst nach Abschluss eines Gesellschaftsvertrages mit den verbleibenden Gesellschaftern Mitglied der Gesellschaft.

Die Einzelheiten der Rechtsstellung des Nachfolgers ergeben sich aus den Vereinbarungen der Gesellschafter im bisherigen Gesellschaftsvertrag (→ Rn. 785). Es kann zB vereinbart sein, dass der Eintritt zum vollen Wert des Kapitalanteils des Erblassers oder nur in der Höhe der Miterbenquote des Eintretenden oder ohne jede kapitalmäßige Beteiligung erfolgen soll.

§ 139 HGB gilt im Fall der Eintrittsklausel nicht.[11] Diese Bestimmung setzt voraus, dass ein Erbe lediglich aufgrund seiner Erbenstellung und der gesellschaftsvertraglichen Vereinbarung Gesellschafter werden soll. Bei der Eintrittsklausel hängt die Aufnahme in die Gesellschaft jedoch von einer Erklärung des Dritten und – meist – vom Abschluss eines Aufnahmevertrages ab; zudem ist die Erbenstellung nicht erforderlich.

---

8 Vgl. BGHZ 68, 225 (233).
9 BGHZ 68, 225 (233).
10 MüKoHGB/*K. Schmidt* § 139 Rn. 29.
11 Baumbach/Hopt/*Hopt*, HGB, 35. Aufl. 2012, § 139 Rn. 6; MHdB GesR I/*Klein* § 79 Rn. 77; MüKoHGB/*K. Schmidt* § 139 Rn. 62; zweifelnd *Hueck*, OHG, 4. Aufl. 1971, § 28 II 1a.

c) Im Einzelfall kann in der Eintrittsklausel selbst bereits ein bindendes Vertragsangebot an den Nachfolger auf Aufnahme in die Gesellschaft gesehen werden (Optionsrecht).[12] In diesem Fall kommt mit der Annahme des Angebotes durch den zum Eintritt Berechtigten der neue Gesellschaftsvertrag zustande.

> Ob eine solche Gestaltung gewollt wurde, ist eine Frage der Auslegung. Für ein Optionsrecht kann sprechen, dass nach den Umständen den verbleibenden Gesellschaftern kein Spielraum für zusätzliche Vereinbarungen mit dem Eintretenden verbleiben soll. Im **Fall b** bestehen keine entsprechenden Anhaltspunkte.

Ob der Erwerb des Eintrittsrechts oder des Opitionsrechtes mit Rechtsgrund erfolgt, hängt davon ab, ob man im Valutaverhältnis eine vollzogene Schenkung annimmt (→ Rn. 763 ff.).

2. Rechtslage im Übergangsstadium

783 Streitig ist der Rechtsstatus der Gesellschaft in dem Schwebezustand[13] bis zur Entscheidung des Bedachten über seinen Eintritt in die Gesellschaft. Nach hL wird die Gesellschaft bis zur Ausübung bzw. bis zum Verfall des Rechts unter den übrigen Gesellschaftern vorläufig fortgeführt;[14] nach anderer Ansicht[15] soll die Gesellschaft zunächst als Liquidationsgesellschaft fortbestehen und sich mit der Ausübung des Optionsrechts wieder in eine werbende Gesellschaft verwandeln.

Statt einer solchen Einheitslösung empfiehlt sich folgende Differenzierung: Soll nach dem Gesellschaftsvertrag die Gesellschaft im Falle des Nichteintritts des Dritten aufgelöst werden, so ist die Beschränkung der Gesellschaftstätigkeit auf den Liquidationszweck bereits in der Übergangszeit gerechtfertigt. Der Erbe bzw. die Miterbengemeinschaft wird mit dem Tod des Erblassers (allerdings auflösend bedingt durch den Eintritt des Bedachten) Mitglied dieser Abwicklungsgesellschaft; der aus § 738 I 2 begründete Abschichtungsanspruch in Höhe des Kapitalwerts der Mitgliedschaft fällt vorbehaltlich einer abweichenden gesellschaftsvertraglichen Bestimmung endgültig in den Nachlass, wenn das Eintrittsrecht des Bedachten erloschen ist.

Der verschiedentlich vertretenen Meinung, auch im Falle des Nichteintritts des Bedachten werde dieser (nicht die Erben) Mitglied der Abwicklungsgesellschaft, kann nicht gefolgt werden. Die Ausschaltung der Erben von der Nachfolge in die Gesellschaft erfolgt regelmäßig im Interesse der Gesellschaft an einem geeigneten Nachfolger. Dieses Interesse besteht bei Auflösung der Gesellschaft nicht. Die Zuwendung des Kapitalwertes der Mitgliedschaft an einen Dritten kann aus der Eintrittsklausel allein nicht gefolgert werden.

Soll die Gesellschaft dagegen auch im Fall des Nichteintritts des Bedachten fortgeführt werden, bleibt sie werbende Gesellschaft; insoweit kann hier nichts anderes gelten als bei der Vereinbarung einer Fortsetzung der Gesellschaft unter den überlebenden Gesellschaftern. Allerdings sollten sich die Gesellschafter bis zur Entscheidung des Eintrittsberechtigten aller Maßnahmen enthalten, welche dessen Rechtsstellung beeinträchtigen könnten.[16]

---

12 Vgl. *Rüthers* AcP 168 (1968), 263 (268) mwN; MHdB GesR I GesR I/*Klein,* § 79 Rn. 81; MüKoHGB/*K. Schmidt* § 139 Rn. 27.
13 RGZ 170, 98 (108).
14 *Hueck,* OHG, 4. Aufl. 1971, § 28 II 1a, Fn. 8; Schlegelberger/*Geßler* § 139 Rn. 6.
15 *Liebisch* ZHR 116, 128 (129).
16 MHdB GesR I/*Klein* § 79 Rn. 94.

3. Rechtslage nach Aufnahme des Begünstigten in die Gesellschaft

Wenn der Begünstigte sein Optionsrecht ausübt bzw. der Aufnahmevertrag mit ihm **784** zustande kommt, wird er Mitglied der Gesellschaft (**Fall b**).

a) Zweck der Eintrittsklausel ist jedoch regelmäßig, dass der Eintretende auch den Kapitalanteil des verstorbenen Gesellschafters ganz oder teilweise erhält.[17] Es muss daher ein Weg gefunden werden, ihm den Kapitalanteil des Verstorbenen zu verschaffen.

aa) Ist der Eintretende Alleinerbe, dann steht ihm auch der Abfindungsanspruch (§ 738 I 2) zu. Er kann von den übrigen Gesellschaftern verlangen, dass dieser Anspruch in einen Kapitalanteil umgewandelt wird. Der Abfindungsanspruch kann dem Eintrittsberechtigten auch durch Vermächtnis zugewandt werden.[18]

bb) Eine Umwandlung des Abfindungsanspruchs scheidet aus, wenn dem eintretenden Miterben der Abfindungsanspruch nicht aufgrund einer Verfügung von Todes wegen zugewiesen wurde oder der Eintretende überhaupt nicht Erbe ist. In diesem Fall bestehen verschiedene Möglichkeiten, dem Eintretenden den Kapitalanteil zu verschaffen.[19]

Steht der Begünstigte bereits fest, so bietet sich eine bedingte Abtretung des Abfindungsanspruchs an. Die zugrunde liegende Schenkung ist mit der bedingten Abtretung vollzogen (→ Rn. 744).

Ein anderer Weg ist die Zuwendung des Abfindungsanspruchs an den Eintrittsberechtigten durch verfügungsrechtlichen Vertrag zu Gunsten Dritter, wobei die Person des Eintrittsberechtigten im Zeitpunkt des Vertragschlusses noch nicht feststehen braucht (str.; → Rn. 771 f.). Als Rechtsgrund kommt im Valutaverhältnis ein Schenkungsvertrag zwischen Erblasser und Eintrittsberechtigtem in Betracht. Ist das Angebot zum Schenkungsvertrag aber nicht vor dem Tode des Erblassers übermittelt, so kommt nach der hier vertretenen Auffassung zu § 130 II (→ Rn. 751) der Schenkungsvertrag nicht zustande. Folgt man dieser Auffassung nicht, so liegt eine vollzogene Schenkung vor.

Schließlich besteht noch die Möglichkeit, dass der ausscheidende Gesellschafter Abfindungsansprüche der Erben ausschließt (→ Rn. 781) und durch Vertrag zu Gunsten Dritter die verbleibenden Gesellschafter zur Übertragung des Kapitalanteils an den Eintretenden verpflichtet. In diesem Fall wird dem Eintrittsberechtigten also neben dem Recht auf Eintritt auch ein Anspruch auf Übertragung des Kapitalanteils zugewiesen. Ob diese Zuwendung im Valutaverhältnis mit Rechtsgrund erfolgt, hängt – wie beim Eintrittsrecht selbst (→ Rn. 782) – davon ab, ob eine vollzogene Schenkung vorliegt (→ Rn. 763 ff.).

Zur Frage der Ausgleichspflicht des in die Gesellschaft eintretenden Miterben sowie zu den Pflichtteilsergänzungsansprüchen vgl. → Rn. 794, → **Rn. 791**.

b) Der Inhalt der Rechtsstellung, die der in die Gesellschaft eintretende Erbe erlangt, **785** richtet sich im Innen- wie im Außenverhältnis nach Gesellschaftsrecht. Durch Aus-

---

17 Vgl. MHdB GesR I/*Klein* § 79 Rn. 82.
18 BGH NJW 1978, 264 (265); MHdB GesR I/*Klein* § 79 Rn. 82.
19 Vgl. BGH NJW 1978, 264 ff.

legung des Gesellschaftsvertrages ist zu ermitteln, ob und in welchem Umfang der Gesellschafter-Erbe zur Geschäftsführung und Vertretung der Gesellschaft berechtigt ist. Grundsätzlich werden dem Nachfolger die gleichen gesellschaftsrechtlichen Verwaltungsrechte zustehen wie dem Erblasser, sofern dessen Rechte zur Geschäftsführung und Vertretung nicht auf einem besonderen personengebundenen Vertrauensverhältnis der übrigen Gesellschafter zu diesem beruhten.[20] Ein solches wird in aller Regel zu verneinen sein, wenn die Regelung der Vertretung und Geschäftsführungsbefugnis im Gesellschaftsvertrag nicht von den gesetzlichen Bestimmungen (§§ 114 ff., 125 HGB; §§ 709, 714) abweicht.[21]

IV. Nachfolgeklausel

1. Begriff und Wirkung

786 Als Nachfolgeklausel bezeichnet man eine gesellschaftsvertragliche Vereinbarung, nach der beim Tode eines Gesellschafters dessen Erben, einer der Miterben oder ein Dritter ohne weiteres als Rechtsnachfolger in die Gesellschafterstellung einrücken soll. Im Gegensatz zur Eintrittsklausel wird also dem Nachfolger nicht nur ein Anspruch bzw. ein Optionsrecht auf Eintritt zugewandt, sondern der Gesellschaftsanteil selbst.

Die rechtliche Konstruktion der Nachfolgeklausel und die damit verbundenen Konsequenzen sind umstritten. Hält man eine solche Rechtsnachfolge im Todesfall allein aufgrund gesellschaftsvertraglicher Vereinbarung für möglich, so kann jemand auch ohne Erbeinsetzung begünstigt werden (→ Rn. 787). Verlangt man dagegen das Zusammenwirken von Gesellschaftsvertrag und Verfügung von Todes wegen, so können nur Erben als Begünstigte in Betracht kommen (→ Rn. 788 ff.).

a) Gesellschaftsrechtliche Lösung

787 Während die Deutung der Eintrittsklausel als eines Vertrages zu Gunsten Dritter auf den Todesfall allgemein anerkannt ist, wird die Nachfolgeklausel ganz überwiegend nicht als ein solcher Vertrag angesehen. Begründet wird dies damit, dass Verfügungen zu Gunsten Dritter unzulässig seien und die Zuwendung einer Gesamthandsmitgliedschaft für den Bedachten nicht nur Rechte, sondern auch Pflichten, insbesondere die Übernahme der persönlichen Haftung für die Gesellschaftsschulden, mit sich bringe. Daher liege nicht nur ein Vertrag zu Gunsten, sondern gleichzeitig auch ein unzulässiger Vertrag zu Lasten Dritter vor.[22]

Wie oben (→ Rn. 770 ff.) dargelegt, sind zwar nach hier vertretener Ansicht Verfügungen zu Gunsten Dritter wirksam. Zutreffend ist allerdings der Einwand, dass Verträge zu Lasten Dritter dem geltenden Rechtssystem fremd sind. Gegen die Anerkennung eines solches Vertrages spricht, dass grundsätzlich ein am Vertragschluss unbeteiligter Dritter gegen seinen Willen nicht mit einer Rechtspflicht belastet werden darf, von der er sich nur durch Entfaltung eigener Aktivität, nämlich durch Ausübung des Zurückweisungsrechts analog § 333, befreien kann. Bei der Zuwendung von Rechten kann im Regelfall von dem Einverständnis des Bedachten aus-

---

20 BGH LM Nr. 2 zu § 139 HGB; MHdB GesR I/*Klein* § 79 Rn. 94.
21 Einzelheiten: *Hueck*, OHG, 4. Aufl. 1971, § 28 II 1b.
22 So zB BGHZ 68, 225 (231); 78, 369 (374 f.); MüKoBGB/*Ulmer/Schäfer* § 727 Rn. 50; *Rüthers* AcP 168 (1968), 263 (273 f.); *Schlüter* ErbR Rn. 1274.

gegangen werden; für die Zuwendung von Pflichten gilt dies nicht. Hier wäre es unerträglich, den Dritten zunächst für verpflichtet zu erklären, bis er gem. § 333 die Belastung zurückgewiesen hat.

b) Erbrechtliche Lösung

Ist somit die o. a. (allein) gesellschaftsrechtliche Lösung abzulehnen, so kann die **788** Nachfolge in den Gesellschafteranteil nur über das Erbrecht erfolgen. Aber auch hier ist eine gesellschaftsvertragliche Nachfolgeklausel Voraussetzung; sie macht den eigentlich unvererblichen Anteil vererblich.[23] Diese erbrechtliche Lösung entspricht heute der ganz hM in der Literatur und in der Rechtsprechung.[24] Folgende Fälle sind zu unterscheiden:

aa) Bestimmt der Gesellschaftsvertrag, dass der *Alleinerbe* des verstorbenen Gesell- **789** schafters Nachfolger werden soll *(einfache Nachfolgeklausel),* so wird er mit dem Erbfall sofort Gesellschafter. Seine Rechtsstellung entspricht regelmäßig der des Erblassers (→ Rn. 785).

Gegen die Vererblichkeit der gesamten Gesellschafterstellung gem. § 1922 bestehen hier keine durchgreifenden Bedenken. Das Gesetz geht zwar von der Regel der Nichtvererblichkeit der Mitgliedschaft aus. Dies geschieht zum Schutz der Gesellschafter, denen kein neuer Gesellschafter aufgedrängt werden soll. Wo jedoch, wie bei der Nachfolgeklausel, die Gesellschafter selbst die Neuaufnahme wollen, muss Vererblichkeit angenommen werden (hM). Die Tatsache, dass die Gesellschafterstellung auch Nichtvermögensrechte umfasst, ist demgegenüber ohne Bedeutung.

bb) Sollen *sämtliche Miterben* nach der (einfachen) Nachfolgeklausel Gesellschafter **790** werden, müsste nach allgemeinen Erbrechtsprinzipien die Miterbengemeinschaft in gesamthänderischer Verbundenheit die Mitgliedschaft erwerben. Nach ganz herrschender Ansicht kann jedoch die Miterbengemeinschaft nicht Gesellschafterin sein.[25] Im Falle der Nachfolgeklausel erhält danach jeder Erbe die Gesellschafterposition, und zwar mit einem Kapitalanteil, der seiner Erbquote entspricht.[26]

Die Erbengemeinschaft kann deshalb nicht Mitglied der Gesellschaft werden, weil sie weder im Rechtsverkehr als geschlossene Einheit auftreten noch eine unbeschränkte Haftung für ihre Mitglieder übernehmen kann.[27] Zudem geht § 139 HGB von der unabhängigen Entscheidungsmöglichkeit jedes einzelnen Miterben und damit von einem Verzicht auf das Gesamthandprinzip bei der Nachfolge eines Miterben in die OHG aus. Die früher gegen diese Lösung vorgebrachten Argumente[28] haben sich nicht durchgesetzt. Vielmehr hat die von der Rechtsprechung entwickelte Lösung, bei einer Nachfolgeklausel zu Gunsten mehrerer Erben finde eine Einzelnachfolge statt, längst gewohnheitsrechtliche Geltung.[29]

cc) Sind im Gesellschaftsvertrag *nicht alle, sondern nur einer oder einzelne der Mit-* **791** *erben* zur Nachfolge berufen **(Fall c)**, spricht man von einer qualifizierten Nachfolgeklausel.

---

23 BGHZ 68, 225 (229); Baumbach/Hopt/*Hopt* § 139 Rn. 10; MüKoBGB/*Leipold* § 1922 Rn. 69; *Schlüter* ErbR Rn. 1274.
24 BGHZ 22, 186 (191 f.); 68, 225 (229); 98, 48 (50); 108, 187 (194 f.); 119, 346 (354); Baumbach/Hopt/ *Hopt* § 139 Rn. 10; *K. Schmidt* Gesellschaftsrecht, § 45 V 4b mN.
25 StRspr., zB BGHZ 22, 186 (192); BGH NJW 1983, 2376.
26 BGHZ 22, 196 (198); NJW 1983, 2376; Erman/*Westermann* § 727 Rn. 8; MüKoBGB/*Ulmer/ Schäfer* § 727 Rn. 33.
27 ZB BGHZ 22, 186 (192); 108, 187 (194); Baumbach/Hopt/*Hopt* § 139 Rn. 14; MüKoBGB/*Leipold* § 1922 Rn. 74; MüKoHGB/*K. Schmidt* § 139 Rn. 13.
28 Zur Kritik der **hM** vgl. insbesondere *Börner* AcP 166 (1966) 426 ff.; 21. Aufl. Rn. 790.
29 *Rüthers* AcP 168 (1968) 263 (276).

Nach heute ganz hM in der Literatur[30] und nach Ansicht des BGH[31] erwerben die Nachfolger-Erben den Anteil des Erblassers nicht nur in Höhe ihrer Erbquote, sondern unmittelbar im Ganzen (im **Fall c** also einen Kapitalanteil von je 30.000 EUR). Die Erbquoten haben nämlich nicht den Sinn, dass die Erben keinen über ihre Erbquote hinausgehenden Teil des Gesellschaftsanteils erwerben können; sie dienen vielmehr als Grundlage für die Berechnung der Ansprüche auf Wertausgleich unter den Miterben. Der Gesellschaftsanteil ist aber trotz dieser Sonderrechtsnachfolge als Bestandteil des Nachlasses anzusehen.[32] Er steht damit dem Zugriff der Nachlassgläubiger offen. Außerdem ist er wertmäßig bei der Berechnung des Pflichtteils (§ 2311) zu berücksichtigen und für den Ausgleich der Erben untereinander von Bedeutung.

792 **dd)** Bezeichnet die Klausel als Nachfolger *andere Personen als die Erben* des verstorbenen Erblassers, so kommt eine erbrechtliche Nachfolge nicht in Betracht. Die Nachfolgeklausel geht dann ins Leere. Hier bleibt nur die Umdeutung in eine Eintrittsklausel.[33]

2. Rechte des Erben nach § 139 HGB

793 Der Erbe, der Gesellschafter einer OHG wird, kann nach § 139 I HGB sein Verbleiben in der Gesellschaft davon abhängig machen, dass ihm die Stellung eines Kommanditisten eingeräumt wird. Das Gesetz will dem Erben damit die Möglichkeit geben, sein Haftungsrisiko als Gesellschafter zu begrenzen, ohne die gesamte Erbschaft ausschlagen zu müssen.

Erforderlich für die Einräumung der Kommanditistenstellung ist ein Antrag des Erben innerhalb der Frist des § 139 III HGB an die Gesellschafter sowie die Annahme (§ 139 II HGB). Lehnen die Altgesellschafter den Antrag ab, kann der Erbe zwischen seinem Verbleiben in der Gesellschaft als persönlich haftender Gesellschafter und dem Ausscheiden wählen (§ 139 II HGB). Selbst wenn der Alleinerbe oder sämtliche zur Nachfolge berufenen Miterben sich für das Ausscheiden entschließen, wird die Gesellschaft nach hM unter den übrigen Gesellschaftern fortgesetzt, sofern sich aus dem Gesellschaftsvertrag nichts anderes ergibt.[34]
Die im Zusammenhang mit § 139 HGB auftauchenden Fragen, wie etwa die nach der Berechnung der Kommanditeinlage, gehören im Wesentlichen zum Gesellschaftsrecht.[35]

3. Rechtsstellung der vom Eintritt in die Gesellschaft ausgeschlossenen Miterben

794 Der in die Gesellschaft eintretende Miterbe muss sich bei der Erbauseinandersetzung den Wert der ihm zugewandten Mitgliedschaft anrechnen lassen, wenn der Erblasser bei der Zuwendung die Ausgleichung angeordnet hat.[36]

---

30 Baumbach/Hopt/*Hopt* § 139 Rn. 17; MüKoBGB/*Leipold* § 1922 Rn. 75; MüKoBGB/*Ulmer/Schäfer* § 727 Rn. 44; MüKoHGB/*K. Schmidt* § 139 Rn. 18; *K. Schmidt*, Gesellschaftsrecht, 4. Aufl. 2002, § 45 V 5b; Soergel/*Stein* § 1922 Rn. 66.
31 BGHZ 68, 225 (237 f.) (unter Aufgabe der noch in BGHZ 22, 186 (195) vertretenen gegenteiligen Ansicht); BGH NJW 1983, 2376; BGHZ 108, 187 (192).
32 BGH 98, 48 (50 ff.); MüKoBGB/*Ulmer/Schäfer* § 727 Rn. 40; *Schlüter* ErbR Rn. 1276; Staudinger/*Marotzke* (2008) § 1922 Rn. 102.
33 BGHZ 68, 225 (233); BGH NJW 1978, 264 f.; MHdB GesR I/*Klein* § 79 Rn. 112; MüKoBGB/*Ulmer/Schäfer* § 727 Rn. 42, 62; MüKoHGB/*K. Schmidt* § 139 Rn. 17, 21.
34 Vgl. Baumbach/Hopt/*Hopt* § 139 Rn. 43; *Hueck*, OHG, 4. Aufl. 1971, § 28 IV 2 mwN.
35 Siehe daher zB Baumbach/Hopt/*Hopt* § 139 Rn. 41; *Hueck*, OHG, 4. Aufl. 1971, § 28 III; MüKoHGB/*K. Schmidt* § 139 Rn. 71 ff.
36 HL; Baumbach/Hopt/*Hopt* § 139 Rn. 18; MüKoBGB/*Ulmer/Schäfer* § 727 Rn. 45; MüKoHGB/*K. Schmidt* § 139 Rn. 20.

Die Rechtsgrundlage für die *Anrechnungspflicht* ist umstritten. Zum Teil wird sie dem § 242,[37] zum Teil dem § 1978[38] entnommen. Näher liegt die analoge Anwendung der §§ 2050 ff..[39] Von einer Ausgleichungsanordnung gem. § 2050 III kann immer dann ausgegangen werden, wenn der Erblasser die Mitgliedschaft als Bestandteil des erst mit seinem Tod zur Verteilung gelangenden Vermögens ansieht und in die Erbauseinandersetzung mit einbezogen wissen will.

Fraglich ist, ob der bevorzugte Miterbe auch zur *Ausgleichszahlung* verpflichtet ist, wenn der Wert der Mitgliedschaft höher ist als der Betrag, der ihm aufgrund seiner Erbquote zusteht.

> Im **Fall c** gebührt der F ein Anteil in Höhe von 50.000 EUR, X und Y dagegen nur ein Anteil von je 25.000 EUR; denn aus dem Testament geht hervor, dass A die Mitgliedschaft in der OHG bei der Aufteilung seines Vermögens unter seinen Erben berücksichtigt wissen will. X und Y müssen sich daher den Wert des ihnen zugewandten Gesellschaftsanteils in Höhe von je 30.000 EUR anrechnen lassen. Dieser Betrag übersteigt um je 5.000 EUR die Summe, die ihnen bei der Auseinandersetzung zukäme.

Der Zahlungsverpflichtung des Miterben scheint § 2056 S. 1 als Hindernis entgegenzustehen. Die Rechtsprechung hat jedoch schon früh stillschweigend von einer Anwendung dieser Norm abgesehen.[40] Im Ergebnis ist dem zu folgen.[41] § 2056 S. 1 liegt die Erwägung zu Grunde, dass der zu Lebzeiten des Erblassers Bedachte nicht mit einer uU erst Jahrzehnte später fällig werdenden Zahlungspflicht bei der Erbauseinandersetzung belastet sein soll. Erfolgt die Zuwendung jedoch erst im Todeszeitpunkt durch Rechtsgeschäft unter Lebenden auf den Todesfall, so trifft § 2056 angesichts der Gleichzeitigkeit der lebzeitigen wie der letztwilligen Zuwendung seinem Zweckgedanken nach nicht zu. Es spricht vielmehr eine Vermutung dafür, dass der Erblasser die Zuwendung nicht als eine Art »Vorausvermächtnis«, sondern als Nachlassbestandteil gewertet wissen wollte. Der Bedachte muss daher den Mehrbetrag, der ihm aufgrund seiner Erbquote nicht gebührt, an die übrigen Erben auszahlen[42] (**Fall c**).

> ## Nachfolge in den Anteil an einer Personengesellschaft beim Tod eines Gesellschafters
>
> **I. Gesetzliche Regelung**
> 1. GbR: Auflösung (§ 727 I)
> 2. OHG, KG: Fortsetzung der Gesellschaft ohne den verstorbenen Gesellschafter (§§ 131 III Nr. 1, 161 II HGB)
>
> **II. Gesellschaftsvertragliche Gestaltungen**
> 1. Fortsetzungsklausel (nur von Bedeutung bei der GbR): Fortsetzung der Gesellschaft ohne den verstorbenen Gesellschafter
>   → Abfindungsanspruch der Erben nach § 738 I 2 (abdingbar)

---

37 BGHZ 22, 186 (196 f.).
38 Vgl. MüKoBGB/*Ulmer/Schäfer* § 727 Rn. 45.
39 Vgl. MüKoBGB/*Gergen* § 2032 Rn. 60; MüKoBGB/*Ulmer/Schäfer,* § 727 Rn. 45.
40 Vgl. BGH NJW 1957, 181; RGZ 170, 98 (107).
41 Wie hier MüKoBGB/*Gergen* § 2032 Rn. 60; MüKoBGB/*Ulmer/Schäfer* § 727 Rn. 45.
42 BGHZ 22, 186 (196 f.); MüKoHGB/*K. Schmidt* § 139 Rn. 20.

2. Eintrittsklausel: Fortsetzung der Gesellschaft und Recht eines/einiger/aller Erben zum Eintritt in die Gesellschaft (= Erwerb der Mitgliedschaft durch Rechtsgeschäft [Beitrittsvertrag] unter Lebenden)
3. Nachfolgeklausel: Fortsetzung der Gesellschaft und Zuwendung des Anteils des verstorbenen Gesellschafters an einen Nachfolger
   a) Arten
      aa) einfache Nachfolgeklausel: Bestimmung des Alleinerben oder aller Miterben als Nachfolger
      bb) qualifizierte Nachfolgeklausel: Bestimmung eines oder einiger von mehreren Miterben als Nachfolger
   b) Konstruktion der Nachfolge (hM)
      aa) keine Nachfolge allein aufgrund des Gesellschaftsvertrages (gesellschaftsrechtliche Lösung), weil sonst Vertrag zu Lasten Dritter
      bb) Nachfolge kraft Zuwendung von Todes wegen (erbrechtliche Lösung): Vererbung des Anteils, der aufgrund der Nachfolgeklausel vererblich ist

C. Vererbung von Kommanditanteilen und Anteilen an einer Kapitalgesellschaft

795 Die Beteiligung eines Kommanditisten ist gem. § 177 HGB ebenso vererblich wie die Mitgliedschaftsposition des GmbH-Gesellschafters (§ 15 I GmbHG) oder des Aktionärs.[43] Hier gibt es keine solche persönliche Bindung des Anteilsinhabers an die Gesellschaft, die einer erbrechtlichen Gesamtrechtsnachfolge entgegenstehen würde.

Wird der GmbH-Gesellschafter oder Aktionär von mehreren Personen beerbt, so entsteht nach den §§ 2032 ff. eine gesamthänderische Mitberechtigung; die Mitgliedschaftsrechte können nur gemeinschaftlich ausgeübt werden (vgl. § 18 I GmbHG; § 69 I AktG). Der Kommanditanteil wird dagegen nach ganz hM[44] entsprechend der Behandlung des OHG-Anteils im Wege der Sondererbfolge vererbt. Allerdings kann der Gesellschaftsvertrag eine Vertreterklausel enthalten, wonach die Gesellschafterrechte nur einheitlich durch einen gemeinsamen Vertreter ausgeübt werden können.[45]

D. Zusammenfassung

796 Die Rechtsstellung eines unbeschränkt persönlich haftenden Mitglieds einer Gesamthandsgemeinschaft ist grundsätzlich auf den Erben übertragbar. Sie kann entweder aufgrund einer gesellschaftsvertraglichen Eintrittsklausel durch Ausübung des Eintrittsrechts auf den Erben übergehen oder aufgrund einer gesellschaftsvertraglichen Nachfolgeklausel durch Verfügung von Todes wegen auf ihn übertragen werden. Die Abfindungsansprüche der von dem Eintritt in die Gesellschaft ausgeschlossenen Miterben können durch entsprechende Bestimmung im Gesellschaftsvertrag abbedungen werden. Die Kommanditanteile sowie die Anteile an einer Kapitalgesellschaft sind vererblich (vgl. § 177 HGB; § 15 I GmbHG).

---

43 MüKoBGB/*Leipold* § 1922 Rn. 55 f., 86.
44 Vgl. BGHZ 108, 187 (192); KG NJW-RR 2000, 1704 (1705); Baumbach/Hopt/*Hopt* § 177 Rn. 3; MüKoBGB/*Leipold* § 1922 Rn. 86; MüKoHGB/*K. Schmidt* § 177 Rn. 16 f.
45 BGHZ 46, 291; MüKoBGB/*Leipold* § 1922 Rn. 86; MüKoHGB/*K. Schmidt* § 177 Rn. 17.

10. Abschnitt. Der Erbschaftskauf

§ 45 Der Erbschaftskauf

Literatur: *Keller,* Die Heilung eines formnichtigen Erbteilskaufvertrages oder ähnlichen Vertrages im Sinne von § 2385 Abs. 1 BGB, ZEV 1995, 427; *Schlüter,* Durchbrechung des Abstraktionsprinzips über § 139 BGB und Heilung eines formnichtigen Erbteilskaufs durch Erfüllung – BGH, NJW 1967, 1128, JuS 1969, 10.

797

Fälle:

a) Alleinerbe A hat dem B formgerecht die Erbschaft verkauft. Nach Abschluss des Kaufvertrages, aber noch vor dessen Erfüllung, wird ein zum Nachlass gehörendes Gemälde gestohlen. Wer trägt den Nachteil? (→ Rn. 801)

b) Nach Verkauf der Erbschaft stellt sich heraus, dass Erblasser E dem V ein Vermächtnis zugewandt hatte und ein zum Nachlass gehörendes Fernsehgerät mit einem Sachmangel behaftet ist. Muss B den vereinbarten Kaufpreis in voller Höhe zahlen? (→ Rn. 801)

c) An wen kann sich der Nachlassgläubiger G wegen seiner Darlehnsforderung halten? Wer hat im Verhältnis von A und B zu zahlen? (→ Rn. 802, → Rn. 803)

Das Gesetz gibt dem Erben die Möglichkeit, die Erbschaft insgesamt zu verkaufen (§ 2371). Der Erbschaftskauf ist ein Kaufvertrag. Doch macht die Erbschaft als Kaufgegenstand gewisse Abweichungen von den allgemeinen Vorschriften der §§ 433 ff. erforderlich (§§ 2371 ff.).

Die Vorschriften über den Erbschaftskauf finden auf den Weiterverkauf einer Erbschaft und andere Verträge, die auf die Veräußerung einer Erbschaft gerichtet sind, entsprechende Anwendung (§ 2385 I). Bei der Erbschaftsschenkung sind die Besonderheiten des § 2385 II zu beachten.

A. Vertragsgegenstand

Der Alleinerbe kann die gesamte Erbschaft, der Miterbe seinen Erbanteil verkaufen **798** (§ 2371). Verkauft wird damit nur die Erbschaft als Summe der zum Nachlass gehörenden *Vermögens*werte (zB Grundstücke, bewegliche Sachen, Forderungen) oder der Erbteil als Vermögensgegenstand. Der Verkäufer bleibt auch nach Abschluss und Erfüllung des Erbschaftskaufvertrages Erbe.

Sofern nichts anderes vereinbart ist, wird die Erbschaft in dem Zustand verkauft, in dem sie sich zur Zeit des Vertragsabschlusses befindet: Der spätere Wegfall von Vermächtnissen, Auflagen und Ausgleichungspflichten kommt dem Käufer zugute (§ 2372). Andererseits verbleibt ein Erbteil, der dem Verkäufer nach Abschluss des Vertrages durch Eintritt der Nacherbfolge oder durch Wegfall eines Miterben anfällt, im Zweifel dem Verkäufer (§ 2373).

Auch ein dem Verkäufer zugewendetes Vorausvermächtnis sowie Familienpapiere und Familienbilder sind nicht mitverkauft, wenn der Vertrag nichts anderes bestimmt (§ 2373).

B. Form des Vertrages

799   Der Erbschaftskauf bedarf der notariellen Beurkundung (§ 2371). Der Erbe soll damit vor einem unüberlegten Vertragschluss geschützt werden. Außerdem kommt die Form dem Interesse der Vertragsparteien und der Nachlassgläubiger an Abschluss- und Inhaltsklarheit des Vertrages entgegen.[1]

Wird die Form nicht eingehalten, ist der Vertrag nach § 125 S. 1 nichtig. Der Formmangel wird beim Verkauf einer *ganzen Erbschaft* nicht durch Erfüllung geheilt. § 311b I 2 ist nicht entsprechend anwendbar. Diese Bestimmung geht davon aus, dass der Warnfunktion des § 311b I 1 durch die bei der Vertragserfüllung zu beachtende Form hinreichend Genüge getan ist. Für den Erbschaftskauf kann dieser Gedanke nicht herangezogen werden; denn die Einschaltung des Notars, der den Verkäufer warnen könnte, ist bei der Übertragung der einzelnen Nachlassgegenstände (abgesehen etwa von Grundstücken) nicht vorgeschrieben.

Beim Kauf eines *Erbteils ist die Heilung analog § 311b I 2 dagegen umstritten. Hier ist die Situation insofern anders, als* das Erfüllungsgeschäft der Form bedarf (§ 2033 I 2), so dass der Verkäufer von der Urkundsperson gewarnt werden kann. Die Interessenlage entspricht also durchaus derjenigen bei § 311b I 2. Zudem zeigt die Entstehungsgeschichte, dass die Formvorschrift des § 2033 erst später als der jetzige § 2371 eingeführt worden ist.[2] Der Gesetzgeber hat bei § 2371 die besondere Problematik der Formheilung des Erbteilskaufs nicht gesehen. Es besteht also insoweit eine mit der Wertung des § 311b I 2 ausfüllbare Lücke, so dass durch die Übertragung des Erbteils der Formmangel des Kaufvertrages geheilt wird.[3] Die Gegenansicht, die eine analoge Anwendung des § 311b I 2 ablehnt, leugnet dagegen eine ausfüllungsbedürftige Regelungslücke. Im BGB gelte der Grundsatz, dass formnichtige Rechtsgeschäfte nicht durch Erfüllung geheilt werden; deshalb scheide eine analoge Anwendung von Ausnahmevorschriften aus.[4]

C. Rechtsbeziehungen zwischen den Vertragspartnern

I. Hauptpflichten

800   1. Im Erbschaftskaufvertrag verpflichtet sich der *Alleinerbe*, die Erbschaftsgegenstände, einschließlich der in § 2374 genannten Ersatzgegenstände, an den Käufer zu übereignen. Hat der Verkäufer vor dem Verkauf Erbschaftsgegenstände verbraucht, verschenkt oder unentgeltlich belastet, so muss er dem Käufer, der den Verbrauch oder die unentgeltliche Verfügung nicht kennt, Ersatz leisten (§ 2375).

Im Übrigen sind Ersatzansprüche wegen eines zwischen Erbfall und Vertragschluss eingetretenen Untergangs, einer Verschlechterung oder Unmöglichkeit ausgeschlossen (§ 2375 II).

2. Hat ein *Miterbe* seinen Erbteil verkauft, so hat er, da er zwar über seinen Erbteil, nicht aber über seinen Anteil an den einzelnen Nachlassgegenständen verfügen kann (§ 2033 II), den Erbteil in der Form des § 2033 I 2 zu übertragen. Demnach ist die Erfüllung regelmäßig einfacher als beim Verkauf der Erbschaft durch einen Alleinerben, der alle Gegenstände einzeln übertragen muss.

Der Erwerber eines Erbteils ist allerdings gesamthänderisch gebunden und muss daher die mit der Auseinandersetzung verbundenen Mühen auf sich nehmen, ohne selbst Miterbe zu sein.

---

1 Prot. II, 114 ff.

2 Prot. V, 839.

3 Vgl. Erman/*Schlüter* § 2371 Rn. 5; *Lange/Kuchinke* ErbR § 45 II 2; *Schlüter* JuS 1969, 10; Soergel/ *Zimmermann* § 2371 Rn. 22; Staudinger/*Olshausen* (2010) § 2371 Rn. 27.

4 BGH NJW 1967, 1128 (1131); DNotZ 1971, 37; Bamberger/Roth/*Mayer* § 2371 Rn. 3; *Lange* ErbR Kap. 13 Rn. 13; MüKoBGB/*Musielak* § 2371 Rn. 7; *Muscheler* ErbR II Rn. 4320; Palandt/*Weidlich* § 2371 Rn. 2.

3. Der *Käufer* ist beim Kauf der gesamten Erbschaft und beim Kauf eines Erbteils zur Zahlung des vereinbarten Kaufpreises verpflichtet.

II. Gefahrübergang und Mängelhaftung

Als wichtigste Abweichung von den allgemeinen Kaufvorschriften der §§ 433 ff. sind die Regelungen über Gefahrübergang und Mängelhaftung zu nennen (§§ 2376, 2380).   **801**

1. Die *Gefahr des zufälligen Untergangs* und einer zufälligen Verschlechterung von Erbschaftsgegenständen trägt der Käufer vom Abschluss des Erbschaftskaufvertrages an (§ 2380 S. 1).

> Im **Fall a** geht daher der Diebstahl zu Lasten des B. Er muss den vollen Kaufpreis zahlen.

2. Im Unterschied zu den §§ 434 ff. besteht nur eine *eingeschränkte Haftung für Sachmängel* der zur Erbschaft gehörenden Gegenstände (nur bei arglistigem Verschweigen des Mangels und bei Garantieübernahme; § 2376 II). Auch die Haftung für *Rechtsmängel* weicht beim Erbschaftskauf stark von den §§ 433 I 2, 435 S. 1 ab: Der Verkäufer haftet ausschließlich dafür, dass ihm das Erbrecht zusteht, keine Nacherbschaft oder Testamentsvollstreckung angeordnet ist, keine Vermächtnisse, Auflagen, Pflichtteilslasten, Ausgleichspflichten oder Teilungsanordnungen bestehen und keine unbeschränkte Haftung gegenüber den Nachlassgläubigern oder einzelnen von ihnen eingetreten ist (§ 2376 I).

> Demnach steht im **Fall b** dem B ein Minderungsrecht wegen des Sachmangels nicht zu. Dagegen haftet A ihm für das Nichtbestehen des Vermächtnisses.

III. Sonstige Folgen

1. Einige Vorschriften zeigen, dass der Käufer möglichst so gestellt werden soll, als hätte er vermögensrechtlich selbst mit dem *Erbfall* die Rechtsnachfolge des Erblassers angetreten: So gilt eine mit dem Erbfall eingetretene *Konfusion* im Verhältnis Käufer – Verkäufer als nicht erfolgt (§ 2377 S. 1).   **802**

Da eine erloschene Verbindlichkeit nicht von selbst auflebt, hat der Verkäufer den Käufer so zu stellen, als wäre sie nicht erloschen (§ 2377 S. 2).

Die *Nachlassverbindlichkeiten* hat der Käufer im Verhältnis zum Verkäufer zu tragen, soweit dieser nicht für ihr Nichtbestehen haftet (§ 2378 I). Hat der Verkäufer eine Nachlassverbindlichkeit erfüllt, so kann er vom Käufer Ersatz verlangen; das gilt auch für die Erfüllung vor Vertragschluss (§ 2378 II).

> Im **Fall c** muss daher B im Verhältnis zu A die Nachlassverbindlichkeiten tragen (Verhältnis zu Nachlassgläubigern: → Rn. 803).

Vor dem Kauf gemachte notwendige *Verwendungen* des Verkäufers auf die Erbschaft hat der Käufer immer zu ersetzen (§ 2381 I), andere als notwendige Verwendungen jedoch nur dann, wenn eine durch sie herbeigeführte Wertsteigerung der Erbschaft beim Abschluss des Erbschaftskaufvertrages noch vorhanden ist (§ 2381 II).

2. Wenn das Gesetz auch bestrebt ist, den Käufer so zu stellen wie er stehen würde, wenn er unmittelbar in die Vermögensrechte des Erblassers eingetreten wäre, so muss doch andererseits berücksichtigt werden, dass dem Verkäufer die Erbschaft tatsächlich für einige Zeit zugestanden hat. Deshalb bestimmt das Gesetz, dass vor *Abschluss* *des Kaufvertrages* der Verkäufer und *nachher* der Käufer die Nutzungen erhält und die Lasten zu tragen hat (§§ 2379 S. 1, 2; 2380 S. 2). Nur bestimmte außerordentliche Lasten, die schon vor Vertragsschluss bestanden, treffen den Käufer (§ 2379 S. 3).

D. Rechtsbeziehungen der Parteien zu den Nachlassgläubigern

803 Der Käufer der Erbschaft haftet gem. § 2382 I den Nachlassgläubigern vom Abschluss des Kaufvertrages an für Nachlassverbindlichkeiten, und zwar auch insoweit, als der Käufer sie dem Verkäufer gegenüber nach den §§ 2378, 2379 nicht zu erfüllen braucht. Daneben besteht die Haftung des Verkäufers fort (§ 2382 I; **Fall c**).

Der BGH wendet § 2382 gegenüber einem Erbteilskäufer auch zu Gunsten eines Miterben an, der durch Abschluss eines Auseinandersetzungsvertrages einen schuldrechtlichen Anspruch auf bestimmte Nachlassgegenstände erworben hat.[5]

Käufer und Verkäufer können keine Haftungsbeschränkungen des Käufers mit Wirkung gegen die Nachlassgläubiger vereinbaren (§ 2382 II).

Der Käufer kann seine Haftung nach den Vorschriften über die Beschränkung der Erbenhaftung begrenzen (§§ 2383 I 1, 1975 ff.); doch muss er eine bereits beim Verkäufer eingetretene unbeschränkte Haftung hinnehmen (§ 2383 I 2; zur Inventarerrichtung: § 2383 II). Ist seine Haftung auf die Erbschaft beschränkt, so muss er die Vollstreckung in seine Ansprüche gegen den Verkäufer dulden (§ 2383 I 3).

Der Verkäufer ist den Nachlassgläubigern gegenüber verpflichtet, den Verkauf und den Namen des Erwerbers dem Nachlassgericht anzuzeigen (§ 2384 I 1).

Die entsprechende Anzeige des Käufers ersetzt die Anzeige des Verkäufers (§ 2384 I 2). Die Einsichtnahme in die Anzeige regelt § 2384 II.

E. Zusammenfassung

804 Der Alleinerbe kann die Erbschaft, der Miterbe seinen Erbteil verkaufen. Die Erfüllung des Vertrages erfolgt, wenn eine Erbschaft verkauft ist, durch Übertragung der einzelnen Erbschaftsgegenstände, wenn ein Miterbenanteil verkauft ist, durch Übertragung des Erbteils. Die wichtigsten Besonderheiten des Erbschaftskaufs gegenüber dem Kaufrecht der §§ 433 ff. bestehen in der Formbedürftigkeit des Vertrages, der abweichenden Rechtsmängel- und fehlenden Sachmängelhaftung sowie in der Vorverlegung des Gefahrübergangs. Im Verhältnis zu den Nachlassgläubigern haften die Kaufvertragspartner nebeneinander.

Der Erbschaftskauf (§§ 2371 ff.)

I. Vertragsgegenstand: gesamte Erbschaft oder Erbanteil eines Miterben
II. Form: notarielle Beurkundung

(nach hM keine Heilung analog § 311b I 2 möglich)
III. Rechtsbeziehungen zwischen den Vertragsparteien
   1. Hauptpflichten:

---

5 BGHZ 38, 187 (193 ff.); zustimmend Bamberger/Roth/*Mayer* § 2382 Rn. 7; Erman/*Schlüter* § 2382 Rn. 1; MüKoBGB/*Musielak* § 2382 Rn. 8.

a) Verkäufer: Übereignung der Erbschaftsgegenstände und Ersatzgegenstände (§ 2374) oder Wertersatzpflicht (§ 2375) bzw. Übertragung des Erbteils in der Form des § 2033 I 2

b) Käufer: Zahlung des vereinbarten Kaufpreises

2. Gefahrübergang schon ab Abschluss des Kaufvertrages (§ 2380 S. 1)
3. eingeschränkte Haftung für Rechtsmängel und für Sachmängel (§ 2376 I, II)
4. Haftung des Käufers im Innenverhältnis für Nachlassverbindlichkeiten (§ 2378)
5. Verwendungsersatzanspruch des Verkäufers gegen den Käufer (§ 2381)

IV. Rechtsbeziehungen der Parteien zu den Nachlassgläubigern

- Haftung des Käufers im Außenverhältnis für Nachlassverbindlichkeiten ab Abschluss des Kaufvertrages (§§ 2382 f.)
- Forthaftung des Verkäufers (§ 2382 I)

11. Abschnitt. Erbschaftsteuerrecht

§ 46 Erbschaftsteuerrecht

Literatur: *Crezelius*, Verfassungswidrigkeit des reformierten Erbschaft- und Schenkungsteuergeset- **805** zes?, ZEV 2012, 1; *Drosdzol*, Erbschaftsteuerreform: Die Bewertung des Grundvermögens, ZEV 2008, 10; *Everts*, Berliner Testament und Rettung erbschaftsteuerlicher Freibeträge, NJW 2008, 557; *Fischl/ Roth*, Die Reform des Erbschaftsteuer- und Bewertungsrechts zum 1.1.2009, NJW 2009, 177; *Gehm*, Schwerpunktbereich – Einführung in das Erbschaft- und Schenkungsteuerrecht, JuS 2007, 630, 721; *Gräfe*, Auswirkungen der Behaltensregelungen auf Unternehmensvermögen nach der Erbschaftsteu- erreform, ZEV 2010, 601; *Hannes/Onderka*, Erbschaftsteuerreform: Die Besteuerung des Erwerbs von Betriebsvermögen – keine Sternstunde der Steuervereinfachung, ZEV 2008, 15; *Hey*, Anforderungen des allgemeinen Gleichheitssatzes an die Erbschaftsteuer, Jura 2007, 859; *Kapp/Ebeling*, Erbschaft- steuer- und Schenkungsteuergesetz, Loseblatt, Stand 12/2009; *Kesseler/Thouet*, Berliner Testament und Rettung erbschaftsteuerlicher Freibeträge, NJW 2008, 125; *Meincke*, Erbschaftsteuer- und Schenkungsteuergesetz, 16. Aufl. 2012; *Moench/Hübner*, Erbschaftsteuer, 3. Aufl. 2012; *Roth/Fischl*, Aktuelle Gestaltungsmöglichkeiten und Handlungsbedarf nach der neuen Erbschaftsteuer, NJW 2008, 401; *Schmidt*, EStG, Kommentar, 31. Aufl. 2012; *Schnüttgen*, Die Erbengemeinschaft und ihre Auseinandersetzung im Ertragsteuerrecht, 2009; *Suck*, Einführung in das Erbschaft- und Schenkung- steuerrecht, Jura 2011, 896; *Troll/Gebel/Jülicher*, Erbschaftsteuer- und Schenkungsteuergesetz, Lose- blatt-Kommentar, Stand 2/2010; *Zensus/Schmitz*, Die Familienstiftung als Gestaltungsinstrument zur Vermögensübertragung und -sicherung, NJW 2012, 1323.

A. Praktische Bedeutung

Die praktische Bedeutung der Erbschaftsteuer führte in den vergangenen Jahren immer wieder zu politischen Kontroversen. Das Erbschaft- und Schenkungsteuer- aufkommen, das den Bundesländern zugute kommt, soll im Jahr 2010 4,6 Milliarden Euro betragen haben. Einerseits führt die Erhebung dieser Steuer dem Staat Mittel zu. Andererseits mindert sie den Wert des Erwerbs von Todes wegen. Deshalb werden von den Inhabern großer Vermögen verschiedene Gestaltungen zur Steuer- vermeidung praktiziert. Dabei geht es unter anderem um die Flucht ins (steuergüns- tigere) Ausland und um frühzeitige Vermögensübertragungen unter Lebenden unter mehrfacher Ausnutzung von Steuerfreibeträgen.

Die Erbschaftsteuer kann auch die Unternehmensnachfolge erschweren und Arbeitsplätze gefährden; denn für die Zahlung der Steuer müssen die Erben oft Mittel aus dem Unternehmen entnehmen. Deshalb wurde mit den jüngsten Änderungen des Erbschaftsteuerrechts (→ Rn. 806) auch das Ziel verfolgt, Unternehmensnachfolgen zu erleichtern. Aus diesem Grund wird die Generationenfolge in Unternehmen von der Erbschaft- und Schenkungsteuer teilweise oder ganz entlastet, wenn das von Todes wegen oder zu Lebzeiten unentgeltlich übergehende Unternehmen von dem Nachfolger mindestens über sieben oder zehn Jahre in vergleichbarem wirtschaftlichem Umfang fortgeführt wird.

B. Rechtsgrundlagen

Die Pflicht zur Zahlung von Erbschaftsteuer ergibt sich aus dem Erbschaftsteuer- **806** und Schenkungsteuergesetz (ErbStG) vom 17.4.1974[1] in der Fassung der Bekannt-

---

1 BGBl. I 933.

machung vom 27.2.1997.[2] Es besteht aus knapp 40 Paragraphen. Dieses Gesetz wurde durch das Erbschaftsteuerreformgesetz vom 24.12.2008[3] mit Wirkung zum 1.1.2009 erheblich geändert. Dadurch wurde die erbschaftsteuerliche Rechtsstellung von Witwen, Witwern, Kindern und Enkeln (Kernfamilie) verbessert, diejenige von entfernteren Angehörigen, insbesondere von Geschwistern, verschlechtert.

Anlass für die Reform war ein Beschluss des Bundesverfassungsgerichts v. 7.11.2006.[4] Dieses hatte auf Vorlagebeschluss des BFH[5] die bis dahin geltenden Bewertungsregeln bei der Ermittlung der Bemessungsgrundlage für die Erbschaft- und Schenkungsteuer für verfassungswidrig erklärt. Durch diese Bewertungsregeln wurden die Erben von Grundvermögen, Betriebsvermögen, Anteilen an Kapitalgesellschaften und land- und forstwirtschaftlichen Betrieben steuerlich besser gestellt als die Erben von anderen Vermögenswerten, die mit ihrem Verkehrswert bewertet wurden. Darin sah das Bundesverfassungsgericht eine verfassungswidrige Ungleichbehandlung. Es hat den Gesetzgeber verpflichtet, eine Neuregelung spätestens bis zum 31. Dezember 2008 zu treffen.

Für die Bewertung des steuerpflichtigen Erwerbs gelten ergänzend die ebenfalls zum 1.1.2009 geänderten Allgemeinen Bewertungsvorschriften des Bewertungsgesetzes (§ 12 I ErbStG).

C. Steuerpflichtige Vorgänge

807 Der Erbschaftsteuer unterliegen unter anderem jeder Erwerb von Todes wegen sowie Schenkungen unter Lebenden (vgl. § 1 I Nr. 1, 2 ErbStG). Besteuert wird also nicht der Nachlass als Ganzes, sondern der jeweilige Erwerb bei dem einzelnen Empfänger.

Als *Erwerb von Todes wegen* gilt nach § 3 ErbStG nicht nur der Erwerb durch Erbanfall (§ 1922), sondern zB auch der Erwerb durch Vermächtnis (§§ 2147 ff.; → Rn. 423 ff.) und aufgrund eines geltend gemachten Pflichtteilsanspruchs (§§ 2303 ff.; → Rn. 542 ff.). Das Gesetz nennt ferner unter anderem den Erwerb durch Schenkung auf den Todesfall (§ 2301; → Rn. 740 ff.) und den auf einem Gesellschaftsvertrag beruhenden Übergang des Anteils (oder eines Teils davon) eines Gesellschafters bei dessen Tod auf einen anderen oder die Gesellschaft (→ Rn. 779 ff.), soweit der Wert dieses Anteils die Abfindungsansprüche Dritter übersteigt. Schließlich unterliegt der Erbschaftsteuer auch der Vermögensvorteil aufgrund eines vom Erblasser geschlossenen Vertrages zu Gunsten eines Dritten, den dieser beim Tod des Erblassers unmittelbar erwirbt (zB Anspruch auf Zahlung der Lebensversicherungssumme, der nicht zur Erbschaft gehört; → Rn. 769).

Da § 7 ErbStG Schenkungen unter Lebenden und § 8 ErbStG Zweckzuwendungen erfassen, kann die Steuerpflicht grundsätzlich nicht dadurch vermieden werden, dass der Erblasser schon zu seinen Lebzeiten seinen späteren Erben unentgeltliche Zuwendungen macht. Er kann jedoch durch mehrere, in bestimmten zeitlichen Abständen vorgenommene Schenkungen die Steuerfreibeträge mehrfach in Anspruch nehmen. Dabei ist zu beachten, dass für die Besteuerung jeweils alle Schenkungen der letzten zehn Jahre zusammengerechnet werden (vgl. § 14 ErbStG).
Eine Erbschaftsteuer wäre an sich nicht zu zahlen, wenn jemand sein Vermögen in eine Familienstiftung oder einen Familienverein eingebracht hätte; denn die Stiftung oder der Verein stirbt nicht. Auf diese Weise bräuchten viele Generationen keine Erbschaftsteuer zu entrichten. Jedoch soll das Vermögen einer solchen Stiftung und eines solchen Vereins in jeder Generation einmal der Erb-

---

2 BGBl. I 378.
3 BGBl. I 3018.
4 BVerfG NJW 2007, 573.
5 BFH NJW 2002, 3197.

schaftsteuer unterliegen. Deshalb entsteht die Steuer in Zeitabständen von 30 Jahren seit dem Zeitpunkt des ersten Übergangs des Vermögens auf die Stiftung oder den Verein (vgl. §§ 1 I Nr. 4, 9 I Nr. 4 ErbStG; sog. Ersatzerbschaftsteuer). Lag der erste Vermögensübergang vor 1954, entstand nach § 9 I Nr. 4 S. 2 ErbStG die Steuer erstmals am 1.1.1984. Diese Regelung ist mit der Verfassung vereinbar.[6]

D. Steuerpflichtiger Erwerb

Der steuerpflichtige Erwerb ist in § 10 ErbStG definiert. Als solcher gilt gem. § 10 I 1 ErbStG die *Bereicherung* des *Erwerbers, soweit diese nicht steuerfrei ist* (§§ 5, 13, 13a, 13c, 16–18 ErbStG). **808**

I. Bereicherung

Bereichert ist der Erwerber nur um die Aktiva, nicht um die Schulden. Deshalb sind gem. § 10 V, VI–IX ErbStG die vom Erben zu begleichenden *Nachlassverbindlichkeiten abzugsfähig;* denn sie mindern die Bereicherung. Dazu gehören die vom Erblasser herrührenden Schulden nach Maßgabe des § 10 V Nr. 1 ErbStG, ferner die Verbindlichkeiten aus Vermächtnissen, Auflagen sowie geltend gemachten Pflichtteilen und Erbersatzansprüchen (§ 10 V Nr. 2 ErbStG). Abgezogen werden können aber auch die Kosten der Bestattung des Erblassers, für ein angemessenes Grabdenkmal, für die übliche Grabpflege mit ihrem Kapitalwert für eine unbestimmte Dauer sowie die Kosten, die im Zusammenhang mit der Abwicklung, Regelung, Verteilung des Nachlasses oder mit der Erlangung des Erwerbs entstehen. Für alle diese Kosten wird ohne Nachweis ein Pauschalbetrag von 10.300 EUR abgezogen (§ 10 V Nr. 3, S. 2 ErbStG). (Einzelheiten: § 10 VI–IX ErbStG)

II. Steuerbefreiungen

Bei der Ermittlung der Bereicherung sind solche Erwerbsgegenstände nicht zu berücksichtigen, die kraft Gesetzes von der Steuer befreit sind. **809**

Nach § 5 *ErbStG* ist der Zugewinnausgleich des überlebenden Ehegatten gem. § 1371 von der Erbschaftsteuer befreit.

Der Grund dafür liegt darin, dass der Zugewinn während der Ehe gemeinsam erwirtschaftet wurde und keinen unentgeltlichen Erwerb von Todes wegen darstellt.

§ 13 I Nr. 1–18 *ErbStG* enthält einen umfangreichen Katalog von besonderen Gegenständen, die steuerfrei bleiben.

So sind steuerfrei zB:
Hausrat (einschließlich Wäsche und Kleidungsstücke) bei Erwerb durch Personen der Steuerklasse I (also etwa: Ehegatte, Kinder, Enkel, Eltern; vgl. § 15 ErbStG) bis zum Wert von insgesamt 41.000 EUR und durch andere Personen bis zum Wert von 12.000 EUR (§ 13 I Nr. 1 ErbStG);
Grundbesitz, Kunstgegenstände, kunst- und wissenschaftliche Sammlungen, Bibliotheken und Archive, deren Erhaltung im öffentlichen Interesse liegt und die in gewissem Umfang der Forschung und der Volksbildung nutzbar gemacht werden (mit 60 % des Wertes, Grundbesitz mit 85 % des Wertes, unter bestimmten weiteren Voraussetzungen vollständig steuerfrei, § 13 I Nr. 2 ErbStG);

---

6 BVerfGE 63, 312.

Selbst genutztes Wohneigentum, das an einen Ehegatten bzw. an einen eingetragenen Lebenspartner oder an Kinder bzw. an Kinder verstorbener Kinder (Enkel, deren Elternteil bereits verstorben ist) vererbt wird, bleibt unabhängig von seinem Wert steuerfrei, wenn das Objekt nach dem Erwerb von dem Erben mindestens zehn Jahre selbst zu Wohnzwecken genutzt wird (§ 13 I Nr. 4b und Nr. 4c ErbStG). Für Kinder und Enkel gilt die Einschränkung, dass die selbst genutzte Wohnimmobilie nur bis zu einer Wohnfläche von 200 Quadratmetern steuerfrei ist. Die Steuerbefreiung entfällt rückwirkend, wenn das Wohneigentum innerhalb der Zehnjahresfrist veräußert oder vermietet wird; eine Ausnahme von dieser Nachversteuerung besteht nur, wenn die Selbstnutzung aus zwingenden objektiven Gründen (zB Tod oder erhebliche Pflegebedürftigkeit) aufgegeben wird;

Erwerb durch Eltern oder Großeltern des Erblassers, sofern diese als erwerbsunfähig anzusehen sind und der Erwerb zusammen mit dem übrigen Vermögen des Erwerbers 41.000 EUR nicht übersteigt (§ 13 I Nr. 6 ErbStG);

Zuwendungen an Religionsgemeinschaften, Personenvereinigungen, die nach ihrer Verfassung und tatsächlichen Geschäftsführung ausschließlich und unmittelbar kirchlichen, gemeinnützigen oder mildtätigen Zwecken dienen (§ 13 I Nr. 16 ErbStG).

Betriebsvermögen, land- und forstwirtschaftliches Vermögen sowie Anteile an Kapitalgesellschaften sind nach Maßgabe der §§ *13a, 13b ErbStG* steuerfrei. Aus diesen umfangreichen und komplizierten Vorschriften ergeben sich für die Unternehmenserben zwei erbschaftsteuerliche Optionsmodelle, deren Wahl unwiderruflich ist (vgl. § 13a VIII 1 ErbStG): Nach dem *Optionsmodell 1* (§ 13a I – VII) werden die Erben von der Besteuerung von 85 % (vgl. § 13b IV ErbStG) des geerbten unternehmerischen Vermögens iSd § 13b I ErbStG verschont (Verschonungsabschlag). Voraussetzung ist, dass sie den geerbten Betrieb mindestens fünf Jahre lang weiter führen und die Lohnsumme nach fünf Jahren nicht weniger als 400 % der Ausgangslohnsumme beträgt. Ein Verstoß gegen die Behaltensfrist führt zu einem zeitanteiligen rückwirkenden Wegfall der Verschonung (§ 13a V ErbStG). Bei diesem Optionsmodell müssen 50 % des Betriebsvermögens der Produktion dienen, dürfen also nicht zum Verwaltungsvermögen gehören (§ 13b II 1 ErbStG).

Nach dem *Optionsmodell 2* (§ 13a VIII ErbStG) werden die Erben vollständig von der Erbschaftsteuer auf das geerbte Betiebsvermögen verschont. Voraussetzung ist allerdings, dass sie den geerbten Betrieb mindestens sieben Jahre lang weiter führen und die Lohnsumme nach sieben Jahren nicht weniger als 700 % der Ausgangslohnsumme beträgt. Außerdem müssen bei dem Optionsmodell 2 mindestens 90 % des Betriebsvermögens der Produktion dienen. Auch hier führt die vorzeitige Veräußerung, Schließung oder Einschränkung des Betriebs zu einem zeitanteiligen rückwirkenden Wegfall der Verschonung.

III. Freibeträge

810 Von dem Betrag, der nach Berücksichtigung der Steuerbefreiungen verbleibt, sind noch die allgemeinen und besonderen Freibeträge abzuziehen.

1. § 16 ErbStG bestimmt für jeden Erwerber einen *allgemeinen Freibetrag*, der von dem Nachlasswert abzuziehen ist; nur der Betrag, der den Freibetrag übersteigt, muss versteuert werden. Die Höhe des Freibetrages richtet sich nach der Steuerklasse (§ 15 ErbStG) des Erwerbers.

Ehegatten und eingetragene Lebenspartner:[7] 500.000 EUR; Kinder, Stiefkinder und Kinder verstorbener Kinder: 400.000 EUR; Enkelkinder: 200.000 EUR; Eltern und Voreltern (bei Erwerb von Todes wegen): 100.000 EUR; Personen der Steuerklasse II: 20.000 EUR; Personen der Steuerklasse III: 20.000 EUR. Vgl. im Einzelnen: § 16 ErbStG. Zu den Steuerklassen: → Rn. 814.

2. § 17 ErbStG sieht für den überlebenden Ehegatten, den eingetragenen Lebens- **811** partner und die Kinder neben dem allgemeinen Freibetrag noch einen *besonderen Versorgungsfreibetrag* vor.

Für den überlebenden Ehegatten oder Lebenspartner beträgt der Versorgungsfreibetrag 256.000 EUR. Wenn dem Ehegatten allerdings Versorgungsbezüge zustehen, die nicht der Erbschaftsteuer unterliegen (zB Witwenrente aus der Sozialversicherung, beamtenrechtliche Versorgungsbezüge), wird der Versorgungsfreibetrag um den Kapitalwert dieser Bezüge gekürzt (§ 17 I ErbStG).

Lebte der Erblasser mit seinem Ehegatten bis zu seinem Tod im gesetzlichen Güterstand der Zugewinngemeinschaft und wird die erbrechtliche Lösung (dazu: → Rn. 75) gewählt, so gilt beim überlebenden Ehegatten der Betrag, den er nach § 1371 II als Ausgleichsforderung geltend machen könnte, nicht als Erwerb von Todes wegen (§ 5 I ErbStG); denn bei der Ausgleichsforderung handelt es sich nicht um eine unentgeltliche Zuwendung des Erblassers.

Der Versorgungsfreibetrag der *Kinder* des Erblassers ist nach dem Alter gestaffelt (§ 17 II ErbStG).

Bis zu 5 Jahren 52.000 EUR, von mehr als 5 bis zu 10 Jahren: 41.000 EUR, von mehr als 10 bis zu 15 Jahren: 30.700 EUR, von mehr als 15 bis zu 20 Jahren: 20.500 EUR, von mehr als 20 Jahren bis zur Vollendung des 27. Jahres: 10.300 EUR (Einzelheiten: § 17 II 2 ErbStG).

E. Höhe der Erbschaftsteuer

Die Höhe der zu zahlenden Erbschaftsteuer drückt § 19 ErbStG in Steuersätzen **812** (Prozentsätzen) aus. Diese hängen von dem Wert des steuerpflichtigen Erwerbs und von der Steuerklasse des Erwerbers ab.

I. Bewertung des steuerpflichtigen Erwerbs

Zunächst ist der nach §§ 10, 5, 13, 13a, 13c, 16–18 ErbStG ermittelte steuerpflichtige Erwerb zu bewerten. Für die Wertermittlung ist der Zeitpunkt der Entstehung der Steuer maßgebend (§ 11 ErbStG), also grundsätzlich der Todestag des Erblassers (§ 9 I Nr. 1 ErbStG; zB Kurswert der Aktien an diesem Tag). Die Bewertung richtet sich nach den allgemeinen Bewertungsvorschriften des Bewertungsgesetzes (§ 12 I ErbStG), soweit § 12 II–VII ErbStG nicht etwas anderes bestimmt. Zugrunde zu legen ist regelmäßig der gemeine Wert des einzelnen Vermögensgegenstandes (§ 9 BewG); das ist der Preis, der im gewöhnlichen Geschäftsverkehr nach der Beschaffenheit des Gegenstandes bei einer Veräußerung zu erzielen wäre.

Für Grundvermögen, zu dem unter anderem auch das Zubehör, das Erbbaurecht und das Wohnungs- **813** eigentum gehören (§ 68 I BewG), galten bis zum 31.12.2008 ebenso wie für Betriebsvermögen, Anteilen an Kapitalgesellschaften und land- und forstwirtschaftlichen Betrieben noch besondere Bewertungsregeln, die zu einer Bewertung führten, die deutlich unter dem tatsächlichen Verkehrswert lag. Durch diese besonderen Bewertungsregeln wurden die Erben von Grundvermögen, Betriebsvermögen,

---

7 Die frühere Ungleichbehandlung von Ehe und eingetragener Lebenspartnerschaft im Erbschaft- und Schenkungsteuergesetz in der bis zum 31.12.2008 geltenden Fassung war mit Art. 3 I GG unvereinbar (BVerfG NJW 2010, 2783).

Anteilen an Kapitalgesellschaften und land- und forstwirtschaftlichen Betrieben steuerlich besser gestellt als die Erben von anderen Vermögenswerten, die mit ihrem Verkehrswert bewertet wurden. Wegen dieser vom Bundesverfassungsgericht[8] beanstandeten Ungleichbehandlung wurden die Bewertungsvoschriften durch das Erbschaftsteuerreformgesetz vom 24.12.2008 geändert.

II. Steuerklasse

814 Die *Steuerklasse* richtet sich nach dem *persönlichen Verhältnis des Erwerbers zum Erblasser.* § 15 ErbStG unterscheidet drei Steuerklassen:

Es gehören:

- zur Steuerklasse I: Ehegatte und eingetragener Lebenspartner, Kinder und Stiefkinder, Abkömmlinge der genannten Kinder und Stiefkinder sowie die Eltern und Voreltern (bei Erwerben von Todes wegen);
- zur Steuerklasse II: Eltern und Voreltern (soweit sie nicht zur Steuerklasse I gehören), Geschwister, Abkömmlinge 1. Grades von Geschwistern, Stiefeltern; Schwiegerkinder, Schwiegereltern sowie der geschiedene Ehegatte;
- zur Steuerklasse III: alle übrigen Erwerber und die Zweckzuwendungen.

III. Höhe des Steuersatzes

815 Innerhalb der drei Steuerklassen ist der Steuersatz der zu zahlenden Erbschaftsteuer um so höher, je größer der *Wert des steuerpflichtigen Erwerbs ist. Er reicht von 7 % bei einem Wert bis 75.000 EUR in der Steuerklasse I bis zu 50 % bei einem Wert über 13.000.000 EUR in der Steuerklasse III.*

§ 19 I ErbStG enthält dazu folgende **Tabelle:**

Wert des steuerpflichtigen Erwerbs (§ 10 ErbStG) bis einschließlich ... EUR	Prozentsatz in der Steuerklasse		
	I	II	III
75.000	7	15	30
300.000	11	20	30
600.000	15	25	30
6.000.000	19	30	30
13.000.000	23	35	50
26.000.000	27	40	50
über 26.000.000	30	43	50

F. Steuerfestsetzung und Erhebung

816 Die Festsetzung der Erbschaftssteuer erfolgt durch das nach § 35 ErbStG zuständige Finanzamt. Steuerschuldner ist in der Regel der Erwerber (§ 20 I ErbStG). Bei mehreren Erben haftet bis zur Auseinandersetzung der Nachlass für die Steuer aller

---

[8] BVerfG NJW 2007, 573.

am Erbfall Beteiligten (§ 20 III ErbStG). Die durch Vorerbschaft veranlasste Steuer hat der Vorerbe aus Nachlassmitteln zu entrichten (§ 20 IV ErbStG).

Die Steuerfestsetzung setzt voraus, dass das Finanzamt von dem steuerpflichtigen Erwerb von Todes wegen Kenntnis erlangt. Deshalb sieht § 30 I ErbStG vor, dass der Erwerber binnen einer Frist von drei Monaten dem zuständigen Finanzamt den steuerpflichtigen Erwerb schriftlich anzuzeigen hat (Ausnahme: § 30 III ErbStG). Neben dem Erwerber sind auch Vermögensverwahrer, Vermögensverwalter und Versicherungsunternehmer (§ 33 ErbStG) sowie Gerichte, Behörden, Beamten und Notare (§ 34 ErbStG) zur Anzeige an das zuständige Finanzamt verpflichtet.

G. Zusammenfassung

Erbschaftsteuerrecht

I. Steuerpflichtige Vorgänge   817
Jeder Erwerb von Todes wegen (§ 1 I Nr. 1 ErbStG)

II. Steuerpflichtiger Erwerb (§ 10 I 1 ErbStG)
1. Bereicherung des Erwerbers: Aktiva abzüglich der Nachlassverbindlichkeiten (§ 10 V Nr. 1–3 ErbStG)
2. Berücksichtigung der Steuerbefreiungen
   - Zugewinnausgleich (§ 5 ErbStG)
   - Hausrat, Wohneigentum unter anderem (§ 13 ErbStG)
   - Betriebsvermögen (§§ 13a, 13b ErbStG)
3. Abzug von Freibeträgen
   a) allgemeiner Freibetrag (§ 16 ErbStG)
   b) besonderer Versorgungsfreibetrag für Ehegatten und Kinder (§ 17 ErbStG)

III. Höhe der Erbschaftsteuer
1. Bewertung des steuerpflichtigen Erwerbs (§ 12 ErbStG iVm BewG)
2. Steuersätze gestaffelt nach Steuerklasse (§ 15 ErbStG) und Wert des steuerpflichtigen Erwerbs (Tabelle in § 19 ErbStG)

IV. Steuerfestsetzung und -erhebung
1. Zuständiges Finanzamt (§ 35 ErbStG)
2. Anzeigepflichten gegenüber dem Finanzamt
   a) für den Erwerber (§ 30 ErbStG)
   b) für Verwalter, Gerichte, Behörden und Notare (§§ 33, 34 ErbStG)

12. Abschnitt. Das internationale Erbrecht

§ 47 Das internationale Erbrecht

Literatur: *Bengel/Reimann,* Der deutsche Erblasser mit Auslandsvermögen, ZNotP 2002, 206; *Edenfeld,* Europäische Entwicklungen im Erbrecht, ZEV 2001, 457; *Ferid/Firsching/Dörner/Hausmann,* Internationales Erbrecht, Loseblatt, Stand März 2012; *Flick/Piltz,* Der internationale Erbfall, 2. Aufl. 2008; *Hohloch,* Internationales Erbrecht und Ordre public – Stand, Bedeutung und Perspektiven, FS D. Leipold, 2009, 997; *Klingelhöffer,* Kollisionsrechtliche Probleme des Pflichtteils, ZEV 1996, 258; *Leipold,* Europa und das Erbrecht, FS Söllner, 2000, 647; *ders.,* Ist unser Erbrecht noch zeitgemäß?, JZ 2010, 802 (808 ff.); *von Oetzen,* Praktische Handhabung eines Erbrechtsfalls mit Auslandsberührung, ZEV 1995, 167; *Rembert,* Die Rückverweisung im internationalen Erbrecht, ZEV 2000, 486; *Röthel,* Ist unser Erbrecht noch zeitgemäß?, Gutachten A zum 68. DJT, S. A 97 ff.; *Werkmüller,* Der Nachlass mit Auslandsbezug – Aufgaben und Funktionen der Bank in der Erbauseinandersetzung, ZEV 2001, 480.

818

Fälle:

a) Der italienische Erblasser war mit einer deutschen Frau verheiratet und hat mit ihr und seinen zwei Kindern 15 Jahre in Deutschland gelebt. Er hinterlässt ein Grundstück, bewegliches Vermögen und ein Bankkonto in Deutschland sowie ein Grundstück in Italien. Er hat kein Testament errichtet. Nach welchem Recht ist der Erbfall aufgrund des deutschen internationalen Erbrechts zu beurteilen? Hätte der Erblasser das anzuwendende Recht durch Testament bestimmen können? (→ Rn. 820, → Rn. 825)

b) Ein deutscher Staatsangehöriger und seine belgische Ehefrau lebten in Deutschland und haben dort ein gemeinschaftliches Testament errichtet. Darin haben sie sich gegenseitig zu Alleinerben und als Erben des Überlebenden ihre beiden Kinder (Sohn und Tochter) zu gleichen Teilen eingesetzt. Später erwarb die Ehefrau die deutsche Staatsangehörigkeit. Nach dem Tod der Ehefrau hat der Ehemann in einem weiteren Testament die Tochter als Alleinerbin bestimmt. Wer beerbt den Ehemann, wenn man unterstellt, dass nach belgischem Recht gemeinschaftliche Testamente unzulässig sind? (→ Rn. 829)

A. Erbfälle mit Auslandsbezug

Erbfälle mit Auslandsbezug nehmen zu. Angeblich fallen EU-weit jährlich 450.000 grenzüberschreitende Erbfälle mit einem geschätzten Vermögen von mehr als 120 Milliarden Euro an. Das liegt an der wachsenden Mobilität der Menschen und des Kapitals. Es gibt immer mehr Ehen mit einem ausländischen Ehegatten, Familiemitglieder mit ausländischer Staatsangehörigkeit, deutsche Erblasser mit Wohnsitzen und/oder Vermögensgegenständen (Ferienimmobilien, Bankkonten) im Ausland und ausländische Staatsangehörige mit Wohnsitzen und/oder Vermögen im Inland. Der Auslandsbezug ergibt sich also im Wesentlichen aus der Staatsangehörigkeit und dem Wohnsitz des Erblassers sowie aus der Belegenheit des Vermögens.

B. Rechtliche Problematik

Bei Auslandsbezug werfen sowohl die Beantwortung erbrechtlicher Fragen nach **819** eingetretenem Erbfall als auch die vorbeugende Gestaltung der Erbfolge besondere

Schwierigkeiten auf. In allen Fällen mit Auslandsbezug stellt sich zunächst die Frage, ob deutsches Erbrecht oder das Erbrecht eines anderen Staates Anwendung findet. Im letztgenannten Fall muss das ausländische Recht erst einmal ermittelt werden, bevor es angewendet werden kann. Fremde Erbrechtsordnungen unterscheiden sich oft gravierend vom deutschen Erbrecht. Das gilt etwa für die Gewährung eines Pflichtteilsanspruchs sowie für die Anerkennung gemeinschaftlicher Testamente und Erbverträge. Daraus können sich Rechtsfolgen ergeben, die vom Erblasser nicht bedacht und nicht gewollt waren.

Wenn der Erblasser eine seinen Wünschen entsprechende Verteilung des Nachlasses auch unter Berücksichtigung eventuell anzuwendenden ausländischen Rechts sicherstellen will, sollte er rechtzeitig eine gut durchdachte Nachfolgeregelung durch Verfügung von Todes wegen oder durch Rechtsgeschäfte unter Lebenden treffen. Dabei sind neben den genannten erbrechtlichen Fragen auch solche des internationalen Steuerrechts zu bedenken;[1] die Besteuerung ist überall verschieden, und nicht immer wird eine Doppel- oder Mehrfachbesteuerung in verschiedenen Staaten durch entsprechende Abkommen ausgeschlossen. In aller Regel wird der Erblasser für eine rechtlich abgesicherte und steuerlich sinnvolle Nachfolgeregelung einen spezialisierten Berater benötigen.

C. Anwendbares Erbrecht

820 Das deutsche internationale Erbrecht ist in Art. 25, 26 EGBGB geregelt. Es ist Bestandteil des internationalen Privatrechts. Aus den Kollisionsnormen ergibt sich, welches Recht bei Erbfällen mit Auslandsbezug anwendbar ist.

Allerdings hat jeder Staat sein eigenes internationales Privatrecht. Die Rechtsordnungen sind insoweit nicht aufeinander abgestimmt. Deshalb können auf denselben Erbrechtsfall verschiedene Rechtsordnungen anwendbar sein, je nachdem, aus wessen Perspektive der Fall beurteilt wird. Das hat möglicherweise zur Folge, dass bei derselben Streitigkeit von einem deutschen Gericht deutsches Erbrecht angewendet wird, während ein ausländisches Gericht aufgrund seines internationalen Privatrechts sein ausländisches Recht anwendet.

I. Grundsatz: Anknüpfung an die Staatsangehörigkeit des Erblassers (Erbstatut)

1. Die Erbfolge unterliegt grundsätzlich dem Recht des Staates, dem der Erblasser im Zeitpunkt seines Todes angehörte (Art. 25 I EGBGB). Anknüpfungspunkt ist also die Person des Erblassers (Personalstatut), und zwar seine Staatsangehörigkeit *(Staatsangehörigkeitsprinzip)*. Demnach ist für die Beerbung eines Deutschen deutsches Erbrecht und für die Beerbung eines Ausländers dessen Heimatrecht maßgebend. Auf den gewöhnlichen Aufenthaltsort des Erblassers und auf die Belegenheit seines Vermögens kommt es nach Art. 25 I EGBGB nicht an. Im **Fall a** ist deshalb nach deutschem internationalen Erbrecht das Erbrecht von Italien anwendbar.

821 Bei Personen mit mehrfacher Staatsangehörigkeit ist das Recht desjenigen Staates anzuwenden, mit dem der Erblasser insbesondere durch seinen Aufenthalt oder den Verlauf seines Lebens am engsten verbunden ist (Art. 5 I 1 EGBGB). Wenn der Erblasser allerdings auch Deutscher ist, geht diese Rechtsstellung vor (Art. 5 I 2 EGBGB); somit findet nach deutschem internationalen Erbrecht auf den Erbfall deutsches Erbrecht Anwendung. Bei einem staatenlosen Erblasser ist das an seinem (gewöhnlichen) Aufenthaltsort geltende Erbrecht maßgebend (Art. 5 II EGBGB).

822 2. Von der Grundregel, wonach für einen ausländischen Staatsangehörigen sein Heimaterbrecht Anwendung findet, gibt es allerdings *Ausnahmen:*

---

1 Dazu ausführlich *Flick/Piltz*, Der internationale Erbfall, Rn. 1201 ff.

Gilt für einen ausländischen Staatsangehörigen gem. Art. 25 I EGBGB ausländisches Recht, ist zu prüfen, ob das Internationale Privatrecht des anderen Staates seinerseits auf deutsches Recht *(Rückverweisung)* oder auf ein anderes Recht *(Weiterverweisung)* verweist. Im Falle einer Rückverweisung ist deutsches Erbrecht anzuwenden (Art. 4 I 2 EGBGB). Das ist etwa der Fall, wenn das Heimatrecht des ausländischen Erblassers, der in Deutschland seinen Wohnsitz hatte, sich zum Domizilprinzip (= Maßgeblichkeit des Rechts des Aufenthaltsortes) bekennt.

Ferner ist eine Rechtsnorm eines anderen Staates nicht anzuwenden, wenn sie mit **823** wesentlichen Grundsätzen des deutschen Rechts *(ordre public)* offensichtlich unvereinbar ist. Das gilt insbesondere, wenn die Anwendung mit den Grundrechten nicht vereinbar ist (Art. 6 EGBGB).

Nach der Rechtsprechung[2] muss das Ergebnis der Anwendung ausländischen Rechts im Einzelfall zu den Grundgedanken der deutschen Regelungen und den in ihnen liegenden Gerechtigkeitsvorstellungen in einem so krassen Widerspruch stehen, dass seine Anwendung für untragbar angesehen werden muss.

> **Beispiele:** Der Erblasser wird von seinem Sohn und seiner Tochter beerbt, und die gesetzliche Erbquote des Sohnes beträgt nach dem ausländischen Recht ¾, diejenige der Tochter ¼.[3]
> Ein Abkömmling wird nach ausländischem Recht von der Erbfolge einschließlich des Pflichtteilsrechts ausgeschlossen.[4]

3. Grundsätzlich gilt nach Art. 25 I EGBGB für den gesamten Nachlass nur eine **824** einzige Rechtsordnung (Prinzip der Nachlasseinheit). Ausnahmsweise kann es aber zu einer *Nachlassspaltung* kommen. Häufig werden bewegliches und unbewegliches Vermögen verschieden behandelt. In vielen Ländern wird die Erbfolge in unbewegliches Vermögen abweichend von der allgemeinen Regelung dem Recht desjenigen Staates unterworfen, in dem es liegt (lex rei sitae, Recht des Belegenheitsstaates). Da die Geltung des deutschen Rechts an den deutschen Staatsgrenzen endet, gilt insoweit das fremde Erbrecht (vgl. Art. 3 EGBGB). Daraus folgt, dass dem deutschen Erbrecht nur diejenigen Vermögensgegenstände unterliegen, die sich in Deutschland befinden.

Ferner kommt es dann zu einer Nachlassspaltung, wenn die an den Wohnsitz des Erblassers anknüpfende Rückverweisung im ausländischen internationalen Privatrecht sich nur auf einen Teil des Vermögens, zB nur auf bewegliche Gegenstände, bezieht, während für Grundstücke das Recht des Belegenheitsstaates gilt.

II. Beschränkte Rechtswahl bei im Inland belegenem unbeweglichem Vermögen

Der Erblasser kann grundsätzlich nicht selbst in seiner Verfügung von Todes wegen **825** bestimmen, welche Rechtsordnung anwendbar sein soll. Ein Ausnahmefall ist in Art. 25 II EGBGB geregelt. Danach ist es aus Gründen der Verkehrserleichterung dem ausländischen Erblasser gestattet, für die Nachfolge in im Inland belegenes unbewegliches Vermögen abweichend von dem Grundsatz des Art. 25 I EGBGB die Geltung des deutschen Rechts zu wählen. Diese beschränkte Rechtswahl muss in

---

2 BGHZ 50, 370 (376); 118, 312 (331); KG Rpfleger 2008, 423 (424).

3 *Flick/Piltz*, Der internationale Erbfall, Rn. 125.

4 KG Rpfleger 2008, 423 (424) (aber Heilung des Verstoßes gegen den deutschen ordre public zB durch Gewährung des Pflichtteilsanspruchs möglich).

Form einer Verfügung von Todes wegen erfolgen. Sie muss sich nicht auf das gesamte im Inland belegene unbewegliche Vermögen beziehen, sondern kann auf einzelne Grundstücke beschränkt werden.[5]

> Im **Fall a** hätte der italienische Erblasser für sein in Deutschland belegenes Grundstück, nicht aber für seine anderen Vermögensgegenstände, in einem Testament die Anwendung deutschen Rechts bestimmen können. Auch die beschränkte Rechtswahl nach Art. 25 II EGBGB kann demnach zu einer Nachlassspaltung führen, wenn nämlich für das nicht im Inland belegene Vermögen oder für das im Inland belegene bewegliche Vermögen ausländisches Recht gilt. Der Nachlass besteht dann aus zwei Teilmassen, die verschiedenen Erbstatuten unterliegen.

III. Sonderregelung für die Form von Verfügungen von Todes wegen und von Widerrufstestamenten (Formstatut)

826 1. Für die *Form einer Verfügung von Todes wegen (Testamente, gemeinschaftliche Testamente, Erbverträge)* sieht Art. 26 I, III, IV EGBGB einen Katalog von Anknüpfungspunkten vor. Um dem Erblasserwillen nach Möglichkeit zur Geltung zu verhelfen, ist eine Verfügung von Todes wegen schon dann formgültig, wenn sie nach einem der Rechte formgültig ist, auf die Art. 26 EGBGB verweist. Die Einhaltung der Form wird also erleichtert. Nach Art. 26 I EGBGB reicht es aus, wenn die Form

- dem Recht des Staates entspricht, dem der Erblasser entweder bei Errichtung der letztwilligen Verfügung oder im Zeitpunkt seines Todes angehört hat (Nr. 1),
- dem Recht des Ortes, an dem der Erblasser letztwillig verfügt hat (Nr. 2),
- dem Recht des Ortes, in dem der Erblasser bei Vornahme der letztwilligen Verfügung oder im Zeitpunkt seines Todes seinen Wohnsitz oder gewöhnlichen Aufenthalt hatte (Nr. 3),
- dem Recht des Ortes, an dem sich unbewegliches Vermögen befindet, das Gegenstand der Verfügung ist (Nr. 4),
- dem Recht, das auf die Rechtsnachfolge anzuwenden ist oder im Zeitpunkt der Verfügung anzuwenden wäre (Nr. 5).

> **Beispiel:** Der Erblasser hat bei der Testamentserrichtung nicht die Form eingehalten, die sein Heimatrecht vorschreibt. Entspricht das Testament aber der Form, die das Recht des Errichtungsortes vorsieht, dann ist es formgültig (Nr. 2).

Zu den Formvorschriften im Sinne von Art. 26 I EGBGB zählt das Gesetz auch solche Regelungen, welche die für letztwillige Verfügungen zugelassenen Formen mit Beziehung auf das Alter, die Staatsangehörigkeit oder sonstige persönliche Eigenschaften des Erblassers (zB Schreibunfähigkeit, Blind-, Stumm- und Taubheit) beschränken (Abs. 3).

827 In Art. 26 I–III EGBGB wurden im Wesentlichen die entsprechenden Regelungen des schon vorher geltenden *Haager Testamentsformabkommens* vom 5.10.1961,[6] das in Deutschland am 1.1.1966 in Kraft getreten ist,[7] übernommen.[8] Deshalb stellt sich die Frage nach dem Verhältnis zwischen Art. 26 EGBGB und dem Haager Abkommen. Nach Art. 3 Nr. 2 EGBGB gehen Regelungen in völkerrechtlichen Verein-

---

5 *Flick/Piltz*, Der internationale Erbfall, Rn. 214; MüKoBGB/*Birk*, EGBGB Art. 25 Rn. 47 f.
6 BGBl. 1965 II 1145.
7 BGBl. 1966 II 11.
8 Der Text des Haager Testamentsformabkommens ist mit Erläuterungen abgedruckt bei Erman/ *Hohloch*, EGBGB Anh. zu Art. 26; MüKoBGB/*Birk* EGBGB Art. 26 Rn. 43 ff.

barungen, die unmittelbar anwendbares innerstaatliches Recht geworden sind, den Vorschriften des EGBGB vor. Deshalb werden die Absätze 1–3 des Art. 26 EGBGB weitgehend durch Art. 1 bis 5 Haager Abkommen verdrängt. Von Art. 26 EGBGB kommen unmittelbar nur Abs. 1 Nr. 5 sowie Abs. 4 und 5 zur Anwendung, weil diese über das Haager Abkommen hinaus gehen.

2. Die Formerleichterung des Art. 26 EGBGB (Art. 2 Haager Abkommen) gilt auch **828** für *Widerrufstestamente* (Abs. 2). Der Katalog der für die Einhaltung der Form in Betracht kommenden Rechtsordnungen wird sogar noch erweitert: Nach Abs. 2 S. 2 genügt es auch, wenn die Form einer der Rechtsordnungen entspricht, nach denen die widerrufene letztwillige Verfügung gültig war.

IV. Sonderregelung für die materielle Gültigkeit und Bindungswirkung der Verfügungen von Todes wegen

Für die materielle Gültigkeit und für die Bindungswirkung der Verfügungen von **829** Todes wegen enthält Art. 26 V 1 EGBGB eine besondere Kollisionsregel. Maßgeblich ist das Recht, das im Zeitpunkt der Verfügung auf die Rechtsnachfolge von Todes wegen anzuwenden wäre *(hypothetisches Erbstatut, Errichtungsstatut)*. Der Sinn dieser Regelung liegt darin, das Vertrauen des Erblassers in den Bestand seiner Verfügung zu schützen. Er soll sich auf die Rechtslage nach seinem Heimatrecht verlassen können, die bei Errichtung der Verfügung galt.

Diese Regelung ist insbesondere dann von Bedeutung, wenn sich die Staatsangehörigkeit des Erblassers zwischen Errichtung der letztwilligen Verfügung und dem Erbfall ändert. Die Gültigkeit der letztwilligen Verfügung richtet sich dann nicht nach dem Erbstatut, sondern nach dem hypothetischen Erbstatut zur Zeit der Errichtung der Verfügung.
Zur Gültigkeit gehören alle Wirksamkeitsvoraussetzungen eines Rechtsgeschäfts mit Ausnahme der Formgerechtheit und der Gesetzes- oder Sittenwidrigkeit,[9] ferner die Zulässigkeit der Stellvertretung sowie die Zulässigkeit bestimmter Verfügungsarten wie gemeinschaftliches Testament und Erbvertrag. Zur Bindung iSv Abs. 5 S. 1 gehören die Zulässigkeit und die Voraussetzungen eines Widerrufs und einer Aufhebung der letztwilligen Verfügung.[10]

Im **Fall b**[11] hängt die Lösung des Falles davon ab, ob das zunächst errichtete gemeinschaftliche Testament Bindungswirkung entfaltet und damit zur Unwirksamkeit des späteren Testaments des Ehegatten führt (→ Rn. 195). Nach Art. 26 V 1 EGBGB kommt es für die Gültigkeit und die Bindungswirkung auf das zur Zeit der Errichtung des gemeinschaftlichen Testaments geltende Recht an. Damals galt für die Ehefrau aufgrund ihrer belgischen Staatsangehörigkeit belgisches Erbrecht (Art. 25 I EGBGB). Danach sind gemeinschaftliche Testamente unzulässig.[12] Die Verfügung der Ehefrau war also unwirksam, was zur Unwirksamkeit des gesamten gemeinschaftlichen Testaments führt.[13] Dieses entfaltet mithin keine Bindungswirkung. Daran hat der spätere Wechsel der Staatsangehörigkeit der Ehefrau nichts geändert; der Statutenwechsel führt nicht zu einer Heilung der bei Errichtung unzulässigen Verfügung.[14] Folglich ist das spätere Testament des Ehemannes wirksam. Die Tochter ist Alleinerbin. Der Sohn hat nur einen Pflichtteilsanspruch.

---

9 MüKoBGB/*Birk* EGBGB Art. 26 Rn. 28; Staudinger/*Dörner* (2007) EGBGB Art. 25 Rn. 303 f.
10 Erman/*Hohloch* EGBGB Art. 26 Rn. 28; Staudinger/*Dörner* (2007) EGBGB Art. 26 Rn. 77 f.
11 Ähnlicher Fall bei OLG Düsseldorf NJW 1963, 2227.
12 Dabei handelt es sich nicht nur um ein Formverbot, sondern um ein materielles Verbot. Vgl. *Flick/Piltz*, Der Internationale Erbfall, Rn. 435.
13 Vgl. Palandt/*Thorn* EGBGB Art. 25 Rn. 13, wonach gemeinschaftliche Testamente bei verschiedenen Erbstatuten den Gültigkeitsvoraussetzungen beider Erbstatute entsprechen müssen.
14 Deutlich Erman/*Hohloch* EGBGB Art. 26 Rn. 32.

830 Für die *Testierfähigkeit,* die grundsätzlich dem Errichtungsstatut nach Art. 26 V 1 EGBGB unterliegt, enthält Abs. 5 S. 2 eine weitere Sonderregel: Die einmal erlangte Testierfähigkeit wird durch den Erwerb oder Verlust der Rechtsstellung als Deutscher nicht beeinträchtigt. Es reicht also aus, wenn der Erblasser irgendwann einmal Deutscher und nach dem zu dieser Zeit geltenden deutschen Recht testierfähig war; er muss es nicht mehr bei Errichtung des Testaments gewesen sein.

V. Europäische Erbrechtsverordnung

830a Am 16.8.2012 ist die „Verordnung (EU) Nr. 650/2012 des Europäischen Parlaments und des Rates über die Zuständigkeit, das anzuwendende Recht, die Anerkennung und die Vollstreckung von Entscheidungen und öffentlichen Urkunden in Erbsachen wowie zur Einführung eines Europäischen Nachlasszeugnisses"[15] in Kraft getreten. Sie gilt in ihren wesentlichen Teilen allerdings erst ab dem 17.8.2015 (Art. 84). Durch sie soll die Abwicklung grenzüberschreitender Erbfälle vereinfacht und erleichtert werden. Die VO sieht vor, dass für Entscheidungen in Erbsachen für den gesamten Nachlass die Gerichte des Mitgliedstaats zuständig sind, in dessen Hoheitsgebiet der Erblasser im Zeitpunkt seines Todes seinen gewöhnlichen Aufenthalt hatte (Art. 4), und dass für das anwendbare Recht in Bezug auf den gesamten Nachlass ebenfalls der letzte gewöhnliche Aufenthalt des Erblassers maßgeblich ist (Art. 21 I). Auf diese Weise werden Nachlassspaltungen verhindert. Der Erblasser soll allerdings durch Verfügung von Todes wegen bestimmen können, dass unabhängig von seinem gewöhnlichen Aufenthaltsort sämtliche (auch im Ausland belegene) Nachlassgegenstände dem Recht seiner Staatsangehörigkeit unterliegen (Art. 22).

Dagegen wird das (teils stark voneinander abweichende) materielle Erbrecht der Mitgliedstaaten durch die genannte Verordnung nicht berührt. Wer Erbe mit welchen Erbquoten wird, ob und wem Pflichtteilsrechte zustehen, wird sich weiterhin nach der jeweils anwendbaren nationalen Erbrechtsordnung richten. Gleiches gilt für das Erbschaftsteuerrecht.

D. Anhang: Internationale Zuständigkeit deutscher Nachlassgerichte

831 Für die internationale Zuständigkeit deutscher Nachlassgerichte bei ausländischem Erbstatut enthält seit 1.1.2009 § 105 FamFG erstmals eine allgemeine Regelung. Danach sind unter anderem im Bereich der Nachlasssachen (Erteilung eines Erbscheins, Testamentseröffnung, Testamentsanfechtung, Nachlasspflegschaft und Testamentsvollstreckung) die deutschen Gerichte international zuständig, wenn ein deutsches Gericht örtlich zuständig ist. Die örtliche Zuständigkeit richtet sich gem. § 343 I FamFG in erster Linie nach dem Wohnsitz (mangels inländischen Wohnsitzes dem Aufenthaltsort) des Erblassers zur Zeit des Erbfalls, unabhängig davon, welche Staatsangehörigkeit der Erblasser hatte. Hatte der Erblasser zur Zeit des Erbfalls im Inland weder einen Wohnsitz noch einen Aufenthaltsort, ist für einen deutschen Erblasser das Amtsgericht Schöneberg in Berlin örtlich zuständig (§ 343 II FamFG), während für einen ausländischen Erblasser noch die örtliche Zuständigkeit eines gegebenenfalls im Inland befindlichen Nachlassgegenstandes in Betracht kommt (§ 343 III FamFG).

---

15 ABl. L 201 vom 27.7.2012, S. 107.

Durch § 105 FamFG wurde die früher vorherrschende Gleichlauftheorie[16] aufgegeben, wonach sich die internationale Zuständigkeit grundsätzlich[17] nach dem anwendbaren materiellen Recht richtete. Nur wenn deutsches Erbrecht anwendbar war, sollten auch die deutschen Nachlassgerichte zuständig sein.

Wenn sich Nachlassgegenstände sowohl im Inland als auch im Ausland befinden, kann nach § 2369 bei einem deutschen Nachlassgericht ein auf die im Inland befindlichen Gegenstände beschränkter Erbschein beantragt werden. Insoweit spielt es keine Rolle, ob deutsches materielles Erbrecht anwendbar ist. Ein solcher gegenständlich beschränkter Erbschein kann etwa dann sinnvoll sein, wenn ein Erbschein nur im Inland benötigt wird, wenn bei einer sog. Nachlassspaltung nur der inländische Teil des Nachlasses deutschem Erbrecht unterliegt (und deshalb für die Anwendung ausländischen Erbrechts ein zeit- und kostenaufwendiges Rechtsgutachten eingeholt werden muss) oder wenn Unsicherheit darüber besteht, ob ein umfassender Erbschein auch im Ausland bezüglich der dort belegenen Nachlassgegenstände anerkannt wird.

---

16 BayObLG NJW 1987, 1148 (1149); NJW-RR 1991, 1098 (1099); KG FamRZ 2001, 794; OLG Brandenburg FamRZ 1998, 986; OLG Zweibrücken FamRZ 1998, 263 (264).
17 Zu den damals anerkannten Ausnahmen BGHZ 49, 1 (2); BayObLG NJW 1967, 447; BayObLGZ 1994, 50; Erman/*Hohloch* EGBGB Art. 25 Rn. 44 f.

Anhang: Mustertexte

> Meine Erben sollen meine Ehefrau
> Hedwig Meier und meine Tochter
> Liesel Fritsche, geb. Meier, je
> zur Hälfte sein.
>
> Köln, den 2. Januar 2010
>
>   Wilhelm Meier [1)2)]

---

1) Der ganze Text muss vom Erblasser Wilhelm Meier eigenhändig geschrieben und unterschrieben werden (→ Rn. 121 ff.). Eine Überschrift wie: »Mein Testament« oder »Mein letzter Wille« ist üblich, aber nicht erforderlich.

2) Durch die gewillkürte Erbfolge ist die gesetzliche Erbfolge ausgeschlossen (→ Rn. 44). Die Enterbung des Sohnes Helmut Meier ergibt sich daraus, dass der Erblasser Wilhelm Meier seinen ganzen Nachlass durch Erbeinsetzung anderweitig vergibt. Helmut Meier hat, wenn das Testament z.Z. des Todes des Erblassers noch Bestand hat, einen Pflichtteilsanspruch gegen die Erben (§§ 2303 ff.; → Rn. 542 ff.).

833   **Beispiel 2: Gemeinschaftliches Testament**

Wir, die Eheleute Wilhelm und
Hedwig Meier, setzen uns gegenseitig
zu Erben ein.
Erben des Längstlebenden sollen unsere
Kinder Liesel und Helmut zu
gleichen Teilen sein.   3)4)5)

Köln, den 5. Februar 2010

Wilhelm Meier 1)

Hedwig Meier 2)

---

1) Der ganze Text muss von einem der Ehegatten eigenhändig geschrieben und unterschrieben werden (→ Rn. 183). Eine Überschrift ist nicht erforderlich.
2) Der andere Ehegatte muss eigenhändig unterschreiben (→ Rn. 183).
3) Mit dieser Verfügung widerruft Wilhelm Meier sein früheres Testament (→ Rn. 139).
4) Es handelt sich um eine gegenseitige Erbeinsetzung in einem gemeinschaftlichen Testament (§ 2269, sog. Berliner Testament , → Rn. 187).
5) Mangels anderer Anhaltspunkte soll der überlebende Ehegatte Vollerbe des zuerst Versterbenden und sollen die Kinder beim Tode des Längstlebenden dessen Erben (Schlusserben) werden (→ Rn. 187 ff., → Rn. 189).

Beispiel 3: Widerruf wechselbezüglicher Verfügungen 834

»Verhandelt zu Köln am 10. Mai 2010

Vor mir, dem unterzeichneten Notar

> Dr. Norbert Neber
> in Köln

erschien heute der Kaufmann Wilhelm Meier aus Köln, Nordstraße 125, von Person bekannt.

Der Erschienene erklärte:

Ich widerrufe hiermit meine Verfügungen im gemeinschaftlichen Testament vom 5. Februar 2010.

Der Wert meines Vermögens beträgt 150.000 EUR.

Das Protokoll ist dem Erschienenen vorgelesen, von ihm genehmigt und wie folgt unterschrieben worden.

> Wilhelm Meier

> Dr. Norbert Neber, Notar«[1][2]

---

1) Der einseitige Widerruf wechselbezüglicher Verfügungen (→ Rn. 192) eines Ehegatten hat durch notariell beurkundete Erklärung gegenüber dem anderen Ehegatten zu erfolgen (→ Rn. 194).

2) Die Urschrift oder eine Ausfertigung ist Frau Meier zuzustellen (§§ 130–132).

835 Beispiel 4: Erbvertrag

»Verhandelt zu Köln am 20. Juli 2010

Vor mir, dem unterzeichneten Notar

Dr. Norbert Neber
in Köln

erschienen heute:

1) der Kaufmann Wilhelm Meier aus Köln, Nordstraße 125, von Person bekannt,
2) die Hausfrau Liesel Fritsche, geb. Meier, aus Köln, Nordstraße 125, ausgewiesen durch Personalausweis der Bundesrepublik Deutschland Nr. ....

Der Notar überzeugte sich von der Geschäftsfähigkeit der Erschienenen. Diese baten um Beurkundung eines Erbvertrages. Sie erklärten:

1. Ich, der Erschienene zu 1), setze hiermit meine Tochter, die Erschienene zu 2), sowie deren Kinder, nämlich Heinrich, geb. am 23.12.1970, und Berta, geb. am 1.5.1973, vertragsweise zu meinen Erben zu gleichen Teilen ein.[1)2)]
2. Weiter bestimme ich, der Erschienene zu 1), als nicht vertragsmäßige Verfügungen:[3)]
   1. Mein Freund, Herr Peter Bergmann, soll als Vermächtnis meinen Konzertflügel erhalten;
   2. meine frühere Haushälterin, Frau Käthe Kanowski, soll ein Vermächtnis von 2500 EUR bekommen.
3. Ich, der Erschienene zu 1), setze Herrn Rechtsanwalt Dr. Karl Schneider in Köln als Testamentsvollstrecker ein.[4)]
4. Ich, die Erschienene zu 2), nehme die unter I enthaltenen Erklärungen des Erschienenen zu 1) an. Ich verpflichte mich dafür, den Erschienenen zu 1) bis an sein Lebensende zu pflegen.[5)]
   Diese Verpflichtungserklärung nehme ich, der Erschienene zu 1), hiermit an.
5. Wir bitten, diesen Erbvertrag in amtliche Verwahrung zu bringen. Die Kosten dieses Vertrages trägt der Erschienene zu 1).

Der Wert beträgt 150.000 EUR.

Das Protokoll ist den Erschienenen vorgelesen, von ihnen genehmigt und wie folgt unterschrieben worden.

Wilhelm Meier
Liesel Fritsche, geborene Meier
Dr. Norbert Neber, Notar«[6)7)]

---

1) Es handelt sich um einen einseitigen Erbvertrag, da nur Wilhelm Meier vertragsmäßige Verfügungen von Todes wegen trifft (→ Rn. 153).
2) Vertragsmäßige Verfügungen sind nur die unter I genannten.
3) Vermächtnisse können vertragsmäßige Verfügungen sein; sie sind es hier nach dem erklärten Willen des Erblassers aber nicht, sodass insoweit keine Bindungswirkung eintritt (→ Rn. 150).
4) Die Einsetzung eines Testamentsvollstreckers (III) kann keine vertragsmäßige Verfügung sein (→ Rn. 149).
5) Unter IV nimmt Liesel Fritsche die Erklärungen ihres Vaters unter I an; dadurch wird die Bindungswirkung herbeigeführt. Gleichzeitig verpflichtet sie sich zu Leistungen unter Lebenden (→ Rn. 153). Es handelt sich um einen entgeltlichen Erbvertrag (→ Rn. 155).
6) Der Erbvertrag muss vor einem Notar geschlossen werden (→ Rn. 147).
7) Der Notar soll den Erbvertrag in einen Umschlag nehmen, ihn verschließen und ihn in amtliche Verwahrung bringen (→ Rn. 148).

Beispiel 5: Eröffnung einer Verfügung von Todes wegen   836

»Amtsgericht   Köln, den 17. Februar 2010

....

(Geschäfts-Nr.)

Gegenwärtig: Justizoberinspektor Schmitz[1)2)] als Rechtspfleger

In dem heute zur Eröffnung einer Verfügung von Todes wegen des Kaufmanns Wilhelm Meier

anstehenden Termin erschien niemand.

Der Erblasser ist am 18. Januar 2010 in Köln gestorben, wie sich aus der bei den Akten befindlichen Sterbeurkunde ergibt. Der zur besonderen amtlichen Verwahrung (Verwahrungsbuch-Nr....................) angenommene Erbvertrag wurde aus der Verwahrung genommen. Der Erbvertrag war mit dem Siegel des Notars verschlossen. Der Verschluss war unversehrt.

Der Erbvertrag wurde geöffnet und eröffnet.

Eine Verkündung unterblieb, da niemand im Termin erschien.

                         Schmitz«[3)]

---

1) Die Zuständigkeit des Rechtspflegers folgt aus § 3 Nr. 2c RPflG.
2) Zur Eröffnung s. § 349 FamFG (→ Rn. 631 ff.).
3) Das Nachlassgericht hat die nicht erschienenen Beteiligten (gesetzliche, gewillkürte Erben, Vermächtnisnehmer, Testamentsvollstrecker) vom Inhalt des Erbvertrages in Kenntnis zu setzen, soweit er sie betrifft (§ 348 III FamFG).

837 **Beispiel 6: Erbausschlagung**

»Amtsgericht   Köln, den 24. Februar 2010

....

(Geschäfts-Nr.)

Gegenwärtig: Justizoberinspektor Schmitz als Rechtspfleger

Es erscheint der Handelsvertreter Heinrich Fritsche aus Köln, Karlstraße 13, ausgewiesen durch Personalausweis .... und erklärt:

Mein Großvater, der Kaufmann Wilhelm Meier, geb. am 20. Mai 1919 in Köln, zuletzt in Köln, Nordstraße 125, wohnhaft gewesen, ist am 18. Januar 2010 in Köln verstorben. Nach seinem Erbvertrag vom 30. Dezember 1969 sind meine Mutter, meine Schwester Berta und ich zu gleichen Teilen als Erben eingesetzt. Von meiner Berufung zum Erben habe ich seit dem 18. Februar 2010 Kenntnis. Hiermit schlage ich die mir angefallene Erbschaft aus allen Berufungsgründen aus.

Ich bin ledig, habe keine nichtehelichen Kinder und bin nicht adoptiert.

Als erbberechtigt kommen nach dem Erbvertrag nun meine Mutter und meine Schwester Berta in Betracht.

Der Wert meines Erbteils beträgt etwa 50.000 EUR.

Vorgelesen, genehmigt und unterschrieben

Heinrich Fritsche

Schmitz, Rechtspfleger«[1]

---

1) Zur formbedürftigen Ausschlagungserklärung → Rn. 303.

Beispiel 7: Erbscheinsantrag 838

»Verhandelt zu Köln am 9. März 2010

Vor mir, dem unterzeichneten Notar

> Dr. Norbert Neber
> in Köln

erschien heute die Hausfrau Liesel Fritsche, geb. Meier, aus Köln, Nordstraße 125, von Person bekannt.

Die Erschienene erklärte:[1]

Mein Vater, der Kaufmann Wilhelm Meier, zuletzt wohnhaft gewesen in Köln, Nordstraße 125, ist am 18. Januar 2010 in Köln gestorben. Der Erblasser war zur Zeit des Todes deutscher Staatsangehöriger. Er war in einziger Ehe mit meiner Mutter, Frau Hedwig Meier, verheiratet. Diese Ehe wurde am 23. Dezember 1950 geschlossen. Es galt der gesetzliche Güterstand. Meine Mutter ist am 24. Juni 2009 gestorben.

Aus der Ehe sind zwei Kinder hervorgegangen, nämlich
1. der Schlosser Helmut Meier, wohnhaft in Köln, Weststraße 3,
2. ich, die Erschienene.

Nichteheliche Kinder des Erblassers sind nicht vorhanden. Er hat auch nicht adoptiert. Gesetzliche Erben des Erblassers wären somit mein Bruder und ich.

Der Erblasser hat einen Erbvertrag vom 20. Juli 2002 hinterlassen. Dieser ist am 17. Februar 2010 vom Nachlassgericht Köln eröffnet worden (Az …). Meine Tochter Berta und ich haben die Erbschaft angenommen; mein Sohn Heinrich hat sie ausgeschlagen.

Weitere Verfügungen von Todes wegen hat der Erblasser meines Wissens nicht hinterlassen.

Ein Rechtsstreit über das Erbrecht ist nicht anhängig.

Sodann erklärte die Erschienene nach Hinweis auf die Bedeutung einer Versicherung an Eides statt und nach Belehrung über die strafrechtlichen Folgen einer wissentlich oder fahrlässig abgegebenen falschen eidesstattlichen Versicherung:[2]

Ich versichere an Eides statt, daß mir nichts bekannt ist, was der Richtigkeit meiner Angaben entgegensteht. Ich beantrage die Erteilung eines gemeinschaftlichen Erbscheins dahin, daß der Erblasser von mir und meiner Tochter Berta Fritsche zu je 1/2 beerbt worden ist. Ich bitte um Ausfertigung eines Erbscheins. Der Wert des reinen Nachlasses beträgt etwa 150.000 EUR. Die Kosten sollen von mir erhoben werden.

Das Protokoll ist der Erschienenen vorgelesen, von ihr genehmigt und wie folgt unterschrieben worden.

> Liesel Fritsche, geborene Meier
> Dr. Norbert Neber, Notar«[2]

---

1) Zum Inhalt des Antrags auf Erteilung eines Erbscheines → Rn. 621.
2) Die eidesstattliche Versicherung ist vor Gericht oder einem Notar abzugeben (§ 2356 II).

839   Beispiel 8: Gemeinschaftlicher Erbschein

»Der am 18. Januar 2010 in Köln gestorbene, zuletzt in Köln, Nordstraße 125, wohnhaft gewesene Kaufmann Wilhelm Meier ist von

1. der Hausfrau Liesel Fritsche, geborene Meier, in Köln,
2. der Kontoristin Berta Fritsche in Köln,

je zur Hälfte beerbt worden.

Testamentsvollstreckung ist angeordnet.

Köln, den 28. April 2010

Das Amtsgericht
Schulze
Richter am Amtsgericht«[1][2]

---

1) Die Zuständigkeit des Richters zur Erteilung eines Erbscheins, wenn eine Verfügung von Todes wegen vorliegt, ergibt sich aus § 16 I Nr. 6 RPflG.
2) Zum Erbscheinsinhalt → Rn. 613. Die Vermächtnisse und das Pflichtteilsrecht des Sohnes Helmut werden im Erbschein nicht angegeben, wohl aber die Anordnung der Testamentsvollstreckung als erbrechtliche Beschränkung.

Beispiel 9: Testamentsvollstreckerzeugnis   840

»Der Rechtsanwalt Dr. Karl Schneider in Köln, Friedrichstraße 3, ist zum Testamentsvollstrecker über den Nachlass des am 18. Januar 2010 in Köln verstorbenen, zuletzt in Köln, Nordstraße 125, wohnhaft gewesenen Kaufmanns Wilhelm Meier ernannt worden.[1]

Köln, den 28. April 2010

                Das Amtsgericht

                Schulze

                Richter am Amtsgericht«[2]

---

1) Hat der Erblasser Abweichungen von den gesetzlich vorgesehenen Befugnissen des Testamentsvollstreckers bestimmt, sind sie im Einzelnen anzugeben (vgl. §§ 2368 I 2, 2207 ff., 2222 ff.). Anordnungen, die nur das Innenverhältnis betreffen (§ 2216 II), werden nicht erwähnt.

2) Die Zuständigkeit des Richters ergibt sich aus § 16 I Nr. 6 RPflG.

Paragrafenregister

Sachverzeichnis

Die Zahlen verweisen auf die Randnummern des Buches